湖南财政年鉴 2024

湖南省财政科学研究所 主办

中国财经出版传媒集团
经济科学出版社
Economic Science Press
·北京·

图书在版编目（CIP）数据

湖南财政年鉴. 2024 / 湖南省财政科学研究所主办.
北京：经济科学出版社，2025. 1. -- ISBN 978-7-5218-6717-6
Ⅰ. F812.764-54
中国国家版本馆 CIP 数据核字第 2025PK1266 号

责任编辑：宋艳波
责任校对：靳玉环　杨　海
责任印制：邱　天

湖南财政年鉴（2024）

HUNAN CAIZHENG NIANJIAN（2024）
湖南省财政科学研究所　主办
经济科学出版社出版、发行　新华书店经销
社址：北京市海淀区阜成路甲 28 号　邮编：100142
编辑部电话：010-88191469　发行部电话：010-88191522
网址：www.esp.com.cn
电子邮箱：esp@esp.com.cn
天猫网店：经济科学出版社旗舰店
网址：http://jjkxcbs.tmall.com
北京联兴盛业印刷股份有限公司印装
880×1230　16开　30印张　1250000字
2025 年 1 月第 1 版　2025 年 1 月第 1 次印刷
ISBN 978-7-5218-6717-6　定价：380.00 元
（图书出现印装问题，本社负责调换。电话：010-88191545）
（版权所有　侵权必究　打击盗版　举报热线：010-88191661
QQ：2242791300　营销中心电话：010-88191537
电子邮箱：dbts@esp.com.cn）

《湖南财政年鉴（2024）》
编辑委员会和编辑人员

编辑委员会主任： 陈博彰

副 主 任： 何伟文　张　燮

委　　员：（按姓氏笔画排序）

马　昊	王小勇	王长斌	王作军	王　惠	王晓辉
文建中	古文涛	吕辉红	朱利平	朱　娜	朱　敏
任　薇	庄大力	刘　见	刘正良	刘　宇	苏知立
李　光	李定河	李清菊	李群辉	连　鸣	何伟文
余利辉	邹　刚	邹旭东	汪曙光	宋高胜	张　明
张　燮	陈　艳	陈　理	陈博彰	陈富珍	欧　涛
周建元	胡云归	胡茹琰	胡章华	钟荣华	祝孟辉
徐永健	徐　苨	徐洪武	徐　蓉	郭建华	郭　娟
唐顺元	唐晓军	唐　慧	黄卫忠	黄　平	黄拥政
曾子兰	曾铁铮	雷高飞	廖建江	廖星辉	廖翠林

主　　编： 宋高胜

副 主 编： 罗贤艺　余立新

执行编辑： 余立新

校　　对： 李洪孝　洪楚棋　李姣声　宋夏敏　程　程

《湖南财政年鉴（2024）》
特约通讯员名单

李 伟［厅办公室（政研室）］ 潘晓宇（厅投资评审中心）
张 阳［厅综合处］ 王敏庆（厅信息网络中心）
赵卜漪（厅税政法规处） 姜 峰（厅干教中心）
廖承豪（厅预算处） 程 程（省财政科学研究所）
李 航［厅国库处（支付中心）］ 缪莹莹（省政府投资基金管理中心）
孙 坚（厅市县财政处） 刘鹏飞（厅机关后勤服务中心）
廖 盛（厅行政处） 刘倩熙［省资产评估中心（注协、评协）］
颜双双（厅政法处） 梁 波（湖南财信金融控股集团有限公司）
阳坤煜（厅科教处） 易星原（湖南省融资担保集团有限公司）
江 羽（厅文化处） 李 双（湖南银行股份有限公司）
曾 晶（厅经建处） 黄卫华（湖南省农业信贷融资担保有限公司）
梁探书（厅资环处） 万尚真（国家税务总局湖南省税务局）
秦超琳（厅农业农村处） 陈一真（财政部湖南监管局）
刘良武（厅社会保障处） 陈佳乐（长沙市财政局）
朱伟常（厅企业处） 贺陈淼（株洲市财政局）
刘 礼［厅外经处（外贷办）］ 唐诗妍（湘潭市财政局）
张圆圆（厅金融处） 阳一洲（衡阳市财政局）
徐 娟［厅政府债务处（省债管办、县域融资中心）］ 杨芊芊（邵阳市财政局）
周飞雄（厅资产管理处） 曾鑫泰（岳阳市财政局）
谢晶晶［厅会计处（会管中心）］ 马亚林（常德市财政局）
万 照（厅绩效管理处） 满益群（张家界市财政局）
严德勇（厅政府采购处） 罗艳勤（益阳市财政局）
高 桑［厅财政监督局（稽查办）］ 张毅、李土湘、李宸、王博雅（郴州市财政局）
谭修邦（厅人事教育处） 刘荣俊（永州市财政局）
陈 澜［厅机关党委（机关纪委、工会）］ 蒋文君（怀化市财政局）
仉智权（厅离退处） 王小贝（娄底市财政局）
舒 进（省财政事务中心） 刘 莹（湘西土家族苗族自治州财政局）

湖南省财政厅召开2023年全省财税收入汇报会

▲ 湖南省委副书记、省长毛伟明主持召开2023年全省财税收入汇报会并讲话

2023年12月29日,湖南省委副书记、省长毛伟明在湖南省财政厅主持召开2023年全省财税收入汇报会。他强调,要深入贯彻党的二十大精神和中央经济工作会议精神,落实湖南省委十二届五次全会部署,坚持"稳、进、高、新",在提质增效上下功夫,进一步提升财税金融综合实力和保障能力,牢牢守住风险底线,为加快建设现代化新湖南提供有力保障。

湖南省全省财政工作会议在长沙召开

▲ 时任湖南省财政厅党组书记、厅长刘文杰作工作报告

2024年2月4日,湖南省全省财政工作会议在长沙召开。会议以习近平新时代中国特色社会主义思想为指导,深入学习贯彻习近平总书记关于财政工作的重要论述精神,全面贯彻党的二十大、二十届二中全会、中央经济工作会议、全国财政工作会议、湖南省委十二届四次和五次全会以及省"两会"部署,传达学习湖南省委书记沈晓明,省委副书记、省长毛伟明对湖南省财政工作的批示要求,总结2023年财政工作,分析当前财政经济形势,布置2024年重点工作。

▲ 时任全国人大代表，湖南省财政厅党组书记、厅长刘文杰主持会议并讲话

3月15日，湖南省财政厅召开全省财政系统会议，传达学习全国两会精神，研究部署贯彻落实工作。

全省市州财政局通过视频方式参加会议。

3月22日，湖南省财政厅召开全省财政系统全面从严治党工作（视频）会议，传达学习二十届中央纪委二次全会、全国财政党风廉政建设工作会议和十二届省纪委三次全会精神，总结2022年全省财政系统全面从严治党工作，部署2023年重点任务。

▲ 时任湖南省财政厅党组书记、厅长刘文杰主持会议并讲话

▲ 时任湖南省财政厅党组成员、省纪委省监委驻省财政厅纪检监察组组长卜建才讲话

> 3月下旬，湖南省财政厅举办
> 2023年度党务干部学习贯彻党的二十大精神培训班

▲ 时任湖南省财政厅党组副书记、副厅长庄大力出席开班仪式并作辅导报告

▲ 湖南省直机关工委委员、省直纪检监察工委书记肖华林，省直机关工委基层建设指导部部长黄敏分别作专题解读

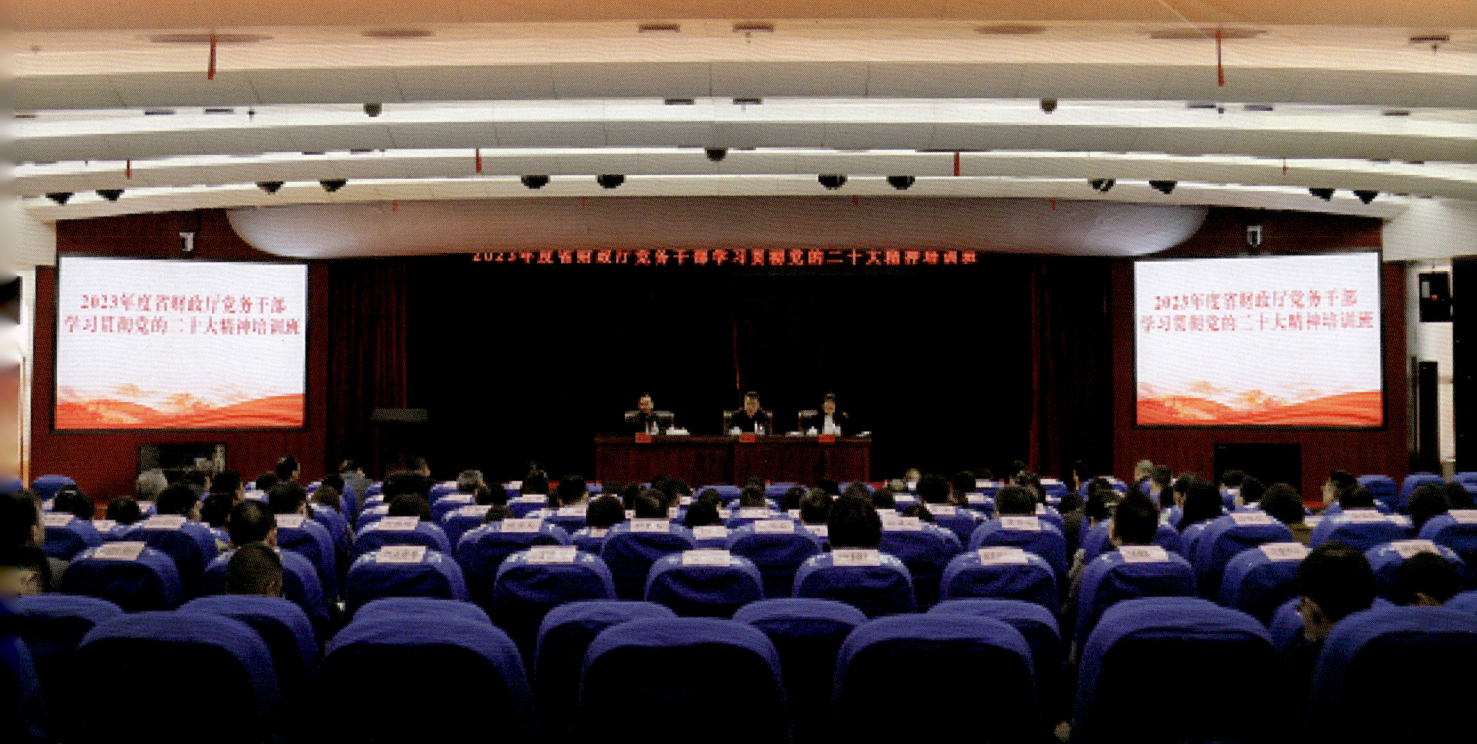

▌4月18日,湖南省财政厅机关、省注会评估行业联合举办学习贯彻
▌习近平新时代中国特色社会主义思想和党的二十大精神主题演讲比赛

◀ 湖南省财政厅党组成员、副厅长祝孟辉出席并讲话

6月30日，湖南省财政厅召开
2023年"七一"表彰暨"榜样在身边"交流分享会

▶ 预算处党支部书记胡云归代表厅先进基层党组织进行分享

▶ 资产评估中心党支部书记任薇代表厅先进基层党组织进行分享

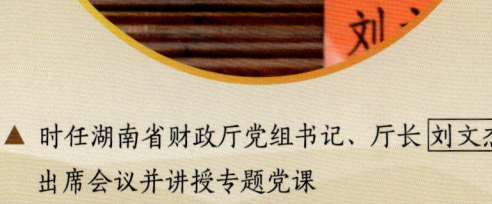
▲ 时任湖南省财政厅党组书记、厅长刘文杰出席会议并讲授专题党课

▶ 综合处张阳代表厅优秀党员进行分享

▶ 科研所李洪孝代表厅优秀党员进行分享

4月14日，湖南省财政厅召开学习贯彻习近平新时代中国特色社会主义思想主题教育动员大会

▲ 时任湖南省财政厅党组书记、厅长刘文杰作动员讲话

▲ 湖南省委巡回指导组第十组组长张志军出席会议并作指导讲话

5月8日，湖南省财政厅学习贯彻习近平新时代中国特色社会主义思想主题教育读书班开班。

9月12日，湖南省财政厅召开学习贯彻习近平新时代中国特色社会主义思想主题教育总结会议。

4月3-6日,第一期全省乡镇财政所长培训班在长沙举行

▲ 时任湖南省财政厅党组书记、厅长刘文杰出席开班仪式并讲授"开班第一课"

▲ 时任湖南省财政厅党组副书记、副厅长庄大力主持开班仪式

11月下旬,湖南省财政厅举办全省财政资环系统2023年度培训会。

▶ 时任湖南省财政厅党组副书记、副厅长庄大力出席开班仪式并讲话

11月29-30日,2023年全省财政社保系统业务培训班在长沙举办。

◀ 湖南省财政厅党组成员、副厅长何伟文出席开班仪式并讲话

5月9日,湖南省财政厅召开"奋进新征程 建功新时代"青年干部座谈会

▲ 时任湖南省财政厅党组书记、厅长刘文杰率全体在家厅领导出席会议,面对面听取青年干部心声

3月3日,湖南省财政厅举办全省行政事业性国有资产管理工作会议暨业务培训

▶ 时任湖南省财政厅党组成员、副厅长邓斌出席会议并讲话

7月下旬-8月下旬,湖南省财政厅举办系列培训班

◀ 时任湖南省财政厅党组成员、总会计师刘平出席开班仪式并讲话

7月下旬,湖南省财源办在长沙举办全省财源建设培训班。

8月下旬,首届湖南省财会金融人才培训班在上海国家会计学院开班。

5月19日,湖南省财政厅联合财政部湖南监管局、国家税务总局湖南省税务局举办"湖南财税大讲坛"

◀ 中国社会科学院副院长、党组成员,中国社会科学院学部委员,中国社会科学院大学党委书记高培勇教授作《深入学习贯彻习近平经济思想》专题辅导报告

▶ 时任湖南省财政厅党组书记、厅长刘文杰主持

6月30日,湖南省财政厅举办"务实谋良策 聚力促发展"处级干部调研成果交流分享会

▶ 时任湖南省财政厅党组书记、厅长刘文杰出席并讲话

湖南省财政厅经建处、税政法规处、市县财政处、财政事务中心、农业农村处、资环处、会计处、政府债务管理处等8个基层党组织分享调研成果。

5月17日，中国珠算心算协会常务副会长程北平一行来湘调研珠心算教育教学实验区创建工作

▲ 时任中国财政科学研究院纪委书记、中国珠算心算协会常务副会长程北平参加座谈会并讲话

▲ 湖南省财政厅二级巡视员张燮主持会议并作总结发言

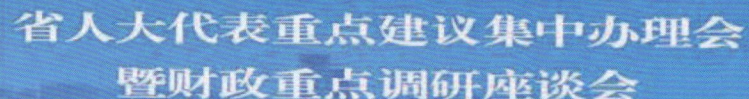

服务代表用心用情 调查研究走深走实
——湖南省财政厅创新开展"重点办理+重点调研"

5月10日，时任湖南省财政厅党组书记、厅长刘文杰带队赴长沙经开区，现场办理省人大代表重点建议，实地调研基层财政运行、先进制造业企业经营等情况。

湖南省财政厅深入开展自贸区财政政策调研

4月19-21日,由湖南省财政厅党组成员、副厅长祝孟辉带队,省财政厅外经处、科研所联合省自贸办赴长沙、岳阳和郴州三市专题调研自贸区财政政策实施情况。调研组先后考察了湖南港务集团、中创空天、岳阳邦盛、郴州正威新材料以及蓝思科技等企业,并与有关单位和部分典型企业展开深入座谈交流。

11月下旬,中国财政杂志社在湖南平江召开部分地区宣传工作座谈会

▲ 中国财政杂志社党委委员、副社长高峰出席会议并讲话

▲ 湖南省财政厅二级巡视员张燮出席会议并讲话

弘扬雷锋精神 展现巾帼风采
——湖南省财政厅开展庆祝"三八"国际劳动妇女节主题活动

3月8日,为庆祝"三八"国际劳动妇女节,湖南省财政厅机关妇委会组织全厅在职及离退休女干部150余人前往湘潭市开展"弘扬雷锋精神 展现巾帼风采"主题活动。

"三八节"前夕,湖南省财政厅志愿者工作站走访慰问88岁的全省劳动模范齐细珍,引领志愿者以实际行动践行雷锋精神。

巾帼心向党 筑梦新时代
——湖南省财政厅召开厅机关第五届妇女代表大会

6月16日，湖南省财政厅召开厅机关第五届妇女代表大会，换届选举产生新一届厅机关妇女委员会。

▲ 湖南省直机关妇工委主任黄渝出席会议并讲话

▲ 时任湖南省财政厅党组副书记、副厅长庄大力出席会议并讲话

全民运动悦身心 活力财政展风采
——湖南省财政厅第九套广播体操比赛圆满举行

12月12日,湖南省财政厅举行"全民健身 活力财政"第九套广播体操比赛。厅机关12支代表队伍、300余名干部职工参赛。

经过激烈角逐,机关后勤服务中心工会代表队、第十一工会小组和注协工会联合代表队荣获一等奖,第六、第三、第八工会小组代表队获二等奖,第九、第四、第五、第十工会小组代表队获三等奖,第七、第一、第二工会小组代表队获优秀组织奖。

湖南省财政厅爱心托管班暨"童心心向党"夏令营活动圆满结束

9月上旬,湖南省财政厅第二届爱心托管班暨"童心心向党"夏令营活动圆满结束。厅机关干部职工及子弟300余人次参加活动。时任厅党组副书记、副厅长庄大力,时任厅党组成员、副厅长邓斌参加少儿汇演暨闭营仪式。

▶ 1月30日，时任湖南省财政厅党组书记、厅长刘文杰主持召开厅机关离退休干部座谈会

▍厅领导带队慰问老党员、生活困难党员、部分退休干部

新春佳节前后，带着对湖南省老党员、生活困难党员的牵挂，时任湖南省财政厅党组书记、厅长刘文杰，时任湖南省财政厅党组副书记、副厅长庄大力等厅领导携机关党委、办公室、离退处负责同志，看望慰问老党员、生活困难党员，为他们送上组织的关怀温暖和新春祝福。

7月1日，时任湖南省财政厅党组书记、厅长刘文杰带队走访慰问部分离休干部、老党员、困难党员，厅党组成员、副厅长祝孟辉参加慰问。

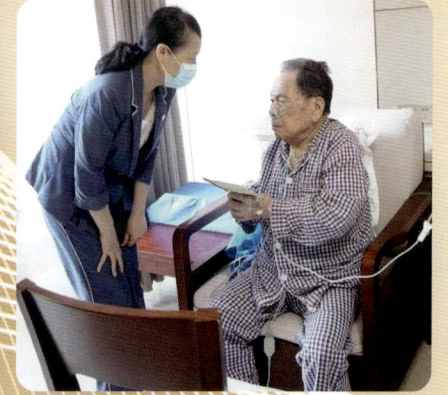

踔厉奋发启新程 勇毅前行担使命
——湖南省财政厅举办2023年新春联欢会

1.开场舞：《一起向未来》
　演出单位：财政厅机关工会财苑健身队

2.歌舞：《星辰大海》
　演出单位：第四、第六、第十工会小组

3.情景剧：《财政十二时辰》
　演出单位：湖南省注协评协、第八和第十一工会小组

4.歌舞：《游击队之歌》
　演出单位：第五、第七、第九工会小组

5.小品：《好日子》
　演出单位：湖南省农业信贷融资担保有限公司

6.歌舞：《一起向前吧》
　　演出单位：湖南省融资担保集团有限公司

7.歌曲串烧：《龙湾情》
　　演出单位：湖南省财政厅乡村振兴驻村工作队

8.歌舞诗：《最美的星》
　　演出单位：湖南省财政厅妇委会、女工委

9.花鼓戏：《放风筝》
　　演出单位：湖南省花鼓戏保护传承中心

10.创意影子戏：《在路上》
　　演出单位：第三工会小组(财政事务中心)

11.表演唱：《大海啊故乡》《外婆的澎湖湾》
　　演出单位：湖南省财政厅团委、湘财少儿艺术团

12.歌舞：《红旗颂》
　　演出单位：湖南财信金融控股集团有限公司

13.诗朗诵《沁园春·长沙》、大合唱《领航》
　　演出单位：湖南省财政厅领导、厅合唱团、厅语言艺术协会

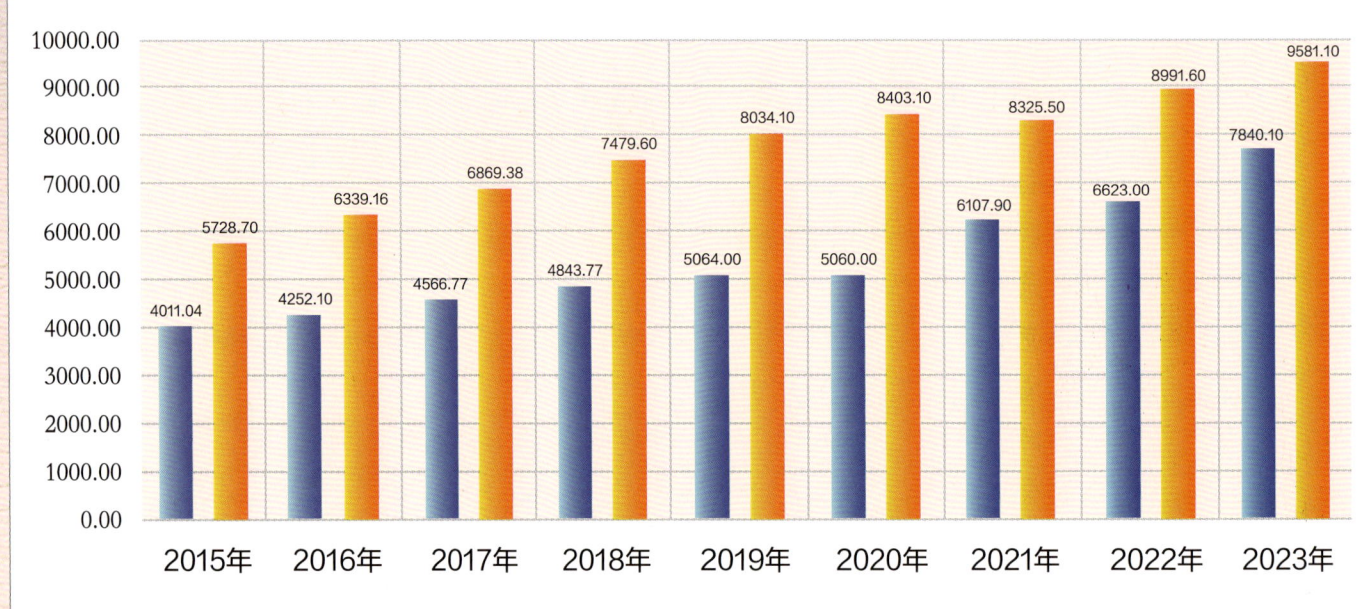

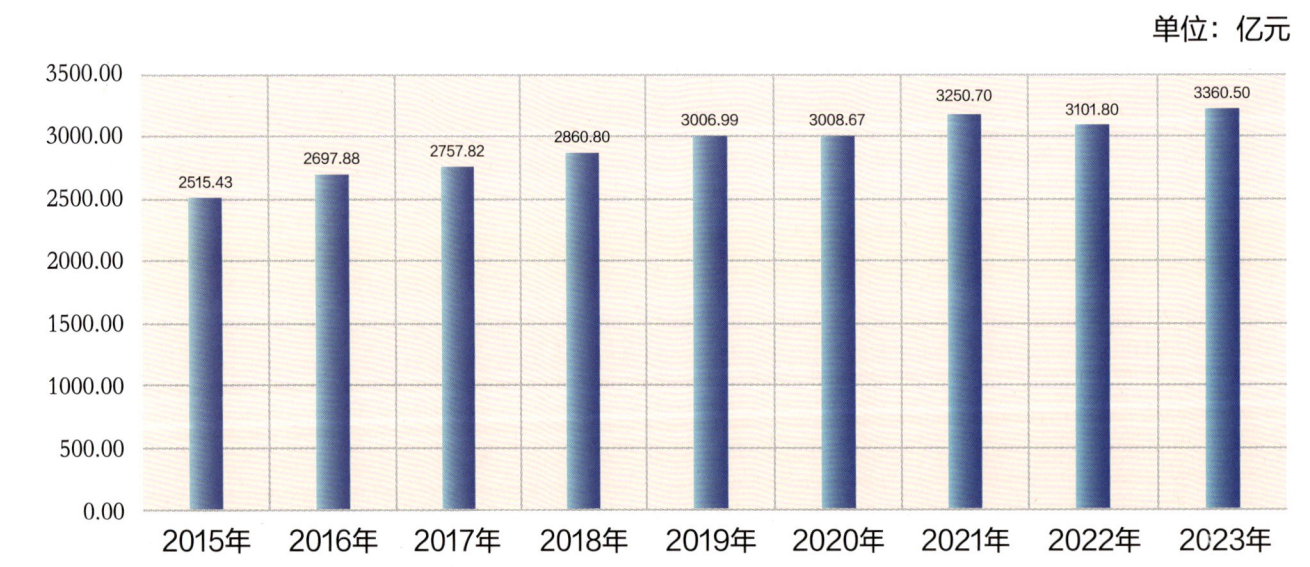

编辑说明

《湖南财政年鉴》是由湖南省财政厅主管、湖南省财政科学研究所主办的大型文献资料年刊，《湖南财政年鉴（2024）》是第十九卷。该卷秉承严谨客观的态度，在收录大量数据文字资料的基础上，真实、客观、系统地反映了2023年在全面贯彻党的二十大精神开局之年、三年新冠疫情防控转段后经济恢复发展的一年，湖南省财政事业改革和发展的基本概貌，客观地记载了全省财政部门坚持以习近平新时代中国特色社会主义思想为指导，全面贯彻党的二十大和二十届一中、二中全会精神，在省委、省政府坚强领导和省人大监督指导下，锚定"三高四新"美好蓝图，加力提效实施积极财政政策，着力稳增长、促改革、调结构、惠民生、防风险，加大宏观调控力度，推动经济企稳回升；政策资金集中发力，着力打造"三个高地"；支持做好"三农"工作，加快推进乡村振兴；坚持治理保护并重，持续改善生态环境；稳步加大民生投入，兜牢基本民生底网；强化党建引领，以高质量党建引领高质量发展。《湖南财政年鉴（2024）》真实地记录了2023年全省财政改革发展的工作历程，是从事财政经济政策研究和财政部门工作的同志了解历史、谋划未来必备的大型年鉴工具书。

全书正文共八个部分，分为"特载"和另外七个部分。

特载：收录了湖南省财政厅2024年全省财政工作会议报告。

第一部分内容为湖南省重要财经报告和决议选编：主要收录了《关于湖南省2023年预算执行情况与2024年预算草案的报告》《湖南省人民政府办公厅印发〈关于打好经济增长主动仗 实现经济运行整体好转的若干政策措施〉的通知》《湖南省人民政府办公厅关于印发〈湖南省恢复和扩大消费的若干政策措施〉的通知》《湖南省财政厅关于印发〈湖南省农村综合改革转移支付管理办法〉的通知》《湖南省财政厅等五部门关于印发〈财政金融协同联动助力打好"发展六仗"的若干措施〉的通知》等有关财经方面的重要文件。

第二部分内容为全省财政工作概况：主要记述了2023年省本级财政、市（州）财政以及县（市、区）财政各项工作任务完成情况和财政部门各项业务的发展概况。其中包括：（一）全省财政工作综述、全省税务工作概况、财政部湖南监管局工作综述；（二）财政分项工作概况，收录了厅机关各处室、单位，财信金控集团、融资担保集团、湖南银行、湖南农担工作概述。

第三部分内容为市（州）、县（市、区）财政工作概况：收录了2023年全省14个市（州）和126个县（市、区）财政工作概述，反映各市（州）和县（市、区）重要财政经济指标和财政工作概貌。

第四部分内容为财经统计资料：为适应多方面的需要，收录了2023年全省一般公共预算地方收支决算表，2023年省级一般公共预算地方收支决算表，2023年湖南省各市（州）一般公共预算收支决算表；2023年全省政府性基金预算收支决算表，2023年湖南省各市（州）政府性基金预算收支决算表；2023年全省国有资本经营预算收支决算表，2023年湖南省各市（州）国有资本经营预算收支决算表；2023年全省社保基金预算收支决算表。

第五部分内容为财政机构人员：主要收录了截至2023年12月31日任职的省财政厅领导、厅机关各处室副处级以上干部名单，全省各市（州）财政局领导名单、县（市、区）财政局局长名单，全省财政系统职工情况统计表，全省各乡镇（街道）财政所所长名单，财政部湖南监管局领导及处室负责人名单。

第六部分内容为财政工作大事记：收录了湖南省财政厅2023年1月1日至12月31日财政工作年度大事。

第七部分内容为附录：收录了湖南省财政厅2023年各个学会、协会、研究会有关情况，2023年发布的财经规范性文件目录，财经新名词解释，以及湖南省2023年国民经济和社会发展统计公报。

《湖南财政年鉴（2024）》在编辑出版过程中，得到各方关心和鼎力支持。在此，对所有参与撰稿、摄影、编审、出版、发行等工作的领导和同志们表示深深的感谢！全书涉及面广，编辑出版时间有限，难免存在疏漏和差错，敬请广大读者批评指正。

编　者
2024年12月

目　录

特　载

锚定目标　善作善成　以高质量财政服务现代化
新湖南建设 …………………………………… (3)

第一部分　湖南省重要财经报告和决议选编

关于湖南省2023年预算执行情况与2024年预算
草案的报告 ………………………………… (15)

湖南省人民政府办公厅印发《关于打好经济增长主
动仗　实现经济运行整体好转的若干政策
措施》的通知 ……………………………… (22)

湖南省人民政府办公厅关于印发《湖南省恢复和
扩大消费的若干政策措施》的通知 ……… (26)

湖南省财政厅关于印发《湖南省农村综合改革转移
支付管理办法》的通知 …………………… (29)

湖南省财政厅关于印发《湖南省省级财政专项彩票
公益金管理办法》的通知 ………………… (32)

湖南省财政厅关于印发《湖南省财政厅行政处罚
裁量权基准实施办法》和《湖南省财政厅行政
处罚裁量权基准（2022年版）》的通知 …… (35)

湖南省财政厅等五部门关于印发《财政金融协同
联动助力打好"发展六仗"的若干
措施》的通知 ……………………………… (39)

湖南省财政厅关于印发《湖南省省级行政事业单位
国有资产评估管理办法》的通知 ………… (42)

湖南省财政厅关于印发《湖南省省级行政事业单位
国有资产交易管理办法》的通知 ………… (45)

湖南省财政厅关于印发《湖南省政府采购评审专家
管理办法》的通知 ………………………… (48)

湖南省财政厅关于印发《湖南省农业保险财政奖补
管理办法》的通知 ………………………… (54)

湖南省财政厅　湖南省自然资源厅关于印发《湖南省
自然资源专项资金管理办法》的通知 ……… (59)

湖南省财政厅　湖南省粮食和物资储备局关于印发
《湖南省粮油千亿产业工程专项资金管理
办法》的通知 ……………………………… (62)

湖南省财政厅关于印发《湖南省省级财政专户
资金转出开户银行定期存放管理实施
办法》的通知 ……………………………… (65)

湖南省财政厅　中共湖南省委组织部关于印发
《湖南省省级人才发展专项资金管理
办法》的通知 ……………………………… (68)

湖南省财政厅　湖南省工业和信息化厅关于印发
《湖南省先进制造业高地建设专项资金管理
办法》的通知 ……………………………… (70)

湖南省财政厅　湖南省工业和信息化厅关于印发
《湖南省中小企业发展专项资金管理
办法》的通知 ……………………………… (72)

第二部分　全省财政工作概况

● 财税综述

全省财政工作综述 ……………………………… (77)
全省税务工作概况 ……………………………… (79)
财政部湖南监管局工作综述 …………………… (82)

● 处室、单位、公司工作

办公室（政研室）工作 ………………………… (84)
财政综合工作 …………………………………… (86)
税政法治工作 …………………………………… (88)
预算管理工作 …………………………………… (90)

财政国库管理工作 …………………………… (92)	天心区 ………………………………………… (165)
市县财政管理工作 …………………………… (94)	湘江新区 ……………………………………… (167)
行政财政财务管理工作 ……………………… (96)	开福区 ………………………………………… (169)
政法财政财务管理工作 ……………………… (97)	雨花区 ………………………………………… (170)
科教财政财务管理工作 ……………………… (99)	望城区 ………………………………………… (171)
文化财政财务管理工作 ……………………… (102)	长沙县 ………………………………………… (173)
经济建设财政财务管理工作 ………………… (104)	浏阳市 ………………………………………… (174)
自然资源和生态环境保护财政财务管理工作 …… (106)	宁乡市 ………………………………………… (176)
农业农村财政财务管理工作 ………………… (108)	**株洲市** ………………………………………… (177)
社会保障财政财务管理工作 ………………… (110)	荷塘区 ………………………………………… (179)
企业财政财务管理工作 ……………………… (112)	芦淞区 ………………………………………… (180)
外经外贷财政财务管理工作 ………………… (114)	石峰区 ………………………………………… (182)
金融财政财务工作 …………………………… (115)	天元区 ………………………………………… (183)
政府债务管理工作 …………………………… (118)	渌口区 ………………………………………… (185)
资产管理工作 ………………………………… (118)	攸　县 ………………………………………… (186)
会计管理工作 ………………………………… (120)	茶陵县 ………………………………………… (187)
财政绩效管理工作 …………………………… (122)	炎陵县 ………………………………………… (189)
政府采购管理工作 …………………………… (123)	醴陵市 ………………………………………… (190)
财政监督检查工作 …………………………… (125)	株洲经济开发区 ……………………………… (191)
人事教育管理工作 …………………………… (128)	**湘潭市** ………………………………………… (192)
机关党委（机关纪委、工会）工作 ………… (130)	雨湖区 ………………………………………… (193)
离退休人员管理与服务工作 ………………… (132)	岳塘区 ………………………………………… (195)
财政事务管理工作 …………………………… (135)	湘潭县 ………………………………………… (196)
财政投资评审工作 …………………………… (137)	湘乡市 ………………………………………… (198)
财政信息化建设与管理工作 ………………… (139)	韶山市 ………………………………………… (199)
财政干部教育培训工作 ……………………… (141)	**衡阳市** ………………………………………… (202)
财政科研与宣传工作 ………………………… (143)	珠晖区 ………………………………………… (203)
政府投资基金管理工作 ……………………… (145)	雁峰区 ………………………………………… (204)
机关后勤服务与管理工作 …………………… (146)	石鼓区 ………………………………………… (206)
注册会计师与资产评估行业管理工作 ……… (148)	蒸湘区 ………………………………………… (207)
财信金融控股管理工作 ……………………… (150)	南岳区 ………………………………………… (208)
省融资担保管理工作 ………………………… (152)	衡阳县 ………………………………………… (209)
湖南银行工作 ………………………………… (155)	衡南县 ………………………………………… (211)
省农业信贷融资担保管理工作 ……………… (157)	衡山县 ………………………………………… (212)
	衡东县 ………………………………………… (213)
	祁东县 ………………………………………… (215)

第三部分　市(州)、县(市、区)财政工作概况

	耒阳市 ………………………………………… (217)
	常宁市 ………………………………………… (218)
长沙市 ………………………………………… (163)	**邵阳市** ………………………………………… (220)
芙蓉区 ………………………………………… (164)	双清区 ………………………………………… (222)

大祥区	(223)	南　县	(285)
北塔区	(224)	桃江县	(287)
新邵县	(226)	安化县	(288)
邵阳县	(227)	沅江市	(290)
隆回县	(228)	大通湖区	(291)
洞口县	(231)	**郴州市**	(292)
绥宁县	(233)	北湖区	(294)
新宁县	(234)	苏仙区	(296)
城步苗族自治县	(236)	资兴市	(297)
武冈市	(237)	桂阳县	(298)
邵东市	(239)	宜章县	(299)
岳阳市	(240)	永兴县	(301)
岳阳楼区	(242)	嘉禾县	(303)
云溪区	(243)	临武县	(304)
君山区	(244)	汝城县	(306)
岳阳县	(245)	桂东县	(308)
华容县	(247)	安仁县	(309)
湘阴县	(249)	**永州市**	(310)
平江县	(250)	零陵区	(312)
汨罗市	(252)	冷水滩区	(314)
临湘市	(253)	祁阳市	(315)
南湖新区	(255)	东安县	(316)
常德市	(256)	双牌县	(318)
武陵区	(258)	道　县	(319)
鼎城区	(260)	江永县	(321)
安乡县	(261)	宁远县	(322)
汉寿县	(263)	蓝山县	(324)
澧　县	(264)	新田县	(325)
临澧县	(266)	江华瑶族自治县	(327)
桃源县	(267)	**怀化市**	(329)
石门县	(269)	鹤城区	(332)
津市市	(270)	中方县	(334)
张家界市	(271)	沅陵县	(335)
永定区	(274)	辰溪县	(336)
武陵源区	(275)	溆浦县	(339)
慈利县	(277)	会同县	(340)
桑植县	(279)	麻阳苗族自治县	(343)
益阳市	(280)	新晃侗族自治县	(344)
资阳区	(282)	芷江侗族自治县	(346)
赫山区	(284)	靖州苗族侗族自治县	(348)

通道侗族自治县	(350)
洪江市	(351)
洪江区	(353)
娄底市	(355)
娄星区	(356)
双峰县	(358)
新化县	(360)
冷水江市	(361)
涟源市	(362)
湘西土家族苗族自治州	(364)
吉首市	(366)
泸溪县	(367)
凤凰县	(369)
花垣县	(370)
保靖县	(371)
古丈县	(373)
永顺县	(374)
龙山县	(375)

第四部分　财经统计资料

2023年全省一般公共预算地方收入决算表	(381)
2023年省级一般公共预算地方收入决算表	(382)
2023年湖南省各市（州）一般公共预算收入决算表	(383)
2023年全省一般公共预算支出决算总表	(384)
2023年省级一般公共预算支出决算总表	(385)
2023年湖南省各市（州）一般公共预算支出决算表	(386)
2023年全省政府性基金预算收入决算表	(387)
2023年全省政府性基金预算支出决算表	(388)
2023年湖南省各市（州）政府性基金预算收支决算表	(392)
2023年全省国有资本经营预算收入决算表	(393)
2023年全省国有资本经营预算支出决算表	(393)
2023年湖南省各市（州）国有资本经营预算收支决算表	(394)
2023年全省社会保险基金预算收入决算表	(395)
2023年全省社会保险基金预算支出决算表	(397)

第五部分　财政机构人员

湖南省财政厅机构人员	(401)
湖南省财政厅厅领导名单	(401)
湖南省财政厅（局）副处级以上干部名单	(401)
湖南省市（地、州）、县（区、市）级财政局局长名单	(405)
湖南省财政系统机关工作人员基本情况年报表	(407)
湖南省财政系统事业单位工作人员数量变化情况	(409)
湖南省财政系统参照管理单位工作人员数量变化情况（一）	(410)
湖南省财政系统参照管理单位工作人员数量变化情况（二）	(411)
湖南省乡镇（街道）财政所所长名单	(412)
财政部湖南监管局领导及处室负责人名单	(442)

第六部分　财政工作大事记

| 湖南省财政厅2023年度财政工作大事记 | (445) |

第七部分　附　录

●学会、协会工作

湖南省财政学会	(457)
湖南省会计学会	(458)
湖南省珠心算协会	(459)
湖南省非税收入研究会	(460)
湖南省预算绩效管理研究会	(461)
2023年度发布的财经规范性文件目录	(462)
2023年财经新名词	(464)
湖南省2023年国民经济和社会发展统计公报	(466)

特载

锚定目标　善作善成
以高质量财政服务现代化新湖南建设
——在全省财政工作会议上的工作报告

刘文杰

（2024年2月4日）

这次全省财政工作会议的主要任务是，以习近平新时代中国特色社会主义思想为指导，深入学习贯彻习近平总书记关于财政工作的重要论述精神，全面贯彻党的二十大、二十届二中全会、中央经济工作会议以及全国财政工作会议、省委十二届四次、五次全会和省"两会"部署，总结2023年财政工作，分析当前财政经济形势，布置2024年重点工作。在全国财政工作会议上，蓝佛安部长从深入学习贯彻习近平总书记关于财政工作的重要论述精神、狠抓财政管理改革、抓班子带队伍聚人才等六个方面作出全面部署。这次会前，沈晓明书记、毛伟明省长审阅了财政工作报告，并分别作出重要批示，大家一定要认真学习领会，抓好贯彻落实。下面，我讲六个方面意见。

一、深入学习贯彻习近平总书记关于财政工作的重要论述精神

财政是国家治理的基础和重要支柱。党的十八大以来，习近平总书记强调要加强党对经济工作的全面领导，并从战略和全局高度，对事关财政事业发展的重大长远问题作出重要论述，是指导做好新时代新征程财政工作的强大思想武器和科学行动指南。关于积极的财政政策。习近平总书记每年在中央经济工作会议上都对积极财政政策内涵定调指向，对赤字率安排、政府债券规模、税费政策、重点保障领域等提出明确要求。关于建立现代财政制度。习近平总书记在党的十九大上强调，加快建立现代财政制度，建立权责清晰、财力协调、区域均衡的中央和地方财政关系。建立全面规范透明、标准科学、约束有力的预算制度，全面实施绩效管理。在党的二十大上强调，健全现代预算制度，优化税制结构，完善财政转移支付体系。关于优化财政资源配置。习近平总书记指出，要增强国家重大战略任务财力保障，在促进科技创新、加快经济结构调整、调节收入分配上主动作为。要坚持量入为出，积极调整财政支出结构。关于增强财政可持续性。习近平总书记指出，要统筹需要和可能，把保障和改善民生建立在经济发展和财力可持续的基础之上，不要好高骛远，吊高胃口，作兑现不了的承诺。关于防范化解地方债务风险。习近平总书记指出，要建立同高质量发展相适应的政府债务管理机制，优化中央和地方政府债务结构。关于党政机关过"紧日子"。

习近平总书记指出，要坚持勤俭办一切事业，坚决反对讲排场比阔气，坚决抵制享乐主义和奢靡之风。关于加强财政管理监督。习近平总书记指出，要严肃财经纪律，维护财经秩序，健全财会监督机制。关于深化国际财经合作。习近平总书记指出，要坚持经济全球化正确方向，推进双边、区域和多边合作，营造市场化、法治化、国际化一流营商环境。

省委、省政府深入学习贯彻习近平新时代中国特色社会主义思想，立足湖南实际，对做好全省财政工作提出明确要求。沈晓明书记亲自提出举办"一树两严"专题培训班，并作辅导报告，强调要深入学习贯彻习近平总书记关于树立和践行正确政绩观的重要论述精神。亲自谋划部署基层"三保"、地方债务风险防控、政府引导基金体系改革、财源建设、园区人员经费及收入管理、国有资产监管、编外人员管控、省以下法检两院财物统管等重大工作。强调"三保"是底线，务必守好。要坚持"新官理旧账"，遏增量、化存量，坚决防止"击鼓传花"，避免政府债务风险蔓延和传递。要发挥好政府投资的带动放大效应，通过产业基金等方式引导社会资本投向。要加强财源建设，积极培育新的财源增长点，提升税收质量。要树牢过"紧日子"思想，把每一分钱都花在"刀刃"上，等等。毛伟明省长全面部署推动财政工作，强调要按照"聚众人之财、办众人之事"的要求，坚守当家理财本职，做到生财有道、聚财有方、用财有效。要把有效市场和有为政府结合起来，形成政策集成效应，提高资金绩效。要坚持举债有度、用债有效、管债有规、偿债有方，牢牢守住政府债务风险底线，等等。李殿勋同志、张迎春同志也多次召开专题会议，研究推动财政相关工作。全省财政系统要牢牢把握财政工作政治属性和财政部门政治定位，坚决贯彻落实习近平总书记关于财政工作的重要论述精神，切实提高政治判断力、政治领悟力、政治执行力，以实际行动坚定拥护"两个确立"、坚决做到"两个维护"。

二、充分肯定2023年财政工作取得的成绩

刚刚过去的一年，极不平凡、极其难忘。全省财政系统面对重大任务接踵而至、重大风险交织叠加的严峻形势，锚定"三高四新"美好蓝图，扎实开展主题教育，旗帜鲜明讲政治，聚精会神谋发展，财政事业发展呈现新气象。

（一）切实加强政治建设，财政系统政治能力得到新提升

扎实有力开展主题教育。严格按照统一部署，厅机关、市县财政部门和注协评协行业分两批开展主题教育，认真制订方案，科学组织实施。严格落实"第一议题"制度，厅党组全年召开26次党组会，组织14次中心组学习，及时跟进学习习近平总书记最新讲话、最新文章、最近指示、最新要求。组织读书班、专题辅导、集中研讨，举办全省财政系统演讲比赛，推动党的创新理论入脑入心。深入开展"走找想促"活动，一批群众关注的问题得到有效解决。认真组织专题民主生活会，找差距、剖根源、抓整改。在全省财政系统创新实施"三大一提升"行动，联动开展"系统大调研"，明确104项重点调研课题，形成一批高质量调研成果，其中厅机关6篇调研报告获省委、省政府主要领导批示，加强基层"三保"、强化财会监督、推进县域物流体系建设等调研成果转化为政策文件；扎实开展"综合大培训"，培训干部4.4万人次，为历年之最，乡镇财政所长培训实现全覆盖；认真组织"干部大讨论"，围绕思想铸魂、财政政策、典型案例、清廉机关四个专题，分层次组织讨论83次；深入实施"绩效管理提升年"行动，压茬推进159项具体任务，有力推动主题教育走深走实。我厅在中央主题教育办来湘调研座谈会上作汇报发言，作为省直机关唯一代表接受中央第十指导组现场评估。

抓铁有痕强化政治执行。短短三个多月，习近平总书记对涉我省财政相关问题作出三次重要批示。厅党组把贯彻落实习近平总书记重要批示作为"第一政治要件"，闻令而动、听令而行、尽锐出战。在贯彻落实总书记三次重要批示的过程中，全省财政系统经受住了重大政治考验，彰显了踏石留印抓落实、刀刃向内抓整改的决心和能力。

（二）多措并举做大"蛋糕"，财政综合实力跨上新台阶

2023年，面对经济下行、减税降费等多重因素影响，在全省财政系统的共同努力下，全省财税收入呈现"三升一降"、量质齐升良好态势：地方一般公共预算收入规模上升，完成3360.5亿元，增长8.3%，圆满完成全年目标任务，增幅高于全国平均水平；地方税收规模上升，完成2208.5亿元，增长10.2%；全口径税收规模上升，完成4371.5亿元，增长11.8%；非税占比34.3%，较上年下降1.1个百分点。全省一般公共预算支出突破9000亿元，达到9584.5亿元，增长6.6%。重点做好了开源、盘活、争资"三篇文章"：

大力推进财源建设。建立紧密型财税联动机制，专班共建、形势共商、信息共享、收入共抓，省财政、税务班子成员共同开展调研督导，合力推动税费精诚共治，全年挖潜增收超90亿元。推动将财源建设列入省政府真抓实干督查激励事项，发布"企业纳税百强"等四张税收榜单，安排省级财源建设奖励8.2亿元，调动市县涵养财源积极性。深化园区亩均效益改革，开展开发区人员经费及收入大摸底，推动园区体制机制改革，助力"五好"园区建设。

加力盘活国有"三资"。出台改革总体方案，聚焦六类国有资源、五类国有资产、两类国有资金，全面清查底数，采取"用、售、租、融"等多种方式，着力激活沉寂资源，盘活沉睡资产，用活沉淀资金。比如，清理盘活3家省属高校、科研院所闲置老基地、老院子，所得收益用于支持岳麓山实验室建设。全年入库收益超1000亿元，经验做法在全国财政工作会议上推介。

积极争取中央支持。协同相关部门全力争项目、争试点、争资金，国家综合货运枢纽、普惠金融发展示范区、外贸提质增效、农村黑臭水体治理、农村综合改革等一大批国家级试点在我省落地。在一次性补助退出情况下，争取中央转移支付资金突破5000亿元，达到5072.7亿元，同口径增长13.1%。争取新增债券1730亿元，在中央面上分配额度减少的情况下继续保持正增长。争取中央增发国债资金420.9亿元。争取财政部相关化债资金超千亿元，排全国第三位。新增外贷资金8.3亿美元，约占全国增量的1/6。

（三）全面实施积极财政政策，服务经济发展汇聚新动能

支持打造"三个高地"。省财政累计筹措资金1282亿元，全力支持"三个高地"建设。统筹整合资金，支持实施产业发展"万千百"工程、"智赋万企"行动，推进关键产品"揭榜挂帅"攻关和"五首"产品创新。强化财力保障，推动"4+4科创工程"加快运行、"十大技术攻关项目"加快实施、长沙全球研发中心城市加快建设。兑现企业研发财政奖补政策，带动全年研发投入增长14.2%，增速居全国第五位。制定财政支持政策"新20条"，促进自贸试验区加快发展。优化补贴政策，助力长沙中欧班列稳1000列。支持办好第三届中非经贸博览会，联合举办亚太绿色低碳发展高峰论坛，推动亚行、亚投行、新开行高层访湘。搭建全国首个"四师一会"专业协作平台，服务中非经贸深度合作。

服务打好"发展六仗"。第一时间出台财政支持打好"发展六仗"25条措施，统筹资金4200亿元，做到"仗仗有支撑、事事有保障"。牵头打好"防范化解风险阻击仗"，抓实"五早"防控，实现政府债务风险"零爆雷"、金融风险处置"零震荡"、重特大事故"零发生"，国务院督察组要求上报经验材料。国省投入502亿元，加快完善综合交通、能源保障、水安全、物流运输、新基建"五张网"。出台港航整合、水运发展财政支持政策，注资30亿元，推动组建省港航水利集团。全年发行新增专项债券1410亿元，拉动投资超过5000亿元。联合出台促消费20条，支持郴州办好第二届全省旅发大会。

助力发展实体经济。"就高不就低"落实中央减税

降费政策，全年为市场主体新增减负超500亿元。出台加强财金联动18条措施，引导更多金融活水流入实体经济。制定外贸融资和汇率避险政策，帮助外贸企业降本增效。政府采购份额向中小企业倾斜，占比达到85%。

（四）始终坚持人民至上，保障改善民生取得新进展

持续加大民生投入。始终把保障基本民生摆在优先位置，民生支出占比达71.9%，以财政投入的力度提升民生保障的温度。全省投入教育资金1578.9亿元，增长5.2%，支持教育强省建设。安排社保和就业资金1559.3亿元，增长8.2%，支持健全社会保障体系，稳定就业基本盘。筹措卫生健康资金869.7亿元，增长6%，助推健康湖南建设。农林水支出规模达到1066.4亿元，增长7.1%，助力推进乡村振兴，衔接资金绩效考核排全国第一。统筹资金169.7亿元，支持打好蓝天、碧水、净土保卫战，推进"一江一湖三山四水"系统联治。全年全省筹措资金384亿元，支持办好"十大重点民生实事"。

稳步推进提标扩面。坚持循序渐进、"小步快走"，城乡居民基础养老金提高到每人每月131元，城乡低保省级指导标准分别提高到650元/月、5000元/年，城乡居民医保财政补助标准提高到640元/人，残疾人"两项补贴"提高到80元/月。省财政统筹资金44亿元，支持推进城镇老旧小区改造等保障性安居工程，惠及居民70万户。安排资金4.9亿元，支持文化体育场馆免费或低收费开放。

不断健全保障机制。完善企业养老保险财政支出责任分担机制，加快企业养老保险全国统筹在我省落地。推动出台社保基金监管条例，守护好老百姓的"养老钱""保命钱"。全面落实国家优抚优待政策，在全国率先完成19.7万退役军人社保接续工作。完善耕地地力保护补贴政策，惠及1300多万农户。推动出台深化生态保护补偿制度改革实施意见，与湖北签署长江流域横向生态保护补偿协议。

（五）持续推进制度创新，财政改革释放新活力

全面深化预算管理改革。启动实施零基预算改革，清理评估省级支出政策，分类归集资金，集中财力办大事。坚持党政机关过"紧日子"，持续压减一般性支出，全面清理节庆晚会论坛。扎实推进预决算公开，在财政部考核中我省排全国第三位。加强绩效评价结果运用，根据省级专项三年整体绩效评价结果，调减清退资金7388.4万元，我省财政管理绩效考核居全国前列。优化法检两院部门预算管理机制，压实法检两院系统预算管理职责。

加快构建省级政府引导基金体系。出台改革实施方案，推动专项资金"拨改投"，明确省财政新增投入超100亿元，设立产业引导和天使投资两支母基金，带动其他主体加大投入，加快组建目标规模达千亿元的省级引导基金集群。设立地勘基金，支持实施新一轮找矿突破战略行动。

切实加强财政基础管理。深入推进依法理财，创新开展宪法宣传周"六个一"活动。加快预算管理一体化系统建设，2.3万家单位在线开展业务，用户满意度大幅提升。惠民惠农补贴"一卡通"阳光审批系统上线运行。持续深化财政电子票据管理改革，全面推行电子非税收入一般缴款书。协同省纪委监委，有序推进涉案财物集中统一管理，省级集中保管智慧公物仓投入使用，三批罚没物品处置收入上缴省级国库。加大财政投资评审力度，全年全省审减581亿元，审减率12.2%。实施首期财会金融人才培养项目，启动财会师资力量培训工程。全面推行新的财政总会计制度。成功举办省注册会计师协会成立30周年大会。用心用情服务代表委员，我厅在省人大代表建议办理现场评议中排首位，预算报告赞成率连续两年达99.5%。

（六）高效统筹发展和安全，防范化解风险见到新成效

坚决兜牢基层"三保"底线。召开全省基层"三保"工作视频会议，出台加强基层"三保"15条措施，构筑"三保"坚固防线。强化"三保"预算编制事前审核，开展新一轮县区财政运行风险评估，督促高风险县区"一县一策"制订财政支出管控方案。配合省委督查室开展"三保"督查，督促市县全面抓好整改。持续清理财政暂付款，市县暂付款余额占支出比重下降到4.1%。加大财力下沉，加强库款调度，全年下达市县财力性转移支付1370亿元，增长17.3%，切实增强基层"三保"能力。

坚决守牢债务风险底线。协助举办"一树两严"专题培训班，联合举办全省"加强财政管理 严控债务风险"专题研讨班，制作债务问题警示教育专题片，纳入全省第二批主题教育集中学习内容。强化地方债务风险联防联控，在全国较早出台实施方案。扎实开展债务管理"六大行动"，分类处置"半拉子"工程，超额完成上报中央累计化债任务。优化重大政府投资项目资金来源评估办法，压减暂缓超出财力项目投资。出台金融化债十条措施，激励金融机构降息展期。创新出台专项债券全生命周期管理办法，试编专项债券中期规划和跨年滚动计划。发行政府债券4680亿元，平均利率2.9%，为历年规模最大、利率最低。在一揽子超常规举措的作用下，全省债务风险总体可控，逐步缓释。

坚决筑牢财经纪律底线。推动在全国第三个出台《关于进一步加强财会监督工作的实施方案》。深入开展财会监督九大专项行动，扎实推进预算执行、重点民生资金、会计评估行业、政府购买服务专项整治，发现并纠治一批违反财经纪律的突出问题。出台政府采购评审专家管理办法，明确32项负面清单和惩戒措施。

（七）纵深推进全面从严治党，财政干部队伍展现新面貌

机关党建工作创先争优。坚持党建引领，树立"一切工作到支部"鲜明导向，完善"三级五岗"责任体系，开展支部书记"双述双评"，抓实"四强"党支部建设。加强"三表率一模范"机关建设，获评省直第一

批创建先进单位。推进党建与业务深度融合，深入开展"一月一课一片一实践"活动，"财政青年说·调研背后的故事"入选第四届全国党建创新成果展示交流活动"十佳案例"。认真落实意识形态工作责任制，凝聚正能量、传播好声音。坚持党建带群建，完成厅机关党委、机关纪委及工青妇组织换届。加强财政文化建设，全省财政系统成功入选全省文明行业。

干部队伍素质全面提升。认真贯彻新时代党的组织路线，出台加强干部队伍建设"十项举措"。坚持新时代"好干部"标准，扎实做好厅机关干部选拔任用工作，将纪律监督和思想政治工作贯穿全过程，一批政治素质过硬、工作实绩突出、群众公认度高的干部走上新的重要岗位。加强青年干部思想淬炼、政治历练、实践锻炼、专业训练，通过基层调研、公文竞赛、上挂下派等方式，全面提升青年干部综合素质。落实严管厚爱机制，激励干事创业，厅机关23个集体、50人次获省级以上表彰。

清廉财政建设有力推进。严格落实主体责任，支持派驻纪检监察机构监督执纪问责，着力处置存量、遏制增量，自觉接受各类监督。狠抓作风建设，扎实开展"两带头五整治"专项行动，推进归口管理公司"靠企吃企"专项整治。出台廉洁文化建设实施方案，开展"十个一"系列廉政教育活动，严格选树"清廉示范处室"，加强家庭家教家风建设。认真开展中央巡视"回头看"，推进"地毯式"整改、同类同改、未巡先改。扎实做好省委巡视"后半篇文章"，巡视整改评估获评"好"等次。

同时，厅机关政务服务、财政科研、老干部、后勤等工作也取得积极成效。厅归口管理公司全面深化改革，切实规范管理，有力服务中心大局，事业发展取得新突破。财信金控集团主要经营指标稳中向好，首次入选中国服务业500强，作为唯一一家省属国企在服务打好"发展六仗"中获省政府通报表扬。融资担保集团政策性担保业务在保规模突破1000亿元，再担保备案业务规模居全国第九，银担"总对总"批量业务规模居全国第一。湖南银行正式挂牌，资产总额突破5000亿元，贷款规模突破3000亿元，历史风险基本出清。农担公司在保余额突破100亿元，提前实现"百亿农担"目标。

习近平总书记在新年贺词中指出，这一年的步伐，我们走得很坚实、走得很有力量、走得很见神采、走得很显底气。总书记的话，说到了我们每一位财政干部的心坎里。事非经过不知难，过去一年我们面临的挑战前所未有，遇到的困难前所未有，全省财政系统拧成一股绳，接连打硬仗、仗仗都出彩，取得了极其不易的成绩。这些成绩的取得，是省委、省政府正确领导的结果，是财政部关心支持的结果，是省人大、省政协监督指导的结果，是各民主党派、各部门单位、社会各界支持帮助的结果，是全省广大财政干部勠力同心、艰苦奋斗的结果。在此，我谨代表省财政厅党组，向关心支持财政工作的各级领导和各界朋友表示衷心感谢！向全省财政干部致以诚挚问候！

三、准确把握当前财政工作面临的形势与要求

凡事预则立，不预则废。要深刻领悟中央的新部署和省委、省政府的新要求，准确把握积极财政政策的新内涵，科学应对当前财政面临的新变化，坚持稳中求进、以进促稳、先立后破，牢牢把握工作主动权。

（一）准确把握积极财政政策的核心内涵

中央经济工作会议明确，积极的财政政策要适度加力、提质增效。蓝佛安部长在全国财政工作会议上进行了系统阐释，我们要全面准确把握，找准工作的发力点和突破口。

"适度加力"主要是加强财政资源统筹，组合使用专项债、国债以及税费优惠、财政补助、财政贴息、融资担保等多种政策工具，适度扩大财政支出规模，促进经济持续回升向好。一是保持适当支出强度，释放积极信号。除财政自身收入外，中央财政还会安排一定规模赤字，并从预算稳定调节基金、其他政府预算调入一部分资金，确保财政总的支出规模有所增加。二是合理安排政府投资规模，发挥好带动放大效应。继续安排适当规模的地方政府专项债券，支持地方加大重点领域补短板力度。三是加大均衡性转移支付力度，兜牢基层"三保"底线。中央对地方转移支付仍将保持一定规模，并向困难地区和欠发达地区倾斜，其中均衡性转移支付力度进一步加大，强化财力薄弱地区的资金保障。四是优化调整税费政策，提高精准性和针对性。落实好结构性减税降费政策，重点支持科技创新和制造业发展。继续规范非税收入管理，坚决防止乱收费、乱罚款、乱摊派。

"提质增效"就是要推进财政管理法治化、科学化、标准化、规范化，把同样的钱花出更大的成效。要做到"小钱小气、大钱大方"，"小钱小气"就是花钱不能大手大脚，"大钱大方"就是保障好党中央决策部署的贯彻落实。一是落实过"紧日子"要求，可以省的钱一定要省，不该花的钱一分都不能乱花，集中财力办大事。二是优化财政支出结构，既要用好有限的增量资金，更要下大力气盘活、调整存量，一些专项、政策到期后不能简单延续、固化，将使用效果不好的资金腾出来用于保重点。三是强化绩效管理，全面实施预算绩效管理，规范财政收支行为，用好预算管理一体化系统，提高预算执行质量。四是严肃财经纪律，严格执行各项财经法规和管理制度，坚决查处违法违规行为。五是增强财政可持续性，尽力而为、量力而行，深入开展财政承受能力评估，有效应对风险隐患。六是强化政策协同，保持财政政策与货币、就业、产业、区域、科技、环保等政策取向一致，放大组合效应。

（二）准确把握财政工作的形势变化

当前，全省财政运行还面临不少困难和挑战，我们一定要保持清醒头脑，客观辩证看待。

一是收入增长面临"三大挑战"。收入基数高。2022年制造业中小微企业缓税入库一次性垫高去年基数，拉低今年财政收入增幅；去年全省地方一般公共预算收入增长8.3%，要在高基数下实现较快增长，难度加大。持续增收难。我省税源培育不足、结构不合理，房地产等支柱税源大幅缩水，烟油等传统税源难有增量，新兴产业税源体量较小，对财政增收贡献有限。延续实施的减税降费政策也将影响今年财政增收。盘活空间窄。经过两年大规模清理盘活，易盘活、好盘活的国有"三资"总量在减少，加上市场行情不景气，盘活收益难以保持高速增长。

二是支出保障承受"三重压力"。促发展压力大。打造"三个高地"标志性工程、构建"4×4"现代化产业体系需要新增支出，基础设施补短板、污染防治、乡村振兴等重点领域需要更多"真金白银"投入。兜底线压力大。全省县区"三保"、债务付息等刚性支出占经常性可用财力比重较高，财政腾挪空间有限。政府债务进入还本付息高峰期，控债化债任务繁重。加上民生政策持续提标扩面，市县财政运行的弦越绷越紧。争支持压力大。中央部分一次性支持政策退出，专项转移支付更多采取竞争立项方式，各地普遍加大争资力度，对我省项目储备、工作绩效提出更高要求。

三是财政管理存在"三块短板"。财经秩序有待规范。有的地方招商引资不计成本"拼政策""拼优惠"，有的部门超预算、无预算支出，有的企业和中介机构财务舞弊、会计造假。工作基础有待夯实。信息化建设较为滞后，深度嵌入业务不足。支出标准体系不健全，覆盖面还不够广。部分内控制度不完善，执行存在偏差。干部能力有待加强。部分市县财政干部青黄不接，熟悉业务的"老财政"进入退休潮，优秀年轻干部招不进、留不住；个别干部变相躺平，少数干部政治素养、业务本领、廉政意识与新使命新要求不相适应。

这些问题我们不能回避，也没办法回避，必须坚定信心、迎难而上，决不能畏惧困难、裹足不前。要看到，随着我省经济回升向好的态势不断巩固，财政发展的外部环境在持续改善；要看到，随着财税改革的不断深化，各种改革红利在持续释放；要看到，随着财政综合实力的不断提升，服务保障和抵御风险的能力在持续增强；要看到，随着干部队伍建设的不断加强，财政干部应对复杂局面的本领在持续提升。只要我们心往一处想、劲往一处使，坚定不移做好自己的事，就一定能够打开财政事业发展新天地。

（三）准确把握财政工作的总体要求

2024年是中华人民共和国成立75周年，是实现"十四五"规划目标任务的关键一年。今年全省财政工作总的要求是：以习近平新时代中国特色社会主义思想为指导，坚持稳中求进总基调，完整、准确、全面贯彻新发展理念，积极服务和融入新发展格局，锚定"三高四新"美好蓝图，做好"十个统筹"，聚焦"八项重点任务""八大行动"，适度加力、提质增效实施积极财政政策，推动经济实现质的有效提升和量的合理增长；坚持党政机关过"紧日子"，切实保障和改善民生；奋力实施财源建设、财税改革、财政管理、风险管控"四大攻坚"，全力推进财政高质量发展，为全面建设现代化新湖南提供坚实支撑。

经省十四届人大二次会议批准，今年全省地方一般公共预算收入预期目标按增长6%安排。这个目标贯彻了稳中求进、以进促稳的要求，彰显了经济大省真正挑大梁的担当，必须"蹦起来摘桃子"，下更大力气，花更多功夫。全省财政系统要锚定目标、创新思维、迎难而上，全力以赴完成全年各项任务。

一是强化"大收入"思维。抓收入是财政重要工作，但不能就收入论收入，要跳出财政看财政、跳出收入抓收入。要立足发展经济促增收。经济与财政是枝与叶、源与流的关系，枝繁才能叶茂、源远才能流长。要创新财政支持方式，大力发展产业，着力做大实体，通过经济增长带动财政增收。要强化部门协同促增收。抓收入不仅仅是财税两家的事。要引导部门进一步强化"管产业就要管税收，管支出就要管收入"，持续深化税费精诚共治，形成齐抓共管的强大合力。要坚持厉行节约促增收。相对而言，节支一分易，增收一分难。要强化"节支就是增收"，坚持勤俭办一切事业，大力压减一般性支出，从严从紧控制项目支出。要打好"铁算盘"，锱铢必较、节用裕民，以党政机关过"紧日子"换老百姓过"好日子"。

二是强化"大预算"思维。预算体现国家的战略和政策，反映政府的活动范围和方向，具有法定性、公开性、完整性等特征。要全口径管理。坚持系统观念，将政府所有收支纳入预算管理，做到"收入一个笼子、支出一个口子、预算一个盘子"。强化全口径预算管理，实现"四本预算"统编、统管、统筹。打破基数概念，破除利益壁垒，强化财政资源统筹，集中财力办大事。要刚性化约束。坚持预算法定原则，先预算后支出、无预算不支出，严禁随意调整预算，防止预算和执行"两张皮"。逐步统一预算分配权，减少交叉重复安排，避免"二次分配"肢解预算。要跨周期平衡。加强中期财政规划管理，完善跨年度预算平衡机制，推动财政规划与部门规划无缝对接、年度预算与中期财政规划紧密衔接、短期目标与长远目标有机贯通。

三是强化"大风险"思维。财政是经济社会风险的最后一道屏障，必须统筹发展和安全，筑牢坚实的风险防线。要聚焦主责守底线。牢牢守住地方政府债务和"三保"两道防线，是财政部门的主责主业，中央和省委、省政府高度关注、三令五申。要提高政治站位，坚决扛起责任，下好"先手棋"，打好"主动仗"，决不能发生任何风险。要着眼当前谋长远。常怀远虑，居安思危，在制定政策、安排支出、上马项目时，提前研判潜在风险，防止埋下后患。要抓早抓小，未雨绸缪，把风险消灭在萌芽状态，决不能"小事拖大、大事拖炸"。要立足一域看全局。摒弃"鸵鸟心态"，高度警惕各类风险的关联性、传染性，密切关注房地产、金融等其他重大风险，联合相关部门主动拆弹排雷，避免风险蔓延、被动买单。

四是强化"大监督"思维。财会监督是党和国家监督体系的重要组成部分，财政部门是财会监督的主责部门，要履职尽责，全方位加强监督，决不能让财经纪律成为"稻草人"。内部要贯通。财会监督不是财政监督局（科股）一家之事，要强化"人人都是监督员，个个身上有责任"的意识，把财会监督贯穿资金分配、使用、管理全过程。要把财会监督与投资评审、绩效管理贯通起来，充分发挥"三把利刃"作用，形成监督合力。上下要联动。要充分发挥集团作战优势，省市县乡四级联动，统一步调、统一行动，避免重复检查、分头监督。要加强对下指导，配强财会监督力量，着力破解"小马拉大车"问题。左右要协同。进一步推动财会监督与纪检监察、巡视巡察、审计等监督贯通协同，切实提高权威性、增强威慑力。

四、全力服务经济社会高质量发展

高质量发展是新时代的硬道理。全省财政系统要带头树立正确的政绩观、发展观，聚焦高质量发展首要任务，充分发挥职能作用，促进经济社会平稳健康发展。

（一）强化政策集成，着力支持"三个高地"建设

聚焦"3+5+3"标志性工程，加强财政资源统筹，研究制定"三个高地"建设一揽子财政支持政策，着力培育新质生产力。

支持加快现代化产业体系建设。设立省级现代化产业体系建设专项，加快"4×4"现代化产业体系建设步伐。推动省级政府引导基金改革落地，加快设立数字产业、新能源、大健康、空天海洋等现代化产业子基金。支持实施产业强基工程，推进产业链延链补链强链。健全财政支持"智赋万企"政策，推动产业数字化、智能化、绿色化转型升级。完善国有资本经营预算制度，推进国有资本布局优化和结构调整。

积极推动创新驱动发展。持续加大科技投入，支持长株潭国家自主创新示范区、长沙全球研发中心城市、湘江科学城加快建设，支持关键领域"卡脖子"技术攻关，支持实施"芙蓉计划"和"三尖"创新人才工程。建立"4+4科创工程"等重大创新平台运行经费稳定保障机制，推动岳麓山实验室全面建成使用。落实企业研发后补助、研发费用加计扣除等优惠政策，强化企业技术创新主体地位。研究出台财政支持高校科技成果转化政策，深化科研经费"放管服"改革。

有效促进对外开放。落实财政奖补政策，支持实施自贸试验区提升战略。落实中非经贸深度合作先行区建设方案，推动中非经贸博览会创新发展，加快建设湘琼先进制造业共建产业园。研究启动省级外贸提质增效行动，支持生产型外贸企业提升国际竞争力和内贸企业"走出去"。强化绩效导向，完善怀化国际陆港、湘粤非等国际贸易通道补贴政策。推动出台招商引资新政策，更大力度吸引湘商回归、校友回湘和利用外资。加强高层级国际财经交流，争取具有标志性的重大国外贷款项目落户湖南。

（二）组合运用工具，着力支持经济回升向好

充分发挥财政逆周期调节作用，打好政策"组合拳"，促消费、扩投资、稳主体，增强经济发展动能。

激发有潜能的消费。加大促消费投入，推进县域商业建设行动，支持冷链物流、充电桩、换电站等消费基础设施建设。支持即时零售、国货国潮、社区电商等消费新业态新场景发展，引导释放房、车等重点消费需求。推动内外贸一体化试点。推进消费下沉扩容，改善农村消费环境。支持长沙创建国际消费中心城市，支持衡阳办好第三届全省旅发大会。

扩大有效益的投资。加强项目前期经费保障，推动项目储备扩量提质。优化专项债券投向，加大向重大战略、重点区域和重大项目配置力度。组合用好财政补助、专项债券、增发国债等资金，吸引撬动社会资本，加快"四个十大"等重大项目建设，推进保障性住房、"平急两用"公共基础设施、城中村改造等"三大工程"实施。落实新一轮农网巩固提升财政支持政策，做好乡镇污水处理设施建设省级奖补政策收尾。

培育有活力的市场主体。不折不扣落实结构性减税降费政策，完善涉企优惠目录清单。落实"专精特新"中小企业财政支持政策，培养更多"隐形冠军"。积极构建"金控+银行+担保"协同模式，充分发挥财信金控、湖南银行、担保集团等省属金融战略部队整体作战优势，为全省经济社会发展提供优质综合金融服务。稳步推进小微企业数据增信分类标准试点。持续优化企业发展环境，在财政补贴、政府采购等方面公平对待各类市场主体。

（三）健全投入机制，着力支持保障改善民生

民生无小事，枝叶总关情。今年全省财政系统将筹集资金452亿元，增长17.6%，接续支持办好"十大重点民生实事"。同时，进一步加大民生投入，完善民生政策，努力让老百姓幸福更加可感可及。

健全就业和社保体系。省财政筹集资金约40亿元，重点支持稳企稳岗和技能培训。设立大学生创业基金，引导社会资本支持大学生创业。深入推进职业伤害保障试点，维护新就业形态人员劳动权益。稳步提高退休人员基本养老金水平，城乡低保省级指导标准分别提高到700元/月、5400元/年，残疾人"两项补贴"标准提高到90元/月。支持老年学校提质改造和助餐服务点建设。研究建立重度残疾人集中照护制度。强化退役军人服务保障。

支持办好人民满意教育。落实"两个只增不减"要求，稳步增加教育投入。健全学前教育成本分担机制，支持每个乡镇至少办好一所标准化义务教育寄宿制学校。

落实省级补助政策，支持全面建成100所普通高中"徐特立"项目。完善职业教育差异化生均拨款制度，促进职业教育发展。安排省级财政补助20亿元，统筹用好专项债券，改善高校办学条件，推进"双一流"建设。支持湖南高等研究院、湘江科技创新院加快建设。

提升卫生健康水平。继续提高城乡居民医保和基本公共卫生财政补助标准。支持深化公立医院改革，加强村镇医疗设施配备。强化医保基金监管，深化医保支付方式改革，控制医疗费用过快增长。支持扩大新生儿免费筛查疾病范围，增加普惠托育服务供给，完善生育支持政策。

繁荣文化体育事业。健全现代公共文化服务体系，支持推进文物保护利用"六大工程"。增加省社科基金规模，促进哲学社会科学发展。完善公共文化体育场馆设施，支持向社会免费或低收费开放。支持推进长沙奥体中心、省图书馆新馆等重大文体项目建设，完善市县应急广播体系。

推进生态文明建设。持续加大投入，健全"空天地网"生态环境监测网络。国省计划投入110亿元，实施洞庭湖总磷污染控制与削减攻坚财政奖补政策。支持实施国土绿化行动，加大长株潭生态绿心保护投入。健全流域生态保护补偿机制，积极融入国家大江大河干流补偿体系。完善排污权确权办法，研究碳排放权交易市场机制。加大绿色产品政府采购力度。

（四）加大财力倾斜，着力支持乡村振兴

坚持农业农村优先发展，健全稳定投入机制，推进实施"五千工程"，助推乡村全面振兴。

提升粮食安全保障能力。完善产粮大县奖补政策，健全粮食主产区利益补偿机制。推行投贷联动模式，支持实施千万亩农田产能提升工程。落实农机购置和应用补贴政策，支持实施种业科技创新行动。扩大水稻完全成本保险覆盖范围，健全农业信贷担保体系。推进省储粮统一承储机制改革。

巩固拓展脱贫攻坚成果。持续增加衔接资金规模，向重点帮扶县、示范创建县及湘西州等重点地区倾斜。衔接资金60%以上用于巩固拓展脱贫攻坚成果，牢牢守住不发生规模性返贫底线。把产业振兴作为乡村振兴的重中之重，支持实施千亿优势特色产业升级和千万农户增收共富工程，开展示范园建设试点，整县推进脱贫成果巩固和县域经济发展。支持永州、郴州等打造供港澳蔬菜基地。

推进"和美湘村"建设。支持市县开展乡村规划编制，促进乡村建设科学布局。加强部门协同和资金统筹，开展省级传统村落保护试点。推进千村美丽示范建设、千镇万村治理效能提档，持续建设"四好农村路"。深化农村综合改革试点，加大农村公益事业财政奖补力度。严格控制村级债务。

五、奋力实施财政管理改革"四大攻坚"

加强管理是财政工作的永恒主题，改革创新是推动发展的不竭动力。在巩固"三大一提升"成果基础上，今年在全省扎实开展财源建设、财税改革、财政管理、风险管控"四大攻坚"，切实提升财政治理水平。

（一）齐抓共管推进"财源建设攻坚"

财源建设要全面提质。创新县域财源建设激励机制，对县域特色产业给予差异化扶持，加快补齐县域财源短板。强化财源规划与产业布局协同，建立省市县三级重点财源项目库，加强骨干税源锻造、新兴财源培植，提请省政府发布"企业纳税百强"等四张榜单。加强招商引资事前财税贡献评估。出台省直部门财源建设绩效评价办法。

"三资"盘活要持续增效。深化国有"三资"清查处置与管理改革，充分利用金融工具和市场化手段处置盘活。加强数据资产管理，积极争取财政部试点。配合开展权属登记，稳妥解决产权确权历史遗留问题。完善资产管理信息系统，加快实现资产出租处置线上交易。

精诚共治要积极扩围。以提升征管效能为目标，进一步拓展精诚共治的部门范围、领域空间、应用场景。紧盯矿产资源、成品油零售、平台经济、营利性学校和医疗机构等重点领域，聚焦企业所得税、资源税、环保税等重点税种，强化信息共享，深入推进以数治税，促进堵漏增收，确保颗粒归仓。

（二）动真碰硬推进"财税改革攻坚"

当前，中央正谋划推进新一轮财税体制改革，要加强调查研究和政策储备，积极争取工作主动，抢抓改革红利。同时，着力推进几项重点改革：

深化零基预算改革。抓紧出台省本级深化零基预算改革方案，坚持以"零"为起点，所有支出"先定事后定钱"，打破支出固化格局。推进专项资金、跨部门资金、财政拨款和单位资金三个统筹，强化重大战略财力保障。完善专项资金管理、预算执行约束、绩效管理等机制，形成一批长效化、制度化改革成果。市县也要结合实际，研究部署推进改革。

完善省以下财政体制。构建权责清晰的支出划分机制，适当强化省级财政事权和支出责任。完善统一规范的收入划分机制，逐步取消按企业隶属关系划分收入，优化跨区域收入分配，支持共建园区横向财力分享。改革转移支付分配办法，推行竞争性领域转移支付"后补助"、间接补助和"拨改投"，逐步清理与税费收入挂钩的补贴或返还政策。优化开发区财政体制，规范惠民惠农补贴资金管理。市州要加大对省直管县指导监督力度、落实对非省直管县兜底保障责任。

健全过"紧日子"长效机制。抓紧出台政策文件，推动党政机关过"紧日子"成为习惯和常态。全省财政系统要带头勤俭节约，把严把紧预算关口，加强预算执行监控，完善支出审核机制，不该开支、不必开支的一律不开支。适时修订接待、会议、培训、差旅等经费管理办法，优化资产配置更新制度，制定编外人员经费管理办法。

推进法检两院统管改革及涉案财物管理。修订省以下法检两院财物省级统管办法，强化三级部门预算管理，完善系统财务管理制度，规范诉讼费和刑事罚没收入管理。稳步推进全省涉案财物集中统一管理，各市州要按照"实物不动、清单流转"的原则，因地制宜建立保管场所，完善相关设施和制度。

（三）利剑出鞘推进"财政管理攻坚"

财会监督要出重拳。完善"1+N"财会监督体系，制定与其他监督贯通协调实施办法，瞪大眼睛找问题，挺直腰杆抓监督。统筹全省财会监督力量，在查深查透上下功夫，抓出一批有分量的监督成果。开展惠农补贴第二轮重点抽查，实现县区全覆盖。实施财会监督专项行动，坚决遏制财税收入、公共资金、民生资金等领域违反财经纪律行为。开展会计评估行业"四类"问题、政府采购"四种"行为专项整治，坚决清除"害群之马"。

绩效管理要重应用。拓展"绩效管理提升年"成果，接续开展"绩效管理巩固年"行动。健全重大政策事前绩效评估机制，聚焦"三个高地"建设、民生保障等领域重点项目、重大支出开展绩效评价，评价结果与项目入库、预算安排和政策调整挂钩。加大财审联动力度，强化结果运用。

投资评审要推转型。出台财政预算评审管理实施细则，推动投资评审向预算评审拓展。加快推进项目支出标准体系建设，对已出台的标准跟踪问效、动态调整。探索"评审+"新模式，健全多部门、全过程评审机制，严把重大项目、重大政策、重大资金关口，该扣减的坚决扣减，该调整的坚决调整。

（四）标本兼治推进"风险管控攻坚"

严防死守基层"三保"风险。强化党政"一把手"和各部门单位主体责任，构建多方协同的"三保"工作机制。加快建立"三保"清单制度，明确保障项目和范围，制定基本保障标准。依托预算管理一体化系统，对基层"三保"开展全链条、常态化、穿透式监管，优化预警指标体系，完善应急处置机制。把基层"三保"作为财会监督的重点内容，省级选择10个、市州选择2-3个运行风险突出的县区开展重点盯防，确保"三保"不出任何风险。

竭尽全力严控政府债务风险。强化重大政府投资项目资金来源评估和提级审核，落实债务问责机制，严防新增隐性债务。全面落实政府法定债务偿还责任，全力完成隐性债务累计化债任务。建立全口径债务监测机制，将融资平台公司和各类国有企业纳入监测范围。加强融资平台综合治理，推动平台数量和债务规模"双压降"。督促各地"一债一策"做好兑付预案，提前落实偿债来源，妥善做好应急处置工作。引导金融机构加大支持力度，推动平台债务降息、重组和置换。加强优质项目储备，合理扩大专项债券用作资本金范围。加强专项债券"借用管还"全生命周期管理，健全项目收入归集制度，确保法定债务不出任何风险。

六、坚定不移推进全面从严治党

全面从严治党只有进行时，没有完成时。各级党组（党委）要切实扛起全面从严治党主体责任，强化政治统领、党建引领，积极营造风清气正的政治生态。

（一）巩固拓展主题教育成果

巩固拓展主题教育成果是一项长期任务。要着力在深化上下功夫，严格落实"第一议题"制度，坚持读原著、学原文、悟原理，创新学习形式，拓宽学习渠道，不断强化干部理论武装，铸牢政治忠诚。要着力在内化上下功夫，坚持好、运用好蕴含其中的立场观点方法，做到整体把握、融会贯通。要着力在转化上下功夫，自觉用党的创新理论指导实践，强化对财政部门政治机关属性的认识，把主题教育成果源源不断运用到财政工作实践，凝心聚力促发展，驰而不息抓落实。

（二）切实加强机关党的建设

抓好党建是最大政绩。各级党组（党委）要带头履职，切实强化"抓好党建是本职，不抓党建是失职，抓不好党建是不称职"理念。研究制订全面提高机关党建质量行动方案，建立健全各负其责、层层把关的宝塔形责任制。推进党建与业务深度融合，积极参与省直"三高四新"党建联盟，在全省财政系统深入开展"解放思想大讨论"。持续开展"机关支部连基层"活动，扎实推进"四强"党支部建设，选树一批"党员先锋岗"。发挥工青妇群团组织功能，加强财政文化建设和文明创建，组织开展庆祝中华人民共和国成立75周年征文、歌咏比赛等系列活动。认真履行意识形态工作责任制，守好财政宣传阵地，加强正面解读和舆论引导，共同唱响中国经济光明论。

（三）有力推进财政干部队伍建设

事业成败，关键在人。要深入贯彻落实新时代党的组织路线，研究制定加强全省基层财政干部队伍建设指导意见。坚持新时代好干部标准，严把政治关、品行关、能力关、作风关、廉洁关，以正确用人导向引领干事创业。推进干部常态化交流，规范跟班学习、挂职锻炼干部管理。加强干部教育培训，探索研讨式、沉浸式、体验式、案例式等培训方式，大力推进网络培训。加强青年干部培养，搭平台、建机制、压担子，让青年干部在"急难险重"任务中经风雨、见世面、长才干。传承"四下基层"优良传统，常态化开展"走找想促"和"三送三解三优"，持续推进"系统大调研"，促进作风在一线转变、能力在一线提升、工作在一线落实。

（四）从严抓好党风廉政建设

风清才能气正，气正才能心齐。要认真学习贯彻全国财政党风廉政建设工作会议和省十二届纪委四次全会精神，及时召开全省财政系统党风廉政建设工作会议。各级党组（党委）书记要切实履行第一责任人职责，班子成员严格落实"一岗双责"，严于律己、严负其责、严管所辖，把全面从严治党的压力层层传导下去。坚持常态化廉政教育与专项警示教育相结合，深入学习贯彻新修订的纪律处分条例，持续开展"廉政教育月"和"清风齐家"等活动。大力培育新时代廉洁财政文化，选树清廉单元。驰而不息纠"四风"、树新风，持之以恒落实中央八项规定及其实施细则精神，持续深化"两带头五整治"专项行动。聚焦巡视、审计等指出问题，狠抓问题整改，完善内控制度，规范权力运行。全力支持派驻纪检监察机构监督执纪问责，让党员干部习惯在监督下工作生活，确保财政干部政治生命和财政资金管理"两个安全"。

同志们，惟其艰巨、所以伟大，惟其艰巨、更显荣光。新时代是奋斗者的时代，全省财政系统要坚持以习近平新时代中国特色社会主义思想为指导，上下同心，团结奋进，以高质量财政服务现代化新湖南建设，以实干实绩迎接中华人民共和国成立75周年！

[湖南省财政厅办公室（政研室）供稿]

第一部分 湖南省重要财经报告和决议选编

关于湖南省2023年预算执行情况与2024年预算草案的报告

湖南省财政厅厅长 刘文杰

根据预算法规定，受省人民政府委托，现提出2023年预算执行情况与2024年预算草案，请予审查，并请各位政协委员和其他列席人员提出意见。

一、2023年全省和省级预算执行情况

2023年是全面贯彻党的二十大精神开局之年，也是三年新冠疫情防控转段后经济恢复发展的一年。各级各部门坚持以习近平新时代中国特色社会主义思想为指导，深入贯彻党的二十大和二十届二中全会精神，认真落实党中央、国务院决策部署，在省委、省政府坚强领导和省人大监督指导下，锚定"三高四新"美好蓝图，加力提效实施积极财政政策，全力服务打好"发展六仗"，着力稳增长、调结构、防风险、保民生，全省经济稳中有进、进中提质，预算执行情况总体较好。

（一）2023年预算收支执行情况

1. 一般公共预算

据快报数反映，全省一般公共预算地方收入完成3360.5亿元，增长8.3%，超过年初预期目标；加上中央补助5072.7亿元，一般债务收入1888.1亿元，动用预算稳定调节基金242.5亿元，调入资金1057.3亿元，上年结转686.6亿元，收入合计12307.7亿元。全省一般公共预算支出9584.5亿元，加上上解中央64.7亿元，一般债务还本1574.1亿元，补充预算稳定调节基金198.2亿元，调出资金9.3亿元，结转下年876.9亿元，支出合计12307.7亿元，收支平衡（见图1）。

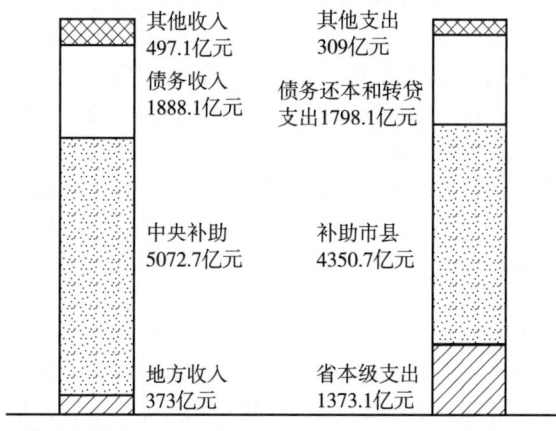

图1　2023年省级一般公共预算收支平衡情况

省级一般公共预算地方收入同口径完成373亿元，为调整预算的95.6%，主要是增值税留抵退税力度超过预期较多；加上中央补助5072.7亿元，市县上解275.7亿元，一般债务收入1888.1亿元，动用预算稳定调节基金和调入资金88.5亿元，上年结转132.9亿元，收入合计7830.9亿元。省本级一般公共预算支出1373.1亿元，加上上解中央64.7亿元，补助市县4350.7亿元，一般债务还本186.7亿元，转贷市县一般债务1611.4亿元，补充预算稳定调节基金60亿元，结转下年184.3亿元，支出合计7830.9亿元，收支平衡。

收入预算执行情况：各级财税部门把握经济回升向好有利机遇，深入实施财源建设工程，积极落实税费支持政策，有力推进税费精诚共治，大力盘活国有"三资"，依法依规组织收入，全年地方税收完成2208.5亿元，增长10.2%，预计高于全国平均水平，工业企业、高新技术企业和产业园区税收快速增长，增值税和企业所得税占全口径税收收入比重上升8.1个百分点，税收结构显著优化；非税收入1152亿元，增长5%，非税占比34.3%，较上年下降1.1个百分点，财政收入量质齐升态势进一步巩固。

支出预算执行情况：面对有效需求不足、部分行业产能过剩、社会预期偏弱、风险隐患仍然较多等复杂形势，各级财政部门组合用好国债、专项债等政策工具，保持适度支出强度，提升政策资金效能，强化重大战略保障，为全省经济社会高质量发展提供有力支撑。全省一般公共预算支出9584.5亿元，增长6.6%。其中，教育支出1578.9亿元，增长5.2%；科学技术支出314亿元，增长12.3%；社会保障和就业支出1559.3亿元，增长8.2%；卫生健康支出869.7亿元，增长6%；农林水支出1066.4亿元，增长7.1%。民生支出占比达到71.9%，各项重点支出得到较好保障。

转移支付和新增债券执行情况：2023年，中央下达我省转移支付5072.7亿元，增长7.4%，规模首次突破5000亿元。一是税收返还基数309.3亿元。二是一般性转移支付4455.4亿元，增长8.7%，其中均衡性、县级基本财力保障机制奖补等财力性转移支付1729亿元，增长11.4%。三是专项转移支付308亿元，与上年基本持平。同时，争取新增债券1730亿元，好于全国平均。

省财政严格控制省级支出，千方百计下沉财力，确保全省财政稳健运行，共补助市县4350.7亿元，同口径增长11.7%。一是税收返还基数225.8亿元。二是一般性转移支付3644.4亿元，增长15.8%，其中均衡性等财力性补助1370亿元，增长17.3%。三是专项转移支付480.5亿元。同时，转贷市县新增债券1635亿元，占全部额度的94.5%，有力支持基层重大项目建设。

其他需要报告的事项：

（1）省级预备费。预算安排20亿元，支出0.36亿元用于应急救灾处置，剩余19.64亿元调入预算稳定调节基金。

（2）省级预算稳定调节基金。将不需再安排的结转资金（含预备费结转）60亿元补充基金后，基金余额98亿元，供编制以后年度预算时统筹使用。

（3）省级"三公"经费支出情况。贯彻中央八项规定及其实施细则精神，省级"三公"经费支出4.26亿元，较预算节约0.56亿元。

（4）省级重大投资项目预算执行情况。中央预算内基建补助192.3亿元，省财政安排23亿元，共215.3亿元，推进保障性住房、交通、节能减排和生态环保、乡村振兴、科教文卫、水利等领域重大项目建设。

2. 政府性基金预算

全省收入2621.9亿元，加上中央补助51.9亿元，专项债券收入2801亿元，调入资金9.3亿元，上年结转461.5亿元，收入合计5945.6亿元；支出3669.5亿元，加上专项债券还本1413.6亿元，调出到一般公共预算412.6亿元，结转下年449.9亿元，支出合计5945.6亿元。省级收入48.8亿元，加上中央补助和市县上解53.4亿元，专项债券收入2801亿元，上年结转64亿元，收入合计2967.2亿元；支出52.4亿元，加上补助市县73.2亿元，债务还本57.1亿元，转贷市县专项债券2738.9亿元，调出资金7亿元，结转下年38.6亿元，支出合计2967.2亿元。

全省政府性基金预算收入下降，主要是受房地产市场下行等因素影响，作为主要构成的国有土地使用权出让收入下降较多。

3. 国有资本经营预算

全省收入396.5亿元，加上中央补助1.2亿元，上年结转8亿元，收入合计405.7亿元；支出52.4亿元，加上调出到一般公共预算341.4亿元，结转下年11.9亿元，支出合计405.7亿元。省级收入33.9亿元，加上中央补助1.2亿元，收入合计35.1亿元；支出8.4亿元，加上调出到一般公共预算25.5亿元，补助市县1.2亿元，支出合计35.1亿元。

4. 社会保险基金预算

全省收入3662.3亿元，支出3408.5亿元，年末滚存结余4145.9亿元。省级收入1814.2亿元，支出1748.8亿元，年末滚存结余2230.5亿元。

分险种来看，全省企业职工基本养老保险基金收入1545.1亿元，支出1524.9亿元，滚存结余1795.3亿元；城乡居民基本养老保险基金收入270.6亿元，支出182.9亿元，滚存结余667.0亿元；机关事业单位养老保险基金收入664.2亿元，支出652.4亿元，滚存结余100.1亿元；城镇职工基本医疗保险基金收入560亿元，支出450.1亿元，滚存结余1015.4亿元；城乡居民基本医疗保险基金收入533.3亿元，支出508.7亿元，滚存结余379.3亿元；工伤保险基金收入49.5亿元，支出54.2亿元，滚存结余78.7亿元；失业保险基金收入39.6亿元，支出35.3亿元，滚存结余110.1亿元。

工伤保险基金当期支大于收，主要是基金收入受阶段性降低费率政策延续实施至2024年底影响，优惠政策到期后基金将持续平稳运行。

5. 地方政府债务情况

2023年，全省发行新增债券1717.5亿元，加上按计划提取的外国政府和国际经济组织贷款8.9亿元，共依法举债1726.4亿元，年底政府债务余额18216.3亿元，控制在中央核定限额18428.3亿元以内，风险总体可控。此外，结合到期债务还本需要，发行再融资债券2962.7亿元，全年共发行政府债券4680.2亿元，平均期限12.4年，平均利率2.9%。

（二）人大预算决议和主要财税政策落实情况

2023年，我们认真贯彻党中央、国务院决策部署和省委、省政府工作要求，对照省人大有关决议，围绕服务打好"发展六仗"，加大宏观调控力度，全力保障重点支出，着力深化财政改革，切实守牢风险底线，为加快实现"三高四新"美好蓝图提供坚实财力支撑。

1. 推动经济企稳向好

引导消费回升。落实进一步恢复和扩大消费20条政策措施，加大消费补贴、新能源汽车推广、新消费场景等补助力度。支持怀化、长沙、常德入选全国一刻钟便民生活圈试点城市。下达国省补助39.6亿元，推进乡村商业网络体系、农产品冷链物流等基础设施补短板。扩大有效投资。国省补助502亿元，加快完善综合交通、能源保障、水安全、物流运输、新基建"五张网"。注资30亿元，支持组建省港航水利集团。发行专项债券1410亿元，撬动总投资超5000亿元。争取增发国债420.9亿元，高标准农田、水利、防灾减灾等领域891个项目获支持。完善税费政策。延续、优化、完善一批税费政策，实施先进制造业纳入增值税加计抵减，扩大个体工商户减半征收个人所得税范围，统一减半征收小微企业"六税两费"，将符合条件的企业研发费用税前加计扣除比例由75%提高至100%，全年新增减税降费及退税缓费超500亿元。

2. 推进"三个高地"建设

建设先进制造业高地。新组建规模100亿元的省级政府引导基金，锻造"4×4"现代化产业体系建设生力军。持续实施"智赋万企"、新能源汽车产业创新发展财政奖补政策，助力制造业高端化、智能化、绿色化。

下达中小企业奖补5.2亿元，新培育国家级"小巨人"企业116家、省级专精特新企业1787家。建设科技创新高地。全省科技支出314亿元，近三年年均增长12.5%。省级投入21.1亿元，推动岳麓山实验室等重大科创平台加快建成投用。支持基础研究与关键核心技术攻关，深化与国家自然科学基金合作，推动"十大技术攻关项目""揭榜挂帅"制项目加快破题。兑现企业研发奖补8亿元，引导1035家企业增加研发经费99.8亿元。建设改革开放高地。累计投入209.7亿元，推动湖南自贸试验区产业升级、平台提质。省级补助4.6亿元，支持怀化东盟货运等五大国际物流通道发展壮大。市场化办会取得新进展，中非经贸博览会参会规模、参展商品、签约项目创历届之最。

3. 支持乡村振兴发展

筑牢粮食安全根基。发放耕地地力保护、稻谷目标价格等补贴75.6亿元，水稻规模种植保险保额基准由每亩500元提高到900元，调动保护农民种粮积极性。国省补助58.2亿元，创新实施投贷联动投融资模式，新改建高标准农田345万亩。支持低镉积累水稻品种选育推广，强化粮食生产科技支撑。推动现代农业发展。国省衔接推进乡村振兴资金达到125.8亿元，用于农业产业发展比重超过60%。新培育国家农业现代化示范区5个、现代农业产业园2个，获补助7亿元。组建规模30亿元的乡村振兴产业投资基金。农业信贷担保政策性贷款突破100亿元。改善生产生活条件。国省补助100亿元，支持国家骨干水网工程、大中型灌区、小型水库除险加固等水利项目实施。国省补助20.4亿元，加快"村内户外"小型公益基础设施建设，推进田园综合体、美丽乡村等农村综合改革试点，扶持新型农村集体经济发展。

4. 助力美丽湖南建设

健全生态财政政策。出台改革方案，构建分类补偿与综合补偿相统筹、纵向补偿与横向补偿相协调的生态保护补偿制度。修订环境空气质量奖惩办法，加大对长株潭及重要传输通道城市奖惩力度。推进污染防治攻坚。国省投入57.6亿元，支持打好蓝天、碧水、净土保卫战，推进"一江一湖三山四水"系统联治，整改花垣"锰三角"矿业污染等中央环保督察指出问题。岳阳、益阳入围中央农村黑臭水体治理试点，获补助3亿元。促进生态保护修复。国省投入26.6亿元，支持人工造林、封山育林、森林抚育、草地改良。湖南南岭北麓历史遗留废弃矿山生态修复示范工程入围中央试点，获补助3亿元。株洲、衡阳获批国土绿化全国试点，获补助4亿元。

5. 兜牢基本民生底网

支持实施就业优先战略。国省补助38.1亿元，优化调整稳就业措施，重点支持高校毕业生、返乡农民工、退役军人、退捕渔民等群体就业创业，开展职业技能培训55万人次，城镇新增就业超70万人。支持教育全面均衡发展。全省教育支出1578.9亿元，占一般公共预算支出比重达16.5%，从学前教育到高等教育的生均经费拨款投入持续增加，100所县域普通高中"徐特立项目"全面开工，14所中职"楚怡学校"加快建设，293万学生享受各类奖助学金资助。支持护佑人民生命健康。国省补助11亿元，推进国家医学中心、国家区域医疗中心和县域医疗次中心建设，提升省市县乡各级公立医疗机构服务能力。支持中医药传承创新发展。城乡居民基本医保"财政+个人"参保缴费达到每人每年1020元。支持提升社会保障水平。城镇企业职工养老保险退休金19连调，城乡居民养老保险基础养老金提高到每人每月131元，城乡低保指导标准分别提高到每人650元/月、5000元/年，散居、集中养育孤儿基本生活标准分别提高到每人每月1100元、1500元，继续提高优抚对象生活补助标准。支持文旅深度融合发展。国省补助4.9亿元，支持2789家博物馆、纪念馆、美术馆、图书馆、文化馆（站）、体育场馆免费或低收费开放。支持郴州承办第二届全省旅发大会，建设"锦绣潇湘"全域旅游目的地。

6. 防范化解重大风险

防范地方债务风险。开展"半拉子"工程、假借PPP和政府购买服务新增隐性债务等专项整治，保持违规举债高压监管态势。抢抓中央实施一揽子化债方案措施机遇，对高风险地区、高风险债务实施"精准拆弹"，超额完成隐性债务化解任务。防范财政运行风险。对市县财力性转移支付增长17.3%，夯实基层保障能力。出台加强基层"三保"15条措施，强化县区"三保"主体责任。持续评估县区财政风险，全面开展"三保"调研督导，加强预算编制事前审核，实行预算执行全过程、常态化、穿透式监测，县区财政运行总体平稳。防范库款保障风险。精准调度库款，支持市县优先保障工资和民生补贴发放。逐日监控、逐月考核库款余额，确保处于合理区间。清理市县暂付款，严控库款出借，暂付款规模较高峰期下降54.5%，库款安全度明显提升。

7. 提升财政管理效能

健全过"紧日子"长效机制。进一步加大压减力度，省直部门一般性支出预算累计下降31%。全面清理各类论坛节庆展会运动会举办情况，建立财政补助总量控制和市场化办会引导机制。加力盘活国有"三资"。按照"全领域、全口径、全覆盖"要求，对全省行政事业单位、国有企业和省级及以上产业园区开展全面摸排，盘活资产入库收益超1000亿元。拓展财金联动空间。支持回购股权组建湖南银行，填补省级本土银行空白，省属金融国企战略部队实力显著增强。综合运用保费补贴、降费奖补、风险补偿等政策工具，引导全省政策性融资担保贷款规模达到773亿元，平均担保费率降至0.77%。切实强化财会监督。出台进一步加强财会监督工作实施方案，健全财会监督体系和工作机制，聚焦预算执行、惠农补贴、民生资金等领域开展财会监督专项行动，整治会计评估行业违法违规行为，持续提升财政管理水平。

回顾过去一年，全省各级财政部门坚持以政领财、以财辅政，扎实开展主题教育，狠抓规范财政管理，奋力推进财税改革，全国财政管理绩效考核连续4年获表彰，预决算公开度评比连续4年排名全国前四，党政机关过"紧日子"经验获国务院办公厅推介，盘活国有"三资"做法在全国财政工作会议上作典型发言。这些成绩的取得，得益于省委、省政府的坚强领导和省人大的监督指导，得益于人大代表和政协委员的关心支持，得益于各级各部门同心协力、真抓实干。与此同时，我们也清醒认识到，当前财政管理运行还面临一些问题和挑战，主要是：财政收支矛盾突出，部分市县"三保"运行紧张；部分地方债务负担较重，还本付息支出压力大；一些市县项目前期工作不充分，预算执行进度偏慢；部分领域支出结构固化，资金使用效益不高等。巡视、审计等监督检查还发现，部分地方存在挪用专项资金、专项债券管理不规范等问题。对此，我们高度重视，采取有力措施持续推进整改，举一反三，建立健全规范管理的长效机制。

二、2024年省级预算草案

当前，经济恢复仍处在关键阶段，机遇和挑战都有新的变化。从积极因素看，中央强化宏观政策逆周期和跨周期调节，继续实施积极的财政政策和稳健的货币政策，增量政策和存量政策叠加显效，经济政策和非经济政策协调配合，消费和投资相互促进的良性循环将更加畅通。我省锚定"三高四新"美好蓝图，加快建设"4×4"现代化产业体系，产业链供应链更加完善，产业技术变革加快突破，深度融入长江经济带发展、中部地区高质量发展战略，区域开放合作深化拓展，全省经济增长的基础更稳、韧性更强、前景更广阔。从制约因素看，外部环境的复杂性、严峻性、不确定性上升，社会预期偏弱，大宗消费和扩大再生产投资趋于谨慎；产业发展正处于新旧动能转换期，房地产等主要税源行业仍在筑底，"烟""油"等传统税源难有增量，新兴产业正在加快培育，对财政增收贡献还比较有限；统筹地方债务风险化解和稳定发展还面临严峻考验。综合研判，2024年经济发展面临的有利条件强于不利因素，经济运行将持续回升向好，财政收入将呈稳中向好态势，但"三保"和债务还本付息等刚性重点支出仍将持续攀升，收支紧平衡态势将更加凸显。我们将始终坚定信心，保持清醒头脑，做好思想和工作上的准备，坚定不移做好自己的事情，更好服务全省经济社会高质量发展。

（一）预算编制和财政工作的总体要求

根据中央和省有关要求，结合经济财政形势，2024年财政工作和预算编制的总体要求是：以习近平新时代中国特色社会主义思想为指导，全面贯彻落实党的二十大、二十届二中全会和中央经济工作会议精神，深入落实习近平总书记关于湖南工作的重要讲话和指示批示精神，坚持稳中求进工作总基调，完整准确全面贯彻新发展理念，积极服务和融入新发展格局，锚定"三高四新"美好蓝图，着力推动高质量发展，统筹扩大内需和深化供给侧结构性改革，统筹新型城镇化和乡村全面振兴，统筹高质量发展和高水平安全，将过"紧日子"作为长期坚持的方针和习惯，适度加力、提质增效实施积极的财政政策，深化财税体制改革，着力服务发展大局，切实增强经济活力、防范化解风险、改善社会预期，持续推动经济实现质的有效提升和量的合理增长，增进民生福祉，保持社会稳定，为建设现代化新湖南提供更加坚实的保障。

做好2024年财政工作和预算编制，要坚定贯彻省委十二届四次、五次全会精神，一以贯之坚持"稳、进、高、新"，具体遵循以下原则：一是强化重点保障。着力深化"零基预算"改革，围绕中央和省委、省政府重大决策部署，大力优化支出结构，着力强化"三个高地"、"4×4"现代化产业体系、"4+4"科创工程、乡村振兴、美丽湖南、基本民生等重大战略任务财力保障。二是坚持同向发力。抢抓中央宏观调控政策机遇，加强财政资源科学统筹和合理分配，用好国债、专项债、政府引导基金和减税降费等政策工具，强化经济政策与非经济政策取向一致性，推动发展动能向好、质量效益向好、市场预期向好。三是硬化刚性约束。坚持党政机关过"紧日子"，严控一般性支出，尽力而为、量力而行支持民生保障和事业发展。坚持预算法定，强化执行约束，除中央和省委、省政府新增重大支出决策，年中一般不新增预算。四是提升管理绩效。树牢预算绩效理念，低效资金一律整改，无效资金一律收回，沉淀资金一律盘活，体现奖优罚劣和激励相容导向，切实提高资金效益和政策效果。五是坚守安全底线。强化财政安全在各类安全中的基础作用，持续加大财力下沉力度，督促县区落实主体责任，切实兜牢基层"三保"底线。加强财会监督，严肃财经纪律，遏止违规举债行为，防范化解地方债务风险，以高水平安全助力高质量发展。

（二）2024年主要支出政策

2024年财政支出聚焦落实"八项重点任务"、实施"八大行动"，着力保运转、保民生、保重点、守底线。

1. 推动经济稳步回升向好

更好统筹消费和投资，增强内需动力，畅通宏观经济循环。促进消费潜能释放。加大财税支持力度，聚焦居民消费升级方向，培塑文化、旅游、教育、健康、养老等消费新增长点。用好财政补贴、减税降费政策工具，引导释放房、车等刚性和改善性需求。继续开展县域商业建设、生活必需品流通保供体系建设试点。推动投资效益提升。把握中央积极财政政策机遇，加强项目前期经费保障，推动项目储备扩量提质。优化专项债券投向，加大向重大战略、重点园区和重大项目配置力度。组合用好财政补助、专项债、增发国债等资金，吸引撬动社会资本，推进以"四个十大"为代表的重大项目加快建设。维护市场公平统一。持续释放减税降费红利，及时公开涉企优惠政策，降低市场交易成本。在财政补贴、税费优惠、政府采购等方面对各类市场主体一视同仁、平等对待，支持民营企业参与重大工程和特许经营项目，推进拖欠民营企业账款专项清理行动，持续优化企业发展环境，助力加快建设全国统一大市场。

2. 加力打造"三个高地"

坚持握紧拳头保重点，聚焦"3+5+3"标志性工程，高效配置财政资源，发展新质生产力。建设现代化产业体系。围绕"4×4"现代化产业体系布局1000亿元规模子基金群，推动形成"母基金引导+子基金聚焦+项目基金深挖"的基金业态。设立省级现代化产业体系建设专项，对重大产业项目、重大创新平台、重大技术攻关、重要展会平台给予资金支持。加大"智赋万企"行动推进力度，积极争取国家中小企业数字化转型试点。强化创新驱动发展。持续加大科技投入，加强省市协调联动，支持长株潭自主创新示范区提质升级，长沙全球研发中心城市、湘江科学城加快建设。探索建立"4+4"科创工程等重大创新平台人才培育和稳定运行机制。落实企业研发后补助、研发费用加计扣除等优惠政策，激励企业加大创新投入。提高对外开放水平。出台自贸试验区财税政策"升级版"，以更大力度鼓励制度创新。落实各项激励措施，支持湘商回归、央企入湘和吸引利用外资。强化财政政策绩效导向，壮大航空运输、货运班列、铁海联运等国际贸易通道。支持中非经贸深度合作先行区、湘琼先进制造业共建产业园加快建设。

3. 支持抓好"三农"工作

推进实施"五千工程"，推动农业农村优先发展，加快农业农村现代化步伐。提升粮食安全保障能力。支持高标准农田建设扩面提质，提升粮食综合产能。支持山塘加固、渠道清淤等小型农田水利设施建设，改善农田生产条件。实施优质粮油工程财政政策，提升绿色仓储、品种品质品牌、应急保障等能力。加快现代农业产业发展。组合用好财政奖补、贷款贴息、信贷担保、风险补偿等政策，支持农业优势特色产业做大做强、农产品加工企业延链集群、新型农业经营主体培育壮大，引导能人回乡、农民工返乡、企业家入乡创业就业，推动一二三产业融合发展。建设宜居宜业和美湘村。引导市县开展乡村规划编制，促进乡村建设科学布局。加强部门协同和资金统筹，开展省级传统村落保护试点。支持乡村治理示范村镇、美丽乡村示范村创建，提升乡村治理效能和人居环境。

4. 推动城乡融合、区域协调发展

优化要素资源配置，促进城乡双向流动，缩小区域发展差距，更好融入新发展格局。提高新型城镇化质量。支持实施城市更新行动，推进保障性住房、"平急两用"公共基础设施建设、城中村改造等"三大工程"。加强转移支付分配与农业转移人口市民化联动，推进以人为核心、以县城为重要载体的新型城镇化。突出县域经济特色。激励县市按照农产品加工转化、新型工业化、文旅融合化等主攻方向发展县域经济，对考核先进县市给予奖励。实施县域财源建设提质三年行动，推动县区财政收入量质齐升上台阶。促进区域发展协同。用好财政政策工具，引导生产力布局优化调整，完善"一核两副三带四区"格局。支持长株潭一体化高质量发展，衡阳、岳阳省域副中心城市做大做强，湘南地区打造新兴产业承接和科技产业配套基地，大湘西地区建设脱贫地区、民族地区高质量发展先行区。

5. 有力推进生态文明建设

完善政策体系，拓宽资金来源，培育绿色低碳发展内生动力。支持污染防治。持续加大财政投入，健全"空天地网"生态环境监测网络，持续打响"夏季攻势"。国省计划投入110亿元，实施洞庭湖总磷污染控制与削减攻坚财政奖补政策。完善排污权确权办法，鼓励社会资本参与排污权交易。促进生态保护。支持实施国土绿化行动，提升天然林、湿地等生态系统水土保持功能。加大流域生态保护补偿投入，积极融入国家大江大河干流补偿体系。完善森林生态保护补偿资金管理办法。推动绿色发展。加大长株潭生态绿心保护投入，着力打造具有世界影响的城市群生态绿心。完善政府绿色采购制度，加大绿色产品采购力度。探索生态产品价值实现机制，拓宽绿水青山向金山银山转化路径。

6. 持续增进民生福祉

坚持在发展中保障和改善民生，尽力而为、量力而行，持续增强人民群众获得感幸福感安全感。稳定重点群体就业。统筹用好就业帮扶资金，设立大学生创业引导基金，完善创业担保贷款贴息政策，支持高校毕业生、退役军人等重点群体就业创业。发展公平优质教育。安排省级财政补助20亿元，统筹用好专项债券，下大力气改善高校办学条件。落实省级补助政策，推动普通高中"徐特立"项目全面建成。支持线上线下融合授课，困难地区教育人才对口帮扶，促进义务教育资源均等化。提升卫生健康水平。支持困难地区卫生人才对口帮扶，缓解基层群众看大病难。建设"六医联动"信息系统，强化医疗信息共享。扩大新生儿免费筛查疾病范围，增加0-3岁儿童普惠托位，完善生育支持政策。推广心肺复苏技能，提升全民应急救护能力。健全社会保障体系。支持提质改造老年学校，建设老年助餐服务点，推进养老服务体系补短板，促进银发经济发展，增进老年人福祉。继续提高低收入困难群体、残疾人、孤儿、优抚等对象生活补助标准，研究建立困难残疾人集中照护服务制度，保障重点人群基本生活。推动文化强省建设。支持实施文物保护利用"六大工程"，加强文物古迹和文化遗产保护利用。支持旅游形象宣传，擦亮"三湘四水相约湖南"品牌。支持衡阳办好第三届全省旅游发展大会。增强安全发展能力。支持农村公路安防设施建设，提升农村道路安全水平。积极争取国债资金，加大财政投入力度，支持基层消防站建设和应急救援队伍装备配备，全面改善林火阻隔带、铁塔视频监测等森林防火基础设施，系统加强险情预防和应急救援能力。

（三）收入预计及支出安排

1. 一般公共预算

结合前述形势判断，2024年全省一般公共预算地方收入按增长6%安排，规模预计为3562亿元。相应测算，省级地方收入预算数为385亿元，加上中央补助4200.7亿元，一般债务收入849.4亿元，市县上解281.7亿元，动用预算稳定调节基金60亿元，调入资金21.5亿元，上年结转184.3亿元，收入合计5982.6亿元；省本级支出安排1380亿元，加上上解中央64.7亿元，补助市县3767亿元，预备费20亿元，转贷市县一般债务741.9亿元，一般债务还本9亿元，支出合计5982.6亿元。

2. 政府性基金预算

根据基金收入和实际支出情况，按基金项目以收定支编制。省级收入安排49.8亿元，主要是彩票公益金、车辆通行费等收入，加上中央补助和市县上解37.7亿元，专项债券1504.6亿元，上年结转38.6亿元，收入合计1630.7亿元；支出安排33.8亿元，补助市县52.5亿元，转贷市县专项债券1479.7亿元，专项债务还本26.9亿元，结转下年37.8亿元，支出合计1630.7亿元。全省收入安排2650亿元，加上中央补助36.2亿元，专项债券1504.6亿元，上年结转449.9亿元，收入合计4640.7亿元；支出安排3216亿元，调出到一般公共预算441.9亿元，专项债务还本556.3亿元，结转下年426.5亿元，支出合计4640.7亿元。

3. 国有资本经营预算

按照收支平衡的原则编制，并加大与一般公共预算统筹力度。省级收入安排27.6亿元，加上中央补助1.1亿元，收入合计28.7亿元；支出安排6.1亿元，调出到一般公共预算21.5亿元，补助市县1.1亿元，支出合计28.7亿元。全省收入安排245.7亿元，加上中央补助1.1亿元，上年结转11.9亿元，收入合计258.7亿元；支出安排73.6亿元，调出到一般公共预算185.1亿元，支出合计258.7亿元。

4. 社会保险基金预算

省级收入安排1900.7亿元，支出安排1858.8亿元，年末滚存结余2272.4亿元。全省收入安排3831.9亿元，支出安排3616.4亿元，年末滚存结余4361.4亿元。

分险种来看，全省企业职工基本养老保险基金收入1626.7亿元，支出1626.5亿元，滚存结余1795.5亿元；城乡居民基本养老保险基金收入291.9亿元，支出202.2亿元，滚存结余756.6亿元；机关事业单位养老保险基金收入701.6亿元，支出701.4亿元，滚存结余100.3亿元；城镇职工基本医疗保险基金收入562.2亿元，支出465.6亿元，滚存结余1112.0亿元；城乡居民基本医疗保险基金收入561.2亿元，支出531.9亿元，滚存结余408.6亿元；工伤保险基金收入49.7亿元，支出53.9亿元，滚存结余74.6亿元；失业保险基金收入38.6亿元，支出34.9亿元，滚存结余113.8亿元。

需要说明的是，一是按照预算法规定，省级年初预算部分上级补助预算数为中央提前下达部分，小于上年执行数，相应对市县补助预算数也小于上年执行数。二是预算法规定在预算草案批准前，可安排必须支付的本年度部门基本支出、项目支出，对下级政府的转移性支出，处置突发事件等支出。根据上述规定，截至目前，全省一般公共预算支出450亿元，其中省本级支出75亿元。省人代会批准预算后，我们将按照批准的预算执行。

三、扎实做好2024年财政改革发展重点工作

2024年是中华人民共和国成立75周年，是实施"十四五"规划的关键一年。我们将深入贯彻中央经济工作会议、省委十二届四次、五次全会精神，落实省十四届人大二次会议预算审查决议，适度加力、提质增效实施积极财政政策，加快推进财税改革，有效防范债务风险，进一步增强重大战略财力保障，全力服务经济社会高质量发展。

1. 千方百计开源挖潜，着力夯实财力基础

加强财源建设。实施财源提升行动，以创新举措培育新增长点。强化税源监测分析，构建大数据治税新格局。出台财源建设绩效评价办法，推动形成"财税+行业部门"齐抓共管新局面。盘活国有"三资"。深化国有"三资"清查处置与管理改革，"用售租融"协同发力，统筹优化资源配置，健全盘活长效机制，探索数据资产等新形态资产价值实现，持续提高国有资产收益。抢抓政策机遇。加强对赤字、专项债、转移支付等积极财政政策工具研究预判，打好政策储备提前量，做好项目储备前期工作，抓住有利时机加快推进，努力将宏观调控政策红利更多更好地转化为推动高质量发展的强劲动力。

2. 驰而不息强化管理，着力提升政策效能

树牢过"紧日子"思想。严控一般性支出，厉行节约办理资产管理、政府采购、机关管理等事项。加强项目投入产出评估，严禁不计成本"拼政策""拼优惠"招商引资，避免重复建设、资产闲置，勤俭办一切事业，健全绩效管理机制。建立健全重大政策和项目事前评估机制，选取"三个高地"建设、重点民生保障等领域重大项目和支出开展绩效评价，加强绩效评价结果运用，推动绩效管理由树理念搭框架向抓重点强质效转变，切实把钱用在"刀刃"上。提高财政支出绩效。加快下达各类转移支付，推动债券资金快发快用，及时释放积极财政政策强劲动能。加快省级政府引导基金布子落地，积极运用贷款贴息、保费补贴、风险补偿等方式，发挥财政资金"四两拨千斤"杠杆作用，引导资金资源投向大战略大产业大项目。

3. 较真碰硬改革攻坚，着力健全治理体系

深化零基预算改革。以"零"为起点，所有支出按照"先定事后定钱"的原则，实事求是编制预算。破除"基数"观念，打破惯性做法和路径依赖，改变投向固化格局，深度优化支出结构。推进预算大统筹。强化全

口径预算管理，以保障省委、省政府重大战略实施为牵引，深入推进专项资金、跨部门资金、财政拨款与单位资金统筹整合，集中财力办大事。完善省以下财政体制。适度强化省级财政事权和支出责任，规范跨区域收入划分办法，调整园区财政体制，完善转移支付分配办法，完善引导市县高质量发展的激励约束机制，加强乡镇财政和村账管理，激发调动各方积极性主动性，确保市县财政运行稳健、长期可持续。加强新一轮财税体制改革政策储备，更好发挥财税改革对宏观经济治理的促进作用。

4. 持之以恒严抓真管，着力兜牢安全底线

坚守债务风险底线。密切关注中央政策动向，加强督导、考核和监测预警，激励督促市县落实化债任务，协调金融机构支持化债，优化地方债务结构，降低债务利息成本，加快推进平台公司转型发展，严肃问责违规新增隐性债务行为，加强专项债券"借、用、管、还"全流程管理，稳步化解地方债务风险。兜稳"三保"风险底线。始终把"三保"摆在财政工作的最优先位置，进一步加大对基层补助力度和向困难地区倾斜力度，完善"三保"清单制度，健全预算审核机制，强化"三保"预算执行、库款流量监测，确保刚性支出及时足额兑付，"三保"风险早防早化。严格财经纪律底线。加强与纪检、巡视、审计等信息互通和协调联动，构建全方位、多层次、立体化财会监督格局，强化对财政运行、转移支付、惠民惠农补贴、社保基金、债务管理等重点领域监督，实现精准发力、查深查透，为防范化解重大风险提供坚实屏障。

各位代表，百舸争流千帆竞，借海扬帆奋者先！新的一年，我们将更加紧密的团结在以习近平同志为核心的党中央周围，在省委、省政府坚强领导下，坚定信心、保持定力，主动担当、团结奋进，努力完成各项目标任务，以高质量发展的实绩实效，为加快实现"三高四新"美好蓝图、建设社会主义现代化新湖南作出更大贡献。

(来源于湖南省财政厅网站)

湖南省人民政府办公厅印发《关于打好经济增长主动仗实现经济运行整体好转的若干政策措施》的通知

湘政办发〔2023〕4号

各市州、县市区人民政府，省政府各厅委、各直属机构：

《关于打好经济增长主动仗实现经济运行整体好转的若干政策措施》已经省人民政府同意，现印发给你们，请认真抓好贯彻落实。

附件：关于打好经济增长主动仗实现经济运行整体好转的若干政策措施

湖南省人民政府办公厅
2023年2月5日

附件

关于打好经济增长主动仗实现经济运行整体好转的若干政策措施

为全面贯彻党的二十大和中央经济工作会议精神，落实省委经济工作会议和省《政府工作报告》部署，围绕稳增长、稳就业、稳物价，打好经济增长主动仗，实现经济运行整体好转，提出以下政策措施。

一、促进消费恢复升级

1. 加大促消费活动和消费补贴力度。鼓励各地联合金融机构、平台企业发放消费券，鼓励长沙等有条件的地区发放数字人民币红包，省级统筹相关资金按各市州实际支出的30%给予补贴，最高可补贴1000万元。省级统筹相关资金对重点困难群体发放惠民促销券。全省各单位工会根据有关规定和标准以多场景多用途消费卡形式发放年度工会福利费。降低银行账户服务收费，降低人民币转账汇款手续费，取消部分票据业务收费，降低银行卡刷卡手续费。（省商务厅、省总工会、人民银行长沙中心支行、湖南银保监局按职责分工负责）

2. 加大对重点领域消费的支持引导。延续实施新能源车置换补贴，带动新能源汽车生产消费，力争全省新能源汽车产量突破100万辆。2023年6月30日前个人消费者报废在湖南登记注册的符合相关标准的家用汽车，并在省内购买新能源乘用车的，凭报废车回收证明和新车购车发票等资料享受5000元资金补贴，补贴由省和购车所在市州统筹安排。省级组织开展新能源汽车推广应用、绿色智能家电下乡等促消费活动，由省级层面统筹安排资金按市州实际支出给予适当补贴。对于纳税入统的年经销额超过1亿元且当年增速达10%以上的二手车经销企业，按其二手车经销额的0.5%给予奖励，最高可奖励100万元。开展成品油专项整治行动，全面推广智慧税控监管，省级层面统筹相关资金按市州实际支出给予补贴。发放文旅消费券，省级层面统筹相关资金对举办文旅宣传营销活动给予适当补贴，对引客来湘的省内旅行社按相关标准给予奖补，支持航空旅游营销活动，对承办第二届旅游发展大会的市州给予项目资金支持。（省商务厅、省财政厅、省工业和信息化厅、省文化和旅游厅、省税务局按职责分工负责）

3. 加快推进新消费场景和平台创建。推进内外贸一体化试点，支持长沙打造国际消费中心城市，带动其他市州建设区域性消费中心。对有新评定为省级（含）以上示范步行街、智慧商圈的市州给予奖补，最高可奖补100万元。对有新评定为省级以上夜间消费聚集示范区（含文旅）的市州给予奖补，最高可奖补50万元。对首次认定为国家级电子商务示范基地和电子商务示范企业的，分别给予一次性奖励，最高可奖励100万元、80万元。对首次认定为省级数字商务集聚区的给予一次性奖励,最高可奖励60万元。(省商务厅、省财政厅、省文化和旅游厅按职责分工负责)

4. 加大对商贸企业和品牌支持力度。培育壮大商贸流通领域市场主体,对年度零售额增速超过全省平均水平且销售额过2000万元的限上法人单位给予奖励,最高可达到10万元。对在湖南省注册且年网络交易额首次超过100亿元的线上批发零售企业,按企业当年新增地方税收贡献的50%给予一次性奖励,最高可奖励100万元。对在省内设立中国(内地)首店、湖南首店并签订2年以上入驻协议的,给予落户奖励。争取2023年在湖南开设免税店。对2023年新获批"中华老字号"的企业给予奖励,最高可奖励30万元。对以会展服务为主营业务(不含工程类企业)年营业收入达到2000万元(含)的企业,给予资金奖励。大力实施湖南品牌建设工程,支持开展品牌营销推广活动,促进品牌消费。(省商务厅、省市场监管局按职责分工负责)

二、保持投资稳定增长

5. 加大招商引资力度。设立省级招商引资母基金及产业链招商子基金。对"三类500强"企业来湘设立集团总部、世界500强企业来湘设立中国区总部的,按"一事一议"给予支持。对湘商上市企业集团总部整体回迁的,最高给予1000万元奖励。对湘商上市企业功能性总部回迁,并有税收贡献的,最高给予300万元奖励。对返乡创业、创新创业的市场主体给予政策倾斜支持。对符合条件的民间资本参与重大工程和补短板的项目给予政策资金支持。(省商务厅、省农业农村厅、省地方金融监管局、湖南证监局、省发展改革委按职责分工负责)

6. 强化项目要素保障。对纳入国家、省重点建设项目清单的项目用地,由省级统筹保障土地利用计划指标。符合条件的重大项目,如涉及的永久基本农田无法在市域范围内补足,可在省域范围内补划。优化提升用地、用林审批效率。争取中央预算内投资200亿元以上、专项债券1300亿元以上,支持公共服务、重大基础设施等领域重大项目建设。设立总量1500亿元的第三轮"三高四新"融资专项支持重大项目建设。(省发展改革委、省自然资源厅、省水利厅、省生态环境厅、省林业局、省财政厅、省地方金融监管局、人民银行长沙中心支行按职责分工负责)

7. 加快项目推进实施。对纳入年度省重点建设项目清单、中央预算内、地方政府专项债券、政策性开发性金融工具等项目,尚未落地的,组建专班实行全流程、全周期跟踪指导服务。在省预算内基建投资中安排3000万元前期工作经费,支持重大基础设施项目前期工作。在省预算内基建投资中安排1800万元,对重大项目投资完成率高、开(竣)工率高的市州和县市区给予奖励,并在中央预算内投资、专项债等申报中予以倾斜支持。(省发展改革委、省财政厅、省自然资源厅、人民银行长沙中心支行按职责分工负责)

8. 盘活存量资产资源。持续推进国有"三资"清查处置,争取安排1亿元用于支持引导社会资本参与盘活国有存量资产。对省内原始权益人发行的基础设施REITs项目推荐到国家发展改革委的,给予原始权益人200万元的前期工作费用补助资金,将基础设施REITs产业有关咨询服务纳入政府购买服务指导性目录。(省发展改革委、省财政厅按职责分工负责)

9. 稳定房地产领域投资。支持房地产项目和参建企业、材料供应企业合理融资需求。落实房地产开发贷款、信托贷款等存量融资展期政策,帮助企业缓解短期偿债压力。用足用好保交楼专项借款和保交楼贷款支持计划等政策工具,鼓励金融机构加大配套融资支持力度。支持资产管理公司参与省内风险房地产企业的资产处置、项目并购。探索城市更新等房地产发展新模式,用足用好住房租赁政策,可利用住房公积金增值收益收购社会房源作为公租房、保障性租赁住房,满足各类群体租赁住房需求。出台政策吸引外地人口落户和安居、促进二手房交易、消化现房。争取各类房地产市场改革试点落户湖南。(省住房城乡建设厅、省地方金融监管局、人民银行长沙中心支行、湖南银保监局按职责分工负责)

三、推动外贸扩容提质

10. 支持外贸企业抢单拓市。探索开设商务活动出入境专门服务窗口,加快办理外贸业务人员出境参加商务活动审批。支持国际客货运航线开通或复航。支持外贸企业通过实地参展、线上参展、代参展等方式赴境外参展,对企业参加重点境外展会展位费按比例给予资金支持。发挥出口信用保险政策性金融工具作用,进一步扩大出口信用保险覆盖面,加大出口信用保险风险保费和融资支持力度。设立汇率避险产品风险补偿金,对准入企业实施"两免一补一优惠"政策。引导金融机构扩大外贸信贷投放规模,对外贸供应链平台为服务产业发展需求而产生的贸易项下融资贷款利息,按照50%的标准给予贴息支持,最高可补贴200万元。支持高新技术和"专精特新"外贸企业纳入跨境融资便利化试点。(省政府外事办、省商务厅、进出口银行湖南分行、人民银行长沙中心支行、中信保湖南分公司按职责分工负责)

11. 鼓励外贸业态创新发展。设立市场采购贸易风险补偿金。支持培育跨境电商自主品牌,建设一批跨境电商产业带、产业园、孵化中心、集货仓和公共海外仓。对符合条件的跨境电商产业带,最高可一次性奖励100万元。对符合条件的跨境电商产业园,最高可一次性奖励500万元。对省级公共海外仓给予首年最高60万元/个、后两年每年最高30万元/个的支持,单个企业三年累计支持最高可达到500万元。优化跨境电商资金收付服务,支持有条件的银行参照支付机构开展跨境电商外汇业务。(省商务厅、省地方金融监管局、人民银行长沙中心支行按职责分工负责)

12. 推动开放平台赋能增效。实施自贸试验区提升战略,全国首创并被国家复制推广的制度创新成果,对作出主要贡献的单位每项最高可奖励500万元。支持省内具备条件的区域与自贸试验区片区开展协同联动,分批建设协同联动区。省级层面整合项目资金支持五大国际物流通道和货运集结中心建设、怀化国际陆港建设。对服务功能健全、服务成效明显的园区外贸综合服务中心延长支持年限。(省商务厅、省发展改革委、省交通运输厅按职责分工负责)

四、培育壮大产业动能

13. 加强市场主体培育。继续实施市场主体倍增工程。发布"湖南制造业100强企业"榜单,从榜单发布的第二年起,对新晋榜单且营业收入、税收贡献增幅均超过10%的企业,给予奖励,最高可奖励500万元。组织实施"智赋万企"行动,支持打造一批数字领航企业,对国家工业互联网、大数据、物联网、新一代信息技术与制造业融合发展等试点示范项目企业最高可奖励100万元;支持智能制造标杆企业和车间创建,对智能制造标杆企业最高可奖励100万元;对智能制造标杆车间最高可奖励50万元。对新获评国家级制造业单项冠军的申报主体给予100万元奖励;对新获评的国家级服务型制造示范企业(平台、项目),按50万元、100万元、200万元档次给予奖励;对新获批的国家级专精特新重点"小巨人"企业三年最高可给予600万元奖补支持。对首次进入全国电子信息、软件、互联网、大数据、人工智能等新一代信息技术产业百强企业给予100万元奖励。对在湖南股交所科技创新专板、"专精特新"专板挂牌的企业给予15万元补助。对已在湖南证监局辅导验收的企业,给予200万元补助资金,对科创板上市企业再奖励100万元。对收购省外上市控制权并将注册地迁至我省的企业,给予200万元的一次性补助资金。(省工业和信息化厅、省财政厅、省市场监管局、省地方金融监管局按职责分工负责)

14. 支持企业技术创新。落实企业研发分类奖补政策,对列入省重点高新技术领域的企业,按其较上年度新增享受研发费用加计扣除部分的12%给予补助,单家企业补助额最高可达到1000万元。落实好国产"首台套、首批次、首版次、首轮次、首套件"(以下简称"五首")产品奖励政策,对符合条件的"五首"产品给予售后或研发奖励。对新认定的国家级工业设计中心,一次性给予100万元奖励。对列入制造业关键产品"揭榜挂帅"的项目,按不超过企业实际项目研发投入的10%给予补助,最高补助2000万元。对当年验收竣工投产的"100个产品创新强基项目",给予100万元左右的竣工奖励。制定有效政策措施引导企业开展商业模式和经营管理模式创新。扩大科技人才类项目经费包干制实施范围,科技创新人才项目经费最高可按20%对个人生活进行补助(重大人才项目按协议确定)。(省科技厅、省财政厅、省工业和信息化厅、省人力资源和社会保障厅按职责分工负责)

15. 支持重点产业发展。支持工程机械等传统优势产业完善产业链供应链,对省外(含境外)来湘投资企业,一个年度内实际到位资金达到2亿元或3000万美元以上的工程机械等优势产业补链延链项目,按其实际到位资金一定比例给予奖励。继续实施工业企业技术改造税收贡献增量奖补政策。开展原材料、消费品工业"三品"标杆企业培育,对当年认定的"三品"标杆企业给予奖励,最高可奖励50万元。对创建为国家级和省级的产业集群,按相关政策予以奖励。支持电子信息、新能源汽车、现代石化等新兴产业发展,由省级统筹推进一批支撑产业发展的重大项目,在财政资金申报、银行贷款、用地、用能等方面优先保障。对在省内新建研发中心且项目总投资超过2亿元并符合相关条件的新能源汽车整车生产企业,按项目实际研发设备、设施投入的10%予以支持。支持大健康、通用航空等产业发展,按规定放宽大健康相关行业准入,发挥好通用航空产业基金引导作用。(省工业和信息化厅、省发展改革委、省商务厅按职责分工负责)

16. 支持"五好"园区建设。省级层面统筹安排资金,对省级认定的国际政府间合作园区,奖励500万元;对新升级为国家级园区的省级园区,奖励500万元;对经认定的园区科技孵化、现代物流、产融合作平台,最高可奖励200万元;对综评在全国和中部地区排名双进位的园区,根据进位幅度和全国及中部排名情况,最高可奖励500万元;对评为全省"开放十强"的省级以上园区奖励200万元。从省预算内基建投资中安排2000万元,对在"五好"园区建设中表现突出的给予奖励。对亩均税收达到全省平均水平的园区优先支持调区扩区。支持引导各类园区盘活闲置土地和厂房,用于产业发展。(省发展改革委、省商务厅、省自然资源厅、省财政厅按职责分工负责)

五、全力帮扶实体经济

17. 加大金融支持力度。落实设备购置与更新改造贷款贴息政策,对符合条件的项目给予2.5个百分点的贴息,期限2年。继续组织企业申报2023年国家制造业中长期贷款。继续加大普惠小微贷款投放力度,力争普惠小微贷款增速不低于各项贷款增速。对暂时遇到困难的小微企业(含个体工商户)有延期需求的贷款,鼓励金融机构按市场化法治化原则,通过无还本续贷、还旧借新等方式满足合理融资需求。省财政继续对符合条件的支小支农担保业务保费给予阶段性补贴。鼓励市州和县市区对中小微企业通过政府性融资担保机构担保获得的银行贷款,实行贴息贴费。积极支持科技金融、普惠金融、供应链金融、农村金融、绿色金融创新,为推动经济运行整体好转提供有力有效的金融支撑。(人民银行长沙中心支行、省地方金融监管局、湖南银保监局、省财政厅、省发展改革委按职责分工负责)

18. 加大财税支持力度。2023年1月1日至12月31

日，对月销售额10万元以下（含本数）的增值税小规模纳税人，免征增值税；增值税小规模纳税人适用3%征收率的应税销售收入，减按1%征收率征收增值税；适用3%预征率的预缴增值税项目，减按1%预征率预缴增值税。对增值税小规模纳税人、小型微利企业和个体工商户，减按50%征收资源税、城市维护建设税、房产税、城镇土地使用税、印花税（不含证券交易印花税）、耕地占用税和教育费附加、地方教育附加，执行期限至2024年12月31日。对缴纳房产税、城镇土地使用税确有困难的纳税人按规定给予减免。延续实施用水用电用气"欠费不停供"政策，允许在一定期限内补缴，并免收滞纳金。通过预留份额、评审优惠、优先采购等措施，降低中小企业参加政府采购门槛，提高中小企业在政府采购中的份额。（省税务局、省财政厅、省发展改革委按职责分工负责）

19. 助力企业稳岗拓岗。继续实施阶段性降低失业、工伤等社会保险费率政策。阶段性缓缴社会保险费政策到期后，原规定的6个月内缴清缓缴的社会保险费，延长至2023年12月31日前予以缴清。企业可以根据自身经营状况，采取一次性、分期或逐月等方式补缴缓缴的社会保险费，补缴期间免收滞纳金。对符合条件的招用就业困难人员的企业、招用离校2年内未就业高校毕业生的小微企业，按规定给予社会保险补贴。定期发布急需紧缺职业（工种）目录，组织开展就业对接活动。（省人力资源和社会保障厅、省财政厅按职责分工负责）

20. 加强用能和物流保障。加快能源项目建设。新增煤电项目供应能力400万千瓦以上。开工建设一批风电和光伏发电项目。加快建设"宁电入湘"特高压直流工程。积极争取冬夏高峰期外电按最大能力送湘。优化电力负荷管理，全力保障企业用电需求。积极争取天然气合同量增长5%以上，加快建设一批储气设施，全力保障企业用气需求。持续深化水电气价改革，降低企业用能成本。推进物流优化提升和降本增效，省级层面整合相关资金支持国内航空货运、网络货运、多式联运发展，加强物流枢纽、冷链物流基地等基础设施建设，扩大农村客货邮融合发展试点范围，持续降低企业物流成本。（省发展改革委、省交通运输厅、省商务厅、省供销合作总社、国网湖南省电力公司按职责分工负责）

以上政策措施自公布之日起实施，有效期至2023年12月31日。本措施中有明确期限规定和国家及本省出台相关文件另有明确期限规定的，从其规定。

全省各级各部门要对照本政策措施制定实施细则，明确责任主体，持续开展"送政策、解难题、优服务"行动，着力推动政策落实兑现，着力改进政府服务，着力营造亲清政商关系，改善社会心理预期，提振企业发展信心，推动经济运行整体好转，确保全面建设社会主义现代化新湖南开好局起好步。

（来源于湖南省财政厅网站）

湖南省人民政府办公厅关于印发《湖南省恢复和扩大消费的若干政策措施》的通知

湘政办发〔2023〕35号

各市州、县市区人民政府，省政府各厅委、各直属机构：

《湖南省恢复和扩大消费的若干政策措施》已经省人民政府同意，现印发给你们，请认真抓好组织实施。

附件：湖南省恢复和扩大消费的若干政策措施

湖南省人民政府办公厅
2023年8月31日

附件

湖南省恢复和扩大消费的若干政策措施

为深入贯彻落实党中央、国务院关于恢复和扩大消费的系列决策部署，充分发挥消费对经济发展的基础性作用，不断增强高质量发展的持久动力，推动全省经济持续回升向好，制定如下政策措施。

一、稳定大宗消费

（一）优化汽车购买使用管理。严格执行二手车异地交易登记跨省通办和全面取消二手车限迁政策。兑现对二手车经销企业的奖补政策，推动二手车交易市场规范化经营，开展二手车诚信评价和示范经营创建活动。加大汽车促销力度，开展"惠购湘车"活动，在活动举办期间对个人消费者在湖南报废或转出符合相关标准的家用乘用车，并在省内购买乘用车新车的，予以电子消费券补贴。增加城市停车位供给，推进车位资源共享利用。（省公安厅、省商务厅、省财政厅、省住房城乡建设厅等按职责分工落实，下同）

（二）扩大新能源汽车消费。落实新能源汽车车辆购置税减免等优惠政策，开展新能源汽车促销活动。扩大党政机关及其他公共机构新能源汽车配比，新增及更新车辆中新能源汽车比例不低于40%。鼓励旅游客运车、网络预约车、邮政快递车使用新能源汽车，鼓励租赁车辆优先选用新能源汽车，推动党政机关、企事业单位采购绿色交通出行服务。完善城市公共充电服务网络，优化公路沿线充电基础设施布局，逐步实现农村地区充电设施有效覆盖，基本形成城市面状、公路线状、乡村点状布局的充电服务网络。鼓励换电模式推广应用，有效满足居民绿色出行需求。对居民电动汽车充电设施用电试行分时电价政策。（省税务局、省商务厅、省机关事务局、省财政厅、省交通运输厅、省邮政管理局、省发展改革委）

（三）支持刚性和改善性住房需求。用好保交楼专项借款，允许商业银行按市场化、法治化原则，在充分评估房地产企业信用风险、财务状况、声誉风险等因素的基础上进行自主决策，与优质房地产企业开展保函置换预售监管资金业务。探索现房销售试点，优化长沙市限购限贷政策。支持新市民、青年人提取住房公积金用于租赁住房，城镇老旧小区居民提取住房公积金用于本人、配偶及双方父母自住住房加装电梯等改造。推进老旧小区改造、城中村改造、农村危房改造和"平急两用"公共基础设施建设，有效清除安全隐患。（各市州人民政府、省住房城乡建设厅、国家金融监督管理总局湖南监管局、人民银行湖南省分行、省发展改革委）

（四）提升智能家居和电子产品消费。推动产业协同联动、融合互通、智能互联，增品种、提品质、创品牌，以优质供给引领消费。鼓励电商平台开设绿色智能产品销售专区。加快实施家电售后服务提升行动，鼓励优秀企业参与申报"家电售后服务领跑企业"，支持家电企业在社区开设售后便民服务站。鼓励各地开展家电以旧换新活动，支持回收企业建立多元化回收渠道，通过全品类回收、预约回收等方式开展废旧家电回收，并交由合规企业处理。（省工业和信息化厅、省发展改革委、省商务厅）

二、扩大服务消费

（五）扩大餐饮服务消费。全力办好中国国际食品餐饮博览会，持续办好"味道湖南"美食季等活动，升级改造特色美食街区，鼓励餐饮企业延时经营。大力弘扬湖湘美食文化，打造湘菜品牌，评选湘菜名县，积极推动湘菜品牌和湘菜企业走出去。培育壮大预制菜企业，支持建设"冷藏设备-冷链企业-冷链区域中心"闭环冷链物流体系和"中央厨房+食材冷链配送"设施，支持预制菜加工集聚发展。推广透明厨房，让消费者吃得放心。（省农业农村厅、省商务厅、省发展改革委、省交通运输厅、省市场监管局）

（六）丰富文旅消费。全面落实带薪休假制度，鼓励错峰休假、弹性作息，促进假日消费。统筹用好省级文化和旅游发展专项资金，围绕建设旅游世界目的地，打造"五张名片"。举办旅游发展大会，每年集中力量安排一定比例的资金用于支持承办地旅游业项目建设。加强文化旅游市场品牌创建，加大对文化和旅游市场主体政策、资金、人才、管理等方面的扶持。大力实施"引客入湘"计划，省级层面发放文旅消费券，同时鼓励市州、县市区发放文旅惠民消费券，支持开展文旅消费季、四季乡村旅游节、旅博会等活动。鼓励实施景区门票减免、淡季免费开放。落实对有新评定省级（含）以上夜间消费集聚示范区（含文旅）的市州最高奖补50万元的政策，支持有条件的市州将商圈、商业综合体、步行街、特色街区、博物馆、文化馆、美术馆、科技馆等场所开发为夜间城市文化活跃区。（省委组织部、省人力资源社会保障厅、省总工会、省文化和旅游厅、省财政厅、省发展改革委、省商务厅）

（七）促进文娱体育会展消费。加快审批进度，优化审批流程，强化安全监管和服务保障，争取大型戏剧节、音乐节、艺术节、动漫节、演唱会等演出活动落地湖南。因地制宜组织开展马拉松、自行车、徒步穿越、陆地赛艇等全民健身品牌赛事，大力引进高端体育赛事、精品赛事，打造培育"株洲厂BA""娄底足球之城"等特色体育赛事，丰富夜间体育消费供给。推动体育设施"一键预约"全覆盖，加强体育公园建设，补齐全民健身设施短板。适时组织举办湖南体育产业博览会，积极申请国家级体育产业类大型博览会在湖南举办，打造中部地区体育消费大平台。进一步扩大会展消费。支持市州组织开展"老字号嘉年华"等活动，对新获批省级及以上"老字号"的企业予以奖励。大力实施湖南品牌建设工程，促进品牌消费。（省文化和旅游厅、省体育局、省商务厅、省财政厅、省市场监管局）

（八）提升民生领域消费。安排不低于55%的社会福利事业彩票公益金用于支持发展养老服务。加快适老化改造和老年人健康管理、生活照护、康养疗养等服务和产品开发。支持有条件的市州推广社区居家养老助餐服务。积极扩大普惠型服务供给，深化普惠养老城企联动专项行动，鼓励培训疗养设施、医院、酒店、公寓等其他设施坚持服务为本的功能定位开展养老转型，推动公共消费提质增效。建设社区托育服务设施和综合托育服务机构，增加普惠托育服务供给。全面推进健康湖南行动，推进城市医疗集团和县域医共体等医疗联合体建设。进一步完善互联网诊疗收费，逐步将符合条件的"互联网+"医疗服务纳入医保支付范围。（省民政厅、省住房城乡建设厅、省卫生健康委、省财政厅、省发展改革委、省医保局）

三、促进农村消费

（九）开展绿色产品下乡。积极推动新能源汽车、绿色智能家电下乡，由省级统筹安排资金按市州实际支出给予适当补贴。开展绿色建材下乡活动，鼓励有条件的地区对绿色建材消费予以适当补贴或贷款贴息。（省工业和信息化厅、省住房城乡建设厅、省商务厅）

（十）完善农村电子商务和快递物流配送体系。推进数字经济与乡村特色产业融合，推动电商平台和企业丰富面向农村的产品和服务供给。健全县乡村三级物流配送体系，持续推进农村客货邮融合发展，探索农村客货运、邮政快递、物流、电商等"一网多用、一站多能、多点合一、深度融合"新模式，打通农产品进城"最初一公里"和工业品下乡"最后一公里"。推广农产品产地发展"电子商务+产地仓+快递物流"仓配融合模式，支持农超对接、农批对接、农企对接、农社对接等农产品产地直供直销模式。（省工业和信息化厅、省商务厅、省交通运输厅、省发展改革委、省农业农村厅、省供销合作总社、省邮政管理局）

（十一）推动特色产品进城。深入推进农业生产和农产品"三品一标"，对绿色食品、有机农产品实行检测费用补贴。深入实施"数商兴农"，打造湖南优质农产品直播基地和展示展销中心，形成全面覆盖的常态化服务网络。利用中部农博会、"湖南省乡村振兴馆"等平台，举办专场推介活动，引导全省各级预算单位和国有企业采购脱贫地区农副产品。（省商务厅、省农业农村厅、省财政厅、省总工会、省国资委、省供销合作总社）

（十二）大力发展乡村旅游。实施"五千工程"，建设"和美湘村"。积极推动文化产业赋能乡村振兴试点和特色文旅小镇评定，推动文化产业人才、资金、项目、消费下乡。培育一批等级旅游民宿、美丽休闲乡村和星级休闲农庄，因地制宜打造乡村旅游新业态，拓展乡村生态游、休闲游。（省文化和旅游厅、省农业农村厅）

四、拓展新型消费

（十三）壮大数字消费。推进数字消费基础设施建设，加快创建新型信息消费场景和平台，不断推进新业态新产业新模式创新。办好2023年全国开源和信息消费大赛、湖南省新型信息消费大赛等活动。支持线上线下商品消费融合发展，持续办好网上年货节、双品网购节等网上购物节。加强移动支付等安全监管。（省工业和信息化厅、省通信管理局、省商务厅、省市场监管局）

（十四）推广绿色消费。开展绿色设计产品标准征集，发布绿色设计产品标准清单，评选认定绿色设计产品。开展节能低碳新产品、新技术、新设备的征集和评选，加强节能低碳产品的宣传和推广，积极发展绿色低碳消费市场。广泛开展节约型机关、绿色家庭、绿色社区、绿色出行等创建行动。（省工业和信息化厅、省发展改革委、省生态环境厅、省机关事务局、省住房城乡建设厅、省交通运输厅）

五、完善消费设施

（十五）加快培育多层级消费中心。支持长沙创建国际消费中心城市，鼓励其他市州建设富有地方特色的区域性消费中心。支持步行街改造提升，发展智慧商圈，打造"一刻钟"便民生活圈，对新评定为省级及以上示范步行街、智慧商圈所在的市州最高奖补100万元。支持设立市内免税店。（省商务厅）

（十六）着力补齐消费基础设施短板。促进商业设施与城市公共空间有机融合，塑造沉浸式消费体验。加强县域商业体系建设，改造一批乡镇商贸中心、集贸市场、农村新型便民商店。以长株潭、洞庭湖、湘南、大湘西冷链物流基地为基础打造全省冷链物流体系，高效发挥农产品产地冷藏保鲜设施作用。（省商务厅、省自然资源厅、省住房城乡建设厅、省发展改革委、省农业农村厅、省交通运输厅、省供销合作总社）

（十七）完善消费基础设施建设支持政策。省预算内基建投资专项支持消费基础设施建设、设备更新改造和关键生产线改造升级。支持符合条件的消费基础设施发行不动产投资信托基金（REITs）。保障消费基础设施建设合理用地需求，在依法依规的条件下允许企业在建设用地上搭建临时简易建筑，拓展消费新场景。（省发展改革委、省财政厅、省自然资源厅）

六、优化消费环境

（十八）加强金融对消费领域的支持。鼓励金融机构创新线上化、特色化消费金融产品，合理增加消费信贷投放，严格落实明示年化利率要求，推动个人消费信贷利率稳中有降。统筹金融机构现有消费信贷产品，鼓励省内居民汽车购置、住房装修、家电家具耐用品等线下信贷消费。深入开展长沙数字人民币试点。（人民银行湖南省分行、国家金融监督管理总局湖南监管局、省地方金融监管局、省商务厅）

（十九）持续提升消费服务质量水平。对商家举办户外促销活动、居民夜间摆摊、消费新业态新模式实行包容审慎监管原则。深入推进放心消费环境建设，发挥12315消费维权平台热线作用，完善工作机制，增强维权精准性和实效性。持续推动创建放心消费示范单位、示范行业、示范区域，基本覆盖消费较为集中的主要领域、重点场所，推动全国放心消费示范城市创建，助力提振消费信心。（省市场监管局）

（二十）完善促进消费长效机制。充分发挥省完善促进消费体制机制联席会议作用，建立健全统筹协同、定期会商、督查评价、市县联动工作机制，探索建立消费动态大数据监测平台系统，开展消费前瞻指数研究和编制。强化消费领域信用体系建设，在家政服务、教育培训、文化旅游等重点领域构建新型信用监管机制，建立行业法人组织及从业人员诚信档案，推进行业信用建设。完善信用标准体系，建立健全信用信息归集共享、信用分级分类评价及监管等机制。强化就业优先导向，开展"稳企业保就业"系列活动，推进居民增收，提升消费能力。进一步促进民营经济发展，优化经济发展环境，稳定市场预期，提振消费信心。（省发展改革委、省商务厅、省市场监管局、省统计局、省人力资源社会保障厅）

各地各有关部门要结合实际精心组织实施，因地制宜抓好各项措施落地见效。

本通知自发布之日起施行。

（来源于湖南省财政厅网站）

湖南省财政厅关于印发《湖南省农村综合改革转移支付管理办法》的通知

湘财农〔2023〕1号

各市州、县市区财政局：

为加强我省农村综合改革转移支付使用管理，提高资金使用效益，根据《财政部关于印发〈农村综合改革转移支付管理办法〉的通知》（财农〔2021〕36号）精神，我们对《湖南省农村综合改革转移支付资金管理办法》进行了修订。现将修订后的《湖南省农村综合改革转移支付管理办法》予以印发，请遵照执行。

附件：湖南省农村综合改革转移支付管理办法

湖南省财政厅
2023年1月5日

附件

湖南省农村综合改革转移支付管理办法

第一章 总则

第一条 为加强农村综合改革转移支付管理，提高资金使用效益，推动落实中央、省有关农村综合改革发展重大决策部署，根据《中华人民共和国预算法》《中华人民共和国预算法实施条例》等法律法规和《财政部关于印发〈农村综合改革转移支付管理办法〉的通知》（财农〔2021〕36号）等有关规定，制定本办法。

第二条 本办法所称农村综合改革转移支付是指中央和省财政安排用于支持农村综合改革发展工作的专项转移支付资金。

第三条 省财政厅负责中央农村综合改革转移支付预算的分解下达，编制省级农村综合改革转移支付预算并分配下达，组织开展预算绩效评价，指导地方加强资金管理。市州、县市区财政部门负责资金的审核拨付、使用监督、预算绩效评价以及项目组织实施等工作，并对资金使用的合规性和有效性负责。

第四条 农村综合改革转移支付的安排使用遵循客观公正、突出重点、管理规范、力求实效的原则。农村综合改革转移支付应创新投入和使用方式，可采用以奖代补、民办公助、先建后补、政府与社会资本合作等方式，引导社会资金参与农村改革发展有关事项，放大财政资金使用效能。

第五条 农村综合改革转移支付投入形成的公益性资产应当明确主体，及时移交产权，确定运行管护责任。

第二章 资金使用范围

第六条 农村综合改革转移支付用于补助各市州、县市区开展农村公益事业建设财政奖补、美丽乡村奖补、农村综合改革发展相关示范试点、村级集体经济发展等工作。

第七条 农村公益事业建设财政奖补支出用于对农民通过民主程序议定的农村公益建设项目给予奖补。美丽乡村奖补支出用于支持建设宜居宜业的美丽乡村。农村综合改革发展相关示范试点支出用于支持农村综合性改革试点试验、田园综合体建设试点等。村级集体经济发展支出用于支持利用村集体资金资源资产，发展壮大村级集体经济。

第八条 农村综合改革转移支付不得用于单位基本支出、修建楼堂馆所、偿还债务及其他与农村综合改革无关的支出。

第三章 资金测算分配

第九条 农村综合改革转移支付的分配遵循规范、公开、公正的原则，主要采用因素法分配，各支出方向测算因素及标准如下：

农村公益事业建设财政奖补支出采用的因素及权重为：农村人口（30%）、国土面积（20%）、村个数（20%）、绩效评价结果（20%）、县区级投入（10%）。

美丽乡村奖补由县市区综合评分确定奖补数量，具体评分因素及权重为：农村人口（20%）、村个数（30%）、国土面积（20%）、绩效评价结果（20%）、县区级投入（10%）。补助标准实施定额补助。

村级集体经济发展支出按照我省承担的任务村个数与分档补助标准实施定额补助。

第十条 对中央和省里有明确试点任务要求的，如田园综合体建设试点、农村综合性改革试点试验等，根据政策规定，按公平、公正、公开原则，采取择优遴选方式进行分配。补助标准实施定额补助。

第十一条 对实行统筹整合使用的农村综合改革转移支付，按照中央和省有关规定分配、使用和管理。

第四章 项目管理

第十二条 农村公益事业财政奖补项目实行村级申报、乡镇初审、县级财政审批的管理制度。村级负责组织村民议事，提出项目申请。乡镇对村级申报项目的真实性、可行性、有效性进行审核后报县级财政审批。项目建设全过程要做到公开透明，自觉接受社会和群众监督，确保项目质量和群众满意。

第十三条 美丽乡村建设个数由省财政厅根据因素法测算分配到县市区，县市区选择生态环境优、村两委班子强的村庄作为美丽乡村建设试点村并编制实施方案报送省财政厅审查备案。美丽乡村项目要按照生活宜居、环境优美、设施完善的要求，围绕生活生产生态同步建设，推动美丽乡村提档升级。

第十四条 农村综合性改革试点试验等项目，由省财政厅按照推进乡村振兴试点示范工作的任务和要求，根据市州财政局的推荐意见，择优选择确定经济基础相对较好的地区开展试点。试点县市区按照相关政策要求，科学合理编制项目规划，探索创新体制机制。

第十五条 扶持村级集体经济发展每年拟支持的项目村由省委组织部、省财政厅、省农业农村厅共同组织对全省扶持壮大村级集体经济项目进行评审确定。项目村要按照《中共湖南省委组织部湖南省财政厅湖南省农业农村厅关于落实〈中共中央组织部财政部农业农村部关于坚持和加强农村基层党组织领导 扶持壮大村级集体经济的通知〉的通知》（湘组发〔2019〕3号）要求，发展资源经济、文旅经济、股份合作经济、物业经济和其他村级集体经济优质项目。

第十六条 项目申报单位对申报材料的真实性、合法性、完整性负责，各市州、县市区对上报项目材料的真实性、合法性、完整性把关。

第五章 预算下达

第十七条 省财政厅在收到中央资金后在30日内将资金分解下达。省级资金根据相关规定按时下达。在下达资金时，一并下达农村综合改革年度重点任务和绩效目标。

第十八条 市州、县市区财政部门应结合农村综合改革年度重点任务、本地农村综合改革实际情况安排本级资金，与上级下达的农村综合改革转移支付统筹使用，确保开展农村综合改革工作的资金需要。

第十九条 市州、县市区财政部门应当按照相关财政规划要求，做好转移支付资金使用规划，编制具体详细的转移支付资金绩效目标，提出明确的任务数量、质量、成本、效益等信息，提高资金使用效益，加强与中央、省补助资金和有关工作任务的衔接。

第六章 预算执行和监督

第二十条 农村综合改革转移支付的支付应当按照国库集中支付制度有关规定执行。

第二十一条 农村综合改革转移支付的使用、管理由市州、县市区财政部门具体负责。市州、县级财政部门应当加强资金和项目的管理，在科学规划的基础上，做到资金到项目、管理到项目、核算到项目、责任到项目，并加强基础信息资料和档案管理，利用信息化手段提高工作效率。

第二十二条 农村综合改革转移支付实行公开公示制度，各级财政部门应当及时将资金管理制度、资金分配结果向社会公开。

第二十三条 市州、县市区财政部门督促资金使用单位对照绩效目标做好绩效监控，按时完成对本级上一年度资金使用、项目建设、农村综合改革进展等情况的绩效自评工作，每年2月底前，市州财政部门汇总本级及所辖县市区绩效自评结果上报省财政厅。

第二十四条 省财政厅根据需要组织对农村综合改革转移支付开展财政重点评价，采取适当方式通报绩效评价结果，并将评价结果作为资金分配的重要因素，在资金分配、竞争立项等工作中加强绩效评价结果运用。市州、县市区财政部门应当加强考评结果的运用，将考评结果与项目安排、资金分配等工作挂钩，切实加强资金管理，提高资金使用效益。

第二十五条 各级财政部门应加强农村综合改革转移支付管理和监督检查，自觉依法接受审计监督和财政监督。

第二十六条 各级财政部门、有关管理部门及其工作人员在资金分配、项目安排工作中，存在违反规定分配资金、向不符合条件的单位（或项目）分配资金或擅自超出规定的范围或标准分配资金，弄虚作假或挤占、挪用、滞留资金，以及其他滥用职权、玩忽职守、徇私舞弊等违法违纪行为的，按照《中华人民共和国预算法》《中华人民共和国公务员法》《中华人民共和国监察法》《财政违法行为处罚处分条例》等有关规定追究相应责任；涉嫌犯罪的，依法移送司法机关处理。

第七章 附则

第二十七条 市州、县市区财政部门依据本办法，结合本地工作实际，可制定有关具体管理办法，并抄送省财政厅。

第二十八条 本办法自2023年1月30日起实施，有效期5年。《湖南省农村综合改革转移支付资金管理办法》（湘财农〔2019〕55号）同时废止。

（来源于湖南省财政厅网站）

湖南省财政厅关于印发《湖南省省级财政专项彩票公益金管理办法》的通知

湘财综〔2023〕1号

各市州、县市区财政局，省直有关单位：

为进一步规范和加强省级财政专项彩票公益金管理，提高资金使用效益，根据财政预算管理和彩票管理相关要求，我厅修订了《湖南省省级财政专项彩票公益金管理办法》，现印发给你们，请遵照执行。

附件：湖南省省级财政专项彩票公益金管理办法

湖南省财政厅
2023年2月6日

附件

湖南省省级财政专项彩票公益金管理办法

第一章 总 则

第一条 为进一步规范和加强省级财政专项彩票公益金（以下简称专项彩票公益金）管理，提高专项彩票公益金使用效益，根据《彩票管理条例》（国务院令第554号）、《彩票管理条例实施细则》（财政部 民政部 国家体育总局令第96号）和《财政部关于印发〈彩票公益金管理办法〉的通知》（财综〔2021〕18号）等有关规定，制定本办法。

第二条 本办法所指专项彩票公益金是指省级财政根据彩票公益金分配政策，从省本级留成的福利彩票公益金和体育彩票公益金中按规定比例统筹，用于特定社会公益事业的资金。

第三条 专项彩票公益金纳入政府性基金预算管理，加强专项彩票公益金与一般公共预算、中央彩票公益金、地方留成彩票公益金的统筹衔接。

第四条 专项彩票公益金的管理、分配和使用应当严格执行国家法律法规和财务规章制度。坚持科学规范、厉行节约，依法依规安排预算。坚持公开透明、强化监管，主动接受人大、财政、审计和社会监督。坚持统筹谋划、讲求绩效，发挥资金使用效益。

第二章 资金支持范围

第五条 专项彩票公益金应坚持国家彩票公益属性和社会责任，突出支持重点，并向欠发达地区和社会弱势群体倾斜，重点向社会公益事业发展薄弱环节和领域倾斜。主要用于：

（一）文化、体育、养老、生态环保等社会公益事业；

（二）残疾人事业、社会困难群体救助；

（三）贯彻落实省委、省政府关于推进乡村振兴、促进养老服务、旅游业高质量发展、构建更高水平全民健身公共服务体系等重大战略决策。重点支持乡镇敬老院及农村互助养老服务，乡村全民健身场所，民宿集聚区、旅游驿站、精品营地等所在乡村的旅游基础设施，乡村幸福屋场，五小水利等方面的项目类别；

（四）符合公益金支持方向的其他社会公益项目。

第六条 专项彩票公益金不得用于：

（一）行政事业单位的基本支出，如基本工资、津贴、补贴、奖金、绩效工资等人员支出及水电费等日常公用支出；

（二）因公出国（境）、公务接待、公务用车购置及运行等支出；

（三）对外投资和以营利为目的的相关支出；
（四）建设楼堂馆所及职工住宅；
（五）与社会公益事业无关的支出，以及其他国家规定禁止列支的支出。

第三章 资金管理

第七条 专项彩票公益金支出分为省本级支出和补助市县支出，预算管理分别执行省本级部门预算和省级对市县转移支付预算管理制度。

第八条 专项彩票公益金分配坚持"量入为出"，根据彩票公益金年度收入测算规模，采用因素法加项目法进行分配。

因素法分配的具体因素包括各地人口数量及结构、地域面积、地方财力、地方彩票公益金贡献情况、社会公益事业建设需要、专项彩票公益金使用绩效等。具体因素和权重根据实际情况适时调整。

第九条 对项目法管理的专项彩票公益金，单个项目额度在500万元以下（含500万元）的，经省财政厅审核下达；单个项目额度在500万元以上的，由省财政厅按规定报省政府审批后下达。

省级资金安排原则上对乡镇以下的一般公共服务项目不直接戴帽下达。

第十条 专项彩票公益金在编制年度预算时，应按照有关规定，提前启动资金研究分配工作。省财政厅根据年度专项彩票公益金预算规模，按规定提前将部分转移支付预算资金下达市县。市县财政部门按照资金管理使用规定，结合实际确定项目，制定资金分配方案报省财政厅备案，省财政厅根据备案情况，研究确定资金指标规模，下达资金指标文件。市县财政部门负责组织实施、管理监督等工作。

第十一条 专项彩票公益金管理不得按照部门内设机构切块分配资金，不得由财政以外的其他部门和单位转拨资金。

第十二条 专项彩票公益金支持的项目应全部纳入项目库管理，对没有进入项目库的项目原则上不予安排资金。各级主管部门应规划好拟支持项目范围、数量、规模等，突出支持重点，防止"撒胡椒面"，杜绝"小、散、乱"。分期投入的重点项目，应做好资金整体投入计划，有序推进，严禁资金化整为零。

第十三条 各级财政及相关部门在安排专项彩票公益金项目时，应积极探索政府购买服务方式，对符合政府购买服务条件的，应采取政府购买服务方式实施。

第十四条 各级财政及相关部门应当严格按照批复的预算执行，在预算执行过程中发生项目变更、终止，确需调剂预算的，应当按程序报批。

第十五条 专项彩票公益金支付按照财政国库管理制度有关规定执行。专项彩票公益金使用过程中涉及政府采购的，按照政府采购有关规定执行。

第十六条 各级财政部门应当加强专项彩票公益金管理，加快预算执行进度，结余结转资金处理按预算管理有关规定执行。

第四章 绩效管理

第十七条 各级财政及相关部门应当按照全面实施预算绩效管理有关规定，加强专项彩票公益金绩效管理，严格审核绩效目标，做好绩效评价，并强化绩效评价结果应用，定期总结资金管理使用情况和成效，提高资金使用效益。

第十八条 省财政厅负责组织开展专项彩票公益金绩效评价工作。市州、省直管县市财政部门、省直有关部门按规定开展绩效评价并向省财政厅报送上年度绩效评价报告。

第十九条 各级财政部门会同项目主管部门应将绩效评价结果及有关问题整改情况作为完善政策、安排预算和改进管理的重要依据。对评价结果较差的项目，限期整改，并视情况予以调减项目预算直至取消。

第五章 宣传公告

第二十条 专项彩票公益金资助的基本建设设施、设备或者社会公益活动，应当以显著方式标明"彩票公益金资助—中国福利彩票和中国体育彩票"。

第二十一条 市州、省直管县市财政部门、省直相关部门，应当在每年3月底前，将上一年度专项彩票公益金使用情况报省财政厅，包括项目组织实施情况、项目资金使用和结余情况，以及项目社会效益和经济效益等。

第二十二条 省财政厅于每年6月底以前，向社会公告上一年度专项彩票公益金使用规模、资助项目、执行情况和实际效果等。

第六章 监督检查

第二十三条 专项彩票公益金使用单位和部门按照"谁使用，谁受益，谁负责"的原则加强专项彩票公益金使用管理，充分发挥资金使用效益。

第二十四条 各级财政部门应当加强专项彩票公益金监督。项目主管部门应当加强项目建设监督和管理，推动项目全生命周期跟踪监管。分配、管理、使用专项彩票公益金的部门、单位和个人，应当依法接受审计、纪检监察等部门的监督，对发现的问题，应及时制定整改措施并落实。

第二十五条 各级财政和相关主管部门及其工作人员在资金分配、管理工作中存在违反规定分配资金以及其他滥用职权、玩忽职守、徇私舞弊等违法违纪行为的，按照《中华人民共和国预算法》《中华人民共和国公务员法》《中华人民共和国行政监察法》《财政违法行为处罚处分条例》等国家有关规定追究相应责任，涉嫌犯罪的，移送司法机关处理。

资金使用单位和个人在资金申报、使用过程中存在虚报、冒领等违法违规行为的，按照《中华人民共和国预算法》《财政违法行为处罚处分条例》等国家有关规定追究相应责任。

第七章　附　则

第二十六条　本办法自发布之日起施行，有效期五年。

（来源于湖南省财政厅网站）

湖南省财政厅关于印发《湖南省财政厅行政处罚裁量权基准实施办法》和《湖南省财政厅行政处罚裁量权基准（2022年版）》的通知

湘财法〔2022〕4号

各市州、县市区财政局，厅机关各处室、单位：

为进一步规范和完善湖南省财政厅行政处罚裁量权，根据《中华人民共和国行政处罚法》和湖南省司法厅《关于贯彻落实〈行政处罚法〉免罚轻罚规定进一步完善行政处罚裁量基准的指导意见》（湘司发〔2021〕3号）的要求，省财政厅对2015年10月8日公布的《湖南省财政厅行政处罚裁量权基准》（湘财法〔2015〕9号）进行修订，制定了《湖南省财政厅行政处罚裁量权基准实施办法》和《湖南省财政厅行政处罚裁量权基准（2022年版）》，现予印发，请遵照执行。

修订后的省财政厅行政处罚裁量权基准制度包含《湖南省财政厅行政处罚裁量权实施办法》（以下简称《实施办法》）和《湖南省财政厅行政处罚裁量权基准（2022年版）》（以下简称《基准》）两个文件。《实施办法》为文本形式，规定了行政处罚裁量的基本原则、实施要求及减轻、从轻、从重及不予处罚的适用规则，以及行使裁量权的程序及监督等原则性、一般性规定。《基准》为表格形式，根据财政处罚的领域和对象，分为一般财政违法行为类（22项）、政府采购类（77项）、注册会计师和会计师事务所类（37项）、资产评估类（28项）、财务会计类（33项）五个附表。每个附表由违法行为、法律依据、适用情形、违法程度和裁量标准等五栏内容构成。两个文件配套使用。

省财政厅实施行政处罚应当适用《实施办法》及《基准》。各市州、县市区财政部门应当根据各自法定职权，结合当地实际情况，参照制定各自的财政行政处罚裁量权基准，报省财政厅备案。暂未制定的，可参照适用《实施办法》及《基准》。

《实施办法》及《基准》自2023年3月8日起施行，有效期5年。对今后颁布的法律、法规和规章中有自由裁量空间的财政行政处罚条款，省财政厅将不定期作出裁量基准修订或补充。

附件：1.《湖南省财政厅行政处罚裁量权基准实施办法》
　　　2.《湖南省财政厅行政处罚裁量权基准》（2022年版）（略）

湖南省财政厅
2022年12月29日

附件1

湖南省财政厅行政处罚裁量权基准实施办法

第一章 总则

第一条 为规范和正确行使财政行政处罚裁量权，促进财政部门依法行政，提高依法理财水平，保护公民、法人或者其他组织的合法权益，根据《中华人民共和国行政处罚法》、《湖南省规范行政裁量权办法》（省人民政府令第244号）和《财政部门行使行政处罚裁量权指导规范》（财法〔2013〕1号）等有关规定，制定本实施办法。

第二条　湖南省财政厅行使行政处罚裁量权，适用本实施办法。

第三条　本办法所称财政行政处罚裁量权是指财政部门查处违法行为时，依据法律、法规和规章的规定，从法律目的、违法行为的事实、性质、情节、社会危害程度等方面综合裁量，在职权范围内选择对当事人是否处罚以及处罚种类和幅度的权限。

第四条　财政行政处罚裁量权主要包括以下方面：

（一）对财政违法行为违法情节的认定；

（二）对财政违法行为违法程度的认定；

（三）对财政违法行为是否给予处罚；

（四）对财政违法行为给予何种处罚；

（五）对财政违法行为给予何种幅度的处罚。

第五条　行使财政行政处罚裁量权，应当遵循合法、合理、综合、处罚与教育相结合的原则。

（一）合法裁量。财政部门行使行政处罚裁量权，不得与法律、法规和规章的规定相抵触。

（二）合理裁量。财政行政处罚裁量权的行使应当合理、适当，应当与当事人的过错程度、造成的社会危害程度相一致。案件处理应当平等对待当事人，不偏私、不歧视。禁止处罚畸轻畸重、重责轻罚、轻责重罚。

（三）综合裁量。行使行政处罚裁量权，应当综合考虑违法行为的事实、性质、情节、主客观因素，以及社会危害程度等因素。除法律依据和客观情况变化外，处理相同的违法行政行为应当与以往依法作出的行政处罚基本相同。

（四）处罚与教育相结合。财政部门在行使处罚裁量权时，既要制裁违法行为，又要教育当事人自觉遵守法律。

第六条　同一违法行为同时违反不同法律规范，相关法律规范对同一事项的规定不一致的，适用法律依据时应当遵循以下原则：

（一）属于不同效力的法律规范，优先适用效力高的；

（二）属于同一机关制定的法律规范，特别规定与一般规定不一致的，适用特别规定；新的规定与违法行为发生时的规定不一致的，适用违法行为发生时的规定；但是，作出行政处罚决定时，规定已被修改或者废止，且新的规定处罚较轻或者不认为是违法的，适用新的规定。

（三）属于地方性法规与部门规章、部门规章之间、部门规章与地方政府规章之间对同一事项的规定不一致的，按照立法法的规定由国务院裁决或者提请全国人大常委会裁决。

（四）对当事人的同一个违法行为，不得给予两次以上罚款的行政处罚。同一个违法行为违反多个法律规范应当给予罚款处罚的，按照罚款数额高的规定处罚。

第七条　法律、法规和规章规定应当对财政违法行为予以并处的，财政部门应当予以并处，不得选择单处；法律、法规和规章规定对财政违法行为可以单处也可以并处的，财政部门应当根据案件具体情况，决定予以单处或者并处。

第八条　当事人同时有多个财政违法行为的，应当分别予以行政处罚。

第二章　裁量的适用

第九条　行使财政行政处罚裁量权，应当按照下列步骤进行：

（一）结合财政违法行为的事实、性质、情节和社会危害程度以及主客观因素等，依照界定违法行为的适用情形及违法程度；

（二）根据有关法律、法规和规章的规定，按照本实施办法，考虑财政违法行为是否具有从重、从轻、减轻，或者不予行政处罚的情形；

（三）综合考量决定是否对财政违法行为予以处罚，予以何种处罚，以及何种幅度的处罚。

第十条　《湖南省财政厅行政处罚裁量权基准》（以下简称《基准》）对财政违法行为的违法程度分为轻微、一般、较重、严重、特别严重五个阶次。确定财政违法行为的违法程度，应当以事实为依据，综合考虑以下因素：

（一）违法行为人主观过错程度；

（二）违法行为手段的恶劣程度；

（三）违法行为的次数；

（四）违法行为持续时间的长短；

（五）违法行为涉及的区域和范围；

（六）违法行为的危害后果和社会影响程度；

（七）违法所得的多少；

（八）改正违法行为措施和效果等因素；

（九）其他依法应予考虑的因素。

第十一条　行使财政行政处罚裁量权，应当在确定财政违法行为的违法程度后，根据法律、法规、规章以及本实施办法的规定，考虑不予处罚、减轻处罚、从轻处罚、从重处罚的情形，结合《基准》规定的违法程度对应的裁量标准，确定行政处罚种类和幅度。

第十二条　有下列情形之一的，不予行政处罚：

（一）不满十四周岁的未成年人有违法行为的；

（二）精神病人、智力残疾人在不能辨认或者不能控制自己行为时有违法行为的；

（三）违法行为轻微并及时改正，没有造成危害后果的；

（四）除法律、行政法规另有规定外，当事人有证据足以证明没有主观过错的。

适用第（三）种情形，必须同时满足违法行为轻微、及时改正、没有造成危害后果三个条件。其中，判断违法行为是否轻微，应当按照本实施办法第十条的规定进行综合考虑。

适用第（四）种情形，需要当事人主动提供"没有主观过错"的证据,且达到"足以证明"程度。财政部门要根据当事人提供的证据,结合有关客观因素、情况,综合判断当事人没有"主观过错"是否足已成立。

第十三条 当事人系初次违法且危害后果轻微并及时改正的,可以不予行政处罚。

其中,判断是否初次违法,应当根据违法行为的具体领域、时间、空间等因素合理确定。

第十四条 违法行为在二年内未被发现的,不再给予行政处罚;涉及公民生命健康安全、金融安全且有危害后果的,上述期限延长至五年。法律另有规定的除外。

前款规定的期限,从违法行为发生之日起计算;违法行为有连续或者继续状态的,从行为终了之日起计算。

第十五条 对当事人的违法行为依法不予行政处罚的,应当按照《行政处罚法》第三十三条第三款的规定,对当事人进行教育;对不满十四周岁的未成年人不予行政处罚的,应当责令其监护人加以管教;对精神病人、智力残疾人不予行政处罚的,应当责令其监护人严加看管和治疗。

第十六条 当事人有下列情形之一的,应当从轻或减轻行政处罚:

(一)主动消除或减轻违法行为危害后果的;
(二)受他人胁迫或者诱骗实施违法行为的;
(三)主动供述行政机关尚未掌握的违法行为的;
(四)配合行政机关查处违法行为有立功表现的;
(五)已满十四周岁不满十八周岁的未成年人实施违法行为的;
(六)法律、法规、规章规定其他应当从轻或减轻处罚的。

"主动供述行政机关尚未掌握的违法行为",既包括在行政机关尚未发现违法行为之前向行政机关主动供述自己的违法行为,也包括在被行政机关调查后主动供述行政机关尚未掌握的自己的其他违法行为。

"配合行政机关查处违法行为有立功表现的",是指当事人在实施违法行为后,向行政机关或者有关机关揭发其他违法犯罪事实并经查证属实,或者提供重要线索使其他案件得以顺利查处,或者阻止他人的违法犯罪活动以及有其他突出贡献等情形。

第十七条 尚未完全丧失辨认或者控制自己行为能力的精神病人、智力残疾人有违法行为的,可以从轻或者减轻行政处罚。

第十八条 第十六条、第十七条所称"从轻行政处罚"是指在法律、法规、规章规定的行政处罚种类和幅度内,选择较轻或者最轻的处罚种类或者处罚幅度;"减轻行政处罚"是指在法律、法规、规章规定的行政处罚种类和幅度的最低限以下,给予其他种类或者幅度的行政处罚。

第十九条 当事人有下列情形之一的,应当从重行政处罚:

(一)伪造、变造、隐匿、故意销毁财政违法行为证据的;
(二)拒绝、阻挠、妨碍财政执法,拒绝、拖延提供有关资料,拒绝陈述有关情况或者作虚假陈述的;
(三)财政违法行为涉案数额或者违法所得数额较大的;
(四)财政违法行为屡查屡犯的;
(五)授意、指使、强令、胁迫、诱骗、教唆他人实施财政违法行为的;
(六)对检举人、举报人、证人或者执法人员打击报复的;
(七)截留、挪用、侵占军用、救灾、抢险、防汛、优抚、扶贫、移民、救济、抗疫等资金和物资的;
(八)在突发公共事件中实施财政违法行为的;
(九)因拒不整改或整改不力,导致财政违法行为处于持续状态的;
(十)财政违法行为构成犯罪但免于刑事处罚的;
(十一)财政违法行为造成的社会影响恶劣的;
(十二)其他依法应当从重行政处罚的。

第二十条 当事人有下列情形之一的,可以从重行政处罚:

(一)不听劝阻,继续实施财政违法行为的;
(二)在共同财政违法行为中起主要作用的;
(三)其他依法可以从重行政处罚的。

第二十一条 第十九条、第二十条所称"从重行政处罚"是指法律、法规、规章规定的行政处罚的种类和幅度范围内,适用较重的处罚种类或者选择高于中间值的法定幅度予以处罚。

第二十二条 当事人有免罚轻罚规定的情形,同时又存在从重处罚情节的,一般不适用免罚轻罚规定。

第二十三条 当事人存在"确有经济困难"情形的,一般不直接适用免罚轻罚规定,经当事人申请,财政部门可以根据《行政处罚法》第六十六条第二款的规定,批准暂缓或者分期缴纳罚款。

第三章 保障和监督

第二十四条 财政部门应根据已查明的事实、行为情节及具体情形,依照有关法律、法规、规章规定,对照本实施办法及《基准》,提出处罚意见。有本办法中列明的从重、从轻或减轻、不予处罚情节的,应当全面、客观、公正地收集相关证据材料,充分听取当事人的陈述、申辩,并在行政处罚告知书和决定书中说明裁量相应的事实、理由和依据。财政部门在作出的行政处罚决定中可以援引《基准》并作为决定裁量说理的内容,但是不得单独或者直接援引《基准》作出行政处罚决定。

对适用有关行政处罚裁量基准会导致处罚决定明显不当的,财政部门可以在不与法律、法规、规章规定相抵触的情况下，不予或者变通适用，但必须充分说明理由。

第二十五条 财政部门适用基准作出行政处罚决定，应当符合《湖南省财政厅行政执法案件审理审核决定办法》中行政执法决定法制审核制度的有关规定。

财政部门拟对当事人的财政违法行为适用本实施办法和《基准》对情节复杂或者重大违法行为给予行政处罚的，应当根据《行政处罚法》第五十七条第二款的规定，经机关负责人集体讨论决定。

第二十六条 财政部门应当加强对本部门行政处罚裁量权行使情况的监督，对违法或者不当行使行政处罚裁量权的行为，应当及时纠正。

第四章 附则

第二十七条 有关法律、法规、规章发生变化，导致本实施办法及《基准》与其规定不一致的，从其规定。

第二十八条 《基准》中"裁量标准"中所称"以上""以下"，除特别说明外，"以上"包括本数，"以下"不包括本数，但最高等次均包括本数。所称"不足""不满""大于""小于"都不包括本数。

（来源于湖南省财政厅网站）

湖南省财政厅等五部门关于印发《财政金融协同联动助力打好"发展六仗"的若干措施》的通知

湘财金〔2023〕39号

各市州、县市区财政局、金融办，人民银行各市州中心支行、各直管支行，各银保监分局，各有关金融机构：

为强化财政金融政策协同联动，助力打好"发展六仗"，省财政厅、省地方金融监督管理局、中国人民银行长沙中心支行、中国银保监会湖南监管局、中国证监会湖南监管局结合我省工作实际联合制定了《财政金融协同联动助力打好"发展六仗"的若干措施》，现印发给你们，请认真抓好贯彻落实。

附件：财政金融协同联动助力打好"发展六仗"的若干措施

湖南省财政厅　　湖南省地方金融监督管理局
中国人民银行长沙中心支行　　中国银保监会湖南监管局
中国证监会湖南监管局
2023年5月30日

附件

财政金融协同联动助力打好"发展六仗"的若干措施

为深入贯彻党的二十大和中央经济工作会议精神，全面落实省委经济工作会议和省政府工作报告部署，加强财政金融协调联动，发挥政策组合效应，全力服务打好"发展六仗"，推动经济运行整体好转，实现质的有效提升和量的合理增长，现结合实际制定如下政策措施。

一、加大债权融资增信支持

1. 支持政策性融资担保业务扩面降费。省财政通过资本补充、风险补偿、保费补贴、降费奖补等方式，引导政府性融资担保机构积极争取、用好用足国家融资担保基金授信额度，加大政银担合作力度，扩大支小支微支农支新业务规模，力争2023年全省政策性融资担保业务余额达到800亿元。落实"4321"风险分担机制，快速代偿、及时补偿、严格追偿，合理缓释担保业务风险，增强银担合作信心。继续实施阶段性保费补贴政策，支持政府性融资担保机构稳步降低担保费率。对常规融资担保业务，单笔融资担保金额1000万元及以下且年化担保费率（含税）1%及以下的备案业务，按照担保金额的0.5%给予担保费补贴。省再担保公司对500万元以下的备案业务免收再担保费，对500万-1000万元的备案业务减半收取再担保费；省财政厅对减免部分给予适当补贴。

2. 提升风险补偿资金增信效能。统筹整合各类风险补偿资金，支持金融机构开展园区企业"潇湘财银贷"、科技型企业知识价值信用贷款、中小企业商业价值信用贷款、银担合作普惠信用贷、应收账款池质押融资等改革试点，提高财政资金放大倍率，增加首贷、信用贷供给。推进企业环境权益抵质押融资、园区动产抵质押融资、中小微外贸企业出口便利优惠融资和汇率避险等金融创新，适度给予风险补偿，激发"敢贷、愿贷"活力。支持省企业融资综合信用服务平台和省中小企业融资服务平台运用大数据、人工智能等技术挖掘整合信息、聚集融合资源，发挥数据增信功能。

3. 发挥财政贴息降本增量作用。加大创业担保贷款贴息政策引导力度，引入政府性融资担保分险机制，按规定落实免除反担保要求，对贷款利息超出LPR-150BP的部分给予贴息。落实制造业、社会服务领域设备更新改造贷款贴息政策，对符合条件的贷款项目给予2年期、2.5%的贴息。对科技型企业利用知识价值融资贷款的，按LPR的50%给予贴息，最长不超过2年，单家企业累计最高不超过50万元。对符合条件的新型农业经营主体从事农业生产经营活动的贷款，按不超过LPR的50%给予贴息，单个主体年度最高不超过100万元。对符合条件的民族贸易和民族特需商品生产贷款，给予最高不超过2.88%的贴息。对发行中小企业集合债、私募债、私募可转债、乡村振兴票据、科创票据的，按企业发债利息的30%给予贴息，每家企业每年最高不超过50万元，贴息期限不超过3年。

4. 支持供应链金融规范快速发展。支持产业链核心企业签发供应链票据，对供应链票据年度签发量排名前10的企业，按签发量的0.2%给予财政奖励，单户企业年度最高100万元。支持供应链金融平台建设，对业务量达到一定规模且直接接入上海票据交易所供应链票据平台的我省平台，最高给予一次性200万元奖励。人民银行长沙中心支行每年安排不低于50亿元再贴现额度，优先支持金融机构对供应链企业商业汇票的贴现；每年安排不低于50亿元支小再贷款额度，用于支持地方法人金融机构对产业链供应链上下游小微企业发放贷款。推动金融机构与湖南政府采购合同线上融资信息服务平台、中征应收账款融资服务平台连接，推广"政采贷"等应收账款融资产品，引导核心企业及时确认债权债务关系，将交易信用向产业链上下游延伸，对在中征应收账款融资服务平台内应收账款确权金额前10名的产业链核心企业，按应收账款确权融资金额的0.05%给予财政奖励，单户企业年度最高100万元。

5. 支持创建普惠金融发展示范区。每年支持1-3个市县申报创建中央财政支持普惠金融发展示范区，省财政结合中央财政奖补情况安排配套奖补资金，引导示范区因地制宜、大胆创新，加强财政贴息、风险补偿、担保增信等财政政策与人民银行专项再贷款、再贴现等货币政策协调联动，优先支持小微企业、"三农"主体融资以及开展动产抵质押融资试点，实现普惠金融服务增量、扩面、降本、提效。

二、完善股权融资引导机制

6. 壮大政府投资基金体系。通过统筹产业类财政专项资金、整合存量基金和预算新增安排等方式，建立健全涵盖天使投资基金、产业投资基金和政策性引导基金的多层次政府投资基金体系。加快设立首期16亿元的省级天使投资股权引导基金，立足投早投小投科技，合理设置让利、容亏、考核机制，聚焦支持科技成果转化项目和早期科技型企业。进一步壮大省级政府产业投资基金，积极参股国家大基金，鼓励有条件的市州设立产业投资基金，构建以省级基金为核心，市县、园区、国企基金协调联动，与国家大基金、市场化基金深度融合发展的全省基金生态，以大基金带动大投资、促进大发展，引导社会资本加力支持实体经济。

7. 加大股权投资类企业奖补。对符合条件的私募股权投资基金管理人、私募股权投资基金和创业投资企业，采用股权投资方式投资我省高新技术企业、科技型中小企业、新兴及优势产业链项目、国家级或省级专精特新小巨人企业（上市公司定增项目除外），且持有股权期限满1年的，根据所投企业成立时间长短，按实际投资额（扣除省级及以下政府性股权投资基金出资部分，以及其子基金政府股权投资部分）的一定比例给予奖补。其中，所投企业成立时间不超过3年，合计实际投资额达到1000万元的，按不超过5%比例给予奖补；所投企业成立时间超过3年但不超过5年，合计实际投资额达到2000万元的，按不超过3%比例给予奖补。单个申报主体（股权投资类企业）最高奖补金额不超过300万元，申报项目对应所投企业成立时间均不超过3年的，最高奖补限额放宽到500万元。

三、强化资本市场募资培育

8. 加大企业上市募资培育引导力度。优化财政奖补政策，深入实施企业上市"金芙蓉"跃升行动计划，围绕我省特色优势产业，完善上市后备企业资源库，建立上市工作"绿色通道"，加快推动"湘企"上市。对完成股份制改造拟在境内证券交易所上市，并已在湖南证监局辅导验收的企业，给予200万元中介费用补助，对科创板上市企业再奖励100万元。对收购省外上市公司控制权并将注册地迁至我省的企业，给予200万元补助。对在中国香港、美国等境外主流资本市场上市的公司，给予200万元补助。

9. 发挥区域性股权市场孵化培育作用。支持湖南股权交易所高质量扩容科技创新专板，运营好专精特新、先进制造业、文化产业等专板，探索建立财政奖补、投贷联动机制，充分发挥区域性股权市场金融要素集聚优势和股权托管交易功能，加强专业培训、咨询辅导、路演推广、资源对接，推动股份制改造，引导规范化发展，支持做优做强，构建"规改股""股上市"梯次培育格局。省财政对在科技创新、专精特新专板挂牌的企业，给予每家15万元补助，对完成股份制改造并在标准板、成长板挂牌的企业，分别给予每家15万元、10万元补助。

10. 大力培育基础设施REITs项目。支持基础设施REITs项目的前期培育，提高储备质量，推动尽快申报，尽早上市发行。将基础设施REITs产业有关咨询服务纳入政府购买服务指导性目录，对省内原始权益人发行的基础设施REITs项目推荐至国家发改委的，给予原始权益人200万元前期费用补助。

四、防范化解财政金融风险

11. 防范化解政府债务风险。严格落实政府投资项目决策和立项管理办法，严格执行高风险地区政府投资项目上级财政开工核准制。严禁新增隐性债务，对化债力度大、进度快、债务风险等级"创绿"和隐性债务"清零"的地区给予奖励。激励引导银行等金融机构替接他盘、续本降息，推进隐性债务防断链、优结构、降成本。加强融资平台公司综合治理，推动分类转型，防范国有企事业单位"平台化"。进一步规范和加强PPP

项目管理，严禁借道 PPP 模式违规新增政府隐性债务。深化违规举债、虚假化债专项监督，落实隐性债务问题问责闭环管理机制。加强常态化债务风险监测预警，牢牢守住不发生区域性系统性风险底线。

12. 防范化解金融机构风险。落实各级各类风险补偿机制，对金融机构符合条件的不良贷款或坏账损失，及时补偿、应偿尽偿，帮助金融机构合理分担缓释风险。加快存量较高风险机构处置力度，推动支持化险脱困。积极争取专项债补充中小银行资本金政策，支持城商行、农商行多渠道补充资本金，增强抗风险能力。研究制订符合省情实际的农信社改革方案，积极稳妥推进农信系统改革。

13. 防范化解涉众型地方金融风险。支持建成、用好省地方金融风险监测预警平台，加强部门间数据信息共享，实现各类地方金融风险监测、分析、预警、排查、处置等全周期管理。支持开展非法集资风险隐患排查整治行动，完善落实举报奖励制度，力争在 2023 年度实现重点挂牌督办风险主体"清零"（行政处置到位或刑事立案打击）工作目标。

14. 防范化解房地产领域风险。用好政策工具箱，支持刚性和改善性住房需求，加大保障性租赁住房供给，配合做好保交楼、稳民生工作，促进房地产市场平稳发展。落实保交楼专项借款、财政贴息和相关税收优惠政策，引导银行对符合条件的专项借款项目积极提供配套融资，支持做好房地产风险防范处置，牢牢守住不发生系统性风险的底线。

15. 发挥农业保险对冲自然灾害风险作用。强化农业保险防灾减损功能，保障粮食安全和重要农产品稳定供应。继续实施产粮大县水稻完全成本保险，推动非产粮大县规模大户水稻保险提标。适度提高生猪保险覆盖面，确保规模养殖户愿保尽保。制定出台省以下品种农业保险业务市场化改革转型与奖补政策，建立"降费补贴、超赔补偿、绩效奖补"三补机制，注重运用市场化的手段增加保险品种、扩大覆盖范围、提高保障标准，推动构建农业保险政策性支持和市场化引导双轮驱动的发展格局。

五、切实发挥省属金融企业服务引领作用

16. 支持财信金控提供综合金融服务。支持财信金控申领金融控股公司牌照、承接省级政府投资引导基金管理，推动财信证券实现 IPO 和设立公募基金公司。引导财信金控发挥直接融资主力军和间接融资创新者的优势，主动高效赋能经济发展各项重点任务，切实为打好"发展六仗"提供以综合金融为显著特色的财信服务方案。2023 年，力争为十大产业项目、十大科技项目及新兴优势产业集群提供综合融资服务 100 亿元；新增债券融资 400 亿元，撮合中小微企业新增融资不低于 2000 亿元；新增申报主板及北交所 IPO2 家、新三板 5 家。

17. 支持湖南银行增加重点领域信贷投放。支持湖南银行承接各类风险补偿机制和相关改革试点任务，深化与省直部门、各市州和省属国有企业等的政银企战略合作，更好发挥省级法人银行资源优势。支持湖南银行积极申报非金融企业债务融资工具 B 类主承销商、证券投资基金托管、理财子公司等业务资质，进一步增强综合金融服务能力。引导湖南银行优化信贷投放结构，大力支持全省重点产业项目和基础设施项目，加力支持先进制造业、战略性新兴产业、"专精特新"小巨人企业、高新技术企业，加大普惠小微贷款投放力度，积极发力供应链金融、绿色金融、消费金融，力争 2023 年末资产规模突破 5000 亿元，贷款余额突破 3000 亿元，其中制造业贷款增长 30% 以上，绿色信贷增长 50% 以上。

18. 支持省融资担保集团和湖南农担公司扩大政策性业务规模。支持省融资担保集团以股权投资为纽带，促进区域性担保机构资源整合升级，力争 2023 年实现股权投资市级机构全覆盖，构建紧密型的政府性融资担保服务体系。引导省融资担保集团精耕主责主业，聚焦支小支微，充分发挥逆周期调节作用，在合理管控风险的前提下持续扩面、增量、降费，力争 2023 年政策性直保业务在保规模不低于 230 亿元，再担保备案业务中支小支农业务占比不低于 90%、单户 500 万元及以下业务占比不低于 60%。支持省融资担保集团与地方法人银行继续合作开展"银担普惠信用贷"业务，力争 2023 年完成 100 亿元备案规模。支持省农担公司深化"政银担企"合作，有效缓解全省农业融资难、融资贵问题，力争 2023 年末农业项目在保余额达到 90 亿元，政策性"双控"项目在保余额占比 90% 以上。

本文件自发布之日起施行，有效期至 2025 年 12 月 31 日，中央和省有明确期限规定的，从其规定。

（来源于湖南省财政厅网站）

湖南省财政厅关于印发《湖南省省级行政事业单位国有资产评估管理办法》的通知

湘财资〔2023〕11号

省直各单位：

为加强省级行政事业单位国有资产管理，规范国有资产评估行为，有效防止国有资产流失，维护国有资产安全和完整，根据《中华人民共和国资产评估法》、《行政事业性国有资产管理条例》、《国有资产评估管理办法》等相关法律法规，结合工作实际，制定《湖南省省级行政事业单位国有资产评估管理办法》。现印发给你们，请遵照执行。

附件：湖南省省级行政事业单位国有资产评估管理办法

湖南省财政厅
2023年7月27日

附件

湖南省省级行政事业单位国有资产评估管理办法

第一章 总 则

第一条 为加强省级行政事业单位国有资产管理，规范国有资产评估行为，有效防止国有资产流失，维护国有资产安全和完整，根据《中华人民共和国资产评估法》《行政事业性国有资产管理条例》《国有资产评估管理办法》等相关法律法规，结合工作实际，制定本办法。

第二条 本办法所称国有资产评估，是省级行政事业单位委托资产评估机构对不动产、动产、无形资产、资产损失或者其他经济权益进行评定、估算，并出具评估报告的专业服务行为。

本办法所称省级行政事业单位，包括省级党的机关、人大机关、行政机关、政协机关、监察机关、审判机关、检察机关、各民主党派机关、群团机关本级及其所属各级行政事业单位，有关省管企业所属的各级事业单位。

第三条 国有资产评估业务属于法定资产评估业务。省级行政事业单位国有资产评估，除法律、法规另有规定外，适用本办法。

第四条 省财政厅负责制定省级行政事业单位国有资产评估规章制度，并负责组织实施省级行政事业单位国有资产评估核准、备案和监督检查。省级主管部门按权限负责组织实施本部门及所属单位国有资产评估备案。省级行政事业单位负责组织实施本单位国有资产评估。

第五条 省级行政事业单位国有资产评估项目实行核准制和备案制。

经省人民政府批准实施的重大经济事项涉及的资产评估项目由省财政厅负责核准。

经省财政厅批准实施的经济事项涉及的资产评估项目由省财政厅负责备案。

经省级主管部门批准实施的经济事项涉及的资产评估项目由省级主管部门负责备案。

研究开发机构、高等院校科技成果资产评估项目，由研究开发机构、高等院校的省级主管部门负责备案。

省以下各级行政事业单位资产评估项目备案工作比照前款规定的原则执行。

第二章 资产评估范围

第六条 省级行政事业单位有下列经济事项的，应当对相关资产进行资产评估：

（一）整体或者部分改制为企业；

（二）以非货币资产对外投资；

（三）债权转股权；

（四）资产转让、置换、租赁、拍卖；

（五）以非货币资产偿还债务、接受非货币性资产抵债；

（六）其他规定应当进行资产评估的其他情形。

第七条 省级行政事业单位下列行为，可以不进行资产评估：

（一）经省级人民政府或者财政部门批准，省级行政事业单位之间实施无偿划转资产的；

（二）省级行政事业单位与国有独资企业之间的资产划转、置换、转让等，报经省财政厅确认可以不进行资产评估的；

（三）发生多次同类型经济行为时，同一资产在评估报告使用有效期内，并且资产、市场状况未发生重大变化；

（四）国家有关法律、法规规定的以其他方式确定价值的。

第三章　机构委托

第八条 省级行政事业单位依法自主选聘符合规定的资产评估机构，任何组织或者个人不得非法限制或者干预。省级行政事业单位应充分考虑资产评估机构的资质能力、服务质量与服务项目的匹配程度等，从符合下列条件的中介机构中选择：

（一）依法设立，具有资产评估相应执业资质和能力；

（二）合法经营、依法执业，遵守法律法规、职业道德和执业准则，有良好社会信誉；

（三）近三年中介服务未因重大执业质量等问题受到相关部门惩戒、处罚等；

（四）与资产评估项目利益相关方不存在利害关系；

（五）根据项目实际需要确定的其他必要条件。

第九条 资产评估机构应当向省级行政事业单位提供真实、客观、完整的资质材料及承诺书，并依法承担相应责任。

第十条 同一资产评估项目的财务审计和资产评估必须选聘不相关联的资产评估机构独立开展业务。

第十一条 省级行政事业单位依法委托资产评估机构对相关国有资产进行资产评估，委托人和被评估单位不得非法干预评估机构正常执业。

资产评估项目涉及两个及以上省级行政事业单位的，经全体当事人协商一致，可以共同委托或者授权其中一个当事人委托资产评估机构进行资产评估。

第十二条 选聘资产评估机构应遵循公开公平公正的原则，通过公开招标、邀请招标、竞争性谈判、电子卖场等方式，择优选聘资产评估机构。具体操作按政府采购等相关规定执行。

第十三条 省级行政事业单位应与选聘的资产评估机构签订委托服务合同，约定相关服务事项。

第十四条 省级行政事业单位严格按照过"紧日子"要求，节省聘用费用支出，根据项目性质、市场行情、复杂程度、工作量等因素综合考量并拟定标准，测算聘用费用。

第十五条 省级行政事业单位纪检监察机构应加强对资产评估项目资产评估机构选聘工作的全程监督。

第十六条 资产评估机构及其评估专业人员开展业务应当遵守法律、行政法规和评估执业准则，遵循独立、客观、公正的原则进行资产评估。

第十七条 省级行政事业单位应当如实向资产评估机构提供有关情况和资料，并确保所提供的情况和资料的客观性、真实性和合法性。

第十八条 资产评估机构应对省级行政事业单位所提供的资料保守秘密，不得向外泄露。

第四章　核准与备案

第十九条 凡须经核准的资产评估项目，省级行政事业单位在资产评估前应当向省财政厅报告下列有关事项：

（一）相关经济行为批准情况；

（二）评估基准日的选择情况；

（三）资产评估范围的确定情况；

（四）选聘资产评估机构的条件、范围、程序及拟选定机构的资质；

（五）资产评估的时间进度安排情况。

第二十条 须报省财政厅核准的资产评估项目按照下列程序进行：

（一）省级行政事业单位收到资产评估机构出具的资产评估报告后，对评估报告无异议的，按规定逐级报主管部门初审，经初审同意后，应在评估报告有效期届满前2个月内向省财政厅提出核准申请。

（二）省财政厅收到核准申请后，对符合要求的，应在20个工作日内完成对资产评估报告的核准；不符合要求的，予以退回。

第二十一条 省级行政事业单位提出资产评估项目核准申请时，应当报送下列文件材料：

（一）资产评估项目核准申请文件；

（二）资产评估项目核准表（一式三份）（附件1）；

（三）与评估目的相对应的经济行为批准文件或有效材料；

（四）资产评估机构提交的资产评估报告、评估说明、评估明细表等（含电子文档，可附其他引用报告）；

（五）资产评估各当事方出具的承诺函。

第二十二条 除核准项目以外的资产评估项目备案应当按照以下程序：

（一）报省财政厅备案程序

1. 省级行政事业单位收到资产评估机构出具的评估报告后，对评估报告无异议的，按规定逐级报主管部门初审，经初审同意后，应在评估报告有效期届满前2个月向省财政厅提出备案申请。

2. 省财政厅收到备案材料后，对材料齐全的，应在10个工作日内办理备案手续；不符合要求的，予以退回。

（二）报省级主管部门备案程序

1. 省级行政事业单位收到资产评估机构出具的评估报告后，对评估报告无异议的，应在评估报告有效期届满前2个月向主管部门提出备案申请。

2. 省级主管部门收到备案材料后，对材料齐全的，应在10个工作日内办理备案手续；不符合要求的，予以退回。

第二十三条　省级行政事业单位提出资产评估项目备案申请时，应当报送下列文件材料：

（一）资产评估项目备案表（一式三份）（附件2）；

（二）资产评估机构提交的资产评估报告、评估说明、评估明细表等（含电子文档）；

（三）其他材料。

第二十四条　资产评估项目核准（备案）应当符合下列条件：

（一）资产评估项目所涉及的经济行为是否获得批准；

（二）资产评估机构是否具备相应评估资质；

（三）评估人员是否具备相应执业资格；

（四）评估基准日的选择是否适当，评估结果的使用有效期是否明示；

（五）资产评估报告的格式和内容是否符合规定要求；

（六）资产评估范围与经济行为批准文件确定的资产范围是否一致；

（七）资产评估依据、技术参数选取、评估方法是否适当合理；

（八）行政事业单位是否就所提供的资产权属证明文件、财务会计资料及生产经营管理资料的真实性、合法性和完整性做出承诺；

（九）评估过程是否符合相关评估准则的规定；

省级主管部门可以按权限参照上述情况确定是否对本部门及所属单位的资产评估项目备案。

第二十五条　省级行政事业单位开展与资产评估相应的经济行为时，应当以经核准或备案的资产评估结果作为确定底价的参考依据。

第二十六条　必要时，省财政厅和省级主管部门可根据工作需要选聘资产评估机构或专家参与资产评估项目核准、备案。

第二十七条　资产评估项目核准或备案是省级行政事业单位办理产权登记、股权设置、产权转让等必要程序。经核准或备案的资产评估结果在其有效期内作为确定底价的参考依据，意向交易价格低于评估结果90%的，应当报资产评估报告核准或者备案部门重新确认后交易。

第五章　监督检查与责任追究

第二十八条　省级主管部门应当建立健全资产评估管理制度，完善资产评估项目档案管理。每年度终了后的10个工作日内，由省级主管部门向省财政厅书面报告本部门的资产评估项目备案情况。

第二十九条　省财政厅应当加强对省级行政事业单位国有资产评估核准（备案）工作的日常管理，定期或者不定期地对省级主管部门备案的资产评估项目进行抽查，抽查内容包括：

（一）资产评估管理制度建立及执行情况、人员配备及工作情况；

（二）资产评估项目经济行为是否符合有关规定，与资产评估范围是否一致；应当进行资产评估的项目是否进行资产评估；

（三）选聘和委托资产评估机构是否符合有关规定；

（四）资产评估依据的合法合规合理性；

（五）资产评估工作底稿；

（六）资产权属证明文件、财务会计资料的真实性、合法性和完整性；

（七）资产评估报告对重大事项及其对资产评估结果影响的披露程度，以及该披露与实际情况的差异；

（八）资产评估结果公示、备案情况；

（九）资产账面价值与评估结果的差异；经济行为的实际成交价与评估结果的差异；

（十）其他有关情况。

第三十条　省级行政事业单位违反本办法的规定，提供虚假情况和资料，或者与资产评估机构串通作弊，致使资产评估结果失实的，省财政厅可以宣布资产评估结果无效，并按照《资产评估行业财政监督管理办法》相关规定予以处罚。

第三十一条　资产评估机构作弊或者玩忽职守，致使资产评估结果失实的，省财政厅可以宣布资产评估结果无效，并根据《中华人民共和国资产评估法》、《国有资产评估管理办法》、《资产评估行业财政监督管理办法》相关规定，予以相应处罚，将处罚情况及时通报有关部门和评估行业协会，并依法向社会公开。

第六章　附　则

第三十二条　境外国有资产评估，遵照国家相关法律法规和部门规章执行。

第三十三条　各级财政部门、主管部门可根据本办法的规定，结合实际情况，制定具体办法，报省财政厅备案。

第三十四条　本办法自印发之日起实施，有效期5年。

附件：1. 资产评估项目核准表（略）
　　　2. 资产评估项目备案表（略）

（来源于湖南省财政厅网站）

湖南省财政厅关于印发《湖南省省级行政事业单位国有资产交易管理办法》的通知

湘财资〔2023〕13号

省直各单位，各市州、县市区财政局：

为进一步加强国有资产监督管理，规范资产交易行为，提高交易公开透明度，维护国有资产安全完整，防止国有资产流失，根据《行政事业性国有资产管理条例》等规定，研究制定了《湖南省省级行政事业单位国有资产交易管理办法》。现予以印发，请遵照执行。

附件：湖南省省级行政事业单位国有资产交易管理办法

湖南省财政厅
2023年7月31日

附件

湖南省省级行政事业单位国有资产交易管理办法

第一章 总则

第一条 为进一步加强省级行政事业单位国有资产交易管理，规范相关国有资产交易行为，根据《行政事业性国有资产管理条例》（国务院令第738号）、《湖南省省级行政事业单位国有资产处置管理办法》（湘财资〔2022〕18号）等文件精神，特制定本交易管理办法。

第二条 本办法适用省级行政事业单位以市场化方式出租、出售国有资产行为的管理。

第三条 省级行政事业单位在履行相关决策和批准程序后，发布资产出租、出售等交易信息公告，采取符合国家规定的公开竞价方式交易。

第四条 省级行政事业单位国有资产交易应当严格遵守国家法律法规和政策规定，充分发挥市场配置资源作用，遵循等价有偿和公开、公平、公正、竞争择优的原则，不得通过资产转让进行不当利益输送，不得侵犯他人合法权益和损害社会公共利益。

第二章 交易申请

第五条 省级行政事业单位国有资产在委托交易之前应按规定履行内部决策和审议程序，并报经主管部门、财政部门办理相关审批手续。经批准后，省级行政事业单位依照政府采购等法律法规，按照公开、公平、公正原则选择具有资质的交易中介服务机构开展交易活动。

涉及资产出售以及采用评估方式确定招租起始价的交易项目，应当组织资产评估后，按规定履行国有资产评估项目核准或备案手续。

第六条 经省财政厅批准的省级行政事业单位国有资产以市场化方式出租、出售的项目，应当按照"应尽必尽"原则进入省公共资源交易平台交易，以下简称进场交易。

第七条 对进入省公共资源交易平台交易的项目，省级行政事业单位向省公共资源交易平台办理国有资产公开交易进场登记手续，并对所提交材料的真实性、完整性、有效性负责。

省公共资源交易平台应当根据财政部门或主管部门出租出售审批意见予以受理，不得以任何形式设置限制性门槛。

第八条 省级行政事业单位自行组织交易或非在长省级行政事业单位进入所在地公共资源交易平台交易的，执行本办法有关规定。

第三章　交易公告

第九条　省级行政事业单位应当拟定信息公告，合理确定资产出租出售信息公告期限，征集意向竞价方。

第十条　省级行政事业单位应当通过省公共资源交易服务平台、单位网站（单位未设立门户网站的，可在主管部门门户网站）、资产所在现场统一同步公告交易信息。

出租信息公告期一般不少于10个工作日，出售信息公告期一般不少于20个工作日。

第十一条　信息公告中应披露交易标的基本情况（名称、规格、数量、质量等）、交易条件、意向竞价方资格条件、对资产交易有重大影响的相关信息、竞价方式的选择、交易保证金的设置等内容。

出租资产的，对意向承租方提出的资格条件应符合国家有关规定，不得具有明确指向性或违反公平竞争的内容。

出售资产的，除国家另有规定外，原则上不得对意向受让方资格条件作出限制。

第十二条　省级行政事业单位应确保资产信息披露的准确、一致，对交易条件和意向竞价方资格条件设置的公平性与合理性、竞价方式的选择等内容予以规范。

第十三条　信息公告期间不得擅自变更内容和条件。因特殊原因确需变更的，应当在原信息发布渠道进行公告，重新计算信息公告期。

第十四条　信息公告期间，意向竞价方可到交易机构查阅资产标的的相关信息和材料。

第四章　交易实施

第十五条　国有资产交易公开竞价方式包括公开拍卖、招投标、网络竞价以及其他竞价方式。采用公开拍卖方式交易的，由拍卖中介机构按《中华人民共和国拍卖法》等法律法规规定组织实施；采用招投标方式交易的，由招投标代理中介机构按《中华人民共和国招标投标法》等法律法规规定组织实施；采用网络线上或线下竞价等其他交易方式的，按相关法律法规组织实施。

对以价格为主要因素的资产交易项目，应当以公开竞价的形式将特定物品或者财产权利转让给最高应价者。

第十六条　信息公告期满后，产生两个或以上符合条件的意向竞价方的，按照公告的竞价方式组织实施公开竞价。只产生一个符合条件的意向竞价方时，需按照公告程序补登公告，公告7个工作日后，如确定没有新的竞价者，可经由省级行政事业单位"三重一大"决策制度审议通过后，交易双方可按挂牌价与意向竞价方报价孰高原则签约，并报原审批部门备案。

第十七条　省级行政事业单位对意向竞价方提交的申请及材料可于事前或事后进行齐全性和合规性审核，公平、公正对待符合参加资产交易条件的意向竞价方。

第十八条　保证金主要用于产权交易主体遵守市场规则和交易约定承诺，并在发生违规违约行为时作为赔偿相关主体损失的经济保证。其设置应当遵循公开、公平及合理、适当的原则。

第十九条　保证金不得由第三方代付，保证金来源的合法性由意向竞价方负责。

第二十条　两次及以上公开竞价无人参与的，可逐步降低出售、出租起始价。当交易价格低于原核准或备案的评估结果90%时，应当暂停交易，按规定报原审批部门批准后方可继续进行。

第二十一条　公开交易形成的资产成交价格，不得以任何付款方式为条件进行打折、优惠。

第二十二条　行政事业单位应当在竞价结束后3个工作日内签订成交确认书，并自成交确认书发出之日起15日内，与承租（买受）人签订行政事业单位国有资产租赁合同或产权转让合同，办理资产财务交接手续。合同签订之日起60日内，将合同报原审批部门备案。有关交易结果通过省公共资源交易服务平台公告。

第二十三条　省公共资源交易平台提供行政事业单位国有资产交易服务时，不收取国有资产交易服务费用。

第二十四条　资产处置交易中出现人民法院及其他有权机构依法发出终止交易书面通知、不可抗力等特殊情形的，应当中止、终结交易，并在交易平台网站上进行公告。

第五章　收入管理

第二十五条　省级行政事业单位的国有资产出租出售收入，按照政府非税收入管理的有关规定，在扣除相关税金、资产评估费、拍卖佣金等费用后，及时、足额上缴国库，严禁隐瞒、截留、坐支和挪用。

第六章　交易行为监督管理

第二十六条　资产交易过程中，禁止下列行为：

（一）省级行政事业单位或意向竞价方提供虚假、失实的材料；

（二）省级行政事业单位以不合法、不合理的条件限制或者排斥其他意向竞价方；

（三）意向竞价方相互串通，损害省级行政事业单位或其他意向竞价方合法权益的；

（四）意向竞价方弄虚作假、以他人名义参与竞价、与省级行政事业单位串通竞价的；

（五）省级行政事业单位、意向竞价方干扰其他意向竞价方公平竞争等扰乱正常交易秩序的；

（六）交易平台及其工作人员无正当理由拒绝意向竞价方进行登记，在资产交易中弄虚作假、玩忽职守，损害国家利益或他人合法权益的；

（七）制造、散布影响资产交易的虚假信息，扰乱产权交易市场的；

（八）法律法规规定的其他禁止行为。

第二十七条 湖南省公共资源交易中心应当省公共资源交易平台管理，规范交易行为，做好交易主体现场交易行为的信用记录，自觉接受有关部门和机构的监督，保证交易活动规范进行。

（一）按照规定和承诺的程序、时限和要求，及时发布交易信息、提供交易服务、出具交易凭证、拨付交易资金、退还交易保证金，对省级单位提供的相关资料、信息承担保密义务。

（二）负责电子档案和交易现场音像资料整理和管理，向省级行政事业单位及时反馈资产交易进展情况和交易结果，建立交易档案提供单位存档。每年年底形成省级行政事业单位资产进场交易报告报送省财政厅。

（三）发现违规违法行为，及时向省财政厅、主管部门报告。

第二十八条 省级行政事业单位要认真做好组织实施工作，按规定的交易流程交易。各主管部门要加强对所属各级行政事业单位资产交易行为的监管，适时进行检查督促，按要求定期向省财政厅汇总、报送所属单位的资产出售和出租审批备案资料。省财政厅要加强对省级行政事业单位国有资产交易的监督检查。

第七章 附 则

第二十九条 省级行政事业单位国有资产进场交易过程中发生纠纷的，由当事人协商解决。协商不能解决的，当事人申请仲裁或向人民法院提起诉讼。

第三十条 法律、法规对行政事业单位国有资产交易有特别规定的，从其规定。

第三十一条 本办法未尽事宜，按照《湖南省省级行政事业单位国有资产处置管理办法》（湘财资〔2022〕18号）等规定办理。

第三十二条 本办法自2023年9月1日起实施。

（来源于湖南省财政厅网站）

湖南省财政厅关于印发《湖南省政府采购评审专家管理办法》的通知

湘财购〔2023〕36号

各市州、省直管县财政局，省直各单位，各集中采购机构：

为加强对湖南省政府采购评审活动的管理，促进评审活动的公平公正，规范评审专家的评审行为，提高评审质量和效率，根据《中华人民共和国政府采购法》、《中华人民共和国政府采购法实施条例》、《政府采购货物和服务招标投标管理办法》（财政部第87号令）、《政府采购非招标采购方式管理办法》（财政部第74号令）、《政府采购评审专家管理办法》（财库〔2016〕198号）等法律法规及有关规定，结合我省实际，我们修订了《湖南省政府采购评审专家管理办法》，现印发给你们，请遵照执行。

附件：湖南省政府采购评审专家管理办法

湖南省财政厅
2023年8月2日

附件

湖南省政府采购评审专家管理办法

第一章 总 则

第一条 为加强湖南省政府采购评审活动管理，规范评审专家评审行为，提高评审质量和效率，根据《中华人民共和国政府采购法》、《中华人民共和国政府采购法实施条例》、《政府采购货物和服务招标投标管理办法》（财政部令第87号）、《政府采购非招标采购方式管理办法》（财政部令第74号）、《政府采购评审专家管理办法》（财库〔2016〕198号）等法律法规及有关规定，结合我省实际，制定本办法。

第二条 本办法所称政府采购评审专家（以下简称评审专家），是指经湖南省财政厅统一选聘，纳入湖南省政府采购评审专家库（以下简称专家库）管理，以独立身份参加政府采购项目评审的人员。

第三条 本办法所称评审委员会是指政府采购评标委员会、竞争性谈判小组、竞争性磋商小组、询价小组等的统称。

第四条 评审专家选聘、解聘、抽取、使用、履职评价、监督管理适用本办法。

第五条 评审专家的使用和管理遵循"统一标准、公开选聘、管用分离、随机抽取、资源共享、动态管理"的原则。

第六条 湖南省财政厅依法建设和管理专家库，负责评审专家入库及信息变更最终审核，委托各市州、县市区财政部门负责本地区评审专家入库及信息变更的审核。

按照分级管理的原则，各级财政部门负责本地区评审专家的日常监管、业务培训，负责同级预算单位采购项目中评审专家的履职评价、处理处罚等管理工作。

第二章 评审专家的选聘及解聘

第七条 湖南省财政厅通过公开征集、单位推荐、自我推荐相结合的方式选聘评审专家。

第八条 评审专家应当具备以下条件：

（一）承诺以独立身份参加评审工作，依法履行评审专家工作职责并承担相应法律责任的中国公民；

（二）具有良好的职业道德，遵纪守法，廉洁自律，无行贿、受贿、欺诈等不良信用记录；

（三）具有中级专业技术职称或具有同等专业水平，且从事申报专业领域工作满8年；或者具有高级专业技术职称或具有同等专业水平；

（四）熟悉政府采购相关法律法规以及相关政策要求，熟知申请评审专业技术及相关市场情况；

（五）年龄不超过68周岁，身体健康，能够独立承担评审工作；

（六）熟悉计算机操作，能够独立使用计算机完成评审工作；

（七）申请成为评审专家前三年内，无本办法第十三条第一款第（三）（四）项情形；

（八）未被财政部门禁止参加政府采购评审活动；

（九）法律法规和有关规定要求的其他条件。

对评审专家数量较少的专业，前款第（三）项规定"工作满8年"的条件，取得博士学位或者具有博士研究生学历可以放宽到4年，取得硕士学位或者具有硕士研究生学历可以放宽到6年；前款第（五）项规定"年龄不超过68周岁"的条件可以放宽到"年龄不超过70周岁"。

具有同等专业水平是指未达到专业技术职称条件，但在相关工作领域有突出的专业特长，申请成为评审专家时，应当提供与专业技术职称相关的个人研究或工作成就简况（包括学术论文、科研成果、发明创造等）的有效证明材料，且由所在单位或行业组织进行书面推荐。

第九条 申请人应当根据本人专业技术职称或专长以及所从事的工作领域，对照评审专家专业分类申报评审专业。每人申报专业不得超过3项。

第十条 评审专家聘用程序。湖南省财政厅根据评审工作需要和专家库情况，分批次开展评审专家聘用工作。

（一）发布公告。湖南省财政厅每年定期在中国湖南政府采购网发布征集公告，明确申报时间、流程和需要提交的材料等。

（二）网上注册。符合本办法第八条规定条件的，申请人按照公告要求通过中国湖南政府采购网"评审专家注册"入口确认注册协议，申请注册，填报信息，并将以下材料原件送达各市州、县市区财政部门进行初审。

1.《湖南省政府采购评审专家申请表》（附件2）、《湖南省政府采购评审专家承诺书》（附件3）；

2. 居民身份证等证明本人身份的有效证件；

3. 学历或学位证书、中级以上专业技术职称证书，或《湖南省政府采购评审专家同等专业水平推荐函》（附件4）及具有同等专业水平的证明材料；

4. 同期征集公告要求提供的其他材料。

（三）查询信用记录。各市州、县市区财政部门应当通过"信用中国"网站、湖南信用网、中国政府采购网、中国湖南政府采购网等渠道查询申请人的信用记录情况，并据此进行初步筛选。

（四）审核聘用申请。各市州、县市区财政部门对市本级、本县市区申请人的申请材料、聘用条件、评审专业等信息进行初审。各市州财政部门对所辖县市区申请人的入库及信息变更进行复审。

（五）确定拟聘名单。湖南省财政厅对通过初审、复审的申请人进行最终审核，并确定拟聘名单。

（六）组织初任考试。湖南省财政厅组织对拟聘评审专家开展初任考试。

（七）入库管理。考试合格的拟聘人员，聘用为湖南省政府采购评审专家，纳入专家库管理。

第十一条 评审专家聘用期限为两年。聘期届满前，评审专家可以按照湖南省财政厅定期开展的聘用工作要求申请续聘，仍然具备第八条规定条件的，经审核通过后，予以续聘。

第十二条 评审专家的入库个人信息发生变化的，应当在发生变化后五个工作日内登录中国湖南政府采购网对相关信息进行更新。评审专家的工作单位、专业技术职称、执业资格、需要申请回避的情况等重要信息发生变化的，应当上传相关证明材料，同时将证明材料原件送交申报地财政部门审核。

评审专家的服务区域、评审专业原则上每年变更不超过2次。

第十三条 评审专家有下列情形之一的，湖南省财政厅应当将其解聘：

（一）本人申请不再担任评审专家的；

（二）不再符合本办法第八条规定的；

（三）受到严重警告及以上党纪处分或受到记大过及以上政务处分的；受到除警告、通报批评、罚款以外行政处罚的；受到刑事处罚的；

（四）被取消年度综合评价资格的；

（五）法律法规和有关规定列举的其他情形。

各市州、县市区财政部门发现评审专家存在前款情形之一的，应当向湖南省财政厅提出书面解聘建议，湖南省财政厅复核后，予以解聘，并在中国湖南政府采购网公告。

第三章 评审专家的权利和义务

第十四条 评审专家在政府采购评审工作中享有以下权利：

（一）应邀担任评审委员会的成员；

（二）依法对投标（响应）文件独立评审，提出评审意见，不受任何单位或个人的非法干预；

（三）推荐中标（成交）候选供应商的表决权；

（四）按规定和标准获得相应的评审劳务报酬，对劳务报酬存在争议的，可以向采购人所属预算级次的本级财政部门（以下简称本级财政部门）提出申诉；

（五）对本人履职评价结果和政府采购监管部门作出的处理决定的知情权和申诉权；

（六）受到政府采购当事人的非法干预、恐吓、威胁、报复等不公平待遇的，向本级财政部门的举报权；

（七）对评审专家管理提出意见和建议的权利；

（八）法律法规和有关规定明确的其他权利。

第十五条 评审专家在政府采购评审工作中应当承担以下义务：

（一）提供真实有效的申请材料，及时更新重要个人信息；

（二）严格遵守评审工作纪律及现场管理制度，应邀并准时参加政府采购项目评审，因突发情况不能出席或不能按时参加评审的，应及时按要求请假，不得私下转托他人参加；

（三）认真执行政府采购法律法规和有关政策，依法公正履行评审职责，遵守职业道德，独立出具评审意见，并对出具的评审意见承担法律责任。对需要共同认定的事项存在争议的，按照少数服从多数的原则做出结论，对评审报告持不同意见的，在评审报告上签署不同意见并说明理由；

（四）严格遵守政府采购保密工作纪律，对参评信息及评审过程保密，不得记录、复制或者带走任何评审资料，不得在中标结果确定前泄露评审委员会组成人员名单，不得透露对投标（响应）文件评审比较情况、中标（成交）候选人推荐情况、与评标有关的国家秘密、商业秘密、技术秘密以及法律法规规定的其他情形；

（五）严格遵守政府采购廉洁自律规定，不得与政府采购当事人发生可能影响公正评审的经济往来；

（六）发现在政府采购活动中有行贿、提供虚假材料或者串通等违法违规行为的，及时向本级财政部门报告，并在评审意见中说明；

（七）配合采购人或采购代理机构（含集中采购机构，下同）答复供应商询问、质疑等事项；接受、协助、配合财政部门对评审活动的监督检查、调查取证、投诉处理；

（八）不得与供应商或与中标（成交）结果有直接或间接利害关系的人私下接触，不得私自建立或加入评审专家、采购人、采购代理机构、供应商等组建的微信群、QQ群等社交媒体平台；

（九）按照有关规定主动回避与自身存在利害关系的项目评审活动；

（十）自觉落实被"打招呼"登记报告制，在参与项目评审中，发现存在被"打招呼"干扰评审工作等情形的，及时向本级财政部门报告（附件5）；

（十一）自觉参加财政部门组织的政府采购业务培训；

（十二）客观、及时对采购代理机构进行履职评价；

（十三）不得以评审专家的身份从事有损政府采购公信力的活动；

（十四）法律法规和有关规定明确的其他义务。

第四章 评审专家的抽取与使用

第十六条 采购人或采购代理机构应当根据采购项目性质、金额、实施计划等情况，合理确定项目所需评审专家的服务区域、专业、人数、评审时间和回避要求等要素，提出抽取需求，并按照抽取结果确定的专家名单组建评审委员会。

第十七条 采购人或采购代理机构应当结合项目评审专家需求和项目所在地理位置等因素，按照"最大范围"原则扩大专家抽取区域范围，充分利用专家库资源。选用异地评审专家的项目，应当充分考虑选择的抽取区域到评审地区的路程时长，为专家预留充足的到达时间。

第十八条 采购人或采购代理机构应当从专家库中随机抽取评审专家。评审专家的随机抽取，按以下程序进行：

（一）预约抽取。采购人或采购代理机构在评审活动开始前通过专家库管理系统录入预约抽取申请，专家抽取时间原则上应当在评审活动开始前24小时内。

采购人或采购代理机构不得随意取消评审或者改变评审时间和评审地点。确需取消评审或者改变评审时间和评审地点的，应当在约定抽取时间前，通过专家库管理系统取消或修改预约申请。

（二）随机抽取。专家库管理系统在约定抽取时间自动随机抽取，通过语音外呼和手机短信平台向被抽取的评审专家拨打电话和发送邀请短信，经语音应答方式确认，形成评审专家名单。

（三）专家请假。评审专家请假应当及时。评审活动开始前如需临时请假，由专家用注册登记手机号回拨语音电话进行请假操作，系统自动开启专家补抽流程；评审活动开始后专家如需回避或无法到达，由采购人或采购代理机构在专家库系统操作，并手动申请补抽专家。除难以预计的突发情况外，原则上距离评审时间1小时以内，专家不能请假。

（四）名单解密。评审开始时间即为专家名单解密时间，采购人或采购代理机构通过专家库管理系统获取评审专家名单，核对到场情况。

采购人、采购代理机构、公共资源交易中心和评审专家库开发运维公司等单位的相关工作人员，均不得在评审结果公告前泄露评审专家名单。

（五）名单保存。采购人、采购代理机构在评审工作结束后，应当通过专家库管理系统打印项目评审专家名单，与其他相关资料一起保存归档。

第十九条 采购人或采购代理机构应当从专家库中随机抽取评审专家。专家库中相关评审专家数量不能保证随机抽取需要的，采购人或采购代理机构可以推荐符合条件的人员，经审核选聘入库后再随机抽取使用。

第二十条 技术复杂、专业性强的采购项目，通过随机方式难以确定合适评审专家的，经主管预算单位书面同意，由采购人自行选定符合条件的专业人员参加评审。

省内高校、科研院所采购科研仪器设备，可以在专家库外自行选定评审专家。

自行选定评审专家的，采购人应当优先选择本单位以外的专家，并负责做好相关保密工作。

第二十一条 评审专家应当自带身份证件在规定的时间内到达评审现场。评审专家超过规定时间 30 分钟未到达的，采购人、采购代理机构启动补抽程序。原抽取的评审专家不得再参加评审。

第二十二条 预定评审时间开始后，出现评审专家缺席、回避等情形导致评审现场专家数量不符合规定的，采购人、采购代理机构应当予以记载，及时补抽评审专家，或者按相关法律法规及政策规定自行选定补足评审专家。无法补抽或无法按要求补足评审专家的，采购人、采购代理机构应当立即停止评审相关工作，妥善封存采购文件，依法重新组建评审委员会进行评审。

第二十三条 除本办法第二十条规定的情形外，评审专家对本单位的政府采购项目只能以采购人代表身份参与评审活动。

各级财政部门政府采购监督管理在职人员、采购代理机构在职人员不得作为评审专家或采购人代表参与政府采购项目的评审活动。

第二十四条 评审专家不得参加与自身存在利害关系的政府采购项目的评审及相关活动。评审专家与参加采购活动的供应商、评审项目的采购人存在下列利害关系的，应当回避：

（一）参加采购活动前三年内，与供应商存在劳动关系，或担任过供应商的董事、监事、高级职务，或是供应商的控股股东、实际控制人；

（二）与供应商的法定代表人或者负责人有夫妻、直系血亲、三代以内旁系血亲或者近姻亲关系；

（三）与供应商有其他可能影响政府采购活动公平、公正进行的关系；

（四）参加采购活动前三年内，与评审项目的采购人有劳动关系等可能影响公平公正评审的；

（五）相关法律法规和规章规定的其他应当回避的情形。

评审专家发现本人有前款规定情形的，应当主动提出回避。采购人、采购代理机构发现评审专家有前款规定情形的，应当要求其回避。

第二十五条 评审活动完成前，评审专家抽取名单应当严格保密。评审活动完成后，采购人、采购代理机构应当将评审专家名单以及自行选定评审专家情况的说明，随同中标（成交）结果一并公告。

第五章 评审劳务报酬

第二十六条 政府采购项目评审劳务报酬，是指评审专家依法参加政府采购项目评审活动，因付出劳动而获得的相应收入，包括评审费和误工补贴。

第二十七条 评审劳务报酬按照"谁使用、谁承担"原则，由采购人或集中采购机构支付。其中，属于集中采购目录内的采购项目，由各级集中采购机构支付，未设立集中采购机构的，由采购人支付；属于集中采购目录外的采购项目，由采购人支付。

第二十八条 从专家库抽取的评审专家以及采购人依法自行选定的评审专家均可以获取评审劳务报酬。评审委员会中的采购人代表、现场监督人员和其他工作人员不得获取劳务报酬。

第二十九条 评审劳务报酬的结算：

（一）评审劳务报酬按照"同工同酬、按劳分配"的原则结算。评审劳务报酬为税后收入，按照《湖南省政府采购评审专家劳务报酬标准》（附件6）发放。各市州、县市区可以根据当地实际，以本标准为上限，适当调整本地发放标准。

（二）评审费计算时间以通知评审专家到达评审现场的时间为计算起点，以评审报告完成并签字的时间为计算终点，其间迟到、用餐、休息时间不予计入。补抽的评审专家以实际到达评审现场时间为计算起点。评审期间经采购人同意因故退出的，以实际离开时间为计算终点。采购人、采购代理机构或公共资源交易中心应当做好评审专家签到工作，保存签到记录。

（三）评审劳务报酬以人民币为结算单位，原则上以银行转账方式支付。评审结束后应当填报《湖南省政府采购评审专家费用支付表》（附件7）。采购人或集中采购机构应当在评审活动结束后 20 个工作日内，将评审劳务报酬支付至评审专家指定的本人银行账户。

（四）担任评审组组长的，在其评审劳务报酬总额上另增加 100 元。

第三十条 评审专家参加异地评审的，其往返城市间交通费、住宿费等实际发生的费用，参照采购人执行的差旅费管理办法相应标准，由采购人或集中采购机构根据有效票据报销住宿费及交通费。

第三十一条 评审专家超过规定时间 30 分钟未到达评审现场，或者未完成评审工作擅自离开评审现场，或者在评审活动中有违法违规行为的，不得获取评审劳务报酬和差旅费。

第三十二条 采购人或集中采购机构应当根据本单位历年政府采购项目数量，合理确定年度评审劳务报酬支出预算，将其纳入单位预算管理，从劳务费科目中列支，并依法履行个人所得税代扣代缴义务。采购人或集中采购机构不得随意扣减或超标准开支，不得向采购代理机构、供应商转嫁负担。

第三十三条 采购人聘请专家参与进口产品、单一来源、采购需求等论证以及履约验收等工作，劳务报酬计发可以参照《湖南省政府采购项目评审专家劳务报酬标准》执行。

第六章 评审专家的履职评价

第三十四条 湖南省财政厅牵头制定《湖南省政府

采购评审专家行为负面清单与履职评价标准》（附件1），建立评审专家履职评价制度。履职评价工作通过专家库管理系统实施。

第三十五条 各级财政部门、采购人、采购代理机构对评审专家参与政府采购评审活动的遵纪守法、职业道德、专业水平、评审质效等情况开展履职评价。

第三十六条 履职评价具体包括项目评价、日常评价和年度综合评价。

第三十七条 项目评价。采购人、采购代理机构在项目评审活动结束后至中标（成交）结果确定前，应当对评审专家参加评审活动的行为进行评价。评审专家无负面清单所列行为即评定为称职。

第三十八条 日常评价。各级财政部门在举报投诉办理、日常监管核实工作结束后10个工作日内，对有负面清单行为的评审专家行为进行日常评价。

第三十九条 年度综合评价。湖南省财政厅会同各级财政部门，根据当年的项目评价和日常评价情况，于次年1月组织对评审专家进行综合评价。

第四十条 项目评价和日常评价分为称职、基本称职和不称职三个等次。年度综合评价分为合格和不合格两个等次。

第四十一条 有下列情形之一的，年度综合评价评定为不合格：

（一）年度内项目评价和日常评价累计出现4次基本称职及以上的；

（二）年度内项目评价和日常评价累计出现1次不称职和2次基本称职及以上的；

（三）年度内项目评价和日常评价累计出现2次不称职及以上的；

（四）根据负面清单直接评定为年度综合评价不合格情形的。

第四十二条 项目评价或日常评价为基本称职的，暂停评审抽取资格3个月；项目评价或日常评价为不称职的，暂停评审抽取资格6个月；年度综合评价不合格的，暂停评审抽取资格1年。

第四十三条 评审专家在同一项目中的同一行为，既有项目评价结果又有日常评价结果的，以日常评价结果为准，评价结果不叠加。

第四十四条 承接政府采购项目进场交易的公共资源交易中心，应当在评审活动结束后5个工作日内向采购人提供评审专家遵守考勤纪律及现场管理秩序等情况。

第四十五条 采购人、采购代理机构应当按照实事求是、客观公正、诚实信用的原则，如实记录并及时评价专家履职情况，保存必要的证明材料，对评价结果负责。

第四十六条 未完成评审专家项目评价的，采购人或采购代理机构在专家库管理系统中不能提起专家抽取申请。

第四十七条 评审专家可通过专家库管理系统查询其履职评价情况，对评价结果有异议的，可以进行申辩并提交书面材料：

（一）对项目评价结果有异议的，应当向采购人提出；

（二）对日常评价或采购人反馈结果有异议的，应当向本级财政部门提出；

（三）对年度综合评价结果有异议的，应当向湖南省财政厅提出；

采购人应当在收到申辩材料之日起7个工作日内予以反馈，对申辩成立的应当修复其评价结果。

财政部门应当在收到申辩材料之日起15个工作日内予以反馈，对申辩成立的应当修复其评价结果，发现项目评价结果与事实不符，且无法作出合理解释的，依据相关规定对作出评价的采购人或采购代理机构进行处理。

第四十八条 项目评价完成后，7个工作日内评审专家未向采购人提出申辩的，评价结果开始生效。日常评价完成后，评价结果即时生效。各级财政部门根据负面清单直接评定为年度综合评价不合格或取消年度综合评价资格的，即时生效。有本办法第四十一条（一）（二）（三）项情形的，在湖南省财政厅评定工作完成后，年度综合评价结果予以生效。

第七章 评审专家的监督管理

第四十九条 各级财政部门应当加强对本级评审专家的监督管理，督促采购人、采购代理机构及时、客观地对评审专家进行履职评价，依法依规处理处罚有违法违规行为的评审专家。

第五十条 评审专家有违法违规行为的，根据《中华人民共和国政府采购法》《中华人民共和国政府采购法实施条例》《政府采购货物和服务招标投标管理办法》（财政部令第87号）、《政府采购非招标采购方式管理办法》（财政部令第74号）等法律法规章的规定，视情节轻重，由财政部门给予警告、罚款、禁止其参加政府采购评审活动、列入不良行为记录等处罚，同时通报其所在单位。其中党员或公职人员涉嫌违纪违法的，移送纪检监察机关（机构）；给他人造成损失的，依法承担民事责任；涉嫌犯罪的，移送司法机关处理。

第五十一条 评审专家有《湖南省政府采购评审专家行为负面清单与履职评价标准》中负面行为的，根据政府采购评审专家管理等有关规定，视情节轻重，由财政部门责令限期改正，给予约谈、集中公告、暂停评审抽取资格、解聘等处理，通报其所在单位。其中党员或公职人员涉嫌违纪违法的，移送纪检监察机关（机构）；给他人造成损失的，依法承担民事责任；涉嫌犯罪的，移送司法机关处理。

第五十二条 各级财政部门应当主动加强与纪检监

察、审计、公安等部门的沟通联动,建立健全线索移送、沟通反馈、联合惩戒等工作机制,有效发挥工作合力,充分利用信息化手段,切实提高对评审专家的监管效能。

第八章 其他规定

第五十三条 采购人或采购代理机构未按照本办法规定抽取和使用评审专家的,评审意见无效,并由本级财政部门依法进行处理处罚。

第五十四条 各级财政部门工作人员在对评审专家的管理工作中存在滥用职权、玩忽职守、徇私舞弊等违法违纪行为的,依照《中华人民共和国政府采购法》《中华人民共和国公务员法》《中华人民共和国监察法》《中华人民共和国公职人员政务处分法》《中华人民共和国政府采购法实施条例》等国家有关规定追究相应责任;涉嫌犯罪的,移送司法机关处理。

第五十五条 财政部门、采购人、采购代理机构、公共资源交易中心和评审专家库开发运维公司等单位工作人员对评审专家的个人信息负有保密义务。

第九章 附 则

第五十六条 参加政府采购评审活动的采购人代表、采购人依法依规自行选定的评审专家的管理,参照本办法执行。

第五十七条 本办法自 2023 年 9 月 1 日施行,有效期五年。

附件:1. 湖南省政府采购评审专家行为负面清单与履职评价标准(略)
   2. 湖南省政府采购评审专家申请表(略)
   3. 湖南省政府采购评审专家承诺书(略)
   4. 湖南省政府采购评审专家同等专业水平推荐函(略)
   5. 湖南省政府采购评审专家被"打招呼"登记表(略)
   6. 湖南省政府采购评审专家劳务报酬标准(略)
   7. 湖南省政府采购评审专家费用支付表(略)

(来源于湖南省财政厅网站)

湖南省财政厅关于印发《湖南省农业保险财政奖补管理办法》的通知

湘财金〔2023〕60号

各市州、县市区财政局，相关省直单位，有关保险公司：

为贯彻落实《财政部关于印发〈中央财政农业保险保费补贴管理办法〉的通知》（财金〔2021〕130号）、《湖南省财政厅 湖南省农业农村厅 中国银保监会湖南监管局关于省以下品种农业保险业务市场化改革财政奖补试点工作有关事项的通知》（湘财金〔2023〕25号）和《湖南省财政厅 湖南省农业农村厅 中国银保监会湖南监管局关于印发〈关于改革完善财政引导和绩效奖惩机制 全面提升保险服务质效的实施意见〉的通知》（湘财金〔2023〕29号）文件精神，进一步加强我省农业保险保费补贴资金管理，提升农业保险数据信息服务水平，推动农业保险转型升级，完善农业支持保护制度，助力乡村振兴，更好地服务保障国家粮食安全，结合我省实际情况，我厅修订了《湖南省农业保险财政奖补管理办法》，现印发你们，请遵照执行。

附件：湖南省农业保险财政奖补管理办法

湖南省财政厅
2023年10月25日

附件

湖南省农业保险财政奖补管理办法

第一章 总 则

第一条 为规范农业保险财政奖补管理，提升农业保险服务水平，加快农业保险高质量发展，完善农业支持保护制度，助力乡村振兴，服务保障国家粮食安全，根据《农业保险条例》、《财政部关于印发〈中央财政农业保险保费补贴管理办法〉的通知》（财金〔2021〕130号）等规定，制定本办法。

第二条 本办法所称农业保险财政奖补，是指中央和省财政对符合条件的农业保险业务，为投保农户、农业生产经营组织提供保费补贴，以及对农业保险承保机构（以下简称承保机构）进行超赔补偿、绩效奖补。

本办法所称承保机构，是指经国家金融监管部门批复在我省具有农业保险业务经营资质条件的保险公司。本办法所称农业生产经营组织是指家庭农场、农民专业合作社、农业企业以及其他农业生产经营组织。

第三条 农业保险工作遵循政府引导、市场运作、自主自愿、协同推进的原则。农业保险财政奖补实行财政支持、分级负责、预算约束、政策协同、绩效导向、惠及农户的原则。

（一）财政支持。财政部门履行牵头主责，从发展方向、制度设计、政策制定、资金保障等方面推进农业保险可持续发展，通过保费补贴、超赔补偿、绩效奖补、机构遴选等多种政策手段，发挥农业保险机制性工具作用，督促承保机构依法合规展业，充分调动各参与方积极性，推动农业保险高质量发展。

（二）分级负责。省财政厅对我省农业保险财政奖补工作负总责，对市县农业保险财政奖补工作进行指导和监督，市县财政部门按照属地原则各负其责。

（三）预算约束。各级财政部门综合考虑农业发展、财政承受能力等实际情况，适应农业保险业务发展趋势和内在规律，量力而行、尽力而为，合理确定本地区农业保险发展优先顺序，强化预算约束，提高财政预算管理水平。

（四）政策协同。各级财政部门加强与农业农村、金融监管、林业等有关单位以及承保机构的协同，推动农业保险奖补政策与其他农村金融和支农惠农政策有机结合，促进形成农业保险健康发展的长效机制。

（五）绩效导向。突出正向激励，构建科学合理的绩效评价指标体系，强化绩效目标管理，做好绩效运行监控，开展绩效评价和结果应用。

（六）惠及农户。各级财政部门会同有关方面聚焦服务"三农"，确保农业保险政策精准滴灌，切实提升投保农户政策获得感和满意度。

第二章 奖补政策

第四条 我省财政奖补的农业保险品种（以下简称财政奖补险种）分为中央财政保费补贴范围的保险品种（以下简称中央补贴险种）和省级财政奖补范围的保险品种（以下简称省级奖补险种）。

第五条 中央补贴险种的保险标的主要包括：

（一）种植业。水稻、水稻制种、玉米、棉花、油料作物；

（二）养殖业。能繁母猪、育肥猪、奶牛；

（三）森林。公益林、商品林。

第六条 中央补贴险种所需保费，由各级财政及投保人按以下比例分担：

（一）种植业保险保费。中央财政补贴45%，省财政补贴25%，市县财政补贴10%，投保人承担20%。

（二）养殖业保险保费。中央财政补贴50%，省财政补贴25%，市县财政补贴10%，投保人承担15%。

（三）森林保险保费。公益林保险中央财政补贴50%，省财政补贴25%，市县财政补贴10%，投保人承担15%；商品林保险中央财政补贴30%，省财政补贴25%，市县财政补贴10%，投保人承担35%。

第七条 省级奖补险种的保险标的主要是在我省已形成规模生产经营的种植业和养殖业，具体分为两类：

（一）政策性引导品种

1. 烟叶。省烟草局下达种植计划范围内的烟叶种植。

2. 巨灾品种。以省为单位的全域人身安全，以县为单位的全域农房安全、种植业、养殖业。

3. 创新试点品种。生猪等受价格波动影响较大的大宗农产品，根据实际情况动态调整。

（二）市场化改革品种

1. 千亿产业重点品种。柑橘、茶叶、油茶、蔬菜、淡水鱼、小龙虾、湘九味中药材（湘莲、百合、玉竹、枳壳、杜仲、黄精、茯苓、山银花、博落回）、肉鸡、肉鸭、能繁母牛。

2. "一县一特"品种。省农业农村厅每年发布的"一县一特"农产品优秀品牌品种。

3. 开展补充险的中央补贴险种。具体标的同第五条。

4. 其他种植业和养殖业品种。

第八条 对省级政策性引导品种农业保险业务，省财政统筹资金（含中央奖补资金和省级预算资金，下同）按一定比例给予保费补贴，具体分担比例如下：

1. 烟叶保险保费。省财政补贴16%，市县财政补贴16%，烟草部门补贴64%，投保人承担4%。

2. 巨灾保险保费。巨灾人身死亡保险保费由省财政全额承担；巨灾种植业、养殖业、农房毁损保险保费由省财政补贴50%，市县财政补贴50%。

3. 创新试点保险保费。对生猪等受价格波动影响较大的大宗农产品，鼓励试点探索"保险+期货"等创新模式，省财政给予适当补贴，具体补贴政策另行制定，根据试点情况动态调整。

第九条 对省级市场化改革品种农业保险业务，省财政统筹资金给予降费补贴、超赔补偿、绩效奖补，建立"三补"机制。

（一）降费补贴。对千亿产业重点品种，省财政按保费规模的10%给予补贴；对"一县一特"品种、开展补充险的中央补贴品种，省财政按保费规模的8%给予补贴；对其他种植和养殖业品种，省财政按不超过保费规模的6%给予补贴；对上述品种中经国家金融监督管理总局湖南监管局备案的首创农业保险品种，自首创之日起三个年度内，省财政按保费规模10%给予补贴。

（二）超赔补偿。对单家省级承保机构单个险种自然年度内已决赔款总额超过实收保费100%且不超过150%的部分，省财政按不超过30%的比例给予风险补偿，单个险种最高补偿100万元。中央补贴险种的补充型保险不纳入超赔补偿范围。

（三）绩效奖补。综合考虑省级承保机构上年度省级市场化改革品种农业保险业务增量、增速、费率以及理赔情况等因素给予适当奖补。对"一县一特"品种年保费规模1000万元以上的市县给予适当奖励。

第三章 保险方案

第十条 中央补贴险种的保险条款和保险费率，承保机构应当在充分听取各级财政、农业农村、林业、金融监管部门和农户代表以及财政部湖南监管局意见的基础上公平、合理拟定，其中保险费率应当按照保本微利原则厘定，综合费用率不得高于20%。省财政厅会同有关部门，指导承保机构根据历史赔付、风险区划等情况，逐步建立农业保险费率动态调整机制，合理确定费率水平。

第十一条 省级市场化改革品种的保险条款和保险费率，由承保机构根据农户、农业生产经营组织自主自愿投保需求，按照市场化原则确定，报金融监管总局湖南局备案后实施。政府部门不增设准入门槛、不遴选指定承保机构、不参与具体保险条款设计。省级政策性引导品种的保险条款和保险费率拟定，参照中央补贴险种执行。

第十二条 财政奖补险种的保险责任应涵盖当地主要的自然灾害、重大病虫鼠害、动物疾病疫病、意外事故和野生动物毁损等风险；稳步探索以产量、气象等变动作为保险责任。

第十三条 财政奖补险种的保险金额主要包括：

（一）种植业保险。原则上为保险标的生长期内所发生的物化成本，包括种子、化肥、农药、灌溉、机耕和地膜等成本。水稻保险品种保险金额可以覆盖物化成本、土地成本和人工成本等农业生产总成本（完全成本）；如果相应品种的市场价格主要由市场机制形成，保险金额也可以体现农产品价格和产量，覆盖农业种植收入。

（二）养殖业保险。原则上为保险标的的生产成本，可包括部分购买价格或饲养成本，具体根据养殖业发展实际、地方财力状况等因素综合确定保险金额。

（三）森林保险。原则上为林木损失后的再植成本，包括灾害木清理、整地、种苗处理与施肥、挖坑、栽植、抚育管理到树木成活所需的一次性总费用。

对于省级市场化改革品种，鼓励承保机构根据农户、农业生产经营组织的投保需求和支付能力，适当调整提高保险金额。

农业生产总成本、单产和价格（地头价）数据，以相关部门认可的数据或国家发展和改革委员会最新发布的《全国农产品成本收益资料汇编》为准。

第十四条 财政奖补险种不得设置绝对免赔，科学合理设置相对免赔，相对免赔率不得高于20%。

第四章 预算管理

第十五条 按照分级负担的原则，各级财政按比例应承担的农业保险奖补资金，要足额列入本级年度预算予以保障。上级预拨下达的本年度奖补资金出现结余或缺口的，下年度结算时据实扣减或补足。

第十六条 省财政厅搭建全省统一的农业保险综合管理平台系统（以下简称农险平台），夯实农业保险奖补资金预算管理基础。各承保机构要及时传送保单数据，保单数据全过程留痕、至少保存10年，确保可核验、可追溯、可追责。各级财政部门要会同相关部门及时在农险平台上审核确认业务数据，并以此作为预算安排、资金拨付的依据。

第十七条 对中央补贴险种的保费补贴资金，按以下流程安排预算、开展结算、拨付资金。

（一）每年12月31日前，省财政厅根据农险平台统计的当年承保数据，统筹考虑中央财政提前下达资金和省级预算情况，按不低于70%比例提前下达下一年度中央和省级保费补贴资金。

（二）每年1月31日前，市县财政部门应会同农业农村部门在依托农险平台完成上年度全部业务确认的基础上，认真编制并向省财政厅分别报送中央和省级保费补贴资金本年度申请报告及保费补贴资金测算表（附件1）、上年度结算报告及保费补贴资金结算表（附件2），同步填报上年度规模种植和养殖户情况统计表（附件3）、保费补贴资金到位承诺函（附件4）。

（三）每年2月底前，省财政厅根据市县申报情况，统筹比对农险平台承保数据和农业农村、统计部门相关数据后，分市县核定本年度农业保险保费补贴资金预算控制数，在已提前下达资金的基础上，将当年省级保费补贴资金补足。各市县、承保机构原则上应在控制数限额内开展承保业务。

（四）每年3月31日，省财政厅汇总审核市县申报数据和资料，编制全省中央财政农业保险保费补贴资金本年度申请报告、上年度结算报告报财政部、财政部湖南监管局审核。

（五）每年年中，待财政部最终结算核定全省上年度农业保险保费补贴资金额度后，省财政厅按照"多退少补"的原则与市县据实结算上年度中央和省级财政保费补贴。

（六）每年年中，市县财政部门、承保机构要依托农险平台数据"按季确认业务、分批拨付资金"。在已完成确认的业务范围内，市县财政局在收到承保机构资金拨付申请后，原则上要在一个季度内完成审核和资金拨付工作。年度结束后，市县财政部门在收到承保机构上年度资金结算申请后，要在一个月内完成审核确认，并在3月31日前完成资金拨付工作。对于年度结算后仍然存在欠拨保费的市县，省财政厅将分类采取通报、督办、约谈、扣减预算、横向转拨承保机构等方式进行处理。

第十八条 对省级市场化改革品种农业保险业务，省财政厅依托农险平台保单数据，按照"总对总"的模式，以省级承保机构为单位预拨、结算奖补资金。

（一）每年1月31日前，省级承保机构在核对确认农险平台全年业务数据准确无误的基础上，认真编制并向省财政厅报送上年度省级市场化改革农业保险业务结算报告及结算表（附件5）、本年度省级市场化改革农业保险业务开展计划（附件6），同步报送业务真实性和合规性承诺函（附件7）。

（二）每年3月31日前，省财政厅对照申报材料和农险平台数据进行审核确认，对上年度各省级承保机构可获得的降费补贴、超赔补偿、绩效奖补资金进行结算拨付。

（三）每年9月30日前，省财政厅根据农险平台统计的各承保机构实时推送的当年业务保单数据，对本年度省级市场化改革农业保险业务财政奖补中降费补贴部分，按一定比例预拨下达给省级承保机构，年度终了后结算时据实"多退少补"。

第十九条 省级政策性引导品种农业保险业务，保费补贴资金预算、结算、拨付方式参照中央补贴险种执行。

第五章 机构管理

第二十条 中央补贴险种承保机构按照财政部关于政策性农业保险承保机构遴选管理的要求，采取"省级规划督导、市级组织遴选、县级划分标包"方式，公平、公正、公开组织遴选。省级市场化改革品种农业保险业务，由承保机构与农户、农业生产经营组织按自主自愿的原则进行双向选择。

第二十一条 省级承保机构应按规定将农业保险核心业务系统与农险平台对接，及时、完整、准确报送农业保险数据信息，并对数据的真实性负责。

第二十二条 省级承保机构应当按照财政部有关规定，及时、足额计提农业保险大灾风险准备金，逐年滚存，逐步建立应对农业大灾风险的长效机制，并于每年3月31日前将经第三方中介机构审计的上一年度大灾风险准备金提取、使用情况报告省财政厅和国家金融监督管理总局湖南监管局。

第二十三条 市县财政部门或承保机构不得引入保险中介机构为农业生产经营主体与承保机构办理财政奖补险种合同签订等有关事宜。财政奖补资金不得用于向保险中介机构支付手续费或佣金。

第六章 保障措施

第二十四条 鼓励各市县和承保机构采取有效措施，加强防灾减损工作，防范逆向选择与道德风险。鼓励各市县根据有关规定，对承保机构的展业、承保、查勘、定损、理赔、防灾减损等农业保险工作给予支持。

第二十五条 各市县和承保机构要坚持农户、农业生产经营组织自主自愿原则，宣传发动、正确引导农户、农业生产经营组织根据实际需要参加农业保险，保障投保人、被保险人的知情权和自主权，不得以任何形式欺骗、误导、强迫或限制农户、农业生产经营组织投保。

第二十六条 每村结合实际需要可以设中央补贴险种协保员1名，由承保机构和村民委员会协商确定，并在本村公示，协助承保机构开展中央补贴险种承保、理赔等工作。

承保机构应当与协保员签订书面合同，约定双方权利义务。承保机构可以向协保员支付一定费用，具体标准由双方协商确定，原则上不得超过当地公益性岗位的平均报酬。

在同一行政村有多个承保机构的，承保机构可与协保员签订多方协议，约定多方权利义务，但所有承保机构支付协保员费用之和原则上不得超过当地公益性岗位的平均报酬。

承保机构应当加强对协保员的业务培训，对协保员的协办行为负责。

乡镇层面农业保险协办业务由县级财政部门会同相关部门结合实际另行规定。

第二十七条 承保机构应当以单一投保人（农户）为单位出具保险单或保险凭证并发放到户，保险单或保险凭证须在确认收到自缴保费后方可出具，自缴保费由投保人通过银行转账、扫码支付等电子方式或在保险公司柜台缴纳现金的方式直接支付给保险公司，不得由协保员代收代缴，投保人与被保险人原则上要一致。种植水稻（按单季计算）不足30亩或部分地区森林产权未分到户、确有真实投保需求和意愿、暂不具备单户出单条件的，可由农业生产经营组织、村民委员会组织投保，以村为单位出具保险单或保险凭证，制订投保清单，详细列明投保农户的投保信息，并由投保农户或直系亲属签字确认，保险单或保险凭证应通过电子方式或复印发放到户。

第二十八条 承保机构应当按照《中国银保监会关于印发农业保险承保理赔管理办法的通知》（银保监规〔2022〕4号）、《湖南省财政厅 中国银保监会湖南监管局 湖南省农业农村厅 湖南省林业局 关于进一步规范政策性农业保险承保理赔有关事项的通知》（湘财金〔2022〕33号）规定，严格执行起保时间、保险期限以及查勘、立案、定损、赔款等时限要求，规范、完整、准确采集承保信息，实时实地、多渠道核验投保标的真实性，快速完成查勘、定损、支付等理赔工作，妥善保存相关档案。

第二十九条 各承保机构应当结合实际，研究细化查勘定损工作标准，对定损办法、理赔起点、定损流程、赔偿处理等具体事项予以规范，切实维护投保农户合法权益。

第三十条 承保机构原则上应当通过湖南省惠民惠农财政补贴资金"一卡通"，直接将保险赔款支付给投保农户，并注明赔付品种等信息。如果投保农户没有"一卡通"，承保机构应当采取银行转账等非现金方式，确保直接赔付到户。

第三十一条 各市县和承保机构要切实做到农险政策、承保情况、理赔结果、服务标准、监管要求"五公开"，定损、理赔"两到户"。财政部门推动"互联网+监督"平台公示工作，确保村部终端可随时查阅本村农业保险承保理赔信息。承保机构应当逐步实现在官方网站、微信公众号或APP提供承保理赔信息农户自主查询功能，做到公开透明。

第七章 绩效管理和监督检查

第三十二条 市县财政部门会同相关部门组织开展对本辖区内财政奖补险种承保机构的绩效评价，并将评价结果上报省财政厅。市县财政部门对照农业保险奖补综合绩效评价指标进行自评，形成上年度本地区农业保险奖补综合绩效评价报告上报省财政厅，并提供必要的佐证材料。市县财政部门对报送材料和数据的准确性负责，资料及数据的原始提供方对真实性负责。

第三十三条　每年3月31日前，市县财政部门应报送绩效评价报告，内容主要包括：

（一）承保机构绩效评价指标完成情况。对照各项指标，逐项对辖内财政奖补险种承保机构按百分制进行考核评分（附件8）；

（二）各项综合绩效评价指标完成情况。对照各项三级绩效指标的指标释义和评价标准，逐项填写全年实际完成情况并计算分值（附件9）；

（三）未完成绩效指标的原因和改进措施。对未完成绩效指标的原因逐条进行分析，书面作出说明并提出改进措施；

第三十四条　每年7月31日前，省财政厅会同相关部门按照"区域均衡、业务均衡、机构均衡"的原则，随机抽取一定数量的样本县、样本村、样本户，组织第三方中介机构通过电话回访、实地走访两类方式，进行穿透式核查和绩效评价。

第三十五条　省财政厅根据农险平台统计的承保理赔指标数据、市县财政部门上报的分支机构绩效评分、第三方中介机构开展的穿透式样本核查等情况，以承保机构省级分公司为单位进行年度综合绩效评价和考核评分。绩效评价结果与以后年度承保机构遴选、改革试点资质、奖补资金分配挂钩。

第三十六条　省财政厅将农业保险奖补工作纳入财会监督的重点内容，适时开展监督检查，严查以下列方式骗取农业保险保费补贴的违规行为：

（一）虚构或虚增保险标的，或者以同一标的同一险种进行多次投保；

（二）通过虚假理赔、虚列费用、虚假退保、截留或者代领或者挪用赔款、挪用经营费用等方式，冲销投保农户缴纳保费或者财政补贴资金；

（三）其他骗取农业保险保费补贴资金的方式。

第三十七条　对于市县财政部门、承保机构以任何方式骗取财政奖补资金的，省财政厅将依法依规责令其改正，追回相应保费奖补资金，并在年度绩效评价中扣分，情节严重的暂停其农业保险业务财政奖补资格。涉及业务违规的，移交给金融监管部门严肃查处。

第三十八条　市县财政部门及其工作人员在农业保险财政奖补资金管理工作中，存在违反本办法规定以及其他滥用职权、玩忽职守、徇私舞弊等违法违规行为的，依法追究相应责任；涉嫌犯罪的依法移送有关机关处理。

第八章　附　则

第三十九条　对未纳入中央、省级财政农业保险奖补支持范围，但享有市县财政农业保险奖补支持的农业保险业务，参照本办法执行。

第四十条　本办法自2024年1月1日起施行，有效期5年。《湖南省县级特色农业保险保费补贴资金管理办法》（湘财金〔2022〕7号）同时废止。其他有关规定与本办法不符的，以本办法为准。

附件：1. 202__年度中央和省级财政农业保险保费补贴资金测算表（略）
　　　2. 202__中央及省级财政补贴险种保费补贴资金结算表（略）
　　　3. 202__农业保险规模户情况统计表（略）
　　　4. 农业保险补贴资金到位承诺函（略）
　　　5. 202__市场化改革农业保险业务省级奖补资金结算表（略）
　　　6. 202__市场化改革农业保险业务开展计划表（略）
　　　7. 市场化改革农业保险业务真实性和合规性承诺函（略）
　　　8. 农业保险承保机构绩效评价指标表（略）
　　　9. 农业保险保费补贴综合绩效评价指标表（略）

（来源于湖南省财政厅网站）

湖南省财政厅 湖南省自然资源厅关于印发《湖南省自然资源专项资金管理办法》的通知

湘财资环〔2023〕38号

各市州、省直管县市财政局、自然资源主管部门，省直有关单位：

根据《中华人民共和国预算法》《中共中央 国务院关于全面实施预算绩效管理的意见》和《湖南省人民政府办公厅关于印发〈湖南省自然资源领域省与市县财政事权和支出责任划分改革实施方案〉的通知》（湘政办发〔2022〕73号），结合我省实际，我们制定了《湖南省自然资源专项资金管理办法》，现予印发，请遵照执行。

附件：湖南省自然资源专项资金管理办法

湖南省财政厅　湖南省自然资源厅
2023年10月30日

附件

湖南省自然资源专项资金管理办法

第一章　总则

第一条 为规范自然资源专项资金管理（以下简称专项资金），提高资金使用效益，促进自然资源事业发展，根据《中华人民共和国预算法》、《中共中央 国务院关于全面实施预算绩效管理的意见》《湖南省人民政府办公厅关于印发〈湖南省自然资源领域省与市县财政事权和支出责任划分改革实施方案〉的通知》（湘政办发〔2022〕73号）等法律法规和有关规定，并结合我省实际，制定本办法。

第二条 本办法所称自然资源专项资金包括中央下达我省以及省财政筹措用于自然资源事业发展的专项资金。

第三条 专项资金的管理和使用，应符合财政预算管理的有关规定，遵循公开、公平、公正和统筹兼顾、突出重点、注重绩效的原则，确保专项资金使用的规范、安全和高效。

第四条 除涉密事项外，专项资金的制度办法、申报流程、评审结果、分配结果和绩效评价等全过程公开。

第五条 专项资金管理职能职责为：

（一）省财政厅负责专项资金的筹集；审核专项资金分配建议方案，会同省自然资源厅及时下达预算；对省本级重大项目开展财政投资评审；对专项资金进行监管；组织实施预算绩效管理，开展专项资金绩效评价。

（二）省自然资源厅负责专项资金项目立项，研究提出项目及资金分配建议方案；组织实施项目监督检查，制定专项资金绩效目标，对预算绩效目标完成情况进行监控，组织开展专项资金绩效自评；指导市县做好项目管理，配合省财政厅进行资金监管；组织省本级项目验收。

（三）市县财政部门负责对本区域项目资金进行监管，会同同级自然资源主管部门及时、足额拨付资金，配合同级自然资源主管部门做好项目申报工作。

（四）市县自然资源主管部门负责本区域项目申报工作，对项目实施进度、工程质量和项目绩效等进行监督检查；及时组织项目验收（项目验收权限另有项目管理办法规定的按相关项目管理办法执行）；配合同级财政部门做好资金监管。

（五）项目单位是项目实施和管理的责任主体，负责组织编制项目可行性研究报告和项目设计及概（预）算，负责项目实施、管理、预算执行和规范使用资金，组织项目验收和绩效自评；及时提交项目成果，并对项目和项目成果的真实性、合法性和完整性负责。

第二章 预算管理

第六条 专项资金支出方向

（一）耕地保护。主要包括耕地开发、耕地恢复、水田垦造、灾毁耕地复垦、耕地占补平衡指标收购储备、耕地恢复以及其他耕地保护支出等。

（二）矿产资源勘查开发利用与保护。主要包括地质矿产调查评价、战略性矿种勘查、地下水资源评价、城市地质、农业地质（土壤质量调查）、环境地质、矿产资源国情调查和矿产资源保护等。

（三）大数据与测绘地理信息服务。主要包括自然资源和地理空间大数据中心建设及维护、智慧自然资源建设、自然资源调查监测、基础测绘、北斗规模应用、地理信息应用与服务、地理信息安全管理、遥感影像统筹、自然资源与地理空间数据要素保障共享、地图管理服务、应急测绘、测绘行业监管与地理信息产业促进等。

（四）地质灾害防治。主要包括地质灾害调查评价、监测预警、地质灾害工程治理、避险搬迁、能力建设、地质灾害应急救援技术支撑等。

（五）国土空间生态保护和修复。包括山水林田湖草沙一体化保护修复、历史遗留矿山生态保护修复、全域土地综合整治等。

（六）国土空间规划。主要包括省级国土空间规划（含国土空间专项规划）的编制、评估、修改，全省国土空间规划实施监管以及全省国土空间规划一张图系统建设和维护等。

（七）自然资源科研创新。主要包括自然资源领域科研创新、科研平台和自然资源标准化建设等。

（八）自然资源重大专项业务。主要包括国土空间用途管制、自然资源和不动产确权登记、权益管理、节约集约利用、督察执法等。

第七条 专项资金实行项目库管理。省自然资源厅根据项目储备和可安排资金情况，适时会同省财政厅启动项目申报工作。组织项目申报应下达申报指南（通知），明确支持重点、申报条件、申报范围、申报时间、申报要求等，并在省自然资源厅门户网站公布。经评审通过的项目进入项目库管理，按照轻重缓急排序，分年度择优依序安排，项目资金安排遵循省与市县财政事权和支出责任划分原则。

第八条 按因素法分配的资金按以下因素分配：

（一）支持地质灾害防治的资金，根据各地地质灾害隐患点数量、地质灾害易发区面积、发灾数量、核销隐患点数量等因素分配。

（二）支持国土空间生态保护和修复的资金，根据需要生态修复的面积、完成系数等因素分配。

（三）支持耕地保护的资金，根据省人民政府真抓实干表彰、耕地恢复面积等因素进行分配。

第九条 按项目法分配的专项资金，应履行如下程序：

（一）项目申报

项目单位按照申报指南（通知）要求，负责编制项目可研（设计）方案和概（预）算，明确工作目标、任务、实施进度、绩效目标、项目概（预）算等，依法依规进行项目申报，并出具申报材料真实性承诺函，对项目和申报材料的真实性、合法性和完整性承担法律责任。

（二）项目初审

县市区申报的项目由市州自然资源主管部门和财政部门根据职能职责负责初审，并出具审核意见。省直有关单位申报的项目由其主管部门负责初审，并出具初审意见。

（三）项目复审

省自然资源厅会同省财政厅采取专家评审方式择优提出拟支持项目。

（四）审定及公示

省自然资源厅根据评审结果并按相关程序审批后，确定拟支持项目，将评审结果在门户网站进行公示。公示无异议后，纳入省级项目库管理。拟支持的省本级重大项目由省财政厅组织投资评审。

第十条 省自然资源厅根据年度资金总额和项目情况，编制专项资金分配方案报送省财政厅。安排至省自然资源厅本级，适合社会力量承担且在政府购买服务目录范围之内的项目，应按有关规定编制政府购买服务预算。省财政厅审核专项资金分配方案，并根据确定的资金分配方案将资金下达至市县或编入部门（代编）预算。

第十一条 省自然资源厅建立由技术和经济专家组成的专家库，并适时进行充实、调整。每次评审时，从专家库中抽取专家对项目进行评审。

第十二条 中央下达到我省的专项转移支付资金按照本办法管理，财政部和自然资源部另有规定的，按照两部有关规定执行。

第三章 资金管理

第十三条 资金下达

（一）省财政厅会同省自然资源厅按照规定程序及时下达资金，需报请省人民政府审批的，依规定程序报省人民政府同意。除以奖代补、据实结算等特殊项目外，专项资金在当年省人民代表大会批准预算后的60日内下达。

（二）下达到市县的地质灾害防治、生态保护修复项目资金，省财政按照评审确认项目预算的一定比例下达补助资金，项目竣工验收后，根据项目实际投资额和市县财政配套资金到位情况等，下达剩余的省财政补助资金。

（三）专项资金分配结果依法在省自然资源厅门户网站、省级预算公开平台公开。

（四）专项资金预算一经下达，原则上不得调整，确因不可预见因素发生变化需要调整预算的，由项目单位按相关规定报批。

第十四条 专项资金拨付按现行国库集中支付管理有关规定办理。专项资金使用中属于政府采购管理范围的，按国家有关政府采购的规定执行。项目承担单位应及时申请财政拨付资金，不得拖欠中小企业账款，不得因此影响农民工工资发放。

第十五条 专项资金实行专账核算、专款专用，不得列支与项目无关的费用。项目完成后，项目单位应及时编制项目竣工财务决算。

第十六条 对市县专项转移支付资金项目形成的各类资产，由所在县市区人民政府落实管护责任，负责运行管理与维护。

第十七条 结转和结余资金按照有关财政拨款结转和结余资金规定进行处理。下列资金收回省财政统筹用于全省自然资源重大专项：

（一）项目因不可预见因素中止，清算认定的项目结余资金。

（二）按项目法分配的专项资金，经市县财政局投资评审核减的资金和项目任务已完成，经竣工决算认定的结余资金；

（三）其他按照有关财政拨款结转和结余资金规定需收回的资金。

第四章 绩效管理与监督检查

第十八条 专项资金实行预算绩效目标管理，项目申报立项、申请资金必须同步申报绩效目标。绩效目标作为项目立项、资金安排的重要依据，其可行性、合理性作为专家评审的重要内容。原则上绩效目标随资金预算一并下达。

第十九条 市县财政部门和自然资源主管部门应以经批准的项目实施方案、设计及预算、绩效目标为依据，对项目绩效目标实现程度和预算执行进度实行跟踪评估，发现问题要分析原因并及时纠正，确保项目绩效目标如期保质保量实现。对存在重大问题的项目要暂缓或停止拨付资金，督促及时整改落实。

第二十条 项目完工后，项目单位在编制竣工财务决算报告的同时，编制绩效自评报告。在组织项目验收时应审核竣工财务决算报告和项目绩效自评报告。项目管理办法另有规定的，按项目管理办法进行。

第二十一条 省自然资源厅定期组织开展专项资金绩效自评，省财政厅根据需要适时组织开展专项资金重点绩效评价，以上评价结果作为下年度预算安排和政策调整的重要依据。对绩效较差的支出方向，减少或停止资金安排。对项目绩效较差的县市区和项目单位，两年内不安排新的专项资金。

第二十二条 项目单位应自觉接受并积极配合相关部门开展的监督检查，及时、真实、准确提供相关材料。

第二十三条 专项资金应当专款专用，严禁虚报、冒领、骗取、截留、挤占、挪用。对违反规定的相关县市区和项目单位，予以扣回或清退资金，且两年内不安排新的专项资金，并依据《中华人民共和国预算法》《财政违法行为处罚处分条例》等相关法律法规进行处理处罚。涉嫌犯罪的，依法移送司法机关处理。

第五章 附 则

第二十四条 专项资金设置期限为3年，到期自行终止。期满后确需延续的，根据对专项资金的绩效评价结果，按新设专项资金的程序报省人民政府批准。

第二十五条 本办法自2023年12月1日起施行，有效期3年。

（来源于湖南省财政厅网站）

湖南省财政厅 湖南省粮食和物资储备局关于印发《湖南省粮油千亿产业工程专项资金管理办法》的通知

湘财建〔2023〕25号

各市州财政局、粮食和物资储备局，省直管县市财政局：

根据《中华人民共和国预算法》、《财政部 国家粮食和物资储备局关于深入推进优质粮食工程的意见》（财建〔2021〕177号）、《湖南省粮食和物资储备局 湖南省财政厅关于印发〈深入推进优质粮油工程升级版 加快粮食产业高质量发展的指导意见〉的通知》（湘粮产〔2022〕73号）等文件以及中央和省关于全面实施预算绩效管理的有关规定，我们修订了《湖南省粮油千亿产业工程专项资金管理办法》，现予印发，请遵照执行。

附件：湖南省粮油千亿产业工程专项资金管理办法

湖南省财政厅　湖南省粮食和物资储备局
2023年11月30日

附件

湖南省粮油千亿产业工程专项资金管理办法

第一章　总则

第一条　为规范粮油千亿产业工程专项资金管理，提高资金使用效益，根据《中华人民共和国预算法》、《财政部 国家粮食和物资储备局关于深入推进优质粮食工程的意见》（财建〔2021〕177号）、《湖南省粮食和物资储备局 湖南省财政厅关于印发〈深入推进优质粮油工程升级版 加快粮食产业高质量发展的指导意见〉的通知》（湘粮产〔2022〕73号）等文件以及中央和省关于全面实施预算绩效管理的有关规定，制定本办法。

第二条　本办法所称粮油千亿产业工程专项资金（以下简称专项资金），是指省级财政预算安排的用于全省粮食流通和粮油产业发展方面的资金。

第三条　专项资金管理必须严格执行财政预算管理相关制度规定，遵循公开、公平、公正和统筹兼顾、突出重点、讲求效益的原则，确保专项资金使用规范、安全和高效。

第四条　专项资金由省财政厅和省粮食和物资储备局共同管理。省财政厅负责年度专项资金的预算管理、资金拨付，对资金的使用情况进行财会监督和定期开展重点绩效评价。省粮食和物资储备局负责组织项目申报、审核、公示，提出专项资金分配建议方案，对资金使用情况进行监督和组织开展绩效目标制定、绩效监控和评价等全过程绩效管理。市州、县市区财政部门负责专项资金的拨付，对专项资金使用情况进行财会监督和绩效管理；粮食和物资储备部门负责会同财政部门审核推荐上报辖区内项目，组织开展绩效评价及相关问题整改工作，按要求对项目及专项资金进行监管和督导。

第五条　严格按照中央和省有关信息公开要求，除涉密涉敏感事项外，实行制度办法、申报流程、评审结果、分配结果、绩效评价等全过程公开。

第二章　资金支持范围与方式

第六条　专项资金主要用于以下方面：
（一）优质粮油工程升级版"六大提升行动"；
（二）粮油精深加工及副产物循环利用；
（三）龙头企业培育；
（四）粮油产业发展示范；

（五）与粮油产业发展相关的其他项目。

第七条 支持方式：

结合我省粮油产业发展实际，根据中央和省委省政府工作部署，每年印发申报指南明确该年度重点支持方向，采取银行贷款财政贴息、财政补助等方式予以支持，专项资金以项目法分配为主。省粮食和物资储备局、市州、县市区粮食和物资储备部门逐级建立项目储备库，严格项目入库标准，对于未入库项目原则上不予支持。各市州、县市区应统筹用好产粮大县奖励资金、商品粮大省奖励资金、粮食风险基金等相关涉粮资金，与本专项资金形成合力。

第八条 对以下情况，专项资金不予支持：（一）不符合申报条件的项目；（二）申报材料不真实、不完整的项目；（三）已连续支持三年及以上的项目；（四）已享受其他中央和省级财政资金支持的同一项目；（五）经营管理不善，造成非正常经营或连续三年及以上亏损的企业（项目）；（六）存在产业政策、用地规划、生态环境、节能降耗、社会信用等方面违规情况的企业（项目）。

第三章　资金申报、评审和下达

第九条 省粮食和物资储备局会同省财政厅根据下一年度项目支持方向及重点，在每年第四季度编制下一年度专项资金项目申报指南，明确支持范围、申报条件、支持方式、申报数量及程序等。省粮食和物资储备局会同省财政厅下发专项资金申报指南，并在省粮食和物资储备局门户网站上公开。

第十条 项目申报

（一）专项资金项目实际申请单位、企业、政府部门或其他法人（以下简称项目单位）为项目申报的责任主体，负责履行申报义务并承担主体责任；

（二）项目单位应按资金管理办法和申报指南规定的具体程序、时限、材料等要求及其他相关法律法规的规定，依法依规进行项目申报，申报项目单位为企业的，需报送纳税信用评级、近三年的纳税额；

（三）项目单位对所提供申报材料的真实性、合法性、有效性和完整性承担法律责任，项目资金申报材料应包含材料真实性、合法性承诺函。

第十一条 项目单位进行申报时，应当根据年度申报通知要求提供相关材料，包括但不限于申请报告、单位资质证明、项目实施方案、可行性研究报告，申请贷款贴息的，还应当提供项目贷款合同（复印件）和利息结算汇总表、明细清单（复印件）、人民银行信用报告等相关材料。

第十二条 初审

（一）县市区审查。项目单位按自愿原则向所在地粮食和物资储备、财政部门提交申报材料。县市区粮食和物资储备部门会同财政部门按照项目申报指南的具体要求，对申报材料真实性、合法性、有效性、完整性进行初审，出具初审意见，并联合行文上报市州粮食和物资储备、财政部门。

（二）市州审核。市州粮食和物资储备部门会同财政部门对县、市、区所报送的项目申报资料进行审核，将符合条件、资料齐备的项目汇总，联合行文上报省粮食和物资储备局。

（三）省属单位项目由省粮食和物资储备局负责申报材料的初审。

（四）初审工作主要包括以下内容：

1. 申报项目是否符合专项资金支持范围，项目单位是否符合相关资格要求；

2. 申报材料是否齐全、完整、规范并符合专项资金管理办法的相关规定；

3. 适当安排实地现场检查、抽查原始凭证，核查申报材料内容是否真实；

4. 申报通知规定的其他注意事项。

第十三条 复审

（一）省粮食和物资储备局依据本部门工作职能职责，对初审意见进行复审并出具复审意见。

（二）复审工作主要包括以下内容：

1. 初审程序是否完整，初审意见是否恰当、具体、规范；

2. 汇总材料是否齐全、完整，格式是否规范并符合要求；

3. 申报通知规定的其他注意事项；

（三）省财政厅对省粮食和物资储备局复审意见进行程序性审查。

第十四条 专家评审

经初审、复审合格的项目，省粮食和物资储备局会同省财政厅依程序组织专家进行评审。专家评审采取全过程封闭评审，接受纪检监察等部门的监督，专家评审结论依法依规进行公示。

第十五条 资金下达

（一）省粮食和物资储备局对公示无异议的项目拟订专项资金分配建议方案，省财政厅对资金分配建议方案作程序性复核后及时下达资金；按规定需报请省人民政府的，由省粮食和物资储备局报请省人民政府同意后下达资金。

（二）专项资金应严格执行《预算法》有关规定，提前下达资金比例原则上不低于70%。

第四章　资金管理

第十六条 专项资金实行专账核算、专款专用，严格按照经专家评审通过后的方案执行，不得无故滞留、挪用，不得改变支出用途，不得将专项资金用于人员经费等一般性支出，不得列支与项目无关的费用。通过粮食风险基金列支的资金按照粮食风险基金专户有关规定进行管理。

第十七条 专项资金一经下达，原则上不得调整，确因不可预见因素需要调整使用的，由项目单位按原程序报批。

第十八条 专项资金支出严格按照财政国库集中支付有关规定执行；属于政府采购、招投标等事项的，应严格按照相关法律法规规章制度的规定执行。

第十九条 结转和结余资金按照有关财政拨款结转和结余资金规定进行处理。下列资金按程序收回省财政继续用于专项资金支持的其他项目：

（一）违反规定分配和使用的资金；

（二）因不可预见因素导致项目中止无法支出的资金；

（三）其他按照有关规定需收回的资金。

第五章 资金绩效管理与监督

第二十条 各市州、县市区粮食和物资储备部门会同同级财政部门定期或不定期对项目执行和专项资金使用情况进行督查，督促项目承担单位按计划完成项目建设，根据中央和省绩效评价工作相关要求，组织开展绩效评价工作，并于每年1月底前将绩效评价报告报送省粮食和物资储备局。省粮食和物资储备局每年第一季度组织开展部门评价，省财政厅适时开展重点绩效评价。省级开展的绩效评价结果作为下年度资金安排的重要依据。

第二十一条 项目承担单位应按计划落实项目建设，规范资金使用，对资金使用的合规性和有效性负责，并积极配合相关部门接受监督检查，及时、真实、准确向同级粮食和物资储备、财政部门报送项目执行、资金使用和资金绩效等情况。项目完工后，项目承担单位应向同级粮食和物资储备、财政部门申请项目竣工验收。实施主体为人民政府的项目，项目完工后，由当地粮食和物资储备、财政部门实施初验，书面上报上一级粮食和物资储备部门组织验收。

第二十二条 专项资金应当专款专用，不得改变资金用途、扩大资金使用范围，严禁虚报、冒领、骗取、截留、挤占、挪用资金。项目单位（个人）有违反规定、拒绝配合专项资金绩效评价或监督检查情形的，按照有关规定予以严肃处理；涉嫌犯罪的，移送司法机关。

第二十三条 各级财政、粮食和物资储备部门在专项资金审批工作中，存在滥用职权、玩忽职守、徇私舞弊等违法违纪行为的，按照《中华人民共和国公务员法》、《中华人民共和国行政监察法》、《中华人民共和国公职人员政务处分法》、《财政违法行为处罚处分条例》等有关规定追究相应责任；涉嫌犯罪的，移送司法机关。

第六章 附则

第二十四条 本办法自2024年1月1日起施行，有效期5年。"优质粮油工程升级版"相关补助资金参照此办法执行。

（来源于湖南省财政厅网站）

湖南省财政厅关于印发《湖南省省级财政专户资金转出开户银行定期存放管理实施办法》的通知

湘财库〔2023〕21号

各有关银行：

为规范省级财政专户资金转出开户银行定期存放管理，经省人民政府同意，现将《湖南省省级财政专户资金转出开户银行定期存放管理实施办法》印发给你们，请遵照执行。

附件：湖南省省级财政专户资金转出开户银行定期存放管理实施办法

湖南省财政厅
2023年12月11日

附件

湖南省省级财政专户资金转出开户银行定期存放管理实施办法

第一章 总 则

第一条 为规范省级财政专户资金转出开户银行定期存放（以下简称"定期存放"）管理，根据《中华人民共和国预算法》《财政部关于进一步加强财政部门和预算单位资金存放管理的指导意见》（财库〔2017〕76号）、《财政部关于进一步加强地方财政部门和预算单位资金存放管理的通知》（财库〔2018〕80号）、《财政部关于切实加强地方预算执行和财政资金安全管理有关事宜的通知》（财库〔2019〕49号）和《中共湖南省委办公厅 湖南省人民政府办公厅印发〈关于禁止领导干部利用职权或者职务上的影响在金融活动中谋取私利的规定（试行）〉的通知》（湘办发〔2017〕3号）等有关规定，结合我省实际，制定本办法。

第二条 本办法所称省级财政专户资金，是指省财政厅为履行财政管理职能，依据有关法律法规及规定，在银行业金融机构开设用于管理核算的特定专用资金。其中，粮食风险基金等国务院批准保留的专项支出类财政专户资金和待缴国库非税收入资金、外国政府和国际金融组织贷款和赠款资金，一律不得转出开户银行进行定期存款。

本办法所称定期存放，是指在确保财政专户资金安全和资金支付需要的前提下，省财政厅将财政专户资金转出开户银行进行定期存款操作，以提高财政专户资金增值收益的管理活动。

第三条 定期存放管理应当遵循依法合规、公正透明、安全优先、科学评估和权责统一原则，采取竞争性方式选择定期存放银行。

第四条 除社会保险基金等按照国家规定开展保值增值管理的资金外，定期存放期限一般控制在一年以内（含一年）。

第二章 存放银行资格

第五条 本办法所称银行是指商业银行、政策性银行在长沙的法人机构或湖南省内最高一级分支机构。

省级财政专户资金开户银行与其他银行同等享有参与存放银行选择资格。

第六条 参与定期存放投标的银行应符合下列条件：

（一）依法开展经营活动，内部管理机制健全，具有较强的风险控制能力，近三年内在经营活动中无重大违法违规记录、未发生金融风险及重大违约事件；

（二）纳入监管评级的银行，人民银行上年度综合评价应达到 B 级及以上。

第三章 存放银行选择

第七条 竞争性方式选择定期存放银行是指省财政厅通过公开招投标方式，采用综合评分法确定定期存放银行的财政管理活动。具体招投标事宜委托省政府公共资源交易服务平台或招标代理机构承担。

国家政策已明确存放银行和涉密等有特殊存放管理要求，以及省委、省政府重大决策部署，和省财政厅相关文件对定期存放另有规定的，从其规定执行。

第八条 综合评分法遵循客观、公正、科学的原则，合理设置定期存放银行选择评分指标。

评分指标采用百分制，主要包括经营状况、服务水平、贡献程度等方面。经营状况方面的指标主要反映资金定期存放投标银行的资产质量、偿付能力、运营能力、内部控制水平等，经营状况指标权重不低于40%；服务水平方面的指标主要反映资金定期存放投标银行代理省级国库集中收付业务、办理省级财政专户资金存放业务、提供社会保险待遇发放规模等服务的能力和水平；贡献程度方面的指标主要反映资金定期存放投标银行在湘企业贷款利率、当年贷款新增投放量等贡献度。

第九条 竞争性方式选择定期存放银行流程：

（一）成立招标工作小组。省财政厅厅长任组长，分管国库工作厅领导任副组长，国库处（支付中心）、相关业务处室（单位）、财政监督局主要负责同志为成员，负责指导招标工作的开展，具体事宜由国库处（支付中心）组织实施。

（二）拟订实施方案。拟定涵盖评分指标设置、定期存放银行数量、年度存放协议等内容的操作方案，报招标工作小组审定。

（三）制定招标文件。列明招标项目名称、项目内容、投标银行资格要求、评标方法与指标、报名方式及报名截止时间等事项。

（四）发布招标公告。公开邀请有意愿的银行报名投标。

（五）组建评标小组。由省财政厅代表和外部专家组成。省财政厅代表由招标工作小组确定，外部专家按有关规定随机抽取产生。评标小组成员应严格执行利益回避等相关规定。

（六）组织开展评标。评标小组采用综合评分法对投标银行进行评分，根据评分结果选择中标银行。

（七）公布中标结果。评标结果经招标工作小组审定后，当日通过省财政厅门户网站公告中标信息。

（八）签订存放协议。省财政厅和中标银行签订协议，明确各方的权利和义务。

（九）作出廉政承诺。中标银行应出具廉政承诺书，承诺不得向资金定期存放主体相关人员输送任何利益，不得将资金定期存放与相关人员在本行亲属及特定关系人的业绩、收入挂钩。

第四章 定期存放操作

第十条 定期存放操作流程：

（一）确定操作规模期限。由省财政厅商省直相关单位提出操作资金定期存放规模和期限。

（二）拟订分配操作方案。省财政厅根据单次操作资金定期存放规模、期限和存放银行综合得分拟订分配操作方案，按程序报招标工作小组审定。

（三）公布存放分配结果。省财政厅按规定公布银行定期存放额度和期限。

（四）进行债券质押保全。公布分配额度后，存放银行应于 2 个工作日内以可流通国债或地方政府债券完成质押。对存放银行未按规定及时提供足额合格质押品的，省财政厅对不足质押部分不予划拨资金。

（五）划拨定期存放资金。存放银行足额质押后，省财政厅及时将相关财政专户资金划拨到存放银行定存。

定期存放资金到期当日（存款到期日如遇法定假日顺延至下一工作日），存放银行应当将定期存放资金本息资金足额划缴到相关财政专户，省财政厅同时对存放银行质押的债券予以解押。

第十一条 定期存放操作额度分配采用中标银行上年数据固定指标得分、本年数据变动指标得分，按照综合评分法计算定期存放资金额度。

第十二条 上年数据固定指标是指中标银行和省直相关单位在定期存放银行选择招标时提供的经营状况、服务水平、贡献程度等相关数据，在招标时一次评定，全年度运用；本年数据变动指标主要包括落实省委、省政府重大决策部署、支持湖南经济建设，以及利率变动等方面，在每次操作时据实评定，一评一用。

第十三条 单次操作存放银行定期存放资金额度计算分配公式：

存放银行定期存放资金额度＝累计操作总额度（指本年度已操作定期存放资金额度和本次操作定期存放资金额度之和）×｛存放银行单次综合得分÷所有存放银行单次综合得分之和｝－本年度已操作存放银行定期存放资金额度

定期存放资金额度分配精确到千万元，计算出的存放银行定期存放资金额度分配四舍五入不足 1000 万元的，不予分配资金。

第五章 管理与责任

第十四条 存放银行选择评分指标、定期存放操作额度分配指标由省财政厅结合实际情况和管理要求分年度细化设置，并作为招标文件内容告知投标银行。

第十五条 定期存放资金额度配比到中标银行后，其具体定期存放业务由中标银行明确的唯一一家落地经办行办理。

第十六条 存放银行应加强定期存放资金管理，防范资金风险，确保资金存放安全，不得将定期存放资金投向国家有关政策限制的领域，不得以定期存放资金赚取高风险收益。

存放银行未按规定办理定期存放资金业务，造成资金管理风险或存放损失的，承担相应法律责任。

第十七条 发生以下情形之一的，省财政厅有权立即收回定期存放资金，并停止新的资金存放业务。

（一）未按规定足额质押或未及时汇划到期本息的；

（二）出现资金安全事故、重大违法违规，导致财务恶化或引起信用危机的；

（三）经营状况不佳、监管评级降低或达不到审计、监管要求的；

（四）未遵守廉政承诺或在资金存放中存在其他利益输送行为的；

（五）未按照存放协议履行相应的责任和义务的；

（六）存在弄虚作假等严重不正当竞争行为的；

（七）可能危及资金存放安全的其他情形。

第十八条 如遇有关政策调整、确保社保待遇支付等特殊情况，省财政厅可提前支取定期存放资金，存放银行应积极予以配合办理。提前支取部分按支取时国家有关利率政策计付利息，未支取部分仍按原存放协议规定办理。

第十九条 对在省级财政专户资金转出开户银行定期存放过程中存在违反规定、滥用职权、徇私舞弊等违纪违法行为的，依法移交有关部门查处和问责；涉嫌犯罪的，依法移送有关机关处理。

第六章 附　则

第二十条 本办法自 2023 年 12 月 6 日施行，有效期 5 年。

（来源于湖南省财政厅网站）

湖南省财政厅 中共湖南省委组织部关于印发《湖南省省级人才发展专项资金管理办法》的通知

湘财行〔2023〕50号

各市州、县市区党委组织部、财政局，各有关单位：

为进一步规范和加强省级人才发展专项资金管理，提高资金使用效益，现将修订后的《湖南省省级人才发展专项资金管理办法》印发给你们，请遵照执行。执行中的问题，请及时向我们反映。

附件：湖南省省级人才发展专项资金管理办法

湖南省财政厅　中共湖南省委组织部
2023年11月24日

附件

湖南省省级人才发展专项资金管理办法

第一章　总　则

第一条　为规范省级人才发展专项资金管理，提高财政资金使用效益，根据《中华人民共和国预算法》《湖南省省级人才计划优化整合方案》（湘人才发〔2021〕6号）及湖南省"十四五"人才发展规划等法律法规及有关文件，制定本办法。

第二条　本办法所称省级人才发展专项资金是指由省级财政预算安排，用于省委组织部牵头组织实施的引导和促进我省人才发展的专项资金。

第三条　省级人才发展专项资金的分配、使用和管理应遵循科学配置、突出重点、程序规范、注重绩效的原则。

第二章　职责分工

第四条　省委组织部负责制定省级人才计划和项目管理办法，提出资金分配建议方案，并对资金和项目实施监督和管理。

第五条　省财政厅负责安排资金预算，审核资金分配建议方案，下达资金，会同省委组织部加强资金监督和绩效管理。

第三章　使用范围

第六条　省级人才发展专项资金主要用于省级人才引进、培养项目和人才交流、服务保障等工作，主要包括：

1. 人才项目。主要用于支持省委组织部牵头实施的"芙蓉计划"有关项目和省选调生等重大人才项目以及国家重大人才项目的资金配套。

2. 人才交流合作活动。主要指与省内外有关高校、科研院所、人才机构、相关部门开展的人才交流或区域合作，及"智汇潇湘"系列引才活动。

3. 人才表彰奖励。主要指开展省委、省政府批准设立的各类人才表彰奖励和评选活动。

4. 人才服务保障。人才工作相关的宣传、调研、培训、信息化建设、专家走访慰问、联络服务等工作。

5. 其他经省委人才工作领导小组批准的重点工作和重大活动。

第四章　资金管理

第七条　省委组织部于每年9月底前制订下年度预算建议方案，于10月30日前报省财政厅。其中，用于人才工作和活动的经费须明确使用单位名称和资金额度，用于人才计划（项目）的经费如暂无法明确使用单位的，可先只明确资金额度。

第八条 省财政厅将审核通过并已明确到单位的省级人才发展专项资金列入相应单位下年度预算，年中原则上不再追加省直单位用于人才工作和活动的经费。

第九条 省委组织部在人才项目完成公示后10个工作日内，应将人才项目资金分配建议方案报送省财政厅。省财政厅于收到建议方案后7个工作日内完成审核并将相关意见反馈省委组织部，在达成一致意见后10个工作日内下达资金。

第十条 除涉密及涉敏项目外，资金拨付后3个工作日内，省委组织部、省财政厅负责在相关门户网站对资金下达文件进行公开。省委组织部负责对涉密及涉敏项目进行界定，并在报送预算方案时予以专门说明。

第十一条 资金预算一经批复，应严格执行，原则上不得调整。因特殊情况确需调整的，由省委组织部按程序报省财政厅审批。

第十二条 各资金使用单位要严格按照规定用途使用资金，不得超范围列支，不得截留、挤占或挪作他用。项目资金实行专项核算、专款专用，要求内容真实、核算准确、资料完整。

第五章 绩效管理和监督检查

第十三条 省财政厅和省委组织部按照工作职责和相关要求，对资金进行监管和绩效管理。省委组织部负责对省级人才发展专项资金进行绩效自评，形成自评报告报省财政厅。省财政厅根据情况适时开展财政评价，绩效评价结果将作为下一年度预算安排和资金分配的重要依据。

第十四条 省级人才发展专项资金使用单位必须遵守相关法律法规，严肃财经纪律，自觉接受财政、审计、监察等部门的检查。资金管理使用中的违法违纪行为，由县级以上财政部门、审计机关、监察机关依据《财政违法行为处罚处分条例》（国务院令第427号）有关规定处理；涉嫌犯罪的，移送司法机关处理。

第六章 附 则

第十五条 本办法自2024年1月1日起施行，有效期3年。

（来源于湖南省财政厅网站）

湖南省财政厅 湖南省工业和信息化厅关于印发《湖南省先进制造业高地建设专项资金管理办法》的通知

湘财企〔2023〕31号

各市州、财政省直管县（市）财政部门、工信部门：

为规范和加强先进制造业高地建设专项资金管理，提高资金使用效益，加快推进新型工业化、制造强省和现代化产业体系建设，打造国家重要先进制造业高地，我们研究制定了《湖南省先进制造业高地建设专项资金管理办法》，现印发给你们，请遵照执行。

附件：湖南省先进制造业高地建设专项资金管理办法

湖南省财政厅　湖南省工业和信息化厅
2023年12月28日

附件

湖南省先进制造业高地建设专项资金管理办法

第一条 为贯彻落实制造强省战略，加快推进新型工业化，构建现代化产业体系，促进制造业高质量发展，打造国家重要先进制造业高地，根据《中华人民共和国预算法》《湖南省先进制造业促进条例》等有关法律和相关政策文件规定，结合我省实际，制定本办法。

第二条 本办法所称"湖南省先进制造业高地建设专项资金"（以下简称专项资金）是指省财政预算安排，专项用于支持先进制造业高地建设相关重点项目和重要工作的资金。

第三条 专项资金由省财政厅、省工业和信息化厅（以下简称省工信厅）按职责分工共同管理，各级工信、财政主管部门、项目实施单位等按职责分工做好相关工作。

省财政厅会同省工信厅负责做好年度专项资金预算编制，研究确定专项资金支持方向和重点、支持方式和标准，参与组织项目申报等工作；根据省工信厅提出的年度专项资金分配方案、绩效目标建议及有关材料，按程序下达预算、绩效目标并拨付资金；组织开展预算绩效管理和监管工作。

省工信厅负责提出专项资金年度支持方向和重点、支持方式和标准、需求测算方案、绩效目标等；组织项目申报，组织开展项目汇总、审查、评审和验收等工作；根据年度预算编制要求，及时向省财政厅提供年度专项资金分配方案；具体组织项目管理和绩效管理；加强对各级的业务指导，督促有关方做好专项资金支持政策实施和验收工作。

市州、财政省直管县（市）工信部门围绕政策目标，对照项目申报条件，根据本地区产业基础和优势审核推荐项目，市州、财政省直管县（市）财政部门配合同级工信部门开展相关工作。直接受理资金申报材料的工信部门承担直接审核把关责任。各市州、财政省直管县（市）财政、工信部门参照省级部门职责分工，实施项目全过程跟踪管理，并按省级相关要求做好项目申报、业务指导等工作。原则上，项目按属地申报管理。对省级单位直接申报的项目，省级单位应具体负责项目推荐、项目管理、资金使用、绩效管理和验收等工作。

项目申报单位应当依法依规诚实守信，承担对项目资金的真实申报、合规和有效使用的主体责任。

第四条 专项资金的管理和使用应当符合国家、省工业和信息化发展规划及政策要求，以及财源建设和绩效管理要求。

第五条 专项资金实施归口管理，聚焦产业基础再造和重大技术装备攻关、数字经济创新发展、"智赋万企"重点项目实施、重点产业链（群）培育壮大、制造业高端化、智能化、绿色低碳发展等领域，重点支持先进制造业重大新建项目、重大技术改造项目、重大扩能提质升级项目等有效投资项目，以及省委、省政府决策部署的重大事项。

在上述支持方向内，每年根据党中央、国务院和省委、省政府有关决策部署，结合我省制造业发展实际情况，由省财政厅、省工信厅按照零基安排、绩效导向、统筹协调、聚焦重点的原则确定年度支持方向和重点。对需要连续两年及两年以上支持的重点事项，省工信厅可会同省财政厅制定具体实施细则。

第六条 省工信厅会同省财政厅根据年度支持方向和重点，发布专项资金申报通知和申报指南，明确专项资金支持领域、支持方式、申报条件和要求。原则上同一项目单位同一年度最多获得两项奖励类资金和一项补助类资金支持。原则上同一项目只能获得一次资金支持。省委、省政府明确需要支持的重大项目和重大事项，由省工信厅会同省财政厅根据项目承担单位的具体实施方案滚动支持。对于企业承担的项目需验收的，在项目完成验收前，不得再申报同类项目。

第七条 专项资金主要采取项目法和因素法等方式进行分配。采用项目法分配的，实行项目库管理，应当有明确的项目建设任务。由省工信厅组织实施项目遴选，主要采取认定、事前绩效评估、评审、招标等方式确定拟支持项目，按照无偿补助、贷款贴息、奖励等方式给予支持。采用因素法分配的，主要依据有关支出方向的预算额度、被支持对象有关工作基础、目标设定及完成情况等因素向市州、财政省直管县（市）分配专项资金。

第八条 专项资金原则上实行管理办法、申报流程、评审结果、分配结果、绩效目标、绩效评价全过程公开，若项目涉及产业安全、商业机密等敏感信息，有关项目的组织实施过程中，省工信厅应会同省财政厅根据项目单位申请，视情况采取相关措施、控制知情范围。

第九条 专项资金下达时间进度按照预算管理有关规定执行。各有关单位应当加快专项资金工作进度，在专项资金下达时限前15个工作日，省工信厅商省财政厅完成资金分配方案制订、行文呈报等程序，确保专项资金在规定时限内下达。

第十条 财政部门按照国库集中支付制度规定办理专项资金支付，涉及政府采购的，应当按照政府采购法律法规和有关制度执行。各级财政部门应在收到专项资金指标发文30日内，将专项资金按要求拨付到资金使用单位。资金使用单位应按规定使用专项资金，并严格执行有关财务、会计制度，实行专款专用，不得列支与项目无关的费用。

第十一条 省财政厅、省工信厅根据预算绩效管理和本办法的规定，以及专项资金有关政策文件，按照职责分工组织专项资金绩效目标编制、审核，开展绩效运行监控，实施预算绩效评价，加强绩效评价结果反馈应用。资金使用单位申请专项资金时一并编报项目绩效目标。绩效评价结果，作为专项资金分配的重要参考。各市州、财政省直管县（市）财政、工信部门应按规定要求实施绩效评价。

第十二条 省工信厅会同省财政厅加强对专项资金的监督管理。各市州、财政省直管县（市）工信、财政部门要建立健全专项资金使用管理、监督检查和跟踪问效制度，如发现资金申报、资金使用存在问题的，应当及时报告省工信厅和省财政厅。

第十三条 资金使用单位的专项资金使用和绩效目标完成等情况应接受财政、工信、审计等部门的监督检查。有关项目实施情况应当接受工信、财政等部门的调度和检查。资金使用单位因市场环境、政策变化等导致不再符合专项资金支持标准的，应及时向直接受理其资金申报材料的工信、财政部门报告，有关工信、财政部门应及时向省工信厅、省财政厅报告。省工信厅会同省财政厅提出处理意见，市县有关部门督促落实，并按要求暂缓、停止拨付资金或收回已拨付资金。

第十四条 项目单位应当严格遵守财政财务制度和财经纪律，建立健全专项资金管理制度和内部控制制度，加强财务稽核和内部审计，自觉接受审计、财政及主管部门的监督检查。

对于违反国家法律、行政法规和有关规定，以虚报、冒领等手段骗取专项资金的，省级财政将收回相关资金，并严格按照《中华人民共和国预算法》《财政违法行为处罚处分条例》《湖南省社会信用条例》等有关法律法规追究相应责任；构成犯罪的，依法追究刑事责任。

第十五条 各级财政、工信部门、项目申报主体及其工作人员在专项资金申报审核、资金分配、项目实施过程中，存在违反本办法规定以及其他滥用职权、玩忽职守、徇私舞弊等违法违纪行为的，按照《中华人民共和国预算法》《中华人民共和国监察法》《财政违法行为处罚处分条例》等国家有关法律法规追究相应责任；构成犯罪的，依法追究刑事责任。

第十六条 办法自2024年1月1日起施行，有效期限至2026年12月31日。到期后，省财政厅组织开展该专项的实施期绩效评估，评估结果作为专项存续的依据。原《湖南省制造强省专项资金管理办法》（湘财企〔2021〕11号）同时废止。

（来源于湖南省财政厅网站）

湖南省财政厅 湖南省工业和信息化厅关于印发《湖南省中小企业发展专项资金管理办法》的通知

湘财企〔2023〕6号

各市州、财政省直管县市财政局、工信局：

为加快我省中小企业发展、推动中小企业转型升级、加强中小企业服务体系建设、提升中小企业人才素质，规范专项资金管理，提高财政资金使用效益，我们研究制定了《湖南省中小企业发展专项资金管理办法》，现印发给你们，请遵照执行。

附件：湖南省中小企业发展专项资金管理办法

湖南省财政厅　湖南省工业和信息化厅
2023年12月28日

附件

湖南省中小企业发展专项资金管理办法

第一条 为规范湖南省中小企业发展专项资金的使用管理，提高资金的使用效益，根据《中华人民共和国预算法》《中华人民共和国中小企业促进法》和《湖南省实施〈中华人民共和国中小企业促进法〉办法》等有关规定，结合我省实际，制定本办法。

第二条 本办法所称湖南省中小企业发展专项资金（以下简称专项资金），是指依据《中华人民共和国中小企业促进法》设立，由省级财政一般公共预算安排用于支持中小企业发展的资金。

第三条 专项资金管理使用遵循公开公正、择优高效的原则，围绕党中央、国务院和省委、省政府有关决策部署，重点引导完善中小企业公共服务体系、改善中小企业发展环境，突破制约中小企业发展的短板和瓶颈，支持中小企业高质量发展。

第四条 专项资金由省财政厅和省工业和信息化厅（以下简称省工信厅）按职责分工共同管理。

省财政厅负责明确年度专项资金额度，会同省工信厅确定专项资金支持方向和重点、支持方式和标准；根据省工信厅报送的年度专项资金分配方案、绩效目标建议及有关材料，按程序下达预算、绩效目标并拨付资金；指导督促省工信厅开展监督管理工作。

省工信厅负责提出专项资金年度支持方向和重点、资金需求测算方案、绩效目标；组织项目申报、汇总、审查、评审；根据年度预算编制要求，及时向省财政厅提供年度专项资金分配方案；加强业务指导、绩效管理、监督管理等工作；督促有关方做好专项资金支持政策实施工作。

各市州、财政省直管县（市）财政、工信部门参照省级部门职责分工做好专项资金下达后的资金使用、项目报备、业务指导等工作，并进行监督和全过程绩效管理。

资金申报、使用单位承担资金及项目绩效目标的真实客观申报，合规使用和有效管理的主体责任，负责直接受理资金申报材料的主管部门承担资金申报审核、资金使用监督的直接责任。

第五条 专项资金实行管理办法、申报通知、评审结果、分配结果、绩效评价全过程公开。

第六条 专项资金的支持范围包括：

（一）支持中小企业提升创新能力及专业化水平，优化创新创业环境。

（二）支持完善中小企业公共服务体系，促进中小企业开展合作交流。

（三）其他促进中小企业发展的工作。

在符合上述支持方向内，每年根据党中央、国务院和省委、省政府有关决策部署，结合我省中小企业发展实际情况、亟待突破的短板和瓶颈等，由省财政厅、省工信厅按照零基安排、绩效导向的原则确定专项资金支持重点。对符合规定条件的新增重大项目和政策，省工信厅要组织开展事前绩效评估。

第七条 专项资金支持对象包括符合条件的项目或企业、中小企业公共服务平台等机构或载体，市县、园区等试点示范区域。

第八条 专项资金采取财政补助、以奖代补等支持方式，主要用于引导各级政府、社会资本等支持中小企业高质量发展。

第九条 专项资金不得用于平衡本级财政预算及偿还债务，不得用于行政事业单位人员经费、机构运转经费等。

第十条 专项资金分配可以采取因素法、项目法、因素法和项目法相结合等方式。

第十一条 专项资金下达时间进度按照预算管理有关规定执行。省工信厅报送专项资金分配方案的时间不得晚于专项资金下达时限的前15日。各级财政部门应在收到专项资金指标发文30日内，将专项资金按要求拨付使用单位。

第十二条 专项资金支付按照财政国库管理制度有关规定执行，涉及政府采购的，应当按照政府采购法律法规和有关制度执行。

第十三条 省财政厅、省工信厅根据预算绩效管理和本办法的规定，以及专项资金有关支持政策文件，按照职责分工组织实施专项资金的绩效运行监控、绩效评价，加强绩效评价结果反馈应用。有关绩效评价结果，作为专项资金分配的重要参考。各市州、财政省直管县（市）财政、工信部门应按规定要求实施绩效评价。

第十四条 省工信厅应当会同省财政厅加强对专项资金的监督管理。各市州、财政省直管县（市）工信、财政部门要建立健全专项资金使用管理、监督检查和跟踪问效制度，如发现资金申报、资金使用存在问题的，应当及时报告省工信厅和省财政厅。

第十五条 资金使用单位收到专项资金后应当按照国家统一的财务会计制度规定管理。专项资金应当专款专用，主动接受财政、审计等部门的监督检查，不得用于支付各种罚款、捐款、赞助等。有关项目实施情况应当接受工信、财政等部门的调度和检查。

第十六条 资金使用单位因市场环境、政策变化等导致不再符合专项资金支持标准的，应及时向直接受理其资金申报材料的工信、财政部门报告，有关工信、财政部门应及时向省工信厅、省财政厅报告。省工信厅会同省财政厅提出处理意见，市县有关部门督促落实，并按要求暂缓、停止拨付资金或收回已拨付资金。

第十七条 专项资金应当严格执行有关财务、会计制度，实行专款专用，不得列支与项目无关的费用。

第十八条 专项资金申报、评审、分配、拨付使用等过程中存在虚报、冒领、截留、挪用、滥用职权、玩忽职守、徇私舞弊等违法违纪行为的，严格按照《中华人民共和国预算法》《中华人民共和国公务员法》《中华人民共和国监察法》《财政违法行为处罚处分条例》等国家有关规定追究责任，涉嫌犯罪的，移送司法机关处理。资金使用单位应当严格遵守财政财务制度和财经纪律，建立健全专项资金管理制度和内部控制制度，加强财务稽核和内部审计，自觉接受审计、财政及主管部门的监督检查。

第十九条 本办法自2024年1月1日起施行，有效期至2026年12月31日。到期后，省财政厅组织开展该专项的实施期绩效评估，评估结果作为该专项存续的依据。

（来源于湖南省财政厅网站）

第二部分

全省财政工作概况

财税综述

全省财政工作综述

2023年，湖南省实现地区生产总值50012.9亿元，同比增长（以下简称增长）4.6%。其中第一产业增加值4621.3亿元，增长3.5%；第二产业增加值18822.8亿元，增长4.6%；第三产业增加值26568.8亿元，增长4.8%。按常住人口计算，人均地区生产总值75938元，增长5.0%。三次产业结构为9.3∶37.6∶53.1。第一、第二、第三产业增加值对经济增长的贡献率分别为7.8%、38.1%和54.1%。其中，工业对经济增长的贡献率为31.2%，生产性服务业对经济增长的贡献率为25.7%。固定资产投资（不含农户）同比下降（以下简称下降）3.1%。社会消费品零售总额20203.3亿元，增长6.1%。进出口总额6175.0亿元，下降12.1%。居民消费价格上涨0.2%，其中城市上涨0.3%、农村下降0.1%。全省居民人均可支配收入35895元，增长5.5%；人均可支配收入中位数28606元，增长4.4%。

全省一般公共预算地方收入3360.5亿元，增长8.3%，高于全国平均1.9个百分点；加上中央补助5073.6亿元，一般债务收入1886.4亿元，动用预算稳定调节基金270.8亿元，调入资金1199.5亿元，上年结转686.6亿元，收入合计12477.4亿元。全省一般公共预算支出9581.1亿元，增长6.6%，加上上解中央63.9亿元，一般债务还本1572.9亿元，补充预算稳定调节基金274.6亿元，调出资金59.5亿元，结转下年925.4亿元，支出合计12477.4亿元，收支平衡。

全省政府性基金预算收入2621.8亿元，加上中央补助51.9亿元，专项债务收入2801亿元，调入资金211.6亿元，上年结转461.5亿元，收入合计6147.8亿元；全省政府性基金预算支出3664.9亿元，加上专项债务还本1407.5亿元，调出到一般公共预算559.3亿元，结转下年516.1亿元，支出合计6147.8亿元。

全省国有资本经营预算收入396.5亿元，加上中央补助1.2亿元，上年结转10.1亿元，收入合计407.8亿元；全省国有资本经营预算支出52.4亿元，加上调出到一般公共预算346.6亿元，结转下年8.8亿元，支出合计407.8亿元。

全省社会保险基金预算收入3686.4亿元。全省社会保险基金预算支出3398.5亿元。年末滚存结余4180亿元。

全省发行新增债券1717.5亿元，加上按计划提取的外国政府和国际经济组织贷款7.2亿元，共依法举债1724.7亿元，年底政府债务余额18216.6亿元，控制在中央核定限额18428.3亿元以内，风险总体可控。此外，结合到期债务还本需要，发行再融资债券2962.7亿元，全年共发行政府债券4680.2亿元，平均期限12.4年，平均利率2.9%。

一、全力推动经济企稳回升

一是引导消费回升。落实进一步恢复和扩大消费20条政策措施，加大消费补贴、新能源汽车推广、新消费场景等补助力度。支持怀化、长沙、常德入选全国一刻钟便民生活圈试点城市。下达国省补助44.1亿元，支持完善物流体系，开展促消费活动，推动全省消费品零售总额突破2万亿元。二是扩大有效投资。国省补助502亿元，加快完善综合交通、能源保障、水安全、物流运输、新基建"五张网"。发行专项债券1410亿元，撬动总投资超5000亿元，长赣铁路、岳阳乙烯等重点项目加快推进。争取增发国债449.4亿元，高标准农田、水利、应急等领域950个项目获支持。三是完善税费政策。延续、优化、完善一批税费政策，实施先进制造业纳入增值税加计抵减，扩大个体工商户减半征收个人所得税范围，统一减半征收小微企业"六税两费[①]"，将符合条件的企业研发费用税前加计扣除比例由75%提高至100%，全年新增减税降费及退税缓费579.7亿元。

二、加快推进"三个高地[②]"建设

一是支持打造先进制造业高地。出台新能源汽车、先进计算、音视频等产业扶持政策，支持打造具有核心竞争力的现代化产业集群。国省补助4.7亿元，支持"十大产业项目""万千百"工程加快建设，为高质量发展注入新

[①] 六税两费是指资源税、城市维护建设税、房产税、城镇土地使用税、印花税（不含证券交易印花税）、耕地占用税和教育费附加、地方教育附加。

[②] 2020年9月习近平总书记在湘考察时，勉励湖南着力打造国家重要先进制造业、具有核心竞争力的科技创新、内陆地区改革开放的高地。

动能。省级投入 5.8 亿元，实施"智赋万企"专项行动，推动制造业高端化、智能化、绿色化。二是支持打造科技创新高地。省级投入 22.9 亿元，加快"4+4"科创工程①建设。连续 3 年支持实施"十大技术攻关项目②"，突破关键核心技术 147 项。兑现企业研发奖补 8 亿元，引导 1035 家企业增加研发经费 99.8 亿元。完善知识价值贷款风险补偿机制，6500 家科技型企业获纯信用贷款超 170 亿元。三是支持打造改革开放高地。累计投入 209.7 亿元，推动湖南自贸试验区产业升级、平台提质。省级补助 5 亿元，建强怀化陆港、中欧班列等五大国际物流通道。设立 1.5 亿元风险补偿资金，帮助外贸企业降成本、降风险。支持办好中非经贸博览会、世界计算大会等重大活动，吸引湘商回归、校友回湘，擦亮"投资湖南"品牌。

三、着力支持乡村振兴发展

一是筑牢粮食安全根基。发放耕地地力保护、稻谷目标价格等补贴 75.6 亿元。国省投入 13.7 亿元，引导农民购置先进适用农业机械。国省补助 11.5 亿元，支持 4440 万亩水稻投保，为 618 万农户提供风险保障 410 亿元，调动保护农民种粮积极性。二是推动现代农业发展。国省补助 58.2 亿元，"投贷联动"撬动社会资本 19 亿元，支持新改建高标准农田 345 万亩。国省衔接推进乡村振兴资金达到 125.8 亿元，重点用于做强农业特色优势产业。组建规模 30 亿元的乡村振兴产业投资基金，吸引社会资本助力现代农业发展。三是改善农村人居环境。累计补助 31.4 亿元，支持新改建农村户厕 354.6 万座、公厕 4585 座。岳阳、益阳入围中央农村黑臭水体治理试点，获奖补 3 亿元。国省投入 22.4 亿元，创建 227 个美丽乡村，支持 1.3 万个"村内户外"小型公益基础设施建设。

四、精准助力美丽湖南建设

一是加大污染治理力度。国省投入 57.6 亿元，连续打响蓝天、碧水、净土保卫战。完善环境空气质量奖惩考核，强化空气传输通道城市和长株潭重点地区激励约束。统筹国省补助 110 亿元，引导推进洞庭湖总磷污染控制与削减攻坚，总磷浓度较上年下降 10%。二是加强生态保护修复。国省投入 26.8 亿元，支持人工造林 159.5 万亩、封山育林 332.3 万亩、森林抚育 74.5 万亩、草地改良 4.5 万亩。南岭北麓历史遗留废弃矿山生态修复示范工程和株洲、衡阳国土绿化项目入围中央试点，获奖补 7 亿元。三是加快绿色低碳发展。出台财政支持碳达峰碳中和政策，印发生态保护补偿制度改革实施意见，绿色发展财政政策更加健全。国省补助 26.4 亿元，支持新能源汽车产业发展和充电基础设施建设。启动环境权益抵质押融资试点，以市场化方式推进生态保护和修复。

五、全力兜牢基本民生底网

一是落实就业优先战略。财政贴息 3.8 亿元，支持新发放创业担保贷款 51.6 亿元。安排就业补助 34.3 亿元，发放稳岗返还 8 亿元，支持开展职业技能培训 55 万人次，城镇新增就业 76.5 万人。二是推动教育均衡发展。投入 17.9 亿元，全省普惠性幼儿园占比达到 91.2%。投入 27 亿元，100 个县域普通高中"徐特立项目"、14 所中职"楚怡学校"加快建设。发放资助款 69.8 亿元，惠及各教育阶段学生 343.4 万人次。三是保障人民生命健康。财政补助城乡居民基本医疗保险 330.4 亿元，"财政+个人"人均缴费增加到 1020 元。国省补助 11 亿元，推进国家医学中心、国家区域医疗中心和县域医疗次中心建设。四是提升社会保障水平。全省投入 68.2 亿元，为 179.4 万低保对象提供基本生活保障。散居、集中养育孤儿基本生活标准分别提高到每人每月 1100 元、1500 元。残疾人两项补贴标准提高到 80 元/月。五是推动文旅事业发展。国省补助 4.9 亿元，支持 2789 家博物馆、纪念馆、美术馆、图书馆、文化馆（站）、体育场馆免费或低收费开放。支持郴州承办第二届全省旅发大会，建设"锦绣潇湘"全域旅游目的地。

六、持续提升财政管理效能

一是严格落实过"紧日子"要求。严控"三公"经费，持续压减一般性支出，落实落细过"紧日子"各项举措，省直部门一般性支出预算累计下降 31%，相关做法获国务院办公厅和财政部肯定。二是着力提升绩效管理水平。开展"绩效管理提升年"行动，提升财政资金效益、财政政策效能、财税改革效果、财会监督效力、内部管理效率，财政管理绩效考评连续 5 年居全国前列。三是优化完善转移支付制度。优化转移支付结构，提高财力性转移支付占一般性转移支付比重，赋予市县更多统筹使用权限。改革转移支付分配办法，加大动态调整力度，提高分配精准性。规范审批权限和程序，压缩自由裁量权。四是大力盘活存量"三资③"。聚焦六类资源、五类资产、两类资金，"用售租融"并举，近两年盘活入库收益近 1500 亿元。五是扎实推进预决算公开。加大政府预决算公开力度，扩大部门预决算公开范围，细化预决算公开内容，提升公开及时性、完整性、规范性，预决算公开管理工作连续 4 年居全国前四。六是切实强化财会监督。出台进一步加强财会监督工作实施方案，开展减税降费、基层"三保④"等 9 大领域专项监督行动，推进重点民生资金、会计评估行业、政府购买服务等专项整治，发现纠治突出问题，提升财政管理科学化、规范化水平。

（湖南省财政厅供稿）

---

① 湖南"4+4"科创工程通过构建四大实验室和四个重大科学设置，整合了种业、先进制造业、先进计算与人工智能、精准医学等领域的创新资源，集聚了尖端、高端、顶端创新人才团队。

② 2024 年 1 月 24 日，湖南省省长毛伟明在湖南省十四届人大二次会议上代表省人民政府作工作报告。报告公布了 2024 年湖南十大技术攻关项目，即楚天科技医用高端机器人、中车株机混合动力机车、湖南石化特种环氧树脂、湖南农科院耐盐碱水稻、湖南高创翔宇新型飞行器核心部件、株洲太空星际北斗多源融合时空增强、株洲中车时代半导体 IGCT 功率器件、宇环数控高精度平面磨床、湖南林科院高品质油茶新品种和航空航天 3D 打印装备。

③ 资金、资产、资源。

④ 保基本民生、保工资、保运转支出。

全省税务工作概况

2023年，国家税务总局湖南省税务局坚持以习近平新时代中国特色社会主义思想为指导，认真贯彻落实党中央、国务院决策部署及国家税务总局党委和湖南省委、省政府工作要求，全面实施党建引领促发展、税费皆重提质效、三个基本谋长远、四个更加谱新篇的"一二三四"工作部署，落实严于律己、严负其责、严管所辖、严促执行的"四严"要求，助力湖南打好"发展六仗"，重点在打好"税收发展八仗"上下功夫，各项税收工作取得新的进步。全省税务部门组织税费收入9572.8亿元，增长4.5%，税费规模再创新高。落实减税降费、退税缓税579.7亿元，办理出口退税232亿元，为激发市场活力赋予"税动能"。

一、开展学习贯彻习近平新时代中国特色社会主义思想主题教育

全省税务系统第一、第二批主题教育有序衔接、走深走实，举办5期"湖湘税务大讲堂"，引导广大干部用党的创新理论凝心铸魂，"三学联动"经验入选税务系统主题教育特色做法。加强调研成果转化运用，完成调研成果转化运用246项。抓实问题整改整治，清理稽查积案154个，综合清理率位居全国系统第一。主题教育工作得到中央第十七巡回指导组领导充分肯定，7个典型案例被国家税务总局推介。

二、学习宣传贯彻落实党的二十大精神

湖南省税务局党委班子成员带头学、带头悟、带头讲，参与专家辅导讲学15次、研讨交流4次、带头讲党课26次、参与支部联学联建64次，持续兴起学习宣传贯彻热潮。分层次开展学习培训，全省税务系统共举办学习贯彻党的二十大精神培训班45期，实现培训全覆盖。深化运用"税收现代化服务中国式现代化"大讨论成果，开展"走找想促"活动，推动党中央各项决策部署落实落地。

三、党建工作

扛牢管党治党政治责任，出台《全省税务系统落实"四严"要求二十条措施》，推动各管所辖、各履其职、各负其责。实施"党建引领促发展"三年行动计划，分条线制定党业融合方案，推动形成综合效应。扎实推进新时代"枫桥式"税务所建设，细化60项工作任务、制定60项验收标准，先行打造31个典型性"枫桥式"税务所。打造李六如故居税收红色教育基地，组织"两优一先"表彰，深化"一月一课一片一实践"活动，省直和中央驻湘单位到省税务局现场观摩。

四、纪检监察

持续开展"八小时之外"违纪违法问题专项整治，新发生案件同比下降26%。开展违规吃喝问题和违规经商办企业专项整治，全省3万多名税务干部全部落实自查自纠。开展"一案双查"167户次，处理处分151人。全省税务系统违纪违法案件同比下降5%、处分人数同比下降38%，呈现"违纪违法行为数量、受处分人数下降，政治生态持续提升"的"两下降、一提升"良好局面。

五、党政领导和部门支持税务工作

湖南省委、省政府领导对税收工作给予表扬性、肯定性批示25次，其中主要领导批示肯定15次。湖南社保费信息系统联合运维做法被国务院办公厅通报表扬，连续6年在湖南省委、省政府绩效考评中保持优秀行列。

六、税收法治

全省税务系统开展税收执法全过程音像记录，推广重大税务案件审理说明理由制度，共审结重大税务案件153件。全面推进复议应诉规范化、专业化、信息化建设，共受理行政复议案件51件，办理行政应诉案件41件，各级税务机关负责人出庭应诉率达100%。发扬新时代"枫桥经验"，全省税务系统成立涉税争议调解中心146个，引入公职律师、人民调解员、税政业务骨干对税费争议事前居中调解，将矛盾化解在基层。

七、税费优惠政策落实

统筹政策精准推送、深化政策宣传辅导、优化政策便捷办理，在全国率先打通云平台和征纳互动平台链路，最早实现总局平台向纳税人平台"一键触达"，"政策找人"更加高效，2023年新增减税降费及退税缓费579.7亿元，办理出口退税232亿元。

八、税收收入情况

全年累计完成各项税收收入4494.2亿元（含海关代征增值税、消费税，未扣减出口退税），比上年增长11.5%（见图1）。其中，税务部门组织收入4371.5亿元，增收459.7亿元，增长11.8%；海关代征完成122.7亿元，增收5.4亿元，增长4.6%；办理出口退税232亿元，减少19.4亿元，下降7.7%。

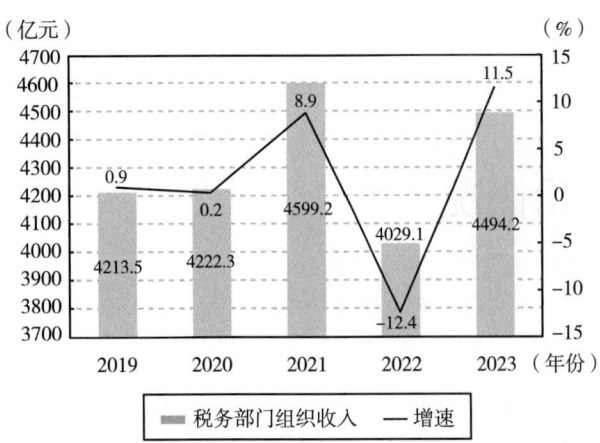

图 1　湖南省税收收入情况（2019-2023 年）

税收收入特点：一是中央级和地方级税收规模相当，中央级增速略快于地方级。中央级税收完成 2189.2 亿元，同比增收 256.5 亿元，增长 13.3%；地方级税收完成 2182.3 亿元，同比增收 203.2 亿元，增长 10.3%。二是增值税增收明显，"涉土四税"降幅较大，税收收入质量持续提升。增值税、企业所得税两个主体税种完成 2167.6 亿元，占全部税收的 49.6%，较 2022 年提升 8.1 个百分点。11 个纯地方税种完成 1070.5 亿元，同比下降 5.3%。其中土地增值税（-17.4%）、契税（-13.3%）、耕地占用税（-22.9%）、城镇土地使用税（8.8%）等"涉土四税"完成 659.1 亿元，下降 13.6%，占全部税收的 15.1%，较 2022 年下降 4.4 个百分点（见图 2）。三是第二、第三产业行业税收普遍增长，第二产业增速快于第三产业。第二产业税收完成 2108.2 亿元，增收 245.5 亿元，增长 13.2%；第三产业税收完成 2255.1 亿元，增收 214.6 亿元，增长 10.5%。四是多数地区增速较快，个别地区负增长。从全口径税收看，除娄底市下降 0.5% 以外，其他 13 个地区均实现正增长。

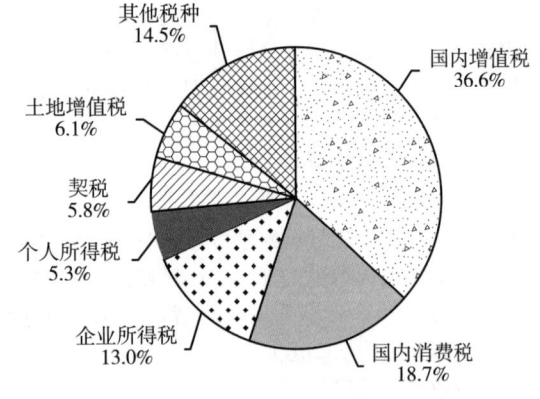

图 2　湖南省税收收入分税种结构（2023 年）

九、社会保险费

全年累计入库各项社会保险费收入（含职业年金、补充社会保险费）2466.6 亿元，完成年度预算任务的 108.9%。其中企业职工基本养老保险费入库 1051.7 亿元、机关事业单位基本养老保险费入库 371.2 亿元、城乡居民基本养老保险费入库 76.8 亿元、职工基本医疗保险费入库 549.7 亿元、城乡居民基本医疗保险费入库 192.7 亿元、机关事业单位职业年金入库 107.8 亿元、失业保险费入库 38.0 亿元、工伤保险费入库 48.1 亿元、补充社会保险费入库 30.4 亿元。积极探索企业"税式"管理、机关事业单位"前置"管理、城乡居民"委托代收"管理、灵活就业人员"网格化"管理，各险种每月申报缴费率保持在 97% 以上。

十、非税收入

全年组织入库各项非税收入 2715.5 亿元，剔除土地出让金增长 9.7%，代征工会经费 18.4 亿元。实施非税收入分类精细化管理，推进防控非税收入征管廉政风险试行工作，探索建立健全三位一体风险防范体系，推动土地出让金新流程顺利上线，提升关键费种管理质效。

十一、税收经济分析

深挖税收大数据"金山银库"，用好税收分析"火眼金睛"，开展本省经济运行情况动态监控分析和税收政策效应分析等，200 多篇以税辅政报告被中办、国办和省委、省政府采用，部分税收分析成果成为省委书记、省长会议讲话和省委省政府文件中的重要内容和高频词。

十二、税费收入分析

组织撰写《收入分析报告操作指引手册》《税费皆重分析报告操作指引手册》，指导基层全面提升税费收入分析水平，定期开展税费源监测分析、区域比较分析、收入形势分析等，相关分析材料获省委、省政府主要领导批示 6 次。

十三、税种管理

健全"1+4+N"货劳税管理制度体系，抓实研发费用加计扣除政策管理和股权转让所得税管理，实施财产行为税建设 37 条举措，强化资源环境税协同共治，实施社会保险费、非税收入分类管理，税费征管基础更牢，税费联动监管更加有效。

十四、国际税收

扎实开展非居民企业所得税汇算清缴工作，应参加汇缴 35 户，汇缴面达到 100%。有序推进反避税工作，全年跨境关联交易监控覆盖面超过 90%。高水平服务第三届中非经贸博览会，承办中非税收征管创新与技术合作研讨会，获得外国友人称赞。

十五、办税缴费服务

"便民办税春风行动"推出 128 条便民举措，组建 27 个大企业行业专业团队提供专业化、个性化税费服务。全面上线征纳互动服务平台，建立 129 个运营中心，实现智能应答 7.2 万次，人工互动 1 万多次；12366 热线全天候不打烊，累计接听税费咨询电话 207 万通，咨询满意度进入全国第一方阵。落实"一网通办"，"非接触式"办税率达 90% 以上，办结时限压缩 50%。深化"税银互动"，各合作银行向 48.5 万户次纳税人提供税收信用贷款 1193 亿元。

十六、深化税收征管改革

高效推进《意见》各项改革措施落实落地，"税务+法院"破解不动产司法拍卖难题、内控和办税业务融合、数据质量管理3项措施入选税务系统复制推广改革创新措施。稳步推进数电票、新电子税务局和信创云平台上线，开展"区块链+不动产交易"应用试点，实现"交房即交证"。实现全税费种财政零余额账户托收电子缴纳，率先将数字人民币用于税费缴纳全流程、全场景。

十七、征收管理

切实抓好《平台企业税收监管风险防范工作指引》等4个规范落实，全面规范全省灵活用工平台企业的税收管理。加强未办税户监管，依法将44.2万户经营主体纳入正常税务管理。作为全国首批代开发票综合治理试点单位，探索开票点、受票点、风险点、内控点、联动点"五点联控法"，有效防范"假主体""假经营""空壳企业"等虚开风险。探索建立"税务人+纳税人"双视角评价、"5C+5R"双模型驱动的监控评价方法，全年省考市5C指标综合改进率达100%。

十八、大企业税收治理

组建27支大企业税收专业团队，按行业承担重点集团、重大事项的税收服务和管理，入库税款50.7亿元，其中银行业大企业入库9.3亿元，协调处理涉税难题50多个。

十九、税务稽查

全省共立案检查2049户，同比增长10.1%；查补各项收入94.7亿元，组织入库65.1亿元，位居全国前列。组织随机抽查纳税人447户，其中对19户总局重点稽查对象查补税费合计1.4亿元；对180户加油站开展专项整治，查补税费合计1.7亿元。曝光涉税案件10起，联合开展失信惩戒108户。共查处虚开发票企业1975户，挽回国家税款11.9亿元；严厉打击骗取出口退税行为，组织开展"迅雷"行动，挽损35.6亿元。

二十、税务信息化建设

2023年3月起稳妥有序推进"数电票"推广上线工作，6月完成"数电"平台上线，11月完成"数电票"第一批开票扩围，涉及31.4万户纳税人，开具发票192.6亿元。作为全国第二批新电子税局上线单位，有序完成基础环境部署、初始化、双轨验证、差异分析等工作，于11月27日正式上线新电子税局，12月25日如期完成第一批6.5万户试点纳税人的推广扩围。

二十一、大数据和风险管理

试点税务执法风险"四个有人管"防控模式，率先开展"盲盒派发式""背靠背检查式"风险应对复核，风险应对合格率提升35%；落实湖南省税费精诚共治办法，与51个省直单位建立标准化、常态化数据共享机制，湘税云平台汇聚1524亿条数据，形成税费大数据资源库。

二十二、巡视工作

坚持政治巡视定位，对5个市局党委开展常规巡视，对10个县级局党委开展提级巡视，共发现问题644个，问题整改率达98%，抓巡视整改的经验做法得到省委巡视办推介。

二十三、政务管理

按照税务总局办公厅精品办文、精益办会、精细办事的"三个精办"工作要求，围绕中心、服务大局、担当作为，充分发挥统筹协调、参谋助手、督促检查、服务保障等职能作用，2023年办公室网评工作获得中央网信办表彰，党委信息、政务信息、信访维稳、机要保密、提案办理等工作被评为全省先进单位。

二十四、绩效管理

修订完善绩效管理实施细则文件，优化绩效指标设置，提升数字人事基础数据质量，全省5761名税务干部参加2023年省局"两测"。省局在总局绩效考核中获得优秀，在省委、省政府绩效考核中继续保持先进行列。

二十五、财务管理

牢固树立过"紧日子"思想，切实压减非刚性支出和一般性支出，人员经费下降1.9%。全面推行采购项目预算评审制度，加大闲置资产处置力度，开展严肃财经纪律专项整治自查自纠，出台、修订制度办法123个。

二十六、督察内审

全省税务系统共开展经济责任审计48个，开展层级督审项目49个，开展专项督审项目46个；开展税费优惠、出口退税、个税改革督察督办，精准开展风险分析、排查和应对，累计发现各类问题4647个，涉及问题税款金额4.5亿元。

二十七、人事管理

规范平稳有序开展领导干部选拔任用工作，选拔正处级领导干部8名、副处级领导干部46名，进一步使用副处级领导干部17名，调整交流处级领导干部65名，选人用人满意率继续保持高位。抓实抓严各级"一把手"，评选表彰10名优秀县市区局局长，激发班子活力。常态化开展职级晋升，全系统晋升职级5742人次，其中专项晋升1461人次，晋升规模在全国税务系统排名第三。

二十八、教育培训

认真落实税务总局素质提升"2271"工程部署，实施省局"3359"人才队伍建设计划，推进人才培养"三苗"工程，组织师徒结对2608组，送教198次、培训基层干部6.4万人次，经验做法入选税务总局人才培养创新案例。开展常态化实战练兵比武，获得2023年全国税务系统练兵比武团体第6名。

二十九、离退休干部工作

全省税务系统现有228个离退休干部党支部，着力抓好离退休干部党的建设、思想建设、服务管理、发挥作用等方面工作，涌现出全国税务系统"最美税务老干部特别致敬人选"肖光盛、"最美税务老干部提名人选"何花云等一批离退休干部先进典型。

三十、税收科研

在《中国税务报》等媒体发表科研翻译文章60余篇，出版《税眼看世界》，湖南省税务学会被评为"全国各省区市社科联先进社会组织"，《税收参考》被评为2023年"省级社科类社会组织优秀会刊"。

三十一、税收宣传

在省级以上主流媒体刊发稿件821篇次，《部门联动破解群众社保工作难题》等2篇稿件被时任税务总局党委书记、局长王军表扬批示，税收宣传有质有量。承办中央网信办、税务总局主办的"看税收走基层"网评品牌活动，相关报道浏览量超1000万人次，话题阅读量逾3亿人次。加强税收政策宣传解读，推出各类宣传辅导产品142个，累计向1764万户次纳税人缴费人推送各类税费政策261批次。

三十二、税务师行业管理

加强税务师行业党组织建设，开展涉税中介专项治理，创建湖南税协"公益讲坛"，开展"相税行"税收志愿活动474次，湖南税务师协会被省民政厅评为5A社会组织。

（国家税务总局湖南省税务局供稿）

财政部湖南监管局工作综述

2023年，财政部湖南监管局以习近平新时代中国特色社会主义思想为指导，认真贯彻落实党中央决策部署，以服务中央财政管理、促进湖南经济社会发展为己任，围绕财政中心工作与湖南"三高四新"美好蓝图，切实履行财政监管职责。在湖南省委、省政府的关心指导下，经过全局干部协力奋进，2023年，湖南监管局工作进步明显，服务湖南经济社会高质量发展的成效显著。湖南省领导对湖南监管局相关工作批示26次，其中湖南省委书记沈晓明批示4次，湖南省委副书记、省长毛伟明批示8次。2023年湖南监管局相关材料获财政部领导批示4次，6篇报告在第五届"财青8+"调研和"读看写思"活动中获奖，并获优秀组织奖。信息积分在全国监管局系统排名第五位，较2022年提升一位，较2021年提升二十六位。综合考核在全国监管局系统排名第十一位，位列进步幅度第二。

一、提高政治站位，深入推进全面从严治党

（一）强化政治机关建设

扎实开展学习贯彻习近平新时代中国特色社会主义思想主题教育，完善"五级联学"机制，开展党组理论学习中心组学习7次，党组会议学习3次，读书班学习11天，局领导讲专题党课4次，并将读书班制度化、机制化。聚焦党中央决策部署、财政中心工作和湖南省情，每位班子成员牵头2—3项专题调研，实地调研133人次，取得调研成果8篇。推动工作规范化，新立和修订制度15项。

（二）加强思想建设

制定《进一步加强思想建设 提升机关党建质量实施方案》，2023年，围绕"全面从严治党"等主题开展6次"青年沙龙""财青夜话"活动。推动各支部结合职责特点，将任弼时、黄克诚、陈赓等湖南革命先辈作为学习榜样，形成各具特色的"财政监管湘军"党建品牌体系。召开青年干部座谈会、老干部工作会，与干部谈心谈话全覆盖，局长办公会专题研究干部思想政治状况，用心做好思想政治和教育疏导工作。

（三）严管与厚爱相结合抓班子带队伍

局党组书记带头严要求、讲规矩，严肃党内政治生活，打造团结协作的领导班子。制定《党组会议议题管理规程》和《上会议题清单》，严格党组议事规矩。出台"强化综合考核奖惩""信息考评"等制度，让多干和少干、干好和一般有据可查，并据此评优和表彰、批评和提醒，将其作为干部提拔的实质性依据。完成多批次干部职务职级晋升，加快解决干部积压严重问题，所选拔干部在民主推荐中均获全票或高票。

（四）全面加强党风廉政建设

在省直机关工委的支持指导下，湖南监管局机关党委、机关纪委顺利换届。开展干部队伍教育整顿、"警示教育周"、"廉政宣传月"活动及现场警示教育，让每个干部深刻感受到"一人犯罪、全家受罪、单位蒙羞"的严重后果。结合财政监管实际和湖南地域特点进行廉政谈话，制定"八小时之外"监督管理规定、保密和意识形态、请休假管理办法等，并狠抓制度执行。

二、围绕中心大局，服务地方经济社会发展

（一）推动中央重大决策部署落地见效

贯彻落实习近平总书记重要批示精神，派出骨干开展惠农补贴专项核查和整改情况"回头看"。赴长沙、常德等地开展问题整改督导抽查。相关工作获湖南省领导批示，有力推动央地协调联动、贯彻落实习近平总书记重要批示精神。

（二）切实防控地方政府债务风险

一是开展隐性债务数据"先核后报"，督促做实隐性债务化解工作。二是常态化开展专项债券资金使用情况专项核查，督促加快债券资金使用，发挥投资拉动作用。三是加强对各类违法违规举债行为的核查和追责问责，开展地方政府融资平台监管，密切关注融资平台转型发展。

（三）督促地方财政平稳安全运行

一是健全地方财政运行分析指标体系，借助信息系统分析制作《财政运行"立体画像"情况》，跟踪关注基层"三保"、库款保障等情况，2023年通过电询、函询、实地核查等方式处理预警信息30余条。二是调研部分地区财税收入征管和招商引资情况，向省委、省政府提出专题清理规范的建议，湖南省委书记沈晓明、湖南省省长毛伟明均做出批示。

（四）加强中央在湘单位部门预算闭环监管

线上监控和线下核查相结合，对属地中央单位部门预算、执行、决算实行全链条闭环监管，督促严格执行预算法等法律法规、落实过"紧日子"要求，并探索开展属地中央预算单位绩效考核。

（五）督促提升转移支付使用效益

一是开展转移支付预算审核。2023年中央下达湖南转移支付5073亿元，增长7.4%，规模首次突破5000亿元。围绕提升中央转移支付对湖南发展的支撑作用，湖南监管局在常态化监控中央直达资金使用情况的同时，对基本公共卫生服务补助、普惠金融发展专项资金等24项转移支付进行审核、复核和核查。二是开展绩效评价和重点抽查。对城镇保障性安居工程补助、中央医疗救助补助等4项中央补助进行重点绩效评价。对社保基金、住房保障等7个领域民生资金使用管理情况进行重点抽查，发现并督促整改问题。

（六）强化财政金融监管

一是针对个别重大金融风险事件，组织中央在湘金融机构开展风险排查和财务管理情况自查。二是完善金融企业财务运行分析系统，按季收集分析中央在湘金融机构财务数据，针对异常情况开展函询和核查。三是对部分金融机构开展现场监管，结合现场监管开展商业银行金融科技服务项目调研，获财政部相关司局肯定。

（七）加大财会监督工作力度

一是贯彻落实习近平总书记关于财会监督重要论述精神，集全局之力扎实开展财会监督专项行动，对会计师事务所开展执业质量检查，多起典型案例被财政部采用。二是开展预算执行监督专项行动。对中央在湘预算单位部分重点项目和部分重点转移支付进行线上监督与现场核查。湖南监管局自建"转移支付资金预警规则库"，实现对转移支付数据的自动分析和疑点提示，为高效监控提供重要支撑。

（八）全面强化信息调研

贯彻落实中共中央办公厅《关于在全党大兴调查研究的工作方案》，制订局领导班子和青年理论学习小组两个调研计划，围绕落实党中央决策部署、财政中心工作和湖南省情，结合监管业务开展20多项专题调研。如深入基层对湖南省制造业高端化智能化绿色化发展、文化遗产资源保护、长沙新消费经济发展、土壤重金属污染治理、省以下财政体制改革进展情况等进行专题调研，客观反映湖南经济社会发展状况和特点。

（九）认真服务全国"两会"代表委员

联络服务153名住湘全国"两会"代表委员，协助财政部相关司局组织开好年初、年中两场座谈会。派出7个小组上门拜访新一届代表，送达蓝佛安部长的感谢信，并听取代表意见建议。率先在门户网站开设"服务代表委员"专栏，探索"服务+党建、业务、调研、机制"的"4+"模式成效显著，一些代表发来感谢信，对湖南监管局服务代表委员工作给予肯定。

2024年是贯彻落实党的二十大精神关键之年。财政部湖南监管局将深入贯彻习近平新时代中国特色社会主义思想，按照中央经济工作会议、全国财政工作会议、全国监管局工作会议和省委十二届五次全会、省政府三次全会精神，服务财政中心工作，为实现"三高四新"美好蓝图作出应有的贡献。

（财政部湖南监管局供稿）

处室、单位、公司工作

办公室（政研室）工作

2023年，办公室（政研室）坚持以习近平新时代中国特色社会主义思想为指导，在厅党组的坚强领导和兄弟处室的大力支持下，充分发挥"枢纽、参谋、助手、窗口"职能作用，围绕中心参谋辅政，聚焦大局统筹协调，着眼大事强化保障，对标"快、稳、严、准、细、实"工作要求，全面提升"三服务"水平，全力助推财政高质量发展。支部被评为厅机关2023年度先进基层党组织，一名同志获评省直机关优秀共产党员，督查、信访、政务信息、政务公开、建议提案办理、部门预算、部门决算、预算绩效等工作均获评省直先进。

一、强化政治统领，学思践悟铸忠诚

（一）政治建设抓紧抓牢

坚持把政治建设摆在首位，深入学习贯彻习近平总书记在全国党委和政府秘书长会议上的重要指示精神，始终在思想上、政治上、行动上与党中央保持高度一致，坚定拥护"两个确立"，坚决做到"两个维护"。严格落实"第一议题"制度，对习近平总书记重要讲话重要指示批示精神第一时间传达学习、第一时间贯彻落实、第一时间跟进督办。

（二）理论学习走深走实

学思践悟习近平新时代中国特色社会主义思想，结合厅"三大一提升"行动，研究制订支部主题教育实施方案。拓宽学习渠道，丰富学习方式，推动全处党员干部"学在日常、学在经常"。扎实推进检视整改，形成《办公室（政研室）党支部主题教育检视问题及整改措施清单》，召开支委班子专题组织生活会，持续抓好整改。

（三）支部党建有力有效

严格落实"三会一课"、主题党日、"双述双评"等党内政治生活要求，定期召开支委会（扩大）会议暨工作例会，推动党建与业务深度融合、相互促进。强化"任务清单+流程图+复盘"管理，实现清单式明责、联动式履责、链条式督责。认真开展"一月一课一片一实践"，赴望城区周之翰烈士故居等地开展主题党日活动，支部书记带头讲"微党课"，激发支部党员干事创业的热情和勇挑重任的担当。

二、围绕中心大局，参谋辅政有成效

（一）坚持赋智赋能，切实履行以文辅政职责

一是着力在"参之有道"上下功夫。紧紧围绕厅党组工作部署和财政中心工作，扎实做好重大综合文稿起草工作，较好发挥了以文辅政的作用。全年支部同志加班加点，起草或把关各类重要文稿，较好地保障了厅机关重大会议、重大活动的有序开展。积极向财政部办公厅推介湖南亮点工作，配合起草在全国财政工作会议上的典型经验材料。二是着力在"谋之有方"上下功夫。围绕财政改革发展的热点、焦点问题深入开展调查研究，研究提出促进财政高质量发展的对策建议。大兴调查研究，扎实推进财政部政研室交办的"县域财源建设"、省委政研室"中部地区崛起战略情况"以及厅机关"促进省级政府基金引导社会资本有效投资"等调研，积极推动调研成果转化。派人参与财会监督实施意见和调研报告起草，推动在全国率先出台关于加强财会监督的实施意见。编印《2022年度全省财政系统优秀调研报告集》，促进调研成果交流共享。三是着力在"言之及时"上下功夫。会同相关处室定期开展财政经济运行分析，聚焦财政工作面临的新情况、新问题，研究提出应对之策。深入永州等地园区和企业调研了解情况，相关建议被吸收进入省政府课题组综合调研报告。及时向财政部、省委、省政府报送政务信息274篇次，被中办、国办等重点采用55条，获评2023年度全省政务信息工作优秀单位、国务院办公厅采用排名靠前单位，两篇稿件获评年度优秀政务信息，两名同志获评全省政务信息工作优秀个人。

（二）坚持精准精细，不断提升督查督办效力

一是围绕中心工作抓落实。围绕上级重大决策部署，第一时间分解任务、细化措施、明确责任，狠抓落实落地。将督促落实习近平总书记重要讲话重要指示批示精神作为首要政治任务，对有关重要批示未办结事项建立月调度机制，开展专项督查，推动重点任务对账销号、全面落地。二是紧盯既定目标抓落实。年初梳理中央和省重大部署、重要文件要求，细化具体任务、拟定责任

分工、明确进度时限，通过提前部署、拉条挂账引导各处室、单位围绕"主线"抓工作；每月定期调度"四重"工作（重要文件、重要议题、重大会议、重大事项）、省政府重点工作落实情况，紧急调度省政府常务会议议题情况，为省政府决策提供参考。三是创新机制模式抓落实。修订《湖南省财政厅督查督办工作规程》，全面推行"一单四制"（任务清单，台账制、交办制、销号制、通报制），联合绩效管理处建立"绩效管理提升年"行动"双牵头、清单制、大协同"督查机制，推动提升工作绩效。完善考核激励机制，对督查督办情况开展考核评先，推动营造主动作为、狠抓落实的良好氛围。

（三）坚持聚力聚势，全力做好财政宣传工作

一是唱响主旋律。依托厅门户网站、微信公众号等平台载体，第一时间转发习近平总书记重要讲话重要活动重要文章重要指示批示、转载党中央重大决策部署，积极传播党的声音，强化舆论引导，实现同频共振。开设"学习贯彻习近平新时代中国特色社会主义思想主题教育"专栏，全面宣传中央和省关于主题教育的部署要求，充分展示省财政厅主题教育经验做法和进展成效，发布相关稿件152篇。二是发出好声音。着力推出有高度、有亮度、有温度、有深度的财政宣传报道，2023年累计在中央和省主流媒体发稿50余篇，厅门户网站更新信息（含信息公开）2810条，微信公众号发布653期957条。三是凝聚正能量。通过"湖南财政"微信视频号发布《财会高端讲堂》《行业青年说》等系列视频，向财政部选送优秀短视频26个，推荐22篇作品参与2023"好评中国"网络评论大赛评选。

三、聚焦高效运转，履职尽责优服务

（一）着力强化统筹协调

一是着力牵头抓总。树立全厅"一盘棋"思想，工作上该统筹的统筹好、该牵头的牵好头。坚持想在前、谋在前、干在前，对重大改革、重要文稿、重点工作提前介入、全程跟进，打足提前量。二是着力协调联动。注重发挥各方面的积极性，对上加强汇报联络，争取获得更多指导和帮助；对下密切与市州的联系，及时了解掌握基层情况。对内加强统筹，健全重大事项调度、重要活动统筹、重要会议安排、重要政策落实等协调联动机制，确保步调一致、高效运转。三是着力协同补台。对重大复杂事项、临时突发任务，力争上前一步，相互补台，努力做到办好事、不误事。

（二）着力优化政务服务

一是服务代表委员广受好评。坚持将建议提案办理、服务代表委员作为践行群众路线、体现财政担当、检验工作水平的重要标尺，2023年承办建议提案791件，建议提案承办总量居省直单位第二位。坚持把"解决问题、推动发展"作为办理目标追求，既抓"满意率"，更抓"落实率"，相关经验做法在省级会议上作典型交流；在省人大常委会组织的代表建议办理现场评议中，省财政厅单项得分、总分均排首位。二是办文办会规范有序。严格执行文件审核制度，严控发文数量和质量，把严把好公文政策关、程序关、文字关、格式关，及时通报典型错情。稳妥做好厅机关会议运转保障，及时高效做好会议安排、车辆衔接、出行服务。三是推进政务公开成效明显。配合完成三轮共100家省直一级预算单位、812家二级预算单位的预决算公开检查整改工作，全面梳理省级专项公开情况并督促整改，助力湖南省地方预决算公开度排在全国第三位，连续四年稳居全国前列。厅办公室获评全省政务公开工作先进单位，一名同志获评全省政务公开工作先进个人。

（三）着力促进安全规范

一是严格财务管理。修订厅机关财务管理办法，优化财务报销流程，提高财务管理水平。编细编实预算，强化预算约束、执行进度和支出计划管理，2023年厅机关部门预算执行进度94.3%，获评2022年度省直部门预算管理绩效评价、部门决算工作先进单位。二是筑牢保密防线。严格落实机要值班值守制度，压紧压实保密责任，建立定期召开厅机关综合事务暨保密工作会议，及时传达办文办会、保密、财务、资产等政务运转工作新要求，进一步提升全厅各处室、单位综合业务能力和保密意识。切实履行档案第十协作组组长单位职责，强化档案日常管理。三是狠抓内控建设。组织开展全厅2018年以来文件制度和内部管理制度建设情况大清查及各处室、单位未办结事项大摸底，督促更新制度60余个，符合政策规定的事项全部办结到位。开展政务运转流程风险隐患大排查，及时修订固定资产管理、值班值守、信访、印章管理等内部管理制度，做到有章可循、有规可依。

四、加强自身建设，强基固本聚合力

（一）弘扬求真务实作风

大力倡导求真务实的作风，引导党员干部养成事不过夜、案无积卷的良好作风。常抓不懈推进文风会风转变，按季调度全厅"三类"文件及全省性会议情况，坚决控制可发可不发的文、可开可不开的会。严格落实规范督查检查考核工作有关要求，未经省委省政府批准的事项一律不得开展。推进节约型机关常态化建设，严控一般性支出，把过"紧日子"的要求落到实处。

（二）严守廉洁自律底线

严格落实重大事项请示报告、领导干部个人有关事项报告、廉情报告制度，做到管好关键人、管到关键处、管住关键事、管在关键时。扎实开展"廉政教育月"各项活动，持续深化"清廉财政"建设，制订"清廉处室"建设实施方案，组织开展大讨论。组织党员干部观看警示教育片，支部党员干部谈话提醒实现全覆盖。强化"八小时之外"监督，提醒督促支部党员干部绷紧纪律之弦，确保清清白白做人、干干净净干事。

（三）锤炼扎实过硬本领

加强内部工作交流，有计划安排年轻干部在大事、难事、急事中强化锻炼，努力提升开口能讲、提笔能写、

财政综合工作

2023年，综合处紧紧围绕省委、省政府决策部署，聚焦"三大一提升"行动，坚定不移贯彻新发展理念，扎实开展学习贯彻习近平新时代中国特色社会主义思想主题教育，创新思路推进党建与财政业务深度融合，始终保持赶考精神和昂扬状态，埋头苦干、奋力前行，较好地完成了各项工作任务。经济形势分析、收入分配等工作分别在财政部"地方财经形势分析"座谈会、"财政促进共同富裕理论研究与实践探索"座谈会上作典型发言，宏观经济形势预测分析工作、彩票公益金监管工作分别在财政部培训班上作经验介绍。

一、守正创新谋发展，蹄疾步稳推进财政综合领域改革

聚焦收入分配改革、土地矿产资源管理，坚持问题导向、目标导向，规范收入分配秩序，维护国有资源国家所有者权益。

（一）规范公务员工资津贴补贴

一是开展专项检查。落实常态化监管，对全省各级各部门2022年度规范实施情况全面自查，开展实地核查，做好"回头看"，按要求及时将自查结果上报中央。总体看，全省全面执行中央规范政策，各项措施得到坚决落实，规范收入分配秩序，维护工资津贴补贴政策的统一性、严肃性、权威性，取得较好的工作成效。二是巩固规范成果。全面梳理中央规范政策，协调推动厅际联席会议成员单位定期会商，研究相关问题，及时做好汇报解释工作，向部际联席会议建议完善工资收入限高管理措施等。三是做好常态化监管。根据部际联席会议简报精神，厅际联席会议印发两期简报，抓好工作落实，推动立行立改；跟踪做好工作指导，落实规范主体责任，持续做好常态化监管；结合压实"三保"底线要求，参与专门督导，推进县市工资及时足额发放。

（二）制定省直事业单位绩效工资规范政策

一是深入开展调研。对全省564家单位、17.68万事业人员的省直事业单位绩效工资情况开展深入调查研究，聘请第三方组成工作组，对183家省直单位绩效工资实际执行情况进行重点核实，摸清底数，分析问题，研究措施建议，形成调研报告。二是研究规范办法。充分利用调研成果，按照"顺机理、打基础、建机制、保基本"思路，从基础框架、标准设置、总量调控、经费管理等方面，对省直事业单位绩效工资进行统筹规范，形成制度办法，经省委、省政府同意，湖南省人社厅、省财政厅印发文件。

（三）完善相关群体收入分配

一是做好共同富裕理论研究。结合财政部"提高居民收入、促进共同富裕"专题调研要求，形成高质量调研报告。省财政厅在财政部"财政促进共同富裕理论研究与实践探索"座谈会上作典型发言。二是完善机关事业单位其他收入分配政策。根据中央部署，配合出台应急管理津贴补贴、艰苦边远地区津贴、国家综合消防救援队伍绩效奖金等相关政策。落实落细关心关爱医务人员有关措施，开展资金测算，制定疫情期间核增医务人员一次性绩效工资的政策措施。

（四）规范土地矿产收益管理

一是加强土地收支管理。结合财政经济形势预测分析，对土地出让收支分季度进行综合研判，配合财政部开展土地出让收支调研，分析趋势和问题，提出思路和对策。根据中央考核办法和全省考核细则，配合省委农办落实土地出让收入支持乡村振兴2023年度考核目标，确保切实增加农业农村投入。根据农用地区片综合地价三年需调整的要求，配合省自然资源厅全面开展新一轮综合地价更新调整工作，各县市区地价更新成果已呈报省政府，确保被征地农民原有生活水平不降低、长远生计有保障。二是完善河道砂石资源收入管理。规范全省河道砂石资源有偿使用收入征收、使用和管理，加强与省税务局、省水利厅的沟通衔接，确保收入及时缴库。继续通过财政结算追缴部分市县欠缴的河道砂石资源有偿使用省级分成收入，并按欠缴总额的40%办理2022年结算事项共计1.36亿元。三是规范矿产资源权益管理。为进一步规范和加强矿业权出让收益征收管理，维护矿产资源国家所有者权益，推动行业健康有序发展，根据财政部新出台的矿业权出让收益征收办法，结合省情实际，会同省自然资源厅、省税务局印发《关于明确矿业权出让收益征收管理有关事项的通知》。同时，配合省自然资源厅，根据自然资源部下发的起始价指导标准，制定矿业权出让收益起始价实施标准，推动战略性矿产资源增储上产，切实维护能源资源、重要产业链供应链安全。

二、立足宏观重研判，凝心聚力加强财经形势分析

围绕宏观经济运行热点、难点、堵点问题，加强形势分析和预测，健全工作机制，凝聚各方合力，进一步强化宏观经济分析的参谋作用。

（一）完善宏观经济分析机制

制订加强宏观经济形势预测分析工作方案，确立"强化系统思维、跳出财政看财政，强化结果导向、跳出数据看本质，强化汇集众长、跳出部门思维汇聚新思维"的基本原则，编制宏观经济重要信息报告、撰写季度分析报告，多形式分享研究成果，加强处室协同、部门协作、市县联动、企业联系，构建上下联动、左右协同、全面分析、精准管用的经济形势分析机制。

（二）分析财政经济形势

牵头建立省财政厅经济运行监测工作专班，强化经济数据调度。参加宏观经济形势分析全国会议和片区会议，作为先进省份代表做典型发言。召开省直部门、厅机关处室两个层面座谈会，共同研判全省财政经济形势。坚持目标导向和问题导向，编印宏观经济重要信息报告5期，供领导决策参考。开展高质量发展、民营经济等财经专题调研，撰写调研报告，得到财政部综合司肯定。

（三）开展财政规划中期评估

开展全省"十四五"规划纲要、湖南省"十四五"财政发展规划中期评估，对标国家战略和全省规划，从服务"三高四新"战略实施、助力构建新发展格局、支持创造高品质生活、建立健全现代财税体制、提升财政治理效能等方面总结全省财税改革发展亮点工作，客观分析规划实施面临的困难挑战，谋划下阶段对策措施。调度分析、调整评估全省"十四五"规划纲要涉及财政指标完成情况，为全省规划纲要中期评估提供客观建议。

三、人民至上惠民生，用情用力支持解民忧暖民心

聚焦群众"急难愁盼"问题，监督管理好专项资金，加大对革命老区公益事业、住房保障的投入，不断提升人民的幸福感、获得感。

（一）发挥彩票资金社会公益作用

一是强化彩票资金筹集。2023年，全省彩票销售情况良好，全省彩票销量196.37亿元，较2022年增加65.29亿元，增长49.81%。其中，福利彩票销量80.31亿元，同比增长37.33%；体育彩票销量116.05亿元，同比增长59.83%。筹集彩票公益金51.25亿元，同比增长41.73%，用于"扶老、助残、救孤、济困"社会福利事业和全民健身群众体育、竞技体育、公共体育发展。其中，省级专项彩票公益金安排5000万元，支持完成全省十大重点民生实事，助力脑瘫儿童康复救治。向社会公告2022年全省彩票的筹集、管理、分配和使用情况，接受社会监督。二是夯实彩票资金监管制度基础。出台《湖南省省级财政专项彩票公益金管理办法》《湖南省省级体彩公益金支持体育事业专项资金管理办法》《湖南省省级福彩公益金支持福利事业专项资金管理办法》3个专项资金管理办法，进一步加强彩票公益金管理的制度保障。三是支持革命老区公益事业发展。积极向中央争取专项彩票公益金3.12亿元，同比增长31.09%，贯彻落实省委、省政府关于推进乡村振兴、促进农村养老服务、旅游业高质量发展、构建更高水平全民健身公共服务体系等重大战略决策。开展专项彩票公益金专题调研，全面了解资金和项目情况，确保实现小资金撬动大公益。精心组织培训、突出支持重点、精准资金投入、严格项目管理，这些做法得到财政部综合司充分肯定，并在财政部综合司彩票公益金管理培训班上作典型经验发言。

（二）支持城镇保障性安居工程建设

一是按照直达资金管理的要求，下达2023年中央和省级财政城镇保障性安居工程资金44.06亿元，特别是在省级财政紧平衡的情况下按照每户1000元的标准，积极支持城镇老旧小区改造重点民生实事项目，涉及2000个小区、27.4万户居民。二是为更好推进惠民生、稳投资、扩内需，促进高质量发展，2023年5月以来，会同省住建厅深入长沙等6个市14个县，开展城镇老旧小区改造调研，并向财政部呈报了调研报告，相关经验和建议获充分肯定。三是开展城镇保障性安居工程财政资金第三方绩效评价和重点绩效评价，评价结果均为优秀。印发《关于进一步加强城镇保障性安居工程项目和资金管理的通知》，督促市县及时整改问题，建立健全项目资金管理长效机制。四是根据财政部重点民生资金专项整治总体要求，组织开展住房保障领域自查自纠、省级复查和重点抽查，进一步督促审计查出问题整改，强化住房保障领域财政资金使用管理，切实增强人民群众获得感、幸福感。五是配合做好老旧小区改造、棚改和保障性住房专项债券额度分配和发行相关工作，2023年发行老旧小区改造、棚改和保障性住房（含保租房、公租房）专项债券分别为61.1亿元、34.9亿元、6.6亿元，为城镇保障性安居工程顺利推进提供了坚实的资金保障。六是进度督导。根据财政部加快预算执行进度的要求，对各市县中央财政城镇保障性安居工程资金支出进度进行通报，对直达资金管理工作和监控系统数据质量提出具体要求。2023年10月底至12月初，会同省住建厅赴郴州等12个市州实地调度项目实施进展和资金支出进度，分析存在的困难和问题，研究提出加快项目实施和提高支出进度的措施办法。

（三）扎实推进政府购买服务工作

一是建立政府购买服务改革工作省级联系点制度。选择省民政厅、省体育局、常德市、郴州市作为联系点，定期调研政府购买服务推进情况，分析提炼典型做法和成功经验，打造区域性、行业领域样板。通过推进政府购买基层社会治理服务创新，完善省级部门联动、省市县共建模式，以点带面推动政府购买服务改革工作走向深入。二是开展政府购买服务专项整治。根据财政部统一部署，组织对2021-2023年政府购买服务实施情况进行检查。重点聚焦是否将政府直接履职事项实行购买服务、履约管理不力、借政府购买服务名义变相用工、政府购买服务中增加政府债务等四个方面，全省自查政府购买服务项目。总体来看，全省政府购买服务领域不断扩大，审批流程逐步规范，绩效管理更加有效，有效提升了公共服务供给水平和财政资金使用效益。三是继续推动政府购买服务信息化建设。74家省直预算单位政府购买服务指导性目录全部修订完成。在省直预算单位政府购买服务实现全流程网上运行的基础上，继续推动政府购买服务项目管理系统整合试点建设。四是强化政府购买服务项目绩效管理。选取省级重点政府购买服务项目省文旅厅首届湖南旅游发展大会惠民助企文旅消费券活动开展第三方绩效评价，努力提升财政资金使用效益和公共服务水平。

四、党建引领树品牌，高标准严要求开展主题教育

坚持政治统领，全面加强党支部建设，打造坚强战斗堡垒，以高质量党建引领财政综合工作高质量发展。

（一）强化政治理论武装

将学习贯彻习近平新时代中国特色社会主义思想和党的二十大精神作为首要政治任务，通读党的二十大报告、党章、《习近平著作选读》（第一、第二卷），原原本本读、逐字逐句读，全面系统领会习近平新时代中国特色社会主义思想。严格落实"第一议题"制度，支部书记第一时间传达领学习近平总书记重要讲话精神。结合工作实际，精读《关于坚持和发展中国特色社会主义的几个问题》《把握新发展阶段 贯彻新发展理念 构建新发展格局》等文章，深刻理解把握习近平新时代中国特色社会主义思想。利用平时和休息时间坚持个人自学，做到随读随想、随思随用。组织支部读书班，固定时间在党员会议室集中学习讨论，相互交流、启发思想、提高认识。支部委员带头讲"微党课"，结合财政综合工作进行讲课学习。通过通学、精学、领学、自学、集中学、讲课学等"六学"，以及开展"你读我听、你讲我思、你做我学、你引我赶、你评我改"，推动习近平新时代中国特色社会主义思想入心入脑、走深走实。

（二）深入开展主题教育

制订支部主题教育实施方案，依托"三会一课"、集体学习、主题党日等载体，将理论学习贯彻主题教育始终。围绕"学思想、强党性、重实践、建新功"总要求，聚焦"以学铸魂、以学增智、以学正风、以学促干"，支部书记分别以《自觉做习近平思想的坚定信仰者和忠诚实践者》《做有文化的财政工作者》《加强综合观念 提升服务水平》《共同富裕"等不得""急不得"》为题讲专题党课。推进主题教育与业务工作深度融合，制订综合处贯彻落实"绩效管理提升年"行动实施方案，积极开展"三大一提升"活动，聚焦习近平新时代中国特色社会主义思想、共同富裕、清廉处室等开展思想大讨论、政策大讨论、案例大讨论、廉政大讨论。深入开展调研，对省直事业单位绩效工资政策、彩票公益金使用效益等开展调研，选择湘潭市及其所辖县市区开展老旧小区改造政策实地走访调研，提出坚持分类施策，建立"合理共担、群众参与、项目调节"三项机制的建议。坚持"当下改"和"长久立"相结合，及时建章立制、巩固成效。

（三）加强党风廉政建设

扎实开展支部"廉政教育月"活动，组织党员干部参观喻杰故居、平江起义纪念馆，传承红色基因，坚守初心使命；邀请支部党员家属代表开展"助力发展六仗 共育廉洁家风"主题党日活动，围绕家庭家教家风建设，支部书记与党员干部及家属进行廉政谈心谈话，强化党员干部家属倡廉助廉意识；集中观看警示教育片，撰写廉政心得，进一步坚定理想信念；讨论财政领域典型案例，引导全处党员干部以敬畏之心对"责"，推进"一岗双责"；以谨慎之心对"权"，牢固树立财政法治思想；以淡泊之心对"利"，始终保持崇廉拒腐、克己奉公，干净做人，清白做事。

（湖南省财政厅综合处供稿）

税政法治工作

2023年，税政法规处（省财源办）以习近平新时代中国特色社会主义思想为指引，紧紧围绕财政中心工作，坚持党建引领，扎实推进财源建设工程，强化税费政策管理研究，深入开展法治财政建设，各项工作取得积极成效。

一、深入推进财源建设，服务经济高质量发展

一是实施财源建设"八大攻坚"。出台《实施财源建设攻坚支持打好"发展六仗"工作方案》，全省范围内开展"八大攻坚"行动①，强化新兴税源培育、做优

---

① "八大攻坚"行动：新兴财源培育、主体财源提质、存量"三资"盘活、园区发展转型、县域财源突围、财源绩效提升、税费精诚共治、工作能力跃升。

骨干税源、加力"三资"盘活、加强县域财源建设。加大激励力度，印发《市县财源建设真抓实干督查激励实施方案》，兑现年度市县财源建设激励政策。研究制定省直部门财源建设综合评价办法，引导各地各部门树牢"管产业就要管税收、管支出就要管收入、管资金就要管绩效"理念。2023年，全省全口径税收完成4371.4亿元，增长11.8%；地方税收完成2208.3亿元，增长10.2%。二是提升税费精诚共治效能。强化税费征管堵漏挖潜，牵头成立多部门组成的省级税费精诚共治专项工作组，推动构建一个规章、一个平台、三个系列文件、四项工作规范和N个共治场景的"1+1+3+4+N"工作机制。印发《湖南省税费精诚共治2023年工作要点》《湖南省税费信息共享目录清单（2023）版》，召开两次税费精诚共治专题会议，全面推进税费精诚共治工作。下发《关于深入推进税费精诚共治进一步提升税费征管效能的若干措施》。全年堵漏增收超90亿元。三是强化骨干税源企业培育。着力引导骨干税源企业更好发挥税收贡献主力军作用，加强骨干税源企业监测分析，联合省委宣传部等6部门发布2022年度湖南省企业税收贡献百强、民营企业税收贡献百强、高新技术企业税收贡献百强、"专精特新""小巨人"税收贡献五十强等"四张税收榜单"，在全社会营造依法经营、诚信纳税的良好氛围。四是推动系统大调研成果转化。按照"三大一提升"行动部署，深入推进"系统大调研"。提升选题准度，聚焦新兴财源培育不足、县域财源亟待突围等难题，确定锂电新能源、现代化产业体系等重点课题，形成调研报告6篇。提升调查深度，赴皖苏等外省找差距取真经，到浏阳、嘉禾等市县摸情况挖根源。提升转化速度，推动省政府办公厅制定出台支持烟叶产业高质量发展、支持郴州锂电新能源产业发展政策。

二、深化税费政策管理，充分释放政策红利

一是落实落细税费优惠政策。不折不扣落实中央延续优化的税费支持政策，牵头制定《关于进一步扶持我省自主就业退役士兵和重点群体创业就业有关税收政策的公告》《关于免征中小学幼儿园校车车船税的通知》等省级配套政策，切实减轻市场主体税费负担，为稳住经济大盘贡献财政力量。2023年新增减税降费及退税缓费579.7亿元。二是创新开展税收政策研究。扎实开展关税政策调研，向财政部呈报关税调整建议及新能源车关税要价建议等关税调整建议8项。申请在长沙自贸试验区设立市内免税店、在黄花机场设立进境免税店，争取支持长沙打造全球研发中心城市税收优惠政策。季度开展税源监测和税收结构分析，供党委和政府决策参考。三是大力完善收费基金政策。首次开展国有资源有偿使用收入标准制定工作，完成存量7项及新增4项主要污染物排污权有偿使用收费标准及政府收储和出让指标基价制定工作。修订湖南省森林植被恢复费、水资源征收使用管理办法等规范性文件3件，全年制发和修订人事考试收费分成等收费管理类文件10件。开展优化国有资源有偿使用收入制度调研、地方水库移民扶持基金政策评估等6项调研评估，报告供领导参阅，所提建议被采纳。四是规范收费基金管理。建立纵横联系机制，横向加强与省直相关单位联系，近四年来首次组织召开全省性收费基金工作会议，40余家单位参加，纵向加强与基层联络点业务共创、课题共研，积极推介长沙县成为财政部首批非税收入管理基层联络点。推进非税征管职责划转，已完成国有土地使用权出让收入、森林植被恢复费等30项非税收入划转工作。积极参与财政部减税降费专项整治和地方财经纪律检查，对于发现的问题，均已于当年督促各地整改到位。编印《非税收入政策汇编》，供相关部门参考使用。推动全省农网还贷资金历史遗留问题妥善解决，全面理顺全省农网还贷资金征缴和拨付政策。7月，在财政部非税收入业务培训班上作非税收入政策管理典型发言。五是持续深化"放管服"改革。严格落实收费基金"一张网"要求，更新湖南省行政事业性收费、涉企行政事业性收费、政府性基金3张清单。成立由厅领导牵头、各相关业务处室参与的财政优化发展环境工作联络小组，建立"一月一报送"机制报送典型做法。今年财政厅被评定为2022年度全省推进"放管服"改革工作突出单位。

三、强化法治财政建设，防范财政法律风险

一是严格规范性文件管理。完成45件各类政策文件的合法性审查和公平竞争审查。开展妨碍统一市场和公平竞争的政策措施清理工作，财政厅制定的124个各类政策文件无一违反公平竞争审查。顺利通过国家市场监管总局开展的公平竞争审查工作第三方评估和全省公平竞争审查第三方评估。二是提升法治监督效能。制发年度绩效考核依法行政年度工作任务指标，从源头压实法治工作责任。实现执法决定法治审核全覆盖，158个执法决定均未发生被省政府或人民法院撤销或确认违法的情形。组织厅内执法案卷评查及司法厅执法案卷评查迎检工作。对65件厅内部事务进行合法性审查，守住厅机关运行法律风险防范关口。6月，在财政部法治工作暨法律人才库入库人员培训班上作法治工作典型发言；9月，在全省法治政府建设示范点工作推进会上作典型发言。三是创新开展财政普法。创新举办宪法宣传周"六个一"活动①，充分利用"一微两网"平台，开展与厅归口管理及厅属公司联动宣传。开设海报机"依法理财每周一法"普法专栏，组织2次庭审旁听，印发2期湖南财政法治工作动态，举办全省税政法治培训班，在两期全省乡镇财政所长培训班开设法治课程，对新录用公务员进行法律知识培训。组织全省财政系统学法考法。获评湖南省纪念现行宪法颁布40周年宪法知识网络答题

---

① "六个一"活动：一次厅党组中心组专题学法；一次新提任处级领导干部宪法宣誓；一次财政部条法司领导专题授课；一篇中国财经报厅党组法治署名文章；一个财政部立法工作12省市座谈会；一次衡阳县渣江镇黄冈村送法下乡并设基层联系点。

挑战赛优秀组织奖。连续6年获评省直机关"谁执法谁普法"考评优秀单位。财政厅推荐的湖南银行股份有限公司株洲石峰支行获评"最美公益普法集体"。四是防范化解矛盾纠纷。积极推动纠纷化解重心从"事后处理"向"事前规范"转变，举办1次行政处罚听证会，审查信息公开答复50件、举报信访事项34件。办理2件行政复议答复，财政部均驳回申请人的复议申请。办理行政应诉6件，1件原告撤诉、5件胜诉。办理国家赔偿费用支付15笔，共计300余万元。撰写的《财政部门如何依法行使处罚管辖权》被中国财政杂志社评为优秀调研报告一等奖。

四、坚持党建引领铸魂，建强支部战斗堡垒

一是支部基础打牢夯实。开展"支部建设推进年"行动，年初召开专题组织生活会，着力转作风、抓落实、提质效。加强支部党建阵地建设，高质量打造党建活动室。突出政治理论学习，坚决落实"第一议题"制度。严格"三会一课"制度，全年分管厅领导、支部书记和其他支部成员讲党课9次，集中学习30余次。二是党建业务双融双促。处内开设"两讲平台"，举办税政法制课堂、读书会，周学月讲。组织到东山学院追寻毛主席求学足迹，赴陈树湘故居学习"断肠明志"的无限忠诚等，多渠道丰富党员教育活动。围绕"三大一提升"典型案例、"一树两严"等专题讨论10余次，支部党员把自己摆进去、把职责摆进去，以学促干。青年干部在写作竞赛、演讲比赛等活动中崭露头角，取得5项奖项。三是廉政建设常抓不懈。开展"党员家属齐畅谈 共创清廉好家风"座谈会，总结提炼支部清廉文化关键词。第一时间传达贯彻"两带头五整治"有关要求，全面开展自查自纠，分级做好谈心谈话，开展制度建设"大摸底"、未办结事项"大清查"、内控风险隐患"大排查"，不断完善防范廉政风险的长效机制。

[湖南省财政厅税政法规处（省财源办）供稿]

预算管理工作

2023年，预算处全面贯彻落实党的二十大精神，扎实开展学习贯彻习近平新时代中国特色社会主义思想主题教育，锚定"三高四新"美好蓝图，认真落实中央和省委、省政府工作部署，强化财政资源统筹，健全现代预算制度，着力保运转、保民生、保重点、守底线，推动高质量发展，被财政部评定为地方财政管理绩效考核先进单位。

一、着力提升积极财政政策效能，全力服务高质量发展

一是全力支持"三个高地"建设。统筹专项债券、专项资金、政府投资基金等各类财政资金，累计筹措1282亿元，助力全省"三个高地"建设取得新的积极成效。二是主动服务打好"发展六仗"。印发《服务打好"发展六仗"若干财政政策措施》，出台七方面25条措施，筹措4200亿元，确保"发展六仗"仗仗都有财力支撑。三是持续增进民生福祉。尽力而为，量力而行，持续加大重点民生投入，全年民生支出占比继续稳定在70%以上。筹措各类资金102亿元，支持做好疫情防控"乙类乙管"工作。省属高校基建资金增加到20亿元，支持高校教学、科研和生活配套设施提质扩容，持续提高本科录取率。安排113.5亿元，支持城乡低保、城乡居民医保、基本公共卫生服务、残疾人两项补贴等基本民生项目持续提标。扎实开展全省重点民生资金专项整治，围绕民生资金使用管理的真实性、合规性、有效性，全面清理查摆和整改存在的突出问题，切实发挥民生资金使用效益。

二、着力争资挖潜盘活，全力做好重大战略财力保障

一是积极争取中央支持。加强与中央汇报衔接，抢抓政策机遇，竭尽全力争取中央支持。全年争取中央转移支付超5100亿元，较上年全年同口径增加超580亿元，增长13%以上，其中财力性转移支付1932.7亿元，同口径增长18.5%；争取新增债券1730亿元，增加24亿元，为推动全省财政平稳运行发挥了重要作用。二是全力承接特别国债。第一时间向省委、省政府报告中央政策精神，会同省发改委和相关主管部门建立工作机制，积极组织市县财政部门抓紧梳理储备项目。目前，中央已分两批下达我省国债项目资金261.9亿元。三是进一步挖潜盘活。印发《关于压减一般性支出 进一步规范和加强预算管理的通知》，进一步落实落细过紧日子各项举措，2019年以来省直部门一般性支出预算压减31%。严格执行存量资金清理规定，2019年以来累计盘活存量资金308亿元，其中2023年当年盘活85亿元。开展节庆晚会论坛清理，对近5年省委、省政府或省直部门主（承）办的各类国际性、全国性论坛和研讨会等活动进行全面摸排，推动省委、省政府研究完善《湖南省论坛节庆展会运动会管理办法》。制定全省过紧日子压减支出筹措化债资金相关方案，支持全省地方债务风险积极稳妥化解。湖南省过紧日子相关经验做法获国务院办公厅和财政部推介。

三、着力兜牢兜实"三保"底线，全力推动县区财政平稳运行

一是推动完善制度机制。调整完善"三保"工作领导小组成员和职责分工，细化责任分工，凝聚工作合力。印发进一步做好基层"三保"工作有关通知，从规范预算管理、强化保障能力等四个方面制定15条举措。二是加大财力下沉力度。科学界定"三保"等重点支出范围，精准测算标准支出，全面衡量各地标准收支缺口，资金分配向困难地区倾斜；加大对人均可用财力水平低、财政运行风险高地区的倾斜支持力度。全年下达市县财力补助1370亿元，同比增长17.3%。三是持续评估县区财政运行风险。根据经常性财力、刚性支出需求等情况，对全省县区财政运行进行综合评估，划分为红、橙、黄、绿四个风险等级，并要求高风险县区"一县一策"制订支出管控方案，落实各项管控措施，对管控措施落实情况开展监测评价。四是系统开展基层"三保"调研和工作督导。赴长沙、怀化、浏阳、平江、湘阴等地，深入乡镇、园区、港口进行实地调研，深入分析全省县区财政运行情况，形成专题调研报告呈报省委、省政府和财政部参考，得到省委、省政府主要领导批示。对全省123个县区开展"三保"摸排，对部分市县开展重点核查；联合省委、省政府督查室、省审计厅赴14个市州开展专题督导，对部分困难县区开展实地核查调研。五是切实严肃财经纪律。严肃查处未及时足额编制"三保"预算、未优先保障"三保"支出、"三保"政策违规提标扩面等突出问题，对问题严重、整改不及时不到位的，采取约谈、扣减转移支付等问责措施，对代表性问题和典型案例进行通报，强化震慑作用。将"三保"保障情况纳入省对市县财政管理工作绩效考核与激励指标体系，对发现"三保"问题的市县予以扣分。

四、着力推进省以下财政体制改革，全力破解体制机制难题

一是精心部署改革任务。成立领导小组，组建工作专班，建立与部门、市县联络机制，协同联动推进改革。将中央改革要求细化分解成58项具体任务，明确时间表和任务图，对标对表研究改革举措。二是准确把握改革内涵。参与财政部体制改革专班，承担起草地方改革实施方案评估办法等专项工作。参加财政部调研座谈，与中部各省进行专题研讨，及时掌握中央最新要求及外省改革动态。三是科学拟订改革方案。与税务、人民银行等部门反复会商，赴7个市州开展实地调研，分片区召开市县财政部门座谈会，广泛听取意见诉求，深入分析研究问题，反复测算比较论证，完成省以下财政体制改革实施方案起草工作，征求相关部门和市县意见建议并修改完善。方案经财政部评估审核、省司法厅合法性和公平竞争审查，于2023年12月25日经省政府常务会议审议通过，将按程序提请印发实施。

五、着力健全现代预算制度，全力促进财政管理提质增效

一是强化中期财政规划管理。编印2023-2025年湖南省中期财政规划，加强财政经济形势研判分析，明确财政收支政策、保障重点和改革任务，加强风险防控，推动财政可持续发展。二是强化政府债务限额分配管理。出台《新增地方政府债务限额分配办法》，进一步规范新增地方政府债务限额分配，发挥政府债务资金对经济社会发展的积极作用，防范政府债务风险。三是强化预算执行管理。通过按月通报、一对一沟通、发函督办等方式，督促处室和部门切实加快预算执行进度。专题部署提前下达工作，要求处室和部门严格按照规定时限和比例下达2024年预算资金，提高年初预算细化程度，2024年中央资金提前下达比例较上年大幅提升。四是强化预算绩效管理。将预算绩效理念贯穿资金、资产、资源配置全过程，花钱必问效、无效必问责。强化绩效评价结果应用，根据省级专项资金三年整体绩效评价结果，扣减资金绩效偏低的环境保护与污染防治等专项2023年预算2400万元。继续开展省直部门预算管理绩效评价，据此扣回排名靠后的部门预算1450万元。五是强化预算业务规范管理。对标财政部2.0规范，结合全省实际，对预算管理一体化实施细则进行修订完善，进一步扩展一体化业务范围，完善工作流程、控制规则等。结合修订工作，以项目库管理、资产管理、预算指标核算等为突破口，深入推进预算管理一体化建设。六是强化预算公开管理。印发《进一步加强预决算公开工作的通知》，压实部门公开责任、细化公开内容、健全涉密审查机制、统一预决算公开渠道。结合预决算公开检查情况，进一步修订完善预算公开模板，指导省直部门和市县切实做好预算公开工作。在财政部2022年度预决算公开考核中，湖南省居第三位，连续4年排名全国前四，稳居中部第一位。

六、着力对标对表深学细悟，全力确保主题教育走深走实

以高度的政治自觉，扎实开展学习贯彻习近平新时代中国特色社会主义思想主题教育，将学习成效转化为坚定信念、锤炼党性和指导实践、推动工作的强大力量。一是强化思想引领。采取集中学习、专题读书班、个人自学等形式，原原本本读指定书目，深刻领悟习近平新时代中国特色社会主义思想的真理力量和实践伟力，切实增强政治认同、思想认同和情感认同。时任厅党组书记、厅长刘文杰利用周末时间率先给支部党员讲党课，要求学习好、贯彻好、实践好习近平新时代中国特色社会主义经济思想，同时，带领支部赴革命老区平江县与财政部挂职帮扶干部联合开展主题党日活动，学习先烈事迹，接受精神洗礼，赓续红色血脉，汲取奋进力量。二是突出成效转化。将调查研究贯穿主题教育始终，结合检视整改，抓好成果转化。针对个别地区"三保"保障不及时不到位问题，通过开展调研、组织摸排、加大补助力度、开展运行风险评估，完善监控措施等举措，筑牢夯实基层"三保"底线。针对部分市县政府外贷管理不规范的问题，研究制定《关于进一步规范政府主权外贷预算管理的通知》，这是湖南省首次出台此类文件，也是今后指导该项工作开展的纲领性文件。从制度层面有效解决当前政府外贷管理中计划申报不实、执行约束不严、信息传导不畅等突出问题，全面提升市县政府债务管理完整性、有效性。三是强化作风建设。开展"清廉处室"建设大讨论，结合处室职责，修订完善廉政风险清单。发放《亲·廉》家书，邀请党员家属走进支部，教育引导支部党员干部和家属恪守廉洁底线，培育良好家风。加强支部干部队伍建设，力争锤炼案无积卷、事不过夜的工作作风。不断提升干部综合业务技能，在厅机关青年干部公文材料写作竞赛中，4位同志获奖。积极服务人大代表政协委员，赴长沙市和九三学社湖南省委员会现场办理建议提案，面对面听取省人大代表、政协委员意见建议。牵头主办的《关于延长株洲市渌口区省直管县财政体制的建议》等2件建议（全厅入选4件）被省人大编入《"提得好办得好"建议》。

（湖南省财政厅预算处供稿）

财政国库管理工作

2023年，国库处（支付中心）坚持以习近平新时代中国特色社会主义思想为指导，深入学习贯彻党的二十大精神，坚决落实省委、省政府决策部署和厅党组工作安排，推动党建与业务同频共振、协同发展，各项工作取得阶段性成果。

一、坚持以主题教育为统领，在学思践悟中培根铸魂

始终把深入开展主题教育作为党建的首要政治任务，自觉增强"四个意识"，坚定"四个自信"，做到"两个维护"。

（一）以政治建设为"魂"，淬炼绝对忠诚的政治品格

一是大力推进主题教育。集中6天时间，各支委原汁原味领学《中国共产党党章》等8种书目，支部书记上党课1次、交流学习心得2次、专题研讨8次，引导党员干部做政治上的"明白人"。围绕财政收入组织、政府债券还本付息等5个重点难点问题，大兴调查研究，推动单位资金管理等4个调研成果转化为具体政策措施。二是全力落实"第一议题"。第一时间跟进学习习近平总书记的重要讲话和指示批示精神，全年通过"第一议题"学习重要讲话等80余篇。坚持用党的创新理论武装头脑、指导实践工作。比如，学习习近平总书记在国庆74周年招待会上强调"努力实现全年经济社会发展目标"的重要讲话精神后，立即赴常德市、长沙市等地开展专题调研，指导加强税收征管，为圆满完成全年目标下好"先手棋"。三是着力强化意识形态。加强意识形态教育，及时掌握干部特别是非党干部的思想动态，开展专题学习4次。牢牢把握意识形态的主导权，及时响应罚没收入相关网络舆情，分析近年罚没收入情况，提出措施建议，得到厅领导肯定批示。通过《湖南日报》、红网等网络平台宣传全省财政收入运行情况，唱响高质量发展好声音。

（二）以支部建设为"基"，打造坚实有力的战斗堡垒

一是加强制度执行。认真落实"三会一课""主题党日"、谈心谈话、组织生活会等制度，采取互动交流、榜样教育、亲身体验等形式，激发党员参与动力。共召开支委会18次、党员大会30余次、主题党日活动4次、支部书记上党课1次、谈心谈话40余次。二是加强联学联建。以"理论联学、支部联建、难题联解、发展联动"为宗旨，联合省税务局、省人行、长沙海关等相关处室，按季开展"财税库关"支部联学联建暨对账协调活动，建立齐心协力打好"经济发展主动仗"的党建新模式。三是加强队伍建设。通过轮岗锻炼、举办微党课、读书分享会等，对年轻干部"传帮带"，完善年轻干部培养机制。积极发展党员，2名成为正式党员、2名成为积极分子；周亮辉荣获省直单位2022年度"五一劳动奖章"。

（三）以廉政建设为"纲"，筑牢风险防范的安全屏障

一是涵养廉政文化。深入开展"清廉是什么"专题讨论，逢会必谈党风廉政，增强廉政意识，着力打造"廉洁自律有骨气、按章办事有底气"的国库铁军。二是推动廉政建设。邀请从事纪检工作的干部家属到处里分享反腐案例，交流家教家风心得体会；深入开展"两带头五整治"纠风防腐专项行动，大力推进清廉处室建设。开展廉政违纪违法警示教育10次、廉政谈心谈话12次。三是健全内控制度。定期排查处室廉政风险点，制

定省本级国库集中支付内控管理办法、内部控制操作规程、对账管理等5项内控制度，做到资金拨付三岗同审、日常账务三方同对、资金存放三人同管，用制度管人管权管事。

二、坚持以新发展理念为指引，在积极作为中强化责任担当

面对经济下行、预期转弱等多重压力，主动作为、迎难而上，以国库一域之光添彩财政全局。

（一）坚持目标导向，确保"稳""进"并举

一是圆满完成全年收入任务。面对疫情"疤痕效应"、房地产业持续下行、退税减税降费政策性减收等影响，时任厅党组书记、厅长刘文杰第一时间带队赴省税务局开展专题调研，创造性提出"调研分析、联合对账、信息共享"三项机制。全体厅领导靠前作战，分别带队赴14个市州开展专项督导。锚定全年收入目标，强化收入形势监测分析，实行一日一调度机制，圆满完成收入任务。全省地方收入完成3360.5亿元，增长8.3%，位于中部第三。其中，地方税收完成2208.5亿元，增长10.2%，位于中部第四；非税收入1152亿元，增长5%，占比34.3%，较上年同期下降1.1个百分点，财政收入实现"稳中有进、进中提质"。全年收入组织工作多次得到省委常委会、省政府常务会肯定，先后获得毛伟明省长肯定批示。二是切实履行省级"三保"兜底责任。厅领导亲自部署，积极向财政部争取，中央对我省财政资金留用比例上升12个百分点，省级库款保障能力显著增强。印发《湖南省财政厅关于进一步加强财政库款管理有关事项的通知》，规范市县库款运行和核算管理，强调"三保"支出保障要求和优先顺序。加大对"三保"支付存在风险的市县应急调度次数及规模。动态监控市县库款余额和保障系数，对管理风险点下发提示函，做到风险隐患早发现、早介入、早处置，全省未发生支付风险。三是稳步推进财政总会计制度改革。2023年全面实施新的《财政总会计制度》，全省统一核算系统、统一科目设置、统一记账规则，加强以收付实现制为基础的预算管理和以权责发生制为基础的财务管理，全面反映政府财政财务状况。改革推进中，积极指导市县总会计工作，先后培训全省国库业务骨干300余人。四是全面夯实国库各项工作。及时准确核算账务，按时保质编审报表，将锱铢必较放大到极致，做到"数经我手无差错"。完善人大预算联网工作对接机制，扩展数据联通范围、明确对接层级、优化传输方式，及时反馈监督专报8次，获得省人大肯定。制定《审计事项跟踪落实工作方案》，明确办理主体、工作流程和工作要求。顺利完成2022年度省级预算执行及其他财政收支审计整改工作，整改报告经省人大常委会审议通过，荣获"满意"评价。

（二）坚持问题导向，推进"破""立"结合

一是加强暂付款管控。建立暂付款消化激励机制，对成效显著的市县进行财力奖补。健全监测机制，对暂付款余额占支出比重超过5%且较年初上升的市县进行预警。目前，市县暂付款余额占支出比重控制在5%以内。制订省本级存量暂付款清理一揽子方案，通过盘活存量资产、安排国资预算资金、财政拨款抵扣等方式积极消化，2023年已按计划收回部分存量。湖南省暂付款管理工作在2023年全国国库工作会议上作典型经验交流。二是完善动态监控体系。对直达资金建立日提醒、周督促、月通报的动态监控机制，重点关注资金分配、支出进度和数据质量。对全省范围内违规高消费、违规使用"三公"经费等情况进行全流程监控。通过省本级预算执行动态监控，对国库集中支付跟踪问效，倒逼单位规范支付行为。三是强化单位资金监管。针对单位资金国库集中支付执行进度低，深入调研，加强数据分析，梳理业务流程，找准问题症结，出台《湖南省财政厅关于进一步加强单位资金预算管理的通知》，将单位资金纳入预算，打通盘活可统筹的部分。完善一体化系统中单位资金模块，根据收支余信息标识资金性质、指标接挂，实行国库集中支付。

（三）坚持守正创新，做到"严""实"相济

一是开展预算执行监督专项行动。研究制定《湖南省预算执行监督专项行动方案》，第一时间成立工作专班，并将专项行动纳入财政厅"绩效管理提升年"行动范畴。在财政部规则的基础上，增加符合全省实际的专项预警规则；将预警规则嵌入支付前审核环节，充分发挥监控系统纠偏作用，提升监测效果。湖南省预算执行监督专项行动获得财政部通报表扬。二是规范省级国库集中支付业务。为全面指导单位做好国库集中支付工作，结合一体化要求，出台《湖南省本级国库集中支付管理办法》，加强支付管理，提升资金效能。制定《湖南省省本级国库集中支付内控管理办法》，重点梳理国库集中支付风险点，织密省本级国库集中支付安全网。三是创新部门决算管理工作。出台湖南省首部《湖南省部门决算管理办法》，对决算各环节进行全面梳理和规范，对决算各主体的管理职能和具体工作予以明确，提出决算编制工作评价机制，填补了全省部门决算管理制度空白。实行部门决算分析评价机制，将结果反馈和运用到预算编制中。湖南省2022年度部门决算编制工作被财政部评为先进并在全国通报表扬。

［湖南省财政厅国库处（支付中心）供稿］

市县财政管理工作

2023年，面对严峻复杂形势，市县财政处党支部深入开展主题教育，认真贯彻落实党中央、省委省政府、厅党组决策部署，以市县财政基本保障规范可持续、基层财政运行管理科学高质量为主线，进一步提高政治站位，紧绷风险防范之弦，紧筑基层治理之基，紧抓队伍建设之要，全方位提高基层财政管理水平，切实指导基层兜牢兜实"三保"底线。

一、紧绷风险防范之弦，强基固本，有效指导市县兜牢"三保"底线

坚持以更严的约束性、更强的针对性、更高的敏锐性，指导市县夯实"三保"工作基础，提升财政管理质效，兜牢兜实"三保"底线。

（一）以更严的约束性，指导市县夯实"三保"工作基础

一是严格审核"三保"预算。继续按照全覆盖要求，督促全省123个县市区在预算草案提交同级人大初步审查前，报上级财政部门审核。同时，重点审核县市区一般公共预算收支平衡情况，国家、省级范围和标准"三保"保障情况，以及政府一般债券付息支出预算安排情况，对预算安排留有缺口的，要求其在报同级人大审查批准前调整完善预算草案。二是严格规范"三保"标识。督促指导各市县严格按照"三保"、预算管理一体化规范等相关要求，细化"三保"标识，从项目源头进行标识，做到前后贯通、上下衔接，提高一体化系统"三保"有关数据质量，确保一体化系统中年初预算和执行数据真实、准确、完整。三是严格落实"三保"支出。督促指导县市区加强管理，足额保障"三保"、政府性债务付息等刚性支出，并结合预算管理一体化系统中发现的有关"三保"预算编制问题，针对性指导各县市区提升"三保"管理水平。

（二）以更强的针对性，指导市县补齐财政管理短板

一是加强全过程指导。通过预算编制事前审核、财政运行监测、市县财政日常工作整体水平高质量评价等工作，进一步加强事前、事中、事后全过程指导，督促市县补短板、锻长板，提高财政管理综合水平，夯实"三保"工作基础。二是开展全范围督导。聚焦重要时点、重点领域、重要问题，实施全面督导。先后3次组织基层"三保"全面摸排和专项整治，配合省委督查室开展全省基层"三保"督导调研，进一步摸清底数，压实责任。省委书记沈晓明批示，"'三保'是政治任务，务必做到确保"；省委副书记、省长毛伟明批示，"研透原因、抓好整改、完善机制、严肃纪律"。组织召开全省做好基层"三保"工作视频会议，厅党组书记、厅长刘文杰出席会议并讲话，要求全省各级财政部门聚焦突出问题和关键环节，拿出切实管用的硬措施，牢牢守住"三保"底线。聚焦岁末年初关键时点，逐日调度各县市区"三保"保障情况，指导及时发现、处置问题。三是强化全方位评价。健全市县财政日常工作整体水平高质量评价机制，在党建工作、业务工作、财政法治、机关精神文明建设、队伍建设、严肃财经纪律等方面持续充实、完善评价内容，评价结果运用于对市县相关财力性转移支付的测算分配，促进市县财政提高管理水平。

（三）以更高的敏锐性，指导市县财政安全稳健运行

一是健全监测机制。依托预算管理一体化系统，建设县级财政运行监测系统，动态监测县级财政运行情况，重点关注基本工资及津补贴、绩效奖金等支出进度明显偏慢的县市区，根据监测情况及时预警提示。二是加强智能监测。强化全方位监测，设置预算编制、预算执行、决算、库款保障、财力评估等5个模块22类41项指标，并动态完善监测指标体系，健全智能化自动化监测机制。强化大数据分析，根据监测指标触发预警的情况，分析县市区财政运行风险的严重程度，分档排序。强化高效率预警，根据监测分析结果，系统自动生成监测报告和提示县市区、关注市州名单。强化点面结合，综合日常掌握的问题线索，对风险较高的地区予以预警提示，不定期进行实地核查，点对点指导。三是强化结果运用。及时将监测情况向厅领导报告，并与厅内各处室、单位共享，共同研究防范化解举措，加大对相关县市区的指导、支持力度。重点对县市区总体预警程度高的地区进行专门分析，研究对策建议，有力督导防范化解风险。同时，根据监测情况及县市区财力水平，配合开展市县重大政府投资项目资金来源评估论证省级复核工作，提高市县重大政府投资项目决策风险防控水平。

二、紧筑基层治理之基，优化创新，着力提升乡村财政财务管理效能

注重抓基层、打基础、推改革、强创新，系统谋划，综合施策，不断提高乡镇财政科学化精细化管理水平，提升乡村财政财务管理效能。

（一）坚持系统谋划，持续夯实乡镇财政管理基础

一是深度开展乡镇财政管理工作调研。根据厅党组"系统大调研"的部署，赴湘潭、邵阳等市县及所辖乡镇，就乡镇财政管理情况开展调研，提交的调研报告获评2023年度"系统大调研"厅机关优秀调研报告。调研聚焦乡镇财政运行保障、资金监管、机构队伍建设等堵点难点，客观分析现状，聚焦短板弱项，剖析问题原因，提出了加强干部队伍建设、深化管理改革、强化资金监管、增强保障能力等对策建议。二是打造管理样板引领示范。采取乡镇申报、县级评估、市级评价、省级复核的程序，在全省范围内指导支持78个财政所创建"标兵"财政所、114个财政所创建"先进"财政所，安排奖补资金2082万元开展表彰和激励，形成创先争优良好氛围。安排乡镇财政省级监管补助资金5131万元，支持市县加强乡镇财政管理和监督，进一步强化责任、夯实基础。三是配合开展乡镇财政干部培训。将"综合大培训"和"干部大讨论"相结合，先后配合组织两期全省财政所长培训班，完成480名财政所长和54名西藏山南市、新疆吐鲁番市两地财政系统人员现场轮训，并指导市县乡有序组织相关干部同步参与线上培训。通过培训，提升财政所长思想政治、业务工作、廉政为民等综合能力；通过讨论，客观分析当前乡镇财政管理现状，交流先进经验，收集意见建议，明确工作思路。将相关意见建议梳理分解，跟进解决落实情况，强化闭环管理。四是完善乡镇财政绩效管理评价体系。按照"绩效管理提升年"的部署，强化高质量内涵式发展理念，深度完善市县乡三级乡镇财政管理绩效评价体系。对县级的评价指标由38项细化完善至47项。对市县乡2023年度乡镇财政管理工作开展分层次、分等级绩效评价。其中，3个市州财政局、14个县市区财政局、385个财政所被评为A级。

（二）坚持攻坚克难，持续加强惠民惠农财政补贴资金发放管理

深入查找补贴发放管理存在的短板不足，采取果断措施堵漏洞、建机制、防风险。一是推动阳光审批系统上线运行。针对补贴对象资格审核、基础数据采集等环节中存在的问题隐患，通过印发实施方案，召开全省专题视频会议，定期通报进展，实地督导调研等工作，加快推进阳光审批系统在全省上线运行。通过强化源头管理，实现审批流程、进度及结果全程透明、公开、可见，打通部门间数据壁垒，采取大数据比对全面核查补贴基础信息，有效促进补贴对象精准识别、补贴资金精准发放。截至12月底，全省已通过阳光审批系统成功发放耕地地力保护补贴等89个补贴项目。二是清理公布补贴政策清单。按照"谁主管，谁负责"的原则，组织开展2023年度惠民惠农财政补贴政策项目清理整合。全省补贴政策整合为205项，补贴发放项目整合为220个，并形成"一县一清单"，按规定在"互联网+监督"平台、财政厅门户网站及时公开。同时，在"一卡通"系统数据录入环节，增设相关预警提示等功能，对异常数据进行弹窗预警提示，提示业务主管部门做好预警数据的核实处理工作，有效降低补贴发放风险。三是及时自查自纠完善制度。组织全省各市县全面自查惠农补贴资金管理中存在的各类问题，督促各地及时将相关问题全部整改落实到位。配合银保监会湖南监管局印发文件，进一步规范惠农补贴"一卡通"银行卡折管理和代发工作。

（三）坚持质效并重，持续强化村级组织运转保障资金监管

一是健全工作机制。严格落实省委"1+5"文件全面加强基层建设要求，加强村级组织运转保障补助资金监管，健全以财政投入为主的村级组织运转经费保障机制。先后两次组织对全省县市区村级组织运转经费保障政策制定落实及保障情况进行调研，并向财政部报送相关情况及意见建议。二是加强资金监管。针对性修订完善资金管理办法，细化资金分配测算方法，提升资金分配的科学性；进一步完善资金使用管理、监督考核等措施，指导县市区加强村级组织运转保障资金监管，严格落实各项保障政策和标准。三是强化激励约束。省财政安排村级组织运转保障奖励资金7135万元，对经费落实到位、保障力度大的县市区给予奖励；对降低保障标准、经费保障不到位的，相应扣减资金，引导市县做好村级组织运转保障工作。

三、紧抓队伍建设之要，勠力同心，充分发挥支部战斗堡垒作用

坚持以政治强促业务精，通过持续深入开展主题教育，强化队伍建设，不断巩固提升支部凝聚力、战斗力、创造力。

（一）持续抓好思想建设，全力推动学习贯彻习近平新时代中国特色社会主义思想主题教育走实走深

一是提高学的质量。围绕党章、党的二十大报告、《习近平著作选读》和习近平总书记重要讲话重要指示批示精神等主要内容，扎实开展支部学习。将集中学和自主学相结合，精心组织支部主题教育集体学习、专题研讨，常态化开展支部主题教育读书班，引导鼓励支部党员干部分享学习心得。二是抓住思的精髓。严格落实"三大一提升"各项部署要求，结合学习习近平总书记关于湖南工作的重要讲话和指示批示精神，全年共组织支部专题学习研讨10余次。深入开展全省基层"三保"督导调研、乡镇财政管理调研，集智聚力，攻坚克难，相关成果通过厅"务实谋良策 聚力促发展"处级干部调研成果交流分享会等平台进行展示。三是做好悟的文章。支部书记苏知立通过党课《以习近平新时代中国特色社会主义思想为指引 全力夯实基层财政平稳运行基石》，深入剖析当前基层财政运行形势，研究应对各种风险挑战。联合省委改革办改革一处党支部，赴湖南第一师范学院围绕"以学正风"主题开展共建，支部内部广泛兴起好学、务实、清廉之风。

（二）持续抓好组织建设，全力做实党建与业务深度融合

一是强化融合共促。积极创建政治功能强、支部班子强、党员队伍强、作用发挥强的"四强"党支部，推进党建和业务深度融合，充分发挥政治引领、督促落实、监督保障作用，做到党建和业务同部署、同落实，高标准完成各项中心工作和日常工作。二是抓实自我检视。坚持问题导向，认真组织查摆问题，深入剖析原因，应改尽改，立行立改。针对县区财政运行困难，改革监测方式，提升监测效率；针对乡镇财政所干部综合素养和履职能力提升的迫切需求，详细制订培训计划，精心挑选培训内容，通过大培训大讨论全面提升财政所干部履职能力。三是细化制度建设。落实党内民主制度，保障党员权利，激励党员发挥先锋模范作用，主动担当作为，保持"越是艰险越向前"的劲头。搭建支部学习交流平台，建立周交流机制，邀请厅办公室（政研室）专家讲授公文写作方法与经验，组织党员干部每周自学数篇优秀党建或业务材料，做好摘录分享，着力提升全处同志公文写作等综合能力。

（三）持续抓好作风建设，全力营造风清气正支部氛围

一是强化主体责任。坚持把落实管党治党责任作为重大政治任务，认真落实党风廉政建设主体责任，深入贯彻落实中央八项规定及省委实施细则精神。加强教育引导，切实提高支部党员党性修养，自觉抵制不良风气侵蚀。二是完善长效机制。组织支部经常性开展警示教育，对照典型案例深入剖析，查找不足，做到以案释纪、以案促改，举一反三，切实加强风险防控。严格落实节约型机关常态化建设要求，开展勤俭节约反对浪费教育，坚决制止浪费行为，把过"紧日子"要求落到实处。三是营造廉洁氛围。深入挖掘优秀传统文化、湖湘财政文化中的廉洁基因，通过"家属进支部 共倡廉洁风""财政干部大家谈 清廉是什么"等廉政交流活动，营造清廉风尚、风清气正的支部氛围。加强清廉建设，打造风清气正的政治生态，全力保障党员干部和财政资金"两个安全"。

（湖南省财政厅市县财政处供稿）

行政财政财务管理工作

2023年是全面贯彻党的二十大精神的开局之年，也是财政工作攻坚克难、稳中求进的一年。在厅党组的坚强领导和各兄弟处室的大力支持下，行政处全体同志以"四化两提升"为主线，一手抓党建工作常态化，提升政治引领力；一手抓财政行政管理规范化、精细化、科学化，提升财政治理效能，在各项工作中取得了较好成效。

一、立足"三个结合"，推动党建工作常态化

一是主题教育与作风建设相结合。狠抓党建引领，落实"一岗双责"，抓住干事创业、为民服务、廉洁自律三个着力点，推动作风建设走深走实。4月份，与省直纪工委党支部联合开展了"以学铸魂践忠诚 筑牢理想信念再出发"交流研讨活动，激发干事创业精气神。11月中旬，与省税务局财务处党支部共同举办"坚持和发展新时代'枫桥经验'"专题讨论会，交流践行宗旨、服务基层和群众的工作体会。组织"廉政教育月"活动，观看警示教育片，赴韶山参观"胜利的密码——毛泽东与反腐倡廉"专题展。召开组织生活会，做好反思剖析、查找差距、落实整改等工作，形成担当作为、风清气正的良好氛围。

二是主题教育与能力建设相结合。抓理论学习常态化，创新学习形式，丰富学习内容，提升能力素质。建立"主题教育专题学+支部研讨学+个人自学"机制，系统学习"八必读""六选读"书目，第一时间传达学习重要会议和讲话精神。用好党课这一重要载体，支部书记讲《牢记"三个务必" 走好新时代赶考之路》专题党课，利用每周一集中学习时间组织讲微党课，结合主题党日活动聆听《湖南共产党人的初心和使命》等主题党课。认真总结支部建设好的做法和经验，完成了《提升财政系统党支部组织力的实践路径研究》课题，并上报省直工委。

三是主题教育与业务工作相结合。坚持主题教育与业务工作同谋划、同部署、同推进，以党建引领和推动业务工作，以业务工作实绩检验党建工作效果。运用习近平新时代中国特色社会主义思想及贯穿其中的立场观点方法指导财政行政工作实践，积极主动开展前瞻性思考、全局性谋划和系统性调研，促进业务工作提质增效。

二、围绕三块制度建设，推动财政管理规范化

一是完善支出标准体系。修订会议费管理办法。从规范线上会议管理、精简会议活动、严控会议费支出等方面明确了规范和加强省直机关会议费管理的政策措施，增强制度约束力和可操作性。出台评审费管理办法。针对聘请评审专家支出无据可依的问题，研究制定了《湖

南省省级评审专家劳务费管理办法》，建立标准科学、规范透明的管理制度。开展完善公务支出管理制度专题调研。调研提出了调整伙食补助费具体标准、明确采用自驾和网约车方式公务出行的报销规定等17条修订意见，并在财政部专题会议上发言。

二是规范专项资金管理。研究修订了人才发展、市场监督管理、妇女儿童发展、少数民族发展、药品监督管理5个专项资金管理办法。2018年机构改革后，原工商行政管理、质量技术监督等多个专项合并为市场监督管理专项资金，过渡期内一直存在处室切块分配、未实质性整合的问题。我们积极与省市场监管局对接，将40余个支出方向整合为市场监督管理、质量抽查与检验等5个支出方向，彻底打破了条块式分配格局，解决了资金分配"撒胡椒面"的问题，提升了资金管理水平和使用效益。

三是研究编外用人管理政策。近年来，我省编外人员规模大、财政负担重、日常管理失范等问题日益突出。7月份，晓明书记主持召开专题会议，要求加强顶层设计，构建编外用人管理"1+N"政策体系。我们迅速组织对623家省直单位开展调查摸底，全面掌握编外人员数量、支出情况，会同省委编办、省人社厅多次研究，并向市县书面征求意见，形成了《湖南省省直机关编外用人人员经费管理办法》代拟稿，从预算管理、收支管理、监督管理等方面进行了统一规范；明确人员经费实行员额和标准双重管控，编列基本支出；建立跨部门信息共享机制，实行全口径、全流程管理。

三、夯实三项基础工作，推动财政管理精细化

一是做好调研走访工作。根据厅党组"系统大调研"要求，确定了处室重点调研课题和若干专项调研课题，形成了《关于推动我省专利转化效率提升的研究》《大学生志愿服务西部计划实施情况调查》等调研成果。赴部门单位开展调查走访，全年达到60余次。在省委机关医院改革初期，我们主动上门宣讲政策，积极出谋划策，提出可行性建议，推动改革在1个月内迅速完成。

二是抓实部门预算基础工作。全面整理38家部门预算单位基本情况、近三年收支及新增项目情况，建立综合统计分析台账，动态反映各单位财政保障水平差异，为预算精细化管理提供数据支撑。完善预算支出分析报告制度，每个月通报一次进度情况，督促单位按进度均衡使用资金，减少资金在国库的滞留和年终结转。

三是加强内控工作。梳理业务工作流程，针对行政基建、乡镇"六小"建设等重点领域，资金分配和监管等关键环节确定内控风险点，完善处室内控规程，确定风险防控措施。坚持用制度管人，用制度管事，强化责任落实，重要事项实行集体决策，确保干部政治生命和财政资金"两个安全"。

四、坚持"三个聚焦"，推动财政管理科学化

一是聚焦治理能力提升。着力保障政权建设，支持人大政府政协领导班子换届工作，保障省直集中办公大院稳定运行，保障部门单位正常履职需要，支持乡村政权组织建设。支持构建高效监督体系，安排金审三期建设经费1.35亿元，新增纪检监察和巡视经费6691万元。支持社会治理体系创新，支持少数民族、妇女儿童发展等工作，启动大学生志愿服务"芙蓉花开"地方项目。

二是聚焦经济社会高质量发展。支持人才强省和科技创新，制定引才计划专家财政补贴政策及资金分担方案，支持国家级知识产权保护中心建设、高校知识产权运营能力提升等工作。支持质量强省，安排质量强省工作经费1亿元，省食品药品检验检测基地建设经费5509万元和国家标准检验检测仪器设备经费3000万元。支持开展第五次全国经济普查，安排普查工作经费7905万元，全面摸排湖南经济"家底"。

三是聚焦历史遗留问题。为落实省委、省政府关于盘活"三资"决策部署，解决原接待基地建设项目——芙蓉山庄2416亩土地长期闲置问题，我们根据"依法推进、挖潜盘活、防范风险"的原则，提出了项目用地处置盘活利用一揽子方案，报批后实施。目前，该地块已正式划拨省财信金控开展公益项目建设，遗留问题得到了妥善解决。对于因纳入超概算责任追究和整改范畴，导致长期停工且无法安排后续资金的39个省以下法检两院基建项目，我们主动衔接省发改委、省纪委监委等部门，提出"分类分批推进调概"的建议，有效推动了工作。省发改委将于近期正式启动调概程序，我们将持续关注进展情况，确保调概完成后及时安排后续资金，推进项目建设。

（湖南省财政厅行政处供稿）

政法财政财务管理工作

2023年，政法处认真贯彻落实党中央和省委、省政府的有关决策部署，聚焦"绩效管理提升年"行动，积极施为、不辱使命，不断加强党建引领、深化政法改革、提升财政保障能力、强化绩效管理，各方面取得了显著

成效，有力助推平安法治湖南建设。2023年度财政部对湖南政法资金绩效考核为"优秀"等次，中央政法转移支付在全国增量靠前。

一、加强保障优服务

（一）加强系统性重点项目经费保障

一是支持系统性信息化建设项目。统筹资金支持法院系统国产化替代工程，提升网络信息安全性；支持检察院检察公开听证室、检委会子系统、档案数字化等系统性项目建设；支持公安系统大数据建设等项目，全面提升维护国家安全和社会稳定能力。二是强化业务经费保障。新增经费支持法院系统诉源治理工作，从源头上化解纠纷矛盾，提升案件审判质效；支持法检系统维修改造项目，改善办公环境，消除安全隐患。

（二）加强重大专项工作服务保障

一是支持反恐国保工作。从年初预算和转移支付资金中统筹安排资金支持反恐国保专项工作，全面贯彻落实总体国家安全观。二是支持"利剑护蕾"专项行动。围绕省委决策部署，安排专项经费推动专项行动向纵深发展，助力全省未成年人犯罪总体高发态势的有效遏制。三是支持禁毒人民战争。加强禁毒基础设施建设和装备建设，加大对毒品严重地区的资金倾斜力度，满足禁毒工作实际需要。指导督促市县财政充分认识禁毒工作的紧迫性和重要性，牢固树立禁毒思想意识防线。四是支持交通安全顽瘴痼疾整治工作。积极履行成员单位职责，每年安排整治办专项经费用于交通顽瘴痼疾整治工作，配合做好"冬季攻势"等专项活动。

（三）助力司法行政建设

为深入推进法治乡村建设，扎实开展"送法下乡"和民主法治村创建，培养乡村"法律明白人"，积极助力司法行政建设。一是深入调研开思路。会同省司法厅开展"法治乡村建设经费保障"专题调研，形成《关于乡村振兴背景下财政支持法治乡村建设的研究》，提出探索法治乡村建设领域事权划分、加大法治乡村建设专项经费投入和探索司法行政领域资金整合等具体思路。二是加大投入稳保障。投入法治资金，用于重点保障法律援助、社区矫正、人民调解、基层司法所建设等方面。财政助力法治乡村建设，打造出社区矫治"湖南标准"、法治乡村建设"湖南典型"两张亮丽名片。

二、深化改革出实效

（一）深化省以下法检两院统管改革

一是落实党中央关于深化司法体制改革的相关要求，出台湖南省政法机关刑事诉讼省级自办案件涉案财物集中统一管理有关文件，建立省级自办案件跨部门涉案财物集中管理机制，提高涉案财物处置效益。二是理顺预算管理体制。商省高院、省检察院后出台文件，明确全省法院、检察院系统实行三级部门预算管理。省两院为省级财政一级预算单位，市州两院为省两院二级预算单位，县市区两院及市州检察院的派出机构为三级预算单位，充分发挥两院系统管理职责，提升管理质效。

（二）深化监狱体制改革

一是按照省委、省政府相关要求，积极推动六个市州监狱全面收归省级直管工作，形成基数划转方案，已呈报省政府审定。二是推动三个省直戒毒所整建制划转省直监狱单位，积极配合省司法厅等相关部门，完成基数和资产划转、财政信息变更等基础工作，一定程度上缓解监狱超押问题。

（三）深化其他领域体制改革

一是按照相关改革实施方案，做好过渡期内国安机关的经费保障工作。二是全面整合国防补助资金，落实国防教育和国防动员等地方事权支出责任。三是扎实做好公安领域相关改革工作，继续支持做好森林公安体制调整改革，完善经费保障机制。

三、统筹协调抓"开源"

（一）规范收入征管

积极做好公检法涉案罚没收入、诉讼费、监狱劳动补偿费的征管工作，通过完善制度、宣传督导、重大事项一事一议等办法督促各单位应收尽收、应缴尽缴。2023年，完善刑事案件罚没收入上缴与管理相关操作细则并开展视频培训，推动罚没收入规范缴管。推动省直监狱系统劳动补偿费上缴工作，近年来上缴财政规模日渐增长。

（二）加力盘活三资

充分运用审计成果，督促对口单位摸清家底，盘活存量资金。2023年，全省法检两院审计专项调查指出自有资金应上缴省级财政，根据整改要求，省高院本级及二级单位、省检察院本级及二级单位按要求上缴自有资金，检察院还主动申请将网络建设项目结余资金收回财政，统筹使用。已将现有利用率不高的白泥湖强戒所、白泥湖康复所和白马垅强戒所划转监狱系统，有效节约财政资金。

（三）积极向上争资

积极承接财政部课题研究，深入基层开展调查研究，形成5个高质量调研报告，得到财政部行政政法司的高度认可。同时联合省直部门，通过争取改革试点、支部共建、定期汇报等多种形式，积极争取中央政法转移支付资金倾斜支持。

四、加强管理促提升

（一）加强标准化建设

一是出台监狱保障标准，解决省直监狱系统长期以来反映的保障标准过低、收支矛盾突出等问题，有效提升了全省监狱系统保障水平。二是联合省高院出台人民法庭基本业务装备配备、法院系统档案数字化服务、法院邮政集约送达服务等重点装备及服务支出标准，提升法院项目经费测算的精准性和财政审核的工作效率。三是联合省司法厅印发《湖南省人民监督员履职经费管理办法》，规范人民监督员履职经费保障标准。

（二）强化绩效管理

严格按照"绩效管理提升年"行动方案，多措并举，提升综合绩效。一是对"一村一辅警"省级财政补助政策实施情况开展绩效评估,确定补助政策标准不变、范围不变,再延长三年。二是对2018-2022年度省级政法预算单位信息化建设项目资金的管理和使用情况开展绩效评估,形成调研报告,分析省级财政预算单位信息化建设中存在的主要问题及原因,提出对策建议,为下年度预算安排提供参考依据。三是选取省高院档案系统升级项目开展事前绩效评估,会同省高院研究制定事前绩效评估实施细则,为政法单位全面实施绩效管理奠定良好基础。四是制定出台湖南省法检预算管理绩效评价办法,为促进法检两院单位预算管理水平提供制度保障。

(三)优化资金管理

按照"倾斜欠发达地区、突出基层基础、保持适度增长"的原则,会同省公安厅研究调整中央与省级转移支付中公安资金因素法分配方案,重新调整因素权重后测算各地资金。

五、聚焦党建强引领

(一)深化主题教育

认真学习领会党中央、省委、省政府及厅党组关于深入开展学习贯彻习近平新时代中国特色社会主义思想主题教育相关要求,推进主题教育走深走实。制定完善《主题教育工作任务推进表》,落实落细各项工作任务。严格落实"第一议题"要求,坚持支部周学,研究制定学习计划方案,采取集中学习、共同研讨为主和个人自学、分头讨论为辅的方式,推动主题教育入脑入心。

(二)强化组织生活

严格落实"三会一课"制度,结合"一月一课一实践"活动,加强党员管理和教育,提高思想觉悟和行动自觉。扎实开展"双述双评",不搞形式、不走过场。积极联合厅内处室、政法单位开展支部共建活动,凝聚党建合力,形成了党建与业务深度融合的良性循环。

(三)狠抓作风建设

严格执行"三重一大"事项决策机制和重大决策程序规定,坚持民主集中制原则,把纪律和规矩挺在前面。制定完善《落实全面从严治党主体责任清单》《意识形态工作责任制清单》《廉政风险清单》等,进一步建立健全廉政风险防控机制,切实增强党员干部的廉洁自律意识。严格落实厅机关纪委"廉政教育月"要求,认真组织开展"考勤打卡月"活动,组织观看廉政警示教育片,持续深入开展廉政教育。扎实开展廉政谈话,每逢元旦、春节、端午、中秋等重大节假日前夕,做好廉政监督提醒。

(湖南省财政厅政法处供稿)

科教财政财务管理工作

2023年,财政科教工作坚持以习近平新时代中国特色社会主义思想为指导,深入贯彻落实党的二十大精神,在厅党组的正确领导下,锚定"三高四新"美好蓝图,加强资金资源统筹,调整优化支出结构,认真落实财政教育投入"两个只增不减"与财政科技投入"只增不减"要求,大力实施科教兴国战略、人才强国战略、创新驱动发展战略,坚持教育、科技、人才一体有力推进,着力打造具有核心竞争力的科技创新高地,努力办好新时代人民满意教育。

一、全力支持打造具有核心竞争力的科技创新高地

坚持创新在现代化建设全局中的核心地位,锚定打造具有核心竞争力的科技创新高地目标,完善财政科技政策体系,聚力支持打好科技创新攻坚仗,健全财政科技资金保障机制,不断提高财政科技资金绩效。

(一)支持科技创新平台建设

一是全力推动"4+4科创工程"建设。加强资金资产资源多元投入统筹,通过新增预算安排、统筹存量资金、争取社会资本等方式共同筹集建设资金。截至目前,省财政安排"4+4科创工程"建设资金超34亿元(其中2023年安排22.89亿元)。牵头研究提出《岳麓山实验室建设资金筹措方案》,已按程序报省政府审定。为加快推动实验室实体化运行,支持岳麓山实验室、岳麓山工业创新中心(实验室)、湘江实验室、芙蓉实验室作为省级财政非预算单位管理,支持岳麓山实验室仪器设备采购纳入省级政府采购管理。探索建立运行经费稳定支持机制,拟按照不超过实际运行经费的一定比例给予稳定支持。二是支持国家级科技创新平台建设。2023年省财政安排全国重点实验室、省部共建国家重点实验室、技术创新中心、郴州国家可持续发展议程创新示范区等国家级科技创新平台建设资金3.33亿元,支持国家级科技创新平台加强科研创新能力。三是支持科技创新高地标志性工程。加强财政政策与科技、产业、金融、人才、税收等政策统筹,省市县区联动投入,加强政策研究,大力推进长株潭国家自主创新示范区、"4+4科创工程"、湘江科学城、长沙全球研发中心、科技赋能文化产业创新发展等科技创新高地标志性工程建设。

（二）持续支持关键核心技术攻关与基础研究

一是持续支持"十大技术攻关项目"。2021-2023年，省财政安排"十大技术攻关项目"资金3.17亿元（2021年安排1.23亿元，2022年安排0.94亿元，2023年安排1亿元），带动社会资本投入超35亿元，支持在杂交水稻、新材料、自主可控计算机、新一代轨道交通等重点领域实施"十大技术攻关项目"。二是支持重点研发计划项目。2023年省财政安排国家及省重点研发计划项目资金2.3亿元，支持加强前沿性、引领性和关键共性技术攻关，提升科技创新支撑引领作用。三是完善"揭榜挂帅"实施机制。聚焦制约全省现代化产业体系中最紧迫的"卡脖子"重大技术难题，遴选部分科技重大专项按照"揭榜挂帅"方式组织实施。2023年，省财政安排"揭榜挂帅"制项目资金0.34亿元，支持在生命健康等民生领域公益性技术攻关和重点基础前沿领域实施重大科技攻关"揭榜挂帅"制项目。四是支持开展基础研究。2023年，省财政安排国家自然科学基金区域（湖南）联合基金项目、省自然科学基金项目资金2.5亿元。支持做优做强省自然科学基金联合基金，引导市州、省直部门和企业加大基础研究投入。

（三）强化企业科技创新主体地位

一是贯彻落实《湖南省财政支持企业科技创新若干政策措施》。年初预算新增安排4亿元用于贯彻落实《湖南省财政支持企业科技创新若干政策措施》，推动创新链、产业链、政策链、资金链深度融合，加强财政政策与科技、金融、人才、政府采购、税收等政策统筹，促进各类创新要素向企业集聚。二是持续实施企业研发奖补政策。完善修订《湖南省企业研发财政奖补办法》，实施企业研发财政分类奖补政策，依据企业较上年度新增享受研发费用加计扣除部分的12%、8%分类给予补助。2023年兑现企业研发奖补资金8.05亿元，引导1035家企业增加研发费用投入99.8亿元。三是推进科技型企业知识价值信用贷款风险补偿改革。由省与试点区域按1∶1比例设立风险补偿资金，引导银行按知识价值评价结果为科技型企业先期授信、按需放贷。2022-2023年，省财政安排省级风险补偿资金6000万元（其中2023年安排1000万元），引导市州累计安排风险补偿资金超8亿元。支持在湘江新区开展企业库扩容试点以及将开展跨境融资业务企业纳入知识价值信用贷款风补范围。2023年，为6500余家次科技型企业发放纯信用贷款超177亿元，助力科技型企业纾困解难、提质增效。

（四）突出支持人才第一资源

一是支持实施"三尖"创新人才项目。坚持人才、项目、平台、政策一体化配置，2023年省财政安排"三尖"创新人才项目资金1.21亿元，打造高层次科技人才队伍。二是支持开展"小荷"人才项目。2023年省财政预算新增安排"小荷"人才经费300万元。2023年省财政安排科技人才托举工程1580万元。三是支持科研经费放管服改革。扩大经费包干制实施范围，在新立项的省自然科学基金类、湖湘青年科技创新人才和科技领军人才类项目中推行经费包干制，不再编制项目预算，实行经费使用"负面清单"管理。加强人才激励，支持新立项的科技创新人才项目经费最高可按20%对个人生活进行补助（重大人才项目按协议确定）。

（五）深化财政科技管理体制机制改革

一是完善科技成果转化体系。落实沈晓明书记有关批示要求，开展高校科研院所科研体制改革调研，拟适时研究出台支持高校、科研院所科研体制改革政策措施，加快科技成果转化与在湘产业化。二是支持科研院所预算管理体系调整。理顺科研院所发展体制机制，支持省林科院、省植物园、省电子信息产业研究院等科研院所调整预算管理体制，回归原行管部门。三是助力构建新型科技创新体制机制。紧密跟踪、坚决贯彻党和国家机构改革关于科技委、科技部职能改革与调整，加强党对科技工作的集中统一领导，健全新型举国体制，统筹推进创新体系建设和科技体制改革。四是支持修订出台《湖南省科学技术进步条例》，明确对国家认定的科技创新产品的研发者和首次应用者，分别给予不高于科技创新产品首台套销售价款百分之五十的奖励；相关产品投保综合创新保险的，给予一定的保费补助。

二、奋力推进高质量教育体系建设

坚持教育优先发展，落实财政教育投入"两个只增不减"要求，着力推进高质量教育发展。

（一）支持学前教育普及普惠发展

安排资金10.67亿元，重点推进空白乡镇公办幼儿园、城镇小区配套园建设，确保每个乡镇至少建设一所公办幼儿园。安排学前教育生均公用经费5.69亿元，按照生均500元的标准为公办园和完全达标的普惠性民办园提供经费保障。

（二）加快推进义务教育优质均衡和城乡一体化

将义务教育公用经费基准定额提高到小学720元/年、初中940元/年，在此基础上，对寄宿制学校所需资金按寄宿生年生均400元标准增加公用经费，中央及省级安排资金约66.94亿元。统筹资金约25.72亿元，推进实施义务教育薄弱环节改善与能力提升工程、乡镇寄宿制学校和小规模学校建设等。落实沈晓明书记批示指示精神，支持开展全省中小学生"我的韶山行"红色研学活动，安排资金0.52亿元，对研学交通、食宿、运行等费用，韶山学校思政教育研学实践营地建设运行等给予经费保障。安排资金0.1亿元，支持开展课后服务科技"双走进"工作，支持20个县市区开展科普教育"双走进"试点，在教育"双减"中做好科学教育加法。

（三）推动普通高中多样化、高质量发展

落实2023年省政府重点民生实事项目，省财政2023-2024年拟安排资金23亿元支持100所县域普通高中"徐特立"项目建设，其中2023年已安排10亿元，支持补齐县域普通高中短板，扩大优质普通高中资源。落实沈

晓明书记、毛伟明省长批示精神，支持长沙市一中湘江新区新校区建设，省财政按照建设成本概算金额的25%分担补助，预计安排资金约1.34亿元，2023年已预安排启动建设资金0.1亿元。安排普通高中生均公用经费6.48亿元，全面提升普通高中教育质量。

（四）支持职业教育差异化生均拨款试点与管理体制调整

作为全国6个改革试点省份之一，探索开展基于专业大类的职业教育差异化生均拨款制度试点，并在财政部、教育部于厦门召开的试点工作培训会上作唯一典型发言，在财政部于杭州召开的改革试点中期座谈会上作工作发言。对省属职业院校和技工学校开展专业大类培养成本调研，根据生均培养成本制定19个职业教育专业大类、14个技工教育专业大类的生均拨款差异化系数，以1.0为基准从低到高明确分为三档（1.0、1.2、1.4），并根据产业适应性予以调整，对于与"4×4产业体系"契合的专业大类，可上调一档，初步形成以生均培养成本（40%）、产业区域适应性（10%）、办学水平（30%）、改革绩效（20%）为主要因素的差异化生均拨款标准。在省属职业院校原有生均经常性拨款资金基础上，调结构新增安排1亿元用于落实差异化生均拨款试点清算。支持推进行管高职院校管理体制调整，支持18所行业部门管理的高职院校主管部门调整为省教育厅，完成13所涉改高职院校拨款基数核定划转。审核涉改高职院校债务化解方案，并提出5所涉改高职院校（湖南艺术职业学院、湖南外贸职业学院、张家界航空工业职业技术学院、湖南食品药品职业学院、湖南劳动人事职业学院）债务化解建议报省政府决策。

（五）支持高等教育优质资源供给与"双一流"内涵式发展

落实省委、省政府决策部署，支持提高在湘本科录取率，改善基本办学条件。2023年新增安排本科高校生均经常性拨款6亿元（其中调整用于高校"十四五"基建专项资金3亿元）、高职院校生均经常性拨款1.8亿元。安排省属高校"十四五"基建专项资金18亿元，支持142个项目建设。争取本科高校发行新增专项债券，在2022年首次集中发行省属本科高校新增专项债券1.2亿元基础上，争取国家发改委2024年允许本科高校发行学生宿舍项目专项债券。加快高校基本建设项目立项资金来源审核进度。推进高校闲置校区土地资产清查处置。整合安排原有高校"双一流"建设专项15.48亿元、高校服务"三高四新"和立德树人专项1亿元、调结构安排中小学建设资金1亿元、生均经常性拨款0.4亿元等资金合计17.88亿元设立高等教育内涵式发展专项资金，优化支持方向，重点支持世界"双一流"学科建设、高校服务"三高四新"与科技创新、省级学科建设与教学改革、高职"双高计划"和立德树人思政工程共五大项内容。安排中央支持高校改革发展专项资金22.51亿元，支持省属高校学科专业建设。落实沈晓明书记、毛伟明省长批示精神，额外安排湘潭大学建设发展资金1亿元，用于支持湘潭大学科技创新平台和学生公寓项目建设，其中2023年安排6000万元。支持吉首大学师范学院整体划转吉首大学，支持怀化市第一人民医院整体划转为湖南医药学院直属附属医院。

（六）优化教师资源配置，健全学生资助体系

对于师范类专业学生，在测算生均经常性拨款时，按普通专业1.3的系数计算专业折合学生数。实施农村基层教育人才津贴政策，省级投入补助资金约6.71亿元，补助约26.39万乡村教师。继续完善乡村教师补充机制，安排资金约6.94亿元，支持实施农村教师特岗计划、农村教师定向培养、"三区"教师计划、"银龄讲学"计划等。安排资金约1.28亿元，支持实施教师国家级、省级培训计划。健全困难学生资助体系，投入各类学生资助资金约153亿元，落实家庭经济困难学生资助政策。

三、着力支持科普及哲学社科事业发展

支持加快构建具备中国特色、湖南特色的哲学社会科学体系。一是推动建设高端智库。支持省社科院（省人民政府发展研究中心）实施哲学社会科学创新工程，推进哲学社会科学各领域创新。支持省社科院（省人民政府发展研究中心）、省社科联等单位重点围绕创新驱动发展开展重大课题、智库课题研究，服务省委、省政府科学决策。修订完善哲学社会科学科研经费管理办法，促进科研经费规范高效使用。支持省社会科学院（省人民政府发展研究中心）机构改革，做好基数划转等工作。二是支持推进省科协科学技术普及推广。支持科技馆免费开放，加快省科技创新馆改扩建工程建设。支持完善大科普格局，支持推进科普信息化，开展科普助推"双减"工作。三是加大支持湖湘档案资源建设。支持红色档案资源开发，支持开展副省级以上档案馆业务建设评价工作，支持推进馆藏档案数字化项目。四是支持省地方志湖南地方志馆和数字方志馆建设。继续推进省志、特色志、年鉴等系列丛书工程，推进地方志"咨政、教化、存史"事业发展。

四、切实履行全面从严治党主体责任

坚持把支部政治建设放在首位，以高质量党建引领财政业务高质量发展。一是坚持不懈加强政治建设。坚决贯彻党中央关于开展主题教育的重大决策部署及省委工作要求，在厅党组的坚强领导下，牢牢抓住"学思想、强党性、重实践、建新功"总要求，坚持学思用贯通、知信行统一。赴长沙县江背镇特立村开展支部结对共建活动，并被厅机关党委推荐为省直机关"支部联基层"典型，为建设新时代红色美丽村庄提供思路，推动学习贯彻习近平新时代中国特色社会主义思想主题教育走深走实。坚持把学习宣传贯彻党的二十大精神作为当前最重要的政治任务牢牢把握，结合"一片一课一实践"要求，认真组织支部党员干部学原著、学原理，坚决捍卫"两个确立"、坚定做到"两个维护"。严格落实"三会一课"制度，认真开展主题党日活动，扎实开展主题教

育专题组织生活会。二是切实加强党风廉政建设。坚持将党风廉政建设与业务工作同研究、同部署、同落实，严格落实中央八项规定精神，健全责任明确、程序合理、相互制约的内控制度。以高度的政治责任感自觉主动接受省委巡视、厅长经责审计、预算执行审计，抓好巡视、审计整改后半篇文章。三是加强和改进调查研究。贯彻落实"三大一提升"行动要求，紧扣民生重点、工作难点、事业发展要点，深入开展推进高校科研院所体制改革、促进科技成果转化与产业化、职业教育差异化生均拨款、完善义务教育经费保障机制和学前教育幼儿资助制度、学龄人口变化与优化财政教育支出结构等调查研究。统筹抓好人大政协建议提案办理，牵头办理人大建议42件、政协提案38件，配合办理人大建议35件、政协提案36件。四是加强资金监督管理。积极配合做好营养改善计划资金专项审计整改工作，沈晓明书记、毛伟明省长、省纪委王双全书记分别作出重要批示，厅党组强力推动落实，刘文杰厅长多次专题部署研究、靠前指挥，两次召开审计整改工作推进会，下发《关于进一步加强农村义务教育学生营养改善计划资金管理工作的通知》《关于开展学生营养改善计划资金审计整改工作的通知》《湖南省营养改善计划资金专项审计整改工作方案》，完善规章制度，建立长效机制。积极配合开展重点民生资金专项整治、预算执行监督专项行动等，对城乡义务教育经费、学生资助等民生资金和高校"双一流"建设专项资金使用绩效开展监督检查，确保民生资金高效安全使用。落实沈晓明书记、毛伟明省长对审计专报第15期《省社科院科研经费管理乱象亟待整治》、审计专报第17期《"三个高地"相关专项资金审计发现的主要问题》的重要批示，督促省社科院（省人民政府发展研究中心）、省科技厅加强问题整改，及时完善资金管理有关制度并报送落实情况，正在牵头修订《湖南省哲学社会科学科研项目资金管理办法》，促进科研经费和科技领域专项资金规范高效使用。加强教育、科技支出进度调度与统计工作，做好预算一体化系统、直达资金监控系统等资金监控工作。

（湖南省财政厅科教处供稿）

文化财政财务管理工作

2023年是全面贯彻落实党的二十大精神的开局之年。财政文化工作在厅党组领导下，认真贯彻落实中央和省委、省政府决策部署，扎实开展主题教育活动，深入落实"三大一提升"要求，优化财政政策，强化预算管理，圆满完成全年各项工作任务，有力推动了全省文化事业产业发展迈上新台阶。

一、"同频共振"，推动党建和业务深度融合发展

（一）以政治建设为统领，夯实支部"战斗堡垒"作用

按照"规定动作不走样、自选动作有特色"的要求，文化处党支部全年民主评议党员1次，上党课12次，召开组织生活会2次，开展主题党日活动12次；结合文化处工作，编印《习近平总书记关于文化工作的重要论述汇编》等学习资料；用心绘制支部财政文化墙，打造独具文化处特色的党建文化。凝心铸魂讲政治。引导党员干部深入学习近平新时代中国特色社会主义思想，深刻认识"两个确立"是新时代最重大政治成果、最宝贵历史经验、最客观实践结论，始终把做到"两个维护"作为最高政治原则和根本政治规矩，进一步融入新时代新征程财政工作全过程各方面。以学促干谋发展。严格落实"第一议题"制度，及时跟进学习习近平总书记重要讲话精神、中央和省委、省政府关于财政和文化工作的决策部署。推动党建与业务工作深入融合，通过赴秋收起义纪念馆、胡耀邦故居，将党史学习与文体场馆免费开放等业务相结合；与省广电局开展联合主题党日活动，了解广播村村响、送戏下乡等公共文体项目开展情况，掌握一线真实情况，努力形成党建与业务齐抓共管的生动局面。攻坚克难开新局。针对部分单位财务管理存在的基础薄弱、水平偏低的问题，通过召开支部共建活动，研究分析原因，引导督促单位严格落实财政管理要求，切实履行预算管理主体责任，取得明显成效。

（二）以主题教育为契机，落实"三大一提升"要求

在"大讨论"中找差距。定期开展理论学习研讨，在对照党章党规，读原著、学原文、悟原理的过程中交流心得体会，不断加深对习近平新时代中国特色社会主义思想的理解，打通政策执行的差距和痛点，对症下药。在"大调研"中寻思路。"在办公室里看到的都是问题，下去调研看到的全是办法"。我们认真落实"走、找、想、促"工作要求，由分管厅领导带队，深入省文物考古研究院、省博物院、省图书馆和省属五大文化企业开展调研，了解单位发展现状，倾听单位诉求和意见建议，在调研互动中碰撞思想火花、探寻解题思路。在"大培训"中补短板。积极组织党员干部参加各类中短期培训、财政讲坛以及各类论坛活动，带着问题学，努力补齐自身业务短板、拓宽知识面；同时，选派业务骨干到对口

联系单位、基层财政单位开展"送训"活动，对平时工作常见问题进行梳理汇总，上门送政策、送"答案"，帮助对口联系单位补齐财务管理短板。在"提绩效"中促发展。我们选取文物保护利用、公共文化服务体系建设等文化领域部分重大项目和政策情况开展调研，出具调研报告，并提出优化资金管理使用的政策建议和制度办法，促进文化事业科学发展。

（三）以清廉支部建设为抓手，保障"两个安全"

强化领导干部一岗双责，严格执行"三重一大"集体决策制度，以关键少数带动普遍大多数，保障资金使用安全和干部政治安全。扎紧制度笼子不能腐。始终把贯彻执行党风廉政建设责任制作为重点工作来抓，针对文化处工作特点和资金使用特性，修订完善文化处内部工作操作规程、处室代编资金管理使用办法等处内规章制度，堵塞管理漏洞，防止资金跑冒滴漏，防范廉政风险。增强清廉意识不想腐。选送青年干部参加财政部举办的财政青年说"清廉"活动，积极推进"廉政活动月"活动，邀请支部党员家属讲授廉政微党课，引导家属当好"廉内助"，把好"廉洁家门"，共育廉洁家风，努力营造积极干事创业不想腐的良好氛围。推进廉政教育常态化不敢腐。组织支部党员干部观看廉政专题片，全年共开展廉政专题学习12次、廉政谈话12次，引导干部算好政治账、经济账、名誉账、家庭账、亲情账、自由账、健康账等廉政七账，牢记清廉是福、贪欲是祸，多算长远账、明细账、原始账，做政治上的明白人。

二、"靶向施策"，更好发挥财政政策资金作用功效

（一）突出"保障到位"抓意识形态，做好宣传思想文化领域服务保障

一是扎实做好习近平新时代中国特色社会主义思想、毛泽东同志诞辰130周年等重大主题宣传服务保障工作，支持办好中国新媒体大会、"湘江大讲堂"、"新时代新雷锋"等大型宣传思想文化活动。二是安排马克思主义学院及"四大平台"建设经费、省社科基金和智库建设，支持构建中国特色哲学社会科学学科体系、话语体系，巩固马克思主义在意识形态领域的指导地位。三是安排"扫黄打非"、重点出版物补助经费，投入县级新时代文明实践中心建设资金，着力打通宣传教育关心服务群众的最后"一公里"。四是争取中央地市级融媒体深度融合发展试点，安排全媒体传播体系建设专项资金，巩固壮大奋进新时代的主流思想舆论；安排网信工作经费和网评员队伍建设经费，支持健全网络综合治理体系，推动形成清朗网络空间。

（二）强化"普惠效应"促均衡发展，推进基本公共文化服务均等化

一是安排公共文化服务体系建设国省补助，支持"读、观、看、听"等各类文体项目和活动开展，修缮各类文体场馆，更新设备设施，保障基本公共文化服务供给，丰富群众文体精神生活。二是安排各类文化体育场馆免开或低收费开放国省补助，支持136家公共博物馆纪念馆，2529家图书馆、美术馆、文化馆（站），124家体育场馆正常开放。三是支持精品创作，推出《问苍茫》《当马克思遇见孔夫子》《声生不息》等一批深受群众喜爱、体现时代特点和价值的文艺精品。四是加大对下补助力度，重点向财力薄弱、财政困难地区倾斜，支持市县补齐文化配套设施短板，缩小地区发展差异，实现均衡发展。

（三）注重"撬动引领"强产业建设，助力文化产业高质量发展

一是不折不扣落实中央对转制企业的企业所得税、增值税等减免政策，文化事业建设费减半征收政策。2023年全年给予5家国有文化企业税收减免。二是大力支持马栏山视频文创园建设。继续实施相关财政支持政策，安排资金支持推进音视频产业平台建设，支持建成全国规模最大、种类最全、质量最高、成本最低、速度最快的内容生产基地。三是支持5家省属国企加快转型发展，通过国资预算、专项资金等安排5家企业补助。对广播影视集团上缴的2022年度广告收入全额返还，安排省演艺集团补助，支持渡过难关。四是做好文旅融合发展文章。对2023年湖南旅发大会承办地郴州给予倾斜支持，落实统筹相关专项资金10%用于大会举办地项目建设政策，安排新增债券109亿元，推动郴州通过办会带动项目投资1068亿元，践行"办一次会、兴一座城"；全年安排文旅宣传经费1亿元，支持在央视、卫视等主流媒体投放宣传片；全年安排文旅、体育、电影等各类消费券，拉动直接消费超2亿元，资金撬动比达10倍以上，充分释放财政资金乘数效应。

三、"苦练内功"，推动财政文化资金管理迈上新台阶

（一）夯实根基强能力

组织编写《湖南财政文化政策汇编（2018-2022）》，发至处内每位同志、联系省直部门单位、市县财政部门，通过政策汇编提升管理水平；加大向上争资力度，深入研究国家文保资金等中央补助分配办法，密切跟踪掌握政策动向，及时衔接汇报，争取中央2023年安排国保资金较上年增长10%；打造"文经我手无差错"、"事不过夜"的严谨、负责工作作风，要求处内工作人员养成工作细致、精益求精的工作习惯，培育形成"凡事多思考、遇事多沟通、数据必复核、打足提前量"等一套工作方法，提高工作质量和效率；培养沟通艺术，与部门单位打交道，既坚持原则又灵活处理，做到"摇头理直气壮，点头成竹在胸"，赢得部门单位一致好评。

（二）建章立制管长远

坚持用制度办法管事管资金，强化制度约束作用，重点推动省委、省政府出台《关于加强全省文物保护利用工作的意见》，为当前和今后做好全省文物保护利用、开展项目建设提供依据；修订省级文旅、省级文保等两个专项资金管理办法，出台我省《公共文化服务体系建设补助资金管理使用细则》，根据新形势新任务适度调整资金支持范围，明确资金调整使用程序；配合省文资委制订《湖南省文资委权力和责任清单》，理顺相关部门

权责利关系，更好推动省属国有文化企业发展。

（三）狠抓管理利当下

坚持问题导向，会同相关部门深挖资金管理潜力，推动预算管理绩效显著提升。预算执行进度明显加快。文化处联系部门预算执行进度较上年有所提高，省级专项资金较上年提前下达一个月，业务专项资金全部于9月底前下达完毕。预算管理规范性不断加强。严格规范预算管理基础性工作，提高专项资金分配科学性规范性，省体育局获得年度部门预算管理考核先进，并给予资金奖励。专项资金整合成效明显。在2022年将省级文化综合、旅游专项整合为省级文旅专项基础上，2023年发挥财审联动作用，推动省委宣传部管理的省级文化事业、产业两个专项整合为省级文化强省发展专项，提升专项资金管理效益，解决了一项多年想解决、但未解决的难题。

（湖南省财政厅文化处供稿）

经济建设财政财务管理工作

一年来，在厅党组的正确领导下，在兄弟处室的支持帮助下，经济建设处（以下简称经建处）立足处室职能，坚持党建引领，根据省委、省政府有关决策部署，按照"生财有道、聚财有方、用财有效"的总体思路，坚持"稳中求进、以稳应变"的工作要求，着力抓好向上争资争项、财政资源整合盘活、财政支出改革以及大调研、大讨论、大培训等，着力提升财政管理绩效和经建队伍战斗能力，各项工作均取得了一定成效，为支持打好"发展六仗"，谱写"三高四新"美好蓝图作出了应有贡献。庄大力副厅长代表财政厅在全国财政经建工作会、全国粮食财政财务培训班上作典型发言；经建处（支部）被省直工委评为先进基层党组织，被评为厅机关先进基层党支部，3人获得提拔或晋升；中央下达全省的粮食类奖励资金较上年增长11%；国家综合货运枢纽补链强链试点城市落户长株潭（预计可获得奖补资金15亿元）；张家界市永定区成功入围中央传统村落集中连片保护利用示范（获得奖补资金6000万元）；全省港航整合和发展工作推进有力，得到省政府有关领导高度肯定。回顾一年的工作，我们主要做到了"六坚持、六着力"。

一、坚持深化改革，着力增强发展动能

一是支持推进全省港航整合和水运发展改革。根据省委、省政府工作部署，在刘文杰厅长亲自调度和庄大力副厅长全程指导下，经建处连续奋战43天，牵头起草促进水运发展的政策措施、港航整合和发展财政注资方案，统筹财政资源，拿出"真金白银"，支持推进水运发展转型升级。二是支持推进省级储备粮统一承储机制改革。会同省直相关部门，研究出台分步走的改革推进方案及其配套措施，明晰各方责任、优化补贴政策、严控债务风险、加强绩效考核等，确保改革顺利推进。三是支持推进全省能源投资体制改革。配合开展能源投资体制改革调研，支持组建省能源集团，加速推进重大能源项目建设，加速形成"风光水火储"多能互补新格局，夯实能源安全保障。

二、坚持扶优扶强，着力提升产业能级

一是巩固延伸优势粮油产业。统筹用好商品粮大省、产油大县奖励及粮油千亿产业资金、油茶产业基金等，深入推进优质粮油工程升级版，重点支持产业延链补链强链和集聚发展，推动优势地区优先发展，加力推进粮油生产大县向产业强县转变。二是持续支持"五好"园区发展。落实"五好"园区支持政策、"135"工程升级版奖补政策，配合推进园区管理体制改革，强化亩均效益导向，支持推动139个省级以上产业园区发挥经济增长主战场作用。三是重点推动湘西优势产业发展。调整优化湘西开发产业资金使用方式，采取新设产业基金和适当投资补助相结合、因素法分配和项目法管理相结合方式，调动地方能动性，更好发挥市场作用，推动湘西地区优势产业加速发展。四是培育壮大空天产业。落实通航产业发展支持政策，推动通航产业基金首个投资项目落地，研究通航机场建设及运营长效机制，培育壮大低空经济；配合出台北斗规模应用支持政策，全力保障第二届北斗规模应用国际峰会相关经费，支持北斗产业发展壮大。

三、坚持聚焦重点，着力夯实基础支撑

一是大力推进重大基础设施项目建设。用好用足中央有关投融资政策，坚持盘活存量与安排增量相结合，加强财金联动，多渠道筹措资金支持重大项目建设，积极扩大有效投资。落实铁路建设投融资机制，督促各方履行出资责任，省级安排15.75亿元支持长赣等铁路建设；统筹省预算内基建资金等安排9.2亿元支持长沙机场改扩建工程；争取中央车购税168.93亿元、发行收费公路专项债18.02亿元支持江杉等高速公路建设；安排15亿元支持湘江航道、虞公港等重点航道和港口建设，加速打通陆海空对外大通道。配合做好抽水蓄能等重点能源项目建设、"宁电入湘"等外电入湘工作，统筹发改、交通相关资金1.7亿元支持怀化国际陆港、国家医学中心建设，安排75.27亿元用于国省道建设和养护，支持发挥重大项目基础支撑作用。二是切实发挥特别国债和预算内基建投资带动作用。下达中央和省预算内基建资金215亿元，配合做好特别国债资金争取，支持推进重大交通基础设施、防灾减灾等一大批重点项目建设，发挥政府投资引导撬动作用，推动扩大有效投资。三是进一步规范政府投资项目资金管理。督促修订省预算内基建投资管理办法、完善政府投资项目代建制管理办法；配合做好市县重大项目立项审查程序优化、省本级政府投资项目立项程序规范、超概整治、工程招投标治理等。

四、坚持提高站位，着力守牢安全底线

一是全力保障粮食和物资储备安全。优化省级实施方案，及时下达资金，确保粮食风险基金、稻谷目标价格补贴和产粮大县奖励政策等落实落地，切实保障种粮农民收益和粮食主产区利益；积极筹措资金，按政策足额兑现粮食和重要物资储备利费，加强储备安全保障；如期完成成品油建储任务，配合制订粮食新增储备任务落实方案；认缴出资1.5亿元推动建立省级粮食市场化收购信用保证基金，努力解决粮食企业融资难、融资贵问题；做好涉粮类资金重点绩效评价，扎实开展农产品目标价格补贴资金审计整改，配合做好"三湘护农"专项行动、粮食购销领域专项整治、惠农补贴重点检查、阳光审批系统建设等，确保涉粮资金有效、规范、安全；制定或修订粮食风险基金、粮食收购贷款信用保证基金、化肥商业储备、成品油储备管理和粮油千亿元产业专项资金管理办法及稻谷目标价格补贴方案等一大批管理制度，进一步明确分工、明晰责任、规范程序、严明纪律，确保涉粮资金管理有章可循。二是全力保障能源安全。落实中央可再生能源电价附加补助、清洁能源发展奖励政策，发挥财政资金引导作用，积极推进新能源开发利用，促进能源结构调整；在刘文杰厅长亲自带队调研基础上，研究拟定新一轮农村电网巩固提升工程财政贴息政策并上报省政府，主动补齐农村电网建设短板；配合做好"迎峰度夏度冬"、新型电力系统构建等，保障能源供应安全。三是全力保障其他重点领域安全。配合省住建厅稳妥推进保交楼工作，争取中央专项借款额度240亿元，落实保交楼项目税收优惠政策，配合出台保交楼专项借款资金管理细则、项目预售资金专项审计方案等；会同省交通厅做好交通项目隐性债务化解、PPP项目清理；配合做好"半拉子"工程整治，在刘文杰厅长亲自带领下，积极协调省发改委共同支持湘潭下摄司大桥复工建设，着力解决民心所盼。

五、坚持补短增效，着力推动协调发展

一是支持推动区域协调发展。在庄大力副厅长带领下，安排专人全程参与省委部署的区域协调发展课题大调研，立足财政职能，积极建言献策；优化长株潭一体化专项资金使用，重点支持重大规划编制、重大平台建设以及绿心保护；会同交通部门扎实推进农村公路世行贷款项目实施，支持推进湘赣边区域合作；足额保障援疆援藏项目资金及相关工作经费，确保援建工作顺利开展。二是支持推进新型城镇化建设。督促岳阳市、株洲市稳步推进中央海绵城市试点，投入1.8亿元支持湘潭市、娄底市开展省级海绵城市试点，不断提升城市韧性；安排8.2亿元，支持开展省级绿色建造试点、城镇老旧燃气管网隐患排查、城镇生活垃圾填埋场整治、城市停车场建设试点、乡镇污水处理设施建设、县域物流和供销网络体系建设等，推动城乡融合发展。三是支持补齐农村和公共交通运输短板。安排36亿元支持开展"农村三路"建设，完成提质改造农村公路5780公里，建设农村公路安防设施7025公里，完成普通国省道安防精细化提升2065公里，圆满完成省政府确定的民生实事任务；落实农村客运和出租车油价补贴政策，及时下达奖励资金16.75亿元，支持公共交通行业平稳过渡，保障群众出行便捷安全。

六、坚持三抓并举，着力打造过硬队伍

根据中央和省委关于主题教育、大兴调查研究的决策部署，按照厅党组"三大一提升"的总体安排，结合日常工作，扎实开展大讨论、大培训、大调研，切实提升工作绩效。一是抓好大讨论，确保政治过硬。组织党员干部深入开展思想铸魂大讨论、财政政策大讨论、典型案例大讨论、清廉机关大讨论，促进党员干部坚定理想信念、提升专业素养、树牢底线思维，确保"两个安全"。据不完全统计，支部累计开展第一议题学习19次，开展廉政典型案例、清廉处室创建和青年说廉政、惠农补贴违纪违规典型案例，转变产业类财政资金使用方式，支持推进民生实事，健全财政资源统筹机制等专题讨论15次。二是抓好大培训，确保本领过硬。加强市县财政局长培训，由庄大力副厅长解读全国经建工作会议精神并部署相关工作；加强乡镇财政所长业务培训，由处领导详细讲解粮食相关政策和实操业务；组织参加中青年骨干综合素质培训班、学习贯彻党的二十大精神演讲比赛、公文写作比赛等；举办"阅读悦青春"读书班，形成重视学习、坚持学习的浓厚氛围；充分运用经建"微党课"学习平台，重点开展党的二十大精神、县域物流发展、北斗技术规模化应用等理论业务学习。三是抓好大调研，确保作风过硬。在庄大力副厅长带领下，深入基层开展县域物流发展调研，形成《湖南省县域物流现状及思考》并获刘文杰厅长重要批示，相关成果在修订《湖南省商业流通专项资金管理办法》时转化运用；深入开展绿色建造产业调研，形成《湖南省绿色建造产业发展现状研究》，探索财政支持路径并加强成果运用，全力打造"湖南样板"；面向全省400多家粮食企业，深入开展粮食市场化收购融资问题分析，形成专题调研报告、基金设立方案及管理办法，经省政府同意，基金已正式运行，管理办法已正式印发；深入省内外调研，撰写推动全省粮食产业高质量发展的调研报告，得到刘文杰厅长、庄大力副厅长肯定性批示，研究起草《湖南省支持优质粮油工程升级版若干财政政策措施》（送审稿）并

呈报省政府。同时，结合大调研开展情况，庄大力副厅长围绕县域物流发展给支部党员讲党课，组织参加"处级干部调研成果分享""调研背后的故事"等活动，并将3篇调研成果在《中国财经报》《中国粮食经济》等公开发表，切实提升大调研成效。

（湖南省财政厅经济建设处供稿）

自然资源和生态环境保护财政财务管理工作

2023年，湖南省财政厅坚持以习近平生态文明思想为指导，全面贯彻落实党的二十大精神，有力支持生态文明建设。在财政部的大力支持和关心下，湖南省资环类中央资金同比增长18.04%，分别在国家部委召开的流域补偿机制、山水工程、农村黑臭水体治理等工作推进会上作典型发言。湖南省污染防治攻坚战成效考核被党中央、国务院评为优秀等次，排名跃升至中部第一。

一、聚焦党建引领，强化责任担当

始终把高质量开展好主题教育作为首要政治任务，以"三个坚持"锤炼党性、增强干劲、践行初心。

（一）坚持以学聚魂，强化理论学习

全面落实"第一议题"制度，深学细读《习近平生态文明思想学习纲要》。组织集中观看警示教育片、开设"微课堂"、走进基层一线及红色教育基地开展实践学习，形成常态化长效学习机制。

（二）坚持聚焦重点，推动调查研究

抓住政策、项目、资金三个关键，梳理工作中难点和堵点，统筹制订调研方案，形成多个调研成果。其中两项调研成果分别得到省政协副主席潘碧灵、何寄华的肯定性批示，洞庭湖总磷削减攻坚、铁塔视频监测财政奖补等多项调研成果转化为政策文件。

（三）深入基层实践，推动双联工作

创新党建模式，采取"半月制"邀请双联单位参加资环处工作例会。组织开展"政策面对面"暨"双联"调研座谈会，开展"红色引领 绿色发展"双联活动，对"双联"单位给予全方位、多角度指导。

支部坚持学有所依、学有所悟、学有所获。2人在厅机关主席征文活动中分获二等奖、三等奖；1人在全厅公文写作比赛中获二等奖；多篇党建文章在《湖南日报》《机关党建》上发表。

二、聚焦改革创新，完善体制机制

围绕绿色低碳发展，完善财政政策，推动形成"激励与惩戒并重、保障与约束并行"的治理体系。

（一）深化生态保护补偿制度改革

《关于深化生态保护补偿制度改革的实施意见》经省委深改委审议通过，2023年7月以省政府办公厅名义印发。生态保护补偿纲领性制度政策出台，有效推动全省绿色低碳发展，促进经济社会全面绿色转型。

（二）支持洞庭湖总磷削减攻坚行动

研究制定洞庭湖总磷削减攻坚财政奖补政策，主动将其纳入财政重大政策事前绩效评估，推动跨部门、跨专项政策融合，2022-2025年累计统筹专项资金、预算新增110亿元左右，支持削减洞庭湖总磷污染。

（三）制订铁塔视频监测奖补方案

牵头出台《湖南省铁塔视频监测省级财政奖补方案》，统筹相关行业部门的共性与个性需求，计划安排2.68亿元，分三年对2.8万个铁塔视频运行经费给予奖补，避免重复建设、多头采集，有效节约财政资金。

（四）推进森林防火基础能力建设

联合省林业局出台《全省林火阻隔系统与森林消防蓄水池建设两年行动奖补方案》《全省国有林场和自然保护地森林消防队伍建设两年行动奖补方案》，有力推进森林防火基础能力建设。

（五）开展碳排放权交易机制研究

开展"双碳"目标下碳排放权交易市场机制优化与政策支持研究，分析碳交易市场机制存在的问题及制约因素，提出更有操作性的优化建议。目前，项目已获批亚行技援项目支持。

三、聚焦污染防治，推动减污降碳

围绕生态环境综合治理，统筹财政资金，支持深入打好污染防治攻坚战，生态环保投入力度持续加大。

（一）打好蓝天保卫战

会同省生态环境厅修订出台了《湖南省环境空气质量奖惩办法》，进一步完善了城市环境空气质量状况考核奖惩措施，重点加大对长株潭及重要传输通道城市的奖惩力度。

（二）打好碧水保卫战

省际方面，不断扩大流域补偿范围，与湖北省签订了长江流域（湘鄂段）横向生态补偿协议，落实渌水、酉水流域生态补偿协议。省内方面，积极开展流域生态补偿机制调研，组织完成了2019-2022年度流域补偿资金清算，省财政累计安排补偿资金7.88亿元。

（三）打好净土保卫战

统筹安排 4.36 亿元，持续推进花垣县矿业企业关闭退出和生态环境修复治理，积极协调跟进国家绿色发展基金、省级土壤污染防治基金。会同省生态环境厅开展土壤污染防治项目预储备试点，探索建立自上而下与自下而上相结合的项目预储备机制。

（四）强化农村环境整治

制定《中央农村黑臭水体治理试点项目资金全过程监管方案》及实施细则，成立资金监管工作组，扎实推进常德市、益阳市、岳阳市黑臭水体治理试点。联合省生态环境厅出台《湖南省农村环境整治项目管理规程（试行）》，全面优化资金和项目管理。

四、聚焦生态修复，坚持系统治理

践行"绿水青山就是金山银山"理念，全面加强"一江一湖三山四水"综合治理，生态修复工作扎实推进。

（一）推进山水工程

完成"十三五"山水工程整体验收。全力推进"十四五"山水工程，牵头成立了省级财政专项小组，健全组织架构、制订监管方案、组建工作专班，通过会议调度、座谈调研、现场核实等措施，切实加强资金监管力度。

（二）开展废弃矿山生态修复

全力推进邵阳—怀化、郴州—衡阳历史遗留废弃矿山生态修复示范工程，将相关工作纳入湖南省污染防治攻坚考核和省政府对市州真抓实干督查激励考核，强化考核问效。同时，优化省级资金支持方式，创新试行"预拨+评价+清算"模式，激励约束市县将项目做实做优。

（三）助力耕地保护修复工作

开展耕地恢复资金保障情况调研，形成《湖南省耕地恢复资金保障情况调研报告》。安排市县耕地开垦成本补偿资金 8.03 亿元，并对真抓实干成效明显地区给予 2200 万元奖励，有效缓解市县资金压力。

（四）完善自然灾害防治体系

新增安排 0.37 亿元用于地质灾害避险搬迁补助，争取中央地灾防治补助资金 2.78 亿元。因绩效评价结果为优，获得财政部 600 万元专项奖励。积极争取国债资金用于地质灾害综合防治体系建设。

五、聚焦科学绿化，注重试点示范

牢固树立科学绿化理念，支持加强林业资源保护利用，为构筑良好生态屏障提供有力财政保障。

（一）推进国土绿化试点

按照中央要求，持续推进试点项目建设，督促指导长沙市顺利完成项目验收，湘潭市通过项目中期评估，有序推进株洲市、衡阳市国土绿化试点。

（二）促进油茶产业发展

推动衡阳市做好油茶产业发展试点项目，整体性、系统性支持油茶水肥一体化建设、油茶林营造、油茶产业发展试点等工作，打造油茶产业发展的"湖南样板"。全年共下达央省油茶产业专项资金 13.79 亿元，较 2022 年增长 93%。

（三）助力南山国家公园建设

全力做好南山国家公园建设筹资保障，开展相关政策前瞻性研究，加快构建符合我省国家公园建设实际的财政保障机制，目前已正式向国务院申报设立国家公园。

六、聚焦绩效管控，提高资金质效

着眼效能提升，强化绩效保障，进一步完善财政运行监控体系，推动"责"与"利"的有效统一。

（一）设立地质勘查基金

牵头成立湖南省地质勘查基金，采取"政府引导、市场运作"运行模式，基金目标总规模 20 亿元，首期规模 6 亿元，其中省财政通过盘活存量资金出资 3 亿元。基金部分资金投向省内公益性地质勘查项目，促进我省矿产资源保障能力提升。

（二）推动林业改革创新

统筹林业专项 2000 万元，支持岳麓山实验室林大林科院片区项目建设。创新出台《湖南省农林工业勘察设计研究总院改革总体方案》，推动省林勘院转型改革。开展专项调研，探索变革林业资金管理方式。

（三）强化绩效结果应用

对省级环保专项资金进行绩效评价，针对问题，扣减了资金 1000 万元，收回资金 340.48 万元。开展自然资源领域目标运行监控，扣减 13 家单位 308.51 万元项目资金，调减对个别县的因素法分配资金，做到"花钱必问效，无效必问责"。

七、聚焦基础夯实，强化服务保障

突出能力建设，坚持问题导向、目标导向、效果导向，协同合作，夯实基础，围绕大局不断强化服务保障。

（一）强化沟通指导

召开全省财政资环系统培训会，对自然资源、生态环境、林业领域财政有关政策进行了全面解读。在全省乡镇财政所长培训班、省委党校研究生培训班、省审计厅培训班、厅"双联"单位春季培训班上授课分享。

（二）强化信息宣传

及时准确向厅公众号、网站等平台报送重点工作信息。参加财政部短视频大赛，报送的《果然有"财"》《湘小鱼的旅行》获三等奖。在《中国财经报》发表专题报道《山水共治看潇湘——湖南财政统筹推进湘江流域和洞庭湖区域山水工程纪实》。

（三）强化内控建设

建设财政资环数据查询平台，录入资环处成立以来的资金数据，提升数据管理水平。严格内控操作规程，持续完善内控管理制度，不断提高内控管理效能，防范业务风险与廉政风险。

（四）做好提案建议办理

深化与代表委员的沟通联系，高质量办理建议提案 76 件，占全厅全年办件量的 9.68%。赴冷水江市开展"资江流域锑污染防治"人大建议集中办理暨调研活动，积极为资江流域锑污染防治建言献策。

（湖南省财政厅自然资源和生态环境处供稿）

农业农村财政财务管理工作

2023年，积极推动中央、省委省政府各项决策部署落实落地，强化投入保障、优化支出结构、规范资金监管，统筹推进各项重点工作，为稳住农业基本盘、衔接推进乡村振兴、促进农业农村现代化发展奠定了坚实基础、作出了积极贡献。

一、着力推动农业高质量发展，有效促进农业现代化

紧紧围绕农业增效、农民增收总目标，完善政策制度、创新工作方式、突出工作重点、夯实发展基础，力争在体制机制上取得新突破，在现代农业发展上取得新成就。

（一）完善耕地补贴政策

在提请省政府修订出台《湖南省耕地地力保护补贴政策实施方案》基础上，联合省农业农村厅印发实施《关于贯彻落实耕地地力保护补贴政策的通知》，进一步明确补贴资金补给谁、补什么、补多少、哪些不能补、怎么发等问题，并专门举办全省耕地地力保护补贴政策宣传贯彻落实培训班，指导市县细化实施方案，强化补贴资金监管，维护种地农民利益。按照中央和省关于建立绿色生态导向农业补贴制度的部署要求，引导农民采取秸秆还田、深松整地、科学施肥用药、病虫害绿色防控等措施加强抛荒耕地治理、防止耕地"非粮化"、制止耕地"非农化"，自觉保护耕地、提升耕地地力，逐步建立起耕地地力保护补贴发放与耕地保护行为相挂钩的有效机制。

（二）创新农田投入机制

深入实施《全省高标准农田建设投贷联动等投融资创新实施意见》等政策，在确保不新增政府隐性债务的前提下，鼓励市场主体以项目为依托，以市场化经营收益作为还本付息来源向金融机构申请贷款，对验收合格且投资达到3000元/亩以上的，给予财政资金和新增耕地指标交易收益奖补，倾斜安排涉农项目资金和年度建设任务。2023年，全省采取投贷联动模式建设高标准农田107万亩，累计撬动社会资本投入19.6亿元。

（三）支持农业科技创新

为抢占种业科技制高点，省政府部署2022-2025年筹措100亿元支持岳麓山实验室建设，目前已通过土地出让收入、直接补助等方式安排14.75亿元。同时，高度重视低镉积累水稻品种选育和推广，近年累计安排资金3.4亿元支持低镉积累水稻品种选育，2023年单独安排资金0.4亿元支持低镉积累水稻品种推广，通过持续努力，成功选育一批低镉积累水稻品种，其稻谷镉含量远低于国家食品安全限制标准且产量较高，有望彻底解决长期困扰全省的稻谷重金属污染问题。此外，继续安排省级科技创新资金0.5亿元，支持种业创新、绿色生产、农产品加工、农机智能、千亿产业发展和粮食高产绿色优质科技创新工程等，通过发展农业科技助力国家粮食安全。

（四）促进农业机械化发展

积极落实省级支出责任，按比例落实省级农机购置补贴资金。2023年，中央安排湖南省农机购置与应用补贴资金10.98亿元，湖南省严格按照中央资金与省级资金8:2的比例，安排省级资金2.74亿元，落实农机补贴法定支出责任，切实保障补贴资金需求。

（五）加强财政金融联动

用好财政资金"药引子"，完善乡村金融服务体系，撬动更多资金资源"上山下乡"投入乡村振兴领域。2023年，安排国省农业信贷担保业务奖补资金1.36亿元，对农业经营主体给予担保费补贴，支持湖南农担提供政策业务担保99.69亿元；安排专项资金2.7亿元，对新型农业经营主体贷款进行贴息，支持新型农业经营主体加快发展；安排省级农业农村发展资金0.92亿元，支持以市场化方式设立乡村振兴产业投资基金，撬动优质资源投入乡村振兴。

二、着力抓好巩固衔接关键环节，全面推进乡村振兴

严格落实全面推进乡村振兴政策要求，围绕培育和壮大农村特色产业、改善农村生产生活设施条件、增强脱贫人口自我发展能力和抵御风险能力等重点内容，不断聚焦财政支持乡村振兴的范围和方向，强化资金的安全使用和规范管理。

（一）突出投入保障

2023年，共安排国省衔接资金125.78亿元，比上年增加6.43亿元，增长5.4%；继续实施脱贫县财政涉农资金统筹整合政策，共安排县级纳入整合的国省资金145.64亿元，全省实现整合资金89.46亿元；全省农林水支出1068.2亿元，比上年增长7.3%，增幅高于同期一般公共预算支出0.54个百分点；土地出让收入用于农业农村321.9亿元，比例达到13.56%，充分发挥了财政资金的规模效益和集聚效应。

（二）突出产业发展

继续将支持产业发展作为衔接资金支出重点，支持培育和壮大农业特色优势产业。继续提高衔接资金用于产业的比例，中央衔接资金用于产业发展的比重达到60%以上，重点支持补上农业产业发展方面技术、设施、营销等短板。2023年，共安排衔接资金3.85亿元，继续开展巩固拓展脱贫攻坚成果示范园区建设，探索集中支持优势主导产业提质升级模式；安排衔接资金6.25亿元，继续加大村集体经济的扶持力度，支持市县发展新型农村集体经济；安排衔接资金0.3亿元，支持农户发展庭院经济，采取奖补到户方式，选取部分高质量庭院经济发展重点村开展试点，不断提高农户自主发展能力，增强脱贫户和监测对象经营性收入。

（三）突出规范管理

把保障财政投入资金的安全、规范、高效使用管理，作为推动乡村振兴战略实施的关键举措。持续健全完善财政支农制度体系，强化制度执行和监督检查，不断夯实衔接资金管理基础和制度保障。制定出台了《关于进一步规范和加强涉农资金分配管理的通知》等文件，进一步规范了农口单位资金分配动议程序、资金审批权限和程序、项目和资金监管职责等内容。多次开展专项督查，按照财政部要求两次开展全省衔接资金自查自纠，并配合湖南监管局进行督导调研；9—10月，在省级层面，会同省乡村振兴局多次开展衔接资金及改厕资金使用情况等督导检查。同时，坚持"日常抓"和"专项查"相结合。运用财政直达资金系统，跟踪监测市县资金使用情况，定期下发支出通报，对苗头性问题及时提醒，确保抓早抓小、抓在日常。通过持续强化管理，有效提升了资金和项目使用的规范性。

三、着力推进水利事业发展，不断完善基础设施

围绕"一江一湖四水"系统治理和水生态安全，支持建设一批重点水利工程，加强农田水利设施建设，加快构建湖南水网，有序解决水利防灾减灾短板问题，不断提升农村水安全保障能力。

（一）加大水利设施建设

2023年统筹安排60.05亿元，支持犬木塘等国家骨干水网新建工程、大中型灌区续建配套等水利基础设施建设。争取中央新增地方政府一般债券资金20.81亿元，支持开展小型水库除险加固、维修养护和安全检测设施建设等，有效保障水库安全运行。安排中央小型水库安全监测能力提升试点资金3.98亿元，支持600座小型水库提升安全监测能力；安排2.01亿元支持农村安全饮水项目维护，提升农村安全饮水保障能力。统筹安排奖补资金11亿元，支持开展小型农业水利设施建设和管护三年行动，完成全省清淤整治山塘2.5万处、新建、节水改造及清淤渠道2000公里，灌溉山上经济作物50万亩等。

（二）加强水生态治理

统筹安排资金4.02亿元，支持水资源管理、河湖管理、小水电安全达标和绿色创建、水土保持、水利科技研究、农业水价综合改革等工作，不断提升河湖管理能力，推进节水型社会建设，推动小水电绿色转型发展，提升水利生态治理技术能力和农业用水效率。安排中央财政水系连通、水美乡村建设项目资金1.78亿元，改善和美化农村水系环境；同时，通过省市县共同筹集8000万元，支持启动洞庭湖生态修复试点工程建设。

（三）做好防汛救灾工作

安排中央农业生产和水利救灾1.1亿元，支持实施防汛救灾工作，确保粮食稳产；安排6.88亿元支持小型水库、山洪防灾设施和农村安全饮水项目等水利维护及山洪灾害防治，提升水安全环境；安排1.1亿元支持建设气象预警监测系统、人工影响天气作业、高分卫星维护等方面，切实提升气象服务防汛救灾能力。

四、着力深化农村综合性改革，不断激发农业农村活力

支持深化农村综合改革，落实公益事业财政奖补，推进美丽乡村建设，促进农村治理体系不断完善和农村发展活力不断释放。

（一）积极落实公益事业财政奖补政策

一方面，支持脱贫县继续实施涉农资金统筹整合政策，全面下放项目和资金管理权限。2023年共下达40个脱贫县农村公益事业财政奖补资金4.94亿元（中央资金2.68亿元、省级资金2.26亿元），有力支持脱贫县巩固拓展脱贫攻坚成果。另一方面，严格奖补范围，突出奖补重点。支持市县对"村内户外"公益事业给予奖补，按村或项目规模大小一般给予5万-20万元的补助。2023年，共下达非脱贫县农村公益事业财政奖补资金8.77亿元（中央资金4.67亿元、省级资金4.1亿元），支持农村公益事业项目建设，有力改善农村基础设施条件。

（二）推动农村综合改革试点

国家试点方面，在财政部关心支持下，荷塘区成功纳入国家级农村综合性改革试点试验，获得中央补助资金1.5亿元；赫山区成功申报"五好两宜"和美乡村试点，获得中央补助资金2亿元。在雨湖区、平江县继续开展国家级农村综合性改革试点；在长沙县继续开展国家级田园综合体建设试点，获得中央补助资金1.5亿元。省级试点方面，择优遴选望城区、桃源县等五个县市区围绕产业和集体经济发展等开展农村综合改革试点工作，安排省级资金0.5亿元；遴选宁乡市、新邵县等五个县市区开展集中连片美丽乡村建设试点，安排省级资金0.5亿元；遴选攸县、湘乡市等五个县市区开展公益事业集中连村建设试点，安排省级资金0.25亿元。通过上述试点试验工作，全省农村综合改革不断向全方位、深层次、系统性方向发展。

（三）支持建设美丽乡村

落实"创新、协调、绿色、开放、共享"发展理念，从建设美、经营美和传承美"三美"同步入手，引导各地按照生活宜居、环境优美、设施完善、服务齐全的要求，坚持生活生产生态同步建设，不断充实美丽乡村建设内容，推动美丽乡村提档升级。2023年，共整合农业农村、农村综改相关资金5.27亿元（中央资金3.93亿元、省级资金1.34亿元），支持打造宜居、宜业、宜游的美丽乡村示范村255个。

（湖南省财政厅农业农村处供稿）

社会保障财政财务管理工作

2023年是全面贯彻落实党的二十大精神的开局之年，是财政社保领域改革持续迈向深入的一年，在厅党组的坚强领导下，社会保障处牢固树立以人民为中心的发展理念，把增进民生福祉、促进社会公平作为发展社会保障事业的根本出发点和落脚点，聚焦"六个坚持"，支持打好"重点民生保障仗"，积极推进财政社保工作高质量发展。

一、坚持就业优先，推动实现更高质量更充分就业

坚定不移实施就业优先战略，支持推动就业政策落地见效，全省城镇新增就业74.35万人。一是加大投入保就业。根据外部环境变化和就业形势需要，安排就业补助资金34.32亿元，支持重点企业和市县稳岗，重点支持高校毕业生、返乡农民工、退役军人、退捕渔民、就业困难人员等群体就业，支持"湘就业"等信息平台建设。二是降费缓缴稳就业。2023年继续实施阶段性降低工伤、失业保险费率政策。工伤保险在行业基准费率基础上统一下降20%，失业保险保持1%低费率，延续至2024年12月31日。2023年约降低企业工伤保险、失业保险保费负担12亿元、31.43亿元。三是稳岗帮扶托就业。落实失业保险稳岗返还政策，参保企业上年度未裁员或裁员率不高于5.5%，30人（含）以下的参保企业裁员率不高于参保职工总数20%的，可享受失业保险稳岗返还。中小微企业按企业及其职工上年度实际缴纳失业保险费的60%返还，大型企业按30%返还。四是提升技能帮就业。指导统筹利用就业补助资金、职业技能提升行动专账结余资金等国家规定资金，做好职业技能培训资金保障。指导各地重点支持先进制造业、新兴优势产业链等重点产业，大力培养企业和市场急需的产业技术工人；坚持以就业为导向，建立培训与就业紧密衔接的机制，着力提高培训后的就业率；巩固拓展脱贫攻坚成果同乡村振兴有效衔接，加大对脱贫劳动力的技能帮扶力度，力争实现"技能培训一人、转移就业一人、巩固脱贫一户"。

二、坚持人民至上，持续推进卫生事业健康发展

扎实推进健康湖南建设，坚持一手抓预防、一手抓治疗。一是提升疫情救治能力。疫情进入新阶段后，省财政投入10.5亿元，支持全省二级及以上医疗机构重症床位由0.73万张扩容至1.75万张，重症救治医护人员由3.61万名扩充至5.32万名，成功应对重症高峰。全省新冠肺炎确诊病例治愈出院率稳居全国前列，重症治愈率居全国第三位。二是推动公立医院高质量发展。全力推进"1+1+10"国家医学中心和国家区域医疗中心建设。省财政每年安排1亿元用于省属公立医院维修改造，安排6800万元支持公立医院专科能力建设，安排公立医院综合改革补助1.41亿元。2023年争取中央预算内投资6亿元支持医疗卫生机构建设，专项债5亿元支持省属公立医院建设，投入1500万元支持边远县公立医院建设，湘潭市公立医院高质量发展经验获全国推介。三是提升基层医疗卫生服务能力。每年安排专项资金2亿元，支持乡镇卫生院房屋修缮和设备购置，2023年新增投入1亿元开展县域医疗卫生次中心建设，投入1600万元为51个脱贫县的100家乡镇卫生院购置救护车，消除救护车空白卫生院。投入3500万元为4300个脱贫县村级卫生室购置健康一体机，增强村卫生室服务能力。四是稳步提高医疗保障水平。逐年提高城乡居民基本医保财政补助30元/人，2023年达到640元/人，各级财政补助339亿元，推动人人享有基本医疗保障。加大医疗救助力度，省财政每年安排医疗救助资金3.4亿元，资助困难对象参加居民医保，给予住院救助。进一步完善职工基本医疗保险门诊共济制度，方便群众看病，减轻群众就医负担。推进重特大疾病救助，建立罕见病用药保障机制，有效防范困难大病患者因病致贫返贫。建立医保基金直接结算医药货款制度，提高医药保障能力。投资2.4亿元支持全省医保信息平台二期工程建设，用大数据支撑大服务、大监管。推进医保支付方式改革，支持推行以按病种付费为主的多元复合式医保支付方式，促进DRG/DIP支付方式改革覆盖所有统筹区。配合开展医疗服务价格动态及时调整。五是支持实施重点民生项目。2023年安排9600万元推进48家县级妇幼保健院标准化建设；安排5510万元对100万名农村适龄和城镇低保适龄妇女开展"两癌"免费检查，安排4000万元为30万名孕产妇提供免费产前筛查以及为30万名新生儿提供先天性心脏病免费筛查，安排4000万元开展全省尘肺病患者救助。

三、坚持改革创新，稳步推进养老保险改革

以落实企业职工基本养老保险全国统筹为引领，深化养老保险制度改革，进一步完善和规范了相关配套制度。一是积极落实改革任务。深入推进企业养老保险省级统筹改革，推动企业职工基本养老保险全国统筹实施落地。科学设定"征缴收入、缴费人数、平均缴费基数"三项目标任务，明确省与市县责任分担机制，牵头出台《湖南省企业养老保险责任分担机制》。二是严格基金预算管理。按照中央统一安排，研究制定各险种分区域社会保险基金预算绩效目标，强化预算绩效管理。积极推进社会保障资金信息管理系统纳入预算管理一体化整合工作，以常德为试点，推动社保信息系统与一体化系统、人社税务医保系统进行数据联通。规范有序开展社保基金预决算和会审工作，持续加强社会保险基金预算编制、预算执行、绩效管理，提高预算管理约束力，切实防范社会保险基金运行风险。三是规范被征地农民社会保障。会同有关部门出台《关于进一步做好被征地农民社会保障工作的通知》，明确"当期可承受、未来可持续"和"谁征地、谁负责、谁处理"的基本原则，按照"省指导、市州负责、县市区实施"分级负责要求，全面落实被征地农民社保补贴，全力维护被征地农民权益，确保被征地农民当前生活有改善、长远生计有保障。四是强化基金监督管理。按照中央统一安排，扎实开展社保基金领域重点民生资金专项整治行动，查摆问题、建立台账、持续跟踪、推进整改，进一步筑牢基金安全防线。会同相关部门出台《湖南省社会保险基金监管条例》，进一步加强基金监督管理制度建设。五是提高待遇保障水平。城乡居民养老保险基本养老金最低标准在中央提标5元/月基础上，省级提标8元/月，达到131元/月；根据中央统一安排，按照定额调整、挂钩调整、倾斜调整相结合的办法，实施企业和机关事业单位退休人员统一同步调整，提高退休职工基本养老金水平。

四、坚持底线思维，兜实兜牢民生底线

社会救助是民生保障最后一道防线，事关群众基本生活和衣食冷暖，省财政历年来高度重视社会救助工作。一是稳步提标扩围。按照"小步快走"的思路，结合经济形势和财力状况，科学扩大保障范围、提高保障标准。城乡低保标准省级指导标准分别提高到650元/月、5000元/年，特困人员基本生活保障标准同步提高，散居孤儿1100元/月、集中养育1500元/月；困难残疾人生活补贴和重度残疾人护理补贴提高到80元/月。二是健全体制机制。印发《湖南省财政厅 湖南省民政厅关于完善困难群众救助资金保障机制的通知》，建立健全社会救助"三项机制"，即：困难群众精准认定机制、救助标准动态调整机制、支出责任科学分担机制，加快构建覆盖全面、分层分类、综合高效的社会救助体系。会同省残联印发《湖南省残疾人辅助器具适配补贴实施办法》，建立"自主申报、精准适配、分档补贴"工作机制，调动了残疾人积极性，杜绝辅助器具资源浪费。健全残疾人托养照护和康复服务体系，修订完善残疾人托养服务工作补贴办法，困难残疾人家庭无障碍改造13084户、康复救助残疾儿童18528人。三是加大困难群众基本生活保障省级投入。科学调整困难群众救助省与市县支出责任，分担方式由"上级补助、市县兜底"调整为"除中央补助资金外，省定标准内所需其他资金由省与市县按比例分担"。调整分担方式后，困难群众救助资金省级财政投入同比增长43.18%。四是加快推进养老服务体系建设。财政支持纳入省政府重点民生实事，养老机构新增5746张护理床位，33194户特殊困难老年人居家适老化改造，均超额完成任务。鼓励引导各地开展老年助餐服务，全省各级累计投入资金6000余万元，城市主要依托社区养老服务设施和养老机构拓展助餐服务，农村依托村级互助养老服务设施开展助餐服务，重点满足高龄、孤寡、空巢、失独、特困老年人的用餐需求。支持娄底市成功获得2022年国务院养老服务体系建设督查激励，获中央财政奖励1000万元，支持长沙、娄底获批国家居家和社区基本养老服务提升行动试点。

五、坚持用心用情，强化退役军人服务保障

秉持"服务退役就是服务现役，保障后方就是支援前方"的理念，支持保障退役军人事务工作。一是全力保障退役军人权益。2023年优抚对象生活补助标准提高4%，省级配套安排补助资金4亿元左右。高效完成退役军人社保接续结算工作，全省各级财政实际拨付补缴资金85613.46万元，全省19.7万退役军人享受政策红利，在全国排名第4位。此项工作湖南被中央领导小组点名表扬，社会保障处也被评为省级"部分退役士兵社保接续工作先进单位"。二是全面提升优抚服务能力。会同省退役厅全力支持娄底市康复医院成功申报2023年中央专项彩票公益金支持优抚医院能力提升项目，争取中央资金1800万元。全省通过财政专项资金、福彩公益金累计投入3亿余元，支持优抚医院、光荣院提质改造，改善疗养条件，积极开展短期疗养、医疗巡诊和送医送药活动，惠及优抚对象5万余人次。三是支持做好烈士褒扬工作。省级预算安排500万元，支持开展"一户一策"关爱烈士父母行动，精准服务全省1125位烈士父母，重点帮扶126位孤老、失能以及58位享受低保的烈士父母。安排专项经费支持开展"异地烈士寻亲"和烈属异地祭扫活动，引导社会公众铭记英烈功勋，弘扬英烈精神，营造了全社会优待尊崇军人的良好风尚。四是建立健全服务保障体系。在全国率先明确"五级"退役军人服务中心（站）运行经费保障责任，省财政每年安排6000万元，用于乡镇级退役军人服务站运行保障，推动退役军人服务保障"五有"落实落地。高质量完成财政部《国际退役军人权益保障政

策研究及对中国的启示》调研课题,配合省退役厅迎接国家退役军人事务综合督查,督查组对湖南省退役军人服务保障工作给予了充分肯定。

六、坚持固本强基,夯实干部队伍建设成效

以主题教育为契机,持续加强作风建设,全面提升干部队伍综合素质。一是坚持党建引领。将党建与社保业务深度融合,围绕"学思想、强党性、重实践、建新功",结合社保工作实际,扎实开展主题教育,将学习转化为坚定信念、锤炼党性和指导实践、推动工作的强大力量,不断加强党支部建设,服务打好打赢"重点民生保障仗",推动财政社保各项工作进位争先、走在前列。认真落实"三会一课"、组织生活会和党员民主评议党员等制度,组织党员干部赴寻淮洲、李立三故居开展主题党日活动,弘扬伟大建党精神,引导党员干部坚守初心、保持本色。"七一"总结表彰大会上,支部书记汪曙光以《不忘初心担使命 踔厉奋发见精神》为题作经验交流发言。二是强化作风建设。积极贯彻落实中央和省委、省政府决策部署,推动各项社保政策执行落地,做到"一条心"聚众力、"一股劲"涉险滩、"一盘棋"解难题。一方面积极争取中央政策和资金支持,全年4次接待财政部社保司来湘调研,涵盖居家和社区养老、医疗服务体系建设、公立医院高质量发展、居民医保参保、新业态就业、老年助餐、殡葬改革、烈士纪念设施建设和维护等工作。我们的工作得到宋其超部长助理肯定性批示——"湖南省财政社保工作有思路、善作为、亮点多、成效大,许多做法值得借鉴"。另一方面,切实解决好群众最关心最直接最现实的利益问题,全力支持办好新增城镇就业、妇幼健康守护行动、养老机构护理型床位建设、困难老年人适老化改造、困难群众救助补助提标、残疾人关爱服务等重点民生实事。每月定期组织党员干部开展集中学习,整治影响工作推进的突出问题,增强适应新形势新任务的能力和水平,推动各项重点工作落地见效。三是深化调查研究。聚焦短板弱项、聚焦群众期盼,精准选择困难重度残疾人照护、重点群体就业、基层医疗卫生机构建设作为调研重点。何伟文厅长带队,省财政、民政、残联组成联合调研组深入长沙、株洲、邵阳、湘西等地开展专题调研,考察了解困难重度残疾人照护服务工作现状、分析了面临的主要困难和问题,湖南卫视、经视等媒体对调研工作进行了专题报道。形成《关于我省重度残疾人照护情况的调研报告》呈省委、省政府主要领导参阅,受到省领导高度肯定。沈晓明书记批示"重点是重残,有返贫风险的是重中之重,要有顶层设计,有制度安排。既要尽力而为,又要量力而行"。四是加强业务培训。在长沙县成功举办全省社保系统业务培训班,培训全省财政社保干部近300人,聚焦当前财政社保领域难点、重点、热点、堵点,精心安排课程,何伟文厅长到会讲话,处领导带头上课,邀请审计厅社保审计处负责同志讲解审计问题,基层同志反响较好。梳理近五年财政社保政策,编印了《湖南省财政社保政策汇编》,指导、帮助大家熟悉、掌握政策,全面提升全省社保干部队伍业务水平和综合能力。

(湖南省财政厅社会保障处供稿)

企业财政财务管理工作

2023年,企业处深入贯彻党的二十大精神和省委、省政府决策部署,以"三高四新"美好蓝图为目标,以统筹发展和安全为方向,紧紧抓住先进制造业高质量发展、国企国资管理、应急管理相关工作,踔厉奋发、团结奋斗、砥砺奋进,主动担当作为,坚定实干步伐,用实绩实效赋能湖南省经济社会高质量发展。

一、抓产业、强基础、促提升

认真贯彻省委、省政府决策部署,抓住"四个着力点",统筹优化专项支出结构,提升产业发展质量,全力以赴打造国家重要先进制造业高地。

(一)提升产业项目支撑力

立足财政职能服务产业专班,推动企业扩产扩能、转型升级,夯实稳增长基础。安排4.7亿元支持"十大产业项目""万千百"工程重大项目建设,对具有重大支撑和引领作用的制造业项目给予贷款贴息,共计支持重点产业类项目290个,带动工业投资562.5亿元,新增工业税收69.2亿元。安排3.95亿元落实普惠性的工业企业技术改造经济效益增量奖补,聚焦支持工业转型升级项目260个,带动新增技术改造设备投资163.04亿元,项目达产后年新增工业税收超过86.92亿元。

(二)提升科技创新牵引力

打造高能级产业创新平台。统筹1.1亿元支持"4+4"科创工程和国家先进轨道交通装备创新中心。实施创新强基工程,增强产业链供应链韧性,安排1.52亿元

支持先进制造业关键产品"揭榜挂帅"攻关项目60个，支持拉动企业投资64.6亿元，安排1.22亿元支持"五首"创新产品项目180个，安排0.76亿元支持产品创新强基项目76个，推动核心技术攻关，带动技改投资增长，增强企业内生动力。

（三）提升新增长点竞争力

规范用好国省资金7.6亿元，支持新能源汽车产业创新发展和充电基础设施建设；统筹5.8亿元深入开展"智赋万企"专项行动，支持企业数字化、智能化改造项目；支持分行业的工业互联网平台建设，鼓励中小企业"上云上平台"，综合提升产业数字化发展水平，争取中央资金1.1亿元支持长沙市实施中小企业数字化转型城市试点。报省政府批准将原移动互联网产业发展专项支持政策调整支持数字产业，推动出台先进计算、音视频"双十条"专项政策。

（四）提升财金联动共振力

从省先进制造业高地建设专项资金分5年对省级政府引导基金出资15亿元，初步形成制造业领域子基金群设立方案。从有关专项分5年出资1.5亿元参股国家JM-RH产业投资基金（二期）。落实2023年省级对国家制造业转型升级基金出资的3亿元。国家有关基金返投湖南省超过62亿元，并在央企对接、行政审批方面对湖南省企业给予大力支持。

二、抓改革、育动能、促转型

深入实施国企改革，谋划国企改革新发展，推进建立现代企业制度。

（一）全面深化国资国企改革

通过财政资金引导，支持国有企业建立现代企业制度，提高核心竞争力，增强核心功能。加强企业财务监管，指导企业有效降低资产负债率，规避和防控债务风险。安排资金2亿元支持退休人员社会化管理、职教幼教、市政设施移交等剥离办社会职能工作，解决国有企业历史遗留问题，有效减轻企业负担，切实提高国有企业活力和竞争力。

（二）推动重点企业改革发展

整合资金、资产、资源，支持重点企业做大做强。推动省高速公路集团市场化转型，促进企业可持续发展；安排长株潭城际铁路运营贴息资金0.6亿元，支持健康运营；研究区域合资铁路公司财政支持政策，稳妥推进湖南区域合资铁路公司组建工作，支持湘铁公司可持续运营发展。

（三）完善国有资本经营预算管理

一是国有资本经营预算收入规模稳步增长。2023年国有资本经营预算收入33.88亿元，较2022年增长1.74%。中部六省排在第三位。二是国有资本经营预算支出结构持续优化。积极支持组建港航集团、湖南医药集团，大力支持湖南钢铁集团硅钢、精品钢项目，湖南高新创投高纯稀土金属靶材及高端稀土合金等优势产业项目，发挥国有资本经营预算的产业引领功能。三是研究制订划转部分国有资本充实社保基金的承接主体管理费用方案并报省政府审批同意后实施。2023年社保基金专户国有股权入账价值约为1106亿元。

（四）提质国有企业财务信息管理

一是圆满完成国有企业财务会计决算工作。完成《湖南省国有企业名录》首编工作，顺利通过财政部组织的2022年度国有企业财务会计决算验审并获财政部通报表扬。二是有序开展国有企业经济效益月报工作，发挥国有企业财务信息对政策制定的支撑作用。

三、抓民本、强保障、促安全

以防范化解重特大灾害事故风险为主线，积极推进应急管理体系和能力现代化。

（一）支持做好安全生产"加减法"

一是"加"监督管理。按照"保重点、稳安全、促发展"的原则，优化省安全生产专项资金支出结构，聚焦支持安全生产重点环节领域能力提升。二是"减"落后产能。落实1.3亿元支持沿江化工企业搬迁改造、煤炭和烟花爆竹行业淘汰落后产能，推动高危产业供给侧结构性改革。

（二）助力重点受灾地区顺利度汛

坚持以人民为中心，统筹全省财政自然灾害救灾资金4亿元，助力保靖县、古丈县、桑植县、石门县等地区顺利度汛，切实解决全省180.3万受灾群众年底基本生活困难，帮助受灾群众温暖过冬。

（三）保障提升重点领域现代化救援水平

一是安排1.58亿元用于支持国家综合性消防救援队伍建设，成功将永州市纳入中央航空消防租机2024年补助范畴，提升消防救援实战能力。二是推动将国家矿山应急救援郴州队等4支队伍纳入国家队序列和支持范畴，争取中央资金2.08亿元全力提高应急救援队伍建设水平。三是充分利用中央安全生产和应急救援、自然灾害防治技术装备现代化政策，争取资金1.69亿元重点支持危化品、尾矿库、煤矿及非煤矿山风险监测预警信息系统建设，加强应急管理科技支撑，推动应急管理现代化建设。

（湖南省财政厅企业处供稿）

外经外贷财政财务管理工作

2023年，在厅党组的正确领导下，在各兄弟处室、单位的大力支持下，外经处（外贷办）深入学习习近平新时代中国特色社会主义思想，认真贯彻"三高四新"战略定位和使命任务，齐心协力，锐意进取，积极作为，取得了较好的工作成绩。

一、政治引领，党建工作有亮点

（一）加强政治学习

深入开展主题教育，严格落实"学思想、强党性、重实践、建新功"总体要求，切实执行"第一议题"制度，2023年开展政治学习20次。抓牢抓细"一月一课一片一实践"活动，组织赴中国共产党长沙历史馆、醴陵市李立三故居等地开展红色主题教育。创新学习形式，设立英语课堂，组织常态化每周英语培训学习，鼓励党员参加各类高层次培训，1人入选财政部对外财经人才库，1人入选省级财会金融领军人才。

（二）巩固支部阵地

对标建设"四强"党支部，从严抓好支部党建工作，从实规范支部组织生活，严格落实"三会一课"、党员民主评议、集中议事、组织生活会制度，支部书记带头讲党课，鼓励党员轮流讲"微党课"。制定意识形态风险责任落实清单，严密排查意识形态风险和统一战线工作风险隐患。加强支部阵地宣传，支部《以"四结合"推动主题教育工作落细落实》刊发于主题教育简报。

（三）开展"五创"行动

贯彻"三大一提升"行动部署，大力开展"五创"行动，切实推进专项绩效创"优"、资金改革创"效"、会展绩效创"设"、外贷管理创"新"、内部建设创"先"，《以"五创"提"五效"，全面提升外经贸资金绩效》刊发于《中国财经报》。

（四）筑牢廉政底线

抓实廉政教育，组织专题学习二十届中央纪委二次全会等有关会议精神，邀请驻厅纪检监察组给支部全体党员讲课，组织观看警示教育片和有关违纪违法案件通报，定期与党员干部廉政谈心谈话。开展廉政家访，邀请干部家属分享《算好人生七笔账，走完美好人生路》。改进工作作风，抓好"两带头、五整治"纠风防腐专项行动，自觉维护风清气正的政治环境。健全内控制度，严格执行不干预部门项目评审、不参与部门政府采购、不扰乱基层财政分配"三不"制度。

二、创先争优，资金争取有成效

（一）项目资金管理有成效

高度重视项目储备工作，加强项目调度，积极对上衔接，全力争政策、争项目、争资金，得到了财政部相关司局的肯定和支持。2023年，在西安举办的全国财政经建工作会议上，财政厅"以四个强化推动内外贸高质量发展"为主题作典型发言，是全国唯一一个外经贸工作典型发言省份。10月，在全国外贷管理培训会上作经验交流。湖南省中央服务业专项资金管理经验《"四盯"促"四保" 全力提升中央服务业资金使用实效》登载在财政部《财政信息》。

（二）项目资金争取有成效

外经项目方面。2023年，中央外经贸口共有两个竞争性立项项目——中央外经贸提质增效、城市应急保供体系建设两项试点，湖南省全部入围，全年共争取中央资金超过8亿元，同比增长26.6%。

外贷项目方面。2023年新获批4个外贷项目，共计争取外贷资金8.3亿美元。其中，新开行贷款湖南常德港德山港区多式联运枢纽工程建设项目贷款额度4.5亿美元，为全省最大单体贷款项目。完成世行贷款两个农业项目谈判，贷款额度4.25亿美元，超过过去40年世行农业外贷项目资金总和。世行乡村振兴地方政府治理能力提升项目进展顺利，累计实现提款报账9446万欧元，实施进度被世行团队认为"超预期"。

三、服务中心，高地建设有力度

（一）完善自贸试验区财政支持政策

坚持问题导向，由祝孟辉副厅长带队先后赴自贸试验区长沙、岳阳、郴州片区以及海南、福建等地开展深入调研，拟定自贸试验区财政支持政策"升级版"20条，以更大力度鼓励制度创新、凸显对非特色、支持实体发展，更好服务自贸试验区提升战略实施。

（二）支持外贸稳发展

出台《湖南省中小微外贸企业出口便利优惠融资办法》，优化外贸融资政策，设立1亿元风险补偿资金，帮助中小微外贸企业降门槛、降成本。推动出台《关于促进跨境电商高质量发展的若干措施》，安排5000万元支持跨境电商高质量发展。支持企业开展汇率避险，设立5000万元的汇率避险产品政府风险补偿资金，降低出口企业运用汇率避险产品成本，减少因汇率波动造成的损失。

（三）健全国际贸易通道体系

2023年，省财政安排资金5亿元，积极构建以国际航空客货运、中欧班列、江海联运、湘粤非铁海联运和怀化东盟货运五大通道为主的国际物流通道体系。在全国第一个出台国际客运复航"先飞先奖"政策，为加快恢复我省国际人流物流抢得先机。出台新的中欧班列补贴政策，创新引入"基础+绩效"制度，财政补贴实现退坡，长沙中欧班列实现稳1000列，位居全国前列。

（四）创新支持招大引强

2023年，省财政统筹安排资金4.65亿元，支持招商引资，推动补贴资金拨改投，加快设立产业投资促进子基金群，以基金投资招引产业链上下游企业来湘布局，推进财政资金由政策招商向资本招商转变。

四、创新支持，消费增长有成效

（一）推动出台促消费20条

配合出台《落实"稳增长"20条进一步恢复和扩大消费若干政策措施》，从加大促消费补贴、引导新能源车等重点领域消费、加快创新消费场景和平台建设、加大商贸企业和品牌支持力度四个方面发力，推出20条促消费措施，助推全省消费恢复扩大。

（二）支持"一刻钟"便民生活圈建设

支持怀化市、长沙市、常德市先后入选全国"一刻钟"便民生活圈试点城市。安排3000万元，用于"一刻钟"便民生活圈建设，支持品牌连锁店进社区、社区市场标准化、智慧化改造，推动生活圈数字化转型。

（三）开展重大促消费活动

安排2.7亿元，支持开展新能源汽车促销活动，2023年3月、9月先后开展了两期"惠购湘车"汽车促销活动，对个人消费者报废在湖南登记注册的符合相关标准的家用汽车并在省内购买家用汽车符合条件的，给予3000-8800元不等的现金或消费券补贴。截至2023年11月底，全省社会消费品零售总额1.8万亿元，同比增长5.9%。

五、深化合作，重大活动有影响

2023年是疫情恢复后第一年，国际财经交流、重大展会活动大幅增加。2023年共接待国际金融组织来访30批次，其中局长（首席代表）以上级别的12人次。

（一）全力支持办好第三届中非经贸博览会

推动市场化办展，参展商达1500家，较上届增长70%，馆内累计意向成交额4亿美元较上届翻番，观展人次突破10万，各方签约项目累计120个、金额103亿美元，参会规模、参展商品、签约项目均创下三届博览会之最。其中，财政厅牵头负责的市场化收入达2955万元，为上届的2.5倍。

（二）首次联合主办亚太绿色低碳发展高峰论坛

2023年9月，来自国内外政府部门、国际组织、学术界和企业界等领域的1000余名嘉宾参加论坛，参会专家、嘉宾、网上浏览人数均创历史新高，已成为亚洲开发银行年度旗舰项目。

[湖南省财政厅外经处（外贷办）供稿]

金融财政财务工作

2023年是全面贯彻党的二十大精神的开局之年，是三年新冠疫情防控转段后经济恢复发展的一年。金融处以党的二十大精神为指引，紧紧围绕助力打好发展六仗目标，加强财政金融协调联动，调整优化资金支出结构，深化金融供给侧结构性改革；切实履行国有金融资本出资人职责，推动国有国企做优做强；推进PPP项目管理专项工作，有效防范财政金融风险，各项工作有序推进。

一、深化国资国企改革，助推企业做优做强

以推动省属金融企业深化改革为主线，通过完善制度体系、深入调研、强化日常监测等方式，夯实国有金融资本管理基础，推动省属金融企业不断提高核心竞争力、增强核心功能，发挥省属金融战略部队作用。

（一）把握出资人管理职责，推动湖南银行稳健经营

一是确保湖南银行平稳过渡。圆满完成毛伟明省长年初赴湖南银行揭牌暨调研活动，湖南银行正式揭牌亮相。根据省委、省政府工作部署，成立湖南银行工作专班，在银行党委会未完成组建的情况下，由专班代党委会履行"三重一大"事项前置研究工作，确保银行顺利回归、平稳过渡。二是建立湖南银行管理制度体系。以管资本为主，坚持市场化、法治化原则，充分尊重企业经营自主权，从方向、制度、绩效、薪酬、预算等方面加强对湖南银行的监管。提请厅党组会审议并印发湖南银行管理办法、绩效评价办法，制订三年薪酬周期性管理方案。会同中央汇金、财信金控等主要股东以及行业监管部门多轮磋商研究，指导银行顺利完成公司章程修订工作。三是支持银行高质量发展。建立湖南银行与业务处室点对点沟通联络机制，调研分析银行当前发展遇到的困难与梗阻，会同有关处室研究制定《关于支持湖

南银行加快发展的若干举措》。推动银行与国际知名战略咨询机构波士顿共同协作，加快制定五年战略规划。一年多来，银行关键经营指标实现"五升三降"，资产总额达5035亿元，同比增长12.21%；全年实现净利润32.91亿元，同比增长6.64%，不良贷款率同比下降0.13个百分点。

（二）编制三年改革实施方案，提升企业发展内生动力

根据中央及省委、省政府关于深化国资国企改革的决策部署，以提高核心竞争力和增强核心功能为重点，针对当前省属金融企业资本体量较小、核心主业偏弱、精耕本土不足和金融科技发展滞后等问题，会同财信金控、担保集团和湖南银行从加强党的建设、加快业务转型、提高风险防控能力等方面，研究制订"深化改革、优化主业、转型升级"的三年改革实施方案，明确未来改革发展重点，财信金控聚焦数字化转型，做优做强综合金融服务；担保集团坚守准公共定位，实现保本微利；湖南银行坚持本土化经营，市场化发展。改革方案经厅党组会审议通过，专报毛伟明省长审定批示"赞成下步五项工作安排"。

（三）坚持问题为导向，全面开展国有企业大调研

深入贯彻落实省委十二届四次全会精神，根据省委推动高质量发展大调研工作安排，由省人大常委会党组成员、副主任陈飞同志领衔，财政厅和省国资委具体牵头组建调研组，按照"深、实、细、准、效"要求，坚持问题导向、坚持求实求是，以建设一流现代企业的目标，就企业如何发挥核心功能、增强核心竞争力、服务现代化产业体系和风险防控等方面开展调研，紧扣制约企业高质量发展的瓶颈问题，针对性提出政策建议。历时一个半月，召开近40场座谈会，覆盖所有省属国有企业（21户）、金融企业（5户）、7个市州和3个省直厅局，实现多层次、全覆盖，高质量完成《省属国有企业金融企业改革发展存在的突出问题和对策》和三张问题及建议清单编制工作，并专题向省委汇报，获充分肯定。

（四）强化监督管理职能，实现全链条动态穿透式监管

一是强化过程监管。严格执行经营管理情况实时监测和按月报告机制，按月调度省属金融企业经营情况，汇总形成专报后报送省委书记、省长和常务副省长。二是推动联合监管。加强与行业监管、巡视巡查、纪检监察、审计等部门交流贯通，形成监管合力。深入开展"靠企吃企"和"假央企国企"等专项整治行动，督促企业开展全面自查自纠，推动企业拉条挂账逐项整改，以整改促发展，全面强化内部管控、合规经营。三是加强资产监管。组织各省级金融企业、各市县财政部门全面梳理金融企业国有资产管理情况，并代表省政府向省人大常委会专题报告了2018-2022年金融企业国有资产管理情况（五年一次）。会后根据省人大常委会反馈意见，会同相关省直单位和市县财政部门制定审议意见处理方案，省人大领导对我厅拟订方案作出批示"省财政厅的这份回复意见既有落实措施又有责任单位，非常务实"。截至2022年底，全省占有国有资本的金融企业共205户，涉及资产总额3.28万亿元，所有者权益3471.3亿元，其中国有资本及权益总额2327.5亿元，近五年年均增长26.8%，国有资本保值增值率105.8%。

二、完善财政金融支持体系，推动协同精准发力

全年累计下达中央及省级资金49亿元，综合运用保费补贴、降费奖补、风险补偿、贷款贴息等政策工具，推动普惠金融工作高质量发展。

（一）制定三项制度，完善政策支持体系

一是围绕打好发展六仗，制定《财政金融协同联动助力打好"发展六仗"的若干措施》，整合集成分散各口的相关资金和政策工具，提出了5个方面18条干货措施，推动调整财政资金支持方式，优化金融资源投入方向，打好政策协同"组合拳"。二是围绕优化金融服务，修订印发《湖南省金融发展专项资金管理办法》，明确了债权融资担保增信和风险补偿、多层次资本市场建设奖补、完善金融服务体系奖补等3大支出方向，统筹资金支持建立起政策性融资担保业务保费补贴长效机制，以及环境权益抵质押融资等债权融资风险补偿机制。三是围绕提升资金效益，修订印发《湖南省农业保险财政奖补管理办法》，根据财政部保费补贴管理办法，结合省以下品种农业保险业务市场化改革试点精神，明确保险品种奖补范围和标准、各级财政资金分担、预算管理各项规定、绩效考核要求、监督检查等内容。

（二）聚焦三个重点，推动中央普惠金融政策落地生效

一是聚焦重点区域，按照财政部关于普惠金融发展示范区的绩效考核要求，认真组织申报和遴选，推荐娄底、沅陵、宁乡3市县成功获批中央支持的普惠金融发展示范区。支持3个示范区先行先试，大胆创新，努力探索，形成一批可推广、可复制的普惠金融经验，娄底市"金融超市"、沅陵县农村金融服务中心和宁乡"百只基金进园区"等改革成效正积极呈现。二是聚焦重点群体，致力于保就业、促创业，落实创业担保贷款贴息政策，支持高校毕业生、返乡创业农民工等重点群体就业创业。深入市县开展系统调研，针对政策执行过程中的难点与堵点，研究优化奖补政策，提高创业担保贷款支持的精准度。2023年安排贴息资金3.8亿元，支持新发放创业担保贷款约51亿元，新增带动就业约12.7万人。三是聚焦重点领域，致力于稳增长、扩需求，推动制造业、社会服务等领域设备更新改造贷款贴息政策快速落地，发放贷款70.34亿元，支持项目122个，拨付贴息资金1.27亿元。

（三）畅通三个渠道，缓解市场主体融资难题

一是加大债权融资增信支持。推动全省政府性融资担保体系建设，纳入再担保体系的担保机构达到62家，在保余额773.0亿元，在保户数9.4万户，平均担保费

率降至0.76%。提质扩面推进"潇湘财银贷",累计安排保证金10.9亿元,推动85个市县落地,引导合作银行向园区小微企业投放贷款86.3亿元,放大倍率达7.9倍。支持省担保集团针对信用贷款开发"银担普惠信用贷"专项产品,累计发放贷款88.3亿元,首贷率达到31.7%。二是完善股权融资引导机制。积极配合推动省级政府投资引导基金体系改革,探索设立产业投资引导基金、天使投资引导基金。加大股权投资类企业奖补,对符合条件的私募股权投资基金管理人、私募股权投资基金和创业投资企业,在全省投早投小投科技,最高奖补限额提至500万元。2023年安排2459万元,引导支持10家机构投资本省科技型企业7亿元。三是强化资本市场募资培育。落实多层次资本市场建设奖补政策,安排奖补资金10984万元,对上市、挂牌、股改的383家企业进行奖补,加快推进"金芙蓉"跃升行动计划。

(四)推动三项改革,提高农业保险服务质效

一是聚焦承保机构遴选机制改革。联合省农业农村厅、国家金融监管总局湖南监管局修订印发《公开竞争性遴选政策性农业保险承保机构实施办法》,调整优化分包选包规则和评审指标体系,按照"省级规划督导、市级统一组织、县级划分标包"的方式,在全国率先完成新一轮服务周期(2023-2025年)中央品种承保机构遴选工作,整个过程平稳有序,各方反响良好。二是聚焦农业保险运行模式改革。积极探索省以下特色品种农业保险业务市场化改革,坚持政府部门"不增设准入门槛、不参与条款设计、不固化支出责任"的三不原则,建立"保费补贴、超赔补偿、绩效奖补"三补机制,大幅压减补贴比例、降低财政支出责任,统筹节约资金通过市场化奖补的方式增加品种、扩大范围、提升服务,大大激发了农业保险市场的竞争活力,先后有山东、山西、江西等8个兄弟省份来财政厅调研学习经验做法。三是聚焦服务水平绩效评价改革。落实年初张迎春常务副省长关于加大农业保险工作绩效奖惩力度的指示精神,结合"绩效管理提升年"专项行动部署要求,联合相关部门制定出台《关于改革完善财政引导和绩效奖惩机制全面提升农业保险服务质量的实施意见》,明确了"市县自主评价、省级综合评价、重点抽查评价"三位一体的承保机构绩效评价机制,组织中介机构赴10个县开展重点抽查评价,委托省统计局民调中心按照"机构均衡、业务均衡、区域均衡"的原则随机抽查1万户农户开展电话回访,加强绩效评价结果的运用。2023年各级财政安排补贴资金38.67亿元,保费规模62.69亿元,其中水稻承保4422万亩、16.35亿元、覆盖率75%;育肥猪承保4136万头、16.54亿元、覆盖率66%;拓展市场化险种82个,保费规模12.83亿元。全省农业保险工作在财政部绩效评价中获评一等第二名,相关改革成效获《中国财经报》宣传推介。

三、坚持党建引领,着力锻造高素质干部队伍

坚持党建和业务两手抓,实现强党建和强队伍两手硬,干部履职能力不断提升。

(一)着力打造学习型干部队伍

严格落实"第一议题"制度,精心策划跟进学习,通过阅读报刊、专题讲座、参加网上专题学习班等方式,并结合"一月一课一片一实践"等活动,强化理论武装,全年汇编学习资料44册,每周一上午定期召开学习会。深入开展学习贯彻习近平新时代中国特色社会主义思想主题教育,做好主题、形式、载体三篇文章,取得良好效果。其间共编制主题教育系列学习资料18期,内容涵盖《习近平著作选读》第一卷和第二卷。组织集中统一系统学习中央金融工作会议精神以及习近平总书记关于金融工作的重要论述,强化在实际工作中的运用。

(二)推动党建和业务融合发展

通过实地考察、座谈交流等方式,开展形式多样的主题党日活动,深入红色革命基地、深入基层,学理论、知党史、识民情。3月赴新化县龙湾村通过送政策下乡、访贫问苦等方式助力乡村振兴战略。6月赴岳麓书院开展学习教育活动,实地感悟学习实事求是湖湘精神。7月赴刘少奇故居参观学习,在共同朗诵《论共产党员的修养》选段中,感受老一辈革命家的高尚品格和革命精神,并召开中央普惠金融示范区建设现场推进会。9月赴湘西州花垣县十八洞开展主题党日活动,感受精准扶贫首倡地近年来翻天覆地的变化,同步召开普惠金融政策座谈会和PPP项目问题整改推进督导会。

(三)加强财政干部队伍建设

引导青年干部学习传承财政文化,争做财政文化的传承者、弘扬者、践行者。在处内重要岗位设置AB角,做到"不缺位、不掉线"。积极参加"财政讲坛""青年沙龙"活动,提升专业能力。鼓励处室年轻同志多思考、多动笔,深入基层开展调研,积极争先创优。2023年全处申报《锚定"三高四新"美好蓝图 推动国资国企高质量发展—省属国有金融企业调研》《关于支持湖南银行高质量发展的调研》《关于我省创业担保贷款及贴息政策实施情况的调研》等调研课题4个,调研成果部分已转化为政策措施。支部同志在权威党建媒体发表文章2篇,如尹剑锋同志撰写的《让青春在习近平新时代中国特色社会主义思想的指引下绽放绚丽之花》在《机关党建》杂志发表。

(四)持续推进清廉处室建设

全面落实从严治党要求,把廉政教育学习融入日常、抓在经常,发挥长效。通过组织学习典型案例、观看警示教育片及集体廉政谈话等形式对干部进行教育引导,以"廉政教育月"活动为契机,深入开展"十个一"活动,组织观看《忠诚与背叛——2022湖南反腐警示录》《于谦——要留清白在人间》等廉政教育片,增强警示教育感染力、感召力和震慑力,注重以身边事警醒身边人。紧跟三湘风纪网发布动态,每周在全处范围及时学习省纪委监委工作通报,时刻绷紧干部的"廉洁弦"。

(湖南省财政厅金融处供稿)

政府债务管理工作

2023年,湖南省财政厅政府债务管理处(省债管办)坚决贯彻落实习近平总书记有关债务重要论述和指示批示精神,冲锋在攻坚克难最前沿,奋斗在改革发展主战场,坚守在维护稳定第一线,牢牢守住了不发生系统性风险底线。

一、严控增量化解存量

在财政收支紧平衡难平衡情况下,千方百计拓展化债空间,一以贯之严控债务增量。组织各级多渠道筹集资金,用好相关支持政策,超额完成化债任务。"无来源不立项",对市县重大政府投资项目实行资金来源评估,优化评估办法分类分档提级复核。开展债务领域财会监督专项行动,联合省纪委监委深入开展违规举债虚假化债专项监督,落实政府隐性债务问责机制。

二、管好用好政府债券

全年发行政府债券4680亿元,是2022年的1.7倍,其中新增债券1718亿元,再融资债券2962亿元。健全全省统一的专项债券项目库,创新出台政府专项债券全生命周期管理办法,构建闭环管理机制。全年审核3000余个项目融资平衡方案,严把审核关口,提高项目质量。聚焦交通、园区、社会事业等重点领域,新增专项债券支持近900个项目落地见效,充分发挥扩投资、补短板、惠民生作用。

三、守住债务风险底线

打出政策"组合拳",优化债务结构,降低利息负担,严防债务"爆雷"。吃透中央政策精神,与5个部门15家银行开展多轮座谈,指导金融机构缓释融资平台到期债务风险。发挥政信资源引导作用,激励金融机构支持存量债务降息、展期、重组和置换。联合上海证券交易所、中国证券监督管理委员会湖南监管局等单位,举办公司债企业债专题培训班。

四、牵头打好"发展六仗"中的风险阻击仗

组建工作专班,5个牵头单位、10个成员单位同频共振,137个市县问题共答。聚焦高易发、高关联风险,制定政策、任务、项目"三张清单",明确"谋篇布局、加力提效、精准拆弹、稳定大局"四季主题。全年推动相关领域出台风险防控政策30余项,落实重点任务40项。开展"发展六仗"专项督查和省政府重点工作综合督查,赴市县、园区督导推进债务化解、非法集资防范等重点工作。建立会商机制,定期会商与及时会商相结合;建立调度机制,旬简报、月通报、季总结;建立应急机制,突发事件紧急协调;建立考核机制,纳入真抓实干激励范围。

五、建强支部战斗堡垒

扛牢"一岗双责",推动党建业务深度融合。深学笃行习近平新时代中国特色社会主义思想,严格落实意识形态工作责任制,确保意识形态领域安全。深入推进"三大一提升",开展大讨论4次,调研督导10余次。坚持党建与业务同部署,每年定计划、每月建台账、每周开例会。全年共开展主题党日活动14次,组织党员大会12次、支委会12次、党课6次、组织生活会2次,发展党员1名。处处谈廉政、常常讲纪律、时时敲警钟,强化内控建设。严管厚爱,开展集体生日、廉政家访等活动。获评"湖南省巾帼文明岗""厅机关清廉示范处室""厅先进基层党组织"等,党建经验在省直工委调研座谈会上推介,调研成果在厅"七一"交流会上分享。

[湖南省财政厅政府债务管理处(省债管办、县域融资中心)供稿]

资产管理工作

2023年,资产管理处聚焦打好"发展六仗",扎实推进国有资产管理各项工作,进一步加强制度建设和机制创新,加大国有"三资"盘活改革力度,开展省直机关单位国有资产专项治理,较好地完成工作任务。国有"三资"清查处置与管理改革得到财政部全国推介并作典型发言,国有资产年报排名全国第三。

一、以深化改革推进资产盘活，将"满盘沙"变"一盘棋"

在省委省政府高位推动、精心部署下，在全国率先启动国有"三资"清查处置与管理改革。全省盘活总规模达 2000 亿元，其中收益入库超 1000 亿元，为防风险、保民生、稳增长提供重要支撑。

（一）构建齐抓共管"大格局"

省委省政府高度重视，将国有"三资"管理改革列入省委全面深化改革重点事项，作为防范化解地方债务风险重要内容。一是高规格部署推动。省委书记、省长统筹调度、靠前指挥，带领相关省领导现场办公，以改革办法破解闲置十余年的办公区工程难题。常务副省长专题部署"三资"盘活工作，6 次召开会议实地督导，全省跑出改革"加速度"。二是高标准出台政策。省政府印发《全省国有"三资"清查处置与管理改革总体工作方案》，分领域出台 11 个实施方案，制定清查摸底、盘活任务"两张清单"，明确资源资产化、资产证券化、资金杠杆化"三项原则"，采取能用则用、不用则售、不售则租、能融则融"四种方式"，实现国有"三资"使用效益最大化。三是高效率协同联动。省级层面建立省长挂帅的工作协调机制，常务副省长牵头抓总，办公室设在省财政厅，下设行政事业、国企、自然资源和园区 4 个工作专班，系统推进改革。

（二）强化清查处置"大统筹"

明确盘活路径，摸清底数，科学分类，动态管理，高效处置，确保改革任务落实落细。一是全覆盖摸清家底。在全省部署开展清查处置专项行动，通过单位自查、系统核实、中介复核，对"金木水火土数"六类国有资源、五类国有资产、两类国有资金进行"起底式"清查，覆盖 2.7 万家行政事业单位、3945 家国企、139 家园区，实现账账相符、账实相符。二是全链条优化管理。开辟绿色容缺通道，解决产权确权历史遗留问题。推进产权电子化交易。依托预算管理一体化系统，搭建公物仓，实现跨单位、跨层级调剂共享。三是全过程强化考核。全面压实改革责任，将国有"三资"盘活工作纳入政府绩效考核和真抓实干激励，对成绩突出的给予奖励，将资产盘活成效与新增资产配置挂钩。加大财会监督力度，对出现问题的及时通报，对工作不力的约谈问责。

（三）做实挖潜增效"大文章"

破除体制机制障碍，激活资源、盘活资产、用活资金，实现经济效益和社会效益双提升。湖南省有关做法获《中国财政》《中国财经报》推介，岳阳市"三资"改革入选"2023 年国家治理创新经验典型案例"。一是让沉寂资源"用起来"。充分利用光伏、风力、砂石、水利等资源，推动资源由实物形态向价值形态转变，打造特色产业集群。比如，郴州市"向风而行"，以 300 万千瓦风力资源特许经营权，引进三一集团 200 亿元战略投资，将闲置园区打造成风电智能制造产业园，全年新增税收 6000 万元。二是让沉睡资产"动起来"。通过规范管理一批、处置变现一批、高效转换一批，实现闲置资产的有序流动。比如，清理三所省属高校、科研院所闲置的老基地、老院子，在盘活土地 800 余亩的同时，统筹所得收益集中支持岳麓山实验室等重大科创项目建设。三是让沉淀资金"活起来"。联合审计部门对单位资金实行穿透式监管，强化绩效结果运用，加大结转结余资金清收力度，两年累计盘活存量资金近 200 亿元，全部用于重点民生保障和债务化解。

二、以问题导向推进专项治理，使"小切口"促"大整治"

贯彻落实沈晓明书记、毛伟明省长在省直机关单位国有资产管理专项审计调查报告上的重要批示，赴湖北、河北和湖南"四大家"开展调研，会同省机关事务局组织省直机关单位专项治理工作，牵头开展国有资产起底式清查，配合推进省直机关后勤体制等相关改革。

（一）组织起底式清查，夯实资产信息系统基础

成立省直机关单位国有资产清查工作组，下发《关于开展省直机关单位国有资产清查工作的通知》，举办业务培训，聚焦房地车重点，"两上两下"全面摸底。厘清权属，逐项清查盘点土地 1364 宗、房屋 5274 处、车辆 5933 辆，全面、真实还原机关家底，实现账账、账实相符。

（二）划分管理单位清单，厘清财政与机关事务部门职能分工

对标国务院《行政事业性国有资产管理条例》，落实"放管服"改革要求，明确省财政厅负责省直行政和事业单位国有资产综合管理，直接管理除党政机关和参公事业单位以外的省直事业单位资产；授权省机关事务局实行单位清单式管理 497 家。

（三）启动国有资产专项治理，实行资产管理"六统一"

推动省政府印发《省直机关单位国有资产管理专项治理方案》，张迎春常务副省长出席动员部署会议，落实审计问题整改。由省财政厅统一牵头建章立制，完善"入口"到"出口"闭环管理；统一组织清查；统一资产信息系统，完善资产动态管理。省机关事务局统一单位权属登记；统一资产出租、调剂、转让等审批备案程序；统一将资产出租及处置收益按支两条线上缴财政。

三、以法治思维推进制度建设，让"一时好"变"长效好"

2023 年是国有资产管理制度建设年，全处着力完善国有资产管理制度体系，以制度管事、管资产。

（一）出台《省级行政事业单位国有资产交易管理办法》

弥补资产交易领域的制度空白，从国有资产交易适用范围、申请流程、公示时间及场所、实施方式、禁止性行为等方面，规范相关资产交易行为，提高资产交易

公开透明度。

（二）出台《省级行政事业单位国有资产评估管理办法》

优化评估项目核准、备案工作程序；明晰行政事业单位国有资产评估范围；界定监督管理与法律责任，有效防止国有资产流失。

（三）修订《省级行政事业单位国有资产处置操作规程》

细化处置管理流程，放出活力和动力；增加政策执行的可操作性，指导单位加强资产处置内部管理。

（四）出台《湖南省省级国有文物资源资产管理实施办法》

落实习近平总书记关于"要建立健全历史文化遗产资源资产管理制度"的要求，规范省级各类行政事业单位国有文物资源资产的取得、保管保护、使用、处置、报告等管理活动，提高文物资源资产利用效率。

（五）出台《湖南省行政事业单位大力推广新能源汽车的具体措施》

严格审核年度购车计划，量化长沙地区70%新能源汽车配备指标，助力生态文明建设。

四、以党建引领推进工作发展，聚"向心力"绘"同心圆"

把理论学习、调查研究、推动发展、检视整改等贯通起来，统筹开展"三大一提升"行动（系统大调研、综合大培训、干部大讨论、绩效管理提升年），把主题教育与财政重点工作有机融合、一体推进。

（一）坚持理论学习

全面深入开展学习贯彻习近平新时代中国特色社会主义思想主题教育，联系实际学、立足岗位学，知行合一、学以致用。认真研读党的二十大报告和党章，学习《习近平著作选读》，跟进学习习近平总书记最新重要讲话和文章。深化"一月一课一片一实践"主题党日活动，带头上讲台、讲专题党课，以身作则、以讲促学，谈学习体会。

（二）走深调查研究

按照中央和省委大兴调查研究重大部署，确定"国有资产资源盘活 助推高质量发展"课题，前往岳阳、湘西州、怀化等地区开展"系统大调研"。时任常务副省长李殿勋牵头国有"三资"盘活课题，使"系统大调研"成为转变工作作风、密切联系群众、强化责任担当的有效途径。

（三）认真检视整改

发扬"刀刃"向内的自我革命精神，坚持边学习、边对照、边检视、边整改。对标对表习近平新时代中国特色社会主义思想，系统梳理调查研究发现的问题、推动发展中的问题。组织召开专题组织生活会，全体支部同志特别是处领导带头把自己摆进去、把职责摆进去、把工作摆进去、咬耳扯袖、红脸出汗，严肃认真开展批评和自我批评，做到见人见事见思想。

（湖南省财政厅资产管理处供稿）

会计管理工作

2023年，湖南省全面推进现代会计管理体系建设，提升会计管理工作水平，在规范行业秩序、建设人才队伍、推进制度落实、发挥学会优势等方面取得一系列成效，为着力推动经济社会高质量发展、服务财政中心工作贡献财会力量。

一、聚焦行业秩序，提升综合监管效能

（一）持续深化专项整治

在优化行政许可流程的同时，持续发力、久久为功，以零容忍态度开展行业四项整治。整治过程坚持省市县三级联动、多部门协同配合、多环节核验比对等有效做法，2023年共检查代理记账机构1395家、处理处罚违规机构355家；核查会计师事务所319家、处理处罚违规事务所41家，有力震慑了违法违规行为。

（二）推广审计报告一码通查

"线上+线下"相结合对湖南省320家事务所的合伙人和工作人员开展培训，着力推动注册会计师行业统一监管平台使用，推广审计报告由平台自动赋验证码，为审计报告制作"身份证"，并针对"已赋码解密报告"撤回功能存在的漏洞完善相关制度，为源头治理"虚假报告、阴阳报告"打下了良好基础。

（三）强化部门协同监管

深度参与财会监督专项行动，与财政监督局等联合开展会计师事务所执业质量检查，严厉打击伪造审计证据、串通舞弊等严重违法问题，着力规范财务审计秩序，净化行业执业环境。积极参与湖南省惠农补贴资金重点抽查，处内同志带队完成郴州四县市区检查，为管好"钱袋子、账本子"、严肃财经纪律贡献专业力量。

二、做活人才文章，积蓄持久发展动能

（一）双管齐下做好人才选拔

一方面，做好专业技术职称考评。着重抓好防范舞弊、服务考生工作，圆满完成了2023年初级、中级、高级资格考试组考任务。进一步优化高级职称评审量分体系，完成近1200人申报参评的评审工作，参评专家、申报人员规模与评审组织难度均为历年之最。另一方面，加强高层次人才选拔。完成湖湘青年英才以及财政部学术、企业类中青年高层次财会人才选拔，共遴选青年英才25人，输送全国高端人才9人，为湖湘财会事业发展储备人才。

（二）坚持"三向"加强人才培育

坚持高端导向。秉持"价值引领、知识固源、能力提升"培养宗旨，完成湖南省第四届会计领军人才培养目标，组织首届湖南省财会金融人才年度集中培训。坚持基础导向。启动湖南省财会师资力量培训工程，目标是通过为期3年的培养，建设一支紧跟理论前沿、熟悉财会实务、契合基层需要的"县域小专家、财会小老师"队伍。2023年完成了首期142名学员的培训，多地学员参训后即担任了培训老师。坚持多元导向。启动湖南省高层次财会人才素质能力提升培训班，共组织140名省属和中央在湘企业、市州骨干税源企业财务负责人集中培训，推动企业财会人员战略思维提升、创新能力发展、理念方法转型。

（三）凝聚"三力"强化人才使用

开门问需聚向心力。从湖南省会计领军人才中选取部分代表座谈，开门问需、共话发展，共收集4个方面20余条具有前瞻性、建设性的建议，为更好用活高端人才出谋划策。高端讲堂显战斗力。开辟财会高端讲堂，录制5期新准则制度解读视频，将高端会计人才的专业优势、引领效应与视频号的传播优势充分结合。系列视频不仅成为"湖南财政"视频号的流量王，而且得到财政部、辽宁等省内外同行及驻村工作队高度认可，溢出效应凸显。专业指导强影响力。选聘一批政治忠诚可靠、专业能力突出、实践经验丰富的高端人才担任湖南省财会师资力量培训班导师，采取"讲+答+谈"模式，解决学员实务难题，发挥人才传帮带作用。

三、推进制度落实，赋能经济社会发展

（一）强化跟踪提效能，推进会计准则贯彻实施

建立覆盖面广、代表性强、长期稳定的准则制度实施问题反馈机制，充分发挥会计咨询专家"外脑"作用，对联点企业反馈的准则实施问题进行"点对点"指导，推动企业会计准则有效执行。全年共收集问题74个、典型案例3个。

（二）立足调研做文章，推进基层内部控制建设

深入7个市州14个县市区30余个乡镇（街道）实地开展"基层内控风险'防护墙'构建"专题调研，从乡镇内控"小切口"入手，聚焦解决单位内控建设"大难题"。加强调研成果转化，以单位内部控制报告编制为抓手，建立规范有序、及时可靠的内部控制信息公开机制。2023年，组织湖南省2.4万家行政事业单位完成内部控制报告填报，实现应报尽报。

（三）协同合作打基础，推进市政基础设施入账核算

会同住建、工信、公安、交通、水利等6部门联合发文，建立协同工作机制，明确分工责任，倒排工期，有序推进市政基础设施入账工作，为全面完整反映市政基础设施"家底"、编制政府财务报告和行政事业性国有资产报告夯实基础，助力市政基础设施更好服务发展。

（四）革故鼎新促转型，推进电子凭证试点

在湖南省选取8家积极性高、信息化基础好的单位参与试点，加快推动会计工作数字化转型。密切跟踪试点进度，赴试点单位实地调研，强化服务保障；与部试点专班保持密切沟通联系，及时解决试点相关问题，共同推动试点工作走深走实。截至2023年底，5家试点单位已完成试点任务，3家单位正按要求进行系统改造。

（五）深化管理会计应用，助力单位价值创造

广泛征集管理会计案例，坚持"类别多样、优中选优、精益求精"的原则，在专家初评的基础上，首次引入现场答辩环节，由专家面对面点评、指导案例修改，提升案例质量和竞争力，增强案例可借鉴、可推广性。从55个案例中评选表彰20个省级优秀案例，并择优推荐7个至财政部参评。同时，编印《湖南省优秀管理会计案例汇编》，邀请5个案例单位进行现场分享交流，强化示范引领，促进互学互鉴。

四、发挥学会优势，营造浓厚学术氛围

（一）突出《湖南会计》办报特色

不断创新优化版面内容，开辟党的二十大学习专栏，突出政治引领作用；及时发布行业资讯、政策解读、理论文章，打造学术交流阵地；设立会计职业道德规范专版，帮助广大会计人员全面理解规范内容，准确把握规范要求，使规范成为普遍认同和自觉践行的行为准则。2023年，《湖南会计》共出刊24期，免费向各会员单位和社会各界发送26400份。借助湖南省财政厅门户网站的"湖南省会计管理专栏"及时发布《湖南会计》电子版，丰富了广大会计人的精神生活，扩大了学会的影响力。

（二）开展前沿课题研究

发挥资源优势，鼓励理论和实务工作者针对会计改革中的热点、难点和重点问题进行研究。完成2022-2023年科研课题结题验收，并向会员单位征集263篇具有一定理论价值和现实指导意义的论文，从其中评选出优秀论文19篇。

（三）积极筹备学会换届

积极为换届做准备，加强与相关部门协调，组织召开常务理事会会议，就第九届理事会工作报告、章程修改草案、会费管理办法、会员代表大会选举办法进行讨论和表决，推举了学会第十届理事会组成人员，名单待组织部门批准后即可进行换届。

（湖南省财政厅会计处供稿）

财政绩效管理工作

2023年，绩效管理处深入贯彻落实中央和省委、省政府关于全面实施预算绩效管理的决策部署，按照厅党组开展"绩效管理提升年"行动各项要求，主动加压奋进，扎实开展工作，推进全面预算绩效管理向纵深发展，各方面工作都取得了长足进步。

一、开展"绩效管理提升年"行动，开创绩效管理新局面

（一）精心制订方案

按照厅党组提出的五个"全面提升"总目标，强化财政"大绩效"管理理念，在全省财政系统开展"绩效管理提升年"行动。3月印发"绩效管理提升年"行动实施方案，明确26项工作要点159项具体任务。

（二）强化跟踪督办

落实"双牵头"的督查督办机制，会同厅办公室（政研室）于6月和9月组织两次工作调度，对进展不理想的工作进行督查督办，形成的调度报告得到刘文杰厅长肯定性批示，12月对行动开展情况进行了总结评估和考核。

（三）提升工作实效

督促市县财政部门结合本地实际制订"绩效管理提升年"行动方案，要求厅机关处室、单位将工作方案转发归口联系的省直部门，在全省形成"以绩效论英雄"的浓厚氛围。一年来，服务打好"发展六仗"、管好用好财政资金、盘活国有"三资"、推进财税改革、财会监督专项行动、干部队伍建设等工作取得明显成效。

二、实施"全过程"闭环管理，推动资金聚力增效

（一）健全事前绩效评估机制

借助成本效益分析、因素分析等手段，对洞庭湖总磷削减财政支持政策、森林防火基础设施财政奖补政策等3项财政政策和2个项目开展财政重点事前绩效评估，涉及资金4.53亿元，从源头上提升财政政策效能。

（二）提高绩效目标编制质量

采取"绩效管理专家+省直主管部门+资金管理处室"三方会审的方式，对43个省级专项资金2023年度绩效目标进行集中会审，将发现的5大类400多个具体问题反馈有关部门和处室，并将修改完善后的41个非涉密省级专项资金绩效目标汇编成册，报送省人大会审议。

（三）加强事中监控堵漏纠偏

在部门自行监控基础上，组织开展省级专项资金、长沙机场改扩建工程等重大项目1-6月财政重点绩效监控，对监控中发现的78个部门预算执行率偏低、14个项目（1068.66万元）上年度评价结果整改未完成、5个部门年度绩效目标预计难以实现等问题，督促部门单位限期整改。

（四）加强事后评价跟踪问效

财政评价覆盖范围由省级专项、重大项目和政策逐步向部门整体支出、下级政府财政运行综合绩效、政府债务项目、政府购买服务等领域延伸，由一般公共预算向其他三本预算拓展，评价项目29个、涉及金额450.4亿元。

（五）强化结果应用

根据专项资金三年（2019-2021年度）整体绩效评价结果，调减4个专项预算规模2400万元、清退挤占挪用资金3486.37万元、按原渠道退回多头申报和虚假资料获取的财政资金1502万元，修订完善创新型省份建设等8个专项资金管理办法，将政策和功能相近的8个专项资金整合成4个，省级专项资金压减到43个，集中财力办大事。

三、加强"多层次"能力体系建设，不断夯实管理基础

（一）健全绩效指标体系

在以前年度已建成的绩效指标体系基础上，推进其余17个省级专项资金的核心绩效指标和标准体系建设，并将所有绩效指标体系录入预算管理一体化系统绩效管理板块，实现省市县三级共享。

（二）强化信息技术支撑

落实"省市共建、全省共享"的工作安排，按照先试点后全面铺开的方式，有序推进预算管理一体化系统预算绩效管理板块建设和应用，将绩效管理嵌入预算管理全过程。目前全省市县完成系统整体上线运行，通过信息化手段推动预算和绩效管理一体化。

（三）完善第三方机构管理机制

召开工作布置会、举办业务培训等方式提升第三方机构执业质量和水平。组织处内人员对第三方机构进行现场指导，实行动态监督，不定期抽查工作纪律、廉政要求、底稿质量。加强对第三方工作质量的监管考核，考核结果与当年的委托付费挂钩，并作为下年度聘选第三方机构的重要依据。

（四）提高队伍素质

5月，举办2023年全省预算绩效管理业务培训班，邀请中央财经大学教授和咨询机构专家授课，培训省直

和市县财政部门、厅机关相关处室以及参与2023年财政绩效评价的第三方机构人员等290余人。

四、健全"多维度"激励约束机制，压实各方管理责任

（一）充分发挥考核"指挥棒"作用

将预算绩效管理工作纳入2023年省委、省政府对市州党委政府和省直部门绩效考核指标。从预算绩效目标编制、财政重点绩效评价等方面对省直部门考评，从全面预算绩效管理推进情况对市县考评，更好地调动各级各部门预算绩效管理工作积极性。

（二）持续深化财审联动机制

建立与审计部门常态化协调联系机制，加强对政府重大投资项目资金的全程跟踪管理，形成绩效、审计"双监督"的管理模式。截至2023年12月底，已完成长沙机场改扩建工程航站楼建设等预算评审项目31个，送审金额205.01亿元，审定金额191.33亿元，审减13.68亿元，审减率6.67%。拟召开第四次财审联动联席会议，进一步夯实联动基础，突出联动重点，深化联动成果应用。

（三）形成与人大齐抓共管新局面

配合省人大财经委、常委会预算工委对打造国家重要先进制造业高地和"六大强农行动"政策资金落实和专项资金绩效开展"两问四评"，将2021－2022年度制造强省和现代农业发展专项资金评价报告报送省人大，增强人大预算审查监督的针对性和有效性，推动全面实施预算绩效管理落地见效。

五、强化政治引领，推进党建与业务深度融合

（一）切实坚持党建引领

突出主题教育主线，增强党建工作领航业务工作的思想自觉、政治自觉和行动自觉，严格对照厅党组的主题教育实施方案和责任分工表，制订月、周主题教育学习计划，结合中心工作，明确5项重点推进工作、5项重点学习内容、6项需要解决的突出问题，将财政评价与下基层调研结合起来，在以学铸魂、以学增智、以学正风、以学促干上见实效，体现在党支部履职尽责和工作实效上，体现在党员干部的日常言行举止上。

（二）认真抓好支部"五化"建设

精心谋划、实施党支部年度工作计划。拓展党建教育平台，结合"一月一课一片一实践"活动，全年安排5名党员干部讲述微党课，组织开展5次"干部大讨论"。组织党员干部赴机场改扩建项目现场、新化、汝城开展乡村振兴和"半条被子映初心 红色精神永传承"主题党日活动，锤炼党员干部忠诚干净担当的政治品质。推动党支部建设融入"文明单位"创建、"清廉处室"建设、厅志愿者服务等活动之中，发挥党支部的战斗堡垒作用，在群众中树立党的良好形象。围绕加强支部党建、创新工作机制、提高工作实效等主题，积极开展宣传，在《中国财经报》上发表《推动绩效管理变成"硬杠杠"——湖南扎实开展绩效管理提升年行动》《真抓实干——湖南预算绩效管理落地生根》等文章。

（三）全面提高党支部议事水平

提高党支部组织力，严格按照党支部生活制度程序要求开展组织生活，在党内政治生活大熔炉中增强党支部的政治性、时代性、原则性和战斗性。健全党支部决策机制，坚持和完善调查研究、科学论证、风险评估等制度，严格决策程序，切实做到没经过调查研究的绩效管理结论不决策，没经过科学论证的绩效评价结果应用意见建议不上报。

（四）深入推进党风廉政建设

强化党支部书记第一责任人职责，推动管党治党责任在党支部的落实。强化廉政教育，扎实开展"廉政教育月"活动，铸牢思想防线，组织围绕绩效管理业务风险点开展"清廉财政怎么做"专题讨论，使全体党员干部在思想上受到警示、警醒和教育，做到思想不放松、行动不碰红线、做人不越底线。强化党支部监督约束力，着眼业务流程中的廉政风险点，将党风廉政建设嵌入财政预算绩效管理工作全过程，将党风廉政建设与业务工作管理流程融为一体，做到党支部监督约束程序上有规范、办法上有细化，建立工作完成后及时向支部"双汇报"制度，既汇报业务工作情况，又汇报廉政建设情况，发现问题，及时提醒纠正，使"红脸、出汗、咬耳、扯袖"成为常态，做到党员干部走到哪里、想到哪里，支部组织建设跟到哪里。

（湖南省财政厅绩效管理处供稿）

政府采购管理工作

2023年，政府采购处以习近平新时代中国特色社会主义思想为指引，紧紧围绕省财政厅党组"三大一提升"统一部署，扎实做好专项整改，着力提升监管效能，持续筑牢监管基础。2023年全省政府采购实际采购金额

916.1亿元，比上年增长85.1亿元，增长10.2%。其中，省本级政府采购预算金额179.0亿元，实际成交金额169.7亿元，节约资金9.3亿元，节支率为5.2%。

一、勇于担当压实责任，扎实做好专项整改

（一）开展专项检查

从4月初开始，组织对63个项目121名涉案评审专家开展政府采购专项监督检查。查看现场视频时长600余小时。共找出问题线索310条。此次专项检查，共处理处罚63人次。其中，6人处以2万元罚款、禁止参加政府采购评审活动、没收违法所得的处罚；14人被取消评审专家资格；22人受到批评教育；21人的相关问题线索移交省纪委监委案件监督管理室。对参加围猎专家的2家代理机构和2家供应商已立案调查。11月中旬，分管厅领导带领政府采购处向省纪委作了专题汇报，全部整改工作得到认可。

（二）优化工作机制

赴省发改委、省公安厅、省市场监督管理局和省公共资源交易中心等单位开展调研，全面了解专家管理存在的问题。带着问题到长沙、常德和张家界等地，组织监管部门、采购代理机构和评审专家召开座谈会，听取意见和建议。对调研收集和发现的问题进行梳理，形成一份涵盖21类问题的大清单。针对清单中的问题，逐一确定责任人、路线图和时间表，确保问题整改落实到位。改进评审专家管理模式，分设成管理岗位和审核岗位，每个岗位设置初审和复审双岗。改进电子政府采购系统管理模式。与厅信息中心开展8次专题会商，对电子化政府采购问题整改、需求讨论、系统改进、风险防范等内容深入讨论研究，联合制定措施，协同抓好落实，防止线上线下"两张皮"，有效扫除监管"盲区"。厘清省与市县的监管职责，加强对评审专家选续聘审核、日常监管、业务培训，负责同级预算单位采购项目中评审专家的履职评价、处理处罚等管理工作。加强与纪检监察、审计、公安等部门沟通联动，建立健全线索移送、沟通反馈、联合惩戒等联动工作机制。优化专家库抽取功能，与省公共资源交易中心门禁系统实现互通。探索投诉处理和问题线索线上办理。拟定政府采购电子化交易管理暂行办法。完善物业类、教材类、家具类政府采购招标文件范本，做好全省公共资源交易信息化平台"六统一"建设相关工作。

（三）用好工作成果

根据整改方案，对一些基础性管理制度进行修改和完善。完善评审专家管理制度，重构专家履职评价制度，明确32项专家负面清单行为；加强结果反馈，对违法违规专家的处理处罚情况将通报至其所在单位。改进评价指标体系，由原来的等级指标改为负面清单式指标。完善监管制度，明确分级管理的原则，强调发挥部门合力，建立健全线索移送、沟通反馈、联合惩戒等工作机制，提升监管效能。完善电子卖场管理制度，制定《湖南省政府采购电子卖场入驻供应商信用管理制度》，健全供应商电子卖场退出机制；制定《湖南省政府采购电子卖场省本级运营工作考核办法（暂行）》，通过考核加强对运营商行为的约束。与省市场监督管理局联合下发《关于建立湖南省政府采购电子卖场监管工作协同联动机制的通知》，建立意见征询、线索移送、沟通反馈、整改共抓四项工作机制加强电子卖场监管，形成工作合力。完善内部控制制度，修订政府采购监督管理内部操作规程。内容更全面。新增15个章节，实现政府采购内部操作规程全覆盖。效率更有保障。明晰岗位职责，强化台账管理和督办机制，确保按时办结。防控更有力。按照问题导向和结果导向的要求，全面梳理风险点共157个，增加138个。共提出98条控制措施，控制措施全部嵌入工作流程。坚持有责必履，有错必纠。将岗位履职情况与个人考核、评先评优和提拔推荐等结合，实行正向激励和方向约束。

二、严管敢管积极有为，践实提升监管绩效

（一）严格把控源头关

把牢非标审批源头，严格审批规范，制定统一审批单，规定所有非公开招标采购方式按流程审批，单一来源方式实行集体研究，做到统一标准，集中审核。2023年省本级采购项目3600个，非标项目1891个，较上年减少26.5%。其中，单一来源项目431个，较上年减少38.5%。按照新修订的评审专家管理办法，结合一年一度开展的选续聘工作，对在库1.73万名评审专家进行严格审核：完善更新要素信息、严格执行代理机构从业人员屏蔽规定、人脸信息验证等。严格核对代理机构入库必备硬件条件和专职人员相关材料等信息，从源头上引导代理机构提升专业服务能力。

（二）严格把好监督关

2023年省本级共收到投诉90件，已办结77件；收到举报11件，已办结9件，移交2件；收到国务院"互联网+督查"平台留言线索2件，均已妥善处理，全年无行政败诉和国家赔偿案件。坚持目标导向，以优化投诉举报办理流程，完善政府采购行政裁决机制为目标，明确各岗位职责，实现受理、办理、督办、反馈、运用全环节贯通，规范做好政府采购投诉处理工作。坚持结果导向，全年依法作出投诉处理决定书77起，未发生行政复议事项，认可率达100%。通过压实经办岗、审核岗等各岗位工作责任，设置投诉举报专岗和坐班律师，对每一个投诉事项进行层层严格审核把关，提升投诉处理办理水平。坚持问题导向，根据投诉办理、巡察审计工作中发现的问题，及时督促采购人改进采购工作，提醒相关单位提升服务水平，共同维护政府采购公平公正秩序。

（三）严格把好评价关

开展监管评价。设置深化改革、监督管理、政策功能、宣传培训和信息化建设等5个一级指标和若干二级指标对市州政府采购监管部门开展监管工作评价。将市州监管工作情况作为监管业务经费分配依据。开展绩效评价。设置综合信息公开、采购政策、采购进度和投诉

举报等事项,对省直主管预算单位开展政府采购绩效评价。开展考核评价。聚焦企业维度,对2023年政府采购营商环境评价指标进行优化和调整。从企业参与政府采购活动便利度和获得感设置评价指标,其中降低成本、降低门槛、优化服务和加快支付等评价指标权重占比超过70%。改进评价方式,新增自查、抽查和交换意见等环节,力求评价更加科学合理。

三、精心组织注重创新,落实落细政策功能

（一）落实对中小企业预留份额政策

按照财政部的预留份额政策,全省实行政策"加码",从30%提升到40%,其中小微企业不低于60%。为确保政策更好落实落细,帮助中小微企业获取更多合同份额,给予小微企业更多评审优惠。实行"承诺+信用管理"的供应商准入制度,减轻参与政府采购活动负担。中小企业以声明代替证明享受相关政策。"中小微"企业合同授予份额稳居高位。我省授予中小微企业政府采购合同份额连续6年超过85%。

（二）持续推广合同融资

针对本省政府采购中小微企业融资需求大的实际情况,持续推进合同融资政策,引导市州开通线上融资。2023年,全省9个市州实现线上融资,4个市州开展线下融资。全省391家中小微企业凭625个政府采购合同从金融机构融资11.5亿元。湖南三湘银行和东莞银行推出的电子卖场专属信用贷款产品,为2324家供应商提供贷款5.14亿元。

（三）落实农副产品支持乡村振兴政策

2023年全省各级预算单位在"832平台"预留脱贫地区农副产品3.09亿元,交易额达5亿元,其中预算单位采购4亿元。

四、以评促改以评促优,切实优化营商环境

（一）加强信息公开

进一步提高政府采购市场的透明度和规范性,实现采购全过程信息公开,提升政府采购透明度,自觉接受各方监督,做到采购内容、结果、合同全公告,构建公开、透明的政府采购营商环境。2023年全省政府采购项目全部实行政府采购意向公开,各预算单位按要求在中国湖南政府采购网公布采购意向。抓信息公开,省本级项目数3614个,采购公告3286个,成交公告3605个,合同公告3952个,投诉处理决定书77个,基本实现全覆盖。政府采购信息提高透明度,打开阳光采购的"天窗",有利于社会各界监督。

（二）持续清理整顿

组织市州对违规编制采购文件、妨碍公平竞争、采用书面推荐情况、设置隐形门槛和壁垒等违规问题开展自查、清理和整改。从制度源头落实中央指示精神,清理废除妨碍依法平等准入和退出的规定做法,停止实施湖南省政府采购支持两型产品办法、两型产品认定办法和首购办法；持续开展全省供应商库清理整治工作；对采购项目采购方式是否合理、书面推荐流程是否合规、是否存在内设供应商、是否存在围标串标等问题开展专项整治。稳妥办理每一宗投诉举报案件。对举报投诉案件中发现的违反加快建设全国统一大市场的做法及时查处。

（三）加强组织宣传

优化服务流程,提升服务水平。牢固树立"人人是形象,处处是窗口"的意识,主动听取、广泛收集市场主体、采购人、相关监管部门对政府采购的意见建议。持续简化代理机构业务办理流程,与中国政府采购网代理机构名录登记系统直连,打通市州注册备案壁垒,实现"一次注册,全省通用、按需开通区域"。上下联动全面摸清情况,组织优化营商环境工作座谈会,共邀请497家各类民企和外资企业,宣讲采购政策、倾听企业诉求、解答工作疑难,效果良好。

（湖南省财政厅政府采购处供稿）

财政监督检查工作

2023年,是财会监督史上极为重要的一年,是监督工作迎难而上、攻坚克难的一年,更是财会监督开启新篇章的一年。财政监督局（稽查办）深入贯彻党的二十大和二十届二中全会精神,认真落实习近平总书记关于财会监督工作的重要论述重要指示批示精神,完善财会监督体系机制,创新财会监督方式方法,加大重大案件、重要领域和重点行业的监督力度,在服务财政管理改革方面发挥显著的成效。

一、坚持目标导向,出台实施方案,描绘财会监督"路线图"

2月,中共中央办公厅、国务院办公厅印发《关于进一步加强财会监督工作的意见》（以下简称《意见》）,是做好新时代财会监督工作的行动指南。为描绘湖南省财会监督的发展蓝图,我们坚持问题导向和目

标导向，推动在全国率先出台实施方案，完善配套制度机制，广泛开展学习研讨，相关亮点工作在财政部《财会监督要情》（第6期）刊发。

（一）高效高质出台实施方案

按照厅党组"力争在全国率先出台我省实施方案"的指示精神，组建起草专班，广泛调研、科学论证，组织召开5场座谈会，书面征求115家单位的意见建议，在中央文件出台不到3个月的时间，推动省委办公厅、省政府办公厅印发《关于进一步加强财会监督工作的实施方案》（以下简称《实施方案》），被省政府称为前所未有。湖南省是全国第三个出台实施方案的省份，也是全国第一个在公开媒体全文刊发实施方案的省份，充分彰显全省财会监督的制度自信。《实施方案》站位高、目标明、措施实，解决财会监督谁来干、干什么、怎么干、如何用的问题，被财政部推介到其他省份，成为各省竞相学习的范本。

（二）建立健全1+N制度体系

贯彻落实《意见》和《实施方案》精神，建立健全财会监督体系机制。为推动建立运转有序、协同高效的省级财会监督协调工作机制，召集17家省直及中央驻湘单位为成员，提请省政府秘书长任召集人；督促市县积极施为，已有90余个市县建立财会监督协调工作机制，成员单位1800余家。按照"推动财会监督贯通联动"的要求，起草与纪检监察、巡视巡察、审计等部门的贯通协调机制，超过半数的市县建立并执行协调工作机制的要求。指导部分市县建立财会监督人才库管理办法、履行财会监督主责的实施办法等各类制度文件，财会监督制度不断丰富。

（三）学习贯彻《意见》《实施方案》精神

全方位、多角度、立体式学习宣传《意见》及《实施方案》，强化监督思维，营造良好的监督氛围。邀请部监督评价局杨瑞金局长首站来湘作加强财会监督工作的专题辅导报告；在《湖南日报》、湖南卫视、红星网等媒体刊发、播报《实施方案》；刘文杰厅长在《中国财经报》发表署名文章《全面强化财会监督　为经济社会高质量发展保驾护航》；分管厅领导在《财政监督》就《实施方案》答记者问；厅领导及财政监督局（稽查办）负责同志在各类培训班专题授课30余次，全面解读《意见》及《实施方案》的核心要义；组织市县财政系统开展"构建财会监督新格局"大讨论，收集加强财会监督的"金点子""好主意"近百条。

二、坚持点面结合，处置大案要案，当好群众利益"守护者"

安乡县长期有组织弄虚作假套取挪用中央惠农补贴资金的案件，是近十年来中央主要领导同志首次对湖南省财政工作作出批示的重大案件。我们迅疾响应、高效处理、稳妥善后，推动惠农补贴资金规范安全使用，维护人民群众的切身利益。

（一）严查快办，果断处置安乡县套取惠农补贴案件

按照中央主要领导同志的重要批示精神，以及省委、省政府的科学部署，举全厅之力，与国家检查组一道，以5+2、白+黑的工作模式，迅速彻查安乡案件，并延伸检查澧县、沅江、湘潭、衡阳4个县市。现场检查10天后，将安乡县违规套取的1.76亿元全部追缴到位，配合省纪委监委依法依规追责问责140余人。对安乡县人民政府下达《行政处罚决定书》，并联合省农业农村厅向全省通报该案件，以儆效尤。刘文杰厅长以时时放心不下的责任感，多次过问案件的后续处理情况，并带队到部监督评价局专题汇报，得到财政部的高度肯定和认可，以最短的时间、超预期化解该案件对湖南省的负面影响。

（二）举一反三，深入开展惠农补贴资金重点抽查

作为安乡案件的重要整改举措，部署全省惠农补贴资金重点抽查三年行动。2023年的重点抽查与省纪委监委"三湘护农"行动同部署、同推进、同落实，首次采取省、市、县三级联动，财政、审计、农业三部门联合的方式，组织126人的检查队伍，由分管厅领导担任组长，是历年来规模最大、范围最广、参与人数最多的检查。联合检查组下设14个检查组，每个检查组均成立临时党支部，在全面自查自纠的基础上，对全省46个县市区①开展现场检查。检查组长多次现场督导，并组织召开视频调度会，有力推进检查进度。通过查阅资料、数据比对、调查问询等方式，共发现各类问题428个，涉及金额9.64亿元，重点抽查情况以第一期财会监督要情呈报省委、省政府。对9名优秀检查组长、42名优秀检查人员予以表彰，发挥引领示范作用。

（三）部门协同，合力开展惠农问题"三级会诊"

根据省纪委监委工作部署，省市县三级财政、农业部门共派出精干力量13人，组成联合工作组，在临湘市开展为期一周的惠农补贴资金突出问题整治"驻场三级会诊式"督导整改。其间，工作组查看整改资料68册，召集座谈会5场，前往村镇访谈基层工作人员、村委会干部、农户等60余人，了解补贴发放情况，倾听群众心声，问诊基层、问诊一线，为惠农补贴资金管理常治长效提出对策建议。

三、坚持严的基调，打好监督首仗，严守财经纪律"高压线"

财会监督专项行动是财政部统一部署的全国财政系统落实《意见》精神的首仗。按照财政部"首仗要打赢、仗仗要打响"的要求，科学统筹、系统谋划，严肃查处财政、财务、会计领域的突出问题。

（一）用好高位推动"引擎器"

成立以刘文杰厅长为组长的领导小组，组建工作专班，增强工作合力。联合财政部湖南监管局召开动员部署会，刘文杰厅长和曾宪虎副局长分别作动员讲话，明确检查意义、任务和要求，凝聚检查共识，提升专项行动质效。

---

① 每个市州抽查30%的县市区，其中常德市抽查除安乡县外的所有县市区。

(二) 打击财经领域违规"零容忍"

严肃查处减税降费、基层"三保"、财政收入、财政暂付款、惠民惠农财政补贴资金、行政事业单位国有资产处置等9大领域违法违规问题，组织全省自查自纠，并派出7个检查组，对36家省级预算单位、4个市州及部分县市区开展复查。全省共发现问题1400余个，涉及金额1500余亿元，通报典型案例68起，推动修订制度393项。建立工作台账，定期调度整改，按月向财政部报送工作情况，将醴陵市颜某某窃取国家惠农补贴资金、岳阳县易某某窃取国家惠农补贴资金等典型案例上报财政部。严肃查处问责一批责任人员，切实发挥财会监督震慑效应，推动财经纪律秩序持续好转。

(三) 抓住中介机构"牛鼻子"

组织全省600余家会计师事务所和资产评估机构全面自查自纠，选取70家参加动员部署会，释放财会监督越来越严并且要"长牙带电"的强烈信号。综合考虑自查自纠、举报投诉、覆盖面等情况，有代表性地选取110家开展现场检查，对64个中介机构及执业人员进行处罚，有力打击会计和评估行业的违法违规行为，督促中介机构切实履行市场经济"守门人"的职责。首次采取"由所及企"的方式，对12家全年出具高新技术企业认定相关审计报告超过100份的会计师事务所开展检查，并对每个被检查的会计师事务所选取1-2家被审计的高新技术企业开展会计信息质量检查，双向共同整治。

四、坚持重点突破，开展监督检查，强化财经法规"硬约束"

主动服务"国之大者""省之大计""财之大事"，把推动党中央、国务院重大决策部署和省委、省政府工作要求作为财会监督的首要任务，以财会监督之为服务财政高质量发展。

(一) 提前谋划，推动预决算公开持续向好

预决算公开工作历来是社会宣传面广、大众关注度高的一项工作。财政监督局（稽查办）在各个环节都抢先一步，领先一招。8月，在财政部检查通知下发前就组织完成全省首轮自查自纠。为以最佳状态迎接财政部湖南监管局的重点抽查，对省直部门（单位）和市县2021年决算及2022年预算开展三轮线上核查，下发工作底稿，要求立即整改，并将问题及整改情况作为打分排名的重要依据。在财政部湖南监管局在益阳市和怀化市重点抽查期间，与预算处、国库处、经建处的同志一道，全程轮番协调，督促被抽查的2市4县边查边改、立行立改，将问题个数从118个整改至10个以内，金额从8.72亿元整改至1.14亿元，确保湖南省预决算公开在全国排名第三位，连续四年稳居第一方阵，为深化预算制度改革奠定基础。

(二) 贯通协同，支持打好防范化解风险"阻击战"

全年共收到财政部湖南监管局、省纪委监委、省审计厅等单位移交的债务问题线索122条，涉及58个县市区。在确保完成财政部部署的检查任务外，协调各方力量，派出15个检查组，对常德市、娄底市等7个市州本级、新化县、道县等6个县市区进行现场核查，甄别隐性债务，锁定违规金额。根据地方政府债务问责处理闭环管理工作规程，指导市县对线索进行核查，并汇总处理结果。全年全省已出具问责建议函19件，问责单位10家，问责33人，为支持打好防范化解风险"阻击战"提供财会监督保障。

(三) 靶向发力，扎实开展各类监督检查

根据财政部的部署，以及厅党组的安排，开展PPP项目、基层"三保"、重点民生资金、虚增收入等专项核查，督促问题整改，提升市县财政管理规范化、科学化、精细化水平。全年从各级财政部门共抽调30人次参加省委巡视工作，得到省委巡视办的高度认可和表扬；根据省纪委移送的线索，赴石门县、汉寿县、澧县等地核查违规返还国有土地出让收入、违规套取项目资金等案件，为纪检监察监督提供专业支撑。

五、坚持党建引领，系统推进工作，寻求监督质效"最大值"

以党务带业务，持续加强内控建设、审理审查、中介管理、举报投诉等工作，不断提升管理效能。

(一) 强化党建引领促支部发展

深入开展贯彻落实习近平新时代中国特色社会主义思想主题教育，务实开展"加强财会监督"与"内控信息化"两大调研，财会监督整改整治案例作为全厅的3个优秀案件之一被推介至省委主题教育办。落实"一月一课一片一实践"要求，赴湘阴县开展主题党日活动，为3名党员过"政治生日"，《一场开在左公故居的"生日会"》在省委组织部主办的红星网刊发。积极服务在湘全国人大代表、住湘全国政协委员，在财政部服务代表委员能力提升和公文处理培训班作经验交流发言。以党建带群团建设，选派青年干部参加"财政青年说·调研背后的故事"、学习党的二十大主题演讲比赛、青年干部公文写作比赛、省直广播体操比赛等活动，均取得良好成绩。开设"青年课堂"，邀请厅办公室相关负责同志专题讲授公文写作、综合事务管理等知识，提升青年干部素质。

(二) 强化内控建设促风险防控

持续完善省级内控信息系统，已配置内控规则73条，累计产生业务预警数据8330条；指导试点的2市5县初步建成内控信息系统，为以点带面推动全省内控信息化建设提供建设思路。6月，财政部来财政厅开展内控信息化专题调研，对湖南省内控信息化建设给予高度肯定。组织开展两轮内控风险隐患大排查，发现各类风险隐患224个并提出有针对性的防控举措，相关做法及经验在财政部《内控工作简报》（第7期）推介。优化考评机制，改进考评方式，将内控风险隐患排查中发现

的风险点和整改情况纳入考评范围，增加内控信息化工作分值权重，编印内控考评工作手册，进一步提升考评工作质效。

（三）强化案件审理促公平公正

全年共召开审理会9次，对214个被检查对象的违法违规问题进行审理，加大处理处罚力度，下达处理决定85份，处罚决定67份，收缴罚款88.2万元。在信用中国网、注册会计师统一监管平台、厅门户网公示行政处罚信用信息67条，形成对违法违规的强大震慑。下撤期限届满及已修复信用的公示信息63条，鼓励违法失信单位和人员积极整改。在省信用办开展的2次行政许可和行政处罚等信用信息公开评估结果通报中，财政厅均排在第一位。规范整理执法案卷，2022年度案卷被省司法厅评为"良好"。

（四）强化多方协同促服务提升

重新修订《湖南省财政厅机关聘用中介机构管理暂行办法》，将聘用中介机构的抽签比例由2∶1提高到5∶1，提升中小企业参与度。截至12月底，财政厅中介机构聘用对象名单共有537家中介机构，其中会计师事务所类160家、工程造价类177家、资产评估类88家、其他类112家；入围专家总计4894人。按照省纪委监委的工作要求，做好2023年度"互联网+监督"平台民生资金目录定制及清理工作，为"互联网+监督"平台提供基础数据支撑。分类处理举报案件，全年共收到举报件36件，属于财政监督局（稽查办）职责范围的4件，派出2个检查组实地核查，受理核查结果及不受理的情况均依法依规回复举报人。

[湖南省财政厅财政监督局（稽查办）供稿]

人事教育管理工作

2023年，人事教育处深入学习贯彻习近平新时代中国特色社会主义思想，严格落实党的组织路线，正确把握"六对辩证关系"，紧紧围绕财政中心工作，服务事业发展大局，切实加强干部队伍建设，努力提升干部干事创业和担当作为的能力，为湖南财政事业高质量发展提供了坚强的组织保障和人才支撑。

一、坚持党建引领，思想政治建设推动有方

（一）主题教育有声有色

结合"三大一提升"行动，深入开展学习习近平新时代中国特色社会思想主题教育，对标对表，按照"学思想、强党性、重实践、建新功"的要求，制订人事教育处主题教育工作方案，形成主题教育推荐书单，组织全处党员干部结合集中学和自学成果谈心得体会，自悟、自净、自践、自省。召开专题组织生活会，坚持目标导向和问题导向相统一，邀请机关党办同志参会点评，支部党员把自己摆进去、把职责摆进去、把工作摆进去，深刻检视剖析问题，严肃认真开展批评与自我批评，努力在以学铸魂、以学增智、以学正风、以学促干方面取得实实在在的成效。

（二）调查研究走深走实

大兴调查研究之风，开展"全省财政系统干部队伍建设调研"，对全省各级财政部门进行问卷调研，赴7个市州、10个县市区进行现场调研，并先后召集30个县级财政局负责同志和26个乡镇（街道）财政所长进行集中座谈，结合财政部和各兄弟省市财政厅（局）干部队伍建设的相关情况，对全省财政干部队伍各方面情况进行梳理、统计和分析，摸清底数、找到症结、提出建议，形成调研报告初稿，为下一步优化全省财政系统管理体制机制奠定基础、指引方向。

（三）支部建设可圈可点

积极开展组织生活，推动成立人事教育处支委会，推进支部标准化建设。每月召开支部党员大会，将每周四下午定为支部集中学习日，以"一月一课一片一实践"为载体，落实"第一议题"制度，丰富学习内容，创新学习形式。联系实际讲党课，支部书记带头讲专题党课，其他党员分批讲"微党课"，以讲促学。集中观看电教片，通过正面典型示范引领，反面典型警示警醒，进一步加强思想淬炼。开展社会实践活动。赴浏阳市达浒镇开展主题党日活动，与财政部驻平江县定点帮扶工作队杨杰同志所在的平江县加义镇泊头村党支部进行支部结对共建，学党史、强党性、树作风，学习习近平重要讲话精神，牢记初心使命。

（四）廉政建设从严从紧

制订支部"清廉处室"举措方案，开展"思想育廉""制度管廉""环境导廉""调研促廉"的"四廉"建设，激活干部"廉动力"。积极开展作风建设大讨论、廉政典型案例大讨论、"一树两严"大讨论，扎实做好易鹏飞案以案促教、以案促改、以案促治工作。深入开展"两带头五整治"，持续推进机关作风建设，强化工作纪律，加强日常监管。将家风建设系列重要论述作为

支部廉政文化建设的重要内容，进一步深化家庭家教家风建设，传承"湖南财政廉脉"，教育引导支部党员干部坚定理想信念，树牢廉政意识，持续改进作风，化廉于心、践廉于行。

二、坚持德才兼备，干部队伍建设推动有法

（一）聚焦制度建设，规范干部选用流程

坚持以政治建设统领财政干部队伍建设，把政治标准和政治要求贯穿选人用人全过程，以厅党组名义出台《湖南省财政厅加强干部队伍建设十项举措》《湖南省财政厅处级领导干部选拔任用和职级晋升工作流程》两个重要制度，坚持党管干部原则，全面落实新时代好干部标准，立足财政事业发展需要配班子选干部。先后印发《关于开展2023年度处级领导干部选拔任用工作的通知》《关于开展2023年公务员晋升四级调研员及以上职级工作的通知》，依法依规、公平公正履行职务提任、职级晋升等干部选用程序。

（二）聚焦队伍建设，做好选人用人工作

省管干部推荐任职方面，配合省委组织部先后完成1名副厅级领导提任省直单位正厅级领导职务、1名副厅长进一步使用、1名副厅长转正任职、1名总会计师提任市州副厅级领导职务、1名处长提任副厅长系列工作，协助省委组织部做好1名市州党政副职、1名厅归口管理公司主要负责人进一步使用系列工作。厅机关干部选拔任用方面，根据领导职位空缺和工作需要，充分听取各方面意见，开展摸底酝酿，实现民主与集中的有效结合。先后选拔使用4名正处级领导干部和13名副处级领导干部，其中45岁以下13人，将一批政治素质过硬、工作实绩突出、群众公认度高的干部选任到领导岗位上，以正确选人用人导向引领干事创业导向。分批次晋升四级调研员以上职级干部55人，其中二巡5人、一调19人、二调12人、三调3人、四调16人，进一步盘活职务职级职数。按程序完成自2021年12月以来3批次共39名提任的处级领导干部转正任职工作，分3批次完成37名科级干部职级晋升工作，有力调动了年轻干部工作积极性。干部推荐外派方面，先后选派1名80后副处长参加湖南省对口援疆工作并挂任吐鲁番市财政局副局长，选派2名干部和1名农担公司职员到新化县田果村开展乡村振兴驻村工作，选派2名科级干部分赴平江县财政局和湘潭市基层乡镇财政所挂职，推荐1名科级干部赴港工作，选派1名市州财政局干部参加短期技术援藏工作，选派1名处长到厅属公司任职，推荐2名专业技术对口的副处长到厅归口管理公司任职，配合省委组织部完成对厅归口管理公司领导班子成员相关考察工作。推荐6名湖南省财政系统干部入选财政部对外财经人才库。干部调配方面，有力克服机构改革冻结行政编制使用带来的不便，及时办理12名干部调编手续，遴选6名公务员，接收2名省委组织部定向选调生、跨省转任1名专业型干部到厅工作，一定程度上缓解了部分处室单位人手紧张的局面，较好地加强了人力资源保障。此外，稳妥有序推进干部交流，结合厅内工作实际需要和干部提拔晋级需要，分批次交流11人，进一步优化干部队伍结构和人才队伍结构，增强整体活力。

（三）聚焦能力提升，推动实施教育培训

会同厅干教中心开展"综合大培训"，深度参与组织全省乡镇所长培训班、财政局局长培训班、中青年骨干综合素质培训班等主体班次，持续提升财政干部政治素养、理论水平、履职能力。组织全厅干部职工参加省干部教育网络学院学习贯彻党的二十大精神专题班，加强思想政治引领，补足精神之钙。参加以"全省财政系统干部队伍建设"为主题的"干部大讨论"，听取市县财政的经验和建议，不断提升培训的针对性和实效性。按照财政部要求部署组织开展经济财政专题干部履职通识网络课程的学习，组织全省财政系统一万九千余名干部线上学习，不断扩大培训辐射面。积极协调省委组织部，联合调训市州党政班子成员参加政府债务管理专题研讨班。选派各层级共21名干部参加中央组织部、财政部、省委组织部、省直机关工委等各部门组织的调训班次，圆满完成年度调训任务。

三、坚持夯实基础，日常管理服务推动有序

（一）做好干部监督工作

个人事项报告方面，组织全厅152名干部填报领导干部个人有关事项，逐一核对后输机上报，制定《2023年度个人事项随机抽查核实工作方案》，全年共查核50人，其中报经厅党组同意后按照15%比例随机抽取25人进行查核；根据凡提必核的工作要求，分批次对25人有关事项进行重点查核。查核比对一致或基本一致共46人，存在漏报并给予批评教育3人，隐瞒不报并诫勉1人。因私出国（境）方面，针对出国（境）业务逐渐恢复的现状，及时赴省委组织部了解掌握最新因私出国（境）管理政策，赴省公安厅更新因私出国（境）证照情况，积极对接省外事办做好因公出国（境）各项准备。全年办理22个团组的因公出国（境）审批手续，其中2个团组为财政厅自行组团；办理因私出国（境）审批手续20人次（含厅归口管理公司离退休省管干部），向省委组织部按季度统计上报2次因私出国（境）证照管理情况，开展一次因私出国管理监督工作普查"回头看"，进一步规范审批流程，强化全过程监督。

（二）做好干部信息工作

档案管理方面，按省委组织部专项审核和干部选任规定要求，有的放矢制订人事档案管理"未巡先改"工作方案，对6名省管干部的档案进行查缺补缺，以例促改、举一反三。有计划地组织开展日常审核、任前审核和专项审核，管理工作更加规范。抓好日常档案信息利用，用心用情服务好在职和离退休干部职工。夯实干部信息基础工作，定期对系统进行维护更新，逐项核对干部信息系统中的各类信息，全年更新信息数千条，入档8本档案及900余份材料，开展人事档案任前审核、专项

审核近百人次，档案转递3人次。

（三）做好考核述职工作

配合省委组织部完成对财政厅党组及副厅级单位领导班子2022年度考核述职测评工作，为所有厅领导制作年度考核登记表，根据新修订出台的《湖南省财政厅处室单位绩效考核办法》顺利完成厅机关2022年度处室单位绩效考核工作，组织召开2022年度厅机关总结表彰大会，完成年终各类奖励证书、奖金以及慰问金的发放工作。

（四）做好干部关怀厚爱工作

人社厅线上网厅新系统上线后，积极与各部门衔接，整合并维护数据，做好工资和养老保险的日常异动工作，按政策足额发放各类奖金、福利、抚恤金、补贴，顺利完成养老年审、职业年金纪实、养老金计发和补缴等各项工作，完成年度事业单位人员津补贴统计清理工作任务。按照《湖南省财政厅关于建立干部荣誉退休制度的通知》为全厅8名到龄退休干部办理退休手续并配合处室举行荣退仪式，为30多名厅机关干部职工子弟入读周边小学、幼儿园提供必要便利，做好2022学年干部子女124人升学获奖表彰奖励工作，发放各类干部慰问福利费187人次。

（湖南省财政厅人事处供稿）

机关党委（机关纪委、工会）工作

2023年，在厅党组的坚强领导下，机关党委（机关纪委、工会）坚持以习近平新时代中国特色社会主义思想为指导，深入学习贯彻党的二十大精神，全面落实新时代党的建设总要求，持续深化清廉财政建设，充分发挥群团组织桥梁纽带作用，推动党建与业务深度融合，为财政高质量发展提供坚强的政治思想和组织纪律保障。

一、政治统领，模范争优，锻造坚强有力政治机关

树牢政治机关意识，加强"三表率一模范"机关建设，创新党建方法路径，推动机关党建再上新台阶。

（一）主题教育凝心铸魂

深入开展习近平新时代中国特色社会主义思想主题教育，走进"三个高地"建设现场学教研讨，举办读书班集中学习；在全省财政系统开展大讨论，通过思想铸魂、财政政策、典型案例、清廉机关大讨论弘扬财政文化、倡导时代新风；制定全厅整改整治问题清单，发动各支部抓好28个检视问题整改；协助厅党组高质量开好主题教育专题民主生活会，指导各支部组织生活会；大兴调查研究，多层级举办厅领导、处级干部、青年干部调研成果分享会，开展"如何当好一名优秀处长"专题讨论；推动办好"重点民生实事"，30项民生项目清单全部落实。省财政厅作为省直单位代表在中央主题教育办来湘调研座谈会上汇报发言，作为省直唯一代表接受中央第十指导组现场评估，经验做法被省委主题教育办简报推介4期，入选主题教育典型案例汇编，以实绩实效走在省直单位"第一方阵"。

（二）理论学习入脑入心

严格执行党组会"第一议题"学习、中心组学习、支部学习的三重学习制度。厅党组会"第一议题"学习26次，第一时间学习习近平总书记最新重要讲话和指示批示精神；中心组学习坚持理论与业务深度融合，全年开展学习14次，扩大10次，中心发言、研讨发言形式规范，党建与业务融合紧密。创新开展全省财政系统"学习党的二十大精神"主题演讲比赛，组织党支部书记参加学习党的二十大精神轮训班，以赛促学、以学促知。深化机关"支部联基层"，机关党委带头与双联单位互学互促，各支部与基层一线党支部联学联建；推行"一月一课一片一实践"，财政"微党课"被省委组织部和省直工委推介。

（三）模范机关创优争先

开展"三表率一模范"机关建设，激发党组织和党员争先创优意识。夯基固本强队伍，完成机关党委（机关纪委）换届选举，厅长代表厅党组与新当选党群组织班子成员谈话。举办厅机关党务干部培训班，召开党建联络员会议，指导湖南农担举办党支部委员培训班，不断提升党务干部能力和素质。规范组织强堡垒。厅领导带头以普通党员身份参加支部活动，过双重组织生活，指导各党支部认真落实"三会一课"、组织生活会等。及时改补选支委，2023年共有8个机关党支部改（补）选，发展新党员5名，预备党员转正10名。充分发挥党的组织优势，各支部以支委会形式研究"三重一大"事项，成立惠农资金检查临时党支部，探索专班管理新方法。规范考核强融合。完善"一年两评四提示"机制，制定《落实全面从严治党工作要点》，修订完善考评办法及细则，实现七一"两优一先"考评和年底"双述双评"嵌套，定期下发《季度工作提示》，党建与业务融合推进。创新发展强实效。连续6年承担全省机关党建理论研究重点课题，获理论研究成果一等奖5次、二等奖1次；《机关党建》杂志每年刊发财政厅党建理论文章10余篇，在省直单位名列前茅。经建处党支部获评省直先进基层党组织、王晓辉获评省直优秀党务工作者、黄斌获评省直优秀共产党员；"七一"隆重颁发"光荣在党50年"纪念章，评选表彰厅直属机关优秀共产党员68名、优秀党务工作者11名、先进基层党组织13个；开展"榜样在身边"交流分享活动，胡云归、任薇代表厅先进基层党组织，张阳、李洪孝代表优秀党员作交流分享，诠释榜样力量。2023年3月，获评第一批省直机关创建模范机关先进单位，机关党委书记庄大力在全省机关党的建设工作会议上作典型发言。"财政青年说·调研背后的故事"在第四届全国党建创新成果展示交流活动中荣获全国"十佳案例"并现场展示。

二、正风肃纪，风腐同治，营造风清气正政治生态

严格履行党风廉政建设责任，坚持完善源头防腐机制，充分发扬自我革命精神，长期坚持严的基调、严的措施、严的氛围，把清廉财政建设不断引向深入。

（一）纵深推进全面从严治党

一是强化监督执纪问责。全力支持驻厅纪检监察组监督执纪，协助开展"一把手"监督谈话、协助进行政治生态分析、协助办案，协助"三湘护农"等专项整治行动。紧盯重点单位和关键岗位，加强信访线索处置、纪律审查、纠偏问责等工作力度，依法依规对违纪违规人员问责。二是持之以恒纠治"四风"。督促各基层党组织认真学习贯彻省委及厅党组关于整治文山会海、深化作风建设等文件精神，深入开展作风建设大讨论，扎实开展"两带头五整治"纠风防腐专项行动，联合驻厅纪检监察组、人教处对违反工作纪律、违规公务用车、违规收送红包礼金等行为开展监督检查，聚焦节假日关键时间节点发送廉洁短信，不断改进干部工作作风。规范政务服务电话接听工作，切实提升为民服务水平。三是标本兼治源头防腐。持续完善廉政风险清单和预防方案，配合财政监督局审核完善内控考评机制，督促政府采购处完善政府采购专家管理制度。督促各处室（单位）健全完善资金分配、政策出台、信息公开等程序，用好预算管理一体化系统和"互联网+监督"平台，全年出具廉洁性评估27份。加强对重点产业、重大建设、重要投资的全流程监督，开展现场监督30次。将廉政评价纳入落实党风廉政建设"一票否决"事项，全年共出具廉政意见23份，涉及200多人次，切实把好干部的"进出关""提拔关""表彰关"。9月，在省直机关纪委工作督查会上作典型经验发言。

（二）全面推进党风廉政教育

一是以教为本明戒惧。在3月廉政教育月，组织全厅开展观看廉政教育片、学习财政违法违纪典型案例、赴长沙监狱开展警示教育等"十个一"系列廉政教育活动，推行廉政家访，拍摄"财政青年说'清廉'"短视频并参加全国财政系统短视频大赛，为财政干部上好"廉政课"，系好"廉洁扣"。二是以案为鉴促治改。年初接受省委巡视整改"回头看"，得到省委巡视办肯定。组织观看中纪委专题纪录片、财政部警示教育片和省纪委专题纪录片，扎实推进易鹏飞案件以案促改工作，向湘西州财政局、邵阳市财政局下发违纪违法典型案例关注函，积极开展廉政典型案例大讨论，教育引导党员干部汲取教训、引以为戒。三是以学正风助实干。组织全厅干部职工学习党章、纪律处分条例等党内法规，学习习近平总书记关于领导干部家风建设、反对特权思想等重要论述精神，举办厅机关党务纪检干部培训班，开展党纪知识测试，邀请省直纪工委书记肖华林同志来厅作党纪党规专题辅导报告，撰写《关于深化巡视整改主体责任的调研报告》，作为省直单位巡视整改工作经验成果报送省委巡视办。

（三）一体推进清廉财政建设

一是培育选树"清廉处室"。认真贯彻执行《贯彻落实全面从严治党主体责任清单》，督促厅机关各基层党组织完善主体责任清单，落实落细"三级五岗"主体责任。组织全厅围绕"清廉处室"创建开展大讨论，15个处室制订建设"清廉处室"实施方案，推荐预算处等3个处室参评省直"清廉处室"样本。二是加强全省清廉财政建设。召开全省财政系统年度全面从严治党工作会议，下发年度全面从严治党工作要点。配合市县财政处开展市县财政日常工作整体水平高质量考核，明确清廉财政考核指标，分片区召开市县清廉财政建设座谈会，到长沙等地实地调研清廉财政推进情况，加强对下指导。三是营造清廉生态。持续推进"湖南财政口述史"录制工作，从老一辈财政人的奋斗历程中提炼湖湘财政廉洁文化。引导各支部总结凝练廉洁处室文化，鼓励干部创作廉洁作品，通过宣传橱窗、门户网站、微信公众号等传播平台，多层次多路径传播廉洁财政文化，打造清廉机关建设标杆。

三、群团活跃，关心厚爱，厚植健康向上机关文化

坚持党建带群建，充分发挥工青妇群团组织的桥梁纽带作用，切实增强群团工作政治性、先进性、群众性，不断提升全厅凝聚力和向心力。

（一）系统工会新提升

一是党工共建聚合力。理论"融起来"。党工协同组织专题宣讲、知识竞赛、演讲比赛；组织干部职工使用"全国总工会""湘工E家"APP学习；将政治理论学教与工会干部培训、双联帮扶调研、趣味运动会等结合开展，丰富理论武装形式。业务"实起来"。举办系统工会干部培训班等，与双联单位组织实地调研，开展双联帮扶活动10余次，形成"六联"经验，被湖南工人日报向全省推介；组织带动厅系统工会完成消费帮扶500余万元，采购乡村振兴农副产品33.76万元，多措并举帮助结对企业和基层纾难解困。典型"树起来"。

精心选树实干担当先进典型，肖阳获评"湖南省文明家庭"、周宏获评全省"五一劳动奖章"、周亮辉荣获省直"五一劳动奖章"、张存获评省直单位"最美家庭"。二是改革创新添动力。组织体系新。通过换届选举配强工会委员，跨处室设工会小组，各处室设联络员。工作机制新。构建办公轮值、工作提示、工作例会、联席会议、述职考核"五项机制"，探索建立工会经费绩效评价、财务公开等制度，确保工会工作规范高效运行。工作方法新。推广使用基层工会工作平台和小软件小程序，开展信息发布、意见征集、问卷调查，推动工会数字化转型。三是关心厚爱促活力。关注职工权益。制定未成年子女城乡居民医保费用报销政策，联合团委开展暑期爱心托管班暨"童心心向党"夏令营，惠及干部职工适龄子弟176人。坚持帮扶困难职工，开展"四送"活动，本年度共计慰问150余人次。关心职工健康。组织应急救护和工伤预防知识技能培训，为370余名干部职工购买大病医疗保险，全年报销41人次，减轻职工负担。系统整合健身场地设施，"职工之家"再升级，首批建成省直机关健康小屋。关切文体生活。充实职工书屋，更新图书2500余册，订阅27种报刊杂志，党建书架、工会书架进一步丰富。厅机关15个文体协会组织参加10余个省级及以上比赛，斩获一等奖3个、二等奖2个、三等奖2个，省直单位气排球比赛男队、女队双获冠军，省直单位工间操竞赛获二等奖，全省太极拳"进机关"十周年获最佳推广单位。成功举办首届财政厅系统工会趣味运动会、厅机关广播体操比赛，机关活力持续增强。

（二）青年成长新力量

一是强化青年理论武装。按照团中央工作部署，认真开展厅机关团员和青年主题教育，开展"思想旗帜"专题学习，召开"五四"青年干部座谈会，全体厅领导与青年交心谈心、给青年讲团课，联合财政部驻平江县工作队开展重温"喻杰精神"主题团日，传承红色基因、提高党性修养。二是服务青年成长成才。厅长率队组织青年赴龙湾村开展调研并逐一谈心谈话，开展青年思想动态问卷调研，成功举办第三届"财政青年说·调研背后的故事"，《湘直党建》择优采用青年微调研报告，承办省直机关青年调研分享活动，引领青年在更广阔舞台施展才华。三是增强团青组织战斗力。顺利完成团委换届工作，规范完善智慧团建信息，清理涣散团支部。厅团委下设3个团支部、1个团总支、1个行业组织团委，3个厅归口管理公司团委，1个厅属公司团委。设置厅青年读书会、青年文艺队、青年志愿者工作站丰富青年活动，联合开展各类志愿服务，带领湘财子弟开展研学活动和培训班，护航湘财子弟成长。

（三）巾帼风采新作为

一是凝聚发展向心力。开展巾帼大学习，掀起学习全国妇女十三次代表大会精神热潮，举办巾帼读书分享会，组织"三八节"等主题活动，组织参加全省妇委会主任能力素质培训班，提升能力素养。编制妇委会工作手册，建立重大事项集体决策、收发文、档案管理等制度，为凝聚发展合力提供制度基础。二是当好建功领头雁。树立巾帼品牌，3名女性入选"芙蓉计划——省财会金融人才"项目，徐蓉当选中国妇女第十三次全国代表，何蓉在"湘直家教 清风齐家"活动上作代表发言，罗贤艺获评省直机关优秀妇委会主任。三是架起温暖"连心桥"。顺利完成妇委会换届，配合开展"省直机关育龄妇女生育意愿调研"，组织"女职工维权月"活动，开展妇女权益保障法普法宣传，开办健美操、舞蹈健身班，支持离退休女同志开展红色文旅活动，展现巾帼风采。

［湖南省财政厅机关党委（机关纪委、工会）供稿］

离退休人员管理与服务工作

2023年，离退休人员管理服务处坚持以习近平新时代中国特色社会主义思想为指导，深入学习贯彻党的二十大精神，贯彻落实习近平总书记关于老干部工作的重要指示精神和中央、省委关于老干部工作的方针政策，持续加强离退休干部政治建设、思想建设、组织建设，用心用情、精准服务，落实政治、生活两项待遇，充分发挥老同志正能量作用，努力推动离退休干部工作高质量发展。

一、以政治建设为统领，加强离退休干部思想政治建设和组织建设

（一）加强政治建设

一是引导老同志讲政治。坚持把学习贯彻习近平新时代中国特色社会主义思想作为首要政治任务，组织引导老同志及时跟进深刻领悟党的理论和路线方针政策，深刻理解党中央治国理政的新理念新思想新战略和重大决策部署，持续引导广大老同志深刻领悟"两个确立"

的决定性意义，增强"四个意识"、坚定"四个自信"、做到"两个维护"，自觉在思想上政治上行动上同以习近平同志为核心的党中央保持高度一致。二是引导老同志讲规矩。每月召开老同志大会，传达学习文件精神、通报相关情况。平时学习与开展形势政策教育结合起来，与开展党章、党纪教育结合起来，引导老同志严格遵守党的纪律特别是政治纪律、组织纪律，在大是大非面前旗帜鲜明、立场坚定。

（二）扎实开展主题教育

一是精研细读深入学。第一时间为离退休总支委员和党支部发放《习近平著作选读》第一卷和第二卷等学习资料，并开展讨论交流。主题教育期间，共组织老同志集中学习8次，组织开展"话传统、谈复兴、聚力量"学习心得分享会1次，4个支部的9名老同志分享学习心得；开设学习体会专栏，展示老同志心得体会16篇。总支委员庄正伯参加省委老干部局"学思践悟新思想·金秋添彩新时代"微党课竞赛，荣获三等奖。二是丰富载体灵活学。利用"学习强国"、"三湘老干部e家"、支部微信群等网络平台，组建"网上党支部"，开设指尖"微党课"。组织开放式主题党日7次，老同志共参与360人次。深入挖掘离退休老同志的优良传统、典型故事，在"财政口述史"、七一慰问老党员、刘荣生同志过政治生日交纳特殊党费等活动中发挥典型案例正面引导作用。三是分类施策指导学。对年老体弱、行动不便等特殊老党员，不做强制要求，不做硬性规定，利用上门慰问、电话沟通等时机，在关怀问候送温暖的同时，宣讲党的创新理论。用文体活动等喜闻乐见的形式传递党的政策和声音，让学习教育更接地气、更入人心、更有温度，组织舞蹈队参加"奋进新征程·金秋展风采"省直及中央在长单位离退休干部文艺作品比赛，荣获金奖。

（三）抓好组织建设

以"组织设置好、班子建设好、党员队伍好、学习活动好、作用发挥好、制度坚持好"为标准，全面加强离退休干部党组织建设。一是组织生活严格规范。结合老同志实际落实"三会一课"、主题党日等基本制度，充分运用红色教育资源和党性教育基地开展学习，不断增强党建活动的吸引力、感染力。4月11日组织老同志赴浏阳开展"学习党的二十大 走进乡村看振兴"主题党日活动，5月18日组织离退休党支部委员、部分退休厅级干部赴韶山开展"传承红色基因 赓续红色血脉"主题党日活动，10月12日组织老同志赴湘乡陈赓故居和东山学校开展参观见学活动，10月31日组织离退休第三党支部赴湘阴左宗棠纪念馆开展爱国主义教育，11月16日组织离退休第四党支部赴益阳周立波故居开展"学习习近平文化思想"主题党日活动，11月23日组织离退休第一党支部赴许光达故居和黄兴故居开展革命传统教育，11月28日组织离退休第二党支部赴胡林翼故居和天意木府参观学习。通过形式多样的主题党日活动，让离退休干部党员始终牢记党员身份，自觉做到党的意识不弱化、党员标准不降低、党内生活不脱离。二是连续六年组织刘荣生同志交纳特殊党费仪式。从2018年开始，离休干部刘荣生在每年的8月1日过自己的政治生日。2023年是刘荣生同志第六年交纳特殊党费。在厅党组副书记、副厅长庄大力，机关党委、离退处负责同志的见证下，刘荣生同志交纳特殊党费10000元。三是坚持并完善在职干部联系离退休党支部联络员制度。全体联络员不断提高政治站位，强化责任担当，加强党建联系工作，协助离退休党总支和支部开展组织建设与思想政治建设，确保了离退休干部队伍和谐稳定。同时，重视意识形态工作，不断加强微信群管理，注重正向舆论引导。此外，联络员协助做好信息化应用服务工作，帮助老同志掌握基本的上网知识，协调信息中心为老同志开办网络知识讲座。

二、以精准服务为理念，用心用情全面落实离退休干部"两项待遇"

（一）注重落实政治待遇，尊重爱护关心老同志

一是召开离退休干部座谈会，落实座谈会精神。开年第一场座谈会为离退休干部座谈会，1月30日，时任厅党组书记、厅长刘文杰主持召开离退休干部座谈会，党组副书记、副厅长庄大力，党组成员、总会计师刘平，二级巡视员张爕和相关处室负责人、老干部代表参加。会议向老干部通报了2022年全省财政运行情况和厅机关建设情况，听取了老干部的意见建议，对老干部关心的问题作了回应，并要求相关部门抓好落实。离退处主动作为，按刘文杰厅长指示第一时间完善老干部信息档案，建立健全高龄、多病、空巢人员信息台账并动态更新，完善常态化沟通和精准化服务机制；联系信息中心为老同志举办了信息网络知识培训；以老年节系列活动为抓手，进一步丰富了老干部精神文化生活。二是落实定期向老干部通报情况制度。11月13日，厅党组成员、副厅长祝孟辉向全体离退休老同志通报了湖南省先进制造业发展情况和省财政的相关支持政策，并勉励老同志要充分发挥政治、经验、威望优势，继续为全省经济社会建设、为财政事业发展增添正能量。三是有力保障老同志阅文看报、参会学习。完善和落实离退休干部学习、阅文、听报告、参加重要会议和重大活动等制度。离退休党总支工作室全年坚持开放，较好满足了离退休厅级干部看文件的需求，保障了老干部及时准确掌握中央和省委文件精神。

（二）注重办实事解难事，用心用情服务老同志

离退处党支部探索建立了"五心、四清、四访"工作机制，"五心"：爱心、热心、耐心、诚心、细心；"四清"：对老干部情况清、对离退休党支部整体运转情况清、对老干部工作情况清、对老干部发挥作用情况清；"四访"：老同志生日、住院、病故、重大节日等，都要前往慰问、探视，送去组织温暖。一是落实走访慰问制度。"七一"期间刘文杰厅长带队慰问老党员、住院老

干部，分管厅领导庄大力副厅长、祝孟辉副厅长多次走访慰问老同志，送去组织温暖和关怀。2023年保障老同志体检197人次，探视因病住院人员共计120人次，走访慰问独居、空巢、高龄、多病老同志154人次，去世慰问12人次，协助办理5名老同志的善后事宜。做好长期异地居住退休干部服务管理工作，做到经常联系，加强关怀。二是帮助老同志解难事。针对不同身份、不同职级、不同年龄、不同健康状况的老同志，分类指导、精准服务，为30名多病老同志、10名高龄老同志、26名空巢老同志建档立卡，动态管理，帮助他们解决燃眉之急。与离退休党总支一道，多措并举、多次协调，合力促成退休老同志李干文复婚，解决了湘财大院的一大难题；积极帮助齐细珍、姜玄端等老同志申报困难补助；精准加强精神关怀，帮助部分退休老同志消除心理上的忧郁感、孤独感、失落感等不良情绪，保持健康心态和良好状态；精准加强阵地建设，积极申请资金，优化升级老干部活动场地的器材设施，为老同志开展文体活动提供更好体验。三是与城南中路社区联合开办老年大学。根据"系统大调研"的工作安排，离退处先后前往省教育厅、省税务局、省文化馆、省老干部大学、城南中路社区进行调研，参观各单位老干部活动场所及老年大学教学设施，听取办学情况，并就课程开设、运行管理等方面进行座谈交流。调研发现，单位办学存在生源难持续、经费难保障、安全难保证、社会效益难最大化等问题。结合财政厅离退休人员实际情况，采取了以社区老年大学（联合开办）为主，省老干部大学、长沙市老年大学为辅，引导老同志就近入学，多措并举满足老同志的学习需求。城南中路社区老年大学有专项经费支持，离退处提供场地，合作办学既解决了财政厅老同志上学难问题，又实现了良好的社会效益，师资、场地等资源得到了有效利用。四是做好离休干部"一人一策"。按照"精准养老服务、精准医疗服务、精准困难帮扶、精准落实待遇、精准推进落实"的要求，认真落实离休干部政治、生活待遇，每月上门或与家人电话了解身体及家庭情况，看病就医派车前往，按月报销门诊费用，住院时帮助联系医院并看望，在春节、老年节、生日等时机上门慰问，用心用情为离休干部提供服务。五是开展法律法规宣传宣讲活动。利用走访慰问、老同志大会、离退休总支会等时机，宣传防范养老诈骗、电信诈骗、保健品欺诈、非法集资等法律知识，开展老龄政策法律的宣传、咨询和援助活动，切实维护老同志的合法权益。推进"智慧助老"行动，帮助老同志学习使用电子设备，增强老同志的防范意识。联合社区开展普法宣传活动和公益活动，让法律服务更好惠及老年人群体，进一步增强老同志法律意识和依法维权意识。

三、以价值取向为引导，搭建载体平台发挥离退休干部作用

（一）利用兴趣小组开展系列正能量活动

根据老同志兴趣爱好和自身特点组建了钓鱼协会、健身队、书画、摄影等12个兴趣小组。2023年，继续发挥兴趣小组的带动作用，常态化开展各种文体活动。9-10月，组织开展老年节系列文体活动，包括乒乓球、象棋、跳子棋、扑克、钓鱼、竞技麻将、书画摄影展、参观学习、联欢会等活动，充分展现了老同志积极进取的精神风貌（乒乓球、跳子棋、象棋、竞技麻将、扑克、钓鱼等活动共166人次参与；参观湘乡陈赓故居和东山学校共90名老同志参加；游艺活动共92名老同志参加；联欢会由老同志自编自导，节目形式包括舞蹈、秧歌、独唱、合唱、诗朗诵、快板、口琴、锣鼓等表演，到场的老同志超过130人；共计478人次参与文体活动）。2023年是疫情之后首次组织老年节活动，整个系列活动准备充分，组织严密，全程安全、有序、顺利，参与人数多，活动效果好，老同志比较满意，厅党组给予了高度肯定。

（二）利用经验优势和专业特长发挥正能量作用

鼓励离退休干部面向社会、面向群众、面向基层，充分发挥经验优势和特长，积极发挥正能量作用。11月根据省委老干部局《关于深化离退休干部人才库建设工作的通知》要求，离退处广泛开展动员部署，鼓励离退休干部积极参与，经个人自愿申报、离退休党支部讨论推荐、离退休党总支和离退处集体研究，决定推荐刘克邦、邱望梅、华保国、刘正清、郭照光等5名同志为全省离退休干部人才人选，并建立了厅离退休干部人才库。瞿宝元同志参与省关工委、省老科协工作；郭秀宏同志被省政协聘为老委员咨询团成员，2023年先后两次在全省财政所长培训班上宣讲财政精神、传授优良作风；庄正伯同志充分发挥"全省最美志愿者"的示范作用，"庄爷爷实验课"已经成为财政厅关工委和天心区关工委的金字招牌，先进事迹在《湖南教育电视台》报道。尹翠兰参与省关工委工作；王新国被省政协聘为老委员咨询团成员；宋华担任省财政协会会长；易继元参与省非税协会工作；刘克邦主持省总会计师协会工作，负责省散文协会工作，还主持业委会工作；胡良安、吴其江参与省注协工作；等等。同时，夏凤德、张如田等老同志积极参与大院建设、管理，维护财政大院形象。

四、以打造过硬队伍为目标，切实加强离退处自身建设

（一）加强政治建设

离退处始终把政治建设放在首位，坚持把学习习近平新时代中国特色社会主义思想、习近平总书记重要讲话重要指示批示精神列为支部第一议题，原原本本读原著、认认真真学理论、扎扎实实搞教育，规范开展"一月一课一片一实践"活动。2023年共开展支部集中学习33次，开展微党课12次，支部书记与党员谈心谈话21人次，开展主题党日12次，其中开放式主题党日8次，在《机关党建》杂志第2期"经验交流"版块发表文章1篇（《用情用心做好离退休干部工作》）。重视廉政建

设，认真组织"廉政教育月"活动，扎实开展"干部大讨论"，进一步增强了宗旨意识、廉洁从政意识和法纪意识，营造了清正廉洁、实干担当的良好氛围。

（二）提高干部素养

选派干部参加财政部、省委党校、干教中心举办的专题培训班；大兴调研之风，重点对开办老年大学进行调查研究；组织"干部大讨论"，进一步坚定理想信念，锤炼党性修养。用心培养年轻干部，压担子、教方法，鼓励年轻干部参加厅机关组织的演讲、主持、公文写作等活动，在活动中得到锻炼。加强对年轻干部的业务培训，要求做到"两个关注""两个对称""三个思考""三个管理"，努力做到开口能说、提笔能写、问策能对、遇事能办。

（三）弘扬实干作风

离退处注重关心干部家庭、生活，营造了团结和谐、干事创业的氛围。全体工作人员能够分工合作，各司其职，相互补台，确保了各项工作高效、顺利完成。在处室自身建设上，高标准做好内控内审等工作，确保工作依法依规依程序。

（湖南省财政厅离退休人员管理服务处供稿）

财政事务管理工作

2023年是全面贯彻落实党的二十大精神的开局之年，省财政事务中心（以下简称中心）坚持用习近平新时代中国特色社会主义思想凝心铸魂，深化党建业务融合，注重收入质量和非税服务品质提升，加强干部队伍建设，强力推进各项改革，在财政高质量发展中彰显非税担当作为。

一、激活政治建设"思想引擎"，队伍干事创业动力更足

中心党委坚持用习近平新时代中国特色社会主义思想凝心铸魂，坚定捍卫"两个确立"、坚决做到"两个维护"，全面落实意识形态工作责任制，着重在"三个结合"上下功夫，不断提升中心党委把握大局、引领发展的政治能力。

（一）坚持主题教育与解决问题有力结合

一是学思践悟强思想。作为第一批列入主题教育单位，中心党委第一时间围绕"学思想、强党性、重实践、建新功"总要求，制定活动方案，不折不扣完成规定动作，创新开展省市县镇村多级联学联动，在《新理财（湖南财政）》发表党建文章，推动理论学习入心见行。二是学用贯通促发展。结合"走找想促"活动，坚持综合调研与"解剖麻雀"调研相结合，切实把调研成果转化为解决问题、推进改革的实际举措。联合省纪委监委开展涉案财物统管改革调研，改革典型经验在中央纪委监委内部刊物作为创新经验刊发推介；开展收缴电子化改革调研，在全国非税收入收缴工作研讨和经验交流会上作典型经验发言，得到财政部高度评价。坚持"当下改"与"长久立"，重点查找问题9个，及时出台整改举措并建章立制，整改率100%。中心主题教育活动得到第十巡回指导组高度肯定。

（二）坚持能力提升与干部成长有机结合

一是用好厅机关平台。积极参加"三大一提升"行动，组织参加厅机关演讲比赛、调研成果交流分享会、青年座谈会、党务工会培训、知识测试等活动，提升干部综合能力素质。精心组织参加厅机关广播体操比赛并获二等奖，充分展示形象。二是当好全省非税业务指导总台。组织开展调研指导市县规范非税收入管理。联合省非税收入研究会在韶山干部学院开展全省非税征管业务培训，由青年业务骨干上台讲课，召开市县交流座谈会，针对机构改革、队伍建设、业务难点，释疑解惑；收集整理问题6类47项并及时给予书面答复，规范指导全省非税征管工作。三是搭好中心干部成长舞台。坚持一年两次开展"事务中心青年说——有光的课堂"活动，创新搭建青年干部交流平台，打造青年学习品牌。丰富干部培养方式，加责任、压担子，克服人手紧张的困难，选派1人参加厅机关乡村振兴驻村帮扶队，1人长期外派承担窗口工作，1人抽调第二批主题教育指导组赴常德开展工作，磨炼青年干部实战能力水平。

（三）坚持监督管理与防范廉政风险有效结合

开展分层级交心谈心，召开处级和科级干部座谈会，推进中层干部扛牢责任、融合联动、带好队伍，引导青年干部强责任、善思考、谋发展。创新开展"廉政教育月"活动，提炼"以清为美、以廉为荣"中心廉政文化。率先开展"干部家属走进支部"活动，发挥家属倡廉助廉作用，活动得到充分肯定。

二、聚焦高质量发展"目标航向"，非税收入质量成色更优

坚决贯彻省委、省政府打好"发展六仗"决策部署，聚焦打好财源建设攻坚战，强化担当抓责任，持之以恒抓质量，圆满完成了全年各项目标任务。

（一）紧抓收入质量难点助推发展

强化省直执收单位和市县征管机构协调指导，通过降占比、挤水分等举措，有效巩固收入质量提升成果。一是多措施降低非税占比。严格规范"其他非税收入"管理，对没有明确项目、不属于非税收入管理范畴的不得以"其他非税收入"缴库。提升征收计划编审效率，科学编制省本级执收单位征收计划，确保依法征收、应收尽收。建立健全月报制度，动态掌握重点执收单位、项目收入变化情况，为领导决策提供依据。加强重点月份收入调度，督促执收单位做好预算执行，防止非税收入大起大落。二是动真格挤掉收入水分。每季度督促市县报送非税收入情况，及时掌握有异常的市县情况，分析并督促其及时整改。配合开展全省财会监督专项检查，重点关注减税降费政策执行、财政收入虚收空转等问题，落实做实收入政策措施。据快报，2023年，全省一般公共预算非税收入完成1152亿元，增长5%，非税占比34.3%，同比下降1.1个百分点，收入质量保持稳健态势。

（二）紧抓涉案财物统管堵点专项破解

强化纪财联动定向。为破解涉案财物分散管理、底数不清等难题，联合省纪委监委，赴常德、北京等地开展实地调研，《关于涉案财物集中保管和处置工作的调研报告》得到厅领导肯定性批示。相关涉案财物统一保管和处置工作的情况报告获毛伟明省长、李殿勋副书记、省纪委监委王双全书记等领导肯定性批示。一是深化政企协作提质。坚持防风险、促规范、增收益，制定完善中心涉案财物保管处置等内部工作规程，督促公司建立健全制度办法。二是完善涉案财物管理处置。按照"分类处置、先易后难"原则，探索多元化处置路径，实现处置价值最大化。多个省份来我省学习借鉴。

（三）紧抓财源建设重点突破

一是盘活存量国有资源。协同厅相关处室开展实地调研、现场座谈，提出明晰各方权责、保护利用并重等建议，推动国有资源有度有序有偿开发利用，相关调研成果报财政部。引导部分市县开展充电桩、自来水等国有资源特许经营，拓宽新型与传统资源特许经营权管理范围，纵深盘活"三资"开拓财源。二是织密扎牢征管网格。严格把好政策关，印发制度汇编，按照政策文件及时调整、取消相关收费项目，对不符合政策要求的退付不予通过，对超标准、超范围分成责成单位整改。

三、实现收缴电子化"零跑腿"，非税服务能力水平更高

强化技术赋能，坚持以收缴电子化改革"小切口"，推动数字政务服务能力大提升。

（一）电子非税收入一般缴款书全面实行

电子缴款书改革是深化"互联网+政务服务"、实现"一网通办""跨省通办"的重要举措。在厅领导的大力支持下，在相关处室的密切配合下，中心组建专班，组织10余次调研，组织专题协调会30余次，通过召开全省推广实施工作会、开展实地督导、现场办公、上线培训等方式，顺利完成改革目标。2023年全省共有164个区划、18219家单位实现联网，开具1576万张票据，金额967亿元。改革工作得到财政部肯定。制定标准规范，将全省缴款渠道纳入中台统一管理，积极响应社会主流支付习惯和便民需求，在改革中深入应用主要支付方式。

（二）非税收入全面实现电子化收缴

持续优化非税缴费体验，覆盖多个业务领域。推动移动缴费平台资源扩容，服务保障秋季开学。督促平台运维公司做好系统监测和紧急预案，避免因故障导致舆情事件发生。全省电子化收缴率达90%以上。

（三）政务服务窗口品牌形象更优

中心领导多次赴政务服务大厅财政窗口开展调研、座谈交流，指导窗口工作。财政窗口深入推进政务服务标准化、规范化和便利化建设，首次开展法检两院财政票据年检工作，取得较好反响。持续提升厅机关财政票据窗口服务质量，优化窗口业务办理流程，强化票据监管作用，确保窗口服务高效规范，树立财政良好形象。

四、快速回应社会"热点关切"，非税征管基本功更硬

非税收入的征收管理，深度融入经济社会发展各方面，社会的关注度逐年提升。快速回应好社会的关切，是对我们服务基本功的实践检验。

（一）盯住财会监督要求

结合中心职能调整和制度更新变化，落实财会监督最新要求，优化涉案财物管理、法院诉讼费退付、资金结算、收入分成、财政票据管理等制度规范，开展内控风险隐患"大排查"，梳理中心牵头制定文件制度16个，用制度管人管事。

（二）盯牢各类收费项目

一是把牢制度关口。为449家省直执收单位和市县提供非税政策咨询服务，参与政策制定25项。二是强化系统控收。根据政策增加、调整收费项目15个，办理单位项目挂接及基础数据修改申请34次，充分发挥系统控收作用，杜绝非税执收工作中的乱作为。三是回应热点痛点。坚持会办件当主办，既"积极配合"，更"务实担当"，对代表高度关注诉讼费退还问题，迅速行动、积极协调，邀请主办单位到益阳进行现场办理，解释政策、共商办法，推动益阳市赫山区从2024年1月1日起诉讼费退费从"申请退"到"主动退"，代表给予高度评价。快速响应、及时处理罚没财物舆情问题，调研罚没收入管理现状，梳理存在问题，指导市县完善罚没收入管理制度，规范征收管理行为。四是优化营商环境。针对企业应退未退的"保证金""备用金"问题，向省直执收单位去函要求限期退付，总计退付645万元，主动为企业解忧。

(三) 盯实各类资金

一是构筑结算制度"护城河"。全面梳理罚没收入、暂扣款收缴管理流程，制定省纪委监委涉案款结算工作流程，修订完善非税收入缴库、分成收入划解、收入退付、收入调账等工作规程，确保财政资金安全。二是做好代理机构"监管员"。开展代理银行代收工作考评、电子化收缴代理机构日常监管，组织省级非税收入电子化收缴业务代理服务商招标工作。

(四) 盯紧财政票据

提升财政票据监管效能。修订票据承印企业考核规程，建立市州印制质量、服务质量反馈机制。做好财政票据的印制、结算、发放、核销等日常管理工作，2023年全省共印制财政票据2.36亿份，发放财政票据2.35亿份。完成2022年度省直单位年检597家，年检合格率100%，参检率、参检合格率连续两年双提升。

（湖南省财政事务中心供稿）

财政投资评审工作

2023年，财政投资评审中心（以下简称中心）在厅党组的坚强领导下，深入开展学习贯彻习近平新时代中国特色社会主义思想主题教育，大力实施"三大一提升"行动，进一步加快财政投资评审改革转型，为服务国之大者、省之大计、财之大事履职尽责，取得了较好成绩。

一、强化党建引领，做到有特色有实效

坚决贯彻习近平总书记重要讲话精神及省委、省政府和厅党组决策部署，不断推动党的建设、理论学习、实践转换等工作走深走实。

（一）深学细悟，理论学习入脑入心

中心长期弘扬优秀学风，深入开展各项理论学习活动，推动理论学习入脑入心。严格落实第一议题制度、三会一课制度及支部周学制度，党员干部及聘用人员轮流领学《习近平著作选读》（第一、第二卷）、《习近平谈治国理政》（第四卷）等重要理论书目。深刻开展主题教育专题组织生活会，分享学习心得，严肃批评与自我批评。组织中心党员干部轮流讲授微党课，促进大家不断用习近平新时代中国特色社会主义思想凝心铸魂。

（二）知行合一，推动发展力行见效

中心结合厅机关"系统大调研"活动开展财政评审与绩效管理相衔接体制机制的调查研究。创造性提出"绩效+评审"融合发展模式，将财政评审嵌入到评价指标体系设计、评价组织实施、评价结果运用等各方面，形成财政资金监管合力，优化财政资源配置。

（三）以党带群，支部建设成果显著

中心坚持党建促发展的第一要务，充分发挥支部书记引领作用和党员干部示范作用，带动聘用人员更好地落实省委、省政府决策部署，支部战斗堡垒作用不断夯实。2023年，中心为提升财政评审质量累计深入项目及部门单位踏勘调研130余次，超300人次；自10月起，为确保项目顺利推进，中心干部职工自发加班加点，平均每周深度加班人数超100人次，350小时。

二、强化主责主业，做到有进展有影响

紧跟省委、省政府及我省财政中心工作，一体推进重点项目评审、评审范围改革扩面、支出标准建设等工作，财政评审服务重大决策、重大改革不断凸显。

（一）服务财政预算管理能力不断提升

一是财政评审节支增效成果不断凸显。近年来，中心健全了"先评审后安排项目预算、先评审后拨付结算资金、先评审后办理竣工财务决算"的项目资金管理机制，财政评审节支增效的成果越发显著。2023年，省本级共受理财政评审项目2222个，送审规模444.52亿元，节约财政性资金19.35亿元，审减率4.35%。其中，概估算、部门预算及招标上限值等事前评审项目1524个，送审金额377.24亿元，审减金额17.19亿元，审减率4.56%；结、决算等事中事后评审项目698个，送审金额67.28亿元，审减金额2.16亿元，审减率3.21%。全省共受理财政评审项目61649个，送审规模4754.18亿元，节约财政性资金581.08亿元，审减率12.2%，为有效缓解我省当前突出的收支矛盾贡献了重要的力量。此外，按照省本级财政投资项目全流程评审情况来看，估概算评审平均审减率为3.42%，预算评审平均审减率为6.29%，财政结算评审平均审减率为3.89%，加之中介机构结算初审平均核减率8.76%以及招投标或政府采购社会平均下浮率10%，单个项目平均审减率合计为28.57%（考虑各阶段评审基数发生变化），以1亿元的项目平均审核情况为例，经过上述5个阶段的把关，最终的结算金额为7143万元，审减约2857万元。

二是财政评审范围不断拓宽。中心不断推动财政评审扩围增面，评审项目数量和规模逐年增长。从2015年的321个项目、45.19亿元，增长到2023年的2222个项

目、444.52亿元。此外，积极探索规范EPC项目（工程总承包）的资金监管模式，在近期印发的《湖南省建设工程总承包计价规则》中明确纳入财政预算管理的工程总承包项目，在项目招标前，招标控制价须经财政部门进行财政评审。三是主动压减中心经费开支。除大力发挥财政评审项目节支作用外，中心主动压减内部非刚性支出，如：2023年中心招聘专业技术人员时，未按照省直单位通常做法委托专业机构组织，自行承担绝大部分工作，节省大量财政资金。当前新招聘的8名专业技术人员已经全部顺利到岗工作。

（二）服务省委、省政府决策能力不断提升

中心着眼服务大局、保障民生、防范化解重大风险等方面充分发挥财政评审职能作用，扎实推动省委、省政府及厅党组重要决策部署落到实处。一方面是推进重大民生工程建设。扎实推进长沙机场改扩建工程、湘雅五医院等重点民生工程落地，以财政评审智力为全省实现"三高四新"美好蓝图增效赋能。其中，中心自长沙机场改扩建工程立项以来长期提供全过程支撑：采取省市联合、财审联动、全过程预算绩效管理等措施，强化早期控制、压实各方责任，为项目方案优化提出合理建议，确保将每一分钱都花在"刀刃"上，实现投资评审质量与效率的"同频共振"。截至年底，中心累计评审长沙机场改扩建工程综合交通枢纽工程施工项目、T3航站楼工程等31个预算项目，送审总投资金额为205.01亿元，审减金额13.77亿元。另一方面是推进半拉子项目建设。为深入贯彻沈晓明书记关于防范化解重大风险指示精神及厅党组有关部署，中心针对湘潭下摄司大桥、艺术职院等工程开展专项评审。其中，为做好湘潭市下摄司大桥评审工作，中心多次赴湘潭现场实地勘查，结合当前资金到位情况、项目建设进度、后续资金筹措计划等现状，加快核实项目建设资金缺口，恢复项目建设。下摄司大桥共包括7个子项目，送审总投资金额为18.28亿元，审减7846.77万元。

（三）服务重大改革能力不断提升

将财政评审放在国家及本省投融资体制改革、提振经济一揽子措施、深化预算管理制度等改革中去定位谋划。尤其是在贯彻落实预算管理制度改革方面，中心加快健全与财政预算管理相适应的项目支出标准体系，在前期出台物业费、园林绿化、省属高校、陈列布展等项目支出标准的基础上，草拟了省本级信息化项目预算编审指南，明确信息化项目预算编制主要内容及费用标准，该标准预计近期正式印发。除主动出台标准外，中心还积极为省监狱系统经费保障标准的落地实施提供智力支撑，对22家监狱单位（含局机关）近3年的实际经费支出情况进行审核，结合财政部及本省相关制度对标准进行优化和完善，优化后的标准预计节约保障经费5500万元/年；向部门单位及相关处室建议将审务通、警务通等执法终端设备的使用年限进行适当调整，调整后的执法终端相关费用预计节约1000万元/年。

三、强化转型升级，做到有统筹有侧重

将财政"三大一提升"决策部署与财政评审全链条管理提升、全周期服务优化、全领域机制完善等工作有机结合，推进财政评审转型升级。

（一）加强评审监管，在资金守口把关上下功夫

切实转变思维，不断提升财政评审服务财政预算管理的能力，推动财政评审及项目预算编制执行进一步提质增效。一是加强项目事前监管。从聚焦项目的经济性进一步向紧盯项目必要性上靠拢。2023年，省本级概估算、部门预算及招标上限值等事前评审项目1524个，涉及资金规模达377.24亿元，评审数量和规模分别占所有评审项目的68.59%、84.86%。二是加强预算编制质量及结算初审质量监管。2023年7月，中心对2022年项目预算审减率超30%和结算评审质量不及格且误差率超8%的项目进行了通报，通报的预算评审项目10个，涉及10家建设单位；结算评审项目16个，涉及14家建设单位、14家工程造价咨询机构，有效压实部门单位的主体责任，提高中介机构的执业质量。三是加强财政评审结果执行监管。为解决个别单位未按财评审定的招标上限值及工程量清单组织招标等问题，中心在《关于进一步完善工程建设项目招标投标交易机制和监管办法的实施意见》中明确在招投标过程中不得修改经财政部门评审审定的招标清单，如发现此类问题将及时移交行政监督部门查处。此外，中心通过财政评审手段查找项目资金监管及建设过程中的问题，如：将发现的贺家山农场原种场三个项目重复报送建设内容的情况通报给资金处室和建设单位，帮助其加强管理，堵塞漏洞，挽回财政资金。

（二）提高评审效率，在优化发展环境上下功夫

紧紧围绕创建服务型政府总体要求，推进财政评审放管服改革，着力优化本省发展环境，提升财政评审便利度。一是积极优化报审流程，编印温馨提示宣传手册，将财政评审有关要求和业务咨询电话广而告之；实施项目预审制，对非主审要件容缺受理，加快财政评审进度。二是主动压减评审时限，中心在确保评审质量的前提下，主动缩减评审时限，将2000万元以上项目结算评审期限压减10-20天；对省政府重点工程、民生工程以及涉及向上争资争债的重要工程开辟绿色通道，优先办理，确保项目顺利推进。三是着力推进评审信息化，加快完善省本级财政投资评审信息平台，目前平台已实现与部门预算管理、国库支付等系统对接，并将24家省直单位纳入评审线上送审试点。明年中心争取将一半以上的一级部门预算单位纳入信息平台。

（三）练就过硬本领，在研学深思上下功夫

聚焦把握当前财政评审工作的重点任务，蹄疾步稳加强财政评审能力建设。中心组织召开全省市州财政评审机构主任座谈会，紧紧围绕加强评审作风建设、锻造忠诚、干净、担当的评审队伍以及各市州先进评审经验开展深入交流，促进全省评审系统进一步统一思想，凝聚共识，形成发展合力。中心新开设财政评审大讲堂，

每月定期开展财政评审大讲堂，中心自己的同志讲授财政预算管理知识、典型案例分析，外请专家教授讲授当前宏观经济形势、微观前沿工程技术等。促进评审干部职工进一步拓宽改革思路、掌握科学评审方法、提升服务高质量发展的本领。

四、强化队伍建设，做到有监督有激励

中心坚持"严管"和"厚爱"相结合，着力提升队伍素能，为财政评审改革加油蓄力。

（一）"激浊扬清"，深入推进"两带头五整治"专项行动

在党风廉政建设方面坚持严的总基调不动摇。中心一是以"两带头五整治"专项行动为契机，开展评审作风教育整顿活动，明确五个方面的总要求、五大整顿重点领域和若干条具体的整顿措施。二是邀请驻厅纪检组负责同志讲廉政党课，开展财政及财评系统典型违法违纪案例警示教育；加强廉政谈话，勉励党员干部不断锤炼党性、弘扬正气。三是建立财政评审人员淘汰机制，对发现存在廉政问题的评审人员从严从快处理，做到举一反三，力求实现"处理一人、警示一片、整治一域"的综合效果。

（二）"建章立制"，不断厚植干事创业土壤

坚持"制度上求新、措施上从严、管理上更暖"的原则，持之以恒地加强队伍建设，营造干事创业的良好氛围。一方面是加强内控管理。认真梳理核心业务流程和主要风险点，重新制定了《湖南省财政投资评审中心内部控制操作规程》《湖南省财政投资评审中心评审员廉洁从业管理办法》等规章制度，明确各岗位职责和工作程序，做到用制度管人、用制度管事。另一方面是加强人文关怀。将物质激励与精神关心相结合，不断增强评审人员获得感和成就感。重新修订《湖南省财政投资评审中心聘用人员绩效考核管理办法》，在现有政策范围内，进一步加大绩效奖励比重，提高各项重点工作含金量。同时，将组织的厚爱体现到工作、生活中的方方面面，在干部职工遇到困难和挫折时及时主动给予关心和帮扶，切实帮助其解决实际困难。

（三）"党管人才"，着力锻造优秀评审人才队伍

中心一是坚持党管人才，对评审业务组进行梳理，明确组长及重要岗位必须由党员干部担任，切实做到党对核心业务的把控。二是新成立复审稽核组，由中心评审业务水平最过硬的专家担任专职稽核岗，承担2000万元以上项目的内部复核工作。此外，充实财政评审人才智库，新招聘8名具有一级建造师资格等其他中高级职称的专业技术人员。

（湖南省财政投资评审中心供稿）

财政信息化建设与管理工作

2023年，在厅党组的坚强领导下，信息网络中心深入学习习近平新时代中国特色社会主义思想和党的二十大精神，围绕财政部和省委、省政府工作部署，突出党建政治引领，强化改革使命担当，以信息化赋能财政改革发展再上新台阶，湖南财政数字化转型取得积极进展。

一、坚持党建引领，财政信息化发展根基持续筑牢

把政治理论学习摆在工作首位，推动支部理论、政策、业务、技术、管理"五学"常态化，实现党建与业务融合发展，比学赶超氛围更浓、为民服务举措更实、干事创业拼劲更足、廉洁自律意识更强。

（一）以理论学习强化改革使命担当

将学习贯彻党的二十大精神和习近平总书记关于数字中国、网络强国等重要论述作为最重要的政治任务、政治责任、政治要求。组织党员干部结合工作实践，开展学习讨论，大家更深刻领会当前我们参与推进的预算管理一体化是深化财政体制改革的必由之路，也是财政数字化转型的关键所在，自觉将学习成果转化为履职尽职的实际行动。

（二）务实开展"三大一提升"行动

着力推进主题教育学习成果转化。一是围绕一体化系统信息安全、运维支撑、数据考核等问题，赴长沙、常德等地开展"预算管理一体化考核问题"专题调研，广泛征求全省164个市县区（包括园区、经开区等）意见建议，累计收集意见508条，总结为系统优化措施170条，通过9轮系统升级逐一解决。二是秉持"不懂就问、不会就学"的态度，集中力量攻克改革难点，全年会同处室、市县区、技术公司开展业务和技术研讨240余次。三是结合系统升级上线，累计举办预算管理一体化业务讲解和系统操作培训班9期，受众达5.5万人次。

（三）着力打造"双优"服务型党支部

充分发挥党员示范引领，带领技术人员，以优质服务保障厅机关及财政业务系统正常运行。一是通过微信、QQ群等实时回应系统用户问题，用心用情服务系统用户，全年受理来函问题1700余件、印鉴信息变更260次，财政110运维热线来电咨询超25.3万人次。二是及时响应机关信息化需求，全年累计上门服务处室（单

位）2600余次，保障会议318场，制作重要活动、会议PPT材料10余份。三是推出"爱心助老进社区"活动，连续2年为社区离退休干部普及手机应用和网络安全知识，帮助老年人跨越"数字鸿沟"，得到一致好评。

（四）强化廉政教育，搭建干部成长良好平台

落实全面从严治党"一岗双责"，全年组织赴廉政教育基地学习3次，开展廉政谈话40人次、廉政家访2期，干部廉洁自律意识更强，与企业交往"三不原则"更加深入人心。注重干部谈心谈话，及时掌握思想动态，帮助新进干部锚定事业方向。年轻干部积极走上讲台，为全省财政、财务干部培训预算管理一体化相关知识。干部有成长，支部新添彩。2023年，常乐通过试用期转正，彭伟晋升三级调研员，周宏获评省级五一劳模，唐斌荣获全厅青年干部公文竞赛三等奖，曲浩然、王敏庆2名干部递交入党申请书，胡习良在职攻读湖南大学MPA，跟班借调人员来厅学习收获满满。支部青年全面融入机关工青妇各项工作，积极贡献中心力量。

二、坚持对标先进，一体化基础支撑能力有效提升

（一）对标金融科技部门

联合长沙银行科技子公司长银数科对全厅信息化基础支撑、运行能力等进行全面盘点，并结合IT治理经验，梳理出系统架构、研发、安全、运维等6方面12项改进建议（如：引入PaaS平台提升运维支撑能力，建设智能监控系统提升监控水平，优化网络单点问题适应不断增长的业务需求等）为后续改进提供有效指导。2023年底，全厅已初步完成PaaS云平台、智能监控系统测试验证。

（二）对标业内顶尖数据库企业

引进权威专业技术力量，协助制订数据库性能优化和治理技术方案，搭建数据库监控平台，纳管全厅所有业务系统数据库，实现数据库性能表现、服务状况、连接状态实时监控，提前预警，将问题处理在萌芽阶段，有效缓解数据库性能问题。通过开展交流研讨和专题讲座，也为全厅培养数据库管理专业人才、增强技术自主能力提供了平台。

（三）整合盘活信息化资源

充分征求市县财政部门意见，加强系统资源整合利用，有效盘活地方使用率不高的服务器资源，在常德设立"湖南财政外网应用级容灾备份中心"，构建异地容灾备份和应用双活机制，为非税系统等"关键基础设备系统"全年平稳运行提供了坚实保障。

三、坚持集约高效，一体化平台体系更趋完善

深入贯彻落实《国务院关于进一步深化预算管理制度改革的意见》，以协同共享为目标，着力保障一体化核心板块稳定运行，加快推进绩效、资产、债务、决算和报告等板块与一体化系统的整合对接，增强改革整体效益。

（一）核心系统更趋稳定

在财政部技术标准基础上，不断自我加压，通过对32个关键接口5轮压测和优化，在功能、技术、安全等方面持续突破，推动一体化系统建设跑出"新速度"，总体性能指标提升1.5倍，数据库负载水平下降20%，批量支付、项目支出加载等核心业务响应时间提升至3秒内，有效保障业务高峰，实现全年安全平稳运行。目前，系统已在165个财政区划全面上线，2.3万家单位、9万多用户在线开展预算管理业务，日均访问量1.4万人次、高峰并发量3.2万人次，建设成果得到了各级财政、预算单位普遍认可。

（二）整合系统持续深化

持续深化财政中枢建设，赋能前端应用，驱动绩效、资产、债务、决算和报告等业务板块与一体化系统的融合共享，实现各板块有机整合，进一步规范财政业务全流程管理。财政中枢通过构建内外部业务系统的协同机制，解决了单个系统林立、业务关系复杂、协调难度大等问题，实现了多前端应用支撑、多板块业务融合、多功能灵活拓展，打造了优势互补、共建共享的湖南财政信息化建设可持续生态。绩效系统贯穿预算管理全过程，上线以来，累计实施项目绩效监控8.1万个，完成绩效评价1.1万个。资产系统构建资产验收、变动、处置等信息实时入账以及会计核算与资产管理双向控制机制，确保账实相符。债务系统实现债务区划、单位与一体化系统一致，债务遴选发行项目与一体化系统项目统一。部门财报和政府综合财报实现分别从单位会计核算、总账自动取数编报，极大提升编报效率和质量，节约运行成本。预算指标核算系统构建了全新的预算指标管理体系，嵌入128项记账要求与控制规则，实现对预算指标的批复、分解、下达等全过程记录，实时反映预算指标来源、增减及状态。6月上线以来，累计产生记账凭证3916.7万条、凭证分录7967.6万条。

（三）非税系统扩面提质

截至2023年底，全面应用非税一般电子缴款书非税系统在全省上线运行，上线执收单位19232家、项目1907个，累计开具电子缴款书1520万张、金额830亿元。首次实现非税收入全流程业务明细数据省级集中，切实摸清了非税家底。通过省级建全省应用，预计全省总体建设支出及票据印制支出将大幅缩减。支持微信、支付宝、银联等第三方支付，扫码、网银、柜面、现金等缴费场景，以及合并缴费、多次缴清等业务办理，为企业、群众提供"一站式"缴款取票服务，全面破解异地缴款和票据获取等难题，为下一步电子票据全面推广奠定坚实基础。

（四）阳光审批全面推广

2022年4月以来，信息网络中心与市县处加大工作协同，结合审计监督反映的薄弱环节和突出问题，运用互联网公示、大数据校验等信息化手段，统筹推进全省惠民惠农财政补贴资金"一卡通"阳光审批系统建设，确保补贴资金发放管理全流程闭环。经过近2年持续攻坚，目前，涉及16个厅局67项省级补贴项目及466个市县级补贴项目基本完成上线。大数据校验成果初步体

现，全年累计比对补贴申请3736万笔，预警提示823万笔，经人工复核完成补贴发放1698万笔、资金65.32亿元，为加强和规范惠民惠农补贴资金发放工作贡献了技术力量。

四、坚持数据创新，财政服务能力进一步加强

以一体化数据中枢为抓手，进一步规范业务管理，提升数据质量和财政运行风险预警能力，推动财会监督由经验驱动向数据驱动、被动响应向主动识别预警转变，不断提升财政数据服务能力。

（一）以数据考核推动业务规范

一是建立以数据分析解决问题的工作机制。全年7次考核调度会，分析考核风险点、问题50余个，并逐一提出解决建议，切实规范转移支付追踪、旬月报与总会计等业务行为。二是强化考核问效。落实财政常态化考核要求，全年累计下发考核通报11期，考核前协同各业务处室分条线督导，压实整改责任，提升数据质量，全年考核得分提升13.98%。三是聚焦重点问题整改。针对考核难点问题，分管厅领导亲自坐镇指挥，与相关处室共商对策，确保措施到位、问题不反弹，2024年起，将通过系统强控保障"三保"标识、部门预算调整调剂准确度。

（二）以数据监控服务财政健康运行

依托一体化数据中心搭建运行监控管理体系，辅助处室对财政收支、转移支付、库款等进行跟踪监测，规范基层业务行为，防范资金支付风险。一是通过预算执行监督专项行动监控系统，对财政部19个重点专项支付情况实行事前、事中和事后监控预警，全年累计拦截疑似违规支付行为9.4万条，有效规范业务操作。二是通过预算执行动态监控系统，监控国库集中支付和单位资金支付，165个财政区划、2600余条预警规则，全年触发预警760万次，有效防范资金支付风险。三是通过县级财政运行监测系统，按月对123个县区收支、库款、"三保"等5类9项指标监测分析，自动生成检测报告。

（三）以数据共享服务部门改革协同

随着一体化建设应用不断深入，财政正日益成为"天然的数据中心"和数据资源库，海量数据聚集财政中枢，为部门提供了丰富的财政数据应用场景。一是优化便民服务，按照数字政府建设总体布局，上线"湘易办"财政厅部门旗舰店，推出惠民惠农财政补贴资金发放查询、非税缴退费等3类共51项便民服务。二是支持税务部门社保、个税托收改革，实现零余额账户直缴入库，通过财政零余额账户托收，避免资金沉淀在税务待结算账户，降低资金管理风险，提升税费征管、入库效率和缴纳便利性。支持省发改委优化营商环境改革上线工程款支付查询功能。三是支持人大、审计、卫健、教育、林业等部门及市县财政数据应用需求，全年累计向省人大共享数据363次、共计1401万条，向市县回流数据1920次、共计5.4亿条。

五、坚持安全为上，财政网络安全防线不断巩固

针对全年复杂网络安全形势，坚持以攻促防，提升实战能力，全面排查与重点排查相结合，着力推动网络安全监测全网、全流量、全覆盖。2023年，分别获评省委网信办（连续2年）、省公安厅（连续4年）网络安全攻防演习"优秀防守单位"称号。

（一）加强安全漏洞排查

制定安全提升专项行动，从重点与全量两个维度，对全厅信息系统开展三轮渗透测试，邀请两家专业安全机构对政府采购、惠民惠农一卡通、预算管理一体化等5个涉及民生和资金类系统进行重点交叉渗透测试，全年共排查、堵塞漏洞270个。

（二）全面收紧运维权限

对内，收回所有系统超级管理员账号，严格使用审批并限时回收，审计日志保存时间延长至一年。对外，全面梳理访问规则，强化网络边界控制，重建防火墙策略，限制访问端口，实行终端与IP绑定，防止未授权终端连接网络。同时，进一步加强关键岗位运维人员保密教育和政治审查，提升运维整体安全。

（三）建立安全管控长效机制

新增《信息系统运维服务商安全管理制度》《信息系统重大安全应急恢复管理办法》等制度，构建流程全面、权责清晰的制度体系。坚持每天巡检、每月扫描、每季清查，定期形成清单报告，全年监测各类运维告警信息26万余次，下发重要工单401次。

（湖南省财政厅信息网络中心供稿）

财政干部教育培训工作

2023年，在厅党组正确领导下，在各兄弟处室、单位的大力支持下，干教中心坚持政治引领、突出需求导向、注重联系实际，深入开展"综合大培训"，推动干部教育培训工作迈上新台阶。全年举办培训班38期，其中主体班 6 期，业务班 32 期；举办财政讲坛 6 期。共培训 4.4 万余人次，其中线下培训 6673 人次，线上培训 3.7 万余人次，为历年之最。

一、以需求为导向，开展综合大培训

一是分层次举办主体培训班。坚持精准精细，细分培训对象，把普遍性要求与不同类别、不同层次、不同岗位财政干部的特殊需要结合起来，精准把握培训需求、精细设计培训内容、精确选训培训对象，切实提高教育培训的有效性。抓住"关键少数"培训。面向市县党政领导干部，联合省委组织部举办"加强财政管理 严控债务风险"专题研讨班，聚焦政绩观教育、政府债务与预算管理、财会监督等重点、热点问题，不断提升市县党政领导干部防范化解重大风险能力。面向市县财政局长，统筹举办局长岗位培训班，通过政治学习、业务解读、交流研讨，持续提升市县两级财政局长理论水平和履职能力。抓好年轻干部培训。面向财政系统中青年干部，举办中青年骨干综合素质培训班，选取新时代中国经济形势、新发展理念、财政金融改革等主题深入研学，全力强基础、提素质、夯后劲。抓牢基层财政干部培训。将财政干部培训对象拓展到乡镇财政所长群体，首次举办全省乡镇财政所长培训班，重点开展思想政治教育、惠农补贴政策解读、乡镇财政管理培训和廉政警示，充分发挥乡镇财政所在现代公共财政管理体系中的基础作用，打通财政治理"最后一公里"。抓实省直财务人员培训。举办省直单位财政财务管理培训班，突出预算、国库、绩效、资产管理和财会监督等内容，推动省直单位财务管理人员更好掌握财政政策，提高财务工作水平，提升财政资金管理绩效。二是全领域开展业务培训。坚持"缺什么、补什么，需什么、教什么"，多形式、全覆盖开展业务培训，以着力增强财政干部适应新时代财政改革发展要求的本领能力为重点，突出"三聚焦三提升"，即聚焦机关综合业务，培训公文办理、调查研究、保密管理等内容，提升财政干部行政能力水平；聚焦财政资金管理，培训财源建设、非税收入、预算编制、国库支付、预算执行、政府采购、政府债务管理、一体化系统建设等内容，提升财政干部业务水平；聚焦财会监督、项目评审、监督管理、财政法治等内容，提升财政干部监管水平。三是高规格开设财政讲坛。围绕当前财政经济重点、热点、难点问题，先后邀请财政部监督评价局局长杨瑞金、省人大预算工委主任欧阳煌、省委政研室原副主任刘国良、中国社科院副院长高培勇、财政部税政司司长贾荣鄂、条法司二级巡视员肖雪峰分别围绕财会监督、人大预算审查监督、调查研究、习近平经济思想、税费政策、法治财政建设等作了 6 场专题讲座，提升财政干部理论水平和专业素养。

二、以创新为抓手，提升培训效果

一是健全培训体系。建立"训前调研、训中检测、训后评估"培训评估体系，在所长培训班中创新安排入学测试和结业考试，既掌握基本情况，又以考促学。二是创新培训方式。将综合大培训与系统大调研、干部大讨论有机结合，在培训期间，套开市州局长座谈会、开展专题研讨、典型案例讨论，在党政领导、局长专题研讨班和两期财政所长培训班上，收集了 200 多条问题和建议，梳理形成问题清单、建议清单，配合办公室和市县处分门别类、认真研究，形成措施清单，通过"三个清单"逐一抓整改落实，改进工作、提升水平。统筹线下与线上培训方式，在主体培训班、财政讲坛和部分线下业务培训班中，首次同步视频直播到市县，扩大培训覆盖面，提升培训效能。拓展培训渠道，组织厅干部职工收看财政部视频讲座，积极配合人教处组织全省财政干部参加财政部经济财政专题干部履职通识网络课程学习，在厅中心组扩大学习、主体培训班中安排网络课程学习。三是丰富培训形式和内容。厅领导带头上讲台，2023 年是有史以来，厅领导上讲台最多的，刘文杰厅长给第一期所长培训班讲授开班第一课。开展市县财政局长经验交流。将各业务处室分别针对省直单位的培训整合成一个省直单位综合业务培训班，由相关业务处集中授课。不断丰富培训内容。在做好业务知识培训的基础上，将习近平新时代中国特色社会主义思想作为培训的重点内容，同时加强思想政治、警示教育、法治教育和财政文化、优良传统等教育。四是开展对口支援培训。西藏和新疆财政系统干部 50 多人首次参加湖南省培训，开展红色研学、观摩演讲比赛、参观博物馆等，提升西藏、新疆财政系统干部综合素质和业务水平，促进湘藏、湘疆两省交流交融。

三、以制度为保障，严格培训管理

一是全面从严治学治训。严格落实省委组织部关于进一步严格学员管理、加强学风建设的有关要求，制定了《湖南省财政干部教育培训中心意识形态工作管理办法》，制定讲座、培训意识形态把关机制，在培训中与授课教师签订《意识形态工作承诺书》，在培训手册中编印《学员意识形态工作告知书》，加强对各类讲座、讲坛、培训班等阵地的管理。二是发挥党建引领作用。建立培训班临时党支部，充分发挥临时党支部在实地教学组织、教学秩序维护、班级日常管理中的战斗堡垒作用，与承办单位、厅干教中心形成三位一体的管理模式，各司其职，分工协作，加强对培训班全过程、全方位管理，确保培训安全有序、高质量开展。三是严明培训纪律要求。开展入学教育，召开临时党支部会议，在培训班开班式上作培训纪律要求，强化学员纪律意识。四是建立培训总结机制。每办完一期主体培训班，及时总结，查找不足，改进工作，不断提高培训管理水平。

四、以主题教育为契机，加强支部建设

一是加强政治理论学习。深入开展主题教育，强化党员干部理论武装，坚持将习近平新时代中国特色社会主义思想、党的二十大精神和习近平新时代重要讲话指示批示精神作为支部学习的第一内容，紧跟形势学，联系实际学，不断增强对习近平新时代中国特色社会主义思想的政治认同、思想认同、理论认同、情感认同，进一步夯实思想根基，坚持以党的创新理论武装头脑、指导实践、推动工作。二是加强支部基础建设。积极推进支部标准化建设。严格落实"第一议题"制度，扎实开展"一月一课一片一实践"活动，提升"三会一课"、组织生活会、主题党日活动实效。全年召开支部党员大会16次，开展主题党日12次、组织生活会2次、民主评议党员1次。积极开展"我为群众办实事"实践活动，与浏阳市东门村党支部结对共建，增强党员服务意识，促进乡村振兴。加快干部成长，做好传帮带，多给机会、多压担子、多予鼓励，积极创造学习锻炼机会，不断提升干部综合素质和工作能力。三是加强党风廉政建设。扎实开展"廉政教育月"活动，观看警示教育片，学习违法违纪案件通报，进行廉政家访，开展廉政谈话，上廉政党课，不断强化党员干部廉政意识和拒腐防变能力；赴桂东沙田镇"三大纪律 六项注意"颁布地和纪律文化中心开展党性教育，引导党员干部增强纪律意识和规矩意识；严格内部管理，修订完善《干教中心内部控制操作规程》，筑牢廉政"防火墙"，不断推进"清廉处室"建设。

2024年，干教中心将坚持以习近平新时代中国特色社会主义思想为指导，以建设高素质专业化财政干部队伍为目标，高质量开展干部教育培训，高水平服务财政事业发展。

（湖南省财政厅干教中心供稿）

财政科研与宣传工作

2023年，湖南省财政科学研究所（以下简称科研所）按照厅党组决策部署，深入开展习近平新时代中国特色社会主义思想主题教育，统筹推进"系统大调研"，聚焦科研主业，传播财政知识，各项工作取得较好成绩。全年完成重点研究课题3个，提出有效解决问题的建议6条；"系统大调研"获省主题教育办第十巡回指导组组长张志军"谋划早、措施实、效果好"评价；在《中国财政》《新湘评论》发表文章4篇。科研所获评"财政部部办报刊宣传通联工作先进单位"，党支部获评厅机关2023年"先进基层党组织"。

一、突出党建引领，在深化主题教育上创先争优

（一）强化理论武装

严格落实"第一议题"制度，全年集中学习23次。坚持以上率下学，支部书记带头垂范，在《中国财政》发表《从党的二十大精神中汲取前行力量》，引导党员干部学思践悟。坚持分组研讨学，督促党员干部自学选读学习材料；组织分层研讨，增强政治理论素养。

（二）夯实基层党建

按照"规定动作得满分，自选动作得高分"要求，加强支部标准化建设。赴汝城开展"重走长征路 奋进新征程"主题党日活动。分管厅领导讲"弘扬井冈山精神"党课，引导干部职工坚定信念、艰苦奋斗；支部书记以《传承历史文化 坚守使命担当》为题，聚焦一条被子、一张借据、祠堂文化，激励青年干部坚守初心使命；其他党员干部讲微党课6次。李洪孝同志被评为优秀党员，并作"榜样在身边"交流分享。

（三）加强廉政建设

抓牢党风廉政建设主线，利用谈心谈话、集中学习、讲党课等契机，反复提醒党员干部紧绷廉政之弦，全年开展谈心谈话8次。组织观看《初心与蜕变》警示教育片，筑牢廉洁防线。赴屈原管理区河泊潭廉洁文化教育基地开展廉政教育活动，淬炼廉洁品格。

二、坚持务实推进，在急难险重任务上冲锋在前

（一）主动谋划，提前部署

第一时间落实刘文杰厅长韶山中心组学习提出的"大兴调查研究之风"要求，牵头制发《关于务实开展"系统大调研"的实施方案》。厅领导围绕重点课题，带队深入基层一线调研，形成一批高质量调研报告，尤其是刘文杰厅长牵头的《基层财政"三保"困难与对策研究》，获毛伟明省长、时任常务副省长李殿勋肯定批示，并推动出台省级政策文件，其他厅领导牵头课题正在转化成政策制度。

（二）统筹调度，务实推进

建立信息调度机制，全年厅机关调度系统大调研106次。印发工作提示，创新提出"最多填一张表"。主题教育以来，向省委报送问题23个，已全部销号；向省政府报送问题18个。同时，累计督办省委转交问题29个、省政府转交问题9批21个，推动"系统大调研"走深走实、见行见效。

（三）宣传引导，扩大影响

围绕"系统大调研"，全年发表新闻稿件15篇。牵头举办处级干部调研成果分享会，汇编《务实谋良策聚力促发展》报告集，持续巩固调研成效。同时，联合办公室（政研室）组织开展"系统大调研"优秀调研报告评比，集中对全省财政系统198篇调研报告进行评选，推动调查研究成为财政系统和财政干部的经常性工作。

三、聚焦科研主业，在服务中心大局上担当作为

（一）深入开展课题研究

根据厅领导指示，牵头负责省委政研室委托课题，形成《在推动中部地区高质量发展中彰显财政担当——湖南财政落实中部地区崛起战略情况的调研》，得到省委政研室高度评价。选取"产学研合作"主题，形成《加快实现高水平科技自立自强——关于推动我省"产学研融合"的财税政策研究》，省委计划将九三学社部分成果以提案形式提交全国政协大会。

（二）规范科研课题管理

修订完善省财政科研基地管理制度办法，推动基地管理更趋规范。构建中期督导机制，及时掌握各课题研究进度。坚持突出成果导向，《支持我省现代产业体系建设的财税政策研究》《国有出资私募股权投资基金的国有资产管理研究》等课题对策建议，被厅机关相关处室吸纳上报省政府。《以PEFA评估为契机 提升湖南市县财政管理水平的建议》获评省宣传部第四届湖湘智库研究优秀成果奖。

（三）深化部省科研协作

推动与财科院合作共建南方分院，根据厅党组安排，经过深入调研形成《中国财政科学研究院南方分院筹建建议方案》，刘文杰厅长听取专题汇报后，给予"调研工作非常扎实、筹建方案针对性很强"评价。加强科研课题协作，中标财科院"促进产学研合作的财税政策研究"和中国财政学会"地方政府债务改革、调查与研究"课题，所提建立纪委监委背书容错机制等建议，得到财科院广泛认同。

四、传播财政知识，在改革创新品牌上实干争先

（一）做优《新理财（湖南财政）》

《新理财（湖南财政）》首次被湖南省社科联评为湖南省省级社科类社会组织优秀会刊。开设"三大一提升""财政党建·主题教育"等专栏，刊发文章60余篇，有效发挥全省财政系统主流媒体宣传阵地作用。组织开展"学习党的二十大 展现财政新作为"主题征文评选，推动全省财政系统干部凝心铸魂；创新开展2020-2022年度"市县区好文章"评选活动，引导财政干部多供稿、供好稿。

（二）做精《湖南财政年鉴》

确保应收尽收，全面收录全省财政系统2022年财政相关材料和数据。严格前移把关，规范撰稿格式及内容，要求报送单位负责人严把保密审查关和意识形态关，确保材料数据真实、合规、可靠。创新形式，开展2020-2022年度《湖南财政年鉴》"优秀供稿单位"评选，提升年鉴文稿质量。

（三）做实报刊宣传通联

广播湘财声音，积极向部办报刊推介湖南经验，全省财政系统在《中国财政》《中国财经报》等刊物发表文章100余篇。创新通联方式，中国财政杂志社首次在湖南省召开"中国财政杂志社部分地区宣传工作座谈会"。2023年，省财政厅获评"'三刊两鉴'宣传工作先进单位""全国新闻宣传工作先进单位"等荣誉。

（四）做强厅历史陈列室

接待交流，树立财政形象。运行以来，已接待中央部委、省属单位300余次、2500余人参观，省政协主席毛万春一行参观陈列室后，在当天的新闻报道中专门提及参观厅陈列室。文化教育，提升干部素养。开展培训新进人员3批次、70余人，新进公务员参观后纷纷表示"是财政的百科全书"。树立标杆，扩大品牌影响。得到中国博物馆馆长马骏在"全国财政干部财税历史文化素养提升培训班"点名推介，山西、安徽、四川等省份财政厅纷纷学习借鉴，有效扩大湖南财政影响。

（五）做深《每周财政头条》

依托"湖南财政"微信公众号，从国内外权威媒体抓取重要财经资讯，优化推送标题，阅读量大幅增加。累计已经推送195期，阅读量超10万人次。

五、加强资源统筹，在深度交流合作上精耕细作

（一）支持参与专题调研

务实参与"财政支持产业绿色发展""民营企业成本"专题调研，高效协调相关单位和企业座谈交流。支持开展2023年"企业成本"和"地方财政经济运行"线上问卷调查，多渠道发动相关部门和企业积极参加，提高调查问卷填报质量。

（二）深化横向交流合作

选取"产学研融合财政支持政策"课题，与广东省、浙江省财政厅开展线上调研，为湖南省推动成果转化提供经验借鉴。围绕"财政科研基地管理"主题，与前来学习考察的山西省财政科研院座谈，充分交流管理经验，为湖南省科研基地高质量发展提供有益参考。

（三）凝聚协会学会力量

做好换届筹备工作。定期调度，压实责任，正在按程序推进协会学会换届事宜。聚力珠算非遗保护传承。支持浏阳成功申报湖南省首个全国珠心算教育教学实验区，将湖南珠心算经验推介到全国。注重以"赛"促"融"。首次以线上形式参加全国第25届少数民族珠算珠心算展示活动，荣获"团体一等奖"，3名参赛选手均获"个人一等奖"。创新非遗宣传。以"湖南省珠心算发展历程"为主题，打造具有湖南特色的宣传视频《指尖上的传承》，展示湖南省传承保护和发展成效。

2023年成绩的取得，是厅党组正确领导的结果，是厅领导关心关爱的结果，也是全所同志一道拼搏、奋斗的结果。这些成绩，为财政科研继续前进奠定坚实基础、创造良好条件、提供重要保障。同时，在财政科研中，还存在"三个不够"的问题：一是宏观思维不够强。科研有"蹭热点"的非理性倾向,难以从整体、全局、历史等多角度看待问题、研究政策、服务决策,研究问题往往"关注问题多在当下、考虑问题比较单一"。二是宏观视野不够宽。"财政科研"不能"只研究财政",更不能把财政定义为政府的"小会计"来研究,要拓宽视野,努力"跳出财政看财政、围绕大局想财政、着眼全局为财政"。三是宏观人才不够多。财政科研队伍中能做研究、写报告的寥寥无几,势单力薄,由于缺少宏观人才支撑、缺乏底层逻辑思考,在重大政策、重大问题、重大改革的研究上,财政科研似乎少了底气和从容。这些问题需高度重视、加强研究,逐一加以解决。

(湖南省财政科学研究所供稿)

政府投资基金管理工作

2023年是全面贯彻落实党的二十大精神的开局之年,湖南省政府投资基金管理中心坚持以习近平新时代中国特色社会主义思想为指引,认真落实省委、省政府决策部署,以"省级政府引导基金体系改革"为第一要务,坚持党建引领、改革创新、规范管理,较好地完成了全年各项工作任务。

一、坚持党建引领,在学思践悟中筑牢战斗堡垒

牢记财政部门首先是政治机关的定位,不断加强政治建设,夯实党建基础。

(一)把稳思想之舵

认真落实"第一议题"制度,以深入开展主题教育为契机,将学思践悟习近平新时代中国特色社会主义思想作为党建工作的核心内容,在"四下基层""走找想促"中,深刻领悟"两个确立"的政治内涵,增强"四个意识"、坚定"四个自信"、做到"两个维护"。

(二)夯实党建之基

全面落实党建工作任务,制订了全年支部学习和活动计划并认真组织实施,全年基金中心共召开支部党员大会12次,开展2022年度组织民主生活会和2023年主题教育组织生活会,开展政府投资基金助力乡村振兴开放式主题党日活动。坚持常态化谈心谈话,坦诚开展批评与自我批评;规范开展支部书记"双述双评"、民主评议党员等工作;广泛加强意识形态领域思想教育;与联系的基金管理公司常态化开展支部共建、联合党建活动。

(三)提升干部之力

鼓励干部加强学习,不断提升干部的理论水平和专业能力,努力打造一支懂市场、懂产业、懂财政的专业团队。先后邀请财政部监督评价局、普亲养老公司、亿华通公司等通过线上或线下方式开设"基金课堂";派员参加先进储能大会、服务贸易基金交易会、私募基金条例解读会、达晨2023企业家峰会等,了解最新的产业信息和行业动态,保持与市场同频共振。

(四)坚守清廉之风

认真落实"一岗双责",压实"两个责任";坚决落实"两带头五整治"纠风防腐专项行动有关整治要求;进一步完善内控机制、优化职责分工和工作流程,对联系的基金实行小组交叉绩效评价;对重大事项进行民主集体决策,持续强化党风廉政建设;加强对干部思想动态和八小时内外的情况了解,及时做好思想政治工作,防范廉政和工作风险。

二、坚持改革创新,在攻坚克难中强化使命担当

(一)高质量出台改革实施方案

2023年湖南省省级政府投资基金改革实现"破冰"。2023年4月,省委深改委将"完善省级政府引导基金体系"列入2023年改革工作要点。根据厅党组安排,基金中心牵头起草了《湖南省省级政府引导基金体系改革实施方案》《湖南省产业引导基金设立与运作方案》,多次组织召开省直、市州等多个层面座谈会,两次书面征求24个省直单位意见。2023年9月17日,省政府常务会议审议原则通过改革方案和产业引导基金方案;11月22日,省委深改委审议通过改革实施方案。财政厅正式印发两个文件,拉开了省级引导基金体系改革的序幕。

(二)高标准推动引导基金注册落地

省政府常务会议后,厅内第一时间组织召开省级政府引导基金落地实施推进会,制定了省级政府引导基金重点工作任务清单,明确了引导基金落地实施的任务书、路线图和时间表,全力推动相关工作开展。2023年底湖南省省级产业引导母基金已经完成工商注册和中基协备案。

(三)高水平推动引导基金实施见效

配合资环处新设目标规模20亿元、首期6亿元的湖南省地质勘查基金,主要用于省内战略性矿产资源勘查和公益性地质勘查项目,助力能源资源、重要产业链供应链安全;同时配合厅内相关处室初步制订了数字产业子基金、新能源子基金、大健康产业子基金、空天海洋子基金、大学生创新创业子基金、国家中小企业发展基金湖南子基金等首批子基金设立计划。

三、坚持规范管理，在全程闭环中防范投资风险

在出资环节，积极协调社会出资方按投资进度落实认缴出资，实行政府出资与社会资本同步到位，确保财政出资安全和基金正常运营；及时完成省财政对通航基金、油茶基金等多支省级基金出资缴款。在投资环节，不干涉基金的独立决策，主要以观察员身份对基金投资进行全过程监督，2023年共对13个项目出具观察员意见，对基金投向、地域及返投比例等进行政策性把关。在投后管理环节，要求对底层资产实行穿透式动态管理，建立定期报告制度和基金年会制度，进一步明确了年会相关工作要求，全面掌握基金运行情况和下一步工作计划，及时防范运营风险；开展2023年度省级基金绩效评价工作，为查摆问题、加强管理、防控风险、进一步修订《省级政府投资基金绩效评价暂行办法》夯实了工作基础。在基金退出环节，起底存量基金，梳理历史台账和基金到期清算情况。其中，督促文旅基金、创投基金、水利基金等上缴财政出资本金和收益10.22亿元，确保财政资金及时回收、应缴尽缴。

四、坚持服务实体，在真抓实干中提升基金效能

（一）积极支持产业发展

2023年，省级政府投资基金在经济形势下行、企业直接融资需求更加迫切的背景下，在投资上"加力提效"，累计增资实体企业7家，投资金额1.36亿元。在产业发展上，既注重支持推动传统产业，如投资湖南华诚生物公司3000万元，通过发展罗汉果产业带动农户脱贫致富和助力乡村振兴；又注重招引培育新兴产业，如投资湖北蔚蓝航空公司4000万元，通过基金招商，促其在湘设立子公司，为全省通航产业和低空经济发展注入新活力。同时，注重对接资本市场，助推飞沃科技、湖南裕能等2家企业IPO上市，耐普泵业1家企业过会，在支持实体经济方面取得了来之不易的成绩。

（二）不断提升服务效能

积极服务于财政厅机关提案答复工作，2023年共答复提案14件：主办提案3件，其中0062号提案《发展产业基金助力实体经济的建议》被列为省政协提案第三方评估的重点提案，其办理得到评估组好评；会办提案11件。热心服务相关厅局和兄弟处室，为基金助力产业发展、科技创新当好参谋，做好金融支持。

（湖南省政府投资基金管理中心供稿）

机关后勤服务与管理工作

2023年，在财政厅党组、分管厅领导的正确领导下，在各处室单位的大力支持配合下，机关后勤服务中心（以下简称后勤中心）围绕"支部建设更有成效、后勤服务更有品质、大院安全更有保障"的目标，团结带领干部职工，扎实开展各项工作，较好地完成了各项后勤保障工作。

一、以主题教育为契机，建强支部战斗堡垒

坚持把开展好主题教育作为当前首要政治任务，把支部和工作一线作为"学思想、强党性、重实践、建新功"的主课堂与实训场，建设政治功能强、支部班子强、党员队伍强、作用发挥强的支部战斗堡垒。一是学习教育更加深入。严格落实"第一议题"制度，研究学习当前意识形态工作的新形势，针对性地开展"每周一学""每周一讲"活动。党员干部轮流授课传达学习习近平总书记重要讲话及重要论述精神和厅机关下发的8本书籍，制作PPT，上讲台讲党课、分享学习心得体会。针对后勤工作面对的新矛盾新问题，集中学习研讨《中国机关后勤》杂志，学习分享工作经验。围绕"坚持人民立场"，聚焦"我为群众办实事"，以"不缺位、不越位、不错位"为主题开展干部大讨论；围绕"永葆政治本色，走好人生每一步"，聚焦"如何树立正确的权力观、地位观、利益观"，全体党员开展清廉机关大讨论。认真开展主题教育专题组织生活会，开展批评和自我批评，引导党员干部在思想认识上再提高，在学习研讨上再深入，在学用结合上再强化，激发学思践悟内生力。二是实践活动更加务实。支部围绕助力乡村振兴、党史学习教育、我为群众办实事等主题，立足本职工作，扎实开展实践活动。赴株洲醴陵市开展"发扬革命传统 继承红色基因"主题党日；携手省注协党支部赴新化县荣华乡龙湾村开展"第一书记讲党课 跑好乡村振兴接力赛"活动；联合浏阳河集团开源置业公司党支部开展"支部联基层，助力乡村振兴"活动。组织党员干部前往耿飚、许光达故居，实地感悟老一辈革命家的革命精神和崇高风范，学习非公企业党建和乡村振兴的经验做法。通过开展系列活动，扎实推进主题教育走深走实，激发干部职工的干事创业热情，不断提高党组织的凝聚力、战斗力。三是党风廉政建设更加有力。严格落实中央八项规定及其实施细则精神，以抓铁有痕、踏石留印的劲头，坚持抓常、抓细、抓长，坚决防止"四风"反弹回潮，组织中央八项规定精神集中学习1次，开展廉政集体提醒谈话7次，个人廉政谈话10次，做到敏感岗位必过"廉洁关"、重要人员必上"廉洁课"，重要节点必发"廉洁提醒"，并及时对支部统一战线领域风险进行摸排。坚持以案示警，组织党员观看《国家监察》《忠诚与背叛》纪录片3次，开展三湘风纪公众号、易鹏飞案等反面典型案例学习5次，每人撰写廉政心得3篇，牢固构筑党员干部反腐倡廉思想防线。

二、以服务干部职工为宗旨，提升服务保障水平

坚持内树品质，外塑形象，在"服务更优质""保障更高效"上从严管理，创新思路，为服务机关、服务干部职工、服务财政中心工作作出新贡献。一是努力保障吃的更"好"。机关食堂每周组织厨师研究周菜谱，及时推出适价时令菜、特色菜、新菜品，早餐免费提供木耳、腐竹、姜片、醋泡大蒜子等开胃小菜，中餐增加红薯、玉米、馒头等主食，配备平价酸奶、水果出售，提升免费汤品质，中晚餐为加班干部职工延长供应时间，丰富餐品供给。小餐厅以二十四节气为节点，创新菜式出品，对每周盒饭配菜进行品种设计，丰富干部职工就餐体验。组织厨师前往湘潭开展厨艺交流活动，提高厨师烹饪技艺。制定小餐厅管理制度及绩效考核制度，将服务质量与个人绩效挂钩，促进服务提质。二是努力保障住的更"舒心"。立足现有条件，努力改善办公、住宿、出行等设施。结合人事变动，积极配合各处室单位做好办公用房的调整维修维护，办公楼卫生间按压式冲水阀统一改为冲水式水箱。修缮机关招待所、午休房部分房间。对办公区域包括各处室办公室照明进行调整优化，利用周末时间将2000多盏旧灯具统一更换成节能灯和LED灯，提高公共区域照明亮度，降低能源消耗。推动新的移动式垃圾站建设，争取春节前完工，以进一步洁净院内环境。联系天心国资集团—晟威公司商定院内新能源汽车充电桩建设方案，现已确定在地面和地下停车场建立42个充电枪的方案，并组织召开了施工进场协调会，预计进场后工期2个月。按照"改造1台、置换1台、购买1台"的思路，将之前的老旧直燃机组换为电力磁悬浮机组，夏季供冷能耗下降达40%，既提高空调效果，又达到节能减支的目标。加强对物业服务的监督管理，物业维修服务和会务服务质量稳步提升。全年上门维修服务近6000次、会务服务450次，驻厅物业服务项目被湖南省物业行业管理协会评为"五星服务项目"。三是努力保障生活环境更美。坚持在大院环境治理全过程中，奉行绿色舒适、自然和谐基本理念。精心做好院区绿化养护工作，根据季节特点和树木习性，开展绿植浇水、松土施肥、修剪枝叶、病虫害防治、排涝、清理落叶、冬季保温等工作，完成对篮球场周围绿化的设计改造，优化室内及院内绿植的摆放、修剪，做到常青常绿、四季有花。加强春节、国庆节的氛围营造、浓厚节日氛围。配合社区推进机关大院垃圾分类投放工作。四是努力保障服务满意度更高。为进一步提升后勤服务保障水平，中心向全厅干部职工发放《厅机关后勤服务满意度调查问卷》，收集大家对机关食堂、小餐厅、地下车库、集体宿舍等12个后勤服务内容的意见建议，并召开服务窗口会分析总结。2023年问卷调查共回收问卷162份，收集意见建议165条，中心研究制定整改措施15条，已向全厅处室、单位致函反馈。坚持每月召开月度工作会议，会前要求各科室负责人按具体内容和完成时限制定工作清单，会中报告工作，根据完成情况逐一销号，实行工作闭环管理，督促干部职工增强时间观念，提高工作紧迫感和责任心，提升服务效率。五是努力保障制度更加完善。2023年以来，中心为加强管理，防范风险，认真组织制定或修订了《后勤中心聘用人员和劳务派遣人员请假休假管理办法》《湖南省财政厅机关办公用房使用管理规定》《湖南省财政厅机关大院车辆停放通行管理规定》《后勤服务中心外聘人员考核办法》等规章制度，不断建立健全制度，完善管理机制，提升后勤保障水平。

三、以时时放心不下的责任感，打造平安幸福湘财大院

始终坚持人民至上，坚持问题导向，补短板、堵漏洞、强弱项，真正把责任扛在肩上、抓在手上、落实在行动中。在各处室单位的大力支持配合下，省财政厅被评为2023年度平安建设先进单位和2023年安全生产和消防工作优秀单位。一是加强演练强能力。为进一步提升机关大院应急处置能力，组织成立义务消防队，多次开展技能培训和演练。组织保安队伍定期开展队列训练、防暴演练，召开信访工作培训会，推进厅机关安保队伍规范化建设。积极响应今年安全生产月主题，营造人人讲安全，个个会应急的氛围，中心牵头开展"线上逃生训练营"活动。消防宣传日当天，组织消防知识培训，精心编写《安全知识手册》并发放给全厅干部职工，号召大家关注消防安全，提高安全意识和应急能力，筑牢机关大院人民安全防线。二是消除隐患护安全。长沙"4·29"倒塌事故发生后，中心立即组织对所有建筑物、包括门面进行安全检查和鉴定，并立即对存有安全隐患的室内篮球场进行拆除、对过期临建社区楼进行消防整改、补办永久性建筑手续，并积极联系当地政府，把住宅区纳入老旧小区改造范围，及时消除安全隐患。厅领导多次带队开展消防安全大排查，重点检查消防设施设备、墙体监测、水电燃气及安防设备使用等情况，针对问题隐患立查立改，努力为干部职工的工作生活提供一个平安环境。三是升级改造优保障。完成消防系统升级改造，合并大院1700多处报警点位组网、更换办公区域160个消火栓出水端口、960具灭火器具、160余条消防水带，增加办公区域应急照明168盏、强弱电井悬挂式干粉灭火器 100 台，完成办公区域管道井消防封堵 92 处，采购并发放防毒面具 500 具，全厅火灾扑救和预防能力明显增强。完成监控系统升级改造，新增院内盲区监控 24 处，淘汰 160 个老旧监控模拟机，对保密室、档案室、信息机房、配电房、锅炉房等重点区域实现高清投屏监控，提高全厅安防保障能力。完成空调系统锅炉改造，按照"改造 1 台、置换 1 台、购买 1 台"的思路，将之前的老旧直燃机组换为电力磁悬浮机组，夏季供冷能耗下降达 40%，既提高了空调效果，又为住宅区住户减少了开支，空调、热水收费标准下降 10%，推动全厅节约型机关建设。

（湖南省财政厅机关后勤服务中心供稿）

注册会计师与资产评估行业管理工作

2023 年，湖南省注册会计师协会、湖南省资产评估协会坚持以习近平新时代中国特色社会主义思想为指导，贯彻落实党对行业的全面领导，锚定"主题主线"发展目标，务实创新推动系列重点、亮点工作，有力有效引导全省行业在服务党和国家事业发展全局以及财政工作大局中担当作为。

一、强堡垒、聚合力，充分发挥党建政治引领作用

贯彻落实新时代党的建设总要求，聚焦"政治功能和组织功能"作用发挥，确保行业始终沿着正确政治方向前进。

（一）强化理论武装，推动主题教育走深走实

一是以上率下扛牢责任。联合广东省注协围绕"以学铸魂、以学增智、以学正风、以学促干"，举办两省市两级注协负责人培训班，推动主题教育在注协评协走深走实；开展厅机关及行业学习贯彻党的二十大精神暨主题教育演讲比赛，为行业系统参加第二批主题教育奠定基础；组织起草《行业主题教育工作提示》，明确"关键点"，找准"需求点"，把握"着力点"；举办四期"行业党建 我们这么干"开放课堂，对行业主题教育进行动员部署。二是健全机制有序开展。建立考核评价机制，将主题教育开展情况纳入考核指标；健全督导检查机制，对各基层党组织主题教育工作落实情况开展检查；健全保障机制，下拨活动经费 90.76 万元，支持各基层党组织开展主题教育。三是多措并举注重实效。为各基层党组织党员发放党的二十大报告、党章和《习近平新时代中国特色社会主义思想专题摘编》合计 3000 册；组织行业第三届羽毛球比赛，推动主题教育在行业见行见效；对第一批主题教育期间座谈调研搜集汇总的 5 大类 10 个方面问题制定解决措施，逐一销号解决。

（二）夯实党建基础，推动党组织功能作用发挥

一是压实党建责任链条。结合市县财政日常工作整体水平评价工作，对市州财政部门党组落实行业党建工作领导责任情况进行考核；举办全省行业基层党组织书记暨执业机构负责人研修班，通过"理论+现场"教学形式，加强党员队伍建设。二是巩固基层党建基石。批复 3 家会计师事务所成立党组织，指导 12 个党组织进行换届选举，对省直没有党员的执业机构选派党建指导员 76 名，建立互动交流机制；结合庆祝建党 102 周年，开展行业 2023 年度评选表彰活动，加强典型示范引领。

（三）统筹群团工作，全面扩大党建辐射效应

一是深化行业统战工作。指导 3 家会计师事务所开展统战实践创新基地建设，建立行业 100 名新阶层人士信息库，成功推荐 5 名行业翘楚担任本届省政协委员，不断拓宽行业党外代表人士政治参与渠道。二是加强行业团建工作。开展"学习二十大 奋进新征程"主题团日活动和行业青年座谈会，行业中 4 个集体被授予"第一届行业青年文明号"，1 人当选全国行业团委副书记，14 名行业青年被中注协行业团委、省财政厅机关团委表彰，2 名行业青年担任省直属机关青年联合会第五届委员会委员。

二、重人才、提素质，不断迸发行业发展内生动力

紧扣人才建设"选、用、管、育、留"各个环节，推动行业人才队伍整体水平稳步提高。

（一）坚持考生至上，顺利完成"两师"考试工作

全省各级财政部门和考务工作人员全面落实财政部考办及中评协工作要求，全力保障"两师"考试安全稳顺利。发布诚信考试倡议和考前温馨提示，严肃考风考纪；协助中注协举行提升注会考试防范和打击违规舞弊工作能力研讨交流会，提升组考工作能力。2023 年注册会计师全国统一考试全省专业阶段考试共有 3.98 万人报名，累计 8.85 万科次，设 14 个考区 21 个考点 267 个考场，实际出考 4.47 万科次，出考率为 50.55%，共有 1108 人取得专业阶段考试合格；综合阶段考试共报名 3598 科次，实际出考 2995 科次，出考率为 83.24%，共有 932 人取得全科合格。2023 年资产评估师职业资格全国统一考试湖南省报名人员共 2697 人，计 6237 科，报

名人数和科目数比 2022 年分别增长 13.65% 和 7.05%，全省综合出考率 51.02%，共有 153 人取得全科合格。

（二）坚持人才支撑，充分发挥高端人才引领作用

一是全面启动湖南省行业首期高端人才培养项目，首批 55 名高端人才学员完成两次集训，有力推动人才建设从"扁平式"到"金字塔式"发展转变。二是推出 2 期"湘会直播"和 8 期"微课堂"系列视频课程，邀请资深专家分享专业思考、管理心得和党建经验，帮助执业机构和从业人员提升能力。三是积极推荐行业人才参与各类选拔与培训，推荐柳赛军、林红秀参与财政部高层次人才选拔，组织 19 名合伙人参加中注协举办的岗位能力培训班，充分发挥高端人才辐射带动作用。

（三）坚持统筹指导，积极推进继续教育培训工作

一是开展行业培训需求调查，形成分析报告，切实提高培训针对性和有效性。二是关注业内重点实施专题培训，举办 5 期业务专题培训班，邀请政府机关、院校和行业机构高层次专家授课，并举办送教湘西地区培训班，进一步推动行业均衡发展。三是协助中评协举行中部地区（湖南）业务骨干培训班，支持全省资产评估行业从业人员提升专业能力。2023 年组织举办各类培训班 18 期，共培训注册会计师 4800 余人次，资产评估师 1300 余人次，非执业会员网络在线学习共 3000 余人次。

三、严监管、防风险，着力提升行业机构执业质量

加大行业自律检查力度，着力打造忠诚、干净、担当的高素质专业化执业队伍，不断夯实行业诚信思想基础。

（一）推进清廉行业建设，筑牢行业诚信意识

率先在全国开展"清廉行业"建设，重点从加强政治建设、行业治理、行业监管、行业选人用人管理、协会自身建设五个方面提出 14 项具体任务，积极建立健全行业"不敢失信、不能失信、不想失信"长效机制；贯彻落实《注册会计师行业诚信建设纲要》，举办诚信宣誓活动，持续加强行业诚信建设；不断完善修订综合评价办法和评分标准，实现综合评价线上填报和评分，2023 年共有 206 家会计师事务所和 120 家资产评估机构填报参评，占全省执业机构总数 63%，参评机构数量较上年增加 65%。

（二）优化行业发展环境，营造健康执业生态

一是与省高院、省科技厅、省国资委等部门建立联动机制，进一步明确行业参与司法辅助、高新企业认定、破产重组等业务的要求，通过信息互通、定期商讨、发布专项指引等方式，构建内外协作良好环境；二是印发《"自律监督提升年"主题活动重点工作任务及分工落实清单》，从深化行业对强化自律监督重要性的认识等七大方面执行 22 项具体举措；三是充分发挥行业纪委在投诉举报、评选推荐、专家抽取等重大事项中的监督作用，全年受理 15 起投诉举报，妥善处理完结 11 起，4 起正在跟踪后续情况中，对相关执业机构列入年度执业质量检查对象。

（三）履行财会监督职责，加大行业监管力度

一是规范开展自律监督。抽取 31 名检查专家组成 9 个小组开展为期 1 个半月的现场检查工作，对 65 家会计师事务所出具的 407 份鉴证业务报告及其工作底稿进行了重点检查。二是建立检查专家库。进一步调整注会行业执业质量检查专家库，建立起一支 140 余人的专业检查专家队伍，确定 19 名资产评估师为评协证券业务检查专家库专家。三是完善会员服务管理。指导全省 322 家会计师事务所的 3008 名注师高效有序申报年检，共公布三批年检合格人员名单，年检通过 2855 人，未通过而注销注册 153 人，年检通过率达 94.91%，对全省 197 家资产评估机构的 1096 名资产评估师及 274 名非资产评估师执业会员进行年检，资产评估师年检合格 1087 人，非资产评估师执业会员年检合格 274 人，对全省未专职执业的注册会计师已依法注销注册并予以公告，持续推动整治工作向纵深推进。

四、勇担当、善作为，持续激发服务经济建设效能

充分发挥行业人才荟萃、专业精湛等优势，推动行业实现政治责任、社会责任和专业责任"三统一"，主动服务国家发展战略。

（一）牢记"国之大者"，服务国家建设

结合湖南省实际，引导全省执业机构积极参与"一带一路"、中非经贸合作、中国—东盟合作，坚持在服务中国企业"走出去"战略中实现国际化发展新跨越。联合省律协、省税协和省中非经贸合作促进研究会联合成立"对非经贸专业协作平台"，共同签署《对非战略合作框架协议》，并发布《助力中非经贸合作倡议书》，主动为湖南工程机械、电力设备、建筑建材、文化旅游等优势产业进入非洲提供专业服务和智力支持，为构建更加紧密的中非命运共同体贡献行业智慧与力量。

（二）心系"省之大计"，助力政府决策

一是组织开展"聚焦不动产资产评估，助力打好发展'六仗'""国企改革与并购重组""探索关于商誉减值测试实务问题"等主题沙龙活动，累计服务超 810 家企业、1200 余名企业负责人和财务人员，为打好"发展六仗"，实现"三高四新"美好蓝图贡献行业智慧和力量。二是充分发挥行业智库作用，征集 8 个课题项目，确定承研单位，围绕省委、省政府重大战略决策部署，针对湖南省经济社会发展的重点领域、重点行业、重点产业，助力湖南经济社会高质量发展。

（三）落实"财之大事"，助力财政改革

一是联合省预算绩效管理研究会举办"预算绩效评价业务专题培训会"，落实落细省财政厅"绩效管理提升年"行动，帮助第三方机构提升绩效评价业务水平，高质量完成 2023 年省级绩效评价重点工作任务；二是开展"会计师事务所涉税服务主题沙龙"，充分发挥专业与信息优势，分享涉税服务经验，提升协税治税效能；三是发布《省级财政科技计划项目审计实务指引》，为会计师事务所执行省级财政科技计划项目审计业务提供

实务性指导。

五、蓄动能、谋发展，切实提高服务行业发展能力

充分发挥综合协调和宣传引导作用，努力为推动行业高质量发展提供精神动力。

（一）强化协会自身建设

一是严格落实"第一议题"制度。坚持把学习习近平总书记重要讲话、最新指示作为支部第一议题，2023年共组织集中学习34次，组织生活会1次，党员大会3次，支部书记讲党课1次。二是健全民主议事机制。召开省注协评协常务理事会会议11次，各专门（专业）委员会会议5次，落实"三重一大"制度，充分发挥议事决策功能。三是丰富载体激发党建活力。持续开展"一月一课一片一实践"活动，联合开展"第一书记讲党课 跑好乡村振兴'接力赛'"主题党日活动，组织开展"忆苦思甜共谋发展"主题党日活动，增强凝聚力、向心力和战斗力，开展"一封家书助清廉"活动，严格支部作风建设。

（二）开展"湖南省注册会计师协会成立三十周年"系列活动

组织开展内容丰富、形式多样的活动，庆祝湖南省注协成立30周年。一是举办"悦读会评"分享会。以线上线下相结合的方式，举办行业巾帼读书分享会，通过阅读陶冶美好情操、增长知识才干。二是开展"行业青年说"访谈。拍摄两期"湖湘注会评估·行业青年说"视频，邀请行业优秀青年进行分享，吸引更多青年才俊加入行业。三是评选行业"优秀服务成果"案例。面向省内执业机构开展行业优秀服务成果案例评选活动，共评选出一等奖9篇、二等奖9篇、三等奖12篇、优秀奖17篇，进一步扩大行业社会影响力。四是举办省注协成立"三十周年"大会。大会邀请省人大常委会原副主任、省注协第三任会长李友志，中注协党委委员、全国行业党委副书记佟庆国出席并讲话，各领域专家聚焦注册会计师责任担当、中非经贸深度合作、宏观经济发展及服务湖南资本市场等方面作主旨演讲，同时颁发行业优秀服务成果案例奖和中注协"注册会计师诚信执业30年"荣誉证书，推动行业高质量发展再续新篇章。

（三）加强正面宣传引导

持续加强行业正面宣传，全年发布各类新闻稿件300余篇，微信公众号累计推送信息500余条。一是拓宽宣传渠道。打造行业3D云端史料馆，生动再现行业改革发展30年来的光辉历程和重要成就。二是拍摄行业微电影。首次组织拍摄行业微电影《守护者》，激发行业广大从业人员奋进力量。三是加大宣传力度。积极对接主流媒体，宣传报道行业协会特色亮点工作好经验好做法，《中国会计报》、红网、《学习强国》等先后对推进"清廉行业"建设进行宣传报道；行业党建开放课堂在中注协行业党委党建工作简报202304—总1006期专期报道，并在中注协微信公众号、中评协官方网站进行宣传，《中国会计报》也进行了图文报道。

[湖南省资产评估中心（注协、评协）供稿]

财信金融控股管理工作

2023年，湖南财信金融控股集团有限公司（以下简称集团）坚持以习近平新时代中国特色社会主义思想为指导，深入贯彻党的二十大、中央金融工作会议、省委十二届四次及五次全会精神，践行金融工作的政治性与人民性，锚定"三高四新"美好蓝图，坚守省属金融战略部队定位，专注金融主责主业，着力优化战略布局，加快改革发展转型，持续提升综合金融服务能力，全力服务全省高质量发展，各项工作取得新成效。

一、主动攻坚克难，经营质效实现新突破

2023年，在宏观经济提质降速、资本市场持续下滑的背景下，集团深入推动动能转换、降本增效、挖潜创新，保持主要经营指标难中有进、稳中向好的局面，整体资本实力、经营规模、盈利水平稳健增长。截至2023年末，集团合并资产总额为1763.93亿元（不并表湖南银行），较上年增长5.98%；净资产470.72亿元，较上年增长4.89%。全年实现营业收入204.51亿元，同比增长21.24%；净利润24.14亿元，同比增长2.93%，子公司连续五年实现当年全部盈利。全年上缴税费12.41亿元。资本充足和流动性状况良好，集团整体风险可控，风险准备金余额48.42亿元。首次入选中国服务业500强，居第235位。

二、把牢政治属性，党建引领取得新成效

集团按照"学思想、强党性、重实践、建新功"的总要求深入开展主题教育，统筹加强党委自身建设和支部组织建设，一体推进"三不腐"，全面从严治党向纵深推进。

（一）推动主题教育走深走实

组织中心组学习18次，开展专题研讨7次，举办

120 名党委管理干部集中读书班，围绕 21 个高质量发展重点课题，开展调研 90 余场次，推动调研成果转化 101 项。参与"钱粮湖、共双茶、大通湖东三垸居民迁建""培育现代化产业体系新增长点""盘活园区存量资产促进高质量发展"三个省领导牵头的调研课题，获省领导肯定。作为省属国企代表，在全省组织工作会议、全省"走找想促"活动调研情况交流会上作典型发言。

（二）党委领导作用有力发挥

聚焦政治能力建设，全年开展"第一议题"学习 34 次。发挥党委把方向、管大局、促落实领导作用，全年召开党委会 49 次，前置研究重大事项 188 项。集团领导班子年度考核连续四年被省委评为"优秀"等次，在省直机关党委书记抓党建述职中连续 3 年获评"好"等次，财信产业基金党支部获评"省直机关先进基层党组织"。党建带团建持续发力，集团团委连续 2 年获评省直"五星级"团组织，财信人寿工会获评"省直模范职工之家"。

（三）干部担当作为成为风尚

推动干部"能上能下"常态化，全年调整 8 家子公司班子主要负责人，提拔重用或引进 13 名"80 后"优秀年轻干部，向下安排或免职干部 3 名，交流干部 14 人次。在省委组织部选人用人评价中，总体评价、从严管理监督干部情况评价"好"的比例连续两年为 100%。持续输出金融干部服务地方发展，2 名集团领导到市（州）任职，6 名干部在市（州）县（市、区）挂职，6 名骨干参与乡村振兴。加强干部"选育管用"，调研确定 69 名优秀年轻干部储备培养。

（四）"清廉财信"建设持续深化

深入开展"靠企吃企""两带头五整治"等专项整治，对 9 人发起立案审查或移送监察机关，对 11 人发出党内严重警告、党内警告、政务记过、诫勉处理或批评教育，追缴违纪违法所得，"不敢腐"的震慑持续强化。出台《重大建设项目廉洁监督方案》《关于推进清廉财信建设的实施方案》《"一把手"监督谈话实施方案》，"不能腐"的制度持续扎牢。分层分类开展警示教育，建设韶山清廉金融教育基地，"不想腐"的自觉持续厚植。

三、聚焦主责主业，服务大局展现新作为

2023 年，集团贯彻落实省委、省政府决策部署，强化使命担当，努力做湖南"直接融资主力军、间接融资创新者、综合金融领头雁、地方资源连接器"，为服务湖南省发展大局贡献财信智慧和力量。

（一）以"直接融资+间接融资"综合金融服务产业发展

聚焦十大产业项目建设，新增投资邵虹玻璃 1 亿元，引入彩虹集团增资 5.29 亿元，邵虹玻璃良品率稳定在 80% 以上，G8.5+玻璃基板生产线（一期）续建项目启动；支持益阳 MLCC 陶瓷电容项目建设，推动 MLCC 项目正式投产；引进湘潭吉利新能源汽车生产基地，撬动融资 46.84 亿元，实现项目 3 个月开工、12 个月首车下线；推动组建生物医药基金助力宁乡楚天生命科技产业基地建设。赋能株洲北斗产业高质量发展，赛德雷特实现投产，太空星际项目资本金到位 8.65 亿元。培育壮大现代化产业集群，直接投资或引入支持湖南航空、湖南裕能等 56 个省内项目金额合计 113.21 亿元。助力湖南裕能创业板上市，支持三一重卡、中联高机等优势企业发展，推动湖南航空开通长沙到北京航线，与中通快递联合组建湖南首家货运航空公司，助力湖南首家"141 部航校"落户长沙自贸临空区。助力企业上市"金芙蓉"跃升行动，设立 6 家"金芙蓉"服务站，成功保荐航天环宇科创板上市，金则利北交所上市过会，推动外省上市公司华扬联众总部落户长沙。借助生态圈加大资本招商力度，积极对接国家制造业转型升级基金、国家军民融合基金、国家绿色发展基金，依托新兴产业等母基金，管理和引导各类基金新增返投湖南 66.92 亿元。赴北京、上海、深圳开展金融招商"金秋行动"，围绕北斗、通航、数字产业进行精准招商。

（二）以"投资+投行"促进科技成果转化

聚焦关键核心技术攻坚行动，通过岳麓山科创基金支持健坤精密、嘉盛德等早期科创企业 8 家，组建岳麓山科创二期基金，持续撬动社会资本助力湖南科技创新体系发展。推动航天宏图实体化运作，带动株洲北斗产业园整体发展。与湘江实验室签署战略合作协议，作为理事单位支持芙蓉实验室建设。高质量运营区域性股权市场，国家"区块链"建设试点成果验收全国第一，"专精特新"专板获得全国试点资格，北交所湖南基地落户，推动专精特新、科技创新专板新增挂牌企业 270 家。与中南大学、湖南大学共建知识产权中心；谋划设立全球研发中心城市发展投资基金，助力长沙建设全球研发中心城市，推动更多科技成果转化应用和产业化。

（三）以"数据赋能+金融支持"优化营商环境

组建湖南省唯一的省级征信公司，受托建设并运营湖南省企业收支流水征信平台，实现首批纯信用、纯线上"流水贷"产品落地，累计授信 60 亿元、惠及企业 8232 户，累计放款 9.7 亿元，破解中小微企业融资难题取得突破。组建数字湖南公司，高效承接"湘易办"超级服务端运维，汇聚全省 50 个省直单位、14 个市（州）全程网办政务服务事项 1.7 万余项，上线电子证照 202 类，注册用户数达 3350 万户，圆满完成年度工作目标，助力"十大民生实事"落地，让企业和群众"身在湖南、办事不难"。推动"湘易办"与"湘信贷"连接贯通，累计放款 2551 亿元。潇湘财银贷为 2624 家次小微企业发放信用贷款 80.65 亿元。针对工程机械行业推出首款基于产业互联网开展的全线上化金融产品，落地首笔数据资产增信融资 2000 万元。

（四）以"纾困+盘活"防范化解风险

推动财政与金融联动，持续运营好湘潭城开基金、产兴基金，为湘潭引入吉利商用车、中公教育等优质产业项目，2019年以来，累计投放基金和承销债券共102.73亿元，处置盘活"三资"254.72亿元，助力湘潭从单一减法式化债转变为多元发展式化债。向湖南省内地方平台公司新增投放资金164.57亿元，助力平滑缓释债务风险。推动融资成本压降，新增承销湖南省内债券97只、规模469.27亿元，平均票面利率降至5%以下，压降信托平均综合融资成本0.71个百分点，财信省级续贷中心发放续贷融资规模超15亿元，总成本相较民间转贷成本降低60%左右。通过纾困基金、共益债等累计投资5.68亿元，盘活多个项目共计2199套房产，助力"保交楼、保民生"。以"投行服务+专业运营"开展全品类产权交易，新增处置盘活"三资"238.57亿元。

（五）以"保险+公益"夯实安全生产和民生保障基础

统筹抓好平安建设和安全生产工作，连续五年获评平安建设考核"先进单位"、连续三年获评安全生产和消防工作考核"先进单位"。全年承办14个市州城乡居民大病保险业务，覆盖1146万人，累计受理案件14.79万件，实现零投诉；学生保险服务中小学生及家长18万余名，开展超70场校园安全宣传活动。成立"财信金控红十字应急救护志愿服务队"，向省红十字会捐赠300台AED机，新建10个红十字救助站助力第二届旅发大会举办；拍摄公益片《"救"在身边 让光传递》，公益传播超3840万人，联合开展应急救护培训进机关、进企业活动147场，参与人数超1.45万人。"袁隆平慈善信托企业社会责任案例"和《星宝理财记》荣获中国金融年度品牌大奖。财信公益基金会获评湖南省民政厅2023年社会组织等级评估5A级基金会。

四、优化管控治理，深化改革打开新局面

集团围绕服务湖南大局谋篇布局，强战略、把趋势、抓管控，进一步深化改革、优化主业、转型升级，促进治理能力提升与转型发展动能培育。

（一）改革转型战略持续优化

集团制定《关于进一步深化改革优化主业转型升级的实施方案》，细化4大类14项改革措施，推动集团整体深化改革，并经湖南省财政厅党组审议通过。编制《中期战略规划及2023-2025年子公司改革与发展重点工作》，推动各子公司深化改革。

（二）管控治理效能稳步提升

全面落实"四管四线双覆盖"总体安全监管架构，整合纪检、审计、风控、巡察等条线力量，建立并完善"大监督"工作机制，实现"事前有偏好、事中有监测、事后有考核"管理闭环。风控治理数字化稳步推进，集中度系统功能升级，风险管理综合门户启动建设，多措并举推动集团管控质效提升。

（三）数字化转型加速落地

以实现"一朵云、一本账、一群人"为IT战略目标，聚焦"7+3+N"关键举措，推动业务标准体系、智慧人事建设、企业大数据中心等三个"一号工程"建设，业技融合持续加强，全面梳理集团399个系统与1879项业务活动支撑映射关系。集团线上化率较转型初期提升140%，获公安厅"护网行动"优秀防守单位，财信数科通过国家高新技术企业认证。

（四）降本增效取得显著成效

深入开展降本增效，集团整体融资成本较年初下降31个BP，统筹利用闲置资金购买理财产品，实现全年综合收益提升。全面落实成本费用管控，与2021年、2022年相比，集团商务招待费分别降低64%、30%，办公费分别降低45%、22%，后勤各项费用也有明显压降。加速处置盘活存量国有资产，实现处置回现1.16亿元。智慧财信二期、三期、智慧档案管理平台一期相继启用，线上办公流程平均处理时长缩短3.2小时，整体效能提升26%。

（湖南财信金融控股集团有限公司供稿）

省融资担保管理工作

2023年，湖南省融资担保集团有限公司（以下简称集团）坚持以习近平新时代中国特色社会主义思想为指导，深入学习贯彻党的二十大精神，认真贯彻落实习近平总书记关于金融工作的系列重要论述和对湖南工作重要讲话及重要指示批示精神，全面落实中央和省委经济工作会议、全省财政工作会议要求，以主题教育为契机，立足新发展阶段，完整、准确、全面贯彻新发展理念，构建新发展格局，坚持服务实业、做强主业，向改革要动力，向市场要活力，聚焦解决小微企业、"三农"和战略性新兴产业融资难、融资贵问题，为助力实现"三高四新"美好蓝图、加快建设社会主义现代化新湖南作出应有的贡献。

一、紧紧围绕年度目标，真抓实干努力奋斗

集团认真落实党中央和省委、省政府关于促进融资担保行业加快发展的决策部署，对照毛伟明省长"四个更好"要求，努力完成年度目标任务。一是政策性业务目标任务超额完成。截至2023年末，集团政策性再担保及直保业务在保规模1005.09亿元，较年初增长276.72亿元，增幅37.99%，超额完成950亿元的年度目标。在保普惠户数73640户，较年初增加15126户，增幅25.85%。二是市场化业务平稳发展。截至年末，集团债券担保业务在保余额340.93亿元，在保债项69只；省直住房公积金贷款担保在保余额296.41亿元，较年初增幅5.06%；保函业务在保余额26.23亿元，较年初增幅210.90%。三是控险化险效果明显。2023年，集团整体代偿率0.92%，同比下降0.23%，控制在年度目标2.5%以内，低于全国行业2.44%的平均水平。截至年末，历史风险项目累计清收、核销金额合计12.25亿元，历史包袱消化率86.63%。四是经营效益稳中向好。全年集团实现营业收入8.65亿元，较2022年增幅8.67%；"两金"前利润6.51亿元，较2022年增幅6.81%。计提"两金"余额15.86亿元，较年初增加3.96亿元，增幅33.27%，抗风险能力进一步增强。截至年末，集团总资产90.37亿元，净资产63.85亿元，资产负债率29.34%，实现保本微利和国有资产保值增值。

二、全面加强党的领导，夯实高质量发展根基

一是扎实开展学习贯彻习近平新时代中国特色社会主义思想主题教育。2023年4月，集团正式启动主题教育。集团党委认真贯彻党中央和省委决策部署，全面落实学思想、强党性、重实践、建新功的总要求，在长沙开慧教育学院举办为期一周的主题教育专题读书班，学深悟透习近平新时代中国特色社会主义思想。深入开展"走找想促"活动，党委班子成员先后前往政府职能部门、产业园区、市州担保机构、合作银行及相关金融机构等开展调研，召开或参加座谈会70余次，发放调查问卷200多份，发现和梳理问题53个，提出解决思路和对策建议112条，形成"助力战略性新兴产业发展服务路径及产品创新"等一批高质量的调研报告。截至年末，调研发现问题的整改率达90%。二是持续强化理论武装。严格落实党委理论学习中心组学习制度和"第一议题"制度，及时学习习近平总书记最新重要讲话和指示批示精神，系统学习《习近平谈治国理政》等系列书籍。将党的二十大精神作为理论学习的重点，制订并严格落实学习计划，通过专题学习、辅导、宣讲和研讨等形式，做好宣传解读。全年开展"第一议题"学习24次，开展党委理论学习中心组学习12次，推动党的二十大精神在集团走深走实。三是积极推动党的领导和公司治理深度融合。有效发挥集团党委"把方向、管大局、保落实"的领导作用，全年召开党委会会议24次，审议事项156项，其中研究党建和党风廉政建设工作67项，经营业务工作78项、人事工作11项，做到党的建设与经营工作同谋划、同部署、同推进、同考核。四是从严抓好意识形态工作。认真学习贯彻习近平总书记关于意识形态工作的重要讲话和省委部署要求，集团党委主要负责人定期对集团意识形态工作进行研判分析，与党建工作、业务工作同部署、同推进。加强意识形态阵地建设，加大对外宣传。全年共发布宣传报道151篇，其中在《湖南日报》发表2个专版，32篇稿件被新湖南、红网等媒体采用，向社会展示了集团高质量发展的新面貌、新气象。建成集团首个企业文化展厅，得到上级部门和来访单位的一致好评。严格落实省委保密工作要求，全年共收办密级文件117份、密码电报31份，全部按要求及时准确处理完成，未发生泄密和文件丢失事件。五是全力推动党支部建设提质。开展薄弱基层党组织整改，加强全面摸底、现场检查，确保整改落实到位。举办党务干部培训暨党风廉政教育专题培训班，组织各党支部书记、支委委员及专兼职党务干部、纪检干部参加业务学习。2023年，集团1名党支部书记被评为省直机关优秀党务工作者，1名同志获评优秀共产党员。六是全面加强党员教育。积极开展"一月一课一片一实践"活动，全年党员讲"微党课"累计超过30人，观看教育片达460人次，开展社会实践活动超300人次。集团党委选送《做好结合文章 开展社会实践》案例成功入选省直机关"一月一课一片一实践"优秀案例。组织全体党员赴开慧党校参加学习贯彻党的二十大精神轮训班学习，组织中层及以上管理人员先后赴桑植、韶山开展"弘扬光荣传统 践行初心使命"革命传统教育。各党支部也开展了"恰同学少年 践初心使命""缅怀先烈 赓续奋斗"等丰富的党建活动，引导全体党员坚定理想信念、永葆入党初心，肩负起推动集团高质量发展的职责使命。七是认真做好乡村振兴驻村帮扶工作并取得实效。建成400亩高山梯田茶旅融合示范基地，王家湾村莓茶基地面积新增600余亩，累计达800亩；招商引资建成占地7.2亩的高标准无尘莓茶加工厂，创建"藤如意"张家界莓茶品牌；王家湾村全年村集体经济收入61.81万元，较上年增幅147%；带动100余名村民在家门口务工，人均增收2万元/年。累计解决桂花组美丽屋场建设、王家湾中学河堤堡坎抢险等11项老百姓"急难愁盼"问题。王家湾村获评2023年"省级乡村治理示范村"。

三、发挥龙头引领作用，扎实推进体系建设

一是有效发挥再担保功能。2023年集团向省再担保公司增资5亿元，增强其担保能力，助力再担保业务跑出加速度。全年新增备案业务规模662.11亿元，新增备案户数55147户。年末再担保在保余额772.99亿元，较年初增长37.46%；在保户数94864户，较年初增长73.87%。降费让利成效显著，备案业务平均担保费率由年初的0.79%降至年末的0.76%，平均贷款利率由年初的4.87%降至年末的4.49%，全年累计实现降费让利约2.71亿元。二是着力推进股权投资。按照"成熟一家、投资一家"原则，积极开展对长沙、株洲、湘潭、郴州

等 4 家市级担保机构的投资调查工作，目前已完成内部审批流程并向省财政厅报送请示，力争尽快实现股权投资市州全覆盖的目标。三是不断完善再担保体系。积极向国家融资担保基金汇报，争取将年度授信额度由 320 亿元追加至 330 亿元。壮大体系力量，年内新增经建担保、洞口担保、宁乡和诚担保 3 家机构，体系内合作机构增至 62 家。持续深化银担合作，截至年末，全省新增备案业务中银行分险业务规模占比 95.49%，较 2022 年进一步提升。

四、瞄准普惠金融目标，打造全省"样板田"

一是业务规模稳步增长。截至年末，省中小担保公司在保余额 232.10 亿元，较年初增加 66.07 亿元，增幅 39.80%，在全国政策性融资担保公司中排名前列；在保户数 42151 户，较年初增幅 14.44%，普惠服务的覆盖面进一步扩大。二是业务结构优化明显。围绕全省"三高四新"美好蓝图和"强省会"战略，持续调整业务结构。坚持贴近政府，深入推进风补业务合作，聚焦重点行业、重点业务、重点客户，强化产品综合运用，不断提升综合服务水平。优化业务服务区域，以长株潭为服务重心，逐步收缩业务战线。截至年末，公司"三高四新"主体在保规模 67.07 亿元，"三农"主体在保规模 110.50 亿元；长沙地区在保规模 71.92 亿元。三是产品创新取得实效。在省财政厅的大力支持下，银担普惠信用贷创新产品业务稳步增长，截至年末，在保余额 82.16 亿元，在保户数 28273 户，户均 29.06 万元，首贷比例达 31.68%，平均贷款利率 5.73%，对比合作银行原平均利率 8% 下降 227 个 BP，扩面、降费、让利成效显著。公司还围绕 20 条优势产业链及特色行业推出多项创新产品，深受银行和市场的青睐。公司的"高新担"创新产品获评"融资担保服务实体经济典型案例"，公司被评为湖南省优秀融资担保机构、创新机构。

五、推动科技担保体系建设，为科技型企业发展赋能

在省财政厅的关心支持下，经建担保公司正式转型，专为全省科技型小微企业提供专业化融资担保服务。截至年末，公司累计受理 110 余家名单内企业，经筛选对其中约 30 家开展尽调，已放款 12 家、金额 8750 万元。与 2 家已放款企业签订《认股选择权协议》，迈出"担投联动"的第一步。此外，主动拜访省工信厅、省科技厅等职能部门，赴省外优秀担保机构学习，制定《湖南省科技融资担保体系建立实施方案》，为下一步全省科技融资担保体系建设提供思路。

六、稳健发展市场化业务，激发集团造血能力

一是坚持风控优先原则，推动债券担保业务提质增效。2023 年债券担保业务围绕"三高四新"美好蓝图，受理项目主要集中在乡村振兴、园区标厂建设、借新还旧公司债等方向。全年新增担保债券 6 笔、金额 31 亿元，顺利解保 9 笔、金额 40 亿元，分期还本 22 笔、金额 25.19 亿元。全年一次性收取保费 1.63 亿元，较 2022 年减少 0.66 亿元；按权责发生制，全年保费收入 3.52 亿元，与上年基本持平。二是做精公积金贷款担保，提升服务满意度。省湘诚担保公司围绕智慧公积金，全面参与智慧信贷大厅运营建设，配合省直公积金中心高效开展信贷工作。围绕银担合作，新增工行等 3 家银行成为二手房和商转公贷款担保合作行，新增民生银行等 5 家银行成为组合贷担保合作行，实现业务多渠道发展。围绕商转公贷款，推动商转公担保业务快速增长，全年共受理 7744 户，较上年同期增加 3946 户，增幅达 104%。三是做细保函领域，增加业务覆盖面。在全省推广投标保函，新接入湘潭、衡阳、永州等地市，全年新增投标担保 3521 户、9.77 亿元。电子卖场保函持续让利，全年新增担保 4376 笔、2.43 亿元，累计为客户减少担保费近 200 万元。此外，与工商银行等 6 家银行合作开展"外汇避险担保"业务，累计出函 1133 笔、1.97 亿美元。

七、坚持科学治理，有效提升内部管理

一是科学编制集团三年深改方案。集团按照省财政厅管理要求，完成《湖南省融资担保集团有限公司关于进一步深化改革优化主业转型升级的实施方案》的编制，为集团未来三年经营发展提供发展方向和行动指南。二是提升风险管控和合规管理。编制《2022 年度风险管控情况报告》，对集团信用风险、操作风险、法律合规风险等作出合理评估，并向省财政厅报告。扎实推进代偿追偿，全年共清收回款约 1.5 亿元，完成年度任务 125%。全面摸排闲置资产并积极处置，全年通过盘活闲置资产，实现收益 603.28 万元。培育遵法守规文化，组织集团全体干部职工通过"如法网"在线网络考试，实现参学率 100%、应考参考率 100%、合格率 100%。三是加强资金财务规范管理。实行全面预算管理，细分目标任务、加强费用开支审核、监督预算完成进度，全年集团及各子公司各项成本及费用均控制在预算金额内。调整资产结构，稳定资金营运收益率。全年累计开展投资 17 笔，金额 33 亿元；资金营运日均规模 41 亿元，实现投资收益 1.54 亿元，在利率下行市场下整体收益率达 4.13%，高于上年度收益率 8 个 BP。四是严肃开展审计监督。完成对 2022 年集团及省中小担保公司、湘诚担保公司、国担公司共计 42 个不良担保项目损失核销事项，历史风险化解三年行动方案落实情况，以及已核销项目管理情况的专项审计，并对揭示问题认真进行整改。迎接财政部湖南监管局对集团 2022 年会计信息质量等情况的监督检查。接受省地方金融监管局现场检查和分类监管评级，2023 年全集团分类监管评级结果较好。接受省财政厅 2022 年度经营绩效评价现场审计，集团 2022 年度绩效评价等次为"优秀"。五是加快推进信息化建设。夯实信息化基础设施，完成新办公楼机房建设并投入使用。举办全省第二批 SaaS 系统推广应用集中培训会、再担保业务培训会，并根据试点机构的个性化需求，完成两批共计 23 家担保机构的驻场培训。加强与合作金融机构、第三方平台机构对接，持续推动业务创新。与省工信厅开展"湘企融"平台共建合作，已在"湘企融"平台上架2款金融产品。六是加强人才队伍建设。全年完成4名集团中层管理人员任职试用期满转正工作；指导子公司完成中层职数核定和内部选拔中层管理人员工作。2023年，共组织1100余人次参加各类培训，组织集团中高层管理人员到清华大学继续教育学院参加干部能力提升研修班，为大家"充电蓄能"。支持6名同志成功申报"芙蓉计划高层次人才引进项目""芙蓉计划湖湘青年英才项目""省财会金融人才项目"。七是树立湖南融资担保品牌。集团主要领导先后3次带队赴国家融资担保基金汇报沟通，争取政策和资金支持。积极参加国家融资担保基金、中担协组织的业务培训、行业论坛，先后赴安徽担保、湖北担保、江苏信保、深圳担保、上海证交所等机构调研，做好北京市财政局、湘潭市政府、株洲市财政局、财信金控、交通银行、湖南银行、安徽担保、西安担保、四川再担保、中原再担保等政府单位和金融同行来访接待。通过与同行开展深入交流，在取长补短的同时宣传湖南融资担保行业，讲好湖南融资担保故事，持续打造湖南融资担保品牌。八是做好群团工作，有效发挥群团作用。建成职工之家并投入使用，完成员工工装定制"换新"，受到广大员工一致好评。承办"担保杯"第九届湘财之家足球联赛，组织"低碳健步走 欢乐健康行"徒步等活动。组织队员参加第二届"融资担保杯"羽毛球赛并获得季军。1名同志荣获"2022年度省直单位五一劳动奖章"，1名同志获评"省直青年岗位能手"。集团团委联合省财政厅团委开展"青春有我 助农采摘"主题团日活动，走进集团乡村振兴帮扶村开展助学活动，举办"齐声读原著 青春心向党"青年朗读会和"建功新时代 奋进新征程"青年演讲比赛，团结带领青年员工为集团的高质量发展贡献青春力量。

八、坚持动真碰硬，推动全面从严治党向纵深发展

一是以专项整治为抓手，一体推进不敢腐、不能腐、不想腐。贯通开展靠企吃企问题、领导干部利用职权或影响力为亲友牟利问题专项整治，坚持查办案件开路，有力有效推进集团党风廉政建设和反腐败工作。集团所有人员均按要求上报自查表，2人主动向组织说明问题，共清退违纪资金23.9万元。二是全面起底线索，严肃查办案件。对党的十九大以来集团有关问题线索进行盘点、汇总，梳理出"正在处置"类线索7件，其中4件涉嫌职务犯罪问题线索已报请省纪委监委指定管辖。依程序对原省中小企业信用担保有限公司董事长邹志新严重违纪违法案进行党纪立案，并给予其开除党籍处分。对原湖南担保公司党委书记罗华涉嫌职务犯罪问题进行党纪立案审查。2023年10月，省纪委监委对集团原党委书记、董事长李勤立案审查调查并采取留置措施后，集团积极配合，协助专案组开展大量调查取证工作。三是开展"两带头五整治"纠风防腐专项行动。围绕重点整治违规吃喝、违规收送红包礼金、违规旅游、打牌赌博、酒后驾车问题，制订专项行动方案，先后召开动员部署会、工作推进会，做实"触初心、促说清"谈心谈话。领导干部和纪检监察干部带头，全体员工签订拒绝酒驾和打牌赌博承诺书。暂未发现有关问题线索。四是加强警示教育，扎实开展以案促改。先后3次召开警示教育会议，集中学习赵应云案件通报及剖析材料、易鹏飞案件以案促改的通知；组织观看《靠企吃企的代价》等警示教育片，编辑金融领域典型案件视频集发至各部室和子公司，将警示教育纳入各党支部组织生活会、主题党日活动，引导干部员工增强廉洁从业意识，筑牢拒腐防变思想堤坝。督促各部室、子公司举一反三抓整改，建立完善相关制度9项。

（湖南省融资担保集团有限公司供稿）

湖南银行工作

2023年，湖南银行认真贯彻落实省委省政府各项决策部署，积极服务"三高四新"美好蓝图，聚焦打好"发展六仗"，以党的建设为统领推进高质量发展，速度、结构、质量、效益同步提高，初步实现量的合理增长和质的有效提升，较好完成工作任务。

一、全面从严治党、从严治行纵深推进

湖南银行始终把党的政治建设摆在首位，压紧压实"两个责任"，发挥好把方向、管大局、促落实作用。一是坚决落实全面从严治党。严守党的政治纪律和政治规矩，切实加强党的领导，党委书记认真履行"第一责任人"责任，班子成员认真履行"一岗双责"，坚持"两手抓、两促进"，党建和经营工作同部署、同考核，修订完善党委落实主体责任清单、"三重一大"等一系列重要制度，认真落实民主集中制和"三重一大"决策制度，确保省委、省政府各项工作部署落到实处。积极开展2023年"未巡先改"工作，持续推进标准化、规范化

基层党组织建设，党的建设不断加强。二是认真开展主题教育和中心组学习。牢牢把握"学思想、强党性、重实践、建新功"总要求，努力在以学铸魂、以学增智、以学正风、以学促干上下功夫，取得较好成效。抓实理论学习，2023年总行党委共组织学习"第一议题"14个，开展党委中心组学习13次，学习内容涵盖习近平总书记重要讲话精神、党中央及省委重要决策部署等有关内容99项。党委书记和班子成员带头讲好专题党课，"封闭式"举办读书班，总行级党建培训班共259人次参与，不断凝聚思想共识。深入开展"走找想促"活动，"四不两直"深入219个基层单位开展调研，征求意见建议近200条，总结提炼问题40个，研究制定解决问题的办法措施130余条，问题检视整改全部完成挂账销号。三是切实抓好党风廉政建设。坚持严的主基调，扎实开展员工逃逸式离职、政商"旋转门"、利益输送、靠企吃企等专项整治，组织全行员工签订"拒绝酒驾醉驾""拒绝打牌赌博、严禁违规收受红包礼金"承诺书，加强案件和操作风险排查，从严执纪问责，严的氛围有效巩固。抓实意识形态工作，每半年研究意识形态工作，每季度开展员工思想动态排查，及时纠正、坚决制止错误思想。认真落实信访维稳工作要求，开展专项排查，积极化解矛盾，维护意识形态安全。

二、支持实体经济积极有力

坚决落实金融大政方针，制订贯彻落实毛伟明省长调研精神、打好打赢"发展六仗"、产业金融推动与转型等措施方案，抢抓回归湖南有利契机，坚定不移服务实体经济，信用总量3870.43亿元，较2023年初增加268.73亿元。一是全力支持重点项目。与长沙、株洲、湘潭、衡阳、岳阳等市政府和国开行签署战略合作协议，加大对制造业、绿色低碳产业、战略性新兴产业的支持，产业金融用信1289.25亿元，增长17.8%，占对公用信比重较2023年初上升3.94个百分点。针对"三高四新"重点企业、专精特新"小巨人"企业、22条新兴优势产业链等开展名单制营销，"一链一行"重点产业链客户用信余额155.88亿元，新增31.35亿元，增长25.17%；与122家省级以上园区开展合作，为3392家重点制造业企业、高新技术企业、外贸实绩企业、园区规模以上企业投放信用1087亿元。自贸区新增投放本外币、表内外融资折合人民币124.78亿元。二是大力发展普惠金融。与省财政厅、省科技厅、省发改委及财信金控、省融资担保集团紧密合作，加大"惠农贷""潇湘财银贷""知识价值信用贷款""信易贷"等贷款推广力度，获得"粮食收购贷款基金""环境抵质押权风补贷款"合作资质。持续加大普惠金融供给，在全省首推线上"流水贷"，发行50亿元小微金融债，新增普惠小微贷款31亿元。三是持续支持消费升级。聚焦居民在住房、装修、购车、旅游等重点领域的金融需求，不断优化消费金融产品服务，推出"湘银闪贷""湘银房抵贷"等产品，满足客户消费金融需求。新增消费金融自营类贷款71亿元。四是积极落实社会责任。认真执行减费让利政策，减少企业息费1.26亿元。按时完成央行"存量首套房贷利率调整"工作，累计减少利息17亿元。综合运用表内贷款、债务置换、展期延期等方式积极支持地方政府化解债务风险。加大乡村振兴力度，投入帮扶资金576万元。积极支持地方财源建设，全年纳税22.6亿元，较上年增长29.6%，排名继续保持全省前十。

三、经营发展稳步提速增效

大力实施"五强五优"经营策略，各项经营管理工作稳中有进、稳中提质，保持"五升三降"的良好发展态势，即"资产、存款、贷款、营收、利润"稳步上升；"不良率、逾期率、不良生成率"逐步下降。一是业务规模增长较好。2023年末，全行资产总额5031亿元，新增544亿元，其中各项贷款新增321亿元，增速12%，比全省平均增速（10.9%）高1.1个百分点；负债总额4655亿元，新增517亿元，其中各项存款新增465亿元，增速14.58%，比全省平均增速（10.74%）高3.84个百分点。二是业务结构不断优化。零售转型取得实效，个人存款较年初新增244.51亿元，增速23.27%，占比提升3.22个百分点（不含非银），存款稳定性进一步增强。政务金融持续巩固，政务类资质新增46个，对公存款新增218.88亿元。金融市场业务扩大交易规模，优化资产配置，盈利能力提质增效，实现营业收入80亿元。三是盈利能力稳步提升。实现营业收入114亿元，同比增长4.32%；实现净利润33亿元，同比增长7.01%，完成年度利润计划。四是抗风险能力有效增强。不良贷款率、全口径逾期率分别较年初下降0.14个、0.48个百分点，"两率"均控制在风险偏好内。拨备覆盖率较年初上升13.71个百分点。五是监管指标持续改善。资本充足率12.2%；贷款拨备率2.91%，较年初上升0.04个百分点；流动性比例88.87%，高于全省平均水平8个百分点，各项指标符合监管要求。

四、风险防化处置持续加强

坚持"风险为本"，前移风险关口，严控逾期和新增不良，全力防范化解各类风险。一是完善全面风险管理。牢牢把握高质量发展主线，坚持健全体系、摸清家底、严控新增，咬定"双降"目标，持续完善覆盖全面、精准有效的全面风险管理。制订2023年度风险偏好陈述书和风险限额指标方案，严控集中度风险，全面风险管理水平稳步提升。二是狠抓信用风险管控。强化授信政策引导，出台2023年授信政策指引，强化经济资本差异化配置。优化授信审批流程，强化授信全流程管控，加强"两率"及新生风险预控，实施重点关注客户管理并差异化加计拨备，出台金融资产风险分类管理办法和预期信用损失法实施管理办法，真实反映资产质量。三是有序推进智能风控建设。构建独立自主风控模型架构，以数据为驱动，运用数据类型构建评分模型、策略规则，形成覆盖全行业务的"风险底座+插座"的智能风控模式。提升内评模型应用效能，上线非零内评金融机构银行类评级模型和基于非零内评风险计量结果的RAROC应用方案,完善线上风控模型。四是加大风险防范处置力度。风险管控实行"一把手"负责制,总分联动,存量风险按照"分行重点关注、总行重点关注"进行动态管理。进一步提高诉讼清收质效,做到应诉尽诉,加大对已核销贷款催收处置力度,提高现金清收比率和不良回收率,积极推进风险项目问责。

五、精细化管理水平有效提升

坚持市场化导向,调动各种要素,激发组织活力,提高全员劳动生产率,全力夯实高质量发展基础。一是公司治理体系不断优化。与财政厅和主要股东反复沟通,完善公司章程、各类议事规则等重要制度,明确事权和公司治理的衔接点,保持工作的连续性。引入国际一流咨询公司研究制定新的战略规划,启动资本补充计划,完善股权管理制度,及时披露各类信息。二是人力资源改革有序推进。按照"强总行"思路调整总行内设部门架构,以客户为中心,增设机构业务部、远程银行部;以数字化转型为导向,增设数字银行部,推进总行"三定"方案落地,进一步厘清职责边界,做强前台、做优中台、做精后台。强化分支机构分类管理,持续推进分行机关改革,精简分行机关架构和人员配置,进一步引导人员向支行一线流动,充实营销队伍,人员配比从"纺锤形"向"工字形"转变。优化人员配置,校招近200名应届毕业生,社招近300名优秀人才,完成劳务派遣转编100人,队伍结构不断优化。构建市场化绩效分配体系,薪酬资源进一步向业务一线岗位倾斜,加大当期激励力度,优化调整奖金分配节奏,进一步提升员工的当期获得感,队伍活力有效激发。三是内控合规管理切实增强。完善授权体系和制度建设,推进制度"立改废并"计划,制度总量下降8.6%。强化案防和操作风险等管控,做好内部控制流程及风险控制矩阵维护,组织开展操作风险自我评估和外包风险评估,完成防范非法集资常态化排查。完成2023年度反洗钱"常态化利剑行动"总结,汇总反洗钱监管走访问题整改情况并及时报送人民银行湖南省分行。有序实施稽核检查,抓实问题检查发现与整改。四是运营和安保水平不断提升。大力推进网点智能化和后台集中作业建设,新数据中心机房和新核心系统安全稳定运行智能设备业务分流率达86.42%,同比增长5.1%。积极开展金融知识普及宣传,全力保障消费者权益。加强安全生产管理,扎实开展平安创建工作,获得"省级平安建设先进单位"称号,继续保持省级平安单位水准;在第八轮银行业金融机构安全评估中排名第一,获得省级金融机构"成绩突出集体"称号;全年无重大安全生产责任事故、无重大刑事治安案件,确保全行安全稳定运行。

(湖南银行股份有限公司供稿)

省农业信贷融资担保管理工作

2023年是湖南省农业信贷融资担保有限公司(以下简称公司)深入推进全面深化改革、持续推动高质量发展的关键之年。一年来,公司认真贯彻落实习近平新时代中国特色社会主义思想和党的二十大精神,全面落实"三高四新"战略定位和使命任务,以党建引领和深化改革为抓手,认真开展"创新发展年"主题活动,突出"五项重点"即强化党建、完善体系、创新业务、科技赋能、文化兴企,提前实现了"百亿农担"目标,着力打造农业金融融资服务主力军,奋力谱写助力全省乡村振兴的新篇章。

一、2023年主要指标

（一）业务指标

2023年,全省农业项目在保余额106.22亿元,同比增长28.8%。在保户数15210户,同比增加46.37%;户均金额69.84万元;"政策性"业务规模占比95.96%。放款87.53亿元,同比增长46.37%,放款13102户,同比增加76.36%。农业项目解保63.78亿元,同比增长34.61%,解保9160户,同比增长27.4%。

（二）财务指标

2023年,公司资产总额为32.7亿元,其中货币资金12.34亿元,存出保证金5747.89万元,合计12.91亿元,占资产总额的39.49%。负债总额8.71亿元,资产负债率26.64%。所有者权益23.99亿元,其中实收资本21.04亿元。公司实现总收入2.46亿元,为预算的103.66%,同比增加11.36%。其中,担保收入2.09亿元,分公司财政补助收入1187.67万元,其他业务收入1778.2万元,投资收益518.16万元,营业外收入18.1万元;总成本为2.39亿元,为预算的101.62%,同比增加10.68%;当期利润总额679.12万元,净利润475.01万元。

二、2023年重点工作及成效

（一）强化党建，掌稳创新发展之舵

一是以思想建设为统领。抓好主题教育活动。牢牢把握习近平新时代中国特色社会主义思想主题教育目标要求，结合"一月一课一片一实践"活动，召开主题教育读书班，组织集中学习4次，落实"第一议题"制度26次，召开党委中心组理论学习11次。严肃党内政治生活。召开2022年度民主生活会、主题教育专题民主生活会，落实"三会一课"、民主评议党员、谈心谈话、请示报告等制度，不断巩固深化主题教育成果。坚持从严管党治党。认真落实"靠企吃企"问题专项整治和"两带头五整治"工作要求，强化党风廉政建设；制定《公司党委贯彻落实全面从严治党主体责任清单》，按季下达工作提示，压实党建主体责任。

二是以组织建设为基础。强化基层组织建设。将原有的10个党支部设置调整至17个党支部，支部书记由部门或分公司负责人担任，严格落实"一岗双责"；组织开展党支部支委培训班，提升支委政治素质和履职本领。完善考核评价机制。修订全面从严治党考核评价细则，推动党建与业务工作深度融合，充分发挥基层党组织考核指挥棒作用，激发党支部活力和党员干部内生动力。强化党员教育管理。有计划有步骤地发展新党员，2023年发展党员对象4名，预备党员转正2名；丰富宣传教育方式，通过主题党日、专题党课、谈心谈话等形式开展党性教育。发挥群团纽带作用。成立并召开第一届职工代表大会，保障职工民主管理和民主监督权利；加强青年员工队伍建设工作，先后举办新员工领导见面会、青年员工座谈会、读书交流分享会、演讲比赛等重要活动。

三是以清廉建设为关键。加强宣传教育。完善廉洁从业教育机制，开展廉洁从业专题党课、组织观看警示教育片、参观廉政教育基地、集中学习典型案例通报等多种形式廉洁教育。强化制度建设。印发《关于推进清廉农担建设的实施意见》，推进清廉农担建设走深走实。出台公司纪委《议事规则》《监督执纪工作细则》，推进监督执纪工作程序化、规范化。建立纪检员制度，下发《关于在各党支部设置兼职纪检员的通知》，推动日常监督触角向基层延伸。严肃监督执纪。突出党员干部"关键少数"，聚焦人、财、项目管理岗位，紧盯人员招聘、招标采购、项目审批等关键环节，开展日常监督。在重要节假日期间，下发廉洁过节通知和纪律要求提示，开展纠治"四风"专项监督。全年共受理、核查信访举报、问题线索8起，谈话函询2人，立案审查1人，记过处分1人、党内警告处分1人。

（二）完善体系，夯实创新发展之基

一是健全合规管理体系。完善各类合规制度。制定《员工招聘管理办法》《劳务外包服务管理办法》《县级服务机构工作职责》等管理制度，出台《线下合同签署指引》《声誉风险管理办法》等合规指引，进一步营造科学、合规的制度环境。优化业务受理审批制度。修订《担保项目受理调查实施细则》《项目评审委员会议事规则》，确保业务受理审批制度紧跟政策变化、贴合实操需求；修订《"惠农担—油茶贷"授信审批操作指引》，明确续保及新增项目要求，协助化解油茶贷项目风险。加强制度合规审查。突出刚性约束，对新制定的《征信业务管理办法》《劳务外包服务管理办法》等管理制度开展合规性审查，保障各项制度的适用性、规范性。

二是建设农担人才体系。规范选人用人。严格落实公司《中层干部选拔任用管理办法（试行）》，坚持把政治标准放在首位，重点选拔敢于担当、善于作为、实绩突出的干部，内部提拔8人、外部引进3人；制定公司《员工招聘管理办法（试行）》，坚持逢进必考、逢考必严，公开透明，严把进人"入口关"，完成2022年度社会招聘14名新员工入职，2023年社会招聘工作基本完成。建立健全中层干部考核评价机制。制定《中层干部综合评价制度》，通过全年中层干部综合评价、年底绩效考核、年度总结述职、适时转正考核等方式，强化对中层干部的监督、激励与约束，完成48名中层干部综合评价，约谈11人。完善交流轮岗机制。制定公司《员工轮岗交流管理办法》，通过借调、轮岗、交流等方式，加大青年员工的岗位交流力度，借调1名分公司员工至总部工作，抽调1名总部员工至分公司项目经理学习锻炼，完成9名中层干部任职交流和15名员工岗位轮换。

三是巩固对外合作体系。推动政担合作。围绕合理分担风险及县级服务机构转型，研究设计新型政担合作方案，构建发展与目标共同体、风险与责任共同体，已与10家市级政府、105家县区级政府签订了政担合作协议。深化银担合作。扩大合作深度，创新金融产品和服务模式，已与17家省级银行、102家农商银行、32家村镇银行紧密合作，授信规模409.05亿元。提高银行分险比例，与47家农商行、9家村镇银行、1家股份行达成30%及以上的分险协议，有效分散经营风险。跟进企担合作。与新希望湖南片区等19家省内龙头企业和合作机构签订新型合作协议，在保余额2.84亿元，部分区域新项目"政银企"三方分险比例可达80%-90%。落实再担保政策。积极对接再担保补助工作。完成12批次国家再担保纳入申报，共计14717笔，达84.02亿元；落实代偿项目国担再担保补助2177.04万元；完成12批次省级再担保纳入申报，共计12175笔，达80亿元，落实代偿项目省级再担保补助38.8万元。

（三）拓展业务，激发创新发展之能

一是推动业务发展。创新展业模式。由传统尽调"一主多辅"模式，向传统尽调、大数据风控"双轮驱动"模式转变，形成业务发展新格局。2023年11月底，提前实现"百亿农担"奋斗目标，在保余额过1亿元的县市区50家、超过2亿元的县市区4家。丰富产品矩阵。在全国率先创新研发农田建设贷产品，将特色贷细分为11个一级产品，修订完善粮食贷、生猪贷、油茶贷

等，推动形成"惠农担"16+N系列标准化担保产品体系，整体涵盖湖南省农业十大千亿产业；针对地方优势特色产业，持续开发"一县一特"产品，助力特色产业发展。加强合作开发。联合合作银行研发"乡村振兴产业贷"，结合新形势与团省委、省人社厅对接合作，适应性开发"湘青创·农担贷""湘土有才—农技担贷"专项担保产品，培育和支持广大青年扎根农村、专注农业开展创业及带动就业。

二是加强风险管理。创新管理方式。科学设定逾期率考核指标，量化风险预警及化解水平，实现逾期率下降；建立风险检测机制，强化风险预警；实施动态管控，开展风险检查，落实风险管理措施；注重风险分析研判，获评国担风险管理评估A级。提升追偿实效。升级两级架构追偿模式，集中与属地两级联动追偿；为分公司量身规划目标，并开展追偿巡回督导、大排查、大通报，提高追偿管理水平。截至2023年12月31日，农业项目累计追偿回款11992.64万元，累计追偿回款率17.35%。历史遗留项目累计追偿回收5.44亿元，累计追偿回款率39.22%，远高于银行业水平9.22个百分点。严格合规管理。以合规培训、考核、警示经验等方式激发全员合规意识；出具法律意见和风险提示、提供专项决策支持等方式密切把控合规风险；在各环节前置合规管控，建立合规防火墙。2023年12月底，全省净代偿率2.47%，同比下降0.19个百分点，实现了担保规模不断扩大、代偿金额逐步下降的良性循环。

三是创新财务管理。有序推动改革。充分调研分公司财务管理现状，制定优化人员配置、加强预算管控、规范服务机构、强化激励考核等改革举措，实施分公司财务改革。试点总部直管。针对管理难度大、财务问题频发的分公司采取总部直管模式，强化费用支出审核，推动分公司业务合规安全稳健运行。全面现场检查。对14家分公司开展现场检查，针对招待费、广告宣传费、会议费等重点费用及采购事项进行检查，问题清单限期整改，"回头看"查漏补缺，夯实基础立长远。

（四）科技赋能，壮大创新发展之力

一是加快信息化建设。优化信息系统。全面开放电子合同，改善系统适配性和使用体验；2023年完成业务系统多项更新与优化，支撑电子合同签署约10万份，电子收费6188余万元。实施业财协同。将财务与业务、费控、追偿等核心系统对接，推动公司业财工作目标协同一致，强化跨平台、跨部门的数据资源整合与流程嵌套，提升日常管理自动化和智能化水平。着力报表开发。结合公司业务报表需求，开发报表32张，优化报表18张，涉及业务、风控、财务、追偿等多部门多用途。推进银担直连。通过银担系统直联，突破传统业务模式瓶颈，实现全线上、跨机构和纯信用高效放款。截至2023年12月底，省农信联社直联平台，完成3270个项目全线上资料传递，实现放款10余亿元。

二是推进数字化风控建设。开发数据资源。制定《征信管理办法制度》，建立标准化的人行二代征信管理体系，全年共完成6轮个人、1轮企业客户征信数据报送和反馈整改。与省大数据局、湖南征信等机构合作，丰富数据资源，为大数据风控提供保障。搭建大数据授信平台。优化大数据风控系统，调整优化判断规则，提高大数据初筛模型与业务管理制度契合度，辅助提升入口端项目质量；将业务管理制度要求和授信审批专家意见转化为数字化规则，逐步搭建并上线1.0版农担大数据预审模型，实现人工审批与自动审批相结合。建设保后信息化模块。以信息化手段助力保后管理，监测保后检查真实性，预警保后缺位信息。通过多种手段结合，全盘监测公司风险程度，全面提高风险预警能力，防范系统性风险。

三是提高信息安全等级。开展安全等保测评。启动信息安全等保测评工作，全面评估公司信息系统、网络、硬件、制度，增强安全风险的识别、防范和处置能力。优化系统架构。采取拆分业务系统模块、扩容服务器、建立容灾备份机制等措施，强化基础设施保障，应对业务规模、系统访问、数据资源高速增长带来的压力。做好运维保障。全年提供多次客服与技术保障、系统咨询指导、办公系统与设备维护，及时响应，高效处理，全年未发生因系统网络故障造成的业务中断，确保公司业务稳定开展。

（五）文化兴企，凝聚创新发展之魂

一是培育企业文化。秉承"因农立命，为农担当"初心，结合时代特点和行业特色，融合传统文化和湖湘精神，提炼"谋农业发展、引金融下乡、促农民增收""守正笃实、勤进不息""责任、稳健、专业、创新""服务'三农'、惠泽三湘"等核心要素，构建富有湖南农担特色的使命、愿景、精神、核心价值观、发展方略、宣传口号等企业文化理念，推动企业文化理念深入人心；印发《关于推动湖南农担企业文化落地的通知》，统筹做好企业文化建设和品牌建设。

二是做实宣传载体。丰富企业形象，优化VI设计、启动官网改版，促进公司面貌焕然一新；落实"文化上墙"，布置办公区域、完成企业文化展厅施工，提高文化理念可见度；打造企业文化"三个一"工程，拍摄公司宣传片、制定公司《企业文化手册》和《宣传画册》。定制品宣办公用品，拓展文化传播渠道，增强传播效果；持续与《湖南日报》、新湖南、红网等媒体对接，发布公司重大新闻及动向，塑造良好社会形象。

三是讲好农担故事。年初举办公司2022年度总结表彰暨2023年新春年会，充分展现全体员工积极向上、活泼进取的精神面貌。先后在公司官微开设"全省农业信贷融资担保体系巡礼""最美农担人——金融支农故事"展示活动专栏，持续报道分公司深化改革成果和在一线奋战员工的支农惠农故事；10月底，召开湖南农担战略发展规划发布会，正式发布公司战略发展规划，扩大品牌知名度。

四是树立社会形象。荣获"第三批全省学雷锋活动示范点""全省优秀融资担保机构""省直机关文明标兵单位""2023年湖南省直单位模范职工之家"等荣誉。成立湖南农担田果村服务点，为新化县荣华乡田果村乡村振兴提供担保服务。永州市分公司、钟威、蒋希，入选2023年中国农民丰收节"最美农担人——财政金融支农故事展示"。3名客户入选第六批全国农村创业优秀带头人典型案例，5名客户当选2023年度湖南省"十佳农民"。

（湖南省农业信贷融资担保有限公司供稿）

第三部分

市（州）、县（市、区）财政工作概况

长沙市

2023年，长沙市实现地区生产总值（GDP）14331.98亿元，同比增长（以下简称增长）4.8%。其中，第一产业增加值451.89亿元，增长3.5%；第二产业增加值5365.53亿元，增长5.6%；第三产业增加值8514.55亿元，增长4.3%。全年规模以上工业增加值增长6.8%。全年固定资产投资（不含农户）同比下降（以下简称下降）6.8%。全市居民人均可支配收入61240元，同比增长4.1%。其中，城镇居民人均可支配收入67276元，增长3.2%；农村居民人均可支配收入43200元，增长6.2%。

2023年，全市完成一般公共预算地方收入1227.07亿元，增长2.1%（剔除增值税留抵退税等因素影响，同口径增长7.03%）。其中，税收收入821.03亿元，下降3.73%；非税收入406.04亿元，增长16.3%，上级补助收入414.75亿元，一般债务转贷收入158.93亿元，动用预算稳定调节基金30.07亿元，调入资金202.14亿元，上年结转50.68亿元，收入合计2083.65亿元。全市一般公共预算支出1626.83亿元，加上上解省级216.38亿元，一般债务还本128.51亿元，补充预算稳定调节基金14.35亿元，结转下年97.38亿元，支出合计2083.65亿元。市本级完成地方一般公共预算收入522.54亿元，增长10.49%，上级补助收入316.29亿元，一般债务转贷收入142.97亿元，动用预算稳定调节基金23亿元，下级上解收入112.92亿元，调入资金71.08亿元，上年结转10.67亿元，收入合计1199.47亿元。市本级地方一般公共预算支出561.9亿元，加上补助下级支出302.04亿元，上解省级182.37亿元，一般债务还本49.8亿元，债务转贷支出78.47亿元，补充预算稳定调节基金4.7亿元，结转下年20.2亿元，支出合计1199.47亿元。

2023年，全市完成政府性基金预算收入902.83亿元，下降18.78%。全市政府性基金预算支出1012.86亿元，下降19.75%，调出资金132.48亿元，增长0.43%。市本级政府性基金预算收入444.31亿元，下降12.32%。市本级政府性基金预算支出315.21亿元，下降31.15%，调出资金51.81亿元，增长14.7%。

2023年，全市国有资本经营预算收入13.54亿元，增长14.65%。全市国有资本经营预算支出5.38亿元，增长6.21%，调出资金9.55亿元，增长68.11%。市本级国有资本经营预算收入8.13亿元，下降16.71%。市本级国有资本经营预算支出3.67亿元，下降1.16%。调出资金5.8亿元，增长26.47%。

2023年，全市完成社会保险基金收入355.53亿元，下降1.72%。全市社会保险基金支出260.1亿元，全年收支结余95.42亿元，累计滚存结余523.48亿元，增长12.35%。市本级完成社会保险基金收入281.2亿元，下降1.2%。市本级社会保险基金支出190.97亿元，全年收支结余90.23亿元，累计滚存结余464.71亿元，增长13.5%。

一、坚持科学聚财，高质量发展势头巩固向好

以超常规决心和力度应对超预期减收增支压力，尽最大努力稳住财政收入基本盘。一是在收入组织上主动发力。全年财税系统召开收入调度会30次以上，建立局领导班子成员联点帮扶机制，分析经济形势、研究征管措施、协调解决各类问题，通过调度入库税收58亿元。二是在协税护税上尽责用力。建立"财政、税务、地方政府"促收联席机制，实现上下联动、左右协同。市与区县联合设立风险评估、清算、清欠、稽查等促收专班，增强挖潜增收工作效果。各专班共完成挖潜收入95亿元。三是在挖潜堵漏上不遗余力。督促区县（市）组织专门力量，对全市税收100万元以上企业进行全面清理，清理问题税源企业6万多户，实现应征未征税收近13亿元。全市盘活"三资"总规模超过600亿元，实现盘活"三资"可用财力270亿元。

二、坚持高效用财，高质量发展动能加快聚集

坚持支出安排有保有压、突出重点，加大对重点领域的投入力度。一是着力支持"三个高地"建设。投入资金32.2亿元，支持制造业高质量发展，推动长沙获批首批中小企业数字化转型试点城市，获得中央财政定额奖励1.5亿元。投入资金8.6亿元，支持科技创新、推动建设全球研发中心城市。投入资金13.5亿元，支持开放型经济发展，推动自贸区长沙片区平台提质、改革创新。二是着力支持城乡融合发展。统筹资金96亿元，重点支持轨道交通、湘雅路过江通道、昭云大道等重大基础设施建设，加快推进长株潭一体化发展。成功入选2023年国家综合货运枢纽补链强链支持地区，获得中央奖补资金8亿元。投入资金27.5亿元，支持乡村振兴示范市建设。三是着力支持改善民生福祉。城乡居民基本养老保险、城乡居民基本医疗保险补助水平分别提高至

253元/人、640元/人。积极筹措资金，支持解决群众关心的就业、教育、医疗、养老等民生问题。安排资金2.6亿元，支持农村公路和桥梁新改建以及实施安防工程、养护工程等。

三、坚持精明理财，高质量发展活力充分释放

加力提效实施积极财政政策，推动经济实现质的有效提升和量的合理增长。一是扩大有效投资。统筹各类资金350亿元，保障全市重大项目建设，支持基础设施补短板。建立专项债券为主的多元融资模式，用好用活专项债券资金，并与政策性开发性金融工具做好衔接，全力支持稳增长、扩投资。二是支持提振消费。支持开展汽车促消费活动，省市区累计投入资金1.1亿元，挖掘消费潜力。统筹资金0.8亿元，支持优化房地产调控政策，支持人才购房落户和城乡居民合理住房消费需求。三是助力市场主体。坚决落实减税降费政策，全年新增减税降费超230亿元。健全政府性融资担保体系，累计支持3100余户小微、"三农"等市场主体获得贷款37亿元。完成市小微企业信贷风险补偿基金、高新技术企业信贷风险补偿资金等整合，累计带动普惠信贷资金337.49亿元。

四、坚持协同治财，高质量发展基础不断夯实

坚持问题导向、绩效导向，着力固底板、锻长板、补短板。一是夯实管理基础。创新开展预算收支执行、库款运行情况同步分析工作，持续提升财政管理水平。实现县级"三保"预算编制事前审核全覆盖，每月定期调度区县（市）财政运行和"三保"预算执行情况，切实兜牢"三保"底线。高质量办理人大代表建议和政协提案158件，连续多年获评办理工作先进单位。二是强化监督效力。聚焦惠农补贴资金等重点领域开展监督，扎实推进代理记账行业秩序整顿。对273个项目实施重点绩效评价，评价资金251.7亿元，根据绩效评价结果压减资金近5亿元。进一步加强预决算、政府债务、资金绩效等财政信息公开，长沙市本级预决算公开排名全省第一。三是深化财政改革。深化零基预算改革，完善预算编审流程体系，预算编制向政府性基金预算拓展延伸，全面、细致反映收支情况。调整优化市与区、园区、片区财政体制，巩固湘江新区、望城区体制调整成果。设立注册资本300亿元的市产业发展母基金等，基金矩阵初步建成，基本覆盖全市13个园区、17条产业链。

五、坚持严格管财，高质量发展底线切实兜牢

持续加强政府债务管理，打好打赢防范化解风险阻击战。一是突出隐性债务化解。压紧压实化债主体责任，统筹盘活存量资金资产资源，多措并举筹措资金，超额完成年度化债任务，累计化解金额超过锁定总量的60%，做到"到期债务不逾期、隐性债务不新增、风险等级不上升、虚假化债不发生"。二是突出全口径债务管理。建立全口径债务风险月报告制度，出台《关于强化硬性约束严控债务风险的若干措施》，强化国有企业债务管理和经营管控。三是突出债务风险防范。积极采取措施优化债务结构，全市国有企业融资成本明显下降。实施政府专项债券项目运营期穿透式监测，建立贯穿专项债券项目"借、用、管、还"全生命周期的监管体系，提高专项债券配置效率和使用效益。

（湖南省长沙市财政局供稿　陈佳乐执笔）

芙蓉区

2023年，芙蓉区实现地区生产总值（GDP）1381.58亿元，同比增长（以下简称增长）4.8%。其中，第一产业增加值2亿元，同比下降（以下简称下降）96.4%；第二产业增加值162.64亿元，增长0.4%；第三产业增加值1218.94亿元，增长5.3%。第一、第二、第三产业对经济增长的贡献率分别为0、1.1%和98.9%。全年城镇居民人均可支配收入71870元，增长3.3%；城镇居民人均消费支出50219元，增长4.9%。

2023年，全区完成一般公共预算收入39.57亿元，增长3.24%。其中，税收入26.44亿元，下降3.35%；非税收入13.13亿元，增长19.68%。上级补助收入25.82亿元，债务转贷收入9.47亿元，调入资金4.86亿元，上年结余2.10亿元，收入总计81.82亿元。完成一般公共预算支出56.18亿元，上解支出11.37亿元，债务还本支出8.51亿元，结转下年5.75亿元，支出总计81.82亿元。

2023年，全区完成政府性基金预算收入10.34亿元。其中，上级补助收入2.71亿元，债务转贷收入6.66亿元，其他调入资金0.80亿元（全部用于专项债付息），上年结余0.17亿元。完成政府性基金预算支出9.09亿元，债务还本支出1.00亿元，结转下年0.25亿元，支出总计10.34亿元。

2023年，全区完成国有资本经营预算收入总计336万元，其中上级补助收入327万元、上年结余9万元。国有资本经营预算支出9万元，结转下年327万元，支出总计336万元。

2023年，全区完成社保基金预算收入3.06亿元，加上上年结余0.65亿元，收入合计3.71亿元；全区社保基金预算支出2.84亿元，收支相抵后结余0.86亿元。

一、稳字当头，持续抓好收入管理，努力确保财政平稳运行

一是勤征细管增收入。高度重视收入组织工作，结合经济形势变化和政策变动，定期分析研判收入形势动态，及时采取针对措施，完善财税联动征管机制，推进重点企业促收、风险评估、土地增值税清算等七大促收专班行动落实，在应减尽减涵养税源的基础上，最大限度挖掘增收潜力，荣获全省市税费精诚共治成效较好单位。二是落实政策优服务。加大增值税留抵退税政策力度，退减降缓税费13.22亿元，市场主体活力充分释放，经济发展势态良好。认真落实政府采购促进中小企业发展的各项优惠政策，推广政府采购合同线上融资，企业融资1327万元。持续优化营商环境，"520"兑现企业补助资金4158万元，涉及企业近300家。三是挖潜增效促发展。开展存量资源挖潜增效专项行动，形成"四类别、七版块"任务清单，逐一明确盘活措施、盘活时间、牵头领导和责任部门，将"三资"盘活作为提升活力和效益、保障财政平稳运行的有力抓手，共盘活"三资"收益23.95亿元，形成可用财力8.38亿元，荣获长沙市盘活"三资"工作先进单位。

二、为民服务，持续保障改善民生，尽力而为增进民生福祉

一是优化支出结构。坚持公共财政取之于民、用之于民，全区民生支出46.87亿元，占一般公共预算支出比重83.43%，增长3个百分点，有效保障全区各项社会事业长足发展。二是提升保障能力。加强社会保障体系建设，逐年提高基本公共卫生服务经费等保障标准，安排卫生健康支出4.62亿元，有力确保了健康民生、医疗卫生等各项工作顺利开展。坚持教育优先发展，打造老百姓家门口的好学校，安排教育支出12.88亿元。三是加强基层治理。支持打好"污染防治攻坚战"，推进老旧小区改造、电梯加装等民生实事项目，加大道路提质改造、水利设施、安全隐患整治等基础设施投入。

三、精准施策，统筹兼顾发展与安全，全力防范风险稳大局

一是做好"三保"风险防范。将"三保"支出作为预算支出的最优先级来保障，动态跟踪研判"三保"运行情况，主动回应社会关切，维护社会大局稳定，切实兜牢了基层"三保"底线，全年未发生"三保"风险事件。二是稳妥推进债务化解工作。坚持债务工作统筹调度机制，坚决防风险、控增量、化存量，一以贯之打好防范化解风险阻击仗。按照"一债一策"要求做好到期债务兑付工作，全年无债务风险事件发生。三是严防支付风险。制定财政国库库款保障工作机制，推行资金计划管理，精准测算国库现金流量，实行库款预警和库款保障联动机制，有效防范支付风险。

四、多措并举，财政改革有序推进，大力提升财政管理效能

一是深化预算管理改革。纵深推进预算管理一体化建设，全面提升预算管理规范化、科学化和标准化水平。完善预算支出标准体系，针对"三保"等基本支出需要制定区级统一标准，并嵌入部门预算系统，实现预算执行动态监控。荣获全省市财政日常工作整体水平高质量评价A级、全省市预算管理一体化建设先进区一等奖。二是严格财政支出管理。坚决贯彻落实过"紧日子"要求，研究出台制度和细则文件，压减非刚性非必要支出，确保资金用在"刀刃"上。将绩效管理融入到财政管理的各个方面，强化结果运用，减少部门预算资金1717万元。三是突出财政监管职能。强化财政监督检查、投资评审、政府采购监管等工作，确保资金安全。创新财政监督工作机制，通过组织实施专项监督检查，构建"1+N"财政监督体系。成立财政资金使用效益监督检查工作专班，紧密围绕重点项目及预算管理等方面多发高发易发问题，"小切口大牵引"开展监督检查，荣获全省市财政税政法制工作绩效评价获奖单位。

（湖南省长沙市芙蓉区财政局供稿　胡梓琳执笔）

天心区

2023年，天心区实现地区生产总值（GDP）1362.88亿元，同比增长（以下简称增长）5.1%。其中，第一产业增加值1.21亿元，同比下降（以下简称下降）6.2%；第二产业增加值413.37亿元，增长3.1%；第三产业增加值948.30亿元，增长5.9%。全年完成全社会固定资产投资增长6.7%。全区城镇居民人均可支配收入72085

元，增长3%。

2023年，全区完成一般公共预算地方收入75.23亿元，增长6.7%。其中，税收收入46.91亿元，增长0.6%；非税收入28.32亿元，增长18.7%，上级补助收入24.75亿元，债务转贷收入15.78亿元，动用预算稳定调节基金0.48亿元，调入资金2.31亿元，上年结转2.77亿元，收入合计121.32亿元。全区一般公共预算支出87.15亿元，加上上解上级支出18.33亿元，债务还本支出13.01亿元，补充预算稳定调节基金1.76亿元，结转下年1.07亿元，支出合计121.32亿元。

2023年，全区完成政府性基金预算上级补助收入5.95亿元，专项债务转贷收入2.39亿元，上年结转0.15亿元，调入资金0.82亿元，收入合计9.31亿元。全区政府性基金预算支出9.11亿元，结转下年0.2亿元，支出合计9.31亿元。

2023年，全区完成国有资本经营预算收入0.37亿元，上级补助收入0.06亿元，上年结转0.03亿元，收入合计0.46亿元。全区国有资本经营预算支出0.09亿元，调出资金0.35亿元，结转下年0.02亿元，支出合计0.46亿元。

2023年，全区完成社会保险基金预算收入3.26亿元，下降3.4%。全区社会保险基金预算支出3.15亿元，全年收支结余0.11亿元，累计滚存结余1.81亿元，增长6.4%。

一、认真谋划，抓好财源促发展

全面落实省厅"三大一提升"部署要求，大力推进财政管理效能提升行动，真抓实干、争创一流。牢固树立"抓财源就是抓发展"的意识，依托"一体两翼"顶层设计，制定实施《长沙市天心区2023年财源建设及国有企业高质量发展行动实施方案》，围绕金融业增收、新兴产业财源培育等十个方面协同发力，全年纳税200万元以上骨干税源企业同比增加27家，亿元楼宇达26栋。新引进投资10亿元以上项目5个、"三类500强"项目9个、百万税源企业107家，湘商回归到位资金105亿元，湖南人工智能算力数据中心等一批重点项目顺利落地。认真落实国家减税降费政策，降低实体经济成本，调研企业需求，宣传政策导向，指导企业开展政策申报，实现产业优惠政策兑现再提速，年内累计兑现各类惠企政策资金3.38亿元。发挥区位优势，加大争资力度，全年争取中央预算内资金1.23亿元，一般债券资金2.77亿元。

二、强化统筹，优化管理惠民生

2023年民生投入只增不减，民生支出占比持续保持80%以上，发放居民低保、特困供养、就业补助等民生资金1.37亿元，城乡居民基础养老金连续上调。统筹各类资金，集中财力办大事，投入4.85亿元支持老旧小区改造、道路新建（提质改造）及城管品质提升；安排3.5亿元保障重点学校建设，实现新增学位17820个，确保区委、区政府各项重点项目和中心工作顺利推进。压减年初预算项目支出1.96亿元，节约资金全部用于重点民生、重点工作，发放66项惠民惠农财政补贴1.48亿元，补贴对象21.52万人次；新改建室外运动场9个、智慧社区健身中心5个，建设全民健身体育设施136处。

三、推进国企高质量发展

优化国有资本布局结构。出台《进一步优化区属国有企业定位与主业范围实施方案》《区属国有企业主业及资产优化调整工作实施细则》，推进区属国有企业主业及资产优化调整；通过多轮资产清查，将全区406处资产收益权、411处公用类房屋屋顶光伏资源经营权、21宗建设用地废石的清理任务、105处停车场特许经营权分赛道交由区属国有企业管理、运营。加大国有"三资"盘活力度。深入推进国有"三资"清查、处置与管理改革工作，通过念好"用、售、租、融"四字诀，整合资产资源、加快土地出让、规范出租流程、创新融资工具等，2023年实现盘活收入超过35亿元。提升国企核心竞争能力。支持区属国有企业加强与品牌企业在产业、产品、资本、项目等多层面携手合作，培育自主开发建设；设立规模10亿元的天心区新兴产业基金，引进5家企业落户；实施国企"降成本、提质效、促平衡"行动，不断降低各类成本；加强国企债务风险"双监管""月监测"，支持国企依法合规投融资。国有企业科技创新、资本运作、财务管控、风险管理能力不断提升。

四、预算绩效管理，完善机制提效能

认真贯彻落实全面实施预算绩效管理的各项决策部署，聚焦加强绩效目标审核，提升预算绩效自评和运行监控质效，抓实财政重点绩效评价，预算绩效管理工作获省厅"优秀"等级通报表扬。按"初审、反馈、修改、复审"的方式，提升绩效目标的编报质量，打好预算绩效管理工作的基础。部门整体支出与项目支出绩效自评继续落实"两个全部"要求，即预算单位全部开展绩效自评、评价范围覆盖全部财政资金。绩效运行监控涵盖所有专项资金，监控覆盖率继续保持100%，同时聚焦预算金额50万元以上、上年结转资金较多、当年新增预算项目，开展财政重点绩效运行监控，督促预算单位实现其年度绩效目标，确保预算资金执行进度。精心挑选19个项目8.23亿元资金开展财政重点绩效评价，评价资金增长6.67%，涵盖区委区政府高度重视、公众普遍关注的重大政策、重大投资项目、重点民生项目和重点关注部门，评价类型由专项资金、部门整体支出进一步拓展至政府债券、重大政策和重点项目、政府采购、政府购买服务、事前绩效评估及政策评价。从绩效评价结果来看，大部分纳入重点绩效评价范围的项目评价结果良好，资金使用较合理，产出效益明显，公众满意度较高，较好完成项目预期目标。

（湖南省长沙市天心区财政局供稿　张喜盛　杜遥执笔）

湘江新区

2023年，湖南湘江新区实现地区生产总值（GDP）4518.76亿元，同比增长（以下简称增长）5.6%。其中，第一产业增加值149.04亿元，增长3.4%；第二产业增加值2098.16亿元，增长7.4%；第三产业增加值2271.56亿元，增长4.1%。全社会固定资产投资（不含农户）下降5.9%。全区（湘江新区直管区，下同）居民人均可支配收入71688元，增长3.1%，其中城镇居民人均可支配收入52201元，增长4.6%。

2023年，全区完成一般公共预算地方收入242.58亿元，其中税收收入198.29亿元、非税收入44.29亿元。上级补助收入31.06亿元，地方政府一般债券转贷收入25.35亿元，调入资金15.54亿元，上年结转11.96亿元，收入合计326.49亿元。全区一般公共预算支出225.85亿元，加上上解上级支出66.13亿元，地方政府一般债券还本支出19.68亿元，结转下年14.83亿元，支出合计326.49亿元。

2023年，全区完成政府性基金预算收入219.20亿元，上级补助收入17.53亿元，地方政府专项债券转贷收入25.86亿元，调入资金14.88亿元，上年结转61.07亿元，收入合计338.54亿元。全区政府性基金预算支出227.38亿元，加上上解上级支出31.09亿元，地方政府专项债券还本支出22.56亿元，结转下年57.51亿元，支出合计338.54亿元。

2023年，全区完成国有资本经营预算收入4.48亿元，上级补助收入0.03亿元，上年结转1.57亿元，收入合计6.08亿元。全区国有资本经营预算支出1.71亿元，加上调出资金（调入一般公共预算）4.37亿元，支出合计6.08亿元。

2023年，全区完成社会保险基金预算收入5.88亿元。全区社会保险基金预算支出4.65亿元，全年收支结余1.23亿元，累计滚存结余3.65亿元。

一、坚持党建引领，干部队伍建设扎实推进

一是完善完备组织架构。处室设置方面，通过反复研究和沟通，参照省市财政、金融、国资等部门情况，推进16个处室和8个筹备二级机构设置运行。党建群团方面，通过召开全体党员大会、全体干部大会、妇女代表大会、团员大会等，选举产生了第一届局机关党委和机关纪委，设置5个党支部，产生第一届局工会、妇委会和团支部，组织架构基本成型。二是持续强化制度建设。组织多轮研讨，拟定部门三定方案，明确了各处室、中心职能边界，为单位履职提供依据。把政治机关建设作为首要任务，严格执行"第一议题"制度，发挥好党组理论学习中心组领学促学作用。拟定意识形态、全面从严治党、党组理论学习、三会一课、"三重一大"会议等各类制度、方案和计划，完善党政工作制度体系，着力扎紧制度笼子。三是强化优化人员管理。强化党风廉政建设，定期组织开展警示教育，切实做到党组书记对重要工作亲自部署、重大问题亲自研究、重点环节亲自协调。激励干部担当作为，完善干部考评机制，制定选人用人管理办法，坚持重实干重实绩的用人导向，落实选人用人安排。

二、坚持稳收保支，财政运行总体平稳有序

一是收入组织有序有力。全力落实打好经济增长主动仗要求，紧盯收入预期目标，多次专题调度，切实稳住财税收入组织态势。2023年直管区完成地方一般公共预算收入242.6亿元，税收占比81.7%。市考口径税收收入175亿元，非税收入33.2亿元，实现了冲刺目标。二是推动税费精诚共治。牵头拟定新区财源建设工程年度实施方案和税费精诚共治机制文件，积极协调开发建设局、行政审批服务局、商务和市场监管局、教育局等部门向税务局提供项目施工、成品油零售、商品房网签等涉税数据。加快推进财税综合信息平台优化升级，助力大数据综合治税工作。三是强化资金统筹调度。优先保障"三保"、债务还本付息等刚性支出，做到民生投入只增不减，2023年卫生健康支出约15亿元，社会保障支出约13亿元。在可用财力大幅短收的情况下，坚决落实党工委和管委会决策，征地拆迁、建设和产业扶持三项资金各追加安排10亿元，保障湘江科学城首开区、两路两校、高铁西城片区等省、市、区重大项目资金需求，并实现全年预算收支的基本平衡。同时，做好专项债项目包装储备，积极争取一般债券和国债，大力争取转移支付资金和上级政策支持。

三、坚持防控并举，金融债务风险总体可控

一是严守债务红线底线。坚持底线思维，坚决遏制新增隐性债务，扎实配合重大项目融资合规性论证，落实债务风险常态化监测机制，对2023年度涉及增加财政支出的134个新开工政府投资项目，逐个进行资金来源论证，严把项目入口资金审核，确保财力可承受可持续，直管区岳麓区债务风险等级降低至绿色安全地区。二是积极争取债券额度。加强专项债券全流程管理。在新区经济发展局专项债券项目储备的基础上，2023全年争取到位政府债券资金51.21亿元（含再融资债券28.54亿元），弥补新区财力缺口。同时，持续组织相关专项债项目单位落实审计问题整改，加强项目使用合规性审查和收益上缴，严格落实专项债券"借、用、管、还"全流程管理。三是防非处非纵深推进。成立新区防范和处置非法集资工作领导小组，组建处非工作专班，深入开展防范和处置非法集资工作，新区全域开展"集中扫楼、精准排雷、全面整治"专项行动。2023年，全年主动摸排企业500余家，共排查涉嫌非法集资线索企业91家，全部完成风险处置。积极推进陈案化解，全年陈案审结率达到80%，结案率达到65%。

四、坚持从紧从严，财政财务管理提质拓面

一是整章建制规范管理。制定政府采购监督、财政评审管理、绩效评价等制度文件，健全财政财务管理制度体系。全面深化票据电子化改革，湖南非税收缴管理系统6月底上线后，新区开票单位数量居全市最高，开票率率先在全市实现100%。全区362家执收单位已顺利上线使用，形成"扫码自主缴费，业务信息共享，资金实时监控"的办理非税收入收缴新模式。创新"容缺进窗+提前介入"评审方式，全年审结1560个项目，核减金额23.53亿元，综合核减率10.39%。二是强化财会监督检查。开展政府采购工作、会计代理记账机构评估、预决算公开等专项检查，推进"新区护农"惠农惠民专项整治和古山村解剖麻雀式驻场监督检查，将惠农补贴资金检查检查发现的39个问题，涉及金额45.2万元，全部整改到位，切实规范新区惠农补贴资金管理。组织专人对全区263家单位2021年决算信息及2022年预算信息公开情况进行多轮审查，并依据审查情况及时下发整改通知书，督促单位按照模板要求规范整改，确保公开信息内容完整、数据准确、发布及时。三是抓实预算绩效管理。深入推进"预算绩效管理提升年"活动，对全区341个项目资金展开第三方重点评价，切实提高财政资金使用绩效。构建"全方位全过程全覆盖"绩效评价管理机制，将绩效评价与财政监督、财政评审、政府采购、预算编制和国库集中支付等有机结合，同时加强与审计、人大、纪检等部门的协同，形成合力构建协同高效的"大监督"的绩效评价体系。同时，加大绩效评价结果在预算申报、预算公开、部门绩效考核等方面的运用，提高评价结果的权威性。

五、坚持放管结合，国企国资改革持续深化

一是健全优化国资监管制度体系。实现经营性国有资产的集中统一监管，牵头制定新区国有企业监管"1+N"制度体系，完善国有企业优化重组方案，谋划构建"3+1、2+4"国企布局。全面履行出资人监管权责，审定2022年度国有企业工资总额预算，优化考核指标体系，组织完成国有资本经营预算收益申报。二是持续深化国有企业改革。先后赴珠海等地学习国企改革和管理的先进经验做法，并结合实际，围绕提升企业核心竞争力和增强核心功能，高起点、高质量谋划制定《新区国有企业重组改革工作方案》，明确国企改革总体思路和主要目标，将理顺国企出资人关系、明确三大集团架构、主业和特色产业，构建国企新布局作为改革的主要内容。扎实推进国企高质量发展，截至2023年底，新区国企资产总规模突破2500亿元。三是高效完成国有资产盘活。部署开展338家行政事业单位国有"三资"清查处置与管理改革专项行动，全面摸清"三资"底数，促进分类盘活处置。2023年，新区全年盘活"三资"合计32亿元，同时，湘江集团国有企业债权（ABS发行3.37亿元）盘活，该创新模式在省财政厅"三资"清查工作中作为典型经验进行通报。

六、坚持守正创新，金融赋能实体精准高效

一是金融改革创新多点推进。优化整合金融招商、企业上市、产业基金、信贷风补、债务融资等产业政策，新设立规模200亿元，覆盖企业全生命周期的"五类"引导基金，出台9个基金管理相关文件，即新区"1（管理办法）+6（实施细则）+1（尽职免责办法）"基金管理文件，出台《湖南湘江新区基金招商工作指引》，确定五类引导基金的设立方案及子基金遴选办法，金融服务实体更加便捷有力。二是促推金融机构集聚完善产业生态。通过小分队招商、基金招商和活动招商等方式，成功举办"湖南金融中心金融科技应用场景合作大会""金融科技可持续发展大会暨湖南湘江新区分论坛""湖南金融中心金融科技人才引进和发展论坛暨专场招聘会"等系列活动，2023年湖南金融中心片区新引进金融机构及相关企业163家，累计引进金融机构及相关企业达1300家，基金总认缴规模达4005亿元。2023年片区入驻机构实现全口径税收59.5亿元。三是优化金融服务提高赋能质效。全力支持金融机构针对科技型中小微企业创新产品、优化服务，探索知识价值信用等贷款风险补偿机制。2023年，支持423家企业获风补贷款16.81亿元，获贷企业数量增长32.2%，获贷金额增长24.2%。精准提供上市辅导服务，推动上交所科创板企业培育中心（中部地区）落户新区，注重上市梯队培育，全年新增上市企业5家，进入省、市上市后备库企业分别达75家、120家。金融工作获得省政府真抓实干督查激励。

（湖南省长沙市湘江新区财政局供稿　赵江林执笔）

开福区

2023年，开福区实现地区生产总值（GDP）1234亿元，同比增长（以下简称增长）4.0%。其中，第一产业增加值1.1亿元，增长1.1%；第二产业增加值161.7亿元，增长4.8%；第三产业增加值1071.2亿元，增长3.9%。全社会固定资产投资增长6.7%。全区居民人均可支配收入71017元，增长3.3%。

2023年，全区完成一般公共预算地方收入65.38亿元，增长2.01%。其中，税收收入41.17亿元，同比下降（以下简称下降）8.93%；非税收入24.21亿元，增长28.2%，上级补助32.72亿元，一般债务收入10.82亿元，动用预算稳定调节基金2.4亿元，调入资金4000万元，上年结转3.96亿元，收入合计115.68亿元。全区一般公共预算支出81.38亿元，加上上解上级18.27亿元，一般债务还本9.47亿元，安排预算稳定调节基金1.8亿元，调出资金2000万元，结转下年4.56亿元，支出合计115.68亿元。

2023年，全区完成政府性基金预算收入1.2亿元。全区政府性基金预算支出22.3亿元，调出资金（调入一般公共预算）0元，下降2.88%。

2023年，全区完成国有资本经营预算收入4000万元，为预算调整的100%；2023年全区国有资本经营预算调出4000万元，为调整预算的100%。

2023年，全区完成社会保险基金预算收入3.67亿元，增长4.26%。全区社会保险基金预算支出3.57亿元，全年收支结余1000万元，累计滚存结余1.28亿元，增长9.4%。

一、财政收入在勤征细管中承压奋进

积极化解经济下行带来的压力，重点做好开源、征管、盘活"三篇文章"。一是加强财源建设。紧盯财源建设工作目标，严格按照《开福区提升骨干税源企业税收贡献度行动方案》要求，推进落实市场主体倍增工程、优质企业梯度培育行动，主动为企业服务，及时兑现企业奖励，推动辖区内企业高质量发展。二是加强收入征管。强化重点行业、重点税源、重点企业监管，加强财政、税务和街道等单位联动，凝聚征管合力。加强对财税收入形势的分析预测，加大收入组织和运行调度，牢牢掌握收入工作的主动权；完善非税收入征管激励机制，加大罚没收入、国有资源有偿使用收入管理，持续推进做实非税收入。三是加强"三资"盘活。按照"摸清存量、分类处置、用好用活、提质增效"总体思路，持续向内挖潜，多措并举、分类推进，统筹盘活全区资金资产资源，累计盘活"三资"6.6亿元，为区域经济社会高质量发展提供坚强保障。

二、支出保障在改善民生中有力有序

加大民生投入，精打细算、节用为民，增强人民群众的获得感、幸福感、安全感。一是优化支出结构。以建立节约型财政保障机制为目标，深入推进政府"四本预算"统编、统批、统管，实现收入"一个盘子"、支出"一个口子"；聚焦预算编制各个环节，2023年预算编制时重点压减一般性支出，严格控制非刚性、非重点支出。二是加大民生投入。始终把保障基本民生摆在优先位置，从严落实过"紧日子"要求，严格按照《开福区关于全面落实"艰苦奋斗、勤俭节约"和过"紧日子"要求的通知》要求，细化工作措施，明确过"紧日子"应该"怎么紧""紧多少"，2023年民生民本支出占一般公共预算支出的比重为87.21%，直达资金支出进度为95.3%。三是保障项目建设。优化财政评审程序，提升财政评审时效，为全区特急项目开辟财政评审绿色通道。加强重点项目保障力度，根据"量入为出、统筹安排、突出重点"原则，统筹安排春节、端午节、中秋节资金4.94亿元，确保全区重点工程项目顺利推进。

三、风险防控在尽职担当中抓紧抓实

牢牢守住债务风险、"三保"和资金安全"三条底线"。一是坚决守住债务风险底线。坚持债务监测常态化机制，实行"一债一策"管理，全年化解隐性债务9.43亿元；精准调度重要平台、重点融资方式、关键节点债务兑付情况，确保风险排查、资金筹集、合规化解"三个到位"。二是牢牢守住"三保"底线。坚持"预算一个盘子、支出一个口子"，支出安排先有规划、政策，后定项目、资金，科学合理确定支出优先次序和支出规模，统筹财力优先保障"三保"支出、债务还本付息支出、区委政府重要决策支出。三是筑牢财政资金安全底线。精准测算国库资金，合理安排库款，突出"两个注重"，确保库款保障系数处于合理区间；开展财经秩序重点问题专项整治行动，切实维护财经纪律。

四、财政管理在改革创新中深入推进

以绩效管理为"指挥棒"，推动财政管理工作提质增效。一是绩效管理日益规范。以"绩效管理提升年"行动为抓手，将绩效理念和方法深度融入预算编制、执行、监督全过程，实施预算执行进度和目标实现程度

"双监控",未按要求设定绩效目标的项目不得安排预算。二是财政监管多点联动。优化评审程序,提升评审时效,2023年完成181个项目的预算评审,审减率4.16%;完成175个项目的结算评审,审减率10.31%。强化预算公开,坚持多部门合力、全流程协同,借助第三方机构专业优势,制定公开模板,统一公开标准,做到"一把尺子"量到底,确保全区各预算单位预决算公开格式更规范、内容更准确、时间更及时、渠道更统一、责任更明确。三是基层监管不断加强。突出街道财政的监管和服务职能,建立健全街道财政资金监管体系,加强村(社区)财务管理,提高村级(社区)财务制度执行力。全面规范街道财务管理,对全区16个街道财政所开展"财政业务大比拼",牵头对双塘村开展"驻场解剖麻雀式"检查,浏阳河街道财政所获湖南省2023年度"标兵财政所"、沙坪街道财政所获湖南省2023年度"先进财政所"。

五、干部队伍在严管厚爱中磨砺成长

坚持党建引领、创新实干,将党建工作与队伍建设有机结合,以高质量党建引领财政事业高质量发展。一是全面加强党建工作。以主题教育活动为抓手,系统学习习近平系列重要讲话精神;认真落实第一议题制度、"三会一课"制度,定期开展党章党规专题课堂等活动,切实增强财政党员干部思想政治素质。二是全面加强廉政建设。深入推进"清廉开福"建设,打造"财政廉政长廊",在全局上下营造风清气正的良好氛围;加大源头治腐力度,完善财政管理制度,加强对重点岗位、关键环节的风险防控;多形式、多层次开展经常性警示教育,进一步增强财政干部拒腐防变的能力。三是全面加强队伍建设。全面落实全员绩效考核要求,按季开展末位甄别;积极开展"财政大讲堂""全员悦读·书香财政"等活动,落实严管厚爱机制,激励干事创业,局机关荣获省"三高四新"财源建设联席办表彰1项、省财政厅表彰4项、市政府表彰1项、区政府表彰3项;1人次获省"三高四新"财源建设联席办表彰、1人次获市政府表彰、17人次获区级表彰。

(湖南省长沙市开福区财政局供稿 郑和堂执笔)

雨花区

2023年,雨花区实现地区生产总值(GDP)2501.68亿元,同比增长(以下简称增长)5.0%。其中,第一产业增加值6.12亿元,增长3.6%;第二产业增加值1325.21亿元,增长4.5%;第三产业增加值1170.35亿元,增长5.7%。全社会固定资产投资(不含农户)同比下降(以下简称下降)22.8%。

2023年,全区完成一般公共预算地方收入83.12亿元,增长5.0%。其中,税收收入49.59亿元,增长6.0%;非税收入33.53亿元,增长3.5%,上级补助收入35.05亿元,一般债务收入11.89亿元,动用预算稳定调节基金0元,调入资金3.36亿元,上年结转5.89亿元,收入合计139.31亿元。全区一般公共预算支出106.07亿元,加上解上级支出21.99亿元,一般债务还本10.98亿元,补充预算稳定调节基金0元,调出资金0元,结转下年0.27亿元,支出合计139.31亿元。

2023年,全区完成政府性基金预算收入0元。全区政府性基金预算支出15.05亿元,调出资金(调入一般公共预算)0元,下降24.8%。

2023年,全区完成国有资本经营预算收入0.1亿元,增长0。全区国有资本经营预算支出0.06亿元,调出资金(调入一般公共预算)0.06亿元,下降45.5%。

2023年,全区完成社会保险基金预算收入3.88亿元,增长14.79%。全区社会保险基金预算支出3.65亿元,全年收支结余0.23亿元,累计滚存结余2.03亿元,增长13.4%。

一、聚力挖掘增收潜力,经济运行稳中向好

一是财源建设有声有色。财税收入实现量的合理增长和质的有效提升,全口径税收8877458万元(含"两烟"),税收体量位居全省第一;省市区三级税收1067955万元,增长14.70%,位居全市第一;重点税源企业比亚迪实缴税收增长164.61%,税收占全市制造业比重约5%。二是争资争项有力有序。紧盯国家最新政策导向,会同区发改局等部门单位,精准把握"平急两用""城中村改造""特别国债"等历史机遇,多方争取上级资金,包括提前谋划、精心组织,成功争取到中央、省预算内资金8114万元;申报并争取专项债券117223万元、一般债券9166万元;落实政府采购优惠政策,推广政府采购合同线上融资,共计获得17家企业融资2834万元。三是"三资"盘活有质有效。出台《2023年区"三资"清查处置和管理改革实施方案》,通过释放资源潜力、提升资产价值、提高资金效益,盘活"三资"共计7.6亿元。

二、全力做好资金保障,民生福祉好中求进

区财政坚持在有限的财力下全力保障民生,持续办好老百姓身边的"关键小事"和"民生实事"。一是支持科教文体事业发展。安排学前教育资金23994万元，着力解决"入公办园难、公办园贵"等民生问题；安排义务教育阶段学校公用经费19076万元；安排家庭经济困难学生资助等各类政策补助300万元；安排公共文化服务、体育事业发展专项资金1780万元。二是支持医疗卫生事业发展。安排全区养老、卫生、城市及农村低保等专项资金30549万元；安排基层医疗机构基本药物销售补助1712万元。三是支持宜居和美乡村发展。落实乡村振兴资金保障，安排资金6529万元，对口帮扶溆浦县1000万元、龙山县900万元。四是支持重点民生项目建设。落实老旧小区改造、学校建设、道路建设等82个民生项目资金来源；投入资金支持增设多层住宅电梯103台、改建社区健身场地14处、新增停车位2.15万个。

三、着力推进管理改革，效能建设进中育新

一是深化管理改革。执行零基预算，构建能增能减、有保有压的新型资金分配机制；严控经费追加，取消和压减非刚性、非急需、非重点项目支出。二是规范项目管理。研发上线雨花区重点工程项目管理系统，实现项目建设全生命周期管理；联合区发改局，提前谋划拟定2024年全区政府重点项目投资计划，科学研判项目需求及建设时序；健全财政评审制度，先后出台《雨花区清单错漏项管理办法》《雨花区工程造价（中介）专家管理办法》等多个文件，制定工程费用类合同示范文本，大力提升评审工作质效。三是全面绩效评价。将"花钱必问效、无效必问责"的理念贯穿资源、资产、资金配置全过程，2023年共选取34个部门29个项目进行重点绩效评价，涉及科技、民生、教育等各领域资金41403万元，并将评价结果及时反馈，运用于2024年预算安排。四是防范债务风险。坚决按照"四不一保"的原则，开展债务管理工作，在有效统筹专项债资金与项目建设的同时，确保"到期债务不逾期、隐性债务不新增、风险等级不上升、虚假化债不发生"；化债任务完成到位，本年度减少债务总额148600万元，化债力度为过去五年之最。

（湖南省长沙市雨花区财政局供稿　朱松遥执笔）

望城区

2023年，望城区实现地区生产总值（GDP）982.36亿元，同比增长（以下简称增长）4.6%。其中，第一产业增加值48.69亿元，增长3.2%；第二产业增加值407.01亿元，增长4.6%；第三产业增加值526.66亿元，增长4.7%。全社会固定资产投资（不含农户）总额479.59亿元，增长9.1%。全区居民人均可支配收入55940元，增长4.5%。其中，城镇居民人均可支配收入62637元，增长3.0%；农村居民人均可支配收入46775元，增长6.0%。

2023年，全区实现一般公共预算收入112.29亿元，同比增加10.26亿元，增长10.1%。其中，省区两级地方一般公共预算收入43.51亿元，同比增加7.88亿元，增长22.1%。上级补助收入66.08亿元，一般债务转贷收入15.48亿元，动用预算稳定调节基金4.19亿元，调入资金18.73亿元，上年结转7.01亿元，收入合计155亿元。全区一般公共预算支出112.59亿元，加上上解上级4.76亿元，一般债务还本12.65亿元，补充预算稳定调节基金3.31亿元，结转下年21.69亿元，支出合计155亿元。

2023年，全区完成政府性基金预算收入4.23亿元，下降97.55%（全区范围内产生的国土基金收入59.38亿元，比上年减少105.94亿元，下降64.1%），上级补助收入72.25亿元，专项债转贷收入34.08亿元，调入资金2亿元，上年结转3.05亿元。全区政府性基金预算支出101.7亿元，下降49.66%，加上上解上级0.03亿元，债务还本2.11亿元，调出资金（调入一般公共预算）10亿元，结转下年1.77亿元，支出合计115.61亿元。

2023年，全区完成国有资本经营预算收入2.06亿元，增长103.3%，上级补助收入0.01亿元。全区国有资本经营预算支出0.34亿元，下降51.52%。调出资金（调入一般公共预算）1.73亿元。

2023年，全区完成社会保险基金预算收入7.38亿元，下降9.19%。全区社会保险基金预算支出7.11亿元，下降2.87%，全年收支结余0.27亿元，累计滚存结余5.84亿元，下降5.23%。

一、加强财源建设，夯实发展基础

一是助企纾困稳经济。充分发挥积极的财政政策助力实体经济高质量发展的作用，全年新增减税降费20亿元，为中小微企业融资担保14.6亿元，为中小微企业提供转贷资金7.8亿元，兑现重点企业奖扶资金4亿元，助推"一特两主"产业发展壮大，加快释放永杉锂业等龙头企业发展潜能，促进德赛电池等重点企业投产达效，

有力护航经济发展。二是服务项目促发展。投入重点项目建设资金17.5亿元，有力保障宝粮小学、茶亭和乌山卫生院扩建等重大项目建设。争取政府专项债券资金约34.1亿元，极大程度缓解重大项目资金压力。三是盘活"三资"添动能。坚持"国有资源资产化、国有资产证券化、国有资金杠杆化"三大原则，用好"用、售、租、融"四种方式，全年盘活"三资"19.3亿元。四是多方发力抓收入。建立完善三级协调及五办联动机制，构建税费精诚共治、收入齐抓共管的大格局。进一步优化综合治税平台，完善涉税信息共享机制，强化住建、房产、电力、医保等涉税数据的共享运用，充分利用大数据资源优势精准施策、挖潜增收，全年地方收入增幅、收入质量稳居全市前列。

二、强化民生保障，增进民生福祉

一是社会保障水平稳步提升。提高城乡养老保险基础养老金保障标准。落实各项促进就业政策，建成全省首家"新生活+"社区零工市场。支持全区深入推进基层卫生院建设和村卫生室提质改造，有力改善基层医疗卫生机构的就医环境和综合服务能力。二是教育资源配置优化升级。支持公办幼儿园建设和发展，公办幼儿园在园幼儿占比达58%。支持东马小学普特融合学校改造、打造附中星城靖港学校等3所农村学校、支持城区13所学校扩班，新增义务教育学位7500个。重点推进城区、农村学校校舍安全隐患排查，升级区职业中专、区二中食堂和学生公寓等配套设施。三是科技文体事业加快发展。加大对企业创新支持力度，落实科技创新平台、高新技术企业奖补；扶持乡村"休闲旅游"、开展"望见美好 城就未来"望城中秋国庆文旅等活动，推动消费从疫后恢复转向持续扩大；投资重点民生实事工程室外运动场建设20处，建成全民健身工程设施93处。四是城市建设品质持续攀升。开展拆违控违、自建房和燃气安全整治工作，实施"百街千巷""典范街区""老旧小区改造"等项目建设。支持开展防范化解重大生态环境风险隐患"利剑"行动，加强空气质量监测，铺排截污治污、内涝整治项目21个，城市基础治理工作成效明显。五是乡村振兴战略扎实推进。持续提高对巩固拓展脱贫攻坚成果与乡村振兴有效衔接的支持力度。支持美丽宜居村庄示范片区建设、湘江两岸堤防整治。培育规模化种粮大户，发放农业补贴资金8140万元。率先在全省开展以"优先股"入股国有企业培育发展村集体经济的试点，激励村级集体经济发展。支持全区粮食生产，推动高标准农田建设，恢复耕地6278亩。

三、深化预算改革，助推高质量发展

一是零基预算改革全面深化。坚持以"零"为基点编制预算，以区委区政府工作部署为指引，以实际支出需求为导向，立足全局性、系统性，深入谋划年度目标任务，取消所有项目支出基数，经常性项目、延续性项目的上年预算安排情况不作为当年预算安排的依据，仅作为当年预算的参考，科学做好财政预算管理。二是财政统筹能力持续提升。深入推进预算管理制度改革，实现预算管理全过程深度融合。加快预算执行进度，加强预算刚性约束。统筹预算资金，将有限的财政资金集中保障重点支出和重大项目。三是债务风险整体可控。强化政府投资项目资金来源评估论证，从源头控制新增政府性债务。按照"一债一策"落实债务化解计划，严防债务逾期。制订债务防范化解总体方案，逐步消化存量债务，严格控制债务增量。全年基本实现防风险与稳增长动态平衡，债务风险整体可控。四是绩效管理纵深推进。扎实开展"绩效管理提升年"活动，年内选取22个重点项目、5个部门整体支出开展绩效评价，涉及财政资金15.3亿元。实行绩效目标管理全覆盖，做实绩效运行监控、推进绩效评价向PPP项目、政府购买服务等领域拓展，着力构建全方位、全过程、全覆盖的预算绩效管理格局。

四、优化财政管理，提升治理效能

一是财政评审质效加速提升。成立攻坚克难工作专班，主动服务"一江两岸"等多个项目，顺利完成湘江西岸堤防提标改造、潇湘北路快速化改造、大泽湖片区开发等多个重点工程预结算评审。全年完成政府投资项目评审857个，审定金额57.02亿元。二是节约型财政保障机制建立健全。不折不扣落实过"紧日子"要求，厉行节约办一切事业，坚持从严预算编制，精准保障重点支出，严控一般性支出，大力控制非刚性支出进度。三是非税收入电子票据全面覆盖。全面实施非税电子缴款书改革，逐步建立"全程办事无纸化、缴费渠道多元化、业务要求标准化和数据处理及时化"的非税收缴管理体系，助力优化营商环境。全年上线110家单位，开具非税电子缴款书16.2万笔，资金11.2亿元。四是政府采购政策功能不断强化。督促落实政府采购加大绿色采购、促进中小企业发展、支持乡村振兴等政府采购政策要求，全年面向中小企业采购4.3亿元，环保节能产品占比98%，引导公用支出购买脱贫地区农副产品461万元。

（湖南省长沙市望城区财政局供稿　黄杨英子执笔）

长沙县

2023年，长沙县实现地区生产总值（GDP）2129.52亿元，同比增长（以下简称增长）4.7%。其中，第一产业增加值95.34亿元，增长3.7%；第二产业增加值1035.34亿元，增长4.4%；第三产业增加值998.84亿元，增长5.0%。全社会固定资产投资（不含农户）总额增长5.3%。全县居民人均可支配收入55474元，增长4.2%。

2023年，全县完成一般公共预算地方收入137.54亿元，增长4.39%。其中，税收收入100.06亿元，同比下降（以下简称下降）1.06%；非税收入45.41亿元，增长17.52%，上级补助69.53亿元，一般债务收入8.4亿元，动用预算稳定调节基金0元，调入资金18.14亿元，上年结转7.52亿元，收入合计241.14亿元。全县一般公共预算196.47亿元，加上上解支出27.64亿元，一般债务还本5.53亿元，补充预算稳定调节基金0元，调出资金0元，结转下年11.5亿元，支出合计229.17亿元。

2023年，全县完成政府性基金预算收入153.15亿元，下降4.16%。全县政府性基金预算支出213.57亿元，调出资金（调入一般公共预算）12亿元，下降0.24%。

2023年，全县完成国有资本经营预算收入5374万元，增长437.4%。全县国有资本经营预算支出1427万元，调出资金（调入一般公共预算）2837万元，增长99.3%。

2023年，全县完成社会保险基金预算收入10.05亿元，下降11.06%。全县社会保险基金预算支出9.81亿元，全年收支结余0.24亿元，累计滚存结余12.07亿元，下降4.74%。

一、财源建设持续推进

一是召开财源大会，科学分解目标。摸清全县18个镇（街）基础税源企业清册，科学测算各征收单位的收入目标，细化量化目标任务。强化制度保障，夯实工作基础。出台《深入实施财源建设工程全力支持打好发展"六仗"工作方案》《长沙县 长沙经开区税费精诚共治2023年工作要点》等系列文件。二是强化税费共治，助力堵漏挖潜。通过走访调研，成立长沙县税费精诚共治专项工作组，依据税费精诚共治2023年工作要点，推动涉税涉费数据共享共用共赢，强化税费征管挖潜堵漏。同长沙县税务局配合，依据招投标"评定分离"规则，开展25次财税审查，涉及工程款约15.33亿元。梳理"沉睡"资金6990万元缴入国库，盘活城区泊车位、国有水库等特许经营项目，让渡未来收益融资达18.58亿元。三是考核激励并重，提升财源意识。制定行政事业单位国有资产使用管理规定和资产处置制度，建立非税收入周通报、月调度等促收工作机制。长沙县财政局入选湖南省唯一"财政部指定的非税收入管理工作基层联络点"。

二、财政管理提质增效

一是预算管理纵深推进。常态化过"紧日子"，出台过"紧日子"文件，强力推进"零基预算"，全面清理一县三区惠企政策，充分评估政策的必要性和合理性。强化预算执行刚性约束，优先保付息、保"三保"、保重点。严格编外人员经费管理，根据核定的员额、薪酬标准保障经费。二是财会监督全面铺开。强化"纪巡财审"联动，聚焦减税降费、基层"三保"、财政收支等问题，对部门单位开展专项检查，督促问题整改。建立长沙县财会监督人才库，实行动态更新和阶梯管理，奠定财会监督人才基础。三是绩效评价不断深入。深入开展"绩效管理提升年"行动，制定实施方案及《长沙县财政局重点绩效评价项目选定办法（试行）》等系列政策文件，完善预算绩效管理制度体系。将评价结果与预算安排挂钩，对2022年评价结果低于80分的3个非专项债项目调减2023年预算1600万元，促进预算与绩效深度融合，提高资金使用效益。四是投资评审取得实绩。2023年完成项目预、结算评审金额150亿元，财务评审超10亿元，年度跟踪评审保持在100亿元规模以上。五是采购管理有效规范。出台多份文件，从预算编制和采购环节等方面对政府购买服务项目提出要求；推进全过程管理，严禁各单位将人员数量、人员工资及福利待遇纳入项目需求及合同中；强化预算约束，新增政府购买服务项目合同金额压缩20%以上。六是乡财管理持续完善。开展"三湘护农"专项检查，推动各镇（街）落实主体责任，压实农村集体经济组织自治责任，完善农村集体"三资"监管体系。组织举办"长沙县2023年镇（街）财政财务管理业务培训暨赛账比赛"。制定下发《长沙县财政局关于开展2023年度乡镇财政管理工作绩效评价的通知》，对18个镇（街）财政所进行考核评比，经省市评选，果园镇、安沙镇分别成功入选省级"标兵财政所"和"先进财政所"。

三、地方债务合理化解

一是强化统筹调度。制定长沙县重点任务分解表，明确责任。县化债办制作2024年还债日历、编印《地方债务管理资料汇编》，完善一揽子化债方案，严格执行"年计划、月监测、双监管、促平衡"要求。二是树牢底线思维。组织相关单位、国企、平台公司认真学习习近平总书记关于防范化解地方债务风险的重要论述，组织学习金融支持融资平台化债十条措施。三是积极争资争项。积极争取上级支持，围绕增发国债、超长期国债、中央预算内资金、专项债、重大城市、新PPP等七大项目向上争资。国企调整经营性债务结构，合理接续存量债务，优化债务结构，在新增的借款中努力降低成本。规范专项债"借用管还"全生命周期管理，推动项目加快建设。

四、财政改革纵深推进

一是持续激发国企内生动力。巩固国企改革三年行动成果，制定《2023年长沙县国企改革工作要点》，统筹全年改革任务；完成星城控股集团二级重组，县管国企主责主业基本成型；出台《长沙县深化国企市场化改革实施方案》，开启国企改革新一轮提升行动；主动开展县管国企对标一流企业价值创造行动、国企治理示范企业创建活动，完善国企内控制度和合规建设，进一步增强国企竞争力、控制力、影响力和抗风险能力。二是推动政府采购提质增效。政府采购活动全流程电子化，开标过程缩至30分钟以内；实行投标保证金"零收取"，全年为企业减少投标保证金成本约1.27亿元、履约保证金成本约2亿元；搭建政府采购合同线上融资平台，全年34家供应商的41个政府采购合同向5家金融机构申请合同融资，融资金额1.72亿元，已发放贷款0.93亿元，有效缓解中小企业融资难、融资贵的问题。三是深化财政"放管服"改革。全面推进非税收入收缴电子化改革，成功开具非税收入电子缴款书。升级财政评审管理系统，线上出具评审报告，项目评审时间平均缩短5天，实现"让数据跑腿"；全年累计完成1327个财政性基本建设项目预（结）算评审，送审金额153.09亿元，核减金额11.14亿元，核减率7.28%。

五、民生福祉持续增进

一是着力办好民生实事。全县民生支出占比稳定在80%以上，民生重点领域支出得到有力保障。着力稳就业，投入各类培训资金1935.5万元，提高劳动者就业能力，新增城镇就业1.9万人。支持教育高质量发展，全年投入教育经费39.11亿元，新改扩建学校9所，新增公办义务教育学位12800个、公办幼儿园学位1500余个；推进普特融合教育发展，县级财政安排300万元用于安沙唐田普特融合学校改扩建，积极筹措资金支持特殊教育资源教室建设。投入4.21亿元支持全县医疗事业发展。连续17年获评中国最具幸福感城市（县级）。二是全力支持乡村振兴。全方位夯实全县粮食安全根基，全年共落实粮食生产相关专项资金约2亿元，投资超1亿元建设高标准粮食生产万亩示范片。稳步推进国家级田园综合体改革试点项目，加速形成可推广、可复制的"田园综合体+乡村振兴"的"春华模式"。三是深度规范惠农补贴。成立"三湘护农"惠农补贴资金驻场检查专班，在相关镇、村通过查阅资料、系统比对、入户走访调查、召开组长会等方式进行"解剖麻雀式"检查，及时发现问题，全部立行立改。开展惠农补贴大数据比对疑点数据整改核实工作，确保涉农资金使用廉洁、安全、高效。

（湖南省长沙市长沙县财政局供稿　宋晓星执笔）

浏阳市

2023年，浏阳市实现地区生产总值（GDP）1735.7亿元，同比增长（以下简称增长）5%。其中，第一产业增加值136.4亿元，增长3.9%；第二产业增加值799亿元，增长4.9%；第三产业增加值800.3亿元，增长5.3%。全市居民人均可支配收入54662元，增长4.3%。其中，城镇居民人均可支配收入61113元，增长3.1%；农村居民人均可支配收入45968元，增长5.9%。

2023年，全市完成一般公共预算地方收入105.78亿元，增长4.58%。其中，税收收入72.14亿元，同比下降（以下简称下降）5.59%；非税收入33.64亿元，增长36.01%，省级补助53.23亿元，一般债务收入9.61亿元，调入资金44.4亿元，上年结转1.72亿元，收入合计214.74亿元。全市一般公共预算支出179.51亿元，加上上解上级18.87亿元，一般债务还本7.38亿元，补充预算稳定调节基金2.77亿元，支出合计208.53亿元，结转下年6.21亿元。

2023年，全市完成政府性基金预算收入145.67亿元，增长14.3%，省级补助6300万元，专项债务转贷收入25.49亿元,上年结余6.83亿元,收入合计178.62亿元。全市政府性基金预算支出133.76亿元,下降3.52%,加上上解上级200万元,调出资金(调入一般公共预算)39.4亿元,专项债务还本5.27亿元,支出合计178.45亿元,年终结余1700万元。

2023年,全市完成国有资本经营预算收入2100万元,增长5%。全市国有资本经营预算支出100万元,调出资金(调入一般公共预算)200万元。

2023年,全市完成社会保险基金预算收入18.97亿元,下降6.3%。全市社会保险基金预算支出17.83亿元,下降12.66%,全年收支结余1.14亿元,累计滚存结余13.18亿元。

2023年,浏阳市财政局勇毅直面"紧日子、紧平衡、紧约束"下的压力和挑战,聚焦稳增长、强保障、防风险等财政中心工作破难题、求突破,全年完成地方一般公共预算收入105.78亿元,增长4.58%;完成一般公共预算支出179.51亿元,增长3.13%,其中民生支出135.81亿元,占比75.66%。

一、坚持政治引领,队伍建设坚强有力

一是强化思想武装。深入开展学习贯彻习近平新时代中国特色社会主义思想主题教育,强化局党组、党支部、党员分类指导。发放辅导读本768册,组织集中学习18次,专题研讨12次,学习成效显著提升,"四个意识"稳固树立。严格落实"一月一课一片一实践"和"人人讲党课",创新融入"财政5分钟"学习计划,确保政治理论学透、微小党课讲实、财政政策把准。开展"三再三找"学习提升系列活动,聚焦财源建设、风险防控、财政管理主题,拓展思路,专题攻破。开展"财政新课堂"40期,干部职工参与率在95%以上,以常态长效"充电蓄力"引导干部勤学善思、常学常进。二是增强行动自觉。以"走找想促"活动为契机,动员党员干部"行走浏阳",通过走访人大代表、深入基层调研等方式发现问题39项,整改销号38项,1项整改正逐步推进。组建调研专班,凝聚财政合力,思破题之策,解发展之难,形成调研报告12篇。党员积极承诺践诺,参与助力春耕秋收、文明创建等实践活动560余人次。组织财政干部下沉基层抓收促收,在攻坚一线锻造一支知重负重、知难克难的财政队伍。三是锻造过硬作风。常态开展党纪法规学习、廉政知识测试等活动,守廉倡廉氛围日益浓厚。坚持"周督查、月通报、季考核"机制,关键节点发送廉洁短信、开展警示教育,不断打好廉政"预防针",增强拒腐"免疫力"。细化公务员平时考核细则,强化考核结果运用,入选市委组织部平时考核工作联系点。下大力气储备人才,新任干部14人,轮岗锻炼21人次,干事创业活力竞相迸发。

二、坚持量质齐升,收入组织攻坚有成

一是企业帮扶优存量。以七个收入攻坚组为抓手,分区域开展收入攻坚专项行动。建立纳税20万元以上骨干税源台账,对降幅超过20%的联合属地单位上门走访帮扶。财信担保纳入政府性融资担保名录,全年为118家企业提供担保资金支持。全年骨干税源企业入库地方税收53.92亿元,增长31.03%。二是精诚共治挖潜量。组建十大行业行动组,深入推进税费精诚共治,对照房地产、建筑、花炮等重点行业税收管理要点,用好商品房预售证、建筑施工许可证、危爆物品准运证等涉税信息,开展疑点核查稽查,确保不漏征不漏缴。全年重点行业税费精诚共治专项行动累计治理涉税单位1012户,入库税收3.94亿元。

三、坚持"三保"优先,支出保障稳健有序

一是保持紧的基调。坚持无预算不支出,有预算也要紧支出。建立库款分级保障和动态预警机制,实行"三保"清单保障和财政支出限额管理,全年安排"三保"支出98.3亿元,"三保"底线兜牢兜实,重要支出有力保障,干部待遇有序发放。二是落实严的举措。政府投资项目立项前一律实行资金来源审核,启动公开招投标前一律实行资金到位情况审查,资金到位低于80%的一律不得启动项目招投标。对编外人员实行"台账式"管理,未登记在册人员不得发放薪酬、缴纳社保,并由用人单位清退。三是提升统的质效。加强资金统筹整合,在政策允许范围内,对上级下达的未明确到具体项目的专项转移支付资金,均由财政统筹使用。对结余资金和连续两年未用完的结转资金一律由财政收回统筹使用。

四、坚持疏堵结合,债务风险防控有效

一是严格控制债务增量。执行重大政府投资项目资金来源评估和提级审核制度,对财政承受能力进行评估,严格控制债务规模,坚决防止新增隐性债务。二是稳妥化解存量债务。坚持习惯过"紧日子",积极盘活国有资金资产资源,多渠道筹集资金,按照"一债一策",真实化解隐性债务,落实法定债务到期偿还责任。健全债务监测机制,开展风险评估预警。三是管好用好政府债务。围绕重点领域、重点方向、重点项目,加强政府专项债券项目储备发行,成功发行专项债券项目9个,涉及地方政府专项债资金20.22亿元,加快专项债券使用进度,加强全生命周期管理。

五、坚持创新驱动,财政管理积极有为

一是推进信息化建设。推广实施电子非税收入一般缴款书,建立全程无纸化和业务标准化的非税收入收缴管理体系。在机关事业单位推广税费电子托收、数字人民币工资代发,极大提升工作质效。全面实施预算单位实有资金账户电子对账系统,确保资金管理动态、精准、高效。持续推进"全国内控信息化试点"平台建设,构建内控管理综合平台。二是完善制度化管理。会同制定《规范政府性投资建设项目监管的暂行规定》,明确投资建设程序,规范资金拨付要求。制定《浏阳市基本建设项目竣工财务决算审核批复操作规程(试行)》,填补竣工财务决算管理空白。制定《关于优化评审流程的工作措施》，试点中介复审改革，全年财政评审节约财政资金达 2.87 亿元。三是实施常态化监管。定期开展季度第三方对账、年度财政业务交叉检查。针对基层"三保"问题整治等九项重点领域开展专项整治，深入开展惠农补贴资金专项检查、乡村振兴领域财政资金监管专项行动，并督促问题整改，有序推进衔接资金、政府采购、农业保险、政府专项债券等领域监督检查，以检查促整改、以整改促提升。四是加速纵深化改革。在试点全面铺开的基础上，选取 6 个乡镇进行整体支出绩效评价，结合乡镇财政考核指标，探索建立乡镇（街道）整体支出评价体系。探索政府采购需求管理改革，严控采购活动源头，提升采购资金效益。大力推进阳光审批系统改革，确保惠民惠农补贴资金精准高效发放。

（湖南省长沙市浏阳市财政局供稿　赵倩执笔）

宁乡市

2023 年，宁乡市实现地区生产总值（GDP）1269.88 亿元，同比增长（以下简称增长）4.7%。其中，第一产业增加值 139.93 亿元，增长 3.7%；第二产业增加值 536.51 亿元，增长 5.2%；第三产业增加值 593.44 亿元，增长 4.4%。全社会固定资产投资同比下降（以下简称下降）19.8%。全市居民人均可支配收入 48822 元，增长 4.7%。其中，城镇居民人均可支配收入 57041 元，增长 3.2%，农村居民人均可支配收入 39383 元，增长 6.0%。

2023 年，全市完成一般公共预算地方收入 83.36 亿元，增长 5.42%。其中，税收收入 54.85 亿元，下降 8.19%；非税收入 28.51 亿元，增长 47.48%，上级补助收入 45.23 亿元，债务转贷收入 6.35 亿元，政府性基金等调入资金 27.02 亿元，上年结余 7.28 亿元，收入合计 169.24 亿元。全市一般公共预算支出 135.74 亿元，加上上解中央 15.15 亿元，一般债务还本 5.22 亿元，支出合计 156.11 亿元。结转下年支出 13.13 亿元。

2023 年，全市完成政府性基金预算收入 154.27 亿元，增长 6.43%。全市政府性基金预算支出 152.98 亿元，调出资金（调入一般公共预算）19.27 亿元，下降 4.29%。

2023 年，全市完成国有资本经营预算收入 1505 万元，下降 4.63%。全市国有资本经营预算支出 1078 万元，调出资金（调入一般公共预算）452 万元，下降 4.52%。

2023 年，全市完成社会保险基金预算收入 18.17 亿元，下降 6.87%。全市社会保险基金预算支出 16.53 亿元，全年收支结余 1.64 亿元，累计滚存结余 18.05 亿元，增长 5.62%。

一、财政政策加力提效，经济持续恢复向好

聚焦"工业强市、幸福宁乡"发展定位和"建设省会副中心、挺进全国前十强"发展目标，精准发力，培源促收，完成地方一般公共预算收入 83.86 亿元，增长 6.06%。一是落实税费优惠政策。不折不扣落实国家出台的减税降费、留抵退税、先进制造业加计抵减等税费优惠政策，全年新增减税降费、留抵退税 13.7 亿元，有效助力全市经济高质量发展。二是服务实体经济壮大。按照积极的财政政策要加力提效的要求，协同出台促进消费、促进房地产健康发展等政策，市本级财政统筹资金 8500 万元精准扶持工业企业科技创新转型升级，指导企业争取上级项目资金 2.26 亿元。三是支持普惠金融发展。成功入选 2023 年中央财政支持普惠金融发展示范区，出台《宁乡市普惠金融发展专项资金管理办法（试行）》，助力降低企业融资成本、提高企业融资效率。

二、全面落实惠民政策，民生福祉更加殷实

坚持在发展中保障和改善民生，民生支出占一般公共预算支出比重达到 78.6%，各项民生政策全面落实。一是落实就业优先政策。统筹安排资金 6895 万元，落实重点群体初创企业一次性创业补贴、创业担保贷款及贴息、职业培训补贴等稳就业保就业政策。二是促进教育事业发展。全年教育支出 27.46 亿元，支持落实义务教育"两免一补"、乡村教师人才津贴、城区学校建设、公办幼儿园建设、乡镇标准化寄宿制学校建设、学校标准化建设等，推动教育事业高质量发展。三是完善社会保障体系。统筹安排资金 18.38 亿元，突出普惠性、基础性、兜底性民生保障，足额发放困难群众生活救助、高龄津贴、残疾人两项补贴、优待抚恤等民生政策资金，基本公卫、居民养保医保、优待抚恤等财政补助标准不同程度提高。四是强化医疗卫生保障。统筹安排资金 3.86 亿元，支持国家卫生市创建、全国基层中医药工作示范县创建、疫情防控"新十条"落实、基层医疗机构规范化建设、健康民生项目实施等，医疗保障能力显著提高。五是足额发放惠农资金。通过惠农补贴"一卡通"系统发放耕地地力保护补贴、粮食生产补贴等补贴项目 83 个、353 批次，为 196 万户（次）农户发放惠农补贴资金 8.2 亿元。

三、坚持统筹协调发展，城乡面貌显著改善

牢固树立城乡统筹、一体推进的理念，推动城乡融合协同共进。一是支持乡村振兴。统筹安排巩固脱贫攻坚成果同乡村振兴有效衔接资金1.28亿元，支持乡村振兴产业发展扶持、龙山和古丈对口帮扶、美丽宜居村庄建设、农村人居环境卫生公共服务改革等，乡村振兴加速推进。二是支持城市提质。统筹安排资金2.19亿元，支持老旧小区改造、小区品质提升、保障性租赁住房建设、背街小巷提质改造、社区公园建设、垃圾无害化处理等，人居环境不断改善。三是支持交通建设。统筹安排资金3.78亿元，支持"四好农村路"全国示范县创建、新建和提质农村公路、农村公路安防及养护等，全市交通网络更通达、群众出行更便捷。

四、防范化解各类风险，财政运行稳健有序

坚持底线思维，提升财政管理水平，增强抵御各类风险的能力。一是强化政府债务管理。制定防范化解债务风险"1+N"一揽子方案，扎实推进PPP项目清理整治，逐家银行协商降低平台公司贷款投放成本，完成年度隐性债务化解任务，牢牢守住了债务风险防控底线。二是强化资金支出管理。牢固树立长期过"紧日子"思想，持续压减低效、无效、非必要支出，"三公"经费下降10%以上。坚持"三保"在预算安排、资金支付中的优先顺序，全年"三保"支出72.52亿元，切实兜牢"三保"底线。三是强化预算执行管理。推动出台《关于进一步加强财政预算管理的通知》，强化财政预算约束、财政资金统筹、预算支出管理、预算绩效管理，有效防范财政运行风险。

五、持续规范财政管理，治理效能不断提升

更加注重改革发展增动力。一是深化国有"三资"盘活。扎实推进国有"三资"清查处置与管理改革，围绕"六类资源、五类资产、两类资金"，创新"三资"盘活方式路径，超额完成全年目标。二是提升财会监督水平。落实中央、省、市关于进一步加强财会监督工作的要求，协同开展"三湘护农"专项行动，开展代理记账行业违法违规行为专项整治，加强政府采购监督，指导预算单位规范预决算公开，不断提升财会监督工作质效。三是加强财政审核把关。全年办理集中支付业务16.9万笔，支付金额187.27亿元；监管政府采购项目575个，节约资金2.7亿元；财政预结算评审项目486个，审减金额2.82亿元。四是深化便民服务。全面上线宁乡市电子非税收入一般缴款书系统，利用微信、支付宝等移动支付方式推进便民服务，提升政务服务质量。

（湖南省长沙市宁乡市财政局供稿　喻林执笔）

株洲市

2023年，株洲市实现地区生产总值（GDP）3667.9亿元，同比增长（以下简称增长）5.2%。其中，第一产业增加值276.2亿元，增长3.5%；第二产业增加值1613.9亿元，增长5%；第三产业增加值1777.8亿元，增长5.6%。全年固定资产投资同比下降（以下简称下降）5.9%。全年城乡居民人均可支配收入47123元，增长4.9%。其中，城镇居民人均可支配收入57056元，增长4%；农村居民人均可支配收入29073元，增长6.6%。

2023年，全市完成一般公共预算地方收入192.32亿元，增长0.76%。其中，税收收入138.57亿元，增长1.77%；非税收入53.75亿元，下降1.77%。加上中央补助219.07亿元，一般债务转贷收入44.65亿元，动用预算稳定调节基金44.83亿元，调入资金201.51亿元，上年结转44.32亿元，收入合计746.7亿元。全市一般公共预算支出592.43亿元，加上上解中央20.99亿元，一般债务还本34.96亿元，补充预算稳定调节基金45.73亿元，调出资金2.52亿元，结转下年50.07亿元，支出合计746.7亿元。市本级完成一般公共预算收入52.94亿元，增长0.7%。其中，税收收入29.87亿元，增长5.63%；非税收入23.07亿元，下降5.04%。加上中央补助95.89亿元，下级上解收入43.78亿元，一般债务转贷收入21.34亿元，动用预算稳定调节基金10.78亿元，调入资金134.16亿元，上年结转11.39亿元，收入合计370.28亿元。市本级一般公共预算支出246.97亿元，加上上解中央15.51亿元，补助下级支出72.35亿元，一般债务还本7.31亿元，补充预算稳定调节基金3.86亿元，债务转贷支出10.92亿元，结转下年13.36亿元，支出合计370.28亿元。

2023年，全市完成政府性基金预算收入199.67亿元，下降33.18%。全市政府性基金预算支出252.8亿元，调出资金（调入一般公共预算）42.64亿元，下降56.21%。市本级完成政府性基金预算收入103.9亿元，下

降 22.37%。市本级政府性基金预算支出 94.68 亿元，调出资金（调入一般公共预算）21.32 亿元，下降 63.86%。

2023 年，全市完成国有资本经营预算收入 135.59 亿元。全市国有资本经营预算支出 4.41 亿元，调出资金（调入一般公共预算）130.56 亿元。市本级完成国有资本经营预算收入 109.42 亿元，上级补助收入 0.11 亿元。市本级国有资本经营预算支出 0.1 亿元，调出资金（调入一般公共预算）109.43 亿元。

2023 年，全市完成社会保险基金预算收入 108.79 亿元，下降 1.88%。全市社会保险基金预算支出 100.05 亿元，全年收支结余 8.74 亿元，累计滚存结余 122.15 亿元，下降 4.33%。市本级完成社会保险基金预算收入 71.79 亿元，下降 8.53%。市本级社会保险基金预算支出 68.73 亿元，全年收支结余 3.06 亿元，累计滚存结余 87.15 亿元，下降 9.35%。

一、抓收入、拓财源，财税收入实现总体平稳

面对复杂严峻的收入形势，市财政部门抓实财源建设和收入组织，加强协调会商，指导督促每个县市区因地制宜抓增收，实现全年财税收入平稳增长。

一是财税收入实现质的有效提升和量的合理增长。纵深推进"三高四新"财源建设工程，强化骨干税源培育，落实中央退税减税政策，累计办理减税降费达 36 亿元，其中办理留抵退税 18.13 亿元。强化激励约束，坚持勤征细管，聚焦重点领域开展税费共治，实现挖潜增收 11.6 亿元。株洲市地方税收占比达 72.05%，较上年提升 0.71 个百分点，收入质量连续两年排名全省第一。市财源建设工作再次获评省政府真抓实干督查激励表彰，连续两年获此殊荣。二是国有"三资"盘活取得明显成效。制定"1+N"的工作清查方案，建立起定期调度督导机制，推进资源有效整合、资产有效盘活、资金有效统筹。全市盘活"三资"形成入库收入 156.92 亿元（省核定数）。株洲市依托"智慧株洲"城市大数据资源打造全省首家"资产超市"和石峰区通过盘活闲置校区资产提升基层消防应急能力的做法作为典型案例在全省推介。市本级和天元区、芦淞区、醴陵市、石峰区被评为 2023 年度全省清查处置盘活国有"三资"工作先进单位。三是向上争资工作成效显著。全市争取到上级财政性资金 382.25 亿元，创下历史新高，增长 26.1%。其中，争取上级转移支付资金 216.93 亿元，首次突破 200 亿元，增长 12.25%。一批中央投资重大项目相继落户株洲，国土绿化试点示范项目获上级补助资金 2.18 亿元，是建市以来争取到的中央资金支持最大的单体投资林业项目；争取到中央农村综合改革试点项目，获补助资金 1.5 亿元；争取到中央污水处理和水环境治理项目，获上级补助资金 1.25 亿元。

二、抓统筹、保平衡，重点支出得到有力保障

坚持有保有压，出台过"紧日子"18 条措施，进一步规范预算、决算管理，大力压减一般性支出，持续优化支出结构，把有限的财力用在"刀刃"上。

一是服务保障好市委、市政府重大决策部署及重大项目推进。市本级统筹安排资金 12.9 亿元，全力支持"三个高地"建设，其中安排惠企资金 8.39 亿元，支持企业发展壮大。兑现企业研发财政奖补政策，全市科技支出占比居全省第一。兑现招商引资政策，支持全市重点项目的招引落户。统筹资金保障航博会、轨博会、旅发大会和第二届北斗规模应用国际峰会等重大活动的成功举办。二是重点保障好民生领域的支出需求。全市民生支出 497.95 亿元，增长 14.4%，占全市支出比重为 84.1%，较上年同期提升 3.6 个百分点，其中住房保障、交通运输、农林水、社会保障和就业、教育等重点民生支出都实现明显增长。坚持"三保"支出优先顺序，将"三保"支出监测工作纳入一体化系统管理，并对各县市区进行全面摸底排查，全年未出现"三保"资金断链的情况。

三、建机制、降成本，守住政府债务风险底线

守住到期债务不"爆雷"、债务风险等级不"翻红"的底线，确保全市债务风险平稳可控，获评全省打好防范化解风险阻击仗表现优异单位。

一是全力以赴抓落实。严格落实"631"风险预警制度，建立常态化系统监测台账，实时监测债务率和债务风险等级变化。修订完善债务化解攻坚战考核制度，进一步压实各方化债责任。二是千方百计防风险。稳妥编制化债工作方案，通过盘活"三资"、向上争资、压减支出等，多方筹集资金化债，超额完成十年化债序时进度任务，全域未出现一起债务违约风险事件。三是多措并举降成本。严控新增高息融资和非标融资，加快企业使用低息长期资金置换存量高息债务；持续加强"政金企"合作对接，发挥融资增信、担保等政信资源作用，持续优化融资结构，降低债务融资成本，全市综合融资成本较 2020 年下降 2.42 个百分点。

四、强监管、促规范，财政治理效能得到有效提升

深入落实"绩效管理提升年"行动要求，紧扣"降本增效"工作主线，全面提升财政政策效能、资金分配使用效益，确保有限的财政资金用到"刀刃"上。

一是规范预算支出管理。以"零基预算"为导向，推行大事要事保障机制改革、财政支出标准化改革和非税收支预算改革。出台进一步规范财政预算支出管理的制度文件，强化预算的刚性约束。推进预算管理一体化建设，切实规范业务管理，提升数据质量，株洲市被评为 2023 年度全省预算管理一体化建设先进市州一等奖。在全省率先实施政府采购限额管理，持续修订完善政府采购管理制度，规范政府采购行为，市本级全额预算单位采购规模下降 21.62%。二是加强预算绩效管理。继续执行财政评价项目"指定评价和'双随机'相结合"遴选机制，认真落实"四评"工作机制，强化绩效结果运用，调减预算金额 5045.7 万元。发挥财政评审作用。坚持"关口前移、源头介入、标准控制"，制定《株洲市市本级财政投资评审管理办法》，不断拓宽评审范围，完善财政投资评审支出标准体系，持续降低政

府投资成本。2023年全年送审项目425个，审减金额7.39亿元，审减率13.46%。三是坚持依法理财。完善财政规章制度，市财政局被评为全省法治工作先进集体。加强财会监督，深入开展地方整顿财经纪律九大专项行动及惠农补贴资金等专项检查，在配合做好"三湘护农"专项行动中，株洲市作为唯一的地级市获得全省先进。

（湖南省株洲市财政局供稿　贺陈森执笔）

荷塘区

2023年，荷塘区实现地区生产总值（GDP）285.2亿元，同比增长（以下简称增长）3.7%。其中，第一产业增加值5.3亿元，增长3.4%；第二产业增加值132.2亿元，增长1.5%；第三产业增加值147.7亿元，增长6.2%。全区居民人均可支配收入60314元，增长4.1%，其中城镇居民人均可支配收入60314元，增长4.1%。

2023年，全区完成一般公共预算地方收入3.94亿元，同比下降（以下简称下降）0.91%。其中，税收收入3.30亿元，下降0.09%；非税收入0.64亿元，下降4.93%。上级补助收入12.71亿元；一般债务转贷收入3.55亿元；调入资金10.09亿元；上年结转2.69亿元；收入合计32.98亿元。全区一般公共预算支出25.82亿元，加上上解上级支出1.91亿元，一般债务还本1.87亿元，结转下年3.38亿元，支出合计32.98亿元。

2023年，全区完成政府性基金预算上级补助收入5.4亿元，上年结余0.38亿元，调入资金0.56亿元，债务转贷收入7.71亿元，收入合计14.05亿元。

2023年，全区政府性基金预算支出13.15亿元，上解上级支出65万元，债务还本支出0.05亿元，调出资金（调入一般公共预算）0.56亿元，年终结余0.28亿元，支出合计14.05亿元。

2023年，全区完成国有资本经营预算收入3.11亿元，增长1106.39%。全区国有资本经营预算支出0.11亿元，调出资金（调入一般公共预算）3.04亿元，下降0.38%。

2023年，全区完成社会保险基金预算收入1.44亿元，增长12.5%。全区社会保险基金预算支出1.4亿元，全年收支结余0.04亿元，累计滚存结余1.46亿元，下降5.81%。

一、扎实推进稳经济促发展工作

荷塘区面对经济下行的严峻形势，发挥财政资金"四两拨千斤"作用，切实为企业排忧解难，确保"两城"（材料科技城、现代物流城）项目快速建设。

一是全面落实减税降费政策。积极发挥财政资金引导作用，全面落实减税降费政策，推动企业复工复产，支持企业技术改造，解决融资困难问题，促进企业做大做强。同时，加大招商引资力度，有效盘活"三资"潜力，打造优良的营商环境。二是全力抓好争资引项。紧抓中央、省、市"稳住经济大盘"的契机和政策机遇，大力争取专项债券资金，为经济社会发展提供基础性资金保障。2023年4月，荷塘区作为全国22个试点县区之一、湖南省唯一一个试点县区，成功申报全国农村综合性改革试点试验，获得中央试点资金1.5亿元，2023年到位0.75亿元。截至2023年底，全区实际争取6.09亿元，超额完成任务，全市排名第二。三是全速加快项目建设。以"三个高地"建设为抓手，贯彻落实上级部门关于降本增效的系列指示精神，坚持以"转观念"为出发点、"勇担当"为着力点、切实为"两城"建设发展保驾护航。

二、扎实推进财税收入征管工作

紧紧围绕"三高四新"战略实施财源建设工程，不断落实培育、涵养、壮大财源规模，优化财源结构、完善财源体系。

一是明确发展目标。明确财政和各部门在财源建设方面的具体工作，以"培、控、守、引"为整体思路，开展财源培植工作。走访三一智能制造、醴潭高速、汉德车桥等企业20余户，为摸清家底，进一步培植财源夯实基础。二是税费精诚共治。联动财政、税务、公安、法院及行业主管部门，建立经济案件信息通报制度、特定行业数据交换机制、辖区内建设项目立项、报建、结算数据交换机制等，确保区级税收应收尽收。跟踪车船税征管秩序整顿，对接人保财险公司，为政企互利共赢奠定基础。

三、扎实推进保障基本民生工作

在财政支出因素增多、财政收支矛盾突出情况下，进一步优化支出结构，集中有限财力保障和改善基本民生。

一是坚持过紧日子观念。在预算安排和执行顺序上，坚持把国家和省规定标准的"三保"摆在首位，兜牢保工资、保运转、保基本民生的"三保"支出底线，确保不出现"三保"保障风险。二是强化统筹，优先保障重点民生资金。坚持保障民生，优先保障重点民生资金拨付，持续加大民生投入。重点保障教育投入。全年教育支出54478万元，新增学位5000余个。启动"护眼"工程，完成5所学校教室灯光照明改造提升。顺利完成2所幼儿园民转公，全区普惠性园位占比从82%提升到92%。加大医疗卫生投入。全年卫生健康支出16871万元，29家村卫生室全面开通门诊统筹医保即时结算，并常态化开展医保报销业务。完成仙庾镇卫生院门诊大楼改造，为基层配备和更新救护车、指夹式脉搏血氧仪、制氧机、便携式肺功能仪等医疗设备。三是从严管控惠民惠农"一卡通"资金。全力保障惠民惠农补贴及时安全足额发放，做到全区惠民惠农补贴项目应纳尽纳，全部通过"一卡通"系统发放。2023年荷塘区通过"一卡通"发放惠农补贴75项，发放138393人（户）次，发放金额9057.04万元。

四、扎实推进"三资"盘活工作

一是助力资产循环利用。全面梳理行政事业性闲置资产，为供需单位搭线，盘活国有资产4项，约1826万元。第十九中学资产调剂给八达学校；仙庾镇农机站房屋调剂给永福社区办公用房；城管局固定资产、疫情防控应急隔离围挡有偿划拨至金城公司；垃圾中转站闲置房屋公开招租或用于基层公益宣传，有效"抢救"闲置资产。同时，为增强市民幸福感，充分利用辖区空隙土地，新增两座城市微公园。二是加快资产充分变现。利用地推、订制团购等多渠道宣传资产去化；金城集团、金科集团完成资产推荐视频拍摄，并与国投恒通公司签署《资产超市入驻平台协议》，进驻诸事达"资产超市"，闲置安置房源、标准厂房出售7253万元；对园区工业地块等进行公开招拍挂，实现土地盘活收益9484万元；通过转让股权、收回债权，实现盘活收益18534万元；通过行政事业资产及国有企业门面资产出租，实现盘活房屋资产租金收入790万元。三是发挥资产潜在能效。先后完成明照卫生院疾控楼房屋资产、老年俱乐部房屋资产、荷塘区政府停车楼土地资产办理权证。督促区属国有企业通过现有土地、房屋等资产抵押等方式，获得银行融资贷款7亿余元。

五、扎实推进财政资金降本增效工作

一是转变财评工作思路，全力降本增效。以"转观念"为出发点、"降成本"为落脚点，持续在思路上求变、管理上求精、措施上求实，推动项目建设效益最大化。2023年园区三一钢铁智慧城项目，通过土方内消和坚石外销，项目整体节约资金约1.5亿元，节约率近80%。创新区级项目实施"大评审委员会"工作模式，第六轮环卫市场作业招标项目，由区纪委牵头，组织财政、审计、城管等相关单位联合，全面摸底核实基础数据后，报"大评审委员会"审核并确定采购招标方式，此项目招标采取综合评分法中价格分值占比70%（最低价中标法），最终中标价较上一轮价格核减率达34.35%。2023年9月13日《湖南日报》新媒体发布《荷塘区：上半年政府采购核减4100万元》相关新闻报道。二是规范流程管理，规避业务风险。强化业务风险，制定和建立健全财政评审的标准、流程、核准程序以及对问题错误的纠正追究机制，使评审工作客观、公正、务实、高效，并达到让各方面有较高的认知和接受度。同时强化廉政风险，狠抓内部风险控制与管理，打造"阳光"、廉洁的财政评审。

六、扎实抓"债务化解"风险防控工作

一是债务风险总体可控。通过全面推进与政策性银行、国有银行为主的金融机构对接合作，严格落实"631"机制，全年新增融资40亿元，守牢隐性债务不新增、"三保"资金不断链、重大风险事件不发生的底线，债务风险总体可控。二是牢牢守住隐性债务不新增的底线。通过严把项目审批关，全面控制政府投资项目支出，坚决做到无预算、非必要不支出，从源头上守住不新增隐性债务的底线。三是调整债务结构，实现降本增效。紧紧围绕三个"转变"，即"高变低""短变长""刚变柔"，开展融资债务工作，通过建立审批监管机制、严控非标融资、全面压降高息债务、制订"一债一策"降息计划等措施，企业性债务综合成本较上年下降0.49个百分点。四是大力争取专项债券资金。全年储备专项债券项目38个，成功发行专项债券资金7.69亿元，为省、市重点项目及区级基础设施、农林水利、交通基础设施等领域发展提供资金保障。

（湖南省株洲市荷塘区财政局供稿　单婷执笔）

芦淞区

2023年，芦淞区全年实现地区生产总值（GDP）474.9亿元，按可比价计算（下同）同比增长（以下简称增长）5.4%，人均（GDP）达15.69万元。其中，第一产业增长3.9%，第二产业增长3.5%，第三产业增长

7.1%。全区三次产业结构调整为1.8∶41.8∶56.4。全区固定资产投资同比下降（以下简称下降）31.8%。

2023年，全区地方一般公共预算收入（以下简称地方收入）完成4.93亿元，为年度预算的101.67%，同口径增长21.13%。其中，地方税收完成3.85亿元，非税收入完成1.08亿元。加上上级补助收入12.9亿元，新增一般债1500万元，调入资金2.75亿元，上年结转2.05亿元，2023年区一般公共预算总收入为22.77亿元。2023年区一般公共预算支出18.9亿元，增长19.04%，完成年度预算的98.83%。加上上解支出2亿元，2023年区一般公共预算总支出20.9亿元，年终结转1.87亿元。

2023年，全区政府性基金上级补助收入1.44亿元，政府专项债券收入6600万元，上年结转1.24亿元，调入资金4.11亿元。2023年政府性基金预算总收入7.44亿元。2023年，政府性基金支出总计7.4亿元。其中，政府性基金支出6.4亿元，上解支出1亿元，年终结转395万元。

2023年，全区国有资本经营预算收入完成7100万元，完成年度预算的100%，全区国有资本经营预算支出7100万元。其中，7050万元调入一般公共预算统筹安排支出，国有资本经营预算支出50万元。

2023年，全区社会保险基金收入为1.68亿元，为年度预算的85.21%。其中，城乡居民养老保险基金收入1114万元，机关事业单位养老保险基金收入1.57亿元，上年结转7000万元。全区社会保险基金支出1.51亿元，为预算的80.62%。其中，城乡居民养老保险基金支出595万元，机关事业单位养老保险基金支出1.45亿元，结转下年支出8664万元。

一、多措并举，狠抓财源建设

成立工作专班，完善机制办法，着力培源增收，全年财源建设工作成效明显。省财源办4次宣传推荐芦淞区财源建设工作。全面启动芦淞市场群税费精诚共治工作，完成税收入库4411万元，增长246.5%。获得上级转移支付资金6.2亿元（市财政统计口径），总量河东三区最高。积极盘活闲置"三资"，完成入库收益6.42亿元，完成256%。全年市区级地方一般公共预算收入、市区级地方税收分别增长29.7%、30%，两项指标均排名全市第一。财源建设工作获评全省综合评价表现突出单位和地区、全市一季度打造"三个高地"工作竞赛评比单项冠军。清查处置盘活国有"三资"工作连续两年获评全省先进单位。

二、立足实际，强化支出保障

牢固树立过"紧日子"思想，坚持有保有压，把该保的坚决保障到位，把能压的坚决压减到位，基本民生支出、重点项目投入得到有力保障，非刚性、非重点支出受到严格控制。围绕"三保"要求，牢固树立过"紧日子"思想。完成预算支出18.9亿元，其中民生支出13.4亿元，占比71%。确保重点民生刚性支出保障到位，勉力守住"三保"底线。

三、严控成本，力促降本增效

严格落实"降成本"系列管理办法和规定，把好政府投资项目"评审关"。完成项目评审138个，审核资金2.32亿元，审定金额2.07亿元，合理审减财政资金0.25亿元，综合审减率10.78%。优化评审管理，平均审核时间提高30%。融资成本进一步降低，企业存量债务综合成本下降0.1个百分点，非标融资占比下降2.08个百分点。

四、牢守底线，持续化债攻坚

深入开展违规举债和虚假化债、PPP项目清查整治、"半拉子"工程项目清查专项行动，及时排除风险隐患。认真落实市化债"十五条"，强化债务管理，按期偿还到期债务，确保债务等级不翻红，保持在二类地区守住了不发生系统性债务风险的"底线""红线"。

五、管理加力，提升监督效能

组织开展"惠农补贴资金自查自纠专项行动"及"'驻场解剖麻雀式'惠农补贴资金重点检查"，查找问题15个，完成资金整改115.94万元。完善政府购买服务，限额以上政府采购成交金额7618.17万元，同比减少13.30%。规范"一卡通"监督管理，发放补贴项目68个，发放金额7716.54万元，惠及群众14.5万人次。监督民生类资金"互联网+监督"系统填报率达100%，让民生资金在"阳光"下运行。

六、党建引领，加强政治建设

始终把加强党的政治建设摆在首位，把学习贯彻落实习近平新时代中国特色社会主义思想和习近平总书记有关重要讲话、重要指示精神作为首要政治任务。坚定政治立场，切实增强"四个意识"，自觉做到"两个维护"，始终坚持与区委政府思想上同心、目标上同向、行动上同步。认真履行全面从严治党主体责任，切实将管党治党政治责任抓紧抓细抓实，经常性开展廉政教育、谈心谈话，做到警钟长鸣、常态长效。全年深入开展理论中心组学习12次，高质量召开主题教育专题民主生活会，深刻剖析查摆问题16个。同时以机关支部为载体，通过组织生活会、主题党日、集中学习等机会，组织开展红色教育基地参观学习等，持续增强财政干部政治思想建设。

（湖南省株洲市芦淞区财政局供稿　黄刚执笔）

石峰区

2023年,株洲市石峰区实现地区生产总值(GDP)429.2亿元,同比增长(以下简称增长)6%。其中,第一产业增加值6亿元,增长3.6%;第二产业增加值249.5亿元,增长7.5%;第三产业增加值173.7亿元,增长3.6%。全社会固定资产投资总额增长4.5%。全区居民人均可支配收入60760元,增长3.9%。

2023年,全区一般公共预算地方收入完成7.07亿元,增长23.53%。其中,税收收入5.89亿元,增长23.05%;非税收入1.18亿元,增长26.02%,地方税收占比83.37%。各项收入合计30.19亿元。其中,地方收入7.07亿元,上级补助收入14.1亿元(其中经开区社会事务支出划转1.99亿元),债务转贷收入1.86亿元,上年结转3.67亿元,调入预算稳定调节基金0.69亿元,调入资金2.8亿元。全区一般公共预算支出19.86亿元,同比下降(以下简称下降)8.99%。各项支出合计26.51亿元。其中,一般公共预算支出19.86亿元,上解上级支出3.9亿元,债务还本支出1.79亿元,安排预稳0.96亿元。年终结余3.68亿元,全部结转下年支出。

2023年,全区完成政府性基金预算收入8.12亿元。其中,上级补助收入4.06亿元,地方政府专项债务转贷收入3.71亿元,上年结转3564万元。全区政府性基金预算支出7.59亿元,年末结余5289万元,全部结转下年。

2023年,全区完成国有资本经营预算收入2.17亿元,上级补助收入20万元,全部调入一般公共预算。

2023年,全区社会保险基金收入完成1.45亿元,增长7.08%。全区社会保险基金预算支出完成1.33亿元,增长6.08%,滚存结余7068万元。

一、在"稳"中做增的文章,财政收入实现稳中有升

一是扎实培源。建立县级领导带队的企业服务机制,全年减税降费9.48亿元,助推企业全面轻装上阵。亿元以上纳税大户5家,税收超500万元企业52家,同比增加5家,税收超200万元企业105家,同比增加18家,骨干税源占税收总量比重达81.67%,为稳住全区经济大盘提供重要支撑。二是加力征管。全面推进税费精诚共治工作,通过"网格化"和"台账式"管理,纵深推进财源建设工程。全年全区地方税收均保持连续稳定增长态势,各项指标均排名全市前列,第二、第三季度分别获得株洲市打造"三个高地"工作竞赛财源建设工作冠军和亚军。同时,石峰区获评2023年度省政府真抓实干实施财源建设工程成效明显地区。三是积极争资。全年全区共收到上级补助12.5亿元,其中争取中央、省级补助8.67亿元,完成市级年度目标的159.67%,排名全市第一。四是盘活"三资"。摸清家底,制定盘活目标任务,挖掘闲置资产潜力,推进资源整合,全年实现盘活收益5.31亿元,完成市定目标的106.2%;实现入库收入3.91亿元,完成市定目标的156.4%,将"沉睡的资产"变为"增收的活水"。

二、在"进"中做优的结构,财政支出实现保障有力

一是聚焦重点,服务发展。抓住疫情放开后经济恢复的关键期,充分发挥财政资金引导作用,全力支持以轨道交通装备为主导的先进制造业发展。全年统筹安排科技创新、人才发展、招商引资等各类补助资金2.7亿元,有效支持产业发展。二是以民为本,尽力而为。持续补齐民生短板,把财政增量转化为民生质量。全年民生支出达到16.43亿元,占一般公共预算支出比重达到82.74%,其中社会保障、卫生健康、节能环保、交通运输支出增幅分别达到25.09%、87.37%、43.08%、48.7%。企业基本养老保险基本养老金实现"十九连涨",城乡居民基本养老保险基本养老金实现"八连涨",城乡居民医疗保险财政补助较2022年提高30元/人,计生家庭特别扶助标准提高150元/人/月。统筹安排资金1.03亿元,用于完善医疗卫生服务体系、健康石峰建设、保障基层医疗机构和疫情支出等卫生健康事业发展。推进教育事业优质均衡发展,教育支出较上年增加1300万元,占一般公共预算支出比例达到18.11%,高于全省平均水平。

三、在"新"中做强的管理,财政效能实现优化提升

一是强化国资监管。出台《区属国有企业重大事项监督管理办法(试行)》,对区属国有企业重大事项优化至八大类,调整投资项目、资产购置及处置、人事及薪酬管理等监管事项,理顺国资管理机制,规范国有企业决策行为。二是强化资源整合。将闲置的新明小学盘活改建成消防站,投入改造费用160万元,打通田心片区消防救援的"最后一公里",节约基建投入2000万元。挖掘国有资源有偿使用收入潜力,打造九郎山森林公园生态文旅项目,实现特许经营权有偿转让收益8.1亿元,入库1.8亿元。三是强化财会监督。建立"纪巡财审"联动监督工作机制,构建多维度、立体化的监管格局,加强区域内协同监管。严肃财经纪律,制定《石峰区突破财经纪律"红线"风险明白卡》，整理归类五十条风险提示点，让财经纪律成为"带电的高压线"。

四、在"严"中做实的举措，重大风险实现有效防控

守牢"隐性债务不新增"底线，抓好以资金来源审核为重点的项目立项审批。提前落实合规的化债资金来源或缓释措施，争取财政部降低债务风险政策支持。

一是债务风险不"爆雷"。制定"一债一策"还款措施，在偿债高峰期时，实行一个项目、一位县级领导、一位区直部门负责人和公司高管及经办人形成AB角，逐笔攻坚克难。2023年债务率按财政部和省财政厅口径分别下降16个百分点和68个百分点。二是"三保"支出不断链。坚持"三保"支出在财政支出中的优先顺序，加强"三保"运行情况日常分析与评估，不留硬缺口。全年"三保"支出共7.58亿元，其中保基本民生支出3.1亿元、保工资支出4.15亿元、保运转支出3380万元。

（湖南省株洲市石峰区财政局供稿　刘晴执笔）

天元区

2023年，天元区实现地区生产总值（GDP）568.05亿元，同比增长（以下简称增长）5.9%。其中，第一产业增加值13.47亿元，增长3.6%；第二产业增加值230.44亿元，增长5.9%；第三产业增加值324.15亿元，增长6%。全社会固定资产投资（不含农户）总额206.01亿元，增长3%。全区城乡居民人均可支配收入69297元，增长4%，其中城镇居民人均可支配收入69297元，增长4%。

2023年，全区完成一般公共预算地方收入46.29亿元，增长8.82%。其中，税收收入40.86亿元，增长10.13%；非税收入5.43亿元，同比下降（以下简称下降）0.12%，上级补助收入30.24亿元，债务转贷收入4.38亿元，动用预算稳定调节基金2.3亿元，调入资金5.75亿元，上年结余3.96亿元，收入总计92.92亿元。全区一般公共预算支出45.6亿元，上解支出33.28亿元，一般债务还本4.14亿元，安排预算稳定调节基金3.9亿元，结转下年6亿元，支出总计92.92亿元。

2023年，全区完成政府性基金预算收入（不含市级土地补助收入11.56亿元）14.73亿元，下降57.67%，上级补助收入7.72亿元，地方政府专项债务转贷收入10.86亿元，上年结余0.05亿元，调入资金0.26亿元，收入总计33.62亿元。政府性基金预算支出完成17.18亿元（不含调入一般公共预算安排的支出），调出资金（调入一般公共预算）4.52亿元，地方专项债务还本支出10.17亿元，上解支出0.01亿元，年终结余1.74亿元，支出总计33.62亿元。

2023年，全区完成国有资本经营预算收入1亿元，上年结余0.03亿元，收入总计1.03亿元，年终结余0.01亿元，支出总计1.03亿元。

2023年，全区完成社会保险基金收入1.77亿元（区级统筹部分，下同），下降0.17%。社会保险基金支出完成1.34亿元，增长8.04%。年末社会保险基金累计结余2.7亿元，增长19%。

一、重培源强征管，财政收入量质齐升

2023年，地方收入增幅高于全省水平0.5个百分点，地方税收增幅、地方税收占地方收入比重分别高于全市水平8.36个、16.22个百分点，税收占比稳居全市第一，取得疫情以来最好成绩。其中，制造业贡献地方税收11.15亿元，增长19.8%，占地方税收比重为27.28%，税收总量、增幅、占比均高于房地产行业，先进制造业成为财税增长的主"引擎"，彰显高质量发展的新底色。

一是加速产业转型夯实增收基础。2023年制造业贡献地方税收11.15亿元，增长19.8%，占地方税收比重为27.28%，税收总量、增幅、占比均高于房地产行业，先进制造业成为财税增长的主"引擎"；2023年实施留抵退税6.71亿元，落实先进制造业增值税进项加计扣除政策减税3.3亿元，不断为企业减负赋能；兑现产业奖补资金1.97亿元，为101家科技型企业提供知识价值信用贷款3.16亿元，综合运用财政、金融工具，重点支持了北京汽车集团、株洲时代新材料等企业创新、裂变、升级，加强骨干税源（年纳税500万元及以上）、专精特新企业培育，年内新增骨干税源企业18家、省级"专精特新"企业73家、国家级"小巨人"企业6家，骨干税源企业、专精特新企业税收同比分别增长20%、95.33%。二是精诚共治挖掘增收潜力。对标对表省、市税费精诚共治方案，出台了区级实施方案，在探索"税务+司法""税务+市场监管""税务+镇办"等方面进行实践，开创了部门协同、上下联动的共治新局。新安居首例不动产司法拍卖实现税收2970多万元，查补耕地占用税2762万元，清收营利性学校（培训机构）、医美、

建安等行业个人所得税1526万元，"三新之为"（打造新格局、锚定新目标、推出新举措）强化税收共治、实行中小微企业代理记账服务的"金点子"、建立外迁企业防控快速反应机制等，得到了省的认可和推介。三是盘活"三资"拓展增收空间。认真贯彻落实省、市国有"三资"清查处置与管理改革精神，制定2023-2025年区级方案，聘请第三方机构对天元区国有企业、镇（街道）、行政事业单位等资产资源开展全覆盖、全方位清查，逐步摸清全区资产家底。主动融入全市清查处置闲置国有资产资源工作协调机制，清理盘活"三类地"（批而未供、闲置土地、低效用地等）1430.2亩，成功转让首例特许经营权实现价款2.5亿元，在全市率先启动集体土地入市改革试点，推动高科与市级平台公司、镇（街道）安置房等资产的整合、转让，有效破解神农城5号、6号楼过户、安置房资源不匹配、部分资产办证难等历史问题，唤醒"沉睡"资产，变资产为资金。全年实现国有"三资"盘活收益42.01亿元，为年度目标（15亿元）的280.1%；实现入库财政收入34.34亿元，为年度目标（7.5亿元）的457.8%，盘活收益、入库财政收入总量及完成年度目标进度均排全市第一。

二、保"三保"惠民生，幸福天元成色更足

始终坚持公共财政取之于民、用之于民，坚持尽力而为、量力而行，统筹各项资源，着力保障和改善民生。2023年民生支出达到34.4亿元，占一般公共预算支出比重为75.5%，充分彰显民生温度。

一是落实社会保障和就业优先政策。社会保障和就业支出完成3.78亿元，增长53.1%。优先支持精准就业服务体系改革，城镇新增就业8829人，城乡居民基本养老金实现2014-2023年"8连涨"，城乡居民基本医疗保险区财政补贴达0.2亿元。重点支持社会大救助体系建设，全年向低收入群体发放救助金2287万元，帮扶困难对象1.45万人次；支持公办敬老院提质升级，实现养老服务城乡全覆盖。推进保障性住房建设，支持改造老旧小区21个，改善困难群众住房条件。通过"一卡通"系统发放惠民惠农补贴85项，发放金额1.01亿元，惠及4.06万人次。二是支持教育高质量发展。教育支出完成7亿元，增长6.9%。全面落实生均经费政策性提标，重点支持了株洲雅礼实验学校建成开学，13所学校完成提质改造，基本满足了新增学位的需求。三是助推卫生健康事业发展。卫生健康支出完成2.41亿元，增长64.7%。重点保障疫情支出，确保防控平稳转段；重点支持了泰山公共卫生服务中心建设，全面落实基本公卫和基药零差率制度。四是促进公共文化事业繁荣。宣传文体支出完成1819万元，增长5.8%，大力支持举办首届"厂BA"、完成摄制全省首部基层治理系列纪录片《街坊》。五是大力推进乡村振兴。农林水支出完成1.4亿元，增长26.9%，重点支持农村水利、道路等基础设施建设，推进城乡供水一体化建设，支持特色农业发展和美丽乡村示范创建，打造宜居宜业和美乡村。

三、建制度推改革，财政治理不断改善

坚持问题导向，不断深化改革，加快制度重构和流程再造，不断完善精细化、规范化、科学化理财机制。

一是制度建设持续加快。先后出台《关于印发财政体制改革系列方案（办法）的通知》《株洲高新区（天元区）区属国有企业投资监督管理办法（试行）》《株洲高新区（天元区）区属国有企业出资人审批事项清单管理办法（试行）》《株洲高新区（天元区）税费精诚共治工作实施方案》等制度12个，进一步完善制度建设。草拟《关于天元区财政支出事项及责任划分的若干规定》，全面规范财政保障范围、标准、支出责任，进一步理顺区镇（街道）财政分配关系。二是重点改革稳步推进。认真落实市委过"紧日子"18条，继续压缩一般性、非刚性支出，严格政府购买服务审批，扎实开展编外人员清理，改进镇（街道）保洁经费负担方式，加速构建节约型保障机制。统筹资金大力支持园区调区扩区、工业软件园、株洲西站改造等重点建设，实行产业奖补联审制度，健全大事要事保障机制。镇（街道）在编人员工资区级统发、特设专户集中归口管理和市政维护处、环卫处集中支付改革进一步到位，征拆资金管理改革有了新尝试。非税票据电子化改革顺利推进，与税务理顺垃圾处理费等征收机制。坚持落实政府采购内控制度，加强电子卖场管理，试行货物采购上限值评审办法，限额以上采购坚持"先备案、后采购"，全年政府采购金额为4.05亿元，其中电子卖场采购金额2.2亿元，同比减少17.8%。评审范围向经营性项目、工程类服务项目拓展，认真落实"全覆盖"与"闭环管理"的评审工作机制，全年完成送审项目117个，审减金额2.68亿元，审减率为9.12%。深入开展"绩效管理提升年"行动，强化绩效结果运用，调减6个项目预算资金3165万元。支持成立株洲高新能源投资有限公司，优化国有资本布局，修订完善《考核实施办法》，大力支持国企改革。三是财会监督有力加强。认真学习、宣传中央《关于进一步加强财会监督工作的意见》，对全区124家预算单位（含学校）部门预算决算公开、"三公"经费和内控制度建设等开展自查，对城管系统开展会计信息质量重点检查，继续强化津补贴专项清理、代理记账行业整顿。贯彻"三湘护农"专项行动部署，严格对照各项强农惠农政策，全面推进惠民惠农财政补贴资金突出问题整治工作，做到查处问题立行立改、边查边改。

四、防风险守底线，控债化债平稳推进

严格执行债务风险监测预警制度，贯彻"631"工作机制（做到提前6个月制订还款计划，提前3个月落实资金来源，提前1个月备足偿债资金）要求，做好土地出让、资产盘活、融资等工作，积极筹集偿债资金，有序偿还到期债务，守住了不"爆雷"、不断链的底线，确保综合债务率（财政部口径）"不返红"。出台《天元区属国有企业政府投资公益性项目资金支付管理办法》，强化政府投资公益性项目管理、资金来源审核和后续审计监督，严防隐性债务新增。出台《株洲高新区（天元区）专项债券管理暂行办法》，严格资金使用，加快推进老旧小区改造、城乡供水等项目建设，强化专项债券资金全生命周期管理。立足实情，抢抓机遇，积极策划、包装、申报专项债券项目，成功获得石三门农业融合示范园项目专项债券资金1.69亿元。同时，加强财政往来资金清收，共收回资金3.51亿元，积极防范财政运行风险；持续跟踪审计、巡视查处问题整改，问题整改率不断提升，积极防范政策执行风险。

（湖南省株洲市天元区财政局供稿　熊杰琦执笔）

渌口区

2023年，株洲市渌口区实现地区生产总值（GDP）182.88亿元，同比增长（以下简称增长）5.9%。其中，第一产业增加值27.37亿元，增长3.6%；第二产业增加值78.65亿元，增长7.9%；第三产业增加值76.86亿元，增长4.6%。固定资产投资（不含农户）增长8.7%。全区居民人均可支配收入33194元，增长6.2%。其中，城镇居民人均可支配收入45545元，增长3.7%；农村居民人均可支配收入27646元，增长6.9%。

2023年，全区完成一般公共预算地方收入9.61亿元，同比下降（以下简称下降）13.03%。其中，税收收入6.36亿元，下降13.03%；非税收入3.25亿元，增长1.6%，上级补助15.7亿元，一般债务收入4.07亿元，动用预算稳定调节基金0.46亿元，调入资金5.62亿元，上年结转0.66亿元，收入合计36.12亿元。全区一般公共预算支出28.01亿元，加上上解0.95亿元，一般债务还本3.64亿元，补充预算稳定调节基金1.63亿元，结转下年1.9亿元，支出合计36.13亿元。

2023年，全区完成政府性基金预算收入21.46亿元，下降0.83%。全区政府性基金预算支出26.99亿元，调出资金3.32亿元，增长4.74%。

2023年，全区完成国有资本经营预算收入0.75亿元，下降50.46%。全区国有资本经营预算支出0.14亿元，调出资金0.61亿元，下降59.44%。

2023年，全区完成社会保险基金预算收入4.18亿元，增长2.23%。全区社会保险基金预算支出3.67亿元，全年收支结余0.51亿元，累计滚存结余4.42亿元，增长9.4%。

一、坚持精准施策，强化政策效能

一是提升政府采购政策功能。落实政府采购预留份额，认真组织预算单位申报"832平台"和"乡村振兴馆"平台预留份额，全区申报预留份额共计256万元。扎实规范政府采购管理工作，出台《关于进一步做好政府采购项目成本控制工作的通知》，进一步压实政府采购管理权责，努力实现降本增效，2023年，全区政府采购项目64个，送审预算金额8983.04万元，审核后预算金额8407.95万元，实际采购金额8061.52万元。节约资金921.52万元，资金节约率10.25%。二是规范政府投资项目管理。依法依规对政府项目投资各环节予以规范，形成概预决算贯通管理机制，全面强化概预算约束，着力破解项目超概、投资浪费、财政被动买单等问题，切实提高政府投资效益。2023年完成预、结算项目财政评审296个，送审金额16.42亿元，审定金额13.84亿元，审减金额2.58亿元。

二、坚持优化支出，强化重点保障

一是严把支出关口。按照"有保有压"的原则，科学调度财政资金，大力优化支出结构。在"保工资、保运转、保民生"的前提下，大力压缩财政供养范围，降低供养系数，减轻财政压力。严格控制公用经费支出，确保公用经费支出有较大幅度的减少。坚持以民为本、民生优先的要求，合理调配资金，科学安排好社会支出，重点向民生领域倾斜。二是突出重点保障。围绕区委、区政府的全年工作部署和年度工作主题，切实加强对财政性资金的统筹管理，突出重点，集中财力保障事关发展大局、事关民生改善、事关社会稳定的重大事项支出，重点对教育、医疗、惠农、社会保障、住房保障等各类民生事业予以倾斜。统筹安排大唐华银、醴娄高速等重点工程项目资金，确保全区经济社会大局平稳。

三、坚持系统观念，强化改革破题

一是扎实推进国有"三资"盘活。按照"摸清、管住、用好、盘活"思路，对清查出来的国有"三资"通过自用、共享、调剂、出租、处置等多种方式，提升资产盘活利用效率，以存量调控增量，科学专业研判，优化资源配置，为稳增长、防风险、保民生作出积极贡献。2023年以来，盘活收益7.31亿元。二是努力提升财政监督效能。深入开展财会监督和各项专项整治，对减税降费政策落实、基层"三保"、政府债务、财政收入、财政暂付款管理、惠农财政补贴资金、国有资产管理等方面开展自查。充分运用"互联网+监督"大数据和预算管理一体化平台提升监管效能；将财会监督融入财政预算管理全流程，加强事前事中事后监督，实现监督与管理有机统一。三是强化绩效管理。健全预算绩效管理机制，发挥预算绩效管理的引导作用，将绩效管理融入预算编制、执行和监督的全过程。完善财政资金绩效评价制度，提高绩效评价质量，强化评价结果运用，健全预算安排与绩效评价结果挂钩的激励约束机制，精准精细管好用好财政资金，切实把财政资金用到"刀刃"上，提高财政资金使用效益。

四、坚持底线思维，强化风险管控

一是兜牢"三保"底线。坚持在财政工资发放上"不欠账"、在保障行政运行经费上"不断流"、在基本民生资金保障上"不断链"。把"三保"支出作为最基础、最重要的财政保障，做到预算安排优先、资金下达优先、库款拨付优先。建立先保"三保"支出，再安排其他支出的库款保障秩序，并结合预算执行动态监控系统，设计月初保工资、月末保库款保障水平的二次调度制度。二是加快债券支出进度。积极策划申报专项债项目，申报项目涵盖基础设施建设项目、乡村振兴、水利等领域。结合区域经济发展实际，协同发改部门精准筛选政府债券投资项目，合理控制政府债券投资规模，加快债券资金使用进度，尽快形成实物工作量，发挥项目投资拉动作用，全力推动债券早发行、早使用、早见效。2023年，渌口区新增发行地方政府债券9.41亿元。其中，一般债项目6个，发行金额0.43亿元；专项债项目15个（含续发项目5个），发行金额8.98亿元。三是防范化解债务风险。严格按照债务工作要求，进一步加强债务管理，牢牢守住底线，坚决不新增政府隐性债务和关注类债务，逐步化解存量债务，确保债务风险可控。切实做大"分母"，进一步降低综合债务率。结合区内平台公司债务实际情况，完善平台公司目标绩效考核工作机制、融资举债监管机制和责任追究机制，从融资、使用、绩效、偿还等环节对债务实行全过程、全方位、无死角管理，全面防范政府性债务风险。

（湖南省株洲市渌口区财政局供稿　文辉执笔）

攸　县

2023年，攸县实现地区生产总值（GDP）463.49亿元，同比增长（以下简称增长）1.2%。其中，第一产业增加值78.55亿元，增长3.4%；第二产业增加值131.79亿元，同比下降（以下简称下降）5.5%；第三产业增加值253.16亿元，增长5%。全社会固定资产投资（不含农户）总额76.09亿元，下降35.2%。全县居民人均可支配收入44984元，增长4.9%。其中，城镇居民人均可支配收入51361元，增长4.1%；农村居民人均可支配收入37525元，增长5.9%。

2023年，全县完成一般公共预算地方收入13.75亿元，增长9.91%。其中，税收收入9.49亿元，增长12.99%；非税收入4.26亿元，增长3.63%，上级补助收入34.32亿元，债务转贷收入3.89亿元，动用预算稳定调节基金19亿元，调入资金5.21亿元，上年结转6.86亿元，收入合计38.03亿元。全县一般公共预算支出54.19亿元，加上上解上级支出1.07亿元，一般债务还本3.11亿元，补充预算稳定调节基金18亿元，结转下年6.67亿元，支出合计83.03亿元。

2023年，全县完成政府性基金预算收入13.06亿元，增长8.44%。专项债务转贷收入19.17亿元，增长226.49%。全县政府性基金预算支出26.05亿元，增长43.17%。

2023年，全县完成国有资本经营预算收入6.27亿元。全县国有资本经营预算支出3.65亿元，调出资金（调入一般公共预算）2.62亿元。

2023年，全县完成社会保险基金预算收入28.23亿元，增长18.56%。全县社会保险基金预算支出27.1亿元，全年收支结余1.13亿元，累计滚存结余11.71亿元，增长10.68%。

一、质量为先，凝心聚力推进财源建设

紧紧扭住收入质量这一关键，不断做强财源税源。一是加紧涵养产业企业。新增减税降费及退税缓税缓费13992.36万元，出资800万元成立"攸惠贷"政府性风险补偿资金，助力企业降低成本、提升效益，推动制造业税收完成2.56亿元。二是加力培育骨干税源。建立500万元以上骨干税源企业名单和200万-500万元税源企业上台阶梯度培育库，加强对口帮扶和服务，实现纳税额500万元以上企业45家、200万-500万元企业40家。紧盯政策投向，全力争资引项，争取中央、省预算内资金2.18亿元，发行专项债券13.79亿元。三是加速盘活国有"三资"。出台《攸县国有"三资"清查处置与管理改革总体工作方案》，促进资产资源资金加快流动，有力支持稳增长。处置行政事业性资产22宗，收入7.11亿元；盘活特许经营权3宗，收入9.91亿元；出让土地19宗，收入2.69亿元；收回土地出让金尾款0.08亿元。国有"三资"盘活共完成目标收益19.79亿元，入库收入14.85亿元。四是加强税费精诚共治。制定税费精诚共治方案，强化涉税涉费信息共享共用，烟花鞭炮、房屋租赁、成品油零售、农产品收购等行业共查补税收6282.97万元。

二、民生为本，全力以赴夯实财政保障

紧紧抓住"三保"支出这一重点，不断优化支出结构。一是全面贯彻政府过"紧日子"要求。勤俭办一切事业，大力压减非刚性、非重点和低效支出，严控一般性支出，部门单位专项经费压减5%。二是全力保障"三保"支出。严格执行国家和省市"三保"标准，基本民生按标准打足打实，从源头上力保"三保"支出不留缺口。全年完成"三保"支出20.43亿元，占一般公共预算支出的37.71%。三是全盘统筹财政资金使用。严控财政资金流向，统筹资金保障重点领域、重点项目，擦亮幸福攸县民生底色。安排8450万元支持学校建设，促进教育提质；安排19765万元支持"三农"工作，助力乡村振兴；安排2256万元推动创业就业，帮助重点群体稳岗增收。

三、效益为重，多措并举完善财政治理

紧紧把住高效安全这一要义，不断健全监管体系。一是深化预算管理。稳步推进绩效管理模块上线，加速推广预算管理一体化系统应用，加快建立完善现代化预算制度。全面实施零基预算改革，构建能增能减、有保有压的预算分配机制。二是优化绩效评价。支持县人大常委会开展财政资金绩效监督"四评"工作，积极探索绩效评价新模式，推动建立全方位、全过程、全覆盖的预算绩效管理体系。三是强化财政检查。统筹开展惠农补贴资金自查自纠和"三湘护农"专项行动惠农补贴资金突出问题整治，推动154个问题整改提升，涉及资金168.33万元，有效规范资金使用；积极开展代理记账行业违法违规行为专项整治，有效提升代理记账行业业务水准。四是细化国资监管。出台《攸县国有资产管理办法（试行）》，全面优化管理方式，规范操作程序，提高国有资产使用效率。五是实化采购服务。打造公开、公平、公正的政府采购环境，完成采购金额1.5亿元，资金节约率4.82%。推荐71家农业企业入驻电子卖场乡村振兴馆，助力农业产业加快发展壮大。六是严化基建评审。依法依规开展政府基建项目预结算评审，项目预结算平均审减率9.18%，节约资金7242.09万元。

四、安全为要，千方百计防范重大风险

紧紧守住总体安全这一底线，不断增强稳控能力。一是遏增量、化存量，多措并举防范债务风险。通过完善债务管理机制、加强融资监管、清理置换高息非标债务、持续推进平台转型升级等一系列措施，推动债务整体风险连年下降。全年化解隐性债务1.31亿元；清理高息债务10.69亿元；综合融资成本降低0.2个百分点；综合债务率降低1.01百分点。二是制定财政支出管控方案，进一步优化预算编制、严格财政管理、严控新增支出，全力防范财政运行风险。全年压减专项资金15970万元、压减非刚性非重点支出363万元、压减福利性普惠性基数化奖励支出118万元；盘活存量资源6537万元；"三公"经费继续坚持只减不增。

（湖南省株洲市攸县财政局供稿　丁昶辉　彭慧垚执笔）

茶陵县

2023年，茶陵县实现地区生产总值（GDP）270.5亿元，同比增长（以下简称增长）5.8%。其中，第一产业增加值44.3亿元，增长3.6%；第二产业增加值94.8亿元，增长10.4%；第三产业增加值131.4亿元，增长3.2%。全社会固定资产投资（不含农户）总额133亿元，增长5.5%。全县居民人均可支配收入30003元，增长5.5%。其中，城镇居民人均可支配收入44397元，增长3.8%；农村居民人均可支配收入14929元，增长8.5%。

2023年，全县完成一般公共预算地方收入10.74亿元，增长6.4%。其中，税收收入8.12亿元，增长6.9%；非税收入2.61亿元，增长5%，上级补助27.34亿元，债务转贷收入4.23亿元，动用预算稳定调节基金6.86亿元，调入资金7.17亿元，上年结转3.65亿元，收入合计59.98亿元。全县一般公共预算支出43.09亿元，加上上解中央0.72亿元，一般债务还本2.81亿元，安排预算稳定调节基金10.43亿元，调出资金2.94亿元，结转下年2.94亿元，支出合计59.98亿元。

2023年，全县完成政府性基金预算收入29亿元，增长24.04%。全县政府性基金预算支出27.43亿元，调出资金（调入一般公共预算）2.61亿元，增长770%。

2023年，全县完成国有资本经营预算收入3.21亿

元，同比下降（以下简称下降）6.14%。全县国有资本经营预算支出 0.02 亿元，调出资金（调入一般公共预算）3.19 亿元，下降 5.34%。

2023 年，全县完成社会保险基金预算收入 6.16 亿元，增长 9.22%。全县社会保险基金预算支出 4.84 亿元，全年收支结余 1.32 亿元，累计滚存结余 6.79 亿元，增长 15.67%。

一、多措并举增收入

2023 年，茶陵县财政收入延续高质高速增长态势，"三高四新"财源建设工作在全市"三个高地"工作竞赛评比中荣获第一季度和第四季度季军。一是优化机制增动力。成立由县长任组长，常务副县长任副组长的财源建设工作小组，出台《茶陵县 2023 年财源建设实施方案》（茶三高部〔2023〕4 号）、《茶陵县总部经济企业规范发展的实施意见》（茶办〔2023〕23 号）等政策文件，完善了财税工作机制，增强了财税工作活力。二是盘活"三资"增财力。化"存量"为"增量"，采取"用、售、租、融"等方式，大力盘活闲置国有资产，实现收入 17.07 亿元，国有"三资"清查处置盘活工作在全市获评 2023 年度先进单位，综合砂石开发利用、高效盘活林业资源等做法被省市部门典型推介。三是强化争资增潜力。全年争取中央预算内资金 9340 万元、上级转移支付资金 14.22 亿元、专项债券资金 14.36 亿元、中央彩票公益基金 5000 万元，一般债券和世行贷款资金 1.51 亿元。

二、节资增效控支出

坚持打好"铁算盘"，过好"紧日子"，将有限的资金用在"刀刃"上。一是从严从紧编制预算。年初按照"能压则压、能减尽减"的原则，对业务性专项经费压减 10%。二是严格经费支出管理。重新修订《茶陵县行政事业单位经费支出管理规定》（茶办〔2023〕33 号）；牵头起草并经茶陵县人民政府常务会议审议通过《牢固树立过"紧日子"思想 进一步加强财政管理》（茶办〔2024〕2 号）13 条刚性措施；通过国库集中支付规范全县各单位经济业务 206 笔，规范金额 3597 万元。三是严管政府投资项目。进一步规范政府采购工作程序，严格财政评审行为，做到项目未明确资金来源或资金未达到 80% 以上的坚决不立项、不评审、不开工。全年政府采购项目节约率达 12.1%，预算评审项目审减率达 13.6%。

三、兜牢底线防风险

坚决打好打赢防范化解风险阻击仗。一是坚持"三保"优先。不折不扣落实落细"三保"优先政策，全年"三保"支出 29.62 亿元，占一般公共预算支出的 70.5%。二是防范债务风险。严格实行"631"偿债机制和"一债一策"工作措施，坚持专项债项目"借、用、管、还"全生命周期管理，债务工作在 2023 年全市债务化解攻坚战考核中排名第三，奖励 60 万元。三是加强财会监督。全面贯彻落实省委、省政府出台的《关于进一步加强财会监督工作的实施方案》，抽调精干力量深入各预算单位开展财政检查工作，严格查处 5 个违反政府采购法的工程及服务采购项目，涉及 21 个行政处罚对象，累计处罚 17.5 万元。

四、科学治理重绩效

坚持守土尽责，将绩效理念融入到财政管理的全方位、全过程。一是紧扣"作风建设年""清廉机关创建""县人大代表评议政府专项工作"等中心工作，被湖南省财政厅评为 2023 年"绩效管理提升年"行动成效突出单位。二是扩大财政重点绩效评价覆盖面，对 2023 年实施的 18 个项目开展财政重点绩效评价，同比增加 7 个，督促整改项目存在的问题，收回结余资金 440 余万元。三是在全市先行出台《茶陵县预算绩效目标管理指标汇编》，分部门行业梳理 156 个绩效指标模板，为绩效管理工作提供了标准体系支撑。

五、服务大局谋发展

坚决扛牢政治责任，以全县财政运行的"稳"，推动全县高质量发展的"进"。一是涵养培育优质税源。2023 年全县纳税 500 万元以上的骨干企业达 51 家，纳税总额达 8.9 亿元。二是持续增进民生福祉。教育、科技、农林水分别支出 9.94 亿元、3.75 亿元、10 亿元，完成了上级"只增不减"考核目标。城乡居民养老保险、机关事业养老保险和计划生育特别扶助等惠民政策"提标扩面"，新增支出 5129 万元。"一卡通"发放惠民惠农补贴项目 126 项，同比增加 22 项，发放金额 3.52 亿元，惠及群众 80.1 万人次。三是统筹推进城乡建设。统筹安排涉农整合资金 2.07 亿元用于支持"三农"工作，巩固脱贫攻坚成果与乡村振兴有效衔接；安排 5296 万元用于支持环境治理等生态文明建设；安排 3400 万元用于支持城区绿化等城市更新建设；安排应急管理相关经费 3568 万元，为茶陵县安全生产工作提供有力保障。

六、从严治党强队伍

坚定不移落实全面从严治党要求，加强队伍建设，展现新时代财政队伍良好风貌，荣获全省市县财政日常工作整体水平高质量评价 A 级。一是突出党建引领。2023 年中共茶陵县财政局党组共召开党组会 20 次，组织中心组学习 13 次。认真组织开展主题民主生活会，严格落实"三会一课"、"一月一课一片一实践"、主题党日等党内生活制度，党员干部积极投身文明劝导、社区帮扶、乡村振兴等中心工作一线阵地，充分发挥先锋模范作用。二是加强学习教育。邀请专家领导开展财会业务和防范化解债务等专题培训，精心组织全县财政干部参加"线上+线下"培训班，提升干部政治素养和业务水平。三是注重廉政建设。驰而不息纠"四风"、树新风，持之以恒落实中央八项规定及其实施细则精神，持续深化"镜鉴"以案促改专项活动和"两带头五整治"纠风防腐专项行动。

（湖南省株洲市茶陵县财政局供稿　郭洋可　谭刘圣执笔）

炎陵县

2023年，炎陵县实现地区生产总值（GDP）104.0亿元，同比增长（以下简称增长）6.1%。其中，第一产业增加值16.2亿元，增长3.8%；第二产业增加值40.1亿元，增长7.9%；第三产业增加值47.7亿元，增长5.2%。全社会固定资产投资（不含农户）总额67.16亿元，增长4.2%。全县居民人均可支配收入24967元，增长6.2%。其中，城镇居民人均可支配收入38081元，增长3.9%；农村居民人均可支配收入13836元，增长8.6%。

2023年，全县完成一般公共预算地方收入4.87亿元，增长3.84%。其中，税收收入3.06亿元，增长8.07%；非税收入1.81亿元，同比下降（以下简称下降）2.63%，上级补助13.40亿元，一般债务收入4.62亿元，动用预算稳定调节基金4.36亿元，调入资金0.40亿元，上年结转1.25亿元，收入合计28.9亿元。全县一般公共预算支出16.54亿元，加上上解中央0.45亿元，一般债务还本3.77亿元，补充预算稳定调节基金4.38亿元，调出资金2.52亿元，结转下年1.24亿元，支出合计28.9亿元。

2023年，全县完成政府性基金预算收入1.10亿元，下降52.79%。全县政府性基金预算支出4.42亿元，下降27.78%，无调出资金。

2023年，全县国有资本经营预算收入为零。全县国有资本经营预算支出6万元，无调出资金。

2023年，全县完成社会保险基金预算收入2.77亿元，增长9.1%。全县社会保险基金预算支出2.47亿元，全年收支结余0.30亿元，累计滚存结余1.75亿元，增长4.14%。

一、加快财源建设，千方百计增加可用财力

一是积极向上争资。积极与省、市对接，千方百计向上争取资金。2023年全县向上争资126528万元；争取专项债券1700万元，用于鹿原镇城乡供水提质改造项目。二是培育重点税源。全县重点税源企业税收入库26744.9万元，同比增加2873.8万元，增长12%，尤其纺织业和制造业税收实现较快增长，分别增长45%和71.4%。三是狠抓市场主体。2023年骨干税源企业完成纳税200万元以上54家企业，其中200万-500万元的33家，500万元以上的21家。四是推进产业升级。大力发展新材料、新能源等新兴产业，建成了全国最大规模的钽铌材料产业集群和湖南省工业园区最完整的人造金刚石产业链。布局抽水蓄能等总投资超100亿元的新能源项目，预计建成投产后，每年可至少增加税收2亿元。五是大力盘活"三资"。按照"能用则用、不用则售、不售则租、能融则融"的处置原则，精打细算、精心统筹，加快推进"三资"盘活，2023年以来共盘活资产资源100余宗，实现盘活"三资"收益4.81亿元，入库收入3.28亿元。盘活"僵尸企业"15家、闲置土地450亩、厂房9万平方米典型经验获全省推介，为"稳增长、防风险、保民生"提供有力支撑。

二、优支出调结构，充分发挥资金使用效益

2023年各项民生支出13.49亿元，占一般公共预算支出的81.59%。一是坚持预算刚性约束。坚持"先有预算、再有指标、后有支出"，严格执行县人大会通过的财政预算，严禁超预算、无预算安排支出，严控预算追加，强化预算刚性约束。二是全力保"三保"。按照先"三保"支出，后其他支出的库款保障次序，大力压减非重点、非刚性的一般性支出，优先保障基本民生、工资发放、其他正常运转资金需求，确保"三保"资金不断链。2023年"三保"支出累计完成95973万元，为年初预算97001万元的98.94%，其中保基本民生支出45320万元、保工资45923万元、保运转支出4730万元。三是规范惠农惠民资金发放。通过"一卡通"系统发放惠民惠农补贴109项，发放资金11084.77万元。其中，惠农惠民补贴95项，发放资金9497.27万元；巩固脱贫成果类补贴14项，发放资金1587.5万元。

三、加强财政管理，确保财政运行平稳规范

一是深化整改成效。持续巩固省委巡视、惠农惠民财政资金检查、省审计等整改成果，做好各项整改工作，以检查发现的问题作为解决问题的契机，从源头治理，彻底整改，进一步健全财政管理，建立整改落实的常态化、长效机制。二是严格预算管理。重新建立乡镇体制结算事项，制定了《炎陵县财政体制补助结算办法（试行）》，2023年压减各单位运转类专项经费50%，共计2000余万元。落实全方位、全过程、全覆盖的预算绩效管理要求，加强绩效评价结果运用，选定23个重点项目开展绩效和评估，总项目金额达2.13亿元。2023年荣获湖南省预算管理一体化建设先进县市区、市县财政部门预算绩效管理工作先进单位。

四、防风险守底线，为财政可持续保驾护航

一是防范化解债务风险。将偿债资金全部纳入预算管理，化解隐性债务3950万元，完成年度任务的53.38%，国有企业融资成本4.67%，保持全市最低。近年来炎陵县无地方政府隐性债务风险事件和问责，无债务舆情风险事件。二是加强财会监督。2023年对全县7家行政单位和1家国有企业、1家代理记账企业开展监督检查，进一步规范资金使用，确保每一分财政资金发挥最大效益。三是强化预警监测。进一步规范库款管理，加强运行监测，设置库款预警额度，2023年炎陵县每月库款保障系数均保持在0.3-0.8的合理区间。

（湖南省株洲市炎陵县财政局供稿 颜颖玉执笔）

醴陵市

2023年，醴陵市实现地区生产总值（GDP）889.7亿元，同比增长（以下简称增长）6.4%。其中，第一产业增加值76.6亿元，增长3.3%；第二产业增加值458.1亿元，增长7%；第三产业增加值355亿元，增长6.3%。全市居民人均可支配收入46716元，增长4.78%。其中，城镇居民人均可支配收入53088元，增长4%；农村居民人均可支配收入38182元，增长5.8%。

2023年，全市完成一般公共预算地方收入32.71亿元，增长1.82%。其中，税收收入23.54亿元，增长5.68%；非税收入9.17亿元，增长6.48%，中央补助32.15亿元，一般债务收入0元，动用预算稳定调节基金0.16亿元。全市一般公共预算支出86亿元，加上上解中央2.24亿元，一般债务还本5.54亿元，补充预算稳定调节基金1.29亿元，结转下年7.61亿元，支出合计102.68亿元。

2023年，全市完成政府性基金预算收入29.77亿元。全市政府性基金预算支出31.44亿元，调出资金（调入一般公共预算）8.18亿元。

2023年，全市完成国有资本经营预算收入8.95亿元。全市国有资本经营预算支出3784万元，调出资金（调入一般公共预算）77868万元。

2023年，全市完成社会保险基金预算收入9.31亿元，增长20.43%。全市社会保险基金预算支出7.78亿元，全年收支结余1.53亿元，累计滚存结余8.2亿元，增长13.57%。

一、增收入，夯实财力基础

全力以赴挖潜力、聚财源、促增收，财政收入延续高质高速增长态势。强化勤征细管，每月对全市72家纳税大户进行重点监管，确保税费应收尽收。地方税占比为71.95%，连续2年维持在70%以上。连续2年荣获省财源建设工作表现突出单位和株洲市"三个高地"财源建设组单项冠军。推进资源有效整合、资产有效盘活、资金有效统筹，2023年全面盘活处置全市各类国有"三资"26.15亿元，连续2年荣获省"三资"盘活工作先进单位。

二、控支出，抓好节资增效

从严从紧编制预算，按照"预算一个盘子、支出一个口子"原则，统筹各类预算收入，统一安排各项支出，确保部门正常运转和事业发展需要。严格经费支出管理，贯彻落实中央八项规定精神，加强"三公"经费管理，严控一般性支出，重新修订《醴陵市行政事业单位支出政策汇编》。严管政府投资项目，进一步规范政府采购工作程序，严格投资评审标准，2023年政府采购项目节约资金857.44万元，政府投资项目预结算累计审减资金约1.91亿元。

三、防风险，兜牢安全底线

坚决打好打赢防范化解风险阻击仗。坚持"三保"优先，不折不扣落实落细"三保"各项政策。防范债务风险，在基金收入明显下降、政府债务连年上升的情况下，通过做大国有资本经营收入等方式，确保债务等级继续保持在三类风险提示区。切实履行财政监督主责，扎实推进会计监督、预决算公开检查、"三湘护农"等监督检查，面向全市行政事业单位、镇街财务人员开展财会监督专题学习培训，全力提高财会监督效能。

四、谋发展，服务中心大局

坚决扛牢政治责任，以全市财政运行的"稳"，推动全市高质量发展的"进"。不断优化营商环境，着力招引优质税源企业，助推重点产业、骨干企业税收贡献稳步提升。持续增进民生福祉，2023年民生支出67.07亿元，占比77.98%，增长4.29%，其中教育支出12.29亿元、社会保障和就业支出12.02亿元、卫生健康支出4.75亿元。全年累计发放惠民惠农补贴5.42亿元，涉及18个单位、123个项目、113.8万人次。统筹推进城乡建设，完善城镇老旧小区改造及基础设施以及S104、S204等一大批国省干线及全市农村道路建设。

（湖南省株洲市醴陵市财政局供稿 刘婕琼执笔）

株洲经济开发区

2023年，株洲经济开发区完成一般公共预算地方收入5.48亿元，同比下降（以下简称下降）51.74%。其中，税收收入4.23亿元，下降53.64%；非税收入1.25亿元，下降43.94%，上级补助0.82亿元，一般债务收入0元，动用上年预算稳定调节基金0.12亿元，调入资金3.59亿元，上年结转0.57亿元，收入合计10.58亿元。全区一般公共预算支出7.47亿元，加上上解上级2.95亿元，一般债务还本0元，补充预算稳定调节基金39万元，结转下年1484万元，支出合计10.58亿元。

2023年，株洲经济开发区完成政府性基金预算收入4.86亿元，下降85.65%，调入资金0.43亿元，上年结余0.31亿元，收入合计5.59亿元。完成政府性基金预算支出4.44亿元，调出资金（调入一般公共预算）0.72亿元，结转下年0.42亿元，支出合计5.59亿元，下降87.85%。

2023年，株洲经济开发区完成国有资本经营预算收入6万元。其中，上级补助1万元、上年结5万元，下降68.42%。完成国有资本经营预算支出0元，结转下年6万元，同比增长（以下简称增长）20%。

2023年，株洲经济开发区完成社会保险基金预算收入1740万元，下降31.44%。社会保险基金预算支出1692万元，下降17.94%，全年收支结余48万元，累计滚存结余3125万元。下降10.27%。

一、全力组织收入，积蓄"收"的力量

切实扛起组织收入主业，全力以赴做大财政收入基本盘。一是用足财政奖补政策。通过产业扶持资金、财源建设奖励、上市补助等政策，大力支持企业做大做强。安排7300万元产业扶持资金支持产业发展、139万元表彰奖励12家2022年度财源建设先进单位、159万元补贴2家省市上市企业。继续不折不扣落实增值税留抵退税政策，完成留抵退税3527万元，使企业充分享受政策红利，形成"放水养鱼""水多鱼多"的良性循环。二是聚焦税收征管促增收。紧盯财政收入目标，毫不松懈抓好财政收入组织，强化与税务、国投、城发等部门的协作联动，深挖增收潜力。加大收入征管力度，盯紧税款入库进度，防止税收"跑、冒、滴、漏"，及时督促欠税清缴入库，全方位提升征管质效。三是强化资金争取助发展。锚定国家和省市财政政策取向，在挖掘"大项目、好项目、高质量项目"上持续用力，加大力度做好向上争取工作。同时，做好专项债券项目储备发行工作。2023年新增专项债券申报储备项目7个，总投资额109.99亿元，专项债券总资金需求45.5亿元，其中2023年专项债券资金需求20.6亿元。

二、严格过"紧日子"，突出"支"的重点

坚持精打细算，提高资金效益。严格落实政府过"紧日子"要求，坚持有保有压、量力而行，切实削减低效无效支出，从严控制"三公"经费，坚决做到可支可不支的一律不支，可以少支的坚决少支，不断调整优化支出结构，确保民生保障、园区发展等重点领域支出需求，切实兜牢"三保"底线。一是建立存量资金常态化收回机制，清理收回沉淀资金482.5万元，统筹调剂用于经济发展亟须资金支持的领域。二是强化财政投资评审职能。把"评"和"审"有机结合起来，贯穿政府投资项目建设全过程，形成先评审后施工、先评审后支付、先评审后采购、先评审后结算的"四先四后"工作机制。通过采取"容缺受理""提前介入"等办法，财政评审审结项目52个，涉及金额7.08亿元，核减不合理支出1.08亿元。三是按照省市园区改革要求，全力推进株洲经开区"瘦身强体"体制机制改革，安排7000万元作为解聘奖补资金实际消遣714人，全年缩减人员经费5994万元，腾出资金保障全区经济发展资金需求。

三、提振市场信心，保证"促"的力度

牢牢把握提振市场信心战略基点，积极畅通经济供需良性循环，注重财政政策和资金的撬动作用，最大限度激发内需潜力。一是探索"产业+基金"模式，引领产业创新。通过财政专项资金"拨改投"等方式，拓宽基金出资渠道，加大财政投入，引导撬动社会资本，壮大基金规模。设立5亿元产业发展引导母基金，下设3只专项子基金，子基金规模7.68亿元，通过基金招商引进中晟全肽、湖南越摩、太空星际卫星、赛德雷特等11家企业落户株洲经济开发区，项目总投资额超30亿元，充分发挥财政资金"四两拨千斤"的杠杆导向作用。二是做细"存量"文章，按照"能用则用、不用则售、不售则租、能融则融"的处置原则，积极盘活闲置"三资"，变"闲"为宝，让低效资产变为高质量发展的动力。印发《株洲经开区国有"三资"清查处置与管理改革工作方案》，明确责任分工，合理分解10亿元目标任务。2023年盘活"三资"14.23亿元，完成目标任务

142%。其中，入库收入12.96亿元，完成目标任务259%。超额完成市级下达的目标任务，获得株洲市盘活国有"三资"工作先进单位荣誉。三是着力助企纾困增活力。组织开展银企对接活动6场、大型"政金企"融资对接会1场，帮助企业实际融资到位2.8亿元。通过由采购人支付代理服务费、免费提供电子采购文件等方式，降低企业政府采购交易成本100万元以上。

四、统筹发展和安全，守住"保"的底线

紧绷风险防控之弦，持续在"统筹兼顾"和"突出重点"上精准发力，牢牢守住不发生区域性系统性风险底线。一是兜牢基层"三保"底线。健全完善覆盖预算编制、标识管理、资金调度、执行监控、财力支撑的"三保"支出"封闭式、全链条、全方位"管理体系，实施"三保"支出全流程管理。坚持"三保"支出优先，逐项足额编制"三保"预算，不留财力缺口。加强"三保"支出执行监控，严禁拖欠、挪用、挤占"三保"资金，坚决兜牢兜实"三保"底线。二是筑牢债务风险防线。及时修订《株洲经济开发区政府性债务风险应急预案》，对债务风险和财政运行情况进行动态监测，加强债务信息分析和风险研判，对债务风险进行预警和提示，切实防范化解债务风险。科学制定政府债务偿债方案，压实化债主体责任，严格化债考核制度，实时监测国有公司收支和全口径债务变动情况，严格落实"一债一策多路径"和"631"机制，做好防范化解风险阻击仗工作任务。三是守住安全运行红线。严格落实各项清查整改，强化督促指导，共同做好财政运行风险防控。对PPP项目开展全面清查，同时接受审计署、省政府联合检查组、市政府派出市审计局的全面审计核查。将审计反馈的问题举一反三，逐一细化整改措施，确保清查整改工作如质如量如期完成。修订完善PPP项目绩效考核管理办法，认真做好PPP项目绩效考核等工作，严格按绩效考核结果核定PPP项目付费。

（湖南省株洲市经济开发区管理委员会财政局供稿 何宗佑执笔）

湘潭市

2023年，湘潭市实现地区生产总值（GDP）2741.84亿元，同比增长（以下简称增长）5.1%。其中，第一产业增加值182.62亿元，增长3.5%；第二产业增加值1381.46亿元，增长5.5%；第三产业增加值1177.76亿元，增长4.9%。全年规模以上工业增加值增长5.9%。全社会固定资产投资（不含农户）增长6.1%。全市居民人均可支配收入41269元，增长4.9%。其中，城镇居民人均可支配收入48705元，增长3.8%；农村居民人均可支配收入28556元，增长6.4%。

2023年，全市完成一般公共预算地方收入124.04亿元，同比下降（以下简称下降）2.66%。其中，税收收入83.56亿元，下降3.95%；非税收入40.48亿元，增长0.13%，上级补助165.06亿元，一般债务收入528.54亿元，动用预算稳定调节基金1.72亿元，调入资金38.96亿元，上年结转54.81亿元，收入合计913.13亿元。全市一般公共预算支出285.75亿元，加上上解上级13.86亿元，一般债务还本521.41亿元，补充预算稳定调节基金0.02亿元，调出资金12.57亿元，结转下年79.52亿元，支出合计913.13亿元。市本级完成一般公共预算收入64.95亿元。其中，税收收入40.36亿元，增长0.31%；非税收入24.59亿元，下降0.5%，上级补助65.59亿元，一般债务收入517.85亿元，调入资金33.65亿元，上年结转42.41亿元，收入合计724.45亿元。市本级一般公共预算支出128.34亿元，加上上解上级6.93亿元，一般债务还本514.6亿元，调出资金11.16亿元，结转下年63.42亿元，支出合计724.45亿元。

2023年，全市完成政府性基金预算收入67.64亿元，下降42.98%。全市政府性基金预算支出237.08亿元，调出资金（调入一般公共预算）22.35亿元，增长75.71%。市本级完成政府性基金预算收入40.1亿元，下降43.11%。市本级政府性基金预算支出191.21亿元，调出资金（调入一般公共预算）20.69亿元，增长83.75%。

2023年，全市完成国有资本经营预算收入3.62亿元，增长281%。全市国有资本经营预算支出2.31亿元，调出资金（调入一般公共预算）1.4亿元，增长296%。市本级完成国有资本经营预算收入2.88亿元，增长427%。市本级国有资本经营预算支出1.77亿元，调出资金（调入一般公共预算）0.97亿元，增长442%。

2023年，全市完成社会保险基金预算收入80.52亿元，增长2.84%。全市社会保险基金预算支出75.55亿元，全年收支结余4.97亿元，累计滚存结余72.74亿元，下降4.2%。市本级完成社会保险基金预算收入56.71亿元，增长1.93%。市本级社会保险基金预算支出53.81亿元，全年收支结余2.9亿元，累计滚存结余

54.56亿元，下降7.05%。

一、财政改革创新突破

连续两年出台"财政改革十条"措施，全面实施零基预算，取消市直专项资金。建立健全大事要事依次序、分层次保障机制，构建大事要事保障项目库，采取四层级差异化保障模式，统筹资金落实国省市重大部署。出台进一步深入推进过"紧日子"的十条措施，在连续五年压减一般性支出的基础上，预算单位非刚性项目支出再压减15%。深入实施"绩效管理提升年"行动，强化全过程预算绩效管理，进一步扩大绩效前评估范围，试点开展园区财政绩效评价。园区改革向纵深推进，进一步优化市与园区政区财政体制。

二、服务发展锐意进取

用好"用、售、租、融"四字诀，盘活处置国有"三资"127.4亿元，上缴国库65.1亿元。争取新增债券资金限额168.24亿元，争取上级转移支付136亿元，成功获批国家综合货运枢纽、公共就业服务能力提升示范项目。安排各级资金3.5亿元推进产业强市"千百十"工程，累计拨付"专精特新"等财政奖补资金近1亿元。新增科技型企业知识价值信用贷款16.3亿元，企业惠及率全省第一。充分发挥担保集团支农支小支新作用，最大限度降低担保费率和贷款利率，为586家企业提供融资担保43.07亿元。推动湘潭中小微融资担保有限公司成功申报进入湖南省政府性融资担保机构名单。

三、财政管理提档升级

进一步规范财政预算资金内部审批及拨付程序，清理收回闲置沉淀资金，统筹用于保"三保"支出。政府采购监管服务平台及电子卖场实现全覆盖，制定政府采购负面清单，节约财政资金1.03亿元，中小微企业政府采购项目总体预留比例提高至88.57%。财政投资评审推行"一站式"办公、台账式管理，全面实行项目线上预审制，2023年完成项目评审141个，核减金额10.3亿元，核减率18.9%。推动湘潭市加油站数据管理平台建设，机动车燃油零售业税收增长24.11%。试点开展罚没收入分级缴库，全面推广实施电子非税收入一般缴款书改革。

四、持续改善民生福祉

始终守牢"三保"底线，民生支出占比七成以上。投入6亿元支持乡村振兴建设及粮食安全保障。分别安排7.8亿元、1.9亿元支持医疗卫生事业发展、落实就业优先战略。城市最低生活保障标准、特困人员、社会集中及散居孤儿基本生活标准每月分别提高50元、65元、150元。投入13.3亿元支持城乡教育事业均衡发展。安排3.4亿元用于污染防治和生态保护，成功获批国家气候投融资试点城市。累计投入15.36亿元，支持长株潭一体化区域协调发展、污水及生活垃圾处理、老旧小区改造等城市建设运营更新提质项目。归集资金推动杨梅洲大桥、下摄司大桥全面复工。

五、防范化解债务风险

始终坚持一手抓化债、一手抓发展，按照"两条线三回归"基本原则，成功争取中央财政特殊再融资债券，大幅降低利息负担，债务结构优化。严格执行"三道防线"。推动出台加强湘潭市财会监督十条举措，构建市级财会监督与巡察监督、纪检监察监督、审计监督贯通协调机制，建立财会监督人才库制度。实施县市区（园区）财政运行风险监控，以"两审查三监测"举措（审查县级财政预算、政府性投资项目，监测县级财政收入质量、库款资金、政府性债务）为核心，打通市县两级预算一体化系统权限，实现市对县（市）预算执行实时监控和大额资金调拨事前审批。

（湖南省湘潭市财政局供稿　唐诗妍执笔）

雨湖区

2023年，雨湖区全年地区生产总值（GDP）800.9亿元，同比增长（以下简称增长）6.2%，地区生产总值总量和增速均居全市第一位。其中，第一产业增加值18.6亿元，增长2.5%；第二产业增加值374.6亿元，增长8.6%；第三产业增加值407.7亿元，增长4.3%。全社会固定资产投资增长5.5%。分经济类型看，国有投资下降19.5%，非国有投资增长10.1%。分投资方向看，基础设施投资下降4.4%，高技术产业投资增长28.7%，民生投资下降2.9%，工业投资增长30.5%。

2023年，全区完成一般公共预算收入（区属数据，不含经开区，含雨湖区本级、雨湖高新区，下同）269257万元；完成一般公共预算地方收入（区属数据，不含经开区，含雨湖区本级、雨湖高新区，含上划市，下同）13.72亿元，为调整预算数的97.04%，剔除增值税留抵退税因素后，同口径对比增长5%。其中，地方税收11.36亿元，下降5.18%；非税收入2.36亿元，增长20.46%。

2023年，全区完成政府性基金预算收入0.0328亿元。全区政府性基金预算支出 5.1439 亿元。

2023 年，全区完成国有资本经营预算收入 0.0981 亿元（上年 700 万元）。全区国有资本经营预算支出 0.0445 亿元。

2023 年，全区完成社会保险基金收入 2.8 亿元，增长 6.04%。全区社会保险基金支出 2.49 亿元，全年收支结余 0.31 亿元，累计滚存结余 1.61 亿元，增长 16%。

一、加强财源建设，培育税源骨干

一是多措并举抓财源建设。统筹规划全年财源建设重点工作，明确部门责任分工，建立常态化工作调度机制，将财源建设考核结果纳入绩效考核和真抓实干激励范围。深入推进《园区财政体制改革工作方案》，完善财政、财务制度和审计监督制度，优化园区财政分配模式，推进园区高质量发展。雨湖高新区财源建设工作作为全省唯一园区被推介。二是优化服务促企业发展。结合"扁平化治理""三送三解三优"工作加大企业走访力度，辅导用好中小微企业税收优惠政策。坚持稳定经济运行一揽子政策落地，支持企业进行工艺优化、环保节能、降本增效升级。优化涉企资金拨付，建立专项机制全面清理拖欠账款，为民营中小企业营造发展环境。三是涵养优质骨干税源。为实现"三高四新"美好蓝图，高度关注优势行业、骨干税种、重点企业，持续关注裕能、金龙 2 家龙头企业的生产经营状况，2 家军工企业纳税情况。强化重点税源对财税增长的支撑作用，确保各项税费应收尽收。

二、强化资金统筹，保障改善民生

2023 年民生支出 23.18 亿元，占财政总支出比重达 87.94%，增长 0.7 个百分点。一是支出管理更加严格。制定关于过"紧日子"压减支出方案，健全常态化"紧日子"的长效机制，大力压减一般事务性支出及非刚性支出，严控"三公"经费支出，将压减腾出的资金统筹用于保障基层运转和民生领域等重点支出。二是民生保障更加有力。2023 年统筹安排教育支出 5.76 亿元，增长 25.75%，建元中学建成使用，泉塘子中学、湘锰中学完成提质改造。统筹安排农林水支出 4.18 亿元，增长 20.07%，坚决落实中央、省委、市委一号文件精神，坚持把农业农村作为一般公共预算优先保障领域，全力推进乡村振兴、农村人居环境整治、粮食安全生产等重点工作。统筹安排卫健支出 2.06 亿元，增长 4.39%，区中医医院、公卫服务质量提升项目启动建设。统筹安排交通支出 3137 万元，通济门路、锰碑路等建成通车，提质改造宋仙路、匣烟线一段，完成农村通组路 30 公里，大中修 30 公里。三是补贴管理更加规范。2023 年通过惠农补贴"一卡通"系统发放耕地地力保护补贴、农村低保等补贴 77 项、16382.67 万元。深入开展惠民惠农补贴资金检查及"三湘护农"专项行动，扎实守护好农民"钱袋子"。深入开展涉农项目资金专项督查，进一步规范涉农项目资金管理工作，切实提升涉农资金拨付率。

三、强化政策推动，抓实绩效管理

一是加强重大政策绩效评价。将落实国家、省、市重大决策部署作为预算绩效管理重点，加强财政政策评估评价，增强政策可行性。加强重点领域预算绩效管理，2023 年度纳入区本级预算的 111 家单位的部门整体支出和 65 个 50 万元以上的项目纳入全过程绩效管理。二是加强预算绩效管理水平。扎实开展"绩效管理提升年"行动，将绩效要求贯穿到财政政策制定、资金分配使用、内部管理等各个方面，出台预算绩效管理全链条文件，切实为全面实施预算绩效管理提供有力的制度保障。通过积极开展绩效管理业务培训以及绩效管理系统操作培训，进一步明确和强化部门单位预算绩效管理主体责任，提高各单位财务人员绩效管理水平。要求，按照"全面覆盖、突出重点、权责对等、约束有力、结果运用、及时纠偏"的原则，重点监控 2023 年财政支出情况，分别对全区各预算单位的部门整体支出和 50 万元以上的项目性支出开展跟踪监控。三是加强预算绩效管理水平。雨湖区财政局积极做实预算绩效管理工作，努力构建预算编制有目标，预算执行有监控，预算完成有评价，评价结果有应用的全链条管理模式，做到花钱必问效、无效必问责，不断提高财政资金使用效益。

四、积极整合资源，提升盘活成效

一是规范国有资产管理。制定《雨湖区行政事业单位国有资产管理办法》《雨湖区国有企业监督管理暂行办法》等文件，进一步规范国有资产使用、出租等行为，提高国有资产使用效益。完善湘潭市和畅城市资产经营有限公司架构，积极推动莲城仙女山泉、充电桩、光伏发电项目落地达效。二是健全激励考核机制。制定《2023 年雨湖区盘活国有"三资"工作考核办法》，进一步提升全区国有资产资源资金成效。2023 年全区国有"三资"盘活收益 1.03 亿元。累计上缴国库的资金 6044 万元，超额完成湘潭市下达的指标任务。

五、强化责任意识，促进规范管理

一是加强政府采购管理。出台《湘潭市雨湖区政府采购业务操作规程》，进一步完善政府采购流程，规范单位政府采购行为，强化政府采购监督职能，促进政府采购提质增效。2023 年累计完成政府采购项目 121 个，采购预算金额 1.91 亿元，实际中标金额 1.86 亿元，节约财政资金 482.57 万元，节支率 2.53%。全面实施湖南省政府采购电子卖场，完成电子卖场采购 12931 笔，采购额达到 2.01 亿元。二是提升财政评审质效。出台《湘潭市雨湖区财政投资项目评审操作规程》，进一步规范全区财政投资项目评审工作，评审机制进一步完善。2023 年完成预算评审和总承包招标上限值项目评审项目 85 个，送审金额 3.41 亿元，核定金额 3.11 亿元，核减金额 2940.72 万元，核减率 8.63%。完成结算评审项目 368 个，送审金额 2.61 亿元，核定金额 2.23 亿元，核减金额 3748.45 万元，核减率 14.37%。

六、严防债务风险，精准动态监管

一是坚决扛牢政治责任。贯彻落实习近平总书记关于化债工作的重要指示精神，坚决扛起防范化解债务风险的政治责任、属地责任和主体责任，严格落实《雨湖区2023年政府性债务风险化解实施方案》，稳妥推进年度化债任务，全口径防范债务风险。截至2023年12月，债务总体情况仍为相对安全地区，风险等级为绿色。二是落实落细源头管控。着力加强风险源头管控，硬化预算约束，从严控制隐性债务新增。严格落实区预决会制度，加强项目资金监管，严格项目资金来源审查。严格执行上级财政开工核准制，所有公益类政府性投资项目无预算不开支、无资金不建设、无核准不开工；新增政府隐债的项目一律叫停，坚决守住债务红线。三是积极争取债券资金。严格地方新增政府债券申报、管理、使用，完善出台《湘潭市雨湖区政府专项债券资金管理暂行办法》，2023年成功争取新增地方政府债券54800万元，其中一般债券21200万元、专项债券33600万元，有力充实区级财力，为全区经济高质量发展提供有力保障。

（湖南省湘潭市雨湖区财政局供稿　贺梦萦执笔）

岳塘区

2023年，岳塘区实现地区生产总值（GDP）689.2亿元，同比增长（以下简称增长）5.1%。其中，第一产业增加值7.9亿元，增长2.1%；第二产业增加值371.3亿元，增长5.0%；第三产业增加值310.1亿元，增长5.3%。全社会固定资产投资（不含农户）总额552.32亿元，增长5.1%。全区居民人均可支配收入49055元，增长4.0%。其中，城镇居民人均可支配收入49130元，增长4.0%；农村居民人均可支配收入44532元，增长5.7%。

2023年，全区完成一般公共预算地方收入10.33亿元，同比下降（以下简称下降）4.35%。其中，税收收入8.18亿元，下降5.25%；非税收入2.15亿元，下降0.77%；上级补助收入6.97亿元，债务转贷收入0.28亿元，动用预算稳定调解基金0元，调入资金1.86亿元，上年结转5.02亿元，收入合计24.46亿元。全区一般公共预算支出17.33亿元，加上上解上级支出1.82亿元，一般债务还本0.16亿元，补充预算稳定调节基金0元，调出资金0.95亿元，结转下年4.2亿元，支出合计24.46亿元。

2023年，全区完成政府性基金预算收入0元。全区政府性基金预算支出1.56亿元，调出资金（调入一般公共预算）0元，支出下降10.34%。

2023年，全区完成国有资本经营预算收入0元。全区国有资本经营预算支出0.16亿元，调出资金（调入一般公共预算）0元，支出增长2548.39%。

2023年，全区完成社会保险基金预算收入1.73亿元，增长11.61%。全区社会保险基金预算支出1.48亿元，全年收支结余0.24亿元，累计滚存结余0.85亿元，结余增长18.06%。

一、在"生财"上全力以赴，推动经济发展稳

一是稳存量保财源。调整完善财源建设激励政策，做好政策奖励与财源建设工作成效的衔接，强化区领导、行业部门、属地镇街三个层面的走访机制，重视意向迁转企业的跟踪服务，全流程做好稳企留企工作。充分发挥"以数治税"综合治税平台的作用，提升镇街协税护税工作效能，紧盯重点行业、重点企业，优化税源分类管理制度，强化征管质量"5C+5R"监控评价和收入质量监控分析，准确把握组织收入工作的关键发力点，确保应收尽收、颗粒归仓。地方税收增速五个县市区排名第二，收入质量五个县市区排名第二。岳塘区财源建设工作综合评价表现获得省"三高四新"财源建设工程联席会议办公室表扬。二是扩增量育财源。以推动实施"百十亿"工程为抓手，湘钢高效发电三期工程等项目竣工投产，湘电车载特种发射、先进金属材料精深加工产业园等项目稳步推进；湘钢、湘电等重点工业企业"三改一扩"项目有序推进，龙头制造业核心竞争力进一步提升，产业布局持续优化。强力推动"全员招商"行动，整合核心商圈楼宇、闲置资产，助力引进亿元以上项目15个、"三类500强"项目2个、"湘商回归"项目15个。新增纳税企业503家，新增税源2625万元。三是强服务促财源。继续巩固和拓展减税降费成效，减税降费11.96亿元，持续为市场主体减负增能。积极发挥政府采购支小助微作用，全区政府采购授予中小微企业合同金额9814万元。深入开展纾困助企行动，扩容优化"湘易办"一网通办事项，大力推广"湘信贷""潭信贷"金融服务平台，用好政府性融资担保政策，为企业发放信用贷款3190万元，破解企业融资难的发展桎梏。

二、在"用财"上突出重点，推动民生改善稳

一是把稳预算执行方向盘。坚决贯彻落实党政机关带头过"紧日子"要求，在适度增加支出强度的同时，持续压减一般性、非重点、非刚性、非急需和使用绩效不高的资金。年初预算中压减23%非重点非刚性专项支出，限期清理收回各类结余结转资金近386.92万元，统筹用于保"三保"和政府债务付息支出。二是切实兜牢"三保"底线。加大财政支出结构调整力度，通过加强对支出政策的评估，科学分配和执行预算，坚决兜牢"三保"底线。2023年，"三保"支出累计完成7.97亿元。其中"保民生"完成3.25亿元、"保工资"完成4.57亿元、"保运转"完成1457万元。三是织密基本民生保障网。统筹各类财政资金，保障民生投入力度，全年民生支出13.09亿元，占区级一般公共预算支出的75.56%。投入资金7915万元，推动义务教育优质均衡，新增优质学位2580个。投入资金2502万元，顺利落实疫情防控优化转段措施，进一步提升区属医疗卫生机构的就医环境和综合服务能力。投入资金1538万元，实现城镇新增就业1.68万人，登记失业率稳控在2.29%以内。投入资金3166.50万元，改造棚户区580户、老旧小区24个，加装电梯135台，支持提高城市品质。

三、在"理财"上拓宽思路，推动财政改革稳

一是加速推进平台改革。规范区管国有企业决策机制，剥离政府融资职能，促进区管国有企业向"市场化"和"实体化"转型；稳步推进湘潭发展投与岳塘经开区下属平台昭山控股优化整合，厘清偿债主体，理顺体制机制，有效整合资产资源，提高平台公司运行效率和效益。二是全力推动"三资"盘活。按照"用、售、租、融"盘活方式，发挥闲置资产最大使用效益和价值。稳步推进"线上+线下"公物仓建设，推动资产跨部门调剂使用。利用闲置土地全力推动长株潭公路港物流园项目招商引资工作，引入湖南飓速冷链科技和顺丰速运大型知名企业。有序推进40处闲置房屋进行四批次公开拍租，已成交4处。2023年，岳塘区已完成盘活总收益2.04亿元，完成市级任务数的678%，其中上缴国库1017.6万元，完成市级任务数的203%。三是全面提升绩效管理。实施"绩效管理提升年"行动，加快实现"五个提升"目标，优化新增政策（项目）事前绩效评估机制，充分发挥"财政+"纪委、审计、税务等协同作用，有序推进预算管理一体化系统预算绩效管理板块建设应用，以信息化手段加快构建"全方位、全过程、全覆盖"的预算绩效管理体系。将绩效评价结果与预算安排挂钩，2023年减少部门预算资金278.86万元。"绩效管理提升年"行动获评全省成效突出单位和先进个人。财政资环工作和行政事业单位国有资产报告工作获省级先进单位。

四、在"监财"上苦下功夫，推动财政运行稳

一是有序开展财会监督。认真落实财会监督工作的意见，聚焦短板和薄弱环节，重点实施财会专项监督检查，促进财政资金规范安全运行。加大预算单位实有资金账户的清理力度，清理账户5个。开展违规借支公款问题专项清查、"三湘护农"专项行动，采取有效措施推动整改落实。实现阳光审批系统与"一卡通"发放系统的无缝对接，全面强化惠农政策落实情况的监管。二是加强预算执行监督。以预算管理一体化系统为依托，加强预算执行支付动态监督，硬化预算刚性约束。建立"一月一报"重大支出需求信息提前通报制度，精准开展财政收支和现金流量预测，及时掌握库款总体变动情况，分析库款缺口形成的原因，合理调度库款，保障财政平稳运行，确保不发生支付风险。三是提升镇街财政效能。制定2023年度镇（街道）财政管理工作绩效评价实施方案、加强基层财政管理防范运行风险制度，利用乡镇财政资金审批监管系统，对基层财政非税征收、国有资产管理、债务管理等方面，实行从资金源头到末端的全过程跟踪监控，大力提升基层财政管理能力。书院路街道、下摄司街道2个财政所获得湖南省2023年度"先进财政所"称号。四是有效管控债务风险。出台岳塘区打好防范化解风险阻击仗工作方案、2023年化债工作要点、分领域方案等一揽子措施，统筹各类资金、资产、资源和各类支持性政策措施，优化期限结构、降低利息负担，逐步缓释债务风险；"分类施策、一行一策"持续扩大优化结构、降本降息成果，政府性债务平均利率4%以下，有效防范风险，守住了保运转、防"爆雷"的底线。化债工作获市级2023年度真抓实干先进集体表彰。

（湖南省湘潭市岳塘区财政局供稿　朱芊烨执笔）

湘潭县

2023年，湘潭县实现地区生产总值（GDP）573.08亿元，同比增长（以下简称增长）5.6%。其中，第一产业增加值74.8亿元，增长3.7%；第二产业增加值305.1亿元，增长7%；第三产业增加值193.2亿元，增长

4.1%。全社会固定资产投资增长6.7%。全县居民人均可支配收入34385.1元，增长5.3%。其中，城镇居民人均可支配收入45812.4元，增长3.6%；农村居民人均可支配收入27211.9元，增长6.4%。

2023年，全县完成一般公共预算地方收入13.01亿元，同比下降（以下简称下降）19.22%。其中，税收收入9.23亿元，下降16.54%；非税收入3.78亿元，下降25.09%，上级补助收入36.4亿元，一般债务收入2.05亿元，调入资金0.43亿元，上年结转0.1亿元，收入合计51.99亿元。全县一般公共预算支出45.2亿元，加上上解上级支出2.02亿元，一般债务还本1.39亿元，结转下年2.92亿元，调出资金0.46亿元，支出合计51.99亿元。

2023年，全县完成政府性基金预算收入3.69亿元，下降83.56%。全县政府性基金预算支出12.55亿元，调出资金（调入一般公共预算）0.44亿元，增长300%。

2023年，全县完成国有资本经营预算收入0.3亿元，增长400%。全县国有资本经营预算支出0.3亿元，调出资金（调入一般公共预算）0元，下降100%。

2023年，全县完成社会保险基金预算收入（包括城乡居民养老保险、机关事业单位养老保险、失业保险基金）完成9.34亿元，增长9.14%。全县社会保险基金预算支出8.39亿元，全年收支结余0.95亿元，累计滚存结余8.61亿元，增长12.4%。

一、持续加强党的建设，强化财政"政治属性"

一是把准政治方向。持续加强政治机关建设，把政治建设摆在首要位置，强化理论武装，不断巩固思想建设阵地。通过开展主题教育、中心组学习、专题培训等方式，教育引导党员学习党的二十大和习近平总书记重要讲话重要指示批示精神。如期完成机关党委和机关纪委换届，选优配强7名机关党委委员和5名机关纪委委员。第四党支部获评县直机关"示范支部"、第三党支部书记池西获评湘潭市"干部敢为"先进典型。二是深化廉政建设。深入推进清廉机关建设。深化"正作风、提精神、鼓士气"专项整治行动，完善从严管理监督干部制度体系，强化关键领域、关键岗位的运行监督机制，举办清廉艺术活动，两篇稿件被县纪检监察网采编。三是防范政治风险。落实意识形态工作责任制，牢牢掌握意识形态工作领导权、管理权、话语权。建立重大政策及项目舆情风险评估机制，党支部定期开展党员干部思想动态分析，切实维护意识形态安全。

二、全力拓宽财力渠道，增添财政"源头活水"

一是大力推进财源建设。研究出台《湘潭县财源建设工作方案》，建立财源建设责任部门分行业分地域联合协同工作机制，持续提高收入质量，推动县域经济高质量发展提供保障。二是强力盘活国有"三资"。按照"能用则用、不用则售、不售则租、能融则融"的原则，全面盘活"三资"，腾出更多财力用于支持稳增长、保民生、防风险。截至12月31日，累计盘活"三资"15.61亿元，上缴国库3.47亿元。三是加力争取上级支持。精准研判、全面落实国、省、市各项稳经济促发展政策措施，聚焦发展"六仗""稳增长20条"，紧盯地方政府专项债、中央预算内和部门专项资金等政策支持重点，积极策划包装项目迅速跟进对接，县争取国省转移支付36.4亿元，其中一般转移支付34.26亿元、专项转移支付2.14亿元。

三、强化财政支出管理，促进财政"松绑减负"

一是加大宣传提高认识。深入贯彻落实党的二十大和习近平总书记关于"艰苦奋斗、勤俭节约""党和政府带头过紧日子"等重要指示精神，在县委常委会上专题学习讨论省市县关于过"紧日子"、压减支出的相关文件精神，牢固树立带头过"紧日子"思想，充分认识过"紧日子"、严控一般性支出的重要性和必要性，努力用党和政府的紧日子换老百姓的好日子。二是建章立制规范支出。相继出台《整肃财政管理规范财经秩序深化预算改革十六条措施》《湘潭县过"紧日子"、压减支出实施方案》等文件，要求各单位厉行节约过"紧日子"。按照"先有项目再安排预算"的原则，压减非刚性、非重点支出；规范人员经费开支，严禁超范围超标准发放津贴补贴和奖金。三是厉行节约严控开支。严控机关单位运行经费和其他非必要一般性支出，2023年单位业务性项目支出预算在2022年度基础上压减30%，2023年压减部门预算1.6亿元。

四、全面深化财税改革，助力财政"提质增效"

一是加大财会监督检查力度。强化预算刚性约束，对预算执行不到位、支出管理不规范的单位，相应调减预算安排。2023年以来，先后开展公积金、社会保障缴费执行情况督查，根据检查结果在2023年资金安排中予以调整。二是优化完善资金拨付制度。充分运用预算管理一体化系统，对预算单位进行线上监管。在支出类型、收款方账户、单笔交易额、累计交易金额、同一账户交易频率等方面做出合理限制或支付预警提示。三是积极推进电子非税收入。全面使用电子非税收入一般缴款书，是纵深推进"放管服"和非税收入收缴电子化改革的具体要求，2023年7月实现非税收入收缴全流程电子化和无纸化，秉持"让群众少跑腿，让数据多跑路"的理念为民服务。

五、有效防范化解风险，确保财政"行稳致远"

一是严防"三保"风险。始终把"三保"支出作为财政支出的优先选项和"铁律"，利用预算管理一体化系统，对所有"三保"资金全流程动态监控，统筹各种财力资源，深度调整支出结构，确保"三保"支出足额到位。全年"三保"累计执行29.5亿元，切实保障人民群众基本生活、人员工资及时发放、保障基层正常运转。二是严防资金监管风险。开展财会监督检查，重点围绕财经纪律重点问题整治、会计行业专项监督、预算执行情况等3个重点领域，全面规范财经秩序。加强财政干部教育培训，提升干部的政治素养、业务能力、法纪意识和民本情怀。三是严防政府债务风险。优化债务结构，

2023年全县债务穿透后银行资金占比89.3%，比2022年度提高10.32个百分点；降低利息负担，完成降息179笔、金额达139.06亿元，年节约利息1.4亿元；推动"新规"续贷，抢抓《商业银行金融资产风险分类办法》实施前的政策"窗口"期，以最大的力度、最快的行动推动"新规"续贷工作，5-8月共完成78笔续贷，涉及到期金额32.21亿元。

（湖南省湘潭市湘潭县财政局供稿　刘叶若执笔）

湘乡市

2023年，湘乡市实现地区生产总值（GDP）564.17亿元，同比增长（以下简称增长）3.5%。其中，第一产业增加值73.26亿元，增长3.6%；第二产业增加值280.44亿元，增长1.4%；第三产业增加值210.47亿元，增长6.4%。全社会固定资产投资增长7%。全市居民人均可支配收入34604元，增长5.4%。其中，城镇居民人均可支配收入46436元，增长3.6%；农村居民人均可支配收入26669元，增长6.4%。

2023年，全市完成一般公共预算地方收入16.35亿元，增长0.1%。其中，税收收入10.65亿元，同比下降（以下简称下降）6.46%；非税收入5.7亿元，增长15.19%，上级补助34.99亿元，一般债务收入3.9亿元，动用预算稳定调节基金0.38亿元，调入资金1.19亿元，上年结转676万元，收入合计56.91亿元。全市一般公共预算支出52.04亿元，加上上解中央1.71亿元，一般债务还本3.14亿元，结转下年0元，支出合计56.91亿元。

2023年，全市完成政府性基金预算收入11.87亿元，下降17.85%。全市政府性基金预算支出13.7亿元，调出资金（调入一般公共预算）3700万元。

2023年，全市完成国有资本经营预算收入400万元。全市国有资本经营预算支出400万元。

2023年，全市完成社会保险基金预算收入8.05亿元，下降4.39%。全市社会保险基金预算支出8.04亿元，全年收支结余100万元，累计滚存结余5.4亿元，下降4.76%。

一、坚持靶向精准施策，全力培育厚植财源

一是收入质量稳步提升。全市财政总收入完成27.36亿元，地方一般公共预算收入完成16.35亿元，同比预算数增长0.03%。其中地方税收完成11.39亿元；非税收入完成4.91亿元。二是税源培育逐显成效。继续深入实施财源培育行动，推进税源企业"一对一"联系制度，支持重点骨干企业做强做优，埃普特医疗器械有限公司税收入库1.93亿元，增长29.65%，湖南创普开业科技有限公司税收入库3551万元，增加1149万元。一批重点骨干税源发展势头良好，工业税收主体增长强劲。支持裕能、能星、镁基等战略性项目顺利投产，湘乡绿色化工园区建设稳步推进，"新"的动能不断激发。

二、直面困难主动求变，稳步推进财政改革

一是全面整肃财经管理。严格执行过"紧日子"的八条措施以及整肃财政管理规范财经秩序深化预算改革十五条措施，进一步树牢各级各部门过"紧日子"思想、兜牢兜实基本民生支出、节约从紧安排机关单位运转支出、严禁超范围超标准发放津贴补贴和奖金、加强重大政策绩效评价强化财审联动机制，充分发挥财政资金的使用效益。二是严格规范预算约束。预算编制严格建立按优先顺序、分层次的节约型保障机制。坚持"三保"支出在财政支出中的优先地位，按照基本人员支出、基本民生支出、大事要事保障清单依次序、分层次地进行保障。全市民生支出40.65亿元，占一般公共预算支出比78.12%。通过"一卡通"系统发放补贴项目100项412批次，惠及1301752户（人、次），累计资金5.16亿元。有保有压编制预算，全面实施"零基预算"，两上两下编制2024年预算。在兜牢"三保"底线的基础上，对项目采用储备库的形式，根据财力状况进行保障。2023年将教育、城乡事务、水利建设等刚需支出列入总预算予以保障。压减专项经费1.84亿元（含压减建设资金1.13亿元），其中部门预算专项压减4600万元、预留专项压减1.38亿元。三是建言献策助推改革。积极主动建言献策，市委、市政府对财政在各项工作中提出的好建议、好意见都得到了充分采纳，资金安排的审批流程由自上而下转变为自下而上。授予财政对全市国有资产、资源、资本管辖权，市管国有公司管理权，促使督导市管国有公司做实经营，增强盈利创收能力，提高造血功能。

三、压实责任综合施策，防范化解地方风险

一是防范化解债务风险。建立财政运行风险监测机制，压实单位党政"一把手"财政运行风险主体责任，以风险防控为重点，紧控财政支出，提升库款保障水平。坚决打好防范化解债务风险攻坚战，强力推动债务平滑、刚兑化解、合同清查、违规清缴等一系列措施，全力降低债务利息，牢牢守住了不"爆雷"、不断链、不发生重大风险舆情事件三条底线。持续优化债务结构。2023年累计完成降息降成本1.18亿元，政府债券和银行贷款占比提升到92.43%。二是规范项目决策程序。进一步规范政府性投资项目，落实政府性投资项目预算审核和投资决策制度，提高政府投资效率，切实加强政府性投资项目风险防控。定期召开湘乡市政府重大项目预算审核和投资决策委员会会议，严格资金来源审核，严控项目审批。市预决会累计审核项目250个，核减项目11个。三是加强资源资产处置。全面清理结余结转以及沉淀闲置的单位资金，收回结余结转资金、暂付款和沉淀资金1.38亿元，统筹用于弥补"三保"支出缺口。用好"用、售、租、融"四字诀，盘活资产资源，稳妥推进资产处置。城区公共停车位（场）特许经营权入库1.45亿元。和湘潭绿色矿山集团合作成立湘潭绿色矿山集团（湘乡）有限公司，广箭湾矿区建筑用花岗岩矿采矿权入库1.64亿元。通过对外租赁、土地转让、开发利用等方式"腾笼换鸟"盘活"烂尾工厂"湘乡市嘉寓门窗厂闲置厂房，"包袱"变财富。

四、服务产业助企纾困，激活动能助推发展

一是积极向上争资争项。加强部门配合协作，全力争取政策支持。争取上级转移支付34.99亿元、一般债券资金8000万元、专项债券资金20.92亿元、再融资债券4.95亿元。精心包装策划项目，积极向上争资，推动迅速形成实物工程量。二是助力企业纾难解困。出台服务骨干税源企业对口联系工作机制，深入做实对口联系，与企业形成良好互动，积极落实市"送政策、解难题、优服务"行动，全年走访企业82家，深入企业宣讲政策，指导协助企业做好项目申报、减税退费等相关工作，共同推进产业高质量发展。将涉企资金的支付次序摆在优先位置，千方百计调度资金，2023年全年共兑付各类涉企项目资金12.11亿元，安排产业发展专项资金1500万元，对产业链建设、企业转型升级、智能化改造、"专精特新"企业培育、规工企业培育科技创新等方面加大奖补支持力度，促进企业发展。三是发展产业激活动能。成立湘乡市财政局产业强市"百十亿"工程工作领导小组，厘清工作职责，明确由企业股归口对接所有涉企事项，优化服务，帮企业代办财政局院内审批，简化相关流程，建立涉企资金兑付绿色通道，让企业办事更方便、快捷，进一步减轻企业负担。积极拓展农业融资渠道，落实产业惠农贷款和农业担保贷款政策，与市内9家银行合作，重点服务种养殖大户、家庭农场、农民合作社、农业产业化龙头企业和农业社会化服务组织，累计发放担保贷款3.63亿元，2023年末在保对象93户，在保金额8844万元。

五、科学理财规范管理，提升财政管理水平

一是强化绩效评估理念。深入推进"三湘护农"专项行动，开展惠农补贴资金突出问题整治。在泉塘镇双江村开展驻场"解剖麻雀式"检查，形成样本经验后，开展自查、重点抽查、全面整改"三部曲"行动，完成自清自查问题整改3317个、纪委交办问题整改68个。开展"两带头五整治"、违规发放津补贴监督检查，在卫健局、水利局开展财务管理、会计核算和财政资金使用情况检查，开展借支公款自查、核查和整改工作。运用财政绩效和监督融合方式，通过财政绩效评价与监督双轮驱动，以预算配置、执行、内控、管理等指标为基点，着重对近年来各领域突出、社会关注议题有针对性的评价，拓展绩效评价广度和深度。评价结果与预算安排、政策调整和工作考核挂钩，对绩效评审结果为"较差""差"的单位，分别扣减其公用经费的5%和10%，对绩效评审结果为"较差""差"的项目，分别扣减项目金额的20%和50%。28个单位58项专项核减1904万元，60个单位核减公用经费191.39万元。二是强化政府投资评审。严格规范市本级政府投资项目预算、结算评审。加强项目台账管理，实行财审联动，提升项目评审质量。充分发挥财政投资评审职能，完成评审项目380项，评审金额10.08亿元，核减1.11亿元，核减率11.01%。三是优化政府采购制度。构建全流程电子政府采购监管服务平台，完成政府采购项目159个，采购合同金额3.42亿元，节约资金2174万元，节约率4.03%；实施政府采购电子卖场，全市国家机关、事业单位和团体组织等采购单位199家，完成电子卖场交易额3.48亿元。

（湖南省湘潭市湘乡市财政局供稿　陈四海执笔）

韶山市

2023年，韶山市实现地区生产总值（GDP）114.52亿元，同比增长（以下简称增长）5.1%。其中，第一产业增加值8.12亿元，增长3.7%；第二产业增加值50.05亿元，增长6.1%；第三产业增加值56.35亿元，增长

4.3%。全社会固定资产投资（不含农户）增长10.8%。全市居民人均可支配收入48627元，增长5.4%。其中，城镇居民人均可支配收入53507元，增长3.8%；农村居民人均可支配收入38224元，增长6.6%。

2023年，全市完成一般公共预算地方收入7.4亿元，增长4.4%。其中，税收收入5.5亿元，增长0.2%；非税收入1.9亿元，增长19.2%，中央补助7.53亿元，一般债务收入1.37亿元，动用预算稳定调节基金0.01亿元，调入资金1.72亿元，上年结转0.21亿元，收入合计18.23亿元。全市一般公共预算支出16.48亿元，加上上解中央0.44亿元，一般债务还本1.15亿元，补充预算稳定调节基金0元，调出资金0元，结转下年0.15亿元，支出合计18.08亿元。

2023年，全市完成政府性基金预算收入26.47亿元，增长67.8%。全市政府性基金预算支出26.07亿元，调出资金（调入一般公共预算）0.85亿元，增长68.4%。

2023年，全市完成国有资本经营预算收入0.4亿元，增长21.6%。全市国有资本经营预算支出0.4亿元，调出资金（调入一般公共预算）0.4亿元，增长21.7%。

2023年，全市完成社会保险基金预算收入1.9亿元，增长42.4%。全市社会保险基金预算支出1.35亿元，全年收支结余0.55亿元，累计滚存结余1.71亿元，增长3.7%。

一、加强财政统筹，激发发展动能

一是高效完成政府采购任务。2023年完成发布限额标准以上信息公告招标采购73次、工程双备案8次、采购意向公开78次、发布合同公告82次，共完成采购预算资金1.3亿元，实际采购支出1.21亿元，节约预算资金0.09亿元，平均节约率6.6%。韶山市已入驻电子卖场608家企业，乡村振兴馆22家企业。电子卖场完成交易额1.5亿元，交易笔数6899笔。韶山市94个预算单位全部开通电子卖场，纳入统一管理，开通覆盖率100%，发生交易的采购单位94家，交易渗透率达100%。有效降低财政支出，最大限度发挥资金使用效益。二是乡村振兴工作长效发展。争取上级各项农业资金1.5亿元，其中乡村振兴专项资金0.62亿元、水利发展资金0.31亿元、耕地地力和农机购置等各项农业补贴0.11亿元、农业保险保费补贴0.04亿元。农林水支出完成2.7亿元，增长3.8%。三是规范惠农补贴资金支出。2023年惠农等补贴项目共计发放97项，金额0.62亿元，其中惠农补贴类84项0.6亿元、巩固脱贫成果类13项0.07亿元，2023年发放项目的数量、种类与往年相比大幅提升。四是落实财政监督职能。2023年度按照上级要求和年度目标，对韶阳村2018-2022年惠农补贴资金、韶山中心粮站及韶山市文化馆会计信息质量和乡镇违规发放津补贴情况开展检查；组织全市本级82家预算单位、2家平台公司、4个乡镇对违规出借资金开展自查自纠工作；协助韶山市纪委监委完成对6个单位进行"纠四风"专项检查。对检查发现的问题，督促被检查单位举一反三，限时整改到位。五是政府性投资项目审核。根据财政承受能力，对项目建设资金来源进行严格审核，坚决制止未落实建设资金的项目上马，杜绝隐性债务新增。2023年共审核项目57个，总投资17.17亿元。协调湘潭市发改委联审核准项目2个。六是全面推进评审工作。2023年共评审各类房建（含装修）、安装（强弱电及智能化）、市政工程、公路工程（含桥涵）、水利工程、高标准农田建设项目、农业污染防治项目、水环境治理项目等建设项目72个（含设计施工总承包EPC项目施工图预算21个），其中评审施工图预算项目68个、评审工程结算项目4个。送审金额8.34亿元（含EPC项目6.05亿元），审定金额7.24亿元（含EPC项目5.2亿元），核减1.1亿元，核减率13.19%。

二、夯实财源培植，提升经济效能

一是着力加强财源培植。强化财源建设组织保障，将财源建设作为"一号工程"，摆在财政工作重要位置。做好税收"四清"工作，加大欠税、漏税、小税、散税清缴力度，堵塞征管漏洞，挖掘税源增长点。通过大力推进财源建设工程，升级财税综合信息平台系统，强化部门协调配合和数据、信息的共享运用，加强重点税源的税收比对分析，及时开展重点企业走访帮扶活动，2023年实现税收骨干企业76家，比2022年增加12家。二是盘活国有"三资"。2023年韶山市累计完成"三资"再利用账面3.07亿元，为任务数1亿元的282%，盘活收益入库总额0.69亿元，为任务数0.3亿元的229%。指导国有企业优化产业结构，进一步压实目标任务，督促企业制定节流降耗工作方案。全力做好公司整合文章，提升企业市场竞争力。

三、加大财政投入，保障粮食安全

严格履行财政职能职责，积极对接上级项目及相关补助资金，加大财政投入力度，多措并举夯实粮食安全生产的财政保障基础。

一是完善储备粮管理机制。建立和完善县级储备粮规模、轮换管理和库存监管机制，明确2023年度临储粮地点，确保粮食储备的规范化和制度化。通过一系列制度建设，为粮食安全的财政保障奠定坚实基础，粮食储备工作更加有序、高效。二是强化资金保障措施。积极筹措并解决智慧粮库建设所需资金3.62万元，同时，追加安排政策性粮食监管及粮站技术经费50万元，以确保粮食生产和储备工作的顺利进行，提升粮食储备的硬件设施水平，为粮食监管和技术创新提供有力支持。三是紧密合作职能部门。与相关职能部门紧密合作，联合下达《韶山市2023年临储粮收购处置方案的通知》，指导中心粮站做好临储粮收购资金的贷款及县级储备粮轮换相关补贴工作，确保临储收购和储备粮轮换顺利进行，有效保障粮食市场的稳定和农民的利益。四是加强财务监督管理。进一步加强涉粮企业的财务管理和监督工作，派出专业检查组对韶山市中心粮站进行全面财务监督检查。通过检查，督促被检查单位完善相关制度，并及时整改发现的问题，提升涉粮企业财务管理水平，为粮食安全的财政保障提供有力支撑。

四、广开人才贤路，充实专业力量

一是健全完善干部队伍培养体系。通过构建系统化、多层次的培训体系，注重专业知识的更新与深化，强化实践能力和创新思维的培养。同时，积极引入外部优质教育资源，开展专题讲座、工作坊和在线学习平台，为财政干部提供丰富的学习资源和交流机会，全面提升队伍的整体素质和专业能力。二是双轨并进引入人才。面对2024年财政人员更替的关键期，采取双轨并进策略，高效组织公务员考试，吸引有志于财政事业的青年才俊加入；同时，加大人才引进力度，特别是针对政府债务风险防控、政府采购等关键岗位，通过优惠政策、职业发展路径规划等手段，精准对接并引进一批具有丰富经验和专业技能的高端人才，为财政干部队伍注入新的活力与智慧。三是聚焦年轻干部培养。加大对年轻干部的培养力度，通过实施"铸基培优"计划，为年轻干部量身定制成长路径，包括导师制度、轮岗锻炼、重点项目参与等多种方式，帮助他们快速熟悉业务、积累经验、提升能力。同时，注重培养年轻干部的责任意识、团队协作精神和创新思维，为财政事业的长远发展奠定坚实的人才基础。四是优化队伍铸就高效团队。针对老中青三代财政干部的特点和优势，优化队伍结构，形成合力搭配、战斗力强、活力十足的工作氛围。通过合理调配人力资源，确保每个岗位都能由最适合的人员担任，实现人才与岗位的最佳匹配。同时，加强团队文化建设，弘扬风清气正的良好风尚，激发全体干部的工作热情和创造力，共同推动财政事业不断迈上新台阶。

五、稳抓债务化解，致力风险防范

2023年积极优化债务结构，确保刚兑不爆雷，通过谈判与银行达成债务续贷、调整还款计划和替接他盘共计68笔，涉及贷款资金13.02亿元，全年降息53笔，节约资金0.85亿元，涉及贷款资金52.81亿元。

一是优化债务结构确保稳定兑付。2023年坚定不移地将优化债务结构作为核心任务，构建稳健、可持续的财政体系。通过深入分析与精准施策，与多家银行进行多轮谈判，达成包括债务续贷、灵活调整还款计划及承接他方债务在内的共计68项协议，涉及贷款总额高达13.02亿元，有效缓解短期偿债压力，确保每一笔债务都能按时、足额兑付，避免可能引发的金融风险，维护了市场信心与金融稳定。二是积极降息减负。积极争取银行支持，全年共实现53笔贷款降息，直接节约0.85亿元利息支出。将资金重新投入到更急需、更高效益的领域，如基础设施建设、民生改善项目等，显著提升财政资金使用效率和社会效益。涉及的贷款资金总额达到52.81亿元，这一成果不仅体现财务管理上的精细操作，也彰显风险防控中的前瞻布局。三是严控债务红线。始终将综合债务率作为关键监控指标，通过一系列科学有效的管理措施，确保其始终保持在政府设定的红线以下。这是对当前财政安全的负责，更是对未来可持续发展的承诺。四是深化资产资源清理。全面启动韶山市资产资源清理工作。通过细致入微的摸底调查，掌握全市各类资产资源的详细情况，为后续的优化配置、盘活利用打下坚实基础。同时通过资产证券化、租赁经营等方式，为政府开辟新的收入来源，进一步增强财政的韧性和可持续性。

六、坚持党建领航，打造廉政集体

坚持以党员队伍建设为重点，充分发挥党支部的战斗堡垒作用和党员的先锋模范作用。坚持党建工作与财政工作、廉政工作深度融合。

一是深化党员队伍建设。打造廉政集体，首要聚焦于党员队伍的建设与提升。通过定期组织党员学习会、专题研讨会等形式，深入学习党的理论知识与最新政策，不断增强党员的政治素养和理论水平。同时，注重发挥党支部的战斗堡垒作用，通过支部活动、党员示范岗等载体，激励党员在财政工作中勇挑重担、率先垂范，形成"一名党员一面旗"的良好风尚。二是党建与业务融合推动廉政建设。将中央八项规定精神及其实施细则作为日常工作的行为准则，结合财政业务特点，细化规章制度，严肃机关工作纪律，确保每一笔财政资金都用到实处、每一项政策都落实到位。同时，通过设立党员监督岗、开展廉政风险点排查等方式，将党建工作嵌入财政业务全流程，形成监督合力，有效预防腐败现象发生。三是完善谈心谈话机制。建立健全包括沟通谈话、激励谈话、提醒谈话在内的谈心谈话制度。通过定期与干部职工面对面交流，及时了解思想动态和工作情况，对苗头性、倾向性问题做到早发现、早提醒、早纠正。同时，鼓励干部职工主动报告个人有关事项，自觉接受组织监督，共同营造风清气正的工作氛围。四是警示教育树立正确政绩观。深入开展"镜鉴"以案促改促建促治专项活动，通过剖析典型案例、观看警示教育片等形式，让党员干部深刻认识到违纪违法的严重后果和恶劣影响。同时，结合财政工作实际，开展树立和践行正确政绩观专项主题活动，引导党员干部树立正确的权力观、政绩观和事业观，做到权为民所用、情为民所系、利为民所谋。五是开展专项行动净化风气。针对机关作风建设中存在的突出问题，积极响应上级号召，开展"两带头五整治"纠风防腐专项活动及"领导干部子女相互请托办事问题政治自查自纠情况"自查自纠工作。通过自查自纠、专项检查、公开通报等方式，严肃整治违规吃喝、违规收送礼品礼金、违规旅游、打牌赌博、酒后驾车等不正之风。同时，建立健全长效机制，确保整治成果得到巩固和拓展，持续推动机关作风的根本好转和全面从严治党的深入实施。

（湖南省湘潭市韶山市财政局供稿　杨晴　张展执笔）

衡阳市

2023年，衡阳市实现地区生产总值（GDP）4190.87亿元，同比增长（以下简称增长）5.3%。其中，第一产业增加值461.50亿元，增长3.1%；第二产业增加值1385.79亿元，增长7.1%；第三产业增加值2343.57亿元，增长4.6%。全年规模以上工业增加值增长7.2%。全社会固定资产投资（不含农户）增长6.4%。全市居民人均可支配收入36685元，增长5.7%。其中，城镇居民人均可支配收入45864元，增长4.5%；农村居民人均可支配收入26903元，增长6.7%。

2023年，全市完成一般公共预算地方收入195.61亿元，增长2.36%。其中，税收收入134.55亿元，增长3.02%；非税收入61.06亿元，增长0.92%，上级补助399.74亿元，债务转贷收入83.15亿元，动用预算稳定调节基金13.98亿元，调入资金72.64亿元，上年结转77.83亿元，收入合计842.94亿元。全市一般公共预算支出663.00亿元，加上上解上级支出12.93亿元，一般债务还本69.23亿元，补充预算稳定调节基金15.18亿元，调出资金1.64亿元，结转下年80.94亿元，支出合计842.94亿元。市本级完成一般公共预算收入63.52亿元，同比下降（以下简称下降）10.68%。其中，税收收入41.99亿元，下降9.48%；非税收入21.53亿元，下降12.93%，上级补助98.51亿元，债务转贷收入60.63亿元，动用预算稳定调节基金9亿元，调入资金48.89亿元，上年结转18.85亿元，收入合计305.44亿元。市本级一般公共预算支出157.40亿元，加上上解上级支出4.17亿元，一般债务还本54.63亿元，补充预算稳定调节基金9.23亿元，调出资金0，结转下年18.71亿元，支出合计305.44亿元。

2023年，全市完成政府性基金预算收入225.64亿元，增长50.75%。全市政府性基金预算支出257.84亿元，调出资金（调入一般公共预算）50.02亿元，增长7.26%。市本级完成政府性基金预算收入161.94亿元，增长63.3%。市本级政府性基金预算支出138.74亿元，调出资金（调入一般公共预算）43.71亿元，增长3.35%。

2023年，全市完成国有资本经营预算收入8.64亿元，增长196.61%。全市国有资本经营预算支出4.14亿元，调出资金（调入一般公共预算）4.76亿元，增长577.67%。市本级完成国有资本经营预算收入5.82亿元，增长176.03%。市本级国有资本经营预算支出2.40亿元，调出资金（调入一般公共预算）3.42亿元。

2023年，全市完成社会保险基金预算收入161.34亿元，下降2.87%。全市社会保险基金预算支出157.33亿元，全年收支结余4.01亿元，累计滚存结余141.37亿元，下降2.49%。市本级完成社会保险基金预算收入95.60亿元，下降9.39%。市本级社会保险基金预算支出96.93亿元，全年收支结余-1.33亿元，累计滚存结余95.78亿元，下降6.46%。

一、全力抓好财源建设

印发《衡阳市财税综合信息平台数据共享管理办法》《市直部门涉税涉费评估规程》，将财税信息报送、税源管理等工作情况与单位公用经费挂钩，打造"三位一体"考评体系。出台"五好"园区建设"硬核18条"，推行总量控制的"基础工资+绩效奖"薪酬制度。将亩均税收规模及增幅纳入"五好"园区考核，进一步加强和规范投资履约监管。依托财税综合信息平台，市县两级共采集数据1.5亿条，向税务部门推送12批次疑点。16项"税务+N"共治核查任务入库超20亿元，财源建设工作在《中国财政》和《湖南工作》专刊上进行推介宣传。

二、奋力助推经济发展

市本级兑现"稳经济增长22条"奖补资金3.88亿元，落实减税降费退税政策规模达20.12亿元，充分激发市场主体活力。扩大融资担保覆盖面，出资1亿元设立市财融普惠小额贷款有限公司，为816户在保小微企业提供融资贷款担保17.19亿元，减免担保费0.25亿元。将住房公积金、物维资金等财政监管资金纳入资金定存体系，用86亿元存款撬动290亿元新增贷款投向市场主体。促成保交楼专项借款资金25.76亿元，发放购房补贴1亿元，推动房地产业发展。上述系列措施稳住了经济基本盘，为全市财税收入实现质的有效提升和量的合理增长奠定了基础。

三、倾力保障改善民生

牢固树立过"紧日子"思想，全力做好"争、筹、盘、清"四篇文章，提升财力持续保障和改善民生，争取上级转移支付348亿元，新增债券资金312.13亿元，资产资源盘活收益313亿元，清理盘活闲置、低效以及往来资金23亿元，市本级提高财政专户协定存款利率1个点以上，一年可增加利息收入超1亿元。年末库款余额较上年同期增加近3亿元，为增进人民福祉提供了财力支撑，全市民生支出占一般公共预算支出比重在75%以上。

四、强力做好风险防控

一是防范化解地方债务风险。牵头制定防范化解地方政府债务风险系列文件，打好制度"补丁"，健全防控债务风险长效机制；筹措资金146.89亿元，确保政府债务按时还本付息；争取化债试点再融资债券额度113.65亿元，有效化解非标、刚兑和高息隐性债务，每年可节约利息成本3.18亿元；积极对接金融机构降低利率项目54个，节约融资成本1亿元以上。二是防范财政运行风险。开展县级财政预算编制事前审核、财政运行风险调研等工作，指导督促县区打满打足"三保"预算、压减支出，优先保障"三保"支出需求；市本级安排县级专项补助资金15亿元，新增设立县级财政运行应急资金，确保兜牢财政"三保"底线。

五、大力深化改革创新

一是深化预算管理改革。按照"部门预算安排总盘子不变"的原则，调整优化2023年部门预算结构，人员经费足额安排，改变单位公用经费安排方式，对空编单位按空编数的0.5倍奖励公用经费，对超编单位按超编数的2倍扣减公用经费，鼓励单位空编余编；大幅压减项目经费，2023年市级预算压减非刚性、非重点支出资金9.2亿元。出台《关于规范市直预算单位机关食堂支出管理的通知》《关于进一步规范市直一类会议支出的通知》《关于规范市直预算单位办公经费支出管理的通知》等制度文件，规范单位支出行为，减少铺张浪费。二是推进投资评审改革。推进造价指标标准化，统一材料价格和评审口径，发布材料价格5800条，对常用的土石方、材料调差统一评审口径。推进中介管理精细化，实行全面备案和动态管理。将不符合条件的20多家中介机构剔除出备案名录，坚决杜绝无办公场所、人证分离、挂靠注册，将专业能力强、口碑好的23家中介机构纳入精选层，突出质量优先、口碑优先。推进评审过程公开化，全面打造阳光评审。在全省率先采取"双随机"摇号、直播方式选取造价咨询机构的措施，改革经验被财政部《中国财政》杂志推介。推进评审管理制度化，全面规范评审行为。修订评审管理办法，重新明确了起点标准和评审范围。推进项目调度常态化，全面强化保障能力。对重点项目和超时未完成的积压项目坚持每周一调度、一月一点评，做到能推动的尽量推动，能出报告的尽量早出。

六、着力开展"两个活动"

一是开展"财政基础工作建设年"活动。以科室为单位编制《工作一翻通》《制度汇编》，共新建完善相关制度47项，推动建立高效有序、运转协调、行为规范、管理科学、公开透明的工作体系。建立基础数据库，对数据进行分析，让数据成为政策制定、预算管理改革等工作的重要基础。二是开展"绩效管理提升年"活动。在全覆盖开展部门绩效自评的基础上，按照"滚动安排、3年基本全覆盖"的原则，紧扣中央和省、市各项决策部署，围绕重点推进实施、社会关注度高、持续时间长、资金规模较大的民生保障、产业发展、政府债券等领域，经业务科室推荐、分管领导审核，筛选出31个项目开展2023年度财政重点绩效评价。

（湖南省衡阳市财政局供稿　阳一洲执笔）

珠晖区

2023年，全区完成一般公共预算地方收入3.20亿元，同比下降（以下简称下降）13.29%。其中，税收收入2.30亿元，下降20.25%；非税收入0.90亿元，同比增长（以下简称增长）11.58%，上级补助收入9.79亿元，一般债务转贷收入4425万元，动用预算稳定调节基金1368万元，调入资金16056万元，上年结转3.57亿元，收入合计18.74亿元。全区一般公共预算支出13.22亿元，加上上解上级8278万元，一般债务还本1335万元，安排预算稳定调节基金434万元，调出资金1545万元，结转下年4.36亿元，支出合计18.74亿元。

2023年，全区完成政府性基金预算收入1.41亿元，全区政府性基金预算支出6983万元。

2023年，全区完成国有资本经营预算收入1060万元。全区国有资本经营预算支出245万元。

2023年，全区完成社会保险基金预算收入2.04亿元。全区社会保险基金预算支出1.59亿元。

一、积极培植财源，推动经济发展

一是稳住经济大盘。全面落实"稳增长二十条"措施，持之以恒实施财源建设工程，落实落细税费支持政策，全口径退税减税降费7687万元，减轻市场主体税费负担，惠企纾困。申报中小企业发展专项资金、先进制造业高地建设专项资金，激发企业活力。二是发挥财政资金引导作用。搭建财税综合信息平台，税务征收放管并重，开展"一评四清"税收专项攻坚行动，增收市区级税收7000万元；落实领导联点帮扶，加强骨干税源企业培育，兑现工业企业技术改造经济贡献增量奖补资金283.84万元。三是服务重点产业发展。支持打好"发展六仗"，聚焦产业发展，打造新材料、新技术、新能源创新研发战略高地，建设"军民融合示范区"，加速推进衡阳国际物流港、盐穴压缩空气储能、湘衡盐化150万吨精制盐、木材集中加工区、锻造铸造等产业项目建设。

二、优化财政支出，保障民生重点

全区民生支出9.65亿元，占一般公共预算支出比重72.98%。一是统筹集中可用财力。密切关注上级政策动向、发展导向、资金投向，积极争资跑项，对上争取各类财政性资金6.53亿元。政府持续过"紧日子"，压减部门专项资金1173万元，清理上年度非税收入结余、超过两年的上级指标等存量资金2.64亿元，集中可用财力保民生。二是全力保障基本民生。落实"七补两贷一扶持"政策，安排就业补助资金1770万元。支持提升卫生健康水平，基本公共卫生服务经费人均财政补助标准提高到89元，安排基本公共卫生补助资金2988.5万元、基本药物补助资金587.5万元、计生扶助资金1258.8万元。关爱特殊群体，安排困难群众救助资金3647.17万元、优抚资金1937.5万元。坚持教育经费优先保障，足额落实教师工资待遇，全力配合"双减"课后服务各项工作任务落实落地，规范民办义务教育发展，累计投入教育经费2.77亿元。持续加强惠民惠农资金管理，通过"一卡通"系统累计发放补贴资金1.12亿元。支持"三馆"免费开放、老旧小区改造、"点亮工程"建设等，投入资金592万元，促进文化事业发展，助力文明城市创建。三是全面支持乡村振兴。全年安排衔接乡村振兴补助资金3963.15万元，完成珠晖区832平台脱贫地区农副产品和省乡村振兴馆农副产品采购份额，进一步巩固脱贫攻坚成果。

三、做好风险防控，筑牢安全底线

一是严格兜牢"三保"底线。坚持"三保"支出的优先顺序，足额安排"三保"支出，2023年"三保"执行数为7.83亿元。其中，"保基本民生"3.07亿元、"保工资"4.44亿元、"保运转"3208万元，全年未发生"三保"支出风险事件。二是严格防范运行风险。抓好珠晖区财政支出管控方案、风险管控措施落实落细，加强事前审核预算编制、统筹财政支出、监控库款余额、盘活国有"三资"，清理处置暂付款7882万元，区级财政运行平稳。三是严格防控债务风险。牵头打好防范化解风险阻击仗，编制珠晖区防范化解地方债务风险"1+N+X"方案，按计划偿还政府债务本息，政府债务风险整体可控。

四、规范财政管理，提升监督效能

一是深刻夯实预算管理一体化建设成果。科学编制部门预算、严格控制预算指标，试点非税电子票据应用，规范开展会计核算，完成年度既定目标，获得全省预算管理一体化建设先进县市区三等奖荣誉。二是深入推进绩效评价结果应用。完成预算管理一体化系统绩效管理板块上线工作，出台预算支出绩效监控及评价管理办法，监控预算单位整体绩效目标和项目资金，提高预算执行效率和资金使用效益，获得全省市县财政部门预算绩效管理工作良好县市区荣誉。三是精心编报国有资产管理情况。完善编报机制，为解决行政事业性国有资产管理利用不足、效益不高、闲置浪费等突出问题提供有力支撑，取得积极成效，获得全省行政事业性国有资产报告工作先进单位荣誉。四是着力提升财政投资评审效能。规范工程变更审批程序，修订《珠晖区政府投资建设项目工程管理办法》，为财政资金的使用提效率、严把关，共完成178个概、预、结算项目评审，审定金额97970万元。五是切实优化政府采购营商环境。全面落实优化政府采购营商环境政策，清理政府采购领域妨碍统一市场和公平竞争的各项壁垒，实现政府采购项目全流程网上办理，提高采购透明度，保障采购市场公平竞争。2023年政府采购项目24个，采购预算总金额7360万元。六是持续提高财会监督管理水平。巩固国库集中支付改革成果，加强直达资金监管，长效开展会计信息质量、惠民惠农补贴资金、重点领域资金监督检查等，逐步实现财政资金全流程监控，财政资金安全高效运行。

（湖南省衡阳市珠晖区财政局供稿　胡珊珊执笔）

雁峰区

2023年，雁峰区实现地区生产总值（GDP）306.68亿元，同比增长（以下简称增长）3.3%。其中，第一产业增加值2.28亿元，增长2.2%；第二产业增加值166.38亿元，增长2.2%；第三产业增加值138.02亿元，增长 4.6%。全社会固定资产投资（不含白沙工业园与衡山科学城）总额 66.49 亿元，增长 12.3%。全区居民人均可支配收入 47771 元，增长 4.1%。其中，城镇居民人均可支配收入 47775 元，增长 4.1%。

2023 年，全区完成一般公共预算地方收入 4.19 亿元，增长 3.56%。其中，税收收入 3.55 亿元，同比下降（以下简称下降）4.04%；非税收入 0.64 亿元，增长 0.99%，上级补助 7.4 亿元（中央补助无法区分），一般债务收入 0.25 亿元，动用预算稳定调节基金 0.07 亿元，调入资金 0.66 亿元，上年结转 1.42 亿元，收入合计 13.99 亿元。全区一般公共预算支出 11.78 亿元，上解上级支出 0.94 亿元，一般债务还本 0.06 亿元，无补充预算稳定调节基金，调出资金 0.03 亿元，结转下年 1.18 亿元，支出合计 13.99 亿元。

2023 年，全区完成政府性基金预算收入 0.12 亿元，上级补助 1.48 亿元，调入资金 0.03 亿元，专项债务收入 0.88 亿元，上年结转 0.26 亿元，收入合计 2.77 亿元。全区政府性基金预算支出 2.59 亿元，调出资金（调入一般公共预算）0.05 亿元，上解上级支出 7 万元，结转下年 0.13 亿元，支出合计 2.77 亿元，收支平衡。

2023 年，全区完成国有资本经营预算收入 68 万元，国有资本经营预算支出 68 万元，收支平衡。

2023 年，全区完成社会保险基金预算收入 1.11 亿元，下降 33.13%。全区社会保险基金预算支出 1.03 亿元，全年收支结余 0.08 亿元，累计滚存结余 0.47 亿元，增长 17.5%。

一、稳住经济大盘

全面扛起发展担当，精准发力推动经济稳进提质增强发展后劲。一是着力加强财源培植。认真落实省市《关于服务"三高四新"战略实施财源建设工程有关意见》，强化财源建设组织保障，将财源建设作为财政系统"一号工程"，摆在财政工作重要位置；2023 年市区两级税收累计完成 8.6 亿元，增幅连续 11 个月排名四城区第一，是唯一实现正增长的城区。二是政策赋能优化营商环境。认真落实国家、省、市出台的一系列惠企政策措施，支持小微企业、个体工商户纾困发展和科技创新，做好政策宣传，激发市场活力，着力培育市场内生动力。2023 年增值税留抵退税达 7922 万元，拨付到位各级惠企财政资金 1311 万元。三是提升资产盘活利用效率。贯彻落实省、市决策部署，扎实开展国有"三资"清查处置与管理改革工作，牵头制定《雁峰区行政事业单位国有资产管理办法》，进一步健全行政事业性国有资产管理机制，加快推进行政事业单位各类国有资产盘活利用，盘活资产规模 2.35 亿元，获 2023 年全省行政事业性国有资产报告工作先进单位。

二、用心保障民生

真正落实过"紧日子"要求，持续保障和改善民生，2023 年全区民生支出累计完成 8.73 亿元，占比 74.11%。一是推动教育高质量发展。全年教育支出 1.85 亿元。其中，安排 5623 万元用于义务教育经费，加大普惠性学前教育资源供给，落实学校生均经费保障和学生资助、教育质量提升等政策，重点保障师资队伍建设，促进教育优质均衡。二是提升卫生服务水平。城乡居民医保补助标准提高到每人 640 元/年，基本公共卫生服务补助标准提高到每人 89 元/年，残疾人两项补贴标准提高到每人 80 元/月。三是支持就业优先发展。组合运用税费减免、资金补助、贷款贴息等政策，多渠道支持企业稳岗扩岗、个人创业就业，2023 年保障就业资金 1192 万元。支持完善就业服务体系，帮助高校毕业生、退役军人、农民工和城镇困难人员等重点群体就业。四是赋能助推乡村振兴。支持农业农村发展，统筹安排乡村振兴衔接资金 2104 万元，用于支持乡村振兴等工作；通过财政惠农"一卡通"平台累计发放补贴资金 7054.41 万元，惠及补贴对象近 10.99 万人次。五是持续推进老旧小区改造。系统推进城市基础设施建设，筹措资金 4579 万元用于支持老旧小区改造、既有住宅增设电梯等"城市更新"事项，切实畅通民心民意，提升群众获得感。

三、严格风险防控

紧盯财政关键领域和薄弱环节，加力固底板、锻长板、补短板，促进财政资金安全运行。一是兜牢"三保"底线工作。牢固树立底线思维，严格遵从"三保"保障次序，把做好人员、基层、民生保障放在首位，优先保障"三保"支出，1—12 月完成一般公共预算支出 11.78 亿元，其中"三保"支出占比超 77.6%（剔除一次性因素），继续实行"三保"预算事前审核全覆盖，强化动态监测预警，及时研判和解决"三保"风险问题，在单位支出略超序时进度情况下，实现库款保障系数控制在合理区间，确保"三保"不出问题，增强财政保障能力。二是筑牢资金安全防线。严格落实财政资金管理规章制度，创新优化监督方式，加强与纪委监委、审计等部门协作，形成监督合力，强化对各类财政专项资金全过程、全方位的监督，避免专项资金挪用、滥用，最大限度提高资金使用效益。三是严管防控债务风险。积极申报专项债券项目，全年省财政厅下达雁峰区 2023 年地方政府新增债券额度 1.07 亿元，其中专项债券 0.88 亿元，一般债券 0.19 亿元。聚焦隐性债务化解，全年化解隐性债务 2.5 亿元，在全市率先实现"隐债清零"，防范化解风险有力，获 2023 年度省政府真抓实干财政改革工作成效突出地区表扬奖励。

四、持续深化改革

紧跟中央、省、市的决策部署，抓住财税体制改革的"浪潮"，进一步健全资金管理体系，提高财政资金配置效率和使用效益。一是持续优化政府采购管理。持续深入推进湖南省电子卖场建设，2023 年完成 8133 笔交易，总额 1.39 亿元。其中，中小微企业采购额达到 1.32 亿元，占总采购额的 95.14%。积极推进采购意向公开工作，保障供应商的知情权，提高政府采购行为的透明度与公众参与度。大力深化政府采购制度改革，实施由

"采管结合"转型为"放管结合"理念下的监管升级。二是深入推进资金绩效管理。全面统筹、细化落实预算绩效评价工作。健全重点绩效评价机制,落实重点政策、重大项目实现全覆盖事前绩效评估,深入实施政策和项目全过程绩效评价,完成16个部门整体支出及56个债券项目绩效评价,确保财政资金发挥效益。扎实开展"一卡通"发放管理专项监督检查,成立雁峰区惠民惠农财政补贴资金"一卡通"问题专项工作领导小组。持续加强单位内控管理,针对部分重点股室开展内审检查。三是深化预算管理制度改革。准确把握预算管理制度改革的总体方向,持续强化预算管理一体化建设,全面完善对预算管理全流程的动态反映和有效控制,保证各级预算管理规范高效,2023年预算一体化综合考核从全省92名稳步提升,迈入全省第一方阵,获预算管理一体化考核先进县市区表彰荣誉。

（湖南省衡阳市雁峰区财政局供稿　陈盛灵执笔）

石鼓区

2023年,石鼓区实现地区生产总值(GDP)267.26亿元,同比增长(以下简称增长)3.7%。其中,第一产业增加值2.68亿元,增长2.3%;第二产业增加值25.44亿元,增长3.7%;第三产业增加值239.14亿元,增长3.7%。全社会固定资产投资(不含农户)总额增长3.9%。全体居民人均可支配收入50609元,增长4.1%。其中,城镇居民人均可支配收入50611元,增长4.1%。

2023年,全区完成一般公共预算地方收入4.65亿元,增长6.67%。其中,税收收入3.55亿元,增长7.11%;非税收入1.1亿元,增长5.27%,上级补助7.82亿元,一般债务收入4200万元,动用预算稳定调节基金0元,调入资金3.24亿元,上年结转2.34亿元,收入合计18.48亿元。全区一般公共预算支出14.35亿元,加上上解支出6800万元,一般债务还本2100万元,补充预算稳定调节基金291万元,调出资金7万元,结转下年3.2亿元,支出合计18.48亿元。

2023年,全区完成政府性基金预算收入0元,上级补助收入等2.76亿元,新增专项转贷债券收入2.08亿元,上年结余2955万元;基金支出4.92亿元,本年基金收支相抵,年末滚存结余2184万元。

2023年,全区完成国有资本经营预算收入0元,上级补助收入67万元,上年结转67万元,国有资本经营预算支出0元,结转下年支出134万元,全年收支平衡。

2023年,全区完成社会保险基金预算收入1.14亿元,同比下降2.65%。全区社会保险基金预算支出1.12亿元,全年收支结余268万元,累计滚存结余5592万元,增长0.98%。

一、紧扣发展主线,经济发展支撑有力

一是财源建设有提升。财税收入实现了量的合理增长和质的有效提升,财政总收入25.28亿元,增长2.1%,税占比94.61%,收入质量稳居全市前列。二是争资争项有突破。紧盯国家最新政策导向,会同区发改局等部门单位,多方争取上级资金,成功争取到预算内资金和国债资金9328万元;成功发行专项债项目2个,到位资金2.08亿元,居四城区第一。成功发行一般债券2100万元,支持教育及农业公益类项目支出。三是盘活"三资"有质效。在全市率先制定出台国有资产管理办法,启动以资产所有权移交为核心实现开发商配建公益资产的移交,盘活闲置资产建筑面积4775.55平方米,年度新增国有资产经营收入114.8万元;无偿移交不动产建筑面积14433.39平方米,资产估值1.01亿元。

二、保障重点领域,民生福祉持续改善

持续保障和改善民生,民生支出占比达70%以上。

一是各项待遇及时足额发放。规范机关事业单位津贴补贴,养老保险、医疗保险、住房公积金等严格按照上级政策确定基数。全区在职人员、离退休人员待遇以及乡镇岗位津贴、车补等各项待遇及时发放,保障水平稳居全市前列。二是持续加大民生社会事业投入。一般公共预算教育投入2.59亿元,实现教育经费投入两个"只增不减"。卫生健康支出投入1.33亿元,基本公共卫生服务均等化水平持续提升。社会保障和就业投入1.88亿元,社会保障水平稳步提高。三是支持重点民生项目建设。落实新增养老床位、城区公共停车位等24项省、市重点民生实事项目资金来源;投入资金支持既有住宅加装电梯75台,电梯安装总量及财政补贴发放金额均居全市各县市区前列。

三、强化财政监督,提升管财理财水平

一是加强财会监督。组织开展"三湘护农"、财经秩序、会计评估、预决算公开等领域专项监督;出台《关于进一步加强政府采购管理的实施细则(试行)》,采购人的政府采购行为得到进一步规范。二是全面绩效评价。将"花钱必问效、无效必问责"的理念贯穿资源、资产、资金配置全过程,2023年共选取8个部门6

个项目进行重点绩效评价，涉及环保、民生、医疗等各领域资金11273.69万元，并将评价结果及时反馈，运用于2024年预算安排。三是强化财评采购。充分发挥财政投资评审职能，完成评审项目140项，审核金额37668.41万元，审减5891.92万元，审减率为15.64%。构建全流程电子政府采购监管服务平台，完成政府采购项目21个，采购预算金额5450万元，采购合同金额5338万元，节约资金112万元；完成电子卖场9582笔，交易额10333万元。

四、深化改革管理，提升财政治理效能

一是精准测算国库资金。加强库款保障能力分析，科学铺排，按照资金的轻重缓急安排支出时序，确保库款保障系数处于合理区间。二是严控债务风险。建立到期政府债务提醒机制，提前做好资金调度，及时足额兑付政府债务本息。规范做好地方政府债务统计工作，利用全口径债务监测平台动态监测全区债务变化情况，全年无债务风险事件发生，债务风险安全可控。三是规范财政预算管理。加快推进预算管理一体化系统建设，稳妥推进零基预算改革，加强财政支出标准化体系建设，不断强化预算约束，荣获"2023年度预算管理一体化建设先进区"一等奖。完善常态化财政资金直达机制，确保资金直达基层、直接惠企利民，全年直达资金支出进度为89.7%。

（湖南省衡阳市石鼓区财政局供稿　阳柏成执笔）

蒸湘区

2023年，蒸湘区实现地区生产总值（GDP）308.68亿元，同比增长（以下简称增长）3.8%。其中，第一产业增加值3.34亿元，增长2.1%；第二产业增加值110.76亿元，增长5.2%；第三产业增加值194.58亿元，增长3.0%。全社会固定资产投资（不含农户）总额71.59亿元，同比下降（以下简称下降）15.6%。

2023年，全区完成一般公共预算地方收入5.19亿元，下降15.2%。其中，税收收入4.26亿元，下降17.4%；非税收入0.93亿元，下降3.7%，上级补助5.77亿元，一般债务收入0.34亿元，调入资金0.38亿元，上年结转2.41亿元，收入合计14.09亿元。全区一般公共预算支出13.89亿元，加上上解上级支出0.01亿元，一般债务还本0.07亿元，补充预算稳定调节基金0.01亿元，结转下年0.11亿元，支出合计14.09亿元。

2023年，全区完成政府性基金预算收入2.14亿元。全区政府性基金预算支出0.67亿元，结转下年支出1.47亿元。

2023年，全区完成国有资本经营收入0.03亿元。全区国有资本经营预算支出0.02亿元，结转下年支出0.01亿元。

2023年，全区完成社会保险基金预算收入1.06亿元。全区社会保险基金预算支出1.07亿元，当年收支结余-0.01亿元，累计滚存结余0.69亿元。

一、千方百计开源挖潜，保障财政平稳运行

一是积极组织财政收入。强化经济形势分析研判，确保各项收入及时入库。2023年全年累计完成区级一般公共预算收入5.19亿元，规模与税收贡献均为城区第一。二是多措并举以项争资。全年争取各类资金9.4亿元。其中，争取国债资金0.27亿元，用于水利设施建设；助力国企融资0.6亿元，为项目建设注入源头活水；追欠征拆资金1.12亿元，有力缓解安置房建设资金需求过大的"急难愁盼"问题。三是财源建设彰显成效。全面贯彻新发展理念，聚焦"五区"建设兴产业，围绕"五大产业"抓项目，将园区扩能、街区注能、商区蓄能、景区提能、片区赋能作为培育方向，开展聚力中心化攻坚，夯实基础、增强后劲。从产业结构来看，2023年新增规模工业企业6家。成功培育金雁粮食、金坤包装、京泰建材、功整钢纤维等公司为省级专精特新"小巨人"企业；畅能电力等11家公司认定为省级创新型中小企业。从主体税种培植来看。2023年，蒸湘区主体税种地方部分完成2.19亿元，占地方税收比重51.51%，占比提升5.08%。制造业税收地方部分完成1.17亿元，占全口径税收比重29%，占比提升23.22%，被省厅评为"2023年度财源建设工作成效突出地区"，获得省级财源建设专项转移支付激励资金0.26亿元。从税费精诚共治工作来看，出台《蒸湘区税费精诚共治办法（试行）》，进一步推动了部门征管协作，加强重点行业、重点领域的税收风险监管，积极推动财政非税收入电子票据管理改革，全年查补入库税款及滞纳金3054.5万元。

二、加强统筹财政资源，持之以恒兜牢底线

2023年一般公共预算支出13.88亿元，增长10.6%。民生支出11.08亿元，增长10.9%。

一是增强社会保障力度。全区社会保障和就业支出1.74亿元，城乡居民医疗保险年人均补助标准提高到

640元/人，较上年提高了30元/人，基本公共卫生服务人均补助标准提高到80元/人，较上年提高了5元/人。二是全面推进乡村振兴。2023年统筹安排各级乡村振兴衔接资金3507.35万元，开展乡村振兴项目86个，切实巩固了脱贫攻坚成果。三是全力支持教育发展。全年教育支出达到3.52亿元，主要用于保障学校教师工资待遇落实和薄弱学校改造。其中，拨付全区教师人员工资共计1.79亿元，发放困难学生生活补助1256万元，安排支持义务教育薄弱学校改造建设资金781万元。

三、优化财政制度建设，充分发挥财政职能

一是持之以恒过"紧日子"。区财政把过"紧日子"作为长期方针，研究出台《关于坚决落实过"紧日子"、严格财政预算管理的通知》，从严从紧制定总体目标，在上年一般性支出总量的基础上压减10%，压减一般性支出超1200万元，节约资金全部安排用于"三保"保障，筑牢"三保"风险底线。二是倾力做好项目服务。区政府采购流程全面实行电子化，全年完成政府采购项目共计28个，采购金额1.82亿元，总计节资372.92万元，节资率达2.01%。组织第三方公司询价19个采购项目，核减金额5349.71万元。三是严守债务风险底线。牢固树立"红线"和"底线"思维，抓好债务资金和项目立项包装工作，支持区内公益性项目建设。抓好债券资金分配管理，严格规范债券资金用途。严格执行既定债务化解方案，严控区内债务规模。起草了《蒸湘区防范化解地方债务风险"1+N"方案》并严格执行，债务风险可控可防。根据湖南省财政厅最新债务风险等级评定结果的通报，风险等级为相对安全地区。四是财政管理成效明显。多年来，全区暂付款管理保持清零转态，连续三年暂付款清理工作被省财政厅通报表扬，6月在全省暂付款清理考核中被省财政厅评为A类县市区，获得激励资金100万元。

（湖南省衡阳市蒸湘区财政局供稿　曾明珠执笔）

南岳区

2023年，南岳区实现地区生产总值（GDP）58.14亿元，同比增长（以下简称增长）4.9%。其中，第一产业增加值25.56亿元，增长2.4%；第二产业增加值5.93亿元，增长6.1%；第三产业增加值49.66亿元，增长4.9%。全社会固定资产投资（不含农户）总额39.62亿元，增长13.1%。全区居民人均可支配收入53733元，增长4.2%。其中，城镇居民人均可支配收入54211元，增长4.2%；农村居民人均可支配收入因样本量不足，不具有代表性，故无数据。

2023年，全区完成一般公共预算地方收入4.75亿元，同比下降（以下简称下降）1.87%。其中，税收收入2.34亿元，增长10.01%；非税收入2.4亿元，下降11.22%，上级补助5.53亿元，一般债务转贷收入2.38亿元，调入资金2.32亿元，上年结转0.35亿元，收入合计15.33亿元。全区一般公共预算支出12.63亿元，加上上解中央0.22亿元，一般债务还本2.23亿元，调出资金0.18亿元，结转下年0.07亿元，支出合计15.33亿元。

2023年，全区完成政府性基金预算收入5.37亿元，增长86.17%，上级补助0.06亿元，专项债务转贷收入3.56亿元，调入资金0.18亿元，上年结转0.21亿元，收入合计9.38亿元。全区政府性基金预算支出6.68亿元，增长39.58%，调出资金（调入一般公共预算）0.84亿元，专项债务还本支出0.91亿元，结转下年0.95亿元，支出合计9.38亿元。

2023年，全区新增完成国有资本经营预算收入1.76亿元。全区国有资本经营预算支出0.54亿元，调出资金（调入一般公共预算）1.22亿元。

2023年，全区完成社会保险基金预算收入1.0751亿元，增长22.59%。全区社会保险基金预算支出0.9861亿元，全年收支结余0.089亿元，累计滚存结余0.3469亿元，增长14.26%。

一、全力保障民生支出，助力产业高质量发展

统筹安排乡村振兴专项资金2832.99万元，继续加大农村建设投入。安排公路建设资金550万元用于农村公路建设及养护、公路护坡水毁修复等。全年通过惠民惠农"一卡通"阳光审批操作系统发放补贴115项，发放金额3602.80万元；2023年度实施南岳区农村综合改革转移支付公益事业财政奖补项目19个，拨付财政奖补资金251万元。统筹安排农业发展资金共499万元，包含生猪生产发展、农产品质量安全等；安排产业发展资金516万元，对粮食生产、茶叶生产、新型农业经营主体等方面进行扶持；安排资金260万元对农村环境进行综合整治；安排森林资源资金3270万元，确保森林资源的有效增长。农业保险应保尽保，完成保险保费总额预计71.43万元，水稻种植早、中、晚稻共承保8375亩，

承保率100%。统筹上级资金及专项债资金共计7692.45万元用于开展老旧小区改造工作；为促进教育均衡发展，安排资金4375万元主要用于学校基础设施建设、保障义务教育、购买学位和落实相关资助政策等工作。开展创业担保贷款财政贴息工作，目前创业担保贷款余额为530万元，全年贴息21.25万元，无一笔逾期贷款，回收率达到100%。安排资金1.2亿用于社会保障、卫生健康、残疾人事业、退役军人事务和支持就业。

二、夯实"财源建设"基础，做好"财政改革"文章

统筹利用2020-2023年一般债券和专项债券用于中心景区旅游基础设施改造、忠烈祠抗战烈士陈列馆及基础设施建设、污水处理厂提质改造、城区停车场提质改造、全民健身中心建设、城区供水设施提质改造、景区智能停车场建设项目等。争取上级资金和社会资金开展110kV衡山（南岳）火车站变电站工程，争取中央预算内环保资金3700万元启动污水处理厂尾水净化与回用工程、龙荫港湿地建设及水生态修复工程，争取专项债6000万元用于南岳智算中心项目建设。统筹上级结余资金和区级资金2500万元用于金沙路提质改造工程。统筹债券资金、上级资金、区预算建设资金，配合城投公司、文旅公司项目包装融资，保证南部新城开发、金月湖景区、天子山北路拉通等重点项目顺利推进。安排1500万元继续用于自然保护区生态搬迁。安排征拆经费3000万元用于金月湖项目和天子山北路片区开发项目征地拆迁。拨付文旅公司景区经营及资本注入经费4675万元，做大做强南岳文旅品牌。统筹资金1000万元保障城乡治理标准化及创文专项经费，全力支持旅游发展大会的顺利开展。投入节假日安保经费375.15万元，专项消防经费907.12万元。投入资金770.5万元用于南岳大庙、黄庭观、忠烈祠等文物建筑修缮保护。投入资金550万元用于南岳旅游宣传及发展，开展"迎夏茶祭祝融大典"之"千人朝圣"活动，协助《援军明日到达》电影拍摄及后续宣传活动，进一步扩大南岳旅游影响力。

三、抓住"债务化解"关键，提升风险防范能力

一是严防"三保"风险。确保"三保"支出在预算编制、库款保障中的优先地位，切实保障干部职工工资福利待遇，保障行政事业单位正常运转和基本民生支出足额落实到位。二是严防债务风险。按期偿还2023年系统内债务利息4774万元，按化债方案约定安排预算资金1904万元偿还隐性债务本息；依规编制政府债务风险总体方案和三资盘活、压减支出等一揽子方案。三是严防支付风险。加强库款日常监控，根据库款规模统筹兼顾、远近结合安排各项支出，及时向上级财政部门调度资金，确保库款始终处于安全合理区间。

四、筑牢"财政管理"根本，提升服务经济效能

一是抓好全过程绩效管理，将专项或部门整体支出绩效评价范围从一般预算支出、社会保险基金支出、政府性基金支出进一步扩展到政府债务项目领域。继续推行重点绩效评价财审联动。加强对部门预算、全区性专项、重点建设项目绩效管理。全面公开区级和部门预决算、"三公"经费预决算、专项经费及部门整体支出绩效目标申报、自评报告。二是持续推进政府采购电子卖场采购，电子卖场累计交易数3684笔，交易额2.53亿元。完成限额标准以上政府采购项目33个，政府采购计划金额8615.52万元，实际采购金额8121.37万元，支出节约率5.7%。三是通过设立南岳区国有资产事务中心、起草制定《南岳区行政事业单位国有资产管理办法》及配置、使用、处置三个具体操作性文件和国有"三资"清查处置与管理改革等方式，全面盘活国有"三资"，实现国有资产管理高效化。全年共计盘活各类资产6.817亿元、资源3.479亿元、资金81.95万元，总盘活"三资"收益10.304亿元，盘活收益入库6.593亿元。四是加强政府投资项目评审与管理，全年完成预算、招标上限值、结算财政投资评审项目共186个，审核金额7.18亿元，审减1.66亿元，审定金额5.52亿元，审减率23.19%。

（湖南省衡阳市南岳区财政局供稿　李琳执笔）

衡阳县

2023年，衡阳县实现地区生产总值（GDP）426.21亿元，同比增长（以下简称增长）5.2%。其中，第一产业增加值76.28亿元，增长3.4%；第二产业增加值161.49亿元，增长5.3%；第三产业增加值188.44亿元，增长6%。全社会固定资产投资（不含农户）总额195.70亿元，增长17.4%。全县居民人均可支配收入33527元，增长6%。其中，城镇居民人均可支配收入44828元，增长4.8%；农村居民人均可支配收入26500元，增长6.5%。

2023年，全县完成一般公共预算地方收入13.44亿元，增长10.59%。其中，税收收入9.45亿元，增长7.46%；非税收入3.99亿元，增长18.77%，上级补助

56.68亿元,地方政府一般债务转贷收入2.01亿元,动用预算稳定调节基金0元,调入资金2.45亿元,上年结转9.25亿元,收入合计83.83亿元。全县一般公共预算支出69.08亿元,加上上解上级支出1.1亿元,一般债务还本1.2亿元,补充预算稳定调节基金0元(衡阳县没有这项数据),调出资金4606万元,结转下年11.99亿元,支出合计83.83亿元。

2023年,全县完成政府性基金预算收入15.35亿元,增长51.83%。全县政府性基金预算支出28.83亿元,调出资金(调入一般公共预算)6610万元,增长86.84%。

2023年,全县完成国有资本经营预算收入8万元,全县国有资本经营预算支出8万元。

2023年,全县完成社会保险基金预算收入10.37亿元,同比下降(以下简称下降)2.63%。全县社会保险基金预算支出9.1亿元,全年收支结余1.26亿元,累计滚存结余9.48亿元,增长10.49%。

一、多渠道挖潜力,财政支撑更稳

财政部门始终把组织收入作为政治任务和首要职责,全力做大收入"蛋糕",做优收入质量。一是组织收入有招。充分发挥财政牵头抓总作用,立足县情实际,科学研判形势,精准落子布局,制定出台收入组织一揽子具体落实方案,合力推动税费精诚共治,多角度挖潜堵漏,跨部门通力协作,扎实做好"争、盘、培、收、引"五篇文章,力保税收和非税收入均衡入库、超额完成。全年地方财政收入完成13.44亿元,增长10.59%,地方税占比70.27%,呈现稳中有进、量质齐升的良好态势。二是争取资金有力。建立健全争项争资奖惩机制,协同相关部门全力争项目、争试点、争资金。全县共争取上级补助资金56.68亿元,其中财政部门争取财力性转移支付资金24.54亿元,超额完成年初争资任务的111.54%。争取到位债券资金19.81亿元,其中专项债争资达18.82亿元,增长194.06%,实现历史性新突破。抢抓中央利好政策,共争取中央增发国债资金8.81亿元。三是财源建设有效。发挥财政资金杠杆作用,全力支持招商引资和"五好"园区建设,壮大骨干税源,培育优质财源,全县新增百万元以上企业7户,实现税收2670万元。及时拨付惠企资金4683万元,加大企业扶持力度,支持企业做强做大,全年纳税百万元以上骨干税源企业142家,实现地方税收8.57亿元,增长41.62%。四是"三资"盘活有序。出台《衡阳县国有资产资源清查归集工作方案》,聚焦六类国有资源、五类国有资产,全面摸清家底,通过"用、售、租、融"等多种方式,全年盘活"三资"3.01亿元,变资源为资产、资产为资金。

二、大力度优结构,财政保障更强

牢固树立过"紧日子"思想,精打细算管好"钱袋子",财政支出体量进一步增大,支出进度进一步加快,支出结构进一步优化。一是在重点保障上做"加法"。聚焦县委、县政府重要战略、重大改革及重点领域,持续加强财政资源统筹,支出安排始终坚持"三个优先、三个防止"(即优先安排工资到人的基本支出,优先安排乡镇、村相关支出,优先安排上级刚性和底线考核性支出;防止出现三保断链风险,防止出现债务违约风险,防止出现元旦春节两节期间的社会性风险),确保了政府债务不"爆雷"、"三保"支出不断链、社会风险不发生。二是在一般性支出上做"减法"。坚持尽力而为、量力而行,对非刚性、非重点、非急需支出实行能减则减、应压尽压,节用裕民。持续硬化预算约束,严格做到"无预算不支出,有预算不超支","三公"经费下降6.52%。三是在资金绩效上做"乘法"。扎实推进"绩效管理提升年"行动,紧抓事前评估控源头、事中监控补漏洞、事后评价提效益三个关键环节,对20个涉及预算资金46.11亿元的部门和项目开展重点评价,积极探索开展乡镇财政运行情况综合评价试点,确保有限的资金用在"刀刃"上、紧要处。充分发挥财政投资评审职能,严把评审关口,全年完成政府投资工程项目预结算评审33.21亿元,审定金额29.96亿元,审减金额3.25亿元,审减率9.78%,稳步提高财政资金使用效益。四是在减税降费上做"除法"。不折不扣落实减税降费政策,小微企业所得税减半、研发费用加计扣除,全年新增减免税费1.16亿元。"潇湘财银贷"累计为企业提供贷款1.85亿元,目前在保余额8535万元,助力企业纾困解难。落实以前年度房交会免契税奖励资金2100万元。

三、全方位兜民生,为民惠民更实

牢固树立以人民为中心的发展思想,把持续增进民生福祉作为出发点和落脚点,民生支出占比达70.65%,以财政投入的力度提升民生保障的温度。一是优先发展教育事业。落实教育经费支出"两个只增不减""一个不低于"。全县教育支出13.54亿元,增长5.66%,占一般公共预算支出比重达19.6%,优先拨付从学前教育到高中教育生均公用经费,落实各类学生资助资金2303.75万元,受惠学生38812人次。处险改危小型项目全面完成,保障性租赁住房和弘扬中学宿舍楼建设有序推进,"徐特立"项目建设按期开工。二是健全社会保障体系。全年社保支出11.28亿元,稳步提升城乡低保标准、救助供养标准,全县城乡低保标准分别提高到650元/月、5040元/年,累计为11515户21724人发放低保金7879万元;特困供养人员标准按城乡低保标准1.3倍执行,累计发放供养金5794万元,有效保障全县7110名特困人员;实施临时救助7589人次,发放临时救助金1333.47万元;困难残疾人生活补贴、重度残疾人护理补贴分别提高到80元/月,累计发放残疾人"两项补贴"1779万元;优抚对象生活补助及医疗保障补助9625万元,惠及11886人。全年享受计划生育各类奖励扶助政策人数共16588人,拨付卫生健康事业各项资金1.19亿元。发放危房改造补助资金1038万元,完成农村危房改造622户。三是助力农业农村发展。扎实推进农业现代化,筑牢粮食安全根基,补足水利建设短板,改善农村人居环境,全年农林水支出11.87亿元,增长7.59%。

持续巩固拓展脱贫攻坚成果，稳步推进乡村振兴，全年巩固脱贫攻坚成果衔接乡村振兴支出1.51亿元。四是大力支持就业创业。全年就业补助支出3326万元，落实企业稳岗政策，实现城镇新增就业9101人，失业人员再就业4240人，新增农村劳动力专业就业6400人。发放创业担保贷款贴息及奖补资金379.84万元，受益创业户数273户，解决就业人数1716人。五是加强惠民资金管理。全年通过"一卡通"补贴系统发放惠民惠农补贴到人到户补贴项目103项，发放补贴资金5.54亿元；推进"一卡通"阳光审批系统上线运行，系统录入补贴项目52项，启动项达100%，启用项和录入量位居全省前列。

四、严举措防风险，底线底板更牢

一是兜牢"三保"支出底线。始终把"三保"支出摆在预算编制、预算执行以及库款调度优先位置，严禁留有"三保"支出硬缺口。落实"一县一策"要求，健全财政运行预警和应急机制，构筑"三保"坚固防线。全县"三保"支出累计完成43.15亿元，基础性、兜底性、普惠性民生保障有力有效，行政事业单位人员工资和绩效奖按时发放到位，各级各部门各单位运转正常，全县社会大局稳定。二是守牢债务风险底线。加强政府债务风险防控，以政府名义出台了《关于做好政府性债务风险防范化解工作通知》和《衡阳县县属国有企业投融资管理办法》两个防范化解政府债务风险的相关文件。编制上报衡阳县防范化解地方债务风险"1+7"一揽子化债方案，妥善化解存量债务，坚决遏制增量债务，完善专项债券管理，牢牢守住不发生系统性风险的底线。目前，衡阳县隐性债务风险等级为"黄色地区"，债务风险总体可控。三是筑牢财经纪律底线。综合运用"线上+线下""日常监督+专项监督"等方式，聚焦政府债务管理、惠民惠农补贴资金、PPP项目、三湘护农等重点领域，扎实开展财会监督专项行动，严厉打击违反财经纪律行为。开展财政纪律重点问题专项整治行动，从严从紧对涉及九个方面的财政纪律问题进行全面清查治理，推动财会监督与纪检监察、审计监督协同贯通、同向发力、同频共振，切实提高财经纪律严肃性、震慑力。

（湖南省衡阳市衡阳县财政局供稿　高菁霞执笔）

衡南县

2023年，衡南县实现地区生产总值（GDP）425.15亿元，同比增长（以下简称增长）6.0%。其中，第一产业增加值73.78亿元，增长3.3%；第二产业增加值149.98亿元，增长8.2%；第三产业增加值201.38亿元，增长5.4%。全社会固定资产投资（不含农户）增长12.7%。全县居民人均可支配收入3.58万元，增长5.9%。其中，城镇居民人均可支配收入4.44万元，增长4.7%；农村居民人均可支配收入3.02万元，增长6.4%。

2023年，全县完成一般公共预算地方收入16.41亿元，增长12.6%。其中，税收收入11.67亿元，增长14.1%；非税收入4.74亿元，增长9.0%。加上上级补助47亿元，债务转贷收入3亿元，动用预算稳定调节基金1.23亿元，调入资金1.6亿元，上年结转1.27亿元，收入合计70.51亿元。全县一般公共预算支出63.45亿元，加上上解上级支出1.16亿元，一般债务还本0.99亿元，补充预算调节稳定基金3.65亿元，加年终滚存结余1.26亿元，支出合计70.51亿元。

2023年，全县完成政府性基金预算收入20.62亿元，完成政府性基金预算支出11.64亿元。

2023年，全县完成国有资本经营预算收入28万元，完成国有资本经营预算支出4万元。

2023年，全县完成社会保险基金预算收入8.37亿元，完成社会保险基金预算支出8.8亿元，历年累计结余6.15亿元（含暂付上解支出5.82亿元）。

一、全力挖潜增收

一是高起点谋划。坚持顶层设计、高位推进，制定《衡南县财税工作争先创优工作方案》，全面实施财源建设提质计划，大力推进"三高四新"财源建设工程，重点围绕"一主一特双总部"现代化产业体系，加强对重点行业、重点企业的帮扶，培植潜在财源，激发企业活力。二是高协同推进。强化涉税涉费信息共享，建立税务与财政等十个相关部门数据共享渠道，实现"思想共识、力量共聚、政策共研、机制共商、平台共搭、标准共通、信息共享、财源共建、风险共管、责任共担"的税收共治目标，形成部门协同、齐抓共管的财税收入共治大格局。三是高效率挖潜。持续开展税收清理"八大"专项行动，推进税源强基"2524"计划，大力推行成品油税控监管，加大对房地产、餐饮住宿等行业税收清查力度，充分挖掘财税收入增长潜力，全面盘活"三资"。截至2023年12月初，全县共处置盘活国有资产62项，总计20.37亿元，入库收益11.69亿元。

二、聚力保障支出

一是全力做好"三保"工作。始终遵循"保基本民生、保工资、保运转"的原则，将"三保"支出作为预算安排的首要政治任务，采取多项措施努力兜住"三保"底线，确保基本民生、工资和机构运转支出预算足额安排、不留硬缺口，在幼有所育、学有所教、劳有所得、病有所医、老有所养、住有所居、弱有所扶上不断取得新进展。二是严控一般性支出。牢固树立过"紧日子"思想，坚持精打细算、勤俭节约，严禁铺张浪费，按不低于10%的比例大力压减一般性支出，严控"三公"经费，除重点和刚性支出外，其他一般性支出均纳入压减范围。三是优化库款管理。出台具体的资金支付操作规程，改进财政资金调度方式，优化资金支付的层级管理，在保障库款使用安全规范的前提下，将库款保障水平维持在合理水平。

三、竭力防范风险

一是改进工作措施。出台《衡南县政府性债务管理暂行办法》，规范举债，杜绝虚假化债，确保到期债务不违约、不爆雷。严控项目融资费用，政府投资在建项目后续融资和融资平台公司经营性项目融资费用基本上控制在年利率6%以内。二是严格排查管控。严格落实政府债务限额管理要求，规范融资举债行为，严禁新增隐性债务，严守风险底线，对违法违规举债行为实行终身问责、倒查责任，提高问责精准度。成立专项债券项目工作专班，做到专班专人专抓，切实加强政府专项债券资金管理，同时确保项目顺利推进。三是严控化债期限。编制全县防范化解地方债务总体方案及相关分领域方案，确保全县债务风险努力控制到相对安全地区的总体目标，并按照文件要求分年度定措施确定化债具体目标。

四、着力提升绩效

一是完善预算绩效管理。实现财政部门、预算单位全方位协同管理，事前绩效评估、绩效目标管理、绩效运行监控、绩效评价及结果应用纳入预算编制、执行、监督全过程。二是加大清欠资金力度。在保障财政"三保"支出的前提下，科学合理安排支出，逐步清理历年结余专项资金，提高财政支付效率。进一步加大暂付款的清理力度，采取严控增量、化解存量、逐笔甄别、分类处置的原则，对历年来的财政暂收、暂付款进行了全面清理。三是推深做实财政监督。开展"三湘护农"专项检查、惠农补贴资金突出问题整治暨乡村振兴领域不正之风和腐败问题专项整治行动，进一步严肃了财经纪律、规范了财经秩序；强化预算公开和监督，明确专项资金的支持范围、申报方式、资金分配方式，并主动向社会公开，接受各界的监督，财政资金使用更加合理、安全，使用效益得到显著提升。

五、合力优化队伍

一是强化理论武装。2023年，衡南县财政局组织开展局党组中心组集中学习13次，重点学习宣传习近平新时代中国特色社会主义思想、党的二十大精神、2023年新修订的《中国共产党纪律处分条例》《财政违法行为处罚处分条例》《财政部门监督办法》等财政相关法律法规内容，不断提升党员领导干部理论素养。二是丰富学习形式。充分运用"三会一课"、"一月一课一片一实践"主题党日活动、屋场党课等多种形式开展集中学习；积极举办"周五课堂"、党务工作培训班，注重以理论水平提升党建履职能力。三是筑牢廉洁底线。组织党员干部学习《中国共产党党内监督条例》《中国共产党纪律处分条例》等规章制度，开展廉政谈话、开设廉政建设讲座、观看反腐警示教育片、召开财政系统党风廉政教育工作会议等活动，进一步提升干部职工的红线意识、底线意识。四是巩固学习成果。加强教育监管针对性，健全党员管理考核激励机制，强化制度执行力度，促使全体干部职工把学习成果转化为科学的思路、过硬的本领以及工作的实绩。

（湖南省衡阳市衡南县财政局供稿　傅璇执笔）

衡山县

2023年，衡山县实现地区生产总值（GDP）212.67亿元，同比增长（以下简称增长）6.5%。其中，第一产业增加值40.31亿元，增长3.2%；第二产业增加值85.96亿元，增长9.6%；第三产业增加值86.4亿元，增长5.4%。全社会固定资产投资总额87.49亿元，增长15.9%。全县城镇居民人均可支配收入44747元，增长4.9%，农村居民人均可支配收入30180元，增长6.7%。

2023年，全县完成一般公共预算收入16.8亿元，增长15.82%。地方一般公共预算收入13.44亿元，增长22.91%（其中，地方税收7.03亿元，增长11.42%；非税收入6.41亿元，增长38.58%），上级补助收入20.68亿元，债务转贷收入1.84亿元，上年结余2.64亿元，动用预算稳定调节基金1.33亿元，调入资金0.92亿元，收入总计40.85亿元；全县一般公共预算支出36.17亿元，上解支出0.9亿元，债务还本支出1.04亿元，支出总计38.11亿元，结转下年支出2.74亿元。

2023年，全县完成政府性基金预算收入3.97亿元，上级补助收入0.23亿元，专项债务转贷收入8.93亿元，上年结余 0.35 亿元，调入资金 0.37 亿元，收入总计 13.85 万元；全县政府性基金预算支出 8.87 亿元，上解支出 0.01 亿元，债务还本支出 1.84 亿元，支出总计 10.72 亿元，结转下年支出 3.13 亿元。

2023 年，全县完成社会保险基金预算收入 4.72 亿元，上年结余 3.25 亿元。全县社会保险基金预算支出 4.18 亿元，失业保险省级统筹，上解 0.11 亿元，结转下年支出 3.68 亿元。

2023 年，全县完成国有资本经营预算收入 550 万元，上级补助收入 7 万元，上年结余 55 万元，收入总计 612 万元。全县国有资本经营预算支出 601 万元，结转下年支出 11 万元。

一、促进经济回升向好

一是巩固财源建设成效。聚力提升财税收入、争资争项、招商引资、融资化债等工作成效。特别是以国有"三资"清查处置行动为抓手，有效处置城乡供水、砂石土矿等资产资源，实现入库收益 3.72 亿元，为缓解收支压力、增强经济效益提供坚强支撑。二是扩大有效投资需求。成功争取发行新增债券 7.89 亿元，其中专项债券 7.09 亿元，支持重要片区建设和重点民生事业，为稳投资、促增长注入有效动力。三是促进企业良性发展。安排企业发展专项资金 2 亿元，支持板桥片区开发、园区基础设施建设及企业发展；落实减税降费及退税缓费政策 1.02 亿元，惠及 6300 余户次市场主体。

二、增强城乡发展动能

一是支持乡村振兴。农林水领域投入 4.72 亿元，加大现代农业发展支持力度，加强农田水利基础设施建设，落实耕地地力保护补贴等惠农政策，稳定粮食生产大县地位。二是完善基础设施。城乡社区、住房保障和交通运输领域投入 6.68 亿元，支持城乡基础设施建设和公路提质改造，以及老旧小区改造、城乡治理标准化、污水及垃圾处理等重点项目建设。三是维护安全稳定。灾害防治及应急管理领域投入 0.37 亿元，加强安全生产、防灾减灾救灾、应急救援能力建设，保障群众生命财产安全。

三、强化重点民生保障

一是过好"紧日子"。按《湖南省促进服务业领域部分困难行业恢复发展的若干政策》（湘政办发〔2022〕14 号）文件等政策要求，对各预算单位非刚性支出项目进行压减，压减率 17.8%，腾出财力保民生、稳运行。二是守好"三保"线。把"三保"等刚性支出放在预算安排、财政支出和库款拨付的优先位置，全年"三保"支出 16.54 亿元，支付率 100%。在保障工资正常发放、单位正常运转的前提下，兑现公务员绩效奖励、车补乡补等政策待遇。三是办好"民生事"。全年民生支出占财政总支出比重达 70% 以上。其中教育、社保分别支出 6.78 亿元、5.72 亿元，分别增长 7.7%、7.2%。此外，公共安全、科技创新、卫生健康、文化旅游、节能环保等领域，也得到较大力度保障。

四、防范政府债务风险

一是强化债务监控。落实中央一揽子化债政策要求，出台《衡山县防范化解政府债务风险"1+N"方案》，健全常态化债务防控机制，安排偿债资金用于到期政府性债务付息。二是化解隐性债务。以开展违规举债和虚假化债自查自纠以及融资化债专项行动为抓手，有效推进隐性债务"遏增化存"。截至 2023 年底，全县隐性债务比上年底净减 1.16 亿元，预计综合债务率 185% 左右，稳定在黄色风险提示区。三是推进国企转型。加大国有资产归集力度，向平台公司注入各类资产 5 亿元以上，为推动国企市场化转型、经营性融资提供强劲动力。

五、提升财政管理效能

一是规范财政资金管理。组织开展惠农补贴资金发放管理、行政事业单位账户清查、往来款清理等专项整治，制定出台《衡山县村级组织财务管理暂行办法》《衡山县村级财务报销操作流程》《衡山县行政事业单位往来款项管理暂行办法》等管理制度，严控财务风险和廉政风险。二是严格民生资金监管。将惠农补贴资金全部纳入"一卡通"平台发放，上线运行阳光审批系统，累计发放惠农补贴 106 项，2.17 亿元民生资金直接到卡到人。三是提升财政资金效益。实行预算评审限时办结制，建立政府采购调查询价制，全年财评审核项目 289 个，送审金额 13.2 亿元，审定金额 11.44 亿元，核减率 13.4%；采购备案项目 1066 个，备案金额 4.21 亿元，成交金额 3.86 亿元，节支率 8.3%，实现财评核减率和采购节支率"双提升"。

（湖南省衡阳市衡山县财政局供稿　曾振宇　郑新武执笔）

衡东县

2023 年，衡东县实现地区生产总值（GDP）349.25 亿元，同比增长（以下简称增长）6.00%。其中，第一产业增加值 52.78 亿元，增长 3.00%；第二产业增加值 122.81 亿元，增长 8.80%；第三产业增加值 173.66 亿元，增长5.20%。全县社会固定资产投资增长12.10%。全县居民人均可支配收入34553元，增长6.20%。其中，城镇居民人均可支配收入44545元，增长5.00%；农村居民人均支配收入28759元，增长6.60%。

2023年，全县完成一般公共预算地方收入11.75亿元，增长11.57%。其中，税收收入8.35亿元，增长12.62%；非税收入3.40亿元，增长9.08%；上级补助38.98亿元，一般债务收入3.175亿元，动用预算稳定调节基金0.19亿元，调入资金2.93亿元，上年结转0.506亿元，收入合计37.53亿元。全县一般公共预算支出47.65亿元，加上解中央0.58亿元，一般债务还本0.825亿元，安排预算稳定调节基金0.08亿元，调出资金0.62亿元，结转下年7.78亿元，支出合计57.53亿元。

2023年，全县完成政府性基金预算收入7.28亿元，增长205.88%。全县政府性基金预算支出9.15亿元，调出资金（调入一般公共预算）2.35亿元，增长0.77%。

2023年，全县完成社会保险基金预算收入6.87亿元，增长7.34%。全县社会保险基金预算支出6.47亿元，全年收支结余0.4亿元，累计滚存结余3.82亿元，增长7.00%。

一、夯实"财源建设"基础，做好"财政改革"文章

2023年，衡东县财政局压实收入责任，加强收入征管，进一步提升财政保障能力。一是全力组织收入。推动财税精诚共治，强化重点行业、重点税源、重点企业监管，凝聚征管合力。拓展完善综合治税平台功能，实现全县收入组织、风险管理、税务稽查、纳税信用等级、减免税等财税信息共享，堵塞税费征管漏洞，实现应收尽收。2023年实现一般公共预算收入16.35亿元，为年度调整预算的100.65%。其中，地方一般公共预算收入完成11.75亿元，增长11.57%；上划中央收入完成3.61亿元，增长18.15%；上划省级收入完成9932万元，同口径增长300.22%。税收收入完成12.95亿元，增长20.86%，税占比79.21%；地方税收收入完成8.35亿元，增长12.62%，地方税占比71.07%。二是精心培植财源。落实服务打好"六仗"若干财政政策措施，细化财源建设"34535"工作方案，按照"摸清存量、分类处置、用好用活、提质增效"总体思路，制定行政事业单位资产、特许经营权、资产注入三张清单，加大"三资"盘活力度，全年实现国有资产出租和处置收入1.37亿元，土地和矿权出让收入7.99亿元，注入平台公司资产11亿元。三是全力争资跑项。制定《2023年争资跑项工作考核奖惩方案》，明确年度任务和奖惩措施，强化目标考核。全年争取上级补助收入38.98亿元。其中，财力性转移支付收入15.26亿元，同口径比上年增长12.87%；国债资金7.69亿元。全年争取债券资金6.92亿元，其中一般债券资金2.35亿元、专项债券资金4.57亿元。

二、全力保障民生支出，助产业高质量发展

2023年，衡东县财政局出台《衡东县贯彻落实过"紧日子"要求 严格财政预算管理的十条硬措施》，强化预算约束，严控预算追加，集中有限财力足额优先保障"三保"和政府性债务付息等刚性支出。2023年全县一般公共预算支出47.65亿元，比上年增加1.25亿元，增长2.7%。一是优先"三保"（即保工资、保民生、保运转）支出。始终将"三保"支出放在首要位置，全年"三保"支出38.45亿元，占一般公共预算支出比重达82.78%。全年社会保障和就业支出8.6亿元。其中，发放农村低保及城市低保6375万元；发放城乡居民及机关事业单位养老保险金6.34亿元；发放优抚对象补助4289万元；发放残疾人两项补贴2461万元；拨付2346万元用于职业年金记实，切实增进民生福祉。卫生与健康支出2.88亿元，城乡居民医保年人均财政补助标准从每年610元/人提高到每年640元/人，基本公共卫生服务补助标准从84元/人提高到89元/人，切实提升医疗服务水平。二是保障"三农"支出。强化产业兴农，拨付农林水资金7.42亿元，用于乡村振兴、粮食生产、油茶改造及水库除险加固等农业基础设施建设，惠民惠农补贴按时发放，全年通过"一卡通"发放惠农补贴项目达106项计3.47亿元，惠及全县843079人次。全年整合专项资金9200万元，用于农村人居环境整治、农田水利设施建设、国省道通道绿化、乡镇人大票决民生实事、安全隐患治理等项目，确保县委、县政府重大决策部署和县人大表决的民生实事落地见效。三是保障重点民生。加大教育投入力度，认真落实义务教育和高中及职业教育经费保障、校舍标准化建设、薄弱学校改善与能力提升等项目，拨付教育部门9.76亿元，推进"规民教育"及"徐特立"项目建设和乡村薄弱学校改造；加强城镇基础设施建设，拨付资金2.51亿元，推进乡镇污水处理设施及配套管网建设、金花港防洪排涝工程、老旧大浦排水系统提质改造和小区燃气改造，补齐市政公用设施和产业配套设施短板；拨付1.14亿元公路建设资金，用于农村公路提质改造，加快"三路"（即旅游路、资源路、产业路）建设，促进乡村经济发展；拨付"保交楼"专项资金2.72亿元，七个专项借款楼盘共计交房4238套，交房率100%，有效稳控和化解房地产领域风险。四是落实惠企政策。认真落实增值税小规模纳税人免征增值税，小型微利企业减免企业所得税，顶格减征"六税两费"，打好涉企、个体工商户缓缴部分行政事业性收费，阶段性缓缴企业社会保险费等政策"组合拳"。全年落实减税降费1.05亿元，其中留抵退税219万元、新增减税降费1.03亿元，切实减轻企业负担，支持中小微企业、个体工商户和制造业等行业降低经营成本。

三、抓住"债务化解"关键，提升风险防控能力

2023年全县政府债务余额51.07亿元，较上年末增加6.92亿元。其中，一般债务21.46亿元，较上年增加2.35亿元；专项债务29.61亿元，较上年增加4.57亿元。全年政府债务还本付息3.97亿元（还本2.46亿元、付息1.51亿元）。其中，一般政府债务还本0.83亿元，付息0.63亿元;专项政府债务还本1.63亿元,付息0.88亿元。一是严格债务限额管理。2023年度省财政厅下达衡东县新增政府债务限额6.92亿元,其中一般债务2.35亿元、专项债务4.57亿元,新增政府债务严格控制在省核定限额以内。二是强化债务风险防控。债务化解措施有力,制定债务余额、还本付息、融资计划"三张清单",建立债务风险防范底线工作责任链。通过优化支出结构,盘活资产资源,统筹可用财力支持政府债务化解,全年化解政府债务7.9亿元,其中偿还法定债务本息3.97亿元、化解政府隐性债务3.93亿元。发行再融资债券2.45亿元归还到期政府债券,缓解政府偿债压力。三是助力重点项目建设。坚持促发展与防风险并重,在严堵"后门"的同时,依法合理开好"前门",用好用足地方政府债券,发挥债券资金对有效投资的拉动作用,有力推进泵业产业园、印章产业园、现代粮仓等重点项目建设。

四、大力推进改革创新,增强体制机制活力

一是持续深化国资国企改革。坚持目标引领和问题导向相统一,创新监管方法,立足体制机制创新,研究制定全面加强国有企业监管制度体系,构建内外衔接、上下贯通的国有企业监管格局,修订印发《关于进一步加强和规范县属国有公司管理的实施意见》,分别从战略规划引领、股东履职、融资、投资、资金、人员、薪酬等多方面对县属国有公司进行规范管理。二是持续推进预算管理一体化建设。对标对表省级下发的预算管理一体化系统统一标准,建立健全业务流程规范的预算管理一体化管理体系。全年完成183家预算单位的基础信息采集、项目库录入、预算编制"两上两下"、预算公开自查自纠等工作。将预算编制、国库集中支付、政府采购等业务整合,有序推进预算管理一体化建设。

五、筑牢"财政管理"根本,提升服务经济效能

一是健全事前评估机制。严把"重大政府性投资项目资金来源审核"和"评估论证"关,坚持量力而行,有多大财力办多少事,充分论证资金来源和项目实施的必要性,无预算不采购、无来源不评审,防止重大项目可能出现的债务风险。出台《衡东县政府投资建设项目工程变更管理办法》文件,强化项目全生命周期成本控制,严格落实无来源不变更要求,规范工程变更行为。二是优化预算绩效管理。按照"谁申请资金、谁编制目标"的原则,对全县183个单位批复的部门预算资金制定绩效指标、确定绩效指标值,在批复部门预算时,一并批复绩效目标,年终实施绩效监控,对批复的绩效目标进行跟踪问效。制定并出台《衡东县财政局"绩效管理提升年"行动实施方案》,与县审计局联合制定《衡东县预算绩效管理工作协同联动实施意见》,建立联席会议制度、指标共商、信息共享、成果共用、整改共促五项机制,以实现部门整体和项目绩效目标管理全覆盖。全年组织绩效评价金额达12.98亿元。其中,重点绩效评价项目为4个,评价金额为6.08亿元;财政绩效再评项目为30个,评价金额为6.9亿元。全年绩效评价结果应用金额为365万元,取消项目16个,削减项目11个,实现绩效评价结果的有效应用。三是强化政府采购、财政评审监管。进一步优化政府采购流程,全年政府采购预算金额1.46亿元,实际中标金额1.37亿元,资金节约率6.37%。全年政府投资项目评审430个,评审金额21.92亿元,审减3.59亿元,审减率16.37%。

(湖南省衡阳市衡东县财政局供稿 肖明河执笔)

祁东县

2023年,祁东县实现地区生产总值(GDP)355.11亿元,同比增长(以下简称增长)6.2%。其中,第一产业增加值66.14亿元,增长3.0%;第二产业增加值99.00亿元,增长10.1%;第三产业增加值189.97亿元,增长5.2%。全县居民人均可支配收入27187元,增长5.7%。其中,城镇居民人均可支配收入36148元,增长4.5%;农村居民人均可支配收入21189元,增长6.3%。

2023年,全县完成地方一般公共预算收入13.43亿元,增长16.50%。其中,地方税收收入9.67亿元,增长17.03%;非税收入3.76亿元,增长15.16%,上级补助收入43.79亿元,一般债务收入4.26亿元,动用预算稳定调节基金0.20亿元,调入资金0元,上年结转5.50亿元,收入合计67.18亿元。全县一般公共预算支出57.45亿元,加上上解上级支出1.58亿元,一般债务还本2.77亿元,安排预算稳定调节基金1.21亿元,调出资金0.2亿元,结转下年3.97亿元,支出合计67.18亿元。

2023年,政府性基金预算收入3.17亿元,上级补助收入1.08亿元,上年结余1.50亿元,专项债务收入7.94亿元,政府性基金预算调入资金0.98亿元,收入总计 14.67 亿元。政府性基金支出 8.49 亿元，上解支出 0.01 亿元，地方政府专项债务还本支出 4.88 亿元，调出到一般公共预算 0 元，结转下年 1.29 亿元，支出总计 14.67 亿元，收支平衡。

2023 年，国有资本经营预算上级补助收入 0.0048 亿元，与上年持平，国有资本经营预算上年结余收入 0.005 亿元。国有资本经营预算支出 0.0049 亿元，同比下降 53.33%，国有资本经营预算年终结余 0.0049 亿元。

2023 年，全县完成社会保险基金预算收入 9.16 亿元，增长 17.29%。全县社会保险基金预算支出 8.10 亿元，全年收支结余 1.06 亿元，累计滚存结余 7.16 亿元，增长 12.40%。

一、加强财源建设，夯实财政增收基础

一是强化税收征管力度。深入推进综合治税，加强相关部门之间的协同配合和联合管控，完善综合治税平台，持续强化对重点行业、企业和项目的税源监控，发挥大数据在税收管理中的优势，提高管税能力和水平，进一步堵漏增收，确保应收尽收，持续提高收入质量。二是有效盘活国有"三资"。扎实推进全县"三资"清查处置专项活动，全县所有行政事业单位在 2022 年清查基础上再进行了一次国有资产清查，主要聚焦闲置低效资产、闲置土地、闲置房屋及构筑物、闲置车辆等，共清查单位 186 个。通过清理行政事业单位往来款项、预算收回存量资金等办法，全年共盘活资源资产资金 9.6 亿元，入财政国库收益 4.4 亿元。三是推动财源建设多点开花。成立祁东县"三高四新"财源建设工程联席会议，由联席会议办公室（财源办）负责具体工作，并采取"清单制+责任制"方式，将本年度财源建设工作任务具体化，搭建财税信息平台，已完成祁东县财税综合信息平台的采购，出台了《祁东县财税综合信息平台 2023 年 1—12 月财税信息分析报告》。

二、擦亮民生底色，优化财政支出结构

一是筑牢兜实"三保"底线。牢固树立过"紧日子"思想，细化过"紧日子"举措，勤俭节约，强化资金管理，统筹安排各项财政支出，大力压减一般性支出，从严从紧控制"三公"经费，有效降低财政运行成本，加大库款监测，确保预算资金使用合理合规，优先将有限的财政资金用于保障"三保"支出。二是支持民生重点实事。有力支持全县城市低保保障标准、农村低保保障标准、农村分散供养特困人员保障标准、重度残疾人护理费等的提高，推动老旧小区提质改造、省级文明城市和省级卫生城市的创建工作等。三是推进乡村振兴战略。做好粮食生产工作，发放 2023 年种粮农民一次性补贴资金 1752 万元、耕地地力保护补贴资金 6575 万元。支持水利基础设施建设，落实好全县水利建设三年行动计划，全年安排冬修水利"五小水利"建设资金 6576 万元。上线"一卡通"阳光审批系统，加强"一卡通"发放管理，全年通过"一卡通"累计发放惠民惠农补贴资金 120 项，累计 5.9 亿元。积极开展财政支农政策培训，推出"村级会计委托代理制""互联网+监督村级财务""村集体经济组织管理要求""村财业务案例分析"等精品课程。

三、严防债务风险，守牢财政安全底线

一是突出顶层设计。成立县地方债务管理领导小组，实行双组长制，统筹安排全县债务管理工作。制定《祁东县防范化解地方债务风险总体方案》及分领域的 5 个子方案，将债务化解工作目标化、责任化，持续提升工作效能。二是突出风险预防。坚决遏制隐性债务增量，完善常态化监控工作机制，加强风险源头管控，防止债务风险累积成系统性风险，确保债务风险不"爆雷"、"三保"不断链、舆情不炒作。三是突出化债重点。制订合理的化债计划，通过预算足额安排平台公司化债及转型资金，确保化债工作有序推进。加强政策研判，加大向上争取力度，2023 年争取新增政府专项债券置换隐性债务资金 1.88 亿元。

四、深化管理改革，提升财政运行水平

一是抓实绩效管理。选取校车安全管理服务采购项目、2020-2022 年度高标准农田建设项目、2020-2022 年农村改厕项目、2018-2020 年耕地开垦建设、2022 年恢复耕地项目等 11 个重大民生项目开展重点绩效评价，促进各部门提高资金使用效益。完成预算管理一体化系统绩效管理板块上线工作，邀请专家现场授课，全县共 350 余人参加培训，为提升全县预算绩效管理整体水平、提高全县现代财政治理效能打下了坚实基础。二是健全评审机制。拟定祁东县评审流程图、送审项目清单，加强项目进窗初审，对初审资料不合格项目，列出补充资料清单，做到一件事一次办。全年共完成评审项目 656 个，审减 4.15 亿元，审减率 13.04%。三是强化财会监督。深入开展财政纪律重点问题专项整治工作，出台《祁东县地方财经纪律重点问题专项整治工作方案》，聚焦减税降费、基层"三保"、地方政府债务、财政收入虚收空转、违规返还财政收入、衔接推进乡村振兴补助资金、财政暂付款管理、惠民惠农财政补贴资金"一卡通"、行政事业单位国有资产处置等九大问题进行自查，扎实推动问题整改，不断规范财经秩序。四是健全"乡财县管"制度。出台了《祁东县关于进一步加强乡镇财政管理的意见》（祁办发〔2023〕4 号）和《祁东县乡财县管实施细则》（祁财字〔2023〕453 号），有利于加强乡镇财政支出管理，规范乡镇财政拨款和财务报账手续，进一步强化"乡财县管"和国库集中支付工作。

（湖南省衡阳市祁东县财政局供稿　邹思婕执笔）

耒阳市

2023年，耒阳市实现地区生产总值（GDP）465.5亿元，同比增长（以下简称增长）6.2%。其中，第一产业增加值66.6亿元，增长3.4%；第二产业增加值129.1亿元，增长9.7%；第三产业增加值269.8亿元，增长5.3%。全市固定资产投资增长2.1%。全市居民人均可支配收入38222元，增长5.6%。其中，城镇居民人均可支配收入46465元，增长4.7%；农村居民人均可支配收入29856元，增长6.2%。

2023年，全市完成一般公共预算地方收入19.1亿元，增长10.53%。其中，税收收入14.12亿元，增长18.26%；非税上级补助收入52.96亿元，上年结余23.32亿元，一般债务转贷收入6.28亿元，动用预算稳定调节基金4267万元，调入资金3512万元，收入总计102.43亿元。一般公共预算支出74.71亿元，加上上解上级支出1.67亿元，一般债务还本支出3.98亿元，安排预算稳定调节基金6486万元，支出总计81.01亿元。

2023年，全市完成政府性基金预算收入14.31亿元，增长17.73%，加上上级补助收入6763万元，债务转贷收入9.86亿元，上年结余2.74亿元，调入资金2.80亿元，收入总计30.39亿元。全市政府性基金预算支出20.29亿元，加上专项债务还本支出3.49亿元，上解上级支出68万元，支出总计23.79亿元。收支相抵，结余6.6亿元。

2023年，全市完成国有资本经营预算收入1亿元，增长42.86%，上级补助收入245万元，上年结余355万元，收入总计1.06亿元。全市国有资本经营预算支出1.06亿元。收支相抵，结余24万元。

2023年，全市完成社会保险基金预算收入11.66亿元，增长19.56%。全市社会保险基金预算支出10.25亿元，全年收支结余1.42亿元，累计滚存结余7.43亿元。

一、组织收入奋发有为

全面摸底，协助市委、市政府制订收入征管计划。调度督促，根据全市收入进度及时制定和调整促收策略，定时定期对财税工作完成情况予以通报。统计考核，按月份、季度统计收入完成数据，协助市委、市政府对执收单位进行考核，及时兑现奖惩，确保全市财税收入颗粒归仓。

二、重点支出保障有序

全力保障民生资金投入，切实增进民生福祉。2023年耒阳市一般公共预算支出累计完成74.71亿元，同比增支7.42亿元，增长11.03%。重点保障教育、社会保障和就业、卫生、农林水、住房保障等八类民生支出52.24亿元，增长6.47%，占一般公共预算支出的69.92%。

三、财政管理科学有方

以全面贯彻党中央加快建立现代财政制度和推进国家治理体系与治理能力现代化要求作为思想指引，坚持问题导向、结果导向，以体验"倒逼"建设完善，以考核成绩"倒逼"管理规范，落实"日研究、周汇总、月汇报、季调度"制度，将财政管理实际需求与信息化建设紧密结合，积极运用一体化系统推进财政财务管理改革，提升了财政工作绩效，确保了全市财政平稳有序运行，因此获得湖南省"2023年度预算管理一体化建设先进县市区"荣誉称号。

四、三资清查处置有效

2023年，耒阳市综合运用"用、售、租、融"四字诀，盘活收益共计18.29亿元，其中资金8053.56万元、资产6.2亿元、资源11.28亿元。入库收益共15.47亿元，其中资产4.9亿元、资源10.56亿元。该项工作名列全省前茅、衡阳地区第一，形成了可复制可推广的典型案例，被省财政厅评为2023年度市县清查处置盘活国有"三资"工作先进单位。

五、债务风险化解有力

坚决严控债务增量，着力化解债务存量，严守债务风险底线和红线，建立健全债务风险防控机制，常态化实时监测，及时督办，并合理利用"六个一批"措施缓释风险，政府性债务风险防范化解工作稳妥推进。2023年耒阳市累计化债率在衡阳市各县市区排名第一。

（湖南省衡阳市耒阳市财政局供稿　刘友强执笔）

常宁市

2023年,常宁市实现地区生产总值(GDP)446.84亿元,同比增长(以下简称增长)6.3%。其中,第一产业增加值65.65亿元,增长3.1%;第二产业增加值151.69亿元,增长11.6%;第三产业增加值229.5亿元,增长4.1%。全社会固定资产投资增长6.1%。全市居民人均可支配收入34368元,增长5.7%。其中,城镇居民人均可支配收入43962元,增长4.6%;农村居民人均可支配收入25282元,增长6.5%。

2023年,常宁市完成一般公共预算地方收入16.65亿元,增长13.41%。其中,税收收入11.80亿元,增长12.92%;非税收入4.85亿元,增长14.63%,上级补助40.90亿元,一般债务转贷收入1.95亿元,动用预算稳定调节基金1.38亿元,调入资金1.02亿元,上年结转0.02亿元,收入合计61.93亿元。全市一般公共预算支出58.87亿元,加上上解上级1.47亿元,一般债务还本1.08亿元,安排预算稳定调节基金0.42亿元,调出资金0元,结转下年0.08亿元,支出合计61.93亿元。

2023年,常宁市完成政府性基金预算收入8.65亿元,同比下降(以下简称下降)0.02%。常宁市政府性基金预算支出20.66亿元,调出资金(调入一般公共预算)0.9亿元,增长60.68%。

2023年,常宁市完成国有资本经营预算收入0.01亿元,下降88.01%。常宁市国有资本经营预算支出0.02亿元,调出资金(调入一般公共预算)0.12亿元,下降50.39%。

2023年,常宁市完成社会保险基金预算收入8.17亿元,增长19.61%。常宁市社会保险基金预算支出7.70亿元,全年收支结余0.47亿元,累计滚存结余5.00亿元,增长4.17%。

一、以征管为手段,做大财政"蛋糕"

顶住经济下行压力,克服新冠疫情的反复冲击和当前市场形势低迷等客观因素影响,以做实财政收入为重点,不断加强综合治税,规范收入管理,使财政收入结构更趋合理,收入质量全面提升。2023年,常宁市一般公共预算收入完成25.87亿元,增长6.36%。其中,全口径税收收入完成21.02亿元,增长4.63%;非税收入完成4.85亿元,增长14.63%。地方一般公共预算收入完成16.65亿元,增长13.41%。其中,地方税收收入完成11.8亿元,增长12.92%。财政收入质量进一步提升,一般公共预算收入税占比达81.27%,地方收入税占比达70.89%。

二、以发展为要务,培植主体财源

一是加强财源建设。全力推进产业项目建设,培育壮大骨干财源,并以构建大统计大税务格局为契机,加强同各部门协调联动,加快综合治税监测平台建设,加强涉税信息共享,全力构建财源信息互联互通、税源管控整体联动的工作格局。二是落实减税降费。全面落实减税降费政策,加强对化工、冶炼等制造业的留抵退税落实,全力助企纾困,减轻企业负担,并持续优化经济环境,支持实体经济发展。三是优化营商环境。根据全市打好优化营商环境翻身仗工作要求,召集召开常宁市财政局2023年优化营商环境专题工作推进会,制定了优化营商环境工作任务清单,压实工作职责,细化工作责任。四是争取惠企资金。争取外贸促发展资金310.3万元,对6家进出口企业进行扶持。争取制造业高地建设专项资金共计950万元,支持湖南株冶有色金属、嘉兴木业、德邦生物科技、康杰服饰等11家中小企业健康发展。积极向衡阳市推荐了湖南省玉兔钛业新材料有限公司等16家企业申报2023年衡阳市"打好经济增长主动仗,加快建设区域经济中心"工信领域奖补投入资金。五是缓解融资难题。积极发挥财政资金杠杆撬动作用,帮助19户小微企业、个人申请创业担保贷款564万元。支持完善城乡金融服务体系,加大防范金融风险宣传投入,加强非法集资打击力度,建立金融企业风险预警机制和警示系数管控体系,调优地方金融企业资产,不断优化金融发展环境。

三、以节支为重点,保障社会民生

在收支逆差大、资金调度难的情况下,坚持"以收定支"的原则,严控支出规模,集中财力保重点、惠民生,有力地保障了社会各项事业的资金需求,维护社会大局稳定。2023年,常宁市一般公共预算支出完成58.87亿元,其中一般公共服务支出完成34.48亿元,占比达58.58%。一是全力保障"三保"支出。始终以"三保"支出为重点,严格按照先"三保"支出后其他支出的资金拨付顺序,牢牢守住"三保"底线,维护了社会的基本稳定。2023年全年"三保"支出完成47.99亿元,占总支出比达81.77%。特别是在财力十分紧张的情况下,补发了2020年、2021年两个年度绩效奖,并补齐了2022年、2023年两个年度的绩效奖基础性考核发放,共计发放4.52亿元。二是支持教育均衡发展。安排教育专项支出11.71亿元,不断巩固和完善义务教育中小学教师工资保障机制，落实各项家庭困难学生生活补助政策和助学金等资助政策，支持城区学校扩容提质、农村薄弱学校改造、校舍维修和民办教育事业发展。三是巩固社会保障体系。全面落实养老保险、失业保险、工伤保险、医疗保险政策，健全基层医疗卫生服务体系，全面启动民政惠民工程，贯彻执行各项抚恤优待政策。城乡低保月补差水平分别达每人每月240元和378元，农村分散供养对象每人每月542元，集中供养和城市分散供养对象每人每月845元，集中供养孤儿和分散供养孤儿分别提高至每人每月1500元和1100元，残疾人"两项补贴"均提高到每人每月80元。四是推进乡村振兴战略。安排农林水支出7.73亿元，着重巩固脱贫攻坚和乡村振兴有效衔接成果，大力支持实施"六大强农"行动，全力保障国家粮食安全，支持农村人居环境整治、厕所革命、农村公路、高标准农田等基础设施建设和油茶、茶叶、无渣生姜等产业建设，支持农村村集体经济发展，提高群众幸福指数。同时，全面落实村级公益事业项目建设财政奖补资金工作，支持农村基础设施建设补短板，支持打造美丽乡村建设样板。五是抓好其他重点工作。在财政资金十分艰难的情况下，积极统筹财力，保障疫情防控、住房保障、平安建设、禁毒禁燃、反电诈反性侵等工作的资金需求，维护社会大局稳定。

四、以管理为基础，提高资金质效

一是加强财政制度管控。出台《常宁市财政运行风险管控"一县一策"实施方案》《常宁市做好基层"三保"工作实施方案》，建立风险预警机制，强化风险管控措施，加强资源挖潜和统筹，守住"三保"底线，切实保障全市财政平稳运行。同时，全面推行零基预算，将财政工作由被动服务型转向主动管理型。二是加强预算绩效管理。2023年，全市整体绩效评价对象8个，项目支出评价对象11个，财审联动评价对象1个，总评价金额7.5亿元，并按照"零基预算"的原则，进行绩效评价结果运用及运行监控，切实发挥财政资金使用效益。三是加强政府债务管理。严格执行政府债务限额管理，坚持"谁举债，谁负责，谁偿还"原则不动摇，实行举债终身问责制和债务问题倒查机制，扎实开展违规举债和虚假化债专项行动，积极争取建制县隐性债务试点资金3.09亿元，妥善处置和化解隐性债务存量。出台《防范化解地方债务风险总体方案》及7个分领域方案和《关于进一步加强债务管理工作的意见》，坚决稳妥防范化解地方债务风险。积极推进国有企业子孙平台公司"关停并转"，进一步推进平台公司转型。四是强化政府采购管理。全面开通政府采购全流程管理，进一步规范采购人行为，简化办事流程，加大信息公开力度，推进政府采购全流程公开透明。对预算单位、政府采购代理机构开展政府采购监督检查，对33家预算单位和11家代理公司进行了整改，对9家预算单位进行了行政处罚。五是强化财政评审管理。完成财政投资项目评审394个，共核减资金3.29亿元。其中，审核预算项目311个，送审金额15.82亿元，核减3.17亿元；审核结算项目83个，送审金额1.17亿元，核减0.12亿元，最大限度避免财政资金的流失。六是持续规范津补贴管理。对2022年津补贴进行了全面清理，联合组织部、人社局对全市公务员和机关事业人员的2022年7月至2023年12月的基础性绩效奖进行了核算并全额发放到位。七是开展PPP项目清查整治工作。按照中央、省、衡阳市要求，扎实开展PPP项目清查整治工作，取得了积极成效。会同发改、审计部门对全市PPP项目开展了专项检查，下达《整治通知书》，推动了PPP项目规范阳光运行。另外，按照PPP项目政策调整精神，开展PPP存量项目分类处置工作，调减PPP项目投资约12亿元，减少PPP项目全生命周期支出责任20亿元左右。八是加强国有资产管理。扎实开展国有"三资"清查与处置工作，全面清理盘活资产资源，对国有企业出租资产进行监督，督促租金收入入库。严审行政事业单位资产存量，严控资产配置的入口关，有效节约财政资金。九是规范惠民资金管理。实施惠民惠农财政补贴政策和项目清理以及"一卡通"资金进行专项治理检查，确保了惠民惠农资金使用安全高效。

五、以监督为抓手，确保资金安全

紧扣财政发展重点，规范财政行为，防范资金使用风险。一是持续开展会计监督、"互联网+监督"、财政专户清理、政府债务管控、政府采购监管等工作，坚决查处各类违法违规行为。二是全面启动惠民惠农财政补贴"一卡通"专项治理工作，着力整治群众身边的腐败问题。三是按照省委巡视反馈意见和省、市审计部门审计意见要求，对症下药，全面落实，如期完成了整改任务，做好了整改后半篇文章。四是按照省、衡阳市要求，会同纪检监察、农业农村等部门开展"三湘护农"专项行动，护航惠民惠农资金安全，确保惠民惠农政策落实落细。五是积极开展惠农补贴资金清理工作，配合市纪监委，对乡镇（办事处）进行跟踪督促，发现的问题58个，涉及人员7516人次，涉及金额306.3万元。牵头组建检查组对三角塘镇新铺村进行"麻雀式"解剖检查，并就发现的问题责令其全部整改到位。

六、以党建为统揽，加强队伍建设

一是强化党的政治建设。始终坚持以政治建设为引领，深入学习党的二十大精神，贯彻习近平新时代中国特色社会主义思想，增强"四个意识"，坚定"四个自信"，做到"两个维护"，紧密结合财政工作实际，恪守"为政理财、为民服务"的财政初心。二是加强清廉机关建设。持续开展"清廉机关"建设，加强清廉教育和反腐倡廉宣传，弘扬清廉风尚，筑牢清廉防线，一体推进不敢腐、不能腐、不想腐的体制机制，同时进一步加强机关干部作风建设，结合"两带头五整治"工作，要求全局干部职工严格做好"十要十不准"，力戒"庸懒散"，激励"闯创干"。三是提升党建工作水平。落实局党组基层党建工作联系点制度，把意识形态工作情况纳入党建工作责任制。扎实完成重点党建工作任务，坚持

邵 阳 市

2023年，邵阳市实现地区生产总值（GDP）2731.42亿元，同比增长（以下简称增长）4.8%。其中，第一产业增加值436.1亿元，增长3.2%；第二产业增加值897.6亿元，增长6.0%；第三产业增加值1397.7亿元，增长4.6%。全年规模工业增加值增长6.4%。全市固定资产投资增长4.3%。全市全体居民人均可支配收入26265元，增长6.4%。其中，城镇居民人均可支配收入36877元，增长4.8%；农村居民人均可支配收入18128元、增长7.8%。

2023年，全市完成一般公共预算地方收入133.75亿元，增长4.52%。其中，税收收入84.88亿元，增长3.00%；非税收入48.87亿元，增长7.27%，上级补助459.19亿元，一般债务转贷收入73.63亿元，动用预算稳定调节基金1.35亿元，调入资金114.60亿元，上年结转31.33亿元，收入合计813.86亿元。全市一般公共预算支出699.45亿元，加上解中央13.86亿元，一般债务还本54.68亿元，补充预算稳定调节基金2.12亿元，调出资金9.63亿元，结转下年34.12亿元，支出合计813.86亿元。市本级完成地方一般公共预算收入29.76亿元，同比下降（以下简称下降）4.25%。其中，地方税收收入14.83亿元，减少12.92%；非税收入14.93亿元，增加6.26%，上级补助88.96亿元，一般债务转贷收入21.85亿元，动用预算稳定调节基金0元，调入资金59.31亿元，上年结转0.25亿元，下级辖区上解收入7.39亿元，收入合计207.52亿元。市本级一般公共预算支出145.1亿元，补助下级支出34.09亿元，加上上解中央4.28亿元，一般债务还本16.69亿元，一般债务转贷辖区2.34亿元，补充预算稳定调节基金0元，调出资金3.26亿元，结转下年1.76亿元，支出合计207.52亿元。

2023年，全市完成政府性基金预算收入149.71亿元，下降18.65%。全市政府性基金预算支出196.47亿元，调出资金（调入一般公共预算）27.7亿元，增加144.70%。市本级完成政府性基金预算收入58.47亿元，增长0.83%。市本级政府性基金预算支出65.46亿元，调出资金（调入一般公共预算）15.56亿元。

2023年，全市完成国有资本经营预算收入61.44亿元，增加98.51%。全市国有资本经营预算支出1.15亿元，调出资金（调入一般公共预算）60.84亿元，增加106.03%。市本级完成国有资本经营预算收入40.07亿元，增加49.40%。市本级国有资本经营预算支出0.14亿元，调出资金（调入一般公共预算）39.90亿元，增加47.78%。

2023年，全市完成社会保险基金预算收入173.11亿元，增长8.30%。全市社会保险基金预算支出162.70亿元，全年收支结余10.40亿元，累计滚存结余166.10亿元，增长0.70%。市本级完成社会保险基金预算收入101.56亿元，增长8.96%。市本级社会保险基金预算支出96.83亿元，全年收支结余4.73亿元，累计滚存结余92.50亿元，减少2.09%。全市社会保险基金滚存结余增长缓慢的原因为2023年开始，工伤保险基金和失业保险基金都由省级统筹管理，不再在市级核算收支。

一、强化聚财增收，在增强财政实力上抢新机

一是强化财税收入征管。2023年，全市地方一般公共预算收入完成133.8亿元，增长4.5%；其中地方税收完成84.9亿元，增长3.0%，非税收入完成48.9亿元，增长7.3%，非税占比为36.5%；财税两项收入增幅均排全省第五位。二是深入实施"三高四新"财源建设工程。出台《邵阳市开展财源建设工程 支持打好"发展六仗"工作方案》，全市全口径税收增速达13.1%，产业园区亩均税收增长15%以上，地方财政收入突破10亿元的县市区达到3个，全市全口径税收占GDP比重为5.77%，比上年同期（5.36%）提升0.41个百分点。三是大力盘活处置国有"三资"。出台《邵阳市国有"三资"清查处置与管理改革工作方案（2023—2025年）》《关于创造条件支持国有资产资源处置盘活的通知》等6项制度文件，围绕"六类资源、五类资产、两类资金"，综合运用"用、售、租、融"四字诀，全市实现盘活处置国有"三资"收入207.51亿元。四是积极向上争资争项。全市争取上级转移支付资金470.49亿元，增长6.09%，有力支持高质量发展。

二、强化加力提效，在促进经济发展上开新局

一是落实惠企政策，真金白银助企纾困。积极开展"纾困增效"专项行动，全市落实退减缓税费20.27亿元，切实减轻企业负担。安排园区发展、制造强市、专精特新"小巨人"企业培育等各类惠企专项经费4.83亿元，及时兑现惠企政策，切实推动政策红利转化为企业发展动力。二是发挥资金撬动作用，扩投资促消费稳外贸。发行新增政府专项债券103.81亿元，推动专项债券项目加快实施，及早形成实物工作量，有效保障重点项目建设。联合金融机构、平台公司发放消费券，拉动消费8亿元，以财政"小投入"撬动民众"大消费"。积极支持推动国际贸易通道建设、跨境电商产业发展，有力支持外贸企业经营发展。三是开展普惠金融，促进实体经济发展。充分发挥"财政+金融"协同效应，积极推广"潇湘财银贷"和科技型企业知识价值信用贷，做大做优政府性融资担保工作。截至2023年末，市融资担保公司在保余额达21.11亿元，公司综合费率（银行利率加担保费）降至5.06%，切实减轻了企业负担。农担邵阳市分公司在保户数、新增户数排全省第一位，在保金额11.14亿元，排全省第二位，为乡村振兴提供坚强农担力量。四是优化营商环境，激发市场主体活力。加快实施"互联网+政府采购"，启动全流程电子化政府采购监管服务，切实执行政府采购中小企业政策，优化政府采购营商环境，降低交易性成本，2023年全市政府采购项目金额29.5亿元（不含电子卖场），节约财政资金1.34亿元。持续深化"放管服"改革，打通非税收入收缴全流程电子化管理的"最后一公里"，圆满完成非税收入电子缴款书全覆盖工作，成为全省改革标杆。

三、强化为民理财，在改善民生品质上谱新篇

践行"为民造福是最大的政绩"，全市民生支出完成531.7亿元，占一般公共预算支出的76.0%，不断提升人民群众的获得感、幸福感、安全感。一是实施就业优先，健全社会保障体系。全市筹措就业资金2.8亿元，重点支持高校毕业生、返乡农民工、退役军人、就业困难人员等群体就业。全市财政卫生健康支出81.03亿元，稳步提高困难群众生活救助、困难残疾人生活补贴和重度残疾人护理补贴、城乡居民医保财政补助、基本公共卫生服务财政补助等保障标准，补齐民生领域"短板"。统筹安排各类困难群众救助补助资金14.2亿元，惠及城乡低保人群、城乡特困人群、残疾人群共计32.1万人。二是支持科教兴市，充分激发文化活力。加大教育经费投入，严格按照"教育优先""只增不减""服务提质"原则予以保障。全市义务教育支出69.82亿元，增长14.37%。全市资助家庭经济困难学生77.6万人次，资助金额7.88亿元，居全省前列。坚持创新驱动，全市科技支出完成14.62亿元，增长93.4%。安排人才工作经费1.45亿元，为实现高质量发展提供人才支撑。健全公共文化服务财政保障机制，持续实施各类文化惠民工程，稳步推进全域旅游，加大文物遗产保护支持力度，有力有效促进科教文旅事业发展。三是推进乡村振兴，持续改善生态环境。坚持把实施乡村振兴战略作为"三农"工作的总抓手，全市投入衔接推进乡村振兴补助资金16.97亿元，增长5.64%；积极争取上级项目和资金，2023年省级巩固拓展脱贫攻坚成果示范园区、美丽乡村重点县试点项目相继落地北塔区、新宁县和新邵县。落实"绿水青山就是金山银山"理念，全市统筹安排资金8.48亿元，完成邵水、枫江溪、红旗河等5条黑臭水体治理，打好蓝天碧水净土保卫战。四是完善基础设施，全面优化人居环境。全力推进新型城镇化，争取上级基础设施和民生项目建设专项资金22.89亿元，助力城市燃气管道、市政老旧管网等完成更新改造。380个纳入城镇老旧小区改造的小区已全部完工，完成投资11.55亿元，项目完工率、投资完成率均为100%，位居全省第一。

四、强化财政管理，在提升治理能力上闯新路

一是大力开展财政绩效管理提升年行动。从"全面提升财政政策效能、全面提升绩效管理全过程工作质量、全面提升财税改革效果、全面提升财会监督效力、全面提升内部管理效率"等五大方面出台26项具体措施，着力构建"全方位、全过程、全覆盖"预算绩效管理体系，提升全市财政综合管理能力。二是夯实财政管理基础。实行全口径预算管理，同步编制"四本"预算，构建全口径政府预算体系，进一步加大预算执行力度。加强乡镇财政管理，提升乡财服务效能，邵阳市、隆回县、新宁县、洞口县财政局获评全省乡镇财政管理工作先进单位，所辖16个乡镇财政所获评2023年度"标兵或先进财政所"。三是提升财政管理规范化水平。加大财政投资项目评审力度，为政府投资把关、为项目建设服务，市本级审定金额53.18亿元，审减金额7.24亿元，审减率11.98%。进一步加强财会监督工作，扎实开展惠农补贴资金突出问题整治行动，开展预决算公开情况专项检查、会计监督检查等，持续加强财政监督制度体系建设。四是强化财政支付管理职能。深入完善国库集中支付制度改革，修订出台《邵阳市财政代管资金管理办法》，加强代管资金收支管理。全面依托预算管理一体化平台，市财政共办理国库集中支付金额84亿元，确保财政资金规范、安全、高效使用。

五、强化风险防控，在保障经济安全上出新绩

一是兜牢"三保"底线。全市足额安排"三保"支出预算321.59亿元，其中保基本民生161.87亿元、保工资146.82亿元、保运转12.9亿元。全面落实党政机关过"紧日子"政策，压减项目经费749项，金额7.12亿元；取消非急需非必要支出155项，金额4.02亿元；收回结余结转资金18.15亿元，盘活的存量资金统筹优先用于"三保"等刚性支出。二是严控政府债

务风险。在湖南省口径下，市本级债务风险等级降至风险提示地区。大力实行"一债一策"，落实"六个一批"风险缓释措施，确保平台公司不违约、不断链、不"爆雷"。推进平台市场化转型，市产发集团信用评级成功提升至AA+评级，至此市本级平台公司全部达到AA+评级。三是筑牢资金安全防线。加强对账管理工作，强化库款保障，健全财政国库库款预测预警监控管理机制，加强直达资金动态监控管理，切实维护财政资金安全。四是全力支持平安邵阳建设。持续加大保障力度，充分保障市域社会治理投入、创民工作经费，助力成功创建全国市域社会治理现代化试点合格城市、民族团结进步示范市。切实做好"移动警务平台"、"一村一辅警"、禁毒反电诈、消防应急、安全生产等经费保障工作，切实保障人民生命财产安全，营造平安稳定的社会环境。

（湖南省邵阳市财政局供稿　杨芊芊执笔）

双清区

2023年，邵阳市双清区实现地区生产总值（GDP）212.13亿元，同比增长（以下简称增长）4.8%。其中，第一产业增加值4.98亿元，增长1.5%；第二产业增加值110.02亿元，增长7.1%；第三产业增加值97.13亿元，增长2.8%。固定资产投资增长8.2%。全体居民人均可支配收入38892元，增长5.2%。其中，城镇居民人均可支配收入41030元，增长5.2%；农村居民人均可支配收入28825元，增长5.3%。

全区一般公共预算地方收入累计完成3.42亿元，同比增收3643万元，增长11.9%。从平衡情况看，地方收入3.42亿元，加上级补助收入11.98亿元、从预算稳定基金调入6162万元、上年结余收入9623万元、债务转贷收入3884万元、调入资金1881万元，可安排使用的收入总计为17.56亿元。本级一般公共预算支出14.83亿元，加上解支出1.85亿元、一般债务还本支出1187万元、结转下年支出7627万元，支出总计17.56亿元，收支相抵，当年收支预算平衡。

2023年，本年政府性基金收入累计完成100万元，加上上级补助收入975万元、上年结余收入1758万元、债务转贷收入3.38亿元，收入总计3.66亿元；本级政府性基金支出2.68亿元，加结转下年支出9796万元，支出总计3.66亿元，收支平衡。

2023年，国有资本经营预算上级补助收入83万元，加上年结余收入130万元，当年收入总计213万元；当年本级国有资本经营预算支出69万元，加结转下年支出144万元，支出总计213万元，收支平衡。

2023年，全区社会保险基金收入2.51亿元，支出2.12亿元，当年结余3821万元，年末滚存结余2.63亿元。

分险种来看，全区城乡居民基本养老保险基金收入9104万元，支出5295万元，滚存结余2.58亿元；机关事业单位基本养老保险基金收入1.6亿元，支出1.59亿元，滚存结余510万元。

一、坚持统筹推进，财政保障能力持续增强

锚定加快实现"三高四新"美好蓝图，大力发展优势产业，深入推进区域经济高质量发展，提升财政综合实力。一是扎实推进积极的财政政策落实。充分发挥财政的资源配置和杠杆作用，积极推动产业配套升级，持续优化营商环境，加大招商引资、科技创新力度，发挥区位商业优势促进消费升级。加快服务业发展和重点项目建设，促进房地产行业健康复苏，实现经济高质量发展。二是强化税费征管。加强重点行业、重点税源企业、重点税种的管理，充分挖掘征收潜力，坚持原则依法治税，加强协税护税形成合力，不折不扣贯彻落实减税降费政策。同时，规范非税收入管理，科学组织非税收入，确保均衡入库。三是加强国有"三资"清理盘活。加强行政事业性国有资源资产管理，加快资源资产盘活利用速度，稳步推进闲置资源资产盘活转化，积极处置低效资源资产。统筹盘活存量资金，强化财政结余结转资金管理用于保障"三保"和重点支出。

二、坚持提质增效，重点民生保障持续增长

2023年民生支出持续增长，不断增加财政在教育、医疗、养老、住房保障和就业等领域支出，不断增进民生福祉，提高人民生活品质。一是继续提高各类优抚对象抚恤金和生活补助标准。及时足额发放城乡低保、特困救助等补助，不断完善民生政策体系。全年安排社会保障和就业资金33160万元，支持重点群体就业创业，困难群众基本生活保障得到进一步落实。二是稳步推进教育文化事业发展。进一步健全教育经费保障机制，落实"两个只增不减"要求，全年安排教育总支出37768

万元。做好学前教育、义务教育和普通高中阶段经费保障工作；落实国家各阶段教育资助政策，推动全区教育优质均衡发展。加大公共文化体育设施投入，促进公共文化服务体系建设，推进城镇老旧小区改造，助力平安双清建设，创建全国文明城市。三是扎实推进乡村振兴战略。2023年农林水支出10330万元，其中乡村振兴衔接资金3315万元。加强高标准农田建设和农村公共服务体系建设，保障农民种粮收益，提升粮食安全保障能力。切实巩固拓展脱贫攻坚成果，推进乡村发展和建设。四是进一步强化民生资金管理。在六个重点领域开展了重点民生资金专项整治行动，切实兜牢基本民生保障底线，提升民生资金使用效益。

三、坚持守正创新，财政管理水平持续提升

一是兜牢"三保"底线。始终将"三保"摆在财政工作的最优先位置，足额安排"三保"支出，坚持"三保"支出优先顺序，确保基本民生、工资、基本运转等刚性支出及时足额拨付，牢牢守住安全底线。二是厉行节约，牢固树立过"紧日子"思想。严格遵守厉行节约，反对浪费的规定，严控"三公"经费支出，大力压减一般性及非刚性支出、非重点支出。2023年一般性及非刚性、非重点支出在2022年基础上压减20%，切实提高财政资金使用绩效，以政府过"紧日子"换取老百姓过"好日子"。三是强化绩效管理。全力推进"绩效管理提升年"工作开展，对财政重大专项和政府重大投资项目开展全周期跟踪问效，提升资金分配使用效益；强化绩效评价结果运用，对低效、无效项目资金予以调减，对绩效评价存在问题的项目责令项目实施单位限期整改，整改不到位的依规核减对应专项资金预算安排，切实提升财政资金使用效能。四是有效化解地方债务风险。严格落实区委区政府既定的化债方案，坚决遏制新增隐性债务，多措并举化解存量债务。坚持常态化监测预警债务风险，将债务风险等级控制在相对安全区间。

(湖南省邵阳市双清区财政局供稿　胡菲执笔)

大祥区

2023年，大祥区实现地区生产总值（GDP）232.7亿元，同比增长（以下简称增长）4.4%。其中，第一产业增加值完成7.5亿元，同比下降（以下简称下降）3.8%；第二产业增加值完成82.4亿元，增长4.8%；第三产业增加值完成134.3亿元，增长6.3%。

2023年全区地方一般公共预算收入3.2亿元，增长10.55%，为年初预算的95.33%，加上上级补助收入11.51亿元，地方政府一般债券转贷收入4400万元，上年结转3.6亿元，收入合计18.75亿元。全区一般公共预算支出16.36亿元，加上上解上级支出9791万元，结转下年1.41亿元，支出合计18.75亿元，收支平衡。

2023年，全区完成社会保险基金收入3.31亿元，增长40.3%。全区社会保险基金支出2.80亿元，全年收支结余0.51亿元，累计滚存结余1.93亿元，增长36.02%。大祥区本级无政府性基金收入，无国有资本经营收入。

一、统筹税费征管，努力做大收入总量

一是抓实收入征管。每月定期就收入形势进行分析研判，协调各征管部门收集信息，对发现的问题和风险及时做出应对，确保收入"应征尽征"。二是大力盘活存量资金。加强财政资金动态监控，通过对结转结余资金、实有账户资金清理等，全年清理盘活各类财政存量资金1.33亿元，统筹用于"三保"方面，有力提升财政保障能力。三是主动向上争取。到位上级转移支付11.51亿元、新增专项债券资金3.77亿元、新增一般债券资金4400万元、再融资债券资金1.28亿元，有效缓解财政支出压力。

二、增进民生福祉，切实提高保障能力

一是着力维护基层政务稳定。"保基本民生、保工资、保运转"是推动政府履职和各项政策实施的基础条件，是维护经济运行秩序和社会大局稳定的"压舱石"，当年民生支出12.2亿元，占一般公共预算支出的比重达74%。二是着力兜住基本民生底线。安排1.17亿元保障退役军人、高龄老人、低收入人群、特困人群、孤儿、残疾人、被征地农民等特殊人群待遇；安排2.47亿元保障各类人员养老待遇按时足额发放；安排1511.41万元用于发放就业岗位补贴、创业补贴、稳岗留工补贴等。三是着力健全教育经费保障机制。全区教育支出3.37亿元，确保教育投入"只增不减"。落实义务教育教师工资福利不低于本地区公务员平均工资水平政策；及时下拨各中小学义保公用经费2846万元，生均公用经费保障机制实现全覆盖；拨付薄改与能力提升补助资金及校舍维修改造资金1425万元，义务教育办学条件实现进一步改善。四是着力提升医疗卫生服务水平。投入1500万元用于基层医疗机构人员经费、基本药物制度补助，优化

医疗服务和质量管理，增强乡镇卫生院综合服务能力；投入2910万元用于基本公共卫生服务；投入510万元用于城乡医疗救助，进一步减轻了困难群众和大病患者医疗费用负担，基本公共卫生服务的普惠性、公平性和服务质量有了新的改善和提升。五是大力推进文旅建设力度。足额保障农村文化建设、送戏下乡、农家书屋等文化活动资金，文化馆、图书馆、乡镇文化站免费开放资金，切实丰富了城乡群众的文化活动。

三、增强"三农"保障，助力乡村全面振兴

一是助推乡村振兴。安排资金3253万元，推动巩固脱贫攻坚成果同乡村振兴有效衔接。安排农机购置补贴资金113万元，推进农机更新换代。二是加强农村水利设施建设。统筹安排水利发展资金8699万元支持农村水利设施建设，完善农村供水工程体系，确保老百姓喝上"放心水"，用上"安心水"。三是持续优化人居环境改善。安排201万元支持建设省级美丽乡村；安排362万元支持2023年改新建和历年来问题厕所整改；统筹656万元用于农村环境整治等项目。四是夯实粮食安全根基。农林水支出13879万元，为乡村振兴实绩考核奠定了坚实的财力保障。统筹安排资金1090万元支持新建高标准农田和改造提升高标准农田；发放各类惠农补贴14416万元，惠及农户28万户次，提升农户种植积极性。

四、深化财政改革，切实提高财政效能

一是推进预算管理"一体化"改革。实现预算管理"一体化"全覆盖，实现对全区147家单位会计核算全程监督，全面禁止现金支付等违规行为，切实提高财政资金使用效率。二是推进财政公开改革。扎实落实单位公开主体责任，开展部门单位2023年决算和2024年预算公开工作，推动财政工作阳光、规范、公平运行。三是推进非税收入收缴电子化改革。全区68家执收单位实现电子化开票。四是全面加强民生资金监管。开展惠民惠农"一卡通"问题专项治理、预算单位银行账户清理整治、地方财经秩序专项整治行动等工作。协调推进"互联网+监督"工作，进一步完善民生资金公开目录，实现民生资金全面监督。五是完善预算绩效管理体系。全力推进"绩效管理提升年"工作开展，对财政重大专项和政府重大投资项目开展全周期跟踪问效，提升资金分配使用效益；强化绩效评价结果运用，对低效、无效项目资金予以消减，对绩效评价存在问题的项目责令项目实施单位限期整改，整改不到位的依规核减对应专项资金预算安排，切实提升财政资金使用效能。

五、强化财政监督，有效防范化解风险

一是聚焦财会监督工作。按照上级部门对财会监督工作的部署，开展严肃财经纪律和"小金库"专项监督检查、"三公"经费专项整治、财经纪律重点问题专项整治、代理记账行业违法违规行为专项整治等工作，切实发挥财政监督在保障重大财税政策落实、规范市场秩序、严肃财经法纪、提高治理水平等方面的作用。二是主动防范化解债务风险。重点排查党的十九大以来专项债券资金用于上级文件明令禁止的投向领域、专项债券资金闲置浪费、新增隐性债务上新项目等问题，确保债券资金使用合法合规。严格按照化债计划化解隐性债务，目前全区法定债务各项指标均在绿色区域，债务风险总体可控。三是积极稳妥化解房地产风险。财政支持全区房地产风险项目争取保交楼专项借款7790万元，已使用资金6545.7万元，资金使用率达84%，已交付835套，交付率达到100%。

（湖南省邵阳市大祥区财政局供稿　唐海执笔）

北塔区

2023年，北塔区实现地区生产总值（GDP）63.46亿元，同比增长（以下简称增长）4.1%。其中，第一产业增加值4.05亿元，增长2%；第二产业增加值22.13亿元，增长5.3%；第三产业增加值37.27亿元，增长3.6%。全社会固定资产投资（不含农户）总额65.17亿元，增长7.7%。全年城镇居民人均可支配收入36602元，增长4.8%；农村居民人均可支配收入25889元，增长5.4%。

2023年，全区完成一般公共预算地方收入1.8亿元，增长21.04%。其中，税收收入1.37亿元，增长20.24%；非税收入4223万元，增长23.70%，上级补助7.6亿元，一般债务转贷收入2374万元，动用预算稳定调节基金0元，调入资金3184万元，上年结转3.44亿元，收入合计13.39亿元。全区一般公共预算支出9.8亿元，加上上解上级8179万元，一般债务还本155万元，补充预算稳定调节基金5289万元，调出资金1413万元，结转下年2.08亿元，支出合计13.39亿元。

2023年，全区完成政府性基金预算收入58万元，增长0。全区政府性基金预算支出23847万元，调出资金（调入一般公共预算）58万元。

2023年，全区完成国有资本经营预算收入0元，全

区国有资本经营预算支出8万元。

2023年，全区完成社会保险基金预算收入1.14亿元，增长68.96%。全区社会保险基金预算支出8083万元，全年收支结余3327万元，累计滚存结余1.39亿元，增长26.06%。

一、全力拓宽财力渠道，兜牢民生支出底线

（一）全力拓宽财力渠道，确保财政收入增长

一是扎实组织收入。紧盯目标，科学部署，积极应对经济下行及减税降费政策等影响，坚持依法依规组织收入，扎实做好收入动态监控，不断强化收入征管，较好地完成了收入目标任务，2023年区级一般预算收入1.8亿元，增长21.04%。二是积极争资引项。区委、区政府主要领导、区政府分管领导多次带领区财政到财政部、省、市财政部门汇报工作，恳请上级在新增债券、财力性转移支付、脱贫攻坚、基础设施建设等方面给予支持。三是大力盘活存量。加强财政资金动态监控，建立"定期清理、限期使用、超期收回"长效机制，年内对全区历年沉淀的国库暂存款及国库集中支付结余指标进行调整，共盘活财政存量资金10478万元，清理回收的资金主要用于为"三保"支出及民生实事、城市建设和重点项目建设，腾出更多财力用于支持稳增长、保民生、防风险。

（二）强化财政支出管理，兜牢民生支出底线

严格执行预算，强化财政支出管理，集中财力保障民生重点领域支出，着力提高资金使用效益。截至2023年12月底，全区累计完成一般公共预算支出9.8亿元，增长12.25%，其中"三保"支出4.04亿元（保工资2.34亿元、保基本民生1.53亿元、保运转1695.56万元）。2023年度，全区一般公共预算支出9.8亿元，民生支出6.33亿元，民生支出占一般公共预算支出比例为65%。其中，2023年教育支出为1.53亿元，新增公办幼儿学位630个、公办义务教育学位900个，学位任务完成率225%；医疗卫生支出8693万元；农林水支出1.2亿元；社会保障和就业支出1.32亿元；节能环保支出567万元。深化推进城市路网工程，有效纾解城市交通阻塞难题。2023年分别在陈家桥镇、田江街道、茶元头街道15个村（社区场）以及中山路沿线安排路灯580盏，极大解决了群众出行安全问题，消除了安全隐患；新增公办幼儿学位630个、公办义务教育学位900个，学位任务完成率225%。

二、持续深化财政改革，助力财政提质增效

（一）多措并举，狠抓落实，全面提升服务经济效能

一是优化资金拨付制度。充分运用预算管理一体化系统，对预算单位进行线上监管。优化资金拨付的流程和环节，减少不必要的审批和报批环节，提高资金的拨付效率，建立健全资金的监管机制，加强对财政资金的拨付审核、管理和监督，明确资金的用途，防范资金滥用和挪用，确保财政资金的安全和有效使用。二是强化预算绩效管理。2023年，通过将预算绩效管理贯穿于预算编制、执行、监督和评价的全过程，实现了全面预算绩效管理。建立了完善的绩效目标管理体系，确保财政资金的使用符合预期目标。通过邀请第三方机构进行绩效评估，提高评价的客观性和公正性。三是推进非税电子化改革。全面推行非税收入收缴电子化改革，通过接入湖南非税征缴服务平台实现系统功能拓展和数据互联互通，打造安全高效便民的非税缴款渠道。通过平台间的互联互通，使资金流、信息流、业务流协调同步，确保非税收入全链条在线化处理，实现资金自动对账、票款自动结报、票据自动核销，有效降低了征缴成本，大大提高了资金收缴运行效率。四是规范财评采购管理。充分发挥财政投资评审职能，完成评审项目40项，审核金额4.32亿元，核减6691万元。坚持规范采购流程及大力推行电子采购平台，2023年完成政府采购合同金额6011.21万元，节约资金532万元。

（二）紧盯目标，科学部署，稳妥做好农村综合改革

按照"保持财政投入总体稳定"、乡村振兴衔接资金投入逐年提高的要求，2023年全区安排区级乡村振兴衔接资金为995.33万元，具体安排项目为：引导村集体经济发展资金780万元、人居环境整治215.33万元。主动邀请第三方对全区自2018年以来所有综改项目进行绩效检查，促使国家的财政资金得到有效监管，时刻绷紧严格使用资金之弦，逐步形成农村公益事业投入与产出相匹配的良性循环。2023年，全区共收到各级农村综合改革资金429万元，公益事业建设资金218万元，美丽乡村奖补资金201万元，发展壮大村级集体经济奖励资金10万元。共支持3个镇（街道）14个村（社区）开展了27个农村公益事业项目建设，其中道路建设项目14个、小型水利项目10个、公共绿化亮化等项目4个。农村综合改革转移支付美丽乡村项目村一个——陈家桥镇田庄村，主要进行铺设油砂路面、扩建文体广场、美丽庭院、修建同兴桥、修建步行道等。成功申报了省级巩固拓展脱贫攻坚成果蔬菜产业示范园区项目，2023年省级已拨付资金2000万元。

三、有效防范化解风险，确保财政平稳运行

一是严防"三保"风险。始终把"三保"支出作为财政支出的优先选项，利用预算管理一体化系统，对所有"三保"及直达资金全流程动态监控，统筹各种财力资源，深度调整支出结构，确保"三保"支出优先保障。二是严防资金监管风险。深入开展"三湘护农"以及财会监督检查，重点围绕财经纪律重点问题整治、"三湘护农"、代理记账机构专项监督、行政事业单位会计信息质量检查等5个重点领域进行专项监督检查，全面规范财经秩序，规范资金有效使用。三是严防政府债务风险。加强财政资金安排，按时偿还债券本息1935.92万元。压实各方责任，充分运用地方政府债务管理系统等线上工具，动态监控全区政府债务水平，确保债务风险总体安全可控。

（湖南省邵阳市北塔区财政局供稿　刘韬执笔）

新邵县

2023年，新邵县实现地区生产总值（GDP）194.8亿元，同比增长（以下简称增长）4%。其中，第一产业增加值38.9亿元，增长3%；第二产业增加值58.2亿元，增长5%；第三产业增加值97.6亿元，增长4%。全县固定资产投资完成88亿元，同比下降（以下简称下降）25.3%。实现社会消费品零售总额114.5亿元，增长7%，居民人均可支配收入23815元，增长6.6%。其中，城镇居民人均可支配收入36450元，增长4.6%；农村居民人均可支配收入17066元，增长7.5%。居民人均消费支出17479元，增长6.5%。

2023年全县实现一般公共预算地方收入11.6亿元，下降12.1%，占地区生产总值的6%。其中，地方收入7.44亿元，下降15.6%；地方收入中税收收入完成4.68亿元，下降17.8%；非税收入完成2.76亿元，下降12%。

2023年全县实现地方一般预算收入7.44亿元，上级补助收入41.5亿元，债务转贷收入3.44亿元，上年结转2.55亿元，调入资金1.17亿元，用于当年财政收支平衡的财政收入合计为56.1亿元；一般预算支出49.3亿元，上解支出0.86亿元，债务还本支出2.14亿元，全年支出合计52.3亿元，结转下年3.8亿元。

2023年政府性基金收入完成9.98亿元，上级补助收入0.85亿元，上年结转2.92亿元，地方政府专项债务转贷收入17.5亿元，调入资金0.22亿元，政府性基金收入总计31.48亿元；政府性基金本年支出为21.2亿元，收支相抵，政府性基金年终结余10.28亿元。

2023年国有资本经营预算收入为1806万元，上年结转38万元，上级补助收入14万元，收入总计1858万元；国有资本经营预算支出为1844万元，收支相抵，结余14万元结转下年。

2023年县级两项社会保险基金收入6.64亿元，增长5.8%，支出6.39万元，增长12.8%，全年收支节余0.25亿元。

一、积极培植财源，引入高质量发展"活水源"

全面落实"三高四新"战略定位和使命任务，全力打好"发展六仗"，在全县形成财源建设的强大合力，助推县域经济高质量发展。一是加强资金引导。助推"五好"园区创建，持续聚焦产业发展，优化营商环境，努力壮大骨干财源，扶植新兴财源，培育后续财源，为经济发展注入源头"活水"。二是加强税费减负。继续落实"留抵退税"等减税降费政策，用政府收入的"减法"换来企业效益的"加法"和市场活力的"乘法"，让广大创业者共享改革开放新成果。全年减免各类税费5.68亿元，惠及企业6524户。三是加强政策扶植。全面落实就业补贴、融资贷款再贴现等政策，减轻企业负担，支持企业渡过难关，力保市场主体，为财政持续增收提供可靠保障。

二、稳住经济大盘，做实高质量发展"定海珠"

一是全力以赴组织财力。在税收征管上做到应收尽收、颗粒归仓，全年完成地方一般公共预算收入74392万元；全面盘活"三资"，出台《新邵县行政事业单位闲置资产处理意见》，对全县闲置国有资产进行稳妥处置，全年完成"三资"处置收益8.8亿元。二是千方百计优化支出。按轻重缓急对全县各项支出进行统筹整合和调度，集中全力保"三保"，着力解决人民群众"急难愁盼"问题，维护社会安定和谐。全年完成一般公共预算支出49.3亿元，下降3.37%。三是不遗余力向上争资。在政府债券发行方面精准发力，取得了历史性突破，共争取新增政府债券限额17.63亿元，再融资债券3.32亿元；同时，财力性转移支付完成1亿元的目标任务，缓解了支出压力。

三、守住风险底线，筑牢高质量发展"防火墙"

一是牢牢守住"三保"底线。严格实行零基预算，全面压减非急需、非刚性、非重点支出，集中全力保"三保"，在2023年度将往年欠发的干部绩效考核奖励等全部发放到位，且在职人员与退休人员同步发放，全年未出现"三保"风险事件。二是严控政府债务风险。有序化解存量债务，坚决遏制债务增量，多渠道筹措资金，全方位落实好"一债一策"措施；全面实行债务管控，将政府性债务分类纳入预算管理，实行规模控制、限额管理；积极稳妥缓释风险，完善全口径常态化债务监测机制，形成监管合力，开展降息、展期协商，协调金融机构推进风险缓释措施落地。确保债务率和债务风险等级不上升，牢牢守住不发生系统性区域性风险的底线。三是坚决守住库款红线。加力清理财政暂付款，加大盘活存量资金力度，防范财政支付风险。

四、推进财税改革，打造高质量发展"加速器"

一是切实加强预算管理。强化"四本"预算统筹，深化全口径预算管理，落实过"紧日子"措施，强化预算约束，做到无资金来源不预算，无预算不支出。二是全面开展绩效评价。开展"绩效管理提升年"活动，突出流程管控，对重点项目实行全过程管理、全系统覆盖、全方位清查、全维度宣传，做到"花钱必问效、无效必问责"。三是全面开展投资评审。厉行节约，把紧项目支出"水龙头"，提高财政资金使用效益。全年评审项目222个，送审总额7.65亿元，审减金额5848万元，审减率7.65%。四是全面整顿财经秩序。聚焦贯彻落实减税降费政策、加强基层"三保"保障、规范国库管理、加强资产管理、防范债务风险、涉农补助资金管理等重点任务，在全县范围内开展整顿财经秩序专项行动，取得了明显成效，财政财务管理进一步规范。五是全面创新财政管理。强化政治理论、传统文化、政策法规、财政业务等"四项学习"，积极推动健康、文明、廉洁、高效"四个财政"建设，推进预算体制、国资管理、融资平台、干部管理体制等"四项改革"，落实台账、程序、协同、AB岗、绩效等"五项管理"，进一步规范财政财务管理。

（湖南省邵阳市新邵县财政局供稿　周志超执笔）

邵阳县

2023年，邵阳县实现地区生产总值（GDP）214.05亿元，同比增长（以下简称增长）4.2%。其中，第一产业增加值48.37亿元，增长3.3%；第二产业增加值67.62亿元，增长3.9%；第三产业增加值98.05亿元，增长4.9%。全社会固定资产投资（不含农户）总额127.05亿元，增长12.1%。全县居民人均可支配收入23766元，增长6.7%。其中，城镇居民人均可支配收入35552元，增长4.4%；农村居民人均可支配收入16958元，增长8%。

2023年，全县完成一般公共预算地方收入7.90亿元，同比上年决算数增长15.56%。其中，税收收入4.63亿元，增长11.69%；非税收入3.27亿元，增长21.54%，上级补助49.62亿元，一般债务收入11.20亿元，政府性基金预算调入0元、国有资本经营预算调入0.5亿元，上年结转4.28亿元，收入合计73.50亿元。全县一般公共预算支出62.99亿元，加上地方政府债务还本支出9.02亿元、上解支出1.18亿元（专项上解）、结转下年0.31亿元，支出合计73.50亿元。

2023年，全县完成政府性基金预算收入5.17亿元，增长65.85%。全县政府性基金预算支出13.45亿元，调出资金（调入一般公共预算）0元，增长109.61%。

2023年，全县完成国有资本经营预算收入0.83亿元，下降30.49%。全县国有资本经营预算支出0.98亿元，调出资金（调入一般公共预算）0.5亿元，下降68.84%。

2023年，全县完成社会保险基金预算收入8.10亿元，增长5.14%。全县社会保险基金预算支出8.13亿元，增长14.62%，全年收支结余-0.03亿元，累计滚存结余7.12亿元。

一、紧盯收入目标，确保应收尽收

一是盯牢年度税收目标。按照税源逐项进行细化落实，每日核实企业申报税收情况，确保各项收入目标如期实现；盯招商项目实施进程，尽早形成新的税源增长点；盯重大税源企业生产情况，及时兑现扶持政策，发现问题及时研究解决，确保税收增长。二是落实政策减免。推行惠企政策"免申即享"，落实制造业增值税留抵退税、小规模纳税人减征免征等减税降费政策，加强非税收入退付管理。2023年，全县减税降费26150万元，做到了应免尽免、应缓尽缓。三是科学处置国有"三资"。全年完成"三资"清查处置收入79374万元。其中，国有土地使用权出让金收入50699万元，国有资源有偿使用收入12300万元，国有资产处置收入2904万元，盘活闲置、低效资金13471万元。

二、汇聚发展合力，培育壮大财源

一是全力招商引资。深入实施"迎老乡、回故乡、建家乡"招商行动，大力推进产业集群招商、产业链招商、产业生态招商、基金招商、走出去"敲门"招商，推动湘商回归和返乡创业。2023年，全县签约招商引资项目50个，签约金额99.82亿元，实际利用内资65亿元，实际使用外资104.5万美元。二是实施产业奖补。为县内38家公司申报了县域商业体系建设项目、中小企业发展、冷链物流项目、企业税收增量奖补项目，争取省市对企业各类奖补、改造资金1163.9万元。向县内184家企业发放扩建、租房补贴、外贸进出口奖励、招商引资政策兑现等产业发展奖补资金3.43亿元。三是协调金融支持。常态化举办政银企对接会，协调金融机构创新金融产品，支持县中小企业融资担保公司为中小微企业融资增信，帮助企业融资10.54亿元，助力企业发展。全县现有年纳税500万元以上骨干企业27家，同比增加5家；年纳税200万元以上骨干企业60家，同比增加15家。四是有效盘活"三资"。以县城发集团为平台，引进央企共同开发莲花山矿区建筑石料用灰岩矿开采开发项目。挂牌出让土地174.86亩，引进中国供销商贸流通集团，投资10亿元建设中国供销·邵阳县智慧商贸物流园，项目建成后可容纳1000余家企业商户入驻，提供3000个以上就业岗位，实现年市场交易额40亿元以上，年创税收2000万元以上。五是发挥政府投资引导作用。积极发挥地方政府专项债券对稳投资、扩内需、补短板的作用，全力做好新增专项债券项目申报工作。2023年，全县发行专项债券项目10个，发行金额达9.41亿元，发行一般债券资金2.18亿元。

三、强化资金统筹，保障重点支出

一是切实兜牢"三保"底线。面对巨大的收支矛盾，始终牢固树立过紧日子的思想，通过科学统筹调度库款，兜住了"三保"支出底线，确保了债务还本付息资金的及时到位，充分发挥了社会发展"稳定器"的作用。2023年全县"三保"支出383106万元，其中保基本民生206320万元，保工资支出150236万元，保运转支出26550万元。二是保障教育支出优先。2023年教育总支出124061万元，其中教师待遇各项支出95130万元，全方位保障了教师各项待遇落实；安排全县教育公用经费9503万元、教育项目建设资金9286万元。三是加大医疗卫生和社保资金投入。2023年基本公共卫生服务资金投入6506.79万元，保障公共卫生服务改革健康发展；城乡居民基本医疗保险资金投入48075.58万元；拨付城乡低保补助资金11555.58万元、城乡居民养老保险资金23519.72万元、五保资金5527.69万元、优抚对象补助资金7056万元，有力保障了广大人民群众的生活需求。四是支持巩固拓展脱贫攻坚成果同乡村振兴有效衔接。全年落实财政衔接推进乡村振兴补助资金30329.8万元，大力支持水利发展、农业生产发展、林业改革、农田建设、农村综合改革、农村危房改造等方面。五是全面完成当年政府性债务化解任务。2023年度，通过完善防范化解债务风险长效机制，牢牢守住不发生区域性系统性风险底线，还本付息工作有序进行，政府性债务总体可控，没有发生债务风险事件。

四、加强监督管理，发挥资金效能

一是规范政府采购管理。全年共接到采购申报计划26957.6万元，实际采购金额22169.7万元，共节约采购资金4787.9万元，节资效果明显。二是加大财政投资评审力度。在重点项目评审中下功夫、求突破，积极开展实地踏勘、市场调研、多方论证等工作，有力提升了评审效率，全年完成概（预）算评审项目351个，评审金额233926万元，审减金额19395万元，审减率8.26%。三是开展惠农补贴检查整改。实地抽查、调阅纸质资料5600余份，比对电子数据包125余份，入户调查203户农户和72户种粮大户，对发现的问题建立整改台账并整改到位。四是落实绩效评价结果运用机制。将绩效评价结果与预算挂钩，2023年根据上年评价结果，在年初预算安排上核减了部分单位专项经费预算1514.6万元，充分发挥绩效评价结果应用效能，切实做到"花钱必问效、无效必问责"。

五、持续推进改革，提升工作质效

一是积极推行预算改革。打破了几十年来的"基数加增长"预算模式，实行了零基预算。所有支出基数全部作废，由单位重新申报，缺少政策依据、会议纪要、领导批示的一律不予安排。通过零基预算模式，充分保障了"三保"支出，大幅压减了单位专项经费。二是持续推进"预算管理一体化"改革。所有预算编制工作、指标接收和下达、资金的拨付等财政业务工作均通过预算管理一体化系统完成，提高了财政管理工作的科学性和效率性。三是推进非税票据管理改革。按照"横向到边、纵向到底"票据改革目标，邵阳县164家非税执收单位以及纳入监管范围的国营学校、县级医院全部实现电子缴款书制样、赋码、入账、报销等一系列全流程电子化管理，从源头上杜绝了违规使用票据、缴库不及时等问题。2023年，共开出206120张电子票据，到账金额57287.59万元。四是推进民生资金"一卡通"补贴发放方式改革。成立专班统筹推行惠民惠农财政补贴资金"一卡通"阳光审批系统上线运行，由业务主管部门管补贴对象及发放标准，人社部门管社会保障卡的制发管理，财政部门管下达补贴资金预算指标，做到分工有序、职责分明。2023年通过社会保障卡发放惠民补贴、家庭经济困难补贴项目13大项、102小项，发放户数共计1518333户次，发放资金55519.3万元。

（湖南省邵阳市邵阳县财政局供稿　陈桢执笔）

隆回县

2023年，隆回县实现地区生产总值（GDP）286.7759亿元，同比增长（以下简称增长）4.9%，高于全市增速0.1个百分点。其中，第一产业实现576947万元，增长3.3%；第二产业实现808894万元，增长7.0%；第三产业实现1481918万元，增长4.6%。1-12月，隆回县完成固定资产投资1705526万元，同比下降（以下简称下降）6.2%。全体居民人均可支配收入22150元，增长7.6%。城镇居民人均可支配收入为33777元，增长4.5%。农村居民人均可支配收入16587元，增长9.2%。

2023年，全县完成一般公共预算地方收入12.52亿元，增长8.76%。其中，税收收入8.77亿元，增长11.87%；非税收入3.75亿元，增长2.11%，上级补助收入56.18亿元，债务转贷收入4.35亿元，调入资金3.77亿元，上年结转6.96亿元，收入合计83.78亿元。全县一般公共预算支出71.55亿元，加上上解上级支出0.99亿元，债务还本支出2.07亿元，调出资金0.76亿元，结转下年8.41亿元，支出合计83.78亿元。

2023年，全县完成政府性基金预算收入8.54亿元，增长12.33%。全县政府性基金预算支出14.03亿元，调出资金（调入一般公共预算）1.86亿元，增长188.82%。

2023年，全县完成国有资本经营预算收入110万元。全县国有资本经营预算支出22万元，调出资金（调入一般公共预算）110万元。

2023年，全县完成社会保险基金预算收入11.21亿元，增长19.64%。全县社会保险基金预算支出9.41亿元，全年收支结余1.8亿元，累计滚存结余12.48亿元，增长16.96%。

一、始终抓好财源建设这个根本，实现新常态下经济的平稳发展

紧紧围绕《湖南省2023年度市县财源建设真抓实干督查激励实施办法》，坚持拓老和育新结合、骨干和群体齐抓、开源与挖潜并举，全力做好"加减乘除"算术题，打好"组合拳"，演算出高质高效的财源建设答卷。一是壮大骨干税源企业。瞄准重点企业项目，先后建立健全骨干税源企业定期会商、信息共享、部门协同等相关工作机制，着力筑牢骨干税源，培育后续财源。1-12月，制造业税收入库17796万元，增长102%，有效带动了全县制造业逆势发展。1-12月，全县年纳税额超200万元的重点税源单位117家，增长8.33%，共入库税收10.81亿元。二是聚集产业园区效应。严格落实县委、县政府出台的《隆回县人民政府关于鼓励和扶持小微企业入驻隆回大众创业园的若干规定》《关于促进隆回高新技术产业开发区高质量发展的若干规定》《隆回县招商引资优惠政策20条（试行）》《隆回高新技术产业开发区赋权工作实施方案》等政策性文件；县财政在每年安排4500万元工业发展引导资金的基础上，2023年再增加5700万元，全力支持园区企业进行技术升级、拓展品牌、开拓市场，构建形成"一区三园"空间布局。三是强化亩均效益管理。突出"亩均导向"，按照《隆回高新技术产业开发区管理委员会关于深化"亩均论英雄"改革的实施意见》，将"亩产效益"持续落实到招商引资和项目建设中；以信息化手段为"推手"，建设县、园区、企业三级"亩产效益"综合评价大数据平台，按主题、部门、区域进行分类分级共享，分档建立"企业体检档案"。1-12月，园区上缴税金9.25亿元，增长25.23%，亩均税金18.53万元/亩，增长25.23%。四是深度挖掘"三资"潜力。围绕"土地市场交易疲软""居民收入增长放缓，购房人意愿持续下降"等问题导向，精准出台了《关于促进全县房地产业平稳健康发展的实施意见》《首届房地产交易展示会有关优惠政策的通知》等一系列惠民文件。

二、始终抓好预算管理这个关键，支出结构不断优化

努力克服经济下行、土地市场疲软、短收超支等困难和挑战，全力推动财政收入实施，财政管理工作在"滚石上山"中呈现逆势而进，竞进提质态势。

一是预算绩效管理体系全覆盖。出台隆回县《预算绩效管理暂行办法》《县级预算支出绩效评价结果应用管理办法》等文件。对2023年度3.99亿元乡村振兴补助资金和2.54亿元专项资金绩效运行监控，及时实行风险研判预警和纠偏整改；对2022年度30个单位的部门支出、61个单位的项目资金的使用情况组织开展重点绩效评价，金额达6.3亿元；2023年通过绩效评价责令单位整改问题152个，退还违规发放补助11.04万元，收回存量资金269.41万元。二是从严控制一般支出。在财政资金空前紧张的情况下，坚决贯彻落实中央、省、市关于严把关口过"紧日子"决策部署，持续压减一般性支出和非刚性、非重点、非急需支出，继续实行公用经费预算"零增长"，严格控制"三公"经费预算规模。2023年预算压减一般性支出达0.5亿元。三是重点保障"三保"支出。努力克服财政收入增速放缓、资金调度紧张等困难，牢固树立底线思维，盯好预算安排、资金调度、运行监控"三道关口"，严格执行《财政部关于加强地方财政运行监测兜牢"三保"底线的通知》《湖南省政府办公厅关于进一步规范财政管理硬化预算约束的通知》《湖南省财政厅关于加强财政预算收支管理做好县级"三保"工作的通知》《湖南省财政厅关于进一步规范财政暂付性款项管理的通知》等文件规定，库款保障系数一直处于0.3-0.8的合理区间。四是切实加大民生投入。民生支出累计安排44.02亿元，占总预算支出的81.73%。乡村振兴方面，1-12月，农林水资金支出11.3663亿元。生态文明建设方面，全县投入生态环境保护和治理资金3.87亿元，重点支持城乡人居环境整治、城乡垃圾处理、乡镇污水管网与场所建设、县城污水处理、林业生态保护和水资源保护。就业方面，完成就业支出0.17亿元，支持全县新增城镇就业4118人、城镇失业人员再就业3416人，就业创业"基本盘"牢牢稳住。教育方面，完成财政教育支出12.07亿元，立德树人"最初心"深入践行。医疗卫生方面，深化医疗、医保、医药协调联动，强化公共卫生服务，建立城乡大病保险制度，全面启动县域医共体改革试点建设。完成财政卫生健康支出8.34亿元。社会保障方面，完成社会保

障支出8.63亿元，推动基本民生"保障网"织密扎牢。

三、始终抓好依法依规监管职能，公共财政体系持续健全

按照省政府《关于进一步做好县区财政平稳运行工作的通知》要求，制定《隆回县2023年财政支出管控方案》，依托预算管理一体化系统，强化预算执行监控，及时发现风险隐患苗头，做好应急处置预案，实现连续五年无支付风险。

一是直达资金管理高效运行。财政部门与资金管理部门协同联动，提前做好项目谋划和入库，避免出现"项目等钱"现象。建立直达资金拨付"绿色通道"和资金使用定期通报机制，倒逼资金使用单位加快支出进度。上级下达全县直达资金21.96亿元，支付金额20.90亿元，支付进度为95.2%，分配率和支付率均高于全省平均水平。对直达资金监控系统的预警信息及时处理，确保直达资金使用安全、规范。二是预算公开面广质优。聚焦《中华人民共和国预算法》和财政部《地方预决算公开操作规程》，严把主体责任关、内容细化关、时间节点关、数据准确关、问题导向关"五关"，将预决算公开作为政务公开的重点，推进预决算公开标准化、规范化、监督制度化，财政运行的透明度持续提高。全县137个一级预算单位均进行了部门预决算公开，实现了部门单位全覆盖。三是财会监督主责扛实扛牢。认真组织开展全县会计和评估监督检查，下发《隆回县财政局关于组织开展全县2023年度会计和评估监督检查的通知》（隆财监〔2023〕2号），建立财会监督协调工作机制。强化主动协同意识，推动建立财政部门主责监督、有关部门依责监督、各单位内部监督、相关中介机构执业监督、行业协会自律监督的财会监督体系。加强与县审计、县委巡察、县统计等部门协调配合，与上级财政监督部门上下联动，推进同题共答、同频共振、同向发力，加快实现财会监督"一张网""一盘棋"，推动形成常态长效的监督合力。四是部署开展专项整治行动。组织开展财经纪律九类重点问题专项行动整治。制定《隆回县财经纪律重点问题专项整治行动工作方案》。有序推进"三湘护农"惠农补贴资金突出问题专项整治。对六都寨镇明德村开展驻场式检查并对自查自纠发现问题督导整改到位。根据《隆回县"三湘护农"专项行动调研指导工作方案》，对全县25个乡镇（街道）"三湘护农"惠农补贴资金突出问题专项整治工作进行调研指导，并督促问题整改。五是财政评审职能有效发挥。始终坚持"不唯增、不唯减、只唯实"的理念，充分发挥财政评审职能，健全评审制度，扩展评审空间，优化评审程序，提高评审质效，促进财政评审工作持续健康发展。完成评审项目373个，送审项目预算18.21亿元，审定项目预算15.15亿元，审减项目预算资金3.06亿元，综合审减率16.8%，让有限的财政资金用在"刀刃"上。六是真抓实干做好政府采购。依法编制政府采购预算，在合理价格范围内，最低成本完成政府采购，全年政府采购计划备案84批次，计划备案金额17809万元；已完成政府采购项目67批次，采购预算金额13081万元，实际采购金额12087万元，资金节约率7.6%。全年政府采购计划备案133批次，计划备案金额23317万元；已完成政府采购项目124批次，采购预算金额23041万元，实际采购金额21313万元，资金节约率7.5%。

四、始终抓好财政改革这个重点，财政体制更加完善

紧跟省厅要求，以改革永远在路上的坚定执着，进一步深化财税体制改革，加快建立适应隆回高质量发展要求的现代财政制度，答好财政治理现代化的时代命题。

一是做到"绩效长牙齿"。预算绩效管理更加深入。先后制定下发了县本级《关于全面推进预算绩效管理的意见》《"绩效管理提升年"行动实施方案》《隆回县预算绩效管理暂行办法》《隆回县2023年度绩效管理考核细则》等文件办法。在此基础上，同时打好规范开展绩效评价工作"五张牌"，力促财政绩效评价工作再上新台阶。二是做到"以零为基点"。财政预算编制更加精细。坚持一切从实际需要出发，坚决打破"基数+增长"的预算编制模式，紧跟部、省要求，出台《零基预算改革实施方案》，分类制定零基预算单位经费保障办法，打破基数概念和支出固化格局，以"零"为起点，结合部门职责、年度需求与财力可能，每年重新编制核定收支预算，目前，改革已覆盖全部137个预算单位。年度内通过"零基预算"模式取消和压缩了50余项专项资金，有效提高了预算编制的科学化、精细化水平。三是做到"信息化手段再升级"。2021年4月，"预算管理一体化"系统成功上线运行，2022年7月，正式上线"预算管理一体化"系统新工资发放模块。2023年，活用"预算管理一体化"系统"规范、安全、便捷、高效"的技术优势，再次打出业务模块、融合对接工作"组合拳"。资产管理模块与预算管理一体化平台于6月成功对接，目前，全县183个行政事业单位已经依托系统进行日常资产业务处理。9月中旬，对接上线运行了债务穿透式系统，已经成功申报发行了7个专项债项目，全年累计资金2.02亿元。

（湖南省邵阳市隆回县财政局供稿　邹海彬执笔）

洞口县

2023年，洞口县实现地区生产总值（GDP）2239580万元，同比增长（以下简称增长）4.9%，高于全市0.1个百分点。其中，第一产业增加值656066万元，增长3.2%；第二产业增加值565042万元，增长7.3%；第三产业增加值1018472万元，增长4.8%。三次产业增加值占GDP比重为29.3∶25.2∶45.5，对经济增长的贡献率分别是21.3%、34.6%和44.1%，拉动经济增长1.0个、1.7个和2.2个百分点。2023年，全县实现居民人均可支配收入24784元，增长5.4%；农村居民人均可支配收入16789元，增长7.6%；城镇居民人均可支配收入36136元，增长3.4%，农村居民收入增长速度继续快于城镇居民，城乡居民收入差距拉近。2022年末，金融机构各项存款余额4197789万元（比年初增加321906万元），增长9.9%，各项贷款余额1945660万元（比年初增加182052万元），增长11.6%，存量存贷比为46.35%，增量存贷比为56.55%。

2023年，全县完成财政总收入129563万元，增长19.02%。其中，完成地方公共财政预算收入91948万元，增长9.86%。地方公共财政预算收入中税占比为60.9%。全县一般公共预算支出555910万元。

2023年，洞口县政府性基金预算收入完成28987万元，同比下降（以下简称下降）43.67%，其中国有土地出让金收入完成27066万元，下降45.26%，基金预算支出73979万元。

一、牢记使命，履职尽责，聚财理财更有成色

一是组织收入再创新高。2023年，受减税降费和刚性支出扩大持续影响，财政收支矛盾异常突出。县财政主动作为，广泛培植税源，继续拓宽聚财之道，全力完成人代会9%增长目标。2023年，洞口县地方一般公共预算收入完成91948万元，增长9.86%。其中，税收收入完成56030万元，增长11%；非税收入完成35918万元，增长8.14%；非税占比39.06%，下降0.63个百分点，收入结构进一步改善。政府性基金收入完成28987万元，下降43.67%，其中国有土地出让金收入完成27066万元，下降45.26%。二是支出结构持续优化。一般公共预算支出完成555910万元，下降7.1%；政府性基金支出完成73979万元，下降43.13%，其中国有土地使用权出让金支出完成21488万元，下降25.42%。三是国有"三资"清理成效显著。据省政府、省财政厅关于国有"三资"清查、处置与管理改革总体工作方案精神，全县成立了洞口县清查处置闲置国有资产资源工作领导小组，根据工作要求，对全县国有"三资"再一次进行清理盘活，2023年实现"三资"盘活收益11.5亿元，其中盘活资产收益2.4亿元，盘活资源7.8亿元，清理闲置资金1.3亿元；盘活收益入库4.4亿元。

二、惠企赋能，财政助力，经济发展凸显起色

为贯彻落实国家惠企利企政策，县财政局充分发挥职能优势支持企业争资融资，促进我县企业健康发展。一是大力争取企业专项资金，会同商务、科工等部门，全年共争取项目资金360余万元，其中洞口慧创电子有限公司60万元，洞口县亿丰农林牧科技有限公司180万元、洞口县海豚创业空间有限公司35万元、洞口县古楼雪峰云雾茶有限公司140万元等。二是积极配合申报企业建设项目，全年争取县域商业建设行动资金312万元，其中洞口县城北市场服务所市场升级改造建设项目84万元、城南市场升级改造建设项目61万元、邵阳裕鑫山苍科技股份有限公司1000吨山苍子油商品化处理建设行动项目110万元、湖南国粽世家食品有限公司年产1亿只粽子生产线建设项目17万元、中晟仓储物流配送中心建设项目23万元、万盛商贸服务中心建设项目17万元。三是主动化解企业融资难题。2023年，由县财政全额注资1亿元成立的洞口县中小企业融资担保有限责任公司，为46户中小企业提供了47笔共5422万元的融资担保业务。省农信担洞口分公司在保额保持稳步增长趋势，全年在保金额11714万元，较上年末净增3738万元，增长46.86%。截至2023年底，全县发放创业担保贷款121笔金额11043万元。全年共拨付担保贷款财政贴息资金共504万元，其中中央贴息资金250万元，省级财政贴息资金227万元，县级配套贴息资金25万元。全力支持企业发展，扶持有发展潜力和经济前景的企业做大做强。

三、情系民众，用财于民，民生事业更具本色

一是社保兜底，民生事业更有温暖。2023年全县社保资金总量达296220.11万元。其中，发放企业养老金96344.94万元（包含上级补助收入71722.10万元），发放机关养老金48350.08万元，发放城乡居民养老金30941.49万元，发放失地农民养老金2891.34万元，发放失业保险金1298.78万元，发放工伤保险金1528.49万元，城镇职工医保金支出21392万元，城乡居民医保

金支出65135.56万元，医疗救助金支出3101.86万元，再就业资金支出2398万元，残疾人就业补助资金支出981.44万元，困难群众生活补助资金支出19126.45万元，计划生育利益导向资金支出2474.68万元，危房改造支出255万元，社会保障资金和社保基金总量大超上一年度，足额的基金保障了全县各项社保事业按时完成落实。及时支付了新冠患者的住院病人补偿630.55万元、医疗卫生机构2022年一次性人均5000元绩效工资共计554.2万元，确保了全县防控工作取得全面胜利。全年通过"一卡通"系统共发放108项惠民补贴资金56444.6万元，惠及群众1614197万人次。二是资金投入，教育事业持续发展。2023年，筹措支出各项教育资金10.76亿元，全力保障全县教育事业健康有序发展。其中，下达学生资助类资金（学生助学金、免学费、困难学生生活补助等）6838.84万元；下达农村义务教育学生营养改善计划资金8154万元；下达学前教育公用经费866万元、义务教育公用经费9294万元、高中教育公用经费1486万元；下达特岗教师工资1501万元、教师人才津贴1702万元；拨付义务教育薄弱学校改造、达标性寄宿制学校建设、校舍安全维修改造等基本建设资金4488万元；下达高中"徐特立"项目资金1407万元、下达职高建设资金1316万元等。三是综合治理，公共事业逐步完善。2023年全县开展了90个政府购买服务项目。其中，公共安全服务4个，教育公共服务1个，就业公共服务3个，卫生健康公共服务1个，生态保护和环境治理服务2个，文化公共服务3个，城乡维护服务（城区1个、乡镇1个），农业、林业和水利公共服务1个、其他公共服务3个，工程服务68个，评审、评估和评价服务1个，信息化服务1个，总金额9510万元。2023年，上级下达全县中央财政城镇保障性安居工程专项资金1158万元、省级财政保障性安居工程专项资金84万元。2023年上级下达全县省级财政专项彩票公益金203.6万元、省级福彩公益金24万元（专项用于民政支出）、市县分成福彩公益金152.73万元、市县分成体彩公益金89.75万元。

四、破旧立新，革故鼎新，财政改革更具亮色

2023年财政系统持续深化财税改革，规范制度建设，财政管理水平不断提升。一是进一步推进政府采购管理改革。根据《湖南省财政厅关于政府采购促进中小企业发展有关措施的通知》规定，通过降低门槛、降低成本、严格依规签订、履行合同、加快支付、提高预留采购份额、价格评审优惠、优先采购等措施支持中小企业发展。运用"湖南省政府采购电子卖场"电子平台支持企业销售。电子卖场采购活动遵循依法合规、公平公正、公开透明、竞争有序、诚实信用、开放共享和便捷高效的原则。政府采购限额标准以下的采购项目2023年起原则上要求全县所有预算全部进入湖南省政府采购电子卖场采购交易。截至2023年12月，洞口县供应商入驻338家，其中中小微企业入驻338家，商品上架15877件，上架交易314件，交易笔18740笔，交易金额3.41亿元，直接采购33724万元，竞价采购471万元，竞价节资179625.95元，节资率3.71%。二是深入推进绩效管理改革。认真贯彻上级决策部署，以争创省政府真抓实干督查激励为抓手，以"绩效管理提升年"为契机，以全面提升财政政策效能、全面提升资金分配和使用效益、全面提升财会监督效力。为切实提高各类资金的使用效益，确保财政每分钱都用在"刀刃"上，全县相继出台了各类资金的管理及使用办法，建立了县级预算管理绩效评价制度，根据省市财政部门的安排，洞口县已完成165个预算单位（含二级机构）绩效自评工作，效果良好。三是财政评审加强资金监管。2023年度，累计完成了194个项目工程预概算的评审工作，送审金额143718.20万元，审定金额128017.34万元，审减金额15700.86万元，审减率10.92%；累计完成结算评审51个，送审金额11973.16万元，审定金额10772.63万元，审减金额1200.53万元，审减率10.03%。财政投资评审工作的有效实施，不仅切实节约了财政资金，提高了财政资金的使用效益，更重要的是为财政部门逐步建立科学化、制度化、规范化的财政支出管理体系提供了可靠的技术保障和基础服务，为加强财政资金监管、防止腐败工程和违规使用财政资金起到一定的促进作用。

五、稳中求进，抵御风险，债务管理再添新色

2023年债务管理工作严格按照上级部署和要求，坚守"红线"意识和"底线"思维。一是强化责任措施，杜绝违规举债和虚假化债；二是遏制隐性债务增量；三是化解隐性债务存量，确保债务风险等级不升档。制定管理办法，加强地方政府债券申报、发行和资金管理，贯彻落实上级决策部署，开展打好防范化解风险阻击战，牢牢守住不发生系统性、区域性风险底线。截至2023年12月底，全县债务总额77.12亿元。其中，政府债务62.2亿元，占债务总额80.65%；隐性债务13.98亿元，占债务总额18.13%；关注类债务0.94亿元，占债务总额1.22%。2023年偿还到期土储专项债券本金0.47亿元，化解隐性债务1.22亿元，化解关注类债务0.22亿元。2023年5月被省厅评为防范化解政府债务风险工作考核优秀县。

2023年，洞口县财政局在出色履行好财政工作职能的同时，坚决高效完成洞口县委、县政府交办的其他各项工作，受到上级主管部门的肯定和表彰。先后获省财政厅暂付款管理工作A档、预算管理一体化建设三等奖、防范化解政府债务风险工作优秀县、预算绩效管理工作先进单位、财政日常工作整体水平高质量评价A级、邵阳市精神文明建设先进集体等多项荣誉。

（湖南省邵阳市洞口县财政局供稿　段文斌执笔）

绥宁县

2023年，绥宁县实现地区生产总值（GDP）119.15亿元，同比增长（以下简称增长）3.9%。其中，第一产业增加值27.15亿元，增长3.5%；第二产业增加值32.22亿元，增长3.2%；第三产业增加值59.78亿元，增长4.4%。全社会固定资产投资（不含农户）增长0.2%。全县居民人均可支配收入20674元，增长6.6%。其中，城镇居民人均可支配收入33175元，增长4.0%；农村居民人均可支配收入15537元，增长7.7%。

2023年，全县完成一般公共预算地方收入2.8亿元，增长12.26%。其中，税收收入1.98亿元，增长13.04%；非税收入8200万元，增长10.14%，上级补助收入27.22亿元，一般债务收入8.07亿元，调入资金11亿元，上年结转8481万元，收入合计49.94亿元。全县一般公共预算支出38.22亿元，加上上解上级7439万元，一般债务还本6.8亿元，调出资金2.5亿元，安排预算稳定调节基金1565万元，结转下年1.53亿元，支出合计49.94亿元。

2023年，全县政府性基金预算收入3.52亿元，上级补助收入5219万元，专项债务转贷收入7.14亿元，上年结转6262万元，调入资金2.5亿元，全年政府性基金收入合计14.31亿元。全县政府性基金预算支出13.24亿元，上解支出59万元，专项债务还本支出6036万元，结转下年4676万元，支出合计14.31亿元。

2023年，全县完成国有资本经营预算收入40011万元，增长225%，上级补助收入7万元，上年结余18万元，全年收入合计40036万元；国有资本经营预算支出11万元，调出资金（调入一般公共预算）40011万元，结转下年14万元，支出合计40036万元。

2023年，全县完成社会保险基金预算收入4.61亿元，增长24.26%。全县社会保险基金预算支出3.95亿元，全年收支结余0.67亿元，累计滚存结余2.96亿元。

一、坚持聚财增收，助力经济发展

一是大力推进财源建设工程。出台《绥宁县2023年"三高四新"财源建设工程实施方案》，制定具体实施措施，积极推进21项重点任务。2023年全县完成地方一般公共预算收入2.8亿元，增长12.26%，其中地方税收收入1.98亿元，增长13.04%，非税占比29.37%。二是加大盘活"三资"力度。综合运用"用、售、租、融"四字诀，盘活"三资"5.07亿元。其中，经营类门面资产、廉租房等国有资产处置收入1.15亿元；闲置土地、低效用地、储备土地等土地收入1.12亿元；对结转结余指标进行清理，收回不再使用或非重点非刚性支出2.8亿元。三是积极向上争资。深入分析研究国家政策资金扶持方向，有针对性地开展资金争取工作，争取上级财力性转移支付资金10.95亿元，为任务数的112.88%，为县域经济高质量发展蓄势赋能。

二、坚持人民至上，增进民生福祉

一是按时发放惠民惠农补贴资金。督促主管单位及时录入各项惠农补贴，保证惠农补贴资金及时足额发放。2023年惠民惠农财政补贴"一卡通"系统发放资金103项，合计金额2.79亿元。二是开展"三湘护农"专项行动。开展"驻场解剖麻雀式"自查自纠，建立"列出清单、专项督查、发现问题、追责问责、以案促改、建章立制"的监督闭环机制。对2015-2022年惠农补贴资金发放重点项目、2020-2022年度农村低保项目、农村危房改造项目及市驻村帮扶项目开展自查自纠。三是扎实推进乡村振兴。制定《2023年统筹整合使用财政涉农资金调整实施方案》，2023年共统筹整合使用财政涉农资金2.08亿元。大力支持发展农村特色产业，壮大村级集体经济，补齐必要的农村人居环境整治和小型公益性基础设施建设短板。四是推进健康绥宁建设。大力支持基层医疗卫生体系建设，优先保障乡镇卫生院在职在编人员待遇，较上年增加财政预算700多万元，加强了乡镇卫生院服务能力建设。安排财政资金4000万元支持人民医院提标扩能改造，进一步完善传染病防治和突发公共卫生事件医疗救治体系，筑牢健康安全防线。加强学生营养餐补助资金监管，确保资金全部用于学生营养改善计划工作，不定期对各中小学专项资金使用情况进行检查，使学生"营养改善计划"落到实处。五是助力改善生态环境。坚决扛牢生态环境保护政治责任，按照县委、县政府整体部署和邵阳市"十四五"西部生态圈发展规划，县财政安排城乡环境整治工作经费4000万元、环境污染治理和生态保护与恢复资金为17180万元，积极发挥财政资金支持引导作用，推动工农业生产、绿色交通、环境保护等方面向"绿"而行。

三、强化财政管理，提升保障能力

一是健全过"紧日子"长效机制。出台《绥宁县人民政府关于进一步强化财政资金保障能力的若干意见》，节省财政资金用于重大战略、重大改革和重点领域。修订完善《绥宁县进一步规范政府投资项目管理规定》，规范政府投资基本建设项目全过程管理，政府投资项目年度审减率16.78%，节约财政资金1.8亿元。出台《绥宁县行政事业单位国有资产配置及维修管理办法》，严把资产配置使用关。二是加强一体化系统建设管理。通过制作手册、现场培训等方式，对各预算单位和财政所进行务实管用的业务技能培训，实现理论水平和业务能力"双轨"提升。三是推进全面预算绩效管理。组织开展财政重点项目绩效评价工作，聘请第三方机构对2022年度8个部门（单位）整体和10个重点项目开展财政重点绩效评价，做到项目资金预算安排有绩效目标、资金使用有绩效监控、项目完成有绩效评价、评价结果有应用。四是全面提升乡财管理。开展财政所"两个安全"交叉检查，对乡镇财政所整章建制、预决算管理、财务管理、资金监管、惠民惠农财政补贴资金发放管理等工作情况进行量化绩效考核，强化考核结果运用。

四、守牢风险底线，高效统筹发展

一是兜牢"三保"底线。强化预算约束，坚持"三保"支出在财政支出中的优先顺序。2023年全县预算安排"三保"支出14.89亿元，执行标准超过国家规定标准，全年"三保"支出得到有效保障。二是规范库款管理。县财政国库库款保障系数每月均达到省厅规定的0.3以上的要求，全年未出现应急资金调度情况。持续对暂付款进行清收，目前全县仅有一笔暂付款共150万元未能收回，占一般公共预算支出的0.05%，远低于5%的要求。三是严控债务风险。坚决遏制隐性债务增量，有序化解存量债务，将债务还本付息作为刚性支出保障，积极筹措资金，债务还本付息均按时足额保障到位。2023年绥宁县综合债务率继续控制在120%以内，处于绿色安全区。四是创造安全稳定的社会环境。扎实做好"六稳"工作，全面落实"六保"任务，对安全生产等应急事件处置、维稳工作、汛期防汛、保密安全管理作出具体安排，全面排查化解财政系统各类风险隐患，确保平安建设各项任务目标取得实效。

五、全面从严治党，强化队伍建设

一是坚定不移把政治建设摆在首位。贯彻落实习近平新时代中国特色社会主义思想和党的二十大精神，按照"财政机关首先是政治机关"的原则，认真组织开展专题民主生活会，全面加强机关党的建设，推进党建与业务深度融合发展。二是清廉财政建设有力推进。深入推进"明方向、立规矩、正风气、强免疫"干部队伍作风建设专项活动，深入开展廉政风险排查，经常性开展警示教育和廉政提醒谈话，切实强化内部控制，确保财政资金和财政干部政治生命"双安全"。三是深化学习教育，打造过硬党员干部队伍。持续开展主题教育，引导全体党员干部集中学自觉学，深入开展"走找想促"活动，一批群众关注的问题得到有效解决。加强财政干部队伍作风建设，强化财政履职能力，牢牢把握意识形态主动权。四是充分发挥党支部战斗堡垒和党员先锋模范作用。组织党员志愿服务队，积极开展"社区清扫""交通文明劝导""无偿献血""生态文明创建""义务植树"等活动，践行社会主义核心价值观，组织志愿服务活动50次，志愿者参与400余人次，无偿献血15人次。局机关47名干部结对帮扶99户脱贫户，定期入户走访，加大政策宣传，推动落实各项帮扶工作。驻村工作队以强村富民为导向，在农村基础建设、产业振兴、人居环境整治等方面持续发力，有效推进乡村全面振兴。

（湖南省邵阳市绥宁县财政局供稿　陶文真执笔）

新宁县

2023年，新宁县实现地区生产总值（GDP）139.83亿元，同比增长（以下简称增长）4.5%。其中，第一产业增加值39.38亿元，增长3.7%；第二产业增加值33.65亿元，增长6.5%；第三产业增加值66.8亿元，增长4%。全社会固定资产投资（不含农户）总额80.45亿元，增长6.8%。全县居民人均可支配收入22382元，增长5.7%。其中，城镇居民人均可支配收入34641元，增长3.3%；农村居民人均可支配收入15328元，增长8%。

2023年，全县完成一般公共预算地方收入6.85亿元，增长100.29%。其中，税收收入4.09亿元，增长10.03%；非税收入2.75亿元，增长5.85%，上级补助收入32.67亿元，一般债务收入1.45亿元，动用预算稳定调节基金0.36亿元，调入资金5.2亿元，上年结转3.86亿元，收入合计52.34亿元。全县一般公共预算支出46.98亿元，加上上解支出0.95亿元，一般债务还本1.95亿元，补充预算稳定调节基金0.02亿元，调出资金0元，结转下年2.45亿元，支出合计49.89亿元。

2023年，全县完成政府性基金预算收入2.49亿元，增长75%。全县政府性基金预算支出6.63亿元，调出资金（调入一般公共预算）0元，同比下降（以下简称下降）24%。

2023年，全县完成国有资本经营预算收入1.32亿元，增长100%。全县国有资本经营预算支出0元，调出资金（调入一般公共预算）1.32亿元，增长100%。

2023年，全县完成社会保险基金预算收入5.98亿元，增长9.7%。全县社会保险基金预算支出5.42亿元，全年收支结余0.56亿元，累计滚存结余4.68亿元，增长9.6%。

一、全力保障民生支出，助力产业高质量发展

一是加大民生投入力度。强化疫情防控资金保障，2023年初预算安排新冠疫情防控专项经费5000万元。及时筹措和拨付返贫监测系统中原建档立卡及其他家庭经济困难等四类人员的学生资助资金及相关资金，全年共拨付了原建档立卡等四类人员各类学生资助等用于巩固教育扶贫资金4243万元，惠及学生60672人，共拨付学生营养餐5204万元，享受人数达48615人。全县共计涉及财政供养人员达16.8万人，占全县总人口的1/4。另拨付民办代课教师困难生活补助等民生类资金308万元。二是赋能助推乡村振兴。支持农业农村发展，新宁县通过财政"一卡通"系统共计发放惠农补贴92项，涉及农户20万户，发放总金额3.8亿元。

二、夯实"财源建设"基础，做好"财政改革"文章

一是着力加强财源培植。认真落实省市《关于服务"三高四新"战略实施财源建设工程有关意见》，强化财源建设组织保障，将财源建设作为财政系统一号工程，摆在财政工作重要位置。做好税收"四清"工作，加大欠税、漏税、小税、散税的清缴力度，堵塞征管漏洞，挖掘税源增长点。二是支持国企做大做强。完善薪酬考核体系，提升工作动力，完成了2022年度县属国有企业负责人综合绩效考核相关工作，并对2023年绩效考核相关指标及分值进行修改完善。推动国有经济布局优化和结构调整，降低融资成本，提升国有企业核心竞争力。合规派驻董事监事人员，完善国资监管体系。三是提升"放管服"改革效能。积极做好巩固拓展脱贫攻坚成果同乡村振兴有效衔接补助资金安排分配工作，加大涉农资金统筹整合力度，2023年全县共统筹整合资金30212.5万元（衔接资金16096万元），其中，中央13914.5万元、省级7409万元、市级240万元、县级8649万元，整合率100%；拨付到各行业主管部门30212.5万元，拨付率100%。加快评审工作进度，全年共完成财政投资评审项目1481个，送审金额13.82亿元，审定金额12.36亿元，审减不合理资金1.46亿元，综合审减率10.56%。

三、抓住"债务化解"关键，提升风险防范能力

一是聚焦化解隐性债务。坚决贯彻落实中央和省市要求，切实做好风险防范和化解工作，多措并举筹集资金用于化解隐性债务，通过年初预算安排资金、盘活存量资金、处置国有资产、特许经营权出让等方式筹集资金，2023年共化解隐性债务4.2亿元，全面完成上报党中央、国务院备案及2018年锁定债务10%的化债任务。二是严管控防债务风险。积极向上争取政府债券、做到隐性债务只减不增、压减关注类债务。坚决查处违法违规融资举债行为，发现一起、问责一起，责任倒查、终身负责，牢牢守住不发生系统性风险的底线。继续做好隐性债务"六个一批"风险缓释工作，改善债务结构、降低债务成本。三是积极申报政府债券。聚焦重点领域，积极申报专项债券项目，全年省财政厅下达新宁县2023年地方政府新增债券额度8.85亿元，其中专项债券7.1亿元，一般债券1.45亿元。

四、筑牢"财政管理"根本，提升服务经济效能

一是提升财政资金质效。全面统筹、细化落实预算绩效评价工作。根据省市对县预算绩效管理工作考核要求，结合高质量发展指标及县"三重点"工作内容，2023年度重点绩效评价资金达7.71亿元。二是发力盘活"三资"。对全县行政事业单位房屋和车辆等闲置资产进行全面清查摸底，涉及闲置资产价值0.24亿元。新宁县全年盘活"三资"目标任务数为3亿元。2023年共完成盘活"三资"效益约9.7亿元，其中盘活资金3.89亿元，盘活资产3.27亿元，盘活资源2.59亿元，超额完成市、县下达的目标任务，盘活总额居各区县（市）第六位。三是持续优化政府采购营商环境。健全和完善政府采购内控制度，优化全流程电子化采购平台，促进政府采购规范高效。

五、坚持党建工作引领，深化党风廉政和作风建设

认真落实中央八项规定精神。持之以恒正风肃纪，坚持把纪律挺在前面，并对本系统、本行业采购、投标、评审等工作的吃拿卡要、推诿扯皮、不作为、乱作为、松散懒等现象进行排查，深入开展侵害群众利益问题专项整治，切实推动和开展清廉财政、财政文化建设。全面从严治党，持续优化政治生态。狠抓全面从严治党党委主体责任落实，完善党风廉政建设责任制，不断加强领导班子和干部队伍作风建设。

（湖南省邵阳市新宁县财政局供稿　王瑜执笔）

城步苗族自治县

2023年，城步苗族自治县实现地区生产总值（GDP）68.19亿元，同比增长（以下简称增长）4.1%。其中，第一产业增加值15.81亿元，增长3.2%；第二产业增加值17.90亿元，增长7.9%；第三产业增加值34.48亿元，增长2.9%。全社会固定资产投资（不含农户）总额49.52亿元，增长11.4%。全县居民人均可支配收入18871元，增长5.7%。其中，城镇居民人均可支配收入30657元，增长1.3%；农村居民人均可支配收入13472元，增长9.25%。

2023年，全县完成一般公共预算地方收入3.34亿元，增长8.83%。其中，税收收入2.07亿元，增长9.43%；非税收入1.27亿元，增长8.05%，上级补助收入22.72亿元，债务转贷收入4.2亿元，动用预算稳定调节基金0.07亿元，调入资金2.1亿元，上年结转0.25亿元，收入合计32.65亿元。全县一般公共预算支出28.53亿元，加上上解0.57亿元，一般债务还本3.17亿元，补充预算稳定调节基金0.03亿元，调出资金0.13亿元，结转下年0.22亿元，支出合计32.65亿元。

2023年，全县完成政府性基金预算收入0.77亿元。全县政府性基金预算支出2.46亿元，调出资金（调入一般公共预算）0.13亿元。

2023年，全县完成国有资本经营预算收入1.94亿元。全县国有资本经营预算支出3万元，调出资金（调入一般公共预算）1.94亿元。

2023年，全县完成社会保险基金预算收入3.74亿元，增长5.7%。全县社会保险基金预算支出3.3亿元，全年收支结余0.44亿元，累计滚存结余1.96亿元，增长3.6%。

一、全力保障民生支出，助力产业高质量发展

一是加大民生投入力度。强化疫情防控资金保障。2023年全县疫情防控共投入资金3095.77万元，其中上级资金1851.7万元，县本级财政投入1244.07万元，为疫情防控提供充足资金保障。提质改造乡镇卫生院、社区卫生服务中心、县中医院、应急管理指挥中心建设顺利推进。加大教育投入保障力度。2023年全年共投入教育年度建设资金4546.9万元（薄改1168万元、校舍维修622万元、改善高中办学1004万元（其中"徐特立"项目950万元）、改善中职办学329万元、寄宿制576万元、支持学前教育794.9万元、特殊补助53万元），其中近3699万元用于中小学学校新建、改扩建、基础设施设备配置等，新增公办义务教育学位540个，不断化解因学生增长而学位严重不足的时代难题。投入794.9万元用于保障和支持公民办学前教育发展，实现公办幼儿园占比达到53.53%，"入园难、入园贵"问题有效化解。二是夯实稳岗促产根基。全力落实各项减税降费政策，加大财政优惠奖补政策宣传力度，吸引新增税源；支持职业技能培训，提高劳动者就业能力，全年开办职业技能培训班、创业培训班50期，培训1918人次，共计发放培训补贴285.37万元。三是赋能助推乡村振兴。支持农业农村发展，通过惠农补贴"一卡通"系统发放耕地地力保护补贴、农村低保金、残疾人"两项"补贴、医疗救助金等各类补贴116项，发放金额23024.22万元。其中，发放资金4738.04万元，惠及脱贫户55080户次。加强脱贫地区农副产品采购管理，统筹做好"全国832个脱贫地区"农副产品预留采购份额和落实采购任务，2023年全县农副产品预留采购份额119.35万元，完成采购120.86万元。

二、夯实"财源建设"基础，做好"财政改革"文章

一是着力加强财源培植。认真落实省市《关于服务"三高四新"战略实施财源建设工程有关意见》，强化财源建设组织保障，将财源建设作为财政系统一号工程，摆在财政工作重要位置。做好税收"四清"工作，加大欠税、漏税、小税、散税的清缴力度，堵塞征管漏洞，挖掘税源增长点。2023年以来依托本地资源，做好"山、水、光"三篇文章全力开发三电资源，积极引进大唐华银电力有限公司、国电电力有限公司和湘电新能源有限公司，已建成8个风电场，总装机26万千瓦；水电站124个，装机20万千瓦；电站93个，装机8000千瓦；自用光伏太阳能电站45个，装机500千瓦。2023年电力实现税收2960万元，占全口径税收的10.5%，成为全县税收收入的主要来源。为打好发展"六仗"，纵深推进财源建设。利用中国南方最大的高山湿地草原优势，大力发展生态特色有机奶业，全力助力乡村振兴，促进奶业税收增长，2023年奶业税收突破800万元。依托全县山地楠竹资源优势，依照竹笋—竹麻—楠竹生产过程，形成竹笋加工、竹麻造纸、楠竹加工"一条龙"生产线,全力做大楠竹产业,促进乡村振兴,2023年新增4家竹木加工企业进入工业园区,助力"三高四新"财源建设。二是提升"放管服"改革效能。进一步完善涉农资金管理平台,全年共整合12项涉农专项资金,涉及12个主体单位和13个乡镇(场),整合资金1.99亿余元。遵循依法、高效、独立、廉洁的原则,加快评审工作进度,全年完成249个财政性基本建设项目预(结)算的评审,送审金额7.8亿元,核减金额0.99亿元,综合核减率13%。

三、抓住"债务化解"关键,提升风险防范能力

一是聚焦化解隐性债务。严格执行化债实施方案,认真落实"一债一策"工作机制,按时偿还到期债务,确保平台公司债务不违约、资金不断链。坚持依法真实化债,切实做到无虚假化债、数字化债,稳步化解债务存量。二是严管控防债务风险。积极向上争取政府债券,做到隐性债务只减不增。坚决查处违法违规融资举债行为,发现一起、问责一起、责任倒查、终身负责,牢牢守住不发生系统性风险的底线。继续做好隐性债务"六个一批"风险缓释工作,改善债务结构、降低债务成本。三是积极申报政府债券。聚焦重点领域,积极申报专项债券项目,全年省财政厅下达城步苗族自治县2023年地方政府新增债券额度2.7亿元,其中专项债券1.68亿元、一般债券1.02亿元。

四、筑牢"财政管理"根本,提升服务经济效能

一是提升财政资金质效。全面统筹、细化落实预算绩效评价工作。完成86个一级预算单位的绩效评价,金额约为24.49亿元。对上级发行的专项政府债券开展重点绩效评价,涉及2家部门单位,金额3.38亿元,确保财政资金发挥效益。扎实开展"一卡通"发放管理专项监督检查,成立城步苗族自治县财政局惠民惠农财政补贴资金"一卡通"问题专项监督检查工作领导小组,设立举报信箱和举报热线。持续加强单位内控管理,针对部分重点股室开展内审检查。二是发力盘活"三资"。2023年,城步苗族自治县全年盘活"三资"收益4.66亿元,其中盘活资产3.62亿元、盘活资源8589万元、盘活存量资金1745万元,超额完成市级下达的目标任务。三是持续优化政府采购营商环境。全面推进湖南省政府采购电子卖场,2023年完成10511笔交易,总额22507.25余万元。提高政府采购透明度,推进采购项目、采购内容及需求概况、预算金额、预计采购时间等采购意向公开,2023年采购单位公开采购意向信息190余条。大力深化政府采购制度改革,建立"四横三纵两联合"的全过程管理工作机制,实施由"采管结合"转型为"放管结合"理念下的监管升级。

(湖南省邵阳市城步苗族自治县财政局供稿 杨倩玲执笔)

武冈市

2023年,武冈市实现地区生产总值(GDP)213.05亿元,扣除不可比因素,同比增长(以下简称增长)5.3%。其中,第一产业增加值60.78亿元,增长3.9%;第二产业增加值53.56亿元,增长8.7%;第三产业增加值98.7亿元,增长4.5%。全社会固定资产投资增长5.8%。全市居民人均可支配收入26347元,增长6.7%。其中,城镇居民人均可支配收入36261元,增长5.1%;农村居民人均可支配收入18943元,增长7.9%。

2023年,全市完成一般公共预算地方收入10.5亿元,增长8.6%。其中,税收收入7.12亿元,增长10.01%;非税收入3.38亿元,增长5.74%,上级补助44.84亿元,一般债务收入5.33亿元,动用预算稳定调节基金3115万元,调入资金9.53亿元,上年结转9622万元,收入合计71.48亿元。全市一般公共预算支出59.86亿元,加上上解中央1.19亿元,一般债务还本3.55亿元,补充预算稳定调节基金92万元,结转下年6.87亿元,支出合计71.48亿元。

2023年,全市完成政府性基金预算收入20.57亿元,增长28.54%。全市政府性基金预算支出16.24亿元,调出资金(调入一般公共预算)8.5亿元,增长0.68%。

2023年,全市完成国有资本经营预算收入311万元。全市国有资本经营预算支出6万元,调出资金(调入一般公共预算)311万元,同比下降(以下简称下降)84.62%。

2023年,全市完成社会保险基金预算收入6.81亿元,增长1.76%。全市社会保险基金预算支出6.52亿元,全年收支结余2873万元,累计滚存结余6.85亿元,增长14.03%。

一、突出抓财源谋发展,财税收入量增质优

一是加快推进财源建设。对标湖南省、邵阳市"三高四新"财源建设要求,紧密结合工作实际,制定出台武冈市财源建设工作方案,实行重点税源企业培育工程,

由一名县级干部联点一家重点税源企业。截至2023年底，武冈市年纳税额200万-500万元的企业达到46家，年纳税额500万元以上的企业达到31家。二是全力扶持企业发展。全面落实减税降费政策，发挥财政资金杠杆作用，扶持企业健康发展。2023年通过"潇湘财银贷"为园区企业发放免抵押、低利息的贷款1.14亿元；拨付创业担保贷款财政贴息资金320.7万元。武冈市财政局成功引进台商在园区投资建厂，登记注册企业"湖南祥丽服装有限公司"，完成年度招商引资任务。三是落实协税护税机制。由政府牵头，财政、税务、住建、自然资源等相关职能部门共同参与，组建盘活存量资产、历史遗留问题楼盘处置等七个税收工作专班，圆满完成年度收入目标。武冈市2023年一般公共预算地方收入首次突破10亿元大关，地方收入税收占比较2022年提升0.87个百分点，收入规模持续增长，收入质量持续提升。2022年、2023年连续两年获得湖南省人民政府真抓实干成效明显地区表扬激励，2023年获得湖南省人民政府关于打好"发展六仗"表现优异单位表扬通报。四是积极向上争资引项。对照上级转移支付资金项目，结合2022年争资情况，将向上争取项目资金计划细化到各部门各单位，确保符合政策的项目得到上级资金支持。2023年争取上级转移支付资金44.84亿元，有效缓解了财政困难局面；发行债券资金7.22亿元，其中一般债券1.78亿元，专项债券5.44亿元，有力推动了项目建设。

二、突出保基本兜底线，民生支出保障有力

一是厉行勤俭节约。坚决落实过"紧日子"要求，2023年压减一般性和非必要项目支出2238万元；"三公"经费预算850万元，较2022年预算减少40万元，"三公"经费决算722万元，较2022年决算减少29万元，节约资金优先保障"三保"和债务还本付息等重点支出。二是擦亮民生底色。严格执行经人大审议通过的财政支出预算，按照"人员工资—基本民生—社会保障—公务运转—重点项目建设—其他非生产性支出"的顺序安排支出，尽力而为、量力而行，在兜牢"三保"支出的基础上，重点保障了教育、医疗卫生、乡村振兴、城乡社区、住房保障等方面的支出，支出结构进一步优化，公共财政的效能进一步体现。2023年教育、社会保障和就业等九项民生支出占一般公共预算支出的比重为75.74%，人民群众的获得感、幸福感、安全感更加充实、更有保障、更可持续。三是建立大事要事保障机制。围绕市委、市政府重大决策部署和工作要求，重点聚焦民生实事，制定资金保障方案，做到集中财力办大事，切实提高财政资金使用效益，支持打好重点民生保障仗。

三、突出抓重点补短板，财政风险安全可控

一是坚决兜牢"三保"底线。坚持"三保"支出在财政支出中的优先地位，区分轻重缓急，统筹资金优先保障"三保"需求，坚决防范"三保"风险。2023年干部职工工资每月均按时发放到位。二是坚决防范化解债务风险。坚决遏制隐性债务增量，稳妥化解隐性债务存量，有效防范政府债务风险。2023年共偿还政府性债务本息13.8亿元，顺利完成隐性债务化解任务。2023年底武冈市综合债务率继续控制在120%以下，连续四年保持在绿色安全区。三是坚决守住库款保障底线。逐月摸实摸细各预算单位支出需求，综合库款余额、本级财政收入、上级资金调度（含一般债券及专项债券）等财政资金供应情况，合理安排支出顺序，防范化解支付风险。2023年每月月底武冈市库款保障系数均保持在0.3-0.8。

四、突出促改革强管理，财政运行平稳有序

一是强化预算约束。贯彻落实"以收定支"原则，坚决做到"无预算不开支，有预算不超支"，加强预算执行管理，从严控制预算追加。二是规范财政管理。以"绩效管理提升年"行动为抓手，出台《武冈市本级预算事前绩效评估管理暂行办法》，构建全方位全过程全覆盖的预算绩效管理体系，全面提升财政资金使用效益。严格财政投资评审，出台《武冈市财政投资评审管理办法》，无资金来源的项目、未经审批施工后送审的项目一律不启动财评程序，2023年共审核预算项目266个，核减金额2.82亿元，审减率为15.49%；审核结算项目1个，核减金额5万元，审减率为7.69%。严格执行政府采购程序和采购标准，出台《武冈市财政局关于进一步加强政府采购电子卖场监督管理工作的通知》，加强电子卖场管理，严禁采购人利用电子卖场化整为零拆分项目和规避政府采购计划备案，2023年共受理采购项目备案223个，节约采购资金1.32亿元，节资率为15.35%。全力盘活国有"三资"，2023年通过"用、售、租、融"等方式，共盘活国有"三资"13.56亿元，其中土地、房产7.89亿元，特许经营权2.32亿元，财政闲置资金3.35亿元，完成全年目标任务的151%，被湖南省财政厅评为清查处置国有"三资"工作先进单位。三是严格财会监督。举办全市政府采购业务培训、预算单位财务人员业务培训；制定"互联网+监督"民生资金公开目录；对政府采购代理机构、代理记账机构进行监督检查；开展"三湘护农"惠民惠农补贴资金突出问题专项整治行动、违规举债和虚假化债专项整治行动以及地方财经纪律重点问题专项检查等，严肃财经纪律，守护财政资金安全。

（湖南省邵阳市武冈市财政局供稿　禹媛媛执笔）

邵东市

2023年,邵东市实现地区生产总值(GDP)763.3亿元,同比增长(以下简称增长)5.5%。其中,第一产业增加值64.9亿元,增长3.6%;第二产业增加值289.8亿元,增长6.6%;第三产业增加值408.6亿元,增长5.1%。全社会固定资产投资(不含农户)总额239.6亿元,增长8.1%。全市居民人均可支配收入38383元,增长5.1%。其中,城镇居民人均可支配收入45746元,增长5.0%;农村居民人均可支配收入31669元,增长5.1%。

2023年,全市完成一般公共预算地方收入25.15亿元,增长7.61%。其中,税收收入15.4亿元,增长4.05%;非税收入9.74亿元,增长13.75%,中央补助46.59亿元,一般债务收入1.92亿元,调入资金11.49亿元,上年结转0.6亿元,收入合计89.6亿元。全市一般公共预算支出81.69亿元,加上上解中央2.26亿元,一般债务还本3.66亿元,补充预算稳定调节基金1.2亿元,结转下年0.79亿元,支出合计88.81亿元。

2023年,全市完成政府性基金预算收入4.53亿元,增长9.75%。全市政府性基金预算支出21.38亿元,增长40.4%。

2023年,全市完成国有资本经营预算收入10.65亿元。全市国有资本经营预算支出1万元,同比下降(以下简称下降)50%,国有资本经营调出资金(调入一般公共预算)10.65亿元。

2023年,全市完成社会保险基金预算收入10.79亿元,增长16%。全市社会保险基金预算支出9.5亿元,增长8.87%,全年收支结余1.28亿元,累计滚存结余10.85亿元。

一、着力抓收支、保重点,财政运行总体平稳

一是勤征细管狠抓收入。加大财税收入征管调度考核力度,开展财税收入攻坚行动,压实征管单位主体责任,确保收入"颗粒归仓"。全面开展税费精诚共治,构建部门协同联动机制,通过协税护税和财税综合信息平台,共收集处理数据287万条,推动增加税收3620万元。以创建全国县级总部经济国际合作先行区为目标,共招引、发展各类总部企业192家。二是优先保障重点支出。全面树立过"紧日子"思想,将"三保"纳入全年预算编制重点保障范围,确保"三保"支出不留硬缺口。加强库款管理,灵活调度资金,明确"三保"在财政支出中的优先顺序,持续加强"三保"动态监控和分析调度,定期研判"三保"支出执行情况,全面落实"三保"责任,全年安排"三保"等民生重点支出61.15亿元,占一般公共预算支出的74.79%。

二、着力谋发展、惠民生,有效服务发展大局

一是着力夯实民生发展基础。支持教育、文旅事业持续发展。全面落实教育投入"两个只增不减"政策,全年教育支出13.49亿元,义务教育教师待遇按照国家标准全部得到保障。其中整合资金3100万元,用于中学校舍提质改造升级和高中图书馆项目建设。全年文旅体及传媒支出完成4500万元,其中安排资金1333万元完成国保建筑荫家堂消防工程、严怪愚故居修缮工程、袁国平故居主体部分修缮。全年送戏下乡300余场、送电影下乡6200余场。落实惠农惠民补贴发放政策。通过湖南省惠民惠农财政补贴资金"一卡通"阳光审批系统发放惠农惠民补贴项目98项、补贴金额达5.85亿元、186万人次。发放低保、城乡特困和临时救助、涉军和优抚资金、残疾人两项补贴等社保民生资金3.43亿元。助力统筹城乡发展。统筹资金3.81亿元,推动乡村农田水利、亮化工程、农村公路建设、危桥改造等农村基础设施建设。大力保障粮食安全,安排资金314万元,完成粮食轮换任务2000吨;补贴生猪养殖户635万元,确保生猪市场供求平衡。加强生态文明建设,投入污染防治、生活垃圾和污水处理、人居环境整治等资金3.12亿元。二是夯实稳岗助企促产根基。持续推进财源建设。支持产业增质强效,充分激发产业财源后劲,全年纳税1000万元以上的企业38家,纳税500万元以上的企业71家,纳税200万元以上的企业143家,合计纳税18.61亿元。加强五大产业税收监测,对中医药、打火机、五金行业、箱包、印刷等市域特色产业实行行业管理,重点监控零纳税企业。支持产业提质增效。统筹整合产业发展资金4.2亿元,全面落实各项惠企政策,有效激发经营主体活力和产业发展内生动力,助力实体经济健康发展。其中兑现企业发展经费、科研经费及企业入规奖励等8895万元。提高劳动者创业就业能力。全年开办职业技能培训班创业培训班131期,培训4926人次,共计发放培训补贴892万元。全年失业保险参保职工职业资格技能等级提升补贴34人,支出5.2万元。持续优化政府采购营商环境。降低中小企业参与政府采购工程门槛,提高面向中小微企业预留采购份额,以实际行动助力优化营商环境。2023年政府采购项目成交265个，成交金额4.46亿元，其中货物项目采购147个、服务项目采购87个、工程项目采购31个，为中小企业采购预留份额60%。2023年实现电子卖场交易额4.84亿元，完成了交易23984笔，本地供应商入驻1494家，上柜商品513157件。

三、着力强监管、促改革，财政管理更有质效

一是全面落实财政管理改革。提升预算绩效管理水平。开展"绩效管理提升年"活动，全年共完成评价项目21个、金额10.02亿元，建议核减资金项目5个、金额282万元。规范财政性资金管理。加大政府投资项目资金来源审核力度，严禁政府投资项目超概算、超预算，确保政府投资项目资金使用安全，提高资金使用效益，全年共完成280个评审项目，送审金额15亿元，综合核减率8.8%。开展财会监督专项检查。开展"三湘护农"惠农惠民补贴资金"驻场解剖麻雀式"检查，进一步规范惠民惠农财政补贴资金发放管理。开展财经纪律9类重点问题专项整治，进一步严肃财经纪律，规范财政管理。二是加力盘活国有"三资"。坚持高位推进，系统谋划部署。成立了高规格领导小组，组建了五个工作专班，出台了《邵东市国有"三资"清查处置与管理改革工作方案（2023-2025年）》《关于进一步规范和加强国有资产管理工作的通知》《盘活闲置国有资产工作奖惩考核方案》等引领性文件，明确"三资"盘活的工作原则、工作步骤与工作要求及奖惩考核。全面摸清家底，夯实工作基础。按照全领域、全口径、全覆盖的要求，摸清全市行政事业单位、园区、国有企业、土地、矿产、林业、水利、特许经营权等资产资源存量、经营收益、股权收益和对外投资收益等情况，健全国有"三资"管理信息数据库，分类建立工作台账，逐一细化处置运作落地方案，为后续开展盘活改革工作夯实基础。2023年国有"三资"盘活收益完成16.58亿元，在邵阳市各县（市区）中排名第一。三是切实加强政府债务管理。切实防范债务风险。严格落实防范化解政府债务风险主体责任，持续实施"担主责、守底线、控增量、化存量、防断链、防风险"系列措施，压实债务管控责任。按照上级要求制定防范化解地方债务风险工作方案，在防范化解风险、严控新增债务、提升化解能力、构建长效机制4个方面提出了18项重点任务，同时制定了过"紧日子"压减支出、盘活"三资"等7个方面分领域方案。全市没有发生一起债务风险事件和债务舆情事件。积极申报政府债券。聚焦重点领域，积极申报债券项目。2023年度全市新增一般债券1.92亿元、新增专项债券16.69亿元、发行再融资债券5.4亿元。

（湖南省邵阳市邵东市财政局供稿　贺柳执笔）

岳阳市

2023年，岳阳市实现地区生产总值（GDP）4841.78亿元，同比增长（以下简称增长）4.6%。其中，第一产业增加值482.05亿元，增长3.4%；第二产业增加值1907.4亿元，增长3.8%；第三产业增加值2452.32亿元，增长5.5%。全年规模以上工业增加值增长5.0%。全社会固定资产投资（不含农户）同比下降（以下简称下降）7.2%。全市居民人均可支配收入35202元，增长5.8%。其中，城镇居民人均可支配收入44045元，增长4.7%；农村居民人均可支配收入23657元，增长5.8%。

2023年，全市完成一般公共预算地方收入200.15亿元，增长8.2%。其中，税收收入131.06亿元，增长8.3%；非税收入69.09亿元，增长7.9%，上级补助收入356.22亿元，一般债务转贷收入76.85亿元，动用预算稳定调节基金42.46亿元，调入资金98.46亿元，上年结转28.37亿元，收入合计802.51亿元。全市一般公共预算支出632.48亿元，加上上解上级支出18.51亿元，一般债务还本52.04亿元，补充预算稳定调节基金47.58亿元，调出资金1.37亿元，结转下年50.53亿元，支出合计802.51亿元。市本级完成一般公共预算收入64.12亿元，增长11.7%。其中，税收收入34.45亿元，增长7.6%；非税收入29.67亿元，增长17%，上级补助收入8.48亿元，一般债务转贷收入14.22亿元，动用预算稳定调节基金3.61亿元，调入资金26.19亿元，上年结转7.44亿元，收入合计124.06亿元。市本级一般公共预算支出104.48亿元，加上上解上级支出1.17亿元，一般债务还本9.18亿元，结转下年9.23亿元，支出合计124.06亿元。

2023年，全市完成政府性基金预算收入271.95亿元，下降12%。全市政府性基金预算支出330.88亿元，调出资金（调入一般公共预算）81.16亿元，增长11.7%。市本级完成政府性基金预算收入75.21亿元，下降22%。市本级政府性基金预算支出103.02亿元，调出资金（调入一般公共预算）26.19亿元，增长28.8%。

2023年，全市完成国有资本经营预算收入20.08亿

元，增长330.2%。全市国有资本经营预算支出8.92亿元，调出资金（调入一般公共预算）12.92亿元，增长765.3%。市本级完成国有资本经营预算收入0.75亿元，下降25.4%。市本级国有资本经营预算支出0.7亿元，调出资金（调入一般公共预算）0元，下降100%。

2023年，全市完成社会保险基金预算收入138.22亿元，下降5.3%。全市社会保险基金预算支出121.47亿元，全年收支结余16.75亿元，累计滚存结余131.78亿元，增长5.6%。市本级完成社会保险基金预算收入81.16亿元，下降13.3%。市本级社会保险基金预算支出71.42亿元，全年收支结余9.74亿元，累计滚存结余75.08亿元，增长3.2%。

一、推进财源建设，地方收入迈上新台阶

一方面，坚持多措并举培植财源。聚焦实体经济发展，认真落实稳经济一揽子政策措施及接续政策。不折不扣落实减税降费政策，全市新增减税降费规模达34.2亿元。岳阳市本级安排专项资金2000万元，支持举办系列促消费活动，带动消费20亿元。落实稳房地产措施，发放购房财政补贴2.3亿元，推动城区房地产市场去库存14000余套。统筹市级产业发展相关专项资金1.8亿元，支持制造业企业、"专精特新""小巨人"企业和外贸企业发展，全市纳税超500万元企业户数较上年增加76户，新增省级以上"专精特新"企业142家。兑现财源建设奖励资金1642万元。强化财政与金融联动，岳阳市财金集团打出"担保+风补+转贷"组合拳，全年共撬动117亿元资金投放到实体经济中。加快惠企资金拨付，加大"岳商通"政策兑现平台运用，推进惠企资金"直给直兑、免申即享"。多项举措有效助力市场主体减负担、提信心、激活力、增后劲。另一方面，坚持勤征细管抓收入。加强收入分析、预测和组织调度，开展税费精诚共治行动，用好市县一体财税综合信息平台，进一步压实协税护税责任，确保各项收入应收尽收。10个县市区地方税收增幅达到10%以上，新增岳阳县、临湘市、城陵矶新港区等3个县市区地方收入过10亿元。财政与税务部门强力推进重点领域协税护税和税费精诚共治工作，不断提升税费征管效能，相关工作被省财源办作为典型经验在全省推介。通过上述努力，在经济下行、减税降费、房地产市场低迷及中石化"两厂"税收减少等多重减收因素叠加影响下，全市地方收入仍保持了8.2%的较快增长，完成200.2亿元。地方收入规模排进全省前三位，地方收入和地方税收增速排名全省第一位。

二、强化资金保障，经济社会发展再添动能

面对财政收支矛盾十分突出的严峻形势，岳阳市财政局坚决推动过"紧日子"要求的落实，坚持勤俭节约办一切事业，着力强化财政资金统筹和争资争项力度，助力全市经济社会高质量发展。一方面，全力以赴向上争资争项。切实履行争取财政性资金牵头抓总作用，坚持以精细组织、精准指导、精心服务的"三精"理念为指导，统筹全市之力，协同相关部门全力争项目、争试点、争资金。全市争取到位财政性资金334.5亿元，同口径增长12.5%；争取地方政府新增债券资金156.5亿元，增长21.6%；一大批国省试点在岳阳市落地。另一方面，着力强化财政资金统筹。不断优化支出结构，保障重点支出，使有限的财政资金发挥最大的作用。全市"三保"支出超270亿元，没有出现资金支付风险。就业、教育、医疗、卫生、社保等领域支出得到重点保障，民生支出占一般公共预算支出比重达到70%以上。通过向上争资、专项债券安排和多方面筹资，全力保障了重大项目、重点工作的顺利推进，特别是支持乙烯和己内酰胺两大产业项目，累计投入资金109.3亿元，确保了项目的顺利开工、投产。

三、盘活国有"三资"，获评国家创新治理典型案例

以"一切资源都有可能变资产，一切资产都有可能变资本，一切资本都有可能转变用于稳增长、防风险、保民生"的"三变"理念，高位推动、系统谋划、市场化运作，从运作理念、目标、重点、路径、方式、方法、机制等7个方面打造了国有"三资"运作改革"岳阳模式"。全市累计推出本土成功案例近100个，其中30多个在全省推介、6个被国家级媒体报道。君山区"盘活'水资源'做强'水经济'，打造生态渔业高质量发展'新样板'"、汨罗市"'客货邮'融合发展"经验多次被央视《新闻调查》《人民日报》报道；岳阳楼区"盘活闲置资产，数字赋能引领发展"典型做法获央视《朝闻天下》栏目推介；平江县生态产品价值实现机制实践案例在全省首发。新华社、《经济日报》、中国财政科学研究院、中国财经报社、《人民日报·人民论坛》专家组，以及省内外20多个地市及县区先后来岳阳市调研考察。岳阳市"三资"运作改革获评"2023年度国家治理创新经验（高质量发展）典型案例"和"2023年度全省清查处置盘活国有'三资'工作先进单位"，6个县市被评为全省先进。

四、聚焦高质量发展，财政改革管理提质增效

扎实开展"绩效管理提升年"行动，对标高质量发展要求，围绕财政政策、财政资金、财税改革、财会监督、内部管理等领域，推动构建财政"大绩效"管理体系。深化预算改革，推行零基预算，加大资金统筹，加快财政资金审批、拨付，全面实施预算绩效管理，提高资金使用效益。完善预算管理一体化系统建设，建立考核常态长效机制。履行财会监督主责，明确重点任务责任分工，建立财纪、财巡联动机制，深入开展财会监督专项行动，组织开展惠农补贴、园区和市直单位财务管理等专项检查，扎实推动问题整改、建章立制，严肃财经纪律。统筹发展和安全，加强债务风险常态化监测，持续推进"六个一批"风险缓释落地见效，推进高息债务置换攻坚，积极推动债务化解工作，全市未出现一例因债务偿还导致资金断链，未发生一起债务风险事件，被省政府评为"打好防范化解风险阻击战表现优异单位"。

五、坚持政治统领，队伍能力水平不断提升

深入开展学习贯彻习近平新时代中国特色社会主义思想主题教育，切实引导系统党员干部深刻领悟"两个确立"的决定性意义、做到"两个维护"，自觉强化"财"服从服务于"政"的意识，确保将各项政治要求深度融入财政工作全过程。认真落实新时代党的建设总要求，推进"红色引领·财润巴陵"党建品牌建设，增强基层党组织凝聚力、战斗力和号召力。坚持全面从严治党，推进清廉财政建设，深入整治机关作风问题，加强廉政教育，深入开展党员干部和公职人员酒驾醉驾问题专项治理、领导干部利用职权或影响力为亲友谋利专项整治、"两带头五整治"专项行动，督促党员干部守纪律、讲规矩、转作风。深化"四强"财政干部队伍建设，扎实开展财政干部教育培训，举办全市财政系统干部专业化能力提升培训班、全市乡镇财政业务培训班等专题培训活动。坚持正确的用人导向，持续完善财政干部培养、锻炼、使用全过程机制，着力搭建财政干部政治历练和实践锻炼平台，激励担当作为，一批政治素质过硬、工作实绩突出、群众口碑较好的年轻干部走上重要岗位，财政干部队伍综合能力得到提升。

（湖南省岳阳市财政局供稿 曾鑫泰执笔）

岳阳楼区

2023年，岳阳楼区实现地区生产总值（GDP）804.28亿元，同比增长（以下简称增长）6.1%。其中，第一产业增加值6.89亿元，增长2.6%；第二产业增加值129.84亿元，同比下降（以下简称下降）4.4%；第三产业增加值667.55亿元，增长8.4%。按常住人口计算，人均地区生产总值126717元，增长3.93%。

2023年，全区完成一般公共预算收入30.02亿元，增长9.5%。其中，税收收入27.15亿元，增长9.8%；非税收入2.87亿元，增长6.4%。一般公共预算地方收入12.48亿元，增长9.7%，其中税收收入9.62亿元，增长10.9%。税收收入中，增值税3.18亿元，增长5.1%；企业所得税0.44亿元，下降12.7%。一般公共预算支出44.81亿元，增长15.43%。2023年，全区完成政府性基金预算收入7.89亿元，全区政府性基金预算支出6.04亿元，调出资金（调入一般公共预算）1.83亿元。

2023年，全区完成国有资本经营预算收入3.1亿元，加上上级补助收入0.08亿元，收入合计3.18亿元；全区国有资本经营预算支出0.05亿元，加上调出到一般公共预算3.1亿元，结转下年支出0.03亿元，支出合计3.18亿元，收支平衡。

2023年，全区社会保险基金收入3.32亿元，支出4.07亿元，滚存结余5.56亿元。分险种看：机关事业单位养老保险基金收入2.86亿元，支出3.83亿元，滚存结余1.22亿元；城乡居民养老保险基金收入0.39亿元，支出0.24亿元，滚存结余1.83亿元；被征地农民养老保险基金收入0.07亿元，支出0元，滚存结余2.51亿元；失业保险基金自2023年纳入省级统筹。

一、完成收入目标任务

2023年是三年新冠疫情防控转段后经济恢复发展的一年。区财政局密切关注各类政策效应，牢牢把握克服疫情后经济加快恢复的契机，千方百计组织收入。全年一般公共预算地方收入完成12.48亿元，增长9.7%。其中，区级地方税收9.6亿元，增长10.9%；非税收入完成2.86亿元，非税收入在区级地方收入中的占比为22.9%。

二、支持产业转型发展

围绕区委、区政府关于产业转型升级的部署，区财政局全年投入8000万元区域经济扶持奖励资金，兑现区域经济扶持奖励，支持胥家桥物流园区等物流产业发展，做实桥西片区等文旅产业规模，巩固杨树塘金融中心地位。在工业产值锐减的情况下，大力发展数字经济、金融行业，打造了三园区一中心的产业集群，有效推动产业转型发展。全区财源建设工作被省财政厅评为先进单位，获得了1600万奖励资金。

三、开展协税护税行动

制定《2023年街道（乡）协税护税考核实施方案》，全力开展楼宇经济创建行动，截至11月底，全区99栋商务楼宇共完成税收收入8.77亿元，增长61%。加强重点税源培育，新增年纳税100万元以上的税源骨干企业12家，达到305家。压实属地责任，全力服务全区387个重大项目建设，杜绝税收外流。

四、推进"三资"运作改革

制定《岳阳楼区2023年度三资运作改革实施方案》，会同各部门单位对全区的资产进一步盘活，通过特许经营权的出让、闲置资产的盘活等方式，2023年累计盘活10

亿元资金。全区清理出 11 处征收拆迁国有资产,于 11 月全部完成征拆款回笼,回笼资金 5229.9 万元,有效防范国有资产流失。对全区"三供一业"资产办证情况进行清理,共清查出"三供一业"资产 60 宗,对未办理权证的 52 宗进行分类管理,有效推进国有资产的规范管理。

(湖南省岳阳市岳阳楼区财政局供稿　陶甄执笔)

云溪区

2023 年,云溪区实现地区生产总值(GDP)334.25 亿元,同比增长(以下简称增长)0.3%。其中,第一产业增加值 12.55 亿元,增长 1.7%;第二产业增加值 197.26 亿元,同比下降(以下简称下降)0.9%;第三产业增加值 124.44 亿元,增长 2.4%。全社会固定资产投资(不含农户)下降 16.5%。城镇居民人均可支配收入 50767 元,增长 4.4%。

2023 年,全区完成一般公共预算地方收入 5.29 亿元,增长 9.96%。其中,税收收入 4.48 亿元,增长 11.45%;非税收入 0.82 亿元,增长 2.44%,中央补助 13.91 亿元,一般债务转贷收入 3.56 亿元,动用预算稳定调节基金 0.84 亿元,调入资金 0.65 亿元,上年结转 1.51 亿元,收入合计 25.76 亿元。全区一般公共预算支出 19.11 亿元,加上上解中央 1.34 亿元,一般债务还本 1.75 亿元,补充预算稳定调节基金 0 元,调出资金 0 元,结转下年 3.56 亿元,支出合计 25.76 亿元。

2023 年,全区完成政府性基金预算收入 7.19 亿元,下降 15.4%。全区政府性基金预算支出 5.02 亿元,调出资金(调入一般公共预算)0 元,下降 69.13%。

2023 年,全区完成国有资本经营预算收入 1.56 亿元,下降 38.93%。全区国有资本经营预算支出 3.21 亿元,调出资金(调入一般公共预算)0.65 亿元,增长 2179.73%。

2023 年,全区完成社会保险基金预算收入 2.01 亿元,增长 17.52%。全区社会保险基金预算支出 1.57 亿元,全年收支结余 0.45 亿元,累计滚存结余 1.75 亿元,增长 28.83%。

一、坚持精准发力,促进经济稳定发展

坚持惠企利企,落实积极的财政政策,推动经济社会发展提质增效、更可持续。一是落细落实各项减税降费政策。加强与税务部门协调配合,全力落实国家、省、市延续和优化的减税降费政策,2023 年共留抵退税 2.05 亿元,为稳市场主体、稳经济大盘贡献力量。二是落实普惠金融政策。加强财政金融联动,积极开展融资担保业务,落实好就业创业贷款扶持政策,2023 年为 40 家小微企业担保融资 9760 万元,缓解了实体企业受经济下行冲击导致的资金周转困难。三是加大企业走访力度。落实《2023 年重点企业帮扶行动方案》,共走访了湖南中创化工股份有限公司、岳阳景嘉化工有限公司、湖南泽明新材料有限公司等 38 家企业,协调解决相关问题,提供"一企一策"的个性化服务,为企业家们排忧解难,有针对性地帮助企业家解决自身困难与发展问题。

二、坚持稳中有进,财政收入逆势增长

全力拓宽"聚财之道",主动作为,广泛培植税源,做大财政收入"蛋糕"。一是多措并举组织收入。积极应对经济下行及减税降费政策等因素叠加影响,坚持依法依规组织收入,扎实做好收入动态监控,不断强化收入征管,全口径税收收入(税务口径)完成 13.82 亿元,增长 9.64%。二是多策并用向上争资。各部门密切配合,把握政策资金扶持方向,积极主动对接政策支持,全力争取上级项目和资金向云溪区倾斜,2023 年共到位上级补助资金 9.48 亿元,为云溪区经济和社会事业发展提供有力保障。三是盘活存量资金。健全完善"限期使用、定期清理、超期收回"的存量资金管理制度,进一步强化预算执行与预算安排相挂钩机制,全面清理盘活结余结转资金。

三、坚持保障重点,织密筑牢民生网底

坚持把人民对美好生活的向往作为财政工作的奋斗目标,尽力而为、量力而行,着力保障和改善民生。一是有力助推乡村振兴。2023 年投入巩固拓展脱贫攻坚成果同乡村振兴有效衔接财政专项资金 2360 万元,主要安排用于产业发展、乡村建设、基础设施建设等。共发放惠农补贴资金 7082 万元,惠及群众 16 万人次。二是支持教育高质量发展。全区教育投入 2.87 亿元,支持优化城乡教育资源配置,落实一般公共预算教育支出和按学生人数平均的一般公共预算教育支出两个逐年"只增不减",推进区内教育事业发展和学校标准化建设。三是筑牢社会保障体系。继续落实城乡低保、优抚补助、残疾人生活及护理补贴等,足额配套区级资金,有效保障低收入人群基本生产生活需要,2023 年本级投入资金 1150 万元。四是环境保护刻不容缓。始终把环境保护作为一项底线工作来抓,持续加大环保资金投入,2023 年投入 9204 万元,支持推进云溪区松杨湖水系综合治理工程,长岭污水厂运营等项目进度。

四、坚持底线思维,防范化解财政风险

一是防范债务风险工作取得了积极的成效。通过土地出让、区机关事务服务中心专项资产（两厂无偿划转资产）出让、砂石开采等方式筹措资金化解隐性债务,债务风险得到有效缓解,已完成上报财政部十年化债方案中化债目标。二是积极协调加力推进金融降息减成本。抢抓乙烯项目实施的机遇,深化政府部门、金融机构、平台公司三方交流,推动银行降低利率,共协调9家金融机构降低贷款利率,节约利息约0.26亿元。并且积极协调银行,将2023年到期的2.6亿元企业债券采用替接他盘方式偿还,平滑了债务风险。三是兜牢"三保"底线。严格执行政府过"紧日子"要求,严控一般性支出,优化支出结构,强化资金统筹,坚持"三保"支出在预算安排中的优先顺序,全口径梳理"三保"支出底数,确保足额安排到位、不留缺口。在预算执行中,把好库款清算支出关口,确保"三保"支出优先,2023年"三保"支出7.53亿元。

五、坚持深化改革与监督管理并重,提升财政治理能力

一是进一步推进"三资"运作改革。云溪区完成处置资产94处,创收6.22亿元,占2023年任务的129.53%。深挖资源,高效推进。公开拍卖盘活低效用地12处1251.22亩,实现土地收入4.42亿元。盘活资产,高效转换。部分优质资产公开拍卖,已入库1.53亿元。创新运营,高效利用。开采长江砂石实现收入2239万元,102家经营性门店上缴租金412万元。归集资金,高效管理。共处置应收往来3503万元,处置应付往来8121万元。二是扎实开展"绩效管理提升年"行动。根据"绩效管理提升年"工作要求,出台了《云溪区预算绩效管理实施办法的通知》《预算支出绩效评价管理办法的通知》《云溪区预算绩效监控管理办法的通知》等文件,为财政高质量发展提供了有力保障。三是开展财会监督专项行动暨财经纪律重点问题专项整治工作。制定了《云溪区财经纪律重点问题专项整治工作方案》,成立了云溪区财会监督专项行动领导小组,迅速在全区开展了自查自纠,并接受岳阳市财政局和财政部湖南监管局专项检查,对检查中指出的问题,云溪区财政局细化整改措施,明确整改期限,建立整改台账确保问题逐项整改销号,并上报了整改报告及佐证资料。四是开展"三湘护农"专项整治工作。组织相关单位对岳阳市云溪区云溪街道八一村进行惠农补贴资金的"解剖麻雀式"驻场检查,走访24个村民小组889户3298人,占总人口的52%,走访户数占惠农补贴户数的66.56%,移交云溪区纪委监委问题9个,切实维护了群众利益。五是持续完善财政投资评审。2023年共完成财政投资项目299个,送审金额8.42亿元,审定金额7.23亿元,审减金额1.19亿元,审减率14.14%,为政府投资项目节约了大量资金。六是优化政府采购流程。进一步优化政府采购营商环境,提升政府采购监管服务能力。2023年共完成117个政府采购项目,预算金额2.29亿元,成交合同金额2.22亿元,节约财政资金717.77万元,资金节约率3.14%。

（湖南省岳阳市云溪区财政局供稿　彭炜执笔）

君山区

2023年,君山区实现地区生产总值（GDP）192.7亿元,同比增长（以下简称增长）2.3%。其中,第一产业增加值39.09亿元,增长3.7%;第二产业增加值56.84亿元,同比下降（以下简称下降）6.5%;第三产业增加值96.76亿元,增长5.9%。全社会固定资产投资（不含农户）下降5.3%。全区居民人均可支配收入36349元,增长5.9%。其中,城镇居民人均可支配收入4.34万元,增长4.8%;农村居民人均可支配收入2.71万元,增长7.2%。

2023年,全区完成一般公共预算地方收入5.05亿元,增长21.2%。其中,税收收入3.56亿元,增长13.7%;非税收入1.49亿元,增长44.08%,上级补助19.35亿元,一般债务收入4.54亿元,动用预算稳定调节基金0元,调入资金2.68亿元,上年结转0.99亿元,收入合计32.6亿元。全区一般公共预算支出24.38亿元,加上上解中央0.5亿元,一般债务还本3.5亿元,补充预算稳定调节基金0元,结转下年4.23亿元,支出合计32.6亿元。

2023年,全区完成政府性基金预算收入15.14亿元,增长54.73%。全区政府性基金预算支出14.48亿元,增长25.92%,其中调出资金（调入一般公共预算）2.68亿元。

2023年,全区完成国有资本经营预算收入0元,增长0。全县国有资本经营预算支出0元,调出资金（调入一般公共预算）0元,增长0（君山区未启动国有资产预算管理系统）。

2023年,全区完成社会保险基金预算收入1.75亿元,下降5.6%。全区社会保险基金预算支出1.59亿元,增长3.17%,全年收支结余0.16亿元,累计滚存结余1.92亿元。

一、筑牢财税增收基石，做到应收尽收

一是强化监管，深挖收入增收潜力。年初明确月度收入目标，做到计划、时间、责任"三明确"，及时向区委、区政府提供决策依据。锚定财税目标不动摇，牢牢把握组织收入的主导权，确保收入均衡入库。年中召开多层次财税工作调度会，积极研究增收措施，为财政收入稳步增长奠定了坚实基础。着力加强对重点工程、重点企业、重点税源的监管，确保主体税收及时足额入库；紧抓税源摸排不放松，强化零散活税增收，确保收入应收尽收。二是完善管理，提升非税收入实效。大力推进本区非税收入执收单位电子非税一般缴款书推广实施工作。2023年4月开始，区内各单位分批上线应用电子非税缴款书，实现君山区电子非税缴款书全面推广应用。三是盘活"三资"，助力地方经济发展。持续运用"用、售、租、融"四字诀，向改革要动力，以创新激活力，巩固扩大"三资"改革工作成果。在全省率先建立区级资产公物仓，创新推出利用行政事业性资产管理系统，以资产"实物仓"和"虚拟仓"相结合的管理模式，归集调剂各单位闲置富余资产，累计节约财政资金近700万元。全区全年通过归集资金、处置资产、运作资源，盘活"三资"总量9.35亿元，形成上缴国库收入9.04亿元，其中六类资源盘活1.72亿元、五类资产中实物资产盘活2.87亿元、确定特许经营权营收4.45亿元。

二、聚焦重点支出保障，助力区域均衡发展

一是坚持有保有压，切实兜牢"三保"支出。从严从紧科学编制预算，坚持"三保"支出在预算安排中的优先地位；持续倡导全局上下过"紧日子"，节俭办一切事业，大力压减非重点、非刚性支出，从严控制一般性支出，并强化"三公"经费预算管理，有效降低行政运行成本，集中财力保障中央、省、市和区委重大政策落实。二是坚持惠农惠民，确保民生政策落实。大力支持乡村振兴，投入衔接资金0.47亿元；推进重点社会事业建设，投入教育资金3.03亿元，投入社保和社会救助资金3.57亿元，投入卫健资金1.52亿元，投入环保资金0.76亿元；保重点项目支出需要，拨付1.85亿元用于城区集中供水、滨江路修建等项目建设；统筹整合涉农资金0.26亿元，用于支持农村基础设施建设；健全惠农补贴资金管理机制，全年通过"一卡通"发放财政补贴农民资金15.67亿元，21.62万名农户受益。三是坚持有投有管，持续推进生态改善。高质量推进洞庭湖山水工程项目资金监管工作。截至2023年底，君山区洞庭湖山水项目完成投资1.29亿元，累计到位中央、省级财政资金1.02亿元，执行资金0.82亿元，资金综合执行率达80.68%。

三、深化财政管理改革，提升资金使用效能

一是强化债务管理。成立债务管理领导小组，将债务风险防范纳入日常监管；与城投公司密切配合，与省市债管办密切对接，及时掌握债务政策和动态，指导调整全区债务日常管理；根据省市防范化解地方债务风险要求，全方位清理核实排查本地区债务、金融、保交楼及拖欠企业账款等领域风险，编制化债"一揽子"方案。圆满完成既定化债目标，债务风险等级降至风险提示地区，获得省财政厅5000万元一般债券资金额度奖励，有效弥补君山区民生项目及基础设施项目建设资金的不足。成功引进湖南银行，深度融入君山发展，积极开展降息工作，严控债务成本，2023年君山区城投公司已成功对接湖南银行置换高息债务，有效压降利息支出。二是强化绩效管理。出台《君山区"绩效管理提升年"行动实施方案》，进一步健全绩效评价结果与预算安排、管理改进、政策调整的挂钩机制，确保每一分钱都用在"刀刃"上，实现"花钱必问效、无效必问责"的目标。同时，扎实开展财务检查工作，对全区各单位的专项资金使用和"三公"经费进行全面审查，另外组织"三湘护农"惠农补贴资金大检查和PPP项目大清查，共发现问题106个，提出改进建议73条，并移送问题线索5条。三是推动预算一体化建设。成功将全区各预算单位纳入预算一体化系统管理，实现预算指标和预算单位人员台账的信息化录入，显著提升财政资金支付的效率。同时，加强预算执行的动态监管，规范政府采购制度。全年累计完成财政性基本建设项目预（结）算评审288个，涉及金额6.78亿元，节约资金7645万元，综合核减率高达11.27%；完成政府采购项目74个，节约资金341万元。持续推进国库集中支付的电子支付改革，全年通过国库集中支付系统支付26.4亿元资金。

（湖南省岳阳市君山区财政局供稿　刘宇翔执笔）

岳阳县

2023年，岳阳县实现地区生产总值（GDP）420.19亿元，同比增长（以下简称增长）6.5%。其中，第一产业增加值72.89亿元，增长3.5%；第二产业增加值162.12亿元，增长4.6%；第三产业增加值185.18亿元，

增长9.3%。全社会固定资产投资增长12.1%。全县居民人均可支配收入31257元，增长5.8%。其中，城镇居民人均可支配收入38863元，增长4.5%；农村居民人均可支配收入24655元，增长7%。

2023年，全县完成一般公共预算地方收入10.2亿元，增长8%。其中，税收收入8.07亿元，增长11%；非税收入2.13亿元，减少2%，中央补助40.53亿元，一般债务收入6.31亿元，动用预算稳定调节基金0元，调入资金3亿元，上年结转1.67亿元，收入合计61.72亿元。全县一般公共预算支出53.95亿元，加上上解中央0.99亿元，一般债务还本3.01亿元，补充预算稳定调节基金124万元，调出资金0元，结转下年3.76亿元，支出合计61.72亿元。

2023年，全县完成政府性基金预算收入10.28亿元，同比下降（以下简称下降）6%。全县政府性基金预算支出14.44亿元，调出资金（调入一般公共预算）1亿元，下降6.92%。

2023年，全县完成国有资本经营预算收入7.11亿元，2022年度无国有资本经营预算收入。全县国有资本经营预算支出4.64亿元，调出资金2亿元，增长503%。

2023年，全县完成社会保险基金预算收入6.81亿元，增长4.2%。全县社会保险基金预算支出2.61亿元，全年收支结余0.44亿元，累计滚存结余6.47亿元，增长6.9%。

一、地方收入迈上新台阶，财源建设获省政府真抓实干奖励

一是培植财源强基础。加大骨干税源企业培育力度，落实减税降费政策，2023年累计减免及缓缴各项税费1.75亿元，安排1.5亿元工业发展基金支持园区招商和帮扶企业发展，引进14家企业落户园区。投入1.3亿元为重点税源企业代建标准化厂房4.2万平方米，支持企业改扩改，拉伸产业链，实现以商招商。全县年纳税200万元以上企业达到117家，增长31%；过千万元企业18家，湖南科伦年纳税达到2.3亿元，预计5年后税收翻番；向红机械完成税收3553万元，增长332%，增势强劲。2023年园区入库税收6.5亿元，增长84.5%，财源基础进一步夯实。全县乡镇税收收入完成2.56亿元，过千万乡镇达到8个，长湖、筻口、杨林街、月田等乡镇税收增幅达到30%以上。在2023年省政府开展的财源建设真抓实干考核中，岳阳县获实施财源建设工程成效明显县奖励。二是争资争项添动能。2023年争取上级财政资金40.43亿元，较2022年同口径增长4.73亿元，其中竞争性项目资金4.3亿元，有力弥补本级财力缺口，支持县域重点项目建设；新增债券资金9.33亿元，有效助推产业和基础设施补短板项目。三是盘活"三资"提绩效。盘活供销、商粮、教育、卫健、公安等部门单位闲置的办公用房和土地，以及乡镇的水面、湖泊、滩涂、林权等低效资产，有序出让各类矿山资源，公开出让特许经营权，持续推进"投资人+建设+运营"的市场化运作模式，在工业园标准化厂房、坪费湖清淤疏浚的基础上，推动鹿角港片区发展。盘活"三资"2023年形成财政序时收入27.39亿元。

二、精打细算优结构，重点支出保障有力

一是优先保障"三保"支出。落实党政机关坚持过"紧日子"要求，严控"三公"经费，积极盘活各类财政资金，全力保障"三保"支出，确保了各项工资及时发放、县乡两级正常运转、基本民生足额兑现。二是持续加大民生投入。2023年累计投入民生的资金总量达到41.96亿元，占到财政支出的80%以上。实施教育三年集中攻坚行动，拨付资金1.5亿元支持幼儿园、义务教育及高中建设，新建荣湾湖小学，完成岳阳县四中撤并，顺利通过省教育"两项评价"工作。拨付资金1.4亿元用于落实城乡低保、残疾人"两项补贴"持续提标，拨付资金5.72亿元用于城乡居民养老保险、城乡居民医保、医疗救助提标扩面政策落实。统筹财力支持乡镇振兴建设，安排财政衔接资金6015万元集中投向基础设施建设，拨付资金7300万元用于城乡垃圾收集转运处置及城乡污水处理等环保事业，安排支持粮食生产专项资金5815万元，牢牢守住粮食安全底线。三是助力县域经济发展。科学统筹有限的财政资金，推动政府重点项目建设，支持县域经济高质量发展。投入9200万元完成S310公田至新墙路段征拆，投入8100万元完成黄沙街高速公路连接线改造，投入6600万元完成公田至毛田路段硬化，投入1050万元完成大云山通景公路建设，投入1350万元支持农村"三路"建设。拨付1.46亿元完成远大学校征拆，拨付7000万元顺利推进龙湾地块征拆，拨付7000万元完成县城5处停车场建设，拨付1.34亿元完成公安技侦大楼建设。四是债务风险把控有力。坚持遏制增量和化解存量并举，2023年化解存量隐性债务2.92亿元，偿还政府债券本息1.98亿元，综合债务率连续两年实现下降。完成平台公司市场化转型，支持盛佳荣新集团做强做大。加强村级债务管理，健全控债长效机制，发展集体经济用于偿还债务，坚持执行"五不准"原则，从源头上防止新增债务发生。全县村级债务减少3470万元，化解率达到36%，78个村债务全面清零。

三、多点发力强管理，财政效能持续提升

一是严格预算一体化管理。持续推动预算一体化系统应用，重点向学校延伸，扩大覆盖面。多层级开展业务技能培训，国资管理模块、工资模块等成功上线运行。连续4年财政日常管理绩效评价被评为省A级。二是强化惠农资金管理。结合"三湘护农"专项行动，对全县惠农补贴发放存在的突出问题开展专项整治，违规套取的资金全部被收缴国库，修订完善了"一卡通"管理实施细则、"一卡通"软件系统管理办法等规范性文件4个，试点运行"一卡通"阳光审批系统，确保惠民惠农政策落到实处。在全县开展村级财务、集体"三资"、涉林类补贴资金、政策性农业保险等专项检查，着力推动惠农补贴问题整改"后半篇"文章。组织"一卡通"

系统管理员、村级报账员、村账所代管中心财务人员集中开展业务培训,提升乡镇财政财务管理水平。三是构建财会监督新格局。深入学习贯彻《关于进一步加强财会监督工作的意见》精神,提升监督效能。严格执行省财政厅"绩效管理提升年"的四大重点任务,聚焦重点项目、重大支出开展绩效评价,评价结果与预算安排挂钩,2023年取消和压减部门预算841万元。强化政府采购管理,全面推行政府采购线上运行,电子卖场采购同比增加1.04亿元;完成265个采购项目,采购预算4.79亿元,中标金额4.11亿元,资金节约率14%。加强评审监督管理,对所有政府投资项目和政府购买服务项目从严进行评审,2023年完成评审项目390个,涉审资金总额18.08亿元,核审金额1.28亿元,核减率7.1%。综合运用巡视巡察、审计成果以及中介服务机构反馈信息,建立整体协调联动机制,全面提升财政监督质效。

四、凝心聚力建队伍,财政干部展现新面貌

一是机关党建工作创先争优。坚持党建引领,树立"一切工作到支部"的鲜明导向,完成机关党委、机关支部换届,配优配强党建队伍,深入开展"一月一课一片一实践"活动,打造"兴财辅政、财润民生"党建品牌,机关党建工作获全县先进。推进党建与业务深度融合,坚持班子成员到支部上党课,组织党员开展主题教育、债务风险、法治建设、财会监督等集中研讨活动。

认真落实意识形态工作责任制,凝聚正能量、传播好声音。加强财政文化建设,成功创建省级文明单位。二是干部队伍素质全面提升。近年来,通过公务员招录、事业单位招聘、"四海揽才"、选调等方式共引进专业人才86名,队伍结构进一步优化。加强青年干部培养,实行小班教学,开展口才、写作、财经知识等培训课程;组织财政所业务人员到局机关股室跟班学,安排局机关业务骨干编写讲义资料,传授实际操作技能;积极推荐干部到上级财政部门和业务部门跟班学习,干部的综合素质和业务水平得到了全面提升,一批开口能说、提笔能写、业务能办、遇事能干的"四能"干部不断成长起来。三是清廉财政建设有力推进。严格落实主体责任,支持派驻纪检监察组执纪问责,自觉接受各类监督。狠抓作风建设,常态化开展清廉提醒谈心谈话,扎实开展"两带头五整治""打牌子提篮子"等专项活动。加强家庭家教家风建设,对重点监督股室单位负责人、机关年轻干部、财政所长开展廉政家访活动49人次,教育引导和鼓励干部家属当好"廉内助"。合理利用晚上时间,组织局机关62名干部,开设了书法、二胡、古筝、葫芦丝等多个业余兴趣班,丰富干部八小时以外时间,活跃文化生活。认真落实省委巡视和县委巡察整改工作,扎实推进"地毯式"整改、同题共改、未巡先改。

(湖南省岳阳市岳阳县财政局供稿 李昊执笔)

华容县

2023年,华容县实现地区生产总值(GDP)439.46亿元,同比增长(以下简称增长)6.5%。其中,第一产业增加值97.81亿元,增长3.8%;第二产业增加值133.58亿元,增长6.9%;第三产业增加值208.07亿元,增长8.1%。全社会固定资产投资(不含农户)总额208.15亿元,增长0.7%。全县居民人均可支配收入3.41万元,增长5.7%。其中,城镇居民人均可支配收入4.02万元,增长4.5%;农村居民人均可支配收入2.88万元,增长6.3%。

2023年,全县完成一般公共预算地方收入8.29亿元,增长10%。其中,税收收入6.13亿元,增长12%;非税收入2.16亿元,增长4.5%,上级补助收入47.17亿元,一般债务转贷收入3.94亿元,动用预算稳定调节基金0元,调入资金8亿元,上年结转0.44亿元,收入合计67.84亿元。全县一般公共预算支出55.15亿元,加上上解上级支出2.32亿元,一般债务还本3.01亿元,补充预算稳定调节基金1.79亿元,调出资金0元,结转下年5.57亿元,支出合计67.84亿元。

2023年,全县完成政府性基金预算收入19.06亿元,增长9%。全县政府性基金预算支出14.03亿元,调出资金(调入一般公共预算)8亿元,同比下降(以下简称下降)31%。

2023年,全县完成国有资本经营预算收入0.11亿元,同比增加0.11亿元。全县国有资本经营预算支出0.11亿元,调出资金(调入一般公共预算)0元,同比增加0.11亿元。

2023年,全县完成社会保险(城乡居民养老保险、机关事业养老保险)基金预算收入9.58亿元,增长56.79%。全县社会保险基金预算支出7.39亿元,全年收支结余2.19亿元,累计滚存结余11.79亿元,增长19.21%。

一、全力组织财政收入,强化综合财力保障

一是加强财政、税务和人民银行的协调联动,应用好华容县财税综合信息平台，加强经济运行分析研判，坚持依法征收、应收尽收，2023年完成地方税收收入6.13亿元。二是加大"三资"运作改革力度。县委、县政府将2023年作为"三资"运作改革提升年，成立由县委书记、县长挂帅的领导小组，并发文明确"三资"办和行政事业专班、企业专班、资源资产专班、园区专班、特许经营权专班、法规文件专班等6个专班的工作任务和职责。2023年，共盘活28.5亿元账面价值资产资源，取得盘活收入18.6亿元，完成市定"三资"盘活18亿元的入库任务。规范非税收入管理，充分挖掘各类非税增收潜力，确保各项非税收入征收入库。三是把握政策导向，抓好争项争资，加强与上级相关部门沟通对接，最大限度争取政策、资金、项目等各方面的倾斜与支持。

二、优化财税营商环境，支持实体经济发展

一是产业政策兑现机制不断完善。2023年争取地方政府债券资金2.54亿元。支持恒兴建材、雪花啤酒等重点企业，国能岳阳电厂、煤炭铁水联运、洞庭500千伏输变电工程等重大能源项目，标准腌制池建设、"中国棉纺织名城"保牌等重点工作。安排乡村振兴衔接资金9603万元，增长6.3%，推进重点产业发展。支持华容县新型优势产业链建设，促进民营经济高质量发展，及时拨付2022年商务发展专项资金977.84万元。2023年，支持17家企业分别开展2023年中小企业发展专项资金、先进制造业高地建设专项资金等申报工作，为32家民营企业争取上级专项补助资金2930万元，促进华容县民营企业、产业发展。二是政采支小政策作用充分发挥。坚决清理妨碍公平竞争的行为和做法，持续清理政府采购领域妨碍统一市场和公平竞争的各项壁垒，充分保证各类市场主体平等参与政府采购竞争。2023年政府采购预算累计执行采购合同金额4.45亿元。三是财金互动支企不断深化。2023年保费规模达7879万元，中央和省级保费补贴4940万元，夯实了农业保险高质量发展基础。发放创业担保7927万元，并提供财政贴息支持，大力扶持创业、带动就业。与湖南省农担公司合作，为农业经营主体提供融资担保贷款205笔、在保金额1.35亿元，帮助解决新型农业经营主体"融资难、融资贵"问题，助力乡村振兴。

三、加强财政支出管理，稳定财政长效运行

一是预算管理成效可圈可点。守住"无预算不支出"底线。出台《关于进一步强化增收节支坚持过紧日子的通知》（华政办发〔2023〕17号）。涉及新增财力支出的，必须经政府常务会或县委常委会的意见安排支出，列入预算调整方案，报经人大常委会审查和批准。坚决落实资金审批程序。不断优化资金审批流程，实现集中审核、一张表审批，实现程序化、规范化、透明化，审批更加严格。加重审核、审批人的职责，程序上更加民主，资金保障重点更加突出。严格落实全县一般性支出、"三公"经费、会议费、培训费等只减不增要求。2023年部门预算公用经费定额在2022年预算基础上压减10%。坚持政府带头过紧日子，盘活财政存量资金，削减非急需非刚性和低效无效支出，坚决取消不必要的项目支出。二是预算绩效管理改革走深走实。建立事前绩效评估机制，明确部门新增重大项目和政府投资项目、新出台或修订财政支出政策，均需开展事前绩效评估，实现新增重大项目和政策事前绩效评估全覆盖。按照"绩效目标审核未通过不得安排预算"的要求，对绩效目标全面编审，压实绩效责任。2023年，审核通过150个一二级部门单位整体支出及229个项目支出绩效目标。让规范编制绩效目标成为财政配置资源的"硬门槛"，确保每个项目都有绩效目标，每笔财政资金都明确"使命任务"。三是财政数字化改革亮点纷呈。有序推进财税综合信息平台，实现财政经济数据"一库集成"、潜在税源"一屏展示"、税收风险"一站监控"。深化财政票据电子化改革，推广应用电子非税收入一般缴款书系统，健全非税收入征收票据管理机制，实现非税收入收缴全流程电子化和无纸化，有效降低行政成本，提高征收效率，优化营商环境。四是库款保障有条不紊。守住"三保"底线。坚持"三保"支出的优先地位，按照政策标准，足额编制人员支出预算，做实重点民生实事项目的县级配套。在预算执行中，优先保障"三保"支出资金安排。2023年全县"三保"支出31.08亿元，占一般公共预算支出的56.36%。加强重大收支监控，做好库款流量分析，及时防范和化解库款保障风险，保持库款平稳运行，华容县月末库款保障水平均处于合理区间，守住"财经纪律"底线，确保财政资金管得严、放得活、用得准。

四、加强财政监督管理，防范财政运行风险

一是开展财政监督活动。举办财会监督"线上+线下"业务培训，助力财务人员增强履职监督能力和财务风险防范意识。完成对部分部门单位的会计监督检查、对华容县工业园区的专项检查、2023年度问需于企春暖三湘关税政策调研。二是严格惠农补贴资金监管。针对存在的问题，华容县财政局提请县人民政府办公室出台《华容县惠农补贴资金自查自纠工作方案》《华容县惠农补贴资金使用暂行管理办法》等文件，完善补贴发放管理流程，实现规章管理制度化、程序流程规范化、操作权限明确化。同时华容县财政局加强监督和专项检查，按照"县纪委监委牵头，县财政局、县农业农村局、县审计局等相关单位联动"的监督体系，对惠农补贴资金审批、发放等各项制度执行情况进行常态化监督，对各乡镇补贴数据的完整性、代发金融机构操作规范性、补贴资金发放及时性、补贴资金监管严肃性等开展检查，确保问题排查实、整改严、成效好。三是严格开展财政投资评审，2023年审减金额4.7亿元，节减财政开支。四是不断规范政府采购程序，加大政府采购监管力度，2023年节约资金约2400万元，节约率为5%，有效降低采购成本。

（湖南省岳阳市华容县财政局供稿　易帅执笔）

湘阴县

2023年，湘阴县实现地区生产总值（GDP）421.78亿元，同比增长（以下简称增长）6.8%。其中，第一产业增加值75.54亿元，增长3.8%；第二产业增加值158.83亿元，增长7.2%；第三产业增加值187.41亿元，增长7.6%。全县固定资产投资项目196个，同比下降（以下简称下降）6%。全县居民人均可支配收入33886元，增长5.4%。其中，城镇居民人均可支配收入41624元，增长4.3%；农村居民人均可支配收入26961元，增长6.2%。

2023年，全县完成一般公共预算地方收入25.58亿元，下降1%。其中，税收收入11.76亿元，增长11%；非税收入13.82亿元，下降9.3%，中央补助34.88亿元，一般债务收入6.58亿元，动用预算稳定调节基金7.68亿元，上年结转1.8亿元，收入合计76.53亿元。全县一般公共预算支出58.55亿元，加上上解中央1.03亿元，一般债务还本4.06亿元，补充预算稳定调节基金7.32亿元，调出资金1.1亿元，结转下年4.47亿元，支出合计76.53亿元。

2023年，全县完成政府性基金预算收入33.63亿元，增长2%。全县政府性基金预算支出46.6亿元，调入资金（从一般公共预算调入）1.1亿元，增长24.5%。

2023年，全县完成国有资本经营预算收入150万元。

2023年，全县完成社会保险基金预算收入8.02亿元，增长3.6%。全县社会保险基金预算支出7.12亿元，增长10%，全年收支结余0.9亿元，累计滚存结余4.75亿元。

一、五大财政强项实现新提升

一是财源建设加力提效。制定《湘阴县财源建设高质量发展三年行动方案（2023-2025）》，实施"七大工程、25项行动"，在重点财源、财政管理等多个领域明确财源建设目标，制定奖励扶持措施，大力推进税费精诚共治，财政综合实力持续领跑。二是"三资"运作活权赋能。在岳阳市首个出台"三资"运作方案，统筹盘活闲置资产、做活优质资源、激发国有资本，2023年入库资产资源收入45亿元，形成了"三资"运作"湘阴模式"，获评省市优胜单位，改革经验分别得到了财政部考察团、《中国财经报》的高度肯定和典型推介。三是债券资金争创新高。组建专项债申报工作专班，全面梳理专项债券支持领域，找准切入点和关键点，做精做细融资平衡方案，2023年专项债券发行金额达到12.4亿元。四是预算绩效深度融合。落实全省"绩效管理提升年"行动，对全县60个预算单位、247个项目及7个乡镇开展重点绩效评价。同时将过"紧日子"要求和绩效评价成果成功运用到2024年部门预算编制中，县本级支出总盘子压减总额达到4.7亿元。五是财政工作捷报频传。省级层面，获得预算绩效等7个省财政厅单项先进；市级层面，"三资"运作改革等4项工作受到岳阳市委、市政府通报表彰；县级层面，连续三次获评全县项目建设"奔跑奖"，行政信息公开等工作排名位于全县前列。

二、五项惠民举措展现新担当

一是优先保障民生。2023年民生支出完成43.76亿元，如期完成30件省市民生实事和10件县级民生实事，是岳阳市唯一将差额和自收自支编制人员工资待遇全部纳入财政保障范围的县，乡镇卫生院和公立医院工资福利支出、村级运转经费保障标准等均居岳阳六县市第一位。二是促进乡村振兴。统筹整合农业、水利等领域涉农资金近1亿元，实施产业帮扶项目139个。全县衔接资金支出进度等均超额完成任务，圆满通过省市巩固拓展脱贫攻坚成果同乡村振兴有效衔接实地考核。三是支持教育改革。2023年教育支出完成9.35亿元，增长9%。义务教育生均公用经费连续三年提标；义务教育阶段教师平均工资水平超过10万元，高于同期公务员水平5%。四是强化社会保障。启动公务员补充医疗和城乡居民门诊医疗救助；城乡居民养老、城乡低保五保、残疾人生活和护理补贴连续三年提标；争取8000万元专项债券资金用于支持全县26家敬老院改扩建。五是推进重点建设。全年启动重点项目建设68个，完成投资98.63亿元，23个省市重点项目全部开工，投资完成率居全市前列。统筹整合县本级资金2.5亿元支持新区北拓、临港开发等，抢抓"强省会"战略和岳阳南向发展的难得机遇，打好"发展六仗"。

三、五块重点改革取得新突破

一是预算改革推陈出新。出台了加强县级预算管理的15条措施，从挖潜增收、严控追加、债务风险防控等方面建立激励和约束机制。深入推进零基预算和预算绩效改革，构建该保必保、应省尽省、讲求绩效的资金安排机制。二是财会监督破题攻坚。出台《湘阴县切实加强财会监督工作实施方案》，对93个预算单位近两年预算公开情况进行重点检查,积极构建全县财会"大监督"格局。三是财评采购提质增效。从六个方面规范财政投资评审,巩固完善评审专业人员绩效评价和廉政建设两大体系;从五个方面加强政府采购,建立健全政府采购第三方代理机构执业状态"黑名单"制度,2023年两项工作资金节约率分别达到17.14%、8.5%。四是国企改革不断深化。明确三家县属国企市场化改革方向,打响砂石、文旅等品牌,优化园区和城市运营方式,三家国企信用评级全部达到AA级别。其中,洞庭控股集团获评湖南省县区级平台公司转型第一名;洋沙湖投资控股集团负责的片区开发工作取得重大突破,虞公港片区和金龙首开区纳入湘江新区协同发展。五是乡财县管更加规范。研究出台加强乡镇财政管理的规范性文件,科学打通乡镇财政所事业人员转换公务员身份的通道,2名乡镇财政干部通过考试成功转换身份。强力推进全县乡镇财政公职人员往来清理清收工作,清收资金总额达到1673万元,乡镇财政运行更加稳健。

四、五类风险防控显现新成效

一是收支矛盾化解有效。面对财政收支平衡压力,通过成立增收工作专班、盘活闲置资产资源等非常措施,确保全县财政平稳运行、工作见底到位。二是债务风险防控有力。定期评估排查风险隐患,及时推送风险预警和提示结果,突出考核县属国企债务管理、投融资行为,落实"一债一策"债务到期偿还计划,2023年共化解政府性债务6.85亿元。三是国库运行平稳有序。加强国库资金调度,统筹支出的序列,实行月初端盘子、月末分析汇总的资金调度机制,2023年库款保障水平平均系数为0.55,始终控制在合理区间。四是打卡资金监管有度。以"三湘护农"专项整治行动为契机,对近几年全县各乡镇所有惠民惠农补贴发放情况进行调查核实,收回违规发放资金23.9万元,清理卡折350多张,有效堵塞工作漏洞,确保国家惠民惠农补贴政策落到实处。五是内部控制建设有方。出台财政管理工作绩效考核与激励考评细则责任清单,将预算绩效、非税等纳入预算一体化系统,基本实现全链条、全流程、全业务覆盖的内部控制。

五、五型机关建设谱写新篇章

一是创建政治型机关。扎实做好"政治体检",将未巡先改、边巡边改贯穿巡视巡察工作全过程。严格落实"第一议题"等制度,严格执行"三重一大"决策制度,扎实推进主题教育,引导全局党员干部用新思想武装头脑、指导实践、推动工作。二是创建效能型机关。严格落实"13710"执行工作机制等交办制度,层层传导压实岗位职责,按时高质办结县委、县政府各类交办事项200余项。三是创建学习型机关。深入开展财政干部"能力素质提升三年行动",通过"请进来、走出去、自己讲"和"学用传带"等方式,全面提升财政干部能力素质。2023年,2名同志入选湘阴县第二批"三百工程"人才库,6名同志顺利通过行政执法资格考试。四是创建服务型机关。创新开展党建工作星级管理,全局干部主动服务的意识不断增强,办事质效不断提升。五是创建廉洁型机关。深入开展"两带头五整治"、公职人员违规从事营利活动和领导干部利用职权或影响力"打牌子""提篮子"为亲友牟利等专项整治,构建风清气正的财政政治生态。

(湖南省岳阳市湘阴县财政局供稿 吴大志执笔)

平江县

2023年,平江县实现地区生产总值(GDP)412.04亿元,同比增长(以下简称增长)7.4%。其中,第一产业增加值62.47亿元,增长3.3%;第二产业增加值152.45亿元,增长10.4%;第三产业增加值197.12亿元,增长7.5%。全社会固定资产投资(不含农户)无相关数据。全县居民人均可支配收入21718元,增长5.9%。其中,城镇居民人均可支配收入31792元,增长4.7%;农村居民人均可支配收入14576元,增长7.2%。

2023年,全县完成一般公共预算地方收入16.8亿元,增长10.1%。其中,税收收入12.17亿元,增长10.9%;非税收入4.64亿元,增长8.2%,上级补助60.58亿元,一般债务收入14.96亿元,动用预算稳定调节基金6.44亿元,调入资金25.09亿元,上年结转2.93亿元,收入合计126.8亿元。全县一般公共预算支出108.93亿元,加上上解中央1.75亿元,一般债务还本10.26亿元,补充预算稳定调节基金0元,调出资金0元,结转下年5.86亿元,支出合计126.8亿元。

2023年,全县完成政府性基金预算收入36.03亿元,增长15.7%。全县政府性基金预算支出24.31亿元,调出资金(调入一般公共预算)21.1亿元。

2023年，全县完成国有资本经营预算收入0.11亿元。全县国有资本经营预算支出0元，调出资金（调入一般公共预算）0.05亿元。

2023年，全县完成社会保险基金预算收入11亿元，增长14.58%。全县社会保险基金预算支出9.37亿元，全年收支结余1.63亿元，累计滚存结余11.65亿元，增长10.64%。

一、收入组织抓紧抓牢

继续实行协税护税办实体化运作，强化信息管税、挖潜堵漏，突出"以旬保月、以月保季、以季保年"，财税征管效能持续提升。2023年，全县一般公共预算总收入完成26.76亿元，增长8%；地方一般公共预算收入完成16.8亿元，增长10.1%。其中，地方税收完成12.17亿元，增长10.9%，地方税收占地方一般公共预算收入比重为72.4%，较2022年提高0.52个百分点。平江高新区完成税收6.65亿元，增长18%。同时，归集非税收入4.64亿元，足额完成全年任务。

二、财源建设有力有为

年初预算安排工发基金2亿元、旅发基金2000万元、整合资金3000万元，支持园区产业转型升级和全域旅游发展。落实减税降费1.1亿元，办理增值税留抵退税1.98亿元，争取技改等企业发展资金1.13亿元，缓解企业经营压力。做活普惠金融文章，以1.1亿元的担保及风补资金，撬动担保贷款11.08亿元，支持小微企业和"三农"发展。支持招商引资行动，助力引进产业项目120个。积极扩大有效投资，争取专项债券资金7.99亿元、中央预算内基建资金1.3亿元，助推重点项目建设。主动向上争资争项，全县争取上级转移支付资金58.9亿元，规模居岳阳市首位。支持举办旅游"一节一会"、中华茶祖节、三·八节促销周、惠民购车展等活动，文旅消费复苏明显。

三、"三资"改革走深走实

坚持高位推动"三资"运作改革，建立健全"1+7"工作推进机制。按照"用售租融"原则，完成教育系统经营性资产清查39宗，挂网公示闲置资产15宗。稳步推进国有土地、砂石、石场、饰面花岗岩开采权出让和黄金资源"探转采"，梅仙秦岭石场矿权转让创收达6306万元，岑川新南、向家黄长两个石场开采权出让加快推进。万古矿区尾矿库回采利用出让收入达5.8亿元，黄金洞、尧塘水库饮用水资源特许经营权出让金额达3.42亿元。2023年，"三资"运作改革上缴收入36.5亿元、收回财政"两项资金"3.74亿元。

四、"三保"保障坚定坚决

坚持"三保"经费足额预算、支出顺序不乱、预算约束不软，年初预算安排36.5亿元，确保基本民生、工资和运转支出得到有力保障。统筹投入财政资金3亿元，支持"义教三年攻坚行动"、杨源三校、公办幼儿园和楚怡学校等建设。安排学校生均公用经费1.4亿元，增长6.9%，发放学生助学资金3917万元。兑现教师综合绩效、乡镇补贴、人才津贴等工资福利支出，教育系统人员支出达12亿元，增长5.3%。安排城乡居民基本养老保险补助2.4亿元，企业职工基本养老保险实现17连涨，城乡低保分别提高50元/月、308元/年，发放城乡低保金1.1亿元、特困人员供养金6501万元、残疾人"两项补贴"1792万元、孤儿补助507万元。安排就业资金2543万元，支持职业培训、开发公益性岗位和公共就业服务能力建设。安排基本公共卫生服务和基本药物补助资金1.1亿元、村级卫生室建设资金298万元，人均公卫经费由84元提高到89元。投入公立医院改革和医疗能力提升资金1906万元。

五、乡村振兴用心用情

年初预算安排巩固拓展脱贫攻坚成果同推进乡村振兴有效衔接资金9000万元，按照"应整尽整、因需而整"要求，共计整合财政涉农资金3.38亿元。支持建成高标准农田6.3万亩。发放雨露计划补助1157万元、参保资助1340万元、医疗救助待遇1912万元。发放小额信贷1.15亿元，累计贴息1012万元。开发公益性岗位6470个，发放生态环保员薪酬补助1539万元。投入农村供水工程建设和维修养护资金1583万元，支持保障农户饮水安全。制定完善联农带农机制，投入1050万元，扶持壮大21个村级集体经济。投入850万元，支持巩固拓展产业脱贫成果重点项目6个、市级以上示范专业合作社10个。投入1879万元，重点支持油茶、粮食生产、蜂业提升、鱼类育种示范项目。因地制宜安排5000万元，支持积极探索乡村振兴样板打造及全域旅游项目建设。

六、风险管控从严从紧

深入贯彻落实中央、省、市关于进一步加强财会监督工作的决策部署。完成"三湘护农"惠农补贴、县直单位和乡镇财经纪律执行等多个专项检查，督促抓好问题整改和线索移送。坚持从严把关审查项目资金来源，实行常态化监测预警，全面遏制债务增量，多渠道筹资金化解债务存量。全年偿还政府法定债务利息2.8亿元、存量隐性债务本金11.53亿元、利息3.93亿元，债务风险可防可控。财政评审中心评审财政投资项目1627个，送审金额75.27亿元，审减节约财政资金17.97亿元，综合审减率达23.87%。

七、队伍建设尽心尽力

一是政治为先。把主题教育作为最重要的政治任务，党组书记牵头抓总、谋划部署。组织"两进两提升"等专题宣讲3场，书记上党课2堂；组织党员集中研讨、观看教育片20余次，赴张震陵园等地开展教育活动11次。持续利用学习强国、湖南干部网络学院、理论书籍、"一月一课一片一实践"主题党日活动等方式，抓实全体党员学习教育。健全"党组总揽、机关党委专抓、支部落实"的党建工作机制，高标准落实组织生活制度、党建主线任务。二是能力为本。组织开展财政支农政策培训，覆盖基层财会人员2300人次。组织财政系统干部赴西安参加财政发展系列专题研修班培训，举办3期"经济财政专题干部履职通识网络课程"培训。组织财政系统干部学法考法，达标率为100%，23人参加行政执法资格证考试，1人入选财政法治工作人才库。鼓励干部"会算会写会讲"，全年在各级各类平台发表财政信息227条。举办乡镇财政业务交流培训活动，坚持凭证送审与实地指导相结合，业务基础在问题整改中不断夯实。三是清廉为基。坚决压实党风廉政建设党组主体责任、党组书记第一责任和分管领导直接责任。把加强干部职工政治理论学习和思想教育摆在首位，督促各支部学习党章党纪党规，组织支部前往李六如故居、喻杰故居开展党风廉政教育，全面筑牢党员干部思想防线。对重点股室、重要岗位、关键环节开展岗位廉政风险排查，完善财评管理办法、财评管理实施细则等一批制度。

（湖南省岳阳市平江县财政局供稿　李鹏程执笔）

汨罗市

2023年，汨罗市完成地区生产总值（GDP）462.9亿元，同比下降（以下简称下降）1.8%。其中，第一产业增加值49.7亿元，同比增长（以下简称增长）3.1%；第二产业增加值183.5亿元，下降4.2%；第三产业增加值229.7亿元，增长0.2%。三产业结构比为10.7∶39.6∶49.7。第一、第二、第三产业对经济增长的贡献率分别为-11.2%、71.3%和39.9%，其中工业对经济增长的贡献率为76.0%。按常住人口计算，人均GDP达到83409.2元。

2023年，全市一般公共预算收入预算22.9亿元，完成25.05亿元，占预算的109.4%，下降0.8%。全市一般公共预算地方收入预算13.5亿元，完成15.67亿元，占预算的116%，增长4%。其中，税收收入预算11.08亿元，完成12.36亿元，占预算的111.5%，增长12%；非税收入预算2.43亿元，完成3.31亿元，占预算的136.4%，下降17.8%（矿山一次性收入减少）。地方税收收入占一般公共预算地方收入的比重为78.9%。

2023年，全市完成政府性基金预算收入22.71亿元。其中，国有土地使用权出让收入13.28亿元，城市基础设施配套费收入733万元，污水处理费收入1381万元，其他政府性基金收入9.22亿元。上级补助收入9422万元，上年结余4.22亿元，地方政府专项债券转贷收入16.44亿元，可安排使用的收入总计44.3亿元。全市政府性基金支出35.02亿元，上解上级支出136万元，调出资金4.69亿元。

2023年，全市完成国有资本经营预算收入1.9亿元。全市国有资本经营预算支出1766万元，调出资金1.72亿元，支出总计1.9亿元。

一、加强税收征管，做好财政改革文章

一是重点抓成品油税收清理。财税部门与相关部门积极配合，成立成品油智慧税控专班，迅速开展成品油市场专项整治常态化，充分发挥成品油智慧税控可视化、可分析、可预警、可溯源的先进技术手段与大数据甄别手段，防止成品油税收流失。全年实现成品油行业入库税收1138万元，增长63.25%。二是制定《房土两税征收方案》，成立专门的班子，安排专门人员负责房土两税的摸底和协税护税工作。目前已经完成整个建设路沿线南北两侧门店的信息采集工作，收集了药店、成衣店、超市、银行、美容美发店等420个门店的经营主和房东相关信息进行摸底采集，为全市房土两税征管提供了有效的依据。全年实现房土"两税"入库税收4960万元，增长2.08%。三是对医药零售、商超、驾校等行业开展行业自查，实现零散税收431万元。四是加强外埠企业税收管理，抓住大项目落地的契机，摸清底子建立项目台账，将全市重大项目建设作为工作重点，建立由市级领导挂帅、部门负责、财税跟踪的工作机制，定期通报情况，确保所有重大项目设立分公司，税收都留在本地。截至2023年12月底共计注册分公司277家，纳税额1.06亿元，实现了质的飞跃。

二、部署迎检工作，严肃财政风气纪律

一是针对惠农、PPP、债务、巡视等各项检查精心准备、积极配合、高效服务、认真整改，得到上级的高度认可。局领导身先士卒，一线指挥；业务股室全力配合，认真落实；财政所受领任务，及时回馈，确保检查工作的顺利进行，保障全市大局的稳定。二是重点做好惠农财政补贴重点抽查、"三湘护农"专项整治和"驻场解剖麻雀"的各项自查自纠工作。在省惠农补贴检查组进驻前，认真开展多轮惠农补贴资金自查自纠和整改工作，不断查深查透问题资金。开展地方财经秩序专项整治行动，强化财经纪律刚性约束，聚焦收入征管、资产管理、惠民惠农财政补贴资金等领域，深入开展财会专项监督和会计信息质量检查，严肃查处违规处置资产、套取挪用资金的行为。成立15个乡镇工作专班和3个督导小组下沉到镇村基层一线，对农业五大项和农村低保、危房改造共七大领域进行自查自纠，共收缴资金1903.85万元。全面配合省惠农补贴重点抽查。2023年3月27日至4月12日，省惠农补贴检查组9人进驻汨罗市，进行为期17天的重点抽查。检查组重点围绕"工作链、资金链、责任链"，通过座谈汇报、查阅调阅资料、看账查账、对比数据、谈话问话、进村入户走访等方式全面开展核查，所有资料全程留痕、建立台账、存档备案。现场检查期间，检查组重点抽查市财政局、市农业农村局、市民政局、市住建局等4家涉及相关惠农补贴的部门单位，以及神鼎山、罗江、屈子祠、弼时、川山坪镇等5个乡镇，共查阅资料688本、电子数据203万余条，谈话35人次，进村入户走访60余人。2023年汨罗市共追缴惠农补贴问题资金2059.82万元至市财政惠农补贴专户及市纪委监委专户。

三、全力争资争项，做大财政蛋糕

积极向上争取特别国债资金，已到位7亿元，居岳阳县市区第一。各股所积极服务于全市争资争项，当好参谋，加强协调，积极配合。预算股未雨绸缪，提前与上级对接，掌握上级资金安排动向，制定争资指南，为领导决策提供重大依据。经建股精心准备，认真策划，顺利通过海绵城市答辩，到位资金4000万元。债务股主动出击，积极协调，连续三年到位债券资金15亿元左右，居各县市第一。农业股春节期间就开始筹划，积极学习先进县市经验，积极创建乡村振兴全国示范县。弼时镇申报彩票公益金项目，争取资金5000万元。罗江镇积极推动天井山风力发电项目建设，群众增收1200万元。

四、推进乡村振兴，带动共同富裕

组织专门班子责任到人，聚焦"守底线、抓发展、促振兴"工作主线。一是财政局党组及股室负责人每月每季进行帮扶结对走访，对仁义村乡村振兴工作调研2次；驻村工作队对仁义村全面防返贫监测帮扶排查2次，对因突发严重困难新纳入监测户2户、低保对象6户9人做到应纳尽纳、应帮尽帮。二是通过局镇村协调争取各部门近五十万元支持资金维修山塘八口、水渠三条、新修机埠两座及进行和美屋场道路白改黑工程。三是发展振兴村集体经济，村产业入股分红，切实做到"授人以渔"。四是建强村组织，通过调查走访，党员群众民主推荐选出新一届村委班子，新发展党员2名。

五、全力争先创优，积极争取各级荣誉

汨罗市财政局被市委、市政府评为"红旗单位"，在"三资"运作改革、平安建设、抓党建促乡村振兴、禁毒工作、党管武装等工作方面被评为先进单位。被省财政厅评为财政日常工作A级单位，财源建设综合表现突出单位，绩效管理先进单位，财政总决算工作先进单位，"三资"管理工作先进单位，财会监督工作先进单位，预算管理一体化建设先进单位，农担工作优秀县级服务机构，"亿元俱乐部"先进单位。

（湖南省岳阳市汨罗市财政局供稿　黄朗晴执笔）

临湘市

2023年，临湘市实现地区生产总值（GDP）343.94亿元，同比增长（以下简称增长）6.5%。其中，第一产业增加值42.82亿元，增长3.1%；第二产业增加值135.75亿元，增长6.9%；第三产业增加值165.38亿元，增长6.7%。全社会固定资产投资（不含农户）增长8.5%。全市居民人均可支配收入39298元，增长4.9%。其中农村居民人均可支配收入23653元，增长6.4%。

2023年，全市完成一般公共预算地方收入10.34亿元，增长8%。其中，税收收入7.62亿元，增长10.8%；非税收入2.72亿元，增长1%，中央补助32.76亿元，一般债务收入3.41亿元，动用预算稳定调节基金13.06亿元，调入资金8亿元，上年结转1.67亿元，收入合计69.24亿元。全市一般公共预算支出45.25亿元，加上上解中央0.92亿元，一般债务还本2.06亿元，补充预算稳定调节基金20亿元，调出资金0元，结转下年1亿元，支出合计69.24亿元。

2023年，全市完成政府性基金预算收入21.11亿元，同比下降（以下简称下降）2.2%。全市政府性基金预算支出24.66亿元，下降23.13%。调出资金（调入一般公共预算）8亿元。

2023年，全市完成国有资本经营预算收入0.0011亿元，增长0。全市国有资本经营预算支出0.0002亿元，增长600%。调出资金（调入一般公共预算）0元。

2023年，全市完成社会保险基金预算收入5.05亿元，增长9%。全市社会保险基金预算支出4.9亿元，增长11.36%。全年收支结余0.14亿元，累计滚存结余

3.26亿元。

一、勠力同心发展经济，财政收入进中提质

一是收入量质齐升。2023年面对需求收缩、供给冲击、预期转弱等多重因素影响，临湘市财政系统全面贯彻落实党的二十大精神和习近平总书记关于湖南工作的重要讲话和指示批示精神，认真落实市委、市政府工作部署，全力服务打好"发展六仗"，财政运行稳中有进、进中提质，预算执行情况总体良好。2023年共完成公共财政预算收入15.67亿元，剔除留抵退税因素后，同比增加1.1亿元，增长7.5%。一般公共预算地方收入完成10.34亿元，同比增加7671万元，增长8%，收入质量始终维持在较高的水平。二是争资争项快跑快进。2023年初，临湘结合上级部门相关文件资料制定《2023年中央对地方转移支付项目预算安排情况分解表》，全年共立项申报109个项目，总投资额89.26亿元，争取上级资金60.86亿元，其中上级转移支付资金47.39亿元、债券资金13.47亿元，有力支撑全市经济社会高质量发展。三是"三资"盘活卓有成效。2023年共盘活"三资"收益达87.16亿元，形成财政收入26.61亿元，形成税收2.6亿元，荣获省财政厅2023年度市县清查处置盘活国有"三资"工作先进单位，岳阳市2023年度全市国有"三资"运作改革工作优胜单位。四是营商环境不断优化。高质量完成省财政厅县级财源建设大调研及优化国有资源有偿使用制度调研工作，在省级媒体共发布20篇有关优化营商环境宣传报道，邀请本市9名企业代表座谈，就如何进一步优化政府采购营商环境建言献策，对与会代表提出的相关问题进行现场解答。

二、持续优化支出结构，民生保障明显增强

一是持续兜牢"三保"底线。全年共完成"三保"支出20.59亿元，其中保工资8.64亿元，保运转7296万元，保基本民生11.21亿元。在预算编制中坚持"三保"优先支出顺序，施行"三保"预算执行全过程监督，切实兜牢"三保"支出底线，确保财政稳健运行。二是持续增进民生福祉。按照省稳经济一揽子政策和接续措施部署，全面贯彻过"紧日子、苦日子"要求，压减专项资金3470万元，全力清理消化暂付款，连续两年实现暂付款清零，暂付款管理工作连续三年获评省财政厅A类单位表彰。同时，管好用好债券资金，保持财政支出强度，教育、社会保障及就业、卫生健康等重点支出保持较好，全年社会保障和就业支出6.35亿元，有效落实城乡低保、居民养老兑现政策和困难人群生活补助政策，支持各项就业优惠政策；全年共完成教育支出6.7亿元，足额保障改善办学条件、城乡义务教育公用经费、校舍安全保障资金、家庭经济困难生活补助资金，全力支持全市教育事业发展。三是持续压减项目资金。2023年组织开展项目建设及相关工作推进资金需求报备工作，本级财政资金需求量从最初上报的20.83亿元，到最终核定为5.61亿元，核减了15.23亿元，大大减轻财政资金需求负担。四是持续健全保障措施。2023年争取疫情防控财力补助资金2641万元，用于就业、公共卫生等建设。同时，按照应救尽救的原则，对全市182名残疾儿童进行康复救助，救助资金279万元；对110户困难残疾人家庭进行无障碍改造，投入资金72万元，确保省政府重点民生实事顺利验收，保障残疾事业健康发展。

三、推进财政管理，服务能力显著提升

一是非税收入收缴电子化迅速推进。临湘市全面推进非税收入收缴电子化改革，全市有83家执收单位完成线上征缴，上线率100%，有45家学校实现移动缴费，并在"岳办岳好"创建学校收费模块，积极构建全程无纸化、渠道多元化和入账电子化的非税收入收缴管理新模式。二是公务支出管理制度逐步完善。出台《临湘市定点会议场所名单及协议价格的通知》，与四家定点酒店签订协议，进一步规范公务支出管理；开展差旅费、党建活动经费、会议费、培训费等公务支出管理制度的培训学习，普及公务支出管理知识。三是助力企业纾困解难。积极组织企业参加进口博览会，推介临湘特色产品，开拓国际市场。针对外贸业绩外流，深入企业走访调研，了解企业的生产经营情况，2023年全市外贸业绩回流达150万美元。四是联合开展绩效检查。配合市人大开展专项资金使用绩效检查工作，对全市17家单位的部门预算等各项资金使用情况进行全面检查，涉及项目金额2.51亿元，形成绩效评价意见，督促单位及时整改，进一步提升财政资金绩效管理水平。

四、2023年，临湘统筹推进安全发展，风险防控扎实有力

一是建立横向协同工作机制。2023年是全面实施《关于进一步加强财会监督工作的意见》开局之年，会同纪委监委、审计、农业农村等部门单位，制定《临湘市财政局关于对全市财务岗位工作人员"严肃纪律、严格管理、严防风险"的实施方案》《临湘市财政局2023年财政监督检查实施方案》等系列文件，通过财会监督协同会商、监督信息交流共享、重大问题线索移送等途径，形成高效衔接、运转有序的财会监督横向协同工作机制。二是打破传统模式推进预决算及绩效评价公开。全面规范2023年预决算及绩效评价公开工作，按照"公开是原则，不公开是例外"的要求，预决算及绩效评价公开覆盖率达到100%。三是成功搭建财政内控信息化系统。为更好发挥财会监督作用，在全省率先开展财政内控信息化试点工作。2023年6月，在省财政厅召开的内控信息化调研座谈会上，财政部对临湘内控信息化建设工作给予充分肯定。四是项目管理更加规范。全年共完成评审项目1064个，评审金额27.7亿元，审减5.3亿元，审减率达到19.13%，并起草《关于进一步规范政府投资项目管理的通知》等系列文件，做到了项目评审从受理到出具评审报告全过程规范办理，确保政府投资项目的顺利实施。

五、推进全面从严治党，清廉财政坚实牢固

一是围绕学习教育抓党建。开展机关党建引领财政事业发展调研，鼓励各股室单位立足本职作贡献，设立17个党员示范岗和党员责任区，组织112名在职党员开展承诺践诺活动，激发干部职工干事创业的活力，营造比学赶超的浓厚学习氛围。相继开展"四次专题研讨"、"政绩为谁而树、树什么样的政绩、靠什么树政绩"专题讨论、"走找想促"调研成果交流会，拧紧了思想"总阀门"。开展"立足岗位作贡献、我为财政建新功"活动，党员干部立足岗位，争先创优，为财政发展建言献策。局班子成员带领分管股室单位，下到村镇、社区、企业开展调研走访，着力解决一批发展所需、基层所盼、民心所向、企业所急的难题。共走访调研17次，收集问题和意见23条，集中办好农业基础设施维护、人居环境整治、村级平台建设、企业转型升级等实事18件，与镇村协调办理实事5件，把"问题清单"变为"成果清单"，让主题教育成果真正惠民生、暖民心。二是创新打造村级财务监督管理平台。为彻底改变过去村级财务管理的乱象，运用"创新+科技"的手段，创新研发村级财务监督管理平台。临湘村级财务监督管理平台应用工作得到省、市、县三级纪委的高度评价，在临湘市清廉乡村、园区暨农村集体"三资"监管监督工作推进会上，作为典型发言；在清廉岳阳现场会上，临湘创新工作成为会议一大亮点；《湖南日报》市州版头条推介临湘市村级财务监管提质增效工作做法；省纪委认为临湘的村级财务监督管理平台作为全省首创，值得向全省推广。三是开展财会人员警示教育。2023年3月，会同纪委监委组织召开临湘市财务岗位工作人员"严肃纪律、严格管理、严防风险"专项工作动员大会，共175人次参加学习，并旁听严重违纪违法案庭审。9月23-27日，组织45岁以下的中青年干部和2023年新晋干部系统进行全市财政系统综合素质能力培训。组织9次农村财会人员财政支农政策培训，全市财会人员共3359人次参加。通过全方位、多领域、常态化的学习和培训，在全市范围内牢固树立清廉财政理念，推动财务人员提升财政素质。

（湖南省岳阳市临湘市财政局供稿　任谦执笔）

南湖新区

2023年，岳阳市南湖新区实现地区生产总值（GDP）144.4亿元，同比增长（以下简称增长）6.7%。其中，第一产业增加值0.72亿元，增长2.5%；第二产业增加值8.46亿元，增长0.1%；第三产业增加值135.22亿元，增长7.1%。全社会固定资产投资（不含农户）同比下降（以下简称下降）9.2%。全区居民人均可支配收入48791元，增长5.0%。

2023年，全区完成一般公共预算地方收入3.69亿元，增长6.6%。其中，税收收入2.44亿元，下降2.65%；非税收入1.1亿元，增长0.05%，上级补助7.32亿元，一般债务收入9948万元，动用预算稳定调节基金5000万元，上年结转9418万元，收入合计13.44亿元。全区一般公共预算支出10.51亿元，加上上解上级2592万元，一般债务还本9948万元，补充预算稳定调节基金5000万元，调出资金2500万元，结转下年9321万元，支出合计13.44亿元。

2023年，全区完成政府性基金预算收入3.67亿元，增长100%。全区政府性基金预算支出9.8亿元，调入资金2500万元，增长100%。

2023年，全区完成国有资本经营预算收支同为47万元。

2023年，全区社会保险基金纳入岳阳市本级管理。

一、夯实财税根基

一是培育涵养挖税源。建立与税务、各街道（管理处）财政的联动机制，构建综合治税分析体系，实现信息共享。开展重点行业的深度调研，跟踪企业的税收贡献、销售、设立等情况，寻找全方位的行业发展规律，挖掘潜在增收点。二是强化措施抓征管。锚定月度、季度、半年度、年度收入目标，联合税务部门成立财源调查小组，扎实做好收入分析预测，科学研判经济形势变化和财税政策调控等对财政收入的影响，夯实财政收入基础，坚持重点税源建设和非税收入征管并举，确保应收尽收，切实加大收入组织力度。三是拓展金融引财源。主动联络协调，促成农业银行、湖南银行两家金融机构落户南湖新区，引进保险类企业13家，全年金融机构共纳税4800万元，比上年同期增加500万元，增长11%，金融工作各项指标稳步提升。

二、优化支出布局

一是坚决贯彻政府过"紧日子"要求。从严从紧控制非重点、非刚性的一般性支出，强化财政资源统筹，完善财力保障机制，为事关全局和长远的大事、要事提供持续稳定的资金支持。坚持"三保"支出在财政支出

中的优先顺序,在预算安排和库款拨付等方面优先保障"三保"支出需求,严格落实基本财力保障机制。二是落实政策保障社会事业。把教育、医疗、就业等社会事业摆在突出位置,落实落细各项政策,加大资金保障力度。落实教育经费"两个只增不减"要求,推动南湖新区学前教育高质量发展;落实城乡医疗救助、城乡医疗保险补贴发放政策;通过发放重点群体就业补贴、创业扶持补贴等,推进重点人群、困难人员等实现更高质量就业。三是统筹资金助推产业发展。围绕市委"1376"总体思路,加快打造南湖新区文旅产业成为全区战略性支柱产业,引进落地中华大熊猫苑、优乐文旅产业园、南湖水上运动中心等一批特色文旅项目,成功举办全国家庭帆船赛、全国休闲垂钓赛等系列品牌文化体育赛事,创新推出夜游南湖、南湖欢乐水岸等诸多新兴业态和"网红"打卡点。

三、盘活闲置资产

一是闲置资产办理"新身份"发挥新作用。办理不动产权证,盘活景区征收闲置民房,吸引总部经济、民宿经营、旅游开发等30余家企业主动上门洽谈,落地湘北地区最大亲子亲水研学乐园黄梅港湿地公园;办理水面权证,盘活1.9万亩南湖水域,建成运营南湖水上运动中心,该中心被列为湖南省皮划艇队(静水)训练基地、国家休闲垂钓基地。二是闲置区域开辟"新东家"产生新效益。开发"城中村",该小镇打造文旅产业集聚的洞庭湖小镇,该小镇成为市民周末休闲娱乐的打卡地,实现年营收近5亿元,创税3000万元;改造闲置游客服务中心为岳阳市人力资源产业园,该产业园成为全国首家园林式人力资源服务产业园区,引进多家企业入驻,有效解决附近居民就业问题;盘活南湖壹中心大楼,发展总部经济,打造出全市著名的税收"亿元楼",纳税突破1亿元。三是闲置项目注入"新动力"激发新活力。启动疫情搁置项目中华大熊猫苑,与成都大熊猫中心合作借展10只大熊猫,打造中南地区最大熊猫苑,引爆岳阳旅游热度,各赛事活动借势而来,仅中秋国庆"双节"就承办全国家庭帆船赛、全国休闲垂钓赛两大"国家级赛事",实现游客接待量和营业收入同比翻倍增长,先后登榜央视一套、央视五套等国家主流媒体。

四、强化财政管理

一是严把评审关口。加大评审力度,做到送审项目必看现场。加强中介机构监管,将项目用材价格与质量作为挂钩评审考核依据。放宽第三方机构备案限制,巧借社会"智""力"提高政府投资项目委托评审的质效。全年预算项目230个,审减率21.93%;结算项目98个,审减率5.63%。二是严守债务风险。积极做好"半拉子"工程整治、PPP项目清理,打好防范化解债务风险阻击战。开展全区年度政府隐性债务化解、债券使用、违规举债、虚假化债等情况自查以及融投资领域专项监督,坚决杜绝化债新风险、系统性风险,坚决防止因流动性风险爆发偿债危机和因工作不当引发舆情事件,牢牢守住隐性债务不新增、重大风险事件不发生、违规举债事件不发生、"三保"资金不断链的风险防控底线。三是严控采购成本。全面执行对中小型企业采购份额的预留落实办法,将2022年的55%提升至2023年的68%。全年共办理分散采购业务85笔,预算金额9500万元,实际使用8938万元,节约562万元。区内共有电子卖场用户72家,全年采购5804余笔,金额1.03亿元;其中运用竞价采购247次,发布金额3961.3万元,实际使用资金额3609万元,节省352.3万元。

(湖南省岳阳市南湖新区财政局供稿　向勇执笔)

常 德 市

2023年,常德市实现地区生产总值(GDP)4385.7亿元,同比增长(以下简称增长)3.6%。其中,第一产业增加值493.5亿元,增长3.1%;第二产业增加值1704.6亿元,增长1.1%;第三产业增加值2187.5亿元,增长5.8%。全年规模以上工业增加值增长2.0%。全社会固定资产投资(不含农户)同比下降(以下简称下降)13.8%。全市居民人均可支配收入32320元,增长5.5%。其中,城镇居民人均可支配收入42155元,增长4.1%;农村居民人均可支配收入22754元,增长6.6%。

2023年,全市完成一般公共预算地方收入202.22亿元,下降3.54%。其中,税收收入109.03亿元,下降18.40%;非税收入93.19亿元,增长22.57%,加上上级补助收入355.16亿元、一般债务转贷收入69.29亿元、动用预算稳定调节基金26.14亿元、调入资金108.95亿元、上年结转92.24亿元,收入合计853.99亿元。全市一般公共预算支出641.15亿元,加上上解上级13.09亿元、一般债务还本53.87亿元、补充预算稳定调节基金30.08亿元、调出资金5.29亿元、结转下年

110.51亿元，支出合计853.99亿元。市本级完成一般公共预算地方收入83.61亿元，增长0.89%。其中，税收收入52.34亿元，增长1.62%；非税收入31.27亿元，下降0.30%，加上上级补助收入111.88亿元，下级上解收入5.87亿元，一般债务转贷收入32.12亿元，动用预算稳定调节基金8.38亿元，调入资金27.12亿元，上年结转21.45亿元，收入合计290.43亿元。市本级一般公共预算支出146.9亿元，加上上解上级5.42亿元，补助下级支出75.68亿元，一般债务还本24.19亿元，一般债务转贷支出5.13亿元，补充预算稳定调节基金8.68亿元，调出资金0元，结转下年24.43亿元，支出合计290.43亿元。

2023年，全市完成政府性基金预算收入163.12亿元，下降29.25%；全市政府性基金预算支出205.33亿元，调出资金（调入一般公共预算）65.67亿元，下降27.98%。市本级完成政府性基金预算收入73.20亿元，下降32.93%；市本级政府性基金预算支出54.58亿元，调出资金（调入一般公共预算）27亿元，下降34.88%。

2023年，全市完成国有资本经营预算收入8.13亿元，增长230.13%。全市国有资本经营预算支出0.36亿元，调出资金（调入一般公共预算）7.83亿元，增长299.11%。市本级完成国有资本经营预算收入0.34亿元，增长17.30%；市本级国有资本经营预算支出0.14亿元，调出资金（调入一般公共预算）0.12亿元，增长16.83%。

2023年，全市完成社会保险基金预算收入148.73亿元，下降0.69%。全市社会保险基金预算支出132.08亿元，全年收支结余16.65亿元，累计滚存结余123.18亿元，增长7.48%。市本级完成社会保险基金预算收入80.82亿元，下降4.69%；市本级社会保险基金预算支出72.48亿元，全年收支结余8.33亿元，累计滚存结余55.86亿元，增长4.7%。

一、促收控支保平衡

积极应对日益突出的财政收支矛盾，在组织收入上，创新实施"12345"组收工作法和税费征管提质增效"十大行动"，通过重点行业税源调查、房屋契税促缴、平台企业税收清理等有效措施增收税费30.66亿元。在严控支出上，市本级通过大力压减项目支出、盘活存量资金，统筹财力9.67亿元，保障"三保"、债务还本付息等重点支出，实现当年收支平衡。

二、支持发展稳增长

一是支持产业发展。市本级安排产业扶持资金5.88亿元，致力于服务创新突破产业突围行动，支持新型工业化、战略性新兴产业发展；全市减免退缓企业税费60多亿元，其中新增减税降费13.5亿元；切实用好政府采购支持中小微企业发展政策，全市政府采购项目中小微企业中标（成交）额占比92.38%；拨付市级专项资金240万元，成功举办"德商恳谈会"等重大招商活动，支持新引进重大项目284个；拨付专项资金561万元举办"乐享消费 惠购三湘"2023湖南消费促进季（冬季）暨"悦享常德·品质生活"消费节以及2023年常德市全面促进消费活动（涵盖汽车、家居建材、家电补贴等各领域），促进扩大消费；加强财金联动，引导金融机构服务本地实体经济发展，发挥政府性融资担保机构作用，湖南财鑫集团为全市1100多家中小微企业提供融资服务91.39亿元；支持7家工业企业获得过桥资金1.23亿元。二是支持乡村振兴。市本级安排资金1.82亿元支持乡村振兴工作，其中安排1210万元用于支持打造特色农业品牌，常德香米、常德茶油、常德红茶、常德甲鱼、常德蔬菜等区域公用品牌越来越响。支持湖南农担常德分公司为全市4218户农业经营主体提供累计40亿元担保贷款。三是支持扩大有效投资。市本级支持实施政府投资项目109个，年度投资48.91亿元，财政安排建设资金39.12亿元，重点支持基础设施、民生、环保等领域项目建设，其中筹措资金5.17亿元全力保障城建项目需求。四是支持交通事业发展。向上争资793万元支持G353涔水大桥危旧桥改造，拨付地方配套资金610万元支持G319线（桃源段）、S311线（武陵区段）路面大中修试点及国道安防设施精细化提升；拨付城市公交市级运营补贴和上级补助8068万元，助推城市公交事业发展，制定《常德市农村客运和城市交通发展奖励切块补贴资金管理办法》，保障交通发展奖励切块资金使用安全。

三、加强保障惠民生

一是兜牢"三保"底线。全市足额安排"三保"支出274.46亿元，市级加强对县市区财政运行库款变动、库款余额及保障水平等动态监控，确保"三保"资金及时兑付。二是支持就业优先。市本级拨付就业资金0.93亿元，用于就业创业服务补助、就业见习补贴、求职创业补贴等；市本级新发放创业担保贴息贷款1.39亿元，拨付创业担保贴息资金807万元，促进就业创业。三是保障社保待遇。全市及时发放养老金、失业保险金等社保待遇资金，足额拨付困难群众救助、残疾人两项补贴、优抚专项等资金，保障特困群体基本生活。四是改善人居环境。市本级拨付资金2.27亿元支持老旧小区改造、保障房建设及基础设施配套等，惠及居民1.6万户。五是促进教育公平。市本级安排1.39亿元支持市直中小学校及常德科技职业技术学院、常德职业技术学院等续建项目建设，支持改善办学条件；安排乡村学校特殊岗位津贴0.12亿元，提高农村偏远地区教师待遇。六是支持卫健事业。市本级安排1.47亿元用于市第一人民医院、市第一中医医院等公立医院补助、市辖区基本公共卫生服务配套补助、行政村卫生室标准化建设等。七是支持生态环境保护。安排生态保护专项经费共4559万元，重点用于环境监测管理、市城区大气污染防治与巡查、全市入河湖排污口调查、碳排放达峰与碳中和试点方案编制、环境移动监测车购置、流域横向生态补偿等；全市实现流域横向生态补偿全覆盖，获得上级奖励资金5410

万元。八是支持文旅事业发展。安排市级文产资金 2465 万元,稳步推进文旅事业、文旅产业发展。

四、顺应形势推改革

一是深化预算管理改革。提请市委、市政府出台过"紧日子"8 条硬举措,重构市直部门预算编制体系,2024 年全面实施零基预算改革,实行取消事业运行专项、取消固化基数、取消非续建项目结转"三个取消",建立预算分序安排、重点事项清单管理、低限运转保障"三个机制",相关工作做法被财政部内刊《要情信息》、省委内刊《湖南工作》推介。扎实推进预算管理一体化建设,连续 2 年获评市州第一名。加大暂付款清理回收力度,2023 年末市本级暂付款全部清零。二是盘活国有"三资"。把握"能用则用、不用则售、不售则租、能融则融"原则,实行分类处置,清理盘活国有"三资"总收益 169.84 亿元,获评全省清查处置盘活国有"三资"工作先进市州。三是实施非税电子票据改革。市本级全面推行电子非税收入一般缴款书。

五、对标对表强管理

一是加强债务管理。坚持"一债一策",确保每笔到期债务都有对应的化债措施、资金来源和应对预案,牢牢守住存量债务不爆雷的底线。常德市财政局获评 2023 年省政府打好防范化解风险阻击战表现优异单位。二是深入推进预算绩效管理。对市本级 99 家一级预算单位的整体支出 49.11 亿元资金和"四本预算"安排的 150 个项目支出 84.1 亿元(含上年结转)资金开展绩效运行监控管理,并针对性选取 28 个项目(单位)开展财政评价,调减 2024 年预算规模 2.53 亿元。2017 — 2023 年连续 7 年荣获全省预算绩效管理工作考评优秀单位。三是加强财政评审管理。不断提升评审质效,市本级全年完成评审金额 53.9 亿元,审减 7.87 亿元,综合审减率 14.6%。四是强化政府采购管理。推进全流程电子化采购,电子开标率达 95% 以上;全市完成政府采购项目预算 33.05 亿元,实现合同金额 32.43 亿元(不含工程备案),节支率为 1.88%。2023 年度政府采购指标在全省营商环境评价中排名前四。五是推进中央审计问题整改销号。把贯彻落实习近平总书记重要批示精神作为"第一政治要件",以坚定的政治站位、坚决的行动举措,推动中央审计指出的安乡惠农补贴问题和 5 个 PPP 项目问题全部整改销号。同时,全面开展"三湘护农"惠农补贴资金突出问题整治,推动整改工作落地见效。

(湖南省常德市财政局供稿　马玉林执笔)

武陵区

2023 年,武陵区实现区属地区生产总值(GDP)488.7 亿元,同比增长(以下简称增长)1.1%。其中,第一产业增加值 3.9 亿元,增长 3.4%;第二产业增加值 63.7 亿元,同比下降(以下简称下降)19.9%;第三产业增加值 421.1 亿元,增长 5.3%。全社会固定资产投资总额 87.1 亿元,下降 39.4%。全区居民人均可支配收入 5.05 万元,增长 3.8%。其中,城镇居民人均可支配收入 5.14 万元,增长 3.5%;农村居民人均可支配收入 3.87 万元,增长 4.7%。

2023 年,全区完成一般公共预算地方收入 9.87 亿元,下降 26.62%。其中,税收收入 6.46 亿元,下降 25.4%;非税收入 3.41 亿元,下降 28.84%,上级补助 14.04 亿元,一般债务收入 0.64 亿元,动用预算稳定调节基金 217 万元,调入资金 7.74 亿元,上年结转 8486 万元,收入合计 33.16 亿元。全区一般公共预算支出 29.79 亿元,加上上解支出 2.48 亿元,一般债务还本 471 万元,补充预算稳定调节基金和调出资金均为 0 元,结转下年 8486 万元,支出合计 33.16 亿元。

2023 年,全区完成政府性基金预算收入 3.73 亿元,增长 501.24%。全区政府性基金预算支出 5.46 亿元,调出资金(调入一般公共预算)9624 万元,增长 154.33%。

2023 年,全区完成国有资本经营预算收入 2 亿元,增长 1409.02%。全区国有资本经营预算支出 422 万元,调出资金(调入一般公共预算)1.99 亿元,增长 1544.9%。

2023 年,全区完成社会保险基金预算收入 2.87 亿元,下降 1.12%。全区社会保险基金预算支出 2.58 亿元,全年收支结余 2865 万元,累计滚存结余 1.64 亿元,增长 1.09%。

一、因情施策,谱写财源建设的"活水文章"

一是坚持高位推动。成立以党政主要负责同志牵头的财源建设工作专班,明确职能分工和工作要求,多次研讨部署财源建设工作,定期调度解决工作推进过程中的难点、堵点。深入开展税费征管"十大"行动,持续加大税费清缴力度,树立起政策导向指挥棒。二是全力招商引资。聚焦"创新突破、产业突围"三年攻坚行动，持续完善政策支持体系，研究出台总部经济招引培育政策。深入推进德商（湘商）回归和返乡创业，完善重点企业拜访名录库、德商信息库，开展新春座谈会、德商恳谈会、"520"招商等活动。三是加强立项争资。制定《2023年武陵区立项争资工作考核细则》，确定目标任务、考核对象、考核范围、考核内容、考核办法、激励措施以及工作要求，完善争立项政策分析研判机制，定期向上了解政策动态，找准政策与资金的结合点及适合武陵区争取的项目和资金，全区共完成立项争资13.87亿元。

二、保障投入，做好民生实事的"暖心文章"

一是加大教育投入。及时拨付各项教育支出6.68亿元，包括中小学及幼儿园生均公用经费和购买民办学校学位资金等重点教育支出，确定学校维修改造项目资金计划额度1100余万元，积极参与教育专项资金绩效内部审计工作和治理教育乱收费专项检查行动，有力改善和提升义务教育的薄弱环节。二是强化社会保障。持续加大卫生医疗投入，拨付7000多万元支持基本公共卫生服务和基层卫生医疗机构等工作。拨付再就业资金580.93万元用于企业军转干部和"零就业"人员等公益性岗位建设，增加再就业岗位。全面保障机关事业养老保险、城乡居民养老保险人员的基本养老保险待遇发放约2.13亿元，拨付困难群众补助资金4405万元，切实增强社会群众的获得感、幸福感和安全感。三是推进乡村振兴。拨付乡村振兴衔接资金2727万元，乡村道路建设资金1136.48万元、农村新建和改建厕所资金190万元、农业面源污染治理项目资金2946万元、洞庭湖化肥农药农业废弃物污染整治项目资金287.56万元以及农村综合改革美丽乡村建设资金400万元、乡村振兴示范片创建资金666万元和高标准农田建设资金3502万元等。落实惠民惠农政策，通过"一卡通"发放各项惠民惠农补贴1.6亿元，涉及惠民惠农项目77个，切实把惠民惠农利民政策落到实处。

三、全盘统筹，强化量入为出的"节俭文章"

一是兜牢兜实"三保"底线。坚持"以收定支、量入为出"原则，大力压减一般性支出和非急需、非刚性支出，从严控制"三公"经费，坚持将"三保"支出作为预算支出的红线底线，着力优化支出结构，优先保障"三保"支出需求，切实兜牢"保工资、保运转、保民生"底线。二是稳妥推进债务化解。牵头打好防范化解风险阻击仗，落实隐性债务化解部门责任制，健全债务风险监测预警机制，累计完成隐性债务化解计划的73.5%，继续保持"相对安全地区"和"绿色地区"。加快政府债券支出进度，成功发行2.4亿元专项债券，进一步规范专项债券项目、PPP项目全生命周期管理和政府债务的展期降息工作，确保全年节约偿债利息390.19万元。三是分类盘活国有"三资"。根据全区国有"三资"清查处置与管理改革要求，按照"能用则用、不用则售、不售则租、能融则融"的原则，印发《武陵区行政事业单位国有资产清查处置与管理改革盘活工作方案》，对全区行政事业单位和国有企业资产开展清查，全年盘活"三资"总收益10.16亿元。

四、多措并举，提升业务管理的"质效文章"

一是深化预算绩效管理。正式启动"绩效管理提升年"行动工作机制，顺利完成预算绩效管理的目标申报，加大对区级专项资金、部门整体支出绩效目标编制的审核和把关，完成工信局等部门整体支出以及洞庭湖化肥农药农业废弃物污染整治示范项目等专项支出的财政重点绩效评价，涉及财政资金9059万元。二是强化政府采购改革。坚持不懈深化政府采购制度改革，以惠企、利企、便企为导向不断创新监管模式，全年成交采购资金1.2亿元，节约采购资金385.65万元，顺利完成"832"平台的196.45万元以及电子卖场3.33亿元的任务目标。加大政府采购支持中小企业发展力度，全区面向中小企业采购金额7708.25万元，占比63.8%，进一步完善政府采购领域营商环境建设工作。三是优化投资评审效率。全年完成522个项目的评审工作，送审金额12.8亿元，审定金额10.47亿元，审减金额2.33亿元，审减率18.23%，包括40个老旧小区改造项目、餐厨垃圾无害化处理PPP项目等重点项目。推进区政府投资造价咨询机构的框架协议采购，筛选13家工程造价咨询供应商作为财政投资项目评审的造价咨询单位。

五、坚守红线，落实财会监督的"规范文章"

一是夯实日常监督。按照"双随机、一公开"原则及时开展会计信息质量的抽查检查，主要针对行政事业单位的预算编制、预算执行、资金监督、资产管理和会计代理记账机构的会计基础工作，并按照财政部统一要求对全区138家行政事业单位的预决算公开进行全面自查和督促检查，着力提高财政管理水平。二是配合上级监督。建立"党委领导+政府负责+部门协同+各方行动"的涉农资金整改工作机制，重点检查问题多发易发领域、资金规模较大且关注度高的涉农资金使用管理情况，已按照"问题没有整改的绝不放过、降低整改标准的绝不放过、整改不及时的绝不放过、成果运用没有举一反三的绝不放过"原则完成所有疑点数据的核查及整改工作，并组织区直相关业务主管部门梳理和健全相关政策依据，对涉农资金申报发放程序制定下发规范文件，完善长效机制。三是做实专项监督。聚焦三公经费，联合区审计局印发《武陵区"三公经费"专项检查方案》，组成专项检查小组对全区部分行政事业单位2022-2023年"三公经费"合规性和公示情况进行专项监督检查。聚焦乡村振兴，扎实开展乡村振兴衔接资金专项监督检查，对监督检查中发现的资金使用不规范、产业帮扶资金使用主体帮扶机制不完善等问题进行整改和规范。聚焦政府采购，对部分区属行政事业单位的采购管理、电子卖场执行和采购合规性等内容开展专项监督检查，加强整改成效。

（湖南省常德市武陵区财政局供稿　肖维毅执笔）

鼎城区

2023年，鼎城区实现地区生产总值（GDP）467.4亿元，同比增长（以下简称增长）7.1%。其中，第一产业增加值77.5亿元，增长3.5%；第二产业增加值149.2亿元，增长10.8%；第三产业增加值240.8亿元，增长6.0%。全社会固定资产投资（不含农户）增长1.2%。全区居民人均可支配收入34026元，增长4.9%。其中，城镇居民人均可支配收入45275元，增长3.8%；农村居民人均可支配收入23510元，增长5.9%。

2023年，全区完成一般公共预算地方收入21.8亿元，增长8.42%。其中，税收收入7.15亿元，同比下降（以下简称下降）46.95%；非税收入14.65亿元，增长120.92%，上级补助40.09亿元，一般债务收入3.07亿元，动用预算稳定调节基金0.75亿元，调入资金0.39亿元，上年结转14.21亿元，收入合计80.31亿元。全区一般公共预算支出59.58亿元，加上上解支出2.18亿元，一般债务还本1.34亿元，调出资金2.35亿元，结转下年14.86亿元，支出合计80.31亿元。

2023年，全区完成政府性基金预算收入5.02亿元，下降44.61%。全区政府性基金预算支出23.08亿元。

2023年，全区完成国有资本经营预算收入0.13亿元，增长24.27%。全区国有资本经营预算支出0.01亿元，调出资金（调入一般公共预算）0.13亿元，增长32.09%。

2023年，全区完成社会保险基金预算收入10.18亿元，增长4.46%。全区社会保险基金预算支出8.87亿元，全年收支结余1.31亿元，累计滚存结余10.56亿元，增长10.63%。

一、培源挖潜，全力抓收入扩充财力

一是加大财源培植力度。本级安排产业发展引导专项资金1000万元，集中投入重点产业和重要领域，支持本地企业做大做强。不断完善企业梯次培强政策扶持体系，落实鼓励创新创业和扶持企业发展的各项举措，助力园区发展。严格落实组合式减税降费政策，全年落实留抵退税7228万元。积极帮助86家企业争取上级专项资金。通过银政担、信补贷、潇湘财银贷、知识价值信用贷等信用产品为150家企业担保贷款3.74亿元，农担公司为150家经营主体担保贷款9114万元。落实购买商品房契税补贴等优惠政策，为3687户购房者补贴2793万元。二是开展税费精诚共治。强化征管部门责任，加大重点行业、骨干税源企业和纳税大户的监控力度，提高小额零星税源的管控水平。全面开展综合治税，查补税款6219万元。加强非税收入征管，鼓励各单位积极挖潜增收。三是加快盘活"三资"。乡镇水面出租、闲置乡镇院落处置、城市停车位和景区特许经营权出让等入库收益6.5亿元，澧水河道砂石开采权出让收入区级入库4.2亿元。同时，积极开展争资争项工作，争取上级资金42.8亿元、新增地方政府专项债券资金15.2亿元、特别国债5.58亿元。

二、严守底线，大力压支出保住"三保"

一是兜牢"三保"底线。始终将"保基本民生、保工资、保运转"作为一项重要政治任务，时刻关注库款变动、库款余额及保障水平等情况，确保"三保"资金及时拨付。全年保工资支出19.16亿元，保运转支出1.41亿元，保基本民生支出14.54亿元。二是保障重点支出。保障困难群体基本待遇，安排8978万元全力保障低保、农村特困（城市"三无"）人员的基本生活，安排特殊群体解困补助资金1024万元，安排1554万元开展临时生活困难群众的救助、残疾人两项补贴工作。支持就业工作，安排就业专项资金1952万元开展职业技能培训补贴、创业培训补贴等。支持办好人民满意的教育，落实学前困难幼儿、义务教育和普通高中阶段家庭困难学生资助，努力改善全区各中小学校办学条件。支持区第五届运动会等大型文体赛事活动以及全域旅游宣传推广，促进文旅事业和产业发展。支持生态文明建设，投入资金1.27亿元确保山水林田湖草沙一体化修复和黑臭水体治理、湿地保护项目顺利实施。安排交通建设资金2.8亿元，修建谢家铺—花岩溪、原沧山乡—安化县、韩公渡镇—崇河村、S224中河口段、G319东线等公路。安排城市建设维护资金1.75亿元，保障环卫清扫、城市绿化、污水处理、市政道路维护与城市基本运转，并启动江南污水处理厂三期工程项目建设。投入粮食生产资金1.92亿元，确保粮食安全和改善种粮条件。落实乡村振兴衔接资金9545万元，实施美丽乡村建设项目，人居环境不断改善。争取专项资金支持村集体经济发展。

三、加力提质，全面强管理提升绩效

一是加快推进财政信息化建设。预算管理一体化系统完成专项资金监控、资金支付动态监控、公务卡结算等模块的上线设置，商品和服务支出以及"三公"经费控制额度嵌入系统。非税收入征管新系统上线，全面推行电子一般缴款书。湖南省惠民惠农财政补贴资金"一卡通"阳光审批系统顺利上线，全年共通过"一卡通"阳光审批系统发放补贴资金5.82亿元，惠及群众88.34万人次。二是加强预算绩效管理。建立重大财政政策和项目事前绩效评估机制，健全从源头到终端"全过程"绩效管理体系，将全区收支预算全面纳入绩效管理，从数量、质量、时效、成本、效益等方面综合衡量项目预算资金使用效果。根据部门整体支出、专项资金财政重点绩效评价及运行监控结果，全年共提出结果应用建议14条，收回有关部门专项结余资金及违规支出4546.93万元。三是加强财政职能监管。进一步加强财会监督，开展惠民惠农财政补贴资金"一卡通"发放专项清查、财经秩序专项整治复查和"三湘护农"专项行动等，全面整改相关问题。进一步强化财政评审管理，全年完成评审项目325个，送审金额13.07亿元，净审减金额2.74亿元，综合审减率20.96%。完成信息化评审工程38个，预算工程总金额4892.40万元，审减金额1429.59万元，审减率29.22%。进一步优化政府采购程序，全年完成政府采购项目776个，成交金额2.58亿元，节约财政资金739.8万元，节支率2.86%。四是加强资金统筹整合。加大财政结余结转统筹力度，区级财政安排基本项目支出一律不再结转，两年的上级专项及无须继续使用的资金一律收回财政统筹安排，确需继续使用的，纳入下年度预算统筹安排，2023年盘活存量资金3367万元。

四、防缓结合，严格控债务防范风险

落实防范化解债务风险"十大举措"，制定"一债一策"应对措施，开展压减项目、降息降成本、债务缓释等各项工作，全面完成银行类债务的降息工作和PPP项目清理压减整治工作。

（湖南省常德市鼎城区财政局供稿　王杰执笔）

安乡县

2023年，安乡县实现地区生产总值（GDP）269.5亿元，同比增长（以下简称增长）6.1%。其中，第一产业增加值48.8亿元，增长2.9%；第二产业增加值73.8亿元，增长7.9%；第三产业增加值146.9亿元，增长6.5%。全社会固定资产投资（500万元以上）总额92.8亿元，增长9.8%。全县居民人均可支配收入27926元，增长5.8%。其中，城镇居民人均可支配收入35669元，增长3.7%；农村居民人均可支配收入22981元，增长7.2%。

2023年，全县完成一般公共预算地方收入4.59亿元，增长7.08%。其中，税收收入2.6亿元，同比下降（以下简称下降）23.06%；非税收入1.99亿元，增长119.78%；中央补助32.36亿元，债务转贷收入4.71亿元，动用预算稳定调节基金0元，调入资金3亿元，上年结转6.71亿元，收入合计51.37亿元。全县一般公共预算支出34.92亿元，以及上解中央0.78亿元，债务还本3.47亿元，补充预算稳定调节基金0元，调出资金0元，结转下年12.2亿元，支出合计51.37亿元。

2023年，全县完成政府性基金预算收入17.17亿元，增长38.66%。全县政府性基金预算支出9.51亿元，调出资金（调入一般公共预算）3亿元，下降40.59%；全年收支结余4.66亿元，增长26.13%。

2023年，全县完成国有资本经营预算收入8万元，增长0。全县国有资本经营预算支出8万元，调出资金（调入一般公共预算）0元，与上年持平。

2023年，全县完成社会保险基金预算收入6.98亿元，增长3.72%。全县社会保险基金预算支出5.58亿元，全年收支结余1.4亿元，累计滚存结余9.12亿元，增长10.93%。

一、强举措，狠抓财税收入

一是抓税收征管。积极应对税收大幅下滑的严峻形势，把全力挖潜增收作为组织收入的突破口，压实部门责任，加强收入调度。全县地方一般公共预算收入保持在4亿元以上，圆满完成年度地方收入任务目标。扎实开展税费征管提质增效"十大行动"，推动税费精诚共治，完成加油站征收入库1547万元，房土两税清理200万元，重点项目工程建设清理300万元。二是抓争资争项。争取上级转移支付资金32.36亿元，其中一般性转移支付27.92亿元、专项转移支付4.44亿元。争取债券资金10.06亿元。其中，一般债券资金1.24亿元，增长4%；专项债券资金8.82亿元，增长86%。三是抓资产盘活。制定《安乡县国有"三资"清查处置与管理改革总体工作方案》，做好"用、售、租、融"文章，全面梳理闲置国有资产。清理盘活生态养殖经营性水面资产、广告位经营权资产、粮食资产等国有资产，实现国有资产盘活收入12.26亿元。做好"租"字文章，2023年收到县发改局粮库、仓库租金109.63万元，收到教育系统门面、学校商店、校舍、渔场等32处资产租金收入共计195.98万元。积极推动县城投公司资产子龙商务中心楼盘盘活，资产包中的低矮套房等资产盘活，已实现资产销售收入711.8万元。四是抓砂石开采。根据审批的年度实施方案，采取政府主导、职责明确、统一开采模式，提前谋划开采方式，确保开采、销售有序推进，砂石收入成为全县财税的主要收入来源。

二、强基础，助推经济发展

一是培植财源渠道。紧跟当前财税收入形势，抓实抓细税收征管，出台《安乡县2023年财源建设税费征管提质增效"十大行动"方案》，加快以"三个一"的强力举措搭建实体平台，有力促进财税收入规范征收、主动促收、应收尽收。集中财力紧扣"三条产业链"，旗帜鲜明培植财源，全面树立"以亩产论英雄"的评价激励机制，助推园区税收持续增长。二是推动园区建设。拨付产业开发区各类县本级财政资金0.27亿元、相关债券资金4.2亿元，有力支持园区基础设施建设、污水处理、物流体系建设、酱卤产业园建设等。三是兑现企业奖补。按照《安乡县支持工业经济发展奖励办法》等相关文件规定，兑现2022年奖励资金，奖励安乡鑫旺体育科技有限公司等33家企业429万元。拨付担保贷款中央、省级贴息资金62万元、县级贴息资金21万元。

三、强保障，服务社会民生

一是兜牢社会保障。支持文教事业。支出教育资金5.85亿元、文化体育与传媒资金2598万元、医疗卫生资金2.58亿元。全年拨付各类社保、医保基金21.79亿元。其中，落实机关社保基金3.94亿元、企业社保基金13.76亿元、城乡居民养老基金1.64亿元、职工医保基金1.11亿元、工伤失业基金3125.39万元。拨付中央、省财政城镇保障性安居工程补助资金等住房保障支出9531万元。二是助力服务"三农"。认真落实各项强农惠农政策，充分发挥财政资金的助推作用。财政安排乡村振兴资金8428万元。其中，中央资金3028万元、省级资金3200万元、市级资金260万元、县级配套资金1940万元。安排综合改革资金1457万元。共发放惠民惠农财政补贴项目88项、金额3.76亿元，惠及649948人次。统筹做好"全国832个脱贫地区"农副产品预留采购份额和落实采购任务，全县预留采购份额150万元，超额完成182万元。三是践行绿色发展。投入中央重点生态保护修复治理资金1780万元，支持重点流域水环境综合治理、长江经济带绿色发展等建设项目。

四、强规范，严抓风险管控

一是推进问题整改。把惠民惠农补贴资金问题整改当作首要政治任务，审计发现我县惠民惠农补贴资金"一卡通"涉及六个方面问题，已经全面彻底整改到位。涉及违纪违规、履职不到位、失职渎职人员一律从严从快处理到位。二是规范资金管理。以问题整改为契机，化压力为动力、化责任为行动，努力推动惠民惠农补贴资金各项工作全面规范、全面进步，确保中央、省市各项决策部署在安乡落地生根、见实见效。完善《安乡县预算单位财政代管资金管理制度》《关于进一步加强政府投资项目管理的若干规定》《安乡县财政专项资金管理暂行办法》等规定，出台《安乡县财政局惠民惠农补贴资金管理内控制度》《安乡县财政局内部内控制度》等制度，制定"1+N"制度体系、"阳光审批"前置机制。联合农业农村、民政、住建等20个部门制定专项资金岗位风险点防控措施，根据排查出的44个风险点，制定62条防范措施，进一步明确行业主管部门的主体责任，用健全的制度来保障资金安全。三是化解债务风险。化解存量债务，压实化债主体责任，健全债务风险应急处置机制，严格执行全年化债方案，2023年完成9.46亿元债券发行工作。其中，专项债券8.22亿元、一般债券1.24亿元。四是缓释债务风险，积极与银行进行对接，推动存量债务续贷、展期及降息工作。截至2023年12月底，全县存量债务利率均在6%以下，综合利率为4.58%。

五、强管理，提升财政效能

一是积极推进改革。按照全省预算管理一体化建设工作部署要求，扎实推进预算管理一体化平台"2.0"系统上线运行，规范预算管理流程，提高预算管理规范化、科学化、标准化水平。2023年全县各部门、单位通过国库集中支付资金49.68亿元，其中直接支付11.55亿元，占总支出的23.25%。二是全面落实党中央、国务院"数字政府"建设决策部署，深入推进非税收入收缴"放管服"改革，进一步优化营商环境，降低市场主体制度性交易成本，全县所有执收单位上线了应用电子缴款书，保证上线率达到100%。三是提升资金效益。政府采购共完成项目598笔，金额1.31亿元。电子卖场成交21574笔，金额4.08亿元。财政评审完成预算评审项目187个，审减金额8.49亿元，审减率18.20%。完成结算评审项目136个，审减金额7.09亿元，审减率7.74%。四是突出队伍建设。"按照业务学习培训一个都不能少"要求，开设财政局"青干班"，组织青年干部就《部门预算编制解读》《财政违法行为处罚处分条例》《党政机关公文处理工作条例》等内容进行定期学、互动学、共享学，不断增强财政干部的综合素质；按照"内部监督一个都不能少"要求，开展"明方向、找漏洞、补不足"承诺、晒诺、践诺行动，梳理内部风险点58个，制定整改措施96项；设立党员责任区1块、党员示范岗4个、签订承诺书55份，形成全局上下班子引领、党员带头、干部参与的监督效能；按照"年底全家福"一个都不能少要求，组织全体干部职工就年度考核工作抓好股室（单位）及个人述职，班子成员结合工作实际"一对一"点评，进一步优化干部作风，有力促进财政各项工作提质增效。

（湖南省常德市安乡县财政局供稿　彭玉池执笔）

汉寿县

2023年，汉寿县实现地区生产总值（GDP）387.17亿元，同比增长（以下简称增长）7.2%。其中，第一产业增加值60.74亿元，增长3.9%；第二产业增加值138.99亿元，增长9.5%；第三产业增加值187.44亿元，增长6.7%。全社会固定资产投资（不含农户）同比下降（以下简称下降）8.7%。全县居民人均可支配收入31311元，增长6.2%。其中，城镇居民人均可支配收入41789元，增长4.4%；农村居民人均可支配收入24700元，增长7.3%。

2023年，全县完成一般公共预算地方收入13.77亿元，下降23.58%。其中，税收收入6.01亿元，同比下降（以下简称下降）24.21%；非税收入7.76亿元，下降23.08%，中央补助39.11亿元，一般债务收入3.33亿元，调入资金20.17亿元，上年结转1.87亿元，收入合计78.26亿元。全县一般公共预算支出62.22亿元，加上上解中央0.94亿元，一般债务还本2.04亿元，结转下年13.05亿元，支出合计78.26亿元。

2023年，全县完成政府性基金预算收入38.83亿元，增长101.31%。全县政府性基金预算支出35.04亿元，调出资金（调入一般公共预算）11.88亿元，增长82.76%。

2023年，全县完成国有资本经营预算收入0.001亿元，与上年持平。全县国有资本经营预算支出0.001亿元，与上年持平。

2023年，全县完成社会保险基金预算收入17.84亿元（含省级统筹工伤保险基金、失业保险基金；市级统筹职工基本医疗保险、城乡居民基本医疗保险），增长8.58%。全县社会保险基金预算支出16.42亿元（含省级统筹工伤保险基金、失业保险基金；市级统筹职工基本医疗保险、城乡居民基本医疗保险），全年收支结余1.42亿元，累计滚存结余16.50亿元（包含上解省专户城乡居民个人账户资金），支出增长9.32%。

一、全面完成收入任务

紧紧围绕全年财税收入目标，克服经济下行影响，想尽一切办法，全力完成收入目标。2023年，全县完成地方一般公共预算收入13.77亿元，总量排名全市第四。其中，地方税收完成6.01亿元，地方税收总量排名全市第五，增幅排名全市第一；非税收入完成7.76亿元，非税收入总量排名全市第三，确保财政收入应收尽收、颗粒归仓。

二、全面严防债务风险

自全县打好"发展六仗"专项行动开展以来，县财政局作为"打好防范化解风险阻击仗"牵头单位，严格按照县委县政府工作部署，迅速制定方案，成立专班，全面开展债务、金融、房地产、疫情及极端天气防范化解风险工作。特别是在防范化解地方债务风险上，严格按照县委县政府制定的《关于进一步加强财政资金管理的意见》文件精神及要求，出台《关于进一步加强财政资金管理的意见》《汉寿县财政专项资金管理暂行办法》等文件，明确没有资金来源的项目一律不上，不准举债搞建设，坚决杜绝形象工程、政绩工程，做到"严守红线、严控风险、严格管理"，坚决遏制债务增量，妥善化解债务存量。2023年，全县隐债化解16.11亿元，同时，紧扣政策机遇，争取专项债券置换隐性债务的隐债额度在全省名列前茅，全市排名第一。全力推进全县PPP项目清理及问题整改等工作，确保全县债务不爆雷、资金不断链、不发生系统性风险。

三、全面做好民生保障

在经济下行、收入短收严重的巨大压力下，克服重重困难，筑牢民生保障底线。2023年，全县完成一般公共预算支出62.22亿元，在"三保"支出上，累计支出32.72亿元；在全县重点工作保障上，累计支出10.8亿元，主要用于惠农惠民整改支出、财源建设奖励支出、常益长高铁建设上解、增加社会保障类支出等；在债务还本付息保障上，累计支出7.05亿元，确保政府债务整体可控，不"爆雷"。在财源建设奖补资金兑现上，累计拨付各类财源建设奖补资金3.43亿元，为企业发展提供了强有力的支撑；在社会保障和就业上，累计支出9.81亿元；在教育发展方面，累计支出10.51亿元；在支持农林水事务发展方面，累计支出13.73亿元，全力以赴保障全县各项支出，确保全县经济平稳运行。

四、全面提升财政管理

在涉农整改上坚决按照县委县政府决策部署，成立工作专班，强化调度督导，规范资金管理，惠农补贴累计已整改金额1.2亿元。全力以赴推动自查自纠和问题整改工作落实落地，涉农资金整改工作经验引来岳阳市华容县、常德市武陵区等市内外20多家兄弟单位来县交流学习，并获得省检查组的高度肯定和一致好评；在财政评审上，进一步完善评审制度，优化评审办法，建立权责清晰、协同高效的财评管理机制，全面实行"评审终身负责制"，规范开展预（结）算评审，共审减金额4.08亿元，项目审减率达14.99%，在区县评审工作整体水平高质量评价中全市排名第一；加强电子卖场交易事项管理，2023年开通电子卖场账号195户，电子卖场交易率和渗透率均达到100%，本年度电子卖场成功交易25002笔，完成交易总额65155万元，位居全市前列；对全县各乡镇开展"财会监督"检查，由县财政局抽调20名业务骨干从2023年5月8日开始深入全县各乡镇（街道）对2022年保运转经费使用情况及2022年预算执行情况进行全县检查，重点检查各单位运转经费支出中是否存在挤占"保运转"经费情况，确保单位运转经费高效、合规使用。

（湖南省常德市汉寿县财政局供稿　李修至执笔）

澧　县

2023年，澧县实现地区生产总值（GDP）475.86亿元，同比增长（以下简称增长）6%。其中，第一产业增加值63.12亿元，增长3%；第二产业增加值150.82亿元，增长7.2%；第三产业增加值261.92亿元，增长6.2%。全社会固定资产投资（不含农户）增长1.5%。全县居民人均可支配收入29647元，增长5.5%。其中，城镇居民人均可支配收入39387元，增长4.1%；农村居民人均可支配收入24474元，增长6%。

2023年，全县完成一般公共预算地方收入14.6亿元，同比下降（以下简称下降）7.91%。其中，税收收入5.82亿元，下降41.5%；非税收入8.78亿元，增长48.69%，上级补助45.57亿元，地方政府一般债务转贷收入4.08亿元，动用预算稳定调节基金2.73亿元，调入资金15.61亿元，上年结转11.41亿元，收入合计94亿元。全县一般公共预算支出71.27亿元，加上上解上级1.32亿元，一般债务还本2.34亿元，补充预算稳定调节基金5.52亿元，调出资金0.65亿元，结转下年12.9亿元，支出合计94亿元。

2023年，全县完成政府性基金预算收入4.37亿元，下降32.98%，加上上级补助0.67亿元，地方政府专项债务转贷收入13.21亿元，调入资金0.65亿元，上年结转1.1亿元，收入合计20亿元。全县政府性基金预算支出15.24亿元，下降22.83%，加上上解上级150万元，地方政府专项债务还本支出1.27亿元，调出资金（调入一般公共预算）2.23亿元，结转下年1.25亿元，支出合计20亿元。

2023年，全县完成国有资本经营预算收入860万元，增长1128.57%，加上上级补助741万元，收入合计1601万元。全县国有资本经营预算支出1001万元，增长15.99%，加上调出资金（调入一般公共预算）600万元，支出合计1601万元。

2023年，全县完成社会保险基金预算收入11.16亿元，增长6%。全县社会保险基金预算支出9.58亿元，增长10.43%，全年收支结余1.58亿元，累计滚存结余10.72亿元。

一、同心聚力、善作善成，收获更加亮丽的财政答卷

在全省财政工作会议上，作为全省唯二的县级财政之一作典型经验交流发言，介绍了全县推动业务管理和数据质量双提升，力促一体化系统迅速从"建起来"到"用起来"的经验，阳光审批系统平台建设和山水项目资金管理，在全省财政相关业务会议上作典型发言。预算管理一体化、部门决算、暂付款管理、乡财管理、信息宣传等25项工作获省财政厅表彰；立项争资工作获市政府真抓实干督查激励；局机关连续23年获得县委重点工作绩效考核一类单位，全系统共有40人考核为优秀等次，其中5人被县政府记三等功、2人被县政府记功、33人被县政府嘉奖；国库股被评为县"三八红旗集体"、廖益菲被评为"澧洲工匠"；官垸财政所被评为省级标兵财政所，码头铺财政所被评为省级先进财政所。

二、励耕不辍、克难攻坚，拼出来之不易的工作业绩

受房地产持续低迷、宏观经济不及预期、减税降费等多重不利因素影响，财政收支矛盾异常尖锐，平衡压力前所未有，财政部门采取多种增收节支措施，有力实现财政收支平衡。一是大力组织财政收入。2023年完成地方一般公共预算收入14.6亿元，其中地方税收完成5.82亿元、非税收入入库8.78亿元，增长48.69%。面对严峻的收入形势，通过盘活国有资产、资源，存量资金清理及专项资金整合置换，压减各类本级专项支出等一系列挖潜促收的有效措施，有力确保财政收支平衡。二是大力对上立项争资。2023年争取到位上级各类资金60亿元，其中财力性转移支付17.6亿元、国债5.59亿元、专项债券11.94亿元，资金总量创历史新高，在全市9个区县市立项争资考核中排名第一。三是大力保障重点支出。2023年实现一般公共预算支出71.27亿元，其中民生支出54.56亿元，占比达到76.56%。坚持"三保"优先，2023年"三保"支出31亿元，做到应保尽保，各项县委、县政府重大决策支出也全部按照要求得到落实；镇（街）公务费和村（社区）运转经费支出1.6亿元，镇（街）平均达到220万元，村（社区）平均达到41万元。

三、向内突破、强化监管，释放平稳运行的制度活力

进一步优化财政资金审批流程，除"三保"支出外，其他支出严格与收入进度相匹配。针对国家联合专项检查组提出的问题，强力推动全县惠民惠农补贴资金问题即查即改、立行立改、全面整改，制定出台《澧县惠民惠农财政补贴资金管理办法》，启动涉农补贴发放阳光审批系统，进一步规范补贴资金全周期管理。全年通过"一卡通"系统发放惠民惠农补贴项目104项，打卡发放惠民惠农补贴资金6.86亿元。制定《2022年度县本级预算执行和其他财政收支情况审计指出问题整改方案》，对预算编制及执行等六个方面22个问题开展举一反三、认真整改。贯彻落实上级对县区财政运行和基层"三保"工作要求，下发《深入贯彻过"紧日子"要求进一步加强财政管理》文件，制定25条措施，逐项明确具体工作要求和责任单位，全力应对财政运行中的各类潜在风险。

四、守正创新、深化改革，提升更加精细的管理质效

一是深化预算管理一体化改革，坚持把预算管理一体化改革作为规范预算管理、加强财会监督、打造工作亮点的切入点和突破口，力促一体化系统迅速从"建起来"到"用起来"，有效推进业务管理和数据质量双提升，在2023年省厅综合考核中持续名列前茅。二是推进绩效管理扩面提质，绩效目标涵盖全县193家预算单位301个项目，实现四本预算绩效目标全覆盖。探索开展事前绩效评估，重点选取"2023-2025年第五次全国经济普查专项经费"项目，审减预算金额265万元，为全面开展事前绩效评估积累经验。三是持续优化政府采购服务，进一步提高中小企业预留份额，面向中小企业的项目采购率提高到93.11%；电子卖场上线率和渗透率均达到100%；全年全县采购成交金额2.25亿元，节约资金857.09万元，资金节约率4%。四是推动投资评审提速增效，坚持提升评审效率和财政资金绩效，严格加强资金来源的真实性审核，严把工程预结算审核关，提高政府投资效益。全年共完成评审项目681个，审减资金5.66亿元，审减率20.33%。

五、积极施策、加力提效，守牢债务防控的风险底线

强化红线意识和底线思维，多措并举打好防范化解风险阻击战，全面摸清债务底数。对全县存量债务、工程建设项目债务、PPP项目支出责任进行全面清理核实，形成以每笔债务金额、时间、债务人和债务类型为主要要素的债务明细清单，进一步摸清全县债务家底。开展PPP项目、专项债券项目、违规举债和虚假化债专项整治，全面整改问题隐患42个。根据财政部支持地方防范化解债务风险政策，经财政部批准，用专项债券9.69亿元置换存量债务，全年全县化解隐性债务13.95亿元，从2018年党中央、国务院严控政府性债务增长、切实防范债务风险开始，累计化解隐性债务34.3亿元，任务完成率41%。

六、丰富活动，激发活力，锻造更加过硬的财政队伍

一是作风纪律严明。结合省厅"三大一提升"、市县干部作风建设年工作要求，局党组不断推动干部作风建设常态长效化，既抓早也抓小。针对局机关容易出现廉政风险的关键岗位和重点工作环节，列出防控清单，制定防控措施，提前谋划有效防止权力滥用；对上下班纪律、会风会纪不定期开展督查，对考勤、请销假等制度再严格、再要求，纳入局机关绩效考核，年底严格结账，局机关工作作风得到有效提升，服务质量和办事效率明显提高。二是团队精神昂扬。局党组高度重视财政干部队伍建设，通过连续五年的选拔招聘，局机关和财政所队伍进一步年轻化，每个财政所都按照基本岗位配齐业务人员，力量充足，精神面貌焕然一新。在精准扶贫一线、在平安创建一线、在公益活动一线、在扫雪除冰一线，处处活跃着财政干部忙碌的身影，充分展现财政干部"召之即来、来之能战、战之能胜"的风采和底蕴。三是学习氛围浓厚。每个月由一名股长上一堂业务课，如预算股进行预算编制讲解、办公室进行公文写作培训、信息股进行软件实操演示等，内容丰富多彩，通过活动反馈情况，授课者自身加强了学习，学习者丰富了知识，推进工作的效果明显；"三个一"的目标管理持续深入，青年干部学习热情不减，周明同志考取注册会计师，赵萌、孙佳佳、彭惟楚、陈婉婷等4人取得初级、中级以上职称，覃梦妮、徐智睿等2人考取湖南大学在职研究生。

（湖南省常德市澧县财政局供稿　肖昶执笔）

临澧县

2023年，临澧县实现地区生产总值（GDP）250.99亿元，同比增长（以下简称增长）8.0%。其中，第一产业增加值38.31亿元，增长4.0%；第二产业增加值93.26亿元，增长13.1%；第三产业增加值119.42亿元，增长5.6%。全年固定资产投资增长15.6%。全县居民人均可支配收入33262元，增长6.0%。其中，城镇居民人均可支配收入43089元，增长4.5%；农村居民人均可支配收入25228元，增长7.4%。

2023年，全县完成一般公共预算地方收入6亿元，同比下降（以下简称下降）18.4%。其中，税收收入4.25亿元，下降25.88%；非税收入1.75亿元，增长8.16%，上级补助收入28.34亿元，一般债务转贷收入2.99亿元（其中新增一般债券收入0.87亿元），动用预算稳定调节基金5.4亿元，调入资金6.12亿元，上年结转6.59亿元，收入合计55.44亿元。全县一般公共预算支出41.56亿元，上解上级支出0.8亿元，一般债务还本2.12亿元，补充预算稳定调节基金4.02亿元，结转下年6.94亿元，支出合计55.44亿元。

2023年，全县完成政府性基金预算收入6.37亿元，下降51.56%。上级补助收入0.6亿元，上年结余0.44亿元，专项债务转贷收入9.8亿元（其中新增专项债券收入7.49亿元），收入总计17.21亿元。全县政府性基金预算支出10.24亿元，下降21.78%。上解上级支出0.01亿元，调出资金（调入一般公共预算）2.22亿元，专项债务还本2.31亿元，结转下年2.43亿元，支出总计17.21亿元。

2023年，全县完成国有资本经营预算收入0.23亿元，增长25.07%。全县国有资本经营预算支出0.01亿元，下降21.59%。调出资金（调入一般公共预算）0.22亿元，支出总计0.23亿元。

2023年，全县完成社会保险基金预算收入5.48亿元，增长8.2%。全县社会保险基金预算支出4.68亿元，增长13.04%。全年收支结余0.8亿元，累计滚存结余5.11亿元。

一、突出财政支持，助力县域经济发展

一是大力争取上级资金。紧盯政策、抢抓窗口、精准发力，2023年累计争取上级补助资金28.93亿元（其中财力性补助11.1亿元），争取新增债券资金8.36亿元（其中一般债券资金0.87亿元、专项债券资金7.49亿元），有力支持了县域经济发展和重点项目建设，争资立项工作获市政府真抓实干表彰奖励。二是积极推进财源建设。县本级投入产业发展资金1.1亿元，重点支持园区建设，兑现招商引资政策，促进烟叶、粮食等产业的发展，充分激发主导产业发展活力。三是助力优化营商环境。全面贯彻落实上级惠企政策，2023年支持45家企业争取各类项目资金2821万元。持续优化政府采购政策，2023年全县电子卖场共成交15833笔，成交金额4.67亿元。建立健全农担体系，全年新增农业担保贷款6631万元。扎实推进"潇湘财银贷"，2023年为41家企业发放贷款7736万元，一定程度解决了中小微企业融资难、融资贵的问题。

二、突出规范管理，继续提升财政效能

一是严格财政支出管理。出台加强财政支出管理"七条"，通过推行专项资金提级审核、优化资金拨付程序、加强财政资金归口管理等措施，强化资金统筹能力，优化财政支出结构，进一步减轻财政压力，集中有限财力保"三保"、防风险。二是规范财政投资评审。重点加强预结算复审，明确500万元以上的预算评审项目和200万元以上的结算评审项目全面复审，重点工程和PPP项目实行三审制，98%以上的项目复审审减率都控制在规定标准内。全年共完成预结算评审项目350个，送审金额18.28亿元，审定金额15.03亿元，审减金额3.25亿元，综合审减率17.73%。三是加强国有"三资"管理。按照"用、租、售、融"原则，重点对水利、林业、矿产等各类资产资源进行全面清查，加大对闲置资产的处置力度，将资源转化为资产，资产转化为资金，全年处理闲置资产12.54亿元，注入投融资企业资产20.6亿元，盘活财政各类资金3.09亿元。四是深化乡镇财政示范创建。积极开展全省示范财政所创建工作，停弦渡镇财政所、佘市桥镇财政所分别获评全省"标兵财政所"和"先进财政所"荣誉；全面开展会计基础工作规范化，强化业务指导，规范基础工作，在全市会计基础业务大竞赛活动中获得一等奖。

三、突出专项治理，加大财政监管力度

一是开展惠民惠农补贴突出问题专项治理。根据全省"三湘护农"行动要求，全面开展惠民惠农突出问题专项整治，对惠农5项和农村危房改造、农村低保补贴等惠民惠农补贴资金进行全面自清自查和整改纠偏，出台《临澧县财政惠民惠农补贴资金"一卡通"发放管理细则》，进一步压实部门责任，完善发放流程，实施阳光审批。二是开展专项资金自清自查。按照市委、市政府统一部署，对2021-2023年的所有专项资金进行自清自查，对发现的违规问题进行督促整改，针对性出台《临澧县专项资金管理暂行办法》，进一步完善长效机制建设。三是开展农村集体"三资"突出问题专项整治。印发《临澧县农村集体"三资"管理突出问题整治工作方案》，重点围绕财务管理不规范、工程项目管理不规范、债权债务管控不严、经济合同不规范等方面存在的问题开展自清自查，发现并督促整改问题189个，在省级检查中获得肯定。

四、突出责任担当，全力化解财政风险

一是加强政府债务管控。层层压实债务管控主体责任，严把新上项目资金来源审核关，规范经营性及流动资金债务审批关，真正堵死违规举债的"后门"。加强与金融机构沟通，全面推进债务降息，全县各类债务利率均下降到5%以下，有效减轻债务负担。全年未出现一笔债务违约，未发生一起债务舆情或风险事件。二是规范财政库款管理。建立财政库款运行动态监控机制，精准测算、科学调度，全年库款保障系数均在0.3以上，保障库款安全、有序、高效运行，更好发挥财政资金效益。三是规范村级借贷管理。针对部分村集体经济组织违规向金融机构贷款问题，联合县经管部门开展实地调查，及时进行有效干预，出台《关于规范临澧县村集体经济组织银行贷款管理的通知》，明确主体责任，加强规范管理，消除安全隐患。

五、突出队伍建设，树立财政良好形象

一是加强政治建设。认真组织开展主题教育，制定工作方案，科学组织实施。自觉落实"第一议题"制度，及时跟进学习习近平总书记最新讲话、最新文章、最新要求。赴韶山开展主题教育活动，传承红色基因，践行使命担当。二是加强能力建设。注重财政干部能力提升，定期开展业务培训、业务大比武，财政基层基础工作水平继续提升。加大年轻干部培养力度，通过开展年轻干部交流座谈会、临澧财政青年论坛、财政所年轻干部跟班学习等活动，助推年轻干部成长。三是加强廉政建设。层层压实廉政建设责任，印发《临澧县财政局党风廉政建设责任清单》，开展"镜鉴"以案明纪以案促改、"两带头五整治"等活动；常态化开展廉政教育，组织干部观看《家风》警示教育片、吴林丽案庭审现场教育等活动，用身边的案例警醒干部、教育干部。

（湖南省常德市临澧县财政局供稿　王丹执笔）

桃源县

2023年，桃源县实现地区生产总值（GDP）481.25亿元，同比增长（以下简称增长）0.1%。其中，第一产业增加值102.65亿元，增长2.9%；第二产业增加值135.32万元，同比下降（以下简称下降）10.3%；第三产业增加值243.27万元，增长5.9%。全社会固定资产投资（不含农户）增速下降54.1%。全县居民人均可支配收入28982元，增长4.9%。其中，城镇居民人均可支配收入40093元，增长3.3%；农村居民人均可支配收入22370元，增长5.8%。

2023年，全县完成地方一般公共预算地方收入14.75亿元，下降15.39%。其中，税收收入8.65亿元，下降26.98%；非税收入6.1亿元，增长9.15%，中央补助46.4亿元，一般债务收入4.33亿元，动用预算稳定调节基金0.45亿元，调入资金14.46亿元，上年结转9.61亿元，收入合计90亿元。全县一般公共预算支出76.32亿元，加上上解中央1.19亿元，一般债务还本2.38亿元，无补充预算稳定调节基金，调出资金1.88亿元，结转下年8.23亿元，支出合计90亿元。

2023年，全县完成政府性基金预算收入42.6亿元，下降27.18%。全县政府性基金预算支出26.13亿元，调出资金（调入一般公共预算）11.42亿元，下降29.07%。

2023年，全县完成国有资本经营预算收入241.56万元，增长25.88%。全县国有资本经营预算支出375万元，无调出资金（调入一般公共预算）。

2023年，全县完成社会保险基金预算收入11.48亿元，增长10.38%。全县社会保险基金预算支出10.01亿元，全年收支结余1.47亿元，累计滚存结余9.18亿元，增长19.07%。

一、强化财税管理，筑牢财政稳健基石

一是应收尽收，千方百计做实收入。科学研究市场动向、政策导向，全面清理税源底子、国有资产底子、矿产资源底子，摸清税收非税征收死角，充分挖潜增收。严格压实征收责任，加强纵横沟通协调，推进综合治税平台建设，形成征税协税护税强大合力。2023年，完成财政总收入22.06亿元，增长7.28%。其中，税收收入15.96亿元，增长6.59%；非税收入6.1亿元，增长9.15%。二是精打细算，齐心协力控严支出。把过"紧日子"作为长期财政政策，大力压减非刚性、非重点、非急需支出，强化"三公"经费管理，降低行政运行成本，杜绝"面子工程""政绩工程"和一切铺张浪费，把省下来的资金更多用于"三保"。2023年，公用经费财政拨款压减20%，压减金额1608万元，一般专项压减30%，压减金额2900万元。全年完成一般公共预算支出76.32亿元，下降9.4%。三是主动出击，全力以赴争资引项。紧跟国省产业布局导向，紧盯产业扶持政策，紧扣资源禀赋和发展基础，筛选优势产业项目，积极对接汇报，加大上级财政性补助争取力度。2023年，累计争取上级财政资金43.85亿元，其中财力性补助17.58亿元。聚集债券项目投向领域，围绕本地区重大项目规划，靠前梳理、做好项目申报，全力争取国债资金和专项债券资金。2023年，争取债券限额12.31亿元，其中新增一般债券1.99亿元、新增专项债券10.09亿元、新增外贷2200万元。

二、聚焦民生关切，民生保障继续加强

紧紧围绕公共服务均等化，优先保障基本民生政策落实，重点安排教育、社会保障、卫生健康等民生领域支出，全县人均公共服务支出增长2.8%。教育方面，全县教育支出13.37亿元，增长3.46%，支持改善各层次学校办学条件，整合各类资金优先落实教育建设，2023年累计安排教育建设经费2.23亿元。社会保障方面，全县社会保障和就业支出13.44亿元，增长7.54%，重点安排机关事业单位基本养老保险县级兜底资金4.24亿元；足额保障城乡低保、临时救助、特困供养、军人优抚、城乡居民养老保险等民生支出。公共卫生方面，全县卫生健康支出5.38亿元（不含城乡居民医疗保险上级补助安排的支出），增长3.68%，重点安排城乡居民和职工基本医疗保险县级配套7800万元；足额保障农村计划生育家庭奖励扶助、特别扶助以及城镇独生子女父母奖励提标。

三、规范财政管理，提升财政治理效能

一是优化国库集中支付流程，确保资金及时到位。制定下发《关于进一步加强国库资金拨付管理的通知》，合理确定支出安排拨付次序，分类审核集中拨付财政资金，明确库款使用单位责任，强化财政运行风险防控，确保财政平稳运行。二是升级非税收入征管平台，优化非税征管能力。深入执收单位、对接银行、周边县市调查研究，分批开展业务培训，制定下发《关于明确非税收入收缴管理有关事项的通知》，厘清收缴秩序，挖掘征管潜力。启用全新的非税收入收缴系统，大力推进非税收入电子票据改革，有效降低纸质票据订购成本，实现非税收入收缴管理全程无纸化、渠道多元化、业务标准化和数据集中化。2023年，开具电子一般缴款书10.74万份，执收金额2.9亿元，非税收入收缴监管水平和工作效率显著提高。三是强化乡村两级财务管理，全面提升服务水平。将乡镇财务核算纳入"预算一体化系统"，进一步促进基层财务核算规范化、精细化、标准化。制定《桃源县农村公益事业财政奖补资金管理办法》《桃源县美丽乡村建设资金管理办法》，明确项目申报实施管护原则、资金安排管理使用原则和各级主体责任，确保农村综合改革转移支付工作规范高效。组织两次乡镇（街道）财务人员轮训，对当前业务面临的重点、难点和疑点进行强调分析，解决许多实操过程中的关键问题。建立业务指导移动课堂，对基础相对薄弱的财政所进行重点辅导。

四、深化重点领域改革，破除体制机制弊病

一是建立健全预算执行专项监督机制，确保预算执行的合规性和有效性。依托"预算一体化系统"，加强对转移支付重点项目的属地执行、监控及问题核实整改。强化监控结果运用，落实部门和单位预算执行主体责任，开展预算执行监督专项行动。2023年"预算一体化系统"上线的资金监控模块中，通过对收款人与摘要的关键词监控，对疑似通过财政专户、预算单位实有资金以拨作支等情况进行预警提示，保障资金的专款专用。二是全面推进绩效管理工作，建立以绩效为导向的财政分配机制。牢固树立"花钱必问效、无效必问责、违规必惩处"的绩效理念，认真制定并严格落实《桃源县财政局"绩效管理提升年"行动实施方案》，对预算单位的绩效管理开展培训指导，将绩效自评报告质量审核结果纳入县委县政府对各单位年底绩效考核财政评分范围，促使财政资金使用更加高效，资源配置更加合理。三是规范惠民惠农补贴的发放流程和管理，确保补贴资金准确、及时发放到位。制定并下发《加快推进桃源县惠民惠农财政补贴资金"一卡通"阳光审批系统上线运行实施方案》《桃源县财政惠民惠农补贴资金"一卡通"发放管理操作规程》，完成桃源县惠民惠农财政补贴资金"一卡通"阳光审批系统上线运行，建立完善科学规范、安全高效、公开透明、监管到位的惠民惠农财政补贴资金"一卡通"管理机制。2023年，桃源县阳光审批系统启动补贴项目53个，补贴对象业务总量82.27万笔，比上年增加14.53万笔，综合排名位于全省第一方阵。

五、加强债务管理，坚决守住风险底线

一是健全工作机制，夯实化债基础。紧紧围绕政府性债务"借、用、管、还"全过程，建立"依法依规、闭环操作"债务管理体系，出台《桃源县地方政府债券资金管理办法》，规范政府债券的申报、资金拨付与使用、还本付息的工作流程，明确各相关单位的监管职责和监督管理具体内容。建立"一债一策"动态管理台账，确保防范化解债务风险工作有序推进。二是有序分类施策，缓解化债压力。严格落实降息减债要求，每月组织召开银企降息对接会，全力争取金融机构支持，最大限度减少债务支出。加强与对应金

（湖南省常德市桃源县财政局供稿　高雅蓉执笔）

石门县

2023年，石门县实现地区生产总值（GDP）373.55亿元，同比增长（以下简称增长）4.2%。其中，第一产业增加值54.51亿元，增长3%；第二产业增加值129.52亿元，增长3.6%；第三产业增加值189.52亿元，增长5%。全社会固定资产投资（不含农户）总额151.41亿元，增长2.6%。全县居民人均可支配收入24487元，增长5.4%。其中，城镇居民人均可支配收入33621元，增长3.4%；农村居民人均可支配收入18122元，增长7.1%。

2023年，全县完成一般公共预算地方收入12.95亿元，同比下降（以下简称下降）7.73%。其中，税收收入6.4亿元，下降28.42%；非税收入6.55亿元，增长28.51%，上级补助收入36.45亿元，债务转贷收入11.36亿元，动用预算稳定调节基金3.52亿元，调入资金3.35亿元，上年结转11.87亿元，收入合计79.5亿元。全县一般公共预算支出55.99亿元，加上上解上级支出1.26亿元，债务还本支出9.37亿元，补充预算稳定调节基金3.7亿元，结转下年9.18亿元，支出合计79.5亿元。

2023年，全县完成政府性基金预算收入5.62亿元，下降50.92%。全县政府性基金预算支出11.4亿元，调出资金（调入一般公共预算）1.32亿元，下降80.77%。

2023年，全县完成国有资本经营预算收入1.73亿元，增长8.81%。全县国有资本经营预算支出102万元，调出资金（调入一般公共预算）1.73亿元，增长33.35%。

2023年，因失业保险省级统筹，全县完成社会保险基金预算收入7.30亿元，增长2.77%。全县社会保险基金预算支出7.19亿元，全年收支结余0.11亿元，累计滚存结余7.83亿元，增长1.51%。

一、堵漏挖潜，科学组织收入入库

2023年，面对主体市场"需求收缩、供给冲击、预期转弱"多重因素影响，石门县财政局强化协调联动，堵漏挖潜，加强对重点行业、重点领域、重大项目和重点税种的分析与研判，提前采取措施应对收入大幅波动的局面。针对有效税源不足的难题，确保应收尽收、足额入库。打破常规工作方法，不等不靠，始终围绕目标任务，强化分析研判，深挖增收潜力，加强资金调度，完成收入调整预算12.5亿元的目标任务。

一是精心谋划抓争资争项到位。准确把握国家投资政策，紧盯政策和资金支持导向，积极争取一般性转移支付，增加可用财力。2023年，全县累计到位各类上级补助收入47.2亿元。其中，财力性补助收入15.1亿元（比上年增加1.81亿元）、教育2.34亿元、社会保障4.88亿元、卫生健康2.26亿元、农林水8.06亿元、交通运输1.57亿元、新增地方政府债券10.16亿元（一般债券2.09亿元、专项债券8.07亿元）；地方政府再融资债券资金9.35亿元。二是摸清家底把资产资源盘活。按照"全领域、全口径、全覆盖"的要求，强化主责功能，紧盯主责主业的上下游、前后端，通过置换、转让、划转等方式，逐步退出不具竞争优势的非主管业务，注销没有实际经营业务的子公司，依法处置低效无效资产。2023年，清理全县闲置行政事业性国有资产105宗，其中乡镇农林场92宗、县城13宗，取得国有资产资源收入2.91亿元，为保持财政收入的稳定提供新财源。

二、兜底补短，全力保障民生福祉

一是兜牢兜实"三保"支出底线。始终把"三保"放在财政支出的优先位置，充分发挥财政资金的关键保障作用，确保干部政策性待遇"不欠账"，运转经费支出"不断流"，基本民生支出"不断链"。按国家规定的政策范围和标准，2023年"三保"支出为27.2亿元。其中，保工资10.96亿元，占比40.3%；保运转0.84亿元，占比3.1%；保基本民生15.41亿元，占比56.6%。二是财政资金向重点民生领域倾斜。加大教育、医疗、就业、养老、乡村振兴等与民生密切相关领域的投入。2023年，民生支出达44.33亿元，占一般公共预算支出的79.1%，其中教育支出累计投入占总支出的18.3%、农林水支出占19.8%、社会保障和就业支出占15.2%，充分彰显财政面对收支困难保重点的担当。三是在抗灾救灾中积极作为。面对2023年8月27日洪涝灾害，先后拨付自然灾害救灾及灾后重建资金 2300 万元。积极督促保险公司进行勘灾理赔，尽全力为灾区群众降低灾害损失。

三、牢守底线，防范化解债务风险

截至 2023 年 12 月 31 日，石门县政府债务余额 72.03 亿元（其中一般债券 37.14 亿元、专项债券 34.89 亿元），债务风险处在可控区间。

建立起动态实时监控机制，滚动监测未来三个月到期债务资金偿还情况，做到早掌握、早预防、早干预，确保不出现断链风险及失控风险。严格规范政府项目投资立项管理，深化违规举债监督，按照上级相关文件对违法举债行为严肃问责，牢牢守住不发生系统性风险的底线。印发《石门县防范化解政府性债务风险责任清单》，坚持"谁举债、谁负责"的原则，严控债务新增，妥善化解债务存量，切实防范政府性债务风险。

四、优化服务，积极发挥职能作用

积极发挥财政职能作用，持续优化财政服务，推动经济社会发展提质增效、更可持续。优化营商环境工作在石门县 55 家被评议单位中名列首位，为石门县域经济高质量发展提供财政力量。

一是切实解决企业"急难愁盼"问题。全面落实减税降费政策，2023 年累计留抵退税 1134 万元，帮助企业及时享受退税红利。开展 11 个重点项目的产业扶持项目的审核兑现，共拨付支持中小企业发展支出 3255 万元，拒付及核减金额 283 万元，石门县市场主体活力持续增强。二是全面启动财政"松绑瘦身"。助推财政办事提速，改革财政投资评审办事流程，全年审减 3.21 亿元，审减率 8.55%。充分发挥财政资金的引导作用，用活财政资金杠杆，2023 年引导金融机构为融资困难企业和个人提供 3.92 亿元的担保贷款，有力缓解实体经济融资难题。三是扎实开展财会监督。开展会计信息质量监督检查、政府采购行为专项检查等监督检查工作，组织涉农资金整合项目监督检查行动。为进一步严肃财经纪律，规范单位财务管理，结合审计整改要求，对 20 家行政事业单位代理记账业务工作进行督促整改。积极配合涉农补贴资金清查整改工作，牵头启动"三湘护农"行动惠民惠农补贴专项整治工作，完成夹山镇邵福寺村惠民惠农补贴"一卡通"麻雀式驻场解剖，全面梳理破解惠民惠农补贴发放环节存在的问题症结。四是全面开展绩效评价。加强预算绩效管理，部署启动预算管理一体化系统绩效模块上线工作，对 10 个预算部门整体（专项）进行了绩效评价，涉及财政预算资金 1.7 亿元，整改问题 44 个，调减预算 775.99 万元，收缴违规资金 7.23 万元，责令预算单位收回项目单位违规资金 97.16 万元，共节约财政资金 880.38 万元。

五、加强指导，推动乡镇财政建设

持续投入资金完善乡镇财政所基础设施建设，提高乡镇财政干部的办公、生活条件。加强乡镇财政业务指导，高标准完成"标兵财政所""示范财政所"创建工作，所街乡财政所被评为省级示范财政所，夹山镇财政所、皂市镇财政所荣获"省级标兵财政所"。乡镇财政工作得到省财政厅、市财政局高度肯定，2023 年度被省财政厅评为乡镇财政管理工作先进单位。

（湖南省常德市石门县财政局供稿　方琢之执笔）

津市市

2023 年，津市市实现地区生产总值（GDP）215.9 亿元，同比增长（以下简称增长）4.8%。其中，第一产业增加值 27.0 亿元，增长 3.0%；第二产业增加值 90.6 亿元，增长 3.4%；第三产业增加值 98.3 亿元，增长 6.7%。全社会固定资产投资（不含农户）总额 60.3 亿元，增长 9.6%。全市居民人均可支配收入 37292 元，增长 4.5%。其中，城镇居民人均可支配收入 45099 元，增长 4.2%；农村居民人均可支配收入 23029 元，增长 4.6%。

2023 年，全市完成一般公共预算地方收入 10.41 亿元，增长 69.25%。其中，税收收入 3.12 亿元，同比下降 28.3%；非税收入 7.29 亿元，增长 304.42%，上级补助 15.02 亿元，一般债务收入 6.37 亿元，动用预算稳定调节基金 2.74 亿元，调入资金 4.72 亿元，上年结转 5.29 亿元，收入合计 44.55 亿元。全市一般公共预算支出 28.71 亿元，加上上解上级 1.25 亿元，一般债务还本 5.68 亿元，补充预算稳定调节基金 3.12 亿元，调出资金无，结转下年 5.78 亿元，支出合计 44.54 亿元。

2023 年，全市完成政府性基金预算收入 6.91 亿元，增长 5096%。全市政府性基金预算支出 18.24 亿元，调出资金（调入一般公共预算）0.042 亿元。

2023 年，全市完成国有资本经营预算收入 3.49 亿元。全市国有资本经营预算支出 0.0029 亿元，调出资金（调入一般公共预算）3.49 亿元。

2023年，全市完成社会保险基金预算收入3.16亿元，增长8.47%。全市社会保险基金预算支出2.75亿元，全年收支结余0.41亿元，累计滚存结余2.02亿元。

一、全力保障民生支出，助力产业高质量发展

一是加大民生投入力度。城乡低保、特困供养、残疾人补贴等保障标准持续提标，为计生特殊家庭增发老年人基本养老服务补贴170万元；大力支持文教卫事业发展，支持人民医院外科大楼新建、妇幼保健院整体搬迁，完成人民电影院文物修缮、支持开展系列城市文体活动，足额保障教育经费及基建投入，支持一小搬迁，争取"徐特立项目"落地三中等；全力保障城乡事业建设，安排乡村振兴本级投入2600多万元，整合农口资金近5亿元用于农业农村发展，支持老旧小区改造等城乡社区建设，全年累计投入近2.5亿元。二是夯实稳岗促产根基。全面落实减税降费及留抵退税政策，全年为企业留抵退税1.56亿元；大力支持园区扩建、招商引资及实体经济发展，全年安排园区结算及产业发展引导资金1.6亿元；积极争取企业奖补资金，全年共支持50多家企业争取上级技改扩、创新研发等奖补资金2136万元；加大财政金融协同力度，完善"政银担"体系，缓解企业融资难问题，累计为企业新增担保贷款2亿元；用活用好产投基金，深度融入"一院一平台一基地"体系，开展基金招商投资，促进基金循环增值。三是赋能助推乡村振兴。支持农业农村发展，围绕长江经济带发展、洞庭湖经济圈建设、乡村振兴人居环境整治、美丽乡村等大方针，认真学习解读中央、省财政支农政策，多次向省财政厅农业农村处汇报，与归口各部门一道充分挖掘本地农业资源特色、积极谋划项目和包装项目，争取到2023年度省级美丽乡村（和美湘村）示范创建和2023年美丽乡村建设等项目，在2022年度全省县域经济考核中获评先进县（二类县），全年累计争资2.71亿元。

二、夯实"财源建设"基础，做好"财政改革"文章

一是深化预算改革。深入贯彻过"紧日子"要求，按照"零基预算、综合预算、绩效预算"原则，推进2024年部门预算编制改革，实行所有预算收支以零作为出发点，按照"确保基本、确保激励、确保发展"的编制要求，打破预算安排的基数概念和固化状态，统筹自有财力和上级补助、存量资金和新增预算等，大力压减一般性支出，综合保障重点领域和重大项目支出需要。二是规范国资管理。借资产系统迁转一体化系统的契机，全面清理行政事业单位资产，完成单位固定资产核销664万元，完成残值收益上缴14万元。三是加强评审采购管理。累计完成政府投资项目财政评审250个，审减资金1.75亿元，综合审减率为16.76%。完成限额以上政府采购交易1.23亿元，电子卖场交易19317笔共3.9亿元。

三、抓住"债务化解"关键，提升风险防范能力

一是聚焦化解隐性债务。严格执行化债实施方案，超额完成计划数。积极配合财政部湖南监管局及市化债办对我市开展的系列检查，进一步夯实隐性债务化解数据基础。二是严管控防债务风险。积极向上争取政府债券、做到隐性债务只减不增、压减关注类债务。坚决查处违法违规融资举债行为，发现一起、问责一起，责任倒查、终身负责，牢牢守住不发生系统性风险的底线。继续做好隐性债务"六个一批"风险缓释工作，改善债务结构、降低债务成本。三是积极申报政府债券。聚焦重点领域，积极申报专项债券项目，省财政厅下达2023年地方政府新增债券额度11.92亿元，其中专项债券11.22亿元、一般债券0.7亿元。

四、筑牢"财政管理"根本，提升服务经济效能

一是提升财政资金质效。全面统筹、细化落实预算绩效评价工作。全年纳入绩效管理资金22.24亿元。其中，对10个专项和4个部门整体支出进行重点绩效评价，并严格落实评价结果运用，确保财政资金用在实处、用出效益。二是扎实开展"一卡通"发放管理专项监督检查，成立津市市财政局惠民惠农财政补贴资金"一卡通"问题专项监督检查工作领导小组，设立举报信箱和举报热线。持续加强单位内控管理，针对部分重点科室开展内审检查。

（湖南省常德市津市市财政局供稿　刘沐易执笔）

张家界市

2023年，张家界市实现地区生产总值（GDP）613.9亿元，同比增长（以下简称增长）4.6%。其中，第一产业增加值88.3亿元，增长3.1%；第二产业增加值71.2亿元，下降6.3%；第三产业增加值454.5亿元，增长6.8%。全市人均GDP 40919元，增长5.1%。全年规模以上工业增加值增长1.3%。全年规模以上服务业实现营业收入70.0亿元，增长96.4%。全年固定资产投资同比下降（以下简称下降）20.6%。全年社会消费品零售总额223.2亿元，增长6.3%。全年实现旅游总收入514.6亿元，增长87%。全年全体居民人均可支配收入23276元，增长6.6%。其中，城镇居民人均可支配收入32863元，增长5.5%；农村居民人均可支配收入14463元，增长7.7%。

2023年，全市完成一般公共预算地方收入35.88亿元，增长1.38%。其中，税收收入23.15亿元，下降2.71%；非税收入12.73亿元，增长9.77%，加上上级补助143.15亿元，债务转贷收入55.03亿元，动用预算稳定调节基金1.79亿元，调入资金45.02亿元，上年结余29.78亿元，一般公共预算地方总收入310.65亿元。全市一般公共预算支出222.38亿元，加上上解上级支出2.33亿元，一般债务还本44.31亿元，安排预算稳定调节基金5.54亿元，调出资金0.04亿元，结转下年36.05亿元，支出合计310.65亿元。市本级完成一般公共预算地方收入12.78亿元，增长2.53%。其中，税收收入7.74亿元，下降1.65%；非税收入5.04亿元，增长9.68%，加上上级补助13.24亿元，债务转贷收入21.74亿元，动用预算稳定调节基金1.14亿元，调入资金18.66亿元，上年结余7.21亿元，一般公共预算地方总收入74.77亿元。市本级完成一般公共预算支出44.08亿元，加上上解上级支出0.01亿元，一般债务还本支出18.58亿元，安排预算稳定调节基金4.77亿元，调出资金0元，结转下年7.33亿元，支出合计74.77亿元。

2023年，全市完成政府性基金预算收入113.1亿元。全市政府性基金预算支出102.29亿元，其中调出资金（调入一般公共预算）15.38亿元，年终结余10.81亿元。市本级完成政府性基金预算收入74.66亿元。市本级政府性基金预算支出65.86亿元，其中调出资金（调入一般公共预算）10.64亿元，年终结余8.8亿元。

2023年，全市完成国有资本经营预算收入25.8亿元。全市国有资本经营预算支出25.59亿元。其中调出资金（调入一般公共预算）25.1亿元、年终结余0.21亿元。市本级完成国有资本经营预算收入6.71亿元。市本级国有资本经营预算支出6.7亿元，其中调出资金（调入一般公共预算）6.7亿元，年终结余0.01亿元。

2023年，全市完成社会保险基金预算收入45.31亿元，增长9.05%，全市社会保险基金预算支出41.04亿元，增长率12.35%，全年收支结余4.27亿元，累计滚存结余49.28亿元。市本级完成社会保险基金预算收入26.93亿元，增长10.69%，市本级社会保险基金预算支出23.48亿元，增长14.42%，全年收支结余3.45亿元，累计滚存结余31.27亿元（不含省级统筹企业养老、工伤保险、失业保险）。

一、多措并举"聚财"，不断夯实财力基础

一是加强财源培育。市、县（区）联动实施财源建设"八大攻坚"行动。全年全市地方税收增值税、企业所得税分别完成6.04亿元、2.57亿元，合计占地方税收比重37.19%，同比提升3.5%；制造业地方税收完成1.07亿元，占地方税收4.6%，同比增收0.34亿元、比重提升1.55%。二是加强依法征管。不折不扣落实新的组合式税费支持政策，激发市场主体活力；加强重点行业、重点税源监测，防止"跑、冒、滴、漏"。市本级依法追缴清欠土地出让金、项目报建费等1321万余元，做到应收尽收。三是加快国有"三资"盘活。全年全市盘活"国有资源、国有资产、闲置资金"实现收益78.51亿元（融资36.7亿元），其中入库收益31.23亿元。市本级共实现收益19.72亿元（融资6.03亿元），其中入库收益13.55亿元。

二、紧扣重点"用财"，全力保障高质发展

一是优先保"三保"。全年全市"三保"支出预算执行数为89.36亿元，按国标政策已全部保障到位。二是全力保战略。出台《服务打好"发展六仗"若干财政政策措施》（张财预〔2023〕224号），不断提升要素保障能力。积极申报专项债券项目。全年省财政厅下达张家界市2023年地方政府新增债券额度67.19亿元，较2022年增加5.73亿元，增长9.32%，其中市本级36.78亿元，较2022年增加3.29亿元，增长9.82%，全市共有40个专项债券项目得到重点支持。支持现代化产业体系建设。市本级安排旅游奖励及旅游营销等资金8798.75万元、市工业及中小企业发展专项资金3000万元。支持科技创新发展。安排科技发展专项资金（含中央引导地方科技发展资金）2050万元，较2022年增加430万元，增长26.54%。支持乡村振兴。全市下达上级衔接推进乡村振兴补助资金5.41亿元，配套市级衔接推进乡村振兴专项资金798.75万元。加大农业保险政策支持力度。新增开办莓茶种植险、白茶收入险、油茶险等地方新险种，大鲵、莓茶收入、蔬菜等特色品种市级补贴比例达20%，全年全市农业保险保费收入2.11亿元，增长30.7%，共承担风险保障103.16亿元，有效预防广大农民"因灾致贫""因灾返贫"。强化农业信贷融资担保。开发莓茶贷、杜仲贷等特色惠农担产品，年底全市农业信贷担保在保余额达3.97亿元，年度净增0.95亿元。推进生态文明建设。加大生态环境保护财政资金支持力度和预算执行，全年争取并及时下达中央、省级生态环保专项资金1.42亿元（含生态修复），市本级安排生态环保经费0.53亿元。落实减税降费政策。全年累计新增减税降费及退税缓费9.61亿元。落实财政金融政策。引导金融资源服务实体经济，年底全市融资担保余额达46.15亿元，担保降费让利企业2102.91万元；全市"潇湘财银贷"白名单企业271家，累计放款129家、5.45亿元；发放创业担保贷款1.16亿元，带动就业2864人。三是持续增福祉。全市用于教育、医疗、就业、社会保障、住房保障等民生领域支出合计172.84亿元，增长8.09%，占一般公共预算支出比重为77.72%，增长2.76个百分点；人均公共服务支出7568元，增长6.93%。

三、深化改革"管财"，提高财政运行质效

一是落实过"紧日子"。市委办、市政府办重申过"紧日子"措施，将过"紧日子"落实情况与年度绩效考核挂钩。对基本支出增幅较大、一般性支出及"三公"经费预警的市级预算单位及时采取停止支付"三公"经费、压减下年指标等约束措施。二是强化绩效管理。市本级共对9个专项资金、9个重大投资类项目以及16家预算单位部门整体支出开展重点评价，并强化绩效评价结果运用，核减2024年相关资金预算440万元，收回结余资金32.36万元。三是深化国库管理。完成市级预算单位账户和资金清理，撤并处理155个银行账户，修订《张家界市市本级预算单位银行账户管理办法》，有效杜绝"小金库"行为。四是深化电子非税收入一般缴款书改革。全市536家用票单位全部上线，全年开具电子一般缴款书53.94万份，累计金额45.17亿元，实现办事缴费"一网、一门、一次"。五是深化投资评审改革。构建市本级财政投资评审制度体系，共制定出台内部制度7项、规范性文件2个。通过激发用工活力、完善评审制度、规范计价计费、强化结算管理、加强成本控制等，进一步提高政府性项目投资效益。全年共完成建设项目评审537个，送审金额89.27亿元，审减13.42亿元，审减率15.04%。六是加强政府采购管理。优化政府采购营商环境，健全违法违规约束机制，营造公平有序政府采购环境。全市电子卖场累计交易额18.69亿元，同比增加1.25亿元，其中中小微企业交易额17.34亿元，占比92.75%。市本级电子卖场累计交易额3.38亿元，同比增加0.19亿元，其中中小微企业交易额3.05亿元，占比90.05%。全市完成政府采购项目672个，采购预算金额19.88亿元，采购中标（成交）金额18.44亿元，节约资金1.44亿元，节约率7.24%，其中中小微企业中标（成交）金额14.68亿元，占比79.61%，远超预留40%份额给中小微企业的规定。七是规范乡镇财政管理。全年全市成功创建3所省级"标兵"财政所和4所省级"先进"财政所。健全完善"村账乡代理"模式，积极推广慈利县"象市模式"村级财务规范化典型管理经验。推进"村社分账"改革，协助农村集体"三资"管理。八是加强惠民惠农财政补贴发放管理。推进惠民惠农财政补贴资金"一卡通"阳光审批系统建设，启动"一卡通"系统预警管理，全面清理并公示补贴政策清单，开展惠民惠农补贴资金突出问题自查自纠。全年全市共发放财政惠民惠农等补贴113项，发放户数247.5万户次，发放资金11.89亿元。九是加强财会监督。深入学习贯彻落实中共中央办公厅、国务院办公厅出台的《关于进一步加强财会监督工作的意见》（中办发〔2023〕4号），组织学习27次，参训人数2753人次。积极构建财政上下联动、部门左右贯通的监督体系，成立由财政、审计、纪检、农业等部门组成的联合检查组，扎实开展惠农补贴资金专项检查，共追回退还惠农补贴资金1125.68万元，督促及时拨付发放惠农补贴资金530.69万元，向市纪委监委移交问题线索58条。扎实开展全市财经纪律重点问题专项整治行动和会计信息质量检查，督促相关单位及时处理并持续整改。

四、守住底线"稳财"，筑牢发展安全屏障

围绕"隐性债务不新增、'三保'资金不断链、平台公司不爆雷、风险等级不上升"的工作目标，完善防控机制，强化政府债务风险管控，打好"防范化解风险阻击仗"，获省政府通报表扬。一是规范政府债务管理。建立政府性投资项目立项前审核机制，严格落实"无来源不立项、无预算不开工"，对全市89个政府性投资项目开展资金来源审核，涉及金额223.1亿元，切实从源头防范新增隐性债务。健全平台公司融资和资金收支审批制度，将融资主体、产品类型、融资成本、资金用途等纳入重点审核范围，进一步完善平台公司每月资金收支计划由市债务办初审、市政府审定的闭合回路，有效确保平台公司融资行为依法依规，资金使用更趋有效。二是优化政府债务结构。坚持化解和缓释相结合，构建"政府银行企业共防共担"风险防控机制，大力推进"三变"工作（产品刚变柔、成本高变低、期限短变长）。开展"政、银、企"一对一谈判，促进全市利率自律机制落地落实，所有存量银行贷款年综合利率降至6%以下，市本级3家平台公司实现降息1.05亿元，52.24亿元债务实现"刚变柔"，73.62亿元存量债务拉长期限，债务结构持续优化，短期偿债压力得到进一步缓解。成功将市本级纳入财政部隐性债务风险化解试点，获得置换债券资金7.47亿元，隐性债务到期偿债风险得到有力缓释。三是推进平台公司转型。按照厘清债务边界、科学分类管理、优化组织架构、重塑管控规制、推进企业创新、强化目标管理改革思路，全力推进平台公司转型改革，实行融资与经营功能剥离，市经投集团公司、市交投集团公司下属子公司数量分别压减91.9%、83.3%。四是加强债务风险管控。健全完善全口径债务风险动态监测机制，对全市债务风险实行日常动态监测，对高风险领域和关键风险体实行一对一重点监测。针对市经投公司存在资金断链和债务违约风险，第一时间响应风险预警提前报告机制，通过制定"一债一策"方案、每月审核公司收支计划、按周调度资金落实情况、多方统筹资金协助解决缺口等措施，成功处置风险预警。全年全市未发生一起债务风险事件。

（湖南省张家界市财政局供稿　满益群执笔）

永定区

2023年，永定区实现地区生产总值（GDP）249.74亿元，按可比价计算，同比增长（以下简称增长）4.6%。其中，第一产业增加值26.87亿元，增长2.7%；第二产业增加值25.22亿元，同比下降（以下简称下降）12.2%；第三产业增加值197.65亿元，增长7.6%。三次产业结构调整为10.7∶10.1∶79.2。全年固定资产投资总量下降22%。其中，固定资产投资（不含农户）下降16.7%；房地产开发投资下降39.1%。全体居民人均可支配收入27048元，增长5.7%。其中，城镇居民人均可支配收入37456元，增长5.1%；农村居民人均可支配收入15221元，增长7.1%。

2023年，全区完成一般公共预算地方收入6.38亿元，增长0.16%。其中，税收收入5.2亿元，下降3.5%；非税收入1.18亿元，增长20.2%，上级补助收入36.48亿元，一般债券转贷收入6.09亿元，动用预算稳定调节基金2974万元，调入资金5.58亿元，上年结转3.8亿元，收入合计58.63亿元。全区一般公共预算支出47.69亿元，上解支出7532万元，一般债务还本5.27亿元，安排预算稳定调节基金3885万元，年终结余4.53亿元，支出合计58.63亿元。

2023年，全区完成政府性基金预算收入1.02亿元，上级补助收入2648万元，上年结余205万元，专项债务转贷收入8.66亿元，收入合计9.97亿元。全区政府性基金预算支出8.73亿元，调出资金1520万元，上解支出72万元，年终结余5785万元，债务还本支出5000万元，支出合计9.97亿元。

2023年，全区完成国有资本经营预算收入2.68亿元，上级补助收入48万元，上年结余2万元，收入合计2.69亿元。全区国有资本经营预算支出45万元，调出资金2.68亿元，年终结余5万元，支出合计2.69亿元。

2023年，全区完成社会保险基金预算收入（含城乡居民基本养老保险基金、机关事业单位基本养老保险基金）4.83亿元，全区社会保险基金预算支出4.54亿元，全年收支结余2829万元，累计滚存结余5.04亿元。

一、优化支出，全力保障"六稳""三保"工作

（一）扎实做好"六稳"工作

一是不断优化营商环境。持续推进"放管服"改革，深化"一网通办"打造"一件事一次办"升级版攻坚行动。深入开展金融"暖春行动"，促进金融机构为小微企业发放贷款64.92亿元。严格落实减税降费政策，全年减税降费5330万元。二是全力推进财源建设。引进更多税收产出高的优质项目，切实增强收入增长后劲，总投资24亿元的建设湘西北城市固体废弃物绿色循环利用项目已投产使用。将财源建设工作绩效考评，实施财源建设"八大攻坚"，强化产业扶持政策制定与经济贡献、产业类专项资金规模与税收提升、专项资金分配与项目绩效挂钩机制。三是加速推进项目建设。全区实施省、市、区重点建设项目133个，完成投资179.15亿元。用足用好地方政府债券政策，积极争取到位政府债券资金8.98亿元、中央预算内投资项目资金1.6亿元，有效保障七星山旅游基础设施、张家界中心城区学前教育等项目建设的资金需求。湘西北城市固体废弃物绿色循环利用项目一期完成建设并投产。张家界文化旅游创意产业园、中医医院门诊综合大楼等项目有序推进。四是助力壮大实体经济。为扩大中小微企业生产经营规模、解决融资难、融资贵难题，优化金融生态环境、助力经济社会高质量发展，累计安排信贷风险保证金700万元，放款企业达46家，放款金额超1.49亿元，实际信贷风险保证金放大10.69倍，财政资金撬动效益明显。五是实施积极财政政策。认真落实促进企业发展政策，设立工业发展专项和科技发展专项资金并列入预算，2023年共计拨付企业各类资金1843万元用于支持企业发展。

（二）全面落实"三保"任务

一是压实工作责任。树牢过"紧日子"的思想，出台《关于进一步厉行节约坚持过"紧日子"的十条举措》，2023年全区一般性支出下降5%。二是严防运行风险。严控新增政府投资项目，严把预算评审关口，严控工程变更，对超投资概算且未按程序调整概算的项目不出具评审结论。2023年全年出具财评报告210个（预算125个，结算85个），总送审金额5.9亿元，审结金额5.52亿元，审减金额3780万元，审减率6.4%。制定《永定区村级工程项目管理办法》，首次将分布零散、金额较小、管控较弱的乡村级项目纳入财政监管范围，防范运行风险向乡、村延伸，实现工程项目监管全覆盖。三是监控"三保"运行。通过建立未来3个月"三保"预算执行风险滚动监测机制，严控"三保"风险发生；调优支出结构，将保基本民生、保工资、保运转放在支

出的优先序列，切实保障政府履职和政策实施。在保工资上，中央和省出台的工资性待遇口子16.58亿元全部保障到位；在保运转上，通过年终解困机制保障特困单位基本运转，安排资金5672万元保障村级组织运转；在保民生上，安排资金1.21亿元用于消化疫情防控相关支出历史欠账，投资2.66亿元实施教育基建项目47个，中央、省各项基本民生保障政策全面落实到位。2023年，全区教育、社会保障、医疗卫生、节能环保、城乡社区事务、农林水事务、交通运输、住房保障等民生支出占比达83.4%。

二、强化监管，着力兜牢财政风险底线

（一）打好防范化解风险阻击仗

一是债务风险管控到位。多方筹资保化债，稳步推进隐性债务化解，债务存量消化有实效，化债不实未发生，全年未发生债务风险事件；严审立项资金来源，确保隐性债务不新增；"六个一批"见成效，全年债务展期、降息、置换成绩显著，确保债务风险不爆雷；专项债券发行、使用进度快，在全市率先完成年度发行任务，年底使用进度100%。二是筑牢金融领域"绿屏障"。开展多形式的宣传，让"不贪便宜不上当、不图高息不折本"的防范非法集资理念入脑入心；主动实行风险主体隐患排查，坚持打早打小，有效防止6起风险主体风险事件发生；陈案化解取得重大进展，案件审结率和结案率考核达省标。

（二）做实国有"三资"清查处置工作

一是坚持高位推动，营造齐抓共管新格局。成立国有"三资"清查处置工作领导小组，抽调专干，定期召开专题推进会，打通跨部门协作障碍。出台区国有资产专项清理整治工作方案，开展起底式清查，全面掌握家底，为开展专项整治行动提供指导依据。目前，清查范围覆盖全区228家行政事业单位、2家区直属国有企业及13家部门监管国有企业。强化信息报送，加强国有"三资"处置信息联动。2023年，永定区共上报处置重点任务清单57项，其中包含资产类任务清单51项。二是创新处置模式，激活沉寂资源资产。坚持因地施策，转变思路创新处置模式，改变传统整体出让处置模式，依据河流、公路等要素条件将复合肥厂周边15.1亩闲置土地切割成四块，实行分块处置，一举解决因土地分散导致长期闲置的历史难题，实现入库收益达632万元。利用自身优势，引进项目将"沉寂资源"转换为特色产业。利用近优质水源地区位优势，与社会资本合作，刺激资源高效转换，打造极具地方特色的张家界山泉水项目。三是多元盘活渠道，全方位"引水活源"。通过销售门面与房屋、出租轻钢房、资产出租等多元方式，全方位"引水活源"，实现资产盘活收入2.7亿元；利用特色资源，积极包装莓茶产业园、国储林等项目，成功融资9.3亿元；利用国有林地经营权及林木所有权，盘活收入9331万元；全力收回历年沉淀资金，实现资金盘活收入4508万元。

（三）全面加强预算绩效管理

建立健全"全方位、全过程、全覆盖"预算和绩效管理体系，实现预算与绩效一体化。全年开展15项专项资金、1项政策、10个单位整体支出绩效第三方评价，评价资金总额6.43亿元，将评价结果及时运用到2024年预算编制中，"花钱必问效"机制基本建立。

三、完善机制，财政改革得以持续深化

一是推进人大预算联网监督系统监管模式，突出监督重点，增强监督实效，全方位接受人大财经监督。二是深化预算管理改革，继续推行部门预算安排与支出绩效、预决算公开质量、支出进度、盘活存量资金情况四项挂钩机制，推进财政预算管理一体化系统建设和国库集中支付电子化，整合预算编制、预算执行、决算和报告、政府采购、资产管理等预算管理环节，形成预算全过程管理。三是持续加强财政预决算公开，全区各级各部门财政透明度全面提高，预决算公开工作考核成绩在全省排名靠前。四是稳步推行政府会计制度改革，加强内控度建设，财政监管水平显著提高。

（湖南省张家界市永定区财政局供稿　欧明华执笔）

武陵源区

2023年，武陵源区实现地区生产总值（GDP）49.79亿元，同比增长（以下简称增长）7.4%。其中，第一产业增加值2.54亿元，增长2.5%；第二产业增加值1.21亿元，同比下降（以下简称下降）1.6%；第三产业增加值46.04亿元，增长7.9%。全社会固定资产投资下降9.8%。全区居民人均可支配收入31909元，增长6.2%。其中，城镇居民人均可支配收入38898元，增长5.7%；农村居民人均可支配收入19581元，增长8.1%。

2023年，全区完成一般公共预算地方收入4.34亿元，增长5.65%。其中，税收收入2.13亿元，下降15.92%；

非税收入2.21亿元，增长40.45%，上级补助8.41亿元，一般债务转贷收入2.25亿元，动用预算稳定调节基金0元，调入资金1.95亿元，上年结转2.83亿元，收入合计19.78亿元。全市一般公共预算支出16.11亿元，加上上解支出0.29亿元，一般债务还本1.76亿元，补充预算稳定调节基金0元，调出资金0.04亿元，结转下年1.58亿元，支出合计19.78亿元。

2023年，全区完成政府性基金预算收入0.71亿元，下降66.19%。全区政府性基金预算支出1.88亿元，调出资金（调入一般公共预算）0.04亿元，增长100%。

2023年，全区完成国有资本经营预算收入1.89亿元，增长769.37%。全区国有资本经营预算支出0元，调出资金（调入一般公共预算）1.89亿元，增长769.37%。

2023年，全区完成社会保险基金预算收入1.09亿元，增长21.79%。全区社会保险基金预算支出1.11亿元，全年收支结余0.02亿元，累计滚存结余1.67亿元，下降4.58%。

一、积极调度财政收入，优化财政支出结构

一是积极抓实争资争项调度工作。武陵源区抓争资争项考核奖励办法落实，督促全区各争资争项单位完成目标任务。全区争资争项任务单位完成8.27亿元。对完成2023年基数的单位，按照2023年基数奖励2%的工作经费，但总额不超过15万元，对完成2023年任务数且增量在20%以内的单位，按照增量给予10%的工作经费，对完成2023年任务数且增量超过20%（含20%）的单位，按照增量给予15%的工作经费。二是加强财政库款管理。优化一般性支出，集中财政力量兜牢底线，严控"三公"经费，压减一般性支出，建立"三保"优先库款保障制度，做到无预算、无用款计划或超预算、超用款计划不拨款。全区一般公共预算支出累计完成16.11亿元，其中"三保"支出占比41.17%。财政部门加强财政资金调度管理，硬化预算约束，合理安排支出，动态调控库款资金，始终坚持先"三保"、后其他支出的库款保障次序，认真做好地方债务还本付息工作。建立健全库款保障监控预警机制，使库款保障水平基本维持在0.3-0.8的合理区间，持续抓好库款"削峰填谷"管理，精准测算、精准调度，坚决防范支付风险。

二、以人民福祉为本，提高保障民生水平

一是提高城乡居民医保财政补助标准。2023年财政补助达640元/人，城乡居民养老保险每月达118元/人，城乡基本公共卫生服务标准每年达89元/人，城乡居民医保缴费每年达350元/人。二是加大社会保障投入。落实城乡低保、特困人员救助、孤儿基本生活保障等困难群众救助资金969.36万元、流浪乞讨人员救助资金43.35万元、城乡医疗救助资金191.95万元、残疾人两项补贴资金107.79万元、基本公共卫生服务资金639.72万元。

三、完善财政支农政策，全面推进乡村振兴

一是积极组织，尽早谋划。按照中央、省、市、区脱贫攻坚及乡村振兴战略规划的工作部署，积极发挥财政职能作用，实现巩固拓展脱贫攻坚成果同乡村振兴有效衔接，建立健全与乡村振兴任务相适应的投入保障机制和资金管理制度，配合区乡村振兴局制订《张家界市武陵源区2023年度财政衔接推进乡村振兴补助资金计划》。二是建立健全工作台账。2023年度计划安排项目69个共7282万元。2023年武陵源区共安排衔接资金6418万元（其中：中央衔接资金2202万元，省级衔接资金3611万元，市级衔接资金225万元，本级配套衔接资金380万元）。资金已全部拨付到各项目主管单位，衔接资金项目已全部完工并完成支付，拨付及支付率均达100%。三是强化财政补贴资金发放管理。严格执行惠民惠农补贴资金发放操作规程，加强基础信息维护，不断优化工作流程和服务方式，确保各项惠民惠农补贴资金安全、准确、高效地发放到位。四是加强衔接资金监督管理。严格执行衔接资金管理办法，按照资金的拨付和支出审批程序，同步完成直达资金系统填报工作，确保资金使用安全、规范、有效，发挥衔接资金使用效益。

四、筑牢风险防线，防范化解债务风险

一是全面落实全口径债务管理。落实"一债一策"要求，梳理政府债务、隐性债务、关注类债务到期偿债情况，逐笔落实资金来源，定期排查平台公司风险，做好风险预警防控。积极化解存量隐性债务，目前化债进度累计完成十年目标的91.17%。二是管好用好政府债券资金。2023年武陵源区偿还政府债券利息1.26亿元，新发行政府债券1.63亿元。出台了新增专项债券资金使用管理办法，全力做好债券资金"借、用、管、还"全过程管理。三是坚决遏制新增隐性债务。坚决贯彻省、市要求，按照"无来源不立项，无预算不开工"原则，清除隐性债务形成的土壤。

五、优化区域营商环境，培植壮大财源建设

一是培植壮大地方税源。持续提升财税征管效能，强化非税收入征收管理，加大骨干税源企业培育力度，助力经济社会高质量发展。2023年全区完成全口径税收4.56亿元，区本级税收2.13亿元；地方一般公共预算收入中增值税和企业所得税之和占税收比重同比增长1.57%；培育200万以上骨干税源企业30家，增长42.85%；培育500万以上骨干税源企业15家，增长87.5%。二是做优做强旅游产业。武陵源区围绕三个转型要求，抢抓"夜经济""露营热""元宇宙"等风口，加强旅游宣传营销，不断开拓客源市场，深纵推进文旅融合，大力发展"旅游+"，深入开展"铁腕治旅"，成功举办首届张家界市旅游发展大会，切实推动旅游市场复苏回暖。2023年武陵源区共接待中外游客1591.7万人次，旅游总收入219.37亿元，境外游客接待31.13万人次，核心景区进山人数701.19万人，一次购票进山人数487.16万人，创历史接待新高峰。三是开展财源建设大调研。根据湖南省财源办下发的《关于开展县级财源建

设大调研的通知》，集中开展调查研究，已全面完成县级调研任务，填写县级财源建设调研表，撰写《关于武陵源区财源建设情况的调查与思考》调研报告，并已发送给省、市财源办。四是构建税费精诚共治新格局。坚决贯彻实施《湖南省税费精诚共治办法（试行）》，协助税务局联系区发改、公安、大数据中心等单位，成立区税费精诚共治专项工作组，着力构建"党政领导、税务主责、部门协作、社会协同、公众协助、信息协力"的税费共治体系。联系相关专家，对区财税综合信息平台项目进行验收；督促各涉税信息报送单位更新涉税信息，协助税务部门加强税收征管；在省财源办第31期简报发布稿件《武陵源区：强基固本，争当精诚共治"先行军"》。

六、强化财政绩效管理，发挥财政监督职能

一是扩大绩效评价范围。完成全区所有预算单位绩效自评全覆盖，并进行专家评审；选取区交通运输局等8家部门进行部门整体支出评价，对天子山片区旅游基础设施建设项目等11个项目政策开展重点评价；出台《张家界市武陵源区区级预算支出绩效运行监控管理办法》，对全区70家预算单位的项目实施情况进行中期绩效监控；完成预算绩效新模块上线工作。二是加大财政监督力度。按要求督促开展预决算公开自查；加强对民生领域的监督，督促各预算单位按要求完成民生资金录入；组织对区公安局、区统计局、军地坪街道办事处3家行政事业单位和水投公司1家企业开展会计信息质量监督检查；开展"三湘护农"惠农补贴资金专项行动。三是开展"三公"经费检查。对天子山街道、机关事务中心、卫计局等12个单位的"三公经费"进行检查，进一步管紧"钱袋子"，让财政资金发挥最大效益。

（湖南省张家界市武陵源区财政局供稿　侯智伟执笔）

慈利县

2023年，慈利县实现地区生产总值（GDP）197.4亿元，同比增长（以下简称增长）4.2%。其中，第一产业增加值40.5亿元，增长3.2%；第二产业增加值27.4亿元，同比下降（以下简称下降）3.4%；第三产业增加值129.5亿元，增长6.2%。全社会固定资产投资（不含农户）总额44.71亿元，下降15.8%。全县城乡居民人均可支配收入为23021元，增长7.4%。其中，城镇居民人均可支配收入32450元，增长6.1%；农村居民人均可支配收入16363元，增长7.7%。

2023年，全县完成一般公共预算地方收入8.05亿元，下降4.3%。其中，税收收入4.89亿元，下降3.1%；非税收入3.16亿元，下降6.1%，上级补助44.35亿元，一般债务转贷收入15.76亿元，动用预算稳定调节基金0元，调入资金11.68亿元，上年结余7.05亿元，收入合计86.89亿元。全县一般公共预算支出75.19亿元，其中县本级一般公共预算支出61.87亿元，上解上级支出0.76亿元，一般债务还本12.55亿元，补充预算稳定调节基金0元，调出资金0元。一般公共预算结余11.7亿元。

2023年，全县完成政府性基金预算收入15.1亿元，下降19.82%。完成政府性基金支出10.31亿元，上解上级支出0.007亿元，调出资金3.74亿元，债务还本支出0.5亿元，全年支出总计为14.55亿元，下降13.5%。政府性基金结余0.55亿元。

2023年，全县完成国有资本经营预算收入8.6亿元，下降4.38%。完成国有资本经营预算支出0.46亿元，国有资本经营预算调出资金7.94亿元，全年支出总计8.4亿元，下降3.23%。国有资本经营预算收入结余0.19亿元。

2023年，全县完成社会保险基金预算收入7.44亿元，增长2.51%。全县社会保险基金预算支出7.14亿元，增长8.3%，全年收支结余0.29亿元，累计滚存结余6.41亿元。

一、坚持聚财有方，大力推进财源建设

出台《慈利县财税收入激励暂行办法》《慈利县深入推进2023年重点税源建设"十大行动"工作方案》，明确县级领导负责制，坚持党政管税和周调度、月讲评、季统筹的财税调度工作，调动行业主管部门抓收入、强保障的积极性，重点围绕十大税源点工作任务，推进税费精诚共治，突出"抓企业，抓产业，抓园区，抓乡镇，抓征管"，逐步形成财源建设新格局。2023年地方一般公共预算收入累计完成8.05亿元，圆满完成市定目标任务。

二、坚持生财有源，提升财政政策效能

一是服务打好发展"六仗"，出台《慈利县财政局关于印发〈服务打好发展"六仗"若干财政政策措施〉

的通知》，认真落实国家各项减税降费政策，全面落实援企稳岗、企业科技创新等各项惠企政策，助力企业纾困发展，有效激发企业发展活力。二是积极推动金融杠杆作用，提高企业融资便利度，积极推广"潇湘财银贷"，为17家企业发放贷款4000万元；优化创业担保贷款管理，全县共发放创业担保贷款117笔，金额3395万元，财政贴息413.71万元。三是加大政府采购支持中小企业力度，助力中小企业稳健经营，全年电子卖场累计交易额达4.85亿元，其中中小微企业交易额4.34亿元，占比达89.48%。四是积极争资跑项，出台《慈利县争资跑项工作激励办法（试行）》，激发各单位争资跑项工作积极性，全年累计收到上级补助收入44.9亿元。五是盘活清理"三资"，全县共清查出可盘活资源11项、资产23项，清理闲置低效资金，共盘活收益20.81亿元（其中融资14.71亿元）。

三、坚持用财有效，有力保障社会事业

一是保障改善基本民生，2023年全县一般公共预算支出61.87亿元，增长14%。其中全县用于教育、社会保障、医疗卫生、住房保障、农林水等民生领域支出合计52.09亿元，占总支出比重84.2%，增长22.57%，有效提升群众幸福指数。二是全力支持乡村振兴，2023年统筹整合涉农资金投入3.61亿元，主要支持"硒有慈利"重点产业、农村集体经济薄弱村提升产业、高标准农田建设、农村人居环境整治、重大水利设施建设项目、巩固"三保"成果等。三是用足用好专项债券，2023年慈利县成功储备10个专项债券项目、债券需求9.58亿元，省财政下达全县全年专项债券限额8.05亿元，已全面完成发行及支付任务，重点支持领域涵盖公立医院建设、基础设施建设、物流、垃圾分类处理等重点项目，充分发挥稳投资、扩内需、补短板的重要作用。

四、坚持管财有责，确保财政平稳运行

一是严格落实过"紧日子"要求，出台《慈利县进一步规范财经秩序兜牢"三保"底线的暂行办法》（慈办发〔2023〕2号），严格执行"有预算不超支、无预算不开支"原则，突出"压一般、保重点"，"三公"经费继续下降3%，政府采购节约资金9426.97万元，节约率12.74%。财政投资评审审减金额1.98亿元，审减率达10.42%。二是强化绩效管理，制定《慈利县全面实施预算绩效管理实施办法》（慈办发〔2023〕6号），做到"花钱必问效、无效必问责、违规必严惩"。对15个重大投资项目以及15家预算单位部门整体支出开展重点评价，并强化绩效评价结果运用，核减2024年相关资金预算655万元。三是推进支付模式改革，出台《慈利县完善国库集中支付审核模式工作方案》，取消财政授权支付"面审"，实现预算单位"零上门"办理国库集中支付业务。四是加强财会监督，紧扣财会监督工作任务主线，突出"抓好专项监督行动、放大监督成效"工作重点，切实发挥财会监督护航保障和服务发展作用。先后开展"三湘护农"专项行动、乡镇（街道）财经纪律执行情况交叉检查、惠农补贴资金"驻场解剖麻雀式"监督检查、会计信息质量监督检查以及衔接资金政策落实情况自查，共发现问题39个、重点问题线索2件，下达行政处理决定书4份、行政处罚决定书2份，通过处理处罚和推动问题整改收缴违纪资金398.11万元，纠正问题资金1.88亿元，督促发放补贴资金552.51万元，完善各类制度措施3项，完成资产确权20件。五是加强乡镇财政管理，制定出台《慈利县乡镇财政所2023年度绩效考核办法》，从乡镇财务管理、财政资金监督管理、惠民惠农"一卡通"发放管理等七个方面加强乡镇财政管理。出台《慈利县村级财务日常性支出精细化管理工作指南》，进一步完善村级财务管理制度。六是加强政府债务管理，严守债务风险底线，竭力保障还本付息，有效控制政府债务风险。严格执行政府投资项目审批制度，从严审核项目资金来源，牢牢守住隐性债务不新增红线，通过债务展期降息、债务置换、借新还旧等优化债务结构，降低融资成本，综合平均利率下调至4.86%左右，节省利息约356.83万元，综合债务率处于合理区间。七是加强国资国企管理，全年共审批事业单位资产配置事项118批次，金额1048.22万元，资产处置事项52批次；对全县县管国有企业依法履行出资人职责，依法参与企业重大决策，加强国有企业考核，不断推进国有企业做大做强。

慈利县坚持以习近平新时代中国特色社会主义思想为指导，深入学习贯彻党的二十大精神，认真开展主题教育，聚焦绩效管理提升年，强化财政资源统筹，千方百计稳住收入大盘，不断调整优化支出结构，集中财力保障重点支出，聚力防范化解债务风险，服务打好发展"六仗"，为推动县域经济高质量发展提供坚实的财政保障。2023年度慈利县荣获全省预算管理一体化建设先进县市二等奖、全省乡镇财政管理工作先进单位、全省财政支农政策培训先进单位、全省财政外经工作先进单位、全省行政事业性国有资产报告工作先进单位、全省预算执行分析工作成绩突出区县；金慈街道财政所被评为全省"先进"财政所，零溪财政所被评为全省"标兵"财政所。2023年5月被省债管办评为2022年度化债成效突出地区，并获得0.5亿元债务激励限额。

（湖南省张家界市慈利县财政局供稿　李运华执笔）

桑植县

2023年，桑植县实现地区生产总值（GDP）117.02亿元，同比增长（以下简称增长）4.2%。其中，第一产业增加值18.39亿元，增长3.8%；第二产业增加值17.36亿元，同比下降（以下简称下降）0.2%；第三产业增加值81.27亿元，增长5.1%。2023年，全县固定资产投资下降16.3%。全年城乡居民人均可支配收入16640元，增长6.8%。其中，城镇居民人均可支配收入22729元，增长5.3%；农村居民人均可支配收入12906元，增长7.1%。

2023年，全县完成一般公共预算地方收入4.33亿元，增长7.32%。其中，税收收入3.18亿元，增长7.96%；非税收入1.14亿元，增长5.59%，上级补助40.66亿元，一般债务收入9.19亿元，动用预算稳定调节基金0.35亿元，调入资金7.15亿元，上年结转8.89亿元，收入合计70.57亿元。全县一般公共预算支出52.63亿元，加上上解中央0.52亿元，一般债务还本6.15亿元，补充预算稳定调节基金0.37亿元，调出资金0元，结转下年10.9亿元，支出合计70.57亿元。

2023年，全县完成政府性基金预算收入2.87亿元，增长81.11%。全县政府性基金预算支出8.95亿元，调出资金（调入一般公共预算）0.81亿元，增长3.97%。

2023年，全县完成国有资本经营预算收入5.86亿元，增长28.23%。全县国有资本经营预算支出0.02亿元，调出资金（调入一般公共预算）5.89亿元，增长92.9%。

2023年，全县完成社会保险基金预算收入5.04亿元，全县社会保险基金预算支出4.77亿元，全年收支结余0.26亿元，累计滚存结余4.88亿元（自2023年7月1日起，失业保险纳入省级统筹，社会保险基金预算收支与上年无可比性，故此处增长率无相关数据）。

一、多措并举抓财源，打好收入组织主动仗

一是抓争取。牵头做好全县争资跑项工作，推动部门紧密联动，合力打好争资跑项攻坚战。全县47个参与测评单位争资收入达到59.02亿元，其中县水利局、县交通运输局、县农业农村局、县发改局、龙潭坪镇等14个单位争资增量均超过1000万元。全县争资跑项奖励达到1475万元。二是抓培育。制定财源建设20条措施，完成"小升规"25户、"个转企"52户。加强园区建设，入驻产业园企业新增7家，达到71家；培育年纳税200万元以上的企业新增6家，达到38家，其中年纳税500万元以上的企业14家。三是抓征收。强化税费精诚共治，全年挖潜增收6503万元。加强县内重点工程建设项目、重点招商引资项目实地走访，抽查协税护税完成情况，审核查验政府性投资工程发票补缴税款5836万元。

二、全力以赴优支出，用心办好民生实事

一是坚持过"紧日子"。从严从紧把好预算支出关口，严控"三公"经费，在2022年基础上再压减10%。严禁超预算、无预算安排支出，新增特定目标类支出压减10%。扎实开展投资评审，推行政府投资项目公示排班制和会审制，全年向社会公开公示项目24期，完成评审项目418个，涉及资金20.4亿元。二是保证支出强度。压紧压实支出主体责任，加强预算执行管理，提高支出进度，保持支出强度。推动专项资金、债券资金、直达资金尽快落到具体项目和单位，尽早形成实物工作量。三是落实民生保障。把保障基本民生摆在优先位置，全年民生支出占比达74.54%。投入教育资金8.29亿元，增长1.35%，支持教育强县建设；安排社保和就业资金7.26亿元，增长1.73%，支持健全社会保障体系，稳定就业基本盘；筹措卫生健康资金5.7亿元，增长9.03%，助推健康桑植建设；农林水支出规模达到11.95亿元，增长48.61%，助力推进乡村振兴，巩固拓展脱贫攻坚成果同乡村振兴有效衔接，全省考评等次为A等。

三、持续不懈谋发展，全力服务发展大局

一是助力实体经济发展。落实减税降费政策，全年为8718户市场主体新增减负6294万元。政府采购份额向中小企业倾斜，占比达到83.5%，同比增长5个百分点。支持实施产业发展"制造强省""智赋万企"行动，新增创业、政府性融资、潇湘财银贷、农信担等担保贷款7.56亿元、贴息1079万元，惠及市场主体659户。投入资金1.7亿元，加快推进创新产业园建设。二是支持"三农"发展。抓好以乡村振兴为重心的"三农"工作，安排农林水支出10.7亿元，增长47.26%。统筹整合涉农资金2.91亿元，切块用于各项农业产业提质增效项目。抓实惠民惠农财政补贴资金"一卡通"发放工作，共计发放补贴96项2.9亿元。稳步推进农业保险工作，新增农业信用担保贷款1.9亿元，农业防范风险能力进一步提高。三是优化营商环境。打通收缴电子化"最后一公里"，131个单位开出票据48065份42859万元，实现电子化收缴全覆盖。在"第18届全国政府采购监管峰会暨政府采购20周年双庆典"中，桑植县被评为"2022-2023年度政府采购百强县"，桑植县财政局被评为"2022-2023年度政府采购百强县突出贡献单位"。

四、多维发力提效能，落实"三大一提升"行动

一是开展系统大调研。5月，率县老发集团、县交投公司、农发行和长沙银行，赴慈利县、石门县、桃源县、汨罗市对平台公司融资工作进行实地考察，对明确下一步融资项目基本布局提供借鉴意义。7月，赴常德市澧县、怀化市沅陵县及湘西自治州永顺县，采取面对面交流座谈和现场实地察看相结合的方式，了解不同区县的经费保障情况及财政预算管理、专项资金管理及非税收入征管等工作具体做法。二是开展干部大讨论。坚持把学习习近平新时代中国特色社会主义思想和习近平总书记重要讲话指示批示精神作为党组会第一议题，按照"每月一次，上下同题"要求，党组理论学习中心组（扩大）集中学习12次。创新工作讲评机制，通过"讲"找准差距，学习先进，通过"评"倒逼形成务实的工作作风。围绕加强乡镇财政管理、干部队伍建设等重点问题，开展问题大讨论、思想大讨论、案例大讨论，在讨论中深化理解研究，找到解决方案。三是开展综合大培训。组织全县135名财务人员召开行政事业单位内控报告编报培训会，强化内部控制体系建设。组织23个乡镇开展财政支农政策培训，将13名机关相关股室负责人、业务精英分为4组展开业务培训，近2000名乡镇、村级干部接受培训。组织66名35岁以下财政干部进行"金算盘"人才库选拔考试，以考代训、以考促学，全面检验财政干部综合能力水平，选树23名优秀财政干部进入人才库管理。四是提升绩效管理。制定《桑植县财政局"绩效管理提升年"行动实施方案》，围绕提升财政政策效能、资金分配和使用效益、财税改革效果、财会监督效力、内部管理效率等五个方面26项工作要点明确时间、任务和责任股室。编制5期"绩效管理提升年"行动工作简报，组织全县128家预算单位完成2022年度部门整体支出和专项资金绩效自评工作及2023年绩效重点评价。

五、一以贯之防风险，夯实财政运行基础

牵头做好防范化解风险阻击仗工作专班，加强与其他责任单位的协作与联动，以推动任务目标如期实现。一是严防债务风险。实施"两控两化三统一"措施，即严控新增债务，严控财政支出增长规模，化解存量债务，化解到期债务还本压力，统一隐性债务还款资金来源，统一专项债券项目资金管理专户化，统一项目立项把关和调度，严防债务风险。二是严防运行风险。加强库款运行状况的监测分析，科学调度国库资金，合理确定支出次序，全年库款均保持安全合理水平。加强对"三保"预算执行监控，建立支出定期调度机制，压实"三保"支出责任，兜牢兜实基层"三保"底线，确保不出风险。持续推进往来资金清理工作，每季度定期督促统计，建立清理核销台账。三是严防廉政风险。深化纠治"四风"工作的系列文件精神，抓好节日期间纠正"四风"问题工作，做好过节提醒和廉洁教育工作，筑牢党员干部拒腐防变思想防线。深化惠民惠农财政补贴资金"一卡通"问题专项治理，通过座谈会、查阅资料、走访谈话对惠农补贴政策落实、资金管理使用情况进行全面核查，持续整治群众身边腐败和不正之风。

（湖南省张家界市桑植县财政局供稿　吴杨絮执笔）

益阳市

2023年，益阳市实现地区生产总值（GDP）2136.21亿元，同比增长（以下简称增长）3.4%。其中，第一产业增加值353.53亿元，增长3.5%；第二产业增加值931.25亿元，增长3.4%；第三产业增加值851.43亿元，增长3.2%。全年规模以上工业增加值增长3.3%。全社会固定资产投资（不含农户）增长6.8%。全市居民人均可支配收入31048元，增长4.9%。其中，城镇居民人均可支配收入39446元，增长3.6%；农村居民人均可支配收入23445元，增长6.1%。

2023年，全市完成地方一般公共预算收入106.4亿元，增长6.27%。其中，税收收入70.41亿元，增长5.45%；非税收入35.98亿元，增长7.9%，上级补助收入287.02亿元，债务转贷收入54.91亿元，动用预算稳定调节基金20.59亿元，调入资金28.52亿元，上年结转30.66亿元，收入合计528.1亿元。全市地方一般公共预算支出417.25亿元，加上上解上级9.72亿元，一般债务还本42.05亿元，补充预算稳定调节基金16.17亿元，调出资金2.43亿元，结转下年40.46亿元，支出合计528.1亿元。市本级完成地方一般公共预算收入36.8亿元，增长0.67%。其中，税收收入24.11亿元，同比下降（以下简称下降）3.97%；非税收入 12.69 亿元，增长 10.85%，上级补助收入 32.98 亿元，债务转贷收入 8.57 亿元，动用预算稳定调节基金 2.67 亿元，调入资金 3.63 亿元，上年结转 1.75 亿元，收入合计 86.41 亿元。市本级地方一般公共预算支出 72.38 亿元，上解上级支出-1.4 亿元，一般债务还本 5.9 亿元，结转下年 9.53 亿元，支出合计 86.41 亿元。

2023 年，全市完成政府性基金预算收入 52.18 亿元，下降 32.03%。全市政府性基金预算支出 102.97 亿元，下降 32.37%，调出资金 11.47 亿元，下降 35.41%。市本级完成政府性基金预算收入 19.54 亿元，下降 48.65%。市本级政府性基金预算支出 14.26 亿元，下降 16.92%。

2023 年，全市完成国有资本经营预算收入 2.05 亿元，增长 72.38%。全市国有资本经营预算支出 3224 万元，下降 25.82%，调出资金 2.12 亿元。市本级完成国有资本经营预算收入 1194 万元，增长 33.86%。市本级国有资本经营预算支出 715 万元，下降 0.69%，调出资金 358 万元。

2023 年，全市完成社会保险基金预算收入 117.33 亿元，下降 2.49%。全市社会保险基金预算支出 102.15 亿元，增长 1.16%，全年收支结余 15.18 亿元，累计滚存结余 111.1 亿元。市本级完成社会保险基金预算收入 59.83 亿元，下降 11.78%。市本级社会保险基金预算支出 54.03 亿元，下降 4.12%，全年收支结余 5.8 亿元，累计滚存结余 52.86 亿元。

一、挖潜增收，纵深推进财源建设

牢固树立"抓财源建设就是抓发展"的理念，加快培育财源，努力挖潜增收，2023 年全市全口径税收收入 134.22 亿元，增长 20.58%。发挥财政资金引领和带动作用。市县财政统筹安排产业扶持资金 7.86 亿元，重点支持电子信息、食品加工、装备制造、新材料、新能源五大战略性产业高质量发展。开展"三送三解三优"专项行动。继续落实减税降费退税政策，全市新增退、减、降、缓税费 16 亿元以上；强化财政金融联动，建立健全风险代偿补偿机制，充分利用财政资金撬动金融机构服务经济发展的能力。2023 年政府性融资担保新增服务企业 546 户、担保金额 21.1 亿元，有效支持企业发展。清理盘活国有"三资"。重点突破实物、债权、股权、特许经营权、未来收益权五类资产，在"资源变资产"上多方式、多路径突破，推动由实物形态向价值形态转变，把资源转换为资产。2023 年全市"三资"清查处置盘活总收益 230.13 亿元，已完成上缴国库收入 94.89 亿元。益阳市荣获省政府真抓实干实施财源建设工程成效明显地区；益阳市财政局荣获省政府打好"发展六仗"表现优异单位；国有"三资"清查处置、市县财政日常管理、乡镇财政管理、部门决算、人事教育统计以及经建、外经、农业等多项财政业务工作获得全省先进。

二、加力增效，提升财政治理效能

严格过"紧日子"。将过"紧日子"要求贯穿到财政管理的全过程，建立节约型财政保障机制。强化预算刚性约束，严禁超预算、无预算安排支出。节俭办一切事业，继续压减非刚性非重点支出，严控"三公"经费。加大结余结转资金回收力度，加强财政资金统筹整合。始终坚持"三保"的绝对优先顺序，"三保"得到有力保障；全力保障市委、市政府重大决策部署资金需求。积极向上争取资金支持，全市争取上级转移支付 287.02 亿元。强化绩效理念。聚焦当前财政管理中的短板和弱项，科学统筹当前与长远、需要与可能、效率与公平、发展与安全等重大关系，充分发挥绩效管理"指挥棒"和"风向标"作用。对财政重大专项和政府重大投资项目开展全周期跟踪问效，切实提高财政资金使用效益。2023 年，对 3 个实施期限超过一年的重大财政政策开展中期评估，对 10 个项目和 3 个部门整体支出开展财政重点绩效评价，评价金额 12.19 亿元。加强政府采购管理。严格要求各级预算单位通过预留份额、价格折扣等落实政府采购政策功能，支持中小微企业发展。市本级年初预留份额 16.69 亿元，中小微企业中标（成交）金额比例为 88.88%，充分发挥了政府采购支持中小微企业发展的政策功能。推动政府采购合同融资。全市实现政府采购合同融资 1230.2 万元。

三、节用裕民，全力保障民生支出

把持续增进民生福祉作为出发点和落脚点，以财政投入的力度提升民生保障温度。2023 年，全市民生类财政支出 336.88 亿元，占一般公共预算支出的比重达到 70% 以上。推动提升教育质量。教育支出 68.18 亿元。全市投入 43.07 亿元，落实义务教育财政支出责任，推进教育事业优质均衡发展。市级财政统筹资金 7 亿元，支持益阳师范高等专科学校、益阳职院社会培训基地、益阳医专康养人才培养示范化基地建设。支持健全社会保障体系。全市投入 61.92 亿元，保障养老、社会福利、残疾人、城乡低保、特困人员救助供养等民生政策落实到位，其中就业补助资金 2.84 亿元。全市卫生健康支出 47.45 亿元，其中 11.12 亿元用于加强基本医疗保障，2.28 亿元用于提高基层医疗卫生服务能力，2.5 亿元支持公立医院高质量发展，投入 3.39 亿元不断完善基本公共卫生服务投入机制，有序推进疫情防控"乙类乙管"政策落实落地。助力农业农村发展。全市投入财政衔接推进乡村振兴等专项资金 10.93 亿元，支持推进乡村全面振兴，确保粮食安全和不发生规模性返贫。市级安排环保专项资金 9.54 亿元，支持污染防治和生态环境改善。

四、守土有责，从严从紧防控风险

始终把打好防范化解风险阻击仗作为重点工作稳步推进，牢牢守住不发生系统性区域性风险底线。严禁新增政府隐性债务，严格程序、严肃把关、严密核实，逐个项目审核资金来源，坚决做到"无来源不立项"。对全市上报的 86 个政府性投资项目进行资金来源评估论证，通过 58 个项目，项目审减率 32.56%，审减投资额超42亿元。稳妥有序化解存量债务。成功争取财政部隐性债务风险化解试点，加快化解存量隐性债务，超额完成上报党中央、国务院累计化债任务。落实一揽子化债政策，积极对接金融机构，延长债务期限，降低债务利息，缓释到期隐性债务风险。积极争取专项债券。2023年全市新增专项债券限额48.73亿元，全部顺利发行，支持产业园区基础设施、农林水利等领域54个项目。加强平台公司综合治理。通过补充资金资产资源、补齐存量资产权证、依法承接政府投资项目建设业务等支持措施，推进平台公司市场化转型。全面加强财会监督。严格落实党中央、国务院《关于进一步加强财会监督工作的意见》和省委、省政府《关于进一步加强财会监督工作的实施方案》，推动财会监督与纪委监委、巡察、审计等各类监督贯通协同，形成合力。组织开展过"紧日子"专项督查、PPP项目清查整治、"三湘护农"等专项行动。

（湖南省益阳市财政局供稿　罗艳勤执笔）

资阳区

2023年，资阳区实现地区生产总值（GDP）226.26亿元，同比增长（以下简称增长）4%。其中，第一产业增加值30亿元，增长3.3%；第二产业增加值116.43亿元，增长4.5%；第三产业增加值79.83亿元，增长3.7%。全社会固定资产投资增长13.6%。全区居民人均可支配收入34780元，增长4.1%。其中，城镇居民人均可支配收入40965元，增长3.2%；农村居民人均可支配收入27504元，增长5.1%。

2023年，全区完成一般公共预算地方收入4.93亿元，增长8.11%。其中，税收收入2.57亿元，增长8.44%；非税收入2.36亿元，增长7.76%，上级补助24.38亿元，一般债务收入9.39亿元，动用预算稳定调节基金4.69亿元，调入资金0.2亿元，上年结转2.62亿元，收入合计46.21亿元。全区一般公共预算支出31.9亿元，加上上解支出1.32亿元，一般债务还本7.81亿元，补充预算稳定调节基金2.47亿元，调出资金0元，结转下年2.71亿元，支出合计46.21亿元。

2023年，全区完成政府性基金预算收入2.59亿元，增长82.39%。全区政府性基金预算支出14.55亿元，调出资金（调入一般公共预算）0元，增长0。

2023年，全区完成国有资本经营预算收入0元，增长0。全区国有资本经营预算支出0元，调出资金（调入一般公共预算）0元，增长0。

2023年，全区完成社会保险基金预算收入5.18亿元，增长0.58%。全区社会保险基金预算支出4.72亿元，全年收支结余0.46亿元，累计滚存结余4.11亿元，增长12.6%。

一、强化资金支撑，推进高质量发展

预算安排4344万元用于支持产业发展。一是加快主导产业发展。围绕PCB产业延链、补链、强链精准招商，扩增量。全年共引进PCB及相关配套企业共8个，其中产值3亿元以上PCB制造企业5家。产业集群效果进一步凸显，朝着打造中国PCB"第三极"目标稳步迈进。二是壮大骨干税源企业。加大资金投入，强存量。累计拨付本级和上级企业补助资金6409万元，扶持奥士康等重点企业做大做强。实施工业企业入规专项行动，对入库企业进行重点扶持和跟踪服务，动态掌握入库企业情况。继续深入落实骨干税源企业上台阶行动方案，年度纳税200万以上企业75家，纳税500万以上企业38家。三是提升园区发展质量。以"五好"园区建设为抓手，明确了"一主一特"的发展思路，以电子电路板为主导产业，以装备制造为特色产业，以食品加工为优势产业，辅以新材料、新能源等新兴产业。积极推进调区扩区工作，拟调入新材料产业园及周边、电子产业园核准范围以北不涉及基本农田的区域共约4.49平方公里。对15宗约735.05亩"三地"编制"一园一策"，预计完成50%的任务。同时，园区共梳理13家企业600余亩闲置土地；梳理9家企业约2万平方米闲置厂房，已重新出租约1万平方米。园区亩均税收完成12.2万元，进度103.65%，超额完成全年目标。四是加快国有"三资"清查处置。规范国有资产管理，本着不浪费、少闲置的宗旨，明晰权属，通过账、卡、物全面清理、核对，清理闲置的房屋、土地资产，规范闲置资产管理，提高闲置资产使用率，将闲置资产调剂、依规转让给利用率高的单位，合理利用国有资产，土地资产、房屋资产、车辆资产三类重点资产使用率平均高于95%。有效盘活资源，完成对三个渔场经营权公开拍卖，拍卖价值1.91亿元，板岩矿出让收入3060万元，进一步增强了财政统筹能力。盘活财政存量资金6200万元，提高资金使用效率。

二、优化基本公共服务，切实保障民生民利

心怀"国之大者"，始终将民生支出放在财政支出的优先位置，确保民生支出占一般公共预算支出比重稳定在75%以上。一是健全广覆盖社会保障体系。稳步提高社会救助保障标准，城市低保标准提高到650元/月，农村低保标准提高到5016元/年，困难残疾人生活补贴和重度残疾人护理补贴标准均提高到80元/人·月。全年共发放城乡低保资金、城乡特困资金、临时性救助资金、困难残疾人"两项补贴"、重度残疾人生活补贴资金等7757万元，受益26.01万人次。及时拨付资金支持稳岗就业，举办57期职业技能培训班，培训学员2524人次；帮助下岗失业人员实现再就业1980人；帮助就业困难对象实现就业627人。城镇登记失业率为1.63%。全年社会保障和就业保障支出5.51亿元。二是推动建设高质量教育体系。不断优化农村学校基本办学条件，投入2080万元完成3所"两类学校"建设。提高乡镇寄宿制学校和乡村小规模学校建设标准，优化整合2所小规模学校。安排3000万元用于三益小学、石码头小学等城区学校提质扩容。统筹资金巩固"民转公"成果，3所民办义务教育学校收回公办，增加公办义务教育学位2288个。"教育大计，教师为本"，足额安排预算，满足教师待遇、教师培养等方面资金需求，全年补充教师102人、送培公费师范生52人。落实中小学教师工资待遇不低于公务员平均工资水平要求；持续实施乡村教师岗位补助；落实公办幼儿园教师工资待遇；实施乡镇学校教师人才津贴，落实农村教师待遇高于城区教师待遇政策。加大保障性住房供应力度，对益阳市第六中学原住宿楼进行维修改造，解决教师队伍住房难问题。全年教育支出4.92亿元。三是构建立体式医疗服务体系。安排公立医院改革资金400万元，持续推进探索区域内公立医院和基层医疗卫生机构资源整合及特色管理模式。安排300万元支持医院特色专科建设，安排2000万元加快资阳区第二人民医院项目建设，提升全区医疗救治能力。推动全区分级诊疗建设和医共体建设持续发展，益阳市中医医院与张家塞乡卫生院建立紧密型医共体关系，正在推进与长春镇香铺仑卫生院医共体建设。扎实推进乡村医生等级评定试点工作，全区认定符合评定条件的村医122名，实现村级卫生室医保定点全覆盖。积极开展农村适龄和城镇低保适龄妇女"两癌"免费检查工作，完成"两癌"免费筛查4018人，超额完成既定目标任务。全年卫生健康支出3.2亿元。四是完善多层次住房保障体系。发放住房租赁补贴4698人次共143万元，确保低收入家庭"有所居""住得起"。拨付资金1587万元，改造老旧小区19个。继续实施中心城区购房补贴，拨付资金555万元，引导有需求的市民改善住房条件。全年保障性住房支出1.26亿元。五是发展有特色文旅事业。投入38万元，完成社区群众文化活动中心、图书馆总分馆、新桥河镇月塘湾标准化文化广场建设任务；正在推进张家塞、茈湖口两个乡镇文化活动中心项目建设，全区公共文化基础设施总面积达到137余万平方米，增长20.76%。有序建设城市文化休闲场地，新建新兴街、莲花塘2个游园，面积4700平方米。落实资金，常态化开展送戏下乡、送书下乡、送非遗下乡等活动，开展文化下乡活动60余场。加大资金投入，支持木槿产业发展，推进全区三次产业融合。全年文化支出2387万元。

三、控增量、减存量，有效防范地方政府债务风险

一是坚持无资金来源不立项，严控政府债务规模。按照《关于优化调整政府性投资项目决策管理有关事项的通知》《益阳市县级重大投资项目资金来源评估论证实施细则》等文件精神，从严从紧对立项项目进行可行性论证，严把资金来源审核关，从源头防范债务风险。二是精准把控、动态监测债务风险。提前三个月进行还本付息调度，实现债务风险"早发现、早预警、早处置"；每月开展债务统计和债务率测算工作，做到心中有数。三是按计划化解隐性债务存量。将全年化债任务分解到月、到单位、到项目。持续推进隐性债务化解工作，坚决完成上报党中央、国务院任务目标，确保地方债务风险等级稳定在合理区间。

四、推进乡村振兴，增强区域发展平衡性协调性

一是全方位夯实粮食安全根基。坚决把耕地保有量和永久基本农田保护目标任务足额带位置落实到位。2023年投入3543万元扎实推进区内高标准农田建设项目，稳步提高农田综合质量，投入713万元用于耕地轮作休耕，做到永久基本农田重点用于粮食生产，高标准农田原则上基本用于粮食生产。二是巩固拓展脱贫攻坚成果。积极筹措资金投入乡村振兴发展，对照国家脱贫攻坚成果后评估要求，扎实做好有效衔接工作。保持过渡期各项帮扶政策稳定，继续扎实做好脱贫人口小额信贷工作，推动脱贫帮扶政策落地见效、脱贫人口持续增收，全年乡村振兴投入8268万元。三是推进宜居宜业和美乡村建设。继续推进农村改厕工作，投入改厕资金1012万元，用于3082个农村户厕的新建和6957个问题厕所的改建，全力改善农村环境、提高农民生活品质。发展绿色农业，投入农业资源保护修复与利用资金170万元，加强受污染耕地安全利用，开展测土配方施肥、持续推进化肥农药减量增效，发挥好绿色种养循环农业机制的长效管护作用。全年农林水支出6.94亿元。

五、深化财政改革，提高财政管理水平

资阳区财政改革工作连续多年获省、市肯定，财政管理不断规范。一是严格落实政府过"紧日子"要求。把牢预算管理、资产配置、政府采购等关口，当好"铁公鸡"、打好"铁算盘"，一般性支出持续压减，建立节约型财政保障机制。二是积极打造国库集中支付管理新模式。2023年进入国库集中支付流程的单位79家，代理支付银行7家，国库集中支付资金39.96亿元，办理支付3万余笔。三是进一步规范财评流程。发挥评审作用，服务财政管理和改革。共评审项目176个，送审总金额20.51亿元，审定金额17.94亿元，净审减额2.57亿元，净审减率12.53%。四是实现政府采购项目全方位监管。2023年度政府采购限额标准以上的招投标项目55个，预算金额3.69亿元，实际采购金额3.59亿元。限额标准以下的采购项目主要在电子卖场进行，2023年度交易订单数9289笔，交易额2.1亿元。五是强化预算绩效管理。聚焦区委区政府中心工作，关注重点民生，选取2022年度7个项目进行事后评价、2023年度3个项目进行事前评估，提升财政资金使用效益，将评价评估结果与预算安排挂钩。六是加强财会监督职能。贯彻落实《关于进一步加强财会监督工作的意见》，选取5家行政事业单位、2家代理记账机构及1家企业开展会计信息质量专项检查；采取自查自纠、重点抽查、全面检查等方式，对全区惠农补贴发放管理进行深度检查和剖析，注重整改实效，整章建制，确保问题不反弹。

（湖南省益阳市资阳区财政局供稿　徐景佳执笔）

赫山区

2023年，赫山区实现地区生产总值（GDP）479.51亿元，同比增长（以下简称增长）1.45%。其中，第一产业增加值0.49亿元，增长0.93%；第二产业减少值2.94亿元，同比下降（以下简称下降）1.19%；第三产业增加值9.29亿元，增长5.33%。城镇居民人均可支配收入49732元，增长3.7%；农村居民人均可支配收入28568元，增长7.07%。

2023年，全县完成一般公共预算地方收入11.27亿元，增长24.39%。其中，税收收入7.75亿元，增长32.02%；非税收入3.51亿元，增长10.03%，中央补助44.87亿元，一般债务收入4.84亿元，动用预算稳定调节基金5.75亿元，调入资金3.23亿元，上年结转4.68亿元，收入合计74.65亿元。全市一般公共预算支出58.32亿元，加上上解中央1.91亿元，一般债务还本3.33亿元，补充预算稳定调节基金5.74亿元，调出资金0.19亿元，结转下年5.15亿元，支出合计74.65亿元。

2023年，全县完成政府性基金预算收入5.81亿元，增长119.24%。全县政府性基金预算支出11.58亿元，调出资金（调入一般公共预算）0.19亿元。

2023年，全县完成国有资本经营预算收入0.1亿元，下降77.78%。全县国有资本经营预算支出0.01亿元，调出资金（调入一般公共预算）0.3亿元，增长500%。

2023年，全县完成社会保险基金预算收入12.60亿元，增长19.77%。全县社会保险基金预算支出8.46亿元，全年收支结余4.14亿元，累计滚存结余14.05亿元，增长38.69%。

一、全力保障民生支出，助力产业高质量发展

2023年，财政部门集中财力支持经济社会发展重点领域和关键环节，保运转、保民生、促发展，为经济社会健康稳定发展提供有力的资金支持。一是推进乡村振兴，巩固脱贫攻坚成果。优先保障农业农村投入，支持力度稳中有升，农林水支出超8亿元，比上年增加1600万元。拨付乡村振兴衔接资金1.15亿元，从土地出让收入中计提乡村振兴资金3480万元用于农业农村，高标准农田建设资金2亿元，绿色种养循环农业试点、受污染耕地安全利用等农业专项资金5412万元，畜牧无害化处理补贴及畜牧专项资金1364万元，农机具购置补贴及农机专项资金1613万元，水利专项资金9349万元，移民专项资金1401万元。规范发放耕地地力保护补贴、稻谷目标价格补贴、种粮农民一次性补贴资金1.39亿元，保障粮食安全及种粮积极性。二是聚焦污染防治，推动生态环境改善。投入环保资金1.53亿元，支持生态环境治理。安排重点生态保护修复治理资金4571万元，实施山水田林湖草沙一体化修复和保护工程中央试点项目。安排土壤污染防治资金2448万元，开展赫山区典型历史遗留矿山下游灌溉沟渠重金属污染治理；安排资金1600万元用于乡镇污水处理设施和配套管网建设；安排水污染防治资金5675万元，相继启动志溪河流域矿涌（渗）水风险管控项目、30处千人以上水源地保护与问题整治、岳家桥镇泉交河流域水环境综合治理工程。投入资金780万元，实施兰溪河沿岸片区农村生活污水治理和曾家坝排口生活污水整治。拨付林业改革发展和生态保护修复资金1368万元，扩大森林面积，提升森林质量，发挥森林生态效益，促进自然环境更加美丽和谐。

二、狠抓财政管理改革，提升财政治理效能

一是硬化预算刚性约束，压减一般性支出，严控"三公"经费。二是加强预算绩效管理，组织全区所有预算单位进行绩效自评，选取8个专项和1家单位开展重点评价，涉及资金1.88亿元。三是提高财政资金使用透明度，规范细化预决算公开。严格规范国库管理，库款保障有力。严把国库集中支付关口，全年办理支付业务超过16万笔，支付资金超55亿元。四是开展财会监督，加强与纪检、巡察、审计部门联动，形成监督合力。五是推进惠民惠农财政补贴资金"一卡通"阳光审批系统建设，建立健全"财政搭台、部门负责、纪委监督、分级实施、数据共享"工作机制。六是完善政府采购管理，采购范围不断扩大，采购规模保持稳步增长势头。七是强化政府投资控制，全年共完成投资评审项目近600个，送审预算金额近17亿元，评结项目近580个，评结预算金额近16亿元，综合审减率约15%。

三、夯实"财源建设"基础，做好"财政改革"文章

全年完成全口径税收35.6亿元，同比增加4.23亿元，增长13.5%。完成制造业税收收入7.92亿元，同比增加1.93亿元，增长32.23%，占全口径税收比重22.26%，比上年提升3.16个百分点。完成年纳税200万元以上企业153户，为年度任务140户的109.28%，增长14.18%；完成年纳税500万元以上企业69户，为年度任务69户的100%，增长7.81%；全区2023年新引进三个"三类500强"企业：一是益阳琛泰新能源有限责任公司，二是益阳市晶步新能源有限公司，三是益阳市赫山区广能新能源有限公司。赫山区龙岭产业开发区全年完成税收11.45亿元（上报省统计平台），园区实际开发面积7266亩，亩均税收15.76万元，（上年12.6万元/亩）增长25.08%。上报全年盘活"三资"再利用账面总额81.54亿元，完成盘活收益入库12.85亿元。赫山区在2023年全省财源建设培训会上作书面发言。在省工作简报发表信息五篇，在市工作简报发表信息六篇，打造税费精诚共治应用场景在全省推广。

四、抓住"债务化解"关键，提升风险防范能力

地方政府全口径债务分为政府债务、隐性债务、关注类债务和经营性债务四类，政府偿债责任递减。管理思路为：扩大政府债务稳定投资，清零隐性债务降低风险，消化关注类债务减轻负担，科学举借经营性债务加速转型。截至12月末，全区全口径债务余额为195.72亿元，包括政府债务62.87亿元、隐性债务29.21亿元、关注类债务7.26亿元和经营性债务96.38亿元。举债主体主要为区人民政府、龙岭投公司、区城投集团和第三人民医院等。

加强债务管理，防范化解地方债务风险。首先，严格控制债务增量，遵循省政府文件要求，建立投资联审、资金来源论证、跟踪审计监督等机制，无资金来源不得立项。其次，积极化解债务存量，根据党中央、国务院文件精神，细化赫山区防范化解地方债务风险实施方案，通过统筹预算资金、压减支出和盘活存量资产资源等方式筹集资金，明确化债目标和期限，逐步消化债务存量，确保到期债务如期偿还。

（湖南省益阳市赫山区财政局供稿　曹琬苓执笔）

南　县

2023年，南县实现地区生产总值（GDP）280.62亿元，同比增长（以下简称增长）4.1%。其中，第一产业增加值68.12亿元，增长3.5%；第二产业增加值82.75亿元，增长6.0%；第三产业增加值129.75亿元，增长3.3%。全县居民人均可支配收入30476元，增长4.3%。其中，城镇居民人均可支配收入38400元，增长3.3%；农村居民人均可支配收入24100元，增长5%。

2023年，南县完成一般公共预算地方收入8.22亿元，增长7.73%。其中，税收收入6.52亿元，增长8.49%；非税收入1.70亿元，增长4.94%，一般债务转贷收入4.46亿元，动用预算稳定调节基金0.24亿元，调入资金7.33亿元，上年结转1.13亿元，收入合计56.07亿元。

2023年，全县完成政府性基金预算收入5.23亿元，同比下降（以下简称下降）11.05%。全县政府性基金预算支出14.5亿元，调出资金（调入一般公共预算）2.73亿元，增长13.1%。

2023年，全县完成国有资本经营预算收入0.5亿元，增长38.89%。全县国有资本经营预算支出31万元，调出资金（调入一般公共预算）0.67亿元。

2023年，全县完成社会保险基金预算收入8.6亿元，增长11.69%。全县社会保险基金预算支出7.68亿元，全年收支结余0.92亿元，累计滚存结余8.38亿元，增长8.02%。

一、财源建设实现"新"的突破

一是宣传更有力。继2022年"财源建设大家谈"之后，2023年南县创新性推出了"财源之道"栏目6期，通过聚焦热点、讲述故事、交流经验等方式互促互进，全县上下在财源建设宣传、实践和总结推广等方面的力度达到全新高度，全年在省、市财源建设简报发表信息11篇，居全市首位。二是氛围更浓厚。成功邀请省税政法规处处长郭建华为全体县级领导和部门、乡镇班子成员授课，从上至下培树"财源建设没有旁观者"和"抓财源就是抓发展"理念。强化年度财源建设考核执行，在高激励的刺激下部门和乡镇的参与积极性空前高涨，形成了齐抓共管、同心协力的良好局面和浓厚氛围，乡镇税收突破4800万元，增长72%。三是亮点更突出。南

县财源办扎实开展"税务+"系列工作，各类专项行动累计入库税收突破4200万元，长效机制的建立健全助推部分"补缴税收"成为"稳定税源"，南县税费精诚共治经验获省税务局高度认可，南县税务局在2023年全省怀化现场会上代表县市区作典型发言。四是成效更显著。南县骨干税源企业户数、园区亩均税收、税收占GDP比重、重点税种提升、"三资盘活"等各项指标均取得优异成绩，全省县市区综合评价排位进入前12强。

二、债务风险实现"稳"的防控

一是严厉压实责任。主动扛牢打好"发展六仗"责任，坚持将"谁家孩子谁家抱"原则贯穿债务工作始终，先后提请常务县长、县长、书记组织召开专题会议11次，进行专项研究部署，确保了各方责任层层压实到位，部门单位从思想上、政治上、行动上凝聚了高度统一，债务存量得到稳妥化解。二是严守政策"红线"。充分利用县委常委会、财经委员会、债务专题会等会议为载体，组织县委班子、县政府班子、相关部门单位系统学习了过"紧日子"、防范化解地方债务风险等系列政策文件，教育引导领导干部时刻保持清醒头脑，牢固树立和践行正确政绩观，各项工作推进绝不触碰"新增一分政府隐性债务"的纪律"红线"，有力稳住了债务工作"方向盘"，债务风险等级由橙色降为黄色。三是严格落实机制。结合地方实际，先后研究出台《南县人民政府关于促进国有企业转型发展的指导意见》《南县人民政府关于加强县属国有企业监督管理的若干措施》《南县重大政府投资项目资金来源评估论证实施细则》等规章制度，制度化、规范化管理体系日益健全。创新推出"三个三"债务风险防控化解机制，科学用好"六个一批"政策，确保债务工作按既定目标有序推进。四是严禁负面清单。根据上级有关文件精神，对政府投资立项实行负面清单管理，从严从紧控制项目建设数量和规模，对财政支出项目、县属国有企业融资行为进行严格审核把关，未经审核或超越本级财政承受能力的项目坚决不予立项，对建设资金来源不明确、不确定或地方配套资金不落实的不列入年度政府投资计划，真真切切做到量力而行。

三、综合管理实现"进"的飞跃

一是"三保"优先有高度。研究出台《关于进一步落实过紧日子要求确保财政平稳运行的实施方案》，修订完善《南县财政性资金使用审批办法》，对一般性支出、专项支出进行持续压减，统筹一切资源优先保证"三保"支出需求，每月提前预留下月"三保"资金，库款保障率确保在0.3-0.8的合理区间，单位工资在每月10日左右发放，单位社保在每月18日前申报缴纳，各项民生实事落实落细，以有为财政践行为民初心。二是预算执行有进度。聚焦全年财政重点支出目标，严格执行"先有预算、再有指标、后有支出"原则，按月分解支出任务，及时依合同约定和项目进度足额拨付资金，努力提升财政资金支付效率和使用效益。加大项目前期谋划、储备、支出执行等环节督导力度，从严压实预算执行单位主体责任，对支出进度偏慢的单位，及时采取应对措施，严禁无预算、超预算拨付资金，多措并举保证预算执行时效性，助推该项工作常居全省领先梯队。三是惠企惠民有温度。以助力实体经济发展为重点，安排产业发展资金2.02亿元，落实留抵退税和税费减免1.9亿元，撬动金融机构制造业放贷11.1亿元，帮扶工业企业做大做强做优；争取上级专项近1000万元，支持15家企业科技创新，打牢高质量发展根基。争取专项债券11.27亿元，集中支持稻虾全产业链打造、老旧标准厂房改造、仓储冷链及配套基础设施建设等10个重点项目，为扩投资、稳增长注入强劲动力。安排财政资金550万元，举办招聘会12场、政府补贴性职业技能培训2399人、创业培训774人，千方百计稳市场主体、稳就业。四是支农惠农有热度。坚持把办好暖民心、解民忧、惠民生的实事作为工作的出发点和落脚点，投入农林水支出8.71亿元，完善农业基础设施，改善农村生态环境，加快推进山水林田湖草沙一体化保护等生态修复工程；整合投入财政资金8491万元，支持村级集体经济、新型农业经营主体、农作物种养等乡村振兴产业加速发展。统筹安排1.74亿元，兜牢困难群体最低生活保障，帮助3.8万余名困难人员解决医保难题，资助10129人次寒门学子就学。投入保障性安居工程资金3.37亿元，推动26个薄弱学校换"新颜"、2146户家庭住有"优居"。132家行政村卫生室、109家非建制村卫生室全部纳入医保定点范围，群众看病就医更加方便实惠；常态化开展"送戏下乡"、全民阅读、地花鼓展演等文化惠民活动，公共文化服务供给能力持续提升。五是国资管理有精度。充分用好"用、售、租、融"四字诀，强化"三资"管理，各类资产资源实现收入4.56亿元。严格执行《南县县属国有不动产管理办法》，分类规范登记不动产产权证481本、新增办理18本；建立"一物一卡一码"资产条码，梳理行政事业单位拟核销类资产信息2360条；优先将部分闲置资产资源调剂给7家县直单位使用，市场化方式处置年限业务用车15台、"招拍挂"盘活闲置国有土地10宗、盘活短期内不宜出售变现的经营性资产120宗，资产管理更加精准高效。以市场化理念推进县属国有企业转型，加大资产资源注入，帮助其在文旅、新能源、特许经营权等领域探索多元化经营方式，增强其造血能力、市场竞争力、风险抵抗力，其中"光伏发电项目"获新华社专条推介，浏览量达58.1万人次。六是改革攻坚有深度。推行协同联动机制，比照"实施方案"，精准推动预算管理一体化改革日臻完善，其推广应用工作位列全市第一、全省前茅，预决算公开工作排名全省第四位。着力培育"公平、公正、公开"市场采购环境，"电子卖场"平台交易突破14270笔3.95亿元，交易额增长309%；完成限额标准以上项目采购3.71亿元，节约财政资金2070万元。不断创新财政投资评审方式方法，积极推行"初审、复核、审定、现场抽查"四级评审机制，从严评审项目200个，现场钻孔抽样1072处，审减不合理资金3.93亿元。创新"三全"为导向的"1+X"预算绩效管理体系，推动"绩效管理提升年"行动实施有效，县本级预算项目、部门整体支出全部实行绩效自评，26个项目开展重点评价，下达"整改意见函"16份，整改规范部门整体类问题15个、项目（政策）类问题40个。先后制定PPP项目"清查整治方案""规范实施方案""重点核查问题整改方案""存量项目分类处理方案"等系列规章制度，整改规范问题6项，PPP项目运行更加科学规范。结合村级财务管理现状，联合县委组织部、农业农村局研究印发了《南县农村集体经济组织财务管理实施办法》，对10个方面23条细则进行了明确规范，为村级集体经济健康发展"保驾护航"。七是财会监督有力度。印发《关于进一步加强财会监督工作的实施方案》《南县财会监督联动工作机制方案》，积极构建财会监督与审计检查、巡视巡察、纪检监察监督贯通联动机制，重点监督领域由7个扩展至14个。创新推行内部各业务股室财会监督分线指导法，有效解决人员少、覆盖面小、威慑力不足等问题；综合运用"线上+线下""日常监督+专项监督""检查+调研"等方式，加强事前、事中、事后监督，先后重点监督检查部门单位5个，"三公"经费抽查部门单位21个，延伸检查乡镇站所与行政村33次，"驻场麻雀式解剖"麻河口镇官正坑村惠民补贴资金，下达"事中整改意见函"18份，整改规范问题137个，查处违纪违规资金256.82万元。围绕财政业务、财务管理、会计行为等，建立财会监督清单，分行业分类别实施财会监督检查三年全覆盖行动，每周梳理县直预算单位违规支出事项，发现违规线索及时提示预警，用信息化手段提升监督效能，让财经纪律成为财政财务管理的"紧箍咒"。八是调查研究有角度。深入贯彻习近平总书记关于"调查研究是谋事之基、成事之道"的重要论述，鼓励各股室立足工作实际，选取切合当前财政工作形势的课题，深入开展调查研究活动，深度挖掘解剖工作中的亮点、难点、痛点问题，积极主动走访一线问计问需，探寻更加高效的财政财务管理方法，并及时梳理总结工作经验向各级媒体踊跃投稿，在助推财政工作争先进位的同时，对外充分展示了南县财政良好形象，全年在各级媒体上稿130余篇，其中"三资"盘活、乡村振兴、债务风险防控、绩效管理等多项工作获新华社、《中国财政》、《中国财经报》、财政部官网等主流媒体推介。

（湖南省益阳市南县财政局供稿　彭峰执笔）

桃江县

2023年，桃江县实现地区生产总值（GDP）321.04亿元，同比增长（以下简称增长）1.5%。其中，第一产业增加值51.09亿元，增长3.4%；第二产业增加值149.37亿元，同比下降（以下简称下降）0.9%；第三产业增加值120.57亿元，增长3.5%。全县居民人均可支配收入29833元，比上年增长4.6%。其中，城镇居民人均可支配收入39430元，增长2.8%；农村居民人均可支配收入22769元，增长6.1%。

2023年，全县完成一般公共预算地方收入10.93亿元，增长9.25%。其中，税收收入7.69亿元，增长9.75%；非税收入3.24亿元，增长8.08%，中央补助42.32亿元，一般债务转贷收入3.53亿元，动用预算稳定调节基金4亿元，调入资金4.48亿元，上年结转5.24亿元，收入合计70.5亿元。全县一般公共预算支出56.44亿元，加上上解上级支出1.01亿元，一般债务还本2.23亿元，补充预算稳定调节基金6亿元，结转下年4.82亿元，支出合计70.5亿元。

2023年，全县完成政府性基金预算收入4.39亿元，下降28.62%。全县政府性基金预算支出15.95亿元，调出资金（调入一般公共预算）2.7亿元，支出增长6.26%。

2023年，全县完成国有资本经营预算收入1亿元，增长100%。全县国有资本经营预算支出0.01亿元，调出资金（调入一般公共预算）0.99亿元，支出增长100%。

2023年，全县完成社会保险基金预算收入10.09亿元，增长2.44%。全县社会保险基金预算支出8.68亿元，全年收支结余1.41亿元，累计滚存结余10.9亿元，支出增长7.96%。

一、夯实"稳"的基础，财政收入量质齐升

一是全面推进"产业财源培育年"。继续推进财源建设"百十亿"工程，大力开展"产业财源培育年"活动，形成县域、行业主管部门、园区、乡镇四级骨干税源企业帮扶长效机制。二是助推园区"提档升级"。将省级园区作为财源建设的主战场，全力推动两大省级园区提质增效，2023年税收规模有较大幅度提升，全年完成地方财政收入10.93亿元，增长9.25%，税收占比上升0.32个百分点。三是激活特色产业新动能。紧紧围绕竹旅文体康产业融合发展2023年"十大工程",全面推进基地建设、基础设施配套、科技创新、园区建设、品牌培育等年度目标任务,培育财源增长点。四是稳固骨干企业和支柱税源。加大招商引资和重点项目推进力度,培育新兴财源和后续财源。2023年,桃江县纳税200万元以上骨干税源企业达到100家,财源建设成效显著。

二、激发"进"的态势,推动经济发展可持续

一是稳步推进乡村振兴。全县全年投入财政衔接资金1.09亿元,支持307个农村基础设施项目建设。统筹整合农村公益事业建设奖补资金,落实《桃江县农村公路建设管理"以奖代补"试行办法》,实施公路硬化、窄路加宽。投入资金持续推进农村"厕所革命"。二是稳步开展"三资"清理盘活。制定清查处置闲置国有"三资"工作具体实施方案,"全领域、全口径、全覆盖"细致深入清查,县级建立国有"三资""总"台账,各单位建立"分"台账,全面摸清国有"三资"底数;严格规范处置程序,创新推行"书图表单"工作法,对每一宗拟处置的存量资产资源制定任务书、路线图、时间表、责任清单,实行"一宗一策"、动态管理,并强化考核激励、预算管理、部门协调、监督检查四大机制,确保清查处置工作规范高效落实。2023年完成"三资"处置盘活29.45亿元,平台资产归集完成82.9亿元,实现县级入库收入5.62亿元。三是不断强化债务管理。完善债务考核和化债激励办法,确保完成化债任务,并将债务风险防控纳入县对单位和乡镇绩效考核、年度审计重点范围。严禁新增隐性债务,严格控制关注类债务增长,防范化解债务风险激励约束机制更加健全。

三、担起"保"的责任,民生福祉不断改善

一是"三保"支出落实有力。预算编制严格按中央、省级"三保"保障范围和标准,足额安排人员经费、单位运转经费和基本民生支出,兜牢兜实"三保"底线。确保全年工资按月由县工资中心准时发放,并将公务员和事业单位工资津贴补贴全额纳入2024年预算。二是坚决落实过"紧日子"要求。优化支出结构,严控运行经费和一般性支出,大力压减非刚性、非重点和低效无效支出。实现全县人均公用经费压减20%,"三公"经费较上年下降5.6%。三是民生投入持续增长。以解决人民群众最关心最直接最现实的利益问题为重点,围绕"保增长、保民生、保稳定、促发展"目标要求,千方百计调度财政资金,科学合理安排财政支出,让公共财政的阳光照耀千家万户,使全县广大群众共享经济改革与发展成果。

四、加快"改"的步伐,财政管理不断提升

一是全面深化预算改革。强化预算刚性约束,坚持"无预算、不开支,有预算、少开支,非必要、不透支"的理念,除民生刚性支出外,原则上不追加其他支出,提升预算的针对性和有效性。二是创新资金监管方式。依托财政结余结转资金清理、直达资金监控等有效措施,财政资金支出进度不断加快,资金效益逐步提高。通过开展专项资金督查、"互联网+监督"等,财政资金保持平稳安全运行,有效杜绝财政资金廉政风险。三是切实提高预算执行水平。开展预算执行动态监控,严禁无预算超预算安排支出,杜绝违规举债,严控财政资金浪费,严格执行年度财政预决算和"三公"经费预决算公开。财政一体化管理模式持续优化,电子非税收入一般缴款书上线运行,"互联网+监督"、预决算公开、财政资金动态监控机制、财政支出绩效评价、行政事业单位内控报告编制等工作在保障资金安全、提高资金绩效等方面都发挥了重要作用。

(湖南省益阳市桃江县财政局供稿 易瑾执笔)

安化县

2023年,安化县实现地区生产总值(GDP)280.88亿元,同比增长(以下简称增长)3.59%。其中,第一产业增加值0.86亿元,增长1.54%;第二产业增加值2.85亿元,增长3.04%;第三产业增加值6.02亿元,增长4.95%。全县固定资产投资增长11.6%。全县居民人均可支配收入17506元,增长5.9%。其中,城镇居民人均可支配收入24716元,增长2.67%;农村居民人均可支配收入14076元,增长7.9%。

2023年,全县完成一般公共预算地方收入11.47亿元,增长8.46%。其中,税收收入8.32亿元,增长8.98%;非税收入3.15亿元,增长7.11%,中央补助51.99亿元,一般债务收入7.23亿元,动用预算稳定调节基金659万元,调入资金4.97亿元,上年结转4.79亿元,收入合计80.52亿元。全县一般公共预算支出68.93亿元,加上上解中央1.11亿元,一般债务还本4.8亿元,补充预算稳定调节基金0.01亿元,调出资金

0元，结转下年5.67亿元，支出合计80.52亿元。

2023年，全县完成政府性基金预算收入5.66亿元，同比下降（以下简称下降）2.35%。全县政府性基金预算支出11.22亿元，调出资金（调入一般公共预算）2.59亿元，增长98.56%。

2023年，全县完成国有资本经营预算收入0.09亿元，增长12.21%。全县国有资本经营预算支出55万元，调出资金（调入一般公共预算）0.091亿元，增长12.21%。

2023年，全县完成社会保险基金预算收入10.42亿元，增长6.92%。全县社会保险基金预算支出9.5亿元，全年收支结余9182万元，累计滚存结余9.59亿元，增长2.38%。

一、加强预算管理，提升预算执行效能

2023年全县地方一般公共预算收入完成11.47亿元，增长8.46%，累计完成全口径税收15.25亿元，增长1.64%。围绕重点领域、重大项目、重要任务加强财力保障，全县一般公共预算支出完成68.93亿元，下降3.35%。认真落实党政机关过紧日子要求，大力压减一般性支出和非刚性支出，精打细算、厉行节约，把有限的财政资金用在"刀刃"上。全县"三公"经费支出1894.49万元，比上年同期减少285.42万元，下降13.09%。落实常态化盘活存量资金制度，结余资金及连续两年未用完的结转资金全部清理收回，全县盘活存量资金0.2亿元，统筹使用0.13亿元，重点用于民生领域及重要任务落实。坚决守牢债务风险底线，全年化解缓释债务风险34.9亿元，未发生债务风险事件。

二、强化资金保障，竭力支持经济发展

深入把握国家和省市政策导向，找准发展需求契合点，主动汇报衔接，不失时机抓项目、争资金，争取到位各类资金60余亿元，其中财力性转移支付24.07亿元、专项转移支付26.47亿元、地方政府债券9.36亿元，有力保障了高质量发展。坚决扛起稳住经济大盘的政治责任，推动中央和省市稳经济一揽子政策措施落地见效，全年落实增值税留抵退税4000万元、减免"六税两费"2150万元，发放稳岗返还、一次性扩岗补助等120万元支持中小微企业，有力保障了实体经济平稳健康发展。加大财政科技投入，安排资金1.74亿元支持科技创新、基础研究、科学普及，加速科技成果转移转化应用。

三、聚焦重点工作，筑牢社会平安基石

建立财政库款常态化管理和阶段性监测机制，健全"三保"预算事前审核和事中监控机制，坚决兜牢兜实"三保"底线，全县"三保"支出47.68亿元，基本民生政策落实到位，机关事业单位人员工资按时足额发放，机构正常运转，未发生"三保"风险预警。深入推进"碳达峰碳中和"工作，投入资金3.8亿元，支持实有林生态保护补偿、石漠化综合治理、历史遗留矿山生态修复、污水处理、资江流域治理等重大生态项目。建立健全巩固拓展脱贫攻坚成果同乡村振兴有效衔接稳定增长机制，统筹财政资金8.67亿元，重点支持农村基础设施建设，持续改善农村人居环境，加快推进农业产业发展。安排资金0.8亿元，重点实施生态和地质灾害避险搬迁、安全生产预防及应急处险工作，全力保障受灾群众紧急转移安置和倒损住房恢复重建，确保受灾群众基本生活保障及干旱、洪涝等自然灾害和地质灾害处置到位。

四、加大民生投入，倾力增进民生福祉

始终把民生支出作为财政保障的重中之重，全力推动各项民生政策落地落实，民生支出占全年一般公共预算支出的比例达到82.94%，人民群众的获得感、幸福感、安全感持续增强。纵深推进优质均衡教育，确保教育支出"两个只增不减"，全面落实"双减"、学生资助、营养改善计划等各项教育政策，支持安化一中、安化二中徐特立体艺术馆项目、龙塘镇完小、梅城镇完小教学楼建设；支持清塘铺镇完小、烟溪镇完小、大福镇中学、长塘镇中学、苍场完小食堂项目等教育基础设施建成使用。统筹公共卫生体系建设和经济社会发展，安排1.58亿元专项债，加快建设中医院、妇幼保健院等公共卫生医疗中心。投入0.61亿元支持新冠疫情防控、结核病、艾滋病等重大疾病防控和国家免疫规划、农村孕产妇住院分娩、先心病筛查、两癌筛查等重点公共卫生项目建设。支出1.47亿元推动全域旅游业提质增效行动，推动全国文明城市创建。支出0.28亿元支持就业创业及职业技能培训。健全养老托幼等社会保障体系，持续提高城乡居民基本养老保险补助标准，累计发放困难群众救助、优抚资金2.62亿元。安排资金0.53亿元重点支持棚户区改造、老旧小区改造、加装电梯等保障性安居工程建设。

五、深化体制改革，全力打造"阳光财政"

稳步推进财政体制改革，加快建成全方位、全过程、全覆盖的预算绩效管理体系，逐步建立共性指标框架及分行业、分领域、分层次的核心绩效指标和标准体系，对预算部门实施整体支出、项目支出绩效目标设定、运行监控及结果自评，开展财政重点评价，不断提高财政资源配置效率和使用效益。强化政府采购监管，政府采购限额标准以上共实施项目135个，预算金额3.66亿元，中标金额3.49亿元，全面落实政府采购政策，中小微企业中标3.3亿元；推进政府采购全流程电子化交易，政府采购限额标准以下通过电子卖场进行采购金额6.77亿元，面向中小微企业采购5.85亿元，大力支持了中小微企业的发展。创新政府投资项目财政评审方式，评审项目130个、送审金额9.42亿元，核减投资额1.37亿元、核减率14.54%。深入开展财经秩序专项整治行动，加强"三公"经费等财政资金专项监督检查，及时公开预决算信息，加快预算管理一体化系统使用，完善国库集中支付管理制度，持续优化营商环境，全力构建依法依规、公开透明的"阳光财政"。

（湖南省益阳市安化县财政局供稿　邓文敏执笔）

沅江市

2023年，沅江市实现地区生产总值（GDP）301.67亿元，同比增长（以下简称增长）4.3%。其中，第一产业增加值76.2亿元，增长3.8%；第二产业增加值115.84亿元，增长5.5%；第三产业增加值109.63亿元，增长3.4%。全社会固定资产投资（不含农户）总额405.62亿元，增长13.6%。全市居民人均可支配收入35893元，增长4.9%。其中，城镇居民人均可支配收入29278元，增长4.1%；农村居民人均可支配收入26794元，增长5.2%。

2023年，全市完成一般公共预算地方收入14.92亿元，增长8.84%。其中，税收收入7.33亿元，增长11.05%；非税收入7.59亿元，增长6.79%，上级补助收入37.28亿元，债务转贷收入13.55亿元，动用预算稳定调节基金1.44亿元，调入资金0.33亿元，上年结转8.82亿元，收入合计76.35亿元。全市一般公共预算支出55.65亿元，加上上解上级1.13亿元，一般债务还本11.33亿元，补充预算稳定调节基金0.09亿元，调出资金0.33亿元，结转下年7.81亿元，支出合计76.35亿元。2023年，全市完成政府性基金预算收入6.6亿元，同比下降（以下简称下降）49.72%。全市政府性基金预算支出8.78亿元，调出资金（调入一般公共预算）0.33亿元，下降38.49%。

2023年，全市完成国有资本经营预算收入0元。全市国有资本经营预算支出0.0058亿元，调出资金（调入一般公共预算）0元。

2023年，全市完成社会保险基金预算收入9.43亿元，增长5.08%。全市社会保险基金预算支出8.09亿元，全年收支结余1.34亿元，累计滚存结余10.23亿元，增长12.74%。

一、广开源、深挖潜，财政收入实现稳步增长

一是多措并举组织收入。紧紧围绕市人大批准的收入目标任务，积极应对经济下行及减税降费政策等因素叠加影响，深入实施"三高四新"财源建设工程，扎实做好收入动态监控，持续强化收入征管，较好地完成了收入目标任务。全年完成地方一般公共预算收入14.92亿元，居益阳市第三位，其中完成地方税收收入7.33亿元，增长11.05%，居益阳市第一位。二是多管齐下挖潜增收。全面起底式清查全市国有资产资源家底，分类施策盘活闲置资产资源，全年完成盘活入库收益9.2亿元，居益阳市第一位。三是多策并用向上争资。全年争取各类财政资金47.94亿元（含专项债券1.1亿元、一般债券2.2亿元、再融资债券12.3亿元等），为全市经济和社会事业发展提供有力保障。四是多方并管盘活存量。加强财政资金动态监控，建立"定期清理、限期使用、超期收回"长效机制，通过对结转结余资金、实有账户资金清理，全市清理盘活存量资金1.12亿元，统筹用于"三保"支出和隐性债务还本。

二、巧施策、释动能，产业经济实现稳定发展

一是加强营商环境提档升级。研究出台《沅江市2023年税费精诚共治实施方案（试行）》，切实兑现各项惠企政策，坚决落实减税降费举措，做到应退尽退、不打折扣，全年兑现减税降费1778万元。严格落实《沅江市财政局关于进一步规范政府采购相关工作的通知》（沅财购〔2023〕3号），确保政府采购公平公正、公开透明，为市场主体营造公平竞争的市场环境，切实优化营商环境。二是助力市场主体纾困解难。用好用足各类普惠式金融政策工具，落实落细企业"白名单"管理制度，支持中小微企业健康发展，用"真金白银"帮助市场主体纾困解难、激发活力。其中仅"潇湘财银贷"已申请发放贷款企业29家，共发放贷款1.05亿元。三是聚力产业发展提质增效。全面推进骨干税源企业上台阶计划，大力推行财政奖补政策，助推产业增产增效，全市全年纳税500万元以上企业达43家。全年安排各类产业扶持专项资金3500万元，税收增量奖补资金414万元；兑现2022年全市产业发展奖补资金2864万元等。

三、保重点、抓统筹，民生福祉实现点面共进

一是着力优化支出结构。牢固树立过"紧日子"思想，研究出台《沅江市关于进一步落实过"紧日子"要求确保财政平稳运行的实施方案》《沅江市关于切实强化"三保"支出的通知》，坚持把保基本民生、保工资、保运转作为财政支出的优先方向，不断提高民生政策实效性和可持续性。全市全年"三保"支出为29.07亿元，占全年一般公共预算支出的53.21%。二是大力发展教育事业。全年教育支出为9.46亿元，增长0.57%。其中，拨付教育系统人员工资6.6亿元，足额保障教育系统人员工资及时发放；统筹8700万元改善教育基础设施和办学条件等。三是加力完善社保体系。全年拨付城乡居民基本养老保险财政补助资金1.72亿元，补助居民参保缴费和保障养老待遇发放；拨付各类医疗保险资金4.01亿元，推进城乡居民医保参保扩面；拨付各类优抚资金8451万元，落实优抚对象生活和医疗保障待遇，提高部分优抚对象抚恤和生活补助标准；拨付就业补助资金2896万元，提升公共就业服务水平。四是聚力推动乡村振兴。深入实施乡村振兴战略，以推进乡村建设为主抓手，持续加大"三农"投入。全市全年完成农林水总支出11.36亿元，增长0.49%；拨付各类乡村振兴补助资金1.13亿元。同时，支持"农信担"为新型农业经营主体提供融资担保服务，助推农业产业做大、做强、做优，截至目前，已实现融资1.08亿元，完成率为122.72%，位居益阳市第一位。

四、强举措、重实干，财政管理实现提档升级

一是预算绩效管理深入实施。以"绩效提升年"为抓手，将绩效理念和方法融入预算编制、执行和监督全过程，部门整体支出绩效管理全面推进，实现所有项目支出绩效目标和绩效自评全覆盖；全年对砂石执法工作等5个重点项目开展事前财政绩效评估，对9个部门整体支出、9个重点专项开展事中绩效评价，推动预算绩效管理提质增效，基本建成全方位、全过程、全覆盖的预算绩效管理体系。二是防范化解风险扎实有力。全面加强库款动态监控，及时掌握全市各预算单位收支及余额情况，强化资金调度，全市全年库款系数始终保持在0.3-0.8以内；严格落实偿债责任，积极稳妥、依法合规推进隐性债务化解，坚决遏制隐性债务增量。全市全年化解隐性债务5.05亿元，完成省厅下达目标任务4.7亿元的107%，综合债务率维持在合理区间，位居益阳市各区县市末位，债务风险总体可控。三是财政监督管理成效明显。加强直达资金监管，督促部门单位加快资金分配和使用，防止挤占挪用、沉淀闲置，有效发挥直达机制作用；健全完善惠民惠农补贴资金"一卡通"监管机制，全力推进阳光审批系统上线运行，着力规范惠农专项资金发放流程；全面加强专项债券项目资金监管，切实发挥专项债券资金使用效益；依法接受人大监督，压实审计整改责任，限时按项逐条落实整改要求，坚持当下改与长久立同步推进，及时向市人大常委会报告整改情况，不断提升财政管理水平和服务发展能力。

（湖南省益阳市沅江市财政局供稿　殷玉倩执笔）

大通湖区

2023年，大通湖区实现地区生产总值（GDP）43.6亿元，同比增长（以下简称增长）2.7%。其中，第一产业增加值15.62亿元，增长3.6%；第二产业增加值11.03亿元，增长1.1%；第三产业增加值16.96亿元，增长2.8%。全社会固定资产投资（不含农户）总额20.25亿元，增长10.5%。全区居民人均可支配收入29567元，增长4.1%。其中，城镇居民人均可支配收入37782元，增长3.1%；农村居民人均可支配收入22567元，增长4.9%。

2023年，全区完成一般公共预算地方收入2.54亿元，增长7.74%。其中，税收收入1.59亿元，增长9.69%；非税收入0.95亿元，增长4.59%，上级补助10.13亿元，一般债务收入1.39亿元，动用预算稳定调节基金1.13亿元，调入资金1.47亿元，上年结转0.94亿元，收入合计17.6亿元。全区一般公共预算支出13.72亿元，加上上解上级0.4亿元，一般债务还本1.02亿元，补充预算稳定调节基金1.64亿元，结转下年0.82亿元，支出合计17.6亿元。

2023年，全区完成政府性基金预算收入2.3亿元，同比下降（以下简称下降）35.12%。全区政府性基金预算支出3.44亿元，调出资金（调入一般公共预算）1.01亿元，下降43.83%。

2023年，全区完成国有资本经营预算收入0.15亿元，下降20.75%。全区国有资本经营预算支出0.15亿元，增长16.59%。

2023年，全区完成社会保险基金预算收入1.17亿元，增长7.4%。全区社会保险基金预算支出0.99亿元，全年收支结余0.18亿元，累计滚存结余0.99亿元，增长22.67%。

一、全力保障民生支出，助力产业高质量发展

一是加大民生投入力度。强化疫情防控资金保障。2023年安排新冠疫情防控专项经费1464.39万元，为疫情防控提供充足资金保障。累计投入资金1181.82万元用于提质改造乡镇卫生院、区人民医院重症救治能力、120急救平台建设。加大教育投入保障力度。全年共投入教育年度建设资金2206.1万元，其中近1534万元用于中小学学校校舍维修、基础设施设备配置等。投入672.1万元用于保障和支持学前教育发展，实现公办幼儿园占比达到59.21%，"入园难、入园贵"问题有效化解。二是夯实稳岗促产根基。支持职业技能培训，提高劳动者就业能力，全年开办职业技能培训班、创业培训班20期，培训776人次，共计发放培训补贴77.21万元。全年失业保险参保职工职业资格技能等级提升补贴2人，支出0.32万元。全年拨付促进实体经济高质量发展奖励资金、推进先进制造业高质量发展专项等资金33万元支持中小企业发展。三是赋能助推乡村振兴。支持农业农村发展，通过惠农补贴"一卡通"系统发放耕地地力保护补贴、农村低保金、残疾人"两项"补贴、医疗救助金等各类补贴98项，累计发放农户数107712户次，金额8562.2万元。加强脱贫地区农副产品采购管理，统筹做好"全国832个脱贫地区"农副产品预留采购份额和落实采购任务，全区拟预留采购份额10.50万元，交易总额10.97万元，超额完成任务。投入30万元建成1个以"生态美、村庄美、产业美、生活美、风尚美"为标准的美丽宜居村庄，力争改善农村人居环境，打造乡村振兴示范样板，指导河坝镇铭新村成功申报了2023年美丽乡村建设项目。

二、夯实"财源建设"基础，做好"财政改革"文章

一是着力加强财源培植。将实施财源建设工程作为"三高四新"战略落地见效，打好"发展六仗"的重要支撑。首先，抓收入优结构，不折不扣的调动全区力量和积极因素做好财政收入工作，做大财政"蛋糕"。同时调整结构，突出产业链招商，对不力发展因素及时"亮黄牌"，最大限度节流。全年新引进签约项目12个以上，新开工项目10个以上，新投产项目8个以上，新引进"三类500强"企业1家以上。其次，全面落实稳经济措施，抓机遇赋动能，财税部门与行业主管单位齐抓共管，推动税源培植，做好主要税种与骨干税源企业的税收征管，全区纳税500万元以上企业达12户。最后，推行税费精诚共治，积极探索运用"税务+"模式应用场景，编写大数据风险防控指标模型，筛选风险疑点，挖潜堵漏，应收尽收，共查补入库税款82.49万元。2023年度共完成全口径税收2.7亿元。二是推进国企市场化再改革。以转型为导向，推进国有企业市场化再改革，制定了《大通湖区国企改革三年行动实施方案（2020-2022年）》，督促监管企业结合自身实际制定国企改革行动方案。推进完善区管国企绩效考核评价体系，健全考核激励机制。促进建立健全现代企业制度，完善企业内部管理机制，完成企业改制重点攻坚工作，全面完成1家国有企业的公司制改革任务。

三、抓住"债务化解"关键，提升风险防范能力

一是聚焦化解隐性债务。严格执行化债实施方案，超额完成计划数。积极配合财政部湖南监管局对全区2023年隐性债务化解核查，进一步夯实隐性债务化解数据基础。二是严管控防债务风险。积极向上争取政府债券，做到隐性债务只减不增。坚决查处违法违规融资举债行为，发现一起、问责一起，责任倒查、终身负责，牢牢守住不发生系统性风险的底线。继续做好专项债券置换存量债务工作，改善债务结构、降低债务成本。三是积极申报政府债券。聚焦重点领域，积极申报专项债券项目，全年省财政厅下达全区2023年地方政府新增债券额度2.83亿元，其中专项债券2.46亿元，一般债券0.37亿元。

四、筑牢"财政管理"根本，提升服务经济效能

一是提升财政资金质效。扎实开展"一卡通"发放管理专项监督检查，成立益阳市大通湖区惠民惠农财政补贴资金"一卡通"问题专项监督检查工作领导小组，设立举报信箱和举报热线。二是发力盘活"三资"。全区拟盘活"三资"目标任务51.76亿元，其中盘活财政资金0.43亿元，盘活资产8.65亿元，盘活资源42.69亿元。主要来源于实物资产处置、资源资产化项目、特许经营权等，其中实现光伏、风电资源盘活收入36亿元（分25年实现）、国有资源有偿使用收入6.45亿元、农用地经营权出让收入7.62亿元、土地使用权出让收入1亿元。2023年，实现入库收益2.7亿元。三是持续优化政府采购营商环境。全面启用湖南省电子卖场，2023年完成6455笔交易，总额12556.40万元。提高政府采购透明度，推进采购项目、采购内容及需求概况、预算金额、预计采购时间等采购意向公开，采购单位公开采购意向信息74条。加强脱贫地区农副产品采购管理，统筹做好"全国832个脱贫地区"农副产品预留采购份额和落实采购任务，全区拟预留采购份额10.50万元，交易总额10.97万元。

（湖南省益阳市大通湖区财政局供稿　徐浩贤执笔）

郴州市

2023年，郴州市实现地区生产总值（GDP）3110.58亿元，同比增长（以下简称增长）5.0%。其中，第一产业增加值325.34亿元，增长3.8%；第二产业增加值1200.33亿元，增长6.3%；第三产业增加值1584.91亿元,增长4.2%。全年规模以上工业增加值增长7.1%。全社会固定资产投资(不含农户)增长7.3%。全市居民人均可支配收入33323元,增长5.4%。其中,城镇居民人均可支配收入44039元,增长3.9%;农村居民人均可支配收入22224元,增长7.1%。

2023年,全市完成一般公共预算地方收入188.03亿元,增长5.65%。其中,税收收入130.54亿元,增长3.55%;非税收入57.48亿元,增长10.73%,上级补助310.58亿元,一般债务(转贷)收入123.88亿元,动用预算稳定调节基金6.72亿元,调入资金69.66亿元,上年结转16.68亿元,收入合计715.54亿元。全市一般公共预算支出560.82亿元,加上上解上级9.51亿元,一般债务还本102.55亿元,补充预算稳定调节基金7.13亿元,调出资金1.42亿元,结转下年34.12亿元,支出合计715.54亿元。市本级完成一般公共预算地方收入57.53亿元,增长4.66%。其中,税收收入39.56亿元,增长4.66%;非税收入17.97亿元,增长4.66%,上级补助40.46亿元,一般债务(转贷)收入47.9亿元,动用预算稳定调节基金0.78亿元,调入资金12.05亿元,上年结转7.83亿元,收入合计166.55亿元。市本级一般公共预算支出111.41亿元,加上上解上级-1.52亿元,一般债务还本43.33亿元,补充预算稳定调节基金0.06亿元,调出资金1.1亿元,结转下年12.17亿元,支出合计166.55亿元。

2023年,全市完成政府性基金预算收入120.37亿元,同比下降(以下简称下降)23.56%。全市政府性基金预算支出205.26亿元,调出资金(调入一般公共预算)21.55亿元,下降37.1%。市本级完成政府性基金预算收入24.21亿元,下降51.96%。市本级政府性基金预算支出45.51亿元,调出资金(调入一般公共预算)1.88亿元,下降87.74%。

2023年,全市完成国有资本经营预算收入42.03亿元,增长80.62%。全市国有资本经营预算支出7.92亿元,调出资金(调入一般公共预算)32.35亿元,增长133.07%。市本级完成国有资本经营预算收入9.11亿元,增长1880.43%。市本级国有资本经营预算支出0.49亿元,调出资金(调入一般公共预算)8.62亿元,增长3092.59%。

2023年,全市完成社会保险基金预算收入124.27亿元,增长6.04%。全市社会保险基金预算支出111.92亿元,全年收支结余12.35亿元,累计滚存结余125.35亿元,增长1.93%。市本级社会保险基金预算收入73.67亿元,增长3.08%。市本级社会保险基金预算支出66.33亿元,全年收支结余7.34亿元,累计滚存结余76.29亿元,增长0.59%。

一、抓实财源建设,财政收入实现"三提"

实施"财源建设"三年行动计划,深入开展"财源建设大会战",财政收入稳步增长。一是收入总量提升。全市地方财政收入完成188.03亿元,增长5.65%,地方税收收入完成130.54亿元,增长3.55%,两项增幅均排全省第四位,收入质量排全省第三位。全市"三资"处置完成盘活收益409.14亿元、入库收益159.9亿元,排全省第三位。全市争取上级补助资金310.58亿元,增长11.1%;全市争取新增债券额度118.4亿元,增长30%。二是收入质量提标。全市实现制造业税收29.1亿元,占总税收比重比上年提升3.8个百分点;全市纳税500万元以上重点骨干税源企业694家,比上年增加30家;园区亩均税收达17.4万元,增长18%。三是县域实力提级。全市有资兴、桂阳、永兴、宜章、嘉禾五个县市区地方财政收入超过10亿元,分别达到23.6亿元、23.1亿元、20亿元、11.8亿元、10.5亿元,提前四年实现"地方财政收入达到10亿元县市区5个以上"的目标任务。

二、提升理财效能,财政管理实现"三实"

推进"财政管理大提升",加大财政资源统筹力度,确保财政平稳运行。一是重点支出保障实。将"服务旅发大会项目建设"作为2023年财政工作的头等大事,全力争取到位政府性投资旅发项目资金31.8亿元,争取新增政府债券额度12亿元支持旅发项目建设,有力保障了旅发大会圆满成功。筹集财力58.1亿元,集中支持"四大定位"标志性工程建设,有力助推全市经济社会高质量发展。2023年,全市一般公共预算支出完成560.82亿元,增长10.8%。其中,民生支出完成438.4亿元,占一般公共预算的78.2%,做到了民生投入只增不减。全市"三保"支出完成273亿元,确保了干部工资绩效不拖欠、基本民生保障不降低、机构运转不掉链。二是过"紧日子"抓得实。把党政机关过紧日子落到实处,推动建立节约型财政保障机制,大力压减"三公"经费和一般性支出。市本级"三公"经费同比减少368万元,下降7.59%;市本级一般性支出同比减少6400万元,下降7.93%,将腾出来的资金全部用于"三保"和全市重点支出,有力保障了市委、市政府重大决策部署落实落地。三是财政绩效管理实。深入实施"绩效管理提升年"行动,组织对15个市直部门开展部门整体支出绩效评价,选取28个项目开展重点绩效评价,涉及专项债券、政府采购、政府购买服务等领域,涉及资金共计33.42亿元;对2020—2022年教育综合发展专项资金和城市管理提质专项资金开展了财审联动监督。联合相关部门先后开展了"三湘护农"惠农补贴专项检查、会计信息质量监督检查、规范PPP项目检查、"三公"经费专项监督、重点民生资金专项整治等10余项检查,清理问题资金3.29亿元,已全部整改规范到位。

三、守牢风险底线,债务防控实现"三降"

牵头打好全市"风险防范化解阻击战",深入开展"债务防控大攻坚",牢牢守住了债务风险底线。一是争"试点"、降风险。通过积极争取,市本级和临武县成功纳入财政部隐性债务化解试点,每年可节约利息支出1.75亿元。二是优结构、降成本。加大财金联动力度,

北湖区

2023年，北湖区实现地区生产总值（GDP）514.5亿元，同比增长（以下简称增长）5.3%。其中，第一产业增加值16.9亿元，增长3.7%；第二产业增加值144.5亿元，增长8.5%；第三产业增加值353.1亿元，增长4%。全社会固定资产投资（不含农户）增长7.7%。北湖区居民人均可支配收入46462元，增长4.6%。其中，城镇居民人均可支配收入49730元，增长4%；农村居民人均可支配收入32463元，增长7.2%。

2023年，全区完成一般公共预算地方收入8.9亿元，增长6.6%。其中，税收收入6.2亿元，增长3.1%；非税收入2.6亿元，增长16.0%，上级补助收入21.6亿元，债务转贷8.3亿元，动用预算稳定调节基金0.8亿元，调入资金9.8亿元，上年结转0.7亿元，收入合计50.1亿元。全市一般公共预算支出39.7亿元，加上上解中央2.0亿元，一般债务还本7.4亿元，补充预算稳定调节基金0，调出资金0，结转下年1.0亿元，支出合计50.1亿元。2023年，北湖区完成政府性基金预算收入1.6亿元，下降72.9%。北湖区政府性基金预算支出8.7亿元，同比下降（以下简称下降）37.9%，调出资金（调入一般公共预算）2亿元。

2023年，北湖区完成国有资本经营预算收入1.9亿元，下降45.7%。北湖区国有资本经营预算支出0.02亿元，下降98.2%，调出资金（调入一般公共预算）3亿元。

2023年，北湖区完成社会保险基金预算收入3.4亿元，增长6.3%。北湖区社会保险基金预算支出3.1亿元，全年收支结余0.3亿元，累计滚存结余2.7亿元，下降3.6%。

一、紧盯目标强调度，财政收入稳中有进

一是抓好地方财政收入。组建了综合收入专班，实行网格化管理，强化税收收入征管，认真查找征管薄弱点和潜在增长点，对重点领域、重点行业的税源逐条逐项对照清收，做到不漏项、不漏户。2023年地方财政收入完成8.86亿元，较上年增长6.61%，地方税比为70%，实现了湖南省财政厅要求非税占比不超过30%的刚性目标。二是盘活"三资"促增收。对北湖区194家单位进行摸底开展了"五类资产"清查，2023年共盘活资产23.76亿元，取得盘活收益14亿元。其中开展"五类资产"清查，取得盘活收益7.57亿元；开展"六类资源"清查，盘活资源取得收益4.63亿元；开展"两类资金"清查，收回闲置、低效资金共1.8亿元，大大提高财政资金使用效率。三是深化非税征管改革。大力落实非税征管系统电子票据改革，认真做好了非税收入执收单位的无纸化改革工作，全面实现了北湖区非税收入收缴与便民服务有机结合，共惠及北湖区90家执收单位，完成非税电子缴款业务95473笔，在非税改革财政逐步转型的新形势下，全力保障非税收入真实有效，量质齐升。四是强力抓好土地出让。加快土地储备步伐，加大土地招拍挂力度，积极主动与市级对接，推动与市级已出让土地价款的结算清算，确保土地价款及时入库。五是积极争取上级支持。充分发扬"争、抢、拼"精神，密切配合相关业务部门，充分发挥财政职能作用，积极参与谋划，认真研究支持政策，全力沟通对接上级财政部门。

二、打造组合强发力，财源建设显现成效

一是大力培植产业财源。积极参与国家产业基础再造工程，加快推动产业园区优化升级，提升制造业核心竞争力，2023年北湖区（含经开区）制造业税收5.77亿元，同比增加18.73%。二是重点培育骨干税源。实时更新完善北湖、经开"区区合一"骨干税源库数据，将年纳税200万元以上企业全部纳入骨干税源库管理，对重点骨干税源企业给予产业发展扶持资金，大力推进企业转型升级，着力培育一批规模大、科技含量高、有竞争力的重点税源企业。2023年，北湖区（含经开区）纳税200万元以上企业248户，同比增加27户，增幅12.22%。三是高效推进园区换挡提速。深入推进亩均产出综合评价，着力提升园区项目投资、产值、税收等产出效益，加大推进"腾笼换鸟"，累计清退振诚包装等僵尸企业5家，累计收回闲置标准厂房面积5.9万平方米。新签约引进泓高科技等项目22个，项目总投资132亿元，有力增强产城融合发展后劲。四是全面加强税源管控。对企业开票、取票等数据进行分析，加大留抵退税复查、发票虚开虚抵行为核查力度，找准税收风险点

和征管突破口。主要加强对股权转让、大型商业综合体、总经销、总代理、商业房产出租、地下车库的等重点行业、重点领域的风险防控。

三、突出重点抓保障，财政支出优先"三保"

一是兜牢"三保"底线。2023年一般公共预算累计支出39.72亿元，增长7.5%。其中，教育支出10.13亿元，增长7.6%；科学技术支出3.45亿元，增长41.7%；农林水支出2.99亿元，增长12.3%；社会保障和就业支出5.1亿元，下降6.8%；卫生健康支出3.22亿元，减少0.6%；住房保障支出2.4亿元，增长43.4%；城乡社区支出3.25亿元，下降1.2%；灾害防治及应急管理支出4543万元，增长29.3%。二是支持交通事业发展。累计筹集北湖区各类交通建设项目资金1.22亿元，重点支持了S211北湖区保和至仰天湖旅游公路、G357线北湖区段路面大中修、西南山区道路交通安全隐患等项目建设，保障了北湖区农村公路及干线公路的日常养护工作的开展。三是助力城市提质。2023年筹集老旧小区改造资金1.36亿元，重点支持义帝陵片区、燕泉路片区、流星岭片区等15个老旧小区改造项目建设。四是落实社会基本保障政策。北湖区累计发放散居孤儿和事实无人抚养儿童基本生活费1217人次92.74万元，发放集中养育孤儿生活费791人次104.21万元；发放扶持创业担保贷款3470万元，带动了社会其他就业岗位577个，为北湖区城乡经济的发展和社会稳定发挥重要的作用。五是保障教育事业发展。围绕2025年创建全国义务教育均衡发展区的目标，全面落实北湖区"十四五"教育事业发展规划，全面落实教育民生资金，2023年资助学前幼儿2443人次，发放资助金122.15万元；资助义务教育阶段家庭经济困难学生9586人次，发放资助金319.83万元；资助普通高中生1996人次，发放资助金222.9万元；资助中职学生1890人次，发放资助金189万元，为10838人次减免学费1300.56万元。六是支持园区企业发展。2023年，本级财政根据北湖区招商引资文件分批对达到支持政策要求的7家入驻园区企业发放奖补资金2608.07万元，有力地推动园区骨干企业发展壮大。

四、强化管理抓防控，化债工作成效显著

一是抓细债务还本付息，稳妥化解债务存量。按照"摸清旧债、严控新债、落实责任、分类处置、逐步化解"的总体思路，从严从实规范政府举债行为，严格控制新增债务，强化债券资金发行和使用管理，依法开好"前门"，科学安排年度发行计划，持续优化资金投向，提高债券资金支出进度，积极稳妥化解存量。二是抓好资金效益发挥，补齐民生短板弱项。将资金合理妥善地拨付至民生相关重点项目，达到完善基础设施、优化就业环境、助力城乡发展的长远目标，坚持管好用好债券资金，发挥债券资金稳投资、扩内需、补短板、增动力的积极作用，为北湖区"三二一"战略助力赋能。三是抓严债务风险防控，兜牢债务风险底线。严格执行重大财政投资项目立项审批机制，根据财政承受能力出具资金来源意见，对项目收益开展联合评估，"无来源不立项""无预算不开支"，从源头严把项目审核关，同时严格执行中央隐性债务问责办法，加大对违规举债行为的问责力度，核实一起、问责一起、通报一起，守住了不新增隐性债务的底线。

五、聚焦改革抓落实，财政管理提质增效

一是深入推进预算管理一体化建设。推动并落实《郴州市北湖区人民政府关于进一步加强预算绩效管理的实施意见》（北政发〔2023〕5号），制定并实施《北湖区财政局"绩效管理提升年"行动实施方案》，强化预算绩效管理制度顶层设计，推动北湖区财政预算绩效管理工作全链条水平提升、全周期服务优化、全领域机制完善。按照简便易行、约束有力的原则，结合区级实际，制定财政支出管控清单，明确列示"哪些支出不能花、哪些支出压缩、哪些给予重点保障"。按照"多个渠道进水、一个池子蓄水、一个龙头放水"的要求，统筹各种性质相近、用途一致的资金，把小钱化零为整，集中力量办大事，真正提高财政资金使用效率和效益。二是加强国有资产管理。根据湖南省新出台的各项国有资产管理、处置、经营的文件精神，更有操作性地制定了《北湖区国有资产管理办法》《北湖区国有资产处置管理办法》《北湖区经营性资产管理办法》，有效促进了国有资产管理。三是加大投资评审工作力度。强化对投资项目的评审和政府采购管理工作。2023年共完成结算评审项目131个，送审金额8049.69万元，审定金额6775.57万元，审减金额1274.12万元、审减率15.83%；共完成预算项目123个，送审金额15.51亿元，审定金额14.42亿元，审减1.09亿元，综合审减率7.5%，有效提升了财政资金使用效益。四是加强政府采购管理。全力促进了北湖区政府采购电商化、规范化，2023年实行政府采购114批次，项目预算资金1.73亿元，经公开招标、竞争性谈判等采购方式采购后1.63亿元，比预算资金减少1007.99万元，节资率为5.82%。五是深入推进系列改革工作。落实会计改革、预算一体化改革等财政电子化改革，开展代理记账行业违法违规行为专项整治工作，加强代理记账行业监督管理，切实规范会计服务市场秩序，促进了行业健康有序发展。六是强化财政监督管理。结合北湖区工作实际，出台了《北湖区财会监督协调工作机制》，构建了财会监督"纵横贯通"工作机制，将财会监督宣传学习纳入领导干部培训内容，在北湖区树立正确的政绩观培训班和区委党校主体培训班上进行专题讲座，北湖区干部职工财会监督意识明显增强。同时积极推动相关单位重点围绕乡村振兴衔接资金、民生资金、会计信息质量、津补贴发放、临时机构财务管理等影响程度高、资金规模大、领导重视、社会普遍关注的热点、难点问题开展了系列专项检查，有效维护了财经纪律，提升了财政管理水平。

六、强化资金抓统筹，精准护航城市发展

一是全力服务第二届湖南旅发大会。北湖区财政局高度重视旅发大会工作，积极统筹调度资金，全力服务于旅发大会，得到了市、区高度赞扬和肯定。建立局领导牵头、股室对接旅发项目工作机制，制定《北湖区财政局服务郴州市承办第二届湖南旅游发展大会作战方案》，下设6个专组全力推进项目保障、债券申报、向上争资、投资评审和资金筹措等各项工作，对旅发大会资金拨付实行绿色通道，做到主动服务、优先审核，对于加急项目，先行受理，容缺办理。二是持续发力乡村振兴。2023年共安排区级财政资金7000余万元，支持北湖区农业农村、水利建设、脱贫攻坚、农村环境整治等工作，确保了对口单位基本运转和各项工作顺利开展，为北湖区实现"产业兴旺、生态宜居、乡风文明、治理有效、生活富裕"的乡村振兴总要求提供了坚实的财力保障。三是集中发力稳固城市更新发展。多方筹集资金559万元推动北湖区国土空间规划落地；安排资金135万元助推北湖区打好"蓝天保卫战"以及水、土污染防治工作等生态环境突出问题整改工作；拨付各种林业补贴专项资金1910万元，加大对土地和林业资源的保护；安排专项资金380万元，加大灾害防治的保障力度。

（湖南省郴州市北湖区财政局供稿　曹家慧执笔）

苏仙区

2023年，苏仙区实现地区生产总值（GDP）423.8亿元，总量居全市第三位，同比增长（以下简称增长）5.1%，增速居全市第四位。其中，第一产业增加值23.7亿元，增长3.9%；第二产业增加值211.8亿元，增长7.7%；第三产业增加值188.3亿元，增长2.2%。全社会固定资产投资增长6.1%。全区居民人均可支配收入41527元，增长5%。其中，城镇居民人均可支配收入47605元，增长4%；农村居民人均可支配收入29748元，增长7.1%。

2023年，全区完成一般公共预算地方收入8.13亿元，增长6.67%。其中，税收收入5.3亿元，增长9.39%；非税收入2.83亿元，增长1.93%，中央补助29.72亿元，一般债务收入15.37亿元，调入资金8.99亿元，上年结转3.96亿元，收入合计66.18亿元。全区一般公共预算支出40.65亿元，加上上解中央1.95亿元，一般债务还本14.85亿元，补充预算稳定调节基金2亿元，结转下年6.73亿元，支出合计66.18亿元。

2023年，全区完成政府性基金预算收入4.75亿元，同比下降（以下简称下降）23.45%。全区政府性基金预算支出11.53亿元，调出资金（调入一般公共预算）3.78亿元，增长0.82%。

2023年，全区完成国有资本经营预算收入7.78亿元（本级收入），增长14.18%。全区国有资本经营预算支出0.17亿元，调出资金（调入一般公共预算）4.83亿元，下降65.95%。

2023年，全区完成社会保险基金预算收入4亿元，增长12%。全区社会保险基金预算支出3.51亿元，全年收支结余0.5亿元，累计滚存结余3.12亿元，增长2.6%。

一、紧盯目标抓收入

全面贯彻落实省"稳增长"20条和市"稳增长"24条，深入实施财源建设三年行动计划，全面打好财源建设大会战。紧盯预期目标统筹调度，出台《2023年财税增收行动任务分解方案》《苏仙区促进财税增收工作的若干措施（试行）》，大力推进各部门税费精诚共治，强化"三资"盘活处置力度，推进非税收入征管，实现财政收入平稳增长。全年地方财政收入完成8.13亿元，增长6.67%，全区一般公共预算支出完成40.63亿元，增长7.96%。累计盘活处置国有"三资"40.65亿元，收益入库21.02亿元。

二、服务发展积极有为

严格按照中央、省、市要求编制"三保"预算，无违规列支财政暂付款，无自行制定"三保"政策提标扩面的问题，兜实"三保"底线。加强"三公经费"管理，建立过"紧日子"节约型财政保障机制，严控一般性支出和预算追加。加大向上争资力度，全区争取到位上级转移支付资金26.67亿元，完成全年目标的102.6%。其中争取政府性投资旅发项目资金11.14亿元，保障了第二届湖南旅发大会成功举办。强化财政投资项目评审工作管理，严格把关，规范评审，规范项目造价，预算评审91个，核减11865.07万元，核减率16.79%，结算评审63个，核减746.6万元，核减率8.07%。深入推进政府采购"放管服"改革，全区累计完成政府采购项目126个、采购金额1.98亿元；公开招标项目21个，电子化招标率达100%。

三、守好底线防风险

根据市区"打好防范化解风险阻击仗"的有关部署，深入开展"债务防控大攻坚"行动，严守"六个不

资兴市

2023年，资兴市全年地区生产总值（GDP）398.19亿元，同比增长（以下简称增长）5.3%。其中，第一产业增加值41.29亿元，增长3.8%；第二产业增加值214.22亿元，增长7.5%；第三产业增加值142.69亿元，增长2.4%。全社会固定资产投资（不含农户）增长7.7%。全县居民人均可支配收入40537元，增长5.3%。其中，城镇居民人均可支配收入46909元，增长4.3%；农村居民人均可支配收入29309元，增长7.2%。

2023年，全市完成一般公共预算地方收入23.59亿元，增长7.13%。其中，税收收入15.33亿元，增长6.22%；非税收入8.25亿元，增长8.86%，中央补助18.17亿元，一般债务收入10.72亿元，调入资金6.79亿元，上年结转0.93亿元，收入合计60.2亿元。全市一般公共预算支出46.59亿元，加上上解中央1.69亿元，一般债务还本8.83亿元，安排预算稳定调节基金2.2亿元，结转下年支出0.89亿元，支出合计60.2亿元。

2023年，全市完成政府性基金预算收入11.45亿元，同比下降（以下简称下降）31.19%。全市政府性基金预算支出11.97亿元，调出资金（调入一般公共预算）2.85亿元，增长89.21%。

2023年，全市完成国有资本经营预算收入1.84亿元，下降23.90%。全市国有资本经营预算支出0.07亿元，调出资金（调入一般公共预算）1.79亿元，下降0.94%。

2023年，全市完成社会保险基金预算收入4.64亿元，增长3.26%。全市社会保险基金预算支出4.50亿元，全年收支结余0.14亿元，累计滚存结余3.46亿元，下降0.99%。

一、精准施策，助力产业高质量发展

一是统筹政策支持稳增长。坚持落实落细中省和市委、市政府稳住经济一揽子政策要求，及时响应、迅速跟进，聚焦留抵退税、专项债券、政府采购、有效投资、助企纾困、民生社保等13个方面，认真贯彻"省20条""郴32条""资31条"经济发展具体措施，对症下药，全力以赴护航经济稳健运行。二是多措并举助企纾困。贯彻落实新的组合式税费支持政策，全面加强政策的宣传、执行和监督。2023年，预计累计减税降费5.93亿元，其中增值税留抵退税1.06亿元，极大缓解企业资金压力。同时，积极落实社保减免缓政策，推行失业保险稳岗返还"免申即享"服务模式，及时拨付稳岗返还和就业资金638万元，下达"五上"企业扶持补贴资金2000万元，持续提升市场主体获得感。三是提升政府采购政策功能。落实政府采购预留份额。预算200万元以下的货物、服务项目和400万元以下的工程项目适宜由中小企业提供的，全部面向中小企业采购。电子卖场直购适宜由小微企业（含个体工商户）提供的，全部面向小微企业（含个体工商户）直购。上述标准以上的项目（包括适用招标投标法的政府工程）适宜由中小企业提供的，预留40%以上的份额专门面向中小企业，其中小微企业不低于60%。积极推行政府采购合同融资工作，已对接浦发银行上线"政采贷"业务，解决中小企业融资难问题。四是积极用好财政金融政策。扩大政府性融资担保业务规模和覆盖面，对符合条件的交通运输、餐饮、住宿、旅游等行业的中小微企业、个体工商户及时提供融资担保支持，并给予担保额度、期限、费率等政策倾斜。

二、优化支出，持续做好"财政改革"文章

一是优化支出结构。预算安排中统筹发展与安全、需要与可能，打破原有条块，优化整合为"保基本民生、保工资、保基本运转"三大板块，其中保基本民生占支出的49.44%，保工资占47.26%，保基本运转占3.3%，有效杜绝"撒胡椒面"现象，全力以赴保重点、重点保。二是集中财力支持项目建设。紧紧围绕中省投资导向和扶持政策，统筹财力8.05亿元支持基本建设项目，重点支持景区、园区和民生项目强化债券项目申报指导，争取专项债券3.57亿元、一般债券2.09亿元，充分发挥债券资金投资拉动和逆周期调节作用，服务保障重点项目建设。三是接续推进乡村振兴。统筹安排财政衔接资金6855万元，投入美丽乡村和公益事业奖补资金1412万元，下达推进村级集体经济扶持资金250万元，下达政策性农业保险财政补贴2065万元，持续巩固脱贫攻坚成果，助力乡村振兴。四是提升生态保护成效。安排环境保护和污染防治资金2645万元，支持水和大气污染治理和项目实施，规范推进项目实施，着力改善大气生态环境质量。五是全力保障民生领域投入。安排资金4.16

亿元，重点保障教育、医疗、食品安全、交通畅通、便民服务等"民生实事"项目建设。统筹财力安排社会救助资金7141万元，有效保障困难群众生活。六是全面助力旅发大会。调动一切积极因素，认真研究政策，多方筹措资金，统筹发展和安全，守住政府债务底线，加强项目要素保障，全面助力郴州市第二届旅游发展大会出精出彩。

三、风险防控，兜牢风险底线

一是兜牢"三保"底线。坚持把"三保"支出作为最基础、最重要的财政保障，做到预算安排优先、资金下达优先、库款拨付优先。2023年，全市"三保"支出预计达18.23亿元，执行情况总体较好。二是加快债券支出进度。建立"并联审批、纵向联动、专班推进"工作机制，全力推动债券早发行、早使用、早见效。三是防范化解债务风险。重点梳理全市债务情况，进一步吃清债务底数，细化落实年度化债任务，2023年，全市到期政府隐性债务全部化解。四是深入开展财政涉民涉农资金专项整治。组建工作专班，细化制定整治工作方案，全面开展重点专项监督检查，共下达交办函25个，移交问题线索4个，整改落实问题30个，追缴惠农惠民违规发放资金14.22万元，收回拆危拆旧、农村安全饮水等乡村振兴资金52.39万元，督促部门兑现"趴账"涉农资金2701.49万元，进一步严肃了财经纪律，有效防范财政风险。

四、深化改革，提升服务经济效能

一是强化预算绩效改革。持续推进财政预算一体化建设，提升依法理财能力。建立全方位、全过程、全覆盖的预算绩效管理体系，切实做到"花钱必问效，无效必问责"。二是深化部门预算改革。通过制订科学的发展规划和年度计划，建立和完善滚动项目库，切实细化部门预算；建立科学合理的支出标准和预算定额，增强预算分配和执行的透明度。三是健全政府投资管理制度。进一步完善健全了政府投资项目财政评审分配制度、政府投资项目财政评审中介协审机构考核办法、政府投资项目财政评审廉政管理制度。

五、合理预算，开源节流显成效

一是资金调度高效合理。建立政府过"紧日子"的长效机制。硬化部门预算约束，从严控制一般性支出和"三公"经费支出，统筹资金调度，坚持按月"以收定支"，测算好当月可调度资金，在保障"三保"支出的前提下，调度其他预算内和上级指标资金。二是资产管理更加依法依规。有序推进国有"三资"盘活工作，全年盘活国有"三资"总价值53.42亿元（其中，回收低效、闲置资金2.26亿元，盘活处置各类资产30.25亿元，盘活处置各类资源20.91亿元），为目标任务数的451.56%，实现国有"三资"盘活处置入库收入21.77亿元，并将其转化为全市经济社会高质量发展的新资本、新动能。三是预算评审效果明显。全面贯彻落实市委市政府"项目为王、办会兴城"的决策部署，强化担当作为、压紧压实责任，及时调度做好要素保障工作，全力以赴推进重点项目建设，特别是在项目财政评审管理中超常规操作，及时破解难题，倒排评审工期，按照"137"工作要求，全力助推项目建设工作。2023年共完成政府投资审计项目748个，核减项目造价1.83亿元。

（湖南省郴州市资兴市财政局供稿 曹巧慧执笔）

桂阳县

2023年，桂阳县实现地区生产总值（GDP）464.89亿元，同比增长（以下简称增长）5.1%。其中，第一产业增加值64.01亿元，增长4.0%；第二产业增加值180.14亿元，增长9.2%；第三产业增加值220.74亿元，增长2.2%。全县居民人均可支配收入36981元，增长5.5%。其中，城镇居民人均可支配收入46654元，增长3.9%，农村居民人均可支配收入28539元，增长6.9%。

2023年，全县完成一般公共预算地方收入23.1亿元，增长6.24%。其中，税收收入16.99亿元，增长5.04%；非税收入6.11亿元，非税占比26.46%。上级补助收入33.83亿元，债务转贷收入7.96亿元，动用预算稳定调节基金1.69亿元，调入资金7.19亿元，上年结转0.21亿元，收入合计73.98亿元。一般公共预算支出67.05亿元，债务还本5.55亿元，补充预算稳定调节基金0元，调出资金0元，上解上级支出1.18亿元，支出合计73.98亿元，收支相抵，结转下年0.2亿元。

2023年，全县完成政府性基金预算总收入21.42亿元，增长4.34%。全县政府性基金预算本级支出16.5亿元，调出资金（调入一般公共预算）2.76亿元。

2023年，全县完成国有资本经营预算收入4.15亿元，增长284.26%。全县国有资本经营预算支出0.5亿元，调出资金3.65亿元，增长284.26%。

2023年，全县完成社会保险基金预算收入7.14亿元，其中机关养老保险4.43亿元、企业养老保险0元

（市级统筹）、城乡养老险2.71亿元。2023年，完成社会保险基金预算支出6.21亿元，当期节余0.93亿元，累计滚存结余9.14亿元，增长7.53%。

一、凝心聚力拓财源

2023年，桂阳县牢固树立抓财源就是抓发展、抓发展就要抓财源的理念。高效组建财源建设7个专班、资产处置12个专班、国企改革增效4个专班。2023年全县完成一般公共预算收入31.91亿元，增长5.15%，完成地方财政收入23.1亿元，增长6.24%。其中，完成地方税收收入16.99亿元，增长5.04%，税收占比73.54%，收入质量排名全市第一位。综合采用"用售融租"等方式，完成盘活收益62.11亿元。其中，已入库收益15.87亿元，荣获湖南省2023年度清查处置盘活国有"三资"先进单位的表彰。全力以赴加强向上争资，全年争资完成51.63亿元，比上年增加4.39亿元，增长9.85%。其中，专项债券资金10.32亿元。着力补齐不动产租赁行业征管短板，财政支持30万元打造不动产租赁行业综合治税平台，全县房产税和城镇土地使用税入库6891.3万元，同比增加2484.32万元。全力推动不良贷款清收工作，实现清收不良贷款1066.7万元，自清收工作开展以来，已累计缴库本息7974.4万元。

二、全力以赴保民生

2023年，桂阳县始终坚持以人民为中心的发展思想，将县委、县政府确定的10件惠民实事全部纳入预算管理，及时足额保障到位。21项49个省市重点民生实事项目全面完成，重点民生资金投入达32.3亿元，增长4.2%。全力支持办好旅发大会，统筹安排3500万元支持首届西河文化旅游节和湖南省第二届旅游发展大会。持续支持医疗卫生事业发展，全年卫生健康支出7.6亿元。其中，用于基本公卫、乡镇卫生院综合补差支出1.2亿元。全力推进乡村振兴事业发展，投入财政衔接推进乡村振兴资金1.12亿元，增长50.11%；统筹整合涉农资金2.5亿元保障粮食安全、开展农村人居环境整治和厕所革命。大力支持生态环保事业发展，投入2284万元支持千人以上集中式饮用水水源保护区规范化建设与环境整治项目。在全面落实各项民生政策上，从高提级保障各类困难群体基本生活标准。城乡低保标准分别提高到650元/月·人和5016元/年·人、孤儿基本生活费提高到1100元/月·人、残疾人两项补贴提高到80元/月·人，全年增加支出1100万元。

三、守正创新促改革

2023年，桂阳县始终把财政改革作为提质增效的关键一招，全面提升财政资源配置效率。一是全面深化预算改革。将部门预算编制、财政供养人员系统、"三公"经费监测、财政专户纳入预算管理一体化系统上线，实现了预算编制、执行、核算、内控、绩效、监督等一体化全流程管理，有力推动了预算管理规范化、标准化和自动化水平。二是大力实施非税改革。持续推进非税征管职能划转税务改革，配合税务部门做好土地使用权出让收入、矿产资源专项收入、国有资产占用费、土地及地面建筑资产处置等七项非税收入划转交接工作。全年政府口径非税收入完成19.12亿元，增长0.2%。三是全面推行财评创新。严格遵循不唯增、不唯减、只唯实的执业原则，继续推行项目预算"编审合一"模式，创新评审手段。全年完成项目预算评审项目97个，送审金额10.6亿元，审定9.71亿元，核减0.9亿元，核减率8.47%。完成工程项目结算评审41个，送审金额0.55亿元，审定金额0.51亿元，核减金额510万元，核减率为9.22%。

四、千方百计防风险

2023年，桂阳县财政局始终将遏增量、化存量、防风险作为财政部门的政治责任。连续四年被省债务办考核评为化债绩效先进县，共获得奖励资金2.1亿元。坚持"一债一策"，运用预算资金、国有资产处置、土地出让等方式偿还政府债务和隐性债务、采用企业自有资金偿还关注类债务。按月调度全县综合债务率、三类债务之和、已发行债券支出进度和近6个月到期债务风险情况，全面规范和加强政府债务管理，全县242家单位实现债务常态化监控，按时保质上报省市债务数据资料。为更多争取专项债券资金，做到专项债券发行使用"早、快、好"，提前启动新增专项债券项目储备工作，重点做好"一件三证"和"一案两书"，确保债券资金到位后及时形成实物工作量。通过明确红线和底线，加强厘清资产和债务，加大政策支持力度，强化压实经营责任等举措，大力推动平台公司转型。

（湖南省郴州市桂阳县财政局供稿　雷厉执笔）

宜章县

2023年，宜章县实现地区生产总值（GDP）276.29亿元，同比增长（以下简称增长）5.1%。其中，第一产业增加值33.26亿元，增长4%；第二产业增加值96.21亿元，增长7.9%；第三产业增加值146.82亿元，增长

3.5%。全县居民人均可支配收入 25746 元，增长 5.3%。其中，城镇居民人均可支配收入 40073 元，增长 3.1%；农村居民人均可支配收入 14666 元，增长 7.8%。

2023 年，全县完成一般公共预算地方收入 11.83 亿元，增长 6.84%。其中，税收收入 8.43 亿元，增长 5.55%；非税收入 3.4 亿元，增长 10.03%，上级补助 34.08 亿元，一般债务收入 7.3 亿元，动用预算稳定调节基金 0.38 亿元，调入资金 2.92 亿元，上年结转 1.07 亿元，收入合计 57.58 亿元。全县一般公共预算支出 46.91 亿元，加上解中央 0.85 亿元，一般债务还本 3.7 亿元，补充预算稳定调节基金 0.34 亿元，调出资金 0.33 亿元，结转下年 5.45 亿元，支出合计 57.58 亿元。

2023 年，全县完成政府性基金预算收入 24.73 亿元，增长 62.16%。全县政府性基金预算支出 24.4 亿元，调出资金（调入一般公共预算）0.33 亿元，增长 62.16%。

2023 年，全县完成国有资本经营预算收入 3.48 亿元，增长 336%。全县国有资本经营预算支出 0.98 亿元，调出资金（调入一般公共预算）2.5 亿元，增长 336%。

2023 年，全县完成社会保险基金预算收入 5.92 亿元，增长 15.85%。全县社会保险基金预算支出 5.51 亿元，全年收支结余 0.41 亿元，累计滚存结余 7.06 亿元，增长 1.86%。

一、财源建设扎实推进

一是产业财源培植有为。依托县域内提炼萤石矿后废旧尾砂资源，引进先进技术企业，变废为宝，培植氟化工、锂电重点产业财源项目。助推中蓝新材料、志存新材料、中化氟源项目、天赐新材料等项目完成总投资 47 亿元，并建成运营，初步形成了"无机氟—有机氟—新能源"全产业链格局，促进财税收入增长。二是政策性财源争取有效。支持推动全县 20 家重点向上争资单位做实做好项目前期工作，2023 年共向上争取项目 76 个，到位资金 8.6 亿元，提升了财政保障能力。三是潜量财源挖掘有力。发挥财税各部门协作联动作用，推进重点行业、重点项目、重要部门税费收入的清理整治。成立专组抓好农商行不良贷款清欠、土地增减挂指标交易及土地经营和矿产品资源出让等重点工作，2023 年实现税费收入 5.64 亿元，增强了财政保障能力。

二、财税征管精心精细

一是征收责任压紧压实。制定出台《宜章县税费精诚共治工作方案》，强化与税务部门协调配合，大力开展以数治税效能提升"三年攻坚行动"，严密监控县内重点行业、重点企业税源，做到依法征收、应收尽收，努力实现财税收入增长。二是征收举措有力有效。推动构建"党政领导、税务主责、部门协作、社会协同、公众协助、信息协力"的税费共治体系。加强非税收入征管，协助部门单位进一步规范矿产资源出让管理，强化矿业权出让收益、矿石销售据实计征税费、水土保持补偿费、水资源费征管。实行县乡污水处理费同步征收管理，支持组建县城垃圾处理费征管队伍，足额征收垃圾处理费。

三、"三资"盘活成效显著

一是组专班、优机制。成立宜章县国有"三资"清查处置与管理改革工作领导小组，并组建十三个工作专班，明确专组分管县领导、牵头单位分管领导和联络员，细化工作职责和清查内容范围，建立好工作联席机制。二是摸家底、建台账。清查、汇总、建立好全县行政事业单位资产清查台账和国有资产台账，形成资产清查专题报告和任务清单，建立闲置资产台账，制定方案，分类施策，稳步推进处置工作。三是严处置、出实效。指导督促相关部门单位按照规定程序依法处置盘活资产资源。2023 年累计完成国有"三资"盘活收益 16.72 亿元，占年初盘活任务（8.82 亿元）的 189.57%，其中清理存量资金 1.58 亿元，盘活资产实现收益 4.95 亿元，盘活资源实现收入 10.19 亿元。

四、财政管理严格规范

一是严肃财经纪律。制定《宜章县进一步加强财会监督工作的任务分解清单》，完善《宜章县财政内部控制基本制度（试行）》，牵头制定 10 个专项风险防控子办法，研究制定了 69 个民生资金公开目录。深入开展规范乡镇财务管理专项财会监督检查，全面开展地方财经纪律重点问题专项整治，组织开展全县惠农补贴资金突出问题整治工作。开展全县代理记账行业专项整治，对政府会计准则制度执行、"三公经费"使用及内控工作等情况进行会计信息质量专项检查。二是财政评审全面优化。全面梳理评审风险点，重塑评审业务流程。严格执行"八不准"评审纪律，全面落实初审、复审、主审责任制度，落实评审组会议制度及对审会议制度，实行评审资料受理、评审业务分配双审制。2023 年投资评审结项目 496 个，送审金额 17.88 亿元，审定金额 15.93 亿元，审减金额 1.96 亿元，审减率 10.9%。三是政府采购依法依规。努力实现政府采购事业全面协调发展。2023 年实施政府采购限额以上规模预算金额 4.89 亿元，完成采购申报 210 笔，采购合同支出 4.34 亿元，节约采购资金额 5587.79 万元，节资率 11.42%。2023 年 832 平台采购总额 315.66 万元，预留份额 160.17 万元，完成采购 198 笔，金额 214.54 万元，完成 134%。四是绩效管理全面覆盖。对 2024 年全县 159 家行政事业单位的整体支出和项目支出实行绩效目标申报、审核工作，与部门预算"同上报、同审核"。2023 年实施预算绩效目标跟踪监控涉及金额 14.03 亿元，占绩效目标项目支出总额的 100%。2023 年全县预算绩效目标、2022 年全县自评报告和 2021 年重点评价报告均及时在县政府门户网站进行公开（涉密单位除外），公开率 100%。五是债务风险防范化解有效。全力打好防范化解风险阻击战。制定 2023 年度"一债一策"化债方案，实施分类化债。按期偿还 2023 年到期政府债务本息，政府债务规模、债务风险保持在可控范围内。

五、民生保障持续改善

一是切实兜牢民生保障底线。支持建成并运营长者食堂 10 家。发放城乡低保、临时救助、特困供养、残疾人两项补贴、孤儿生活费和事实无人抚养儿童生活费等资金 1.04 亿元。补贴城乡居民基本养老、城乡居民医疗保险 3153 万元。安排支持城乡公益性岗位、高校毕业生、农民工等稳定就业补助资金 2381 万元。安排乡镇敬老院等养老服务经费 593 万元。落实老年人免费乘车补贴 390 万元。二是倾力推进医卫事业发展。安排 8600 万元支持县妇幼保健院、县中医院整体搬迁业务楼建设和设备采购。安排 5973 万元，支持基本公共卫生服务和重大公共卫生服务项目建设顺利开展。2023 年安排公立医院改革补助资金 157.7 万元支持县级公立医院重点学科建设发展。安排基层医疗机构实施基本药物制度补助 262 万元。安排消除卫生室"空白村"和积极开展村卫生室标准化建设资金 110.38 万元。三是全面促进教育均衡发展。落实义务教育保障机制，2023 年完善教育项目县级配套资金 1912 万元，完成专项支出 2197.84 万元。安排 7866 万元深入推进义务教育薄弱环节改善与能力提升。安排 1800 万元支持养正中学和湘粤学校回购、县六中改扩建、县职校产学研大楼等建设，改善好县城区办学条件。支持推进全县义务教育阶段寄宿制学校和小规模学校提质改造任务，截至 2023 年第三季度，完成 7 所乡镇标准化寄宿制学校建设和 3 年需保留的小规模学校提质改造任务。四是汇聚财力支持乡村振兴。巩固拓展脱贫攻坚成果同乡村振兴有效衔接。2023 年统筹整合财政涉农资金 2.15 亿元，支持乡村建设、产业发展、教育培训等，安排产业扶持、教育、交通、水利、农田基础设施建设项目等 576 个，资金实行分批次下达，截至 2023 年底，完成支出 1.82 亿元，支付率达 84.61% 以上。

（湖南省郴州市宜章县财政局供稿　谭祥华执笔）

永兴县

2023 年，永兴县实现地区生产总值（GDP）398.13 亿元，同比增长（以下简称增长）5.04%。其中，第一产业增加值 1.25 亿元，增长 3.2%；第二产业增加值 8.56 亿元，增长 6.09%；第三产业增加值 9.31 亿元，增长 4.67%。全社会固定资产投资（不含农户），增长 7.7%。全县居民人均可支配收入 34492 元，增长 5.1%。其中，城镇居民人均可支配收入 43688 元，增长 3.4%；农村居民人均可支配收入 26252 元，增长 6.7%。

2023 年，全县完成一般公共预算地方收入 20.14 亿元，增长 6.79%。其中，税收收入 14.54 亿元，增长 4%；非税收入 5.6 亿元，增长 14.75%，上级补助 26.61 亿元，一般债务收入 5.01 亿元，动用预算稳定调节基金 2.54 亿元，调入资金 2.85 亿元，上年结转 0.65 亿元，收入合计 57.8 亿元。全市一般公共预算支出 50.91 亿元，加上上解上级 1.07 亿元，一般债务还本 2.97 亿元，安排预算稳定调节基金 2.27 亿元，调出资金 0 元，结转下年 0.58 亿元，支出合计 57.8 亿元。

2023 年，全县完成政府性基金预算收入 8.78 亿元，增长 1.62%。全县政府性基金预算支出 16.22 亿元，调出资金（调入一般公共预算）0.92 亿元，同比下降（以下简称下降）1.88%。

2023 年，全县完成国有资本经营预算收入 3.3 亿元，增长 33.06%。全县国有资本经营预算支出 1.45 亿元，调出资金（调入一般公共预算）1.85 亿元，增长 35.04%。

2023 年，全县完成社会保险基金预算收入 6.49 亿元，增长 11.32%。全县社会保险基金预算支出 5.53 亿元，全年收支结余 0.97 亿元，累计滚存结余 6.47 亿元，增长 7.83%。

一、增进福祉，持续精准改善保障民生

一是积极服务赋能推进乡村振兴。2023 年投入财政衔接推进乡村振兴补助资金 1.35 亿元。其中，上级财政衔接推进乡村振兴补助资金 8137 万元；县本级财政衔接推进乡村振兴补助资金 5366 万元；投入资金 4587 万元实施高标准农田项目建设，县级安排资金 1496 万元支持美丽乡村及农村人居环境改善，争取资金 5308 万元实施中小河流治理、水库除险加固及维修养护项目；从土地出让收入中安排资金 11379 万元用于农业农村工作。二是医疗卫生服务能力全面提升。促进县妇幼保健院产科标准化创建，政府免费提供的基本公共卫生服务增加到 15 类 44 项，基本公共卫生服务经费由上年人均 84 元提高到 2023 年的 89 元。夯实医疗救助托底保障，加大本级医疗救助资金保障力度，2023 年为事实无人抚养儿童、特困户、重度残疾人、重点优抚户、纯二女户、计生特扶户，纳入监测人员、低保户等对象代缴医保金总计 1094.29 万元。三是全力支持社会保障体系建设。健全完善困难残疾人生活补贴和重度残疾人护理补贴制度，

残疾人两项补贴标准均由75元/月提标至80元/月；全县城市低保标准由600元/月提高至650元/月，农村低保标准由390元/月提高至418元/月；全县城市特困供养人员生活费标准由780元/月提高到850元/月；进一步推进社会养老体系建设，全年共投入551.9万元，新建26个社区居家养老服务中心（社区居家养老服务中心覆盖率达100%），新建5个长者食堂，实施乡镇敬老院消防提质改造，为193户困难老年人实施居家适老化改造；加大对城镇薄弱学校和乡村学校的扶持力度，大力实施教师周转房、薄弱学校改造、城区扩容建设等重大项目，推进城乡义务教育均衡发展。

二、量质并举，扎实开展全县财源建设

一是积极深入开展财税工作调研。为找准园区财力提升突破点，破解财源建设"瓶颈"，提升园区税收质效，组织调研组深入园区开展了园区财税工作专题调研。摸清近年来园区的建设投入、运行保障和税收等情况，针对存在的主要问题提出了针对性、可操作性强的措施及建议，为下一步园区财源建设工作夯实了基础、指明了方向。《关于强化园区保障 培植财税潜力的调研报告》荣获2023年度湖南财政"系统大调研"优秀调研报告一等奖，位居全省县区级财政局第一。二是优化调整5人涉企帮扶工作机制。县级领导+单位负责人+县开发区、财政、税务各1人分别对接园区20家重点税源企业，严格把责任压实到人，并与年度评先评优等考核相挂钩，各工作组加大了工作力度和走访频率，全力做好政策"宣传员"、项目"代办员"、问题"协调员"，及时跟踪调度，全程无缝服务，深入企业进行一对一的督税、促税和助企纾困工作。2023年园区企业税收完成6.62亿元，其中稀贵金属企业完成5.23亿元、商贸企业1.39亿元。三是着力服务产业发展培植地方财源。围绕中省重大战略规划和政策资金投向，聚焦重大项目，择优推荐强链补链固链延链项目。发挥财政资金杠杆作用，引导金融机构增加民营、小微企业信贷投放，缓解了小微企业融资难融资贵问题。发放"潇湘财银贷"28笔，放贷金额1.23亿元，年新增放贷排名全市第二、全省前列。贯彻落实高质量发展要求，培育壮大稀贵金属、新材料、电子信息、节能环保等产业，以产业大发展推动财力大增长，持续开展财政欠款清收行动，强力推进房地产行业处遗促收行动，抓实在建房产楼盘税收征管，确保各行业财源应抓尽收，为促发展和防风险提供财力保障。

三、提质增效，统筹协调推进财税改革

一是强化资金统筹有序使用。坚持全口径预算思维，将上级财政资金、本级财政资金和单位资金综合考虑、统筹安排使用，用于保障部门和单位正常运转以及事业发展需要，在事业收入、经营收入等非财政拨款收入可以满足支出需要的情况下，原则上不得新增申请财政拨款。2023年通过统筹安排项目资金，节约本级财政资金6680万元。二是强化预算执行绩效约束。强化执行监控，坚持预算绩效导向，强化重点项目绩效评价及结果运用，实现从"护盘子、守基数"到"破基数、讲绩效"的转变，切实提高财政资金使用效益。按照"一次报批、分年安排"原则，超期结转一律收回，以后年度确需资金的，按比例调减预算，资金缺口由部门统筹解决。在2023年预算执行过程中，全年共收缴项目执行完备、不到位和资金使用绩效低的项目资金2.1亿元，统筹用于民生项目和其他重点支出。三是强化改革提升税费征管。创新砂石土矿税费征管机制，参照煤炭税费征管模式，建设全县砂石土矿信息化监管征收系统，通过系统平台实时查询相关企业的过磅动态、销售数据、税费征收数据等，并建设了防逃逸系统，科技治税，信息管税，确保税费全额征缴。2023年新增砂石矿税费126万元。创新以电控税等征管模式，完善社会综合治税信息平台，充分利用第三方信息确定行业征管薄弱环节，堵塞漏洞，全年查补税款6680万元。

四、规范高效，有力提升财政管理水平

一是财政可持续性不断增强。坚决落实过"紧日子"要求，持续压减非重点、非刚性、非急需支出，从严控制一般性支出，集中财力优先保障"三保"等刚性支出。全年"三公"经费预算安排1260.92万元，较上年减少53.87万元，下降5.1%，非刚性、非重点项目支出平均压减15%以上。加快推进政府投资项目全范围、全过程评审，全年完成评审项目313个，节约财政资金2.8亿元。二是财政监督力度不断加大。全面清理整治PPP项目和"半拉子"工程，扎实开展惠农财政补贴资金等七大领域财经秩序专项整治、财会监督九大专项行动和会计行业"四类问题"专项整治，启动规范村财及财政涉农资金三年行动，严肃整饬财经秩序，让财经纪律成为不可触碰的"高压线"。开展财政支农政策与村级财务管理下乡巡讲活动，全面提高财会人员业务素质。进一步加强对各类财政性专项资金、重点资金和重点环节的监督，加强财政资金使用的绩效管理，提高财政资金使用效益。三是国有资产盘活不断推进。坚持"国有资源资产化、国有资产证券化、国有资金杠杆化"原则，按照"能用则用、不用则售、不售则租、能融则融"方式科学处置，建立盘活责任结算清单，采取调剂优化、公开拍卖、归集融资、资金盘活等形式，提升资产资源处置效益。2023年1-12月，全县共处置盘活国有"三资"47.34亿元，全年实现收益财政入库15.87亿元。

五、守住底线，有效防范化解债务风险

一是严防严控债务风险。严守债务红线和底线，确保隐性债务不新增、"三保"资金不断链、风险事件不发生，统筹本级和上级补助等专项资金，偿还隐性债务6.54亿元，占年度任务的112%，超额完成化解隐性债务年度目标任务。二是多措并举促进融资。充分运用缓释隐性债务风险措施，通过调动财政性存款，发挥财政资金杠杆作用，加大融资力度，提前谋划，主动对接金融机构，创新融资品种，多渠道开展融资，全年融资到

位资金32亿元。三是专项整治违规举债虚假化债。制定了《永兴县财政局关于印发〈全县深化违规举债和虚假化债专项整治工作方案〉的通知》，组建永兴县财政局深化违规举债和虚假化债专项整治工作领导小组，组织全县开展自查，收集相关线索，对财经纪律方面的9类重点问题开展自查自纠，未发现虚假化解、专项债券使用的问题，并顺利通过财政部湖南监管局分别对永兴县2022年专项债券使用、隐性债务化解核查，未出现负面清单事项。

（湖南省郴州市永兴县财政局供稿　林凯执笔）

嘉禾县

2023年，嘉禾县地区生产总值（GDP）156.92亿元（按统一核算口径），同比增长（以下简称增长）2.2%（按可比计算价，下同）。其中，第一产业增加值27.14亿元，增长4.0%；第二产业增加值50.63亿元，下降3.2%；第三产业增加值79.15亿元，增长6.1%。全县固定资产投资增长8%。全县居民人均可支配收入30139元，增长5%。其中，城镇居民人均可支配收入37956元，增长3.3%；农村居民人均可支配收入23629元，增长6.6%。

2023年，全县完成一般公共预算地方收入10.53亿元，增长6.9%。其中，税收收入7.09亿元，同比下降（以下简称下降）2%；非税收入3.44亿元，增长31.4%。上级补助收入19.42亿元，一般债务收入0元，动用预算稳定调节基金0元，调入资金0.91亿元，上年结转0.45亿元，债务转贷收入2.88亿元，收入合计34.2亿元。全县一般公共预算支出29.81亿元，加上上解上级支出0.52亿元，一般债务还本1.99亿元，补充预算稳定调节基金0.18亿元，调出资金0元，结转下年1.7亿元，支出合计34.2亿元。

2023年，全县完成政府性基金预算收入10.77亿元，增长5.4%。全县政府性基金预算支出19.31亿元，调出资金（调入一般公共预算）0元。

2023年，全县完成国有资本经营预算收入2亿元，下降54.8%。全县国有资本经营预算支出1.59亿元，调出资金（调入一般公共预算）0.4亿元，下降50%。

2023年，全县完成社会保险基金预算收入4.15亿元，增长25%。全县社会保险基金预算支出3.71亿元，全年收支结余0.44亿元，累计滚存结余3.98亿元，增长7.86%。

一、财政收入提质增效

一是精心培植兴财源。全力推进财源建设"八大攻坚"和"十大行动"，奋力推动财源建设提质增效，财税增收途径取得新突破，2023年，总税收收入完成11.31亿元，增长8.8%，制造业税收完成16.01亿元，增长96.1%。财源建设五项重点工作排名全市第一位，获得省政府真抓实干表彰激励。二是精准施策引财源。紧盯政策抓争资。2023年，争取各项上级补助资金20.24亿元，有效缓释了地方财政债务风险。抢抓机遇抓招商。抢抓郴州"自贸试验区建设""湘南湘西承接产业转移示范区"历史性机遇，大力"筑巢引凤"，全年引进产业项目25个，总投资196.3亿元，其中2亿元以上项目22个、"三类500强"项目3个。全年新增缴税2200万元。三是精打细算聚财源。全力推进"三资"清查处置工作。2023年，盘活资产资源资金67.76亿元，收益入库17.16亿元，"三资"工作排名全省第七位、全市第一位。深入实施税费精诚共治，大力挖掘增收潜力，堵塞征管漏洞，提升征管效能，全年精诚共治完成税费收入9000万元，税费精诚共治工作排名全省前列、全市第一位。

二、保障能力持续增强

一是全力以赴保"三保"。出台《嘉禾县贯彻落实过"紧日子"要求进一步强化资金统筹的若干措施》，制定《嘉禾县2023年"三保"风险应急处置预案》，最大限度强化资金统筹能力，优化财政支出结构，切实兜牢"三保"底线。2023年，"三保"支出15.95亿元执行到位，确保了基层运转平稳有序。二是量力而行控支出。积极应对宏观经济下行、土地市场低迷等不利因素的影响，对支出实行分类施策，差异化保障。2023年，库款系数保持在安全系数0.3以上。进一步规范存量资金管理，全年累计收回部门结转结余资金1.13亿元。确保了全年支出有力有序。三是尽力而为促发展。全面落实减税降费政策，2023年，减税降费1.85亿元。用足用活财政金融政策，2023年，新增"潇湘财银贷"、创业担保贷款2.05亿元。全力推动项目建设，投入项目前期经费1000万元，大力支持重大项目包装和申报。拨付中省预算内基建资金1.95亿元，推动等重点项目建设。拨付专项债券资金8.07亿元，支持重点项目顺利实施，带动全县完成固定资产投资75亿元。大力支持园区发展，累计拨付园区各项资金3.2亿元，支持"一区两园一镇"建设，园区亩均税收提升到20万元，增幅25%，排全市第三位。

三、民生福祉明显改善

2023年，民生领域支出23.2亿元，占一般公共预算支出的77.12%，高于全省平均水平5.22个百分点。一是"三农"保障持续加强。2023年，支农资金支出5.1亿元，增长3.9%，增加0.19亿元。全力乡村振兴战略深入实施，落实各类巩固拓展脱贫攻坚成果有效衔接乡村振兴资金3.57亿元。全面落实农业补贴政策，全年发放各项惠农补贴资金1.18亿元，惠及补贴对象28.49万人次。二是教育事业优先发展。2023年，教育支出完成6.19亿元，增长7.1%，教育优先发展保障有力，教育投入达到"两个只增不减"，顺利通过2022年省级教育两项评价考核评估。大力提质学校建设，统筹安排3700万元推进五中特立体艺馆建设实施，安排中小学校校舍维修、薄弱环节改善、乡镇寄宿制学校提质等建设项目资金5000多万元，学校办学条件持续改善。三是社保水平稳步提高。2023年，社会保障和就业支出4.7亿元。城乡低保标准分别由原来的7200元/人·年和4620元/人·年提高到7800元/人·年和5004元/人·年；城市特困人员基本生活费从780元/月提高到845元/月；社会散居孤儿基本生活费从950元/人·月提高到1100元/人·月；事实无人抚养儿童从950元/人·月提高到1100元/人·月；残疾人"两项补贴"自2018年以来连续6年提标，两项都达到每人每月80元；义务兵家庭优待金标准从12000元提高到14000元。四是"三医"改革积极推进。2023年，卫生健康支出2.5亿元。投入5100万元全力支持全县常态化疫情防控工作。持续推进医药卫生体制改革，城乡居民医保财政补助水平提高到每人每年640元，基本公共卫生服务财政补助标准每人每年从79元提高到84元。医保支付方式实行门诊按人头付费，居民的普通门诊费报销从原来的420元提高到525元。安排资金1.06亿元大力支持医院基础设施建设，全县医疗卫生服务水平不断提升。

四、治理效能稳步提升

一是财政改革有序推进。出台《2023年财政"三大重点"工作方案》，深入开展"财源建设大会战、债务防控大攻坚、财政管理大提升"三大重点工作，通过改革创新和规范管理，破解当前财政痛点、难点、堵点，实现财政高质量发展。实施非税收入票据电子化改革，全面上线一体化工资管理模块，有效推进预算管理一体化建设，提高预算管理规范化和标准化水平。二是财会监督严密有力。坚持日常监督和专项监督并重，加强事前审核、事中监控、事后检查全过程监督。突出惠农、涉农领域专项监督，通过"驻场解剖麻雀式"检查、惠农资金专项检查和涉农资金专项检查与自查，共发现问题61个，查处25万元，向县纪委监委移送线索4个。突出财经秩序整治，围绕重点领域，重点单位开展会计信息质量专项检查，清退"一函多餐"、超标准列支等违规资金6万多元。突出预决算公开检查，多措并举推进预决算公开质效。2023年，预决算公开工作排全省第十八名，较上年前进99名。三是支出把关成效显著。强化投资评审管理，切实提升评审效率，全年预计完成财政评审项目293个，送审金额10.16亿元，审减资金1.09亿元，综合审减率10.77%。深化政府采购和政府购买服务改革，完成采购预算资金2.27亿元，实际支付采购资金2.25亿元，节支率为2%。加强集中支付支出审核，拒付违规、超范围、超标准支出5360万元。四是债务风险安全可控。严控隐性债务增量，妥善化解债务存量，牢牢守住不发生系统性风险的底线，确保风险不"爆雷"。全年累计完成隐性债务化债任务的161.6%，经测算综合债务率为205%，债务风险可防可控，防范化解政府债务风险工作排全市第二位。

（湖南省郴州市嘉禾县财政局供稿　毛吉武执笔）

临武县

2023年，临武县实现地区生产总值（GDP）174.9亿元，同比增长（以下简称增长）4.2%。其中，第一产业增加值20.7亿元，增长3.6%；第二产业增加值70.4亿元，同比下降（以下简称下降）0.3%；第三产业增加值83.8亿元，增长8.8%。全社会固定资产投资（不含农户）增长10.8%。全县城乡居民人均可支配收入26749元，增长5.3%。其中，城镇居民人均可支配收入37225元，增长3.6%；农村居民人均可支配收入19367元，增长6.7%。

2023年，全县完成一般公共预算地方收入9.02亿元，增长1.05%。其中，税收收入6.43亿元；非税收入2.60亿元，增长12.2%；上级补助18.97亿元，一般债务收入3.65亿元，动用预算稳定调节基金0.03亿元，调入资金4.84亿元，上年结转0.40亿元，收入合计

36.91亿元。全县一般公共预算支出31.87亿元，加上上解上级支出0.67亿元，一般债务还本2.36亿元，补充预算稳定调节基金18万元，支出总计34.9亿元，结转下年2.01亿元，全年收支平衡。

2023年，全县政府性基金收入完成12.30亿元，转移性收入0.223亿元、地方政府专项债务转贷收入13.23亿元，上年结余1.25亿元，收入总计27.43亿元。政府性基金支出12.39亿元，调出资金4.02亿元，年终结余3.42亿元，地方政府专项债务还本支出7.58亿元，上解支出106万元，支出总计24.01亿元，全年收支平衡。

2023年，全县国有资本经营预算收入完成263万元，为年度预算的113.9%，国有资本经营预算支出263万元，为年度预算的113.9%，全年收支平衡。

2023年，全县社会保险基金预算收入3.75亿元，为年度预算的100.96%，上年结转3.36亿元，收入总计7.11亿元；社会保险基金预算支出3.27亿元，为预算的97.93%，结转下年3.69亿元，上解上级支出0元，支出总计完成6.69亿元，全年收支平衡。

一、挥好财源培植"组合拳"，不断夯实财源基础

一是巩固传统产业。临武南方矿业集团和临武香花岭锡业有限公司全年纳税额分别达到8015万元和3669万元，四一八铅锌矿业全年完成税收402万元，增幅达569.5%。重点培育临武舜华鸭业、临武小徐瓜瓜等农特产品加工龙头产业，打造"特色农业之县"。临武舜华鸭业养殖工作获农业农村部表扬，税收增长89.5%。金融保险业和经营贸易业税收分别增长14.2%和18.1%。二是培育重点税源。积极支持制造业和电力、热力、水生产及供应业发展，全县制造业税收增长74.6%。电力、热力、水生产及供应业税收增长71.5%。截至2023年底，全县200万元以上骨干税源企业可达75家，同比增加5家。三是培植新兴产业。支持电子电容、新能源、新型建材业发展壮大，临武县东佳电子、久森新能源、祥丰建材年创税增幅分别为45.6%、71.5%、244.6%。构建"锂矿—材料—电池—终端—回收""五位一体"的锂电池全生命周期、全产业链的发展新格局，形成"四链一园"产业体系。锂电全产业链项目完成投资303.42亿元。利用县内丰富的风能资源，先后引进了华润、中南院、湘电等企业投资兴建风电场和生产风电配套产品，开发利用风电新能源。目前已建成三十六湾等8个山地风电场，累计发电55亿余度，实现产值33余亿元，税收6000万元。四是推动园区建设。编制《临武高新技术产业开发区产业发展规划》，打造"一主一特两优"的园区制造业新体系，现已创建省级孵化基地、创新创业平台11个，设立新型研发机构10个，产业园区亩均效益可达17.5万元/亩，产业园区成功转型为省级高新区。

二、拧住收入组织"牛鼻子"，全力服务"发展六仗"

一是勤抓税收征管。聚力税费精诚共治，以财税综合信息平台税费信息共享共用为主抓手，税费精诚共治单位团结协作，严防税收"跑冒滴漏"。全年全县成品油行业税收突破500万元，增长48.9%；砂石土行业税收突破2000万元，增长100%；通过核查土地交易市场入库税收近100万元；部门移交涉税风险数据5起，查补税费360余万元；核查小水电行业、酒店住宿业、交通运输业53户次，入库税款304万元。二是狠抓"三资"盘活。念好"用、售、租、融"四字诀，将全县行政事业单位低效无效闲置国有资产列为重点，"全领域、全口径、全覆盖"盘活矿权、水权、林权、供热、供气、供水等特许经营权，全年盘活国有资产资源6.25亿元。三是抢抓争资立项。紧盯国家产业政策和投资导向，全力争取上级政策、项目和资金倾斜。全年争取各类资金29.44亿元，同比增加3.44亿元。其中，争取一般债券资金1.12亿元、争取专项债券资金5.65亿元，分别较上年增加0.49亿元（因2022年获得全省债务化解工作突出先进奖，争取到位一般债券奖励额度0.5亿元）和1.15亿元。

三、拨好节流减支"铁算盘"，艰难守稳"三保"底线

一是树牢过"紧日子"思想。通过规范人员经费开支、严控一般性支出、压减非刚性和非重点支出等措施节流减支，全年一般性支出压减10%、金额达820万元，公用经费和专项工作经费压减20%、金额达2900万元。严禁无预算、超预算、超标准列支"三公"经费，全年公务接待费同比减少59万元，节支率27%；公务用车运行费同比减少111万元，节支率22%。取消了提前两年享受农村计生奖励扶助、优秀高中生奖励等政策，取消公共自行车平台运行专项资金，节约财政资金达400余万元。二是足额保障"三保"支出。2023年预算编制足额安排"三保"资金19.42亿元，其中人员工资、社保缴费10.2亿元、单位基本运转经费0.84亿元、基本民生保障经费8.38亿元。坚持教育优先发展战略，城乡义务教育学校年生均公用经费基准定额由小学650元、初中850元调整至小学720元、初中940元，寄宿生年生均公用经费由300元调增至400元，全年新增教育公用经费480.18万元；教育助学金全年共发放1248.35万元。累计解决之前疫情防控资金3000万元。安排各类医疗卫生及养老保险县级配套资金近9900万元。统筹推进省十大重点民生实事、市"十大惠民工程"，全年发放困难群众救助资金6125.87万元、残疾人"两项"补贴850.07万元。安排就业补助资金2100万元，支持高校毕业生、退役军人等重点群体就业。全年发放离退休人员养老金4.48亿元，完成企事业单位退休人员基本养老金调待及补发工作，惠及10964名退休人员。落实老年人免费乘坐公交车补贴740万元。三是尽力满足"三农"需求。农林水支出规模持续增长，全年一般公共预算农林水支出5.58亿元，同比增加7949万元，增长16.6%。耕地地力保护补贴1600万元全部发放到户。县本级财政配套乡村振兴衔接资金1700万元，用于支持烤烟产业、

农村保洁、农村安全饮水等项目。中央衔接资金安排用于产业占比达 64.2%，支持农田水利基础设施建设 900 万元。强化基层治理保障，村干部基本报酬和村办公经费两项合计村均达 17.87 万元/年。四是统筹支持公益事业。全年全县投入县城区路灯亮化及维护 230 万元，园林绿化养护 393 万元，垃圾处理场外包及运营 399 万元，城乡生活垃圾收运 220 万元，县城区环卫清扫保洁 1900 万元，棚户区及老旧小区改造等城镇保障性安居工程 6100 万元，临武大桥改建工程 737 万元，公共实训基地 2000 万元。五是合理调度财政库款。按轻重缓急和优先"三保"的原则优化支出顺序，做好收入与支出预测，保障重要节点库款调度工作，确保库款保障系数处于合理区间，有效防范财政运行风险。六是科学盘活存量资金。全面甄别、清理往年财政专户、单位指标、代管资金专户指标，盘活存量资金 3.16 亿元，调剂用于"三保"及重点项目支出。国库暂付款项清理工作在全省评为 A 档，获奖补资金 300 万元。

四、打好化债控债"阻击战"，精准防范债务风险

稳妥化解存量债务，牢牢守住偿债资金不断链、风险不爆雷的底线。一是全心锚定化债目标。年初制定了《临武县 2023 年全口径债务化解工作方案》，按照"一债一策"原则，提前逐笔落实化债资金来源，全年偿还到期政府法定债务本金 4.11 亿元、利息 1.5 亿元。二是全力拓宽化债路径。充分挖掘和盘活一切可用的政信资源，全力推进债务降成本优结构攻坚行动，目前已与 14 家银行签订合作协议，其中工农中建四大行贷款利率降至 4.3%，交通银行、农商行、股份制银行、湖南银行降至 4.5%，长沙银行下降 100 个 BP，降至 5%。预计节约利息支出 1.8 亿元。成功纳入隐性债务风险化解试点范围，争取到位特殊再融资债券资金 5.82 亿元。牵头组织金融、科工、住建等部门编制防范化解地方债务风险 1+N 系列方案。抢抓政策机遇，全力以赴争取到位专项债券资金 5.65 亿元。三是全速推动转型升级。加快推进平台公司关停并转工作，督促舜发集团名下子公司将隐性债务妥善划转或置换到母公司，临东公司全力将隐性债务"清零"。四是全面开展清查整治。开展 PPP 项目全面清查整治工作，并制定 PPP 存量项目分类处置方案，推进 PPP 项目规范运行。

五、把好财政管理"方向盘"，稳步推进财政改革

一是强化财政业务培训。全年累计开展行政事业单位财务人员专题培训、预算管理一体化等业务培训 39 场次，参训超 1600 人次。二是整合专项资金使用。出台了《临武县专项资金整合工作实施方案》，统一全县项目库管理，统筹使用上级下达的未明确具体项目的专项资金，按项目资金使用方向在项目库中甄别遴选，杜绝各主管部门自行安排、分配资金。三是深化国企管理改革。制定出台《关于推动国资国企高质量发展的实施意见》，成立临武县国资集团和国有资产运营公司（临武县弘程实业有限公司），理顺国企监管体制，增强国企活力，做大做优做强国有企业和国有资本。四是加大预算绩效管理。树立"大绩效"理念，建立"全方位、全过程、全覆盖"预算绩效管理机制，对 20 个项目开展 2022 年重点绩效评价、2023 年绩效监控和预算事前评估，涉及资金 6.69 亿元。五是打造"阳光"法治财政。深入领会人大正确监督、有效监督、依法监督总要求，自觉接受人大监督，并不定期做好工作汇报。对照人大监督、县委巡察、财政同级审反馈问题清单，全面实施整改。开展财经纪律重点问题专项整治、"三湘护农"暨惠农补贴资金突出问题专项整治等各类专项执法检查 8 起，配合省、市财政部门完成专项执法检查 2 起，共查处各类违规违纪金额达 3 万元；开展会计信息质量检查，处理 6 家违规违纪单位，规范了会计记账行为。六是实施财政综合改革。全面实施电子非税收入一般缴款书改革，打通非税收入电子化缴款"最后一公里"。在预算管理一体化系统中实施税（费）托收业务，税（费）征缴入库和集中支付效率大幅提升。安装财政业务终端虚拟化国产终端 450 台，财政数据更加安全。除涉密事项外，全县 157 家部门单位预决算信息公开率达 100%，顺利通过财政部驻湖南监管局检查。政府采购意向、采购流程信息全部线上公开，全年电子卖场履约验收率达 100%，全县 159 家采购单位渗透率达 99.38%，61 个政府采购合同备案项目计划采购金额 1.3 亿元，实际采购金额 1.27 亿元，节资 267 万元。投资评审全县 71 个项目累计送审金额 8.5 亿元，审定金额 7.4 亿元，审减率 13%，间接或直接节约财政资金 1.1 亿元，从源头上遏制了项目无序扩张现象。

（湖南省郴州市临武县财政局供稿　黄源辉执笔）

汝城县

2023 年，汝城县实现地区生产总值（GDP）109.56 亿元，同比增长（以下简称增长）4.2%。其中，第一产业增加值 20.11 亿元，增长 3.8%；第二产业增加值 27.57 亿元，增长 2.8%；第三产业增加值 61.88 亿元，增长5.1%。全社会固定资产投资（不含农户）增长7.6%。全县居民人均可支配收入20246元，增长6.6%。其中，城镇居民人均可支配收入29353元，增长4.8%；农民居民人均可支配收入15143元，增长7.6%。

2023年，全县完成一般公共预算地方收入5.77亿元，增长2.3%。其中，税收收入3.81亿元，同比下降（以下简称下降）13.4%；非税收入1.96亿元，增长58.2%，上级补助25.29亿元，一般债务转贷收入7.55亿元，动用预算稳定调节基金0元，调入资金4.3亿元，上年结转891万元，收入合计43亿元。全县一般公共预算支出36.02亿元，加上上解上级4277万元，一般债务还本5.79亿元，补充预算稳定调节基金0元，调出资金0元，结转下年7638万元，支出合计43亿元。

2023年，全县完成政府性基金预算收入10.64亿元，增长13.86%。全县政府性基金预算支出18.65亿元，调出资金（调入一般公共预算）0元，增长65.69%。

2023年，全县完成国有资本经营预算收入3.05亿元，增长952.16%。全县国有资本经营预算支出18万元，调出资金（调入一般公共预算）3亿元，增长882.26%。

2023年，全县完成社会保险基金预算收入4.28亿元，增长9.29%。全县社会保险基金预算支出3.97亿元，全年收支结余3191万元，累计滚存结余4.14亿元，增长0。

一、全力挖潜增收，财政实力稳步提升

一是千方百计组织财政收入。扎实做好财政运行监测分析，加强重点税源管控，积极推进综合治税，确保财政收入应收尽收。完成地方财政收入5.77亿元，为年度预算的101.68%，增长2.3%。其中地方税收收入3.81亿元、非税收入1.96亿元，地方税占比66%。二是稳步推进财源建设。开展财源建设三年行动，明确做大园区经济、振兴矿业经济等十大重点任务。大力支持中小微企业发展，落实减税降费、政府采购、融资担保等一揽子助企纾困政策，2023年100万元以上纳税大户共101家，比上年增加15户。被湖南省"三高四新"财源办评为2023年度税费精诚共治成效较好地区。三是大力盘活"三资"。2023年完成各类资产资源处置收入3.96亿元，其中盘活13座国有小水电站股权转让收入2.15亿元。累计清理收回财政存量资金2.43亿元，有力保障了全县"三保"和重点工作支出。汝城县"三资"盘活处置工作在全市国有"三资"清查处置与改革工作会议上作典型经验发言。

二、科学统筹资金，重点支出保障有序

一是持续加大民生投入。把政府带头过"紧日子"作为长期方针，进一步优化支出结构，持续压减一般性支出、非刚性、非重点支出，腾出更多的财力用于民生等重点领域和关键环节。2023年，全县民生支出占一般公共预算的比重保持在78%以上。二是稳步提升保障标准。落实"两个只减不增"，促进教育优质均衡发展，义务教育年生均公用经费标准提高到小学720元、初中940元。推动健康建设，城乡居民医保和基本公共卫生服务人均财政补助标准分别提高到640元/年、89元/年。低保、孤儿、残疾人等困难群体救助标准逐年提高。三是推进民生实事建设。全力打好民生保障仗，完成省市县下达23个重点民生实事项目。通过中省预算内资金、政府债券、财力补助等，支持一中南校区整体搬迁、老旧小区改造、污水处理等民生项目建设。加快美丽乡村建设，统筹中央、省、市、县资金2.8亿元，支持巩固拓展脱贫攻坚成果同乡村振兴有效衔接工作。

三、树牢底线思维，债务风险有效管控

一是加强政府投资项目管理，严禁新增隐性债务。制定《关于厉行节约强化项目支出管理的通知》《汝城县政府投资项目管理实施细则》等规范政府投资项目管理的文件，严格执行政府性投资项目立项联审制和资金来源论证制，严控项目追加、严控购买服务、加强设计把关、严控工程变更、鼓励投工投劳等，堵死"乱花钱""浪费钱"的口子。二是建立防范化解地方债务风险长效机制。落实《湖南省防范化解地方债务风险工作方案》的要求，完成汝城县防范化解地方债务风险"1+N"方案编制工作。将全口径债务纳入风险排查范围，紧盯到期债务，逐笔梳理还款措施，制订"一债一策"还款计划，用好"六个一批"缓释措施，落实化债部门责任制，统筹部门财力偿债。三是严守债务底线。超额完成年度隐性债务化债任务，牢牢守住不发生区域性系统性风险的底线，风险等级测评继续保持在"风险预警二类地区"。

四、深化财政改革，财政管理持续规范

一是加强财政资金管理。加快预算管理一体化系统建设，实现所有财政资金全流程动态监控。扎紧制度的笼子，重新修订了《汝城县财政资金使用管理暂行办法》，建立上级转移支付资金与本级资金、财政拨款和单位资金统筹管理机制。二是扎实开展"绩效管理提升年"行动。实行全生命周期绩效管理，财政资金绩效管理覆盖率100%。汝城县财政局被评为2023年度全省"绩效管理提升年"行动成效突出单位、2023年度全省市县财政部门预算绩效管理工作先进单位（优秀）。持续强化预算公开管理，实现部门预决算公开率100%。三是严肃财经纪律。扛牢财政监管责任，加大监督检查力度，开展全县涉农资金专项检查、惠农惠民财政补贴资金专项检查，提升财会监督效能。加强政府投资项目管理。政府投资项目财政结算评审审减造价1411万元，审减率6.85%。政府采购项目节约资金476万元，节减1.83%。

（湖南省郴州市汝城县财政局供稿　陆瑶执笔）

桂东县

2023年，桂东县实现地区生产总值（GDP）53.05亿元，同比增长（以下简称增长）4.1%。其中，第一产业增加值7.87亿元，增长3.5%；第二产业增加值12.2亿元，增长1.3%；第三产业增加值32.97亿元，增长5.5%。全社会固定资产投资（不含农户）总额66亿元，增长7.6%。全县居民人均可支配收入19559元，增长6.2%。其中，城镇居民人均可支配收入27801元，增长5%；农村居民人均可支配收入14540元，增长7.5%。

2023年，全县完成一般公共预算地方收入3.4亿元，增长5.92%。其中，税收收入2.45亿元，增长1.24%；非税收入0.95亿元，增长20.25%。上级补助收入14.95亿元；地方政府一般债务转贷收入3.5亿元；动用预算稳定调节基金0.11亿元；调入资金3.48亿元；上年结转0.12亿元，收入合计25.56亿元。全县一般公共预算支出22.02亿元，加上上解上级0.24亿元，地方政府债务还本支出3.11亿元，安排预算稳定调节基金0.07亿元，结转下年0.11亿元，支出合计25.44亿元。

2023年，全县完成政府性基金预算收入总计8.45亿元。其中，本级政府性基金收入2.02亿元，上级补助收入0.21亿元，地方政府专项债券转贷收入4.36亿元，上年结余1.85亿元。

2023年，全县完成国有资本经营预算收入完成2.67亿元；国有资本经营支出0.54亿元。

2023年，全县完成社会保险基金预算收入2.42亿元，增长14.69%。全县社会保险基金预算支出2.22亿元，全年收支结余0.20亿元，累计滚存结余1.82亿元，增长0.55%。

一、以更大力度拓财源，持续充实"钱袋子"

一是加大税收征管力度。依法依规加强对电力、建筑、批发零售、房地产、金融、制造业等重点行业、重点税源的税收征管，每年实有税源收入约2亿元，2023年重点税源行业入库1.61亿元。其中，有3家企业缴纳税收上千万元，1家企业缴纳税收达500万元至1000万元。二是加大非税收入抓收力度。深入挖掘一次性非税收入，全面规范非税收入预算管理，加大欠费清理力度，严格执行缓减免审批；强化监督检查，坚持以查促收、以查促管，确保非税收入应收尽收、应缴尽缴。全县非税收入完成9521万元，其中罚没收入完成3921.74万元。三是加大政策惠企力度。积极开展"三送三解三优"活动，推动税费优惠应享尽享、直达快享。全县落实税费减免金额2488.5万元，惠及中小微企业4740余户。四是加大"三资"清查盘活力度。进一步加大国有资产资源清理盘活力度，聚焦矿产、土地、林业、水利、能源、数据"六类资源"，实物、债权、股权、特许经营权、未来收益权"五类资产"，闲置资金、低效资金"两类资金"，进行彻底清查，全面准确掌握全县国有资产资源情况，科学合理运用"能用则用、不用则售、不售则租、能融则融"等方式规范高效处置盘活，将闲置、低效的"三资"转化成产业、财源、资本。全县完成"三资"盘活4.86亿元，占年初市下达桂东县盘活任务3.12亿元的156%；盘活入库2.52亿元，占年初市下达桂东县盘活入库任务1.51亿元的167%。五是加大争资争项争债券力度。抢抓承办2023年全省第二届旅发大会和新"湘十条"重大机遇，积极开展项目申报对接，加大立项争资力度。全县争取上级转移支付资金15.97亿元，争取新增政府债券3.53亿元。

二、以更实举措惠民生，持续织密"保障网"

一是优先"三保"顺序。牢固树立稳字当头、"三保"优先观念，全县"三保"支出数为9.61亿元。其中，保工资支出4.87亿元、保运转支出4716万元、保基本民生支出4.27亿元，未出现"三保"支出风险。二是加大民生投入。持续加大民生领域投入，全县一般公共预算资金用于民生领域支出15.93亿元，占比70.22%。兜牢基本民生保障底线，通过"一卡通"发放了农业、林业、计生、医疗、困难救助、优抚社救等惠民惠农财政补贴资金106项，发放金额1.63亿元。三是保障粮食安全。及时足额发放粮食相关补贴，发放实际种粮一次性补贴71万元、耕地保护补贴974.86万元，调动农民种粮积极性。足额安排资金保障粮食安全支出，将县储备粮储备费用列入财政年度预算。四是用好专项债券资金。充分发挥专项债券资金稳增长、扩投资、补短板的政策作用，债券安排聚焦"四城建设"战略定位和使命任务，支持打好"发展六仗"，着力保障重点区域、重大产业配套、重大基础设施等资金需求。严格项目审核，优先支持续发、在建和具备开工条件的成熟项目，推动债券资金"早、准、快"形成实物工作量，实行专项债券"借、用、管、还"闭环管理。对前期手续完备、可及时形成实物工作量的项目，优先安排专项债券发行,助力稳投资扩内需。

三、以更严标准优管理,持续打好"铁算盘"

一是加强概预算、结决算评审。完善投资评审机制,制定出台《桂东县政府投资建设项目工程变更管理暂行办法》(桂政办发〔2023〕4号),规范工程变更审批程序,有效提高政府投资资金使用效益。全年县本级政府投资概预算评审项目审减5700.36万元,审减率为17.07%;结算评审项目审减1978.64万元,审减率达到21.25%。二是加大存量资金盘活力度。认真清理财政存量资金,及时收回当年下达实有资金账户存量资金、部门结余资金和连续两年未用完的结转资金,全年累计清理盘活资金4.86亿元。三是强化绩效监管。在完成省财政厅相关专项绩效评价工作的基础上,稳步推进部门整体支出绩效评价,对粮食风险基金、2021-2022年财政衔接推进乡村振兴资金、农产品供应链体系建设资金、重点群体创业就业税费优惠政策、"一村一辅警"省级财政补助政策等开展重点绩效评价。强化评价结果应用,坚决将评价结果与预算安排挂钩,构建"花钱必问效、无效必问责、违规必严惩"的长效机制。四是开展财政管理大提升活动。预算安排突出"六抓"、实现"六保",压减一般性支出3000万元。深入开展惠农资金检查,开展减税降费政策落实、基层"三保"、地方政府债务违法违规、财政收入虚转空转、违规返还财政收入、衔接推进乡村振兴补助资金违法违规、财政暂付款管理、惠民惠农财政补贴资金"一卡通"、行政事业单位国有资产处置等9类重点问题整治及预算执行监督专项行动,全方位、多角度地开展财会监督工作。

(湖南省郴州市桂东县财政局供稿　李义祥执笔)

安仁县

2023年,安仁县实现地区生产总值(GDP)140.3亿元,同比增长(以下简称增长)5.11%。其中,第一产业增加值30.1亿元,增长4.13%;第二产业增加值43.5亿元,增长7.91%;第三产业增加值66.7亿元,增长3.81%。全社会固定资产投资(不含农户)总额81.6亿元,增长10.8%。全县居民人均可支配收入23828元,增长6.57%。其中,城镇居民人均可支配收入33914元,增长5.3%;农村居民人均可支配收入16708元,增长8.0%。

2023年,全县完成一般公共预算地方收入6.12亿元,增长6.51%。其中,税收收入4.41亿元,增长4.26%;非税收入1.71亿元,增长12.79%。中央补助27.43亿元,一般债务收入3.74亿元,动用预算稳定调节基金3974万元,调入资金5.57亿元,上年结转2353万元,收入合计43.49亿元。全县一般公共预算支出37.86亿元,加上上解中央支出4623万元,一般债务还本2.69亿元,补充预算稳定调节基金0元,结转下年2.48亿元,支出合计41.01亿元。全年收支平衡。

2023年,全县完成政府性基金预算收入16.19亿元,增长32.47%,调出资金(调入一般公共预算)3.01亿元;上解支出92万元;结转下年支出2.55亿元。全年收支平衡。

2023年,全县完成国有资本经营预算收入2.73亿元,增长396.36%;全县国有资本经营预算支出2.14亿元,调出资金(调入一般公共预算)5927万元。

2023年,全县完成社会保障基金预算收入4.36亿元,增长11.32%。全县社会保险基金支出4.03亿元,全年收支结余3342万元,累计滚存结余3.59亿元,增长4.53%。

一、抓财源建设稳收入大盘

面对经济下行压力持续加大、复杂多变给财政带来的严峻挑战,在落实落细各项减税降费政策的同时,积极挖潜增收,广泛培植财源,狠抓基金收入。一是挖潜增收有成效。首创地方人大监督税费精诚共治工作机制,建立县级领导联系重点税源企业制度,得到了省人大的肯定批示。强化财税协作、深化部门协调,落实收入节点任务,确保收入颗粒归仓,切实稳住收入盘子,全年累计完成地方收入6.12亿元,同比增加3724万元,增长6.51%,收入结构、收入质量不断提升。二是向上争资金有突破。坚持把争取上级资金作为财政工作的重要抓手,把握政策资金扶持方向,加强部门联动协作,加大与省市财政部门沟通力度,全年争取上级各类补助资金26.97亿元(不含返还性收入),同口径增长4.29%。同时充分对接发改部门、省财政厅,围绕最新领域挖潜谋划优质债券项目,力促提高发债成功率,全年累计争取到债券额度10.94亿元,大大缓解了全县项目建设的资金压力。

二、优支出结构保"三保"运转

坚持"保工资保运转保民生"的原则,优化支出结构,强化资金统筹,提高资金效益,全年一般公共预算支出37.86亿元。一是"三保"责任压实到位。持续筑牢过"紧日子"思想，大力压减非重点、非刚性、非急需项目支出，始终把"三保"支出放在财政首要支出位置。全年共执行"三保"支出22.25亿元，其中保基本民生支出11.06亿元、保工资支出10.47亿元、保运转支出0.72亿元。二是重点支出保障到位。持续推进节约型机关建设，在确保工资发放、机构正常运行和还债资金前提下，兜实兜准兜牢民生底线，将民生投入占比稳定在70%以上，全力支持教育、乡村振兴等民生领域，将增进民生福祉和激发内需潜力更好结合起来。三是预算刚性约束到位。全面推行零基预算改革，集中财力办大事，从紧从严强化预算管理，全年对工作性专项经费一律压减50%，全年对一般性支出压减24%。坚持"三公"经费只减不增，全年"三公"经费同比下降10.52%。

三、降财政风险守安全底线

坚持以"时时放心不下"的责任意识，绷紧安全之弦，全力以赴防范和处置各类财政风险。一是狠抓防范政府债务风险。牵头制定县级"1+N+X"债务化债方案，加速推进化债进度，全年争取专项债券置换政府隐性债2.44亿元，隐性债均超过预期目标任务，全县政府性债务风险总体可控。二是狠抓防范平台公司转型风险。大力推进平台公司综合治理和转型发展，在郴州市率先完成平台公司对银行债务"优结构、降成本"工作，为平台公司降息1亿元以上。全年分类统筹优质资源资产和特许经营权注入平台公司，有效提升了平台公司自身融资造血能力。三是狠抓财政运行风险防范。紧盯财政惠民补贴、PPP项目等领域，严格按照规定履行监督及管理等责任，加强财会监督与其他各类监督贯通协调，严肃财经纪律，切实形成监督合力。全年先后对35家行政事业单位开展财务监督检查，切实提高了财政资金使用效益。

四、推财政改革添内生动力

不断深化财政体制改革，为推动财政高质量发展增添动能。一是盘"三资"促发展。通过有偿使用、资产注入等方式，全年通过盘活国有"三资"实现入库收益16.97亿元，全县三资盘活利用率得到显著提升。结合安仁县实际，制定出台《安仁县公物仓管理条例暂行办法的通知》等文件，全年累计入仓资产900件。通过调剂公物仓资产，避免了政府资金重复采购，有效提高了资产利用率。二是抓绩效强管理。全面实施预算绩效管理，充分利用现有预算一体化系统实施全方位监测、穿透式监管，营造"讲绩效、用绩效、比绩效"的良好氛围，加快构建"全方位、全过程、全覆盖"预算绩效管理体系，实现了项目绩效自评全覆盖，并邀请第三方机构对6个项目开展绩效评价，坚决做到"花钱必问效、无效必问责"的机制。三是强惠企激活力。大力优化财政扶持政策，充分发挥年初预算5000万元产业引导资金作用支持企业快速发展。持续开展税费精诚共治县领导联系企业和"三送三解三优"活动，全年办理增值税留抵退税1.89亿元，帮助市场主体纾困解难、激发活力。

（湖南省郴州市安仁县财政局供稿　张祥执笔）

永州市

2023年，永州市实现地区生产总值（GDP）2495.83亿元，同比增长（以下简称增长）4.2%。其中，第一产业增加值441.54亿元，增长3.9%；第二产业增加值809.54亿元，增长2.7%；第三产业增加值1244.74亿元，增长5.3%。全年规模以上工业增加值增长2.5%。全年社会固定资产投资同比下降（以下简称下降）5.9%。全市居民人均可支配收入28781元，增长5.4%。其中，城镇居民人均可支配收入38801元，增长4.3%；农村居民人均可支配收入20428元，增长6%。

2023年，全市完成一般公共预算地方收入163.3亿元，增长2.98%。其中，税收收入109.83亿元，增长0.41%；非税收入53.47亿元，增长8.67%，上级补助收入361.27亿元，一般债务转贷收入49.89亿元，动用预算稳定调节基金4.81亿元，调入资金65.17亿元，上年结转35.31亿元，收入合计679.75亿元。全市一般公共预算支出575.46亿元，加上上解上级支出8.41亿元，一般债务还本29.93亿元，补充预算稳定调节基金9.53亿元，调出资金10.47亿元，结转下年45.95亿元，支出合计679.75亿元。市本级完成一般公共预算收入29.14亿元，增长11.12%。其中，税收收入14.72亿元，下降1.48%；非税收入14.42亿元，增长27.8%，上级补助收入54.41亿元，一般债务转贷收入8.17亿元，动用预算稳定调节基金1.69亿元，调入资金6.85亿元，上年结转17.11亿元，收入合计117.37亿元。市本级一般公共预算支出91.15亿元，加上上解上级支出-0.51亿元，一般债务还本5.23亿元，补充预算稳定调节基金

1.59亿元,调出资金5.1亿元,结转下年14.81亿元,支出合计117.37亿元。

2023年,全市完成政府性基金预算收入235.29亿元,下降12.91%。全市政府性基金预算支出328.01亿元,调出资金(调入一般公共预算)46.64亿元,增长136.66%。市本级完成政府性基金预算收入64.12亿元,下降22%。市本级政府性基金预算支出70.38亿元,调出资金(调入一般公共预算)2.4亿元,增长728.97%。

2023年,全市完成国有资本经营预算收入7.36亿元,增长200.16%。全市国有资本经营预算支出0.23亿元,调出资金(调入一般公共预算)7.19亿元,增长209.28%。市本级完成国有资本经营预算收入140万元,增长288.89%。市本级国有资本经营预算支出38万元,调出资金(调入一般公共预算)为0元。

2023年,全市完成社会保险基金预算收入138.57亿元,增长6.14%。全市社会保险基金预算支出136.04亿元,全年收支结余2.53亿元,累计滚存结余121.13亿元,降低4.08%。市本级完成社会保险基金预算收入74.96亿元,增长2.49%。市本级社会保险基金预算支出80.52亿元,全年收支结余-5.57亿元,累计滚存结余63.92亿元,减少13.85%。

一、致力谋发展,财政运行稳中有进

一是科学调度收入组织。坚持"以旬保月、以月保季、以季保年",科学分析收入预期走势,积极挖潜增收,确保各项财税收入应收尽收、应缴尽缴。2023年,全市地方收入完成163.3亿元,增长3%,增幅高于全省市州平均水平0.6个百分点,排名全省市州第七位。其中,地方税收完成109.8亿元,增长0.4%,增幅高于全省市州平均水平2.2个百分点,排名全省市州第九位;非税收入完成53.5亿元,增长8.7%,收入质量排名全省市州第五位。二是有效激发市场活力。优化财政奖补政策,重点支持汽车等大宗消费、重要节假日促消费、县域商业体系建设、外贸稳增长,助推深度融入粤港澳大湾区,促进消费加快复苏。为市场经营主体新增减税降费和退税缓费15.66亿元。政府性融资担保和农业担保在保余额均增长20%以上,撬动金融机构投放贷款49亿元。创业担保贷款投放6.57亿元,规模居全省第二位。政府采购预留中小企业份额达83.3%,中小微企业"政采贷"放款2267万元。三是着力优化支出保障。加强财政资源统筹,更加注重优化调整财政支出结构,持续压减低效无效支出和非重点非刚性支出,精打细算、节用裕民,以政府过"紧日子"换人民群众过好日子,将有限的资金优先用于民生民本和经济社会发展,让人民群众真切享受到社会发展带来的红利。全市一般公共预算支出575.5亿元,增长9.7%,高于地方收入增幅6.7个百分点,其中民生相关支出457.06亿元、占总支出的比重为79.43%,增长1.1个百分点。

二、着眼提质效,财政治理蓄势赋能

一是国有"三资"管理守正创新。以实施国有"三资""一网通"改革为牵引,在全省市州层面率先开发上线"永州智慧国资"系统,构建起全方位、全覆盖、全流程的"三资"管理和运作体系。全市"五类资产""六类资源"盘活项目608个,实现国有"三资"盘活入库收益92.66亿元,盘活"三资"促转型防风险及"两覆盖"建设工作相关做法,在全省市州长视频会上作交流发言。二是绩效管理提升有为有位。铺排五个方面47项具体任务,全市一盘棋压茬推进"绩效管理提升年"行动,强化投资评审全链条管理和全过程预算绩效管理,对绩效目标实现程度与预算执行进度实施"双监控",对明显偏离、大幅落后进度或预计难以完成绩效目标的项目,采取调整预算、停拨或暂缓拨款等措施,有效收回并盘活沉淀资金1.1亿元,"绩效管理提升年"行动评价得分排全省第一名。三是财政管理改革开拓新局。率先在全省实现非税收入电子缴款书全覆盖,道县、宁远两县进入财政部绩效综合评价前200名榜单,道县位居全省第一,全市及宁远、江华财政日常工作整体水平被省财政厅评为AA级。扎实开展惠农补贴资金重点检查、财经纪律重点问题专项整治、预算执行监督专项行动等,出台财会监督与纪检监察监督、巡察监督、审计监督贯通协调实施办法,推动构建财会"大监督"格局,财经纪律刚性约束逐步增强。

三、坚守民为本,持续增进民生福祉

一是支持教育优质均衡发展。全市教育支出109.05亿元,完善教育经费投入机制,立足财政职能积极落实教育优先措施,大力支持"名师工程"、教育数字化建设,持续巩固学位建设成果,小学、初中生均公用经费基准定额由650元、850元分别提高至720元、940元。全市高考成绩创历史新高,600分以上的学生同比增长1.33倍,空军飞行员录取人数比往年增加1倍,中职学校对口高考本科上线率、录取率排全省第一位。二是支持乡村振兴纵深推进。农林水支出83.4亿元,完善落实农业生产补贴政策,向上争取蔬菜产业、柑橘产业财政专项支持,支持打造对接湾区、唱响全国、引领全省的出口蔬菜优势产业,支持乡村振兴及粮食安全保障。永州入选国家级农村综合性改革、巩固拓展脱贫攻坚示范园建设等国、省试点,通过"投贷联动"方式,累计建成高标准农田357.74万亩,全市政策性农业险种保费达7.9亿元。三是支持就业优先精准发力。社会保障和就业支出91.92亿元,加大对重点群体就业创业、职业技能培训、"永就业"信息化服务平台建设等方面的投入,支持打造"15分钟"就业服务圈,兑现"七补贴两补助"3.65亿元,发放失业保险稳岗返还1500余万元。全市城镇新增就业5.58万人,新增农村劳动力转移就业4.15万人,失业人员再就业比例和就业困难人员就业比例均排全省前列,入围全国公共就业服务示范城市创建名单。四是支持卫生健康兜实兜牢。卫生健康支出80.41亿元,支持推进"三医"联动改革、分级诊疗体系及"名医名科"建设,采取市、县市区"众筹"的方式,支持全市公立医院加强医技人才培养，积极筹措资金支持市直公立医院优质医疗资源下沉南部六县，共享优质医疗资源服务。市妇幼保健院创成三甲，市中心医院心血管内科、神经内科获批国家临床重点专科培育项目。永州代表湖南省参加全国医疗救助补助资金重点绩效评价，得分排名全国第一位。

四、聚力防风险，统筹兼顾发展安全

一是坚守风险防范底线，整合资源化存量。建立"一债一策""一资一债""一风险一专班"机制，配置并激活防风险资源有效覆盖债务风险，全市未发生非标违约、涉债舆情等风险事件。积极争取财政部隐性债务风险化解试点支持，获得27.23亿元再融资债券限额置换隐性债务，年节约利息支出8700余万元，有效缓解债务爆雷、资金断链风险，完成向中央备案的化债任务104.41%。二是严控新增隐性债务，开好前门促发展。用好用足专项债券政策，按照"资金跟着项目走"原则，做好项目储备、额度争取、债券发行和资金拨付使用等工作，助力全市经济社会高质量发展。全市通过财政部审核项目152个，共争取专项债券限额122.39亿元，支持百余个重大项目建设；市本级通过财政部审核项目27个，债券需求金额45.17亿元，共争取专项债券限额5.13亿元。三是健全闭环管理机制，规范融资降成本。推动建立"严敬借、依规用、着力管、妥善还、严肃督"的长效机制，强化政府债务风险监测预警机制，对重点部位进行重点预警，做到风险排查、资金筹集、缓释办法、应急处置"四个到位"。推动还款期限"短变长"、成本"高改低"、结构"非转标"、性质"刚变柔"。全市有息债务利率降至5.5%以下，每年可节约利息支出1亿余元以上。

（湖南省永州市财政局供稿　刘荣俊执笔）

零陵区

2023年，零陵区实现地区生产总值（GDP）275.39亿元，同比增长（以下简称增长）5.1%。其中，第一产业增加值49.35亿元，增长4.2%；第二产业增加值110.66亿元，增长4.4%；第三产业增加值115.38亿元，增长6.2%。全区居民人均可支配收入34791元，增长4.8%。其中，城镇居民收入40608元，增长4.2%；农村居民收入27665元，增长5.4%。

2023年，全区完成地方一般公共预算收入12.16亿元，同比减少1.11亿元，同比下降（以下简称下降）8.35%。其中，税收收入5.11亿元，下降29.26%，非税收入7.05亿元，增长16.68%。上级补助收入25.97亿元、债务转贷收入6.88亿元，上年结余1.16亿元，动用预算稳定调节基金30万元，调入资金9.57亿元（基金调入8.97亿元），收入总计55.74亿元。一般公共预算支出完成46.7亿元，上解支出3605万元，债务还本支出5.58亿元，调出资金7725万元（用于专项债券付息支出7725万元），年终结余2.33亿元，支出总计55.74亿元。收支相抵后2023年一般公共预算实现收支平衡。

2023年，全区政府性基金预算收入完成27.51亿元，较调整预算30.5亿元减少2.99亿元。加上政府性基金专项转移支付收入2982万元，上年结余收入1323万元，调入资金7725万元（用于专项债券付息支出7725万元），债务转贷收入16.49亿元，收入总计45.21亿元。2023年政府性基金支出完成33.4亿元，上解支出119万元，调出资金8.97亿元，年终结余2372万元，支出总计45.21亿元，收支相抵后2023年政府性基金预算实现收支平衡。其中，土地出让金收入27.11亿元，土地出让金安排的支出18.13亿元。

2023年全区国有资本经营预算上级补助收入59万元，国有资本经营预算上年结余127万元。2023年全区国有资本经营预算支出106万元。

2023年，全区城乡居民基本养老保险基金、机关事业单位基本养老保险基金、城镇职工基本医疗保险基金、居民基本医疗保险基金（失业保险基金已归省市统筹）等五项基金收入共6.45亿元，当年支出5.68亿元，当年结余7769万元，加上上年结余4.27亿元（其中失业保险2818万元，2023年收归省级统筹），2023年末滚存结余5.05亿元。

一、积极开源，着力提质增效，全力以赴抓收入

财政收入是经济发展的"晴雨表"，抓好财政收入是财政工作的"重中之重"。一是持续实施财源建设"十大行动"。严格贯彻落实《零陵区2023年财源建设"十大行动"工作方案》，加强政策研判和引导，充分调动各部门抓财源建设工作积极性，形成了"分工负责、紧密协作、齐抓共管"的财源建设新格局。截至11月底,全区财源建设各指挥部共完成区级收入5.15亿元,全年预计完成6亿元。二是精心培育壮大优质税源。大力支持园区产业发展,加快建设锰系新材料产业园、稀土产业园,以高质量发展为主题,积极推进园区财政管理体制改革,统筹推进"一区三园"建设;加强对新兴产业税源培育,出台关于政策、金融等多方面扶持政策,培育新的税收增长点;加强对中小微企业支持,严格将各项减税降费政策全面落实到位,激发市场主体纳税活力。三是千方百计向上争资。加强政策梳理和研究,争取更多资金和政策倾斜。做好项目储备,积极申报项目,缓解地方财政压力。截至12月底,争取到位各类资金41.32亿元。其中,债券资金15.22亿元、其他资金26.1亿元,完成年初考核目标(41.29亿元)的100%。四是积极拓展拓宽财源渠道。加速推进国有"三资"清理处置,有力提升国有"三资"管理的质量和效益,增加可用财力,增强财政增收后劲。2023年3月底零陵区成功将长岭的岩矿挂牌处置,5月组织出让城区停车位特殊经营权,7月组织对"11.02"疫情期间购置的闲置资产进行清查盘点,处置到位。

二、有保有压,着力保障民生,全力以赴优支出

进一步优化支出结构,压减非刚性、非重点支出,集中有限财力重点保障区委区政府中心工作和重大项目,加大对民生等重点领域的资金倾斜。一是严格预算编制安排。制定年初预算时优先足额保障"三保"支出,做足做实"三保"预算,从源头兜牢"三保"底线;各部门单位专项经费在上年的基础上压减20%,全年压减支出4300余万元。二是严格控制预算执行。各部门单位的支出必须以经批准的预算为依据,未列入预算的一律不得支出。要遵循量力而行、收支平衡的原则,除应急救灾事项外,预算执行中一般不再追加预算。三是统筹盘活存量资金。进一步扩大部门结转结余资金清理收回范围,部门基本支出、项目支出、上级专项当年未使用全部收回,统筹优先用于保障民生。1-12月,通过对各部门单位应付款项清理,消化历史应付款1.68亿元。四是倾力保障重点民生支出。截至12月26日,全区教育共支出9.15亿元,改善办学条件和基础设施,提高教育服务水平,促进教育优质均衡发展,提升群众对教育的获得感和幸福感;安排社会保障和就业支出8.41亿元,切实落实好各项惠民政策,做好帮扶纾困和就业工作,促进社会和谐稳定;卫生健康支出5.61亿元,加强公共卫生服务体系建设,完善基本医疗保障制度,着力提高突发公共卫生事件应急处置能力;节能环保支出3621万元,重点用于全区水污染防治、农村环境综合整治及生态修复治理等领域,持续打好环保治理攻坚战;拨付住房保障支出1.86亿元,加快老旧小区改造,完善社区养老设施,改善辖区居民生活环境。

三、健全制度,着力监督绩效,全力以赴促改革

持续健全财政管理制度,注重强化预算绩效管理,不断完善财会监督体系,持之以恒、稳步有序推进财政体制改革走深走实。一是持续深化预算管理一体化改革。全面对标落实财政部有关预算管理一体化改革部署,精准编制预算,严格预算执行,2月上线"三公"经费预警机制,6月增加预算执行监督专项行动转移支付重点监督项目预警模块,进一步规范财政管理和支出控制。二是不断完善财政管理体制机制。4月,相继出台《零陵区本级基本建设项目资金管理实施办法》《关于进一步加强财政管理工作的意见》等一系列政策规定,用于规范全区基本建设项目申报、审批程序流程,提高资金使用效益,增强财政资源的统筹能力和可持续性。三是突出强化财政监督绩效。严格落实中央《关于进一步加强财会监督工作的意见》,聚焦惠民惠农资金管理、党政机关过"紧日子"、基层"三保"、政府债务风险防控等重点领域开展监督,切实维护财经纪律的严肃性和权威性。积极开展"绩效管理提升年"活动,着力在财政政策效能、资金分配和使用效益、财税改革效果、财政监督效力、内部管理效率等方面实现"五效提升"。进一步加强投资评审监督,严肃政府采购程序,加大电子卖场普及,不断完善财会监督体系。

四、严守底线,着力控制债务,全力以赴防风险

一是切实兜牢"三保"底线。坚持"三保"支出在财政支出中的优先地位,区分轻重缓急,统筹资金先保障"三保"需求,坚决防范"三保"风险。1-12月,全区"三保"支出完成25.61亿元,完成预算25.61亿元的100%。二是坚决守住库款安全。积极组织收入,加强与市财政汇报,科学合理调度资金,每月做好财政收入预测、预算支出资金需求预计,对资金的流入流出及时进行监测,合理安排支出顺序,防范化解支付风险。三是严控政府债务风险。统筹发展和安全,坚持底线思维,增强忧患意识,提高防控能力,着力打好防范化解风险阻击战。严控债务增量,化解债务存量,严守债务风险底线,确保全区债务在合理的区间运行。对乡镇街道债务进行清理锁定,制定出化解方案,严格落实化解责任,扎实防范基层财政运行风险。

(湖南省永州市零陵区财政局供稿 李文月执笔)

冷水滩区

2023年，冷水滩区实现地区生产总值（GDP）424.92亿元，同比增长（以下简称增长）3.3%。其中，第一产业完成49.42亿元，增长3.6%；第二产业完成116亿元，同比下降（以下简称下降）2.5%；第三产业完成259.5亿元，增长5.9%。全区居民人均可支配收入39379元，增长4.3%。其中，城镇居民人均可支配收入44351元，增长4.0%；农村居民人均可支配收入29585元，增长5.3%。

2023年，全区完成一般公共预算地方收入6.84亿元，下降13.2%。其中，税收收入5.04亿元，增长9.6%；非税收入1.80亿元，下降45.2%，上级补助24.7亿元，一般债券转贷收入7.1亿元，动用预算稳定调节基金0元，调入资金11.06亿元，上年结转0.1亿元，收入合计49.8亿元。全区一般公共预算支出40.16亿元，加上上解支出1.38亿元，一般债务还本4.83亿元，补充预算稳定调节基金0.13亿元，调出资金0.46亿元，结转下年2.84亿元，支出合计49.8亿元。

2023年，全区完成政府性基金预算收入10.28亿元，下降9.6%。全区政府性基金预算支出11.07亿元，调出资金（调入一般公共预算）6.06亿元。

2023年，全区完成国有资本经营预算收入0元，增长0。全区国有资本经营预算支出0元，调出资金（调入一般公共预算）0元，增长0。

2023年，全区完成社会保险基金预算收入5.87亿元，增长9%。全区社会保险基金预算支出4.54亿元，全年收支结余1.34亿元，累计滚存结余6.65亿元，增长24.23%。

一、顶压奋进，推动财政运行平稳

2023年，面对经济下行压力持续加大、汛情旱情叠加等严峻形势，冷水滩区财政局坚决贯彻区委区政府决策部署，认真落实稳增长、促改革、调结构、惠民生、防风险、保稳定等各项财税政策，全区地方一般公共预算收入完成6.84亿元，其中税收收入5.04亿元，财政收入质量稳步提升。冷水滩区一般公共预算支出完成40.16亿元，"三保"及重点建设支出得到有效保障。

二、增财培财，增强财政保障能力

一是做实财政收入。面对宏观形势复杂多变、经济下行压力加大等影响，冷水滩区财税部门坚持全年地方税收收入预期目标任务不动摇，强化收入组织征管的同时坚决做实财政收入，财政收入质量稳步提升。二是加强财源培植。继续加大招商引资力度，持续优化营商环境，着力挖掘新的经济增长点持续有序开展财源建设，不断增加科技创新投入，优先扶持园区实体经济发展，财源建设成效初显。三是积极跑项争资。紧跟实时政策，积极争取上级各类项目资金，加大争取上级财政转移支付力度，特别是针对我区地方财政收入大幅下滑、财政运行较为困难的实际，积极向省财政厅汇报，在省财政厅的支持帮助下，有效缓解全区财政运行压力，较好支持农业、教育、医疗、社会保障等经济社会事业发展，稳住财力基本盘。

三、持续发力，兜牢基本民生底线

始终把人民至上作为财政工作的立足点，坚持尽力而为量力而行，着力保障改善民生，促进共同富裕。全年民生支出31.03亿元，占财政支出的77.3%。一是优先支持乡村振兴。强化财政乡村振兴政策供给和投入保障，牢牢守住防止规模性返贫的底线。二是稳步提升基层医疗卫生水平。持续深化医卫体制改革，全力支持医疗卫生健康事业发展。安排专项资金用于农村适龄和城镇低保适龄妇女开展"两癌"、孕产妇实施免费产前筛查、新生儿免费筛查。三是全面落实财政教育投入政策。落实各项教育经费保障政策，完善城乡义务教育经费保障机制，有力地推进全区教育事业发展。四是兜牢兜实社会保障底线。统筹安排困难群众救助补助资金，城市低保、农村低保及特困人员基本生活费稳步提标。

四、深化改革，提升财政管理效能

一是国有"三资"清理有亮点。坚持把盘活闲置资产资源作为推动高质量发展的新引擎，实行专班推进、台账管理、精准施策，用好"用、售、租、融"四种方式，让低效存量转化为优质增量，闲置资产转化为增收活水。全区2023年实现盘活闲置资产资源收入22.68亿元，为全区稳增长、防风险、保民生提供有效支撑。二是政府采购和投资评审有成效。采购预算1.33亿元，实际采购1.25亿元，节约871万元，节约率为6.5%。全年度评审项目741个，送审金额9.74亿元，审减1.63亿元，审减率为16.74%。三是债务化解有成果。积极与金融机构对接，运用"六个一批"缓释到期债务，全区没有发生违约、重大债务舆情等风险事件，政府债务风险总体可控。四是财政监督有实效。深入开展财经秩序专项整治，对惠民惠农补贴资金"一卡通"、乡村振兴资金、基层医疗机构资金管理和使用情况以及涉粮领域开展专项监督检查。积极推进"互联网+监督"工作。

（湖南省永州市冷水滩区财政局供稿　唐博执笔）

祁阳市

2023年，祁阳市实现地区生产总值（GDP）424.52亿元，同比增长（以下简称增长）6.2%。其中，第一产业增加值66.89亿元，增长4.1%；第二产业增加值134.1亿元，增长5.5%；第三产业增加值223.53亿元，增长7.3%。全社会固定资产投资同比下降（以下简称下降）8%。全市居民人均可支配收入29968元，增长5.7%。其中，城镇居民人均可支配收入42534元，增长4.6%；农村居民人均可支配收入20322元，增长6.2%。

2023年，全市完成一般公共预算地方收入20.04亿元，增长1.1%。其中，税收收入16.31亿元，增长3.8%；非税收入3.73亿元，下降9.3%，中央补助15.38亿元（上级补助42.63亿元），一般债务转贷收入4.15亿元，动用预算稳定调节基金3000万元，调入资金4.08亿元，上年结转9.94亿元，收入合计81.14亿元。全市一般公共预算支出64.26亿元，加上解中央1.64亿元，一般债务还本1.9亿元，补充预算稳定调节基金4.35亿元，调出资金9082万元，结转下年支出8.08亿元，支出合计81.14亿元，收支平衡。

2023年，全市完成政府性基金预算收入5.7亿元，增长15.5%，上级补助收入6623万元，政府专项债务转贷收入14.6亿元，上年结余收入5894万元，调入资金9082万元，收入合计22.46亿元。全市政府性基金预算支出18.06亿元，调出资金（调入一般公共预算）9082万元，上解上级支出116万元，专项债务还本支出1.38亿元，结转下年支出2.11亿元，支出合计22.46亿元，收支平衡。

2023年，全市完成国有资本经营预算收入2.5亿元，上级补助收入17万元，上年结余收入5万元，收入合计25022万元。全市国有资本经营预算支出5万元，调出资金（调入一般公共预算）2.5亿元，结转下年支出17万元，支出合计25022万元，收支平衡。

2023年，全市完成社会保险基金预算收入10.92亿元，增长13.28%。全市社会保险基金预算支出9.05亿元，增长7.87%，全年收支结余1.87亿元，累计滚存结余10.01亿元。

一、坚持尽力而为、量力而行，着力改善民生福祉

持续加大财政资源统筹力度，集中财力保"三保"、保重点。一般公共预算支出完成64.26亿元，民生支出达49.32亿元。一是着力优化结构。国家、省政策规定的基本民生支出应保尽保，新增财力全部安排民生支出。大力压减非刚性、非重点支出，压减支出5680万元用于保障民生。二是强化政策落实。全面落实民生政策，兜牢兜实民生底线。安排资金2.2亿元，全面落实特殊群体兜底政策，发放城市、农村低保补助9205万元，发放特困群体补助8134万元，发放残疾人两项补贴25万人次，共1880万元。统筹整合资金5.87亿元用于"三农"，纵深推进乡村振兴。统筹整合资金1.73亿元改善生态环境，用于城乡垃圾治理和污水处理、改厕等。安排资金5950万元，发放家庭经济困难寄宿生生活费、中职助学金、中职免学费、高中助学金、家庭经济困难幼儿入园补助。统筹资金1.2亿元投入教育项目建设，整体提升学校办学水平。安排资金8.66亿元，全面落实城乡居民医疗、卫生健康政策。三是资金优先拨付。坚持"三保"支出在财政支出中的优先顺序，积极优化支出结构，确保"三保"支出及时足额拨付到位。

二、坚持齐抓共管、开源增收，着力稳进财政收入

一般公共预算地方收入在永州市率先突破20亿元，收入总量和质量继续排永州市第一位，打好经济增长主动仗被省人民政府通报表扬。一是突破难点堵点，挖掘增收潜力。由市委常委牵头主抓，实施财源建设五大促收行动。开展划拨转出让、房地产领域专项整治及交房即交证改革，共征补入库税费2.94亿元。出实招盘活国有"三资"，"林子里生金油"等经验做法入选省、市典型案例。二是强化财源培育，增强发展活力。统筹本级预算资金、政府债券资金、上级补助资金1.35亿元，支持"五好园区"创建，不断夯实园区硬实力，增强招商引资吸引力。争取到位上级制造强省、中小企业发展、技改税收增量奖补等涉企补助资金2257万元，支持优势行业和重点企业做强做大。三是推进税费精诚共治，提升征管效力。构建"税务+司法"保障机制、"税务+公安"联动机制、"税务+工会"双联机制，打造"1+N"

信息化治税体系,开发"加油站数据云平台"和"涉矿资源企业税费监管平台"等"子系统",确保"颗粒归仓"。四是紧盯政策走向,凝聚争资合力。到位上级转移支付资金43.3亿元,较上年同口径增加5.35亿元,其中财力性转移支付增量达3.35亿元,增幅排永州市第一位。新增专项债券资金13.22亿元、一般债券资金2.25亿元。

三、坚持聚焦短板、精准施策,着力运行风险防控

始终坚守底线,不触红线,有效防范系统性风险。一是缓释债务风险。严格落实省政府办公厅规范政府性投资项目决策和立项管理办法,防止政府债务无序增长。落实"一债一策""一资一策",努力化解存量债务。用好用足"六个一批"政策,有效缓释到期债务风险,降低融资成本,全年平滑缓释到期债务4.31亿元,完成债务降息展期11笔,年节约利息980万元。强化常态化监控预警,做到风险早发现、早报告、早处理,确保不发生重大舆情事件。坚持以"两覆盖一纳入两能力"为抓手,助力平台公司转型。二是缓释运行风险。建立财政金库库款监测预警机制,即时监控库款余额变化,及时筹措资金补充库款不足,确保全年库款保障水平保持在合理区间。合理安排财政资金支付,在足额保障"三保"支出的基础上,有序安排其他支出,确保年度预算平稳执行。大力清理盘活财政存量资金和部门存量资金,缓解财政资金支付压力,全年盘活存量资金9170万元。着力清理财政暂付款,调剂财力消化赤字挂账,降低财政暂付款余额。

四、坚持守正创新、强基固本,着力提升治理效能

"绩效管理提升年"行动、财源建设等21项工作获省财政厅表彰,祁阳作为3个典型发言市县之一,以《全面加强财政管理,切实提高治理效能》为题在全省作经验推介。一是着力制度建设。按照规范、高效的目标,进一步健全财政制度,制定出台《关于落实过"紧日子"要求强化预算管理的通知》等25项制度办法,补齐制度短板。二是完善体制机制。按照预算管理一体化管理要求,规范财政财务业务操作流程,将部门预算编制、部门预算执行、部门会计核算全部纳入系统管理,建立财政资金安排使用闭环监管机制,实现财政财务管理信息化。上线惠民惠农补贴阳光审批系统,扎实推进补贴资金申报、审批、发放等环节全程线上办理、公开公示,确保各项惠民惠农补贴及时、足额、安全发放。三是优化营商环境。全面贯彻落实国家新一轮组合式减税降费政策,减免税费9.05亿元。大力推动政府性融资担保业务扩面增量降费,充分发挥"潇湘财银贷""农信担"等政策性担保机构职能作用,持续加大对企业担保增信力度,有效缓解企业融资难融资贵问题,全年新增担保贷款1.62亿元,增长24.27%,政策性担保机构在保余额8.28亿元;发放创业担保贷款2.2亿元,补贴贷款利息780万元。探索推进电子非税收入一般缴款书改革,上线非税收入执收单位153家,实现电子非税收入一般缴款书全覆盖,开具电子缴款书37.46万份,缴款6.93亿元。四是推进预算绩效管理。修订分行业、分领域绩效指标2200余条。全面上线预算绩效管理板块,通过系统数据比对,筛选党建专项经费、课改经费、残疾人就业保障服务支出等10项支出,进行重点监控。选取社工站服务、河道保洁及水政执法、湿地公园保护与恢复等项目及专项资金进行重点评价,对评价结果较差的项目,削减2024年预算安排。五是强化财政监督。在全市率先成立财会监督人才库,组织各行政事业单位开展会计准则素质提升、财会监督等业务培训7场次,参培人员680余人。开展财政暂付款管理、惠民惠农财政补贴资金"一卡通"等9类重点问题专项整治,整改问题10个,金额3720万元。抓好审计查出问题和上级专项检查发现问题整改。修改完善财政评审管理办法,全年评审项目525个,审减金额4.38亿元。加强政府采购资金来源审核,坚持无资金不采购。

(湖南省永州市祁阳市财政局供稿 李亚军执笔)

东安县

2023年,东安县实现地区生产总值(GDP)233亿元,同比增长(以下简称增长)3.9%。其中,第一产业增加值49.46亿元,增长3.6%;第二产业增加值85.33亿元,增长2.2%;第三产业增加值98.21亿元,增长5.6%。全社会固定资产投资(不含农户)同比下降(以下简称下降)8.4%。全县居民人均可支配收入28843元,增长5%。其中,城镇居民人均可支配收入40738元,增长4%;农村居民人均可支配收入21678元,增长5.4%。

2023年,全县完成一般公共预算地方收入12.27亿元,增长2.36%。其中,税收收入8.61亿元,增长2.25%;非税收入3.65亿元,增长2.6%,上级补助

27.57亿元，债务转贷收入1.93亿元，动用预算稳定调节基金0.87亿元，调入资金3.87亿元，上年结转0.29亿元，收入合计46.79亿元。全县一般公共预算支出43.15亿元，加上上解支出0.89亿元，一般债务还本0.72亿元，补充预算稳定调节基金1.24亿元，调出资金0.76亿元，结转下年0.02亿元，支出合计46.79亿元。

2023年，全县完成政府性基金预算收入12.13亿元，增长7.21%。全县政府性基金预算支出21.3亿元，调出资金（调入一般公共预算）3.53亿元，增长18.17%。

2023年，全县完成国有资本经营预算收入0.34亿元，下降76.64%。全县国有资本经营预算支出18万元，调出资金（调入一般公共预算）0.34亿元，下降76.64%。

2023年，全县完成社会保险基金预算收入6.85亿元，增长7.25%。全县社会保险基金预算支出6.07亿元，全年收支结余0.78亿元，累计滚存结余5.57亿元，增长9.39%。

一、稳支出，促发展，推进财政平稳运行

一是2023年教育投入9.93亿元，同比增加3326万元，增长3.47%，有力推动了城乡义务教育均衡优质发展。加大公办学位建设力度，完成澄江中学民转公资产清查工作，增加1000个公办学位，明德幼儿园正式建成并招生，增加386个学前教育学位。积极向上争取中央、省市教育建设发展资金1.61亿元。二是2023年社会保障支出9.24亿元，同比增加3949万元，增长4.47%。全力扛牢城乡居民基础养老金、企事业单位退休人员基本养老金、城乡低保、特困人员救助等财政支出责任，落实就业创业补贴政策，千方百计稳定就业，全年实现城镇新增就业4670人、农村劳动力转移就业4116人，创业担保贷款余额达到5580万元。三是2023年卫生健康支出5.66亿元，同比减少1.33亿元，下降18.98%。计划生育服务、城乡医疗救助、基本公共卫生服务支出责任足额保障，全面支持公立医院事业建设，全年安排公立医院综合改革284万元。四是2023年文化旅游、体育、科技事业等支出7146万元，同比减少9583万元，下降57.28%。筹措专项债券资金1亿元，抓好高岩水库建设，抓紧文体中心、档案馆建设，全面做好"三馆一站"免费开放工作，加大文物及非物质文化遗产保护力度，加大对高科技企业奖补力度，全年安排高新企业奖励资金1200万元。五是2023年全年农林水投入7.01亿元，同比增加9057万元，增长14.84%。全年通过财政惠农惠民"一卡通"系统累计发放各类涉农补贴项目70项，发放资金3.26亿元。集中财力加大对财政衔接推进乡村振兴项目的投入，全年投入7038万元用于实施乡村振兴产业项目和基础设施建设项目，确保所有的财政衔接推进乡村振兴政策及相应资金落实到位；全年筹集1245万元，安排16个乡镇场83个行政村实施农村公益事业财政奖补项目；持续推行特色农业保险，全县农业保险保费投入3267万元，其中争取中央和省级财政保费补贴1788万元，县本级配套1479万元，全县约13万农户受益。六是全年民生支出36.83亿元，占一般公共预算支出85.35%，民生事实项目政府投入稳定保障。全年安排花桥到大盛公路建设提质改造资金1981万元，安排村级日常保洁经费1080万元，安排农村生活垃圾治理PPP项目建设营运费1800万元，安排城市、农村生活污水处理费用2640万元，安排农村综合改革公益事业奖补资金改善农村人居环境项目91个投入资金1416万元，有效解决民众出行"痛点"，提升县域人居环境水平。

二、育财源，保增收，全面提升收入水平

一是在"引"字上下功夫，助力引进重点税源企业。2023年安排工业信息产业发展基金1.5亿元，安排重点项目工作经费预算640万元。2023年，全县重点纳税企业累计入库8.623亿元，国能永州电厂2023年入库税收2.31亿元，同比增加0.96亿元，增长71.1%。二是在"育"字上做文章，全力培育县域新兴产业。全年安排企业技改优惠政策补助支出400万元，服务县内创新企业发展，2023年全县新增省级专精特新"小巨人"6家，创历史新高。"风光水火储"一体化能源产业成效明显，新增新能源领域2个风电项目、5个光伏项目、1个电化储能项目，总投资达45亿元，建设规模达83万千瓦。三是在"用"字上求突破，全力推动产业转型升级。2023年，县域重点科技企业湘江科技在新三板成功挂牌，重点税源企业红狮水泥、兴发保温获得国家级绿色工厂荣誉，高新科技企业甜蔓生物荣获湖南专利奖三等奖。2023年东安县财源建设工作获省政府真抓实干表彰激励。

三、抓重点，促清理，大力盘活国有"三资"

一是将矿产优势转化为财税优势。将有效推动"沉睡的资产资源"变为"增收的源头活水"，2023年，出让5个石灰石矿采矿权，预计可实现矿产出让总价值17.38亿元。湘钢瑞和钙业、杨柳井矿处置等矿产资源的处置模式得到了省政府第三督察组和省市财政部门的肯定。《永州东安县：石灰石资源盘活闯出新路子》在省财政厅国有"三资"盘活作典型案例推介。获得省财政厅2023年度市县清查处置盘活国有"三资"工作先进单位。二是将闲置资产转化为发展优势。将"三资"盘活与融合开发相结合，果决处置"僵尸企业"，斩断非法利益链条，不断提高"三资"利用效率。2023年，共盘活行政事业性低效国有资产62处，处置闲置土地11宗，处置三类低效用地1284.3亩，完成特许经营权授权2项，收回闲置低效资金3.68亿元。在建筑石料用灰岩矿开发过程中，将开采后的区域恢复成耕地，增加1300亩的耕地指标，预计增加财政收入1.9亿元。三是将资源优势转化为平台优势。推动东安县属平台企业以闲置资产、矿产、土地等资源形式入股湘钢集团东安钙产业园项目、湖南轨道集团；将东安县政府所持农村商业的股份注入平台企业；投资425万元入股东安星龙村镇银行；投资270万元入股华润集团下属燃气公司；通过授予采砂特许经营权的方式，与永州市城发集团成立合资公司，共同开发湘江西源东安段近4公里、储量约300万吨的河砂，目前已达产达效。预计全年总收益约1.6亿元，每年分红700万元以上，产生税收约6000万元，实现平台收益约5000万元。进一步提升了平台企业市场化运营能力和风险防范能力。

四、重监管，强约束，聚力加强监督管理

一是切实发挥财政监督作用。配合东安县纪委监委及其他有关部门联合或单独对6个单位开展了财会监督检查；对16个乡镇（场）69个村（社区）开展了惠农补贴资金专项检查；对109个单位开展了违规发放奖金补助检查；对46个单位开展非税收入和票据专项检查；对12个单位开展财务收支专项交叉检查；对16个乡镇开展了农机补贴资金专项检查。通过检查发现违规违纪户数135户，查出各类违规违纪资金5070.45万元。依据相关法律法规，要求被检查单位对检查发现的问题进行了全面整改落实，并对查处的违纪违规行为进行了严肃处理，追回财政资金240.16万元。二是牢固树立过"紧日子"思想。坚持精打细算、勤俭节约，从严控制会议费、差旅费、劳务费、委托业务费等支出。根据项目轻重缓急以及预算评审、绩效评价等情况，对年初预算进行认真梳理，进一步压减非急需、非刚性支出、削减或取消低效无效资金。2023年各预算单位公用经费压减20%，节约4385万元。三是扎实开展投资评审工作。2023年项目预算送审金额9.68亿元，审定金额8.21亿元，核减金额1.47亿元，核减率15.18%；项目结算送审金额3.06亿元，审定金额2.73亿元，核减金额0.33亿元，核减率10.78%，提升了财政资金使用效益。

（湖南省永州市东安县财政局供稿　周露阳执笔）

双牌县

2023年，双牌县实现地区生产总值（GDP）93.44亿元，同比增长（以下简称增长）3.8%。其中，第一产业增加值21.46亿元，增长3.4%；第二产业增加值35.27亿元，增长2.5%；第三产业增加值36.71亿元，增长5.3%。全社会固定资产投资总额同比下降0.9%。全县居民人均可支配收入21884元，增长5.4%。其中，城镇居民人均可支配收入34510元，增长4.3%；农村居民人均可支配收入13309元，增长5.6%。

2023年，全县完成一般公共预算地方收入6.6亿元，增长5.06%。其中，税收收入4.69亿元，增长4.04%；非税收入1.9亿元，增长7.68%，上级补助收入11.72亿元，债券转贷收入2.45亿元，调入资金5.73亿元，上年结余1.77亿元，收入合计28.27元。全县一般公共预算支出21.69亿元，上解支出3570万元，债务还本支出1.71亿元，安排预算稳定调节基金3164万元，调出资金（调入政府性基金预算）3854万元，支出合计24.46亿元，结转下年支出3.81亿元。

2023年，全县完成政府性基金收入合计12.91亿元，增长3.78%。其中，政府性基金预算收入5.96亿元，上级补助收入4937万元，债券转贷收入5.61亿元，上年结余4641万元，调入资金3854万元；政府性基金支出合计12.35亿元，增长3.17%。其中，政府性基金预算支出9.8亿元，债务还本支出3226万元，调出资金（调入一般公共预算）2.22亿元，上解支出47万元。收支相抵，年终结余5641万元。

2023年，全县完成国有资本经营收入合计3.57亿元，增长347.37%。其中，国有资本经营预算收入3.56亿元，上级补助收入23万元，上年结转56万元；全县国有资本经营支出合计3.56亿元，增长349.46%，其中国有资本经营预算支出541万元，调出资金（调入一般公共预算）3.51亿元。收支相抵，累计结余79万元。

2023年，全县完成社会保险基金预算收入2.1亿元，增长2.94%。其中，保险基金收入1亿元，财政补贴收入1.04亿元，利息收入55万元，转移性收入162.05万元，其他收入344.63万元；全县社会保险基金预算支出2亿元，增10.5%，其中社会保险待遇支出1.98亿元、转移性支出223.35万元。收支相抵，当年结余940.6万元，加上年累计结余1.57亿元（已剔除失业保险基金滚存结余1100万元），年终滚存结余1.66亿元。

一、精准施策促发展，稳定县域经济大盘

一是深入贯彻落实国务院稳经济大盘政策，全年为市场主体减负1.98亿元。二是综合运用风险担保、财政贴息等政策工具，着力扩大涉企贷款规模，破解了小微企业"融资难""融资贵""瓶颈"。三是强化招商引资、跑项争资前期经费保障，加力推进"湘商回归""精准招商"，优化产业布局，提升园区均效益。四是科学研判财政政策，会同各部门精准打造项目，累计争取上级各项财政补助资金18.6亿元，增长3.74%。其中财政部门争取上级财政补助资金10.53亿元，占全年目标任务

的101.28%，切实保障了社会事业发展需要。五是强化财政资源统筹，安排专项债资金5.29亿元优先支持产业园区基础配套设施等重点项目建设，服务打好经济发展主动仗。

二、多管齐下强管理，提升财政运行绩效

一是牢固树立过"紧日子"的思想，坚持"有保有压"，共压减一般性及非重点支出4000余万元，更好地节用裕民。二是探索建立财政监督跨部门协作机制，组织开展预决算公开、代理记账、政府采购、会计信息质量、内控制度建设、财政衔接推进乡村振兴补助资金及惠农补贴资金管理使用、防范化解政府性债务风险等八大领域专项检查，严肃整饬财经秩序。三是大力实施政府投资项目事前绩效评估及预决算评审，强化事前、事中、事后全过程监管，大幅提升财政资金使用效益。四是健全完善单位绩效自评、委托中介机构评价和财政部门重点绩效评价相结合的多层次绩效评价机制，实现绩效管理闭环，强化结果应用，进一步优化了财政支出结构。

三、竭尽全力防风险，确保财政行稳致远

一是牵头打好"防范化解风险阻击战"，扎实做好防风险、保安全、护稳定各项工作，获永州市人民政府表彰。二是出台防范化解地方债务风险总体方案及七个分领域子方案，完善全链条债务管理机制，抓实源头治理。三是牢固树立正确的政绩观，严禁超越县本级财政承受能力盲目铺摊子、上项目。四是制定政府隐性债务"一债一策""一资一策"，将化债资金列入财政预算予以足额保障。实行每月一调度，对化债不力的单位及时下达交办函，限期完成化债任务，确保不发生区域性、系统性政府债务风险。

四、千方百计解困境，促进财政良性运转

一是做实税源调查摸底工作，细化分解收入任务，坚持早计划、早部署，迎难而上、努力挖潜，确保全年收入目标顺利实现。二是加力盘活处置国有"三资"，全年盘活国有"三资"总价值15.81亿元，入库收益10.68亿元，资产资源运营高效。有效整合移民、乡村振兴、农村综改等专项资金，统筹各方财力支持社会事业发展。三是强化"财为政服务"政治担当，建立大事要事财力保障清单管理制度，着力保障"三保"支出和县委县政府重大决策部署落实。四是严格落实中央"八项规定"精神，从严从紧编制财政预算，严禁无预算、超预算支出。五是依托预算管理一体化系统，全面分析财政收支运行情况，制定应急预案，采取应对措施，确保了财政收支平衡。

（湖南省永州市双牌县财政局供稿　胡克能执笔）

道　县

2023年，道县实现地区生产总值（GDP）266.17亿元，同比增长（以下简称增长）4.8%。其中，第一产业增加值51.46亿元，增长3.5%；第二产业增加值77.77亿元，增长7.3%；第三产业增加值136.95亿元，增长4.0%。全社会固定资产投资（不含农户）总额117.53亿元，同比下降13.0%。全县居民人均可支配收入29132元，增长5.6%。其中，城镇居民人均可支配收入37326元，增长4.1%；农村居民人均可支配收入23090元，增长5.7%。

2023年，全县完成一般公共预算地方收入15.68亿元，增长6.37%。其中，税收收入11.59亿元，增长4.21%；非税收入4.09亿元，增长12.99%，中央补助34.03亿元，一般债务收入1.42亿元，动用预算稳定调节基金0.71亿元，调入资金5.94亿元，上年结转0.85亿元，收入合计59.4亿元。全市一般公共预算支出53.5亿元，加上上解中央0.52亿元、一般债务还本1.88亿元，补充预算稳定调节基金0元，调出资金0.94亿元，结转下年2.56亿元，支出合计59.4亿元。

2023年，全县完成政府性基金预算收入29.44亿元，增长30.57%。全县政府性基金预算支出42.54亿元，调出资金（调入一般公共预算）5.94亿元，增长98%。

2023年，全县完成国有资本经营预算收入0.06亿元，下降29.66%。全县国有资本经营预算支出0.06亿元，调出资金（调入一般公共预算）0元，增长0。

2023年，全县完成社会保险基金预算收入6.67亿元，增长12.48%。全县社会保险基金支出6.22亿元，增长5.11%。全年收支结余0.44亿元，累计滚存结余5.46亿元，减少7.8%。

一、全力保障民生支出，助力产业高质量发展

（一）加大民生投入力度

提质改造乡镇卫生院、社区卫生服务中心、县精神病医院、县中医院整体搬迁建设顺利推进。中医院整体搬迁、东部医疗中心、县精神病医院、道县基层医疗卫生机构接诊点结合体系建设等项目，共计投入2.65亿元。加大教育投入保障力度。全年共投入教育年度建设资金1.45亿元，其中近0.58亿元用于中小学学校新建、改扩建及基础设施设备配置等，新增公办义务教育学位7380个，不断化解因学生增长而学位严重不足的时代难题。投入6750万元用于保障和支持公民办学前教育发展，实现公办幼儿园占比达到60.13%，"入园难、入园贵"问题有效化解。

（二）夯实稳岗促产根基

按照财政部和省市财政关于减税降费的工作部署，加强政策宣讲，采取有效措施，确保减税降费各项政策真正落到实处，企业负担明显减轻，企业经营活力得到进一步增强。一是减税降费持续发力。结合"三送三解三优"行动，通过"政策找人"精准推送优惠政策10.19余万户次，全年减免退缓税费2.14亿元，其中增值税留抵退税251.65万元，减免"六税二费"9022.62万元、小微企业所得税613.91万元，有力稳定市场预期，激发市场活力。二是加强部门协作，形成宣传合力。与县税务局、县司法局、县人力资源和社会保障局、县退役军人事务局等部门加强工作协作，坚持在精准推送上发力，通过精准推送逐步实现从"人找政策"到"政策找人"的转变，从发布推送内容到评估分析推送成果各个环节都要有人管，及时开展校验和补充推送，积极开展数据比对、核查，将企业法定代表人、财务人员和办税人员信息核实修正，全面提高"三员"身份信息准确率，为精准推送奠定坚实基础。及时开展兜底服务，网格员采取电话沟通、微信沟通以及线下教学等方式，为纳税人讲解税收优惠政策，精准兜底，应享尽享，确保精准推送"最后一公里"流程规范、优惠政策及时落地。三是支持职业技能培训，提高劳动者就业能力，全年开办职业技能培训班、创业培训班88期，培训3385人次，共计培训补贴388.61万元。全年失业保险参保职工职业资格技能等级提升补贴778人，支出105.24万元。

（三）赋能助推乡村振兴

支持农业农村发展，通过惠农补贴"一卡通"系统发放耕地地力保护补贴、农村低保金、残疾人"两项"补贴、移民直补资金等各类补贴95项，累计发放农户数89.18万户次，金额4.77亿元。加强脱贫地区农副产品采购管理，统筹做好"全国832个脱贫地区"农副产品预留采购份额和落实采购任务，全县预留采购份额82.01万元，实际完成采购94.79万元，超额完成任务。道县安排投入农村综合改革转移支付资金1.05亿元。全部投入全县22个乡、镇、街道办307个村（社区），共实施354个农村基础设施和农业产业发展建设项目、2个美丽乡村15个建设项目。建设以"生态美、村庄美、产业美、生活美、风尚美"为标准的美丽宜居村庄，力争改善农村人居环境，打造乡村振兴示范样板。申报国债支农项目7项，申报金额约2.3亿元，指导仙子脚镇、富塘街道办成功申报省级美丽乡村建设项目，出台了《道县乡村振兴筹措、使用、监管办法》，确保财政资金安全

和高效。

二、夯实"财源建设"基础，做好"财政改革"文章

（一）突出高位推动"加力"，让财源建设机制强起来

聚焦打好"发展六仗"，以产业财源培植与税费管理提效为重点，着力构建"财源基础更实、产业结构更优、收入质量更高、保障能力更强"的财源大建设新格局。一是高位推动。成立由县委、县政府主要领导挂帅的财源建设领导小组，研究制定财源建设实施方案，全领域全方位全链条把税源找出来、收进来、培上来。二是专班专抓。县财源建设领导小组下设税源挖潜、土地出让（含土地开发）、矿产资源综合开发利用、国有资产盘活利用、国企增收创利等10个攻坚小组，定期召开联席会议，调度推进工作落实。三是专项督查。县财源办实行"一周一调度、一月一分析、一季一通报"，从严从实督促各行业、各部门加强财源建设，夯实财源培植，拓宽增收渠道，提高财税质量。

（二）突出资源拉动"乘势"，让财源增收底子厚起来

坚持"资源换产业、产业变财源"的发展思路，依托本土特色资源禀赋，大力培植锂矿产业集群，奋力抢抓新能源产业风口，全力推动国企转型发展，持续拓宽财源建设增收渠道。一是依托矿产资源育财。立足锂矿储量全省第一的独特优势，组建千亿矿业建设总指挥部，统筹推进矿产资源综合开发利用，变优势资源为骨干财源，锂矿产业经验做法被省财源办专刊推介。2022年，引进"世界500强"紫金矿业落户道县，出资25亿元收购了湖南厚道矿业在湘源锡矿的股权，缴纳个人所得税4.56亿元，创造了湖南省最大单笔个人所得税纪录。2023年3月，紫金锂业30万吨/年采选生产线已建成投产。目前，正在加快推进500万吨/年锂矿采选生产线和3万吨/年碳酸锂精深加工生产线建设。二是依托绿色资源生财。抢抓"双碳"机遇，用好"风光"等绿色资源，以绿色资源发展清洁能源，打造新兴财源增长极。全县共规划建设风电光伏项目17个，总装机容量112万千瓦，总投资126.08亿元，已并网发电光伏风电项目7个。三是依托国有资源聚财。将部分优质国有资产资源分类注入县属国有企业，赋予其项目建设、基地运营、渣土运输、河道采砂、人力资源开发、砂石土矿综合开发、屠宰冷链、景区运营、农旅文创等特许经营权资源，用资源撬投资、以资源换股本、将资源变收益，提升了县属国企"造血"功能。2023年，4家县属国企已实现运营收入1.4亿元、利润3700万元。

（三）突出"放管服"改革效能，让涉农资金项目整合起来

进一步完善涉农资金管理平台，2023年共整合7项涉农专项资金，涉及15个主体单位，整合资金1.2余亿元。全年铺排衔接资金7891万元、公益事业奖补资金

1744万元、美丽乡村建设资金400万元、市"千万工程"400万元以及水利、农业、移民资金1551万元，铺排项目693个；2024年拟定了《道县统筹整合使用财政涉农项目资金管理办法》（讨论稿）。加快评审工作进度，2023年共完成各类项目评审1265个（含进度款436个），送审金额38.13亿元、审定金额29.71亿元，核减金额8.42亿元，核减率为22.08%，并实施全过程跟踪。

三、抓住"债务化解"关键，提升风险防范能力

一是聚焦化解隐性债务。严格执行化债方案，超额完成隐性债务化解任务数。积极配合财政部湖南监管局对道县隐性债务化解及专项债券资金使用情况进行核查，进一步夯实隐性债务化解数据基础。二是严管控防债务风险。积极向上争取政府债券，做到隐性债务只减不增，逐年压减关注类债务。坚决查处违法违规举债融资行为，发现一起、查处一起、问责一起，责任倒查、终身负责，牢牢守住不发生系统性风险的底线。继续做好隐性债务"六个一批"风险缓释工作，改善债务结构、降低债务成本。三是积极申报政府债券。聚焦国家支持领域及实际需要，积极申报专项债券项目。全年省财政厅下达道县2023年地方政府新增债券额度18.54亿元，其中专项债券17.12亿元，一般债券1.42亿元。

四、筑牢"财政管理"根本，提升服务经济效能

一是提升财政资金质效。全面统筹、细化落实预算绩效评价工作。将207个预算单位纳入预算绩效管理范畴，涉及资金53.5亿元，加强对重点项目进行绩效评价，涉及预算单位15个、金额20.3亿元，强化评价结果与预算挂钩，确保财政资金发挥效益。按照省、市、县各级文件精神，扎实开展"一卡通"发放管理专项监督检查，道县财政局成立了"三湘护农"惠农补贴资金突出问题整治专班。通过"驻场解剖麻雀式"检查、"百日抽查"、"惠农补贴资金突出问题整治暨惠农补贴资金专项检查"等行动，对耕地地力保护补贴、粮食适度规模经营补贴、实际种粮农民一次性补贴、稻谷目标价格补贴等补贴项目开展检查工作，发现并整改各类惠农补贴资金相关问题171项、金额32万元，确保了惠民政策和民生资金落实到群众身上。持续加强单位内控管理，针对预算股、采购中心、投资评审中心等重点股室（中心）开展内审检查。二是发力盘活"三资"。拟定2023年全县盘活"三资"工作整体规划，制定了《道县国有"三资"清查处置与管理改革总体实施方案》。道县全年盘活"三资"12.73亿元，其中盘活财政资金1.28亿元、盘活资产0.65亿元、盘活资源10.8亿元。三是持续优化政府采购营商环境。全面启用湖南省电子卖场，截至2023年12月31日，道县共有658家供应商入驻，2023年共完成交易13491笔，成交金额24552.66万元。提高政府采购透明度，推进采购项目、采购内容及需求概况、预算金额、预计采购时间等采购意向公开，2023年采购单位公开采购意向信息180余条。落实预留采购份额、价格评审优惠、优先采购等措施，提高中小企业在政府采购中的份额，支持中小企业发展，2023年县政府采购项目专门面向中小企业采购数量达130批次，占采购项目总数的74.29%。大力深化政府采购制度改革，建立"四横三纵两联合"的全过程管理工作机制，实施由"采管结合"转型为"放管结合"理念下的监管升级。

（湖南省永州市道县财政局供稿　毛玲执笔）

江永县

2023年，江永县实现地区生产总值（GDP）99.17亿元，（按可比价计算）同比增长（以下简称增长）7.1%。其中，第一产业完成增加值29.85亿元，增长4.1%；第二产业完成增加值26.15亿元，增长11.3%；第三产业完成增加值43.18亿元，增长7.1%。全社会固定资产投资增长9.5%。全县居民人均可支配收入21031元，增长5.8%。其中，城镇居民人均可支配收入32689元，增长4.5%；农村居民人均可支配收入15033元，增长6%。

2023年，全县完成一般公共预算地方收入5.84亿元，增长2.5%。其中，税收收入4.16亿元，增长4.7%；非税收入1.68亿元，同比下降2.7%，中央补助21亿元，一般债务转贷收入1.45亿元，调入资金1.39亿元，上年结转803万元，收入合计29.76亿元。全县一般公共预算支出25.21亿元，加上上解中央4144万元，一般债务还本支出7718万元，补充预算稳定调节基金1.39亿元，结转下年1.98亿元，支出合计29.76亿元。

2023年，全县完成政府性基金预算收入7.42亿元，增长13.5%。全县政府性基金预算支出12.02亿元，增长5.7%。

2023年，全县完成国有资本经营预算收入365万元，增长168.4%。全县国有资本经营预算支出375万元，增长175.7%。

2023年，全县完成社会保险基金预算收入3.1亿元，增长26.5%。全县社会保险基金预算支出2.84亿元，增长11.8%。全年收支结余2615万元，累计滚存结余2.52亿元，增长4.1%。

一、争资金，财政实力得到增强

出台向上争取资金奖励办法，鼓励各单位立足支持全县经济发展，坚持抓项目、跑申报、催进度、促到位，同时，县财政局加强与各职能部门的配合与协作，为各职能部门向上争取资金开辟"绿色通道"，从人力、物力、财力、效力等各方面给予全力支持，从而实现了向上争资较大幅度的增长。2023年，全县共争取财政性资金19.34亿元，增长8.4%；争取政府债券资金6.36亿元，比2022年的3.81亿元增加2.55亿元，增长66.9%，有效保障了重点项目支出需求和财政平稳运行。

二、保民生，重点支出保障有力

坚持把"三保"作为安排财政支出的第一重点，在资金十分紧张的情况下，优先解决干部职工工资、社保以及低保等资金，全力维护全县社会大局稳定。2023年，确保了在每个月15日前发放干部职工工资，统筹资金按月支付了全县在编人员基础绩效奖，有效调动了干部职工工作积极性。全年共拨付社保资金3.31亿元。其中，机关养老金支出1.92亿元、就业资金支出1595万元、失业保险金支出74万元、城乡低保资金支出4532万元、城乡养老保险支出6500万元、五保户资金支出384万元、孤儿生活费支出213万元、医疗救助支出650万元，保证了社保资金按时兑现。发放2022年中央自然灾害救灾（冬春临时生活困难救助）资金342万元，保障了受灾困难群众的基本生活。

三、压支出，厉行节约成效显著

出台了《江永县过"紧日子"方案》等文件，要求各单位压减非刚性、非重点支出，规范人员经费开支，严控一般性支出，大力压缩行政运行成本。2023年，全县按照只减不增的原则安排各单位专项经费、公用经费预算，其中，县本级专项项目支出统一按预算批复数30%进行压减，压减金额约6000万元；县本级公用经费支出统一按预算批复数20%进行压减，压减金额约800万元，将压减的预算统筹用于民生及重点项目支出。加强财政投资评审工作，全年审结项目277个，审核金额8.51亿元，审定金额6.82亿元，核减投资1.69亿元，综合审减率为19.9%。

四、强监督，财政管理日趋规范

根据省财政厅要求及县财政局2023年重点检查计划，在全县先后开展了惠民惠农财政补贴资金检查、"三湘护农"专项行动、预决算公开检查、减税降费检查、会计和评估监督检查、财政内部检查等监督检查工作，对检查出来的问题，下发了整改清单，限期要求整改。充分发挥财政部门的人才优势，派出业务骨干20余人次，积极配合县纪委、县巡察办、县审计局等有关部门围绕作风建设、专项巡察等开展了系列工作，锻炼了工作能力，提升了业务水平，规范了被检查、巡察单位的财政财务管理。

五、防风险，债务化解稳妥有序

认真贯彻落实防范重大风险的重大战略部署，切实完善金融与债务风险管理机制，稳妥处置债务存量，严格对照上报党中央、国务院备案的化债方案，以及省里每年化解10%的考核要求，按照2023年到期债务化解计划积极推进隐性债务化解工作。全年共完成隐性债务化解6.12亿元。2018年8月以来累计完成化解数达到省里序时化债进度的62.5%，超额完成省里序时化解50%的目标考核任务。同时，在县"六仗"总办公室的指导监督下，成立了打好防范化解风险阻击仗工作专班，组建做实专班办公室和5个专项小组，制定了专班工作规则，各专项小组牵头负责本风险领域，做好日常风险防范和化解工作。按照县委县政府领导的统一安排部署，每个月保持1-2次向省、市风险阻击仗办公室对接汇报，及时知晓上级相关政策信息，切实做到风险总体可控。

（湖南省永州市江永县财政局供稿　周常青执笔）

宁远县

2023年，宁远县实现地区生产总值（GDP）261.66亿元，同比下降（以下简称下降）0.5%。其中，第一产业增加值39.96万元，同比增长（以下简称增长）3.9%；第二产业增加值81.87亿元，下降6.6%；第三产业增加值139.83亿元，增长1.9%。全社会固定资产投资下降7%。全县居民人均可支配收入27199元，增长4.9%。其中，城镇居民人均可支配收入36183元，增长3.7%；农村居民人均可支配收入21356元，增长5.4%。

2023年，全县完成一般公共预算地方收入17.19亿元，增长0.3%。其中，税收收入12.05亿元，增长0.3%；非税收入5.15亿元，增长0.3%，上级补助收入37.4亿元，一般债务收入3.17亿元，调入资金6.5亿元，上年结转89万元，收入合计64.28亿元。全县一般公共预算支出61.99亿元，加上上解上级支出0.77亿元，一般债务还本1.47亿元，结转下年489万元，支出合计64.28亿元。

2023年，全县完成政府性基金收入合计42.75亿元，增长15.2%。全县政府性基金预算本级支出35.67亿元，上解上级支出169万元，调出资金（调入一般公共预算）6.32亿元，债务还本支出0.58亿元，年终结余0.16亿元。

2023年，全县完成国有资本经营预算上级补助收入15万元，上年结余14万元，收入合计29万元。全县完成国有资本经营预算支出0元，收支相抵，年终结余29万元。

2023年，全县完成社会保险基金预算收入7.66亿元，增长20.2%。全县社会保险基金预算支出6.63亿元，全年收支结余1.04亿元，累计滚存结余7.24亿元，增长10%。

一、财政运行总体平稳

充分发挥财政收入组织职能，推进财源建设工程，开展税费精诚共治，完善财税征管机制，有序有力组织收入，2023年全县一般公共预算地方收入完成17.19亿元。其中，税收收入完成12.05亿元；非税收入完成5.15亿元，非税收入占地方收入比重为29.9%。持续优化支出结构，兜牢"三保"底线，加大对教育、卫生、社保、乡村振兴、生态环保等民生事业投入力度，2023年全县一般公共预算支出61.99亿元，增长1.6%，其中重点民生支出52.8亿元，占一般公共预算支出比重达85.2%。

二、存量"三资"加力盘活

坚持存量资金"定期清理、限期使用、超时回收"制度，按上级政策对超期未予使用的财政存量资金及时收回统筹用于"三保"等基本民生领域。持续推进资金统筹，在符合专项资金管理要求的基础上，2023年采取跨部门、跨专项统筹的形式整合各类资金9648万元用于民生急需和重点支出，集中财力办大事，避免资金使用"碎片化""低效化"。全面推进国有资产资源清查处置专项行动，通过调剂利用、挂牌出让、公开出租、授权经营、整治盘活等方式，分类处置闲置土地，加速推进矿权出让，有效开发特许经营权，处置盘活资产资源有力有效，2023年挂牌出让土地社会资本摘牌收入9668万元；有效利用闲置资产6宗，产生社会经济效益约1.4亿元；完成建设用地上砂石资源拍卖3宗，收入1297万元；挂牌出让矿业权3宗，成交金额5.1亿元。

三、服务发展成效明显

全力保障服务"打好经济增长主动仗"，加力提效实施积极的财政政策，用足用活稳经济政策"工具包"，完善政府性融资担保体系，支持实体经济发展，2023年共拨付企业发展扶持资金1.3亿元，减税降费7037万元，切实解决企业生产、市场拓展等实际困难。引导金融支持实体经济发展，县中小微融资担保公司新增融资担保贷款4亿元，在保余额5.9亿元；"潇湘财银贷"新增授信放贷5319万元，累计放贷1.3亿元；完成创业担保贷款6023万元，财政贴息507万元；"农信担"新增授信放贷8337万元，在保余额1.3亿元。充分发挥专项债券资金使用效益，选择一批经济社会效益明显、群众期盼、早晚要干的政府投资项目，2023年发行专项债券项目20个、20.02亿元，在促发展、稳增长、补短板、惠民生上持续发力。

四、管理改革高效推进

坚持把过"紧日子"思想作为预算管理长期坚持的基本方针，完善"能增能减、有保有压"的分配机制，2023年公用经费及非税征管经费在往年测算基础上压减10%，专项经费在上一年基础上压减20%，全县共压减公用经费和专项经费1.1亿元。政府购买服务采取"部门申报—财政审核—领导小组审查"三级管理模式，2023年压减政府购买服务支出1265万元。规范政府投资项目管理，新增项目实行立项事前论证，政府投资项目建设实施全过程造价控制，有效遏制政府投资项目超预算、超概算行为。加强政府投资评审管理，2023年完成预结算评审项目1097个，送审金额44.1亿元，审定金额35.8亿元，审减金额8.3亿元，审减率达18.9%。持续优化政府采购管理，推进政府采购提速增效，2023年全县政府采购预算3.3亿元，实际完成采购3.2亿元，节约资金1177万元，资金节约率3.5%。扎实开展"绩效管理提升年"行动，开展全县重大项目事前绩效评估试点，评估结果作为申请预算必要条件，共节约资金917.5万元。强化乡镇财政管理，出台《关于全面加强和规范乡镇财政管理的通知》，对预算管理、收入管理、监督约束机制等9个方面进行了明确，乡镇财政管理体系进一步完善。

五、债务风险总体可控

建立"债务调度、债务监测、应急处置"三大机制，推行"一风险一专班"工作模式，保持"政银企"常态化沟通，如期完成年度债务化解目标，未出现债务违约逾期事件，牢牢守住不发生系统性风险的底线。专项债券资金管理实行专账核算、封闭运行，确保专款专用；健全专项债券调度机制和督查通报机制，将专项债券使用情况纳入预算绩效重点评价范围。

（湖南省永州市宁远县财政局供稿　魏毅执笔）

蓝山县

2023年，蓝山县实现地区生产总值（GDP）156.65亿元，同比增长（以下简称增长）6.7%。其中，第一产业增加值22.42亿元，增长3.7%；第二产业增加值70.07亿元，增长7.2%；第三产业增加值64.15亿元，增长7.3%。全年固定资产投资完成72.14亿元，同比下降（以下简称下降）1.45%。全县居民人均可支配收入为29265元，增长5.6%。其中，城镇居民人均可支配收入为39222元，增长4.7%；农村居民人均可支配收入为21454元，增长6%。

2023年，全县完成一般公共预算地方收入10.9亿元，增长2.97%。其中，税收收入7.7亿元，增长3.09%；非税收入1.5亿元，增长2.11%，中央补助19.3亿元，一般债务收入2.08亿元，动用预算稳定调节基金0元，调入资金4.35亿元，上年结转0.75亿元，收入合计37.4亿元。全县一般公共预算支出34.5亿元，加上上解中央0.56亿元，一般债务还本0.94亿元，补充预算稳定调节基金0元，调出资金0.5亿元，结转下年0.79亿元，支出合计37.4亿元。

2023年，全县完成政府性基金预算收入8.4亿元，下降32.8%。全县政府性基金预算支出14.2亿元，调出资金（调入一般公共预算）0.43亿元，下降14.8%。

2023年，全县完成国有资本经营预算收入0.038亿元，下降39.8%。全县国有资本经营预算支出0.038亿元，调出资金（调入一般公共预算）0元。

2023年，全县完成社会保险基金预算收入4.5亿元，增长5.6%。全县社会保险基金预算支出3.97亿元，全年收支结余0.56亿元，累计滚存结余2.9亿元，增长5.4%。

一、千方百计增财力

2023年，蓝山县地方财政收入完成10.9亿元，增长2.97%。其中，税收收入7.7亿元，增长3.09%，税收占地方财政收入的比重达到高质量绩效评价税占比考核指标要求。一是持续推进财源建设。制定年度推进财源建强财政可用财力方案，强化督查考核，成品油零售税收管理、不动产权登记遗留问题专项整治等项目进展情况较好。二是深入开展"三资"盘活。建设虚拟"公物仓"，盘活长期闲置的土地，加大国有资源处置力度，通过盘活国有"三资"实现入库收入3.74亿元。三是加力争取上级支持。积极向省市反映全县重大政策落实、重点项目推进等情况，抢抓政策机遇，争取一般性转移支付16.67亿元，增长7.67%，争取新增专项债券9.52亿元，增长57.1%，有力地缓解了基层财政收支矛盾紧张形势。

二、积极有为惠民生

2023年，蓝山县一般公共预算支出完成34.5亿元，民生支出占一般公共预算支出76%。一是稳步提升民生保障水平。城乡居民医疗保险财政补助标准提高到640元/人，城市低保和农村低保分别提高至不低于7800元/年和5004元/年，重度残疾人和困难残疾人补贴标准提高至每人每月80元。二是推动教育高质量发展。落实教育经费保障政策，确保教育优先发展，安排教育支出6.9亿元，增长7.8%，其中拨付义务教育学校生均公用经费4089万元，增加安排教师培训经费100万元，整合各项资金4501万元用于中小学建设维修。三是全力推进乡村振兴。安排财政衔接资金6161万元，下达耕地地力保护补贴2659万元、稻谷目标价格补贴1049万元、村级公益事业财政奖补1511万元、高标准农田建设1996万元，拨付政策性农业保险财政补贴3878万元。

三、坚定不移促发展

2023年，蓝山县财政局聚焦实体经济发展，强化"逆周期"调节。一是落实惠企纾困政策。落实落细减税降费政策，切实减轻市场主体税费负担，全年减税降费3.78亿元，惠及纳税人14.9万户次，让市场主体有实实在在的获得感，全年新增市场主体1465户。二是强化财政金融支持。县财信融资担保公司保余额达到3.2亿元，政府性融资担保机构在保余额增幅排全市第一名。三是重点项目顺利推进。全力保障好大事要事，统筹资金安排示范性中学建设4653万元、义务教育"民转公"2599万元、湘九公路1910万元、G537祠堂圩至岭脚公路扩建项目6463万元等，有力保障了县委、县政府决策部署的重点民生实事项目落实落地。

四、扎实有效推改革

2023年，蓝山县财政局运用改革创新办法破解难题、推动发展。一是推进预算一体化改革。依托预算管理一体化系统开展预算编制、绩效管理、资产管理、会计核算等业务，持续提升业务数据质量，不断健全"制度+技术"的预算管理机制。二是加强财政支出管理。提请县政府印发《关于牢固树立过"紧日子"思想　强化当前财政收支预算管理的通知》，大力压减一般性支出节用裕民；健全财政资金拨付管理办法，规范资金申请、拨付流程。三是履行财会监督主责。制定进一步加强财会监督工作实施方案，依法履行财会监督主责，开展地方财经纪律重点问题专项整治、惠农补贴资金、"三湘护农"、代理记账行业违法违规行为专项整治等专项检查行动。

五、依法治财谱新篇

2023年，蓝山县财政局始终把遵守和执行宪法、法律、法规和国家方针政策摆在突出位置。一是自觉学法。将《中华人民共和国宪法》《中华人民共和国预算法》《中华人民共和国民法典》等法律法规纳入个人及全局干部学习计划，深入研读财税金融政策法规，定期开展财税法规培训和学习。二是加强普法。编印《财经法规文件汇编》，免费交流发放给各预算单位，为全县各级各部门领导和财务人员学习了解财经政策、规范财务行为、依法理财起到指引作用。利用国家宪法日等节点组织工作人员到毛俊水库、城投公司等国有企业开展"宪法进企业"普法宣传活动，引导企业增强法律意识，提高防范生产经营风险能力。三是规范执法。严格执行财经法规，认真履行法定职责，强化预算追加法定程序的刚性约束，规范行政执法行为。

（湖南省永州市蓝山县财政局供稿　骆兰艺执笔）

新田县

2023年，新田全县地区生产总值（GDP）98.86亿元，同比增长（以下简称增长）7.3%。其中，第一产业增加值26.19亿元，增长4.4%；第二产业增加值15.26亿元，增长12.2%；第三产业增加值57.4亿元，增长7.5%。三次产业结构比调整为26.5∶15.4∶58.1。完成固定资产投资增长18.6%；全县进出口总额达45.67亿元，增长45.36%。实现社会消费品零售总额40.32亿元，增长2.6%；城镇居民人均可支配收入33530元，增长4.9%；农村居民人均可支配收入13874元，增长6.3%。

2023年，全县完成一般公共预算地方收入6.94亿元，增长5.33%。其中，税收收入5.0亿元，增长2.57%；非税收入1.94亿元，增长13.16%，上级补助25.46亿元，债务转贷收入1.97亿元，动用预算稳定调节基金0.4亿元，调入资金3.73亿元，上年结转0.17亿元，收入合计38.67亿元。全县一般公共预算支出33.22亿元，加上上解中央0.47亿元，债务还本支出1.12亿元，补充预算稳定调节基金0.51亿元，调出资金0元，结转下年3.36亿元，支出合计38.67亿元。

2023年，全县完成政府性基金预算收入22.31亿元，增长44.59%。全县政府性基金预算支出16.23亿元，调出资金（调入一般公共预算）3.7亿元，增长528%。

2023年，全县完成国有资本经营预算收入0.05亿元，同比下降1.5%。全县国有资本经营预算支出0.02亿元，调出资金（调入一般公共预算）0.03亿元。

2023年，全县完成社会保险基金预算收入3.85亿元，增长27%。全县社会保险基金预算支出3.37亿元，全年收支结余0.48亿元，累计滚存结余3.51亿元，增长17%。

一、聚焦挖潜增收，夯实高质量发展基础

始终把"稳增长"作为财政工作重中之重，努力克服经济下行、土地市场疲软、政策性减收等困难和挑战，全力做大收入"蛋糕"，构建坚实有力的财力保障体系。一是财政收入组织有力。统筹谋划，在不折不扣落实组合式减税降费政策基础上，突出挖潜增收，加强重点行业领域收入征管，财政收入平稳运行、稳中有进。全年退税减税1.03亿元，地方一般公共预算收入同口径完成6.94亿元，增长5.33%。二是财源建设服务有力。围绕"三区四地"建设，聚焦"一主一特"产业定位，全面实施新兴财源培育攻坚、主体财源提质攻坚、存量"三资"盘活攻坚、园区发展转型攻坚等八大攻坚工程。加大企业扶持力度，及时兑现落实税费优惠、设备购置、外贸进出口等财政奖补政策。全年拨付产业发展引导资金1.37亿元，对湖南鲁丽木业绿色新材料科技产业园项目、新煜田新材料有限公司、新田县德润新材料产业园等投资额大或税收增长较快、税收占比提升较多的企业给予倾斜支持，努力培育新兴财源，财源建设工作初见成效。三是上级资金争取有力。按照县委、县政府要求，年初拟定了上争资金考核办法，逐月通报相关部门上争资金情况，对上争资金情况较好的单位及时予以奖励，充分调动了各部门上争项目和资金的积极性。2023年全县共争取上级资金32.01亿元，比上年同期增长4.1%。

二、聚焦重点保障，强化高质量发展支撑

全面落实过"紧日子"要求，抓住"保、控、压、盘"四个关键字，精打细算管好"钱袋子"，将有限的资金优先用于重点领域和关键环节。2023年，全县一般公共预算支出完成33.22亿元，比上年同期增长0.11%。

一是着力于"保",强化重点支出保障。聚焦县委、县政府重大战略、重点领域和重大改革,着力调整和优化支出结构,始终坚持节用裕民,把支出重点向民生倾斜,把民生支出预算打实、打足,做到不留缺口,财政保重点、兜底线、惠民生的能力进一步增强。2023年,民生支出28.78亿元,占一般公共预算支出的86.63%,增长2.58%。二是着力于"控",严格预算刚性约束。坚决执行县十八届人大第二次会议批准的预算,严禁超预算、无预算支出和改变预算支出用途。年度预算执行中,原则上不出台新的增支政策,不新开支出口子,对各部门临时性新增支出,原则上通过调整部门支出结构解决,真正把"先预算后支出、无预算不支出"要求落到实处。三是着力于"压",降低行政运行成本。在编制年初预算时坚持尽力而为、量力而行的原则,除"三保"、政府债券还本付息、县委县政府确定的重点支出等刚性支出足额纳入财政预算安排,不留缺口外,非重点、非刚性支出实行能压则压、能减则减,2023年预算较上年预算压减一般性支出3005万元,腾出空间保障重点支出。四是着力于"盘",盘活沉淀资金资产。把清理盘活国有"三资"和财政存量资金作为缓解财力紧张、增强财政保障能力的重要举措。出台《新田县国有"三资"清查处置与管理改革总体实施方案》,高位推进国有"三资"清查处置与管理改革,在"用售租融"四字上最大限度地挖掘国有"三资"盘活潜力。2023年,全县国有"三资"处置完成度15.32亿元,其中入库收益6.82亿元,"沉睡资产"变成"增收活水"。强化存量资金管理,对以前年度结余的部门基本支出、"三公"经费、结转一年以上的项目支出,以及未到期但不需按原用途使用的资金,一律收回县财政统筹使用。全年清理盘活存量资金2.08亿元,有效缓解了县财政支出压力。

三、聚焦风险防控,巩固高质量发展底盘

提高政治站位,强化责任担当,把防范化解地方政府债务风险,兜牢"三保"支出底线,保证财政绝对安全作为一项极端重要的工作常抓不懈。一是守紧守严风险防线。严格按照中央、省市要求化存量控增量,积极防范辖区内地方政府债务风险,牢牢守住不发生系统性、区域性债务风险的底线。加强动态化、常态化债务监测与分析,全县财政运行平稳健康,财政可持续性增强,地方政府债务处置工作取得积极成效。近年来,县财政和青云集团依法依规统筹各类资金资源稳妥化解存量隐性债务,切实把政府债务管理工作做实、做深、做细,做出实效。杜绝新增隐性债务,合理新增政府债券,确保法定债务余额严格控制在核定债务限额内。二是兜牢兜实"三保"底线。严格按照省财政厅《关于加强财政预算收支管理 做好县级"三保"工作的通知》要求,抓实抓细"三保"等重点支出保障工作。优先足额编列"三保"和政府债券付息支出预算,切实保障人民群众特别是困难群众基本生活,切实保障财政供养人员工资及时足额发放,切实保障部门日常运转,确保财政平稳运行。三是有力有效保障库款。全力提高库款保障能力,为保证库款余额留足,确保不发生财政资金支付风险,财政部门在加强预测研判的同时强化日常监控,每月月初编制当月资金用款计划,及时掌握支出动态,保证单位日常支出正常清算。2023年以来,库款保障水平均处于0.3~0.8的合理区间。

四、聚焦民生改善,擦亮高质量发展成色

着力谋民生之利,解民生之忧,继续加大民生投入力度,努力让人民群众的获得感成色更足、幸福感更可持续、安全感更有保障。一是优先发展教育事业。2023年已拨款6412万元确保各阶段教育经费充足,投入2670万元用于义务教育学校维修改造。安排950万元专项资金支持高中教育发展。拨款3461万元落实教育资助及学费补助政策,投入4693万元改善农村学生营养状况。二是大力支持就业创业。全年拨款2468万元支持就业创业,支持1898人次参加职业技能培训,实现572名高校毕业生就业,新增城镇就业4100人,转移农村劳动力就业2300人,失业人员再就业预计2000人,公益性岗位安置脱贫劳动力就业预计1779人次。54个创业主体获得创业担保贷款贴息,拨付脱贫小额贷款贴息1016万元,促进全县就业形势稳中向好。三是提升卫生服务水平。拨款1.03亿元提高城乡居民医保和基本公共卫生服务财政补助标准,支持特殊群体参加基本医疗保险和养老保险。四是加强社会保障。拨款3.7亿元提高各项保险待遇和最低生活保障标准,确保困难群众及优抚对象等特殊群体的基本生活得到兜底保障。五是繁荣文体旅游事业。拨款608万元支持"三馆一站"免费开放及文化活动,加大对文化遗产保护的资金投入,支持文体活动,丰富群众业余生活。六是加强生态环境保护。投入1.31亿元用于生态环境质量监测、农村污水管网建设、城区环卫保洁等项目,坚决打好蓝天、碧水、净土保卫战。七是全面推进乡村振兴。争取到1.66亿元乡村振兴补助资金,投入用于产业项目、优势特色农业、农村公益性基础设施等方面,改善农村生产生活条件。八是推进水利工程建设。拨款1.06亿元作为水利资金,支持重点水利工程建设及小型水库除险加固等项目,改善水利设施条件。

五、聚焦深化改革,蓄积高质量发展势能

坚持以改革为引领、以改革破难题,不断深化财政管理体制改革,全面提升财政管理水平,为财政事业发展蓄势赋能。一是预算绩效管理全面实施。制定《绩效提升年工作实施方案》,上线运行预算绩效管理系统,借助信息化手段,对224个项目实施绩效监控,跟踪掌握绩效目标进展情况;围绕"四本"预算,对10类资金、37个项目开展重点绩效评价,加强评价结果反馈和应用,为预算管理提供参考,提高预算资金使用效益。二是直达资金监管质效提升。按中央和省要求,将36项上级转移支付资金纳入直达资金管理范围,对资金分配、下达、使用情况实施在线监控，资金流向更加规范、透明，资金使用效益明显提升。全年财政直达资金进度达100%。三是财政监督网络织密织牢。深入开展地方财经秩序专项整治行动，开展"三湘护农"专项检查、财会监督专项检查、全县行政事业单位"三公"经费使用情况专项检查、惠农补贴资金突出问题整治暨乡村振兴领域不正之风和腐败问题专项整治"百日抽查"行动，持续加强和规范财政资金监管工作，进一步严肃了财经纪律、规范了财经秩序。四是乡镇财政管理日益规范。通过建章立制、强化教育培训、清理乡镇往来资金、加强现金管理等措施，乡镇财务会计核算质量不断提高，财政所干部队伍素质明显提升，乡镇财政管理绩效考核获全市第一名、全省一等奖。五是政府采购制度公开透明。推动所有预算单位建立政府采购内控制度，规范政府采购行为。2023年全年共完成电子卖场交易额2.98亿元，政府采购金额2.4亿元，节约资金2100万元，节约率8.75%。六是投资评审工作提速增效。进一步严格办结时限、业务规范受理、内部流程管控、评审绩效考核，严控项目投资规模，强化签证现场管理，加强评审队伍建设和管理，评审质量和评审效率均得到全面提升。全年共完成评审项目738个，送审总金额8.89亿元，审核金额7.85亿元，核减1.05亿元，核减率11.81%。

（湖南省永州市新田县财政局供稿　谢二平　欧薇　周一帆执笔）

江华瑶族自治县

2023年，江华瑶族自治县实现地区生产总值（GDP）162.03亿元，同比增长（以下简称增长）3.7%。其中，第一产业增加值35.07亿元，增长4.0%；第二产业增加值57.06亿元，增长3.1%；第三产业增加值69.90亿元，增长4.1%。全社会固定资产投资（不含农户）总额101.3亿元，增长3.4%。全县居民人均可支配收入22474元，增长5.2%。其中，城镇居民人均可支配收入33546元，增长3.8%；农村居民人均可支配收入15703元，增长5.8%。

2023年，全县完成一般公共预算地方收入12.41亿元，增长7.47%。其中，税收收入9.06亿元，增长4.62%；非税收入3.35亿元，增长16.05%，上级补助31.45亿元，债务转贷收入6.53亿元，动用预算稳定调节基金0.82亿元，调入资金0.53亿元，上年结转2.13亿元，收入合计53.87亿元。全县一般公共预算支出44.81亿元，加上上解上级0.53亿元，一般债务还本3.68亿元，补充预算稳定调节基金25万元，调出资金0.51亿元，结转下年4.34亿元，支出合计53.87亿元。

2023年，全县完成政府性基金预算收入17.33亿元，增长0.64%。全县政府性基金预算支出17.19亿元，调出资金（调入一般公共预算）0.14亿元。

2023年，全县完成国有资本经营预算收入7万元，同比下降100%。全县国有资本经营预算支出7万元。

2023年，全县完成社会保险基金预算收入4.66亿元，增长3.78%。全县社会保险基金预算支出4.26亿元，全年收支结余0.4亿元，累计滚存结余4.93亿元，增长2.7%。

一、全力增收争资，财政保障水平全面提升

一是尽心尽力做好收入组织。加大税收征管力度，紧盯主体税种和重点税源，深入企业，加强沟通衔接，蹲点促收，确保应收尽收、颗粒归仓，2023年完成税收收入9.06亿元，增长4.62%，完成非税收入3.35亿元。二是想方设法盘活"三资"。严格执行盘活存量资金的相关规定，建立定期清理、超期收回的长效机制，共清理收回结余结转和低效闲置资金1.98亿元，全部统筹用于民生工程和其他重点支出。持续加强国有资产资源管理，通过公开拍卖土地、处置林木、处置易地搬迁多建房、出租门面等方式，2023年清理和盘活六类资源1.34亿元、五类资产1.32亿元。

二、兜牢民生底线，促进民生事业提档升级

一是保障农业农村支出，助推乡村振兴。农林水支出8.16亿元，占一般公共预算支出18.2%。发放耕地地力、稻谷目标价格和种粮农民补贴0.61亿元，下达农田建设资金0.66亿元、农机购置补贴0.11亿元、农业保险保费0.39亿元，有力支持农业现代化建设，筑牢粮食安全底线。巩固拓展脱贫攻坚成果同乡村振兴有效衔接，持续抓好涉农资金统筹整合工作，统筹财力1.72亿元，用于全县532个乡村振兴项目建设，极大改善了农村生态环境和基础设施建设，促进村级集体经济和乡村产业发展。二是稳固推动教育高质量发展。教育支出8.88亿元，占一般公共预算支出比重19.81%，增长15.7%。

统筹中央、省级和县级资金，实施乡镇标准化寄宿制学校建设、标准化食堂建设、校舍维修及运动场改造，进一步改善农村学校办学条件，推动城乡教育一体化均衡发展。支持职业中专整体迁建，大力推动职业教育发展。足额发放乡村教师人才津贴、乡镇补贴、特岗教师工资等0.45亿元，保障了教师队伍基本待遇。三是全力支持社会保障和就业。社会保障和就业支出5.99亿元，占一般公共预算支出13.3%，增长7.99%。保障了城乡低保、特困人员、优抚对象、困难残疾人、孤儿等特殊群体基本生活需求，城镇和农村最低生活保障标准分别达到650元/月、417元/月，城镇和农村特困基本生活补助分别达到10140元/年、6516元/年，孤儿生活费达到1350元/月，残疾人"两项"补贴发放标准提高到80元/月。城乡居民基本养老保险基础养老金提高到141元/人/月。立足就业优先，推动实现更高质量更充分就业，下达就业补助资金0.27亿元，社会保障体系进一步完善。四是不断完善公共文化体育建设。以举办湖南省第十届少数民族运动会为契机，投入文化体育与传媒支出0.59亿元，不断完善文体基础设施建设。加大文物保护力度，有序推进宝镜何家大院、江华文庙修缮，进一步促进少数民族地区文化传承发展。五是持续提升基本公共卫生服务保障水平。卫生健康支出3.09亿元，占一般公共预算支出6.9%。发放老年乡村医生生活困难补助108万元，保障了老年乡村医生基本生活。严格落实农村妇女"两癌"筛查、孕产妇产前筛查、新生入学结核病筛查等免费政策。下达基本公共卫生服务资金0.42亿元，人均费用提升到89元/人，基本公共卫生服务事业得到了长足发展。

三、支持市场主体，助推经济发展稳中向好

一是不折不扣落实好国家结构性减税降费政策。全年新增减税降费及退税缓费1.05亿元，持续为企业纾困解难、增强市场发展信心。二是着力解决企业融资难融资贵问题。紧紧围绕上级产业发展政策导向，用好政府性融资担保政策，优化担保流程、创新担保方式、降低担保费率，充分发挥政府性融资担保机构作用，2023年新增担保户数34户，担保额1.47亿元，切实减轻市场主体负担。三是严格按政策兑现惠企资金。及时下达涉企补助资金1.2亿元，支持企业技术改造和创新、基础设施建设等，降低企业运营成本，助力企业做大做强。四是积极发挥财政资金撬动资本作用。大力推动江华湾水源抽水蓄能电站、两河三岸、G207道县至江华段公路改建等重大项目落实，通过财政投入带动社会资本集聚放大效应，进一步激发市场活力，助推经济发展。

四、加强财政管理，推动财政管理提质增效

一是加大财会监督力度。认真落实中共中央办公厅、国务院办公厅印发《关于进一步加强财会监督工作的意见》，制定《江华瑶族自治县财政局重点民生资金专项整治行动工作方案》《江华瑶族自治县财政局2023年度会计监督检查实施方案》等工作方案，对财会监督工作进行了周密安排。扎实开展"三湘护农"惠农补贴资金专项整治行动，追缴违规发放补贴资金115万元，清退银行违规收取金额64万元。选取5个单位开展会计监督检查、对6个领域民生资金使用管理情况进行了自查、开展行政事业单位个人借款清理等财会监督检查工作，查出并纠治一批问题，增强财经纪律刚性约束。二是稳步化解债务风险。坚持底线思维，牢固树立安全发展理念，缓释到期债务1.5亿元，筹措资金全年化解债务2.43亿元，累计化债进度为63.8%，超序时化债进度13.8个百分点，债务风险整体可控。持续加大政企银常态化对接，推进国有企事业单位续本降息工作，全县国有企事业单位有息债务全部降息至5%以下，平均利率降至4.11%，最低利率为3.4%，可为整个贷款周期节约利息支出3000万以上。三是逐步提高预算绩效管理水平。加快构建"全方位、全过程、全覆盖"的预算绩效管理体系，开展绩效管理信息化建设，实现对部门预算执行进度和绩效目标的实时监控。扎实推进开展绩效管理提升年行动，聘请第三方对14个项目开展重点绩效评价，涉及资金达2.8亿元，促进预算绩效工作提质扩围。四是规范政府采购预算执行。强化预算法治观念，提升做好政府采购预算编制工作的自觉性和主动性，力求采购预算完整、科学、合理，尽可能缩小预算金额与实际采购金额的差距，提升政府采购预算精准性和透明度，2023年申报政府采购预算3.31亿元，执行采购金额3.18亿元，节资率3.69%。五是推动评审工作提质增效。出台《财政投资项目技术服务费用有关规定》《关于涔天河移民安置项目委托评审实施细则》等规范文件，从制度层面不断完善财政评审管理机制，推动评审工作量质齐升，2023年评审项目154个，送审金额11.43亿元，审减金额1.24亿元，平均审减率为10.86%。六是提升预算管理能力。推进预算管理制度改革，突出"保重点、压一般"，提升财政资金使用效益，扎实推进预算管理一体化建设，实现政府预算管理、部门预算管理、预算全过程管理、项目生命周期管理、预算数据管理五个"一体化"，全面规范预算管理流程。

（湖南省永州市江华瑶族自治县财政局供稿　蒋湘琴执笔）

怀化市

2023年，怀化市完成地区生产总值（GDP）1948.52亿元，同比增长（以下简称增长）5.6%。其中，第一产业增长3.4%，第二产业增长5.8%，第三产业增长6.1%。全年完成规模以上工业增加值增长4.8%。固定资产投资增长7.6%。社会消费品零售总额增长9.2%；外贸进出口总额增长121.6%；城乡居民人均可支配收入分别达到35945元、15352元，分别增长5.2%和7.6%；新增城镇就业3.73万人，增长1.3%。年末城镇登记失业率5.3%，下降0.4个百分点。居民消费价格指数（CPI）为99.6%，较上年下降2.2个百分点；全市规模工业综合能源消费量下降16.8%。

2023年，全市完成一般公共预算收入172.45亿元，增长8.89%。其中，地方收入124.18亿元，增长3.87%；上划中央收入39.67亿元，增长14.65%；上划省级收入8.6亿元，增长104.19%。完成全市一般公共预算支出560.38亿元，增长10.11%。市本级完成一般公共预算收入47.39亿元，增长5.64%。其中，地方收入33.79亿元，增长3.85%；上划中央收入12.42亿元，增长10.93%；上划省级收入1.18亿元，增长4.88%。完成市本级一般公共预算支出102.76亿元，增长36.72%。

2023年，全市完成政府性基金预算收入107.04亿元，剔除专项债券以外的政府性基金收入92.97亿元，增长3.16%。市本级完成政府性基金预算收入55.67亿元，剔除专项债券以外的政府性基金收入48.51亿元，增长28.15%。全市政府性基金预算支出213.26亿元，剔除专项债券以外的政府性基金支出137.55亿元，增长20.10%。市本级政府性基金预算支出93.64亿元，剔除专项债券以外的政府性基金支出86.51亿元，增长33.64%。

2023年，全市完成国有资本经营预算收入23.44亿元。国有资本经营预算支出6.61亿元。市本级完成国有资本经营预算收入0元，国有资本经营预算支出8亿元。

2023年，全市完成社会保险基金预算收入125.2亿元，增长3.6%。全市社会保险基金预算支出116.79亿元，全年收支结余8.4亿元，累计滚存结余104.48亿元，增长-1.1%。市本级完成社会保险基金预算收入69.25亿元，增长0.3%。市本级社会保险基金预算支出65.6亿元，全年收支结余3.65亿元，累计滚存结余63.41亿元，增长-4.4%。

2023年，是全面贯彻党的二十大精神的开局之年，是三年新冠疫情防控转段后经济恢复发展的一年。面对错综复杂的发展形势，在市委、市政府正确领导下，坚持以习近平新时代中国特色社会主义思想为指导，深入学习贯彻党的二十大精神以及习近平总书记关于湖南工作的重要讲话和指示批示精神，深刻领悟"两个确立"的决定性意义，增强"四个意识"、坚定"四个自信"、做到"两个维护"，认真贯彻落实全国、全省财政工作会议精神，强化措施稳增长、惠民生、防风险，收入稳定增长，支出保障有力，风险整体可控，财政运行总体平稳。省对市绩效考核高质量发展考核中，财政承担的税收占比和人均公共服务支出两项指标，均排C类地区第一位。会同县、靖州县、溆浦县获2023年度省政府真抓实干财政工作成效突出督查激励。怀化市获评全省民族团结进步示范单位、全省清查处置盘活国有"三资"工作先进单位、全省资环财政财务管理工作先进单位、全省行政事业性国有资产报告工作先进单位、全省社保基金预算绩效管理工作一等奖、"清廉怀化建设"考核优秀单位、全市安全生产先进单位、推进乡村振兴战略先进单位，连续8年保持"全国文明单位"荣誉称号，2名干部分别获评全省财会监督工作先进个人、全省退役军人社保接续工作先进个人，2人获评全市真抓实干先进个人，2人获评全市学雷锋最美志愿者。

一、持续加强思想引领

一是树牢政治机关意识。始终把思想政治建设放在首位，深入学习贯彻习近平新时代中国特色社会主义思想和党的二十大精神，注重加强思想建设和理论武装，严格落实"第一议题"制度，按照"上下同主题、一月一集中"的要求，制定《怀化市财政局党组中心组2023年理论学习计划》，召开局党组理论学习中心组集中学习12次。举行全市财政系统"踔厉奋发启新程 勇毅前行担使命"主题演讲比赛、党的二十大精神专题培训班等形式多样的培训学习宣传，真正学出坚定信念、学出绝对忠诚、学出使命担当。二是深入开展主题教育。高标准高质量开展学习贯彻习近平新时代中国特色社会主义思想主题教育，牢牢把握"学思想、强党性、重实践、建新功"总要求，一体推进理论学习、调查研究、推动发展、检视整改、建章立制。聚焦主题教育走深走实，开展"以学铸魂、以学增智、以学正风、以学促干"主题研讨4次,按时完成专项整治、四下基层调研、一月一课一片一实践活动等规定动作。三是注重学习成果转化。坚持把党建工作、意识形态工作与业务工作同部署、同落实、同检查、同考核;强化意识形态"三个阵地"(理论阵地、舆论阵地、文化阵地),健全"三个机制"(落实"一岗双责"、健全重大风险处置、责任追究机制),牢牢把握意识形态工作的领导权、主动权,切实把习近平新时代中国特色社会主义思想转化为坚定理想、锤炼党性和指导推动财政事业高质量发展的强大动力。四是创新开展"四个一"活动。倡导开展一次演讲、种活一棵树、写好一封家书、为长辈洗一次脚,践行新发展理念,弘扬孝道文化,凝聚干事创业的强大合力,干部职工反响强烈。

二、加力涵养财源税源

一是打好减税降费、财源培植"组合拳"。不折不扣配合落实退税减税政策红利,全市新增减税降费及退税缓税缓费12.38亿元。积极开展财源建设提质三年行动,持续实施财源建设"八大攻坚",纵深推进财源建设工程,全方位推进税费精诚共治,加力推进产业财源培植与税费管理提效,促进行业提升带动财税高质量发展,拓宽财政增收渠道。二是全力支持产业高质量发展。统筹财力3.45亿元,全力支持"5+N"现代化产业新体系、"14+2"产业链及特色产业建设。配合落实每年至少3亿元(连续五年)省级资金支持怀化国际陆港建设,兑现稳岗位、提技能、保就业16条相关财税政策,全力以赴帮助市场主体纾困解难。积极争取省级产业发展支持资金5428.99万元、先进制造业高地专项资金3905万元。兑现"园区进位奖"、"全市园区综合评价奖励"、"园区专业化建设奖"和省级新型工业化产业示范基地、先进制造产业集群奖励资金1200万元,兑现92家新入规企业奖补资金230万元。三是扎实开展税源提升"十大行动"。相继出台《2023年财源建设工作要点》《2023年落实税源提升"十大行动"支持打好发展"六仗"工作方案》《怀化市税费精诚共治2023年工作要点》,明确财源建设总方向,以行业税源提升促进税源结构调整,强化部门协作、社会协同、公众协助、信息协力,持续提高税费征管水平,十大重点行业税收明显增长。四是财政收入量质齐升。2023年,全市完成地方收入124.18亿元,增长3.87%,排全省第六位;地方税收87亿元,增长3.9%,排全省第三位、C类地区第一位;非税收入37.18亿元,增长3.79%,非税占比29.94%,预计排全省第二位、C类地区第一位。

三、争资争策有新突破

一是成功纳入隐性债务风险化解试点地区。市本级、中方县完成债务置换33.99亿元(市本级29.56亿元,中方县4.43亿元),有效改善了债务结构、降低了债务风险,年节约利息1.2亿元,基本消除了隐性债务"爆雷"风险。二是全市争取新增政府债券108.51亿元(不含高速公路债),增长10.31%,其中专项债券89.1亿元,较上年增长12.74%。市本级新增一般债券3.44亿元,较上年增长51.72%。三是争取省级支持怀化国际陆港建设切块资金1亿元、专项债券7.72亿元。四是争取中央抗疫专项转移支付超6亿元。

四、重点支出保障有力

一是带头落实过紧日子要求。践行以人民为中心的发展思想,将"保基本民生、保工资、保运转"作为基本层次,将"三保"和偿债支出作为第一大事要事纳入保障清单,以确定性应对刚性,以发展应对不确定性。按照20%比例压减公用经费、按照50%比例压减专项支出共计1.9亿元。二是全力保障重点支出。集中财力支持推进鹤中一体化、一迎三创和环境污染防治等,全力保障市委、市政府实施一批民生重点项目及重大基础设施项目建设。安排科技与产业引导资金3.45亿元,落实省打造国家重要先进制造业高地、企业科技创新若干财政支持政策,全力支持重点产业发展。全力支持防汛等防灾减灾工作,安排救灾减灾及应急能力提升资金近8000万元。全力支持乡村振兴,安排乡村振兴及巩固脱贫资金1.1亿元,市级派驻工作队帮扶村144个按20万元/村的标准安排到位,探索"乡村振兴共享贷"金融服务向乡村下沉。坚持民生支出绝对优先的保障顺序,不折不扣落实省政府各项民生提标政策,兜牢兜实民生底线。残疾人"两项补贴"标准从75元提高到80元;全市农村低保标准从4600元/年提高到5052元/年,城市低保标准从600元/月提高到650元/月;城乡居民养老保险最低保障标准从118元/月提高到128元/月,累计发放城乡低保对象低保金4.4亿元。三是财政支出持续增长。2023年,全市一般公共预算支出560.38亿元,增长10.11%。民生支出447.44亿元,增长12.23%,占一般公共预算支出比重79.85%,其中教育支出98.87亿元,增长6%;社会保障和就业支出82.68亿元,增长17.67%;卫生健康支出66.98亿元,增长19.48%。农林水支出88.90亿元,增长3.07%。全市库款保障水平处于合理区间,财政资金保障水平进一步提升。市县两级财政均能按时、足额发放工资,"三保"应保尽保。

五、财政效能不断提升

强化财政"大绩效"管理理念,将绩效管理工作纳入绩效评估考核重要内容,扎实开展"绩效管理提升年"行动。

一是预算单位编制绩效目标实现全覆盖。围绕"事前绩效评估、绩效目标、绩效评价、监控管理、结果运用"五个主要环节,市直111家一级预算单位编制绩效目标实现全覆盖。二是扎实开展重点绩效评价。根据"选择党委和政府高度重视、公众普遍关注的重大政策和项目进行重点绩效评价"的标准,选择对土地指标收储成本、提质扩容建设一期工程政府专项债券、2021年湖南西部区域肿瘤防治中心建设、就业资金、怀化师专迁建二期建设、普通国省干线大中修工程市级配套资金、

2020—2022年驻点及产业招商专项等7个项目及宏宇中学整体支出进行重点绩效评价，提出整改意见，实现信息共享。三是依法高效开展政府投资项目评审。修订发布《怀化市市本级政府投资项目工程预结（决）算管理办法》。坚持"不唯增、不唯减、只唯实"的理念，严格评审程序，科学精准评审。2023年，市本级完成各类政府投资项目评审240个，送审金额15.44亿元，审定金额11.91亿元，审减金额3.53亿元，综合审减率达22.86%。

六、"三资"盘活成效明显

一是建立健全工作协调机制。建立国有"三资"清查处置和管理改革工作协调机制，明确清查任务，制定责任清单，按照"全领域、全口径、全覆盖"要求，依法依规扎实推进"国有资源资产化、国有资产证券化、国有资金杠杆化"，精准清查"三资"、全面筛选"三资"、科学盘活"三资"、不断增强发展动力。二是全面摸清国有"三资"家底。截至12月底，全市共清理矿产资源5.53亿吨，林业资源28.52万亩，县市级取水许可量1059.44亿立方米，河道疏浚采砂量7891.83万吨，已纳入和拟纳入盘活存量资产清理水库474座，大、中型灌区28个，城乡集中供水工程507个，石煤资源储量83.6亿吨，行政事业单位土地4.5万亩、房屋131.21万平方米，国有企业土地2667.4亩、房屋34.91万平方米，园区土地4124.8亩、房屋60.92万平方米，特许经营权包装项目51项，闲置、低效资金3.31亿元。三是全力推进国有"三资"盘活。全市共盘活国有"三资"收益301.47亿元。其中市本级清理存量资产价值173.99亿元，盘活国有"三资"处置收益71.67亿元。

七、风险防控坚如磐石

深入学习贯彻习近平总书记关于树立和践行正确政绩观的重要论述和严控地方政府债务风险的重要批示精神，2023年6月，市委、市政府举办专题培训班，市委书记、市长作辅导报告，市财政局作加强财政管理严控债务风险交流发言。持续推进推广"12631"到期债务时点监测分析机制、防范化解风险阻击仗专班调度工作机制、"四转四打包"工作机制，全市政府债务风险总体可控，未发生债务违约风险及舆情事件。

一是强力推进存量债务"四转四打包"，实现"两个确保"。全年完成转化92.58亿元，刚兑产品减少15.50亿元，占比从35.77%降低到25.93%，减少9.84个百分点，债务结构进一步优化；三类债务短转长7.35亿元、高转低69.73亿元，平均利率从6.39%降低到4.94%，降低1.45个百分点，年节约利息1.01亿元。二是严格落实平台公司防范到期债务风险时点监测分析机制。持续强化"12个月梳理、6个月提示、3个月预警、1个月通报"时点监测分析预警，对本级平台公司发出应急通报1份，对县市区发出督导函277份，坚决防范"爆雷"风险，守牢"隐性债务不新增、'三保'资金不断链、重大风险事件不发生"的底线。三是防范化解风险阻击仗取得阶段性成果。组建打好风险阻击仗工作专班，严格落实"周调度、月通报、季总结"制度，及时防范应对债务、金融、房地产、疫情、极端天气五类风险，实现风险排查、风险预警、风险处置"三个全覆盖"，风险防控平稳向好态势得到持续巩固。省打好防范化解风险阻击仗工作专班简报累计刊发怀化市16篇工作动态及亮点工作文章。

八、全面从严治党常抓不懈

始终将党风廉政建设、作风建设放在重中之重、常抓在手，逢会必讲、健全机制，扎实推进"清廉机关"创建，财政局清廉家庭建设工作在全市清廉家庭推进会上作经验发言。

一是层层压紧压实党风廉政建设责任。认真贯彻执行《党委（党组）落实全面从严治党主体责任规定》，持续推进清廉机关建设工作，持之以恒正风肃纪，涵养良好的政治生态，制定出台《怀化市财政局2023年全面从严治党工作要点及责任分工》，按照"一把手"负总责和"一岗双责"制度要求，逐一分解到牵头领导和责任科室，全面压紧压实局党组全面从严治党主体责任。二是全力整改巡视反馈问题。积极配合省委第十二巡视组对怀化市的巡视及市委第五巡察反馈问题、未巡先改问题持续整改，切实做好巡视整改"后半篇"文章，不断推动全面从严治党向纵深发展。三是党风廉政教育走深走实。深入开展"四个一"活动，即开展一次纪律宣讲、上一次廉政党课、开展一次警示教育、开展一次谈心谈话。2023年6月、11月局党组书记、局长骆磊同志为全体党员干部分别上了题为《把讲政治放在首位》《树新风·走正道·创佳绩——市财政局以易鹏飞案为"镜鉴"以案促改》的廉政党课。四是持续开展"三整顿两提升"作风整顿和"两带头五整治"专项活动。积极配合开展领导干部利用职权或影响力为亲友牟利、领导干部子女互相请托办事问题等专项整治，持续推动干部职工作风纪律好转，为财政事业发展提供了良好的纪律保障。

（湖南省怀化市财政局供稿　蒋文君执笔）

鹤城区

2023年，怀化市鹤城区实现地区生产总值（GDP）441.07亿元，同比增长（以下简称增长）5.2%。其中，第一产业增加值13.12亿元，增长3.5%；第二产业增加值92.49亿元，增长8.2%；第三产业增加值335.46亿元，增长4.6%。全社会固定资产投资增长8.5%（不含经开区）。全年全社会消费品零售总额321.95亿元，增长9.3%。全区居民人均可支配收入41581元（现价），增长4.65%。其中，城镇居民人均可支配收入43208元，增长4.4%；农村居民人均可支配收入22486元，增长7%。

2023年，全区完成一般公共预算地方收入6.98亿元，下降13.83%，占GDP的比重为1.58%。其中，税收收入5.12亿元，同比下降（以下简称下降）11.86%；非税收入1.86亿元，下降18.32%。上级补助收入17.68亿元，一般债务转贷收入9.51亿元，动用预算稳定调节基金0.96亿元，调入资金4.71亿元，上年结转0.59亿元，收入合计40.43亿元。全区一般公共预算支出28.16亿元，加上上解上级支出0.98亿元，一般债务还本8.91亿元，安排预算稳定调节基金0.26亿元，调出资金0.3亿元，结转下年1.81亿元，支出合计40.43亿元。收支平衡。

2023年，全区完成政府性基金预算收入0.59亿元，增长223.77%。全区政府性基金预算支出3.34亿元，增长27.81%，调出资金（调入一般公共预算）0.21亿元。

2023年，全区完成国有资本经营预算收入6.21亿元，增加6.21亿元。全区国有资本经营预算支出2.62亿元，增长5861.59%，调出资金（调入一般公共预算）3.57亿元。

2023年，全区完成社会保险基金预算收入3.06亿元，增长6.01%。全区社会保险基金预算支出3.05亿元，增长6.02%，全年收支结余82万元，累计滚存结余1.31亿元。

一、以更加有力的行动助推党建高质量引领

坚持以习近平新时代中国特色社会主义思想为指导，牢牢把握财政工作政治属性和财政部门政治定位，坚决贯彻落实习近平总书记关于财政工作的重要论述精神，旗帜鲜明讲政治、聚精会神谋发展，财政事业发展呈现新气象、取得新成效。

一是坚持政治引领与财政治理相结合，财政政治能力明显提升。扎实有力开展主题教育，深入开展"走找想促"活动和"三送三解三优"行动，创新实施"三大一提升"行动，助力财政治理能力提升。二是坚持党建引领与财政运行相结合，财政运行明显好转。持续推动党建工作和财政业务深度融合，坚持"党建+财政收入"模式，以打造"开源节流、创收增效"党建品牌为契机，狠抓财源税源建设，分析研判税源状况和征管形势，落实好减税降费各项政策，加大对重点支柱产业财政扶持和精准招商引资支持力度，最大限度释放政策红利，有效缓解财政运行压力，确保财政运行向好向稳。三是坚持清廉建设与财政改革相结合，财政管理明显强化。以打造清廉财政机关为抓手，贯穿财政管理各环节，重点推进政府采购"电子化"、预算管理"一体化"、资金支付"无纸化"改革，实现财政数据"多跑路"，群众办事"少跑路"，以电子化、数据化财政管理助推廉政建设。

二、以更加有为的举措服务大局高质量推进

以立足锚定"三高四新"蓝图和实施"五新四城"战略为目标，统筹围绕国际陆港建设、鹤中一体化发展、构建现代产业体系以及"一迎三创"提升城市品质等重点工作，通过实施申报债券、争取国债、多方争资、统筹盘活等财政举措，激活财政资金资源，稳住经济大盘，护航经济社会平稳向好发展。

一是举全力争取债券资金。多次赴省财政厅及财政部对接政府债券项目申报发行工作，争取到位债券资金4.16亿元，其中一般债券资金6000万元、专项债券资金3.56亿元，债券资金争取到位数为历年最多。二是尽全力支持重大项目建设。立足重大项目建设，筹资9100万元支持黄岩生态价值实现、老旧小区改造；筹资2.41亿元支持生态环境改善。安排园区产业引导资金2500万元，支持园区培育发展新能源及其装备制造特色产业，成功引进超级电容电池储能全自动集成生产线等重大新能源产业项目5个，总投资达71亿元，全部建成投产后可实现全产业链年产值超100亿元、税收超5亿元，"百亿级"新能源装备制造基地初具雏形。三是用全力确保支出强度。想方设法加快财政支出进度，确保支出强度，全力保障直达资金"一竿子插到底"直接助企惠民，收到中央直达资金3.4亿元,分配率达94%。清收存量资金6600万元,统筹用于保障基本民生需求和重点项目建设。

三、以更加有力的政策支持经济高质量发展

把发展经济作为硬任务、硬工程来抓,全面落实财政政策措施,助力市场主体发展。

一是落实减税降费政策。兑现退税减税降费5.81亿元,惠及纳税人11.78万户次,让企业实现轻装上阵。二是优化政府采购环境。不断扩大政府采购范围、规模,2023年完成政府限额以上采购金额1.93亿元,节约资金1000万元,面向中小微企业采购占比达74%。政府采购网上商城入驻协议供货商家3000多家,成交金额1.95亿元。三是兑现惠企发展政策。大力实施"潇湘财银贷"和"惠园贷"信贷风险补偿机制,投入财政信贷风险保证金1600万元。建立"白名单"管理机制,纳入"白名单"企业56家,发放无抵押、低利息信用贷款3500万元,助力14家小微企业发展。四是用活用好农担政策。为全区19家农业企业和农产品经营户提供贷款担保1600万元,有效解决了新型农业、家庭农场等经营主体融资难、融资贵问题。

四、以更加有效的支出保障民生高质量改善

坚持以人民为中心的发展思想,持续调整和优化财政支出结构,将财政资金向"三保"和民生领域倾斜。

一是坚持过"紧日子"。进一步优化支出结构,全面压减非急需、非重点、非刚性支出,2023年全区行政事业一般性支出压减20%,"三公"经费支出只减不增,以党政机关过"紧日子"换取人民群众过"好日子"。二是保障人员待遇。按时发放在职干部、离退休人员工资福利待遇,将人员基础绩效奖纳入工资按月足额发放,年终绩效考核奖财政保障部分较2022年每人每年提高1000元。在财政运行十分艰难的情况下,人员待遇全部到位且略有提高。三是落实民生政策。2023年民生支出22.33亿元,占一般公共预算支出的81.2%,其中筹措社保类资金4.66亿元。筹措教育经费7.52亿元,落实"两个只增不减"要求。筹措卫生健康资金2.28亿元,重点支持基本公共卫生提升。投入乡村振兴衔接资金6800万元,持续巩固拓展脱贫成果。同时,保障困难群众救助、失业再就业、基本养老待遇、城乡医疗救助、公共卫生、优抚事务、残疾人事务等6类人群的基本生活支出,解决了群众最关心最直接最现实的利益问题。

五、以更加有方的改革创新财政高质量管理

坚持将改革创新作为推进财政高质量发展的有效"处方",重点在预算管理、绩效评估、地方债务、盘活"三资"等方面下功夫、获成果。

一是深化预算管理改革。科学编制"四本预算",规范预算编制程序,编制覆盖面达100%。进一步细化"全口径"预算管理,预决算信息公开更加规范、公开、透明,公开覆盖面达100%。部门预算编制与预算执行业务在预算一体化系统平台实现全面并轨,覆盖面达100%。二是落实"预算绩效提升年"活动。建立全面预算绩效管理工作财审联动机制,将预算绩效贯穿于审计环节,真正实现了"预算绩效在口头上"向"预算绩效在行动上"的转变,全区127个预算单位部门整体支出绩效和项目支出绩效自评报告在政府网进行公开,对10个重点项目及2个预算单位整体支出开展现场绩效评价,评价结果与预算安排相衔接,有效提升财政资金的使用效益。三是加强政府债务管理。建立健全政府性债务管理工作机制,严控债务限额,定期向区委、区人大、区政府报告债务防范化解情况,做到快速响应、稳妥处置,守住债务风险底线。截至2023年底,已累计化解14.9亿元,完成总化债任务的51.27%,达到序时化债进度。四是盘活国有"三资"。加速推进资产管理与预算管理有机结合,完成27宗资产处置、调拨等相关工作。加强国有闲置资产清查,按照"全领域、全口径、全覆盖"要求,全年盘活闲置"三资"6.84亿元,国有"三资"盘活工作获得《湖南日报》推介。

六、以更加有序的财经纪律规范高质量运行

聚焦财政重点领域和关键环节,以规范财经纪律为硬指标,全力管好资金使用"最后一公里",确保财政资金和财政干部"两个安全"。

一是开展财政惠农补贴发放专项核查行动。以"三湘护农"专项行动为总揽,重点对全区耕地地力补贴、粮食适度规模经营补贴、实际种粮农民一次性补贴、稻谷目标价格补贴、棉花目标价格补贴、农村低保金、农村危房改造补贴以及乡村振兴衔接资金开展专项核查,发现问题线索26个,整改退回金额20.83万元。推行"一卡通"阳光审批系统,切实将惠民惠农政策落到实处。二是开展衔接资金监管专项行动。严格落实区级报账制和集中支付制度,对乡村振兴衔接资金动态监控,资金分配下达率、预警信息处置率、绩效目标设立率均达100%。严格落实"两个一律""九个公开"要求,及时公开公示乡村振兴项目库及资金安排计划,主动接受群众监督。三是开展财会监督专项行动。实施代理记账行业违法违规行为专项整治行动,对65家代理记账机构进行资质核查和专项检查。同时,在社区财务管理、财政规范运行等方面开展了专项检查工作,确保财政资金安全、高效运行。

(湖南省怀化市鹤城区财政局供稿 黄星执笔)

中方县

2023年，中方县实现地区生产总值（GDP）136.03亿元，同比增长（以下简称增长）5.1%，其中第一产业实现增加值19.22亿元，增长2.9%；第二产业实现增加值59.10亿元，增长5.9%；第三产业实现增加值57.71亿元，增长5.0%。全社会固定资产投资（不含农户）增长8.2%。全县居民人均可支配收入为2.37万元，增长5.8%，其中，城镇居民人均可支配收入3.7万元，增长4.4%；农村居民人均可支配收入1.74万元，增长6.2%。

2023年，全县完成地方一般公共预算收入完成5.61亿元，增长3.43%。其中，税收收入4.19亿元，增长11.05%；非税收入1.42亿元，同比下降（以下简称下降）5.12%，上级补助18.93亿元，一般债务收入3.79亿元，动用预算稳定调节基金474万元，调入资金211万元，上年结转42万元，收入合计28.4亿元。全县一般公共预算支出24.04亿元，加上上解支出5165万元，一般债务还本3.12亿元，结转下年7284万元，支出合计28.4亿元。

2023年，全县完成政府性基金预算收入3.0亿元，增长87.74%。全县政府性基金预算支出6.54亿元，增长40.48%。

2023年，全县完成国有资本经营预算收入0元，增长0，上级补助收入2万元，上年结余3万元。全县国有资本经营预算支出3万元，结转下年支出2万元。

2023年，全县完成社会保险基金收入2.8亿元，增长12.2%。全县社会保险基金预算支出2.7亿元，全年收支结余1011万元，年末滚存结余2.77亿元，下降3.82%。

一、围绕聚财力促发展，财政运行稳中向好

一是惠企政策加力提效。不折不扣落实国家减税降费政策，全年减税降费8547万元，兑现各类企业奖补、产业引导奖励资金2300万元，为47家"白名单"企业落实"潇湘财银贷"等惠企贷款1.65亿元。二是争资争项取得突破。争取中央预算内投资项目资金1.23亿元，获批新增政府债券额度4.89亿元，新增财力性转移支付1.79亿元，获批财政部隐性债务化解试点县，获得置换债券额度4.43亿元。三是财源基础不断壮大。出台《税源提升"十大行动"方案》《2023年落实税源提升"十大行动"支持打好发展"六仗"工作方案》等系列文件，全力推进财源建设"十大任务"，支持打好经济"发展六仗"，全面实施税费精诚共治，推进园区集约集聚发展，着力产业强链补链，推动优势产业集群提质增量，制造业税收增长100%以上，湖南五新智能科技股份有限公司（含合资子公司）年纳税1.03亿元，实现纳税上亿元企业"破零"，全年新增骨干税源企业14家、规模以上工业企业6家。四是财政收入量质齐升。2023年，全县地方一般公共预算收入完成5.61亿元，增长3.43%，其中税收收入完成4.19亿元，增长11.05%，税收占比74.68%，排名全市第一位，财政运行实现总体平稳，为推动全县经济社会平稳有序运行提供了坚实的财力保障，多项工作获得了表彰，先后荣获"全国第二届财政短视频大赛三等奖""全省市县财政日常工作整体水平高质量评价A类"等25项荣誉称号。

二、着力优服务惠民生，财政保障精准有效

一是民生保障加力提效。全年民生支出18.87亿元，占年度支出比重为78.53%，全力支持教育医疗、卫生健康、社会保障等民生"痛点"的解决，公共服务体系更加优质均衡。二是乡村振兴全面提速。整合财政涉农资金1.08亿元，重点支持"中药材、精品水果、优质稻制种"三大涉农支柱产业发展，乡村建设全面提速，乡村振兴取得新进展。三是债务化解稳妥有序。着力在"控、降、提、防"上下功夫，多措并举、分类处置、精准施策，牢牢守住隐性债务不新增、"三保"资金不断链、重大风险不发生的底线，持续打好防范化解重大风险攻坚战，实现隐性债务率"橙转黄"。

三、突出抓绩效提实效，财政改革纵深推进

一是扎实开展"绩效管理提升年"行动。抽取2024年度10个专项债券储备项目进行事前绩效评估，选取2023年度2个部门和16个项目开展重点绩效评价；全面上线运行预算绩效管理系统，依托预算一体化平台对预算执行进度和绩效目标实现程度实施全过程监控。二是稳步推进内控信息化试点工作。通过内控信息化试点，推动财政监督由纠错型向控制型、由扫尾型向预防型、由检查型向复核型、由静态向动态、由人工参与向自动化转变，为内控信息化建设提供具有县级特色的试点经验。三是持续深化国资国企管理改革。在全省率先启动国资管理与预算一体化系统融合试点工作，支持县属国有企业积极参与盘活存量资产，推动国有资产管理提质增效，入库国有"三资"盘活收益2.54亿元，为防范化解债务风险提供有力保障。四是纵深推进预算一体化改革。加强预算管理各项制度的系统集成、协同高效，推进"零基预算"改革，强化预算执行约束，实行全项目库管理。五是严格政府投资项目管理。全年完成评审项目92个，送审金额4.14亿元，审定金额3.23亿元，核减0.91亿元。六是规范政府采购行为。推动实现线上采购全覆盖，完成限额以上政府采购项目95个，节支率3.65%，电子卖场成交7275笔金额1.34亿元。七是启动非税收入电子化改革。实现电子票据一般缴款书全覆盖，新非税征缴系统上线单位93家，开票3.23万份、金额0.91亿元。

四、坚持强党建重引领，财政干部活力迸发

深入开展学习贯彻习近平新时代中国特色社会主义思想主题教育，持续加强政治机关建设，全力打造让党放心、人民满意的模范机关，不断加强自身建设，党建水平全面提升，主题党日活动丰富多彩。严格落实财会监督主责，充分发挥财会监督"利剑"作用，重点聚焦乡村振兴补助资金、惠民惠农财政补贴资金"一卡通"等9大领域，深入开展财经纪律重点问题专项整治行动，推进惠民惠农财政补贴资金"一卡通"阳光审批系统上线运行，确保各项惠民惠农补贴政策落地见效。组织财经法规、内控规范、财税政策专题培训，开展会计信息质量专项监督检查，进一步规范财政财务管理、提高会计信息质量、维护财经纪律。清廉财政建设取得积极进展，经验做法在省市媒体和财政部网站进行了重点推介，扎实开展"两带头五整治"专项行动，持续加强队伍建设和能力提升，财政队伍活力不断提升，干部干事创业热情高涨。

（湖南省怀化市中方县财政局供稿　曾四春执笔）

沅陵县

2023年，沅陵县实现地区生产总值（GDP）202.49亿元，同比增长（以下简称增长）6.2%。其中，第一产业实现增加值32.63亿元，增长3.1%；第二产业实现增加值83.69亿元，增长7.6%；第三产业实现增加值86.16亿元，增长6.0%。全社会固定资产投资（不含农户）总额增长8.5%。全县城乡居民人均可支配收入为21093元，增长7.3%。其中，城镇居民人均可支配收入31359元，增长5.7%；农村居民人均可支配收入15209元，增长7.8%。

2023年，全县完成一般公共预算收入14.12亿元，增长10.28%。其中，税收收入10.14亿元，增长5.98%；非税收入3.97亿元，增长23.02%，上级补助收入35.06亿元，一般债务转贷收入10.39亿元，上年结转1.49亿元，从政府基金预算收入调入资金2.29亿元，国有资本经营调入资金3.1亿元，收入合计66.45亿元。全县一般公共预算支出56.24亿元，加上上解支出9106万元，一般债务还本7.91亿元，支出合计65.06亿元。总收入减总支出，年终预算结余1.39亿元，结转下年支出1.39亿元。

2023年，全县完成政府性基金预算收入6.62亿元，上级补助收入1.17亿元，专项债务转贷收入10.44亿元，上年结余收入0.11亿元，收入总计18.34亿元。全县政府性基金预算支出12.35亿元，上解支出219万元，债务还本支出2.95亿元，调出资金2.29亿元，合计17.61亿元。总收入减总支出，年终结余0.73亿元。

2023年，全县完成国有资本经营预算收入3.6亿元，上级补助收入76万元，上年结存2万元，收入合计3.61亿元。全县国有资本经营预算支出0.5亿元，调出资金3.1亿元。总收入减总支出，年终结余72万元。

2023年，全县完成社会保险基金预算收入7.49亿元，增长0.26%。全县社会保险基金预算支出6.77亿元，全年收支结余0.72亿元，累计滚存结余5.33亿元，增长10.58%。

2023年，是全面贯彻党的二十大精神的开局之年，是三年新冠疫情防控转段后经济恢复发展的一年。沅陵县财政系统扎实开展学习贯彻习近平新时代中国特色社会主义思想主题教育，深入推动"走找想促"行动，铸造"财政机关有形象、财政资金有绩效、财政干部有作为"的财政"三有"品牌，攻坚克难、担当作为，较圆满地完成了各项工作任务。

一、多措并举组织财政收入

落实财税征管联席会议机制，集体挖掘潜力，推进财税征管精诚共治，向县委财经委员会汇报尖锐的收支矛盾，分解目标任务，压实部门抓收责任。设立土地综合整治指挥部，盘活土地、河道砂石、粮食仓储等闲置国有资产资源。全年实现地方财政收入14.12亿元，增长10.28%，其中税收收入10.14亿元，增长5.98%，实现增值税、所得税等主体税种税收3.46亿元，主体税种税收占地方级税收收入比重为34.16%，同比提升5.85%。非税收入3.97亿元，非税占比为28.15%，控制在30%以内。

二、全力以赴保障财政支出

坚持政府过"紧日子"思想，坚持"三保"支出优先次序，全面实施预算管理一体化改革，提高预算管理规范化、科学化、标准化水平。坚持尽力而为、量力而行的民生保障原则，全年教育、卫生健康、社会保障和就业、文化旅游与传媒、城乡社区、住房保障、灾害防治及应急管理等基本公共服务支出29.3亿元。认真落实县委县政府决策部署，争取专项债券，保障城市更新项目有序推进；投入资金，保障楠杜、麻荔、太盘、大火等四条乡镇三级道路开工建设。全年完成公共预算支出56.24亿元，增长10.57%，其中保基本民生支出15.87亿元、保工资支出11.86亿元、保运转支出0.83亿元。

三、有力有效防范债务风险

省财政厅核定沅陵县地方政府债务限额为69.93亿元，2023年年末地方政府债务余额为69.66亿元，未超过债务限额；组织相关债务单位编制"一债一策"细化偿债安排，逐笔提前6个月预警、提前3个月调度、提前1个月落实还本付息资金来源。全年三类债务共还本付息11.7亿元，其中用财政资金偿还6.5亿元，如期完成上报中央的年度化解任务，累计化债率达到50%；预计综合债务率为171.61%，同比上升3.35个百分点；争取债券资金9.98亿元，其中新增一般债券资金2.49亿元、专项债券资金7.49亿元。用于沅陵县职业中等专业学校扩建、沅陵县易地搬迁太安农业产业园建设等7个项目建设，有力支持县域经济高质量发展。

四、集成发力规范财政管理

学习贯彻《关于进一步加强财会监督工作的意见》精神，建立《沅陵县财会监督政府协调工作机制和部门贯通协调机制》；整合涉农资金3.53亿元，迎接省市多轮检查，得到充分肯定；开展"三湘护农"行动，监督财政预决算公开，检查会计信息质量；完成项目评审214个，总金额达11.61亿元，净审减金额1亿元，审减率8.54%；备案政府采购项目273个，采购合同资金3.81亿元，节约资金1200万元，节资率3.05%；落实"财政资金绩效提升年"行动，聘请第三方对2022年度18个重点项目7.77亿元资金开展绩效评价，将绩效评价结果与预算安排挂钩，体现"提质增效"导向。

五、持之以恒强化队伍建设

坚持党管人才原则，落实优秀干部"上派下挂"机制；深入推进"清廉财政"建设，常态化开展"三整顿两提升"行动，查找影响日常工作"不作为""乱作为""中梗阻"等突出问题，严查资金拨付和使用过程中的故意刁难、"吃拿卡要"等违纪现象；新招公务员13人、全额事业编人员4名，推荐职级晋升33人次；选拔乡镇财政所人员进局机关跟班学习两期17人次；调整和轮岗交流12人次。

六、担当作为积极争先创优

争取2023年中央财政支持普惠金融发展示范区，注资3000万元设立小额贷款公司，成立普惠金融服务中心，专人坐班开办业务；认真贯彻落实省委、省政府重大决策部署，创造性开展工作，在2023年度省政府重点工作综合督查中"打好防范化解风险阻击仗方面"典型经验做法受到通报表扬；与北京言闻汇智公司合作，在全省首创"制度+技术"涉农整合资金项目管理系统；举办"财政绩效杯"文体活动，邀请沅陵县委常委篮球队比赛，鼓舞财政干部士气；承办荣誉退休仪式观摩会，全县组工干部进行了现场观摩。

（湖南省怀化市沅陵县财政局供稿　全局执笔）

辰溪县

2023年，辰溪县实现地区生产总值（GDP）144.87亿元，同比增长（以下简称增长）6.3%。其中，第一产业增加值24.90亿元，增长3.9%；第二产业增加值40.25亿元，增长7.6%；第三产业增加值79.72亿元，增长6.4%。全社会固定资产投资（不含农户）总额78.21亿元，同比下降（以下简称下降）5.7%。全县居民人均可支配收入21457元，增长7.0%。其中，城镇居民人均可支配收入32355元，增长6.5%；农村居民人均可支配收入15728元，增长7.0%。

2023年，全县完成一般公共预算地方收入8.81亿元，增长4.82%。其中，税收收入6.5亿元，增长5.11%；非税收入2.31亿元，增长4.01%，中央补助28.13亿元，一般债务收入6.78亿元，动用预算稳定调节基金1.32亿元，调入资金2.9亿元，上年结转0.37亿元，收入合计48.31亿元。全县一般公共预算支出41.82亿元，加上上解中央0.61亿元，一般债务还本5.32亿元，补充预算稳定调节基金0元，调出资金0元，结转下年0.56亿元，支出合计48.31亿元。

2023年，全县完成政府性基金预算收入1.17亿元，下降73.35%。全县政府性基金预算支出10.4亿元，调出资金（调入一般公共预算）0.05亿元，增长10.23%。

2023年，全县完成国有资本经营预算收入2.13亿元。全县国有资本经营预算支出0元，调出资金（调入一般公共预算）2.13亿元（基数为"0"，故无相应增长率）。

2023年，全县完成社会保险基金预算收入21.61亿元，增长9.76%。全县社会保险基金预算支出18.78亿元，全年收支结余2.82亿元，累计滚存结余7.15亿元，增长5.84%。

一、全力组织收入，完成目标任务

一是紧盯目标任务，压实责任。2023年全县地方一般公共预算收入目标任务为91219万元，其中地方税收总任务数为67112万元；非税收入总任务数24107万元。县综合治税办及财源建设服务中心紧盯目标任务，按季按月按旬按周将税收任务分解落实到部门、到企业，层层夯实责任。二是大力培植支柱财源。持续抓好水力发电、电力销售、金融保险等传统税源，重点扶持新老企业落户开工、复工复产，充分利用怀化国际陆港联动拓展辰溪湘西南铁路物流园建设的历史机遇，寻找新的"纳税点"。三是加强征管措施，做到应收尽收。充分发挥财税部门牵头抓总作用，强化部门协税护税的调度协调，充分利用综合治税信息平台，加强对重点税源监控，积极挖潜堵漏，强化征管，确保税收颗粒归仓。四是加强日常调度，确保目标任务。每月对财政收入至少进行2次调度（月初一次、月末一次），12月每周调度一次，做到"以旬保月、以月保季、以季保年"，确保全年各项考核任务。

二、加强支出管理，充分发挥资金效益

一是坚决兜牢"三保"。按照先人员工资、后部门运转、再基本民生的保障秩序，把紧预算执行关口，确保每日、每月库款保障系数，兜牢"三保"底线。实现全县人员工资按时提前发放（从每月的15日前发放提前到每月的10日前发放）；乡补与公用经费同步到位；年终绩效奖的70%核定于工资中并每月按时发放到位。坚决做到人员、社保等资金按月按时足额发放，确保库款和"三保"支出的安全。二是坚持过"紧日子"思想。将过"紧日子"要求贯穿财政管理全过程，认真落实中央关于厉行节约、改进工作作风的精神。强化部门预算，严格控制机关经费等一般性支出，对单位及乡镇基本运转日常报账实行额度管理制度，超出额度无特殊情况不予报账或因特殊情况超出额度报账部分下月扣回，确保每一分财政资金都用在"刀刃"上。同时，做好过"紧日子"向过"苦日子"攀升过渡的准备。三是加大资金清理，盘活存量资金。部门基本支出结余、"三公"经费结余、结转一年以上的项目支出等财政拨款，以及沉淀闲置、低效无效的单位资金全部收回或上缴财政。2023年收回9099万元，统筹用于"六保""六稳"人员工资、社会保障等民生支出。

三、落实重点支出，切实保障民生

在优先保障工资正常发放和机关正常运转的同时，加大对农业、社保、科教和基础设施等民生领域的资金投入，各类重点、民生支出得到有力保障。一是全力保障乡村振兴顺利开展。2023年安排乡村振兴专项资金1.97亿元，主要用于特色产业发展、补足基础设施短板和人居环境整治等方面。二是保重点项目建设。截至2023年12月底，省财政厅分配辰溪县共新增发行政府债券6.89亿元。其中，一般债券1.46亿元，对应9个项目；专项债券5.43亿元，对应5个项目。根据相关文件规定，新增债券项目全部用于项目建设。三是充足保障重点生态功能区建设，共安排资金9687万元。其中，农村人居环境整治3121万元，县城环卫清扫、清运作业购买服务1746万元，文化、旅游、体育、文物保护、文化执法、广电专项经费700万元。四是加大教育事业发展投入。为促进教育事业发展，2023年教育总投入7.68亿元，较上年预算略有减少，基本保障了教育事业的发展。五是"一卡通"发放范围进一步扩大，广大农户权益得到保障。2021年，纳入"一卡通"发放项目47项；2022年，纳入"一卡通"发放项目77项；2023年，纳入"一卡通"发放项目88项，发放惠农补贴资金达2.89亿元。六是及时保障各类民生支出。截至12月底，全县财政总支出累计完成58.07亿元，较上年同期增加4.21亿元，增长7.81%，其中民生支出总额达到31.28亿元，占公共财政预算支出的74.79%，各类民生重点支出得到充分保障。

四、深化财政改革，提高管理水平

一是稳步推进预算绩效管理、提质增效。继续完善大"3+N"和小"3+N"绩效评估制度，实施全面预算绩效管理，落实财审联动，将评价结果、审计整改情况作为改进管理、完善政策和编制年度预算的依据，对实施效果不明显、发现问题较为突出的项目和单位，不安排或少安排预算资金，使财政资金分配更加突出重点、提质增效。全面开展"绩效提升年"行动，提升绩效管理质量，从财政资金拨付到使用实行全过程管理，确保有限的财力都用到"刀刃"上。目前已完成了全县各预算单位的绩效监控，"四本"预算实现预算绩效全覆盖，预算绩效管理板块系统11月已顺利上线运行。二是全面完善预算绩效管理一体化。为全面加强预算管理、硬化预算约束、规范预算执行、强化财政资金监管，落实好政府带头过"紧日子"的要求，严格控制各种一般性支出，提高预算资金使用效益，2021年全面实行预算管理一体化改革以来，现已建立了人大、财政、单位三家联网、平台共享、相互监督的工作机制，同时针对运行中存在的问题，正加以改进和完善。三是进一步加强国有资产管理改革。充分利用"三资"清理专项行动机会，

加强对国有"三资"清查，截至12月底，累计完成全县国有"三资"清查处置总收益16.28亿元，其中入库收益7.17亿元，再利用账面总额9.11亿元，进一步加强了闲置国有资产的管理，盘活并统筹处置利用；继续深化平台公司市场化转型，坚持以市场为导向，建立和完善职责明确、流程清晰、规范有序的经营机制，逐步建立国有资本经营预算体系，提高国有资产管理水平。

五、稳健化解债务，确保债务风险可控

严格按照"隐性债务不新增、'三保'资金不断链、重大风险事件不发生"三条底线，从债务体量、结构和债务率三个层面把握政府债务风险。一是树立正确的政绩观。强化"化债也是政绩、而且是最大的政绩"理念。充分认识财政运行风险，必须高度关注预算"超分配"问题，必须高度关注库款亏空问题，必须高度关注民生政策扩围提标问题，必须守住不新增隐性债务这一底线，防止"爆雷"事件发生，坚持"一要吃饭、二要偿债、再兼顾其他"的原则，将防范化解地方债务风险情况纳入党政领导干部考核重要内容。二是严格控制增量化解存量。按照"一县一案"和本县十年化债方案，会同平台公司，按季制定到期债务和利息的化解方案，明确化债资金来源，制订年度均衡化债计划，确保债务只减不增。1-12月已化解隐性债务0.79亿元，完成本年度化债计划的31.22%，累计化解隐性债务15.47亿元，占总额50.37%，达到了隐性债务总体化解进度要求。2023年上半年省核定本县综合债务率达到139%，进入"风险提示地区"，但整体债务风险可控，没有发生债务风险及舆情事件。三是坚决不新增债务。各部门和乡镇对超出财政承受能力、可能新增政府隐性债务的，无明确资金来源的项目一律不予立项开工；对确需立项开工的项目，严格按照《怀化市发改委、怀化市财政局联合下发的〈怀化市规范政府性投资项目决策和立项防范政府债务风险实施细则〉的通知》（怀发改投资〔2022〕7号）执行，杜绝形成新的债务风险，始终将债务风险率控制在可控区域。

六、积极开展党建，充分发挥引领作用

2023年以来，局党组高度重视党建工作，坚持党建工作引领中心工作、促进业务工作。一是健全制度促党建。严格执行民主集中制，认真落实例会制度，每月定期召开党组会、局务会，每年专题研究党建工作4次以上。局党组理论学习中心组全年开展集中学习不低于12次，踏实开展"习近平新时代中国特色社会主义思想"主题教育活动，各支部组织开展集中学习35次以上。二是党建活动有特色。通过举办讲座、演讲比赛、观看励志革命片、我为群众办实事、迎"七·一"庆祝活动、干部职工廉政教育、关爱留守儿童、微心愿进社区联系村敬老院、走访慰问困难党员优秀学子等多种活动，激发党员干部工作积极性。上半年开展的"庆三八"舞蹈比赛、第三届"财税杯"篮球羽毛球比赛、"一创二巩固"活动争当志愿者、重走红军路、追溯红色记忆、参加全市财政系统"学习贯彻习近平新时代中国特色社会主义和党的二十大精神"主题演讲及知识抢答比赛等活动，有声有色，增强凝聚力，充分体现党员干部先锋模范作用。三是加强意识形态管理。组织全体党员干部认真学习意识形态内容，成立意识形态工作领导小组，落实领导班子意识形态工作的主体责任、党组书记意识形态工作的第一责任、分管领导的直接责任、党组其他成员的领导责任等"四个责任"，局党组切实落实"第一议题"制度，并贯彻始终。

七、转变工作作风，切实提高服务质量

我们高度重视作风建设工作，将党风廉政建设和作风建设纳入机关干部职工平时考核中，并作为全年综合考核指标，将考核结果作为选拔任用、奖励惩处的重要依据。推行机关工作首问责任制、服务承诺制、AB岗位责任制和限时办结制以及"六不准六不让"制度。执行"一门式"服务制度，坚决"一件事一次办"，自觉做到主动服务、急事急办、特事特办。为更方便单位和外来办事人员签发报告，减少来回跑的次数，所有的工作、拨款报告由对应的业务股室收集后，由预算股分轻重缓急定期集中向局长汇总签发，切实转变工作作风，提高服务质量。

八、注重廉政建设，严格"一岗双责"

按照"一把手"负总责、其他班子成员"一岗双责"的工作要求，落实党风廉政建设责任制，落实"三个报告"制度。认真执行"党组议事规则""三重一大"事项集体决策制度、末位表态制度和党政一把手"三不直接分管"制度。对干部职工开展廉政教育，组织收看县纪委下发的若干违反八项规定精神、涉农领域腐败等典型案例，深刻吸取教训并引以为戒，每年专题研究党风廉政建设和机关作风建设工作4次以上。严格按照"一岗双责"的要求，明确每位班子成员既分管业务工作，又对分管领域的党风廉政建设负责。坚决落实党组负责人与班子成员、班子成员之间、班子成员与分管股室干部之间的谈心谈话，切实承担全面从严治党的主体责任，并且局党组会议把学习传达党章、党规和有关党风廉政建设文件列入会议议程，做到了时学时新、警钟长鸣。同时，加大财政资金监督力度，多次联合审计、纪委部门对涉农资金、惠农补贴资金、"一卡通"等重点领域进行专项检查，一年来共检查9次，涉及单位13个，查处违法违纪资金18715元，追回8515元。

（湖南省怀化市辰溪县财政局供稿　石修善执笔）

溆浦县

2023年，溆浦县实现地区生产总值（GDP）221.23亿元，同比增长（以下简称增长）3.66%。其中，第一产业增加值47.23亿元，增长0.5%；第二产业增加值61.77亿元，增长1.11%；第三产业增加值112.21亿元，增长7.1%。全县居民人均可支配收入2.21万元，增长7.81%。其中，城镇居民人均可支配收入3.19万元，增长5.49%；农村居民人均可支配收入1.75万元，增长6.89%。

2023年，全县完成一般公共预算地方收入10.6亿元，增长8.54%。其中，税收收入7.68亿元，增长8.55%；非税收入2.92亿元，增长8.5%，中央补助46.71亿元，一般债务收入12.59亿元，调入资金3700万元，上年结转300万元，收入合计70.31亿元。全市一般公共预算支出58.69亿元，上解中央9600万元，补充预算稳定调节基金0元，调出资金0元，结转下年300万元。

2023年，全县完成政府性基金预算收入4.81亿元，增长70.56%。全县政府性基金预算支出11.74亿元，增长15.89%，调出资金（调入一般公共预算）1400万元。

2023年，全县完成国有资本经营预算收入1400万元，增加1400万元。全县国有资本经营预算支出100万元，增长172%，调出资金（调入一般公共预算）1400万元。

2023年，全县完成社会保险基金预算收入9.03亿元，增长13.72%。全县社会保险基金预算支出8.1亿元，增长8%，全年收支结余9300万元，累计滚存结余6.5亿元。

一、工作开展情况

一是攻坚克难，全力组织收入。通过分解落实收入任务、强化非税收入征管、盘活国有资源资产等方式，大力组织财税收入。2023年溆浦县地方一般公共预算收入首次突破10亿元，完成了10.6亿元，增长8.54%。非税占比27.54%。二是调优结构，保障重点民生。树牢过"紧日子"思想，坚持厉行节约。坚持"三保"支出（保基本民生、保工资、保运转的支出）优先地位，优化支出结构，进一步压减一般性支出和非急需、非刚性支出，确保"三公"经费只减不增，切实兜牢"三保"底线。2023年溆浦县"三公"经费预算较2022年减少94万元。优化结构，确保重点支出。按照"量入为出、收支平衡、统筹兼顾、突出重点"的原则，优先安排人员经费和单位基本运转经费，以及义务教育学校保障机制、城乡居民医保、新农保、"三农"等民生配套资金，确保民生保障。2023年，溆浦县一般公共预算支出完成58.66亿元，"三保"支出33.34亿元，其中保基本民生支出15.63亿元、保工资支出16.67亿元、保运转支出1.04亿元，"三保"重点支出保障到位。加大"三农"投入，推进乡村振兴。2023年，溆浦县通过"一卡通"发放各类补贴项目98项，补贴资金5.21亿元，惠及群众124.85万人次。2023年共整合涉农资金2.79亿元，主要用于乡村建设1.53亿元、产业发展1.06亿元、"三保障"（住房保障、教育保障、医疗保障）1500万元、就业增收545万元。支持"农信担"为新型农业经营主体提供融资担保服务，助推农业产业做大、做强、做优。2023年完成在保余额1.42亿元，解保额4200万元。为49家企业及个体经营户授信1.25亿元，放贷1.21亿元。三是积极防范，打好政府债务风险"阻击仗"。通过综合运用预算偿还、处置资产、债券替换、市场转化等多种方式积极防范化解债务风险。政府债务按期化解。严格执行化债实施方案，在风险防范上守牢底线，坚决遏制隐性债务增量，有序化解存量债务，逐步稳妥缓释债务风险。积极争取专项债券。2023年溆浦县共发行专项债券8.77亿元，额度位居全市前列。四是守正创新，财政改革稳步推进。直达资金监控全面加强。通过强化工作举措，认真落实资金监控各项任务和配套措施，坚持以直达资金台账为基础，以直达资金监控系统为支撑，进一步加强对直达资金预算分解下达、资金支付、惠企利民补贴补助发放情况的监控，确保资金直达民生、直接惠企利民。2023年，溆浦县共收到下达的直达资金指标17.26亿元，已全部分配到位，其中，支持基层落实减税降费和重点民生等专项转移支付3459万元；共同财政事权转移支付10.44亿元；一般性转移支付6.45亿元；专项转移支付145万元。政府采购管理日益规范。严格执行《中华人民共和国政府采购法》，积极推进预算单位政府采购电子卖场工作，有效加强政府采购限额标准以下的支出管理，全面实施政府采购意向管理，采购活动30日前将采购意向全部挂到省政府采购网进行公示，提高了政府采购活动的透明度和公正性。投资评审职能不断强化。2023年完成评审项目425个，送评审金额15.1亿元，审定金额13.82亿元，审减金额1.27亿元，综合审减率8.43%。真正做到了把好"支出关"、捂紧"钱袋子"、当好"管家人"。绩效评价效益充分发挥。全面实施预算绩效管理，大力推进"资金编制有目标、资金执行有监督、资金完成有评价、评价结果有反馈、反馈结果有应用"的全过程绩效管理制度。建立与专项资金相匹配的绩效指标体系。聚焦财政专项资金事前、事中、事后绩效管理，通过建立常态化预算绩效目标审查和事前绩效评估流程，有效促进财政资金使用绩效的提高。2023年，对1个部门整体、12个项目3.43亿元财政资金开展重点绩效评价。国有"三资"有效盘活。溆浦县财政局坚持把清查盘活国有"三资"作为稳增长防风险的重要手段。2023年"三资"盘活总收益25.86亿元，入库收益10.88亿元。财政监督管理规范落实。聚焦惠农惠民资金，积极开展了推进"三湘护农"专项行动、惠农补贴资金突出问题整治"驻场式检查"、湖南省委第十二巡视组交办财政供养人员及村干部家属领取惠农补贴问题核查等惠农资金专项检查工作，查处5类195个问题，追缴违规资金93.46万元。聚焦财政、财务、会计领域，组织开展了2023年会计信息质量、预决算公开和"互联网+监督"检查，有力保障财税政策的有效落实，确保财政资金安全规范和有效使用。

二、主要成效及亮点工作

一是点滴不漏地组织财政收入。充分发挥财政部门的综合协调职能，搞好收入调度，强化收入考核，调动税收征管及协税护税部门的积极性和主动性。坚持依法治税，实施全社会综合治税，以涉税信息网络交流为平台，深挖税源潜力，严把税费征管关口，狠抓源头管理，堵塞征管漏洞，确保应征税费点滴不漏。溆浦县地方财政收入在困难多、压力大的情况下，继续保持总量不断增长、质量稳步提高的良好局面。二是坚持不懈地展开对上争请。溆浦县财政局将对上争请工作作为2023年财政重点工作，采取面对面沟通、报告转呈、信函传递以及邀请考察等多种方式，积极协调、配合有关部门，全方位展开争请。2023年以来，围绕新冠疫情各种费用及溆浦大桥、大江口大桥等重点建设项目资金和"三农""民生"支出资金等，拟定申请报告70多份，已争取到位各类资金7500多万元。三是精打细算、科学运筹财政资金。财政支出有保有压，节约高效。牢固树立过"紧日子"思想，从严控制一般性开支，大力开展节约活动，严格控制办公经费，削减一切不必要的财政开支，坚决杜绝各种铺张浪费现象，努力降低行政成本，把钱花在"刀刃"上，用在保民生、保运转、保重点等关键部位和公共领域。财政资金运筹有度，理财有方。科学运筹财政资金，积极落实改善民生政策措施，进一步健全民生保障体系，提高民生保障水平。2023年在增支因素明显增多、保障压力明显加大的情况下，不仅有效保障了"民生""三农"支出以及各项法定支出、刚性支出，而且全力保障了溆浦县重点项目建设支出需要。做到花小钱办大事。牢固树立"加强管理也是增收节支"的观念，进一步强化部门预算、国库集中支付等项财政改革，扎实推进政府采购、投资评审等工作，积极开展财政监督检查，强化财政资金监管，将有限的财政资金发挥出了最大的使用效益。多措并举培植财源。溆浦县积极探索出"一二三四"管理机制，更好地服务"三高四新"财源建设，持续优化财源存量、培育财源增量、夯实税源基础。2023年7月，溆浦县财政局代表溆浦在2023年湖南财源建设培训班上做经验交流发言。在湖南省"三高四新"财源建设工程联席办公室第26期、第29期、第31期、第36期《工作简报》上分别刊发了溆浦的经验做法，得到2023年度省政府真抓实干督查激励财政工作成效突出地区表彰奖励。

（湖南省怀化市溆浦县财政局供稿　向政执笔）

会同县

2023年，会同县实现地区生产总值（GDP）106.67亿元，同比增长（以下简称增长）5.0%。其中，第一产业增加值18.43亿元，增长3.7%；第二产业增加值19.08亿元，增长5.8%；第三产业增加值69.16亿元，增长5.1%。全社会固定资产投资增长8.3%。全县居民人均可支配收入20658元，增长6.8%。其中，城镇居民人均可支配收入30197元，增长5.4%；农村居民人均可支配收入15825元，增长7.5%。

2023年，全县完成一般公共预算地方收入6.55亿元，增长11.58%。其中，税收收入4.69亿元，增长10.04%；非税收入1.86亿元，增长15.65%，中央补助24.48亿元，一般债务收入7.28亿元，动用预算稳定调节基金0.31亿元，调入资金5.31亿元，上年结转0.56亿元，收入合计44.49亿元。全市一般公共预算支出36.91亿元，加上解中央0.62亿元，一般债务还本6.04亿元，补充预算稳定调节基金0.18亿元，调出资金

0元，结转下年0.74亿元，支出合计44.49亿元。

2023年，全县完成政府性基金预算地方收入7.04亿元，增长33.93%。中央补助0.47亿元，调入资金0.96亿元，专项债收入9.39亿元，上年结转0.34亿元，收入合计18.19亿元。全县政府性基金预算支出16.38亿元，加上解支出79万元，债务还本支出0.56亿元，结转下年1.24亿元，支出合计18.19亿元。

2023年，全县完成国有资本经营预算收入3.62亿元，增长111.69%。中央补助10万元，收入合计3.62亿元。全县国有资本经营预算支出1万元，调出资金（调入一般公共预算）3.62亿元，增长122.49%，支出合计3.62亿元。

2023年，全县完成社会保险基金预算收入3.82亿元，增长9.07%。全县社会保险基金预算支出3.62亿元，全年收支结余0.2亿元，累计滚存结余3.53亿元，增长1.27%。

一、立足"保障民生"根本，助力经济高质量发展

（一）全力保障教育发展需求

始终坚持教育优先发展战略，按照教育投入"两个只增不减"要求，充分发挥财政资金的保障职能和引导作用，落实教育强县目标任务，努力办好新时代人民满意教育。2023年全县一般公共教育支出预算6.79亿元，同比增加5088万元，增长8%。入学（园）补助、助学金、免学费补助2504.9万元，资助学生33979人次。投资近2亿元完成会同一中扩建、职中改扩建、芙蓉学校二期、城北学校教学楼新建、城北幼儿园新建、第二幼儿园改建，以及中小学薄改提升、乡镇标准化寄宿制学校和乡村小规模学校优化提质等重点项目。争取湖南省县域普通高中"徐特立项目"——会同三中"特立体艺楼"项目建设。

（二）全面落实社会保障政策

全年投入社会保障资金7.01亿元，发放7380人城乡低保2882.88万元，发放5262名残疾人"两补"资金715.81万元。发放特困人员供养对象1180人（含分散供养1018人、集中供养162人）生活和护理补贴1135.64万元；发放162名孤儿基本生活补助166.14万元；发放优抚对象抚恤补助2463.24万元，优抚对象医疗补助126.83万元，拨付基本公共卫生资金2654.69万元，基本药物制度补助1140.3万元，就业资金2564.63万元等。2023年，会同县新出台《会同县关于优化生育政策促进人口长期均衡发展的工作方案》，在对育龄夫妻提供更全面的生育休假制度以及降低生育成本的相关制度外，进一步健全了计划生育特殊家庭全方位帮扶保障。

（三）着力支持企业产业发展

为切实改善营商环境，支持企业发展壮大，发挥财政资金杠杆撬动作用，根据会同县出台的支持企业发展的各类奖补政策，联合县商科工信局、产业开发区、税务局、统计局等部门，对高新技术企业奖励、外贸企业出口奖励、实现税收奖补、物流运输补贴、新购置设备补贴、原材料保障补贴、入规奖补等项目及时进行奖补。全年共拨付各项惠企奖补资金8442.38万元，做到了零截留、零拖欠。成功召开政银保企座谈会，并与21家企业签约，授信26亿元。

（四）大力支持基础设施建设

把支持基础设施建设摆在突出位置，优化结构、盘活存量、加大投入。完善物流基础设施建设，加快推进连山铁路专用线、公铁联运物流园项目和G209会同县坪村至林城公路改建工程建设，提高路网整体服务水平，带动会同经济更快更好发展。雷鸣湾综合体育中心已竣工并投入使用，极大地改善了会同县的公共体育设施供给。积极筹措资金，建成会同县红色文化教育培训基地，正式启动高椅创4A景区，大力实施高椅古村古建筑群二期消防安装工程和古建筑群白蚁综合治理工程，助推会同县文旅事业发展。积极推进老旧小区改造，全面提升群众生活品质，让幸福感在家门口"升级"。2023年，改河社区及周边19个老旧小区、8个生态停车场、一个农贸市场、11栋商业建筑、7处街角公园景观、1座新架钢构桥、两座公厕以及会同河武装部桥至二桥沿河两岸休闲景观进行改造和建设，投资金额2亿元，开辟了一个集健身休闲运动场所、沿河岸线公园、沿河夜宵摊一条街于一体的会同县老旧小区改造新地标，进一步提升了县城环境和品位。

（五）赋能助推乡村振兴

坚持把农业农村作为财政支出的优先保障领域，公共财政更大力度向"三农"倾斜，投入不断增加、总量持续增多，确保财政投入与乡村振兴目标任务相适应。建立健全与乡村振兴任务相适应的投入保障机制，实施涉农资金统筹整合，全年统筹整合使用财政涉农资金1.43亿元，安排巩固拓展脱贫攻坚成果同乡村振兴县级配套项目计划资金2000万元，形成了"多个渠道引水、一个池子蓄水、一个龙头放水"的资金整合使用格局，重点支持乡村振兴产业发展、农村基础设施建设、人居环境整治，为全县的乡村振兴工作提供有力的资金保障。

二、夯实"财政管理"基础，提升服务经济效能

（一）加强精细管理，提升财政治理水平

一是在预算管理上，严格抓好"三个控制"，即严格控制预算编制、严格控制预算执行、严格控制预算新增；二是在资金统筹上，严格实行"三个一律"，即所有预算一律统筹编制、所有收入一律统筹管理、所有支出一律统筹安排；三是在压减支出上，严格做到"三个只减不增"，即"三公经费"只减不增、编外人员只减不增、专项和政府采购支出只减不增。

（二）实施绩效管理，发挥财政资金效益

一是精心制订方案。出台《关于开展"绩效管理提升年"行动的实施方案》，明确目的意义、工作重点、方法步骤、保障措施。二是加强组织领导。成立会同县财政绩效管理工作领导小组，由常务副县长任组长，相

关部门主要负责人为成员，形成强大的工作合力。三是扎实推进工作。对预算执行实行全过程绩效管理，在部门预算编制环节引入第三方对部门整体绩效目标和项目绩效目标进行审核；对政府性基金预算开展绩效管理，探索"四部预算"绩效管理模式；对7个重大项目实施立项事前绩效评估，涉及金额1.5亿元；对15个重点项目开展绩效监控和绩效评价，涉及金额3.41亿元；对全县87个预算单位、18个乡镇人民政府开展绩效评价和自评，实现全覆盖。

（三）突出风险管理，筑牢财政安全底线

一是"三保"底线。把"三保"保障摆在最为重要的位置，即使资金再紧张，也要把"三保"资金按时支付到位。2023年，共支付"三保"资金15.87亿元，占预算总支出的50.52%。二是债务偿还底线。债务还本付息是各级财政承担的一项重要法定职责。2023年，在预算安排4.02亿元完成累计化解任务的基础上，充分抓住政策机遇，利用新增专项债券置换存量债务4.54亿元。三是库款底线。尝试建立"熔断"机制，当库款系数可能低于0.3的警戒线时，县财政立即暂停一切资金拨付，确保财政运行安全。

（四）推行分级管理，压实财政工作责任

一是分级负责机制。县人民政府明文规定，各级各部门党政"一把手"对本乡镇、本单位财政资金管理负总责，凡发生财政运行风险的一概自行负责，县财政不予兜底。二是量化考核机制。对乡镇财政所实行"县乡共管"及"村账乡代理"模式，全面推行"阳光审批"系统，惠农惠民补贴资金发放率达到100%。建立乡镇财政所长月工作例会制度，持续开展乡镇财政干部全员培训。严格坚持乡镇财政工作量化考核，强化考核结果运用。三是预警约谈机制。县财政部门严密加强对财政运行情况的监督、监测，对可能发生财政运行风险的乡镇和县直单位，下发提示函进行预警提醒；预警提醒两次的，对乡镇、县直单位主要负责人进行约谈。

（五）加强资产监管，全力盘活国有"三资"

一是存量资金动态清零。坚持"聚焦存量、应收尽收、统筹使用、滚动安排"的原则，及时收回结转两年以上的财政存量资金。强化财政专户资金、预算外资金、实体账户资金管理，防止资金"趴账"。二是国有资产统筹利用。加大国有资产盘活力度，成功实现采砂权、停车位、停车场、城区广告位等特许经营权出让。规范国有资产管理，推动粮食仓储项目实施，开展公租房、标准化厂房租金专项清缴。全年盘活"三资"总收益14.48亿元。三是国有资源加速开发。加快推进风能、矿产、林权等国有资源开发利用，签约风电项目78亿元，新设4个储量1880万吨的砂石土矿采矿权，发放林权抵押贷款3.3亿元，有力推动县域经济发展。

三、突出"创新创优"重点，树立示范引领作用

（一）争创"党建工作"示范标杆

始终把加强和改进党的建设作为争先创优活动的组织保障，严格组织生活制度，落实党建工作责任制，配齐配强4个支部书记，党建工作综合评定多次被评为优秀等次，荣获2023年"怀化市先进基层党组织"，涌现了县级优秀共产党员代表宋阳鑫等典型代表。

（二）争创"清廉机关"示范标杆

为推动"清廉机关"创建，成立了"清廉机关"建设工作领导小组，形成了有组织、有机构、全员参与、齐抓共管的良好体系；制定了《会同县财政局"清廉机关"建设实施方案》和会同县财政局"清廉机关"创建责任清单体系，层层压实责任，凝聚工作合力，掀起创建工作热潮；组织开展财政系统"砥砺奋发启新程，勇毅前行担使命"主题演讲比赛活动，聆听清廉家风故事，涵养清廉文化，形成了浓厚的清廉机关氛围，并于2023年成功创建并授牌成为县级清廉机关。

（三）争创"文明单位"示范标杆

自2018年获得市级文明单位称号以来，始终积极组织开展文明单位创建工作，连续三年保持市文明单位称号，在该称号期限届满后又于2023年度重新申报并再次获得市文明单位称号，涌现了县级"文明家庭"周南辉家庭、县级"最美家庭"谢素琴家庭、县级政务服务标兵梁银花等典型代表。

（四）争创"债务创绿"示范标杆

为确保成功实现"债务创绿"，严格按照政府投资项目立项管理办法审核申报项目，严控新增隐性债务；每年年初制订债务化解计划，提前做好化债资金安排，按期化解存量债务；认真研究政策，加强部门联动，强化专项债券项目储备和申报；制定《会同县政府债务创绿方案》，对债务、财政收支等进行科学测算、制定方案、细化工作任务、明确进度要求。该县综合债务率由124.5%降至117.3%，顺利实现债务"创绿"目标。

四、筑牢"作风建设"底线，锻造高素质干部队伍

（一）从严治党正思想，建有一支廉洁自律队伍

严格落实"一岗双责"责任制，领导班子带头层层签订党风廉政建设责任书，形成了党风廉政建设工作"一级抓一级，层层抓落实"的管理机制。始终认真落实中央八项规定精神和省委"约法三章"，坚决反"四风"、树新风，驰而不息改进作风，把"主题教育"与"三整顿两提升"干部作风建设相结合，努力打造业务精通、作风过硬、勇于担当、清正廉洁的财政干部队伍。

（二）民主团结作示范，建有一支凝聚力强队伍

根据领导班子特点进行科学分工，始终坚持民主集中制，不搞"一言堂""家长制"，对于干部任免等重大决策均能坚持会前征求意见。个别酝酿，最后集体讨论决定，注重维护班子的团结和统一，并注意扬长避短，以发挥群体力量，形成工作合力。

（三）健全制度善用人，建有一支能力突出队伍

突出"实在、实干、实绩"的用人导向，严格执行选人程序，按照"德能勤绩廉"标准，严格进行民主测评；注重对青年干部的培养、使用和考核，做好人才

"引、育、管、用、留"文章，组织开展"更好按经济规律办事，财政青年怎么干"的征文比赛活动和"建功新时代，喜迎二十大"的演讲比赛活动，给青年干部更多展示舞台；进一步健全绩效考核制度，充分调动干部职工积极性，做到能上能下，组织开展各类业务培训和廉政教育培训，在提高效能建设的同时进一步改进了工作作风。

（湖南省怀化市会同县财政局供稿　唐萍　谢升员执笔）

麻阳苗族自治县

2023年，麻阳苗族自治县实现地区生产总值（GDP）116.83亿元，同比增长（以下简称增长）5.7%。其中，第一产业增加值22.30亿元，增长3.2%；第二产业增加值37.24亿元，增长5.9%；第三产业增加值57.29亿元，增长6.7%。全社会固定资产投资比上年增长8.4%。全县居民人均可支配收入19764元，增长7.2%。其中，城镇居民人均可支配收入31398元，增长5.0%；农村居民人均可支配收入13727元，增长7.8%。

2023年，全县完成一般公共预算收入9.88亿元，增长32.3%。其中，税收完成4.65亿元，增长9.50%，非税收入完成3.39亿元，增长91.91%，上级补助收入25.26亿元，债务转贷收入4.32亿元，上年结转收入2.05亿元，调入资金5831万元，收入总计40.51亿元；一般公共预算支出36.74亿元，债务还本支出3.33亿元，上解支出4423万元，支出总计4.05亿元。

2023年，全县政府性基金预算收入6.65亿元，政府性基金预算支出13.75亿元，调出资金5531万元。

2023年，全县国有资本经营预算收入完成300万元，调出资金300万元（调入一般公共预算）。

2023年全县社会保险基金收入完成3.57亿元。其中，保险费收入1.85亿元，财政补贴收入1.66亿元；全县社会保险基金支出完成3.23亿元。其中，社会保险待遇支出3.18亿元，当年结余3385万元，年末滚存结余2.82亿元。

一、全力保障民生支出，筑牢民生保障根基

一是坚持人民至上，持续加大民生投入。全县一般公共预算支出完成34.79亿元，增长3.1%。其中民生支出完成30.14亿元，增长7.77%。占财政支出的86.63%，截至2023年12月底全县离退休人员4358人，月拨付机关事业单位养老金2614万元，包括机关事业全额、差额和自收自支人员，全年累计发放退休金2.96亿元。农村最低生活保障对象5052户11100人，累计保障58780户128835人，累计发放农村低保资金3740.23万元，人均救助水平288.44元/月；城市最低生活保障对象571户982人，累计保障6890户11890人，累计发放城市低保资金466.94万元，人均救助水平390.85元/月。重度残疾人生活补贴12月发放4964人，1-12月累计发放59312人。累计发放金额788.59万元。2023年全年医疗救助资金收入1365.8万元，全年支出2537.56万元共救助41331人。二是精准施策，财政涉农资金助力乡村振兴。2023年，麻阳县委实施乡村振兴战略领导小组结合全县乡村振兴的实际情况，努力做好做实脱贫攻坚与乡村振兴的有效衔接。全县统筹整合使用财政涉农资金2.25亿元，其中用于生产发展资金6798.45万元、用于农村基础设施建设资金1.48亿元、用于其他扶持资金850万元。坚持产业优先、推进特色农业产业发展。安排资金6798.45万元推进产业自主发展、委托帮扶和基础设施建设等。其中，麻阳"一特两辅"产业提质升级以奖代补项目，带动农户5000多户；中药材产业种植发展以奖代补项目，直接受益群众达15000余人；通过对监测户自主发展产业进行奖补，促进监测户通过发展产业增加稳定收入，防止返贫，直接受益监测户1500人。坚持夯实基础，推进农村基础设施建设。安排资金1.48亿元用于农村基础设施建设资金。大力实施农村道路建设，投入资金2026.79万元，进一步完善通村公路、村组道路、联户路及产业路建设。大力实施安全饮水工程，投入资金400万元，实施项目29个，涉及全县16个乡镇近29个村，数万脱贫人口直接受益。大力实施高标准农田建设，投入资金2784万元，优化农村生产条件，郭公坪镇、高村镇、黄桑乡等乡镇直接受益。推进小型农田水利建设，投入资金1660万元，实施农田排灌渠道建设、水库山塘改造等。推进家庭经济困难学生职业教育培训，开展雨露计划职业教育补助。安排雨露计划资金850万元，通过对农村家庭新成长劳动力接受职业教育进行补助，提高人口素质，增强其就业和创业能力，受益人口5066余人次。

二、夯实"财源建设"基础，做好"财政改革"文章

一是紧盯目标任务。按照地方一般公共预算收入完成预期目标任务将财税收入任务分解到月，进一步压紧压实收入组织部门的责任，确保完成全年收入目标任务。

二是加强税源管理。加强对重点行业、重点企业、重点税源服务，关注税种收入变化趋势，确保税收应收尽收，完成地方税收收入计划增长目标。三是用好政府债券。在确保不发生债务风险的前提下，与发改配合力争专项债资金，用足用好债券额度，做好项目储备包装，优化债券投向结构，加大政府债券对重点领域和薄弱环节的支持力度，加快债券资金支出进度，形成对经济的有效拉动。四是加力盘活国有"三资"。继续抓好全县行政事业单位资产清理清查工作，加快盘活利用，规范国有资产出租、处置等提供有力依据，提高国有资产使用效率，提升财政资源配置效益，实现国有资产管理提质增效，在盘活利用闲置低效国有"三资"方面形成稳定的财源增长支撑点。

三、抓住"债务化解"关键，提升风险防控能力

一是抓财源，增财力。通过积极培植财源、强化勤征细管、加大招商引资、盘活资产资源、推进增减挂钩及耕地占补平衡项目、积极向上争取等措施增强综合财力，多渠道筹集偿债资金。二是堵增量，控源头。严把项目审核关，严格落实《关于优化调整政府性投资项目决策管理有关事项的通知》（湘发改投资规〔2023〕476号）文件规定，强化项目源头管理，严禁新增隐性债务。三是化存量，守底线。按照"一债两策"细化偿债措施，多渠道筹措偿债资金，稳妥化债存量债务。守住防"爆雷"底线，用活用足"六个一批"缓释措施，确保不发生系统性债务风险。四是争债券，缓压力。进一步加大项目储备力度，积极争取政府债券资金，保障公益性项目建设资金需求，减轻和缓解财政支出压力。

四、筑牢"财政管理"根本，提升服务经济效能

一是推进乡镇财政管理。全面完成2023年先进财政所验收和乡镇财政管理工作绩效考评，出台《麻阳苗族自治县乡镇财政财务管理绩效考核办法》，进一步建立健全村级财政资金监管机制，全面落实村级财政资金监督管理。二是加强政府采购管理。完善电子化政府采购平台建设，提高政府购买服务绩效，全年采购意向公开项目177个，采购规模预算资金5.61亿元，节约资金772万元。三是提升财政评审管理。2023年全年共完成评审项目211个，送审金额8.49亿元，审定金额7.39亿元，审减金额为1.10亿元，审减率达12.96%。四是加强财会监督管理。持续开展"三湘护农"惠农惠民补贴专项整治行动，继续坚持一月一乡镇一重点村进行重点检查，形成高压态势，巩固拓展"三湘护农"专项治理成果。五是强化绩效管理。构建全方位、全过程、全覆盖的预算绩效管理格局，使绩效融入预算，让绩效服务预算。全面贯彻执行《麻阳苗族自治县预算绩效管理实施办法》，对财政重大专项和政府重大投资项目开展全周期跟踪问效，并逐步扩展到"四本预算"、政府采购、专项债券等领域，构建"花钱必问效、无效必问责、违规必严惩"的长效机制。

（湖南省怀化市麻阳苗族自治县财政局供稿 向镜函执笔）

新晃侗族自治县

2023年，新晃侗族自治县实现地区生产总值（GDP）92.74亿元，同比增长（以下简称增长）6.1%。其中，第一产业增加值12.91亿元，增长4.1%；第二产业增加值28.49亿元，增长5.2%；第三产业增加值51.35亿元，增长7.2%。全县居民人均可支配收入18762元，增长6.83%。其中，城镇居民人均可支配收入28651元，增长6.7%；农村居民人均可支配收入13755元，增长6.9%。

2023年，全县完成一般公共预算地方收入32.29亿元，增长2%。其中，税收收入2.75亿元，同比下降（以下简称下降）36.62%；非税收入0.96亿元，下降37.94%，上级补助19.09亿元，一般债务收入3.72亿元，调入资金5.71亿元，上年结转0.06亿元，收入合计32.29亿元。全县一般公共预算支出27.27亿元，加上上解中央0.42亿元，一般债务还本3.02亿元，结转下年1.58亿元，支出合计32.29亿元。

2023年，全县完成政府性基金预算收入4.53亿元，下降18.55%。全县政府性基金预算支出7.25亿元，调出资金（调入一般公共预算）3.51亿元，增长200.54%。

2023年，全县完成国有资本经营预算收入0.001亿元，下降16.67%。全县国有资本经营预算支出0.001亿元，全年实现收支平衡。

2023年，全县完成社会保险基金预算收入2.91亿元，增长5.87%。全县社会保险基金预算支出2.82亿元，全年收支结余0.08亿元，累计滚存结余1.71亿元。

一、聚焦财力保障，科学统筹财政收支

紧紧围绕财政收入预期目标实现，不断推进科学化、

精细化管理,确保财政收入平稳增长。一是积极向上对接。深入研究上级政策变化导向,及早摸清资金扶持方向,夯实项目争取基础,高频率"赴市进厅"对接,全力争取上级财政转移支付资金和债券资金支持,目前已争取各类债券资金10.76亿元,收到上级资金17.93亿元。二是强化税收管理。面临经济下行压力大、房地产市场持续降温、落实减税降费政策等不利因素影响,县域经济企稳向好的基本盘未变。主要体现在真实反映经济发展的共享税收同比增长4.94%,连续三年保持稳定增长;税占比达74.34%,比上年提升0.76个百分点,结构持续优化;财政部门加大"三资"清理盘活力度,河道采砂经营权、公共停车经营权均实现收入,抵销了县级收入减收带来压力。三是优化支出结构。落实好政府过紧日子要求,大力压减一般性支出,细化预算编制,强化预算约束。全年民生相关支出占一般公共预算支出比重达92%,比上年增加3.82亿元;全年教育总投入达5.27亿元,比上年增加6920万元,支持学生营养改善计划、校车安全运营补贴、学校生均公用经费等资金保障,落实教育投入"两个只增不减"政策;安排6527万元,连续提高城乡居民基础养老发放水平,每人每月增至143.26元;安排6963万元,及时足额保障城乡低保、特困救助等补助发放;安排1.26亿元,支持提升城乡居民医疗保障水平,城乡居民医保报销比率提升至68%。四是全力保障乡村振兴战略实施。安排统筹整合财政涉农资金1.46亿元,支持"三农"事业良性发展。投入4135万元,建成覆盖9个乡镇11.71万亩的高标准农田,改善农业生产条件,实现耕地高效利用及保障农民增收,保障全县粮食安全和食品安全;安排3508万元,大力扶持龙头企业、专业合作社、家庭家场、庭院经济示范户等,与村集体联动发展特色产业,带动农民增收;为2000户脱贫户提供贷款贴息资金400万元,稳定脱贫人口持续增收;投入人居环境整治资金1210万元,农村卫生厕所改造526万元,实施"百村千寨万户和美工程"示范创建、乡村振兴示范创建、农村人居环境整治提升等项目,波洲镇江口桂花岛、晃州镇向家成功地入列怀化市和美乡村建设"十大网红打卡点";安排整合资金3798万元用于农村供水保障设施建设、中小河流治理、重点山洪沟防洪治理、小水源建设及水库除险加固及小型农业水利设施建设等,切实提升农村饮水安全及水利基础设施。

二、聚焦制度建设,锚定财政工作目标

一是认真贯彻落实打好发展"六仗"部署,建立县本级服务打好"发展六仗"财政政策制度体系,修订完善《新晃县政府投资项目管理办法》,严格遏制新增政府隐性债务,加强财政承债能力评估,开展违规举债、虚假化债专项整治;出台《打好防范化解风险阻击战工作方案》《打好防范化解风险阻击战专班工作规则》,用活"六个一批"措施,制定"四转四打包"方案,建立债务风险防范、化解、处置红黄牌预警机制,防范化解债务风险,预计到2023年底完成政府隐性债务化解任务1.64亿元,历年累计完成化债14.48亿元。二是实施财源建设"八大攻坚",收回在欠税款432万元;盘活存量资产,增强自身造血功能;加大两违整治力度,实现罚没收入200余万元。三是加强政策引导,发展本土烟叶产业,持续培育骨干财源。2023年,烤烟种植6106亩,可收购烟叶1.5万担,烟叶税收450万元;强化重点税源培植,出台《县工业集区鼓励投资兴业的若干政策规定》。四是大力加强财会监督。深入学习宣传贯彻中办、国办印发的《关于进一步加强财会监督工作的意见》,制定全县2023年财会监督检查工作方案,并按季度细化监督检查工作重点,完成5个行政事业单位会计信息质量检查,完成对税友财务咨询有限公司代理记账的信息质量、执业水平和综合管理水平的检查。完成对县就业服务中心创业担保贷款贴息资金的专项检查和对农业局高标准农田建设项目的预决算执行情况检查。协助县纪委、县委巡察办对步头降乡、禾滩镇、凉伞镇等9个乡镇的"三湘护农"专项监督检查以及对县教育局、县卫健局等单位"三公"经费的监督检查。

三、聚焦摸清家产,切实提升"三资"效益

加强制度设计,出台《2023年度国有"三资"清查处置与管理改革行动方案》《行政事业单位国有资产配置管理暂行办法》《行政事业单位国有资产处置管理暂行办法》,全面摸清辖区内国有"三资"情况,成立六个工作专班,明确工作责任分工,确保强力推动、协调推进清查处置工作;创新盘活方式,沉淀闲置资产转行盘活利用;招商引资开发地产、矿产等自然资源。截至2023年底,清查行政事业单位闲置低效国有资产资源227处;全县累计盘活资产78项。

四、聚焦绩效指挥棒,推动预算绩效全过程管理

一是推动事前绩效评估。根据出台的《县本级预算事前绩效评估管理暂行办法》,对2023年拟申报财政安排的污水处理厂提质改造及中水回用工程等项目开展财政事前绩效评估,涉及申报财政资金1.16亿元;对老旧小区燃气管道老化更新改造、旧城区排水防涝雨污分流管网建设等项目开展部门事前评估,涉及申报预算资金3191.28万元。二是严把绩效目标编审。前移预算管理重心,建立健全资金分配源头管控机制,严格绩效目标编审,落实绩效目标"三方会审"制度,全面完成135个预算单位2023年绩效目标编审、公开、报送、批复工作。三是推进事中绩效监控。组织135个预算单位开展1-7月预算支出部门绩效运行监控,涉及预算资金11.01亿元。四是提质扩围事后评价。组织135个预算单位对2022年度部门预算支出,全覆盖开展整体支出、项目支出绩效自评;实施13个财政绩效评价,涉及一般公共预算、政府性基金预算等十大类3.45亿元财政资金;同步组织10个预算单位开展部门绩效评价,涉及农、林、水、文、卫、教、商、发改、环保、就业等民生重点领域9486.24万元项目资金。五是严格绩效结果应用。认真落实绩效结果与预算安排、政策调整和工作考核挂钩机制:编制下年度部门预算,将上年度绩效评价结果作为项目预算安排要素,根据绩效评价结果等次优先安排预算、编制转移支付分配方案。

(湖南省怀化市新晃侗族自治县财政局供稿 曾子轩执笔)

芷江侗族自治县

2023年,芷江县实现地区生产总值(GDP)126亿元,同比增长(以下简称增长)4.71%。其中,第一产业减少值0.21亿元,减少0.8%;第二产业增加值0.14亿元,增长0.45%;第三产业增加值5.73亿元,增长9.15%。全县居民人均可支配收入46618元,增长5.83%。其中,城镇居民人均可支配收入32466元,增长5%;农村居民人均可支配收入14152元,增长0.01%。(无全社会固定资产投资数据)

2023年,全县完成一般公共预算地方收入5亿元,增长0.08%。其中,税收收入3.6亿元,上升13.69%;非税收入1.41亿元,下降23.4%,中央补助24.69亿元,一般债务收入5.32亿元,动用预算稳定调节基金0元,调入资金2.90亿元,上年结转0.03亿元,收入合计3.79亿元。全市一般公共预算支出34.82亿元,加上上解中央0.51亿元,一般债务还本2.56亿元,补充预算稳定调节基金0元,调出资金0元,结转下年0.03亿元,支出合计37.94亿元。

2023年,全县完成政府性基金预算收入5.26亿元,同比下降(以下简称下降)40.4%。全县政府性基金预算支出7.2亿元,调出资金(调入一般公共预算)1.8亿元,下降3.6%。

2023年,全县完成国有资本经营预算收入1亿元,增长29倍。全县国有资本经营预算支出0元,调出资金(调入一般公共预算)1亿元,增长31倍。

2023年,全县完成社会保险基金预算收入4.38亿元,增长4.78%。全县社会保险基金预算支出3.98亿元,全年收支结余0.4亿元,累计滚存结余3.38亿元,增长3.68%。

一、切实强化思想引领,坚定正确政治方向

(一)党建引领,以党建促财政发展

1. 加强政治理论学习,强化干部思想教育。始终坚持党对财政工作的全面领导,严守党的政治纪律和政治规矩,深入开展学习贯彻习近平新时代中国特色社会主义思想主题教育,认真贯彻落实党的二十大精神和习近平总书记对湖南工作重要讲话重要指示批示精神,始终在思想上政治上行动上同以习近平同志为核心的党中央保持高度一致。全年分别组织局党组理论学习中心组、各支部集中理论学习12次,并进行学习研讨4次、党的二十大精神集中宣传1次。通过微信平台编发廉政提醒短信,重申纪律规定,2023年推送50余条廉政提醒信息及案件通报,提醒勤勤恳恳做事、清清白白做人,要行得正、站得稳。

2. 加强党风廉政建设,从严落实主体责任。一是坚持党管干部原则,充分发挥党组织的领导核心和政治核心作用,明确党组书记履行党建第一责任人职责、班子成员履行"一岗双责"。将党要管党、全面从严治党贯穿于各项工作的全过程,规范局党组议事程序,严格落实"三重一大"制度。二是持之以恒抓好党风廉政建设,坚持纪在法前,充分运用好监督执纪"四种形态",深化党员干部"八小时以外"的监督管理,强化纪律刚性约束,严格执行每季度党组班子成员对各自分管领域进行提醒谈话制度。三是严格执行廉洁自律规定,班子成员自觉执行《廉政准则》及各项纪律规定,管好下属,并自觉接受监督;如实填写和申报个人重大事项报告,开展干部作风监督12次并及时通报。

(二)提高站位,始终坚持县委领导

自觉与县委保持政治上同向、思想上同心、工作上同步。凡是财政的主要工作、重大活动、重要人事安排和重要问题都主动向县委请示汇报;财政年度工作要点、全口径部门预算草案、年度收入目标任务等报请县委常委会审议后再实施;坚决保证中央方针政策和省、市、县委的决策部署在县财政局不折不扣落实到位。

(三)从严治党,全面推进党的建设

坚持和加强党对财政工作的领导,认真贯彻落实中央经济工作会议和省、市、县财政工作会议精神,"不忘初心、牢记使命",不断强化财政领导班子建设,认真履行把方向、管大局、保落实重要职责,坚持从实际出发,实现党的组织对党组班子全覆盖、党的工作对领导班子全覆盖。

认真履行全面从严治党主体责任,落实党风廉政建设和意识形态工作"一岗双责",贯彻落实《中国共产党纪律处分条例》,并将其列入党组主要议事日程,与业

务工作同研究、同部署、同检查、同落实。严格执行中央八项规定、省委九项规定、市县若干规定及其实施细则精神，积极支持县纪委、县监委派驻县财政纪检监察组履行职责。

二、务实服务中心大局，结合实际担当作为

牢固树立以人民为中心的发展理念，始终把财政工作放在全县大局中谋划担当。全年财政各项工作获奖33项，其中省级7项、市级4项、县级22项。

（一）培植财源，财政收入量质齐升

2023年，面对宏观经济增速放缓和减税退税降费政策影响，纵深推进财源建设，积极涵养优质财源，以产业财源培植与税费管理提效为重点，以政策、资金、数据三大要素为支撑，积极推动财源基础更实、收入质量更高。2023年1—12月全县完成地方一般公共预算收入5.01亿元。其中，地方税收累计完成3.6亿元；非税收入累计完成1.41亿元，非税占比28.09%。

1. 致力财源建设培植。一是夯实财税基础，健全重点税源培育机制。制定分行业的五年提升行动方案和2023年提升行动方案，分解税收任务，确保全面完成。推进"五好"园区建设，建立考核机制，推动基本形成电子信息产业集群。二是优化营商环境，健全税源建设推进机制。深入推进"放管服"改革，制定出台《持续优化营商环境十六条措施》，推进"证照分离"等商事制度改革，强化企业开办"全链条"服务，优化"一网通办""一窗通办"流程，完善政务服务一体化平台功能。

2. 着力强化收入征管。一是加强税收收入、非税收入征管，严防跑冒滴漏，做到应收尽收。二是将"三资"的清查、处置和管理作为2023年"稳增长、防风险、保民生"的关键支撑，紧紧围绕国有资产保值增值目标，挖掘存量资产、资源蕴藏的价值，实现存量资产、资源的盘活转化，增加可用财力。1—12月，完成"三资"盘活处置总收益98548万元。三是加大土地招拍挂和土地出让金欠缴清收力度，做好增减挂钩和占补平衡土地指标交易。

3. 竭力向上争资争项。争资争项工作是全县近年来一项重要的工作，各单位高度重视，作为"一把手"工程来抓实、抓细，积极研透上级政策，加强与上级业务部门的衔接沟通，提前谋划项目包装，努力提高项目申报成功率，1—12月全县共争取到位资金31.64亿元，增长8%，其中转移支付资金23.63亿元（含新增可用财力2.35亿元）、新增债券资金8.01亿元。分配资金居全市之首，也是全县近年来新增财力性资金最多的一次。

（二）统筹资源，民生支出保障有力

1. 全力以赴保障"三保"。按照建设公共财政的要求，讲究用财有道，优化财力配置，集中资金"保工资、保运转、保基本民生"。一是保工资支出。积极向上争取补助，确保全县法定工资足额正常发放。二是保运转支出。各类公用经费和运转类专项经费序时拨付，确保县、乡、村三级正常运转。三是保基本民生。在保工资、保运转的前提下，统筹财力保障基本民生，加大对农业、教育、科技、公共卫生、失业救助以及用于安定稳定的经费投入。1—12月，完成一般公共预算支出34.82亿元，增长8.1%。其中民生支出28.58亿元，增长11.91%，占财政支出的82.07%。

2. 全心全意惠民惠农。按照上级党委政府、财政部门的工作部署和要求，扎实推进全县惠民惠农补贴资金管理发放工作，将精准精确实施惠民惠农补贴资金管理作为落实"我为群众办实事"的重要抓手。2023年，全省惠民惠农补贴资金阳光审批系统上线运行，全县已启动项目37项，业务量372179笔，完成100%，取得了全省排名第八、全市排名第一的好成绩，实现了惠民惠农财政补贴资金"阳光审批、阳光发放、阳光监管"。

3. 全面助力乡村振兴。坚决落实县委、县政府和上级主管部门重大决策部署，全面助力乡村振兴。一是增加财政资金投入。2023年全县投入衔接推进乡村振兴补助资金1.23亿元。其中，中央衔接资金5988万元、省级衔接资金5694万元、市级衔接资金141万元、县本级衔接资金505万元。二是潇湘财银贷助力。2023年，已有73家企业进入"白名单"，其中园区企业43家，园区外规模企业30家。由芷江农商银行、中国银行芷江支行和湖南银行芷江支行为19家企业累计放贷1.43亿元，其中本年度新放贷6130万元，贷款余额5730万元。三是农信担保贷款支持。2023年，项目在保余额1.17亿元，在保个数207个，全年累计发放担保贷款6741万元，项目132个。

（三）深化改革，财政管理持续提升

1. 加强部门预算管控，实现"清廉预算"。一是大力压缩一般性支出。出台关于落实过"紧日子"精神，进一步加强和规范经费支出管理的四十条措施，一般性支出2023年压减2676万元。二是继续开展零基预算。对未执行完的部门基本支出、公用经费、业务工作经费和其他财政性等资金进行全面清理甄别，在资金收缴上持续发力，全年收缴结余资金2.65亿元，有效缓解财政压力。三是全力盘活存量资金。清理盘活存量资金做到"应清尽清、应收尽收"，一年来累计盘活财政存量资金1813万元，统筹用于"三保"和重点急需民生领域支出。

2. 强化财政支付管理，实现"清廉支付"。一是资金全部进入"笼子"，将所有财政性资金全部纳入预算管理一体化系统统一核算。二是科学编制支付计划，坚决实行"阳光"支付。严格按照县政府批复的每月支付计划执行支付工作，确保公开透明。三是强化预算执行控制，确保全年收支平衡。按照"每月一支付计划"要求，做好用款计划审批和执行工作，根据单位用款申请和库款拟定支付计划，经审批后执行。

3. 防范政府采购风险，实现"清廉采购"。一是健全采购结果负责机制。坚持"谁采购，谁负责"的原则，加强对政府采购活动的内控管理。二是规范政府采购代理行为。2023年继续与155个预算单位签订《清廉采购承诺书》，实现关口前移，规范政府采购代理行为。持续加大电子卖场政府采购活动的管理工作，各项指标在全市排名前列。三是完善政府采购监管平台，建设"功能完善、资源共享、规范透明、安全高效"的监管系统。

4. 提升财政评审质效，实现"清廉评审"。严控"三关"，精心打造评审优质服务站。从严控制评审入口风险关、从严控制现场评审风险关、从严控制评审质量风险关，主动与项目单位对接，讲解宣传政策，从"在家等项目"到"上门服务项目"，避免项目建设程序走弯路。1-12月，累计完成预结算项目评审265个，其中预算项目144个，送审金额为6.46亿元，审定金额为5.78亿元，审减金额6822.47万元，审减率10.56%。审核结算项目121个，送审金额为4833.02万元，审定金额为4596.71元，审减金额236.31万元，审减率4.89%。

5. 积极推进绩效管理，实现"清廉绩效"。牢固树立绩效管理意识，将绩效理念和方法深度融入预算编制、执行、监督全过程。一是做优目标管理。提高绩效目标设定精准度，审核并批复2023年度全县95个部门预算单位资金绩效目标，涉及部门整体支出金额11.1亿元。二是做实绩效评价。绩效自评全面覆盖，组织96个预算单位完成对2022年度预算支出的22.02亿元资金开展整体支出、项目支出全覆盖自评。三是强化结果运用。紧扣结果运用，将重点绩效评价结果和整改情况与预算安排"挂钩"，调减2023年度全县21个单位23个项目预算资金563.74万元。四是加强国资管理。全年规范审核资产配置使用、处置267批，资产额度8163.72万元，核减超标准配置67万元，审减未达到处置年限的资产7批次。

（四）严守底线，债务化解力度空前

一是围绕"防"字下功夫。以十年化债方案为目标，按照"先防后化"原则，通过自接自盘延展一批、替接他盘置换一批、发新还旧平滑一批、债务重组盘活一批等举措，逐步实现存量债务短改长、高改低，非改标，不断优化债务结构，实现降息1850万元，展期3.5亿元，有效缓释债务风险。二是突出"化"字抓落实。围绕年度化债目标任务，千方百计筹集资金化解债务，做到真实化债，全口径保障化债资金需求，通过公共预算、盘活存量资金、盘活土地使用权、特许经营权等途径安排化债资金6.74亿元（含政府债券付息），2023年全年化债完成5.39亿元。2022年在全省防范化解政府债务风险工作中，被评为"化债成效突出地区"，全省排名第三位，2023年获化债激励奖1.5亿元。

（湖南省怀化市芷江县财政局供稿　杨耀执笔）

靖州苗族侗族自治县

2023年，靖州苗族侗族自治县实现地区生产总值（GDP）108.72亿元，同比增长（以下简称增长）6.5%。其中，第一产业增加值19.19亿元，增长4.1%；第二产业增加值27.63亿元，增长7%；第三产业增加值61.91亿元，增长7.1%。全县居民人均可支配收入22008元，增长6.6%。其中，城镇居民人均可支配收入29874元，增长5.4%；农村居民人均可支配收入15354元，增长8.5%。

2023年，全县完成一般公共预算地方收入5.59亿元，增长4.4%。其中，税收收入3.99亿元，增长6.5%；非税收入1.6亿元，与上年持平，上级补助21.44亿元，一般债务收入3.54亿元，动用预算稳定调节基金0元，调入资金6.19亿元，上年结转1.64亿元，收入合计38.4亿元。全县一般公共预算支出33.47亿元，加上上解中央0.43亿元，一般债务还本2.49亿元，补充预算稳定调节基金0元，调出资金0元，结转下年2.01亿元，支出合计38.4亿元。

2023年，全县完成政府性基金预算收入1.6亿元，增长0.63%。全县政府性基金预算支出7.46亿元，调出资金（调入一般公共预算）0.22亿元，增长100%。

2023年，全县完成国有资本经营预算收入12万元，与上年持平。全县国有资本经营预算支出3万元，调出资金（调入一般公共预算）0元。

2023年，全县完成社会保险基金预算收入3.24亿元，同比下降2.11%。全县社会保险基金预算支出3.01亿元，全年收支结余0.23亿元，累计滚存结余2.61亿元，与上年持平。

一、兜牢民生底线，增进人民福祉

一是坚持教育优先，积极推动第三中学、一中"两校区合一"、职中二期、土桥小学和渠阳镇芙蓉学校食堂综合楼、横江桥和三锹幼儿园等项目建设，不断优化教育资源供给，最大限度发挥资金使用效益。全面落实教育经费"两个只增不减"要求，2023年一般公共预算安排教育支出5.78亿元，较上年增加951万元，增长

1.67%。二是扎实做好民生保障，不断提升人民群众幸福感、获得感、安全感。2023年，全县农村低保保障标准由2022年的4620元/年提高至5040元/年，农村特困人员供养保障标准由2022年的6360元/年提高至6600元/年，城市特困供养标准提高到10200元/年。三是支持改善人居环境。安排资金3232万元支持保障性安居工程和老旧小区改造，拨付资金4682万元推进污染防治、矿山治理、生态保护，拨付资金7885万元支持公路建设、公路养护、城乡公交等方面，持续改善人居环境和出行环境。四是加强惠民惠农补贴管理，确保政策落到实处。由靖州县财政牵头，从县纪委、审计、农业农村、林业、民政、住建、乡村振兴和移民等部门共抽调20名业务人员组成4支检查组，对全县2015年以来惠民惠农补贴发放进行了全面检查，对违规多领取的补贴资金2.8万元予以追缴。

二、狠抓财源建设，助力税收新增长

一是出台税费精诚共治工作实施办法和税源提升十大行动工作方案，联合多部门、多维度开展税费共治工作。2023年，开展"税务+法院""税务+公安"等精诚共治场景打造，共清查补缴税款及滞纳金960.65万元，成品油行业专项整治入库税款及滞纳金137.51万元。同时，通过以数为"媒"，搭建精诚共治信息网。将税费数据信息共享责任单位扩围至24个，并依托财税综合信息平台上共享的数据，将申报情况及项目实施情况进行比对，经实地走访核查后入库税款及滞纳金228.80万元。二是设立应急转贷平台为靖州县2家企业完成1100万元的还本续贷应急周转资金并制定应急转贷平台资金管理办法。三是充分利用产业发展风险补偿基金，通过工业集中区管委会与县内银行合作发放担保贷款支持靖州县产业发展，进一步降低企业融资成本。

三、加快"三资"清查，展现国资改革成效

一是组建国有"三资"清查处置工作专班，坚持统一部署、分级负责、分类施策、明确任务，实现全县"一盘棋"。二是出台《靖州县进一步加强国有"三资"清查处置工作方案》（靖政办函〔2023〕10号），积极采取"用、售、租、融"等手段，推动资源有效整合、资产有效盘活、资金有效统筹，推进"三资"清查全覆盖。2023年，全县完成国有"三资"盘活收益17.27亿元，入库收益15.54亿元，再利用价值为1.73亿元。

四、积极化解债务，有效防范风险

一是狠抓财政收入，全力保障偿债资金来源。贯彻落实经济稳增长政策，发挥财政资金引导带动作用，扶持实体经济发展，加大企事业单位经营收入管理，推进财政收入增长点建设，增强地方可用财力，提高债务化解的资金保障。统筹预算安排，防止到期债务违约风险。二是试编政府偿债预算，将政府债务全部纳入预算管理，确保每年在财政预算中足额安排当年到期政府债务本息，新增财力和盘活的存量资金优先安排用于清偿到期债务，防止债务逾期无法偿还造成的债务风险。2023年共完成隐性债务总化债任务的53.9%，全面完成上报中央50%的化债目标任务。

五、规范过程管理，助推乡村振兴

一是完善靖州县惠农补贴资金"一卡通"发放管理办法，印发《靖州县惠民惠农财政补贴资金发放管理办法》（靖财联〔2023〕4号），进一步规范和完善了惠农补贴资金管理使用和发放的操作规程。2023年共发放惠农补贴99项，金额共计1.84亿元。二是"精准"制定乡村振兴方案。紧紧围绕刚需项目和民生项目为主线，建立县级乡村振兴项目库，摸清乡村振兴"缺什么"。充分听取民意，每个项目都有5名以上脱贫户代表参与评议，严格执行申报程序，程序不完整的项目禁止入库。会同乡村振兴局等相关部门对项目进行实地调查，严格坚持项目准入原则，做到非项目库项目不安排、负面清单项目不安排、擦边球项目不安排、大中型基础设施项目不安排、资金绩效不明显项目不安排。2023年靖州县共统筹整合使用财政涉农资金1.01亿元。三是扎实做好政策性农业保险工作，加强政策宣传，提高广大农户的保险意识和风险意识，继续做好联系村结对帮扶工作。

六、加强财政管理，提升管理效能

一是进一步强化事前绩效评估工作，聘请第三方抽取4个重点项目，开展事前绩效评估，涉及重点民生、教育、社会热点关注项目，形成《靖州县渠阳镇芙蓉学校食堂建设项目事前绩效评估》《靖州县渠阳镇便民服务中心搬迁改造项目事前绩效评估报告》《靖州县数字云项目全域视网建设资金项目事前绩效评估》《靖州县地下市政基础设施普查和信息平台建设项目事前绩效评估报告》，并严格按照报告结果进行应用，根据绩效评估报告压减预算支出，审核未通过的政策和项目不得进入项目库、不得安排预算。二是探索内控信息化建设，内控管理水平再提升。内控信息化是财政内控工作的重要支撑，是确保内控嵌入财政资金运行全链条的重要手段。靖州县作为全省7个财政内控信息化试点县市之一，紧密依托预算管理一体化系统，结合实际加快开发内控信息系统。在前期内控风险排查基础上，分日常业务和专项资金业务两个层面，再次动员业务股室对近年来审计、巡视、纪检监察和日常工作等发现的问题进行集中梳理，从中挖掘预警规则，并进行量化处理，实现风险实时预警和处理。三是充分发挥财政工作职能，不断提升评审质量，坚持"不唯增、不唯减、只唯实"的评审理念，严格按照《靖州苗族侗族自治县政府投资项目管理规定》实行评审三制。2023年，完成审核预算项目共146个，送审金额7.47亿元，审定金额6.44亿元，审减金额1.04亿元，审减率13.88%；完成审核结算项目62个，送审金额7579万元，审定金额7134万元，审减金额445万元，审减率5.87%。

（湖南省怀化市靖州苗族侗族自治县财政局供稿　唐涛执笔）

通道侗族自治县

2023年，通道侗族自治县实现地区生产总值（GDP）68.2亿元，同比增长（以下简称增长）5.9%。其中，第一产业增加值10.51亿元，增长4.3%；第二产业增加值20.15亿元，增长6.9%；第三产业增加值37.54亿元，增长5.8%。全社会固定资产投资（不含农户）增长8.3%。全县居民人均可支配收入18082元，增长6.6%。其中，城镇居民人均可支配收入28611元，增长4.8%；农村居民人均可支配收入13255元，增长8.3%。

2023年，全县完成财政总收入36.49亿元，较上年增加9.71亿元，增长36.28%。其中，地方一般公共预算收入完成4.04亿元，较上年增加4303万元，增长11.92%；上级补助收入22.44亿元，较上年增加2.73亿元，增长13.84%；债务转贷收入4.39亿元；调入资金5.54亿元，较上年增加4.27亿元，增长336.06%；上年结余706万元。全县财政支出34.86亿元，较上年增加8.15亿元，增长30.52%。其中，一般公共预算支出30.90亿元，较上年增加5.59亿元，增长22.1%；上解支出3704万元，较上年下降234万元，同比下降（以下简称下降）5.9%；债务还本支出3.59亿元，较上年增加2.58亿元，增长256.52%。年终滚存结余1.64亿元。上划中央税收收入1.14亿元，较上年增加935万元，增长8.96%；上划省级税收收入2779万元，较上年增加781万元，增长39.09%。

2023年，全县完成政府性基金收入7.72亿元，较上年增加1.74亿元，增长29.21%。其中，本级收入1.59亿元，较上年减少3935万元，下降19.88%；上级补助收入1330万元，较上年增加81万元，增长6.5%；债务转贷收入5.89亿元，较上年增加2.27亿元，增长62.64%；上年结转912万元，较上年减少1567万元，下降63.21%；调入资金200万元，较上年增加193万元，增长2757.14%。全县政府性基金支出7.25亿元，较上年增加1.37亿元，增长23.24%。其中，基金支出6.11亿元，较上年增加4277万元，增长7.5%；上解支出47万元，较上年增加16万元，增长51.61%；调出资金6200万元；地方政府专项债务还本支出5176万元。年终结余4690万元。

2023年，全县完成国有资本经营收入53万元。其中，国有资本经营上级补助收入5万元，上年结转48万元；全县国有资本经营支出49万元，年终结余4万元。

2023年，全县完成社会保险基金收入2.61亿元。其中保险费收入1.55亿元、财政补贴1.01亿元、利息收入29万元、转移收入415万元、其他收入31万元。社会保险基金支出2.41亿元，当年收支结余1992万元；年末滚存结余2.2亿元。

一、主动作为，资金筹集更加有效

一是积极组织财政收入。盯住财源培植，全力支持生态文旅、中药材、新型能源等产业发展，全力创建全省新能源重要基地和新能源示范县，大力推进风光蓄储等清洁能源组团式开发，不断壮大支柱财源，确保全年地方财政收入增长11.92%，非税占比25.67%。二是积极争取上级资金。加强对政策的研判，用好用足上级政策，在相关部门的积极配合支持下，争取到位各类专项项目资金1.72亿元。三是加大债券申请力度。积极谋划、统筹协调、稳步推进政府债务资金争取工作，争取政府债券资金6.69亿元。四是积极盘活国有"三资"。按照"能用则用、不用则售、不售则租、能融则融"的原则，进行有序处置。2023年"三资"再利用账面总额5.34亿元，盘活收益入库总额11.71亿元，通道县荣获全省2023年度清查处置盘活国有"三资"工作先进单位。

二、尽力而为，底线兜牢更加有力

按照"基本民生只增不减"的思路，持续加大城乡居民养老、城乡医保、五保供养、文化、教育等民生投入，2023年各类民生资金支出25.35亿元，占比为82.05%。一是加强社会保障体系建设。社会保障和就业支出6.98亿元，提高企业退休人员基本养老金、统筹提高城乡低保等，实现各类人群应保尽保。二是支持教育事业健康发展。落实教育经费支出4.93亿元，推进教育综合改革，加快城乡一体化教育均衡发展，不断改善办学条件，"两个只增不减"要求得到充分落实。三是积极推进保障性安居工程。中央财政城镇保障性安居工程补助资金支出903万元用于老旧小区改造，帮助群众改善居住环境。四是支持交通运输发展。落实交通运输支出1亿元，全力推进道路基础设施建设项目稳步实施。

三、统筹兼顾，涉农资金安排更加有序

一是扎实推动巩固脱贫攻坚成果与乡村振兴有效衔接。继续积极支持农村基层党组织建设，巩固党的执政地位，夯实党的执政基础，强化基层党组织责任担当。安排统筹整合财政涉农资金1.75亿元，突出支持重点，针对脱贫村实际情况，着力推动均衡发展。二是切实保障强农惠农各项政策落实。做好农村公益事业财政奖补项目申报实施工作，支持农村公益事业建设，2023年，共投资项目32个，总投资812万元，财政奖补611万元，美丽乡村建设资金201万元。发放耕地地力保护补贴资金1605.82万元、林业类大项补贴2168.07万元、农业类大项补贴2504.81万元，惠及农户4.01万户。三是坚持农业农村优先发展。优先保障"三农"资金投入，2023年用于农机购置补贴284万元、产业发展1026万元、农村环境整治60万元，共计1370万元。紧紧围绕金融服务"三农"这个着力点，因地制宜，推出了"粮食贷""生猪贷""茶叶贷"等特色贷款产品，有效缓解了农户融资难、融资贵等问题。2023年在保余额1.07亿元，连续两年增量全市排名第一。2023年净增0.65亿元，增长157.73%，其中"乡村振兴小微贷"在保0.4亿元，全市排名第一，2023年底在保余额总量全市排名第六。

四、提质增效，积极财政更加有为

一是深化预算管理方式改革。把保障民生、重点领域支出作为预算安排重点，对存量基数全部"清零"，着力解决部门之间经费不平衡、支出进度慢、资金绩效不高等问题。加快推进财政预算管理一体化改革工作。聘请专家对123家预算单位开展培训，及时完成2023年各部门基础信息、项目库、预算编制的数据录入测试和核验工作。二是进一步推进全面实施预算绩效管理改革。开展事前绩效评估，促进绩效与预算管理相融合，加强不同预算之间的衔接。2023年开展专项（业务）资金项目事前绩效评估工作，涉及项目16个，财政金额5.01亿元。三是防范政府债务风险。对债务率、偿债资金保障倍数等各项债务风险警示指标进行及时测算，全力守住债务风险底线。

五、严抓细管，机关建设更加规范

一是加强党建工作。以党建带业务、以业务促党建，激励全体党员干部重担当、强比拼、提素质，严格落实全面从严治党主体责任，坚持把清廉机关建设、清廉国企创建工作与财政各项中心工作同谋划、同部署、同落实，推动全面从严治党落到实处。出台《通道侗族自治县深化国有企业内部劳动、人事、分配三项制度改革的实施意见》《通道侗族自治县县级国有企业投资监督管理办法》《通道侗族自治县县级企业工资总额管理办法（试行）》《通道侗族自治县县属国有企业违规经营投资损失责任追究办法》等，从源头上铲除滋生腐败的土壤，为企业"清廉"创建保驾护航。二是强化队伍建设。建立科学用人机制，坚持干部"德才兼备、任人唯贤"的原则，实行岗位轮换制，有效地锻炼干部职工的业务能力，进一步增强干部队伍的活力和战斗力。新录用公务员10人，其中男5人、女5人，本科学历6人、专科学历4人，进一步充实了基层财政队伍力量。高度重视人大建议和政协提案答复工作，2023年共承办人大代表建议2件，其中A类1件、C类1件，协办政协提案6件，建议和提案的面商率、答复率、回访满意率均达到100%。三是提升作风建设。全面运用好考核"指挥棒"作用，将财政工作争先创优作为干部年终评先评优、职务职级晋升的重要依据。四是加强宣传力度。积极向新湖南、湖南省财政厅门户网、《怀化日报》等媒体推介工作做法，荣获2023年度市县财政信息宣传工作先进单位。

（湖南省怀化市通道侗族自治县财政局供稿　郑辉执笔）

洪江市

2023年，洪江市实现地区生产总值（GDP）138.15亿元，同比增长（以下简称增长）3.0%。其中，第一产业增加值32.32亿元，增长3.8%；第二产业增加值42.93亿元，下降5.1%；第三产业增加值62.89亿元，增长8.5%。全市完成固定资产投资85.55亿元，增长8.3%。全市居民人均可支配收入23027元，增长6.3%。其中，城镇居民人均可支配收入32372元，增长5.7%；农村居民人均可支配收入17037元，增长6.9%。

2023年，全市完成一般公共预算地方收入7.96亿元，增长3.7%。其中，税收收入5.78亿元，增长7.2%；非税收入2.18亿元，同比下降（以下简称下降）4.7%，上级补助收入23.22亿元，一般债务收入6.9亿元，调入资金8.1万元，上年结转124万元，收入合计46.21亿元。全市一般公共预算支出39.03亿元，加上上解上级6141万元，一般债务还本5.9亿元，结转下年1907万元，支出合计46.21亿元。

2023年，全市完成政府性基金预算收入8.18亿元，增长154%。全市政府性基金预算支出12.63亿元，增长26%。

2023年，全市完成国有资本经营预算收入6.17亿元。全市国有资本经营预算支出3.47亿元，调出资金（调入一般公共预算）2.7亿元。

2023年，全市完成社会保险基金预算收入5.26亿元，增长9%。全市社会保险基金预算支出4.83亿元，全年收支结余4305万元，累计滚存结余4.42亿元，增长5%。

一、多领域助力民生建设深入落实

全力支持乡村振兴战略，下达完成2023年乡村振兴资金共1.1亿元，大力支持粮食生产、移民、动植物防疫、高标准农田、水利基础设施等领域建设。扎实推进宜居宜业和美乡村建设，下达完成农村公益事业奖补资金1200万元、美丽乡村奖补资金1400万元、村集体经济发展试点资金450万元，完成市本级专项投入村集体经济发展资金1000万元，并投入资金1.2亿元用于乡村人居环境整治。贯彻落实惠民惠农补贴政策，发放惠民惠农财政补贴资金3.35亿元、累计补贴对象80.05万人次，并通过专项检查收回不合规发放资金18.28万元。大力支持教育发展，安排教育资金7600万元，有力保障全市教育事业稳步推进。持续增进民生福祉，切实提高各项民生补贴标准，并足额及时发放到位，同时通过发放创业担保贷款、实施失业保险阶段性降费政策、做好就业兜底帮扶工作等举措，切实强化创业就业政策支持。全力做好重点项目资金保障要素，对2022年有资金缺口的17个重点项目再次进行资金拼盘，明确2023年全市71个重点项目和旅发大会重点项目建设资金的来源渠道、资金筹措。

二、强举措带动财政管理提质增效

加强政府预算管理，牢固树立过"紧日子"思想，全年追加调整预算支出规模同比上年减少10%以上，项目库支出安排同比上年减少2903万元，下降7.8%。强化绩效管理，大力开展"绩效提升年"行动，此项工作获评省级优秀。深化财政监督管理，制定《洪江市财经秩序专项整治行动方案》，对九大领域进行自查自纠，同时开展多项检查收缴违规金额4万元，罚款3万元，通报2起非税收入收缴违法案例，并建立信息公开通报和跟踪机制。打好防范化解风险阻击仗，高规格组建6个工作组，并牵头编制"1+7"一揽子防范化解地方债务风险工作方案。积极稳妥推进PPP相关工作，成立工作专班，开展PPP清查整治行动，联合发改、审计成立市PPP项目核查小组，对在库PPP项目开展重点核查。加强国投集团"三资"管理，并组织实施4家子、孙国有平台公司"关停并转"工作，共偿还本息0.44亿元。扎实开展财政投资评审工作，采用三级审核制度，开通绿色通道，完成评审项目271个，审减金额1.97万元，审减率20.88%。

三、抓作风确保机关党建从严从实

坚持以习近平新时代中国特色社会主义思想为指导，全面提高机关党建工作质量，扎实开展学习贯彻习近平新时代中国特色社会主义思想主题教育。制定印发《洪江市财政局2023年党建工作计划》，压紧压实领导班子成员"一岗双责"责任，同时扎实开展"一月一课一片一实践"活动。强化"清廉机关"建设，常态化开展"清廉微课堂"警示教育活动及"三整顿两提升"干部作风建设专项活动，同时持续推进"清廉支付"建设和"清廉国企"建设。扎实开展"五个到户"走访行动，并结合洪江市"五溪先锋"党员志愿服务活动平台，开展支部党员进社区、进农村、献爱心等实践活动。扎实开展"绩效管理提升年"大调研活动，大兴调查研究之风，着力解决财政工作中突出问题，服务财政改革发展大局，推动形成"重调研、解难题、促发展"的长效机制。

四、加大力度推进各项改革持续深化

着力优化营商环境，印发《洪江市财政局打好优化发展环境持久仗工作方案》，并完成优化营商环境助企纾困办实事115件，优化营商环境网，发布经验做法、宣传报道31篇。稳步推进政府购买服务试点改革工作，编制2023年政府购买服务年度预算，预算资金2748.65万元，同时对政府购买服务项目社会效益进行绩效评价，并对2021-2023年各单位政府购买服务实施情况开展专项整治工作。进一步完善政府采购制度改革，199家采购单位入驻电子卖场，完成交易额2.2亿元，基本实现政府采购限额标准以下的全面电子化采购。大力助推保障性安居工程，联合住房保障部门出台《洪江市2023年保障性安居工程资金分配方案》，积极开展保障性安居工程绩效评价工作。加快推进财政票据电子化改革，新系统于2023年6月30日全面上线，并已实现利用微信、支付宝移动缴费等现代化支付手段。积极推进省级农村综合改革试点工作，成功将石板桥、太平、大畲坪等7个村（社区）纳入2023年省级农村综合改革试点，资金总额1400万元。

五、高质量推动财源建设稳步发展

先后出台《2023年洪江市财源建设工作要点》《2023年洪江市税源建设工作方案》《2023年洪江市财源建设工程绩效考核办法》，明确任务目标，建立考核机制，压实部门职责。大力开展立项争资工作，全市共到位资金9.73亿元，完成全年任务的113.8%。着重强化非税征管，全年完成全口径非税收入16.72亿元，为年初计划的167.93%。大力清理存量资金，全年共清理存量资金6687.91万元，并全部按规定予以收缴市财政统筹安排。推动土地出让及耕地指标交易，实现土地出让收入7.94亿元（含历年欠缴），并完成指标交易收入3465.3万元，全年任务圆满完成。全力争取政府债券，全年争取债券限额8.93亿元。其中，专项债券限额7.92亿元，一般债券限额1.01亿元，已全部完成发行。加快推进"三资"盘活，实现国有"三资"盘活收益23.09亿元，被省财政厅评为2023年度市县清查处置国有"三资"工作先进单位。

（湖南省怀化市洪江市财政局供稿　吴可嘉执笔）

洪江区

2023年，洪江区实现地区生产总值（GDP）45.51亿元，同比增长（以下简称增长）5.8%。其中，第一产业增加值3.53亿元，增长3.6%；第二产业增加值20.77亿元，增长5.5%；第三产业增加值21.11亿元，增长6.4%。全社会固定资产投资（不含农户）比上年增长8.3%。全区居民人均可支配收入27785元，增长6.3%。其中，城镇居民人均可支配收入29006元，增长6.3%；农村居民人均可支配收入16522元，增长6.2%。

2023年，全区完成一般公共预算地方收入3.36亿元，增长8.62%。其中，税收收入2.38亿元，增长2.17%；非税收入0.98亿元，增长6.18%，上级补助7.3亿元，债务转贷收入2.52亿元，动用预算稳定调节基金0元，调入资金1.13亿元，上年结转0.1亿元，收入合计14.41亿元。全区一般公共预算支出11.48亿元，加上上解上级0.3亿元，一般债务还本2.3亿元，补充预算稳定调节基金0元，调出资金0元，结转下年0.33亿元，支出合计14.41亿元。

2023年，全区完成政府性基金预算收入1.82亿元，同比下降（以下简称下降）61.78%。全区政府性基金预算支出8.47亿元，调出资金（调入一般公共预算）0.02亿元，增长100%。

2023年，全区完成国有资本经营预算收入0.46亿元，增长100%。全区国有资本经营预算支出0.003亿元，调出资金（调入一般公共预算）0.46亿元，增长100%。

2023年，全区完成社会保险基金预算收入1.2798亿元，下降0.6%。全区社会保险基金预算支出1.2453亿元，全年收支结余0.0344亿元，累计滚存结余0.3264亿元，增长1.32%。

一、突出重点，着力强化民生福祉

一是办好人民教育。教育投入8966万元。其中，安排1530万元用于洪江区区域普通高中"徐特立项目"土地回购；安排1000万元用于川山幼儿园项目落地；投入1048万元用于各类硬件教育设施建设和改善办学条件。二是加大社保投入。社保投入2亿元专项资金，其中本级安排1.22亿元，上级资金9927万元，全力保障了洪江区社会保障类工作稳定持续推进。其中，安排8850万元用于退休金及职业年金；安排1200万元用于死亡抚恤；安排534万元用于城乡居民基本养老保险基础养老金；发放1772万元用于保障困难群众救助和残疾人补助；拨付2175万元用于落实创业就业扶持政策、支持就业再就业工作、健全职业技能培训、增强劳动者创新创业能力。三是加强医疗卫生体系建设。卫生健康投入8716万元。其中，拨付资金3758万元支持基本公卫、村医补助、计生家庭奖励、医疗救助、妇幼保健、疾病防控、医疗保险等工作，人民群众医疗健康水平明显提升；安排疫情防控财力补助资金1000余万元，用于后疫情时代疫情防控体系建设、新冠疫苗接种和医务人员临时性工作补助；投入873万元用于保障洪江区中医院运转，支持本级医疗体系改造升级。四是加快城乡融合发展步伐。投入5751万元用于桥东中医院片区、冒天井回龙寺等基础设施二标段老旧小区改造项目和贮木场等棚户区改造项目，努力打造"小而精、精而美"的城市新貌。五是提升安全发展能力。安排4290万元用于公共安全支出，打击涉恐涉暴涉毒违法犯罪、常态化推进扫黑除恶和禁毒专项斗争、建设更高水平的平安洪江；投入1346万元用于灾害防治及应急管理，深化应急管理体系改革，助力打好安全生产翻身仗和着力推进基层应急力量建设，强化自然灾害普查治理工作。

二、持续发力，助推乡村振兴战略实施

一是全面梳理各项支农惠农政策，积极争取财政专项资金。争取农业专项资金1448万元，其中中央水库移民扶持资金558万元、耕地地力保护补贴资金117万元、水利发展资金330万元、农村综合改革转移支付公益事业奖补资金137万元、中央农村综合改革转移支付美丽乡村建设奖补资金201万元、农村人居环境整治资金15万元。二是全力推进巩固脱贫攻坚成果与乡村振兴有效衔接，为乡村振兴战略实施提供财力保障。2023年洪江区衔接推进乡村振兴补助资金计划规模为3692万元，共安排79个项目，其中中央衔接资金2379万元、省级衔接资金925万元、市级衔接资金22万元、区本级衔接资金配套366万元。全年衔接推进乡村振兴补助资金拨付率达100%。

三、加大投入，推动生态文明建设

充分发挥财政资金撬动作用，把坚持生态优先绿色发展作为生态文明建设的重要内容，持续加大投入，针对生态短板领域进行重点保障。投入1284万元用于环境污染治理支出，投入2081万元用于生态保护与修复支出。坚决扛起生态文明建设的政治责任，全力夯实洪江区生态基础，维护生态环境质量持续向好。

四、齐抓共管，大力盘活存量"三资"

洪江区共清理商业门面、住宅、直管公房、闲置办公楼房等资产185项，划拨168项资产到区城发集团。协助区城发集团包装洪江区垃圾处理一体化建设项目、洪江区智慧停车基础设施建设项目、洪江区两江四岸生态环境整体提升建设项目等7个项目。2023年，洪江区国有"三资"清理与盘活实现7593万元收益入库。

五、严格监管，坚决防范政府债务风险

做好内部管理，制定《洪江区打好防范化解风险阻击仗工作专班工作规则（实施方案）》，推动专班决策部署落地见效。抓好对外宣传，省级专报刊发洪江区亮点工作2篇，市级专报刊发洪江区亮点工作1篇，省级媒体发表文章10篇，全年阻击仗专班刊发专报11期。全年迎检2次，均获得省、市领导肯定。按照"全面梳理、消化刚兑、一债两策、动态调度"总体要求，编制到期债务分月明细表，对到期债务进行滚动梳理，及时调度化解债务风险，多渠道筹措资金及时偿还到期债务，全年化解隐性债务1.26亿元，确保不会出现债务逾期情况。

六、多措并举，推动园区高质量发展

一是持续优化营商环境。坚持落实"两个毫不动摇"，深入实施促进民营经济发展"六个一"行动，积极申报中小企业发展专项、湖南制造强省、税收增量、安全生产、商贸流通等项目资金共计898万元，兑现奖补资金377万元，擦亮洪江营商环境金字招牌，提振民营经济信心。紧跟全国和省、市关于非税收入电子化改革的步伐，推进洪江区非税收缴电子化和电子缴款书全覆盖工作，加速非税执收系统与预算管理一体化系统融合，建立"全链条、数字化、一体化、在线化"运行模式，提高非税收入收缴业务办理效率，初步实现让"数据多跑路、百姓少跑腿"。二是深化政企银合作。做好小额担保贷款财政贴息工作，严控审核流程，积极对接区就业局核实创业担保贷款贴息名单及贴息资金，确保项目专项资金安全使用。2023年拨付创业担保贷款贴息资金16.36万元。全年召开三次"潇湘财银贷"联席会议，预计洪江区"潇湘财银贷"为园区21家企业全年累计放款6650万元，其中1家企业新增贷款300万元、20家企业续贷6350万元。有效缓解了金融机构不敢贷、不愿贷问题，引导更多金融资源投向民营和小微企业，为实体经济发展排忧解难。三是支持现代产业体系建设。充分发挥财政资金的引导带动作用，安排中小企业发展等各类奖补资金5200万元用于夯实培育区内骨干税源企业。拨付中小企业及产业引导等资金4500万元，进一步促进洪江区高新园区、企业新材料、新产品研发、企业改造升级和国际市场开拓能力。大力推动以古商城为核心的文化旅游产业发展，积极组织申报文化旅游、公共体育方面专项资金705万元，安排旅游产业发展资金890万元，全力支持文旅事业繁荣发展。

七、深化改革，提升财政管理水平

一是加快财政支出力度。进一步深化"放管服"改革，规范支付管理。按标准、按比例确定常规性支出，简化支付审批流程，让预算单位财务人员实现一件事一次办，提高工作效率。坚持问题导向，依托预算一体化系统，建立健全《洪江区财政局月资金支出计划工作规程》，不断提高预算执行管理的约束力，加强与资金使用部门沟通协调，确保资金使用的有序性、及时性，不断提高预算执行管理工作的针对性、时效性。实现当月资金计划100%下达，全年预算执行率达100%。二是提高财政资金绩效。深入开展绩效管理提升年行动，把支持打好发展六仗相关政策、重大投资项目等作为预算绩效管理重点。全年完成13个政府专项债券项目事前绩效评估，涉及金额14.43亿元；洪江区3614厂地块土壤污染防治修复工程设计施工总包（EPC）项目等12个重点绩效评价项目，涉及金额1.15亿元；12个专项资金绩效评价项目，涉及金额1.05亿元。有效地提升行政决策科学性，从源头上优化财政资源配置。三是全面加强财会监督。聚焦财政资金监管突出问题，重点围绕减税降费政策落实、基层"三保"、财政暂付款管理、惠民惠农财政补贴资金"一卡通"、行政事业单位国有资产处置管理等8个领域开展财经纪律重点问题自查工作，进一步严肃财经纪律、规范管理行为、维护财经秩序。持续深化决算公开，着力打造"阳光"财政，扎实开展地方预决算公开情况专项督查工作，实现2021-2022年度预决算公开率100%。四是规范政府采购监督管理程序。洪江区政府采购计划备案项目61个，共8372万元，增长24.39%，节约财政性资金371万元；电子卖场完成订单2828笔，交易总额7319万元，增长7.92%。五是稳步开展财政投资评审工作。按照"马上就办"的要求，建立绿色通道，在保证质量的前提下，实行限时审结制度。全年共评审各类政府性投资项目64个，送审金额2.96亿元，审定金额2.39亿元，审减金额5710万元，综合核减率达到19.28%。

八、常抓不懈，锻造忠诚担当财政"铁军"

始终把讲政治作为第一要求，以主题教育为契机，聚焦"学思想、强党性、重实践、建新功"总要求，坚持不懈用习近平新时代中国特色社会主义思想凝心铸魂，不断提高政治判断力、政治领悟力、政治执行力。把"两个维护"作为根本原则和首要任务，深刻领会"两个确立"的决定性意义，胸怀"国之大者"，切实把增强"四个意识"、坚定"四个自信"、做到"两个维护"落到行动上。加强对政治纪律、政治规矩执行情况的自省自查，紧紧围绕习近平总书记重要讲话、重要指示批示和党中央重大决策部署着力推进"三会一课"规范化、实效化。进一步强化党支部政治功能和组织功能作用发挥，建立健全"党组抓支部、支部管党员、党员带群众"工作机制，推动基层党组织全面进步。以"闯"的精神、"创"的干劲、"干"的作风，切实发挥党支部

娄底市

2023年，娄底市实现生产总值（GDP）1990.5亿元，同比增长（以下简称增长）5%。其中，第一产业增加值224.91亿元，增长3.4%；第二产业增加值762.42亿元，增长5.1%；第三产业增加值1003.18亿元，增长5.2%。全年规模以上工业增加值增长5.8%。全社会固定资产投资（不含农户）增长0.7%。全市居民人均可支配收入27047元，增长5.7%。其中，城镇居民人均可支配收入38257元，增长4.2%；农村居民人均可支配收入17926元，增长7.2%。

2023年，全市完成一般公共预算地方收入91.7亿元，与上年持平。其中，税收收入57.49亿元，同比下降（以下简称下降）10.44%；非税收入34.21亿元，增长24.34%。上级补助248.68亿元，债务转贷收入97.80亿元，动用预算稳定调节基金10.25亿元，调入资金27.23亿元，上年结转9.22亿元，收入合计484.88亿元。全市一般公共预算支出360.45亿元，加上上解10.55亿元，债务还本87.63亿元，补充预算稳定调节基金9.73亿元，调出资金4.24亿元，支出合计472.59亿元。

市本级完成一般公共预算收入36.06亿元，增长5.63%。其中，税收收入20.25亿元，下降9.72%；非税收入15.81亿元，增长35.06%。上级补助36.65亿元，债务转贷收入54.57亿元，动用预算稳定调节基金7.83亿元，调入资金0.99亿元，上年结转3.81亿元，收入合计139.91亿元。市本级一般公共预算支出81.9亿元，加上上解上级-3.47亿元，债务还本51.83亿元，补充预算稳定调节基金5.75亿元，支出合计136.01亿元。

2023年，全市完成政府性基金预算收入66.19亿元，下降22.66%。全市政府性基金预算支出118.4亿元，调出资金（调入一般公共预算）12.81亿元。市本级完成政府性基金预算收入41.12亿元，下降34.36%。市本级政府性基金预算支出31.05亿元，调出资金（调入一般公共预算）0元。

2023年，全市完成国有资本经营预算收入0.02亿元，增长290%。全市国有资本经营预算支出0.04亿元，调出资金（调入一般公共预算）0.05亿元，上升5.72%。市本级完成国有资本经营预算收入0元，增长为0。市本级国有资本经营预算支出0元，调出资金（调入一般公共预算）0元，增长为0。

2023年，全市完成社会保险基金预算收入98.16亿元，增长5.9%。全市社会保险基金预算支出92.45亿元，全年收支结余5.7亿元，累计滚存结余70.23亿元。市本级完成社会保险基金预算收入61.12亿元，增长6.7%。市本级社会保险基金预算支出58.63亿元，全年收支结余2.48亿元，累计滚存结余41.24亿元。

一、落实积极财政政策，服务经济发展主轴

一是落实惠企纾困政策。全力落实落细减税降费政策，切实减轻市场主体税费负担，全市新增退税减税降费15.1亿元，"六税两费"政策减免2.15亿元，大力清理拖欠中小企业账款1.08亿元，持续改进优化营商环境。二是强化财政金融支持。设立中小微企业贷款风险补偿资金池，为全市1556户中小微、"三农"等企业主体提供34.37亿元融资担保贷款支持，分别增长23.53%、42.88%，出台《娄底市普惠金融发展风险补偿资金管理办法》，引导金融机构进一步创新产品、扩大普惠金融覆盖面。娄底市作为全省唯一市州成功入选2023年中央财政支持普惠金融发展示范区，获上级财政奖补资金5000万元支持。三是服务重点产业发展。大力实施财源建设"八大攻坚"行动，设立1亿元的"材料谷"建设专项资金，全力保障重大决策部署落地。聚焦医疗卫生、交通基础设施、水利等重点民生工程，全市共发行专项债券项目142个（含续发项目13个），金额64.81亿元。成功争取省级海绵城市建设示范城市，获奖补资金5000万元。

二、优化财政支出结构，确保财政平稳运行

一是严格支出管控。制定过"紧日子"正负面清单，大力压减一般性、非刚性、非重点支出，2023年市本级预算压减部分政府专项资金30%以上、部分部门专项资金40%以上；会同市委办出台财政供养人员管控"15条"措施。二是强化民生保障。把改善民生作为一切工作的出发点和落脚点，保持民生财政的力度和温度，

全市民生支出274.27亿元，占比达76.09%。三是兜牢"三保"底线。成立"三保"工作领导小组，制定市级应急处置预案，针对冷水江市、双峰县等重点县市，及时采取指导帮带、核实缺口、资金支持、向上争取等一系列应对措施，力保不发生"三保"风险事件。

三、持续加强债务管控，坚定不移守住底线

一是稳妥化解存量债务。牵头制定《打好防范化解风险阻击仗工作方案》和具体任务清单，启动防范化解地方债务风险"1+N+X"方案编制工作，严格落实"一债一策"。市本级、冷水江市成功获批全国隐性债务化解试点。二是严控新增隐性债务。出台《娄底市县市区重大政府投资项目资金来源评估论证实际复核实施细则（试行）》《关于规范重大政府性投资项目决策和立项中财政工作职责及流程》，组织开展全市违规举债和虚假化债自查自纠，严禁违法违规新增隐性债务。三是支持平台公司转型发展。全市"关停并转"清理市属平台公司下辖各类型公司9家，市城发集团、市万宝投实质性并入市城发控股集团取得有效进展。建立完善"631"债务偿还机制，防止债务过度集中兑付，为平台公司转型提供安全稳定环境。

四、全力规范财政管理，提升财政治理效能

一是加强预算绩效管理。对全市20个重大民生项目资金实行定期监控，选取2个专项实施重点监控，选取12个重大专项和4个部门整体支出实施重点绩效评价，评价金额21亿元。二是深入清查国有"三资"。深入推进国有"三资"清查、处置与管理改革，出台《娄底市公共资源有偿使用管理工作方案》，有效提升公共资源使用效率和效益。全市实现盘活总收益131.65亿元，其中入库收益72.74亿元。三是大力推进财会监督。聚焦"三公"经费、惠农补贴、衔接资金、PPP项目等重点领域，紧盯减税降费、基层"三保"、债务管理、会计信息质量等重要方面，对标对表、从严从实，组织市本级和县市区扎实开展监督检查，对发现问题力促整改，坚持不懈严肃财经纪律。四是提升采购评审质效。落实中小企业采购优惠政策，全面推行政府采购"承诺+信用"准入管理制度，升级娄底市政府采购管理服务平台，实现政府采购"网上办""一次办""不见面"办理。进一步规范财政评审操作规程，取消非坐班专家评审制度，建立重点项目评审"绿色通道"。完成预算评审项目279个，送审金额32.9亿元，审定金额27.46亿元，审减率16.51%。五是积极探索投融资改革。结合"走找想促"调研活动，深入娄底医院、娄底机场等项目现场调研，特别是针对娄底机场，先后与中铁十四局、中建五局、南粤基金、中建丝路集团开展合作商谈。组建由投融资、财税、产业发展等领域专家组成的智库小组，立足全市实际，聚焦"三资"高效盘活、债务风险化解、平台公司市场化转型等领域开展深度研究，推动解决短、中、长期财政运行困难，积极探索投融资新途径。

五、推进全面从严治党，打造财政铁军

一是强化政治建设。严格落实党风廉政建设主体责任和"一岗双责"，制定《中共娄底市财政局党组履行从严治党主体责任清单》，明确党组班子集体及班子成员的责任和目标任务，强化责任意识、自律意识，形成责权统一、层层把关、分级负责的工作格局。二是强化作风建设。开展作风建设专项整治行动，坚持党建引领激发内生动力，融合聚力推动"四强"党支部创建工作，引导财政干部务必保持谦虚谨慎的态度，解决过去部分干部思想中存在的"优越感"问题，坚决杜绝形式主义、官僚主义，坚决杜绝"门难进、脸难看、事难办"和"吃拿卡要"的现象。三是强化廉政建设。扎实开展"镜鉴"以案明纪、以案促改专项活动，紧密结合财政工作特点和实际，紧盯关键节点、关键领域、关键人员，构筑源头防腐长效机制，实现用制度管钱、管人、管事。开展"廉政教育月"系列活动，制定《娄底市财政局清廉机关建设标准化实施方案》，着力推进清廉财政建设。落实党风廉政建设主体责任，大力支持驻局纪检监察组从严监督管理干部，以"零容忍"态度正风肃纪。四是强化队伍建设。落实新时代好干部标准，树立正确选人用人导向，注重在吃劲岗位和急难险重任务中培养、考察和使用干部，激发干部担当作为。组织全市财政系统青年干部教育培训暨乡镇财政管理业务培训班，积极打造"书香财政"，广泛开展各种健康向上的文体活动，锻造忠诚干净担当的财政干部队伍。

（湖南省娄底市财政局供稿　王小贝执笔）

娄星区

2023年，娄星区实现地区生产总值（GDP）727.85亿元，同比增长（以下简称增长）6.3%。其中，第一产业增加值26.95亿元，增长3.5%；第二产业增加值348.61亿元，增长7.1%；第三产业增加值352.29亿元，增长5.7%。全社会固定资产投资总额172.74亿元,增长8.1%。全区居民人均可支配收入43140元,增长4.7%。其中,城镇居民人均可支配收入45073元,增长4.5%;农村居民人均可支配收入28675元,增长7%。

2023年,全区完成一般公共预算地方收入10.09亿元,增长5.56%。其中,税收收入5.29亿元,下降10.03%;非税收入4.81亿元,增长30.41%,上级补助收入21.92亿元,再融资债券0.47亿元,一般债务收入0.83亿元,动用预算稳定调节基金0.57亿元,调入资金5.38亿元,上年结转0.68亿元,收入合计39.95亿元。全区一般公共预算支出35.92亿元,加上上解支出0.88亿元,一般债务还本0.47亿元,调出资金1.25亿元,结转下年1.43亿元,支出合计39.95亿元。

2023年,全区完成政府性基金预算本级收入0元,上级补助收入3.1亿元,专项债务收入16.34亿元,上年结余1.86亿元,调入资金1.25亿元,收入合计22.55亿元。全区政府性基金预算支出17.81亿元,上解支出0.01亿元,调出资金(调入一般公共预算)3.25亿元,年终结余1.48亿元,支出合计22.55亿元。

2023年,全区完成国有资本经营上级补助收入0.05亿元,调出资金0.05亿元。

2023年,全区完成社会保险基金预算收入3.51亿元,全区社会保险基金预算支出3.41亿元,全年收支结余0.1亿元,累计滚存结余3.38亿元。

一、增收节支,确保财政平稳运行

一是全力抓好财政收入。克服减收压力,围绕年初目标,加强与税务部门合作,认真组织收入。2023年,全区地方一般公共预算收入迈上10亿元台阶。持续开展总部经济建设,加大财源培植。2023年全区总部经济企业累计完成税收2.03亿元,增长24.4%。新增备案企业66家,完成税收1504万元,全区累计备案企业343家。大力开展争资争项工作,2023年,全区27家任务单位争资争项完成14.45亿元。二是全力争取专项债券资金。2023年,全区积极向上争取地方政府专项债券16.34亿元,重点支持涟钢周边环境综合整治、城乡冷链仓储物流、军民融合智能制造产业园等3个重点项目建设。三是树牢过紧日子思想。印发《关于进一步强化过"紧日子"十五条具体措施刚性执行的通知》,明确四个严禁、五个严控、两个压缩、四个统筹。大力压减非急需、非刚性支出,从严控制一般性支出,压减一切非必要项目建设。

二、落实政策,促进经济健康发展

精准落实减税降费政策,突出对制造业、中小微企业、个体工商户及特困行业支持,形成惠企纾困合力。2023年,新增减税降费及退税缓税缓费7.16亿元,助力实体经济轻装前行;及时兑现创业担保贷款贴息奖补资金169万元,支持17家个人或小微企业就业创业;发挥"潇湘财银贷"财政信贷风险补偿机制作用,合作金融机构累计成功录入"白名单"企业97家,为42家企业发放贷款1.3亿元;为中小企业预留政府采购项目57个,预算金额1.3亿元,为中小企业纾困解难。

三、注重民生,做到财政保障有力

2023年,全区一般公共预算支出35.91亿元,其中民生支出25.45亿元,占一般公共预算支出的70.88%。一是提高社保标准。困难残疾人生活补贴、重度残疾人护理补贴、城市低保、孤儿和事实无人抚养儿童基本生活最低保障标准、城乡居民养老金、优抚对象抚恤和生活补助标准都进行了提标,机关退休人员基本养老金上调3.8%。二是加大支农重点投入。2023年,全区农林水支出4.28亿元,重点支持农业产业升级、农业基础设施建设、美丽乡村建设、农村人居环境整治等,为全面实施乡村振兴战略提供财力保障。三是落实惠民惠农政策。完善惠民惠农补贴系统,新增阳光审批流程,强化惠民惠农补贴资金监管,为社会稳定发展、提升群众获得感贡献力量。2023年,全区共通过惠民惠农补贴系统发放补贴109项,总计2.02亿元,其中脱贫类补贴10项,共593.58万元。

四、兜牢底线,实现财政风险可控

一是兜牢基层"三保"底线。优先"三保"支出,做足"三保"年初预算,加强"三保"运行监控,及时统筹资金保障"三保"支出,全年没有发生基层"三保"风险事件。二是守牢债务风险红线。制定《娄星区打好防范化解风险阻击仗实施方案》,强化政府债务管理和隐性债务化解。全年全区累计完成上报党中央、国务院任务的120.85%,地方政府债务规模控制在地方政府债务限额以内,政府债务风险总体可控。

五、聚力改革,财政管理提质增效

一是完善预算一体化系统。不断优化预算一体化系统平台,从源头加强"三保"监测,强化预算刚性执行。进一步提升预算绩效管理、国资管理信息化水平,预算绩效管理、国资管理系统实现上线运行。非税收入收缴电子化改革持续深入,非税征缴实现"无纸化"。二是深化国有"三资"管理改革。制定《娄底市娄星区国有"三资"清查处置与管理改革总体工作方案》,聚焦六类国有资源、五类国有资产、两类国有资金,分领域、分步骤推进改革,全力以赴盘活"三资"。持续开展区属国有企业市场化转型攻坚行动,加强区属国有企业现代化、规范化管理。三是深入推进预算绩效管理。以省财政厅开展"绩效管理提升年"行动为契机,全面提升财政管理绩效。在推进财审联动的基础上,拓宽工作思路,推动人大、纪检、监察、发改等多部门参与协同联动,建立预算绩效管理、财会监督、审计监督、人大监督和党委巡察监督高度融合的监管联动机制。对2022年实施的7个项目开展重点绩效评价,对2023年实施的2个项目开展重点绩效运行监控,涉及金额3.06亿元,为规范资金管理加力提效。四是规范开展财政投资评审。严格执行"二审定审制度",强化对第三方咨询机构的监管和考核。2023年,全区共开展政府投资预

(概)算评审项目134个，送审投资总额4.85亿元，审定投资总额4.09亿元，审减节约0.76亿元，综合审减率15.67%。顺利接管政府投资项目结算评审工作。五是持续规范政府采购管理。加强政府采购备案管理，启动政府采购监管平台网上审批，依法依规处理政府采购投诉。2023年，全区累计政府采购项目申报76个，预算金额2.03亿元。电子卖场共完成交易18393笔，交易金额4.6亿元。

六、加强监管，规范资金使用

认真学习《关于进一步加强财会监督工作的实施方案》，进一步推动财会监督与纪检监察贯通协同，切实提高权威性、增强威慑力。一是开展"三湘护农"专项行动。入驻蛇形山镇双泉村开展"驻场解剖麻雀式"自查自纠，扎实推进惠农补贴资金突出问题整治工作，自查问题已全部整改到位，进一步规范了涉农资金监督、管理和发放，推动防范和治理问题常态化、长效化。二是开展"三公"经费督查。在全区抽查15个单位的"三公"经费管理使用情况，督促相关单位对检查发现的问题进行整改落实。三是开展非税征管和财政票据使用情况稽查。确定41家单位为重点稽查单位，对7家非税收入存在坐收坐支、未缴存国库的单位按涉及金额10%的比例进行处罚，非税征管和票据管理进一步规范。

（湖南省娄底市娄星区财政局供稿　贺海良执笔）

双峰县

2023年，双峰县实现地区生产总值（GDP）296.6亿元，同比增长（以下简称增长）4.1%。其中，第一产业增加值61.2亿元，增长3.3%；第二产业增加值88.1亿元，增长5.7%；第三产业增加值147.3亿元，增长3.6%。全县居民人均可支配收入23867元，增长5.4%。其中，城镇居民可支配收入29088元，增长4.2%；农村居民人均可支配收入18646元，增长7.3%。

2023年，全县完成一般公共预算地方收入7.05亿元，同比下降（以下简称下降）9.61%。其中，税收收入4.93亿元，下降8.09%；非税收入2.12亿元，下降12.44%，中央补助43亿元，一般债务收入0元，动用预算稳定调节基金0.2亿元，调入资金5.3亿元，上年结转0.04亿元，收入合计64.17亿元。全县一般公共预算支出52亿元，加上解中央1.66亿元，一般债务还本0元，补充预算稳定调节基金0元，调出资金0.83亿元，结转下年0.66亿元，支出合计64.17亿元。

2023年，全县完成政府性基金预算收入6.82亿元，增长35.59%。全县政府性基金预算支出14.28亿元，调出资金（调入一般公共预算）1.93亿元，增长33.58%。

2023年，全县完成社会保险基金预算收入7.44元，增长3%。全县社会保险基金预算支出6.84亿元，全年收支结余0.59亿元，累计滚存结余7.49亿元，增长3.8%。

一、凝心聚力开源创收，财政总量不断扩大

面对收支"剪刀差"，财政局会同县内其他经济部门，通过从严编制年初预算、强化财政统筹、盘活国有"三资"等"三个加法"来弥补资金缺口。全年共完成地方一般公共预算收入7.05亿元，年初预算核减4800万元，统筹1.2亿元，申报总部企业130家，缴纳税收1.35亿元，处置燕霄水库、峡山塘水库30年特许经营权增收4.38亿元，通过多方开源，有效弥补缺口，为全县基础设施扩容提质提供了较为充裕的财力保障。

二、科学调度节支裕民，"三保"支出稳步有序

双峰县坚决贯彻落实中央、省、市关于党政机关过"紧日子"的决策部署，按照有保有压的原则，全力做好压"减"年初预算、压"减"一般性行政支出、压"减"政府投资等三个"减法"，科学调度资金，精细管理支出，圆满完成"全力保工资、积极保民生、有效保运转"的目标，全年共完成一般公共预算支出52亿元，比上年同期减少5.63亿元，下降9.76%，其中人均公共服务支出完成4112元。

三、不断强化底线意识，有效防控债务风险

双峰县严格对照省财政厅相关文件要求，指导各单位扎实开展政府债券项目储备、发行前期等准备工作，从规范项目申报、优化资金投向、加强日常督促、从严防范风险等四个方面入手，进一步强化债券资金管理。截至2023年12月底，全县政府性债务总额为105.33亿元，债务总体形势可控，属于风险提示地区。在债务偿还工作上，严格对照省财政厅"一债一策"要求，将还本付息支出责任纳入年度预算管理，切实保障偿债资金需求。2023年全县财政和相关单位共需偿还债务本息16.7亿元，到12月底偿还19.72亿元，超额完成任务。

四、源头把控财政评审，前置管理政府投资

双峰县紧紧围绕"切实履行财政职能，强化财政支出预算管理，提高财政资金使用效益"的目标和工作方针，凝心聚力、开拓创新，不断强化评审举措，持续加大评审力度，工作成效较为显著。2023年共完成581个财政性基本建设项目预算评审，总送审金额21.05亿元，总核减金额4.98亿元，综合核减率23.65%；共审核汇总报送22批500个项目上政府常务会审议。绍塘公园建设项目中，在不改变公园基本要件和整体布局的前提下，通过三次优化财评方案，初次送评资金4200多万元，最终不到900万元建成投入使用，共节省财政资金3300余万元；县公安局送审金额为1500万元"天网"工程运营费用最终以700万元中标，节省财政资金800万元；财政评审工作得到了省、市相关部门的高度肯定。

五、严控严惩双管齐下，持续规范政府采购

双峰县从规范小额采购管理、健全政府采购内控制度建设、取消协议供货和定点保险制度、运用政府采购政策支持乡村振兴、加强代理机构和评审专家管理等方面入手，持续规范政府采购行为，2023年，对112个采购项目进行监管，采购限额标准以上的项目涉及采购预算金额1.74亿元，实际采购金额1.72亿元，节约资金228.67万元，节约率0.98%；限额标准以下的项目全部进入电子卖场交易，电子卖场渗透率达到100%，交易总额达5.31亿元，订单28757笔；共接受并处理投诉案件5起，处理各部门移送案件6起，对4名评审专家进行通报批评处理，对10名评审专家进行提醒谈话并发出警示提醒书面通知。

六、聚焦惠农资金监管，切实维护农民权益

双峰县严格按照省"三湘护农"专项行动要求，聚焦惠农补贴资金方面存在的突出问题，成立专项行动工作小组，出台工作方案，联合相关部门共同促进强农惠农富农政策落地生根，工作成效显著，农民权益得到切实维护。一是深入开展惠农补贴资金检查。2月，组建专班对2015年1月至2022年12月"5+2"项惠农补贴政策落实、惠农补贴资金管理、使用、监督等情况进行全面自查自纠并督促抓好整改落实。6月底，针对省惠农补贴资金重点抽查联合检查第十二组反馈意见，开展全面自查自纠和针对性核查整改工作，通过调阅查阅资料、谈话问话、进村入户走访等方式，共核查问题资金1538万元，上缴财政资金656万元，向县纪委监委移交问题线索19条。二是精心组织惠农补贴资金驻场式检查。5月，对青树坪镇劳田冲村2018-2022年"5+2"项惠农补贴资金开展为期半个月的驻场式检查，共发现问题11个，其中，将棉花目标价格补贴等补贴项目虚报套取资金125671.38元收缴到县国库，对驻场式检查发现其他问题，工作专班向责任单位发出督办函，县农业农村局、青树坪镇、劳田村已按要求全部整改到位。三是扎实开展财审联动集中督查抽查。6月，与县审计局组成惠农补贴资金专项审计联合工作组，对全县2020-2022年惠农补贴资金进行专项审计调查，深入乡镇（街道）、村（社区）进行监督检查；对专项行动组织不力、自查情况与实际掌握情况出入较大的单位进行实地督查，财审联动工作组发现的问题已全部整改到位。四是认真开展乡村振兴衔接资金落实情况检查。3月初，双峰县组织开展2021-2022年衔接资金政策落实情况自查自纠，3月底，市财政局、乡村振兴局同步对双峰开展复查。经梳理归纳，县排查发现问题75条，市复查发现问题118条，目前，所有问题已全面整改到位。五是源头规范"一卡通"资金发放管理。6月，县财政局、农行双峰县支行联合发文，对"一卡通"办理要求、银行账户管理、发放管理等方面明确了"五个严禁"，提出了"七个不准"，进一步规范了全县惠民惠农财政补贴资金"一卡通"银行卡折管理。六是全力推进惠农惠民财政补贴资金"阳光"运行。根据湖南省财政厅、中共湖南省纪委机关相关文件要求，双峰县率先在10月31日前全面上线运行惠民惠农财政补贴资金"一卡通"阳光审批系统，18个县级业务主管部门的账号全部开通，纳入阳光审批系统补贴项目共计51项。11月底全省惠民惠农财政补贴资金阳光审批系统上线运行情况通报中，双峰县综合排名位居娄底市县市区第一名。12月11日全省上线运行情况通报中，双峰县综合排名位居湖南省并列第一，完成率达到100%。全年共发放惠民惠农"一卡通"财政补贴84项，发放补贴1139478人次，发放补贴金额4.27亿元，农民权益得到切实维护。双峰的"三湘护农"工作开展情况得到上级有关部门的充分认可，"湖南财经网"、"财报网"、"央广网"、《中国财经报》等主流媒体争相报道，营造了护农维权的良好氛围。

七、突出财会监督职能，全面规范会计行为

双峰县紧扣职能，突出财会监督"事前""事中""专业化"属性，要求各级各部门将《预算法》《会计法》《关于进一步加强财会监督工作的意见》等法律法规作为学习内容，不断提升各级各有关部门和全县各企事业单位的财会管理意识。10月起，对自然资源局、城市管理和综合执法局、教育局、卫生健康局、农业农村局、公安局（含县交警大队）、湖南双峰高新技术产业开发区管理委员会等7家单位开展为期两个月的财会监督，共收回违规资金61.6万元。

（湖南省娄底市双峰县财政局供稿　肖俊波　邓正峰执笔）

新化县

2023年，新化县实现地区生产总值（GDP）341.93亿元，同比增长（以下简称增长）4.6%。其中，第一产业增加值67.01亿元，增长3.6%；第二产业增加值96.14亿元，增长4.4%；第三产业增加值178.78亿元，增长5.1%。固定资产投资同比下降（以下简称下降）3.8%。全县居民人均可支配收入18606元，增长6.4%。其中，城镇居民人均可支配收入28920元，增长4.3%；农村居民人均可支配收入13704元，增长7.4%。

2023年，全县完成一般公共预算地方收入13.01亿元，下降7.09%。其中，税收收入7.88亿元，下降18.51%；非税收入5.13亿元，增长18.38%，上级补助收入64.1亿元，一般债务转贷收入23.9亿元，动用预算稳定调节基金0.07亿元，调入资金5.91亿元，上年结转0.56亿元，收入合计107.55亿元。全县一般公共预算支出83.33亿元，加上上解上级支出1.27亿元，一般债务还本支出21.25亿元，调出资金1.35亿元，结转下年0.35亿元，支出合计107.55亿元。

2023年，全县完成政府性基金预算收入8.71亿元，下降9.36%，上级补助收入3.66亿元，上年结余13.23亿元，地方政府专项债务转贷收入20.52亿元，调入资金1.35亿元，收入总计47.47亿元。全县政府性基金预算支出22.72亿元，下降7.52%，调出资金（调入一般公共预算）3.15亿元，上解上级支出0.02亿元，地方政府专项债务还本支出3.05亿元，年终结余18.53亿元，支出总计47.47亿元。

2023年，全县完成国有资本经营预算收入234万元，增长290%，上级补助收入25万元，上年结余669万元，收入总计928万元。全县国有资本经营预算支出32万元，下降89.81%，结余896万元，支出总计928万元。

2023年，全县完成社会保险基金预算收入11.68亿元，增长5.42%。全县社会保险基金预算支出10.47亿元，全年收支结余1.22亿元，累计滚存结余9.98亿元，增长7.2%。

2023年，县财政局在县委、县政府的坚强领导下，紧扣学习贯彻习近平新时代中国特色社会主义思想主题教育总要求、锚定主题教育目标任务，将主题教育与中心工作同部署同谋划，坚持"两手都要抓、两手都要硬"，加大财源培植力度，千方百计开源节流，想方设法增收节支，全力提升财政管理水平，牢牢守住"三保"民生和债务风险底线，助推县域经济高质量发展。

一、强化财源培植，财政收入提质增效

一是骨干税源企业培育全面展开。不断加大重点税源企业培育力度，用足用活财税优惠政策，以更加灵活的手段加强政策扶持、资金引导和环境建设，为企业创造良好的发展环境，鼓励企业通过技术引进和技术改造等方式，加快转型升级，着力培育一批规模大、科技含量高、增长快、创税能力强、有竞争力的重点骨干税源企业，确保税收可持续增长。2023年，纳税200万元以上企业达116户，年纳税500万元以上企业达58户，比上年分别增加10户、4户。同时，大力培育壮大市场主体，全县累计培育专精特新优质中小企业39家，其中专精特新"小巨人"企业4家，科舰能源公司被认定为国家级"小巨人"企业。二是税费精诚共治工作有序推进。成立税费精诚共治专项工作组，印发《关于成立税费精诚共治专项工作组的通知》《2023年新化县税费精诚共治工作要点》《新化县税费精诚共治工作方案》《关于进一步加强税费精诚共治的通知》等一系列文件，在县"三高四新"财源建设工程议事协调机构和县综合治税工作领导小组的统筹下，大力推进税费精诚共治工作，切实强化部门协作和信息共享，堵漏挖潜，精征细管，确保财税收入应收尽收。三是国有"三资"盘活成果不断扩大。通过"用""售""租"等手段，有效推进资产、资金、资源清查处置，有力支持稳增长、防风险、保民生，推动高质量发展。2023年，全县"三资"盘活总价值量为16.66亿元，其中资源10.31亿元、资产2.29亿元、资金4.06亿元；入库收益为10.83亿元，其中资源9.06亿元、资产1.77亿元。四是"五好"园区建设蒸蒸日上。全力支持园区招商引资，聚焦聚力园区项目建设，做大做强园区主导产业，不断优化园区发展软硬环境，着力提升园区影响力、吸引力、承载力，为园区高质量发展提供坚强保障。园区亩均税收达到15.4万元，增速12.4%。

二、深化改革创新，财政管理成效明显

一是加快推进预算绩效管理应用。始终将预算绩效管理贯穿于预算编制、执行、监督全过程，实现与预算管理有机融合。扎实开展绩效目标管理，2023年共申报项目和专项绩效目标842个，资金8.31亿元；部门整体支出绩效目标225个，资金34.72亿元。2023年绩效目标的申报、绩效管理的范围进一步拓展。继续对关注度高、社会影响大的重点项目和连续实施的专项项目实行重点评价，由湖南英博会计师事务所等7家事务所对2020年、2021年的产业项目等17个重点绩效评价项目实施重点绩效评价。强化绩效评价结果应用，将第三方事务所出具的重点绩效评价项目报告及反馈整改情况运用于2024年预算。二是优化政府采购服务。2023年，全县政府采购项目已意向公开80个，已采购登记备案项目88个，已成交项目81个（采购预算金额2.42亿元，已成交金额2.2亿元），面向中小企业采购60个（采购预算金额1.63亿元，成交金额1.5亿元），面向中小企业采购预算占比高达68%，真正将惠企助企政策落地见效。全县各预算单位在湖南省政府采购电子卖场交易总额达8.6亿元，订单30356笔，有力促进了中小微企业发展。三是把好财政评审关口。以"强化评审力度、保证评审质量、提高评审效率"为工作目标，凝心聚力、开拓创新，不断探索投资评审新路子，取得良好的工作成效。2023年，共评审236个财政投资工程项目，建设单位送审金额11.8亿元，审定金额为10.22亿元，审减金额达1.58亿元，审减率达13.34%。四是加强财会监督力度。进一步健全财会监督体制，完善内部控制体系建设，要求全县226家单位按规定编报2022年度内部控制报告，所有单位均按时按要求完成上报任务。加强涉农资金监管，全面推进"互联网+监督"，加强财审联动，形成网格化监管格局，牵头组织衔接推进乡村振兴补助资金政策落实情况自查自纠专项行动1次，开展专项督查检查活动3次，开展"一卡通"补助资金专项整治活动1次，真正将财经纪律严到实处。

三、聚焦民生发展，民生福祉持续增进

一是优先保障民生支出。严格预算刚性执行，始终坚持突出重点、有保有压的原则，按月科学制订资金安排计划，遵从"三保"原则要求，将工资性支出始终放在首位，确保每月15日前干部职工的工资能发放到位，在优先保障"三保"支出的前提下，对于其他专项资金的拨付，按照轻、重、缓、急的原则，妥善调度安排。2023年，民生支出68.16亿元，占公共预算支出的81.8%，充分发挥了民生财政作用。二是有效做好乡村振兴衔接。深入贯彻习近平总书记关于巩固拓展脱贫攻坚成果同乡村振兴有效衔接工作的重要指示批示精神，认真落实中央、省、市、县部署要求，严格落实"四个不摘"要求，积极发挥财政职能作用，守底线、抓发展、促振兴。2023年，全县整合资金规模4.77亿元。土地出让收入用于农业农村的资金达2.51亿元。三是打好污染防治攻坚战。深入贯彻落实习近平总书记"绿水青山就是金山银山"的生态理念，认真践行"山水林田湖草是一个生命共同体"理念，不断推进自然资源和生态环境工作突破创新，促进全县自然资源和生态环境工作全面长足发展。2023年以生态环境质量全面改善为核心，积极开展山水林田湖草保护修复项目，投资达2亿多元；聚焦空气、水体、土壤、噪声污染等领域的关键问题，全面开展污染防治攻坚战和蓝天保卫战，治理经费达7亿元，对全县生态环境保护起到了积极作用。四是严格地方政府债务管理。深入落实"六个一批"化债措施，优化专项债和政策资金使用，统筹盘活"三资"收入，加快平台公司市场化转型，坚决遏制增量、科学化解存量，牢牢守住了不发生系统性风险的工作底线，为县域经济社会平稳健康发展保驾护航。

（湖南省娄底市新化县财政局供稿　丁守元执笔）

冷水江市

2023年，冷水江市实现地区生产总值（GDP）267.86亿元，同比增长（以下简称增长）3.5%。其中，第一产业增加值13.08亿元，增长3.5%；第二产业增加值107.87亿元，增长0.6%；第三产业增加值146.91亿元，增长5.9%。全市居民人均可支配收入42778元，增长4.6%。其中，城镇居民人均可支配收入46689元，增长4%；农村居民人均可支配收入29423元，增长7.1%。

2023年，全市完成一般公共预算地方收入8.65亿元，同比下降（以下简称下降）5.98%。其中，税收收入6.35亿元，下降10.56%；非税收入2.31亿元，增长9.48%，中央补助23.39亿元，一般债务收入4.05亿元，调入资金3.61亿元，上年结转1.84亿元，收入合计41.54亿元。全市一般公共预算支出31.48亿元，加上上解支出2.71亿元，一般债务还本3.18亿元，调出资金1305万元，结转下年4.03亿元，支出合计41.54亿元。

2023年，全市完成国有资本经营预算收入294万元，增长为0。全市国有资本经营预算支出294万元，调出资金（调入一般公共预算）0元，增长为0。

2023年，全市完成社会保险基金预算收入4.83亿元，下降0.66%。全市社会保险基金预算支出4.64亿元，全年收支结余1890万元，累计滚存结余1.9亿元，下降6.81%。

一、强化收入组织

聚焦支持打好"发展六仗"，全力推进"材料谷"建设产业项目，稳定传统主体税源，加大新兴税源培植力度。落实落细减税降费政策，切实减轻市场主体税费负担，全市新增退税减税降费1.51亿元，其中增值税留抵退税5032万元。组建税费精诚共治专项工作组，建立健全建设项目税收协控联管等源头管控机制，加强对房地产、建安、制造业等重点税源的调研、分析和监控，扎实开展税费征管堵漏增收专项行动，全年通过平台信息共享和税费精诚共治实现查补入库税款5591万元。深入推进国有"三资"清查、处置与管理改革，制定总体工作方案，全面清查底数，采取"用、售、租、融"等多种方式，着力激活沉寂资源，盘活沉睡资产，用活沉淀资金。

二、强化财政保障

全面落实过"紧日子"要求，大力压减一般性及非刚性、非重点支出，压减一般性支出6959万元、政府专项资金4432万元，统筹用于人员工资和基本民生支出。全市教育支出6.13亿元，占一般公共预算支出比重达19.48%，生均经费拨款投入持续增加，城乡义务教育年生均公用经费标准提高到小学720元、初中940元；市第一中学整体搬迁工程暨"徐特立"项目顺利开工建设。城乡居民养老保险基础养老金提高到每人143.5元/月，城乡困难群众最低生活保障标准分别提高到每人700元/月、450元/月，散居、集中养育孤儿基本生活标准分别提高到每人1100元/月、1500元/月，基本公共卫生服务经费年人均财政补助标准提高到89元，城乡居民医保参保年人均财政补助标准提高到640元。投入乡村振兴资金8023万元，保持主要帮扶政策和投入力度稳定。持续加大村级组织运转财政保障力度，城市社区保障标准由30万元/年提高到40万元/年，村支书记基本报酬提高到3100元/月。发放惠农补贴95项共1.38亿元。

三、强化资金监管

完善财政资金追加管理办法，对资金追加的原则、范围、资金来源和追加审批程序等进行更为清晰的界定与优化，从严控制预算追加事项，严禁预算指标划转，不断硬化预算执行刚性约束。制定财政投资评审管理实施办法，规范财政评审操作规程，全年完成预、结算评审工程项目325个，送审投资额5.62亿元，审定投资额4.65亿元，审减资金9714万元，审减率17.27%。提高政府采购质量，减少采购程序，全年共完成政府采购限额标准以上项目105个，成交总额2.09亿元；电子卖场成交总金额4.39亿元，两项合计节资率11.42%。持续开展惠农补贴资金、"三公"经费、会计信息质量专项检查，发现7类问题并及时进行了整改。同时围绕"减税降费、基层三保、地方政府债务、财政收入虚收空转"等方面开展财经纪律专项整治行动，切实履行财会监督主责，整饬财经秩序。加快构建"全方位、全过程、全覆盖"预算绩效管理体系，174家市直预算单位实现绩效目标与部门预算"同编制、同申报、同审核、同批复"，75项市级财政专项资金由资金主管部门负责预算绩效目标申报，3个市本级专项资金500万元以上的项目进行事前绩效评估，14个项目支出及1个部门整体支出开展重点绩效评价，财政资源配置效率和使用效益得到了显著提升。

四、强化风险防范

牵头制定《打好防范化解风险阻击仗工作方案》和具体任务清单，启动防范化解地方债务风险"1+N"方案编制工作，严格落实"一债一策"，成功获批全国隐性债务试点县市，多措并举化解存量债务。落实政府投资项目立项管理，强化重点项目资金来源审核，坚持举债与偿债能力相匹配，做到"三个一律"：项目没有落实资金来源的一律不允许开工、涉嫌新增隐性债务的一律不允许开工、预算外资金未经审批的一律不允许开工，坚决遏制以任何形式新增政府隐性债务。积极推进平台公司市场化转型，加快推进平台公司"三资"注入，全面摸清全市行政事业单位国有资产、土地和矿产资源、企业国有资产、水利资源、林业资源等可变现资产资源情况，为推进平台公司资产资源注入开辟绿色通道。

（湖南省娄底市冷水江市财政局供稿　苏平执笔）

涟源市

2023年，涟源市实现地区生产总值（GDP）356.3亿元，同比增长（以下简称增长）4.6%。其中，第一产业增加值56.7亿元，增长3.3%；第二产业增加值121.7亿元，增长4.8%；第三产业增加值177.9亿元，增长

4.9%。全社会固定资产投资总额增长1.7%。全市城镇居民人均可支配收入30714元，增长3.9%；农村居民人均可支配收入15855元，增长7.2%。

2023年，全市完成一般公共预算地方收入8.99亿元，同比下降（以下简称下降）5.9%。其中，税收收入5.97亿元，下降10.58%；非税收入3.02亿元，增长4.99%，上级补助收入51.08亿元，一般债务收入5.41亿元，动用预算稳定调节基金0.98亿元，调入资金6.06亿元，上年结转1.02亿元，收入合计73.54亿元。全市一般公共预算支出64.47亿元，加上上解中央1.76亿元，一般债务还本3.88亿元，补充预算稳定调节基金1.98亿元，调出资金0.67亿元，结转下年0.78亿元，支出合计73.54亿元。

2023年，全市完成政府性基金预算收入3.08亿元，下降48.36%。全市政府性基金预算支出10.64亿元，调出资金（调入一般公共预算）2.07亿元，增长392.86%。

2023年，全市完成国有资本经营预算收入0元。全市国有资本经营预算支出25万元，调出资金（调入一般公共预算）28万元。

2023年，全市完成社会保险基金预算收入10.07亿元，增长5.89%。全市社会保险基金预算支出8.82亿元，全年收支结余1.25亿元，累计滚存结余6.15亿元，增长22.51%。

一、开源抓收，财政运行总体平稳

一是大力推进财源建设。建立紧密型财税联动机制，定期统筹调度财税收入，与税务部门合力推动税费精诚共治，提升征管效率，全年挖潜增收6933万元。二是加力盘活国有"三资"。制定《涟源市国有"三资"清查处置与管理改革总体工作方案》和《涟源市行政事业单位国有资产清查处置与管理改革盘活工作方案》，聚焦国有资源、资产、资金，全面盘清底数，分类施策着力激活国有"三资"活力，全年共盘活资源资产资金14.7亿元。三是全力对上争资争项。聚焦重点领域，充分调动各方力量，积极申报专项债券项目，2023年争取专项债券资金11.16亿元，有效保障财政正常运行。

二、聚力增效，服务发展有力有效

一是助力实体经济发展。落实减税降费政策，减轻市场主体税费负担1.56亿元，及时兑现企业政策奖补资金6290万元。加大金融助企纾困力度，充分发挥"潇湘财银贷"作用，为小微企业发放贷款1.55亿元，安排融资担保贷款风险补偿资金1000万元，引导更多金融活水流入实体经济。二是推进产业转型发展。持续安排2000万元转型发展引导资金，争取先进制造业高地建设、工业企业技术改造等奖补资金1300万元，支持实体经济企业转型发展。三是促进城乡统筹发展。统筹整合财政涉农资金2亿元，推进实施乡村振兴战略。投入资金5548万元用于高标准农田建设。投入资金1.82亿元，推进中小河流治理除险加固、幸福河湖等基础设施建设。支持美丽乡村和秀美屋场建设，强化村级运转保障，安排村社区运转经费1.36亿元，持续提高村社区干部基本报酬。

三、尽力而为，社会民生持续改善

一是持续加大民生投入。坚持人民至上，全年民生支出49.5亿元，占一般公共预算支出76.2%。投入教育经费12.67亿元，加快推进中职"楚怡"和涟源一中"徐特立"等项目建设，支持教育事业发展。安排社保和就业支出13.1亿元，支持健全社会保障体系。拨付卫生健康资金1.3亿元，助推基层卫生医疗机构建设。统筹资金1.4亿元，支持打好蓝天、碧水、净土保卫战。投入资金5457万元，促进文化旅游与体育事业发展。二是全面落实民生政策。贯彻落实省定民生政策并及时发放资金，城乡居民养老金提高到每人每月131元，城乡低保分别提高到385元/月、235元/月，城乡居民医保财政补助标准提高到640元/人，残疾人"两项补贴"提高到80元/月。拨付资金2680万元，支持城镇老旧小区改造等保障性安居工程建设。发放资金5.39亿元，全面落实惠民惠农政策。

四、改革创新，财政管理提质增效

一是全面加强预算管理。启动实施零基预算改革，清理评估各部门项目支出，按照"人员经费按实际，公用经费按标准、项目经费视财力"的基本原则从严从紧编制预算。印发《涟源市财政局关于进一步加强财政资金管理的通知》，完善资金拨付流程，规范国库集中支付行为，提高资金运行效率。坚持"应公开、尽公开"原则，扎实推进预决算公开。加强绩效评价结果运行，选取33个关注度高的资金项目进行重点绩效评价，根据绩效评价结果，预调减清退资金3531万元。二是全面加强乡镇财政管理。编印《涟源市乡镇财政管理业务工作操作规范》《乡镇财政财务规章制度规范文本》等规范文本，推进乡镇财政所业务"大学习、大比武、大提升"行动，逐步规范乡镇财政财务管理。三是全面加强财政基础管理。深入推进依法理财，扎实开展财政法治宣传活动。加强预算管理一体化建设，获得全省财政系统预算编制先进单位。实践财政电子票据管理改革，全面推行电子非税收入一般缴款书。加大财政投资评审力度，全年完成评审项目278个，审定金额10.26亿元，审减金额3.35亿元，审减率24.67%。优化政府采购营商环境。全年完成政府采购项目131个项目，实际采购金额23422万元。

五、守牢底线，防范化解风险积极有为

一是兜牢兜实"三保"底线。出台《兜牢"三保"底线保障财政平稳运行财政支出管控措施十五条》，从坚持"三保"预算和库款保障优先顺序、严格库款管理、严控政府性投资项目、严控一般性支出等方面作出明确规定，促进财政平稳运行。二是坚决守牢债务风险底线。建立涟源市《防范化解地方政府债务风险"631"偿债机制》，编制防范化解地方债务风险"1+N"8个方案，构建多单位多层次多领域防范化解地方债务风险体系。同时，出台《涟源市政府投资项目资金来源审核实施细则》，建立项目资金来源联审机制，加强政府性投资项目决策风险联防联控。三是筑牢财经纪律底线。组织全市各预算单位财务管理人员认真学习《关于进一步加强财会监督工作的意见》。聚焦惠民惠农财政补贴资金、乡村振兴衔接资金、行政事业单位国有资产处置、地方政府债务违法违规等重点问题，开展财经专项整治行动，共发现10个问题，涉及金额1185万元。

（湖南省娄底市涟源市财政局供稿　刘慈妲执笔）

湘西土家族苗族自治州

2023年，湘西土家族苗族自治州实现生产总值（GDP）825.85亿元，同比增长（以下简称增长）2.6%。其中，第一产业增加值121.71亿元，增长3.6%；第二产业增加值225.48亿元，同比下降（以下简称下降）4.7%；第三产业增加值478.66亿元，增长6%。全年规模以上工业增加值下降5%。全州社会固定资产投资（不含农户）下降13%。全州居民人均可支配收入22105元，增长6.3%。其中，城镇居民人均可支配收入32953元，增长4.9%；农村居民人均可支配收入14052元，增长7.3%。

2023年，全州完成地方一般公共预算收入79.9亿元，增长7.12%。其中，税收收入40.65亿元，增长0.81%；非税收入39.25亿元，增长14.55%。上级补助收入274.07亿元，债务转贷收入49.77亿元，动用预算稳定调节基金8.45亿元，调入资金32.35亿元，上年结余收入36.96亿元，收入总计481.49亿元。全州一般公共预算支出370.14亿元，加上上解支出4.84亿元，债务还本支出40.96亿元，安排预算稳定调节基金10.75亿元，调出资金6亿元，年终结余48.8亿元，支出总计481.49亿元。州本级完成一般公共预算收入23.15亿元，增长9.09%。其中，税收收入12.33亿元，下降8.18%；非税收入10.82亿元，增长38.89%，上级补助收入33.29亿元，债务转贷收入4.82亿元，动用预算稳定调节基金4.77亿元，调入资金0.37亿元，上年结余收入15.72亿元，收入总计82.12亿元。州本级一般公共预算支出50.21亿元，加上上解支出-1.77亿元，债务还本支出3.15亿元，安排预算稳定调节基金7.44亿元，调出资金1.87亿元，年终结余21.22亿元，支出合计82.12亿元。

2023年，全州完成政府性基金预算收入18.24亿元，下降48.89%。全州政府性基金预算支出89.33亿元，增长4.56%，调出资金（调入一般公共预算）5.16亿元。州本级完成政府性基金预算收入0.53亿元，下降83.24%。州本级政府性基金预算支出17.60亿元，增长8.27%。

2023年，全州完成国有资本经营预算收入11.28亿元，增长102.67%。全州国有资本经营预算支出1.74亿元，增长95.11%，调出资金（调入一般公共预算）9.56亿元。州本级完成国有资本经营预算收入0.2亿元，增长20%。州本级国有资本经营预算支出0.01亿元，减少360%，调出资金（调入一般公共预算）0.23亿元。

2023年，全州完成社会保险基金预算收入72.82亿元，增长0.86%。全州社会保险基金预算支出59.45亿元，全年收支结余13.37亿元，累计滚存结余82.16亿元，增长13.51%。州本级完成社会保险基金预算收入44.37亿元，增长3.02%。州本级社会保险基金预算支出33.14亿元，全年收支结余11.23亿元，累计滚存结余57.48亿元，增长18.86%。

一、坚持量质并举，有力服务经济发展

一是落实落细组合式税费政策。2023新增减税降费及退税缓税12.17亿元，其中新增减税降费10.09亿元，增值税留抵退税2.07亿元，阶段性缓缴企业社会保险费0.01亿元，切实减轻市场主体负担、激发市场活力。二是用好用足政府采购支持政策。实现政府采购规模19.23亿元，其中政府采购合同授予中小企业的金额为15.48亿元，占总采购额的80.5%。在全省率先实现政府采购全流程电子化，推动政府采购工作提质增效。三是有效缓解中小微企业融资难题。用好财政支持农村普惠性金融、科技型企业知识价值信用贷款等政策，为919户市场主体提供融资担保12.63亿元，为117户企业提供应急转贷资金15.19亿元，发放科技型企业知识价值信用贷款143笔2.69亿元，发放兑现各类贷款贴息0.46亿元，着力降低企业贷款转贷成本。四是全力支持开展促消费系列活动。支持举办神秘湘西年货节、抖音"夜湘西嘉年华"等活动，省州联动发放消费券及消费补贴0.21亿元，拉动市场消费33.8亿元。争取省级促消费政策资金扶持，进一步壮大市场消费主体，新能源汽车销售增长40%以上，限上住宿、餐饮业营业额均增长30%以上。支持开展"湘商回归"招商活动20余场次，新引进"三类500强"企业项目11个，实现省外境内到位资金252亿元，增速位居全省前列。五是全力保障政府投资项目建设。完成10批次61个专项债券项目发行，发行总额69.61亿元，增长41.45%。统筹中央和省预算内基本建设专项补助10亿元、州本级重大专项6.3亿元，支持大兴寨水库、优势产业链、"五好"园区基础设施等一批重点领域重大项目建设。边城机场建成通航，支持开通湘西至北京、广州、宁波方向航线，湘西迈进"高飞时代"。

二、坚持以人为本，持续改善民生福祉

一是切实稳住重点群体就业。全面落实社会保险、养老保险等缓缴政策，支持脱贫人口、低收入人群、高校毕业生等特殊群体就业，全州城镇新增就业2.2万人。新增发放创业担保贷款2.7亿元，新增创业主体1.22万户，带动城乡就业3.56万人。二是支持提升教育均衡发展水平。投入3.07亿元，重点支持31所乡镇标准化寄宿制学校、8所"徐特立"县域高中、5所楚怡职中建设。发放资助资金2.5亿元，惠及近17万名家庭经济困难学生。拨付1.62亿元，支持农村学生营改计划实施，全州16万余名学生受益。三是扎实推进医疗卫生事业发展。投入7.35亿元，支持卫生健康行业17个重点项目建设，州妇保院新院建成投用，州民族中医院内科大楼、州中心血站等项目加快推进。支持国家卫生县城（城市）创建，成功应对猴痘、登革热等重点输入性疫情。延续先诊疗后付费、一站式结算等政策，继续支持33种大病定点医院专项救治，因病返贫风险处于全省较低水平。四是健全多层次社会保障体系。统筹安排困难群众救助资金7.5亿元，惠及18.9万低保对象、特困人员、孤儿和事实无人抚养儿童。全州城市低保标准由2022年的600元/月提高到650元/月，农村低保平均标准由4709元/年提高到5051元/年。发放残疾人两项补贴1.13亿元，支持完善残疾人社会保障制度和关爱服务体系。五是助推文旅产业加快发展。安排0.52亿元支持重点文物保护单位、革命旧址和革命文物、非遗文化保护，促进文旅产业深度融合发展。安排0.2亿元支持"十八洞"减贫与发展论坛、全国乡村振兴赋能文化旅游大会、省夏季乡村旅游文化节等大型文旅节会活动，"神秘湘西"旅游品牌影响力进一步提升。安排0.5亿元支持"三馆一站"、数字图书馆等项目建设，公共文化服务扩面提质。六是稳步推进保障性安居工程。投入2.29亿元，支持223个老旧小区和490户棚户区改建、800套保障性租赁住房新建，不断完善老旧小区、棚户区设施功能，着力打造安居宜居环境，让更多困难群众圆梦美好家园。

三、坚持乡村振兴战略，优先发展农业农村

一是持续巩固脱贫攻坚成果。落实防返贫致贫专项救助保障基金4558万元，到位有效衔接资金18.1亿元，重点支持基础设施配套、农村综合改革、和美乡村建设、人居环境整治等，助推乡村振兴"六大行动"落地见效。全年统筹整合财政涉农资金18.78亿元，通过健全统筹机制和监管机制，做到项目精准实施、资金精准支出。二是支持推动农业产业发展。安排农业产业投入8.54亿元，大力扶持茶叶、猕猴桃、柑橘等州域农特产业，促进农业提质、农民增收。全州农产品地理标志数量居全省前列，茶叶综合产值接近百亿元。三是夯实粮食安全根基。投入0.96亿元，全力支持耕地保有量、永久基本农田、恢复耕地三大任务建设，加强耕地开垦成本补偿。安排高标准农田建设、耕地地力保护等粮食安全保障资金4.89亿元，全面完成粮食生产面积和产量省定任务，耕地净增量居全省第一位。

四、坚持绿色发展理念，助力生态环境保护

一是支持污染防治综合治理。深入打好污染防治攻坚战，投入4.48亿元，支持花垣县"锰三角"矿业污染治理，治理成效得到生态环境部和省委省政府肯定。投入资金1.06亿元，支持大气、水、土壤污染治理，扎实开展柴油货车、餐饮油烟、城市扬尘等专项整治行动，助力完成各项环境整治任务。二是加速推进生态保护修复。统筹各类资金2.88亿元，保障新一轮退耕还林延长期补助、上一轮退耕还生态林抚育补助、非国有林生态保护补偿和生态护林员补助资金发放。安排各类配套专项0.73亿元，支持林业产业发展、生态保护修复、林业有害生物防治、森林城市及生态廊道建设。三是有序推进绿色低碳发展。支持绿色制造体系试点示范工程实施，推动重点行业领域绿色低碳转型，凤凰县、泸溪县、永顺县风力发电项目有序推进，凤凰县获评第七批国家生态文明建设示范区，花垣县十八洞村获评"绿水青山就是金山银山"实践创新基地。

五、坚持深化改革，提升财政管理水平

一是财政支出政策更加有效。严格执行人大批准的预算草案，预算调整规模较上年大幅下降。进一步规范政府性投资项目管理，强化在建项目的资金保障，落实财政可承受能力评估，停建一批非急需、非刚性项目。清理规范州本级财政奖补政策，每年可节约财政资金1.6亿元以上，进一步减轻财政保障压力。二是监督管理机制更为有力。切实履行财会监督主责，健全财政监督体系，扎实开展财经秩序专项整治行动、会计和评估监督检查、"三公"经费专项检查、地方政府债务检查等，严肃财经纪律，财政治理水平稳步提高。深入推进预决算公开，实现财政部门对单位预决算公开工作的实时监控，信息公开效率进一步提升。三是国有"三资"盘活更加高效。按照"能用则用、不用则售、不售则租、能融则融"原则，重点对水利、林业、矿产、文化旅游等各类资源进行全面清查，加大对各类园区土地、厂房等闲置资产的处置力度，进一步盘活各类学校、党政机关、企事业单位等闲置资产，将资源转化为资产，资产转化为资金，统筹用于偿债与发展。全州实现国有"三资"处置盘活收益61.76亿元，其中入库45.03亿元。

六、坚持底线思维，筑牢财政安全防线

一是债务管理成效明显。统筹做好新增政府债务限额安排与还本付息，强化专项债券全生命周期管理，深化违规举债和虚假化债监督，完成全州防范化解地方债务风险"1+N+X"方案编制工作，债务管理效能不断提升。州本级隐性债务实现"清零"，各县市政府债务控制在省定限额以内。二是库款管理精准有力。建立财政库款运行动态监控机制，精准测算、科学调度、动态监测县市区库款，州本级国库暂付款实现"清零"。三是"三保"底线兜牢兜实。始终把兜牢"三保"底线、保障县市区财政平稳运行作为财政部门的重大政治责任抓牢抓实。加大财力下沉力度，累计下达县市各类转移支付资金242亿元。建立民生政策扩面提标财政备案制度，完善"三保"财政资金保障机制，集中财力优先保障基层"三保"及刚性支出。全年没有出现工资拖欠情况，保基本民生和保运转工作稳健有序。

（湖南省湘西土家族苗族自治州财政局供稿　刘莹执笔）

吉首市

2023年，吉首市实现地区生产总值（GDP）224.59亿元，同比增长（以下简称增长）0.4%。其中，第一产业增加值11.09亿元，增长3.9%；第二产业增加值74.53亿元，同比下降（以下简称下降）10.5%；第三产业增加值138.98亿元，增长6.8%。全年固定资产投资总额138.01亿元，下降23.1%。全市全体居民人均可支配收入34184元，增长4.8%。其中，城镇居民人均可支配收入40270元，增长4.3%；农村居民人均可支配收入16303元，增长7.1%。

2023年，全市一般公共预算地方收入14.37亿元，增长7.14%，加上级补助收入25.51亿元，地方政府一般债务转贷收入14.57亿元，动用预算稳定调节基金1.3亿元，调入资金6.79亿元，上年结转4.36亿元，收入合计66.9亿元。全市一般公共预算支出43.66亿元，增长10.36%，加上解上级支出1.6亿元，地方政府一般债务还本支出14.14亿元，补充预算稳定调节基金1.5亿元，结转下年6亿元，支出合计66.9亿元。

全市政府性基金收入7.87亿元，下降30.86%；加上级补助收入1996万元，地方政府专项债务转贷收入12.14亿元，上年结转7943万元，收入合计21亿元。全市支出18.6亿元，增长25.87%，加调出到一般公共预算2845万元，地方政府专项债务还本支出1.86亿元，结转下年2538万元，支出合计21亿元，收支平衡。

全市国有资本经营预算收入6.54亿元，增长204.18%；加上级补助43万元，上年结转1万元，收入合计6.54亿元。全市支出18万元，下降71.43%，加调出到一般公共预算6.51亿元，结转下年264万元，支出合计6.54亿元，收支平衡。

全市社会保险基金预算收入2.98亿元，支出2.98亿元。年末滚存结余1.47亿元。

一、突出政策导向，助力经济高质量发展

一是夯实财源建设工程。做好经开区财源建设，成功与6家企业签约。全年谋划重点项目30个，开工22个，拟开工8个，累计完成投资13.3亿元。全年实现生产总值32.51亿元，亩均产值26.17万元/亩，增长15.4%；亩均税收3.63万元/亩，增长16.4%。二是扶持中小企业发展。投入各级专项资金2049万元，用于中小企业公共服务平台补助、企业研发、科技创新、农产品冷链物流体系建设等。三是加大就业支持。统筹安排就业专项资金3580万元，用于职业技能培训、社会保险补贴、公益性岗位补贴、扶持公共就业服务等支出。进一步做好创业担保贷款贴息，优化反担保措施，促进就业。四是优化营商环境。深入酒鬼内参、鹤盛原烟等重点企业调研，协助企业解决用地、融资等困难和问题。政府采购限额标准以下的货物、服务和工程采购全部进入电子卖场交易。184家单位在卖场进行采购，完成交易额2.25亿元。拨付企业奖补资金1850万元，惠及企业50余家。

二、确保稳定发展，全面提升抗风险能力

一是全力兜牢"三保"底线。加强资金统筹调度，严控各项非必要支出，全年安排资金19.39亿元，确保未发生"三保"风险。二是切实防范债务风险。全年未发生任何债务风险事件。争取专项债券10.28亿元，增长56.47%，有效保障全市重点项目推进。积极对接银行等金融机构，确保到期债务平滑缓释。三是全力支持疫情防控。投入资金5456万元，用于解决疫情防控费用、新冠肺炎重症救治能力医疗设备采购、登革热防治、传染病预警监测与应急队伍能力建设等，全方位提高应急救治能力。四是处置应急突发事件。拨付专项资金1501万元，用于安全生产及应急救灾等方面的工作开展。

三、强化支出进度，全心全力保障民生福祉

一是兜牢社会保障底线。投入资金2.5亿元，落实城乡居民基本医疗保险、基本养老保险基金及机关事业单位基本养老保险基金补助。投入资金7625万元，落实困难群众救助。统筹安排基本公共卫生服务和重大公共卫生资金5806万元，全方位织牢社会保障体系。二是推进教育高质量发展。投入教师岗位津补贴2822万元，投入2269万元保障编外教师及校医待遇，投入生均公用经费6683万元、营养餐补助资金2882万元、学生资助资金2892万元、校舍维修等工程项目资金7314万元，教育强市计划全面夯实。三是推动文旅事业发展。投入资金2366万元，撬动吉首市2023年湖南省（夏季）乡村文化旅游节、文物和非遗保护、文旅产业发展等，有力促进文旅事业健康发展。四是加大老旧小区改造。争取中央、省财政老旧小区改造资金4555万元，改造老旧小区101个，群众最关心的问题得到有效解决。

四、推进乡村振兴，促进城乡区域协调发展

一是提升产业发展内生动力。投入农业产业生产资金9498万元，促进产业发展；通过湖南省农业信贷担保有限公司累计完成农业担保项目174笔2.3亿元，现有农业在保项目70户6405万元，有力保障产业发展；投入信贷贴息资金1031万元，切实减轻农户（农业企业）融资负担。二是完善农村基础设施。投入村间道路资金978万元，为村民出行安全提供保障；投入安全饮水资金400万元，提升安全饮水抗旱能力。三是改善农村人居环境。投入人居环境整治资金2807万元，用于解决村民如厕、处理生活垃圾及污水、创造美丽舒适的生活环境等。

五、推动绿色经济，促进人与自然和谐共生

投入资金1.5亿元，用于支持雅溪黑臭水体整治、环卫市场化作业、垃圾污水处理、"峒河—万溶江"水环境综合治理、饮用水水源地环境保护等，持续改善环境质量。拨付城市公交新能源车运营补贴287万元，支持绿色转型发展。

六、聚力改革创新，加快建立现代财政制度

一是推进资产管理改革。加强资产、资源、资金盘活工作，突出土地、旅游、充电桩特许经营权等资源资产盘活，全年实现总收益18.9亿元。盘活存量资金1.49亿元。盘活"三资"工作得到省财政厅充分肯定。二是树牢绩效管理理念。以"提绩效""强绩效""优绩效"为要求，细化工作任务，推动"绩效管理提升年"行动横向覆盖到部门、纵向覆盖到乡镇。三是推广电子缴款书。开展非税收入电子缴款业务培训，积极推进电子非税收入一般缴款书改革，财政票据管理迈向无纸化、电子化和便民化。

七、深入调查研究，促进财政管理提质增效

一是开展调查研究。深入开展乡镇财政体制、基层政权建设、乡镇执法队伍建设、财源建设、财务大检查等调研，进一步了解并解决基层急难愁盼问题。完成"三保"情况调研，有效防范"三保"风险。二是开展专项检查。组织开展经营性资产租赁收入核查，对14个预算单位（含国有企业）、村（社区）财务、城市社区惠民资金进行监督检查，进一步严肃财经纪律、规范财务管理行为。三是落实"互联网+监督"。完成吉首市地区民生资金的调整目录及本年度一级目录10个、二级目录72个，为民生资金指标数据录入的及时性与准确性提供保障。四是落实政务信息公开。完成财政预决算、政府集中采购、涉农补贴等相关信息的公开，主动接受社会监督。五是落实财政评审职能。全年累计完成评审预算项目163个，送审金额14.18亿元，审定金额11.79亿元，审减不合理资金2.39亿元，审减率达16.85%，切实为政府投资项目把好关。

（湖南省湘西土家族苗族自治州吉首市财政局供稿 谢小燕执笔）

泸溪县

2023年，泸溪县实现地区生产总值（GDP）80.86亿元，同比增长（以下简称增长）0.2%。其中，第一产业增加值12.48亿元，增长3.1%；第二产业增加值27亿元，同比下降（以下简称下降）8.6%；第三产业增加值41.39亿元，增长5.3%。全县实现固定资产投资增长8.97%。全县居民人均可支配收入20964元，增长5.9%。其中，城镇居民人均可支配收入31699元，增长4.2%；农村居民人均可支配收入13250元，增长7.1%。

2023年，全县完成地方一般公共预算收入4.98亿元，增长9.17%。其中，税收收入2.59亿元，非税收入2.39亿元，非税占比47.95%。上级补助收入25.86亿元（其中，返还性收入4674万元，一般性转移支付收入22.09亿元，专项转移支付收入3.3亿元）；地方政府一般债务转贷收入3.12亿元；上年结余3.52亿元；动用

预算稳定调节基金575万元；调入资金2.15亿元（其中，从政府性基金预算调入1.17亿元，从国有资本经营预算收入调入8130万元，从其他资金调入1709万元）；收入总计39.69亿元。

2023年，全县完成一般公共预算支出32.4亿元，增长1.50%。其中，民生支出23.17亿元，增长1.28%，占一般公共预算支出的71.50%；上解上级支出6558万元；债务还本支出2.43亿元；安排预算稳定调节基金1440万元；调出资金5108万元；年终结余（结转下年支出）3.55亿元；支出总计39.69亿元。

2023年，全县完成政府性基金收入1.97亿元，下降2.94%。其中，国有土地出让收入1.88亿元，下降4.52%。政府性基金支出7.43亿元，增长26.59%。

2023年，全县完成国有资本经营预算收入1.03亿元，增长3.36%。国有资本经营预算支出2206万元，增长296.76%。

一、落实积极财政政策，不断夯实发展基础

一是在向上争资上积极作为。加大债券谋划力度，全年发行专项债项目4个，当年到位资金5.77亿元，用于全县基础设施建设。累计向上争取资金32.93亿元，增长7.36%，有效缓解本级财政压力，为全县稳增长、扩投资、保民生提供稳定支撑。二是盘活存量上统筹推进。构建起盘活财政存量资金的长效机制。全年盘活存量资金1.5亿元，年内，累计实现盘活"三资"10.82亿元，入库5.88亿元，统筹用于经济社会发展急需的重点领域。三是多措并举助力企业减负纾困。坚持"放水养鱼"新增减税降费及留抵退税9780万元，兑现惠企奖补资金411万元，以精准高效政策资金帮扶，真金白银助企纾困；持续搭建政银企融资平台，组织举办政银企对接会2次，为184户市场主体提供贷款担保3.4亿元，为企业的稳定经营提供了有力的支持保障。四是在投资评审上精准施力。充分发挥投资评审专业优势，从严从实抓评审，切实提高资金使用效益。全年共完成评审项目26个，评审额4.68亿元，审定金额4.39亿元，审减2908万元，审减率6.21%。

二、优化财政支出结构，持续增进民生福祉

一是凝心聚力推进乡村振兴。切实巩固脱贫攻坚成果，发挥财政杠杆效能。全年统筹整合涉农资金2.34亿元（其中财政衔接补助资金2.04亿元），落实防返贫专项救助保障基金500万元。二是持续提升民生保障水平。坚持"让人民过好日子，让政府过紧日子"的工作导向，持续压降政府运行成本，不断加大民生投入。三是加强社会保障。全年城乡居民基本医疗保险24.59万人，财政补助1.58亿元。城乡居民养老保险14.33万人，发放养老金7387万元。发放城乡低保、特困人员、孤儿、临时救助等困难群众救助1.09亿元，惠及31210人。四是突出稳岗就业。落实高校毕业生、退役军人、残疾人和脱贫人口等重点群体充分就业补助资金3096万元，稳定就业基本盘。五是优先发展教育。2023年教育支出6.71亿元，增长1.02%，在本级财力十分困难的前提下，实现教育经费"两个只增不减"。六是注重卫生健康。全年公共卫生支出6993万元，增长52.11%，助推健康泸溪建设。七是提升环境治理。全年投入7160万元，完成政法片区、电力片区等15个老旧小区改造项目，惠及1082户；投入资金3.9亿元持续推进生态环保治理，持续深入打好蓝天、碧水、净土保卫战。

三、深入推进财政改革，稳步提升管理水平

一是预算管理更加科学。深化预算管理制度改革，坚持量入为出、急需先办，调整完善财政支出体系，推动财政资金优化配置和高效使用，切实提高财政保障能力和水平。2023年，地方一般公共预算收入4.98亿元，增长9.17%，一般公共预算支出32.4亿元，增长1.50%；政府性基金预算收入1.97亿元，下降2.94%，政府性基金预算支出7.43亿元，增长26.64%；国有资本经营预算收入1.03亿元，增长3.36%，上级补助收入5万元。国有资本经营预算支出2206万元，增长296.76%，调出资金8135万元。收支相抵，国有资本经营预算收支平衡；全县社会保险基金预算收入2.99亿元，增长9.01%。全县社会保险基金预算支出2.7亿元，增长7.11%。二是强化绩效管理意识。强化绩效管理意识，将绩效理念和方法融入预算编制、执行、监督全过程，实现预算管理和绩效管理一体化。出台《泸溪县财政局关于2023年预算绩效目标编制和预算项目入库事前评估工作的通知》，将纳入预算的项目实施绩效目标管理，对拟通过预算资金安排的10个重点项目开展事前绩效评估，切实把好预算第一关。加强项目入库规范性审查，项目预算测算合理性审核，2023年本级预算延续项目入库参考2022年绩效评价结果，核减并取消预算项目27个，核减预算3000多万元。三是在国企改革上深化提升。持续优化国有资本布局，累计督促完成合并公司2家，注销留壳化债类公司2家；开展县汇金公司体制改革；探索将景区、公务用车、充电桩、殡葬一体化、保障房等资产及特许经营权注入县属国企，县属国企资产运营管理能力逐步增强。四是建设高素质干部队伍。坚持党管人才，按照"空编即考，新进人员下乡镇，优秀年轻所员提拔，优秀财政所长进城"的选人用人导向。年内，新招录基层财政所人员10名，提拔中层干部9人，队伍建设进一步夯实。注重干部理论与业务素养培育，开办3期财政讲堂，特邀北京国家会计学院副教授、管理学博士、硕士生导师李英和吉首大学马克思主义学院廖金香教授为干部职工授课培训，深化干部业务水平，促进全县财政工作提质增效。

四、筑牢安全运行防线，积极防范财政风险

一是加强政府性债务管理。切实防范化解重大风险，坚决守住不发生系统性风险的底线。严格执行政府债务限额，积极化解政府隐性债务。制订政府债务"1+N+X"偿债计划，落实偿债资金，管好用好债券资金。开展PPP专项整治行动。二是强化财政运行风险预警。消化暂付款2042万元。建立县级财政运行情况动态研判机制。加强政府性投资项目财政承受能力评估。三是强化财会监督检查。扎实开展监督检查，精心组织业务骨干207人次，有计划有安排地对全县61个单位开展了财政监督检查工作，开展对5家行政事业单位和1家企业重点监督检查。四是专项整治保惠农资金。将惠农补贴资金专项检查与"三湘护农"行动无缝对接，发现并完成整改问题22616个，累计追缴惠农补贴资金11万元。做到以查促改、以查促治，高标准高质量推动惠农补贴资金发放落实见效。

（湖南省湘西土家族苗族自治州泸溪县财政局供稿 周晏杨执笔）

凤凰县

2023年，凤凰县实现地区生产总值（GDP）10.4亿元，同比增长（以下简称增长）5.7%。其中，第一产业增加值13.62亿元，增长3.2%；第二产业增加值22.03亿元，增长4.7%；第三产业增加值68.30亿元，增长6.6%。全社会固定资产投资（不含农户）总额53.28亿元，增长2.3%。全县居民人均可支配收入21428元，增长6.7%。其中，城镇居民人均可支配收入33036元，增长5.2%；农村居民人均可支配收入15558元，增长7.4%。

2023年，全县完成一般公共预算地方收入8.76亿元，增长1.29%。其中，税收收入3.03亿元，增长10.08%；非税收入5.74亿元，同比下降（以下简称下降）2.81%，上级补助31.57亿元，一般债务收入3.26亿元，动用预算稳定调节基金0.65亿元，调入资金1.48亿元，上年结转6.17亿元，收入合计51.89亿元。全县一般公共预算支出40.55亿元，加上上解中央0.99亿元，一般债务还本2.60亿元，补充预算稳定调节基金0.09亿元，结转下年7.04亿元，支出合计49.95亿元。

2023年，全县完成政府性基金收入1.09亿元，下降75.8%。全县政府性基金预算支出3.20亿元，调出资金（调入一般公共预算）1.48亿元，下降65.22%。

2023年，全县完成国有资本经营预算收入0.85亿元，增长179.61%。全县国有资本经营预算支出0.85亿元，增长178.69%。

2023年，全县完成社会保险基金收入4.04亿元，增长7.45%全县社会保险基金预算支出3.49亿元，全年收支结余0.55亿元，累计滚存结余3.85亿元，增长16.67%。

一、加强收入组织，财政收入实现稳中有进

一是地方收入稳中有进。在全县经济持续向好的背景下，凤凰县以"三高四新"财源建设为抓手，为全县的重点领域和项目提供了有力的财力保障，推动财政收入高质量发展。2023年一般公共预算收入完成10.31亿元，完成年初预算的88.22%，增长8.97%，其中地方一般公共预算收入完成8.77亿元，增长1.29%，财政收入实现稳中有进。二是国有"三资"盘活有力。加大扩大财政存量资金统筹力度。除按规定可以结转的资金外，部门的基本支出、"三公"经费、结转一年以上的项目支出等财政拨款，以及沉淀闲置、低效无效的单位资金，全部收回财政统筹，进一步提高财政资金使用效率。同时，深化行政事业单位闲置资产清查处置行动，加大低效运转、闲置、超标准配置以及临时配置资产调剂使用力度，完善经营性资产、特许经营权、公共资源有偿使用等收入管理。2023年国有资本经营预算收入完成8542万元，国有资源资产有偿使用收入完成6596万元。

二、加强财政管理，不断推进财政高质量发展

一是凤凰县坚决执行过"紧日子"要求，完善预算管理制度，加强财政资金监管，提高财政资金的使用效益，持续优化财政支出结构，合理安排预算支出，对无预算安排事项原则不予支出，除确保"三保"开支足额安排外，压减"三公"等一般性支出和不必要的专项支出，确保"三公"经费只减不增。二是兜牢兜实"三保"底线。根据全县的发展需要和民生需求，不断优化支出结构，重点保"三保"等刚性支出，"三保"支出任务完成100%。三是严格落实预决算公开。在县政府门户网预决算专栏公开了68家预算部门汇总预算和89家部门所属单位预算，主动接受人民群众监督，全面提升政府预算的透明度，着力推动阳光财政建设。四是财政监督管理有力。重点聚焦民生热点，深入开展"三湘护农""两带头五整治""互联网+监督"等专项检查工作，并取得了实质性的效果。五是加强统筹资金管理。2023年累计到位财政涉农资金2.54亿元。其中财政衔接资金2.08亿元，拨付率完成100%。六是积极落实金融服务。2023年完成政策性保险及县级保险品种14个总保险费1544万元；"两民"贴息86.24万元，创业担保贷款贴息497万元，发放农业产业担保贷款1118万元。

三、加强债务管理，有效防范化解债务风险

一是偿还到期债务本息。为确保债务不违约，按照化债方案，通过"六个一批"化债措施，释放集中偿债压力，实现债务化解的总体平衡和有序推进，牢牢守住不发生系统性债务风险底线。二是有效降低贷款利率。积极与金融机构洽谈降低贷款利率，全力推进贷款高息债务低息化，2023年国有商业银行及政策性银行贷款平均利率均下调至5%以下，地方银行村镇银行贷款年利率下调至5.8%、农商银行贷款年利率下调至4.5%、湖南银行贷款利率下调至5.0%。

四、加强国资管理，稳步推进县属国企改革

进一步理顺国资监管机制，完成了凤凰县国资国企党委划转至县财政局党组，高效推进铭城、华创、城投、新区投4家国企整合重组，分别划分旅游综合、城乡运营、资产经营、产业开发区等4大板块；严格落实平台"关停并转"，注销6家空壳及僵尸企业，压减国企员工129人，整合分流员工23人，压缩中层岗位17个，国企实行薪酬绩效管理制度，健全国企重大事项报告制度等。

五、加强廉政建设，打造清廉财政机关

进一步完善局机关党建工作各项制度，强化组织管理，队伍建设不断加强，党建各项工作落实落地。通过理论学习中心组、"三会一课"、"学习强国"等学习平台，深入学习党的理论，严格落实"一岗双责"责任制和执行"三重一大"制度，深入排查局机关廉政风险点，完善内控办法和规范操作规程，加强清廉宣传，组织清廉观影，建设清廉家庭，传播清廉文化，落实中央八项规定精神，树立了良好的形象，全面推进"三不腐"在局机关走深做实。

（湖南省湘西土家族苗族自治州凤凰县财政局供稿 杨雪松执笔）

花垣县

2023年，花垣县实现地区生产总值（GDP）82.37亿元，同比增长（以下简称增长）1.8%。其中，第一产业增加值10.39亿元，增长3.6%；第二产业增加值25.54亿元，同比下降（以下简称下降）2.2%；第三产业增加值46.45亿元，增长3.6%。第一产业、第二产业、第三产业增加值占地区生产总值的比重分别为12.6%、31%、56.4%，其中工业增加值占地区生产总值比重为24.2%。人均地区生产总值为34097元，增长1.8%。全年固定资产投资总额下降27.7%。全县居民人均可支配收入21324元，增长6.5%。其中，城镇居民人均可支配收入32907元，增长5.1%；农村居民人均可支配收入13767元，增长7.3%。居民人均生活消费支出13768元，增长5.6%。其中，城镇居民人均生活消费支出15276元，增长5.1%；农村居民人均生活消费支出12784元，增长5.8%。

2023年，全县完成地方一般公共预算收入7.04亿元，增长13.44%，增速位列全州第一。其中，地方税收收入完成3.28亿元，增长28.5%；非税收入3.76亿元，增长2.9%。完成一般公共预算支出34.65亿元，增长4.61%。其中，民生支出24.77亿元，占比71.5%，增长3.79%。

2023年，全县完成政府性基金预算收入7778万元；政府性基金预算支出完成5.09亿元。

2023年，全县完成社会保险基金收入7.09亿元，增长5.06%；社会保险基金支出完成5.76亿元，下降7.89%。

2023年，全县完成国有资本经营预算收入90万元，完成国有资本经营预算支出10万元。

一、坚持人民至上理念，增进民生福祉

坚持以习近平新时代中国特色社会主义思想为引领，深入践行人民至上理念，严格落实党中央、国务院和省委、省政府及州委、州政府关于做好财政民生保障工作决策部署，始终把民生支出作为财政保障的重中之重，坚持为民聚财、为民理财、为民用财，全力保障好基本民生，切实兜牢兜实民生底线。一是统筹整合财政涉农资金助力乡村振兴。统筹整合财政涉农资金2.83亿元，支持巩固脱贫攻坚成果同乡村振兴有效衔接，为乡村振兴提供了坚强的财力保障。二是全力支持打好污染防治攻坚战。全县矿业环境综合整治及矿业退出累计投入资金7.05亿元，深入推进环境污染防治，持续改善生态环境质量。三是促进教育高质量发展。全年完成教育支出6.21亿元，支持抓好"五育并举"，提高学生综合素质，加强教师队伍建设，办好人民满意的教育。四是着力保障民生需求，兜实社保民生底线。全年完成社会保障和就业支出5.17亿元、卫生健康支出3.83亿元、住房保障支出1.27亿元，达到"老有所养、病有所医、住有所居"的国家基本公共服务标准。五是惠民惠农补贴政策落到实处。2023年通过"一卡通"发放惠民惠农补贴93

项2.47亿元。其中普惠制惠民惠农补贴79项2亿元、脱贫攻坚类补贴14项4659万元。六是基层保障有力。全年投入村级、社区（居委会）运转经费5710万元。其中，村干报酬3652万元，村、社区办公经费828万元，其他经费1230万元。

二、夯实财源税源基础，促进县域经济高质量发展

凝心聚力系统推进"三高四新"财源建设提质增效，落实积极的财政政策，持续优化营商环境，千方百计做大财政"蛋糕"。一是坚决落实减税降费政策。全年为企业减免退缓税费共计6323万元，依法催缴欠税3901万元，切实减轻经济市场主体负担，激发市场活力。二是着力缓解融资难问题。充分发挥政府性融资担保作用，加大财政优惠政策兑现力度，累计为191户市场主体提供贷款担保5.88亿元；为32户企业兑现企业奖补、科技奖补等各类资金4091万元；累计拨付各类贷款贴息资金1270万元。三是清查盘活国有"三资"。按照"全领域、全口径、全覆盖"的要求，全面组织开展国有"三资"清查处置，盘活收益3.56亿元。四是做大做强县属国有企业。累计为湖南花垣十八洞发展集团有限公司注入资本金3.62亿元，壮大县属国有企业。

三、守牢财政安全底线，提升风险防范能力

坚持化存量遏增量，推动制定一揽子化债方案，扎实推进地方政府债务化解。一是打好防范和化解风险阻击战。牢固树立红线意识和底线思维，坚持疏堵结合、防控并举，加强政府债券项目全生命周期绩效管理，实施绩效运行监控和绩效评价。全年完成政府性债务还本付息10.12亿元，积极防范和化解政府债务风险。二是加强国库库款管理。充分利用预算一体化系统，按日监测库款流量和余额变动情况，对于金额较大的项目支出，逐个分析测算项目金额支付需求，保障库款在合理区间运行，防范支付风险。三是兜牢兜实"三保"底线。集中财力优先保障支出"三保"及刚性支出，完善"三保"风险应急处置预案，全年"三保"总支出15.39亿元，没有出现工资拖欠现象，保基本民生和保运转工作稳健有序。

四、深化财政管理改革根本，提高依法理财水平

以"时不我待"的紧迫感，积极稳妥推进财税体制改革，加强财政管理，健全现代化预算制度，完善预算绩效管理体系，强化政府投资基金管理，提升财政管理水平。一是深入推进预决算公开。完善县本级预决算公开体系，预决算通过县人民政府网站依法依规向社会公开，财政部门对单位预决算公开工作实时监控。二是政府采购规范透明。2023年全县共执行政府采购46批次，其中公开招标18批次，预算采购金额1.2亿元，实际合同金额1.12亿元，节约资金813万元，资金节约率为6.77%。三是财政投资评审提质增效。全县共评审项目54个，审查资金达4.66亿元，审定资金4.21亿元，审减资金4469万元，综合审减率9.6%。四是加大财政监督检查力度。抽取30家独立核算单位的财政财务收支进行财政监督现场检查，检查发现各类违纪违规问题35个，上缴违纪违规金额26万元。开展"三湘护农"专项检查，共发现各类违纪违规问题37个，共涉及资金121万元。五是强力推进绩效评价工作。搭建全方位、全过程、全覆盖的预算绩效管理框架，创造性推出财政、审计联动机制，绩效管理制度和体系进一步完善。

（湖南省湘西土家族苗族自治州花垣县财政局供稿 麻金执笔）

保靖县

2023年，保靖县实现地区生产总值（GDP）84.12亿元，同比增长（以下简称增长）6.1%。其中，第一产业增加值12.46亿元，增长3.2%；第二产业增加值30.27亿元，增长8.5%；第三产业增加值41.4亿元，增长5.4%。2023年全县固定资产投资同比增长8.4%。全县居民人均可支配收入20982元，增长6.6%；城镇居民人均可支配收入30179元，增长5.3%；农村居民人均可支配收入15021元，增长7.3%。

2023年，全县完成一般公共预算收入总计36.07亿元。其中，地方一般公共预算收入3.89亿元；上级补助收入26.62亿元；一般债券转贷收入4.88亿元；上年结余5369万元；动用预算稳定调节基金1150万元；调入资金300万元。全县一般公共预算支出总计36.07亿元。其中，一般公共预算支出31.32亿元；地方政府一般债务还本支出4.09亿元；上解上级支出4550万元；安排预算稳定调节基金586万元；结转下年支出1450万元。

2023年全县完成政府性基金预算收入总计6.8亿元，增长10%。全县政府性基金预算支出6.8亿元，调出资金300万元，增长10%。

2023年，全县完成国有资本经营预算收入16万元。

国有资本经营预算支出0万元，结转下年支出16万元。

2023年，全县完成社会保险基金预算收入3.21亿元。社会保险基金预算支出2.95亿元，全年收支结余2622万元，累计滚存结余2.33亿元。

一、全力以赴聚财力，提升财政保障能力

一是加强组织收入。为全力保障财政运行安全底线，保靖县财政局强化税收征管，深入挖掘增收潜力。2023年全县地方一般公共预算收入完成3.89亿元，同比增加3093万元，增长8.64%。其中，税务部门完成2.29亿元，同比增加9087万元，增长65.63%；财政部门完成1.6亿元，同比增加1088万元，增长7.31%。二是强化非税征管。加强政府行政事业性收费和罚没收入"收支两条线"的管理工作，持续推进非税收缴网络化和票据电子化管理，充分发挥"以票管收，源头控收"的作用，确保非税收入依法征收和足额入库。2023年一般公共预算管理的非税收入完成1.77亿元，比上年同期增加1209万元，增长7.3%。三是全力向上争取。在全县各个单位部门的共同努力下，加大向上争资力度，2023年全县累计获得上级转移支付资金26.62亿元，对缓解保靖县财政困难、保证重点工作及各项事业发展起到了积极的促进作用。全县各部门树立"项目为王"理念，大力谋划项目建设，争取到上级专项资金5.84亿元，为县域经济高质量发展注入动力。

二、凝心聚力防风险，牢牢守住安全底线

一是严守"三保"底线。牢固树立过"紧日子"思想，把"三保"支出放在财政支出优先位置，牢牢兜住"三保"底线。2023年，全县"三保"资金执行到位15.03亿元。其中保基本民生支出7.33亿元、保工资支出7.23亿元、保运转支出0.47亿元，未发生"三保"风险预警及风险事件，"三保"执行情况总体良好。二是兜牢民生底线。2023全县民生支出23.24亿元，占一般公共预算支出74.27%。其中，教育支出4.99亿元，全面改善办学条件，保障教育事业健康发展；文化体育与传媒支出0.34亿元，推动文化事业发展，促进文化繁荣；社会保障就业支出4.68亿元，完善社会保障体系；医疗卫生支出3.91亿元，保障群众卫生健康；农林水支出5.94亿元，助力农业、林业和水利等建设及发展；住房保障支出1.33亿元，保障群众住房安全；城乡社区支出2.05亿元，加速城乡一体化建设。三是管控"债务"底线。认真落实"六个一批"化债措施，多渠道筹措资金化解债务，重点从盘活处置闲置资产、出让特许经营权、转经营性债务、用活土地增减挂政策、降低利率、争取奖补资金、已完工运营的专项债券项目收益归集等方面着力，保障按时清偿到期债务，有效消化存量债务。2023年化解债务1.87亿元，为年度化解任务数的132.75%，牢牢守住不发生系统性风险底线。

三、不遗余力强"三农"，全面加速乡村振兴

一是加大涉农统筹资金力度。2023年，保靖县安排各级衔接资金2.44亿元，用于支持产业类项目、农村小型公益性基础设施建设和人居环境整治补短板项目，以及脱贫户、监测户等人口就业项目等方面，稳步实现农村发展、农业增效、农民增收。二是落实政策性农业保险。2023年，保靖县共投保政策性农业保险品种20个，保费总规模2638万元。其中各级财政保费补贴1531万元、其他补贴89万元、农户自缴1019万元。2023年累计赔付3986户次，赔付金额1659万元。特别是"6.30"特大洪灾农作物受灾5096.66亩，房屋117户，共赔付金额320万元，有效地保障了大灾之年农业生产，稳定农民收入。三是强化财政金融助力。深入推进"农信担"模式，累计为保靖县涉农企业、农业专业合作社及种养大户提供贷款担保业务321笔，担保金额2.73亿元，在保175户，在保余额1.33亿元；持续推动"潇湘财银贷"工作，累计为40家企业提供贷款资金1.41亿元，2023年新增12笔，金额3130万元，在保余额11528万元，有效缓解企业融资难、融资慢、融资贵的问题，支持县域中小微企业发展。

四、持之以恒抓管理，健全财政监管体系

一是用好政府采购政策。发挥政府采购政策功能，提高政府采购工作绩效，优化营商环境。2023年共完成政府采购招标项目活动50批次，政府采购预算金额1.25亿元，实际完成采购金额1.13亿元，节约财政资金1187万元，节约率9.47%。二是稳步推进智慧评审。树立"大财政"思想，建立了"先评审后预算""先评审后招标""先评审后拨款"的工作机制，2023年完成项目预算评审142个，送审金额共计6.67亿元，审定金额6.02亿元，审减金额0.64亿元，审减率9.59%，有效避免了财政资金浪费，提高财政资金使用效益。三是绩效监督持续从严。做细做实绩效日常监督，提高财政资金使用效益，制定下发《保靖县财政局"绩效管理提升年"行动重点任务督查工作方案》，通过实地查看和账务检查相结合的方式，完成8家行政事业单位的绩效检查工作。强化"财审联动"，开展财政监督，聚焦财务报账和"三公经费"使用，对县农机事务中心、县市场监督管理局、县乡村振兴局等20家单位进行专项检查，重点对账务的真实性、合理性、合规性进行检查。

（湖南省湘西土家族苗族自治州保靖县财政局供稿 吴雪佳执笔）

古丈县

2023年，古丈县实现地区生产总值（GDP）35.25亿元，同比增长（以下简称增长）1.8%。其中，第一产业增加值8.76亿元，增长3.4%；第二产业增加值7.5亿元，同比下降（以下简称下降）6.2%；第三产业增加值18.99亿元，增长4.4%。固定资产投资增长12.2%。全县居民人均可支配收入18318元，增长6.4%。其中，城镇居民人均可支配收入28106元，增长4.7%；农村居民人均可支配收入12444元，增长7.2%。

2023年，全县完成一般公共预算地方收入2.36亿元，下降18.31%。其中，税收收入1.33亿元，下降10.55%；非税收入1.03亿元，下降26.94%，上级补助19.03亿元，一般债务转贷收入3.55亿元，动用预算稳定调节基金9万元，调入资金1.67亿元，上年结转1.91亿元，收入合计28.52亿元。全县一般公共预算支出23.23亿元，加上上解上级支出3376万元，一般债务还本2.38亿元，补充预算稳定调节基金272万元，调出资金4106万元，结转下年2.13亿元，支出合计28.52亿元。

2023年，全县完成政府性基金预算收入8231万元，下降24.1%。全县政府性基金预算支出4.24亿元，调出资金（调入一般公共预算）4106万元，增长98.72%。

2023年，全县完成国有资本经营预算收入20万元，下降86.11%，全县国有资本经营预算支出0元，调出资金（调入一般公共预算）20万元，下降86.11%。

2023年，全县完成社会保险基金预算收入1.79亿元，增长14.05%。全县社会保险基金预算支出1.55亿元，全年收支结余2453万元，累计滚存结余1.36亿元，增长12.25%。

一、依法征管，挖潜增收，财政收入保平稳

面对经济下行压力加大、减税降费和增值税留抵扣税等多种不利影响，财税部门迎难而上，千方百计拓财源，齐心协力抓征管。一般公共预算收入2.36亿元，为年初预算3.12亿元的76%。其中，税收收入1.33亿元，为年初预算1.6亿元的83%，非税收入1.03亿元，为年初预算1.52亿元的68%。

二、优化结构，守住底线，风险防范有力度

全面优化支出结构，兜牢兜实"三保"底线。干部职工工资按时发放，养老保险、津贴补贴、医保、公积金等政策性福利待遇保障到位，足额安排日常公用经费，确保机关单位正常运转；全力防范化解债务风险。严格政府债务限额管理，着力偿还存量债务，全面禁止违规举债，未新增一笔隐性债务，没有发生债务风险事件；切实保障民生支出。全县一般公共预算支出完成23.23亿元，其中教育、文化体育与传媒、社会保障和就业、卫生健康、农林水事务、住房保障等六项民生支出13.69亿元，占一般公共预算支出23.23亿元的58.92%。

三、统筹调度，突出重点，县域发展有保障

全力支持乡村振兴。进一步落实乡村振兴资金统筹政策、坚持全力整合，将中央、省、州下达和县本级安排财政涉农资金全部纳入整合范畴，做到应整必整、应整尽整并纳入专户管理，严格按照财政涉农统筹整合方案分配资金，集中财力投入乡村振兴。2023年财政涉农统筹整合资金共安排2.37亿元，支持357个项目，已整合到位2.21亿元。着力加快支出，2022年度统筹资金按省考核要求于6月30日前全部支出，实现"清零"；2023年度统筹资金已拨付2.21亿元、已支出1.81亿元，支出进度达82.04%，占全年计划整合资金的76.65%，序时达到上级考核。持续推进污染防治。安排2.81亿元支持污水垃圾处理运营、城乡环境治理、水污染、生态保护及土壤防治等，扎实推进"蓝天、碧水、净土保卫战"。加大优势产业扶持。充分运用专项安排、统筹整合、申报债券、财政贴息等方式，多渠道筹集资金1.91亿元，支持巩固壮大特色农业。实施茶叶、油茶、烟叶、柑橘等产业面积新扩、种植培管及精品园区打造；筹集9600万元，支持发展壮大工业产业，完善省级工业集中区配套设施建设，支持新建标准化厂房，推动新材料产业园、智慧科技数字产业园等项目。筹集3585万元支持大力发展生态旅游业。推动重点景区提质、旅游配套设施建设、乡村旅游发展。着力推进项目建设。积极支持项目建设，安排项目前期及间接费用2000万元，支持重大项目前期工作。支持城市智慧停车场、智慧科技产业园、城市交通枢纽、综合职业技术学院实训基地、县人民医院医技住院综合楼等重大民生项目建设。

四、深化改革，强化管理，工作效能有提升

强化库款管理、推进电子支付改革，着力提高财政资金配置效率和使用效益。严格国有资产处置管理。审批并下发处置批复文件114份，全县实现资产处置收益2.14亿元。其中，闲置资产盘活利用4398万元，盘活财

政存量资金9264万元，国有资源处置收益9061万元。组织政府采购48次（其中公开招标14次），采购预算1.11亿元、合同价1.07亿元、节约资金401万元、节约率3.60%。强化财政投资评审，评审投资项目100个，送审资金16.34亿元、审定资金14.95亿元、审减资金1.39亿元、审减率达8.49%。加强惠农补贴资金管理。累计发放惠民惠农财政补贴"一卡通"107项25.49万人次、发放资金1.45亿元。强化财政财会监督。充分发挥监督检查"治已病、防未病"的作用，保障财政资金安全，提升全县单位财务管理水平。检查共发现问题152个，整改完成问题121个，向县纪委移交相关线索3条，收回违规资金7.88万元。加强预算绩效管理。积极推行预算一体化工作，完成预算绩效目标申报并要求随预算一并公开，完成全县所有预算单位绩效整体自评，实现预算单位整体自评全覆盖。加强基层财政管理，推进镇村财政财务绩效管理，不断提升基层财政所服务能力和水平。狠抓党建工作，落实主体责任，认真开展民主生活会、组织生活会、主题党日活动等活动，每月党建工作要点任务落实到位并通过检查；狠抓平安创建、安全生产、信访维稳等重点工作；深入推进全域文明城市和全国文明单位创建；加强机关管理，修订完善财务管理、学习教育、考勤等制度；强化内部监督，积极支持派驻纪检组监督执纪问责，着力营造风清气正、团结和谐、文明机关氛围。

（湖南省湘西土家族苗族自治州古丈县财政局供稿 向小刚执笔）

永顺县

2023年，永顺县实现地区生产总值（GDP）102.36亿元，同比增长（以下简称增长）3.5%。其中，第一产业增加值24.59亿元，增长4.0%；第二产业增加值17.86亿元，减少7.4%；第三产业增加值59.91亿元，增长6.5%。全社会固定资产投资（不含农户）同比下降（以下简称下降）3.1%。全县居民人均可支配收入18753.2元，增长6.3%。其中，城镇居民人均可支配收入28669.4元，增长4.9%；农村居民人均可支配收入12838.1元，增长7.2%。

2023年，全县完成一般公共预算地方收入6.15亿元，增长8.6%。其中，税收收入3.87亿元，增长8.1%；非税收入2.29亿元，增长9.5%，中央补助41.14亿元，一般债务收入5.56亿元，动用预算稳定调节基金0元，调入资金2亿元，上年结转2.62亿元，收入合计57.47亿元。全县一般公共预算支出51.66亿元，加上上解中央6753万元，一般债务还本4.03亿元，补充预算稳定调节基金663万元，调出资金7960万元，结转下年2514万元，支出合计57.47亿元。

2023年，全县完成政府性基金预算收入1.91亿元，增长1.06%。全县政府性基金预算支出13.11亿元，调出资金（调入一般公共预算）0元，增长49.49%。

2023年，全县完成国有资本经营预算收入2.19亿元，增长49.92%。全县国有资本经营预算支出1966万元，调出资金（调入一般公共预算）2亿元，下降3.86%。

2023年，全县完成社会保险基金预算收入5.12亿元，增长9.4%。全县社会保险基金预算支出4.63亿元，全年收支结余4886万元，累计滚存结余4.55亿元，增长4.5%。

一、全力保障民生支出，助力产业高质量发展

一是加大民生投入力度。坚持以人民为中心的发展思想，全县财政民生支出40.72亿元，占财政总支出的78.83%，支持打好重点民生保障仗，让民生更有温度、幸福更有质感。支持提升教育均衡发展水平。2023年投入1.1亿元，重点支持6所乡镇标准化寄宿制学校、2所县域普通高中"徐特立"建设项目及8所薄弱学校改造项目。发放和减免资助资金4400余万元，惠及家庭经济困难学生10.4万人次。拨付2885万元支持农村学生营改计划实施，全县27129名学生受益。切实稳住重点群体就业。全面落实社会保险、养老保险等缓缴政策，支持脱贫人口、低收入人群、高校毕业生等特殊群体就业，拨付创业贷款贴息资金268.88万元、小额贷款担保基金1240万元，支持劳动密集型产业发展。拨付公益性岗位补贴715万元，购买城市公共服务和基层社会管理岗位560个。统筹安排困难群众救助资金900万元，惠及全县低保对象、特困人员、孤儿和事实无人抚养儿童。全县城市低保标准由2022年的600元/月提高到2023年的650元/月，农村低保平均标准由4709元/年提高到5051元/年。发放残疾人两项补贴2011.32万元，支持完善残疾人社会保障制度和关爱服务体系。稳步推进保障性安居工程，投入2.09亿元，支持老旧小区和棚户区改建，着力打造安居宜居环境，让更多困难群众圆梦美好家园。二是赋能助推乡村振兴。坚持把农业农村作为财政优先保障领域,确保投入力度不断增强、总量持续增加,脱贫攻坚成果巩固提升,乡村振兴取得新成效。持续巩固脱贫攻坚成果,全县整合财政涉农资金2.66亿元,安排项目403个,全部用于行业部门推进乡村振兴。落实农业保险政策,保障农业健康发展,农业保险保费规模3350万元,各级财政配套资金2252万元。支持推动农业产业发展,安排农业产业投入3.51亿元,大力扶持茶叶、猕猴桃、柑橘等农特产业,促进农业提质、农民增收。夯实粮食安全根基。安排高标准农田建设、耕地地力保护、农民一次性种粮补贴、粮食储备补贴等粮食安全保障资金1.58亿元,切实提高农民种粮积极性。

二、夯实"财源建设"基础,做好"财政改革"文章

一是着力加强财源培植。全力落实各项减税降费政策,累计退减缓各项税费7355万元,其中增值税留抵退税759万元,新增减税降费6596万元,切实减轻市场主体负担、激发市场活力。灵活运用贴息、担保等方式,为中小企业提供便利,解决实际困难,让企业享受到优惠政策和资金,帮助企业健康发展。二是提升"放管服"改革效能。进一步完善涉农资金管理,修订完善《永顺县统筹整合使用财政涉农资金管理办法》及《永顺县财政衔接推进乡村振兴补助资金管理办法》,增强财政制度刚性约束,保障财政资金安全。严格财政投资评审,全年完成预算项目评审60个,送审金额10.62亿元,审定资金9.86亿元,审减金额0.76亿元,综合审减率为7.14%。

三、抓住"债务化解"关键,提升风险防范能力

一是严管防控债务风险。牵头打好防范化解风险阻击仗,守牢不发生系统性风险底线,全县地方政府性债务余额74.58亿元(一般债务40.54亿元、专项债务33.37亿元、或有债务0.67亿元),债务风险基本可控。债务管理成效明显,统筹做好新增政府债务限额安排与还本付息,强化专项债券全生命周期管理,深化违规举债和虚假化债监督,完成永顺县防范化解地方债务风险"1+N+X"方案编制工作,债务管理效能不断提升。库款管理精准有力,建立财政库款运行动态监控机制,精准测算、科学调度、动态监测库款。二是积极申报政府债券。聚焦重点领域,积极申报专项债券项目,发行到位政府专项债券资金10.7亿元。涉及项目10个,其中,保障性安居工程项目3个,债券资金5.19亿元;园区建设项目2个,债券资金1.25亿元;水务项目2个,债券资金3.28亿元;社会事业3个,债券资金0.93亿元。

四、筑牢"财政管理"根本,提升服务经济效能

一是提升财政资金质效。进一步规范政府性投资项目管理,强化在建项目的资金保障,落实财政可承受能力评估,停建一批非急需、非刚性项目。持续压减非急需、非刚性支出1.5亿元,进一步减轻财政保障压力。监督管理机制更为有力,切实履行财会监督主责,健全财政监督体系,扎实开展财经秩序专项整治行动、会计和评估监督检查、"三公"经费专项检查、行政事业机关财务检查,规范开支行为,严肃财经纪律,增收节支。二是发力盘活"三资"。国有"三资"盘活更加高效,由资产管理股牵头,县政府组建专班,对全县闲置国有资源资产进行全面清理,坚持"能用则用、不用则售、不售则租、能融则融"的处置原则,严格实行"资产评估、处置审批、公开拍卖、收入上缴"的管理模式,全力推进国有资产、资源、资金清查处置,有效地盘活存量资产资源,实现国有"三资"处置盘活收益6亿元。三是落实政府采购工作。用好用足政府采购支持政策,全年实现政府采购批次80次,其中公开招标24次、竞争性谈判3次、询价2次、竞争性磋商55次、单一来源3次、框架协议1次。全年货物、服务、工程计划采购金额2.07亿元,实际采购金额1.76亿元,节约资金3105.8万元。

(湖南省湘西土家族苗族自治州永顺县财政局供稿 杨舒执笔)

龙山县

2023年,龙山县实现地区生产总值(GDP)112.34亿元,同比增长(以下简称增长)4.5%。其中,第一产业增加值28.33亿元,增长3.7%;第二产业增加值20.75亿元,增长0.5%;第三产业增加值63.25亿元,增长6.3%。全社会固定资产投资(不含农户)总额35.3亿元。全县居民人均可支配收入19901元,增长6.5%。其中,城镇居民人均可支配收入29541元,增长5.1%;农村居民人均可支配收入14498元,增长7.2%。

2023年，全县完成一般公共预算地方收入9.19亿元，增长9.41%。其中，税收收入6.29亿元，增长7.05%；非税收入2.9亿元，增长14.89%，中央补助40.9亿元，一般债务转贷收入5.39亿元，动用预算稳定调节基金1.38亿元，调入资金16.81亿元，上年结转1.59亿元，收入合计75.27亿元。全县一般公共预算支出62.47亿元，加上上解中央1.26亿元，一般债务还本4.29亿元，调出资金0.77亿元，结转下年6.49亿元，支出合计75.27亿元。

2023年，全县完成政府性基金预算收入2.74亿元，同比下降（以下简称下降）72%。全县政府性基金预算支出14.26亿元，调出资金（调入一般公共预算）0.77亿元，下降6.73%。

2023年，全县完成国有资本经营预算收入0.45亿元，增长20.31%。全县国有资本经营预算支出0.45亿元，增长219%。

2023年，全县完成社会保险基金预算收入6.28亿元，增长14.67%。全县社会保险基金预算支出5.26亿元，全年收支结余1.02亿元，累计滚存结余7.38亿元，增长13.56%。

一、着力抓收入、促发展，财政收入规模实现新突破

一是强化收入征管力度。2023年以来，面对经济下行、减税降费、财政收入压力持续加大的复杂形式，财政部门主动作为、积极谋划，围绕全县地方财政收入增长7%的年度目标任务，多措并举狠抓财政收入，牢牢扛起稳住经济大盘的财政责任。全年地方公共财政预算收入累计完成9.19亿元，增长9.41%，总量及增幅均位居全州第二。二是统筹推进财源建设。出台《龙山县服务"三高四新"战略实施财源建设工程2023年度财源建设工作要点》，推进特色产业发展，精准抓好招商引资，突出骨干税源培育，支持存量企业提质扩能，坚持市场化导向，完善园区运行机制，努力提高亩均效益，不断夯实财源建设基础。三是国有"三资"盘活有序推进。制定《资产清理盘活处置工作方案》，按照"国有资源资产化、国有资产证券化、国有资金杠杆化"原则，采取"能用则用、不用则售、不售则租、能融则融"的方式，依法依规拟定分批次处置盘活计划，完成全县125家行政企事业单位3166宗资产清查汇总。全年实现国有"三资"盘活收益6.17亿元。四是积极争资上项。密切关注上级项目资金安排，及时跟进和研究相关财税支持政策，抢抓政策机遇，研究资金的争取途径。加强与省、州财政部门的沟通，适时汇报当前财政工作中存在的困难，最大限度争取上级部门对龙山县工作的支持与关注，全年共到位财政转移支付39亿元。

二、着力保重点、兜底线，财政保障能力达到新水平

一是做实民生保障。牢固树立以人民为中心的发展思想，坚持财力向民生倾斜，加强重大民生政策统筹协调，充分发挥财政兜底保障作用。全年民生支出达41.9亿元，占公共财政支出比重的67.08%，为全县社会大局平稳奠定了坚实的基础。二是全力支持乡村振兴。千方百计筹措资金，不断完善资金投入机制，深入推动涉农资金整合力度，严格落实"四个不摘"要求。全县全年统筹上级衔接资金2.9亿元用于发展乡村旅游项目、扶持壮大村集体经济等多项乡村振兴重点项目，全力支持巩固拓展脱贫攻坚成果同乡村振兴有效衔接。三是全力支持教育事业发展。聚焦项目建设、推进政策落实，全县全年教育累计投入10.04亿元，主要用于义务教育校舍维修、农村寄宿制学校、学生资助等，有力支持了全县教育事业高质量发展。四是全力支持卫生健康发展。推进全县探索建立与高质量发展相适应的公共医疗卫生服务体系。全县全年累计投入卫生健康资金7.09亿元。五是全力支持生态文明建设。扛牢生态文明建设的政治责任，守好发展和生态两条底线，统筹财力保障生态环境保护、治理和改善。全县全年累计投入生态环保资金8585万元。六是重点保障"三保"支出。牢固树立过"紧日子"思想，足额保障"三保"支出，2023年全县"三保"支出完成27.8亿元。

三、着力保安全、守底线，范防化解风险取得新成效

一是坚决遏制债务增量。制定下发《龙山县防范化解风险阻击仗工作实施方案》，强化政府债务事前绩效评估和绩效目标管理机制，严禁超出财力范围上项目，严守不新增隐性债务底线。本年度财政部门截至目前，财政部门共对458个符合程序的项目出具了资金来源审核意见，无新增隐性债务。二是多措并举化解存量。多渠道筹集资金化解债务，严禁数字化债、虚假化债，严格执行《龙山县隐性债务化解实施方案》。积极与金融机构沟通对接，探讨关注类债务总体置换的可行性，推动优化债务期限结构，通过平台转化、发行债券置换、银行增信延展等方式，确保地方债务平滑可控。三是加强政府债券管理。建立部门联动工作机制，及时跟进和研究相关支持政策，发挥预审联审机制作用，常态化滚动做好项目投向、收益、风险把关，严把入库关。2023年全县争取专项债券10.97亿元，增长117.23%。

四、着力提绩效、重服务，深化财政改革开拓新路径

一是绩效管理提分进位。扎实开展"绩效管理提升年"行动，出台《龙山县财政局"绩效管理提升年"行动实施方案》，建立健全财政资金事前事中事后绩效管理体系，加强评价结果运用，加强财政资金监管，积极推广预算一体化系统运用，提升预算管理的科学化、精细化水平，切实提高财政资金的使用质效。2023年度实现了县本级106个预算单位的绩效目标管理全面覆盖。二是财会监督履职尽责。坚决把财会监督专项行动作为一项重要政治任务抓牢抓实，积极配合省、州、县开展的专项清理整治检查、惠民惠农财政补贴资金"一卡通"专项检查、"三湘护农"专项治理等工作，根据《2023年度龙山县财政局监督工作计划》，联合多部门开展专项治理，通过对检查中发现的问题整改督办，全县财政资金管理进一步规范，党政机关过紧日子的意识进一步增强，

防范风险等重点工作进一步得到落实。全县全年发放惠农补贴资金4.34亿元,涉及补贴项目100项,惠及群众101万人次。三是财政投资评审不断完善。以优化流程、提升效能为着力点,缩短项目评审时间,加强中介公司管理,建立和完善项目评审复核机制,按规章办事,降低成本,减少资金浪费。2023年,共完成项目评审206个,项目送审金额12.3亿元,审定金额11.14亿元,审减金额1.16亿元。综合审减率为9.42%。四是政府采购公开规范。以优化政府采购营商环境为目的,提高政府采购透明度,完善政府采购意向公开制度,进一步运用政府采购政策支持乡村振兴,推进电子卖场服务平台良好运营。1-12月,龙山县财政局办理政府采购计划备案68个,采购预算金额51201万元,实现供应商入驻电子卖场749家,电子卖场订单数11697笔,交易额31542万元。

五、着力精管理、强队伍,财政治理效能得到新提升

一是突出政治引领。坚持以政治为统领,严格落实"第一议题"制度,坚持以习近平新时代中国特色社会主义思想和党的二十大精神凝心铸魂,制订理论学习中心组、党支部学习计划,通过集中学习、举办读书班、学习交流等各种方式,持续增强全体干部职工担当作为、勇于奉献的奋斗精神。全年共组织开展理论学习中心组学习12次、主题教育专题研讨4次。二是强化干部能力提升。结合财政工作实际,聚焦专业领域和重点工作任务,出台《龙山县财政局党组开展"干部能力提升年"活动实施方案》,明确干部作风能力提升年的总体要求、行动方案、鼓励激励、相关要求等,持续加强文秘人才、会计人才、财政人才队伍建设。开展道德讲堂、业务培训、青年干部座谈等活动,多措并举提升财政干部的综合素质,夯实财政运行根基。三是注重内部管理。以全面争先创优为抓手,修订完善精细化考核方案,制定下发《龙山县财政局16项制度》《龙山县财政局2023年重点考核工作任务分解表》《龙山县财政局业务操作规程》等文件,重抓落实,压实责任,进一步规范业务,强化绩效管理。四是完善国有企业管理。对县属国有企业实行台账式管理,重点关注"三重一大"审批,着力规范人员、薪酬管理,对国有企业运营情况进行了梳理,督促县属国有企业制订改革方案并稳定推进。五是加强乡镇财政管理。制定下发《关于进一步加强乡镇财政干部队伍建设六条措施》,突出人文关怀,加强交流指导,着力规范业务,逐步完善财政所"两基"建设,全力推动乡镇财政工作创新发展。2023年,共开展全县乡镇财政干部大型集中培训3次、专项培训5次,参训人次达到500余人次。洗车河镇、召市镇财政所分别完成了省级"先进""标兵"财政所申报。

(湖南省湘西土家族苗族自治州龙山县财政局供稿 邓蕙兴执笔)

第四部分 财经统计资料

2023年全省一般公共预算地方收入决算表

项 目	预算数（亿元）	决算数（亿元）	决算数为预算数的百分比（%）	决算数为上年决算数的百分比（%）
一、税收收入	2305.0	2208.5	95.8	110.2
增值税	799.4	824.2	103.1	152.2
企业所得税	248.3	225.9	91.0	96.4
个人所得税	105.6	91.3	86.5	90.0
资源税	18.4	14.3	77.7	80.8
城市维护建设税	148.3	149.7	100.9	105.0
房产税	113.2	140.8	124.4	129.4
印花税	44.9	47.7	106.2	110.4
城镇土地使用税	82.1	86.0	104.8	108.9
土地增值税	325.1	266.0	81.8	82.6
车船税	37.2	36.6	98.4	102.5
耕地占用税	71.0	52.7	74.2	77.2
契税	294.3	254.4	86.4	86.7
烟叶税	12.2	14.3	117.2	122.2
环境保护税	4.3	4.5	104.7	109.8
其他税收收入	0.7	0.1	14.3	12.5
二、非税收入	1045.0	1152.0	110.2	105.0
专项收入	235.1	260.4	110.8	111.9
行政事业性收费收入	149.8	118.9	79.4	80.2
国有资源（资产）有偿使用收入	290.1	417.9	144.1	126.8
国有资本经营收入	12.5	11.0	88.0	117.0
罚没收入	190.5	183.2	96.2	95.6
其他非税收入	104.0	102.9	98.9	81.3
捐赠收入	3.0	2.9	96.7	96.7
政府住房基金收入	60.0	54.8	91.3	98.0
合 计	3350.0	3360.5	100.3	108.3

注：1. 全省一般公共预算地方收入3360.5亿元，增长8.3%。

2. 税收收入中，增值税增收，主要是2022年落实大规模增值税留抵退税政策，集中退还存量留抵税额较多，形成低基数，2023年进入常态化退税阶段，相应增收；企业所得税减收，主要是企业利润下降等因素影响；个人所得税减收，主要是专项附加扣除政策效应持续释放，个人所得税综合所得汇算清缴退税同比多退，拉低了增幅；房产税增收，主要是房地产租赁市场逐步恢复等因素影响；土地增值税、耕地占用税、契税减收，主要受土地市场交易下滑等因素影响。

3. 非税收入中，行政事业性收费减收，主要是耕地开垦费等减少较多；国有资源（资产）有偿使用收入增长较快，主要是各地加大存量资源（资产）盘活处置力度，筹措资金保障改善基本民生和债务还本付息。

（此表由湖南省财政厅预算处提供）

2023年省级一般公共预算地方收入决算表

项　目	预算数（亿元）	调整预算数（亿元）	决算数（亿元）	决算数为预算数的百分比（%）	决算数为上年决算数的百分比（%）
一、税收收入	245.0	245.0	273.0	111.4	145.8
增值税（同口径）	145.5	145.5	182.8	125.6	194.5
企业所得税	60.5	60.5	55.5	91.8	99.1
个人所得税	14.6	14.6	11.6	79.5	81.1
资源税	4.6	4.6	3.5	75.8	83.3
城镇维护建设税			0.2		
城镇土地使用税	18.6	18.6	18.4	99.2	104.5
环境保护税	1.1	1.1	1.0	94.3	100.0
其他税收收入	0.2	0.2	0.0	0.0	0.0
二、非税收入	145.0	145.0	109.2	75.3	66.9
专项收入	15.3	15.3	12.8	83.7	85.3
行政事业性收费收入	59.3	59.3	33.0	55.7	59.0
国有资源（资产）有偿使用收入	32.0	32.0	33.4	104.4	68.2
国有资本经营收入	-1.0	-1.0	-0.9	90.0	69.2
罚没收入	26.9	26.9	19.4	72.1	61.0
政府住房基金收入	5.5	5.5	6.0	109.1	109.1
其他非税收入	7.0	7.0	5.5	78.6	75.3
合　计	390.0	390.0	382.2	98.0	109.0

注：1. 省级一般公共预算地方收入金库报表数296亿元，主要是按照"省级统一垫付、市县负担部分年终作财力上解"的增值税留抵退税模式，退税减收全部体现在省级，加上市县归还部分，同口径完成382.2亿元，为预算数的98%。

2. 税收收入中，增值税增加较多，主要是2022年落实大规模增值税留抵退税政策，集中退还存量留抵税额较多，形成低基数，2023年进入常态化退税阶段，退税规模大幅减少；个人所得税减少，主要是2023年中央提高"一老一小"个人所得税专项附加扣除标准。

3. 非税收入中，专项收入减收，主要是水利建设专项收入、广告收入减少较多；行政事业性收费收入减收，主要是耕地开垦费减少较多；国有资源（资产）有偿使用收入减收，主要是2022年一次性处置收入较多，抬高了支出基数；罚没收入减收，主要是2022年大案要案罚没等一次性收入较多。

（此表由湖南省财政厅预算处提供）

2023年湖南省各市（州）一般公共预算收入决算表

单位：万元

地区	一般公共预算收入		
	收入合计	税收收入	非税收入
湖南省	33605083	22085140	11519943
湖南省本级	2959592	1867608	1091984
湖南省地市合计	30645491	20217532	10427959
长沙市	12270734	8210264	4060470
株洲市	1923224	1385747	537477
湘潭市	1240440	835595	404845
衡阳市	1956069	1345504	610565
邵阳市	1337539	848849	488690
岳阳市	2001534	1310593	690941
常德市	2022195	1090288	931907
张家界市	358794	231512	127282
益阳市	1063955	704131	359824
永州市	1632983	1098318	534665
郴州市	1880269	1305434	574835
娄底市	917022	574861	342161
怀化市	1241780	869983	371797
湘西土家族苗族自治州	798953	406453	392500

［此表由湖南省财政厅国库处（支付中心）提供］

2023年全省一般公共预算支出决算总表

单位：亿元

项　目	决算数
一、一般公共预算支出	9581.1
一般公共服务支出	812.1
国防支出	12.2
公共安全支出	440.9
教育支出	1579.4
科学技术支出	314.1
文化旅游体育与传媒支出	142.5
社会保障和就业支出	1556.2
卫生健康支出	869.1
节能环保支出	170.4
城乡社区支出	1216.9
农林水支出	1068.2
交通运输支出	410.7
资源勘探工业信息等支出	127.1
商业服务业等支出	47.6
金融支出	10.1
援助其他地区支出	5.9
自然资源海洋气象等支出	113.3
住房保障支出	264.0
粮油物资储备支出	33.0
灾害防治及应急管理支出	75.4
其他支出	57.9
债务付息支出	252.7
债务发行费用支出	1.4
二、上解中央支出	63.9
体制上解支出	16.4
专项上解支出	47.5
三、地方政府一般债务还本支出	1572.9
四、补充预算稳定调节基金	274.6
五、调出资金	59.5
六、结转下年	925.4
合　计	12477.4

注：全省一般公共预算支出9581.1亿元，增长6.6%。

（此表由湖南省财政厅预算处提供）

2023年省级一般公共预算支出决算总表

单位：亿元

项　目	预算数	调整预算数	决算数
一、省本级支出	1280.0	1281.0	1373.1
一般公共服务支出	57.7	57.7	51.8
国防支出	2.6	2.6	2.3
公共安全支出	125.2	125.2	134.0
教育支出	185.7	185.7	204.1
科学技术支出	19.0	19.0	27.3
文化旅游体育与传媒支出	19.8	19.8	21.5
社会保障和就业支出	454.8	454.8	489.8
卫生健康支出	35.3	36.3	42.7
节能环保支出	12.2	12.2	13.1
城乡社区支出	1.0	1.0	0.9
农林水支出	66.9	66.9	94.6
交通运输支出	164.5	164.5	152.7
资源勘探工业信息等支出	12.5	12.5	4.5
商业服务业等支出	3.6	3.6	3.1
金融支出	5.4	5.4	1.8
援助其他地区支出	5.3	5.3	5.7
自然资源海洋气象等支出	21.8	21.8	30.5
住房保障支出	12.9	12.9	16.7
粮油物资储备支出	9.4	9.4	7.2
灾害防治及应急管理支出	4.1	4.1	5.1
其他支出			0.0
债务付息支出	59.5	59.5	62.3
债务发行费用支出	1.0	1.0	1.4
二、上解中央支出	61.3	61.3	63.9
体制上解	16.4	16.4	16.4
专项上解	44.9	44.9	47.5
三、补助市县支出	3650.7	4103.6	4363.1
返还性支出	225.4	225.4	225.8
一般性转移支付支出	3005.7	3458.6	3655.8
专项转移支付支出	419.6	419.6	481.5
四、预备费	20.0	20.0	
五、一般债务还本支出	203.0	203.0	186.7
六、一般债务转贷支出	968.1	1598.7	1609.7
七、补充预算稳定调节基金			60.0
八、结转下年			183.6
合　计	6183.1	7267.6	7840.1

注：1. 一般债务转贷支出1609.7亿元，包括转贷市县新增债券217.5亿元、外贷7.2亿元、再融资债券1384.9亿元。

2. 2023年，按照中央盘活财政存量资金有关规定，省级将不需再安排的结转资金60亿元，补充预算稳定调节基金。

（此表由湖南省财政厅预算处提供）

2023年湖南省各市（州）一般公共预算支出决算表

单位：万元

地区	一般公共预算支出
湖南省	95811194
湖南省本级	13731359
湖南省地市合计	82079835
长沙市	16268337
株洲市	5924300
湘潭市	2857527
衡阳市	6630047
邵阳市	6994471
岳阳市	6324823
常德市	6411495
张家界市	2223811
益阳市	4172543
永州市	5754568
郴州市	5608157
娄底市	3604506
怀化市	5603802
湘西土家族苗族自治州	3701448

[此表由湖南省财政厅国库处（支付中心）提供]

2023 年全省政府性基金预算收入决算表

单位：亿元

项　目	决算数
一、本年收入小计	2621.8
政府性基金收入	2546.0
国家电影事业发展专项资金收入	0.2
国有土地收益基金收入	1.6
农业土地开发资金收入	0.9
国有土地使用权出让收入	2283.0
彩票公益金收入	25.7
城市基础设施配套费收入	47.2
车辆通行费收入	1.7
污水处理费收入	28.7
彩票发行机构和彩票销售机构的业务费用	6.2
其他政府性基金收入	150.8
专项债券对应项目专项收入	75.8
国有土地使用权出让金专项债务对应项目专项收入	6.6
车辆通行费专项债务对应项目专项收入	7.0
其他政府性基金专项债务对应项目专项收入	62.2
二、中央补助收入	51.9
三、地方政府专项债务收入	2801.0
四、调入资金	211.6
一般公共预算调入	59.5
其他调入	152.1
五、上年结转	461.5
合　计	6147.8

注：1. 全省政府性基金预算收入下降，主要是受市场不景气等因素影响，国有土地使用权收入持续减收。

2. 专项债务收入 2801 亿元，包括 2023 年当年新增专项债券 1410 亿元、再融资债券（用于到期债务还本）1391 亿元。

（此表由湖南省财政厅预算处提供）

2023年全省政府性基金预算支出决算表

单位：亿元

项　目	决算数
一、本年支出	3664.9
文化旅游体育与传媒支出	0.5
国家电影事业发展专项资金安排的支出	0.5
其他国家电影事业发展专项资金支出	0.5
社会保障和就业支出	34.7
大中型水库移民后期扶持基金支出	34.6
移民补助	14.9
基础设施建设和经济发展	19.2
其他大中型水库移民后期扶持基金支出	0.5
小型水库移民扶助基金安排的支出	0.1
基础设施建设和经济发展	0.1
节能环保支出	0.1
可再生能源电价附加收入安排的支出	0.1
太阳能发电补助	0.1
城乡社区支出	1849.1
国有土地使用权出让收入安排的支出	1787.9
征地和拆迁补偿支出	555.0
土地开发支出	345.3
城市建设支出	150.1
农村基础设施建设支出	188.0
补助被征地农民支出	3.2
土地出让业务支出	10.2
廉租住房支出	0.2
支付破产或改制企业职工安置费	0.7
棚户区改造支出	5.4
公共租赁住房支出	0.1
农业生产发展支出	26.9
农村社会事业支出	6.7
农业农村生态环境支出	6.9
其他国有土地使用权出让收入安排的支出	489.2

续表

项　　目	决算数
国有土地收益基金安排的支出	6.1
征地和拆迁补偿支出	5.5
土地开发支出	0.6
其他国有土地收益基金支出	0.0
农业土地开发资金安排的支出	0.8
城市基础设施配套费安排的支出	33.2
城市公共设施	13.5
城市环境卫生	1.5
公有房屋	0.0
城市防洪	0.0
其他城市基础设施配套费安排的支出	18.2
污水处理费安排的支出	18.6
污水处理设施建设和运营	6.7
代征手续费	0.2
其他污水处理费安排的支出	11.7
棚户区改造专项债券收入安排的支出	1.0
其他棚户区改造专项债券收入安排的支出	1.0
国有土地使用权出让收入对应专项债务收入安排的支出	1.5
征地和拆迁补偿支出	0.1
城市建设支出	1.1
农村基础设施建设支出	0.1
其他国有土地使用权出让收入对应专项债务收入安排的支出	0.2
农林水支出	1.6
大中型水库库区基金安排的支出	0.2
基础设施建设和经济发展	0.1
其他大中型水库库区基金支出	0.1
国家重大水利工程建设基金安排的支出	1.4
三峡后续工作	1.4
交通运输支出	30.7
车辆通行费安排的支出	17.6
其他车辆通行费安排的支出	17.6

续表

项　目	决算数
民航发展基金支出	2.1
民航机场建设	1.2
民航安全	0.0
航线和机场补贴	0.7
通用航空发展	0.1
其他民航发展基金支出	0.1
政府收费公路专项债券收入安排的支出	11.0
公路建设	3.0
其他政府收费公路专项债券收入安排的支出	8.0
资源勘探工业信息等支出	0.1
农网还贷资金支出	0.1
地方农网还贷资金支出	0.1
其他支出	1446.1
其他政府性基金及对应专项债务收入安排的支出	1417.0
其他政府性基金安排的支出	94.6
其他地方自行试点项目收益专项债券收入安排的支出	1322.4
彩票发行销售机构业务费安排的支出	4.5
福利彩票销售机构的业务费支出	2.4
体育彩票销售机构的业务费支出	1.6
彩票市场调控资金支出	0.5
其他彩票发行销售机构业务费安排的支出	0.0
彩票公益金安排的支出	24.6
用于社会福利的彩票公益金支出	12.6
用于体育事业的彩票公益金支出	6.7
用于教育事业的彩票公益金支出	0.1
用于红十字事业的彩票公益金支出	0.1
用于残疾人事业的彩票公益金支出	1.3
用于文化事业的彩票公益金支出	0.0
用于巩固脱贫衔接乡村振兴的彩票公益金支出	1.8
用于城乡医疗救助的彩票公益金支出	0.7
用于其他社会公益事业的彩票公益金支出	1.3
债务付息支出	299.1
地方政府专项债务付息支出	299.1
国有土地使用权出让金债务付息支出	111.0

续表

项　目	决算数
农业土地开发资金债务付息支出	0.0
城市基础设施配套费债务付息支出	3.8
小型水库移民扶助基金债务付息支出	0.0
国家重大水利工程建设基金债务付息支出	0.1
车辆通行费债务付息支出	0.0
污水处理费债务付息支出	0.2
土地储备专项债券付息支出	16.9
政府收费公路专项债券付息支出	8.5
棚户区改造专项债券付息支出	7.0
其他地方自行试点项目收益专项债券付息支出	151.1
其他政府性基金债务付息支出	0.5
债务发行费用支出	2.2
地方政府专项债务发行费用支出	2.2
国有土地使用权出让金债务发行费用支出	0.1
车辆通行费债务发行费用支出	0.0
其他地方自行试点项目收益专项债券发行费用支出	2.1
抗疫特别国债安排的支出	0.7
基础设施建设	0.6
公共卫生体系建设	0.1
应急物资保障	0.0
产业链改造升级	
城镇老旧小区改造	0.0
生态环境治理	0.0
市政设施建设	0.0
重大区域规划基础设施建设	
其他基础设施建设	0.5
抗疫相关支出	0.1
其他抗疫相关支出	0.1
二、调出资金	559.3
三、债务还本支出	1407.5
四、结转下年	516.1
合　计	6147.8

(此表由湖南省财政厅预算处提供)

2023年湖南省各市（州）政府性基金预算收支决算表

单位：万元

地区	收支部分	
	收入合计	支出合计
湖南省	26218608	36648819
湖南省本级	487910	524358
湖南省地市合计	25730698	36124461
长沙市	9028313	10128593
株洲市	1996731	2527984
湘潭市	676409	2370807
衡阳市	2256431	2578409
邵阳市	1261843	1964673
岳阳市	2719541	3308760
常德市	1631182	2053332
张家界市	167092	622981
益阳市	521810	1029708
永州市	2352884	3280131
郴州市	1203675	2052635
娄底市	661934	1184036
怀化市	1070440	2132621
湘西土家族苗族自治州	182413	889791

［此表由湖南省财政厅国库处（支付中心）提供］

2023 年全省国有资本经营预算收入决算表

单位：亿元

项　目	决算数
一、本年收入	396.5
利润收入	60.5
股利、股息收入	6.0
产权转让收入	128.3
其他国有资本经营预算收入	201.7
二、中央补助收入	1.2
三、上年结转	10.1
合　计	407.8

（此表由湖南省财政厅预算处提供）

2023 年全省国有资本经营预算支出决算表

单位：亿元

项　目	决算数
一、本年支出	52.4
解决历史遗留问题及改革成本支出	4.9
国有企业办公共服务机构移交补助支出	0.6
国有企业退休人员社会化管理补助支出	1.0
国有企业改革成本支出	0.1
其他解决历史遗留问题及改革成本支出	3.2
国有企业资本金注入	24.7
国有经济结构调整支出	2.5
公益性设施投资支出	2.6
支持科技进步支出	1.0
金融企业资本性支出	0.9
其他国有企业资本金注入	17.7
其他国有资本经营预算支出	22.8
其他国有资本经营预算支出	22.8
二、调出资金	346.6
三、结转下年	8.8
合　计	407.8

（此表由湖南省财政厅预算处提供）

2023年湖南省各市（州）国有资本经营预算收支决算表

单位：万元

单位名称	收支部分	
	收入合计	支出合计
湖南省	3964945	523789
湖南省本级	338837	83670
长沙市	135431	53808
株洲市	1355890	44074
湘潭市	36163	23145
衡阳市	86426	41357
邵阳市	614383	11539
岳阳市	200776	89221
常德市	81267	3558
张家界市	253857	4891
益阳市	20539	3224
永州市	73593	2313
郴州市	420324	79170
娄底市	234	370
怀化市	234430	66067
湘西土家族苗族自治州	112795	17382

[此表由湖南省财政厅国库处（支付中心）提供]

2023年全省社会保险基金预算收入决算表

单位：亿元

项　目	决算数
一、本年收入	3686.4
企业职工基本养老保险基金	1544.4
保险费收入	1036.2
利息收入	45.1
财政补贴收入	405.0
委托投资收益	2.8
其他收入	6.7
转移收入	48.6
城乡居民基本养老保险基金	264.3
缴费收入	77.7
利息收入	9.8
财政补贴收入	157.7
委托投资收益	5.7
其他收入	12.9
转移收入	0.5
机关事业单位基本养老保险基金	664.5
保险费收入	375.6
利息收入	1.4
财政补助收入	272.5
其他收入	0.4
转移收入	14.6
职工基本医疗保险基金	579.0
保险费收入	525.7
利息收入	14.4
财政补贴收入	3.8

续表

项　目	决算数
其他收入	32.7
转移收入	2.4
城乡居民基本医疗保险基金	543.3
缴费收入	206.8
利息收入	4.3
财政补贴收入	330.4
其他收入	1.8
工伤保险基金	51.3
保险费收入	48.5
利息收入	1.9
财政补贴收入	0.7
其他收入	0.2
失业保险基金	39.6
保险费收入	36.9
利息收入	2.2
其他收入	0.3
转移收入	0.2
二、上年结余	3892.1
合　计	**7578.5**

（此表由湖南省财政厅预算处提供）

2023年全省社会保险基金预算支出决算表

单位：亿元

项　目	决算数
一、本年支出	3398.5
企业职工基本养老保险基金	1525.2
基本养老金支出	1427.9
丧葬抚恤补助支出	57.7
其他支出	2.3
转移支出	11.1
中央调剂资金支出	26.2
城乡居民基本养老保险基金	186.2
基础养老金支出	166.3
个人账户养老金支出	17.8
丧葬补助金支出	1.5
其他支出	
转移支出	0.6
机关事业单位养老保险基金	652.4
基本养老金支出	639.5
其他支出	8.5
转移支出	4.4
职工基本医疗保险基金	440.6
基本医疗保险待遇支出	436.2
其他支出	2.3
转移支出	2.1
城乡居民基本医疗保险基金	506.9
基本医疗保险待遇支出	465.2
大病保险支出	40.1
其他支出	1.6

续表

项 目	决算数
工伤保险基金	55.2
工伤保险待遇支出	54.2
劳动能力鉴定支出	0.1
工伤预防费用支出	0.6
其他支出	0.3
失业保险基金	32.0
失业保险金支出	16.5
基本医疗保险费（含生育保险费）支出	3.6
稳定岗位补贴（稳岗返还）支出	5.8
技能提升补贴支出	0.9
其他费用支出	0.2
其他支出	4.9
转移支出	0.1
二、年末滚存结余	4180.0
合　计	7578.5

（此表由湖南省财政厅预算处提供）

第五部分

财政机构人员

湖南省财政厅机构人员

湖南省财政厅厅领导名单

（截至 2023 年 12 月 31 日）

党组书记、厅长：	刘文杰
党组副书记、副厅长	庄大力
党组成员、副厅长	何伟文
党组成员、副厅长	徐永健
党组成员、副厅长	祝孟辉
二级巡视员	张　燮
二级巡视员	杨海霞
二级巡视员	黄　卫
二级巡视员	尹　华
二级巡视员	谭　斌

湖南省财政厅（局）副处级以上干部名单

（截至 2023 年 12 月 31 日）

办公室
　办公室主任：廖翠林
　副主任：周　莉
　四级调研员：刘泆巧
政策研究室
　政研室主任：曾铁铮
　副主任：张宇蕊
综合处（省津补贴工作办公室）
　处长：文建中
　一级调研员：李　卉
　副处长：高　洁
　副处长：李慧娟
　四级调研员：吴劲夫
　四级调研员：李　伟
　四级调研员：张　阳
　四级调研员：王国玺

税政法规处
　处长：郭建华
　二级调研员：张　德
　副处长、三级调研员：陈刘勇
　副处长：肖　珏
预算处
　处长：胡云归
　副处长：刘　莹
　副处长：高立朝
　四级调研员：颜晴川
国库处
　一级调研员：贺金生
　一级调研员：龙炳华
　二级调研员：陈建清
　副处长：李　玲
　副处长：王旭初

四级调研员：满延照

市县财政处
 处长：苏知立
 一级调研员：易双飞
 副处长、三级调研员：旷申源
 副处长：王艳君
 四级调研员：孙　坚

行政处
 处长：黄　平
 二级调研员：蒋　瑛
 副处长：冯世强
 副处长：彭曙光
 副处长：庄妍彬
 四级调研员：廖　盛

政法处
 处长：王作军
 一级调研员：陈　纯
 副处长、三级调研员：周　婷
 副处长：樊　颖
 副处长：韩　义
 四级调研员：尹志伟
 四级调研员：张宪珍
 四级调研员：吴晶芸

科教处
 处长：徐洪武
 一级调研员：李迈群
 副处长、三级调研员：王　剑
 副处长：张　丽
 四级调研员：冯伟珈

文化处
 处长：马　昊
 一级调研员：彭哲民
 二级调研员：周迪三
 副处长、三级调研员：杨　忠
 副处长：龚惠妍

经济建设处
 一级调研员：张赛金
 副处长：李志平
 副处长：李湘宁
 四级调研员：周　杰
 四级调研员：曾　杰
 四级调研员：张　丽

自然资源和生态环境处
 处长、一级调研员：刘　见
 副处长、三级调研员：胡奇志
 副处长：严　帅

四级调研员：张　曦

农业农村处
 处长、一级调研员：陈富珍
 一级调研员：朱晓云
 二级调研员：杨　明
 副处长：童　波
 副处长：欧阳光辉
 四级调研员：张芝安
 四级调研员：郭勇雄

社会保障处
 处长：汪曙光
 一级调研员：余寿昌
 一级调研员：林剑峰
 副处长：刘　凌
 副处长：徐　锐
 四级调研员：刘良武
 四级调研员：劳晓云

企业处
 处长：王长斌
 一级调研员：刘　豪
 一级调研员：熊建祥
 副处长、三级调研员：蒋艳梨
 副处长：毛　南
 副处长：吴　琦
 四级调研员：赵　烜
 四级调研员：陈　强

对外经济贸易处
 处长：钟荣华
 一级调研员：李清菊
 二级调研员：黄　莹
 二级调研员：周极宏
 二级调研员：欧阳如红
 副处长：李炜玮
 副处长：朱菀琴
 四级调研员：刘　礼

金融处
 处长：陈　理
 一级调研员：李容梅
 副处长：尹剑锋
 副处长：龚茂强

政府债务管理处
 处长：朱　娜
 一级调研员：余　慧
 副处长：肖　俊
 副处长：袁　勋
 副处长：张　存

四级调研员：欧阳毅

资产管理处
　　处长：朱利平
　　一级调研员：陈　蔚
　　二级调研员：蒋仕勇
　　副处长、三级调研员：贺志强
　　副处长：柳梦灵
　　四级调研员：周飞雄
　　四级调研员：戚　慧

会计处
　　处长：廖建江
　　二级调研员：王星力
　　二级调研员：谢继胜
　　副处长、三级调研员：罗新宇
　　副处长：罗云峰
　　四级调研员：陈　莉

绩效管理处
　　处长：李　光
　　一级调研员：龚次元
　　一级调研员：吴　云
　　二级调研员：黄晓兰
　　副处长：贺　倩
　　副处长：郑国荣
　　四级调研员：陈善球

政府采购处
　　处长：唐晓军
　　一级调研员：张效军
　　一级调研员：印铁军
　　副处长、三级调研员：刘新安
　　副处长：何　蓉
　　四级调研员：刘志雄
　　四级调研员：严德勇

财政监督局
　　局长：唐顺元
　　一级调研员：张贻旺
　　二级调研员：李　毅
　　二级调研员：蒋正四
　　四级调研员：储　凯
　　四级调研员：夏海燕
　　四级调研员：刘　瑶

人事教育处
　　处长：曾子兰
　　副处长：李　娟
　　副处长：黄　晟
　　四级调研员：陈　岚

机关党委办公室（机关纪委、工会）
　　专职副书记、工会主席（兼）：徐　蓉
　　二级调研员：司　英
　　副主席：向富生
　　副书记：别　娅
　　副书记：李　瑶

离退休人员管理服务处
　　处长、一级调研员：罗光宇
　　副处长：邹旭东

驻厅纪检监察组
　　副组长、一级调研员：黄　黎
　　副组长：文　双
　　四级调研员：刘婷婷

省财政事务中心
　　主任：张　明
　　副主任：周德贵
　　副主任：吕朝阳
　　副主任：刘　波
　　二级调研员：沈丽萍
　　二级调研员：阳　宇
　　二级调研员：谢征辉
　　副处长：饶　嘉
　　副处长：刘小璐
　　副处长：肖　阳
　　副处长：欧阳赞友
　　三级调研员：蔡浙湘
　　三级调研员：杨锦平
　　四级调研员：唐萱萱
　　四级调研员：颜　开
　　四级调研员：于成武
　　四级调研员：陈依琳
　　四级调研员：李　敏
　　四级调研员：王芬芬

省国库集中支付核算中心
　　主任：郭　娟
　　二级调研员：文志华
　　副主任：沈　坚
　　副主任：陈　杰
　　副主任：谢　祯
　　四级调研员：田洪文
　　四级调研员：柳兰波

省财政稽查办公室
　　主任：王晓辉
　　二级调研员：何令仪
　　二级调研员：王年琼

副主任：黎　毅
　　副主任：钟　晖
省利用国外贷款管理办公室
　　主任：徐立群
　　副主任：郭斯顿
　　四级调研员：王　为
省资产评估管理中心
　　主任：任　薇
　　一级调研员：王顺虎
　　副主任：林　森
　　副主任：李　荧
　　副主任：王　君
　　三级调研员：彭　伟
　　四级调研员：陈　莉
省财政投资评审中心
　　主任：黄拥政
　　副处长、三级调研员：黄炎键
　　四级调研员：陈晓梅
省会计管理中心
　　主任：曹云辉
　　副主任：高彩霞
　　四级调研员：方　芳

省财政科学研究所
　　所长：宋高胜
　　副所长：罗贤艺
省财政干部教育培训中心
　　主任：陈　艳
省财政厅信息网络中心
　　主任：连　鸣
　　副主任：常　乐
　　副主任：石　崎
政府投资基金管理中心
　　主任：王　惠
省县域经济与产业发展融资管理中心
　　主任：黄　斌
　　副主任：余立新
省财政厅机关后勤服务中心
　　主任：余利辉
　　副主任：徐湘明
　　副主任：鲁红文

（湖南省财政厅机构人员名单由省财政厅人事教育处提供）

湖南省市（地、州）、县（区、市）级财政局局长名单

（截至 2023 年 12 月 31 日）

长沙市 邹　刚
　　芙蓉区　高　佳
　　天心区　骆　理
　　岳麓区　李玮玮
　　开福区　胡海飞
　　雨花区　舒　畅
　　望城区　周志国
　　长沙县　张登武
　　浏阳市　朱姿丰
　　宁乡市　王春林

株洲市 文专文
　　荷塘区　苏　智
　　芦淞区　易凌云
　　石峰区　蒋伟平
　　天元区　张珈铭
　　渌口区　张建华
　　攸　县　张叶喜
　　茶陵县　谭吉红
　　炎陵县　陈贻芳
　　醴陵市　邓少仁
　　经开区　刘步刚

湘潭市 唐　慧
　　雨湖区　张　磊
　　岳塘区　李　晶
　　湘潭县　张　燕
　　湘乡市　李辉阳
　　韶山市　姜　任

衡阳市 雷高飞
　　珠晖区　朱迎春
　　雁峰区　刘　煜
　　石鼓区　邹　波
　　蒸湘区　方　翔
　　南岳区　刘冬林
　　衡阳县　刘三元
　　衡南县　何龙勇
　　衡山县　柳红军
　　衡东县　谭水光

　　祁东县　周志杰
　　耒阳市　肖朝松
　　常宁市　曹　阳

邵阳市 朱　敏
　　双清区　郑华杰
　　大祥区　何晓峰
　　北塔区　李　锋
　　新邵县　蒋命贤
　　邵阳县　黄龙清
　　隆回县　范志海
　　洞口县　邵逸凡
　　绥宁县　罗　兴
　　新宁县　禹超吾
　　城步苗族自治县　杨进德
　　武冈市　张先文
　　邵东市　曾会林

岳阳市 廖星辉
　　岳阳楼区　刘海龙
　　云溪区　张品飞
　　君山区　徐　皓
　　岳阳县　汪　辉
　　华容县　丁　乙
　　湘阴县　陈　锋
　　平江县　黄进军
　　汨罗市　湛　益
　　临湘市　何华光
　　岳阳市经开区　张德平
　　南湖新区　向　勇
　　屈原管理区　贺正民
　　城陵矶新港区　吴建林

常德市 徐　苾
　　武陵区　鲍明勇
　　鼎城区　刘　俊
　　安乡县　邹　济
　　汉寿县　王　浩
　　澧　县　戴作东
　　临澧县　王　雷

桃源县　文承喜
石门县　唐凡妮
津市市　唐海平
经开区　丁敬军
柳叶湖旅游度假区　蒋杰
西洞庭管理区　文勇
西湖管理区　王永来

张家界市　莫海宏
　　永定区　张怡国
　　武陵源区　张国正
　　慈利县　万正红
　　桑植县　陈建伟

益阳市　刘正良
　　资阳区　王声权
　　赫山区　周开晨
　　南　县　叶大军
　　桃江县　夏跃军
　　安化县　林衍长
　　沅江市　周武波
　　大通湖区　何庆辉
　　高新区　方孝军

郴州市　李定河
　　北湖区　肖泽
　　苏仙区　李旭平
　　资兴市　吴冬春
　　桂阳县　李跃华
　　宜章县　邓昌华
　　永兴县　郭毓飞
　　嘉禾县　李寒云
　　临武县　周建国
　　汝城县　袁辉茂
　　桂东县　郭柏藩
　　安仁县　董清光

永州市　李群辉
　　零陵区　毛晓平
　　冷水滩区　秦建平
　　祁阳市　邓飞
　　东安县　谭辉
　　双牌县　周顺武
　　道　县　潘高旺

江永县　蒋继
宁远县　黄海燕
蓝山县　李陶虎
新田县　雷逸婷
江华瑶族自治县　颜德彪
经济技术开发区　胡纯辉
金洞管理区　邓文辉
回龙圩管理区　朱建旺

怀化市　骆磊
　　鹤城区　周平
　　中方县　吴丽君
　　沅陵县　李万喜
　　辰溪县　周丹
　　溆浦县　谢正德
　　会同县　杨章华（兼）
　　麻阳苗族自治县　张建方
　　新晃侗族自治县　杨光军
　　芷江侗族自治县　龙超群
　　靖州苗族侗族自治县　林云
　　通道侗族自治县　杨庆恒
　　洪江市　陈武军
　　洪江区　肖航

娄底市　王小勇
　　娄星区　李国雄
　　双峰县　贺展翅
　　新化县　袁新铁
　　冷水江市　黄隆华
　　涟源市　梅雄飞
　　经济开发区　杨新兵

湘西土家族苗族自治州　胡章华
　　吉首市　田光玉
　　泸溪县　张明永
　　凤凰县　邱文
　　花垣县　龙寿斌
　　保靖县　石朝平
　　古丈县　彭继明
　　永顺县　向用法
　　龙山县　李良才

［湖南省市（州）、县（市、区）级财政局局长名单由省财政厅人事教育处提供］

湖南省财政系统机关工作人员基本情况年报表

（截至 2023 年 12 月 31 日）

单位：人

项目	序号	合计	女	少数民族	政治面貌				最高学位			最高学历			任现职务、职级层次年限								层次			
					中共党员	共青团员	民主党派	其他	博士	硕士	学士	研究生	大学本科	大学专科	中专及以下	不满2年	2年至不满3年	3年至不满4年	4年至不满5年	5年至不满6年	6年至不满7年	7年至不满8年	8年至不满12年	12年至不满15年	15年及以上	财政部	省（区、市）厅局	市（地、州、盟）局	县（市、区、旗）局	乡（镇）所
甲	乙	1	2	3	4	5	6	7	8	9	10	11	12	13	14	15	16	17	18	19	20	21	22	23	24	25	26	27	28	29
总计	1	11421	4150	1786	7605	643	52	3121	12	370	2915	499	6486	3389	1047	4004	1300	969	3793	298	98	195	523	98	144		217	932	3101	7171
公务员合计	2	10072	3893	1639	6792	643	50	2587	12	370	2895	497	6223	2682	670	3738	799	914	3615	103	97	117	489	86	115		217	904	2707	6244
领导职务合计	3	1334	417	172	1252		20	62	11	158	304	250	930	132	22	471	140	177	130	41	61	67	101	57	89		85	581	647	21
省部级正职	4																													
省部级副职	5																														
厅局级正职	6	2	1		2					1		1	1					1			1						2			
厅局级副职	7	4	1		4					2		2	2			1			1		2						4			
县处级正职	8	42	5	3	42				4	15	10	25	17			15	8	4	8	5	1	2	2	2	1		25	16	1	
县处级副职	9	131	42	18	125		4	2	2	48	30	59	67	5		65	12	10	12		3	3	13	2	6		54	65	12	
乡科级正职	10	528	153	64	500		10	18	4	44	123	89	401	33	5	189	57	85	41	16	24	21	46	21	28			336	191	1
乡科级副职	11	627	215	87	579		6	42		48	140	74	442	94	17	201	63	77	68	20	30	41	40	33	54			164	443	20
综合管理类级合计	12	8268	3222	1368	5467	461	30	2310	1	199	2238	236	4841	2543	648	2797	659	737	3485	62	36	50	388	29	26		132	309	2037	5790
一级巡视员	13																														
二级巡视员	14	9	1		9					4	1	4	5			6	3	2	1								5	4		
一级调研员	15	28	9	1	28					2	10	12	11	16	1	20	3	4									22	6		

续表

序号	项目	合计	女	少数民族	政治面貌				最高学位			最高学历				任现职务、职级层次年限										层次				
					中共党员	共青团员	民主党派	其他	博士	硕士	学士	研究生	大学本科	大学专科	中专及以下	不满2年	2年至不满3年	3年至不满4年	4年至不满5年	5年至不满6年	6年至不满7年	7年至不满8年	8年至不满12年	12年至不满15年	15年及以上	财政部	省(区、市)厅局	市(地、州、盟)局	县(市、区、旗)局	乡(镇)所
16	二级调研员	54	13	6	44			4		5	20	7	43	2	2	28	10	4	12								16	30	7	1
17	三级调研员	74	7	5	71						8	4	52	16	2	44	15	13	2									11	63	
18	四级调研员	235	43	37	230			5	1	20	41	22	168	37	8	71	22	20	105	3	4	3	6		1		35	54	141	5
19	一级主任科员	302	46	34	289			13		19	37	24	178	78	22	182	49	43	26	7		1	1	3			33	43	211	15
20	二级主任科员	463	79	69	428		6	29		7	40	12	269	145	37	147	24	34	220	1	4	9	14	3	1		13	80	274	96
21	三级主任科员	1277	344	134	1040		4	233		8	90	8	542	581	146	932	107	161	68	30	9	3	5	3	3		5	24	363	885
22	四级主任科员	3172	1204	542	2289	18	6	859		79	375	96	1330	1367	379	441	89	98	2138	21	19	24	316	19	8		3	31	826	2312
23	一级科员	2636	1475	538	1028	443	5	1160		47	1612	48	2229	311	48	923	336	356	904	8		13	45	7	13			26	144	2466
24	二级科员	18	1	2	11			7		2	2		9	6	3	3	4	2	8				1						8	10
25	公务员试用期人员	470	254	99	73	182		215		13	353	11	452	7		470												14	23	433
26	公务员其他																													
27	工勤人员合计	1349	257	147	813		2	534		20	20	2	263	707	377	266	501	55	178	195	1	78	34	12	29			28	394	927
28	高级技师	228	13	23	159			68		3	3		25	130	73	60	101	11	28	23		2	2	3	1			13	90	125
29	技师	596	132	57	363			233		5	5		109	323	164	126	280	10	83	84		6	6		1			8	164	424
30	高级工	296	69	30	174		1	121		4	4		69	143	84	46	94	22	38	59		24	8	3	2			4	76	216
31	中级工	203	41	35	104			99		7	7	2	56	96	49	31	26	10	26	26		46	17	4	16			3	55	145
32	初级工	26	2	2	13			13		1	1		4	15	7	3		3	3	3		1	1	5	9				9	17
33	普通工																													
34	机关单位其他																													

湖南省财政系统事业单位工作人员数量变化情况

（截至2023年12月31日）

单位：人

项目	序号	上年末总数	本年度增加						本年度减少						本年末应有数	本年末实有数	实有数与应有数之差	本年度增减数	本年末事业单位数	本年末编制数量				本年末实有人数			
			小计	公开招聘	任命	政策性安置	交流	其他	小计	退休	解除合同	终止合同	交流	开除	其他						行政编制	参公编制	事业编制	工勤编制	行政编制	参公编制	事业编制	工勤编制
甲	乙	1	2	3	4	5	6	7	8	9	10	11	12	13	14	15	16	17	18	19	20	21	22	23	24	25	26	27
总计	1	7331	2263	249		18	1996		1859	121	93	8	1629	7	1	7735	7735		404	707	130	6	7170	212	11	8	7014	702
财政部	2																											
省（区、市）厅局	3	46	4				4		7		1		6			43	43		−3	6			39	10			31	12
市（地、州、盟）局	4	901	88	41		3	44		137	18	9	1	107	2		852	852		−49	68			885	11			807	45
县（市、区、旗）局	5	4438	1767	162		14	1591		647	77	63	6	497	3	1	5558	5558		1120	504	130	6	5738	80	11	8	5111	439
乡（镇）所	6	1946	404	46		1	357		1068	26	20	1	1019	2		1282	1282		−664	129			508	111			1065	206

湖南省财政系统参照管理单位工作人员数量变化情况（一）

（截至 2023 年 12 月 31 日）

单位：人

项目	序号	上年末总数	合计	录用	选调生	军转干部安置	从国有企事业单位调任		国有企事业单位整建制转入			选举登记	聘任	参照管理机关（单位）调入	公开遴选	参照管理机关（单位）整建制转入	实施公务员法机关调入	公开遴选	实施公务员法机关整建制转入	其他
							从国有事业单位调任	从国有企业单位调任	承担行政职能	从事公益服务	从事生产经营活动	国有企业单位整建制转入								
甲	乙	1	2	3	4	5	6	7	8	9	10	11	12	13	14	15	16	17	18	19
总　计	1	4946	1526	147		4	28		22					514		47	764	30		
财政部	2																			
省(区、市)厅局	3	112	23				1							7			15	5		
市(地、州、盟)局	4	698	115	48		3	2		22					22		35	40	16		
县(市、区、旗)局	5	3480	1360	99		1	25		22					474		12	704	9		
乡(镇)所	6	656	28											11			5			

湖南省财政系统参照管理单位工作人员数量变化情况（二）

（截至2023年12月31日）

单位：人

项目	序号	合计	退休	提前退休	辞去公职	辞退	开除	死亡	非正常死亡	调到国有企业单位	调到国有事业单位	整建制转到国有企业单位	整建制转到国有事业单位	因选举出登记	解聘	调到参照管理机关（单位）	被参照管理机关（单位）录用公开遴选	整建制转到参照管理机关（单位）	调到实施公务员法机关	被实施公务员法机关录用公开遴选	整建制转到实施公务员法机关	其他	本年应有未实有数	实有数与应有数之差	本年末财政部门数	本年末编制数量 行政编制	参公事业编制	工勤编制	本年末实有人数 行政编制	参公事业编制	工勤编制
甲	乙	21	22	23	24	25	26	27	28	29	30	31	32	33	34	35	36	37	38	39	40	41	42	43	44	45	46	47	48	49	50	51	52	53	54	55	56
合计	1	1232	384	8	6	2	4	5		114	4					476	5		237	2				5240	5240		294	366	38	6355	119	86	1	5097	1	141
财政部	2																																			
省(区、市)厅局	3	18	3	1												8			7					117	117		5	7		125				117		
市(地、州、盟)局	4	77	37		4		2			7	2					11	1		18					736	736		38	34		914	8	13		713		23
县(市区、旗)局	5	815	308	7	4	1	2	3		88	2					255	4		152	2				4025	4025		545	299	38	5241	111	72	1	3911	1	113
乡(镇)所	6	322	36					2		19						202			60					362	362		−294	26		75		1		356		5

（以上表格均由湖南省财政厅人事教育处提供）

湖南省乡镇（街道）财政所所长名单

（截至 2023 年 12 月 31 日）

单 位	姓 名	性 别	单 位	姓 名	性 别
长沙市			**岳麓区（湘江新区）**		
芙蓉区			桔子洲街道财政所	彭 虎	男
定王台街道财政所	汤 泽	男	咸嘉湖街道财政所	邹 敏	女
东屯渡街道财政所	谢 冬	男	岳麓街道财政所	张淑群	女
马王堆街道财政所	张玉潇	男	望月湖街道财政所	吴淑良	女
荷花园街道财政所	刘 佳	女	梅溪湖街道财政所	张正杰	男
韭菜园街道财政所	陈兰妮	女	西湖街道财政所	瞿 畅	女
马坡岭街道财政所	袁庆英	女	观沙岭街道财政所	唐晓全	男
朝阳街道财政所	王春辉	女	望岳街道财政所	彭 红	女
东湖街道财政所	熊书廉	男	含浦街道财政所	肖 寒	女
火星街道财政所	李 艳	女	学士街道财政所	周景辉	女
文艺路街道财政所	蔡承玲	女	天顶街道财政所	刘 莹	女
东岸街道财政所	杨兰波	女	望城坡街道财政所	肖 波	男
五里牌街道财政所	杨照兰	男	洋湖街道财政所	刘望涟	女
湘湖街道财政所	杨培武	男	坪塘街道财政所	朱 艳	女
天心区			银盆岭街道财政所	杨 唯	男
坡子街街道财政所	谭清华	女	莲花镇财政所	彭建明	男
城南路街道财政所	刘 婵	女	雨敞坪镇财政所	文建军	男
裕南街街道财政所	钟建军	女	麓谷街道财政所	严弄玉	女
金盆岭街道财政所	杨志强	男	雷锋街道财政所	蔡雄波	男
赤岭路街道财政所	李 霞	女	东方红街道财政所	陈花云	女
文源街道财政所	秦 朗	女	白马街道财政所	戴 萍	女
新开铺街道财政所	韩 厚	男	白箬铺镇财政所	骆 扬	男
青园街道财政所	汤 燕	女	金山桥街道财政所	周 宪	男
桂花坪街道财政所	段青玉	女	黄金园街道财政所	李贵荣	男
黑石铺街道财政所	阳碧芳	女	**开福区**		
大托铺街道财政所	刘卫军	男	清水塘街道财政所	吴 琼	女
先锋街道财政所	张树辉	男	新河街道财政所	阎 辉	女
南托街道财政所	黎红梅	女	湘雅路街道财政所	乐艳霞	女
暮云街道财政所	邱 格	女	芙蓉北路街道财政所	石一瑾	女

续表

单 位	姓 名	性 别	单 位	姓 名	性 别
通泰街街道财政所	赵莉莉	女	丁字湾街道财政所	李向东	男
望麓园街道财政所	罗 洋	女	桥驿镇财政所	邓克宇	男
伍家岭街道财政所	张艳霞	女	长沙县		
东风路街道财政所	武可心	女	黄兴镇财政所	苏佳娣	女
四方坪街道财政所	肖 平	女	江背镇财政所	付 强	男
洪山街道财政所	吴 娇	女	黄花镇财政所	吴 浪	女
月湖街道财政所	李 颖	女	春华镇财政所	陈 畅	男
浏阳河街道财政所	蒋 晔	女	路口镇财政所	毕 芳	女
沙坪街道财政所	毛 宁	女	果园镇财政所	文 志	男
秀峰街道财政所	章岚凤	女	高桥镇财政所	邹会玲	女
青竹湖街道财政所	黄 波	女	金井镇财政所	饶 湛	男
捞刀河街道财政所	曾 嵘	女	福临镇财政所	张 妙	男
雨花区			青山铺镇财政所	黄 英	女
同升街道财政所	曹树建	男	开慧镇财政所	江 艳	女
圭塘街道财政所	蔡 芯	女	安沙镇财政所	蒋 勇	男
高桥街道财政所	吴湘玉	女	北山镇财政所	彭 勤	男
砂子塘街道财政所	吴健英	女	星沙街道财政所	钟 国	男
井湾子街道财政所	唐艳萍	女	湘龙街道财政所	彭峥嵘	男
跳马镇财政所	彭 以	女	泉塘街道财政所	盛 洁	女
洞井街道财政所	汪理文	女	长龙街道财政所	盛取振	男
左家塘街道财政所	郭 超	女	㮾梨街道财政所	魏先觉	女
东山街道财政所	张 丽	女	浏阳市		
东塘街道财政所	贺红霞	女	淮川街道财政所	聂红如	男
侯家塘街道财政所	胡 煜	女	集里街道财政所	黎 武	男
雨花亭街道财政所	李荣香	女	关口街道财政所	罗昭海	男
黎托街道财政所	徐路苹	女	荷花街道财政所	刘 斌	男
望城区			枨冲镇财政所	孙杜渡	男
白沙洲街道财政所	彭恩婷	女	葛家镇财政所	吴 江	男
靖港镇财政所	易 姣	女	古港镇财政所	罗 翼	女
乌山街道财政所	侯 龙	男	高坪镇财政所	喻贤亮	男
月亮岛街道财政所	陈 慧	女	永和镇财政所	李俊男	男
乔口镇财政所	曹铁祥	男	沿溪镇财政所	黄 振	男
铜官街道财政所	叶 舟	男	官渡镇财政所	周智锋	男
高塘岭街道财政所	王 汝	女	达浒镇财政所	杨建军	男
大泽湖街道财政所	王 强	男	大围山镇财政所	王 博	男
茶亭镇财政所	杨勇贤	男	张坊镇财政所	李昌秋	男

续表

单 位	姓 名	性 别	单 位	姓 名	性 别
小河乡财政所	颜 章	男	流沙河镇财政所	朱春兵	男
大瑶镇财政所	陶芬芳	女	青山桥镇财政所	姜 力	男
金刚镇财政所	李升招	男	横市镇财政所	刘先兵	男
澄潭江镇财政所	王 昶	男	黄材镇财政所	张若沙	男
文家市镇财政所	胡艳红	女	沩山乡财政所	温亮军	男
中和镇财政所	邓 谋	男	巷子口镇财政所	吴京灿	男
镇财政所头镇财政所	胡小慧	女	龙田镇财政所	林建良	男
普迹镇财政所	陈滨杰	男	沙田乡财政所	肖训强	男
官桥镇财政所	刘建雄	男	白马桥街道财政所	张建平	男
柏加镇财政所	王 意	男	历经铺街道财政所	左文治	男
永安镇财政所	张海红	男	城郊街道财政所	彭富强	男
北盛镇财政所	宋艳红	女	玉潭街道财政所	周学军	男
洞阳镇财政所	李 柱	男	株洲市		
蕉溪镇财政所	杨志强	男	荷塘区		
沙市镇财政所	黄 珠	男	金山街道财政所	周君兰	女
淳口镇财政所	聂 旭	男	仙庾镇财政所	沈合飞	男
社港镇财政所	寻武欣	男	桂花街道财政所	刘会娇	女
龙伏镇财政所	陈 煜	男	月塘街道财政所	杨 萍	女
宁乡市			宋家桥街道财政所	魏永卷	男
大屯营镇财政所	戴泰平	男	明照街道财政所	王佩佩	女
道林镇财政所	李赣湘	男	茨菇塘街道财政所	黄 欢	女
花明楼镇财政所	文 佩	女	芦淞区		
东湖塘镇财政所	刘 斌	男	枫溪街道财政所	皮天赤	男
夏铎铺镇财政所	秦文艺	男	建宁街道财政所	汪 柳	女
金洲镇财政所	喻文彬	男	龙泉街道财政所	张 术	男
双江口镇财政所	范明强	男	庆云街道财政所	许婵妍	女
菁华铺乡财政所	戴菊红	女	建设街道财政所	杨小红	女
回龙铺镇财政所	黄旺兴	男	贺家土街道财政所	陈 霞	女
煤炭坝镇财政所	孙志杰	男	董家塅街道财政所	张海燕	女
坝塘镇财政所	阳晓军	男	白关镇财政所	易洪毅	男
资福镇财政所	刘建新	男	石峰区		
灰汤镇财政所	叶明华	男	龙头铺街道财政所	朱凤平	女
双凫铺镇财政所	严利强	男	清水塘街道财政所	刘 璺	女
大成桥镇财政所	杨卫忠	男	田心街道财政所	唐晓兴	男
喻家坳乡财政所	易献华	女	铜塘湾街道财政所	杨 茜	女
老粮仓镇财政所	肖约平	女	响石岭街道财政所	余 青	女

续表

单 位	姓 名	性 别	单 位	姓 名	性 别
井龙街道财政所	易诗雅	女	谭桥街道财政所	刘飞云	男
学林街道财政所	李 红	女	春联街道财政所	罗 艳	女
云田镇财政所	蒋沁芸	女	**茶陵县**		
天元区			思聪街道财政所	曾小明	男
泰山路街道财政所	尹雪琴	女	云阳街道财政所	谭艳红	女
嵩山路街道财政所	文 颖	女	洣江街道财政所	张 培	女
栗雨街道财政所	胡斯祺	女	下东街道财政所	谭蓉亭	男
马家河街道财政所	蒋杜平	女	高陇镇财政所	周林立	男
群丰镇财政所	粟 丹	女	秩堂镇财政所	李卢家	男
雷打石镇财政所	郭 赛	女	火田镇财政所	李 凯	男
三门镇财政所	李 思	女	腰潞镇财政所	谭朝阳	男
渌口区			严塘镇财政所	苏黎鹏	男
渌口镇财政所	马昱溪	男	舲舫乡财政所	唐新文	男
南洲镇财政所	黄 超	女	桃坑乡财政所	唐 亮	男
淦田镇财政所	刘志平	男	湖口镇财政所	肖清元	男
龙门镇财政所	谭奕雯	女	马江镇财政所	陈金华	男
龙潭镇财政所	刘嘉铭	男	界首镇财政所	谭嘉惠	女
朱亭镇财政所	刘强军	男	枣市镇财政所	谭建华	男
龙船镇财政所	胡胜兰	女	虎踞镇财政所	罗 春	男
古岳峰镇财政所	张 义	男	**炎陵县**		
攸县			霞阳镇财政所	王胜强	男
鸾山镇财政所	易 勇	男	沔渡镇财政所	杨延平	男
黄丰桥镇财政所	颜成刚	男	十都镇财政所	李怡敏	女
酒埠江镇财政所	陈利珍	女	垄溪乡财政所	朱新桃	女
皇图岭镇财政所	马志刚	男	鹿原镇财政所	唐 珂	女
网岭镇财政所	吴刘亦武	男	船形乡财政所	刘炎新	女
丫江桥镇财政所	李 瑶	女	水口镇财政所	彭若天	男
宁家坪镇财政所	文 霞	女	中村瑶族乡财政所	唐一建	男
新市镇财政所	龙蔚蔚	女	下村乡财政所	段 胤	男
莲塘坳镇财政所	李外娇	男	策源乡财政所	曾昭发	男
菜花坪镇财政所	汤头华	男	**醴陵市**		
渌田镇财政所	蔡建塘	男	李畋镇财政所	魏智辉	男
石羊塘镇财政所	施丹妮	男	白兔潭镇财政所	邹思思	女
桃水镇财政所	黎振宇	男	浦口镇财政所	李今朝	男
联星街道财政所	邹李成	男	王仙镇财政所	周思斯	女
江桥街道财政所	刘 荣	男	汄山镇财政所	何俐俐	女

续表

单　位	姓　名	性别	单　位	姓　名	性别
东富镇财政所	张理红	男	岳塘区		
孙家湾镇财政所	黄建福	男	荷塘街道财政所	张　敏	女
泗汾镇财政所	雷　星	女	书院路街道财政所	冯飞燕	女
沈潭镇财政所	柳思琴	女	下摄司街道财政所	李　灿	女
船湾镇财政所	罗　旺	男	岳塘街道财政所	李　艳	女
明月镇财政所	邓鹏展	男	建设路街道财政所	戴姝杰	女
嘉树镇财政所	冯　森	男	五里堆街道财政所	刘咏辉	女
茶山镇财政所	吴　芳	女	宝塔街道财政所	汪和平	男
均楚镇财政所	吴　莉	女	昭山镇财政所	罗洪宇	女
石亭镇财政所	肖喆敏	男	东坪街道财政所	张　健	男
板杉镇财政所	许忠国	男	霞城街道财政所	伍国芳	女
左权镇财政所	汤凤婷	女	双马街道财政所	冯美英	女
官庄镇财政所	邱方宁	男	板塘街道财政所	陈　强	男
枫林镇财政所	彭　婉	女	湘潭县		
阳三石街道财政所	张　伟	男	石潭镇财政所	贺鄂湘	男
仙岳山街道财政所	唐　胜	男	石鼓镇财政所	王　盼	男
国瓷街道财政所	朱　培	男	青山桥镇财政所	易宇轩	男
来龙门街道财政所	瞿玉娟	女	易俗河镇财政所	王劲松	男
长庆街道财政所	彭　良	男	谭家山镇财政所	冯　涛	男
湘潭市			白石镇财政所	陈　颖	男
雨湖区			中路铺镇财政所	朱胜伟	男
城正街街道财政所	易涵煜	女	花石镇财政所	王　平	男
鹤岭镇财政所	潘　磊	男	杨嘉桥镇财政所	雷志明	男
姜畲镇财政所	曹建军	男	分水乡财政所	唐超锋	男
楠竹山镇财政所	邹佳容	女	射埠镇财政所	张　虎	男
万楼街道财政所	赵晚泠	女	云湖桥镇财政所	彭洪武	男
先锋街道财政所	周鹄翔	男	乌石镇财政所	李永康	男
窑湾街道财政所	潘志军	男	河口镇财政所	陈伯炎	男
雨湖路街道财政所	胡小焱	女	排头乡财政所	张　虎	男
云塘街道财政所	邓　璇	女	锦石乡财政所	谢　准	男
昭潭街道财政所	熊兰芳	女	茶恩寺镇财政所	郭　谦	女
广场街道财政所	李　敏	女	湘乡市		
长城乡财政所	周迎芳	女	白田镇财政所	黄　科	男
响水乡财政所	周桂花	女	中沙镇财政所	赵　韬	男
和平街道财政所	罗全胜	男	东郊乡财政所	阳志武	男
九华街道财政所	石铁强	男	金薮乡财政所	曾　彪	男

续表

单 位	姓 名	性 别	单 位	姓 名	性 别
壶天镇财政所	蒋建阳	男	雁峰区		
梅桥镇财政所	李 琳	女	岳屏镇财政所	刘碧媛	女
泉塘镇财政所	贺红卫	女	白沙洲街道财政所	许承鸣	女
山枣镇财政所	彭阳欣	男	黄茶岭街道财政所	谭海燕	女
育塅乡财政所	肖树强	男	雁峰街道财政所	周承斌	男
棋梓镇财政所	万 鹏	男	天马山街道财政所	周 洁	女
翻江镇财政所	李 莉	女	先锋街道财政所	邹 晖	男
潭市镇财政所	陈 熠	男	石鼓区		
毛田镇财政所	谭松林	男	青山街道财政所	李 娇	女
栗山镇财政所	王 钢	男	人民街道财政所	谢蓓蓓	女
虞唐镇财政所	成 丽	女	潇湘街道财政所	王 青	女
金石镇财政所	周述良	男	五一街道财政所	何佳奇	男
龙洞镇财政所	周凤乾	男	合江街道财政所	蒋双平	男
月山镇财政所	谭余辉	男	黄沙湾街道财政所	罗彦婷	女
昆仑桥街道财政所	刘 治	男	角山镇财政所	彭丽芬	女
东山街道财政所	贺建军	男	蒸湘区		
新湘路街道财政所	范泽武	男	雨母山镇财政所	周宏英	女
望春门街道财政所	陈志华	男	呆鹰岭镇财政所	李红艳	女
韶山市			联合街道财政所	唐 宏	女
清溪镇财政所	伍晓俐	女	红湘街道财政所	汪庆莉	女
银田镇财政所	汤 晓	女	蒸湘街道财政所	庄海帆	男
杨林乡财政所	朱清文	女	南岳区		
韶山乡财政所	向建河	男	南岳区南岳镇财政所	罗义军	男
衡阳市			南岳区祝融街道财政所	周建香	女
珠晖区			南岳区寿岳乡财政所	周 鹏	男
粤汉街道财政所	华小平	男	衡阳县		
广东路街道财政所	邓 娜	女	樟木乡财政所	廖海龙	男
东风街道财政所	聂向荣	女	集兵镇财政所	杨友平	男
东阳渡街道财政所	何 燕	女	岣嵝乡财政所	刘俊辉	男
苗圃街道财政所	周晓芳	女	樟树乡财政所	张跃华	男
酃湖乡财政所	刘 单	男	板市乡财政所	周朝民	男
茶山坳镇财政所	谢文彬	女	杉桥镇财政所	张辉国	男
和平乡财政所	涂 新	女	西渡镇财政所	彭小平	男
衡州路街道财政所	阳清华	男	岘山镇财政所	刘 建	男
冶金街道财政所	周福萍	女	井头镇财政所	王晓明	男
			关市镇财政所	黄明富	男

续表

单 位	姓 名	性 别	单 位	姓 名	性 别
演陂镇财政所	陈迎春	男	近尾洲镇财政所	陈庆红	男
栏垅乡财政所	黄振刚	男	硫市镇财政所	李晓波	男
库宗桥镇财政所	金海平	男	咸塘镇财政所	唐满林	男
金兰镇财政所	王 平	男	衡山县		
洪市镇财政所	李忠诚	男	萱洲镇财政所	周 红	女
大安乡财政所	谭振华	男	永和乡财政所	李 珂	女
曲兰镇财政所	陈国强	男	长江镇财政所	苏 敏	男
金溪镇财政所	彭军委	男	福田铺乡财政所	唐 蛟	男
溪江乡财政所	欧名智	男	岭坡乡财政所	余 敏	男
界牌镇财政所	邓 晖	男	白果镇财政所	赵书礼	女
石市镇财政所	万海清	男	江东乡财政所	徐鹏程	男
渣江镇财政所	陈建华	男	贯塘乡财政所	赵建华	男
三湖镇财政所	肖启元	男	新桥镇财政所	刘智斌	男
台源镇财政所	刘本祝	男	东湖镇财政所	徐 新	男
长安乡财政所	魏候华	男	店门镇财政所	綦美华	女
衡南县			开云镇财政所	董长军	男
云集街道财政所	廖晓飞	男	衡东县		
向阳桥街道财政所	殷满生	男	大浦镇财政所	何小明	男
车江街道财政所	刘荣贵	男	石滩乡财政所	秦 铭	男
茶市镇财政所	罗朝晖	男	霞流镇财政所	彭仁清	男
相市乡财政所	刘九生	男	新塘镇财政所	单雄建	男
泉溪镇财政所	欧阳逸云	男	白莲镇财政所	文国林	男
洪山镇财政所	谢 磊	男	三樟镇财政所	刘文科	男
江口镇财政所	刘光辉	男	石湾镇财政所	陈艳平	女
冠市镇财政所	张中元	男	杨桥镇财政所	罗劲华	男
宝盖镇财政所	徐水文	男	蓬源镇财政所	何灵潇	女
花桥镇财政所	董晓斌	男	荣桓镇财政所	刘海力	男
铁丝塘镇财政所	颜 斌	男	高湖镇财政所	谭志辉	男
松江镇财政所	谢殿贤	男	南湾乡财政所	罗 想	男
三塘镇财政所	刘文生	男	草市镇财政所	梁 曼	女
谭子山镇财政所	周小波	男	杨林镇财政所	刘金华	男
岐山镇财政所	张百军	男	吴集镇财政所	刘林杰	男
泉湖镇财政所	王国衡	男	甘溪镇财政所	王 亮	男
茅市镇财政所	段 华	男	洣水镇财政所	刘志强	男
柞市镇财政所	谢松林	男	祁东县		
栗江镇财政所	王胜利	男	洪桥街道财政所	彭勇华	男

续表

单 位	姓 名	性 别	单 位	姓 名	性 别
玉合街道财政所	邓启明	男	小水镇财政所	王学军	男
永昌街道财政所	刘波	男	东湖圩镇财政所	曹满和	男
白鹤街道财政所	刘朝阳	男	泗田镇财政所	陈幼生	男
金桥镇财政所	朱金华	男	导子镇财政所	曾小力	男
归阳镇财政所	熊艳	女	黄市镇财政所	王瑜	男
杏湖省级湿地公园管理处财政所	龙驹梓	女	大市镇财政所	梁钟江	男
			三都镇财政所	谢晓国	男
乌江镇财政所	李樊	男	长坪乡财政所	贺晓辉	男
河洲镇财政所	陈卫平	男	遥田镇财政所	谢舟	男
粮市镇财政所	雷志勇	男	公平圩镇财政所	罗锡文	男
过水坪镇财政所	颜秋艳	女	坛下乡财政所	罗颖锋	男
双桥镇财政所	彭婷君	女	新市镇财政所	刘仁凤	女
灵官镇财政所	刘湘莲	女	马水镇财政所	黄晓君	男
风石堰镇财政所	谭松球	男	仁义镇财政所	唐纯光	男
白地市镇财政所	贺黎明	男	大和圩乡财政所	刘功和	男
马杜桥乡财政所	张清华	男	南阳镇财政所	谭芳	女
黄土铺镇财政所	张颖娟	女	亮源乡财政所	王少华	男
石亭子镇财政所	李文兵	女	太平圩乡财政所	严庆鹏	男
官家嘴镇财政所	周红旗	男	南京镇财政所	李世雄	男
步云桥镇财政所	曾志刚	男	永济镇财政所	郑永松	男
砖塘镇财政所	邱飞跃	男	龙塘镇财政所	陈水军	男
蒋家桥镇财政所	谭先红	男	哲桥镇财政所	彭忠任	男
凤歧坪乡财政所	付刚生	男	常宁市		
太和堂镇财政所	刘肸	男	宜阳街道财政所	罗荣祥	男
城连墟乡财政所	李戊申	男	培元街道财政所	陈琼	女
四明山国家森林公园管理处财政所	申娟娟	女	泉峰街道财政所	廖小意	男
			曲潭街道财政所	刘小龙	男
耒阳市			水口山镇财政所	邓少云	男
蔡子池街道财政所	刘再英	女	柏坊镇财政所	刘现丽	女
灶市街街道财政所	雷佑林	男	烟洲镇财政所	刘潜	男
水东江街道财政所	邓清敏	男	白沙镇财政所	刘林芽	男
五里牌街道财政所	黄斌	男	荫田镇财政所	陈辉	男
余庆街道财政所	谢健	男	罗桥镇财政所	刘岳林	男
三架街道财政所	刘春华	男	三角塘镇财政所	徐胜富	男
太义镇财政所	胡志成	男	官岭镇财政所	刘辉	男
夏塘镇财政所	吴济金	男	洋泉镇财政所	李欣	男

续表

单 位	姓 名	性 别	单 位	姓 名	性 别
天堂山财政所	尹建华	男	红旗街道财政所	周栋梅	女
板桥镇财政所	李文国	男	蔡锷乡财政所	张朝阳	男
新河镇财政所	吕章启	男	雨溪街道财政所	胡斯飞	女
蓬塘乡财政所	卢良齐	男	板桥乡财政所	刘羲	男
西岭镇财政所	易迎春	女	城西街道财政所	姚子涵	男
庙前镇财政所	廖金生	男	百春园街道财政所	苏利华	女
胜桥镇财政所	张礼华	男	火车南站街道财政所	颜武	男
兰江乡财政所	刘文林	男	檀江街道财政所	李玉荣	男
大堡乡财政所	刘学君	男	城南街道财政所	张小波	男
塔山乡财政所	肖寒	男	罗市镇财政所	姜杰鹏	男
弥泉林场财政所	周芬	女	翠园街道财政所	张艳娥	女
衡阳高新区			北塔区		
华兴街道财政所	吴泳锡	女	状元洲街道财政所	曾杰	男
金龙坪街道财政所	万丹	男	田江街道财政所	钟睿	男
蒸水办事处财政所	邹海斌	男	新滩镇街道财政所	陈惊文	男
高岭办事处财政所	宋丽娜	女	陈家桥镇财政所	张凌浩	男
松木经开区			茶元头街道财政所	曾春妮	女
金源街道财政所	何南希	女	新邵县		
邵阳市			酿溪镇财政所	刘琴	女
双清区			坪上镇财政所	刘聪	男
爱莲街道财政所	刘双喜	男	雀塘镇财政所	朱凤娇	女
石桥街道财政所	沈洋	男	巨口铺镇财政所	谭桂花	女
滨江街道财政所	曾军	男	潭溪镇财政所	段丽芳	女
汽车站街道财政所	曾凡圣	男	太芝庙镇财政所	岳汉林	男
东风路街道财政所	刘宇春	男	小塘镇财政所	刘惠华	男
小江湖街道财政所	陶源	男	新田铺镇财政所	何金林	男
龙须塘街道财政所	聂宁	男	严塘镇财政所	黄巧丽	女
兴隆街道财政所	阳帆	男	陈家坊镇财政所	姚超	女
桥头街道财政所	姚春霞	女	寸石镇财政所	李梦雅	女
火车站乡财政所	赵鸿飞	男	大新镇财政所	马绍华	男
渡头桥镇财政所	张薇	女	龙溪铺镇财政所	雷小喜	男
高崇山镇财政所	陈越峰	男	迎光乡财政所	蒋瑶	女
大祥区			潭府乡财政所	谢充敏	男
学院路街道财政所	彭奥	女	邵阳县		
城北街道财政所	刘飞龙	男	塘渡口镇财政所	刘灿	女
中心街道财政所	夏英能	男	白仓镇财政所	陈伟奇	男

续表

单 位	姓 名	性 别	单 位	姓 名	性 别
塘田市镇财政所	钟建华	男	西洋江镇财政所	周金林	男
河伯乡财政所	胡小铃	女	南岳庙镇财政所	罗光友	男
金称市镇财政所	吕子勇	男	周旺镇财政所	刘志荣	男
九公桥镇财政所	谢东风	男	桃花坪街道财政所	阳 滢	男
七里山场财政所	黎三娥	女	滩头镇财政所	张善斌	男
长阳铺镇财政所	唐小铺	男	岩口镇财政所	刘 琼	男
岩口铺镇财政所	杨小海	男	北山镇财政所	邹坚强	男
小溪市乡财政所	唐海兵	男	三阁司镇财政所	陈代永	男
黄亭市镇财政所	邓军强	男	山界回族乡财政所	黄民丰	男
蔡桥乡财政所	莫卫强	男	洞口县		
长乐乡财政所	郭建社	男	文昌街道财政所	颜 超	男
黄荆乡财政所	刘敏奇	女	高沙镇财政所	谢 颖	女
谷洲镇财政所	黎建云	男	石江镇财政所	曾 求	男
下花桥镇财政所	何致余	男	黄桥镇财政所	贺光平	男
诸甲亭乡财政所	程敢兴	男	竹市镇财政所	曾伟军	男
郦家坪镇财政所	聂任远	男	江口镇财政所	尹俊鹏	男
五峰铺镇财政所	朱绍明	男	毓兰镇财政所	曾晓玲	女
罗城乡财政所	田向荣	男	山门镇财政所	郭胜兰	女
金江乡财政所	谭秋兰	男	醪田镇财政所	尹大前	男
隆回县			花园镇财政所	欧阳旭彪	男
小沙江镇财政所	欧阳树江	男	罗溪瑶族乡财政所	唐 赞	男
麻塘山乡财政所	罗轶帅	男	渣坪乡财政所	李彦宏	男
虎形山瑶族乡财政所	邹 亮	男	月溪镇财政所	王修潭	男
金石桥镇财政所	孙防军	男	古楼乡财政所	尹一玮	男
鸭田镇财政所	周 拯	男	长塘瑶族乡财政所	刘伟彤	女
司门前镇财政所	肖振芳	男	花古街道财政所	薛 岚	女
大水田乡财政所	涂卫斌	男	大屋瑶族乡财政所	肖功杨	男
羊古坳镇财政所	马道波	男	桐山乡财政所	邓容文	女
高平镇财政所	曾 伟	男	石柱镇财政所	尹 丹	男
罗洪镇财政所	刘 远	男	水东镇财政所	邹香梅	女
六都寨镇财政所	刘 协	男	岩山镇财政所	旷理石	男
七江镇财政所	李传义	男	杨林镇财政所	张翔坤	女
荷田乡财政所	易 卓	男	茶铺茶场管理区财政所	林语丽	女
荷香桥镇财政所	范石良	男	雪峰街道财政所	丁 翔	男
花门街道财政所	李娟红	女	绥宁县		
横板桥镇财政所	周 勇	男	武阳镇财政所	杨保弛	男

续表

单 位	姓 名	性 别	单 位	姓 名	性 别
李熙桥镇财政所	刘振华	男	西岩镇财政所	潘玉波	男
红岩镇财政所	陈礼苗	男	威溪乡财政所	陈晓军	男
唐家坊镇财政所	佘明烨	男	金紫乡财政所	杨 敏	男
金屋塘镇财政所	刘家棋	男	蒋坊乡财政所	朱珍妮	女
瓦屋塘镇财政所	唐 源	男	丹口镇财政所	刘 静	女
黄土矿镇财政所	唐秋阳	男	汀坪乡财政所	张淑杰	女
东山侗族乡财政所	彭超群	女	白毛坪镇财政所	杨开文	男
鹅公岭侗族苗族乡财政所	李 彬	男	兰蓉乡财政所	杨晓燕	女
乐安铺苗族侗族乡财政所	刘 璇	女	五团镇财政所	易 辉	男
寨市苗族侗族乡财政所	戴维佳	女	长安营镇财政所	袁大明	男
长铺镇财政所	刘天明	男	武冈市		
长铺子侗族乡财政所	杨贵华	男	辕门口街道财政所	欧阳帅	男
关峡苗族乡财政所	李艳玲	女	迎春亭街道财政所	王彰平	男
河口苗族乡财政所	沈序扬	男	邓元泰镇财政所	杜章银	男
麻塘苗族瑶族乡财政所	向颂颂	男	湾头桥镇财政所	童承桂	男
水口乡财政所	夏湘舒	男	龙溪镇财政所	张 伟	男
新宁县			文坪镇财政所	刘贵华	男
黄金乡财政所	徐亚军	男	司马冲镇财政所	杨文驻	男
麻林乡财政所	杨世良	男	大甸镇财政所	罗小飞	男
水庙镇财政所	蒋耀飞	男	晏田乡财政所	刘治军	男
万塘乡财政所	徐红斌	男	稠树塘镇财政所	肖爱武	男
崀山镇财政所	李 爽	男	秦桥镇财政所	肖爱国	男
金石镇财政所	陈子平	男	荆竹铺镇财政所	刘劲松	男
丰田乡财政所	江世达	男	马坪乡财政所	刘浩晖	男
马头桥镇财政所	罗 敬	男	邓家铺镇财政所	罗 炜	男
安山乡财政所	李清风	男	双牌镇财政所	刘哲锋	男
高桥镇财政所	邓小慧	男	水浸坪乡财政所	唐双友	男
靖位乡财政所	何克平	男	法相岩街道财政所	张华雄	男
一渡水镇财政所	李 龙	男	水西门街道财政所	曾志成	男
巡田乡财政所	陈叶刚	男	邵东市		
回龙镇财政所	邓祥云	男	两市塘街道财政所	杨海欧	男
清江桥乡财政所	林春生	男	大禾塘街道财政所	刘顺云	男
黄龙镇财政所	夏拥军	男	宋家塘街道财政所	胡文星	男
城步县			魏家桥镇财政所	刘朝晖	男
儒林镇财政所	杨 茜	女	仙槎桥镇财政所	罗 奖	男
茅坪镇财政所	漆艳芬	女	九龙岭镇财政所	肖滇旦	男

续表

单 位	姓 名	性 别	单 位	姓 名	性 别
双凤乡财政所	李博辉	男	云溪区		
牛马司镇财政所	曾长涛	男	陆城镇财政所	刘忠	男
黑田铺镇财政所	肖航宇	男	长岭街道财政所	郑庆娣	女
简家陇镇财政所	邓礼平	女	路口镇财政所	谢燕	女
周官桥乡财政所	刘琳峰	男	云溪街道财政所	卢秉俊	男
佘田桥镇财政所	曾素贞	女	松阳湖街道财政所	易娆	女
火厂坪镇财政所	罗英斌	男	君山区		
水东江镇财政所	叶宁东	男	许市镇财政所	江学军	男
杨桥镇财政所	吕中桃	男	钱粮湖镇财政所	杨怡	男
野鸡坪镇财政所	刘新友	男	广兴洲镇财政所	余岸	男
灵官殿镇财政所	曾一洲	男	良心堡镇财政所	邹沁求	男
堡面前乡财政所	罗荣	男	柳林洲街道财政所	孙岳君	男
流光岭镇财政所	申娟娟	女	岳阳县		
砂石镇财政所	李祥良	男	荣家湾镇财政所	周军	男
团山镇财政所	孙智彪	男	新开镇财政所	付冬生	男
廉桥镇财政所	张亦兵	男	中洲乡财政所	李鸿雁	男
斫曹乡财政所	佘智慧	男	毛田镇财政所	冯雷	男
流泽镇财政所	敬章永	男	长湖乡财政所	徐季冬	男
界岭镇财政所	刘保卫	男	新墙镇财政所	万德龙	男
岳阳市			杨林街镇财政所	徐祖亮	男
岳阳楼区			张谷英镇财政所	张颖慧	男
城陵矶街道财政所	罗文明	男	步仙镇财政所	丁鸿	男
东茅岭街道财政所	吴瑛	女	柏祥镇财政所	侯科	男
王家河街道财政所	臧波	女	公田镇财政所	彭祥	男
望岳路街道财政所	龚毅	男	月田镇财政所	周庆星	男
岳阳楼街道财政所	徐敏	男	筻口镇财政所	谭斌	男
洛王街道财政所	曹旭	男	黄沙街镇财政所	赵明	男
金鹗山街道财政所	孙国栋	男	麻塘办事处财政所	李成	男
郭镇街道财政所	杨舟	男	东洞庭湖办事处财政所	陈亚徽	男
梅溪街道财政所	周辉	男	华容县		
吕仙亭街道财政所	黄征	男	三封寺镇财政所	李铮	男
站前路街道财政所	冯金彪	男	治河渡镇财政所	倪荣志	男
三眼桥街道财政所	许昭荣	男	北景港镇财政所	莫志强	男
奇家岭街道财政所	黄佳奇	男	新河乡财政所	秦杨	女
枫桥湖街道财政所	潘梅	女	鲇鱼须镇财政所	周承志	男
五里牌街道财政所	吴勃	男	万庾镇财政所	邓刚	男

续表

单 位	姓 名	性别	单 位	姓 名	性别
东山镇财政所	彭若红	男	南江镇财政所	方文	男
操军镇财政所	何建武	男	板江乡财政所	陈卫民	男
梅田湖镇财政所	严肃	男	上塔市镇财政所	李累累	男
禹山镇财政所	徐进	男	梅仙镇财政所	欧阳勇	男
插旗镇财政所	白尊福	男	大洲乡财政所	易攀	男
注滋口镇财政所	吴顺栋	男	余坪镇财政所	何素	女
团洲乡财政所	袁锦锋	男	岑川镇财政所	余映川	男
章华镇财政所	陈良华	男	童市镇财政所	陈昌	男
田家湖生态新区财政所	汤世华	男	三墩乡财政所	袁竞成	男
湘阴县			瓮江镇财政所	胡杰	男
文星街道财政所	郭敏	男	浯口镇财政所	李文来	男
石塘镇财政所	彭志国	男	伍市镇财政所	邓盟根	男
六塘乡财政所	宋辉	男	向家镇财政所	赵丹	男
东塘镇财政所	潘知	男	汉昌街道财政所	李学勤	男
三塘镇财政所	张江	男	天岳街道财政所	邹江	男
洋沙湖镇财政所	张旭	男	驻高新区财政所	李著国	男
金龙镇财政所	李立新	男	汨罗市		
静河镇财政所	汤震	男	汨罗镇财政所	张建伟	男
樟树镇财政所	杨文祥	男	归义镇财政所	梁波	男
鹤龙湖镇财政所	周武	男	新市镇财政所	吴果辉	男
岭北镇财政所	王广	男	古培镇财政所	吴试言	男
新泉镇财政所	周峰	男	罗江镇财政所	单君	男
湘滨镇财政所	吴凯	男	白水镇财政所	邓明亮	男
杨林寨乡财政所	司马新宇	男	川山坪镇财政所	张铸	男
南湖洲镇财政所	任威	男	弼时镇财政所	许程研	男
平江县			神鼎山镇财政所	李科	男
三阳乡财政所	潘奇	男	长乐镇财政所	于伟	男
安定镇财政所	余德兴	男	三江镇财政所	黄萍	男
福寿山镇财政所	邓彬	男	大荆镇财政所	谢日立	男
三市镇财政所	王旋标	男	桃林寺镇财政所	杨维	男
加义镇财政所	何坤	男	白塘镇财政所	王琦	男
长寿镇财政所	王颂民	男	屈子祠镇财政所	曾海军	男
龙门镇财政所	涂登	男	临湘市		
木金乡财政所	吴方遒	男	长安街道财政所	姚柏平	男
石牛寨镇财政所	黄河	男	五里牌街道财政所	廖志华	男
虹桥镇财政所	李海毛	男	云湖街道财政所	刘曙光	男

续表

单 位	姓 名	性 别	单 位	姓 名	性 别
羊楼司镇财政所	张永新	男	白马湖街道财政所	聂德文	男
江南镇财政所	沈中文	男	启明街道财政所	刘圣娥	女
桃矿街道财政所	李 森	男	芦荻山乡财政所	龚玉平	男
坦渡镇财政所	余 军	男	东江街道财政所	熊 敏	男
忠防镇财政所	谌启亮	男	永安街道财政所	彭小叶	女
桃林镇财政所	廖 彦	男	丹洲乡财政所	陈桌樟	男
长塘镇财政所	陈 高	男	芷兰街道财政所	石 慧	女
聂市镇财政所	潘 星	男	府坪街道财政所	许馨月	女
白羊田镇财政所	廖红朴	男	鼎城区		
詹桥镇财政所	元 虎	男	许家桥乡财政所	彭建英	女
黄盖镇财政所	李志鹏	男	中河口镇财政所	陈立忠	男
岳阳经开区			斗姆湖街道财政所	丁 辉	女
西塘镇财政所	宋晓梅	女	谢家铺镇财政所	邹远斌	男
康王乡财政所	周 为	男	十美堂镇财政所	李三军	男
通海路管理处财政所	花中红	男	尧天坪镇财政所	朱德胜	男
金凤桥管理处财政所	李峥嵘	男	牛鼻滩镇财政所	钟小红	男
木里港管理处财政所	冯灿阳	男	红云街街道财政所	莫红玲	女
南湖新区			蒿子港镇财政所	刘爱国	男
湖滨街道财政所	李 栗	男	双桥坪镇财政所	汪志鑫	男
南湖街道财政所	龚姣红	女	周家店镇财政所	陈立平	男
求索街道财政所	李 瑰	男	镇德桥镇财政所	严若冰	男
龙山管理处财政所	李 霞	女	石公桥镇财政所	刘少炳	男
月山管理处财政所	杨 鑫	男	石板滩镇财政所	谌华安	男
屈原管理区			蔡家岗镇财政所	邵安华	男
营田镇财政所	刘 丽	女	花岩溪镇财政所	彭建全	男
河市镇财政所	姚 蓓	女	草坪镇财政所	何建军	男
凤凰乡财政所	柳 抗	女	黄土店镇财政所	樊 勇	男
天问街道财政所	李凌波	女	玉霞街道财政所	陈国秀	女
常德市			郭家铺街道财政所	聂志刚	男
武陵区			灌溪镇财政所	郝 萍	女
长庚街道财政所	姚 敏	女	韩公渡镇财政所	陈清友	男
丹阳街道财政所	张 融	女	安乡县		
穿紫河街道财政所	周 洋	女	深柳镇财政所	李 军	男
河洑镇财政所	易 卫	男	安障乡财政所	杨小慧	女
芙蓉街道财政所	肖媛媛	女	安康乡财政所	唐森杰	男
南坪街道财政所	郑志刚	男	安丰乡财政所	曾 军	男

续表

单　位	姓　名	性别	单　位	姓　名	性别
安全乡财政所	赵　辉	男	王家厂镇财政所	宋叔辉	男
官垱镇财政所	张友平	男	澧浦街道财政所	刘　敏	女
三岔河镇财政所	张远哲	男	澧西街道财政所	冉　成	男
下渔口镇财政所	汤寒梅	女	涔南镇财政所	向海林	男
陈家咀镇财政所	陈　章	男	大堰垱镇财政所	游碧云	女
黄山头镇财政所	姚宏军	男	澧南镇财政所	艾德洪	男
大湖口镇财政所	钟　瑛	女	澧阳街道财政所	潘五洲	男
大鲸港镇财政所	曾庆浩	男	复兴镇财政所	盛　晨	女
汉寿县			火连坡镇财政所	尹　力	男
龙阳街道财政所	李国才	男	澧澹街道财政所	孙小支	男
辰阳街道财政所	黄小玲	男	梦溪镇财政所	唐春弦	女
沧浪街道财政所	刘　琼	女	官垸镇财政所	刘　成	女
株木街道财政所	雷世荣	男	小渡口镇财政所	滕志军	男
岩汪湖镇财政所	严建军	男	城头山镇财政所	周银阶	男
坡头镇财政所	陈海清	男	临澧县		
酉港镇财政所	赵壮志	男	新安镇财政所	胡志平	男
洲口镇财政所	陈荣辉	男	合口镇财政所	戴　宁	男
罐头嘴镇财政所	陈立兵	男	停弦渡镇财政所	姚　楠	男
沧港镇财政所	蔡建平	男	修梅镇财政所	蒋晓初	男
聂家桥乡财政所	黄书健	男	佘市桥镇财政所	邓爱军	男
毛家滩乡财政所	周汉勇	男	四新岗镇财政所	胡朝晖	男
朱家铺镇财政所	周　炼	男	太浮镇财政所	邓大帆	男
丰家铺镇财政所	胡跃红	男	烽火乡财政所	周云云	女
太子庙镇财政所	黄立琼	男	刻木山乡财政所	张金成	男
崔家桥镇财政所	徐　凯	男	安福街道财政所	黄　辉	男
龙潭桥镇财政所	李乐群	男	望城街道财政所	何建华	男
军山铺镇财政所	刘新纪	男	桃源县		
百禄桥镇财政所	朱正介	男	漳江街道财政所	胡志刚	男
蒋家嘴镇财政所	黄　秦	男	浔阳街道财政所	余　勇	男
洋淘湖镇财政所	马　超	男	青林乡财政所	罗立杰	男
澧县			枫树乡财政所	徐珍英	女
码头铺镇财政所	王　翔	男	陬市镇财政所	易　霞	女
甘溪滩镇财政所	刘　勇	男	木塘垸镇财政所	胡　忠	男
盐井镇财政所	戴林敏	男	架桥镇财政所	刘　涛	男
如东镇财政所	陈　哲	女	盘塘镇财政所	黄　勇	男
金罗镇财政所	郭烨华	男	马鬃岭镇财政所	张　政	男

续表

单 位	姓 名	性 别	单 位	姓 名	性 别
双溪口镇财政所	孙思	女	雁池乡财政所	杨朔	男
热市镇财政所	汪海平	男	易家渡镇财政所	胡国	男
黄石镇财政所	蔡小伟	女	永兴街道财政所	杨滨	男
九溪镇财政所	黄俊	女	皂市镇财政所	杨坪	男
漆河镇财政所	罗锴亮	男	子良镇财政所	张耀午	男
理公港镇财政所	熊睿	男	津市市		
牛车河镇财政所	张树赟	男	药山镇财政所	代歌今	男
观音寺镇财政所	童方明	男	毛里湖镇财政所	黎元	男
龙潭镇财政所	佘心骏	女	白衣镇财政所	雷森林	男
佘家坪乡财政所	肖均波	男	新洲镇财政所	郑明忠	男
三阳港镇财政所	罗子荣	男	三洲驿街道财政所	黄伟	男
泥窝潭乡财政所	李洪文	男	汪家桥街道财政所	陈克双	男
剪市镇财政所	周静	女	襄阳街街道财政所	丁一	男
夷望溪镇财政所	倪加明	男	金鱼岭街道财政所	马前森	男
茶庵铺镇财政所	姚志忠	男	嘉山街道财政所	刘洋	男
西安财政所	龙林	男	柳叶湖旅游度假区		
杨溪桥镇财政所	熊怡佩	女	白鹤镇财政所	曾瑛菲	女
郑家驿镇财政所	胡星伟	男	柳叶湖街道财政所	杨梅	女
沙坪镇财政所	杜肖海	男	七里桥街道财政所	高辉	男
石门县			西洞庭管理区		
宝峰街道财政所	舒辉	女	金凤街道财政所	宋祺	女
楚江街道财政所	邱丽萍	女	龙泉街道财政所	聂燕	女
二都街道财政所	邢力	男	祝丰镇财政所	李国平	男
壶瓶山镇财政所	李峰平	女	西湖管理区		
白云镇财政所	李英方	女	西湖镇财政所	黄彩霞	女
夹山财政所	郭祚林	男	西洲乡财政所	李佳炜	女
罗坪乡财政所	包轲	男	经济技术开发区		
蒙泉镇财政所	王俊	男	石门桥镇财政所	张曙辉	男
磨市财政所	邹亮	男	德山街道财政所	邹瑜	男
南北镇财政所	易维	男	樟木桥街道财政所	张利辉	男
三圣乡财政所	刘泳田	女	桃花源风景名胜区		
所街财政所	熊仕承	男	桃花源镇财政所	严寒	女
太平镇财政所	杨台平	女	**张家界市**		
维新镇财政所	丁孟瑶	女	永定区		
新关镇财政所	贺良海	男	永定街道财政所	覃祥兵	男
新铺镇财政所	戚梦晨	女	崇文街道财政所	吕飚	男

续表

单 位	姓 名	性 别	单 位	姓 名	性 别
大庸桥街道财政所	涂金富	男	龙潭河镇财政所	杨金斌	男
南庄坪街道财政所	胡友胜	男	甘堰乡财政所	张曼婴子	女
官黎坪街道财政所	黄 云	男	许家坊乡财政所	李小勇	男
西溪坪街道财政所	胡明军	男	高桥镇财政所	满晶翠	女
阳湖坪街道财政所	李 军	男	江垭镇财政所	林 勇	男
后坪街道财政所	张 晶	男	零溪镇财政所	黄少波	男
枫香岗街道财政所	秦 博	男	洞溪乡财政所	朱 云	男
尹家溪镇财政所	吕晴莲	女	高峰乡财政所	代维军	男
沙堤街道财政所	覃国斌	男	零阳街道财政所	方新见	男
新桥镇财政所	赵珂欣	女	广福桥镇财政所	于聪延	男
合作桥乡财政所	宋 维	男	金岩乡财政所	杨 健	男
教字垭镇财政所	彭 博	男	苗市镇财政所	邢海兵	男
桥头乡财政所	向 阳	男	杉木桥镇财政所	贾云峰	男
罗水乡财政所	黄 丽	女	南山坪乡财政所	秦肖华	男
三家馆乡财政所	秦朝祺	男	金慈街道财政所	潘中正	男
罗塔坪财政所	邓颐乔	男	象市镇财政所	朱立平	男
天门山镇财政所	邓昌平	男	三合镇财政所	裴佳艺	男
四都坪乡财政所	刘 洋	男	东岳观镇财政所	舒业盛	男
谢家垭乡财政所	黄晨晨	女	阳和乡财政所	王红军	男
茅岩河镇财政所	陈若山	男	岩泊渡镇财政所	张晓辉	男
沅古坪镇财政所	徐人友	男	桑植县		
王家坪镇财政所	孙传杰	男	澧源镇财政所	陈卫东	男
武陵源区			瑞塔铺镇财政所	谷铁墙	男
军地坪街道财政所	邓菊华	女	空壳树乡财政所	彭卫民	男
索溪峪街道财政所	秦国钊	男	走马坪乡财政所	钟 诚	男
锣鼓塔街道财政所	田 婷	女	竹叶坪乡财政所	候海锋	男
天子山街道财政所	刘金龙	男	刘家坪乡财政所	黄道红	男
中湖乡财政所	张俊杰	男	芙蓉桥乡财政所	郭大明	男
协合乡财政所	王庆玲	女	马合口乡财政所	周如哲	男
慈利县			官地坪镇财政所	彭子昱	女
通津铺镇财政所	田仲杰	男	人潮溪镇财政所	廖 熙	女
杨柳铺乡财政所	姚 璐	女	洪家关乡财政所	田正平	男
三官寺乡财政所	曹梦遥	女	桥自弯镇财政所	杨清高	男
二坊坪镇财政所	陈 新	男	凉水口镇财政所	汤风雷	男
溪口镇财政所	朱 平	男	沙塔坪乡财政所	王鑫滔	男
赵家岗乡财政所	朱 锐	男	龙潭坪镇财政所	张 星	女

单 位	姓 名	性别	单 位	姓 名	性别
五道水镇财政所	廖海山	男	南县		
八大公山镇财政所	殷 斌	男	南洲镇财政所	李 伟	男
陈家河镇财政所	向云易	男	中鱼口镇财政所	胡建文	男
河口乡财政所	谷小洪	男	麻河口镇财政所	杨 毅	男
上河溪乡财政所	罗宏燕	女	浪拔湖镇财政所	陈佳丽	女
廖家村镇财政所	刘远兵	男	武圣宫镇财政所	周 军	男
上洞街乡财政所	冯芳兰	女	厂窖镇财政所	郭若川	男
利福塔镇财政所	罗杰清	男	青树嘴镇财政所	陈 婷	女
益阳市			乌嘴乡财政所	张 芳	女
资阳区			明山镇财政所	孙 卉	女
长春镇财政所	刘 苹	女	华阁镇财政所	谌 瑶	女
迎风桥镇财政所	文 韬	男	三仙湖镇财政所	刘艺璇	女
新桥河镇财政所	钟 梅	女	茅草街镇财政所	陈 勇	男
沙头镇财政所	杨 晶	女	**桃江县**		
茈湖口镇财政所	曾平安	男	桃花江镇财政所	蔡武斌	男
张家塞乡财政所	尹 恒	男	浮邱山乡财政所	王永强	男
长春经济开发区财政所	夏智超	男	高桥镇财政所	蔡 田	男
大码头街道财政所	肖 兰	女	修山镇财政所	唐 毅	男
汽车路街道财政所	彭彩霞	女	沾溪镇财政所	卢 军	男
赫山区			三堂街镇财政所	黄 兵	男
欧江岔镇财政所	李和平	女	鸬鹚渡镇财政所	王 强	女
泉交河镇财政所	徐文达	男	大栗港镇财政所	胡介福	男
笔架山乡财政所	袁建兵	男	鲊埠回族乡财政所	符跃东	男
兰溪镇财政所	汤志科	男	马迹塘镇财政所	符 波	女
八字哨镇财政所	杜荣海	男	武潭镇财政所	曹 幺	男
龙光桥街道财政所	夏 梁	男	石牛江镇财政所	陈守智	男
沧水铺镇财政所	卢 坤	男	牛田镇财政所	刘建清	男
衡龙桥镇财政所	倪军华	男	松木塘镇财政所	文吉安	男
泥江口镇财政所	李物宜	男	灰山港镇财政所	文 杰	男
岳家桥镇财政所	艾正明	男	高新区财政所	刘 玲	女
新市渡镇财政所	李光明	男	**安化县**		
赫山街道财政所	周交良	男	高明乡财政所	陈代信	男
桃花仑街道财政所	谭 骏	男	清塘铺镇财政所	蒋 永	男
金银山街道财政所	曹国章	男	梅城镇财政所	蒋亮全	男
会龙山街道财政所	汤 达	男	乐安镇财政所	谭小宁	男
			仙溪镇财政所	周昌文	男

续表

单 位	姓 名	性 别	单 位	姓 名	性 别
长塘镇财政所	刘 磊	男	\multicolumn{3}{c}{大通湖区}		
大福镇财政所	董文华	男	北洲子镇财政所	李 武	男
羊角塘镇财政所	李盛世	男	河坝镇财政所	周雪莲	女
冷市镇财政所	付卫国	男	金盆镇财政所	孟 渊	男
龙塘镇财政所	夏 啸	男	千山红镇财政所	王曦健	男
小淹镇财政所	梁 俊	男	\multicolumn{3}{c}{郴州市}		
江南镇财政所	向长安	男	\multicolumn{3}{c}{北湖区}		
滔溪镇财政所	黄志平	男	北湖街道财政所	高 珺	女
田庄乡财政所	谢杨柳	男	郴江街道财政所	吴 琼	女
东坪镇财政所	胡 军	男	鲁塘镇财政所	侯 斌	男
柘溪镇财政所	宁志江	男	人民路街道财政所	王翌财	男
马路镇财政所	陈 灿	女	燕泉街道财政所	周 佳	男
奎溪镇财政所	李学攀	男	涌泉街道财政所	朱晨菲	女
烟溪镇财政所	朱健伟	男	安和街道财政所	吴艳芝	女
渠江镇财政所	刘泽宇	男	华塘镇财政所	施苏洋	女
平口镇财政所	陈 曦	男	下湄桥街道财政所	王乐明	男
南金乡财政所	曾进科	男	增福街道财政所	伍淑雯	女
古楼乡财政所	卢加贝	男	保和瑶族乡财政所	李 贵	女
城南区财政所	夏勇辉	男	仰天湖瑶族乡财政所	胡建鹏	男
\multicolumn{3}{c}{沅江市}				骆仙街道财政所	田 歌	女
琼湖街道财政所	柴金龙	男	\multicolumn{3}{c}{苏仙区}		
胭脂湖街道财政所	徐瑞林	男	观山洞街道财政所	谷 靖	男
新湾镇财政所	陈旺秋	男	白鹿洞街道财政所	首银辉	男
南嘴镇财政所	熊 茜	女	坳上镇财政所	陈 浪	女
阳罗洲镇财政所	李作帆	男	五里牌镇财政所	曹 锐	男
黄茅洲镇财政所	翟建琛	男	卜里坪街道财政所	罗 婧	女
南大膳镇财政所	袁 宇	男	栖凤渡镇财政所	彭 臻	男
草尾镇财政所	谢小兵	男	王仙岭街道财政所	曹久元	男
四季红镇财政所	肖 昊	男	许家洞镇财政所	张志海	男
共华镇财政所	易志刚	男	白露塘镇财政所	张晓斌	男
泗湖山镇财政所	夏 骏	男	五盖山镇财政所	李金阳	男
茶盘洲镇财政所	蒋 伟	男	南塔街道财政所	李利军	女
\multicolumn{3}{c}{高新区}				苏仙岭街道财政所	黄国发	男
谢林港镇财政所	何 姗	女	飞天山镇财政所	龙 楚	女
朝阳街道财政所	凌 萍	女	良田镇财政所	邓幼红	男
鱼形山街道财政所	唐 莉	女			

续表

单 位	姓 名	性 别	单 位	姓 名	性 别
桂阳县			白石渡镇财政所	李 清	男
龙潭街道财政所	欧阳锋	男	里田镇财政所	欧凤华	女
鹿峰街道财政所	尹 军	男	赤石乡财政所	李慧星	男
黄沙坪街道财政所	邓启平	男	瑶岗仙镇财政所	何 毅	男
春陵江镇财政所	谭午驿	男	五岭镇财政所	李 政	男
仁义镇财政所	罗二文	男	笆篱镇财政所	程 鹏	男
敖泉镇财政所	陈剑星	男	长村乡财政所	吴勇华	男
流峰镇财政所	邓爱军	男	**永兴县**		
塘市镇财政所	侯全军	男	大布江乡财政所	陈甘霖	男
四里镇财政所	廖国飞	男	金龟镇财政所	何德波	男
欧阳海镇财政所	过新华	男	龙形市乡财政所	李振香	女
莲塘镇财政所	雷英斌	男	油麻镇财政所	陈建国	男
和平镇财政所	邓石勇	男	鲤鱼塘镇财政所	陈远达	男
桥市乡财政所	黄爱钦	男	太和镇财政所	邝 伟	男
樟市镇财政所	廖世伟	男	高亭司镇财政所	曹志恒	男
洋市镇财政所	雷东桂	男	七甲乡财政所	何立强	男
雷坪镇财政所	刘雪飞	男	湘阴渡街道财政所	刘列松	男
浩塘镇财政所	陈小军	男	马田镇财政所	刘军成	男
正和镇财政所	肖建平	男	柏林镇财政所	张华文	男
太和镇财政所	刘潭聪	男	洋塘乡财政所	曹理攀	男
方元镇财政所	刘文城	男	便江街道财政所	李武学	男
荷叶镇财政所	彭利军	男	樟树镇财政所	曹世勇	男
白水瑶族乡财政所	唐聚龙	男	黄泥镇财政所	侯小菊	女
宜章县			悦来镇财政所	李远亮	男
玉溪镇财政所	王晓峰	男	**嘉禾县**		
梅田镇财政所	袁 健	男	珠泉镇财政所	肖飞翔	男
迎春镇财政所	周文辉	男	塘村镇财政所	雷仕鹏	男
浆水乡财政所	刘 璐	女	广发镇财政所	陈保雄	男
黄沙镇财政所	肖 成	男	普满乡财政所	杨 锋	男
天塘镇财政所	胡伟华	男	石桥镇财政所	吴向红	男
莽山乡财政所	夏建平	男	晋屏镇财政所	周劲红	男
一六镇财政所	钟永华	男	行廊镇财政所	骆颖华	男
岩泉镇财政所	李志兵	男	坦坪镇财政所	李 旭	男
栗源镇财政所	易春风	男	龙潭镇财政所	邓雄斌	男
关溪乡财政所	邓云茂	男	袁家镇财政所	杨 弘	男
杨梅山镇财政所	彭星亮	男			

续表

单　位	姓　名	性　别	单　位	姓　名	性　别
临武县			普乐镇财政所	罗景霞	女
舜峰镇财政所	曹素荣	女	东洛乡财政所	黄子恒	男
武水镇财政所	郭满菊	女	沙田镇财政所	黄鹤云	男
南强镇财政所	周临辉	男	青山乡财政所	钟建波	男
金江镇财政所	陈云军	男	四都镇财政所	黄菁繁	女
水东镇财政所	唐晓红	男	安仁县		
汾市镇财政所	刘金国	男	永乐江镇财政所	颜忠	男
花塘乡财政所	李庆发	男	金紫仙镇财政所	李喜明	男
楚江镇财政所	刘丽娟	女	安平镇财政所	李乙兰	女
万水乡财政所	王庄妮	女	龙海镇财政所	豆晓峰	男
麦市镇财政所	曾祥丽	女	灵官镇财政所	罗志文	男
香花镇财政所	陶素玲	女	牌楼乡财政所	贺剑文	男
镇南乡财政所	兰健波	男	渡口乡财政所	贺柏生	男
西山瑶族乡财政所	苏海兵	男	华王乡财政所	侯光柏	男
汝城县			洋际乡财政所	张志忠	男
卢阳镇财政所	何学兰	女	承坪乡财政所	曹小华	男
土桥镇财政所	周程	男	竹山乡财政所	侯德军	男
井坡镇财政所	何莹莹	女	龙市乡财政所	汪水桥	男
泉水镇财政所	何素珍	女	平背乡财政所	刘宇枝	男
大坪镇财政所	叶雄军	男	资兴市		
三江口镇财政所	陈立平	男	兴宁镇财政所	邓莹	女
热水镇财政所	李瑶	女	白廊镇财政所	郭亚丽	女
集益乡财政所	李永超	男	八面山瑶族乡财政所	李津琦	女
濠头乡财政所	何潇宇	男	蓼江镇财政所	莫惠婷	女
暖水镇财政所	王文利	女	回龙山瑶族乡财政所	李薇纳	女
南洞乡财政所	何倩静	女	三都镇财政所	魏艳兰	女
马桥镇财政所	唐叶	女	唐洞街道财政所	黄斌	男
延寿乡财政所	李朝阳	男	东江街道财政所	文辉明	男
文明乡财政所	朱朗	男	汤溪镇财政所	石琼峰	男
桂东县			州门司镇财政所	谢小恒	男
清泉镇财政所	方晓松	男	清江镇财政所	刘欢	男
桥头乡财政所	方少威	男	滁口镇财政所	陈嘉慧	女
沤江镇财政所	邓晓红	女	黄草镇财政所	梁咏炜	男
寨前镇财政所	吴济林	男	永州市		
大塘镇财政所	钟雄波	男	零陵区		
新坊乡财政所	何乐文	男	凼底乡财政所	李任	男

续表

单 位	姓 名	性 别	单 位	姓 名	性 别
水口山镇财政所	蒋海波	男	东安县		
梳子铺乡财政所	胡红军	男	川岩乡财政所	唐 彬	男
石岩头镇财政所	陈 刚	男	水岭乡财政所	李 金	女
大庆坪乡财政所	高 峰	男	白牙市镇财政所	郑盛华	男
珠山镇财政所	刘小军	男	大庙口镇财政所	周卫成	男
菱角塘镇财政所	朱 成	男	紫溪市镇财政所	陈平源	男
富家桥镇财政所	王伟国	男	石期市镇财政所	蒋 娟	女
邮亭圩镇财政所	罗志林	男	横塘镇财政所	蒋 豪	男
接履桥街道财政所	艾先进	男	井头圩镇财政所	唐建国	男
黄田铺镇财政所	蒋文凯	男	端桥铺镇财政所	胡金姣	女
石山脚街道财政所	全永新	男	鹿马桥镇财政所	郭志锋	男
朝阳街道财政所	唐训宾	男	芦洪市镇财政所	周艳飞	女
徐家井街道财政所	胡桂林	女	新圩江镇财政所	王银华	女
南津渡街道财政所	黎明辉	男	花桥镇财政所	杨 阳	男
七里店街道财政所	李运军	男	大盛镇财政所	李 辉	男
冷水滩区			南桥镇财政所	刘 清	男
梧桐街道财政所	徐国平	男	双牌县		
杨家桥街道财政所	刘景松	男	泷泊镇财政所	秦小云	男
曲河街道财政所	吕顺风	男	五里牌镇财政所	何 位	男
凤凰街道财政所	倪卫华	男	茶林镇财政所	魏 晖	男
梅湾街道财政所	黄艳青	男	麻江镇财政所	蒋明军	男
肖家园街道财政所	邹秉东	男	江村镇财政所	熊佳卉	女
菱角山街道财政所	廖永平	男	何家洞镇财政所	盘玲姣	女
珊瑚街道财政所	唐景松	男	理家坪乡财政所	陈 蕊	女
岚角山街道财政所	冯占武	男	打鼓坪乡财政所	廖南棋	男
上岭桥镇财政所	黄晓松	男	上梧江瑶族乡财政所	邓 颖	女
伊塘镇财政所	戚华勇	男	塘底乡财政所	吴振华	男
蔡市镇财政所	曾小龙	男	五星岭乡财政所	徐玉兰	女
高溪市镇财政所	曾慧敏	女	阳明山管理局财政所	罗灵芝	女
黄阳司镇财政所	钟德良	男	道县		
牛角坝镇财政所	潘鹤林	女	梅花镇财政所	李毅飞	男
普利桥镇财政所	陈 钢	男	富塘街道财政所	莫庭龙	男
杨村甸乡财政所	曾富强	男	仙子脚镇财政所	何发辉	男
花桥镇财政所	欧阳慧颖	女	桥头镇财政所	何举洪	男
仁湾街道财政所	邓志斌	男	清塘镇财政所	黄建成	男
			营江街道财政所	唐荣兴	男

续表

单 位	姓 名	性别	单 位	姓 名	性别
万家庄街道财政所	廖 春	女	太平镇财政所	陈勇鹏	男
祥霖铺镇财政所	杨 湖	男	保安镇财政所	李佳霖	女
审章塘乡财政所	唐楚杰	男	禾亭镇财政所	李红杰	男
四马桥镇财政所	熊青松	男	仁和镇财政所	邓展慧	女
洪塘营乡财政所	成 亮	男	棉花坪乡财政所	郑午阳	男
横岭乡财政所	周家宇	男	中和镇财政所	欧阳羽	男
白马渡镇财政所	张祝祥	男	柏家坪镇财政所	曾国上	男
白芒铺镇财政所	王潇倩	女	清水桥镇财政所	胡智灿	男
柑子园镇财政所	蒋荣章	男	桐木漯乡财政所	贺玲辉	女
东门街道财政所	蒋豪杰	男	鲤溪镇财政所	刘方正	男
蚣坝镇财政所	冯玉华	男	五龙山乡财政所	何 行	女
上关街道财政所	何月荣	男	蓝山县		
寿雁镇财政所	雷安邦	男	塔峰镇财政所	廖少菊	女
乐福堂镇财政所	李绍鼎	男	毛俊镇财政所	李艳婷	女
濂溪街道财政所	郭 华	男	楠市镇财政所	王少锋	男
西洲街道财政所	周少平	男	土市镇财政所	申小滨	男
江永县			新圩镇财政所	王臣娟	女
潇浦镇财政所	周立平	男	太平圩镇财政所	尹 婷	女
千家峒乡财政所	何海珍	男	所城镇财政所	曾海青	男
上江圩镇财政所	唐 波	男	祠堂圩镇财政所	李福珍	女
松柏乡财政所	刘朝峰	男	湘江源瑶族乡财政所	钟 涛	男
夏层铺镇财政所	唐永胜	男	大桥瑶族乡财政所	盘锡康	男
兰溪乡财政所	谢晓华	男	犁头瑶族乡财政所	吴昱呈	男
桃川镇财政所	何修养	男	荆竹瑶族乡财政所	黄源涛	男
粗石江镇财政所	雷少华	男	汇源瑶族乡财政所	陈 婷	女
源口乡财政所	何留生	男	浆洞瑶族乡财政所	段朝宏	男
宁远县			新田县		
舜陵街道财政所	李国余	男	龙泉街道财政所	周石兵	男
桐山街道财政所	郑利春	男	中山街道财政所	邓华敏	女
文庙街道财政所	陈 敏	女	金陵镇财政所	胡平威	男
东溪街道财政所	欧阳潘生	男	枧头镇财政所	范佳堂	男
天堂镇财政所	郑小芳	女	金盆镇财政所	杨 雷	男
水市镇财政所	欧学贵	男	石羊镇财政所	尹志伟	男
湾井镇财政所	孙 海	男	新隆镇财政所	王 华	男
九疑山乡财政所	高建辉	男	骥村镇财政所	骆威岩	男
冷水镇财政所	张汉中	男	门楼下瑶族乡财政所	刘 群	男

续表

单 位	姓 名	性 别	单 位	姓 名	性 别
三井镇财政所	李 纯	女	黎家坪财政所	杨建勇	男
新圩镇财政所	谢 晨	女	黄泥塘镇财政所	李海山	男
陶岭镇财政所	刘凌平	男	文明铺镇财政所	张 浩	男
大坪塘镇财政所	伍 婷	女	潘市镇财政所	金 权	男
江华县			羊角塘镇财政所	唐 立	男
大路铺镇财政所	祝自香	女	进宝塘镇财政所	王铁生	男
码市镇财政所	陈安江	男	白水镇财政所	邓 力	男
沱江镇财政所	周 颖	女	观音滩镇财政所	蔡 斌	男
水口镇财政所	石祥红	男	金洞管理区		
白芒营镇财政所	潘巧云	女	金洞镇财政所	肖 霞	女
涔天河镇财政所	蒋红云	女	晒北滩瑶族乡财政所	刘建勋	男
大石桥乡财政所	孙春校	男	石鼓源乡财政所	樊 湘	男
大锡乡财政所	莫素荣	女	凤凰乡财政所	文海洋	男
桥市乡财政所	李 娟	女	回龙圩管理区		
小圩壮族乡财政所	黎峰盛	男	回龙圩镇财政所	宋艳丽	女
涛圩镇财政所	蒙吉志	男	怀化市		
河路口镇财政所	林孝平	男	鹤城区		
大圩镇财政所	游春美	女	城中街道财政所	杨小丽	女
界牌乡财政所	屈小光	男	黄岩旅游度假管理处财政所	仇 方	男
蔚竹口乡财政所	宋露培	女	河西街道财政所	杨华军	男
湘江乡财政所	朱 京	男	城南街道财政所	易会东	男
祁阳市			红星街道财政所	夏 慧	女
下马渡镇财政所	袁满忠	男	坨院街道财政所	杨 武	男
梅溪镇财政所	李小军	男	迎丰街道财政所	梁妍垠	女
八宝镇财政所	桂安国	男	城北街道财政所	黄微微	女
浯溪街道财政所	李东华	男	黄金坳镇财政所	易松臻	男
龚家坪镇财政所	何湘杰	男	凉亭坳乡财政所	胡轩伟	男
大村甸镇财政所	杨小勇	男	盈口乡财政所	舒 曼	女
龙山街道财政所	王建明	男	中方县		
三口塘镇财政所	柏文波	男	中方镇财政所	申志强	男
大忠桥镇财政所	唐新军	男	桐木镇财政所	杨 娟	女
长虹街道财政所	段 瑛	女	泸阳镇财政所	潘 平	男
肖家镇财政所	王育军	男	花桥镇财政所	曾 瑾	女
文富市镇财政所	周余兰	女	新建镇财政所	顾 琴	女
茅竹镇财政所	雷章文	男	袁家镇财政所	杨顺成	男
七里桥财政所	唐文静	男	新路河镇财政所	刘江华	男

续表

单 位	姓 名	性 别	单 位	姓 名	性 别
铜湾镇财政所	陈金付	男	仙人湾乡财政所	舒远刚	男
铜鼎镇财政所	黄栖	男	小龙门乡财政所	陈亨	男
接龙镇财政所	丁峰	男	长田湾乡财政所	徐先钧	男
铁坡镇财政所	潘欣怡	女	火马冲镇财政所	徐光兴	男
蒿吉坪乡财政所	邓家旭	男	安坪镇财政所	刘晓	男
沅陵县			龙泉岩乡财政所	张亚利	女
沅陵镇财政所	舒元满	男	大水田财政所	王亚林	男
沅陵镇深溪口代办点财政所	彭沅湘	男	桥头溪乡财政所	段鹏	男
沅陵镇太常代办点财政所	肖立忠	男	田湾镇财政所	郑长发	男
五强溪镇财政所	张中军	男	船溪乡财政所	陈昊	男
官庄镇财政所	瞿章琦	男	孝坪镇财政所	万宏云	男
凉水井镇财政所	赵顺飞	男	修溪镇财政所	米云	男
七甲坪镇财政所	袁亚男	男	柿溪乡财政所	黄烈忠	男
麻溪铺镇财政所	胡玉梓	男	谭家场乡财政所	谢景媛	女
筲箕湾镇财政所	杨修勤	男	潭湾镇财政所	唐丁峰	男
明溪口镇财政所	孙杰	男	锦滨镇财政所	张清祥	男
盘古乡财政所	胡海涛	男	辰阳镇财政所	万里云	男
二西乡财政所	毛泽春	男	溆浦县		
荔溪乡财政所	颜军政	男	卢峰镇财政所	刘阳	男
马底驿乡财政所	舒坦	男	大江口镇财政所	刘道明	男
楠木铺乡财政所	舒绍贤	男	思蒙镇财政所	米诗华	女
杜家坪乡财政所	向潇慧	男	观音阁镇财政所	向文生	男
北溶乡财政所	刘晓明	男	舒溶溪乡财政所	贺斌	男
肖家桥乡财政所	欧家华	男	均坪镇财政所	严维	男
大合坪乡财政所	杨洲	男	低庄镇财政所	夏婷华	女
火场乡财政所	廖烨林	男	双井镇财政所	万丽	女
清浪乡财政所	粟薪宇	男	祖师殿镇财政所	米贤礼	男
陈家滩乡财政所	张智源	男	深子湖镇财政所	罗茜平	女
借母溪乡财政所	周蹈	女	桥江镇财政所	孟卫生	男
辰溪县			油洋乡财政所	严易平	男
黄溪口镇财政所	李明牛	男	三江镇财政所	舒雄	男
后塘乡财政所	王思民	男	水东镇财政所	贺国伟	男
龙头庵乡财政所	黄雯	女	统溪河镇财政所	舒健	男
上蒲溪乡财政所	郭鹏	男	小横垅乡财政所	武财任	男
罗子山乡财政所	张申林	男	淘金坪乡财政所	周铁	男
苏木溪乡财政所	余源	男	两丫坪镇财政所	张溢峰	男

续表

单 位	姓 名	性 别	单 位	姓 名	性 别
中都乡财政所	向阳平	男	岩门镇财政所	陈干	男
沿溪乡财政所	贺涛	男	谭家寨乡财政所	张吉信	男
北斗溪镇财政所	廖杰	女	石羊哨乡财政所	黄晓兵	男
龙潭镇财政所	侯自立	男	板栗树乡财政所	滕树文	男
黄茅园镇财政所	张军国	男	兰里镇财政所	陈正午	男
葛竹坪镇财政所	谌孙光	男	和平溪乡财政所	包建军	男
龙庄湾乡财政所	吴鹏亮	男	吕家坪镇财政所	李昕	男
会同县			黄桑乡财政所	邓仲永	男
林城镇财政所	刘勇志	男	高村镇财政所	滕德刚	男
高椅乡财政所	陈红亮	男	新晃县		
沙溪乡财政所	程桦	男	步头降苗族乡财政所	杨梦怡	女
金竹镇财政所	张剑英	女	波洲镇财政所	何思莹	女
马鞍镇财政所	宁添	女	晃州镇财政所	贾兆	男
宝田侗族苗族乡财政所	张益文	男	鱼市镇财政所	姚树人	男
堡子镇财政所	刘远	男	林冲镇财政所	杨淑淋	女
坪村镇财政所	尹进贤	男	凉伞镇财政所	刘芷谷	男
漠滨侗族苗族乡财政所	简淑琼	女	扶罗镇财政所	贺明洁	女
蒲稳侗族苗族乡财政所	杨娇	女	贡溪镇财政所	姚宇	男
青朗侗族苗族乡财政所	李俊倩	女	禾滩镇财政所	杨卫华	女
连山乡财政所	周梦涵	女	中寨镇财政所	彭正源	男
团河镇财政所	陈邹依	女	米贝苗族乡财政所	杨果	女
金子岩侗族苗族乡财政所	刘静娴	女	芷江县		
若水镇财政所	梁明德	男	牛牯坪乡财政所	姚群生	男
炮团侗族苗族乡财政所	张彦奇	男	冷水溪乡财政所	于清源	男
地灵侗族苗族乡财政所	何苗	男	梨溪口乡财政所	曾晓芸	女
广坪镇财政所	龚小军	男	楠木坪镇财政所	鞠松燚	男
麻阳县			罗卜田乡财政所	李敏	男
郭公坪镇财政所	周文滔	男	禾梨坳乡财政所	黄键	男
锦和镇财政所	滕树响	男	晓坪乡财政所	蒲祖元	男
尧市镇财政所	李海	男	新店坪镇财政所	朱瑶	女
文昌阁乡财政所	张力凡	女	土桥镇财政所	杨洁	女
大桥江乡财政所	舒童	男	三道坑镇财政所	杨耀	男
舒家村乡财政所	滕贞蓉	女	公坪镇财政所	彭程	女
江口墟镇财政所	黄挺	男	洞下场乡财政所	李婉婷	女
隆家堡乡财政所	田武勇	男	大树坳乡财政所	丁宇昊	男
兰村乡财政所	刘开吉	男	水宽乡财政所	廖雪芳	女

续表

单　位	姓　名	性　别	单　位	姓　名	性　别
芷江镇财政所	刘芷倩	女	群峰乡财政所	罗子坤	男
岩桥镇财政所	冯子铭	男	洗马乡财政所	陈　宏	男
罗旧镇财政所	杨学平	男	塘湾镇财政所	向思源	男
碧涌镇财政所	彭佳丽	女	沙湾乡财政所	覃梦杨	女
靖州县			龙船塘乡财政所	廉昕雯	女
新厂镇财政所	杨　潇	男	太平乡财政所	朱　恒	男
寨牙乡财政所	邓联红	女	深渡乡财政所	杨媛圆	女
文溪乡财政所	吴　思	女	黔城镇财政所	朱成卫	男
平茶镇财政所	黄俊洁	女	岩垅乡财政所	向思婕	女
甘棠镇财政所	梁　瑞	男	江市镇财政所	刘子嘉	女
三锹乡财政所	廖璋琪	女	托口镇财政所	黄哲祥	男
渠阳镇财政所	蒙泉成	男	沅河镇财政所	段勇辉	男
藕团乡财政所	粟麒霖	男	安江镇财政所	邓淼海	男
坳上镇财政所	唐　昊	男	洪江区		
大堡子镇财政所	宋　媛	女	桂花园乡财政所	邓永宪	男
太阳坪乡财政所	黄轶纯	女	横岩乡财政所	唐　盛	男
通道县			娄底市		
坪坦乡财政所	杨添雅	女	娄星区		
万佛山镇财政所	刘春花	女	乐坪街道财政所	张君	男
县溪镇财政所	杨雨芝	女	长青街道财政所	邬光继	男
菁芜洲镇财政所	禹巧花	女	花山街道财政所	肖　青	女
溪口镇财政所	杨俊玲	女	大科街道财政所	刘永平	男
牙屯堡镇财政所	杨董月	女	黄泥塘街道财政所	成新维	男
播阳镇财政所	石雨芳	女	双江乡财政所	彭　兵	男
大高坪乡财政所	刘　峰	男	杉山镇财政所	刘　军	男
独坡镇财政所	董宜寒	男	石井镇财政所	杨　平	男
陇城镇财政所	谢娟娟	女	万宝镇财政所	吴志雄	男
双江镇财政所	欧宇晖	男	水洞底镇财政所	肖冬青	男
洪江市			蛇形山镇财政所	李伟明	男
岔头乡财政所	肖遵豪	男	双峰县		
茅渡乡财政所	谢岩山	男	永丰街道财政所	赵唐卫	男
大崇乡财政所	段承华	男	金开街道财政所	王裕铭	男
熟坪乡财政所	唐尧麟	男	石牛乡财政所	黄国锋	男
雪峰镇财政所	杨欣洁	男	荷叶镇财政所	曾志华	男
铁山乡财政所	唐　冲	男	井字镇财政所	李梦昆	男
湾溪乡财政所	胡力友	男	沙塘乡财政所	刘小平	女

单　位	姓　名	性　别	单　位	姓　名	性　别
梓门桥镇财政所	张　卫	男	温塘镇财政所	罗海任	男
杏子铺镇财政所	李志奇	男	吉庆镇财政所	陈历太	男
洪山殿镇财政所	谢国英	女	坐石乡财政所	刘　杰	男
甘棠镇财政所	刘洪全	男	大熊山林场财政所	欧以庄	男
三塘铺镇财政所	王　定	男	古台山林场财政所	曹剑峰	男
青树坪镇财政所	刘锦俊	男	冷水江市		
花门镇财政所	罗驰宇	男	中连乡财政所	苏继强	男
锁石镇财政所	陈　坚	男	三尖镇财政所	杨东斌	男
印塘乡财政所	王端初	男	铎山镇财政所	余建宏	女
走马街镇财政所	赵富贵	男	渣渡财镇财政所	刘鸽松	男
新化县			金竹山镇财政所	张玉容	女
上梅街道财政所	伍伟忠	男	锡矿山街道财政所	陈佳琦	女
枫林街道财政所	刘亚平	男	冷水江街道财政所	杨　晨	女
上渡街道财政所	曾文祥	男	布溪街道财政所	李　卓	女
西河镇财政所	邹立和	男	沙塘湾街道财政所	孙　姣	女
石冲口镇财政所	王秦国	男	禾青镇财政所	刘经济	男
科头乡财政所	阳琪华	男	涟源市		
维山乡财政所	欧阳武	男	蓝田街道财政所	李红斌	男
桑梓镇财政所	王崇罡	男	六亩塘街道财政所	吴友义	男
曹家镇财政所	杨　娟	女	石马山街道财政所	吴凡晴	男
洋溪镇财政所	刘建新	男	三甲乡财政所	谷　曒	男
槎溪镇财政所	曾　亮	男	古塘乡财政所	李忠伟	男
水车镇财政所	李绍华	男	安平镇财政所	吴和平	男
文田镇财政所	杨超群	男	龙塘镇财政所	刘葵生	男
奉家镇财政所	刘　飞	男	伏口镇财政所	李　彪	男
炉观镇财政所	张国光	男	湄江镇财政所	邱志坚	男
游家镇财政所	谢芝芳	女	七星街镇财政所	刘　翔	男
孟公镇财政所	夏彬	男	桥头河镇财政所	李聚雄	男
天门乡财政所	廖亮亮	男	渡头塘镇财政所	聂广球	男
琅塘镇财政所	康　懿	男	斗笠山镇财政所	刘海亮	男
金凤乡财政所	刘　芳	女	金石镇财政所	蔡翰为	男
荣华乡财政所	陈　新	男	荷塘镇财政所	李永新	男
白溪镇财政所	周　曒	男	杨市镇财政所	黄灿文	男
油溪乡财政所	张志军	男	枫坪镇财政所	刘雄辉	男
圳上镇财政所	刘初仁	男	茅塘镇财政所	邬楚平	男
田坪镇财政所	游小花	女	白马镇财政所	刘连喜	男

续表

单位	姓名	性别	单位	姓名	性别
湖泉镇财政所	谭海湍	男	水打田乡财政所	田红桃	女
娄底经济技术开发区			林峰乡财政所	张容丹	女
涟滨街道财政所	李芝红	女	廖家桥镇财政所	高 杰	男
大埠桥街道财政所	李玉梅	男	吉信镇财政所	龙伶俐	女
湘西自治州			箬子坪镇财政所	梁英子	女
吉首市			山江镇财政所	龙 江	男
乾州街道财政所	强建军	男	千工坪镇财政所	梁胜兰	女
峒河街道财政所	文春琳	女	麻冲乡财政所	龙卫来	男
镇溪街道财政所	杨玉洪	男	腊尔山财政所	欧丽平	女
石家冲街道财政所	石光青	男	两林乡财政所	董 纯	女
矮寨镇财政所	肖 俊	男	禾库镇财政所	袁 洋	女
河溪镇财政所	李 礼	男	**花垣县**		
马颈坳镇财政所	唐新武	男	花垣镇财政所	吴顺龙	男
双塘镇财政所	张生爱	男	龙潭镇财政所	毛婷婷	女
太平镇财政所	吴贵发	男	民乐镇财政所	石 秋	女
丹青镇财政所	宋文明	男	雅酉镇财政所	向运松	男
己略镇财政所	肖 军	男	边城镇财政所	石 洲	女
泸溪县			吉卫镇财政所	彭 伟	男
武溪镇财政所	曹 勇	男	麻栗场镇财政所	宋 喜	女
浦市镇财政所	向 魏	男	长乐乡财政所	郭愉瑛	女
合水镇财政所	李 露	女	补抽乡财政所	宋新秀	女
洗溪镇财政所	罗一夫	男	石栏镇财政所	张世杰	男
潭溪镇财政所	张梦洁	女	双龙镇财政所	彭志信	男
兴隆场镇财政所	向 阳	女	猫儿乡财政所	龙泽权	男
达岚镇财政所	向洪凌	男	**保靖县**		
石榴坪乡财政所	向自成	男	比耳镇财政所	黄德才	男
白羊溪乡财政所	彭莹颖	女	清水坪镇财政所	程文科	男
解放岩乡财政所	彭昊佲	男	碗米坡镇财政所	王振宇	男
小章乡财政所	杨沐暄	女	毛沟镇财政所	朱 斌	男
凤凰县			复兴镇财政所	彭光兴	男
沱江镇财政所	秦芳竹	女	普戎镇财政所	彭晓辉	男
阿拉营镇财政所	彭 浩	男	阳朝乡财政所	李 玮	男
落潮井镇财政所	徐 瑶	女	长潭河乡财政所	张 鹏	男
茶田镇财政所	龙梦丹	女	水田河镇财政所	张高安	男
新场镇财政所	胡泽匀	女	葫芦镇财政所	刘 伟	男
木江坪镇财政所	冯程俊	男	吕洞山镇财政所	余 静	女

续表

单 位	姓 名	性 别	单 位	姓 名	性 别
迁陵镇财政所	吴光周	男	万民乡财政所	彭薇	女
古丈县			盐井乡财政所	杨朔	男
断龙镇财政所	李帆	男	颗砂乡财政所	瞿曙红	男
红石林镇财政所	田萌	女	灵溪镇财政所	段厚德	男
岩头寨镇财政所	田甜	女	龙山县		
高峰镇财政所	向阳	男	民安街道财政所	张秀琴	女
默戎镇财政所	罗璇	女	华塘街道财政所	贾雪琼	女
坪坝镇财政所	龙辉	男	兴隆街道财政所	向静	女
古阳镇财政所	刘华	男	石羔街道财政所	李双江	男
永顺县			洗洛镇财政所	朱爱华	男
首车镇财政所	文辉	男	石牌镇财政所	蔡群	女
西歧乡财政所	彭大胜	男	茨岩塘镇财政所	杨周静	男
两岔乡财政所	高含	女	水田坝镇财政所	刘润华	男
泽家镇财政所	袁冰	男	大安乡财政所	王慧敏	女
对山乡财政所	胡楠	男	红岩溪镇财政所	李易	男
芙蓉镇财政所	麻梦	女	农车镇财政所	向光炳	男
高坪乡财政所	向慧	女	茅坪乡财政所	邓莉萍	女
松柏镇财政所	符通	男	洗车河镇财政所	周阳	男
小溪镇财政所	彭程	男	苗儿滩镇财政所	姚瑶	女
永茂镇财政所	孔珊	女	洛塔乡财政所	杨则兵	男
朗溪乡财政所	符俊	男	靛房镇财政所	向梦君	女
青坪镇财政所	喻成	男	里耶镇财政所	欧雅洁	女
石堤镇财政所	彭书源	男	内溪乡财政所	彭瑶	男
润雅乡财政所	宋杰	男	召市镇财政所	何志军	男
塔卧镇财政所	瞿昆	女	咱果乡财政所	杨玉婷	女
车坪乡财政所	向小雪	女	桂塘镇财政所	田密	女
砂坝镇财政所	彭瑶	女	高新区		
万坪镇财政所	王华	男	吉凤街道财政所	张岭	男
毛坝乡财政所	彭程	男			

（此表由湖南省财政厅市县财政处提供）

财政部湖南监管局领导及处室负责人名单

(截至 2023 年 12 月 31 日)

处室	姓名	职务
局领导	李冬云	党组书记、局长
	王　雄	党组成员、副局长、纪检组组长
	曾宪虎	党组成员、二级巡视员
监管一处	孙　勇	处长
监管二处	刘建红	处长
监管三处	包　翀	副处长（主持工作）
监管四处	朱贡宪	处长
监管五处	蒋亮华	处长、一级调研员

（此表由财政部湖南监管局提供）

第六部分 财政工作大事记

湖南省财政厅 2023 年度财政工作大事记

1月

1日，森林植被恢复费征管职责划转税务部门。截至2023年底，完成30项非税收入划转工作。

3日，财政部发布2021年度地方预决算公开度排行榜，湖南省位居第三名，连续三年（2019-2021年）进入全国前四名。

9-10日，2023年厅党组理论学习中心组（扩大）学习暨党组织书记述职评议会在韶山召开。时任厅党组书记、厅长刘文杰作总结讲话。

11日，在全国流域横向生态保护补偿机制建设推进视频会上，我省与湖北省签署《长江干流（鄂湘段）横向生态保护补偿协议》，湖南省副省长李建中出席签约仪式并作表态发言。

同日，完成厅二级巡视员余健来、张辉退休工作。

13日，被省守法普法办公室评为2022年湖南省纪念现行宪法颁布40周年宪法知识网络答题挑战赛优秀组织奖。

16日，经省政府同意，联合省商务厅印发《关于加快推动我省航空口岸国际客运航线复航的通知》（湘商口物〔2023〕1号），湖南省在全国率先出台恢复国际客运航线奖励政策，推动稳外贸稳增长。

17日，召开厅机关2022年度总结表彰大会，办公室（政研室）等9个处室、单位获评先进集体，曾子兰等12名同志记三等功，黄平等85名同志获嘉奖。

18日，湖南银行被湖南省数字人民币试点工作领导小组评为2022年湖南省数字人民币试点先进单位。

19日，全省财政工作会议在长沙召开。时任厅党组书记、厅长刘文杰作工作报告，总结2022年及过去五年财政工作，分析当前财政经济形势，布置2023年财政工作。

28日，省十四届人大一次会议审查批准2023年省级预算，赞成率高达99.5%。

29日，厅机关举行升国旗仪式，全厅干部职工、离退休老同志代表、厅归口管理及厅属公司代表参加。

30日，时任厅党组书记、厅长刘文杰主持召开厅机关离退休干部座谈会，通报2022年全省财政运行情况和厅机关建设情况，对老同志提出的问题和建议作解答回应。

31日，完成杨海霞、黄卫、李志润等3名同志晋升厅二级巡视员职级工作。

1-6月，组织市县财政部门完成2023年度123个县市区"三保"预算编制事前审核工作，兜牢兜实"三保"底线。

2月

1日，印发《湖南省财政厅关于进一步加强预决算公开工作的通知》（湘财预〔2023〕25号），压实部门公开责任，细化公开内容，健全涉密审查机制，完善预决算公开渠道。

同日，印发《湖南省财政厅关于压减一般性支出进一步规范和加强预算管理的通知》（湘财预〔2023〕41号），进一步落实落细过"紧日子"各项举措。

3日，举办2023年新春联欢会，时任厅党组书记、厅长刘文杰及全体厅领导，省财政厅老领导，省委宣传部、省直工委、"双联"单位负责人出席，全厅干部职工参加。

同日，厅系统工会联合会举办学习宣传贯彻党的二十大精神知识竞赛，10个基层工会共计500余人参加。

6日，省防范化解风险阻击仗工作专班成立，专班设在省财政厅，印发专班工作规则，专班成员单位包括省财政厅、省住建厅等15个单位。

同日，印发《湖南省省级财政专项彩票公益金管理办法》（湘财综〔2023〕1号），进一步强化彩票公益金管理制度保障。

9日，亚洲基础设施投资银行在北京组织召开第二届东道国交流研讨会，厅党组成员、副厅长祝孟辉参加。

同日，召开省注册会计师资产评估行业第三届委员会第十一次全体（扩大）会议，厅党组成员、总会计师、省注册会计师资产评估行业党委书记刘平主持，会议增补任薇同志为省注协第四届理事会理事、常务理事。

13日，联合省生态环境厅印发《湖南省环境空气质量奖惩办法》（湘财资环〔2023〕8号），进一步完善城市环境空气质量状况考核奖惩措施。

14日，印发《湖南省财政厅加强干部队伍建设十项举措》（湘财党组〔2023〕2号）、《湖南省财政厅处级领导干部选拔任用和职级晋升工作流程》（湘财党组〔2023〕3号），进一步加强厅机关干部队伍建设制度保障。

17日，召开厅党组2022年度民主生活会。时任厅党组书记、厅长刘文杰主持。省纪委监委四室主任刘涛、省委组织部研究室主任吕水国到会指导。

20日，省人大常委会召开省十四届人大一次会议代表建议交办会，省财政厅作为4家单位代表之一作经验交流发言。

21日，财政部和亚洲开发银行联合召开线上颁奖会，湖南职业教育示范、农业综合开发长江绿色廊道等两个项目荣获"2021年度亚行最佳表现贷款项目奖"。

同日，在财政部、教育部召开的职业教育差异化生均拨款制度试点工作会上，作为推进职业教育差异化生均拨款唯一整省试点省份作典型发言。

24日，举办2023年第一期湖南财政讲坛，邀请财政部监督评价局局长杨瑞金作专题辅导，全省财政系统相关同志以线上线下方式参加讲座。

同日，财政部与部分在湘全国人大代表、政协委员座谈会在长沙召开，财政部监督评价局局长杨瑞金出席，时任厅党组书记、厅长刘文杰主持。

25-26日，组织开展全省惠农补贴资金重点抽查业务培训。厅党组成员、总会计师刘平出席开班仪式并讲话。湖南省惠农补贴资金重点抽查三年行动正式启动。

27日，印发《关于开展2023年"廉政教育月"活动的通知》，深入开展"十个一"系列廉政教育活动。

28日，省委印发湘委干〔2023〕55号文件，厅一级巡视员李丙力同志退休。

3月

1日，被省人民政府推进职能转变和"放管服"改革行政审批制度改革领导小组评为推进"放管服"改革工作突出单位。

2日，指导株洲市、衡阳市入选2023年中央财政国土绿化试点示范项目，获中央财政支持4亿元。

同日，省委常委、常务副省长李殿勋主持召开全省国有"三资"清查处置与管理改革工作推进会，时任厅党组书记、厅长刘文杰参加。

6日，启动预算管理一体化系统政府财务报告板块上线试点，湘潭市财政局等8家单位参加试点。

7-14日，世界银行结果导向贷款湖南省湘赣边区乡村振兴地方政府治理能力提升项目联席会议副召集人、厅党组成员、副厅长祝孟辉带队赴马来西亚、新加坡开展考察访问。

8日，指导张家界市永定区成功入选2023年全国传统村落集中连片保护利用示范县，获中央奖补资金6000万元。

同日，组织开展厅机关庆祝"三八"妇女节主题活动。全厅女干部职工参加。

同日，完成厅二级巡视员沈启秀同志退休工作。

13-16日，世界银行中国局副局长艾尚德（Alejandro Alcala Gerez）来湘访问。时任厅党组书记、厅长刘文杰会见代表团。

14日，举办2023年厅机关党务干部学习贯彻党的二十大精神培训班，邀请省直机关工委委员、省直纪检监察工委书记肖华林，省直机关工委基层组织建设指导部部长黄敏授课。

15日，召开全省财政系统会议，传达学习全国两会精神，研究部署贯彻落实工作。全国人大代表，时任厅党组书记、厅长刘文杰主持会议并讲话。

16日，会同省人社厅提请省政府办公厅印发《关于湖南省失业保险省级统筹的实施意见》（湘政办发〔2023〕14号），明确从2023年7月1日起，建立失业保险省级统筹制度。

同日，联合省市场监管局印发《关于建立湖南省政府采购电子卖场监管工作协同联动机制的意见》（湘财购〔2023〕12号），完善电子卖场监管手段。

同日，建立政府购买服务改革工作省级联系点制度，选择省民政厅、常德市等作为联系点，进一步推进政府购买服务改革工作。

同日，组织厅机关纪委委员、厅属基层党组织纪检委员及2018年以来新进干部赴长沙监狱开展警示教育。

18日，"担保杯"第九届湘财之家足球联赛开幕。时任厅党组书记、厅长刘文杰宣布赛事开幕，并与国家统计局湖南调查总队党组书记、总队长刘顺国为赛事开球。

20日，调研课题《支持湖南省新一代电子信息产业财源建设的对策研究》被湖南财政与经济发展研究中心评为2022年度一般课题一等奖。

20-22日，财政部来湘开展中德高级别财金合作机制专题调研。时任厅党组书记、厅长刘文杰与调研组进行交流。

21日，印发《服务打好"发展六仗"若干财政政策措施》（湘财预〔2023〕46号），提出7方面25条措施，全力服务打好"发展六仗"。

22日，召开全省财政系统全面从严治党工作（视频）会议，时任厅党组书记、厅长刘文杰主持会议并讲话，厅党组成员、省纪委省监委驻省财政厅纪检监察组组长卜建才讲话。

23日，印发《关于进一步加强收支执行管理工作的通知》（湘财库〔2023〕6号），重申收支执行管理八个"严禁"，严肃财经纪律。

24日，举行湖南省第四届会计领军人才毕业典礼，卢玲等59位同志荣获"湖南省会计领军人才"称号。

27日，印发《湖南省财政厅"绩效管理提升年"行动实施方案》（湘财绩〔2023〕1号），进一步强化财政部门"大绩效"管理理念。

28日，全省机关党的工作会议在长沙召开，省财政厅获评2022年省直创建模范机关先进单位。厅党组副书记、副厅长庄大力作典型发言。

31日，举办2023年第二期湖南财政讲坛，省第十四届人大常委会委员、省人大财经委副主任委员、常委会预算工委主任欧阳煌作专题讲座。时任厅党组书记、厅长刘文杰致辞。

3月，开展全省资产评估师和注册会计师年检工作，资产评估师年检合格1087人，非资产评估师执业会员年检合格274人，注册会计师年检合格2855人。

3—9月，组织开展2023年芙蓉计划湖湘青年英才项目（财会金融类）选拔，授予25人"芙蓉计划湖湘青年英才"称号。

4月

2日，修订印发《湖南省金融发展专项资金管理办法》（湘财金〔2023〕23号），优化明确债权融资担保增信和风险补偿等4大支持方向。

6—7日，财政部行政政法司司长何振国来湘开展食品药品监管补助资金专题调研。

7日，厅系统工会获评2022年度省直单位工会工作先进单位，并在省直单位工会工作会议上作典型发言。

11—13日，财政部在湖北武汉举办2023年全国财政支农政策培训班，厅党组成员、副厅长何伟文作典型发言。

14日，提请省政府办公厅印发《支持烟叶产业高质量发展若干政策措施》（湘政办发〔2023〕17号），加快烟叶产业转型升级，促进烟叶产业高质量发展。

同日，召开学习贯彻习近平新时代中国特色社会主义思想主题教育动员大会，并印发实施方案。时任厅党组书记、厅长刘文杰作动员讲话。

18日，厅机关及省注会评估行业联合举办学习贯彻习近平新时代中国特色社会主义思想和党的二十大精神主题演讲比赛。厅党组成员、副厅长祝孟辉出席。

19日，印发《湖南省财政厅关于务实开展"系统大调研"的实施方案》（湘财办〔2023〕6号），推动大兴调查研究之风，发现财政新情况、解决财政新问题。

19—21日，厅党组成员、副厅长祝孟辉带队赴长沙、岳阳、郴州三市开展自贸区财政政策实施情况专题调研，为出台自贸区财政支持政策"升级版"打好基础。

20日，联合省自然资源厅等部门，赴省生态所湖南中核建设工程有限公司开展"政策面对面"暨"双联"调研座谈会，助力双联单位转型发展。

21日，召开2023年省级财政事前绩效评估和绩效评价工作布置会，通报2022年财政绩效评价情况，布置2023年财政事前绩效评估和绩效评价工作。

同日，举办2023年第三期湖南财政讲坛，邀请省委政策研究室原副主任刘国良作题为《服务中国式现代化目标 加强和改进调查研究》的专题讲座。

23日，印发《关于进一步规范和加强涉农资金分配管理的通知》（湘财农〔2023〕18号），进一步规范农口单位资金监管。

24日，印发《湖南省财政厅关于规范政府主权外贷预算管理有关事项的通知》（湘财预〔2023〕71号），进一步规范湖南省政府主权外贷预算管理。

25日，印发《湖南省市县地方政府债券还本付息管理暂行办法》（湘财库〔2023〕9号），进一步规范市县地方政府还本付息管理，压实市县还款主体责任。

同日，印发《湖南省水库移民资金管理办法》（湘财农〔2023〕14号），进一步规范湖南省水库移民资金使用管理工作。

同日，指导衡阳县现代农业产业园、湘阴县现代农业产业园入围2023年国家现代农业产业园创建名单，指导湖南省蔬菜产业集群入围2023年国家农业优势特色产业集群建设名单，指导鼎城区十美堂镇等10个乡镇入围2023年国家农业产业强镇创建名单，共获中央资金5亿元。

同日，经省民政厅批准，省会计学会法定代表人变更为廖建江。

27日，厅系统工会联合会举行"五一"表彰大会，时任厅党组书记、厅长刘文杰出席。

28日，信息网络中心周宏同志被授予"湖南省五一劳动奖章"。

4月，湖南银行被人民银行长沙中心支行评为消费权益保护工作评估A类行。

4月，省融资担保集团旗下省中小担保公司担保业务在保规模首次突破200亿，创下历史新高，成为全省首家且唯一一家业务规模突破200亿的政策性融资担保公司。

4—9月，首次开展全省财会监督专项行动，严肃查处减税降费等9大领域违法违规问题，推动修订制度393项。

4月和9月，组织开展两期全省乡镇财政所长培训班，现场轮训本省乡镇财政所长480名，西藏山南市、新疆吐鲁番市两地财政系统相关人员一同参加。

4—10月，开展政府采购专家专项监督检查。处理处罚63人次，其中5人被行政处罚、13人被取消政府采购评审专家资格。

4—12月，在湖南财政视频号开辟财会高端讲堂，策划上线《农民专业合作社会计制度讲解》等5期视频，丰富会计准则制度宣传形式。

5月

5日，提请省委办公厅、省政府办公厅印发《关于进一步加强财会监督工作的实施方案》（湘办发〔2023〕7号），明确进一步加强财会监督工作的总体要求、重点任务和保障措施，推动构建全方位、多层次、立体化财会监督体系。

同日，印发《湖南省财政厅机关文体协会管理办法》（湘财工字〔2023〕4号），规范和引导厅机关文体协会有序开展活动。

6日，省注册会计师资产评估行业首期高端人才培训项目启动，厅党组成员、总会计师、行业党委书记刘平出席开班仪式。

9日，召开"奋进新征程 建功新时代"青年干部座谈会，时任厅党组书记、厅长刘文杰出席，厅党组副书记、副厅长庄大力主持，15名青年干部代表发言。

10日，时任厅党组书记、厅长刘文杰带队赴长沙经开区，现场办理省人大代表重点建议，实地调研基层财政运行、先进制造业企业经营等情况。

12日，湖南省2022年衔接推进乡村振兴补助资金绩效评价结果获6A等次，名列全国第一，获中央财政奖励资金1.6亿元。

同日，印发《关于进一步加强财政库款管理有关事项的通知》（湘财库〔2023〕13号），进一步规范市县国库库款管理，保障市县财政平稳运行。

同日，省会计学会会长刘克邦参加中国会计学会第九次全国会员代表大会，并当选新一届理事会常务理事。

13-17日，举行2023年全国会计专业技术初级、高级资格湖南考区考试，全省分别有14.21万人、2091人报考。

14日，联合省农业农村厅等部门出台《关于省以下品种农业保险业务市场化改革财政奖补试点工作有关事项的通知》（湘财金〔2023〕25号），积极探索省以下特色品种农业保险业务市场化改革。

15日，会同省民政厅指导娄底市获2022年国务院养老服务体系建设督查激励，获中央财政奖励资金1000万元。

18日，印发《湖南省省级评审专家劳务费管理办法（试行）》（湘财行〔2023〕6号），规范省直单位评审专家劳务费管理。

19日，联合财政部湖南监管局等部门举办"湖南财税大讲坛"，邀请中国社会科学院副院长高培勇教授作《深入学习贯彻习近平经济思想》专题辅导报告，时任厅党组书记、厅长刘文杰主持，省委主题教育第十巡回指导组组长张志军出席。

同日，指导岳阳市、益阳市入选2023年中央农村黑臭水体治理试点示范项目，获中央财政支持3亿元。

21日，提请省政府办公厅印发《湖南省国有"三资"清查处置与管理改革总体工作方案》（湘政办函〔2023〕26号），推进全省国有"三资"清查、处置与管理改革，进一步支持稳增长、防风险、保民生。

23日，省委组织部印发湘组干函〔2023〕86号文件，祝孟辉同志试用期满正式任省财政厅副厅长。

24日，指导湖南南方丘陵山地带南岭北麓历史遗留废弃矿山生态修复示范工程项目入选2023年历史遗留废弃矿山生态修复示范工程项目，获中央财政支持3亿元。

26日，印发《关于做好2023年政府采购脱贫地区农副产品工作有关事项的通知》（湘财购函〔2023〕2号），按照不低于10%的比例通过"832平台"采购脱贫地区农副产品。全省全年累计采购农副产品4亿元，排名全国第七。

28日，会同省商务厅印发《落实"稳增长"20条进一步恢复和扩大消费若干政策措施》（湘商发〔2023〕14号），为促进全省消费再添一把"政策火"。

29日，完成厅二级巡视员邱望梅同志退休工作。

30日，省十四届人大常委会第三次会议审查批准2023年省级预算调整方案（第一次）。

同日，印发《财政金融协同联动助力打好"发展六仗"的若干措施》（湘财金〔2023〕39号），优化财政金融政策协同联动，助力打好"发展六仗"。

同日，联合省农业农村厅等部门印发《关于改革完善财政引导和绩效奖惩机制 全面提升农业保险服务质量的实施意见》（湘财金〔2023〕29号），明确市县自主评价、省级综合评价、重点抽查评价三位一体的承保机构绩效评价机制。

31日，举办2023年全省预算绩效管理业务培训班，邀请中央财经大学教授曹堂哲授课，推动进一步提高湖南省预算绩效管理队伍能力水平。

5月，提高义务教育学校生均公用经费基准定额，小学由650元/生·年提高至720元/生·年，初中由850元/生·年提高至940元/生·年，并对寄宿制学校寄宿生再提标100元/生·年。

5-7月，组织开展全省政府购买服务实施情况专项整治，进一步规范和加强政府购买服务管理。

6月

1日，指导湘潭市成功申报公共就业服务能力提升示范项目，争取中央资金1亿元。

2日，省政府审议通过《湖南省地质勘查基金设立方案》，设立湖南省地质勘查基金。基金由省财政厅会同省自然资源厅等部门发起设立，目标总规模20亿元，首期基金6亿元，其中省财政出资3亿元。

3日，完成厅二级巡视员赵传成同志退休工作。

5-6日，中国注册会计师协会党委委员、副秘书长万文翔来湘调研，厅党组成员、总会计师、省注册会计师资产评估行业党委书记刘平参加调研。

6日，被省委办公厅评为2022年度省直单位绩效考核"优秀"等次，省管领导班子考核为"良好"。

7日，向湘潭市拨付的亚洲开发银行发展政策贷款资金0.25亿美元到账，亚行在华首个发展政策贷款项目圆满收官。

同日，联合省商务厅申报财政部、商务部"中央外经贸提质增效"项目，获中央资金支持1.3亿元。

9日，财信金控与中国电子共同组建的数字湖南有限公司在长沙揭牌成立。省委副书记、省长毛伟明，中国电子党组书记、董事长曾毅共同为数字湖南揭牌。

11-17日，联合省农业农村厅赴江苏、浙江、上海开展"乡村振兴湖南财政怎么干"主题学习培训，更好服务乡村振兴战略实施。

12日，指导长沙县财政局获批全国首批非税收入基层联络点，全国首批共6个基层联络点。

同日，印发《湖南省新增地方政府债务限额管理分配办法》（湘财预〔2023〕125号），进一步规范新增地方政府债务限额分配，防范政府债务风险。

同日，指导娄底市荣军优抚医院入选中央专项彩票公益金支持优抚医院能力提升项目，争取中央资金支持1800万元。

15日，指导汨罗市、茶陵县、永顺县等3县市入选中央彩票公益金支持欠发达革命老区乡村振兴示范区建设项目，获中央补助1.5亿元。

15-16日，分别召开湖南省财政厅机关工会第八次代表大会、共青团湖南省财政厅第十二次代表大会、湖南省财政厅机关第五届妇女代表大会，完成厅机关工会、妇委会、团委换届工作。

25-27日，财政部科教和文化司副司长吕建平来湘调研，时任厅党组书记、厅长刘文杰参加调研。

28-30日，新开发银行副行长兼首席行政官周强武出席第三届中非经贸博览会开幕式，并前往常德、岳阳调研。时任厅党组书记、厅长刘文杰参加会谈，党组成员、副厅长祝孟辉参加调研。

30日，印发《湖南省财政厅关于编制2024年省级部门预算的通知》（湘财预〔2023〕165号），启动2024年省级部门预算编制工作。

同日，举办处级干部调研成果交流分享会。时任厅党组书记、厅长刘文杰出席并讲话，省委主题教育第十巡回指导组组长张志军，省委主题教育办副主任、调研指导组组长罗云寿出席。

同日，召开2023年"七一"表彰暨"榜样在身边"交流分享会，时任厅党组书记、厅长刘文杰出席会议并讲授专题党课。

同日，中共湖南省注册会计师资产评估行业委员会印发《关于推进"清廉行业"建设的实施意见》（湘注会党〔2023〕11号），启动清廉行业建设。

6-7日，组织全省2.4万家行政事业单位开展内部控制报告填报工作，在全国内控编报年度考评中获财政部通报表扬。

6-8日，组织开展2轮厅机关内控风险隐患大排查，相关经验做法在财政部《内控工作简报》上推介。

6-9月，清理整合2023年度惠民惠农财政补贴政策和项目，全省补贴政策清理整合至205项，对应项目220个，其中公开补贴政策159项，对应项目172个。

6-11月，组织全省500余家会计师事务所和资产评估机构全面自查，对财会造假行为形成强大震慑。

6-12月，开展全省政府采购营商环境评价工作，共抽查182个政府采购项目，实现对所有县市区评价全覆盖。

7月

1日起，全省城乡居民基本养老保险基础养老金最低标准由118元/人·月提高至131元/人·月。

同日，时任厅党组书记、厅长刘文杰带队慰问离退休老党员刘荣生、徐正才、瞿宝元，厅党组成员、副厅长祝孟辉参加。

3日，被省委办公厅、省政府办公厅评为2022年度巩固拓展脱贫攻坚成果同乡村振兴有效衔接工作先进单位。

同日，会同省纪委监委印发《加快推进湖南省惠民惠农财政补贴资金"一卡通"阳光审批系统上线运行实施方案》（湘财市县〔2023〕7号），推进全省阳光审批系统上线运行。

同日，提请省政府办公厅印发《关于深化生态保护补偿制度改革的实施意见》（湘政办发〔2023〕24号），加快推动绿色低碳发展，促进经济社会发展全面绿色转型。

5日，财政部《财政信息》刊发《湖南多措并举聚财力 统筹资金增效益 严格落实过紧日子要求》，推介湖南省党政机关带头过紧日子有关经验做法，并报至国务院办公厅。

6-8日，经省委省政府同意，联合省委组织部举办全省"加强财政管理 严控债务风险"专题研讨班暨市县财政局长培训班。时任厅党组书记、厅长刘文杰出席结业仪式并讲话。

7日，联合省委宣传部等六部门发布《关于公布2022年度"湖南省企业税收贡献百强"等四张榜单的通报》，首次公布湖南省民营企业税收贡献百强榜单。

10日，省政府印发湘政函〔2023〕90号文件，聘任石建辉同志为省政府参事。

同日至8月20日，厅机关工会联合团委、妇委会举办第二期暑期爱心托管班暨"童心心向党"夏令营活动，解决干部职工暑期子女看护难问题。

11日，省委常委会会议审议通过《湖南省港航整合和发展财政支持方案》《湖南省促进水运发展的政策措施》，进一步强化港航业发展顶层设计和财政资源统筹，推动企业与地方互利共赢。

同日，获评2023年湖南省网络安全应急演练优秀防守单位，连续两年获此荣誉。

11-14日，厅党组成员、副厅长祝孟辉带队，联合省政协、省自贸办赴海南省、福建省开展自贸试验区财政政策省外专题调研，推动湖南省自贸试验区高质量发展。

14日，指导株洲市荷塘区入选全国22个农村综合性改革试点试验区，获中央试点资金1.5亿元。

同日，修订印发《基本公共卫生服务等6项补助资金管理办法》（湘财社〔2023〕22号），进一步规范和加强医疗卫生财政补助资金管理。

17日，指导益阳市赫山区入选20个"五好两宜"和美乡村试点试验区之一，获得中央试点资金2亿元。

18日，被湖南省守法普法工作办公室评为2023年度省直机关"谁执法谁普法"考评优秀单位。

18-19日，举办全省财源建设工作培训班，厅党组成员、总会计师刘平出席。

19日，召开第六次全省农业信贷担保工作指导委员会会议，厅党组成员、副厅长、指导委员会副主任委员何伟文出席会议并讲话。

20日，主题教育省委第十巡回指导组组长张志军，时任省财政厅党组书记、厅长刘文杰带队调研湘江下游航道和港口发展情况。

同日，指导衡阳市入选2023年中央财政油茶产业发展示范项目，获中央财政支持5亿元。

23日，举行青年干部公文材料写作竞赛，厅机关147名40岁以下干部职工参加竞赛，方芳等5名同志获评一等奖，龚佳培等10名同志获评二等奖，钟晖等20名同志获评三等奖。

24日，省委副书记、省长毛伟明主持召开防范化解债务风险相关工作会议，时任厅党组书记、厅长刘文杰参加。

同日，出台《关于印发〈湖南省企业职工基本养老保险财政支出责任分担机制〉的通知》（湘财社〔2023〕19号），为企业职工养老保险的长期平稳运行提供有力支撑。

25-28日，联合广东省注册会计师协会在韶山干部学院举办省市注册会计师协会秘书长财会监督培训班。厅党组成员、总会计师刘平，广东省财政厅党组成员、副厅长胡建斌出席开班仪式。

26日，省十四届人大常委会第四次会议审查批准2022年省级决算。

同日，联合省高院出台《关于印发湖南省人民法庭基本业务装备配备、法院系统档案数字化服务、法院系统邮政集约送达服务预算支出标准的通知》（湘财政法〔2023〕6号），进一步提升法院项目经费测算精准性。

29日，完成厅二级巡视员李志润同志退休工作。

31日，召开厅领导主题教育调研分享交流会，省委主题教育第十巡回指导组组长张志军到会指导点评，时任厅党组书记、厅长刘文杰主持会议并作总结。

同日，联合省商务厅申报财政部、商务部"生活必需品流通保供体系建设"项目，获中央资金支持0.9亿元。

同日，财信金控旗下湖南征信完成企业征信机构变更备案，成为湖南省唯一省级国有征信公司。

8月

2日，印发《湖南省政府采购评审专家管理办法》（湘财购〔2023〕36号），明确32项负面清单行为，建立专家履职评价制度。

4日，在2022年度地方财政管理绩效考核中，被财政部评为先进单位，全国排名第七位。

同日，联合省科学技术厅等部门印发《湖南省企业研发财政奖补办法》（湘财教〔2023〕12号），激励企业加大研发投入。

7日，省委常委、常务副省长李殿勋主持召开防范化解政府债务风险专题会议，厅党组成员、副厅长邓斌参加。

8日，会同省人社厅提请省政府办公厅印发《关于贯彻促发展惠民生要求落实优化调整稳就业政策若干措施的通知》（湘政办发〔2023〕32号），进一步稳定和扩大就业岗位，全力促发展惠民生。

9日，印发《湖南省部门决算管理办法》（湘财库〔2023〕13号），进一步加强部门决算管理。

11日，会同财政部湖南监管局等8部门印发《湖南省重点民生资金专项整治行动实施方案》（湘财预〔2023〕315号），对全省2022年以来社会保险基金、住房保障等7个领域民生资金使用管理情况开展专项整治。

14日，印发《湖南省财政厅关于2022年度省直部门预算管理绩效评价结果的通报》（湘财预函〔2023〕21号），对评价结果靠前的部门在编制2024年度预算时给予一次性奖励，对评价结果靠后的部门酌情扣减2024年度预算。

同日，财政部"预算绩效管理立法研究"课题研讨会在湖南召开，全国预算与会计研究会秘书长徐济旺出席。湖南省财政厅作为课题四家参与单位之一，全程参与研讨和报告起草工作。

15日，湖南省农业信贷融资担保有限公司在2023年湖南省融资担保公司分类监管评级中荣获A级，连续第三年获评A级。

同日，经省政府同意，"一村一辅警"省级财政补助政策标准不变，再延长3年（2023-2025年）。

同日，印发《湖南省财政厅信访工作规程》（湘财办〔2023〕12号），进一步推动机关信访工作制度化、规范化。

同日，举行"财政青年说·调研背后的故事"分享活动，时任厅党组书记、厅长刘文杰，主题教育省委第十巡回指导组副组长易德才出席。

23日，财政部与部分在湘全国人大代表、政协委员座谈会在长沙召开，财政部监督评价局局长杨瑞金出席，时任厅党组书记、厅长刘文杰主持。

25—27日，举行2023年注册会计师全国统一考试、资产评估师职业资格全国统一考试。2023年注册会计师全国统一考试全省共4.34万人报考，资产评估师职业资格全国统一考试全省共2697人报考。

29日，印发《湖南省财政厅新闻宣传工作规程》（湘财办〔2023〕16号），进一步规范和加强财政新闻宣传工作。

8月31日至9月1日，中国资产评估协会中部地区（湖南）业务骨干培训班在长沙举行。中国资产评估协会党委副书记杨松堂授课，厅党组成员、总会计师，省注册会计师资产评估行业党委书记刘平出席。

9月

1日，公布湖南省2023年行政事业性收费、涉企行政事业性收费和政府性基金三张清单。

同日，财政部印发《关于对2022年至2023年度社会保险基金预算绩效管理工作考核先进省份给予表扬的通报》（财社办〔2023〕39号），湖南省被评为二等奖。

同日，湖南省涉案财物集中管理中心库正式交付使用。

5日，世界银行结果导向贷款湖南省湘赣边区乡村振兴地方政府治理能力提升项目联席会议在长沙召开。项目联席会议召集人、时任厅党组书记、厅长刘文杰出席。

7—9日，举行2023年度中级会计资格考试，全省共5.24万人报考。

8日，印发《湖南省财政厅关于〈湖南省省直机关会议费管理办法〉的补充通知》（湘财行〔2023〕48号），进一步扎紧制度"笼子"。

9日，湖南省专项债券项目穿透式监测系统在全省全面上线运行。

11日，中央纪委国家监察委官方网站"党风廉政创新成果展示平台"专栏发表《湖南省纪委监委紧盯难点淤点 做实涉案财物监管》，介绍湖南省纪委监委和湖南省财政厅涉案财物管理改革创新经验。

11—13日，财政部部长助理宋其超带队来湘调研老年助餐、殡葬改革、新业态就业、社工服务。

12日，省委副书记李殿勋主持召开全省国有"三资"清查处置与管理改革推进会。时任厅党组书记、厅长刘文杰参加。

12日，组织召开学习贯彻习近平新时代中国特色社会主义思想主题教育总结大会，全面总结厅机关主题教育开展情况，进一步巩固拓展主题教育成果。时任厅党组书记、厅长刘文杰讲话。

13日，经省政府同意，联合省税务局等部门印发《关于进一步扶持我省自主就业退役士兵和重点群体创业就业有关税收政策的公告》（2023年第6号），在中央授权范围内顶格扣减重点群体和自主就业退役士兵创业就业相关税费，政策执行至2027年12月31日。

同日，会同省科技厅联合印发《湖南省中央引导地方科技发展资金管理实施细则》（湘财教〔2023〕1号），加强和规范中央引导地方科技发展资金管理。

同日，会同省科学技术厅印发《湖南省创新型省份建设专项资金管理办法》（湘财教〔2023〕3号），规范和加强湖南省创新型省份建设专项资金使用和管理。

18日，指导娄底市、沅陵县、宁乡市3市县成功获批中央支持的普惠金融发展示范区。

18日，代表省政府，向省人大常委会专题报告2018—2022年金融企业国有资产管理情况。

19日，组织召开全省加快推进阳光审批系统上线运行视频会，厅党组成员、副厅长祝孟辉，省纪委监委党风政风室副主任赵峰出席。

同日，经省政府同意，印发《关于废止相关规范性文件的通知》（湘财购〔2023〕32号），维护全国统一大市场，促进公平竞争。

20日，省纪委副书记、省监委副主任蔡亭英，时任厅党组书记、厅长刘文杰带队到湖南省涉案财物集中管理中心库调研。

同日，省十四届人大常委会第五次会议召开联组会议，省委常委、常务副省长张迎春率省财政厅等12家省直部门负责人到会应询，时任厅党组书记、厅长刘文杰参加。

同日，在长沙举办全省财政系统主题演讲比赛。时任厅党组书记、厅长刘文杰出席。

21日，举办全省税政法制培训班暨2023年第五期湖南财政讲坛，邀请财政部税政司司长贾荣鄂作专题辅导，时任厅党组书记、厅长刘文杰主持。

同日，会同省自然资源厅等部门印发《关于明确矿业权出让收益征收管理有关事项的通知》（湘财综〔2023〕19号），进一步规范和加强矿业权出让收益征收管理。

26日，财政部、生态环境部召开全国农村黑臭水体治理试点现场交流会。厅党组副书记、副厅长庄大力作典型发言。

29日，省注册会计师资产评估行业云端史料馆开馆，打造全国首个省级注册会计师资产评估行业3D云端史料馆。

9月，调研报告《财政部门如何依法行使处罚管辖权》被中国财政杂志社评为优秀调研报告一等奖。

9月，亚洲开发银行中国代表处副首席代表周爱明来湘召开亚行贷款支付全国研讨会。时任厅党组书记、厅长刘文杰参加。

9月，"长沙—株洲—湘潭"纳入第二批国家综合货运枢纽补链强链城市，预计可获中央奖补资金15亿元。

9—11月，先后修订印发《湖南省省级少数民族工作专项资金管理办法》（湘财行〔2023〕47号）、《湖南省药品监管专项资金管理办法》（湘财行〔2023〕49号）、

《湖南省市场监督管理专项资金管理办法》（湘财行〔2023〕52号）、《湖南省省级人才发展专项资金管理办法》（湘财行〔2023〕50号）、《湖南省省级妇女儿童事业发展专项资金管理办法》（湘财行〔2023〕54号），进一步提升省级专项资金管理水平。

10月

7日，印发《关于明确我省人事考试收费分成比例有关事项的通知》（湘财税〔2023〕13号），明确人事考试收费分成比例等有关事项。

9日，省财政科研所组织制作的短视频《指尖上的传承》在第二届财政短视频大赛中获二等奖。

10—11日，财政部、自然资源部、生态环境部召开全国山水林田湖草沙一体化保护和修复工程推进会，时任厅党组书记、厅长刘文杰作典型发言。"湖南常德市西洞庭湖国家级自然保护区生态保护修复项目"作为山水工程首批15个优秀典型案例之一，获重点推介。

11日，举办省直部门预算单位财政财务管理培训班，厅党组成员、总会计师刘平出席。

12日，印发《湖南省2023年度市县财源建设真抓实干督查激励实施方案》（湘财税〔2023〕14号），细化省政府财源建设真抓实干督查激励事项考评要求。

17日，经省政府同意，联合省发改委等6部门印发《关于废止〈湖南省政府采购两型（绿色）产品认定办法〉的通知》（湘财购〔2023〕31号），进一步促进公平竞争。

18日，省委印发湘委干〔2023〕489号、湘委干〔2023〕490号文件，省人民政府印发湘政人〔2023〕11号文件，免去邓斌同志省财政厅党组成员、副厅长职务，邓斌同志任益阳市委委员、常委、副书记。

23日，经省政府同意，联合省税务局印发《关于免征中小学幼儿园校车车船税的通知》（湘财税〔2023〕15号），免征中小学幼儿园校车车船税政策延至2027年12月31日。

同日，修订印发《湖南省农业保险财政奖补管理办法》（湘财金〔2023〕60号），明确保险品种奖补范围和标准等内容。

26日，举行湖南对非经贸专业协作平台战略合作框架协议签约仪式。厅党组成员、总会计师、省注册会计师资产评估行业党委书记刘平出席。

10月30日至11月1日，举办全省财政系统中青年骨干综合素质培训班，厅党组副书记、副厅长庄大力出席开班仪式并作动员讲话，厅党组成员、总会计师刘平出席结业仪式并作总结讲话。

10月30日至11月1日，国家农担联盟公司党委副书记王国航一行来湖南农担调研，厅党组成员、副厅长何伟文参加。

11月

1日，联合省林业局印发《全省林火阻隔系统与森林消防蓄水池建设两年行动奖补方案》《全省国有林场和自然保护地森林消防队伍建设两年行动奖补方案》（湘财资环〔2023〕44号）。

3日，时任厅党组书记、厅长刘文杰率队拜访金砖国家新开发银行总部，并与副行长周强武会谈。

9日，第四届党建创新成果展示交流活动在深圳举办，中央和国家机关工委副书记燕军出席并讲话。省财政厅报送的"财政青年说·调研背后的故事"入选全国党建创新"十佳案例"并现场展示。

11日，审计署党组成员、总审计师赵保林主持召开推动扩大投资座谈会，时任厅党组书记、厅长刘文杰参加。

13—15日，中国资产评估协会党委书记张更华一行来湘调研，厅党组成员、总会计师，省资产评估行业党委书记刘平参加。

同日，课题成果《以PEFA评估为契机 提升湖南市县财政管理水平的建议》获省委宣传部第四届湖湘智库研究成果奖。

15日，省委印发湘委干〔2023〕536号、湘委干〔2023〕537号、湘委干〔2023〕538号文件，免去徐永健同志常德市委常委、委员职务，徐永健同志不再担任常德市副市长职务，任省财政厅党组成员。

同日，省委印发湘委干〔2023〕597号、湘委干〔2023〕598号文件，免去卜建才同志省财政厅党组成员、省纪委监委驻省财政厅纪检监察组长职务，卜建才同志任省委巡视组正厅级巡视专员、一级高级监察官。

同日，《新理财（湖南财政）》首次被省社科联评为省级社科类社会组织优秀会刊。

20日，联合省发改委印发《关于明确我省新闻记者职业资格考试收费有关事项的通知》（湘财税〔2023〕17号），明确湖南省新闻记者职业资格考试收费有关事项。

21日，湖南银行正式接入企业收支流水数据，成为省内企业收支流水数据首批应用试点银行。

25日，完成尹华、谭斌同志晋升厅二级巡视员职级工作。

27日，省十四届人大常委会第六次会议审查批准2023年省级预算调整方案（第二次）。

28日，报送省气象局、华达汽车空调（湖南）有限公司等案例入选财政部全国管理会计案例库，被评为"管理会计案例优秀组织单位"。

28—30日，举办全省财政社保系统业务培训班，厅党组成员、副厅长何伟文出席。

28—30日，举办2023年行业党组织书记暨机构负责人研修班。厅党组成员、总会计师，行业党委书记刘平出席。

30日，省委印发湘委干〔2023〕646号文件，提名刘平同志为衡阳市副市长人选。

同日，经省政府同意，设立湖南省粮食收购贷款信用保证基金，专项用于为缴纳基金的粮食企业提供融资增信。

12月

1日，会同省人社厅等部门出台《湖南省工伤保险基金省级统收统支实施办法》（湘人社规〔2023〕19号），明确从2023年12月1日起实施工伤保险省级统收统支。

3日，组织参加全国第25届少数民族珠算珠心算展示活动，获团体一等奖，3名选手均获个人一等奖。

5日，举行新提任处级领导干部宪法宣誓仪式，邀请财政部条法司二级巡视员肖雪峰作习近平法治思想专题讲座。

同日，财政部召开全国非税收入收缴工作研讨和经验交流会，省财政事务中心党委书记、主任张明就非税收入收缴电子化改革作典型发言。

同日，举办2023年第六期财政讲坛，邀请财政部条法司二级巡视员肖雪峰作专题辅导，厅党组副书记、副厅长庄大力主持。

5-12日，首次采取"专家+主管部门+资金管理处室+财评中心"四方会审方式，对41个省级专项资金2024年度绩效目标进行审核。

6日，印发《湖南省预算管理一体化实施细则（2.0版）》（湘财预〔2023〕346号），进一步完善预算管理工作流程、控制规则、管理要素等。

同日，联合省公安厅等部门印发《关于开展2023年湖南省政府采购领域"四类"违法违规行为专项整治工作的通知》（湘财购〔2023〕49号），针对采购人设置差别歧视条款等四类违法违规行为开展专项整治。

6-7日，召开国有金融资本管理条例立法工作座谈会。时任厅党组书记、厅长刘文杰参加。

10日，"湘易办"省财政厅部门旗舰店累计推出惠民惠农财政补贴资金发放查询、非税缴退费、会计人员信息查询等3类共51项便民服务。

11日，经省政府同意，印发《湖南省省级财政专户资金转出开户银行定期存放管理实施办法》（湘财库〔2023〕21号），进一步明确财政专户资金管理责任。

同日，联合省税务局，赴长沙市开展财税收入专题调研。时任厅党组书记、厅长刘文杰，省税务局党组书记、局长曾光辉主持调研。

12日，印发《湖南省增发2023年国债资金管理办法》（湘财预〔2023〕368号），规范增发2023年国债资金管理，切实提高资金使用效益。

同日，印发《关于加强新时代廉洁文化建设的实施方案》（湘财党组〔2023〕34号），进一步加强厅机关新时代廉洁文化建设，推动全面从严治党向纵深发展。

同日，组织开展"全民健身 活力财政"第九套广播体操比赛，时任厅党组书记、厅长刘文杰宣布比赛开幕，厅党组副书记、副厅长庄大力致辞。

13日，印发《湖南省县级基本财力保障机制奖补资金管理办法》（湘财预〔2023〕373号），进一步完善湖南省县级基本财力保障机制。

14日，湖南省水利资金在全国绩效考评中被财政部、水利部评为优秀。

20日，举行省注册会计师协会成立三十周年大会。省人大常委会原副主任、省注册会计师协会第三任会长李友志，中国注册会计师协会党委委员、全国行业党委副书记佟庆国出席并讲话，厅党组成员、副厅长祝孟辉致辞。

21-22日，全国财政工作会议召开，财政部党组书记、部长蓝佛安作工作报告。时任厅党组书记、厅长刘文杰以《加力盘活国有"三资" 积极推动财政管理改革提质增效》为题作典型发言。

22日，会同省税务局等部门印发《关于调整残疾人就业保障金申报缴纳期限的公告》（2023年第5号），规定自2024年1月1日起，湖南省用人单位残保金缴纳期限统一为按年申报缴纳，推动提升保金缴纳残便利度和征缴工作质效。

24日，省委印发湘委干〔2023〕762号文件，柳叶同志任省审计厅党组成员。

26日，召开2023年厅机关任职和廉政谈话会，时任厅党组书记、厅长刘文杰出席会议并开展任职谈话。

27日，被省委办公厅、省政府办公厅评为2023年度安全生产和消防工作优秀单位。

28日，联合省人社厅印发《关于进一步完善城乡居民基本养老保险制度有关政策的通知》（湘人社规〔2023〕22号），湖南省城乡居民基本养老保险缴费档次标准，从200-3000元、共13个档次，调整为300-6000元、共15个档次，缴费补贴额由每人每年30-60元调整为每人每年30-100元。

29日，省委副书记、省长毛伟明主持召开2023年全省财税收入汇报会，省委常委、常务副省长张迎春，省政府秘书长瞿海出席。省财政厅、省税务局、人民银行湖南省分行主要负责同志分别汇报了全年财政收入、税费收入和金融运行情况。

同日，联合省发改委等部门印发《关于明确湖南省主要污染物排污权有偿使用收费标准 政府收储和出让排污权指标基价等有关事项的通知》（湘财税〔2023〕20号），规范主要污染物排污权有偿使用和交易管理。

同日，2022年度政府采购信息统计报表编报和分析工作在全国评比中名列第一，获财政部通报表扬。

12月，省级统建非税收缴系统在全省全面运行，湖南省电子非税收入一般缴款书改革基本实现全省全覆盖，上线执收单位19232家、项目1907个，累计开具电子缴款书1573万张、金额963亿元，改革工作得到财政部肯定。

12月，获评湖南省"护网2023"网络攻防实战演习优秀防守单位，连续4年获此荣誉。

12月，对市县乡三级财政2023年度乡镇财政管理工作开展绩效评价，长沙市等3个市州财政局、浏阳市等14个县市区财政局、长沙县果园镇财政所等385个财政所被评为A级。

2023年，全省地方收入达3360.5亿元，增长8.3%，规模和增幅均为2016年以来最高水平；地方税收收入达2208.5亿元，增长10.2%，增幅为2019年以来最高水平。全省地方收入税收占比65.7%，较上年提升1.1个百分点，收入质量持续巩固提升。全省一般公共预算支出达到9584.5亿元，增长6.6%。

2023年，财政部下达湖南省均衡性转移支付等财力补助1729亿元，同口径增长11.4%。省财政下达市县均衡性转移支付等财力补助1370亿元，同口径增长17.3%。

2023年，财政部下达湖南省新增债券1730亿元，其中一般债券320亿元，专项债券1410亿元；省财政转贷市县新增债券1635亿元，占全省额度的94.5%。财政部下达湖南省2023年增发国债449.4亿元。

2023年，湖南省共发行政府债券4680.15亿元。发行新增债券1717.52亿元，其中新增一般债券307.52亿元、新增专项债券1410亿元，新增专项债券支持近900个项目落地实施，拉动总投资超5000亿元。发行再融资债券2962.64亿元，其中再融资一般债券1571.66亿元、再融资专项债券1390.98亿元。

2023年，开展代理记账行业违法违规行为专项整治，工作进度持续排名全国第一，被财政部通报表扬。

2023年，扎实做好会计师事务所及其分所执业许可审批工作，行政许可等信用信息公开评价结果在省直部门中排名第一。

（湖南省财政厅2023年度财政工作大事记由省财政厅办公室供稿）

第七部分

附录

学会、协会工作

湖南省财政学会

2023年，湖南省财政学会（以下简称学会）以财政研究、宣传为重点，有效发挥学术研究、交流、普及等作用，学会各项工作取得较好成绩。

一、开展财政理论研究

选取"产学研合作"主题，赴省内高校、企业、省直相关单位及广东、浙江等省实地调研，形成《加快实现高水平科技自立自强——关于推动我省"产学研融合"的财税政策研究》，从科技投入、服务平台、成果转化、管理机制四个维度，提出促进产学研深度融合的财政政策建议，九三学社省委有意将本研究报告部分成果以提案形式提交全国政协大会。深度参与自贸试验区财政政策优化研究，提出自贸试验区财政政策应更大力度鼓励制度创新、支持平台建设、支持联动发展、支持金融创新、支持资金统筹建议，多条对策被吸纳写入省政府政策文件。此外，"以PEFA评估为契机 提升湖南市县财政管理水平的建议"获评第四届湖湘智库研究"十大金策"。

二、加强财政宣传平台管理

一是创新开展好文章评选。组织开展"学习党的二十大 展现财政新作为"主题征文评选，评出优秀征文38篇，并选刊于"财政党建·主题教育"专栏，推动全省财政系统干部凝心铸魂、凝练感悟、凝聚力量；创新开展2020-2022年度《新理财（湖南财政）》"市县区好文章"评选活动，评选出优秀文章18篇，提升财政干部供稿积极性，实现稿源质量、数量双提升。

二是做优《新理财（湖南财政）》。全年出刊6期，刊发文章120余篇、字数近50万，被湖南省社科联评为湖南省省级社科类社会组织优秀会刊。制订宣传计划。结合财政中心工作做好宣传，聚焦全省财政工作重点、全面从严治党、思想破冰引领财源突围、大兴调查研究之风、学习贯彻省委十二届四次全会精神等6大主题，在厅官网、"湖南财政"微信公众号发布征稿公告，向厅机关各处室、市县财政部门和干部征集稿件。开设专题专栏。贯彻落实厅党组"三大一提升"行动要求，刊物开设"时政专题""三大一提升""财政党建·主题教育"专栏，专栏刊发文章60余篇，近20万字，有效发挥全省财政系统主流媒体宣传阵地作用。

三是做精《湖南财政年鉴》。全面收录厅属各处室单位、全省各市州、县市区2022年财政工作概况及湖南省重要财经文件、财经统计资料、财政工作大事记、财经规范性文件、2022年国民经济和社会发展统计公报等材料和数据。严格前移把关。向各市州、县市区财政局提供撰写样稿，规范撰稿格式及内容，同时，要求材料报送单位负责人严把保密审查关和意识形态关，确保材料数据真实、合规、可靠。创新形式，开展2020-2022年度《湖南财政年鉴》"优秀供稿单位"评选，提升年鉴文稿质量。扩大宣传效果。推动中国知网和湖南省图书馆收录使用《湖南财政年鉴》材料，提高年鉴使用率，扩大年鉴影响力，全年厅内外借阅查询年鉴资料逾100次。

三、学会运转高效有序

一是按时做好学会年检工作。按照民政厅要求填报相关资料，积极沟通，最终顺利通过年检。

二是有序筹备学会换届工作。筹备学会换届选举，确定第八届省财政学会会长、理事会、常务理事会名单，换届资料已报省社科联、省民政厅审核通过。草拟第七届理事会工作报告、第八届理事会会长发言稿、厅领导讲话稿、学会章程等材料，为换届大会顺利召开奠定基础。

三是加强对上衔接沟通。支持开展2023年"企业成本"和"地方财政经济运行"线上问卷调查，通过"湖南财政"公众号、省直相关单位、市县财政部门等渠道，发动全省各级财政部门、各类企业积极参加，提高调查问卷填报质量。

（湖南省财政学会供稿　宋夏敏执笔）

湖南省会计学会

2023年，湖南省会计学会（以下简称学会），围绕全省经济发展大局和财政会计中心工作，认真开展会计理论研究、交流，努力加强会计人才培养，尽力办好内刊，积极筹备换届选举工作，取得较好成绩。

一、坚持党建引领，加强支部建设

以习近平新时代中国特色社会主义思想、主题教育为契机，着力打造战斗堡垒型支部，把政治建设摆在首位，用党的创新理论武装头脑，凝心铸魂；组织多种形式党日活动，开展典型案例大讨论，开好专题组织生活会，深入查摆问题，制定整改措施，不断增强支部凝聚力和战斗力。

着力打造学习型支部，坚持系统学习，常态化学习，年初制订学习计划，每月提前安排学习内容、领学人员，注重学习交流研讨，提升学习效果，通过学习打造一支政治可靠、业务过硬、能力突出的党员队伍。

二、办好《湖南会计》，扩大学会影响

《湖南会计》作为学会内刊，是我省会计工作的重要宣传和交流平台。一年来，在重点编辑发布行业发展动态、会员单位工作动态、会员理论研究文章及文艺作品的同时，突出政治性与专业性，对报纸版面进行了调整和创新，开辟专刊学习宣传贯彻党的二十大精神和《会计人员职业道德规范》。同时通过湖南省会计管理专栏及时发布《湖南会计》电子版，方便广大会员和其他会计理论与实务工作者阅读学习。全年共出刊24期，免费向各会员单位和行业系统发送《湖南会计》26400份，充分发挥了学会会刊的宣传阵地作用，丰富了广大会计人的精神生活，扩大了学会的影响力。

三、开展学术研究，繁荣会计理论

认真组织论文征集和评审。2023年，学会发挥资源优势，组织理论和实务工作者针对会计改革中的热点、难点和重点问题进行研究，撰写了一批具有一定理论价值和实际指导意义的论文。经广泛征集，学会共收到参评论文263篇，通过组织专家评审，评选出优秀会计科研论文19篇，其中，一等奖3篇，二等奖8篇，三等奖8篇。

开展会计科研课题研究。组织开展了2022-2023年会计科研课题选题征集、申报指南发布及立项评审等工作，经组织专家评审和集体研究，对34个会计科研课题进行立项以及结题验收，其中，重点课题11个，一般课题23个。

四、启动前期工作，筹备学会换届

广泛征集会员。打破惯例启动个人会员征集，既发展单位会员又发展个人会员，旨在拓宽会员征集渠道，壮大会员队伍。2023年共征集到会员266名，其中单位会员116名，个人会员150名，比第九届会员多135名。

召开常务理事会议。在广泛征集会员基础上，2023年8月学会召开了第九届常务理事会会议，就换届相关事项进行讨论表决。听取和审议了第九届理事会工作报告、第九届理事会财务收支情况说明、章程（修改草案）、湖南省会计学会会费管理办法、第十次会员代表大会选举办法（草案）和第十次会员代表大会会议议程，审议通过了湖南省会计学会第十届理事会理事、常务理事、副秘书长、秘书长、副会长、会长候选人名单。通过召开第九届常务理事会，切实统一思想，为学会正式换届打下坚实基础。

五、加强组织协调，促进学会发展

积极服务会员单位。服务会员单位是学会秘书处的一项重要工作。一年来，学会秘书处及时将与行业与学会发展相关的政策文件转发给各会员单位，针对会员单位日常工作中的问题进行答疑解惑；按时向会员单位邮寄《中国会计报》《湖南会计》《财务与会计》等资料，让会员及时了解掌握会计改革与发展新动态；定期发布会计科研课题申报指南，引导会员单位参与行业热点、重点、难点问题研究。

积极参加会议培训。秘书处积极参加上级单位、主管部门组织举办的各种活动，掌握政策动态，提升履职能力，营造有利于学会发展的氛围。一年来，先后参加中国会计学会第九次会员代表大会及九届一次理事会，发出湖南声音，扩大湖南影响力，同时领会精神，把握形势，促进我省会计学会健康发展；积极参加主管部门组织的学习培训，不断夯实工作人员理论基础；组织参加省社科联组织的小组座谈会，就学会的发展方向进行交流讨论；参加省社科类社会组织党支部书记培训班，提升学会支部党建工作水平。

六、配合中心工作，促进行业发展

在做好学会中心工作的同时，积极服务行业发展，协助会计处组织参与2023年财政部高层次财会人才素质提升工程岗位能力培训班学员报名及跟踪管理，其中包括1期省级行政事业单位财务负责人岗位能力培训班和2期企业总会计师岗位能力培训班。协助会计处做好会计职称评审和会计资格考试巡考等工作。积极向中国会计学会推荐财政部高层次财会人才素质提升工程（中青年人才培养——学术班）学员，6人报名，经过面试和笔试，最终4人成功入围。

（湖南省会计学会供稿　方元执笔）

湖南省珠心算协会

2023年，湖南省珠心算协会（以下简称协会）在中国珠算心算协会的关心指导和湖南省财政厅的大力支持下，始终秉承弘扬民族文化、传承人类文明的方针，坚持以传承保护中国珠算非物质文化遗产为使命，以普及发展珠心算教育为目标，扎实推进组织建设、普及推广、鉴定改革、比赛宣传等，较好地完成了各项工作任务。

一、完善制度强管理，组织建设上台阶

一是提升人员专业素养。秘书处积极促进珠算非遗保护传承发展，立足工作需要，组织专干人员参加中珠协举办的珠心算培训师高级培训班，并成功取得结业证书，专业素养和业务水平得到提升。

二是完善激励体制机制。严格落实《湖南省珠心算协会聘用人员管理暂行办法》第九条"基本工资结合全省在岗职工平均工资增长情况，每两年调整一次"规定，调增聘用人员基本工资，增强聘用人员获得感和归属感，促进协会长期稳定发展。

三是有序推进换届工作。4月以通讯形式召开协会第六届理事会，审议换届事宜。精心做好前期筹备工作，完成协会会员征集工作，向省财政厅相关处室、市县财政和教育部门以及各珠心算协会、珠心算试点地区学校、珠心算培训机构等单位征集会员共137人，保障会员的广泛性和代表性。

二、注重竞赛树品牌，比赛成绩创新高

一是组织参加第25届全国少数民族珠算珠心算展示活动。首次以线上形式组织参加全国第25届少数民族珠算珠心算展示活动，湖南省选手在全国11个省市33名选手中脱颖而出，荣获团体一等奖，3名参赛选手均获个人一等奖，再创佳绩，在扩大民族交流、增进民族友谊等方面作出了有益尝试与积极贡献。

二是参与各项活动成绩优异。积极组织全省各地区参加全国珠心算网络答题比赛和第31届海峡两岸通信比赛，切实提高民众参与度。在第31届海峡两岸比赛中，全省共有13616人参赛，其中2072名选手获优胜奖、122位教练获优秀教练奖，充分展示湖南省珠算珠心算普及成效。

三、强化宣传亮形象，协会影响再提升

一是推出珠心算宣传片《指尖上的传承》。以"湖南省珠算珠心算"为主题，从珠算历史起源、珠心算科学价值与功能、湖南省珠心算协会30余年来的成长等方面系统宣传介绍了省珠算珠心算历史文化和发展历程，着力打造具有湖南特色的宣传视频，立体展示全省传承保护和发展成效。

二是成功申报全国珠心算教育教学实验区和乡村振兴公益学校。通过积极争取，2023年成功申报浏阳为全国珠心算教育教学实验区，为全国14个实验区之一，助力提升省珠心算教育教学水平。成功申报平江县加义镇泊头村六如小学为中珠协"第二批全国乡村振兴公益学校"，切实助力乡村振兴重大战略与珠算非遗文化融合，为乡村振兴重大战略注入深厚珠算文化底蕴与科学育人内涵。

三是多渠道加强对外宣传。联合省财政厅团委举办公益课堂，已开办四期启蒙班，培训珠算珠心算幼儿33人，组织参加厅团委"童心心向党"少儿汇演晚会，演出结束后，各方反响热烈，展示并扩大了珠算珠心算影响力。充分利用"湖南财政"公众号、《湖南日报》、红网、中珠协官网等平台，发布珠心算活动资讯，抢占宣传高地，提升湖南珠算珠心算知名度及影响力。

四、多措并举强保障，试点管理有作为

一是稳固试点基础。克服新冠疫情不利影响，加强对试点地区的指导，稳住长沙浏阳市、湘潭雨湖区、常德鼎城区、湘西花垣县4个试点县（市、区）22所试点学校基本盘，在学学生总数8791人，总体保持平稳。

二是丰富试点活动。指导各试点县开展日常工作，定期召开联席会议总结经验，举办教研活动、论文评比等，提升教学质量。发动各试点县积极举办或参加各类比赛活动，以赛促学，增强学生参与感与获得感，扩大珠算珠心算影响力。

三是严格绩效考核。年末严格按照考核指标开展绩效评估，重点考核珠心算工作组织保障、管理机制、活动开展、活动效果等指标。同时，将考核成绩作为分配试点补助资金的重要参考因素，提高试点工作质量和效率。

五、加强管理抓落实，鉴定改革出成效

一是有序开展等级鉴定。有序做好鉴定台账，按照相关流程审批并督导、指派鉴定员开展鉴定，全年共开展鉴定19场，参与鉴定874人，通过鉴定838人，合格率95.8%，鉴定工作稳中有序。

二是完成全省鉴定基地（点）和鉴定员年审工作。按照《中国珠算心算协会珠算珠心算鉴定基地（点）管理制度》和《中国珠算心算协会珠算珠心算鉴定员管理制度》规定，对权限范围内的鉴定基地（点）和鉴定员开展年审，均顺利通过，巩固鉴定改革成效。

（湖南省珠心算协会供稿　宋夏敏执笔）

湖南省非税收入研究会

一、强化理论学习，筑牢政治信仰

一是加强政治理论学习。组织学习习近平新时代中国特色社会主义思想。坚定捍卫"两个确立"，坚决做到"两个维护"，持续推进学习型党组织建设，积极参与省社会组织管理局组织的各类党建活动。

二是扎实开展学习贯彻习近平新时代中国特色社会主义思想主题教育。围绕"学思想、强党性、重实践、建新功"总要求，积极参与专题读书班集中学习，将理论学习贯穿始终。积极参加专题党课，赴陈树湘故居等红色场馆现场学习，不断坚定理想信念。

二、强化调查研究，助推非税改革

加强课题调研，落实大兴调查研究的要求，结合"走找想促"活动，坚持问题导向，聚焦非税征收管理和电子化改革等现状，参与《湖南省非税收入管理条例》执行情况调研和电子非税收入一般缴款书改革调研等，注重将调研成果转化成实际举措，推进非税收入征管工作高质量发展。

三、强化业务培训，提升非税管理业务水平

为适应新发展要求，提高非税收入征管质效，组织开展全省非税收入业务培训班，促进会员单位间沟通交流，提升非税管理业务水平，培训班采取专题讲座、现场教学、经验交流、分组讨论、警示教育等形式进行。邀请省财政事务中心业务骨干开展专题讲座，就非税收入征管制度、资金结算、财政票据管理等业务进行充分交流。组织编印《湖南省非税收入管理制度汇编（2018—2022）》，发放给各会员单位，为其开展非税工作提供政策指导。组织开展分组座谈交流会，针对机构改革、队伍建设、业务难点等现场答疑解惑，收集整理归纳6类47项问题并给予书面答复，规范指导会员单位非税收入征管工作。

四、强化内部建设，规范日常管理

不断完善内部管理制度，规范财务制度，做好会费收入管理，确保资金安全。规范会员单位管理，实行动态管理，及时梳理会员单位缴纳会费情况。规范人员管理，落实年度考核制度。高质完成上级任务，积极参加湖南省社会组织综合委员会代表大会和省社会组织财税调研座谈会等会议，及时做好社团年检和社保缴纳。

（湖南省非税收入研究会供稿）

湖南省预算绩效管理研究会

2023年，湖南省预算绩效管理研究会（以下简称研究会）切实履行社会组织职责，围绕"聚力、有为、实效"的工作目标，在课题研究、学术交流、培训研讨、会员服务等方面努力作为。

一、聚力合作，深入开展课题研究工作

3-6月，研究会完成了与湖南大学合作的指标体系建设课题项目，课题成果被纳入湖南省财政厅专项资金预算绩效指标库，进一步充实了《就业补助专项资金指标库》和《民政事务专项资金指标库》建设。

4-10月，研究会参与了财政部预算司委托的《预算绩效管理立法研究》课题的调研和撰写，并草拟了《预算绩效管理办法》（建议稿）上报财政部。

7-11月，承接并完成了湖南省财政厅关于"人才发展专项、妇女事业发展专项、少数民族工作专项、计生服务专项、残疾人扶助专项"5类专项资金指标体系建设工作。

二、务实有为，认真组织学术交流与培训

2023年，研究会先后组织了"预算绩效管理经验交流分享会、绩效评价报告撰写专题培训、专项资金指标体系建设经验交流会、预算绩效立法现场研讨会、数字经济与财税研究学习沙龙、预算绩效管理实务提升专修班"等多次培训活动，得到了广大会员的一致好评。

4月，湖南省人民代表大会财政经济委员会副主任委员、常委会预算工委主任欧阳煌一行来研究会调研座谈并听取工作汇报，就《关于加强对省委重大政策及资金落实情况监督的实施办法（讨论稿）》《"两问四评"监督方案（讨论稿）》《财政、审计赋分建议讨论稿》等文件征求意见，研究会组织高校、行业专家、第三方机构代表等交流探讨，提出了修改建议，得到了省人大财经委的高度认可。

9月，研究会与厦门国家会计学院联合组织湖南省绩效管理岗位部分人员和第三方机构绩效评价业务骨干共80余人参训"预算绩效管理骨干专业技能与评价实战能力提升班"，使学员们深入理解绩效管理理念及方法，更好地将理论知识应用于行业实践。

12月，研究会受邀参加"全面实施预算绩效管理改革五周年回顾与展望"研讨会，就"省级财政统筹全面预算绩效管理提质增效""市县财政预算绩效管理的经验和挑战""如何创新绩效评价方法"等内容进行了交流和探讨，分享并介绍了湖南的经验和做法。

三、注重实效，提升管理优化会员服务

在内部管理方面，积极参加年检工作培训、出具年度审计报告及填报相关资料，顺利完成年度年检工作。同时不断完善内部管理制度，草拟了《课题管理办法》《激励暂行办法》《财务报销制度及报销流程》等。

在优化会员服务方面，进一步了解会员情况及需求，并征集会员单位对培训需求、课题研究、行业问题等相关意见建议，获得了会员单位的理解和支持；开展"网聚贤才·'绩'往开来"2023年春季校企网络招聘会，增进校企合作；通过拜访省市财政等部门，走访会员单位，积极为会员单位牵线搭桥，促进业务对接与合作。

四、党建引领，以党建促会建积极投身公益

2023年，研究会党支部进一步充分发挥党建引领作用。一是坚定政治立场，在党支部的带领下组织党员群众召开专题会议，学习习近平总书记系列重要讲话精神，学习贯彻党的二十大精神，坚定捍卫"两个确立"，坚决做到"两个维护"。二是坚持政策导向，深刻领会并贯彻中共中央、省委省政府关于全面实施预算绩效管理的有关意见、规定、办法等文件，营造所有会员单位"讲绩效、重绩效、用绩效"的良好氛围。三是打造党建活动阵地，开展形式多样的党群互动，推动党建与研究工作互促互融。3月，研究会会长胡春林先生受邀为省委党校中青班学员作"新形势下的投资拉动——政府债务与建设管理"专题授课；4月，研究会支部在省社会组织综合委召开的社会组织党组织负责人会议上进行典型发言；6月，参训了在中共湖南省委党校（湖南行政学院）举办的"全省两新组织新任党组织书记示范培训班"；7月，研究会党支部联合湖南省数字经济促进会党支部组织开展了"强党性、明党史、勤笃行"主题党日研学活动，让大家深刻感受革命信念和激情，接受思想洗礼和党性锻炼。

同时，研究会还积极投身公益事业，与湖南省大爱无疆青少年公益发展中心定期组织"事实孤儿宝贝激励"活动，为事实孤儿发放宝贝激励金、陪伴事实孤儿研学、过生日等，助力更多逆风宝贝健康成长。

（湖南省预算绩效管理研究会供稿）

2023年度发布的财经规范性文件目录

序号	文件名	文号
1	《湖南省财政厅 湖南省卫生健康委员会 湖南省医疗保障局关于印发〈湖南省医疗收费票据使用管理实施办法（2022年修订）〉的通知》	湘财事务〔2022〕4号
2	《湖南省财政厅关于印发〈湖南省农村综合改革转移支付管理办法〉的通知》	湘财农〔2023〕1号
3	《湖南省财政厅关于印发〈湖南省财政厅行政处罚裁量权基准实施办法〉和〈湖南省财政厅行政处罚裁量权基准（2022年版）〉的通知》	湘财法〔2022〕4号
4	《湖南省财政厅 湖南省工业和信息化厅关于印发〈湖南省移动互联网产业发展资金管理办法〉的通知》	湘财企〔2023〕3号
5	《湖南省财政厅 湖南省生态环境厅关于印发〈湖南省环境空气质量奖惩办法〉的通知》	湘财资环〔2023〕8号
6	《湖南省财政厅关于印发〈湖南省省级财政专项彩票公益金管理办法〉的通知》	湘财综〔2023〕1号
7	《湖南省财政厅 湖南省体育局关于印发〈湖南省省级体彩公益金支持体育事业专项资金管理办法〉的通知》	湘财综〔2023〕2号
8	《湖南省财政厅 湖南省民政厅关于印发〈湖南省省级福彩公益金支持福利事业专项资金管理办法〉的通知》	湘财综〔2023〕3号
9	《湖南省财政厅 湖南省地方金融监督管理局关于印发〈湖南省金融发展专项资金管理办法〉的通知》	湘财金〔2023〕23号
10	《湖南省财政厅等三部门关于省以下品种农业保险业务市场化改革财政奖补试点工作有关事项的通知》	湘财金〔2023〕25号
11	《湖南省财政厅 湖南省水利厅关于印发〈湖南省水库移民资金管理办法〉的通知》	湘财农〔2023〕14号
12	《湖南省财政厅等三部门印发〈关于改革完善财政引导和绩效奖惩机制全面提升农业保险服务质效的实施意见〉的通知》	湘财金〔2023〕29号
13	《湖南省财政厅等五部门关于印发〈财政金融协同联动助力打好"发展六仗"的若干措施〉的通知》	湘财金〔2023〕39号
14	《湖南省财政厅关于印发〈湖南省省级行政事业单位国有资产评估管理办法〉的通知》	湘财资〔2023〕11号
15	湖南省财政厅关于印发〈湖南省省级行政事业单位国有资产交易管理办法〉的通知	湘财资〔2023〕13号
16	《湖南省财政厅关于印发〈湖南省政府采购评审专家管理办法〉的通知》	湘财购〔2023〕36号
17	《湖南省财政厅等四部门关于印发〈湖南省企业研发财政奖补办法〉的通知》	湘财教〔2023〕12号
18	《湖南省财政厅等五部门关于进一步扶持我省自主就业退役士兵和重点群体创业就业有关税收政策的公告》	2023年第6号公告
19	《湖南省财政厅 湖南省科学技术厅关于印发〈湖南省中央引导地方科技发展资金管理实施细则〉的通知》	湘财教〔2023〕1号
20	《湖南省财政厅 湖南省科学技术厅关于印发〈湖南省创新型省份建设专项资金管理办法〉的通知》	湘财教〔2023〕3号

续表

序号	文件名	文号
21	《湖南省财政厅 国家税务总局湖南省税务局关于免征中小学幼儿园校车车船税的通知》	湘财税〔2023〕15号
22	《湖南省财政厅关于印发〈湖南省农业保险财政奖补管理办法〉的通知》	湘财金〔2023〕60号
23	《湖南省财政厅 湖南省自然资源厅关于印发〈湖南省自然资源专项资金管理办法〉的通知》	湘财资环〔2023〕38号
24	《湖南省财政厅 湖南省发展和改革委员会关于明确我省新闻记者职业资格考试收费有关事项的通知》	湘财税〔2023〕17号
25	《湖南省财政厅 湖南省粮食和储备局关于印发〈湖南省粮食千亿产业工程专项资金管理办法〉的通知》	湘财建〔2023〕25号
26	《湖南省财政厅 湖南省民族宗教事务委员会关于印发〈湖南省省级少数民族工作专项资金管理办法〉的通知》	湘财行〔2023〕47号
27	《湖南省财政厅 湖南省文物局关于印发〈湖南省省级国有文物资源资产管理实施办法〉的通知》	湘财资〔2023〕22号
28	《湖南省财政厅 中共湖南省委组织部关于印发〈湖南省省级人才发展专项资金管理办法〉的通知》	湘财行〔2023〕50号
29	《湖南省财政厅关于印发〈湖南省省级财政专户资金转出开户银行定期存放管理实施办法〉的通知》	湘财库〔2023〕21号
30	《湖南省财政厅 湖南省药品监督管理局关于印发〈湖南省药品监管专项资金管理办法〉的通知》	湘财行〔2023〕49号
31	《湖南省财政厅等七部门关于印发〈湖南省重点生态保护修复治理资金管理实施细则〉的通知》	湘财资环〔2023〕40号
32	《湖南省财政厅 湖南省市场监督管理局关于印发〈湖南省市场监督管理专项资金管理办法〉的通知》	湘财行〔2023〕52号
33	《湖南省财政厅 湖南省妇女联合会关于印发〈湖南省省级妇女儿童事业发展专项资金管理办法〉的通知》	湘财行〔2023〕54号
34	《湖南省财政厅 湖南省工业和信息化厅关于印发〈湖南省先进制造业高地建设专项资金管理办法〉的通知》	湘财企〔2023〕31号
35	《湖南省财政厅 湖南省工业和信息化厅关于印发〈湖南省中小企业发展专项资金管理办法〉的通知》	湘财企〔2023〕6号
36	《湖南省财政厅 湖南省发展和改革委员会关于印发〈湖南省湘西地区开发产业发展专项资金管理办法〉的通知》	湘财建〔2023〕31号
37	《湖南省财政厅等三部门关于明确湖南省主要污染物排污权有偿使用收费标准政府收储和出让排污权指标基价等有关事项的通知》	湘财税〔2023〕20号
38	《湖南省财政厅关于废止相关规范性文件的通知》	湘财购〔2023〕32号
39	《湖南省财政厅等七部门关于废止〈湖南省政府采购两型（绿色）产品认定办法〉的通知》	湘财购〔2023〕31号

(此表由湖南省财政厅税政法规处提供)

2023年财经新名词

一、新质生产力

2023年9月，习近平总书记在黑龙江考察调研期间首次提到新质生产力。新质生产力是创新起主导作用，摆脱传统经济增长方式、生产力发展路径，具有高科技、高效能、高质量特征，符合新发展理念的先进生产力质态。它由技术革命性突破、生产要素创新性配置、产业深度转型升级而催生。以劳动者、劳动资料、劳动对象及其优化组合的跃升为基本内涵，以全要素生产率大幅提升为核心标志，特点是创新，关键在质优，本质是先进生产力。

二、超长期特别国债

一般指发行期限在10年以上的、为特定目标发行的、具有明确用途的国债，超长期特别国债专项用于国家重大战略实施和重点领域安全能力建设。2023年底以来，多地会议及文件中提及谋划项目以争取"超长期特别国债"资金支持。

三、未来产业

未来产业是由前沿技术驱动，当前处于孕育萌发阶段或产业化初期，具有显著战略性、引领性、颠覆性和不确定性的前瞻性新兴产业。未来产业代表着新一轮科技革命和产业变革方向，是经济增长的最活跃力量，有望培育发展成先导性支柱产业，是形成新质生产力的重要阵地。

四、全面注册制

2023年2月17日，中国证监会发布全面实行股票发行注册制相关制度规则，自公布之日起施行。发布的制度规则共165部，其中证监会发布的制度规则57部，证券交易所、全国股转公司、中国结算等发布的配套制度规则108部，内容涵盖发行条件、注册程序、保荐承销、重大资产重组、监管执法、投资者保护等各个方面。主要内容包括：一是精简优化发行上市条件；二是完善审核注册程序；三是优化发行承销制度；四是完善上市公司重大资产重组制度；五是强化监管执法和投资者保护。

五、消费提振年

2023年4月27日，商务部提出将坚持问题导向和目标导向，促进消费市场加快恢复升级，更好满足人民美好生活需要。商务部将2023年定为"消费提振年"，出台诸多引导消费的利好政策，组织开展系列促消费活动。

六、民营经济31条

民营经济是推进中国式现代化的生力军，是高质量发展的重要基础，是推动我国全面建成社会主义现代化强国、实现第二个百年奋斗目标的重要力量。为促进民营经济发展壮大，2023年7月19日，中共中央、国务院颁布《中共中央 国务院关于促进民营经济发展壮大的意见》，共31条意见，涉及持续优化民营经济发展环境、加大对民营经济政策支持力度、强化民营经济发展法治保障、着力推动民营经济实现高质量发展、促进民营经济人士健康成长、持续营造关心促进民营经济发展壮大社会氛围、加强组织实施等方面。

七、生成式人工智能

生成式人工智能是人工智能的一个分支，是基于算法、模型、规则生成文本、图片、声音、视频、代码等内容的技术。这种技术能够针对用户需求，依托事先训练好的多模态基础大模型等，利用用户输入的相关资料，生成具有一定逻辑性和连贯性的内容。《2023年十大新兴技术报告》中指出生成式人工智能是一种通过学习大规模数据集生成新的原创内容的新型人工智能。2023年以来，以ChatGPT为代表的生成式人工智能成为全球科技热点，它不仅影响着人类的生活和生产方式，还为各种行业的创新与发展提供了新的工具和视角。

八、金融强国

2023年10月召开的中央金融工作会议强调，金融是国民经济的血脉，是国家核心竞争力的重要组成部分，要加快建设金融强国，全面加强金融监管，完善金融体制，优化金融服务，防范化解风险，坚定不移走中国特色金融发展之路，推动我国金融高质量发展，为以中国式现代化全面推进强国建设、民族复兴伟业提供有力支撑。

九、数据要素

数据要素是指那些以电子形式存在的、通过计算的方式参与到生产经营活动并发挥重要价值的数据资源。在数字经济中，数据要素的角色可与传统的生产要素（如劳动力、资本和土地）相提并论。数据要素是推动数字经济发展的核心引擎，是赋能行业数字化转型和智能化升级的重要支撑，也是国家基础性战略资源。2023年10月25日正式成立的国家数据局，负责协调推进数据基础制度建设，统筹数据资源整合共享和开发利用，统筹推进数字中国、数字经济、数字社会规划和建设等，不仅体现了对数据资源的战略性管理和规范化利用的需求，也体现了国家层面对数字经济发展和数据治理的重视。

十、全国一体化算力网

算力是数字经济时代的新型生产力。算力网是支撑数字经济高质量发展的关键基础设施，可通过网络连接多源异构、海量泛在算力，实现资源高效调度、设施绿色低碳、算力灵活供给、服务智能随需。2023年12月25日，国家发展改革委、国家数据局等五部门联合印发《深入实施"东数西算"工程 加快构建全国一体化算力网的实施意见》，提出到2025年底综合算力基础设施体系初步成型等一系列目标。

十一、智慧城市

智慧城市是以发展更科学、管理更高效、生活更美好为目标，以信息技术和通信技术为支撑，通过透明、充分的信息获取，广泛、安全的信息传递和有效、科学的信息处理，提高城市运行效率，改善公共服务水平，形成低碳城市生态圈而构建的新形态城市。随着科技的飞速发展和信息化社会的到来，智慧城市已成为今后城市规划的新方向。2023年，我国智慧城市建设方面的投资持续增加，技术不断革新，主要发展领域包括智慧政务、智慧应急和智慧交通等。

（湖南省财政科学研究所摘选）

湖南省2023年国民经济和社会发展统计公报*

2023年是全面贯彻党的二十大精神的开局之年，也是三年新冠疫情防控转段后经济恢复发展的一年。全省上下坚持以习近平新时代中国特色社会主义思想为指导，深入贯彻党的二十大和二十届二中全会精神，认真落实党中央、国务院决策部署，锚定"三高四新"美好蓝图，聚焦高质量发展这个首要任务，深入推动"走找想促"，全力打好"发展六仗"，全年经济稳中有进、进中提质，高质量发展取得新进展，奋力谱写中国式现代化湖南篇章迈出坚实步伐。

一、综合

根据地区生产总值统一核算结果，全年地区生产总值①50012.9亿元，比上年增长4.6%（见图1）。其中，第一产业增加值4621.3亿元，增长3.5%；第二产业增加值18822.8亿元，增长4.6%；第三产业增加值26568.8亿元，增长4.8%。人均地区生产总值75938元，增长5.0%。

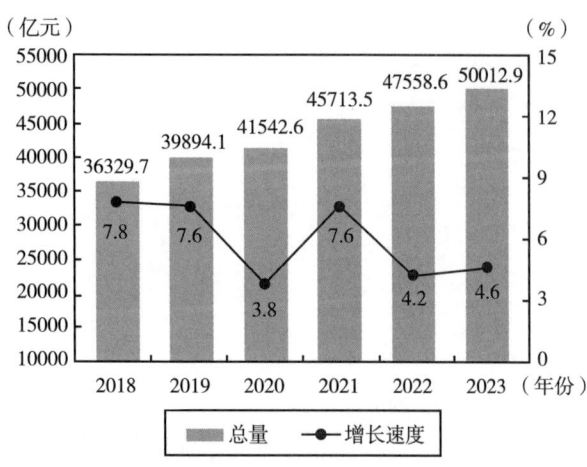

图1　2018-2023年地区生产总值及其增长速度

三次产业结构为9.3∶37.6∶53.1。工业增加值比上年增长4.8%，占地区生产总值的比重为29.1%；高新技术产业增加值增长8.9%，占地区生产总值的比重为22.8%。第一、第二、第三产业增加值对经济增长的贡献率分别为7.8%、38.1%和54.1%。其中，工业对经济增长的贡献率为31.2%，生产性服务业对经济增长的贡献率为25.7%。

分区域看，长株潭地区②生产总值20741.7亿元，比上年增长4.9%；湘南地区生产总值9797.3亿元，增长4.9%；大湘西地区生产总值8110.2亿元，增长4.8%；洞庭湖地区生产总值11363.7亿元，增长4.0%。

二、农业

全年农林牧渔业总产值8199.4亿元，比上年增长3.7%。粮食种植面积4763.5千公顷，减少2.0千公顷。其中，夏粮面积113.3千公顷，增加0.7千公顷，增长0.6%；早稻面积1204.8千公顷，减少8.0千公顷，下降0.7%；秋粮面积3445.4千公顷，增加5.3千公顷，增长0.2%。秋粮面积中，中稻及一季晚稻面积1481.7千公顷，减少0.17千公顷；双季晚稻面积1260.5千公顷，减少12.5千公顷，下降1.0%。全年粮食产量3068.0万吨，增加50万吨，增产1.7%。其中，夏粮产量46.2万吨，增加0.5万吨，增产1.2%；早稻产量743.2万吨，增加1.9万吨，增产0.3%；秋粮产量2278.7万吨，增加47.6万吨，增产2.1%（见图2）。

图2　2018-2023年湖南粮食产量

全年棉花种植面积55.9千公顷，比上年下降13.5%；糖料种植面积7.5千公顷，下降0.2%；油料种植面积1614.8千公顷，增长6.4%。棉花产量7.6万吨，减产7.6%；油料293.1万吨，增产5.8%；烤烟21.7万

---

* 本公报数据均为初步统计数，部分数据因四舍五入的原因，存在与分项合计不等情况。

① 地区生产总值、三次产业及相关行业增加值、人均地区生产总值绝对数按现价计算，增长速度按不变价格计算。

② 长株潭地区是指长沙、株洲和湘潭3市，湘南地区是指衡阳、郴州和永州3市，大湘西地区是指邵阳、张家界、怀化、娄底和湘西自治州5市（州），洞庭湖地区是指岳阳、常德和益阳3市。

吨，增产11.3%；茶叶27.6万吨，增产3.9%。

全年猪、牛、羊、禽肉类总产量579.7万吨，比上年增长0.4%。其中，猪肉产量461.8万吨，增长0.9%；牛肉产量20.4万吨，下降5.6%；羊肉产量16.9万吨，下降7.1%；禽肉产量80.6万吨，增长1.3%。年末生猪存栏3861.3万头，比上年末下降6.2%。其中，能繁母猪存栏350.1万头，下降5.3%；牛存栏410.7万头，下降7.0%；羊存栏752.8万只，下降6.1%；家禽存笼36865.6万羽，增长1.5%。全年生猪出栏6286.3万头，比上年增长0.6%；牛出栏171.4万头，下降6.4%；羊出栏1018.2万只，下降7.6%；家禽出笼55857.8万羽，增长1.2%。禽蛋产量119.6万吨，增长1.8%。牛奶产量7.8万吨，增长8.3%；水产品产量285.9万吨，增长4.9%。

全年建设高标准农田345万亩。其中，新增建设175万亩，改造提升170万亩。开工各类水利建设项目2362处，投入资金635.1亿元，完成水利工程土石方2.6亿立方米。提质改造农村旅游路、资源路、产业路5790公里。年末农业机械总动力6840.2万千瓦，比上年末增长0.9%。

三、工业和建筑业

全年规模以上工业增加值比上年增长5.1%。其中，民营企业增加值增长5.2%，占规模以上工业的比重为64.4%。高技术制造业①增加值增长3.7%，占规模以上工业的比重为13.5%。装备制造业②增加值增长8.9%，占规模以上工业的比重为31.5%。省级及以上产业园区工业增加值增长9.0%，占规模以上工业的比重为71.2%。六大高耗能行业增加值增长7.2%，占规模以上工业的比重为31.3%。分区域看，长株潭地区规模以上工业增加值增长7.1%，湘南地区规模以上工业增加值增长7.1%，大湘西地区规模以上工业增加值增长5.7%，洞庭湖地区规模以上工业增加值增长4.4%。

全年规模以上工业统计的主要产品产量中，大米1284.1万吨，比上年下降5.7%；饲料1832.6万吨，下降2.7%；原油加工量903.8万吨，增长9.1%；水泥8285.9万吨，增长1.3%；钢材2890.8万吨，下降4.2%；十种有色金属212.6万吨，下降7.4%；混凝土机械3.2万台，增长7.6%；汽车95.3万辆，增长4.6%；发电量1700.4亿千瓦时，增长0.8%（见表1）③。

表1　　2023年规模以上工业主要产品产量及其增长速度

产品名称	计量单位	产量	比上年增长（%）
原煤	万吨	944.5	17.6
原盐	万吨	339.5	1.3
大米	万吨	1284.1	-5.7
饲料	万吨	1832.6	-2.7

续表

产品名称	计量单位	产量	比上年增长（%）
精制食用植物油	万吨	204.0	-2.7
卷烟	亿支	1668.4	0.6
机制纸及纸板（外购原纸加工除外）	万吨	343.5	2.4
原油加工量	万吨	903.8	9.1
硫酸（折100%）	万吨	223.7	11.7
烧碱（折100%）	万吨	75.9	15.7
合成氨（无水氨）	万吨	60.0	-8.8
化肥（折100%）	万吨	58.0	-20.1
水泥	万吨	8285.9	1.3
平板玻璃	万重量箱	4328.8	-11.3
生铁	万吨	2180.8	-0.3
钢材	万吨	2890.8	-4.2
十种有色金属	万吨	212.6	-7.4
白银（银锭）	吨	5023.0	-10.8
起重机	万吨	132.5	1.3
混凝土机械	万台	3.2	7.6
建筑工程用机械	万台	12.0	-14.4
汽车	万辆	95.3	4.6
其中：基本型乘用车（轿车）	万辆	43.2	-20.2
运动型多用途乘用车(SUV)	万辆	37.3	20.3
新能源汽车	万辆	55.8	16.8
城市轨道车辆	辆	981	-6.3
发电机组（发电设备）	万千瓦	1504.7	11.9
交流电动机	万千瓦	1979.8	0.3
变压器	万千伏安	18521.7	17.6
发电量	亿千瓦时	1700.4	0.8
其中：火电	亿千瓦时	1123.6	9.9
水电	亿千瓦时	347.6	-23.4

规模以上工业企业实现利润总额④2052.1亿元，比上年增长4.8%。分经济类型看，国有企业188.4亿元，

---

① 高技术制造业包括医药制造业，航空、航天器及设备制造业，电子及通信设备制造业，计算机及办公设备制造业，医疗仪器设备及仪器仪表制造业，信息化学品制造业。

② 装备制造业包括金属制品业，通用设备制造业，专用设备制造业，汽车制造业，铁路、船舶、航空航天和其他运输设备制造业，电气机械和器材制造业，计算机、通信和其他电子设备制造业，仪器仪表制造业。

③ 2022年部分产品产量数据进行了核实调整，2023年产量增速按可比口径计算。

④ 由于统计调查制度规定的调查范围变动、统计执法、剔除重复数据等因素，2023年规模以上工业企业财务指标增速及变化按可比口径计算。

增长 40.1%；集体企业 2.7 亿元，下降 32.4%；股份合作制企业 0.1 亿元，下降 63.6%；股份制企业 1654.3 亿元，增长 2.7%；外商及港澳台商投资企业 148.7 亿元，下降 4.2%；其他企业 58.0 亿元，增长 6.8%。利润总额居前五位的大类行业中，化学原料和化学制品制造业 169.6 亿元，下降 7.6%；计算机、通信和其他电子设备制造业 161.5 亿元，下降 10.2%；烟草制品业 156.4 亿元，增长 18.4%；非金属矿物制品业 151.0 亿元，下降 1.6%；电气机械和器材制造业 116.9 亿元，增长 5.6%。规模以上工业企业每百元营业收入中的成本为 82.16 元，营业收入利润率为 5.22%。年末规模以上工业企业资产负债率为 52.7%。

全年建筑业增加值 4277.1 亿元，比上年增长 4.5%。资质以上总承包和专业承包建筑业企业利润总额 376.0 亿元，增长 7.5%。房屋建筑施工面积 75122.3 万平方米，下降 1.4%。房屋建筑竣工面积 25459.6 万平方米，增长 6.1%。

四、服务业

全年批发和零售业增加值 5126.6 亿元，比上年增长 6.1%；交通运输、仓储和邮政业增加值 1984.3 亿元，增长 8.7%；住宿和餐饮业增加值 1098.0 亿元，增长 11.5%；金融业增加值 2598.2 亿元，增长 4.8%；房地产业增加值 2876.9 亿元，下降 1.9%；信息传输、软件和信息技术服务业增加值 1318.6 亿元，增长 10.8%；租赁和商务服务业增加值 1705.0 亿元，增长 6.5%。全年规模以上服务业企业营业收入增长 9.4%，利润总额增长 41.3%。

全年客货运输换算周转量 4058.4 亿吨公里，比上年增长 15.6%。货物运输周转量 3057.5 亿吨公里，增长 3.6%。其中，铁路周转量 1015.4 亿吨公里，与上年持平；公路周转量 1574.4 亿吨公里，增长 7.5%。旅客运输周转量 1345.6 亿人公里，增长 72.3%。其中，铁路周转量 967.8 亿人公里，增长 79.6%；公路周转量 172.5 亿人公里，增长 17.7%；民航周转量 203.3 亿人公里，增长 116.5%（见表 2）。

表 2 2023 年各种运输方式完成客货运输总量及其增长速度

指标	计量单位	绝对数	比上年增长（%）
货物运输总量	万吨	229632.3	7.2
其中：铁路	万吨	5091.5	5.5
公路	万吨	200673.9	7.8
水运	万吨	22732.1	1.9
民航	万吨	9.1	14.4
管道	万吨	1125.8	11.8
旅客运输总量	万人	48372.8	24.3
其中：铁路	万人	17552.0	79.5

续表

指标	计量单位	绝对数	比上年增长（%）
公路	万人	27953.5	1.1
水运	万人	1357.5	64.9
民航	万人	1509.8	124.9

年末公路通车里程 24.3 万公里，比上年末增长 0.2%。其中，高速公路通车里程 7530 公里，增加 200 公里。铁路营业里程 6078.6 公里，与上年持平。其中，高速铁路 2501 公里。民用汽车保有量 1157.3 万辆，增长 4.6%。其中，私人汽车保有量 1077.6 万辆，增长 4.5%。民用轿车保有量 645.4 万辆，增长 5.8%。

全年邮政行业业务总量①402.7 亿标准量，比上年增长 22.7%；电信业务总量②721.3 亿元，增长 22.5%。年末固定电话用户 548.7 万户，与上年持平；移动电话用户 7680.3 万户，增长 7.0%。年末互联网宽带用户 2744.1 万户，增长 10.9%。

全年国内旅游人数 6.6 亿人次，比上年增长 51.1%；入境旅游人数 112.1 万人次，增长 13.5 倍。旅游总收入 9565.2 亿元，增长 47.4%。其中，国内旅游收入 9545.1 亿元，增长 47.2%；入境旅游收入 2.9 亿美元，增长 11.8 倍。

五、固定资产投资

全年固定资产投资（不含农户）比上年下降 3.1%（见表 3）。其中，民间投资增长 0.8%。分经济类型看，国有投资下降 7.3%，非国有投资下降 1.9%。分投资方向看，民生工程投资下降 4.5%，生态环境投资下降 8.6%，基础设施投资下降 16.1%，高技术产业投资③增长 4.0%，工业技改投资 4.8%。分区域看，长株潭地区投资下降 4.3%，湘南地区投资增长 3.5%，大湘西地区投资增长 1.2%，洞庭湖地区投资下降 6.1%。

全年房地产开发投资 3833.1 亿元，比上年下降 13.1%。其中，住宅投资 3118.2 亿元，下降 9.1%。商品房销售面积 5636.5 万平方米，下降 14.1%。其中，住宅销售面积 5097.5 万平方米，下降 13.8%。商品房销售额 3700.1 亿元，下降 11.6%。其中，住宅销售额 3299.7 亿元，下降 11.1%。年末商品房待售面积 1296.7 万平方米，比上年末增加 75.4 万平方米，增长 6.2%。

---

① 邮政行业业务总量按 2020 年不变价格计算。
② 电信业务总量按上年不变价格计算。
③ 高技术产业投资包括医药制造，航空、航天器及设备制造，电子及通信设备制造，计算机及办公设备制造，医疗仪器设备及仪器仪表制造，信息化学品制造等六大类高技术制造业投资和信息服务、电子商务服务、检验检测服务、专业技术服务业中的高技术服务、研发设计服务、科技成果转化服务、知识产权及相关法律服务、环境监测及治理服务和其他高技术服务等九大类高技术服务业投资。

表3　　2023年固定资产投资增长速度

指标	比上年增长（%）
固定资产投资（不含农户）	-3.1
第一产业	-21.8
第二产业	8.3
其中：采矿业	14.4
制造业	4.5
电力、热力、燃气及水生产和供应业	33.3
建筑业	95.1
第三产业	-9.8
其中：交通运输、仓储和邮政业	-24.0
信息传输、软件和信息技术服务业	0.5
批发和零售业	-1.9
住宿和餐饮业	17.2
金融业	-50.6
房地产业	-13.9
租赁和商务服务业	9.3
科学研究和技术服务业	1.7
水利、环境和公共设施管理	-7.9
居民服务、修理和其他服务业	-4.2
教育	-4.4
卫生和社会工作	-13.7
文化、体育和娱乐业	19.8
公共管理、社会保障和社会组织	-7.0

六、国内贸易和物价

全年社会消费品零售总额20203.3亿元，比上年增长6.1%。分经营地看，城镇消费品零售额17445.6亿元，增长5.9%；乡村消费品零售额2757.7亿元，增长6.7%。分消费类型看，商品零售额17627.8亿元，增长5.2%；餐饮收入额2575.5亿元，增长12.3%。分区域看，长株潭地区社会消费品零售总额7808.5亿元，增长5.5%；湘南地区社会消费品零售总额4037.0亿元，增长4.4%；大湘西地区社会消费品零售总额3643.3亿元，增长7.0%；洞庭湖地区社会消费品零售总额4714.6亿元，增长7.8%。

全年限额以上单位商品零售额中，粮油、食品类零售额增长12.2%，烟酒类增长7.2%，家用电器和音像器材类增长6.8%，中西药品类增长5.6%，通信器材类增长7.4%，石油及制品类增长12.6%，汽车类下降2.4%。绿色智能商品中，可穿戴智能设备零售额增长12.8%，智能手机增长13.7%，新能源汽车增长40.8%。

全年实物商品网上零售额2432.0亿元，比上年增长12.1%，占社会消费品零售总额的比重为12.0%。

全省居民消费价格比上年上涨0.2%（见表4）。其中，城市上涨0.3%，农村下降0.1%。工业生产者出厂价格下降1.5%，工业生产者购进价格下降2.5%。农产品生产者价格下降2.4%。

表4　　2023年居民消费价格比上年涨跌幅度

指标	涨跌幅度（%）	按城乡分 城市	按城乡分 农村
居民消费价格	0.2	0.3	-0.1
其中：食品烟酒	-0.6	-0.4	-1.0
衣着	1.0	1.1	0.8
居住	0.4	0.5	0.1
生活用品及服务	0.1	0.1	0.0
交通和通信	-2.0	-2.1	-1.7
教育文化及娱乐	1.6	2.0	0.6
医疗保健	2.0	2.0	2.0
其他用品和服务	3.0	2.9	3.4

七、对外经济

全年进出口总额①6175.0亿元，比上年下降12.1%（见表5）。其中，出口4009.4亿元，下降21.9%；进口2165.6亿元，增长14.6%。分贸易方式看，一般贸易出口3465.4亿元，下降23.3%；加工贸易出口405.3亿元，增长5.1%。重点出口商品中，机电产品1918.9亿元，下降8.9%；高新技术产品552.7亿元，下降0.4%。分产销国别（地区）看，出口美国449.7亿元，下降37.9%；出口中国香港536.8亿元，增长3.1%；出口欧盟②355.5亿元，下降29.4%；出口东盟761.8亿元，下降34.2%；出口共建"一带一路"国家2181.8亿元，下降18.7%。

表5　　2023年进出口总额及其增长速度

指标	绝对数（亿元）	比上年增长（%）
进出口总额	6175.0	-12.1
出口额	4009.4	-21.9
按贸易方式分		
其中：一般贸易	3465.4	-23.3
加工贸易	405.3	5.1
按重点商品分		
其中：机电产品	1918.9	-8.9
高新技术产品	552.7	-0.4
农产品	217.7	21.2

① 根据有关规定，对外贸易采用人民币计价。
② 对欧盟的货物进出口金额不包括英国数据，增速按可比口径计算。

续表

指 标	绝对数（亿元）	比上年增长（%）
进口额	2165.6	14.6
按贸易方式分		
其中：一般贸易	1497.2	18.1
加工贸易	290.1	2.0
按重点商品分		
其中：机电产品	582.0	-1.7
高新技术产品	456.8	2.9
农产品	356.4	17.5

全年实际使用外商直接投资 14.4 亿美元，比上年下降 59.3%。其中，第一产业 0.2 亿美元，增长 5.2%；第二产业 5.7 亿美元，增长 43%；第三产业 8.5 亿美元，下降 72.8%。新引进世界 500 强企业项目 274 个。实际到位境内省外资金 15062.3 亿元，增长 16.5%。其中，第一产业 662.2 亿元，下降 2.0%；第二产业 9001.0 亿元，增长 29.3%；第三产业 5399.2 亿元，增长 2.0%。引进重大项目 1879 个。

全年对外承包工程新签合同金额 29.9 亿美元，完成营业额 23.5 亿美元；派出各类劳务人员 0.7 万人。对外直接投资新增中方合同额 20.1 亿美元，下降 25.2%。对外直接投资实际投资额 22.2 亿美元，增长 16.3%。

八、财政和金融

全年地方一般公共预算收入 3360.5 亿元，比上年增长 8.3%。其中，税收收入 2208.5 亿元，增长 10.2%；非税收入 1152.0 亿元，增长 5.0%。税收收入中，国内增值税 824.2 亿元，增长 52.2%；企业所得税 225.9 亿元，下降 3.6%。一般公共预算支出 9584.5 亿元，增长 6.6%。其中，教育支出 1578.9 亿元，增长 5.2%；社会保障和就业支出 1559.3 亿元，增长 8.2%；卫生健康支出 869.7 亿元，增长 6.0%；科学技术支出 314.0 亿元，增长 12.3%；住房保障支出 266.7 亿元，增长 20.1%（见表 6）。

表 6　2023 年地方一般公共预算收支及其增长速度

指 标	绝对数（亿元）	比上年增长（%）
地方一般公共预算收入	3360.5	8.3
其中：税收收入	2208.5	10.2
国内增值税	824.2	52.2
企业所得税	225.9	-3.6
非税收入	1152.0	5.0
一般公共预算支出	9584.5	6.6
其中：一般公共服务	804.9	-4.4

续表

指 标	绝对数（亿元）	比上年增长（%）
教育	1578.9	5.2
科学技术	314.0	12.3
文化体育与传媒	144.2	5.3
社会保障和就业	1559.3	8.2
卫生健康支出	869.7	6.0
节能环保	169.4	1.7
城乡社区	1227.0	22.0
农林水	1066.4	7.1
住房保障	266.7	20.1

年末金融机构本外币各项存款余额 77673.5 亿元，比上年末增长 10.7%。其中，住户存款余额 46823.9 亿元，增长 13.3%；非金融企业存款余额 14522.2 亿元，增长 2.5%。本外币各项贷款余额 69396.4 亿元，增长 10.9%。其中，住户贷款余额 22924.9 亿元，增长 5.2%；非金融企业及机关团体贷款余额 46123.0 亿元，增长 13.9%（见表 7）。

表 7　2023 年末金融机构本外币存贷款余额及其新增额

指标	年末余额（亿元）	比年初新增额（亿元）
各项存款	**77673.5**	**10.7**
其中：境内存款	77593.1	10.7
#住户存款	46823.9	13.3
活期存款	13047.5	2.6
定期及其他存款	33776.4	18.1
非金融企业存款	14522.2	2.5
活期存款	6087.1	0.7
定期及其他存款	8435.0	3.8
非银行业金融机构存款	4589.9	27.6
境外存款	80.4	73.2
各项贷款	**69396.4**	**10.9**
其中：境内贷款	69304.6	11.0
#住户贷款	22924.9	5.2
短期贷款	6531.7	13.5
中长期贷款	16393.2	2.2
非金融企业及机关团体贷款	46123.0	13.9
短期贷款	8710.1	15.6
中长期贷款	33887.6	13.7
境外贷款	91.9	-18.4

年末全省境内上市公司 146 家，全年直接融资总额 4045.9 亿元，比上年增长 10.0%。年末 A 股上市公司总市值 15220.5 亿元，下降 6.3%。年末证券公司分支机构（含分公司和营业部）430 家，减少 4 家；全年证券交易额 118337.1 亿元，下降 1.2%。年末辖区共有期货公司 2 家，与上年持平；全年成交金额 49370.3 亿元，下降 11.4%。

全年保险公司原保险保费收入 1694.0 亿元，比上年增长 5.0%。其中，寿险保费收入 876.5 亿元，增长 7.2%；健康险保费收入 318.3 亿元，下降 3.1%；人身意外伤害险保费收入 33.8 亿元，下降 9.5%；财产险保费收入 465.4 亿元，增长 8.2%。原保险赔付支出 684.3 亿元，增长 17.8%。

九、教育和科学技术

年末有普通高校 123 所。研究生教育毕业生 3.2 万人，普通高等教育毕业生 46.3 万人，中等职业教育毕业生 22.7 万人，普通高中毕业生 44.0 万人，初中毕业生 82.7 万人，普通小学毕业生 89.5 万人。在园幼儿 183.7 万人，比上年下降 15.0%。小学适龄儿童入学率[①] 100%，高中阶段教育毛入学率[②] 94.77%。各类民办学校 9932 所，在校学生 216.9 万人（见表8）。发放高校国家奖学金、助学金（本专科生）14.5 亿元，资助高校学生（本专科生）76.9 万人次。发放中职国家助学金 5.2 亿元，资助中职学生 52.2 万人次。落实义务教育保障资金 113.4 亿元，发放普通高中国家助学金 5.6 亿元。

表8　2023年各级学校招生、在校及毕业生人数及其增长速度

指标	招生人数 绝对数（万人）	招生人数 比上年增长（%）	在校（学）人数 绝对数（万人）	在校（学）人数 比上年增长（%）	毕业人数 绝对数（万人）	毕业人数 比上年增长（%）
研究生教育	4.0	4.1	12.4	5.4	3.2	11.7
普通高等教育	57.1	3.4	177.8	5.5	46.3	3.0
成人高等教育	33.3	2.1	71.7	6.6	27.3	3.9
中等职业教育	23.0	-11.6	70.4	-5.7	22.7	0.0
普通高中	50.3	-0.4	147.3	3.6	44.0	3.5
初中	89.9	-1.3	270.8	2.7	82.7	-2.3
普通小学	84.5	2.9	518.5	-0.9	89.5	-0.9
特殊教育	0.8	7.8	5.2	-3.5	0.8	8.5

年末有国家工程研究中心（工程实验室）12 个，省级工程研究中心（工程实验室）399 个。国家地方联合工程研究中心（工程实验室）42 个。国家认定企业技术中心 75 个。国家工程技术研究中心 14 个，省工程技术研究中心 811 个。全国（国家）重点实验室 28 个，省重点实验室 387 个。签订技术合同 55295 项，技术合同成交金额 3995.3 亿元。登记科技成果 910 项。专利授权量 74940 件，下降 19.4%（见图3）。其中，发明专利授权量 20133 件，下降 1.4%。工矿企业、大专院校和科研单位专利授权量分别为 51332 件、9153 件和 673 件。

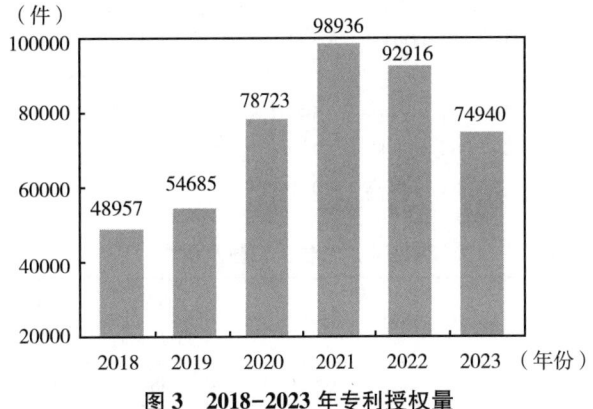

图3　2018-2023年专利授权量

年末有检验检测机构 2051 个。其中，国家产品质量监督检验中心 25 个。法定计量检定机构 104 个。特种设备生产单位 1953 家，特种设备 57.1 万台。重点工业产品监督抽查合格率 87.9%。参与制定国际标准 3 项，参与制定国家标准 247 项，组织制定地方标准 406 项。公开出版地图 2197 幅，天地图用户访问量 85.7 万次，提供地理空间数据成果 21.7 万幅。

十、文化、卫生和体育

年末有艺术表演团体 655 个，群众艺术馆、文化馆 149 个，公共图书馆 148 个，博物馆、纪念馆 180 个。广播电视台（播出机构）108 座。有线电视用户 585.3 万户。广播综合人口覆盖率 99.43%，电视综合人口覆盖率 99.77%。国家级非物质文化遗产保护目录 137 个，省级非物质文化遗产保护目录 410 个。出版图书 12078 种、期刊 235 种、报纸 44 种，图书、期刊、报纸出版总印数分别为 5.9 亿册、0.8 亿册和 5.0 亿份。

年末有卫生机构 57518 个。其中，医院 1784 个，妇幼保健院（所、站）139 个，专科疾病防治院（所、站）67 个，乡镇卫生院 2070 个，社区卫生服务中心（站）1051 个，诊所、卫生所、医务室 14036 个，村卫生室 36130 个。卫生技术人员 56.9 万人，比上年增长 9.7%。其中，执业医师和执业助理医师 21.9 万人，注册护士 27.0 万人。医院拥有床位 39.0 万张，下降 1.9%；乡镇卫生院拥有床位 10.5 万张，下降 3.5%。

全省开展全民健身项目 3337 项次。新建农民体育健身工程的行政村 430 个。全年获得 61 个全国冠军。体育场地 194745 个。其中，体育馆 316 座，运动场 7507 个，游泳池 1546 个，各种训练房 8248 个。

[①] 小学适龄儿童入学率指调查范围内已入小学学习的学龄儿童占校内外学龄儿童总数的百分比。

[②] 高中阶段教育毛入学率主要反映高中阶段教育覆盖面，是指高中阶段在校生总数占15-17岁学龄人口数的百分比。

十一、人口、居民收入消费和社会保障

年末全省常住人口 6568 万人。其中，城镇人口 4017 万人，城镇化率 61.16%，比上年末提高 0.85 个百分点。全年出生人口 39.5 万人，出生率 6.00‰；死亡人口 59.8 万人，死亡率 9.08‰；人口自然增长率-3.08‰。0-15 岁（含不满 16 周岁）人口占常住人口的比重为 18.84%，下降 0.68 个百分点；16-59 岁（含不满 60 周岁）人口比重为 58.93%，下降 0.72 个百分点；60 岁及以上人口比重为 22.23%，提高 1.39 个百分点（见表 9）。

表 9　　　　2023 年末常住人口数及构成

指标	年末数（万人）	比重（%）
常住人口	6568.0	100
其中：城镇	4017.0	61.16
乡村	2551.0	38.84
其中：男性	3363.8	51.21
女性	3204.2	48.79
其中：0-15 岁（含不满 16 周岁）*	1237.4	18.84
16-59 岁（含不满 60 周岁）	3870.2	58.93
60 岁及以上	1460.4	22.23
其中：65 岁及以上	1081.3	16.46

注：* 2023 年末，全省 0-14 岁（含不满 15 周岁）人口为 1143.4 万人，15-59 岁（含不满 60 周岁）人口为 3964.2 万人。

全年全省居民人均可支配收入 35895 元，比上年增长 5.5%；居民人均可支配收入中位数 28606 元，增长 4.4%。按常住地分，城镇居民人均可支配收入 49243 元，增长 4.1%；城镇居民人均可支配收入中位数 43705 元，增长 3.0%（见图 4）。农村居民人均可支配收入 20921 元，增长 7.0%；农村居民人均可支配收入中位数 18585 元，增长 5.7%。城乡居民收入比由上年的 2.42 缩小为 2.35（见图 5）。分区域看，长株潭地区全体居民人均可支配收入 54069 元，增长 4.4%；湘南地区全体居民人均可支配收入 33228 元，增长 5.5%；大湘西地区全体居民人均可支配收入 25110 元，增长 6.3%；洞庭湖地区全体居民人均可支配收入 32744 元，增长 5.4%。脱贫县①农村居民人均可支配收入 16036 元，增长 9.0%。

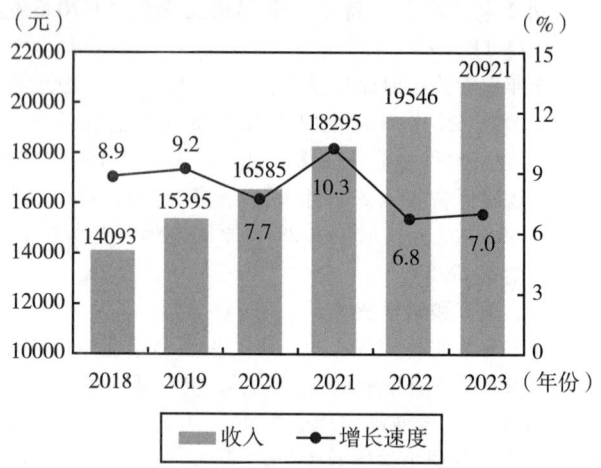

图 5　2018-2023 年农村居民人均可支配收入及其增长速度

全省居民人均消费支出 25462 元，比上年增长 5.7%。按常住地分，城镇居民人均消费支出 31035 元，增长 4.9%；农村居民人均消费支出 19210 元，增长 6.3%。

全年城镇新增就业人员 76.5 万人。年末城乡居民基本养老保险参保人数 3413.0 万人。城镇职工基本养老保险参保人数 2018.4 万人，增长 6.6%。其中，在职职工 1454.0 万人，离退休人员 564.4 万人。城乡居民基本医疗保险参保人数 5309.0 万人，城镇职工基本医疗保险参保人数 1046.7 万人。参加失业保险人数 740.4 万人，增长 2.3%。参加工伤保险职工人数 994.5 万人。参加生育保险职工人数 703.5 万人。年末领取失业保险职工人数 18.4 万人。

获得政府最低生活保障的城镇居民 32.3 万人，发放最低生活保障经费 17.1 亿元；获得政府最低生活保障的农村居民 147.1 万人，发放最低生活保障经费 47.6 亿元。年末提供住宿民政机构床位 24.4 万张，收养人数 11.4 万人。其中，养老机构床位 23.0 万张，养老机构服务人数 10.8 万人。社区服务机构和设施 3.2 万个。全年销售社会福利彩票 80.3 亿元，筹集福彩公益金 24.5 亿元。圆满完成十大重点民生实事 20 个项目。其中，开工改造城镇老旧小区 2000 个，新增蓄水能力 5089.4 万立方米，农村适龄及城镇低保适龄妇女"两癌"免费检查 103.1 万人。

十二、资源、环境和安全生产

全省已发现矿种 157 种，探明资源储量矿种 124 种。

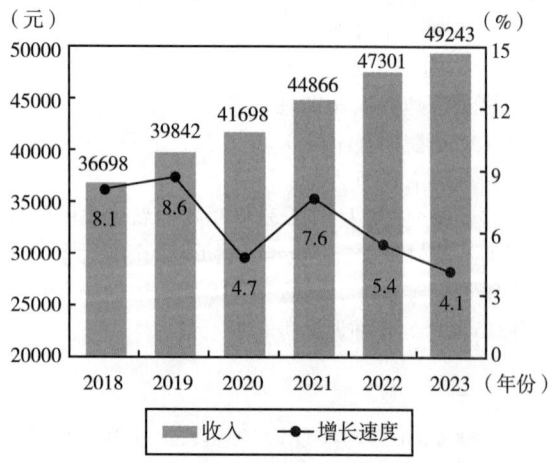

图 4　2018-2023 年城镇居民人均可支配收入及其增长速度

---

① 湖南省脱贫县，即原湖南贫困地区，包括原集中连片特困地区和片区外的原国家扶贫开发工作重点县，共 40 个县。

其中，能源矿产 7 种，金属矿产 39 种，非金属矿产 76 种，水气矿产 2 种。财政出资实施地质勘查项目（含续作项目）21 个（只含省级财政投资项目），新发现大中型矿产地 2 处。

全年达到或优于Ⅲ类标准的水质断面比例为 97.2%，比上年下降 0.2 个百分点。空气质量优良天数比例为 90.5%。省级以上自然保护区 53 个，面积 90.6 万公顷。其中，国家级 23 个，省级 30 个。世界地质公园 2 个，国家地质公园 14 个。全年完成造林面积 44.1 万公顷。

全年规模以上工业综合能源消费量比上年下降 0.7%。其中，六大高耗能行业综合能源消费量增长 1.4%。

全年发生各类生产经营性安全事故 1244 起，生产经营性安全事故死亡人数 1318 人。亿元地区生产总值事故死亡人数 0.03 人。道路交通事故万车死亡人数 2.22 人，比上年减少 0.37 人。

（来源于湖南省统计局网站）